Daniel Prinz

Wenn das die Menschheit wüsste...

Wir stehen vor den größten Enthüllungen aller Zeiten!

Die verbotene Wahrheit über die beiden Weltkriege, die Migranten-Invasion Europas, die geheimen Weltraumprogramme, die Existenz von Außerirdischen sowie den erbitterten Krieg gegen die Weltbevölkerung

amadeus-verlag.com

zweite Auflage

Amadeus Verlag GmbH & Co. KG
Birkenweg 4
74576 Fichtenau
Fax: 07962-710263
www.amadeus-verlag.com
Email: amadeus@amadeus-verlag.com

Druck:
CPI – Ebner & Spiegel, Ulm
Satz und Layout:
Jan Udo Holey
Umschlaggestaltung:
Jan Udo Holey

ISBN 978-3-938656-89-1

INHALTSVERZEICHNIS

TEIL III
DIE GRÖẞTE ENTHÜLLUNG ALLER ZEITEN

Der Kosmos, die geheimen Raumfahrtprogramme und die bröckelnde Geheimhaltung über außerirdische Lebensformen sowie ihren machtausübenden Einfluss auf der Erde seit mindestens hunderttausenden von Jahren

Einleitende Worte

Als mein erstes Buch „Wenn das die Deutschen wüssten... dann hätten wir morgen eine (R)evolution!" herauskam, war ich der Meinung, ich hätte der Welt und insbesondere den Deutschen erst einmal alles Wichtige gesagt, was es zu sagen gibt. Ich hatte aber noch eine ganze Reihe an Artikeln veröffentlicht (u.a. beim *Kopp Verlag*, auf *pravda-tv.com* oder *anonymousnews.ru*), um auf wichtige Missstände aufmerksam zu machen und um weitere Hintergründe, z.B. zur Migrantenflut, zu liefern, die Europa und besonders Deutschland in einer neuen großen Welle seit dem Sommer 2015 heimgesucht hat. Dabei erkannte ich, wie sehr die Leute sich weiter spalten ließen. Am Beispiel der buchstäblichen „Migranteninvasion" haben sich die Menschen in Deutschland und Europa nun in zwei große Hauptlager geteilt, nämlich in „links" und „rechts". Die einen sehen, was hier für ein finsteres Spiel mit uns gespielt wird, und auf der anderen Seite haben wir die „links"-orientierten „Gutmenschen" (besser gesagt „Blindmenschen"), die in ihrer scheinbar grenzenlosen Gutgläubigkeit und Obrigkeitstreue **nichts** zu durchschauen vermögen und fast alles gutheißen, was die Regierungen beschließen, insbesondere die „Umvolkung" Europas. Diese Entwicklung machte mich einerseits wütend, andererseits spornte sie mich an, die Hintergründe weiter zu erforschen. Gibt es angesichts dieser Entwicklungen überhaupt noch eine positive Zukunft für uns alle?

Es ist schon erstaunlich, welches Potenzial die dunkle Herrscherkaste bei dem ganzen Geschehen hier auf der Erde tatsächlich aufgefahren hat – jene Kräfte, die nach wie vor den Dritten Weltkrieg vom Zaun brechen wollen. Die neuen, hochbrisanten Informationen, auf die ich im Laufe der letzten Jahre im Zuge meiner Recherchen und dabei häufig durch „Zufälle" gestoßen bin, haben selbst mir ein noch weitaus größeres Bild, ein noch breiteres Verständnis für wichtige Zusammenhänge erschlossen. Mehr als je zuvor haben sie auch meine Augen geöffnet. Die Neuigkeiten sind jedenfalls derart brisant und gewaltig, dass ich nicht anders konnte, als diese nun mit Ihnen zu teilen.

Ich möchte mich an dieser Stelle aber gleich korrigieren. Ich will der „dunklen Seite" keineswegs mehr Macht zusprechen, als sie tatsächlich hat. Es ist die ausgeklügelte Raffinesse auf der einen und die blanke Naivität und Unwissenheit auf Seiten der Menschheit auf der anderen Seite, die diese starke Macht der dunklen Kräfte überhaupt erst möglich machte! Denn wenn man erst einmal all die perfiden Methoden und Mechanismen durchschaut hat, mit denen wir buchstäblich wie die „Lemminge" in einem Computerspiel gesteuert und manipuliert werden, so ist es auch möglich, die Wirkung dieser Mechanismen in vielen Teilen zu mindern, auszuhebeln und gar umzukehren. Wenn man erfährt, wer oder was tatsächlich an der Spitze der Machtpyramide sitzt und unsichtbar die Fäden zieht (und ich meine hier nicht bloß die Rockefellers und Rothschilds als Handlanger), so kann dieses Wissen für sich allein bereits einen enormen Bewusstseins- und Entwicklungsschub in uns allen auslösen! Wenn man sprichwörtlich den Namen des Teufels kennt, dann ist das verborgene Geheimnis gelüftet, das „Mystische" entmystifiziert, der Lichtkegel ins Dunkle gerichtet und der Zauber gebrochen.

In den letzten drei Jahren sind zudem neue *Whistleblower* hervorgetreten (Insider, die geheime Informationen der Öffentlichkeit preisgeben), die uns schier Unglaubliches zu berichten haben und von denen ich später im dritten Teil ausführlich berichten werde. Die dabei ans Licht gebrachten Informationen haben das enorme Potenzial, den vorhin erwähnten Zauber bzw. den Bann zu brechen, unter dem die gesamte Weltbevölkerung seit Jahrtausenden steht. Dieses Wissen wurde seit dem Ende des Zweiten Weltkriegs gnadenlos unterdrückt, vertuscht und geheim gehalten. Sind mal kleine Fragmente dieses Wissens an die Öffentlichkeit gelangt, so wurde es schnell lächerlich gemacht, tatsachenverdreht oder mit der Keule der „Verschwörungstheorie" niedergeknüppelt. Bezogen auf die Geschichte des Dritten Reichs ist es für das System seitdem umso notwendiger, **ja zwingend überlebensnotwendig**, dieses Wissen nach besten Kräften zu unterdrücken und teilweise mit „drakonischen" Strafen zu belegen, sofern man bestimmte Aussagen tätigt oder die offizielle Version der Geschichte anzweifelt. Doch diese Zeiten sind (bald) vorbei! Die einst geheim vergrabenen Informationen sprudeln förmlich nur so an die Oberfläche, als gäbe es kein Morgen mehr. Die Flut an Informationen und offengelegten Hintergründen ist derart **gewaltig**, dass Forscher, Autoren, Webseitenbetreiber und sonst all jene, die offen für diese neuen Erkenntnisse sind, kaum noch hinterherkommen, all die Informationen zeitnah aufzunehmen und zu verarbeiten. Fast jeden Monat erscheint allein ein neues Buch im *Amadeus Verlag*. Mein Verleger Jan van Helsing arbeitet täglich wie ein „Duracell-Hase". Er sagte zu mir, dass er so etwas vorher noch nie erlebt hatte. Für mich ist das ein klares Zeichen, dass sich doch was gewaltig Positives tut, dass täglich immer mehr Menschen aus der „Matrix" aufwachen! Es zeigt zudem, dass die Menschheit langsam reif für all das einst verborgene Wissen ist, welches Voraussetzung dafür ist, dass wir uns alle endlich vollends befreien und ein wahres Goldenes Zeitalter antreten können.

Mit dem zunehmend wachsenden Bewusstsein der Menschheit passiert aber auch logischerweise Folgendes: Der Widerstand der dunklen Seite ist ebenfalls größer geworden und sie setzt alles daran, diese neue Bewusstseinsentwicklung mit allen Mitteln zu unterdrücken. Ja, der Wind weht momentan rauer und wird es auch noch die nächsten paar Jahre, eher es wieder besser wird. Da möchte ich an dieser Stelle auch nichts schönreden und Sie schon einmal vorwarnen. Ich kann Ihnen aber auch gleichzeitig mitteilen, dass die dunkle Seite bereits jetzt in ihren letzten Atemzügen ist! Das, was sie jetzt noch krampfhaft macht und tut, ist vergleichbar mit einem Ertrinkenden, welcher mit den Händen wild um sich schlägt und sich an jeden Strohhalm klammert, um nicht zu ertrinken. Je mehr das jetzige System dabei „über die Strenge schlägt", z.B. in Form von zunehmender Zensur, dreisterer Lügen, zunehmender Diffamierung, Ächtung und Verfolgung von Systemkritikern, umso schneller steuert sie auf ihren eigenen Untergang zu. Und das ist super!

Zum Thema „freie Meinungsäußerung"... Man kann in Deutschland schon lange nicht mehr alles sagen, was man will. Deshalb habe ich bestimmte Themen ganz herausgelassen. Glauben Sie mir, eine wirkliche Wahl hatten wir hier nicht. Ich kann Sie aber dennoch beruhigen. Die Inhalte dieses Buches sind heftig und deftig genug, um einigen Lesern sprichwörtlich die Schuhe samt Socken auszuziehen und das gesamte Kartenhaus der Machthaber in sich komplett in bedeutungslosen Staub der Geschichte zusammenfallen zu lassen! Der Inhalt wird viele Leute ziemlich schockieren, garantiert!

An dieser Stelle möchte ich aber dennoch ein paar Worte an unsere Regierung und ihre Strippenzieher richten: Solltet Ihr auf die Idee kommen, mein Buch dennoch verbieten zu lassen oder sonst wie gegen mich vorzugehen, so werde ich es als pdf-Datei einfach *kostenlos* ins Internet stellen lassen, wobei alles menschen- und maschinenmögliche gemacht werden wird, damit es Millionen Leute weltweit lesen können. Mein Verleger wird darauf keinen Einfluss haben. Ich habe da keinerlei Hemmungen. Nur ein weltweites Abschalten des Stroms und Internets vermag die Verbreitung dann noch aufhalten. Ihr sägt Euch den Ast, auf dem Ihr sitzt, ja schon selbst gerade im Eiltempo ab. Und meine Leser möchte ich darüber informieren, dass ich weder vorhabe, am Strick vom Baum zu fallen noch mit Betonschuhen am Meeresgrund spazieren zu gehen oder sonst wie „verunfallt" zu werden. ☺

Wir Autoren stehen beim Verfassen von Werken mit brisanten Inhalten stets vor besonderen Herausforderungen. Denn wir erleben auf regelmäßiger Basis „Störfeuer" in Form von energetischen Angriffen auf uns (und unsere Familien), kleineren Unfällen oder „zufälligen" Ereignissen zu den unpassendsten Zeitpunkten, die uns in unserer Arbeit hindern und von dieser gar abhalten wollen. Dabei gibt es definitiv einen Zusammenhang zwischen der Brisanz eines Themas und der Quantität sowie „Qualität" der Angriffe. Das fängt bereits bei den Recherchen zu „pikanten" Themen an und steigert sich dann zur Hochform auf, während man später am Manuskript schreibt und das Buch kurz vor der Veröffentlichung steht. Ich erwähne dies hier, weil es nicht mehr tabuisiert werden sollte (mir ist es egal, was manche Leute da draußen davon halten mögen). Jeder, der sich engagiert, die Wahrheit zu verbreiten, wird stets in irgendeiner Form angegriffen, meist durch energetische Angriffe und öffentliche Diffamierungen. Je besser man lernt, mit diesen Angriffen umzugehen (also nicht reaktionär und nicht in Wut und Hass zu verfallen) und lernt, sich selbst geistig zu schützen, umso weniger intensiv sind sie. Ich bin daher für jeden Whistleblower und Autoren da draußen umso dankbarer dafür, dass diese trotz der Angriffe und trotz des Risikos, das sie für sich und ihre Familien eingehen, dennoch eisern für die Wahrheit einstehen und diese erhobenen Hauptes wie eine hell leuchtende Fackel vor sich her tragen und den anderen den Weg aus der Dunkelheit weisen. Sie verdienen somit unseren höchsten Respekt und unsere höchste Anerkennung. Diese zahlreichen Angriffe sind für mich stets eine Bestätigung für die Wichtigkeit meiner Arbeit gewesen. Sie dienen mir als Motivation und Ansporn, weiterzumachen und das dann sogar mit „ordentlich Schmackes" und nicht weniger. Ich bin somit all meinen Angreifern – ob diesseitig oder jenseitig – dankbar für solch eine hohe Anerkennung (ich meine das ernst und keineswegs sarkastisch). Eines steht aber zumindest mit Sicherheit jetzt schon fest: dieses Buch wird vermutlich einen *Shitstorm* ungeahnten Ausmaßes auslösen! Und wenn das passiert, dann wissen Sie, dass die Inhalte den Nagel mehr als nur auf den Kopf getroffen haben. Wie heißt es doch sprichwörtlich? Getroffene Hunde bellen. Und je lauter sie bellen, umso eher hat es genau die Richtigen erwischt!

In den kommenden Kapiteln werden wir verschiedene äußerst wichtige Themen beleuchten. Den Anfang machen neue Hintergründe zu den beiden Weltkriegen, über die **Sie** nichts erfahren sollen. Unsere Geschichtsbücher wurden bekanntlich von den alliierten Siegermächten des Zweiten Weltkriegs geschrieben. Es waren die US-alliierten Besatzer, die deutsche Medienlizenzen vergaben[1a] und US-amerikanische Geheimdienste, die nach Kriegsende damals Pressemedien wie z.B. die *BILD-Zeitung* mit sieben Mio. US-Dollar gründeten, wie es der ehemalige SPD-Politker und Minister für Forschung und Technologie, *Dr. Andreas von Bülow*, 2013 beim *Alpenparlament-Kongress* enthüllte. Den weiteren Ausführungen *von Bülows* können wir zudem entnehmen, dass Journalisten vor ihrer Anstellung beim Axel-Springer-Verlag mit ihrer Unterschrift bestätigten, stets positiv über die USA und Israel zu schreiben. Hierfür gebe es eine gesonderte Klausel im Arbeitsvertrag, welche auch die Bedingung beinhaltet, die freie soziale Marktwirtschaft – also mit anderen Worten „den Kapitalismus" – zu verteidigen.[1b] Das bedeutet demnach im Umkehrschluss, dass jedwede Kritik an der US-Welteroberungspolitik oder der Politik Israels von vornherein untersagt wird. Diese Leitlinien finden sich sogar auf der Webseite des *Springer-Verlags*.[2] Wie kann es unter solchen Bedingungen überhaupt so etwas wie eine „freie Presse" geben?

Der mittlerweile verstorbene Autor Udo Ulfkotte brachte es in seinem Bestseller „Gekaufte Journalisten" knackig auf den Punkt. Ulfkotte war jahrelang „Alpha-Journalist" bei der *Frankfurter Allgemeinen Zeitung* und offenbarte in einem Interview mit dem TV-Sender *Russia Today*, auf welche Weise Geheimdienste wie selbstverständlich Inhalte zu Artikeln diktieren, die später dann in Zeitungen publiziert werden.[3] Wenn also Geheimdienste in Deutschland Artikel vorgeben, welches Ziel wird dann dabei verfolgt? Die Antwort: die Meinung der Deutschen zu *bild*en. Ulfkotte formulierte es noch etwas würziger und schrieb auf Seite 120 seines Buches, dass die *BILD-Zeitung* bei der Verblödung stets ganz vorn dabei sei. Der ehemalige Politdarsteller und Alt-Bundeskanzler Gerhard Schröder sagte sogar einst unverblümt: *„Zum Regieren brauche ich BILD, Bams und Glotze."*[4] (*Bams = BILD am Sonntag*; A.d.V.) Die *BILD-Zeitung* gibt sogar unumwunden preis, den Altkanzler früher *„ununterbrochen mit Personal versorgt zu haben"*; angefangen mit seiner Ehefrau, die eine Zeit lang Redakteurin beim Springer-Blatt war, oder seinem Regierungssprecher Béla Anda, der 2012 wieder zur *BILD-Zeitung* als stellvertretender Chefredakteur zurückkehrte.[5] Interessant, oder?

Und bezüglich der angeblichen „Meinungsvielfalt" zitierte Ulfkotte dazu in seinem Buch die Professorin Brigitte Witzer wie folgt:

> *„Natürlich gibt es Unterschiede zwischen BILD und anderen Zeitungen, nehmen wir unsere früheren Qualitätsmedien FAZ oder Süddeutsche Zeitung, die überregional und mit hohem Anspruch Informationen für ihre Lesergruppen aufbereiten. Auch sie orientieren sich an der BILD, wenn es um die Agenda der öffentlichen Diskussion geht. (...) Deshalb möchte ich dabei bleiben: BILD setzt die Agenda. Intellektualisiert und mit Wissen angereichert, auch erweitert wird sie in FAZ und Süddeutscher (...). Damit hat die Berichterstattung ein anderes Niveau. Aber hat sie ein anderes Ziel?"*[6]

Hier wird sogar von einer Professorin bestätigt, dass in der Medienlandschaft alles nur ein Einheitsbrei ist, für die diversen Bildungsschichten im Volk nur jeweils anders vorgekaut. Verwunderlich ist dies keineswegs, wenn man schaut, in welchen Lobbyistenvereinigungen und Geheimlogen Chefredakteure und Top-Journalisten Mitglieder sind. So ist Kai Diekmann (u.a. ehem. Chefredakteur der *Welt am Sonntag* und der *BILD-Zeitung*) u.a. Vorstandsmitglied der *Atlantik-Brücke e.V.* – eines elitären Vereins, der die politischen Geschicke in Deutschland beeinflusst –, der laut Ulfkotte nicht nur amerikafreundlich ist, sondern als „CIA-nah" gilt.

Wer also – über Medien und Bildungswesen – die Geschichte kontrolliert, kontrolliert somit auch automatisch die Gegenwart und ein Stück weit die Zukunft. Wir werden uns daher zwingend unsere (deutsche) Geschichte von anderen Blickwinkeln aus betrachten **müssen**, um ein Verständnis über unsere Gegenwart und darüber zu erlangen, *warum* die Welt heute so ist wie sie ist und warum z.B. Europa auch in Zukunft mit weiteren zig Millionen „Neu-Europäern" aus Afrika überflutet werden soll, und in diesem Zuge Islamisten glauben, ein islamisches „Eurabien" etablieren zu können. Dabei werden wir uns die dazugehörigen Pläne anschauen, die bereits **vor Jahrzehnten** ausgearbeitet wurden. Nur, weil seit 2016/17 die Medien nicht mehr über die Völkerwanderungen berichten, heißt es nicht, dass die Schleusen in Europa geschlossen wurden. Im Gegenteil...

Eines möchte ich gerade im Hinblick auf das Dritte Reich aber vorwegnehmen: Was ich teilweise auf „revisionistischen" und patriotischen Seiten im Internet gelesen habe, sind oft mitunter hanebüchene Behauptungen, die mit der Realität wenig gemein haben. Liegen sie zwar in vielen Punkten richtig, so tun sie es in vielen anderen wiederum nicht, und andere wichtige Fakten fehlen komplett. Hier ist eine kleine Kopfwäsche für die Patrioten notwendig, die glauben, dass im Dritten Reich alles rosig war. Aber die deutschstämmigen(?) Deutschlandhasser unter uns haben deshalb noch lange keinen Grund zur Freude, denn diese kriegen im späteren Verlauf des Buches noch **ordentlich** ihr Fett weg. Es sind zwei gespaltene Lager, die aufeinander gehetzt werden, während Dritte sich freuen (das altbekannte „Teile-und-Herrsche"-Spiel), denn kaum etwas stimmt, was unsere Lügenmedien über diese „verbotene" Zeitepoche uns tagtäglich gebetsmühlenartig erzählen. Ja, etwa 80% von dem, was sie berichten, dürfte meines Erachtens falsch oder zumindest verdreht und sehr einseitig präsentiert sein. Die Geschichte des Dritten Reichs und der beiden Weltkriege allgemein ist wahrlich komplex und einfach **zu vielschichtig**, als sie bloß in „Schwarz" oder „Weiß" unterteilen zu können. Wer das macht, ist entweder gehirngewaschen (was ich früher selbst auch war und mich somit hier nicht ausschließe) oder verfolgt eine finstere Agenda zwecks Kontrolle und Umerziehung der Deutschen. Ich hoffe mit den nachfolgenden Enthüllungen zumindest ein Stück weit dazu beizutragen, dass wir unseren ewigen Schuldkomplex endlich ein für alle Mal loswerden. Dabei dürfte die Wahrheit über das Dritte Reich vor allem auch Menschen weltweit brennend interessieren, zumal die heutige globale Situation das direkte Resultat dessen ist, was vor, während und nach dem Ende des Zweiten Weltkriegs geschehen ist. Meine Hoffnung ist, dass wenn sich dieses Wissen global durchsetzt, der unsägliche Hass gegen uns Deutsche in der Welt ebenfalls aufhört (Sie merken allmählich, dass es da wichtige Gründe geben muss, warum der Deutsche der ewige „Teufel" zu sein hat).

Wir werden sowohl in den Mikrokosmos einzelner Themenbereiche eintauchen, als auch in den Makrokosmos aufsteigen, um das ganze Geschehen von einer „höheren Perspektive" aus zu betrachten, welche uns am Ende des Buches ermöglichen soll, das Gesamtbild zu sehen, anhand dessen wir wiederum in der Lage sein werden, uns gewappnet neu auf die kommenden Entwicklungen auszurichten, um für uns und unsere Kinder den Weg in eine neue und wahrlich traumhafte und wegweisende Zukunft zu ebnen.

Wie geht man mit solch einem dicken Wälzer um? Ich hätte den Inhalt in drei einzelnen Bänden herausbringen können, doch hätte dies den roten Faden zerrissen, der sich durch alle drei Teile zieht. Lassen Sie sich durch die Dicke daher keineswegs entmutigen. Sie bekommen hier quasi drei Bücher in einem – haben also eine Menge gespart! – und so können Sie es auch handhaben, indem Sie ein Buch nach dem anderen lesen.

Zum Schluss dieser Einleitung möchte ich noch eine Warnung aussprechen:

Einige der in diesem Buch behandelten Informationen sind keine leichte Kost! Manche Themen, wie z.B. der Pädophilieskandal und die satanischen Umtriebe, können – gerade bei Eltern und eher zart besaiteten Leuten – ganz schön aufs Gemüt schlagen und unter Umständen auch für depressive Stimmung sorgen. Solche Inhalte habe ich mit einer **Warnung** versehen, die Sie notfalls überspringen können. Wir leben in Zeiten der Apokalypse (übersetzt: Enthüllung, Entschleierung), bei der auch das Dunkelste vom Dunkeln ausgeleuchtet wird. Manche Informationen können schmerzhaft, einige Erkenntnisse sehr bitter sein, wenn man plötzlich den Grad unserer individuellen und kollektiven Versklavung begreift. Den Rat, den ich Ihnen daher mit auf den Weg geben kann, ist, dass Sie beim Lesen nach einzelnen Passagen und Kapiteln Pausen machen, um das Gelesene zu verarbeiten. Ich möchte Ihnen aber nichts vorschreiben. Sie sind erwachsen und mündig genug zu entscheiden, wie viel und welche Art von Informationen Sie sich zuführen möchten. Es schadet sicher nicht, sich nach dem Lesen mit positiven und freudigen Dingen zu beschäftigen, um einen nötigen Ausgleich zu schaffen. Sollten Sie Eltern von jugendlichen Kindern sein, so entscheiden Sie bitte nach eigenem Ermessen, ob und wie weit Sie dieses Buch Ihren Kindern zum Lesen geben möchten.

Unsere Zivilisation steht momentan an einer wichtigen Weggabelung. Die Informationen in diesem Buch können die Welt, so wie wir sie heute noch kennen, tatsächlich **gravierend** zum Positiven verändern und eine neue Ära unserer Zivilisation einläuten. Wir haben kaum eine Vorstellung davon, was alles möglich ist, sobald diese umfangreichen und kraftvollen **Offenlegungen** die Menschen weltweit erreichen und das Macht- und Kontrollsystem über uns sein jähes Ende findet.

Wie auch schon mit meinem Erstlingswerk bin ich auch an dieses Buch wie in einen Gottesdienst hineingegangen. Decken Sie mit mir gemeinsam neue Geheimnisse und Hintergründe auf, gewinnen wir gemeinsam neue und tiefgreifende Erkenntnisse und erklimmen dabei neue Höhen unseres Bewusstseins. Ich übertreibe keineswegs, wenn ich Ihnen mitteile, dass uns die **größten Enthüllungen aller Zeiten** bevorstehen und unsere Welt in Folge dessen einem tiefgreifenden Wandel kosmischen Ausmaßes unterzogen sein wird!

Ich lade Sie herzlichst dazu ein, mich auf diese heilige Mission zu begleiten und wünsche Ihnen viel Spaß beim Lesen dieser Lektüre!

Bald sind wir alle „Reichsbürger“! – Nachtrag zum ersten Buch

Nach Erscheinen meines vorigen Buches wurde im Hinblick auf den Staatsangehörigkeitsausweis mit dem Abstammungsnachweis nach dem Reichs- und Staatsangehörigkeitsgesetz in der Fassung von 1913 – kurz: RuStAG 1913 – (umgangssprachlich „Gelber Schein“ genannt) eine regelrechte Kontroverse ausgelöst, die bis zum heutigen Tage nicht abgeebbt ist. Ganz im Gegenteil, zeigt das System gerade die letzten Monate und auch aktuell zum Erscheinen diesen Buches seine grausame Maske. Dabei werden vom System längst nicht nur Patrioten, sondern mittlerweile auch Leute, die berechtigte Kritik an der Politik oder an den zunehmenden problematischen Zuständen in unserem Land äußern, als „rechts“, „Nazis“ oder eben als „Reichsbürger“ betitelt. In den letztgenannten Topf werden insbesondere jene hineingeworfen, die in ihren Kommunen völlig BRD-gesetzeskonform den Staatsangehörigkeitsausweis beantragen, aber auch all jene, die nachweislich fehlende staatliche Legitimation der Bundesrepublik Deutschland (BRD) anprangern. Auch Rundfunkgebührenverweigerer werden zunehmend zu dieser Gruppe gezählt. (Leider gibt es aber auch Leute, denen es bei dieser Sache nicht um die juristische Klärung der Souveränitäts-Frage oder die des Friedensvertrages geht, sondern die private, persönliche Probleme haben, die verschuldet oder zu schnell gefahren sind, und die sich erhoffen, über den Staatsangehörigkeitsausweis oder andere Dokumente vor ihrer Verantwortung drücken zu können. Von diesen Leuten spreche ich hier nicht und mit denen habe ich auch nichts zu tun. Diese sind es, die für das negative Bild in der Öffentlichkeit verantwortlich sind, weil sie u.a. Behörden gängeln und Polizisten beleidigen. Wir wollen das Wissen dazu nutzen, um ein neues Bewusstsein hier zu etablieren und keine Rowdy-Gesellschaft!)

Der Auslöser für das extreme Vorgehen gegen jene Leute, die den Staatsangehörigkeitsausweis beantragen, war, als im Oktober 2016 im bayerischen Georgensgmünd ein sogenannter „Reichsbürger“ bei einer gegen ihn eröffneten Polizeirazzia auf vier Polizisten schoss, wobei einer von ihnen später seinen Verletzungen tödlich erlag und die anderen drei verletzt wurden. Ob das alles so haargenau stimmt, wie in den Medien geschildert, ist kaum nachprüfbar. So stellt sich mir dabei die Frage, wer tatsächlich den ersten Schutz abgefeuert hat? Der „Reichsbürger“ oder vielleicht das Rollkommando? Und hat Ersterer vielleicht nur aus Notwehr gehandelt? Ich möchte seine Handlung hiermit keineswegs gutheißen, doch bei den nachweislichen Lügen und verdrehten Berichterstattungen könnte z.B. gerade solch ein „kleines Detail“ eine völlig andere Version der Hintergründe aufwerfen. Könnte dieser „Vorfall“ also womöglich von den Behörden bewusst provoziert oder dazu missbraucht worden sein, um eine Rechtfertigung dafür zu haben, nun gegen alle Systemkritiker und -verweigerer gewaltsam vorzugehen? Das wäre durchaus denkbar, und ich traue diesem System mittlerweile alles, aber auch wirklich **alles** zu. Wie dem auch sei, nach diesem gewaltsamen Vorfall mobilisierte der Innenminister Thomas de Maizière zügig den Verfassungsschutz.(7) Seitdem werden BRD- und Systemkritiker gesondert beobachtet und teilweise von den Behörden eingeschüchtert und drangsaliert. Der Hamburger „Verfassungs“-Schutz behauptet, die „heterogene „Reichsbürger“- und „Selbstverwalter“-Szene“ verneine die Existenz der Bundesrepublik Deutschland und lehne die verfassungsmäßige Ordnung ab.(7a) Zwei Dinge, die bereits in diesem einen Satz nicht stimmen: Erstens handelt es sich bei der „Reichsbürger“-Szene nicht um „Reichsbürger“, sondern um eine Bewegung zur Befreiung der deutschen Bevölkerung aus den Klauen der Alliierten. Zweitens kenne ich keine einzige Gruppierung, die die Existenz der „Bundesrepublik Deutschland“ verneint. Sie existiert sehr wohl, daran bestehen keine Zweifel – **nur eben nicht als souveräner Staat!**

Aus dem Freundeskreis weiß ich zudem, dass genau seit diesem Vorfall in Georgensgmünd zwei in Süddeutschland lebende ältere Leute aus deren Bekanntenkreis, kurz nachdem sie den Staatsangehörigkeitsausweis bei ihren Kommunen beantragten, Besuch von der Kriminalpolizei bekamen. Nein, es waren bei beiden voneinander unabhängigen Fällen keine Besuche von bloß zwei Polizisten die Rede. Da tauchten gleich mit Maschinenpistolen bewaffnete Einsatzteams auf, denn bei den älteren Herren und Damen könnte es sich ja um schwerbewaffnete „Reichsbürger“ handeln. Die betroffenen Leute waren über diesen „Besuch“ natürlich erschrocken, waren sie doch keines Vergehens oder irgendeiner Straftat schuldig. Die Beantragung des Staatsangehörigkeitsausweises war Auslöser genug, um für tausende von Euro auf Kosten der Steuerzahler Anti-Terror-Einsatzteams loszuschicken. Das sind Fälle, die real passiert sind! Laut weiteren Berichten einer Bekannten soll sich die Stadt München weigern, den Staatsangehörigkeitsausweis mit Ahnennachweis bis mindestens 1913 zurück weiterhin auszustellen. Auch aus anderen Teilen der Bundesrepublik habe ich die letzten zwei bis drei Jahre viele Beschwerden vernommen, wonach die lokalen Behörden die Ausstellung des Staatsangehörigkeitsausweises entweder mit zunehmendem Widerstand oder gar nicht mehr ausstellen (wozu sie aber gesetzlich verpflichtet sind). Ein anderer Fall, der mir zugetragen wurde, betrifft den gebürtigen Hamburger Heinz Buchholz im bayerischen Städtchen Neumarkt in der Oberpfalz, der 18 Jahre lang als ehrenamtlicher Kreisheimatpfleger tätig war. In seiner Tätigkeit schuf der gute Mann für die Denkmalpflege ein Fotoarchiv, für welches er Bau- und Kunstdenkmäler des Landkreises Neumarkt dokumentierend fotografierte. Für seine langjährige Tätigkeit erhielt er sogar 2015 die Denkmalschutzmedaille des Freistaats Bayern vom Kultusminister Ludwig Spaenle verliehen. Bei der Verleihung übergab der geschichtsinteressierte Herr Buchholz diesem als Gegengabe ein Exemplar meines ersten Buches. Des Weiteren wollte er auch allen Kreistagsmitgliedern ebenfalls jeweils ein Exemplar schenken, wozu es dann aber nicht mehr kam. Denn kurz darauf wurde Herr Buchholz vom Landrat Willibald Gailler mit dem Hinweis auf seine „rechtsextreme Einstellung“ von seinem Ehrenamt enthoben. Von einem Sprecher des Landkreises hieß es dazu in einer kurzen Stellungnahme: „*Die Auffassungen vertragen sich nicht mit unserem Staats- und Rechtsverständnis und auch nicht mit dem öffentlichen Ehrenamt eines Heimatpflegers.*“ Obwohl die Verleihung bereits 2015 war, hatten es die Neumarkter Lokalmedien sehr nötig, noch ein halbes Jahr später über diesen Vorfall zu berichten. Denn neben den *Neumarkter Nachrichten* hatte zuvor auch das *Neumarkter Tagblatt* den Herrn Buchholz in die braune und rechtsextreme Ecke gestellt. Nein, nicht direkt, aber durch den Kontext ihrer Artikel indirekt in Verbindung mit der „Reichsbürgerszene“ gebracht. Das ist nichts anderes als ein öffentlicher Pranger.[7b] Schlimmer traf es da schon einen Selbständigen aus Weil am Rhein, bei dem ein **Gewerbeuntersagungsverfahren** eingeleitet wurde. Begründung: Er wurde zu den „sogenannten Reichsbürgern“ eingeordnet, dem „*daran gelegen sei, staatliches Handeln zu sabotieren*“. (Abb. 1) In diesem Fall kenne ich leider die Hintergründe nicht und es war mir nicht möglich, den Betroffenen zu kontaktieren. Der Politiker Manuel Hagel von der CDU forderte Anfang 2017 jedenfalls sogar Führerscheinentzug, keine Waffenerlaubnis und kein eigenes Gewerbe für die „Reichsbürger“.[7e] Mitte Juni 2017 wurde dann der erste Schritt dahin vollzogen, als die Innenminister von Bund und Ländern auf einer Konferenz beschlossen, allen „Reichsbürgern" mit Waffenschein die Waffen abzunehmen und diesen zu verbieten, „Beamte" und „Staatsbedienstete" zu werden.[7f] Das Letztere kann ich noch irgendwo verstehen. Aber in was für einem Land leben wir dann, wenn Systemkritikern nun sogar die Erlaubnis zum Gewerbebetrieb und somit die Existenzgrundlage entzogen wird? China oder DDR 2.0? Im Dritten Reich hat man Juden auf ähnliche Weise die Ausübung von Berufen verboten...

Prominentestes Beispiel dieser medialen und gesellschaftlichen Ächtung dürfte der Sänger Xavier Naidoo sein, welcher 2014 auf einer Friedenskundgebung vor dem Reichstag in Berlin u.a. die militärische US-Besatzung auf deutschem Boden kritisierte und sich für einen stärkeren Zusammenhalt und Liebe in der Bevölkerung aussprach. Bereits Jahre zuvor sagte er in einer TV-Sendung auf ARD, dass Deutschland nach wie vor keinen Friedensvertrag hat. Die Konsequenzen nach seinem Auftritt vor dem Reichstag ließen natürlich nicht lange auf sich warten. Er wurde in unseren Systemmedien u.a. nicht nur als „Spinner" und „Israel-Hasser" betitelt, sondern durfte aufgrund des Drucks des zwangsgebührenfinanzierten TV- und Rundfunksenders NDR für Deutschland nicht beim *Eurovision Song Contest 2016* antreten.[7c] Für medial künstlich aufgeblähte Aufregung sorgte Naidoo im April 2017 mit seinem neuen Song „Marionetten", in dem er u.a. korrekterweise die Politiker als Marionetten, Hoch- und Volksverräter sowie „Volks-in-die-Fresse-Treter" bezeichnete. Die Pressemedien wetteiferten anschließend darum, wer den Naidoo am besten verunglimpfen könne. Es fielen Ausdrücke wie „rassistisch", „homophob", „widerliches Wutbürger-Gehetze", „krude Verschwörungstheorien" und „rechte Rhetorik". Es fielen Schlagzeilen wie *„Spinnt Xavier Naidoo jetzt völlig?"* oder *„Pegida-Vokabular: Xavier Naidoos neuer Song zeigt, dass er vollkommen durchgedreht ist"*. Laut der *Landeszentrale für politische Bildung* gehöre das Wort „Marionetten" bereits ins „Repertoire des klassischen Antisemitismus". Was hier stattfindet, ist nicht weniger als die Neuauflage der Inquisition. Das Aufklärungsportal *quer-denken.tv* zitiert dazu treffenderweise das alternative Nachrichtenportal *opposition24.com*, welches fragt, wo denn all die Empörung bleibe bei den mittlerweile zuhauf verbreiteten grauenhaften Texten *„artverwandter Musikgenres, die von allerlei Gewaltpredigern und Scheinkriminellen wie Bushido und Co. bevölkert werden. Frauenverachtung, Gewaltphantasien, Verherrlichung von harten Drogen und immer wieder der Dschihad gehören zum ‚Deutsch'-Rap wie das Amen zur Kirche. Wäre das Geschrei auch so groß, wenn Naidoo nur noch von Koksnutten singen würde, die er auf dem Rücksitz von seinem Ferrari flachlegt und dabei grün und blau schlägt? (...) Besonders viel Mut erfordert es jedenfalls nicht, in das Geheul der Medienmeute einzustimmen und gleichzeitig alles abzuwatschen und in einen Topf zu werfen, was man (...) für undemokratisch hält: AfD, Reichsbürger, Verschwörungstheoretiker und Zins- und Zinseszinskritiker."*[7d]

So schaut's aus. Jene widerlichen Rapper dürfen sich also austoben und sogar alle moralischen Grenzen überschreiten, wenn sie Gewalt verherrlichen und zum „heiligen Krieg" gegen „Nichtgläubige" aufrufen usw. Einfach genial, wie schnell man heute zudem zum „Antisemiten" werden kann, wenn man die fortschreitende Ausbeutung der Völker und den Kapitalismus anprangert sowie auf die unmöglichen Zustände in unserem Land verweist. Beim Kampfbegriff des „Antisemiten" werde ich daher noch gründlich mit dem eisernen Besen aufräumen.

Doch wie soll das Ganze jetzt weitergehen? Das militante Vorgehen der bayerischen Polizei gegen sogenannte „Reichsbürger" jedenfalls könnte bald als Vorbild und Vorlauf für das Vorgehen im ganzen Bundesgebiet dienen, wenn die Tendenz so bleibt und auch seitens Medien weiter angestachelt wird. Die Absicht hinter solch einem völlig überzogenen und unverhältnismäßigen martialischen Auftreten der Behörden ist klar: Einschüchterung, Abschreckung und Rufschädigung. (Was meinen Sie, was Ihre Nachbarn nach solch einem Besuch denken? Oder es ergeht einem wie dem Kreisheimatpfleger Buchholz, der seinen Job verliert, auf den er aber tatsächlich angewiesen ist.) **Aber gerade dieses unverhältnismäßige Verhalten seitens der Bundesbehörden zeigt hervorragend, wie verzweifelt die Regierung sein muss, wenn zunehmend mehr Menschen aufwachen und durchschauen, was hier mit uns allen für ein böses Spiel gespielt wird.** Unser Nachbarland Österreich hat vor, sogar noch eine Schippe drauf zu legen. Denn dort wurde ein Gesetzesentwurf vorbereitet, welcher vorsieht, „Reichsbürger und andere Staatsverweigerer" bis zu zwei Jahre in den Knast zu stecken. Dazu heißt es in einem Artikel der *Krone Zeitung*:

> *„In Anlehnung an den Paragrafen 246, Strafgesetzbuch ‚Staatsfeindliche Verbindungen', soll unter dem Zusatzbuchstaben ‚a' ein weiterer Tatbestand verankert werden. Mitgliedern von Gruppierungen unter den unterschiedlichsten Namen wie ‚OPPT', ‚Freeman', ‚Reichsbürger' etc. könnte es damit an den Kragen gehen. ‚So soll künftig jemand strafbar sein, der eine staatsfeindliche Bewegung gründet oder sich daran beteiligt, die den Zweck hat, die Vollziehung von Gesetzen zu verhindern', resümiert Justizminister Brandstetter im ‚Krone'-Gespräch. Selbst Personen, die sich einer derartigen sektenartigen Organisation anschließen, könnte der Prozess gemacht werden – ihnen droht bis zu ein Jahr Haft."*[(8)]

Laut dem Artikel sympathisieren geschätzte 20.000 Österreicher mit vorgenannten Gruppierungen. Aber auch das katholische Bayern will in dieser Hinsicht anscheinend mit Österreich wetteifern, hat es doch glatt im Juli 2017 schon einmal vorsorglich die Unendlichkeitshaft eingeführt. Die sogenannte Vorbeuge- bzw. Präventivhaft, die bei „drohender Gefahr" in Bayern sonst bis zu 14 Tage lang verordnet werden konnte (länger als sonst wo in Deutschland), kann Dank der CSU ab sofort ewig lange dauern. Das bedeutet, dass Menschen, die noch keine Straftat begangen haben, man diese aber verdächtigt, dass sie es in Zukunft tun *könnten*, können auf unbestimmte Zeit weggesperrt werden, und das mit unzureichender richterliche Kontrolle, wie die *Süddeutsche Zeitung* schrieb.[(8a)] Na, wenn hier mal nicht der Willkür Tür und Tor sperrangelweit geöffnet wurden.

Irgendwie erinnert mich das alles stark an die *STASI* und die *Gestapo* sowie an die „Hexenverfolgung" des Vatikans und der katholischen Kirche im Mittelalter. Denn für sämtliche Systemkritiker und Leute, die unzufrieden mit unserer Politik sind und sich für unsere Freiheit engagieren, werden die bereits jetzt schon vollen Gefängnisse bei weitem nicht mehr ausreichen. Und täglich wächst die Zahl derer, die die Schnauze mehr als gestrichen voll von unseren Regierungen haben, rasant an. Wohin nun mit all diesen „Staatsfeinden"? Das bedeutet, es müssten wieder große Konzentrationslager errichtet werden. Oder sollen bei zukünftigen Rollkommandos in Soldateska-Kampfmontur die unbescholtenen Bürger gleich zuhause hingerichtet werden? Aber auch bei der Polizei selbst sind mittlerweile „Reichsbürger in Uniform" u.a. in Berlin, Sachsen und ausgerechnet auch in Bayern bekannt geworden, die dann zwangsversetzt oder mit Disziplinarverfahren drangsaliert wurden.[9] Nach der letzten Innenministerkonferenz dürfte man sie gänzlich aus ihren Berufen entfernen. Man kann also nicht alle unsere Polizisten über einen Kamm scheren und ich denke, dass selbst unter „Staatsbediensteten" die Zahl derer zunehmend größer wird, die ebenfalls höchst unzufrieden mit dem jetzigen System sind und die Wahrheit durchschaut haben. Ich kann hier nur an jeden Menschen appellieren, friedlich zu bleiben und keine Gewalt anzuwenden. Geben wir „denen da oben" nicht unnötig Vorwände, um weitere Vergeltungsmaßnahmen gegen uns zu provozieren.

Dieses gewaltsame Gebaren gegen die eigene Bevölkerung ist insofern absurd und grotesk, da die Bundesregierung ja in einem Gesetzesurteil selbst festgelegt hat, dass das „Deutsche Reich" weiterhin existiert. Hierzu bestätigte das Bundesverfassungsgericht am 31.7.1973:

„Das Deutsche Reich existiert fort (BVerfGE 2, 266 [277]; 3, 288 [319 f.]; 5, 85 [126]; 6, 309 [336, 363]), besitzt nach wie vor Rechtsfähigkeit, ist allerdings als Gesamtstaat mangels Organisation, insbesondere mangels institutionalisierter Organe selbst nicht handlungsfähig. Im Grundgesetz ist auch die Auffassung vom gesamtdeutschen Staatsvolk und von der gesamtdeutschen Staatsgewalt ‚verankert' (BVerfGE 2, 266 [277]). Verantwortung für ‚Deutschland als Ganzes' tragen – auch – die vier Mächte (BVerfGE 1, 351 [362 f., 367])."

Hoppla, wie kann das nun sein? Saßen beim Verfassungsgericht damals auch etwa „Reichsbürger"? Aber bereits viele Jahre zuvor urteilte 1951 das oberste US-amerikanische Berufungsgericht für Restitutionsfälle ebenfalls, dass das Deutsche Reich noch besteht. In einem Artikel der *Bonner Rundschau* vom 20. Februar 1951 können wir Folgendes zu diesem Urteil lesen:

„Frankfurt, 19 Febr. (up) Das oberste amerikanische Berufungsgericht für Restitutionsfälle unter Vorsitz von Richter Fred Cohn hat in einer bedeutenden Entscheidung erstmalig seit Kriegsende festgestellt, dass das Deutsche Reich trotz der bedingungslosen Kapitulation niemals aufgehört habe zu bestehen und in einer Restitutionsklage durchaus eine Entscheidung gegen das Reich gefällt werden könne.
In der Entscheidung des Gerichtes heißt es: ‚Es ist ein Irrtum, zu sagen, dass das Deutsche Reich verschwunden sei. Wir dürfen die jeweilige Regierungsform nicht mit der Existenz des Staates an sich verwechseln. Das Kaiserreich bezeichnete nur die Regierungsform, die Deutschland während dieses Regimes hatte, so auch die Weimarer Republik und selbst das Dritte Reich. Die bedingungslose Übergabe des Restes der Nazihierarchie übertrug die Staatsgewalt in Deutschland ***nicht endgültig den siegreichen Alliierten****, vielmehr schalteten die Alliierten nur diejenigen aus, die man als Usurpatoren der Staatsgewalt von damals bezeichnen konnte.'*
Diese Entscheidung erfolgte in einem Prozess auf Rückerstattung einer Hypothek auf einem Frankfurter Grundstück. Die Klage wurde von Frau Martha Kaufman aus England und ihren beiden Kindern, Dr. Eric Kaufman und Frau Margot Goldsmith, eingebracht, die nicht nur die Rückgabe der während des Krieges von den Nazis beschlagnahmten Hypothek, sondern auch die Zuerkennung der seit der Beschlagnahme durch das Deutsche Reich aufgelaufenen Zinsen forderten. Als Vertreter des Deutschen Reiches nahm der

hessische Finanzminister an dem Prozess teil, doch entschied das Gericht, dass gegen das Land Hessen kein Urteil ergehen könne, denn es sei in Finanzsachen ‚nur ein Agent des Staates' gewesen."[9b]

Der vorsitzende Richter war hier ein Fred Cohn. Der Familienname *Cohn* ist jüdisch.[9c] Könnte es sein, dass dieser jüdische Richter heimlich ein „Reichsbürger" gewesen war? ☺

Doch woher kommt der Begriff „Reichsbürger" eigentlich? Definiert wurde dieser Begriff im Dritten Reich im Reichsbürgergesetz, welches am 15.11.1935 in Nürnberg verabschiedet wurde (sog. *Nürnberger Gesetze*) und eine Unterscheidung zwischen *Staatsangehörigen* und *Reichsbürgern* vornahm. Unter § 2 hieß es dort:

1. *„Reichsbürger ist nur der Staatsangehörige deutschen oder artverwandten Blutes, der durch sein Verhalten beweist, dass er gewillt und geeignet ist, in Treue dem deutschen Volk und Reich zu dienen.*
2. *Das Reichsbürgerrecht wird durch Verleihung des Reichsbürgerbriefes erworben.*
3. *Der Reichsbürger ist der alleinige Träger der vollen politischen Rechte nach Maßgabe der Gesetze."*

Die zwingend erforderliche deutsche Abstammung aus dem Reichs- und Staatsangehörigkeitsgesetz von 1913 wurde hier also noch einmal durch die Bezeichnung „deutschen und artverwandten Blutes" ergänzt und nur Reichsbürger bekamen das Privileg der vollen politischen Rechte zugesprochen. Am selben Tag wurde übrigens auch das *Gesetz zum Schutze des deutschen Blutes und der deutschen Ehre* beschlossen, welches u.a. auch noch einmal definierte, wer „arischen" und „jüdischen Blutes" oder „jüdischer Mischling" usw. war und welches mit erheblichen Einschränkungen und Verboten einherging (z.B. das strikte Verbot der Eheschließung zwischen Deutschen und Juden).[9d]

Jene, die heute den Staatsangehörigkeitsausweis beantragen, haben jedoch nichts mit diesen Nürnberger Gesetzen zu tun, da sie mit ihrem Abstammungsnachweis bis vor 1914 (vor Ausbruch des Ersten Weltkriegs) gehen und somit juristisch zurück ins souveräne deutsche Kaiserreich, mit seiner **bis heute noch gültigen** Verfassung, während diese von der Weimarer Verfassung nach Ende des Ersten Weltkriegs einfach verdrängt wurde. Der Nationalsozialismus des Dritten Reichs hat sich mit Wahlraffinessen zur Macht verholfen und schob dabei wiederum die Weimarer Verfassung quasi beiseite. Doch die heutigen Presse-Schmierfinken interessiert das scheinbar alles nicht, wenn sie alle in den „braunen Topf" hineinwerfen und mehrmals kräftig umrühren. Es ist selbst für Laien zu erkennen, dass seitens der deutschen Medien und Regierung hier Diffamierung und politische Hetze betrieben wird.

Vor dem Hintergrund, dass die BRD weiterhin Gesetze aus der Nazi-Zeit anwendet, so z.B. das *Einkommensteuergesetz* aus dem Jahr 1934, das *Gewerbesteuergesetz* aus dem Jahr 1936 oder die *Justizbeitreibungsordnung* aus dem Jahr 1937[10], man sich zudem die peinlichen Auftritte unserer Behörden in *Gestapo*-Manier anschaut sowie die Absicht, Systemkritiker etc. ins Gefängnis zu werfen, so muss an dieser Stelle berechtigterweise gefragt werden, **wer** denn hier tatsächlich die „Reichsbürger" sind?!

Wer mehr Hintergründe zur fehlenden Souveränität Deutschlands und dem verlogenen „BRD-Firmenkonstrukt“ erfahren will, dem empfehle ich mein Buch „Wenn das die Deutschen wüssten...“ sowie wärmstens die Meisterwerke aus dem *Amadeus Verlag* „Whistleblower“ und „Geheimsache Staatsangehörigkeit: Freiheit für die Deutschen“, welche diese Thematik besonders ausführlich und tiefgründig behandeln.

In der Schule fand ich Geschichte übrigens immer öde und gähnend langweilig. Heute weiß ich auch, weshalb: Der meiste Kram, der da uns und auch heute den Kindern und Jugendlichen unterrichtet wird, entspricht einfach nicht der Wahrheit. Unterbewusst wissen wir das und schalten dann einfach häufig ab, weil wir uns die Lügen nicht antun wollen. Geschichte wurde für mich erst wieder interessant, als ich anfing, hinter die Kulissen zu schauen – und was sich da hervortut, ist oft spannender als jeder Krimi-Roman und definitiv um ein Vielfaches interessanter als die langatmigen Geschichtsstunden in der Schule damals. Falls es Ihnen mit der „Geschichtsverdrossenheit“ ähnlich ergeht wie mir, so möchte ich nun Ihre Neugier für die kommenden Kapitel wecken, denn wir werden genau das tun, nämlich gemeinsam in den Kaninchenbau einsteigen, um diesem die Geheimnisse zu entlocken.

Da wir uns gerade zum Thema „Reichsbürger“ bereits ein klein wenig warm gelaufen haben, gehen wir nun erst einmal zu leichten Dehnübungen über...

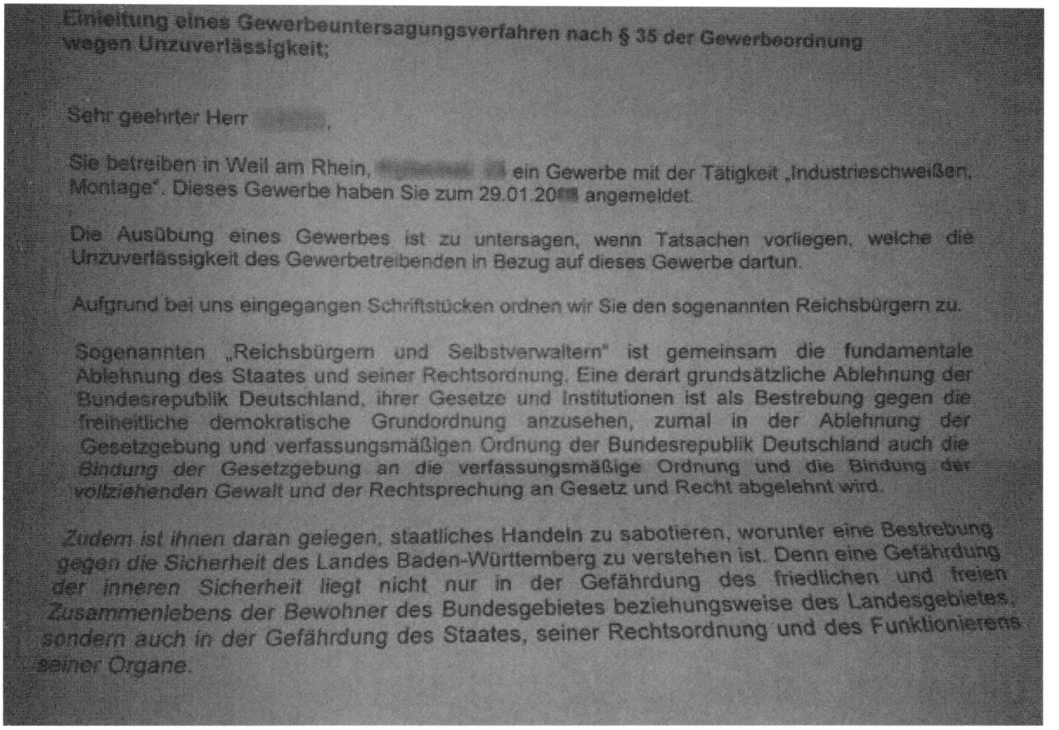

Einleitung eines Gewerbeuntersagungsverfahren nach § 35 der Gewerbeordnung wegen Unzuverlässigkeit;

Sehr geehrter Herr [redacted],

Sie betreiben in Weil am Rhein, [redacted] ein Gewerbe mit der Tätigkeit „Industrieschweißen, Montage“. Dieses Gewerbe haben Sie zum 29.01.20[redacted] angemeldet.

Die Ausübung eines Gewerbes ist zu untersagen, wenn Tatsachen vorliegen, welche die Unzuverlässigkeit des Gewerbetreibenden in Bezug auf dieses Gewerbe dartun.

Aufgrund bei uns eingegangen Schriftstücken ordnen wir Sie den sogenannten Reichsbürgern zu.

Sogenannten „Reichsbürgern und Selbstverwaltern“ ist gemeinsam die fundamentale Ablehnung des Staates und seiner Rechtsordnung. Eine derart grundsätzliche Ablehnung der Bundesrepublik Deutschland, ihrer Gesetze und Institutionen ist als Bestrebung gegen die freiheitliche demokratische Grundordnung anzusehen, zumal in der Ablehnung der Gesetzgebung und verfassungsmäßigen Ordnung der Bundesrepublik Deutschland auch die *Bindung der Gesetzgebung an die verfassungsmäßige Ordnung und die Bindung der vollziehenden Gewalt* und der Rechtsprechung an Gesetz und Recht abgelehnt wird.

Zudem ist ihnen daran gelegen, staatliches Handeln zu sabotieren, worunter eine Bestrebung *gegen die Sicherheit* des Landes Baden-Württemberg zu verstehen ist. Denn eine Gefährdung *der inneren Sicherheit* liegt nicht nur in der Gefährdung des friedlichen und freien *Zusammenlebens* der Bewohner des Bundesgebietes beziehungsweise des Landesgebietes, *sondern auch in der* Gefährdung des Staates, seiner Rechtsordnung und des Funktionierens *seiner Organe.*

Abb. 1: Droht jetzt bald allen Systemkritikern ein Entzug von Führerschein und Gewerbeerlaubnis?

„Wenn Du wissen willst, wer Dich beherrscht, finde heraus, wen Du nicht kritisieren darfst."
Voltaire, französischer Philosoph und Schriftsteller (1694-1778)

„Im Übrigen gilt ja hier derjenige, der auf den Schmutz hinweist, für viel gefährlicher als der, der den Schmutz macht."
Kurt Tucholsky, deutscher Schriftsteller (1890-1935)

Teil I

Die verbotene Wahrheit über die beiden Weltkriege und das Dritte Reich

Kapitel 1
Die wahren Hintergründe über den Ersten Weltkrieg

Albert Pike und Giuseppe Mazzini: drei Weltkriege zur Neuen Weltordnung

Giuseppe Mazzini war einst Führer des 1776 gegründeten *Orden der bayerischen Illuminaten*. Für all jene Leser, denen dieser Illuminatenorden noch nicht bekannt sein sollte, folgt hier eine kurze Zusammenfassung: Nachdem Adam Weishaupts Vater 1753 starb, konvertierte der Baron Johann Adam Ickstatt den fünfjährigen Weishaupt zum Katholizismus und schickte ihn zur weiteren Indoktrinierung in ein Jesuitenkloster. Über die Jahre hinweg beschäftigte er sich u.a. mit Astrologie, Medizin, Magie, ägyptischen okkulten Praktiken oder den Lehren der *Kabbala* (jüd. Mystik, Weisheitslehren, Numerologie; daher bezeichnen manche die Herrscherclique auch als *Kabale*). 1772 wurde er Professor des Bürgerlichen Rechts und 1773 Professor des Kanonischen Rechts (Kirchenrecht). Am 1. Mai 1776 gründete der jüdische Jesuit Weishaupt auf Weisung des Hauses Rothschild den *Orden der bayerischen Illuminaten*, dessen Struktur er nach freimaurerischen und jesuitischen Prinzipien aufbaute, zum Zweck der Gewinnung von Macht und Reichtum, die Regierungen und Religionen dieser Welt zu infiltrieren und Herrschaft über die Welt zu erlangen.

Weishaupt ließ sich zur Wahl des Ordennamens angeblich von luziferischen Lehren inspirieren. Auf lateinisch bedeutet „Illuminati" die „Erleuchteten"; damit jene meinend, die spirituell und intellektuell erleuchtet sind oder anders ausgedrückt, die von sich behaupten, so etwas wie „erleuchtet" zu sein (denn in meinen Augen sind sie eher „entleuchtet"). *Luzifer* kommt ebenfalls aus dem lateinischen und bedeutet „Lichtbringer". Interessant hierbei ist, dass der 1. Mai heute gerade in kommunistischen Ländern ein großer Feiertag ist (auch Maifeiertag) und es ebenfalls für Hexen und Satanisten ein besonderer Tag für ihre dunklen Rituale ist (Walpurgisnacht, Hexensabbat).[(11)]

Um eine Begriffsverwechslung an dieser Stelle zu vermeiden: der „bayerische Illuminatenorden" ist nicht gleichzusetzen mit den der Öffentlichkeit allgemein bekannten „Illuminati". Jan van Helsing schrieb zur Klärung dazu in seinem ersten Band von „Geheimgesellschaften und ihre Macht im 20. Jahrhundert":

> *„Weishaupts bayerische Illuminaten sind nicht mit den ‚ILLUMINATI', also der Gruppe von Personen zu verwechseln, die wir bisher betrachteten. Die wahren Illuminati hatten, wie schon erwähnt, die ‚BRUDERSCHAFT DER SCHLANGE' in Mesopotamien infiltriert und treten niemals mit einem Namen oder gar persönlich in der Öffentlichkeit auf. Den Namen Illuminati benutzen wir in diesem Buch unter anderem deshalb, weil sich dieser Begriff unter Insidern bereits eingebürgert hat, um diese Personengruppe zu bezeichnen, die hinter den Kulissen tätig ist. Adam Weishaupt benutzte jedoch dieselbe Bezeichnung (Illuminaten) für seinen Orden, dessen Ziele den Zielen der bereits seit langer Zeit tätigen ‚Illuminati' ähnlich waren (womöglich um mit der Bezeichnung Illuminaten einer Gruppe in der Öffentlichkeit erneute Verwirrung unter Nachforschern zu stiften)."*[(12)]

Nach Weishaupts Tod trat der italienische Revolutionsführer Giuseppe Mazzini die Nachfolge als Führer der bayerischen Illuminaten an. Mazzini war Freimaurer im 33. Grad des *Schottenritus* und Großmeister des Ordens *Grande Oriente d'Italia* (größter Dachverband der italienischen Freimaurerlogen) und Mitglied des katholisch-mystischen Geheimbunds *Carbonari.*[(13)] Im Jahre 1860 gründete er eine Organisation mit dem Namen *Oblonica*, innerhalb dieser er einen inneren Kreis etablierte, nämlich die auch heute noch operierende berüchtigte „*MAFIA*". Der Name dieses inneren Kreises ist die Abkürzung aus den ersten Buchstaben von ***M**azzini **A**utorizza **F**urti, **I**ncendi e **A**vvelenamenti* was so viel bedeutet wie „Mazzini autorisiert (bzw. beauftragt) Diebstähle, Brandstiftungen und Vergiftungen".[(14)] In einer anderen Version steht der letzte Buchstabe „A" für „attentati" (Mordanschläge). Im Kampf zur Einigung der italienischen Nation brauchte es viel Geld und somit entstand die *MAFIA*, die ihre Mittel zur Finanzierung aus Bankraub, Schutzgelderpressungen und Lösegeldforderungen nach Entführungen erhielt. Die *MAFIA* ist somit ein weiteres Werkzeug der Hintergrundmächte. Mazzini war zudem ein früher Vordenker der „Vereinigten Staaten von Europa" bzw. der „Europäischen Union",[(15)] woran wir wiederum sehen können, dass das Ziel der „Neuen Weltordnung" schon viel älter ist, als wir gedacht haben. Als Mazzini den bayerischen Illuminatenorden anführte, tauschte er sich mit dem Satanisten und Großmeister des Schottischen Ritus der Freimaurer, Albert Pike, über seine weiteren Pläne aus. Über die Korrespondenz zwischen den beiden sind zwei Schriftstücke bekannt geworden. Am 22. Januar 1870 schrieb Mazzini an Pike:

> *„Wir müssen allen Verbänden gestatten, wie bisher weiter zu existieren mit ihren Systemen, ihren zentralen Organisationen und den verschiedenen Arten der Korrespondenz zwischen den hohen Graden desselben Ritus, in ihren gegenwärtigen Organisationsformen. Aber wir müssen einen Superritus schaffen, der unbekannt bleiben soll und in den wir die Maurer hoher Grade nach unserer Wahl berufen werden. Aus Rücksicht auf unsere Mitbürger müssen sich diese Männer der strengsten Geheimhaltung unterwerfen. Mit diesem obersten Ritus werden wir das gesamte Freimaurertum regieren; er wird die internationale Zentrale werden, die umso mächtiger ist, weil seine Leitung unbekannt sein wird.“*[(16)]

Ein anderes Schriftstück datiert vom 15. August 1871. In diesem, das einst im Britischen Museum in London ausgestellt war, offenbarte Pike Mazzini wiederum folgende düstere Absichten:

> *„Wir werden die Nihilisten und Atheisten loslassen; wir werden einen gewaltigen gesellschaftlichen Zusammenbruch provozieren, der in seinem ganzen Schrecken den Nationen die Auswirkungen von absolutem Atheismus, dem Ursprung der Grausamkeit und der blutigsten Unruhen, klar vor Augen führen wird. Dann werden die Bürger – gezwungen, sich gegen die Minderheit der Revolutionäre zur Wehr zu setzen – diese Zerstörer der Zivilisation ausrotten. Die Mehrheit der Bürger wird, gottgläubig wie sie ist, nach der Enttäuschung durch das Christentum und daher ohne Orientierung, besorgt nach einem neuen Ideal Ausschau halten, ohne jedoch zu wissen, wen oder was sie anbeten soll. Dann sind die Menschen reif, das reine Licht durch die weltweite Verkündung der reinen Lehre Luzifers zu empfangen, die endlich an die Öffentlichkeit gebracht werden kann. Sie [diese Verkündung] wird auf die allgemeine reaktionäre Bewegung folgen, die aus der gleichzeitigen Vernichtung von Christentum und Atheismus hervorgehen wird.“*[(17)]

Im selben Jahr schmiedeten Pike und Mazzini einen Plan, die Welt durch drei Weltkriege zu unterjochen, um sie in eine „Neue Weltordnung" zu überführen. Für dieses ambitionierte Ziel gründete Pike den streng geheimen *Ritus des Palladin*, der als Speerspitze für den Kampf zur Welteroberung fungieren sollte. Seit der bolschewistischen Revolution gilt der Kommunismus als Nachfolger dieses Ritus als Vorkämpfer der internationalen revolutionären Bewegung.(17b)

Durch den **Ersten Weltkrieg** sollte der Zarismus in Russland (sowie die meisten Monarchien) abgeschafft und Letzteres anschließend – unter der Kontrolle der Illuminati – weltweit als Sündenbock und Feindbild aufgebaut werden.

Im **Zweiten Weltkrieg** sollte der Hass zwischen deutschen Nationalisten/Patrioten und politischen Zionisten/Juden so weit geschürt werden, dass als Resultat der Staat Israel gegründet wird und Russland seinen Einflussbereich weiter ausdehnt. (Des Weiteren diente dieser Krieg als Auftakt auch dazu, den Patriotismus und in weiterer Folge die Nationen allgemein in Europa Stück für Stück abzuschaffen, wie wir später noch sehen werden.)

Der **Dritte Weltkrieg** sollte sich laut diesem Plan aus dem geschürten Hass zwischen Moslems und Zionisten einerseits und der Konfrontation zwischen Nihilisten und Atheisten andererseits ergeben. Nach der Zerstörung des Christentums und des Atheismus solle anschließend die luziferische Eine-Welt-Religion etabliert werden.(18)

Blicken wir zurück, so stellen wir fest, dass die Pläne und Ziele zu den beiden Weltkriegen sich weitestgehend erfüllt haben, und momentan sehen wir gerade dabei ohnmächtig zu, wie die Vorbereitungen und Ziele für den Dritten Weltkrieg stückweise voranschreiten, insbesondere durch die beispiellose Migrantenflutung Europas, wodurch in erster Linie der Hass zwischen Christen und Moslems eifrigst geschürt werden soll, während eine andere „Clique" dieses Geschehen aus dem Hintergrund heraus initiiert und steuert. Das werden wir dann im zweiten Teil dieses Buches genauer unter die Lupe nehmen. Die Hintergründe zu den ersten beiden Weltkriegen sind zu vielschichtig und komplex, als dass wir sie einfach in Schwarz und Weiß einteilen können. Wer hat angefangen? Wer waren die „Schuldigen"? Wer waren die wirklichen Drahtzieher und welche Absichten verfolgten diese tatsächlich? Waren es tatsächlich „nur" deutsche Nationalisten, die gegen die Zionisten/Juden vorgingen oder steckte da weitaus mehr dahinter? Waren die Deutschen die allein schuldigen Kriegsverursacher und tatsächlich so „böse" und „tyrannisch", wie uns die Schulbücher und die „Qualitätsmedien" weismachen wollen?

In den nächsten Abschnitten und Kapiteln werden wir versuchen, all diesen Fragen auf den Grund zu gehen. Dabei werden wir uns verschiedene Facetten und die Dinge aus mehreren Blickwinkeln betrachten, um ein schlüssigeres Bild zu zeichnen. Ich werde mich hierfür der sogenannten „Salamitaktik" bedienen, um dieses Bild schichtweise und so verständlich wie möglich wie in einem Puzzle zusammenzusetzen. Die Hintergründe des Ersten Weltkriegs werden wir dabei auch nicht außer Acht lassen, denn schließlich sind die beiden Weltkriege zusammenhängend zu betrachten. Für meine Recherchen zog ich teilweise ausländische Literatur heran, darunter auch jahrzehntealte Bücher, zu denen man heute im deutschsprachigen Raum nicht immer leicht Zugang hat. Aber auch hierzulande sind nennenswerte Bücher erschienen, wie z.B. Hans Meisers „Verratene Verräter" oder das verfasste Meisterwerk „1939 – Der Krieg, der viele Väter hatte: Der lange Anlauf zum Zweiten Weltkrieg" vom ehemaligen Generalmajor der deutschen Bundeswehr, Gerd Schultze-Rhonhof, in welchem ich ebenso sehr interessante Fakten vorfand, die in unseren Geschichtsbüchern definitiv nicht drin stehen. Am Ende des ersten Teils dieses Buches werde ich zur Gedächtnisstütze alle wichtigen Fakten dann noch einmal in Form einer Zusammenfassung aufbereiten.

Ein starkes Kaiserreich als Gefahr fürs internationale Establishment

Das Deutsche Kaiserreich war für den internationalen Finanzadel wirtschaftlich zu stark geworden. Besonders England und Frankreich fühlten sich in ihrer Weltmacht bedroht, zumal sie stetig an Wirtschaftskraft verloren haben und ihre Felle davonschwimmen sahen. Zudem gab bereits das Kaiserreich zwar nicht mehr sein eigenes, komplett staatlich kontrolliertes teils edelmetallgedecktes Geld aus (die Zentralbank war in Händen von Bankiers), war aber in großen Teilen noch unabhängig vom Rest der Welt. Die Einkommensteuer betrug damals im Vergleich zu heute nur „lächerliche" 0,62% bis 4%, wobei die 4% der Spitzensteuersatz für Jahreseinkommen ab 100.000 Mark war![19] Im Interview für das Buch „Politisch Unkorrekt" von Jan van Helsing äußerte sich Ben Morgenstern, der Sohn eines jüdischen Illuminaten, zum Hindernis „Deutschland" wie folgt:

> *„(...) Ausschlaggebend für diese Kriege [die beiden Weltkriege] waren vor allem die Machtansprüche der damaligen Großmächte Frankreich, England und der USA – und nicht nur Deutschlands, wie es fälschlicherweise in unseren Geschichtsbüchern steht –, Europa wirtschaftlich zu kontrollieren. Dabei gab es nur einen Haken: Deutschland! England und die USA standen zu dieser Zeit längst politisch und wirtschaftlich unter Kontrolle der Bankiers-Familien. Wer Europa kontrollieren will, muss Deutschland politisch und wirtschaftlich beherrschen."* Des Weiteren führt er aus: *„Das Ganze nahm seinen unrühmlichen Anfang, nachdem das aufstrebende deutsche Kaiserreich sich anschickte, neben England und Frankreich eine führende Rolle in Europa einzunehmen. Bis 1870 war Deutschland fast ausschließlich Agrarland. Das änderte sich natürlich nach dem deutsch-französischen Krieg 1870/71 und der daraus resultierenden Reichsgründung. Es kam zum Wirtschaftswunder: Deutschland bekam eine Infrastruktur, Eisenbahnlinien und eine Hochseeschifffahrt und stieg in sehr kurzer Zeit zu einer Weltmacht auf. Da mussten die Briten reagieren! (...) Was damals niemand in Deutschland wissen konnte, war die Tatsache, dass ein Krieg längst beschlossene Sache war. Es gab gar keinen anderen Ausweg. Die Strategen, die dafür verantwortlich waren, haben schon damals geopolitisch in ganz anderen Dimensionen gedacht und geplant. Nur durch Krieg und Revolutionen kann man eine geopolitische Weltkarte innerhalb von wenigen Jahrzehnten erfolgreich ändern, abgesehen davon, dass man damit unsagbar viel Geld verdient. So ist das Gesetz."*[20]

Das sind klare Worte eines Mannes, der es wissen muss, denn schließlich war sein Großvater damals nach dem Ersten Weltkrieg bei der *Versailler Friedenskonferenz* anwesend und wirkte an der Ausarbeitung des *Ha'avara Abkommens* beratend mit (ein Abkommen, welches 1933 zwischen dem Deutschen Reich und der *Jewish Agency for Palestine* geschlossen wurde und nach Palästina auswandernde Juden ermöglichte, ihr Kapital zu transferieren; A.d.V.). Und selbst heute wissen noch die wenigsten Leute, dass der Erste Weltkrieg eine lange Vorlaufzeit hatte und bereits Jahrzehnte vorher beschlossen und in seiner Ausführung geplant wurde.

Jetzt könnten einige behaupten, dass die Pläne von Pike und Mazzini weit hergeholt wären. Blicken wir aber noch einmal zurück und sehen, dass die uns bekannte Korrespondenz zwischen den beiden in den Jahren 1870 und 1871 stattfand. Das Deutsche Kaiserreich wurde am 1. Januar 1871 gegründet. Aber nicht nur Pike und Mazzini waren in die Pläne eingeweiht, sondern auch zahlreiche andere einflussreiche Leute. Im Februar 1896 erschien in der wöchentlichen Londoner Zeitung *The Saturday Review* ein Artikel von dem Zoologen und Politiker Sir Peter Chalmers Mitchell mit der Überschrift *„A Biological View of English Foreign Policy"* (zu Deutsch: *Eine biologische Sicht der englischen Auslandspolitik*), in welchem er u.a. Folgendes zum Ausdruck brachte:

> *„Würde morgen jeder Deutsche ausradiert werden, gäbe es keinen englischen Geschäftszweig und keine englische Unternehmung, welches nicht sofort wachsen würde. Würde morgen jeder Engländer ausradiert werden, würden die Deutschen im Größenverhältnis zunehmen. Hier ist der erste große Rassenkampf der Zukunft. (...) Der eine oder der andere muss verschwinden; der eine oder andere wird verschwinden. (...) Macht Euch bereit zum Kampf gegen Deutschland, denn Germania est delenda."* [Germanien muss vernichtet werden][(21)] In einer anderen Ausgabe von 1897 finden wir in derselben Zeitung folgende Aussage: *„(...) und sagen wir zu Frankreich und Russland: Sucht Euch eine Form der Entschädigung aus. Nehmt Euch in Deutschland, was Ihr wollt: Ihr könnt es haben."*[(22)]

Auf dem *Sechsten Zionistenkongress* wurde am 28. August 1903 in Basel in der Schweiz beschlossen, dass Uganda (in Afrika) als Übergangslösung für den zu errichtenden Judenstaat dienen sollte. Der Publizist Theodor Herzl, der als Begründer des neuzeitlichen politischen Zionismus gilt und Autor des 1896 erschienen Buches „Der Judenstaat" ist, leitete diesen Kongress. In der jüdischen Zeitung *The American Jewish News* erschien nach dem Ersten Weltkrieg rückblickend in einer Ausgabe vom 19. September 1919 auf der Titelseite ein längerer Artikel[(22b)] vom Reporter Litman Rosenthal, der Theodor Herzl etwa einen Monat nach dem Kongress in seinem Hotel besuchte, wo auch der Kongress-Vizepräsident Max Nordau dem kleinen anwesenden Kreis von Zionisten über den damals abgelaufenen Kongress Folgendes zu berichten hatte:

> *„Nach den Pogromen von Kischinew* [im April 1903] *bot die große fortschrittliche Macht England der jüdischen Nation im Rahmen des Zionistischen Kongresses, in Sympathie für unser armes Volk, eine autonome Kolonie in Uganda an. Uganda ist in Afrika und Afrika ist nicht Zion und wird es auch nie sein, um Herzls eigene Worte zu zitieren. Aber Herzl weiß bestens, dass nichts so wertvoll für die Sache des Zionismus ist wie freundschaftliche politische Beziehungen mit einer solchen Macht wie England. (...) und daher ist es besonders wichtig, eine Kolonie aus Englands Hand anzunehmen, um einen Präzedenzfall zu unseren Gunsten zu schaffen. Früher oder später wird die orientalische Frage gelöst werden müssen, und die orientalische Frage bedeutet selbstverständlich auch die Frage Palästinas. (...) Herzl weiß, dass wir vor gewaltigen Umbrüchen in der ganzen Welt stehen. Bald vielleicht würde eine Art Weltkongress einberufen werden müssen und das große, freie, mächtige England würde dann das Werk fortsetzen, das es mit seinem großzügigen Angebot beim Sechsten Zionistenkongress begonnen hatte. Und wenn Sie*

mich jetzt fragen sollten, was Israel in Uganda tun sollte, (...), so lassen Sie mich die folgenden Worte so sagen, als wenn ich Ihnen die Sprossen einer immer weiter aufwärts führenden Leiter beschriebe: Herzl, der Zionistische Kongress, der kommende Weltkrieg, die Friedenskonferenz, auf der mit Hilfe Englands ein neues freies Palästina geschaffen werden wird."(23)

Das ist schon recht interessant. Hier erfahren wir also nicht nur von der „prophetischen Gabe" einiger führender Zionisten, sondern auch einen der wahren Gründe, worum es bei den zukünftigen Weltkriegen tatsächlich gehen sollte: um die Schaffung des Staates Israel. Dies stand bereits mindestens 1903 fest, als der Erste Weltkrieg noch 11 Jahre entfernt war! Die internationale Hochfinanz wusste natürlich ebenfalls Bescheid, war sie doch die kommenden Jahre eifrig dabei, weitere erforderliche politische und finanzielle Weichen zu stellen. Auf einer Bankiers-Versammlung 1907 in London äußerte sich J. P. Morgan (Gründer des Bankhauses *J. P. Morgan & Co.* sowie Agent des *Hauses Rothschild*) unverblümt wie folgt: *„Der deutsche Wirtschaftskörper kann der internationalen Weltwirtschaft nur eingegliedert werden, wenn man Deutschland durch einen Krieg politisch zerschlägt, und das heißt: Wir brauchen einen* ***Weltkrieg****.*"(24)

Von diesem bevorstehenden Weltkrieg wird auch der damalige US-Präsident Woodrow Wilson gewusst haben. Denn bevor er das Amt des Präsidenten 1913 antreten durfte, musste er bereits ein Jahr zuvor den internationalen Bankiers Zugeständnisse machen. Vom ehemaligen Oberst der US-Armee, Curtis Bean Dall, der auch Schwiegersohn des späteren US-Präsidenten Franklin D. Roosevelt war, erfahren wir in seinem Buch „Amerikas Kriegspolitik – Roosevelt und seine Hintermänner", dass Wilson vor seinem engen Berater, dem jüdischen Finanzier und Spekulanten Bernard Baruch, sowie anderen einflussreichen Personen versprechen musste, u.a. folgende Punkte während seiner Präsidentschaft zu erfüllen:

1. Die Gründung der amerikanischen Zentralbank *Federal Reserve Bank* (kurz : *FED*) zu unterstützen,
2. sich für die Einführung der gestaffelten Einkommensteuer einzusetzen und
3. hilfsbereite politische Maßnahmen in die Wege zu leiten, falls Krieg in Europa ausbrechen sollte.(25)

Bernard Baruch war übrigens auch Berater des nachfolgenden US-Präsidenten Roosevelt. Am 4. März 1913 wurde Woodrow Wilson dann zum 28. Präsidenten der USA „gewählt". Am 23. Dezember 1913 wurde schließlich die sich in privaten Händen der Bankiers befindende FED mit ihrem Hauptsitz in Washington D.C. gegründet, nachdem bereits zuvor am 3. Februar des gleichen Jahres der 16. Verfassungszusatz in Kraft getreten war, welcher dem US-Kongress fortan erlaubte, *Einkommensteuer* zu erheben.(26)

Ohne die Gründung der FED und der damit einhergehenden Freigabe von finanziellen Mitteln (in Form von Freiheitsanleihen und -obligationen) wären die USA nicht in der Lage gewesen, den englischen Krieg gegen Deutschland sowie den eigenen Kriegseintritt ab April 1917 zu finanzieren. Zuvor hatte bereits England das Bankgesetz von 1844 in Kraft gesetzt, welches ab sofort Zahlungen in Gold und Silber verbot, den Goldbesitz der britischen Bürger einzog und in Noten (= Papiergeld) der britischen Zentralbank *Bank of England* eintauschte. Die dadurch frei gewordenen Geldmengen ermöglichten England bzw. der britischen Hochfinanz am 4. August 1914 überhaupt erst in den Krieg gegen Deutschland einzutreten. Die Bankiers in Europa und in den USA haben hier Hand in Hand zusammengearbeitet.[27]

In der Ausgabe Nr. 45 des Magazins *Der Spiegel* erschien ein interessanter Bericht über die „Lusitania Affäre“. Die Lusitania war ein britisches Passagierschiff und seinerzeit das schnellste Schiff auf der Route Europa-Amerika. Ein britischer Geschichtsdetektiv fand zusammen mit dem britischen TV-Sender *BBC* heraus, dass das Schiff am 7. Mai 1915 von der britischen Admiralität mit Absicht vor die Torpedorohre deutscher U-Boote gelenkt worden war, um die Deutsche Marine zu einer Tat zu provozieren, was dann auch geschah. Die Deutschen versenkten das Schiff, wobei 124 Amerikaner ums Leben kamen, und dies diente als Rechtfertigung für die USA, den Ton gegen Deutschland zu verschärfen. Das britische Journalistenteam fand zudem heraus, dass der Bau besagten Schiffes bereits ein militärischer Akt gewesen sei, denn der Bau der Lusitania erfolgte zu **Kriegszwecken** im Rahmen eines Geheimabkommens zwischen der britischen Admiralität und der Schifffahrtsgesellschaft *Cunard Steamship Company*. Die deutsche Admiralität rechtfertigte die Versenkung des Schiffes damit, da es Geschütze an Bord geführt hatte und Munition nach England transportieren wollte. Ein Geheimpapier, welches in die Hände von Wilson gelangte, offenbarte die Ladeliste der Lusitania: 1.248 Kästen mit Granaten, 4.927 Kisten mit Gewehrpatronen und 2.000 Kisten weiterer Munition. Wilson ließ die Ladeliste in ein Archiv verschwinden, um die Wahrheit zu vertuschen. Er hatte schließlich den Bankiers zugesagt, als Präsident bei einem möglichen Kriegsausbruch in Europa hilfsbereitende Maßnahmen in die Wege zu leiten. Winston Churchill, seinerzeit Marineminister und späterer Premierminister Englands ließ im Februar 1913 die Mitarbeiter von *Cunard* wissen, dass die Stunde der Bewährung herannahe sowie dass der Krieg gegen Deutschland sicher sei und spätestens im September 1914 ausbrechen würde.[28] Und 1912 bemerkte der Erste Britische Seelord, John A. Fisher, ebenfalls: „*Der Große Krieg wird jetzt vorbereitet, ohne dass es jemand sieht.*“ Der New Yorker Erzbischof Kardinal John Murphy Farley sagte wenige Monate vor dem Sarajewo-Attentat (dem „Startschuss“ für den Ersten Weltkrieg) folgende interessante Worte:

> „*Der Krieg, der in Vorbereitung ist, wird ein Kampf zwischen dem internationalen Kapital und den regierenden Dynastien sein. Das Kapital wünscht niemanden über sich zu haben, kennt keinen Gott oder Herrn und möchte alle Staaten als große Bankgeschäfte regieren lassen. Ihr Gewinn soll zur alleinigen Richtschnur der Regierenden werden.*“[29]

Und nach dem Ende des Ersten Weltkriegs konstatierte Fürst Awaloff-Bermondt rückblickend: „*Die Hauptursache des Weltkrieges war die Intrige Englands, das allein diesen Krieg entfachte, um dadurch zwei große Völker, das russische und das deutsche, unschädlich zu machen. Die Hauptschuld am Beginn dieses Völkermordes trifft unzweifelhaft England.*“[30]

Sie erinnern sich noch an Pikes und Mazzinis Pläne für die drei Weltkriege? Rudolf Steiner, Begründer *Anthroposophischen Gesellschaft* und ab 1902 Generalsekretär der *Theosophischen Gesellschaft*, offenbarte am 4. Dezember 1916 in diesem Zusammenhang diese passende Information auf einem Vortrag:

> „*Ich habe Sie darauf aufmerksam gemacht, dass in gewissen okkulten Brüderschaften des Westens, für mich nachweisbar in den neunziger Jahren, von dem gegenwärtigen Welt-*

kriege die Rede war, und dass dazumal die Schüler dieser okkulten Brüderschaften unterrichtet wurden durch Landkarten, auf denen verzeichnet war, wie Europa durch diesen Weltkrieg verändert werden sollte. Insbesondere wurde in englischen okkulten Brüderschaften hingewiesen auf einen Krieg, der kommen muss, den man förmlich heranlotste, den man vorbereitete..."[31]

1890 veröffentlichte das englische satirische Wochenmagazin *Truth* tatsächlich eine Landkarte Europas aus den 1880er-Jahren, die fast identisch mit der Karte Europas nach dem Ersten Weltkrieg ist! Über dem Raum Russlands stand zudem das Wort „desert", bezugnehmend auf Staaten für sozialistische Experimente.[32] Das nenne ich mal satirische Wahrheit. Diese zahlreichen „Zufälle" zeigen eindeutig, dass man es auf das Deutsche Kaiserreich abgesehen hatte und über viele Jahre den Krieg akribisch vorbereitete, welcher am Ende rund 20 Millionen Menschen das Leben kostete und mindestens so viele Verletzte hervorbrachte[33], während die Finanz-Oligarchen kräftig daran verdienten und dabei den weiteren Weg zur „Einen Welt Regierung" für Deutschland, Europa und die Welt ebneten. Dass es bei diesem Krieg vordergründig um Profite und tatsächlich um die Zerstörung Deutschlands ging, belegt auch die Tatsache, dass Deutschland und Österreich-Ungarn dabei waren, den Krieg zu gewinnen und der Entente (also England, Frankreich und Russland) im Winter 1916 den Frieden anbot, welches auf der Gegenseite aber auf Desinteresse stieß. Durch die *Lusitania*-Finte Englands mischten sich plötzlich die USA militärisch ein, und so wurde der Krieg unnötig um fast zwei Jahre verlängert. Natürlich hatte das auch einen nicht unerheblichen finanziellen Hintergrund. Hätten England und Frankreich den Krieg in Europa verloren, hätten sie gravierende Verluste ihrer Kriegsinvestitionen hinnehmen müssen, was wiederum der Volkswirtschaft der USA erheblichen Schaden zugefügt hätte, denn schließlich finanzierten die US-amerikanischen Banken die Kriegsabenteuer der Briten und Franzosen.[34]

Abb. 2: Berlin am Alexanderplatz um 1900. **Abb. 3:** Bereits vor über 100 Jahren fuhren Straßenbahnen und S-Bahnen in Deutschland. **Abb. 4:** Szenerie in einem Café. **Abb. 5:** Seiner Zeit weit voraus: Damals gab es schon motorisierte Autos für Kinder.

Benjamin Freedman über die Hintergründe des Ersten Weltkriegs

Benjamin Freedman war ein erfolgreicher US-amerikanischer Geschäftsmann in New York City und anti-zionistischer Aktivist. Nach seinen eigenen Angaben fungierte er als Bernard Baruchs Assistent im Präsidentschaftswahlkampf von Woodrow Wilson[35a] und war ein Insider in den höchsten Ebenen der zionistischen Machenschaften. Schon im frühen Alter lernte er viele wichtige Leute an den Schalthebeln de Macht kennen, z.B. die ehemaligen US-Präsidenten Woodrow Wilson und Franklin D. Roosevelt sowie John F. Kennedy und seinen Vater Joseph Kennedy. Im Laufe seines Lebens brach er mit dem Judentum ab und konvertierte zum Katholizismus. Er investierte mindestens 2,5 Mio. US-Dollar, um die Menschen über die „talmudische Tyrannei" aufzuklären.[35b] Freedman war somit nicht „irgendjemand", denn er hatte einen sehr guten Blick hinter die Kulissen. 1961 hielt Freedman in Washington D.C. eine äußerst wichtige Rede (man kann sie hier anhören[36a]), in der er kein Blatt vor den Mund nahm, um die Hintergründe zu den beiden Weltkriegen schonungslos zu benennen. Zu dieser Rede gibt es auch Transkripte in englischer und deutscher Sprache, die Sie sich selbst im Internet durchlesen können.[36b] Auf diese Rede werde ich mich auch noch im späteren Verlauf das ein oder andere Mal beziehen. Aber nun schauen wir uns mal an, was dieser gute Mann zum Zeitpunkt zu sagen hat, als die Russen am Ende ihrer Kräfte waren, 600.000 französische Soldaten bereits gefallen waren, während die britischen Vorräte und Munition weitestgehend verbraucht waren, die Deutschen auf dem Schlachtfeld den Krieg nach zwei Jahren eigentlich schon gewonnen hatten und das Deutsche Kaiserreich der Entente den Frieden anbot:

> *„Nicht ein Schuss wurde auf deutschem Boden abgefeuert. Kein feindlicher Soldat hatte die deutsche Grenze überschritten, und dennoch bot Deutschland England den Frieden an. Einen Frieden, den Juristen ‚status quo ante' nennen, was so viel bedeutet wie: ‚Lasst uns den Krieg beenden und lasst alles so sein, wie es vor dem Krieg war.' England zog dies im Sommer 1916 ernsthaft in Erwägung. Sie hatten keine andere Wahl. Sie konnten entweder das großzügige Friedensangebot Deutschlands annehmen oder den Krieg bis zur vollständigen Niederlage fortführen. Doch dann wandten sich deutsche Zionisten an das britische Kriegskabinett und sagten: ‚Seht her, Ihr könnt diesen Krieg doch noch gewinnen, Ihr dürft nicht aufgeben. Ihr braucht auf das deutsche Friedensangebot nicht einzugehen. Wenn die USA als Eure Verbündeten in den Krieg eintreten, könnt Ihr diesen Krieg gewinnen.'*
>
> Nachfolgend sagte er dann noch etwas Entscheidendes: *„Außerdem sagten die Zionisten zu England: ‚Wir bringen die USA als Euren Verbündeten in den Krieg, wenn Ihr uns versprecht, dass wir nach dem Krieg Palästina bekommen.' In anderen Worten ausgedrückt machten sie diesen Deal: ‚Wir bringen die USA als Eure Verbündete in diesen Krieg. Der Preis, den Ihr dafür zahlen müsst, ist Palästina, nachdem Ihr den Krieg gewonnen und Deutschland, Österreich-Ungarn und die Türkei besiegt habt.' England hatte das gleiche Recht, irgend jemandem Palästina zu versprechen, wie Amerika das Recht hätte, den Iren – aus welchen Gründen auch immer – Japan zu versprechen. Es war absolut absurd, dass Großbritannien, das keine Interessen und auch keine Verbindungen zu Palästina hatte, dieses Land als Preis für den Kriegseintritt der USA den Zionisten zu bezahlen. Dennoch gaben sie dieses Versprechen im Oktober 1916. Kurz darauf – ich weiß nicht, wie viele sich noch daran erinnern – traten die USA, die bis dahin fast*

vollständig pro-deutsch waren, als Verbündete Großbritanniens in den Krieg ein. Bis dahin waren die Vereinigten Staaten pro-deutsch, weil die Zeitungen unter jüdischer Kontrolle waren, die Bankiers waren Juden, die Massenmedien in diesem Land waren unter jüdischer Kontrolle und die Juden selbst waren pro-deutsch, weil viele von ihnen aus Deutschland kamen. Sie wollten, dass Deutschland den Zaren besiegt. Die Juden hassten den Zaren, sie wollten nicht, dass Russland den Krieg gewinnt.

Diese jüdischen Bankiers – deutsche Juden – wie Kuhn-Loeb und andere Großbanken, weigerten sich, England und Frankreich auch nur mit einem Dollar zu unterstützen. Sie sagten: ‚So lange England und Frankreich Verbündete Russlands sind, gibt es nicht einen Cent!' Aber sie pumpten Geld nach Deutschland, sie kämpften an Deutschlands Seite gegen den Zar, um das zaristische Regime zu brechen. Doch diese gleichen Juden ließen sich plötzlich auf einen Handel mit England ein, als sie die Möglichkeit sahen, Palästina zu bekommen. Auf einmal veränderte sich in den USA alles, wie eine Ampel, die von rot auf grün schaltet. Alle Zeitungen, die bis eben noch pro-deutsch waren, schwenkten um. Wo diese den Menschen noch erzählten, wie schwer es doch die Deutschen im Kampf gegen die Briten in kommerzieller und anderer Hinsicht hätten, waren die Deutschen plötzlich nicht mehr die Guten. Sie waren von nun an Schurken, Hunnen, würden Rote-Kreuz-Schwestern erschießen und kleinen Babys die Hände abhacken. Kurz darauf erklärte Präsident Wilson Deutschland den Krieg. Die Zionisten in London telegrafierten in die USA, zu Richter Brandeis, mit der Aufforderung: ‚Bearbeiten Sie Präsident Wilson. Wir bekommen von England, was wir wollen. Bringen Sie Präsident Wilson dazu, in den Krieg einzutreten.' Und das geschah dann auch. Auf diese Weise traten die USA in den Krieg ein. Nachdem wir in den Krieg eingetreten waren, gingen die Zionisten nach London und sagten: ‚Wir haben unseren Teil der Abmachung erfüllt. Gebt uns etwas Schriftliches, das uns zeigt, dass Ihr Euren Teil der Abmachung einhaltet und wir Palästina bekommen, nachdem Ihr den Krieg gewonnen habt.' Da sie [die Zionisten] nicht wussten, ob der Krieg noch ein oder noch weitere 10 Jahre dauern würde, wurde ein Schriftstück in Form eines Briefes verfasst. Dieses Schriftstück wurde die ‚Balfour-Deklaration' genannt. Die Balfour-Deklaration war nichts anderes als das Versprechen Englands, den Zionisten das zu zahlen, worauf sich beide für den herbeigeführten Kriegseintritt der USA geeinigt haben.“[36c]

Dieser Ausschnitt aus seiner Rede hat es schon in sich. Freedmans Aussagen fügen sich nahtlos an jene an, die Max Nordau vom Zionistenkongress bereits 1903 tätigte, als England den Zionisten das Land Uganda versprochen hatte. Die *Balfour-Deklaration* wurde nach dem damaligen britischen Außenminister Arthur James Balfour benannt. Diese Deklaration schrieb Balfour am 2. November 1917 an Lord Rothschild in Form des folgenden kurzen Briefes:[37]

„Verehrter Lord Rothschild,
ich bin sehr erfreut, Ihnen im Namen der Regierung Seiner Majestät die folgende Erklärung der Sympathie mit den jüdisch-zionistischen Bestrebungen übermitteln zu können, die dem Kabinett vorgelegt und gebilligt worden ist:

> *‚Die Regierung Seiner Majestät betrachtet mit Wohlwollen die Errichtung einer nationalen Heimstätte für das jüdische Volk in Palästina und wird ihr Bestes tun, die Erreichung dieses Zieles zu erleichtern, wobei, wohlverstanden, nichts geschehen soll, was die bürgerlichen und religiösen Rechte der bestehenden nicht-jüdischen*

Gemeinschaften in Palästina oder die Rechte und den politischen Status der Juden in anderen Ländern in Frage stellen könnte.'

Ich wäre Ihnen dankbar, wenn Sie diese Erklärung zur Kenntnis der Zionistischen Vereinigung bringen würden.

Ihr ergebener Arthur Balfour"

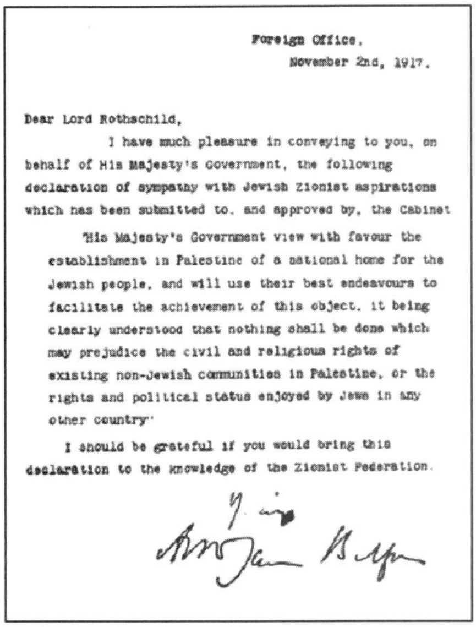

Foreign Office,
November 2nd, 1917.

Dear Lord Rothschild,

I have much pleasure in conveying to you, on behalf of His Majesty's Government, the following declaration of sympathy with Jewish Zionist aspirations which has been submitted to, and approved by, the Cabinet

'His Majesty's Government view with favour the establishment in Palestine of a national home for the Jewish people, and will use their best endeavours to facilitate the achievement of this object, it being clearly understood that nothing shall be done which may prejudice the civil and religious rights of existing non-Jewish communities in Palestine, or the rights and political status enjoyed by Jews in any other country'

I should be grateful if you would bring this declaration to the knowledge of the Zionist Federation.

Yours
Arthur James Balfour

Abb. 6: Die englische Originalfassung des Briefes von Balfour an Rothschild.

Nach diesen Informationen stellten sich mir zwei grundlegende Fragen. Die erste Frage war, warum der Brief ausgerechnet an Lord Rothschild adressiert war und nicht an Chaim Weizmann, welcher zu diesem Zeitpunkt eigentlich der Vorsitzende der englischen Zionistenvereinigung war? Eine plausible Antwort könnte uns der deutsch-amerikanische Historiker F. William Engdahl in seinem Buch „Mit der Ölwaffe zur Weltmacht" bringen, der herausfand, dass es zum einen finanzielle Mittel von Rothschild waren, die die Gründung dieser Zionistenvereinigung erst ermöglicht hatten, und zum anderen **finanzierte Rothschild die Auswanderung russischer und polnischer Juden über eine jüdische Kolonisierungsgesellschaft, bei der er Vorsitzender bis zu seinem Lebensende war.**[38] Für Rothschild war es also ein dickes Geschäft, um sein ohnehin schon unüberschaubares Vermögen noch weiter aufzustocken. Dabei spielte es moralisch anscheinend überhaupt gar keine Rolle, die jüdischen Bevölkerungen zu entwurzeln und wie Handelswaren hin und her zu schachern – etwas, was die Strippenzieher der Macht auch nach den Weltkriegen immer wieder gern erneut in Gang setzten; insbesondere heute mit der Migrantenflutung Europas.

Die andere berechtigte Frage, die sich mir stellte, war: Warum ist es nun gerade Palästina geworden und nicht Uganda oder die französische Insel Madagaskar, welches die Reichsregierung ursprünglich zur Massenauswanderung – laut der *Jewish Virtual Library* – in Betracht zog?[38b] Der Gründer und langjährige Präsident des *Jüdischen Weltkongresses*, Nahum Goldman, offenbarte 1947 in Montreal dazu Folgendes:

„Die Juden hätten Uganda, Madagaskar und andere Orte zur Errichtung einer jüdischen Heimstatt haben können, wollten aber absolut nichts anderes als Palästina – nicht etwa wegen der biblischen oder religiösen Bedeutung von Palästina; nicht weil das Wasser des Toten Meeres durch Verdampfung Metalloide und pulverisierte Metalle im Wert von fünf Milliarden Dollar erzeugen könnte; nicht weil unter dem Boden Palästinas zwanzig mal mehr Erdöl liegen könnte als die vereinigten Reserven Nord- und Südamerikas, sondern weil Palästina am Kreuzweg zwischen Europa, Asien und Afrika liegt, weil Palästina das wahre Zentrum der weltweiten politischen Macht darstellt, das strategische militärische Zentrum zur Kontrolle der Welt."[39]

Auch William Engdahl kommt zu ähnlichen Erkenntnissen, wenn er schreibt, dass die geographische Lage des Landes strategisch eine sehr wichtige Rolle spielt. Zum einen gibt es hier die Seeverbindung nach Indien, zum anderen hat Palästina eine besondere Stellung zwischen den der Türkei abgenommenen erdölreichen Ländern des Nahen Ostens.[(40)] Welche Bedeutung große Erdölvorkommen finanziell und wirtschaftspolitisch haben, muss an dieser Stelle – glaube ich – nicht mehr groß erörtert werden.

Halford Mackinder, ein britischer Geograph, Mitbegründer der *London School of Economics* und Erfinder der sogenannten „Geopolitik", reiht sich hier bestätigend ein, als er sich zur Wahl Palästinas wie folgt äußerte:

> *„Wenn die Weltinsel unweigerlich der Hauptsitz der Menschheit auf diesem Erdball ist und wenn Arabien als Durchgangsland zwischen Europa und Indien und zwischen dem nördlichen und südlichen Herzland der Weltinsel zentrale Bedeutung hat, dann kommt der Zitadelle auf den Hügeln Jerusalems im Hinblick auf die große Politik eine strategisch wichtige Position zu. Sie unterscheidet sich nicht wesentlich von der idealen Lage Jerusalems im Mittelalter oder seiner strategischen Position in der Antike zwischen Babylon und Ägypten. Der Suezkanal führt den umfangreichen Verkehr zwischen Europa und Indien und liegt in unmittelbarer Reichweite einer in Palästina stationierten Armee. Schon wird in der Ebene von Jaffa an der Eisenbahnverbindung zwischen dem südlichen und dem nördlichen Herzland gebaut."*[(41)]

Mackinder, für dessen Expertise die Denkfabrik *Royal Institute of International Affairs* gegründet wurde, entwickelte zudem die Anschauung vom „Herzland" und der „Weltinsel". Osteuropa und Russland bildeten nach seiner Theorie das „Herzland", wohingegen Eurasien die „Weltinsel" darstellen sollte. So ist seine vorige Aussage dahingehend zu verstehen, dass Osteuropa und Eurasien die Schlüssel zur Herrschaft über die Welt darstellen. Dies hat er auch nach dem Ersten Weltkrieg dann unumwunden noch einmal knapp auf den Punkt gebracht: *„Wer Osteuropa beherrscht, der beherrscht das Herzland; wer das Herzland beherrscht, der beherrscht die Weltinsel; wer die Weltinsel beherrscht, der beherrscht die Welt."*[(42)]

Für solch offene Worte führender Zionisten und ihrer Marionetten sowie Überläufern wie Freedman können wir nur dankbar sein, schließlich öffnen sie uns allen die Augen für die Wahrheit.

Der Vertrag von Versailles – die Ausblutung Deutschlands

US-Präsident Woodrow Wilson hielt am 8. Januar 1918 vor dem US-Kongress eine Rede, auf der er ein 14-Punkte-Programm zur Einleitung des Friedens mit den Deutschen vorschlug. Neun dieser 14 Punkte sollten für das Deutsche Reich von Bedeutung sein:

1. Offene und öffentlich abgeschlossene Friedensverträge. Geheime Abmachungen sollen verboten sein.
2. Uneingeschränkte Freiheit der Meere, sowohl im Krieg als auch zu Friedenszeiten. Ausgenommen hiervon waren Meere, die durch internationale Verträge gesperrt werden (z.B. die arktischen und antarktischen Gewässer?; A.d.V.)
3. Gegenseitige Bürgschaften für Rüstungsbeschränkungen der Nationen.

4. Freier und unparteiischer Ausgleich aller kolonialen Ansprüche.
5. Die Räumung des ganzen russischen Gebietes durch Deutschland und Österreich-Ungarn.
6. Die Räumung und Wiederherstellung Belgiens.
7. Die Räumung des ganzen französischen Gebiets, inkl. der Rückgabe von Elsaß-Lothringen an Frankreich.
8. Ein unabhängiger polnischer Staat sollte errichtet werden, mit freiem und sicherem Zugang zur See.
9. Die Gründung eines allgemeinen Verbands der Nationen (Völkerbund).[43]

Wilsons Friedensvorschlag endet mit folgender Aussage:
„Wir sind nicht eifersüchtig auf die deutsche Größe und es ist nichts in diesem Programm, das sie verringert. (...) Wir wünschen nicht, Deutschland zu verletzen oder in irgendeiner Weise seinen berechtigten Einfluss oder seine Macht zu hemmen. (...) Wir wollen Deutschland nicht bekämpfen, weder mit Waffen noch mit feindlichen Handelsmethoden, wenn es bereit ist, sich uns und den anderen friedliebenden Nationen in Verträgen der Gerechtigkeit, des Rechts und der Fairness anzuschließen. Wir wünschen nur, dass Deutschland einen Platz der Gleichberechtigung unter den Völkern einnimmt, statt eines Platzes der Vorherrschaft. (...)“[44]

Wie sich aus seiner Aussage schon indirekt erahnen lässt, sollte es nicht bei diesen Bedingungen bleiben. In zwei weiteren Briefen stellte Wilson immer weitere Forderungen an die Reichsregierung, die diese auch jedes Mal akzeptierte. Des Weiteren hätte sich Deutschland zu ergeben, wenn sie keine gewählten Volksvertreter zu den Verhandlungen nach Versailles entsenden würde. Auch dieser Forderung kam Deutschland nach, was am Ende jedoch keine Bedeutung hat. Trotz aller eingehaltener Bedingungen musste sich das Deutsche Reich ergeben. Der 14-Punkte-Plan entpuppte sich letzten Endes als Täuschungsmanöver, um die Deutschen nicht nur zur Kapitulation zu zwingen, sondern um sie für die anstehenden „Friedensverhandlungen“ durch das Fordern von weiteren Bedingungen (z.B. die Ablieferung von großen Mengen an Eisenbahnzügen, Lastwagen und Kriegsmaterial, einseitige Freilassung von Kriegsgefangenen) weitestgehend handlungs- und verhandlungsunfähig zu machen.[45]

Was dann folgte, war kein Friedensvertrag, sondern ein aufgezwungenes Diktat, wovon sich Deutschland noch die nächsten 100 Jahre nicht erholen sollte. Aufgrund des „Kriegsschuldartikels“ 231 des Versailler Diktats musste Deutschland bekanntlich die Alleinschuld am Ersten Weltkrieg übernehmen und damit einhergehend sämtliche entstandene Kriegskosten der Siegermächte erstatten. Die Gesamthöhe der zu zahlenden Reparationen soll sich bis 1988 auf 112 Milliarden Goldmark belaufen haben.[46] Von diesen Reparationszahlungen wiederum wollten England und Frankreich ihre eigenen Kriegsschulden bei den US-amerikanischen Banken begleichen. Die Bestimmungen von Versailles legten zudem u.a. folgende Auflagen für Deutschland fest:

- Eine große Anzahl an Abtretungen deutscher Gebiete, z.B. Elsaß-Lothringen an Frankreich; Posen und Westpreußen sowie Oberschlesien an Polen; Memelland an den Völkerbund; Nordschleswig an Dänemark; Gebietsabtretungen an

Belgien; Danzig als Freistaat gelangte unter die Hoheit des Völkerbundes; das Saargebiet ging für die nächsten 15 Jahre an Frankreich.

- Verbot des Anschlusses Rest-Österreichs an das Deutsche Reich
- Verlust der Kolonien an England, Frankreich, Belgien und Japan
- Verlust der Hoheit über eigene Binnengewässer und Verlust der eigenen Lufthoheit
- Begrenzung der eigenen Streitkräfte auf max. 100.000 Soldaten im Heer und max. 15.000 in der Marine
- Ablieferung der Goldreserven sowie des größten Teils der Handelsflotte an die Alliierten
- Aushändigung: des größten Teils der Erz- und Kohleförderung; der Kalk-, Zement- und Benzinproduktion; großer Teile an Nutzvieh und Landwirtschaftsmaschinen; 150.000 Eisenbahnwaggons sowie Lokomotiven und Lastkraftwagen
- Konfiszierung von Industriepatenten und deutschen privaten Auslandsvermögen[(47)]

An dieser Stelle kann Benjamin Freedman in seiner Rede von 1961 mit noch einem weiteren wichtigen Detail aufwarten:

„Nach Kriegsende kam es 1919 zur Versailler Friedenskonferenz. Auf dieser Konferenz nahm auch eine Delegation von insgesamt 117 Juden teil, als Vertretung für die Juden, welche von Bernard Baruch angeführt wurde. Ich sollte es wissen, denn ich war vor Ort. Was ist geschehen? Als die Juden auf dieser Konferenz gerade dabei waren, Deutschland zu zerstückeln und Teile Europas an jene Nationen aufzuteilen, die Ansprüche an europäische Territorien erhoben, sagten die Juden: ‚Wie schaut es aus mit Palästina für uns?' Und sie brachten dann diese Balfour-Deklaration hervor, wovon die Deutschen das erste Mal erfuhren. Die Deutschen begriffen nun zum ersten Mal: ‚Oh, das war also das Spiel! Das ist also der Grund, warum die USA in den Krieg zogen.' Die Deutschen erkannten zum ersten Mal, dass sie nur deswegen besiegt worden waren, weil die Zionisten um jeden Preis Palästina besitzen wollten. Die Deutschen mussten diese Schmach und irrsinnige Reparationszahlungen nur aus diesem einen Grund erdulden.
Das bringt uns zu einer anderen interessanten Sache. Als die Deutschen das erkannten, nahmen sie es den Juden verständlicherweise übel. Bis zu dem Zeitpunkt ging es den Juden in keinem Land der Welt besser als in Deutschland."[(48)]

Als wenn das noch nicht genug war, wurde das Deutsche Volk in einer Mantelnote des Versailler Vertrags (den die wenigsten Deutschen überhaupt kennen) regelrecht beschimpft und als unzivilisiert diskreditiert. Hier auszugsweise:

„Nach Ansicht der alliierten und assoziierten Mächte war der Krieg, der am 1. August 1914 zum Ausbruch kam, das größte Verbrechen gegen die Menschheit und gegen die Freiheit der Völker, das eine sich für zivilisiert ausgebende Nation jemals mit Bewusstsein begangen hat. Während langer Jahre haben die Regierenden in Deutschland getreu der preußischen Tradition die Vorherrschaft in Europa angestrebt. (...) Das Verhalten

Deutschlands ist in der Geschichte der Menschheit fast beispiellos. Die furchtbare Verantwortung, die auf ihm lastet, lässt sich in der Tatsache zusammenfassen, dass wenigstens sieben Millionen Tote in Europa begraben liegen, (...) Darum haben die alliierten und assoziierten Mächte nachdrücklich erklärt, dass Deutschland als grundlegende Bedingung des Vertrags ein Werk der Wiedergutmachung bis zur äußersten Grenze seiner Leistungsfähigkeit vollbringen muss. (...)"[48b]

Wer sich für den kompletten Versailler Vertrag, inklusive Vorgeschichte, mitsamt Mantelnote und Gegenvorschläge der Reichsregierung interessiert, dem empfehle ich das Buch „Das Versailler Diktat".

So wurden die Deutschen einerseits von US-Präsident Wilson und den Zionisten komplett über den Tisch gezogen und mussten sich bei den „Verhandlungen" in Versailles auch noch in ihrer Ehre kränken lassen. Vor dem Hintergrund, dass es schließlich die Zionisten und Geheimbünde waren, die den Krieg Jahrzehnte im Voraus planten und in Gang setzten, sind die aufgezwungenen Forderungen aus dem Versailler Diktat der höchste Gipfel an Frechheit und Bösartigkeit sowie Demütigung, den es bis dato in unserer jüngeren Geschichte in dieser Form nicht gegeben hatte. Jetzt könnte man natürlich fragen, warum die Deutschen damals diesen Vertrag in Versailles überhaupt unterschrieben haben? Nun, sie hatten kaum eine Wahl. Denn England drohte bei Verweigerung der Unterschrift, seine Blockade der deutschen Häfen zwecks Einfuhr von Nahrungsmitteln und Rohstoffen nach Deutschland und Österreich-Ungarn fortzusetzen. Waren aufgrund dieser Blockade bis zum März des Jahres 1919 rund eine Million Menschen in Deutschland und Österreich bereits verhungert, wollte man eine weitere Verschlimmerung im Lande unbedingt verhindern.[49]

Dieser „Friedens"-Vertrag, sorgte in der Weimarer Republik dann für Hunger und Armut und ca. sechs Millionen Arbeitslose bis Ende 1932.[50] Eine regelrechte Depression mit extrem hoher Inflation setzte im Land ein und mit ca. 32 politischen Parteien, die keinen wirklichen Plan oder irgendwelche Lösungen für die Misere parat hatten. Es gab mehrfache Regierungswechsel pro Jahr, so desolat war die Lage. Genau das war aber gewollt, damit die Hintergrundmächte die nächste Stufe ihres Welteroberungsplans vorbereiten und durchführen konnten. Denn die Misere in der Weimarer Republik sollte den Nährboden für all das vorbereiten, was dann danach kam.

„Dieser Friede ist ein langsamer Mord des deutschen Volkes.“
Reichsjustizminister Otto Landsberg (SPD), einer der deutschen Delegierten in Versailles[51a]

„Der Eindruck, den der Friedensvertrag macht, ist enttäuschend. Er weckt Bedauern und Niedergeschlagenheit. Die Friedensbedingungen erscheinen unsagbar hart und demütigend, während viele von ihnen mir unerfüllbar erscheinen. Es mag Jahre dauern, bis diese unterdrückten Völker imstande sind, ihr Joch abzuschütteln, aber so gewiss wie die Nacht auf den Tag folgt, wird die Zeit kommen, da sie den Versuch wagen. Wir haben einen Friedensvertrag, aber er wird keinen dauernden Frieden bringen, weil er auf dem Treibsand des Eigennutzes begründet ist.“[51b]
Staatssekretär Lansing, einer der US-amerikanischen Delegierten in Versailles

„Ungerechtigkeit und Anmaßung, ausgespielt in der Stunde des Triumphes, werden nie vergeben und vergessen werden. Aus diesem Grunde bin ich auf das schärfste dagegen, mehr Deutsche als unerlässlich nötig der deutschen Herrschaft zu entziehen, um sie einer anderen Nation zu unterstellen. Ich kann kaum eine stärkere Ursache für einen künftigen Krieg erblicken (...)“[51c]
Englischer Premierminister Lloyd George in einer Denkschrift vom 26. März 1919

„Die Geburtsstätte der nationalsozialistischen Bewegung ist nicht München, sondern Versailles.“[52]
Theodor Heuss (erster Bundespräsident der BRD)

„Die nicht rechtzeitige Revision des Versailler Vertrages wird in mehr oder minder naher Zukunft Europa wieder in einen Krieg hineinziehen, dessen Krönung die bolschewistische Weltrevolution sein wird.“[53]
Gustave Hervé (französischer Politiker), 1931

„Alles, was in den vier Jahren des [Ersten] Weltkrieges geschah, war nur ein Vorspiel zu dem, was sich für das fünfte Jahr vorbereitete. Die Schlacht des Jahres 1919 hätte ein riesiges Anwachsen der zerstörenden Kräfte gesehen. (...) Die Schlacht von 1919 wurde nie geschlagen, aber ihre Ideen leben weiter. (...) Der Tod steht in Bereitschaft. (...) Er wartet nur auf das befehlende Wort. (...) Das nächste Mal mag man darum wetteifern, Frauen und Kinder oder die Zivilbevölkerung überhaupt zu töten, und die Siegesgöttin wird sich zuletzt jämmerlich mit demjenigen dienstbeflissenen Helden vermählen, der dies in gewaltigstem Ausmaß zu organisieren versteht.“[54]
Winston Churchill zum Ersten Weltkrieg, 1932

Kapitel 2
Der Zionismus und der „jüdische Rassengedanke“

Bevor wir weiterlesen, wäre es vielleicht angebracht, hier eine Vokabel etwas näher zu erläutern, da sie von großer weltpolitischer Tragweite ist – gerade für all jene Leser, die sich womöglich das erste Mal überhaupt mit diesen Themen befassen.

Was ist eigentlich der *Zionismus*? Der Zionismus ist eine von Moses Hess (jüd. Philosoph und Schriftsteller) und Theodor Herzl geprägte und definierte jüdische Nationalbewegung mit stark sozialistischen, religiösen und auch atheistischen Ansichten zwecks Gründung eines eigenen Judenstaates. Für die führenden Zionisten spielt dabei die rassische Einheit der Juden eine besonders wichtige Rolle, wenn es um die Verwirklichung ihrer Ziele geht. Das Verständnis der Juden als Nation stützt sich bei den führenden Zionisten auf dem Glauben an Rasse und Blut.[(55)] Dabei wird übrigens die „jüdische Identität“ traditionell von der Mutter an die Kinder weitergegeben. Oder wie es ein Vorsitzende der *Jüdischen Gemeinde Hannover* einmal formulierte: „*Wer von einer jüdischen Mutter abstammt, ist lebenslang Jude, der kann gar nicht austreten.*“[(55b)]

Wie wichtig dieser „jüdische Rassengedanke“ ist, erklärte auch der jüdische Arzt, Anthropologe und Schriftsteller Ignaz Zollschan 1919 in seinem Buch „Revision des jüdischen Nationalismus“ wie folgt:

> „*Was also ist dieses verbindende Element in Wirklichkeit? – Die gemeinsame jüdische Abstammung. Ob die Fachmänner an eine jüdische Rasse glauben, die bis auf die Zeiten Esras oder an eine solche, die bis auf Abraham zurückgeht, oder ob sie die Identität derselben mit der Judenheit der Antike überhaupt ablehnen, die Tatsache, dass für die überblickbare Reihe von Generationen mit ganz verschwindenden Ausnahmen die rein jüdische Abstammung außer allem Zweifel steht, ist heute ein Faktum, das jenseits jeder Diskussion liegt.*“[(56)]

Dr. Arthur Ruppin äußerte sich 1919 zum eigenen Judenstaat wie folgt:

> „*Um Palästina zu einer nationalen Heimstätte für das jüdische Volk zu machen, ist es erforderlich, dass die Juden dort möglichst schnell die Mehrheit der Bevölkerung bilden. (...) Wollen wir also eine jüdische Majorität im Lande haben, so müssen wir die Zahl der Juden in Palästina möglichst bald auf mehr als eine Million bringen.*“[(56a)]

Noch viel deutlichere Worte fand Georg Kareski, u.a. jüdischer Bankier, Politiker und Leiter der *Staatszionistischen Organisation* in einem Interview mit der von Propagandaminister im Dritten Reich Joseph Goebbels ausgegebenen Zeitung *Der Angriff*, welches am 23. Dezember 1935 erschien. Unter dem Titel „*Reinliche Scheidung sehr erwünscht. Die Nürnberger Gesetze erfüllen auch alte zionistische Forderungen*“ erklärte er offen und unverblümt:

> „*Ich habe seit vielen Jahren eine reinliche Abgrenzung der kulturellen Belange zweier miteinander lebenden Völker als Voraussetzung für ein konfliktfreies Zusammenleben angesehen (...) Die Nürnberger Gesetze vom 15. September 1935 scheinen mir, von ihren staatsrechtlichen Bestimmungen abgesehen, ganz in der Richtung auf diese Respektierung des beiderseitigen Eigenlebens zu liegen. Wenn das jüdische Volk sich zwei Jahrtausende nach dem Verlust seiner staatlichen Selbstständigkeit trotz fehlender Siedlungsge-*

meinschaft und sprachlicher Einheit bis heute erhalten hat, so ist das auf zwei Faktoren zurückzuführen: seiner Rasse und der starken Stellung der Familie im jüdischen Leben. Die Lockerung dieser beiden Bindungen in den letzten Jahrzehnten war auch für die jüdische Seite Gegenstand ernster Sorge. Die Unterbrechung des Auflösungsprozesses in weiten jüdischen Kreisen, wie er durch die Mischehe gefördert wurde, ist daher vom jüdischen Standpunkt rückhaltlos zu begrüßen.“

Auch wenn Kareski für dieses Interview selbst unter den Juden damals für starke Kritik sorgte, so zeigt es an diesem Beispiel, dass die Zionisten mit den Nationalsozialisten im Dritten Reich offenbar Hand in Hand arbeiteten...[(57)] Kareski war es übrigens auch, der die Rassentrennung zwischen Juden und Nichtjuden forderte sowie auch das Tragen des gelben Davidsterns auf der Kleidung zur Kennzeichnung der Juden während der Zeit des Nationalsozialismus, wie der jüdische Autor Erwin Goldmann in seinem Buch „Zwischen zwei Völkern“ schrieb.[(58)] Etwas, was uns in den Schulen komischerweise auch nie erzählt wurde.

Wer meint, dass der Zionismus mit seinem ausgeprägten „jüdischen Rassengedanken“ nur ein zeitweiliger „Hype“ einer Emanzipation Anfang des 19. oder 20. Jahrhunderts gewesen ist, der irrt gewaltig. Nachfolgend mal ein paar Beispiele der jüngeren Zeit. So sagte der Rabbi David Shapira vor laufender Kamera: *„Nach dem jüdischen Gesetz musst Du genau prüfen, ob Braut und Bräutigam wirklich jüdisch sind oder nicht. Hier in Israel kommen die Menschen aus tausend verschiedenen Ländern – Gott sei Dank –, aber wir müssen prüfen, wo sind deren Wurzeln? Wo sind heute die alten Ägypter, die alten Römer (...) wo sind sie? Mischmasch, durch Mischehen sind sie verschwunden. Welches Volk gibt es bis heute? Uns.“* (Der Rabbiner klopfte sich dabei stolz auf die Brust; A.d.V.)[(58b)]

In der israelischen Zeitung *Haaretz* erschien am 2. September 2009 ein Artikel über eine aggressive Werbekampagne des Büros des Ministerpräsidenten in Zusammenarbeit mit der *Jewish Agency* für das *Masa-Projekt*, welche Juden als „entführt“ bezeichnet, die Nichtjuden heiraten. Im Artikel heißt es u.a.:

> *„(...) Einer der Video-Clips vergleicht Juden, die jemanden außerhalb ihrer Religion heiraten, mit vermissten Personen, mit fiktiven Suchfotos und Vermisstenanzeigen. Teil der Kampagne ist es, ähnliche ‚Vermisstenmeldungen‘ auf großen Wänden überall im Land aufzustellen. Masa hofft, dass die Werbekampagne die Öffentlichkeit dazu anspornt, Ehen mit Nichtjuden zu verhindern, von denen die Jewish Agency glaubt, dass sie mit einer ‚strategischen nationalen Bedrohung‘ gleichzusetzen sind. (...) Der Leiter dieser Kampagne, Motti Scharf, verglich Assimilation mit einer gefährlichen Wasserknappheit. ‚Obwohl es sich um ein existentielles Problem handelt, zeigt sich die Öffentlichkeit in Israel recht teilnahmslos, weil der Prozess [der Assimilation] nur langsam und undramatisch verläuft, außerhalb des Blickfelds. Die Zeit ist gekommen, dieses Anliegen auf den Tisch zu bringen,‘ sagte Scharf.“* [(58c)]

Irgendwann in den Jahren danach wurde der Artikel von der *Haaretz*-Webseite gelöscht, ist im Internetarchiv aber noch aufrufbar. Das sollten die Nichtjuden im Ausland wohl nicht lesen. Der jüdische Autor Norman F. Cantor, erklärte 1995 in seinem Buch „The Sacred Chain: The History of the Jews“ über die Geschichte der Juden u.a. Folgendes:

„Außerdem ist der Rassismus selbst eine zentrale Doktrin im traditionellen Judaismus und in der jüdischen Kulturgeschichte. Die hebräische Bibel ist krass rassistisch, mit all dem Gerede über den Samen Abrahams, das auserwählte Volk und Israel als Licht der anderen Nationen. Orthodoxe Juden danken Gott täglich in ihrem Morgengebet dafür, dass er die Juden nicht ‚wie die anderen Völker auf Erden' geschaffen hat. Wenn das kein Rassismus ist, was ist es dann? Ein hochangesehenes Buch aus dem Mittelalter, Kuzari von Judah Halevi, ist extrem rassistisch. Halevi lehnt sogar die Vorstellung, dass ein Konvertit zum Judentum einem als solchen geborenen Juden gleich ist, rigoros ab."[(58d)]

Hier haben wir also die Bestätigung dafür, dass der „jüdische Rassengedanke" einen religiösen Ursprung hat, was wiederum in der Tat so ist, wenn man sich die vielen menschenfeindlichen Aussagen im *Talmud* durchliest.[(58e)] Der Talmud wiederum ist eine Sammlung von Büchern mit Aufzeichnungen von Diskussionen jüdischer Rabbiner über jüdisches Recht, Bräuche und Geschichte. Nach dem Talmud sollen Christen u.a. folgendes sein: „Götzenanbeter", „Mörder", „Hurenböcke", „übler als Tiere" und deren „Seelen böse und unrein".[(58i)] Echt „nett" diese Büchersammlung.

Wie wichtig die rassische Herkunft bei den Juden ist, zeigt auch ein Artikel vom 29. Juli 2013 in der Zeitung *The Times of Israel*, in dem steht, dass Leute, die aus der ehemaligen Sowjetunion nach Israel einwandern wollen und außerehelich geboren wurden, dazu aufgefordert werden können, ihre jüdische Abstammung mittels eines DNA-Tests nachzuweisen – eine Anforderung, die vom israelischen Amt des Ministerpräsidenten bestätigt wurde.[(58f)] Ein paar Jahre zuvor beschwerte sich der frühere israelische Ministerpräsident Ehud Olmert darüber, dass die jüdischen Gemeinden im postsowjetischen Raum im Zuge des anhaltenden „Assimilationsprozesses" bereits in einer Generation verschwinden könnten. Denn die etwa 880.000 Juden im postsowjetischen Raum würden immer häufiger Mischehen eingehen. Ein Pressesprecher für Immigrationsfragen sagte dazu: *„In Mischehen verringert sich gewöhnlich das Zugehörigkeitsgefühl zur jüdischen Kultur und Nationalität. Es geht somit ein Aussterben einer Nation vor sich."*[(58g)] Wenn es ums Heiraten geht, dann sind die Israelis sehr radikal. Wussten Sie z.B., dass man in Israel nicht standesamtlich heiraten kann? Denn dies ist allein die Aufgabe der verschiedenen Religionsgemeinschaften und gilt dann auch für Christen und Muslime in Israel. Für die Juden in Israel ist das Oberrabbinat zuständig, welches bestimmt, *wie* geheiratet wird und *wer* heiraten darf oder zuerst zum Judentum konvertieren muss. In Israel gibt es deshalb rund 660.000 Menschen, die nicht heiraten dürfen. Zu diesen Leuten zählen auch russische Einwanderer, die zwar aufgrund ihrer (jüdischen) Vorfahren ein Recht auf Rückkehr nach Israel haben, aber für das Oberrabbinat „nicht jüdisch genug" sind.[(58h)] Stellen Sie sich mal vor, in den USA oder irgendwo in Europa dürften z.B. Schwarzafrikaner oder Asiaten nicht heiraten. Da gäbe es weltweit einen riesigen Aufschrei und mediale Hetze übelster Sorte sowie Boykottaufrufe gegen das betroffene Land, vielleicht sogar einen militärischen Einmarsch mit Truppen. Aber hey, Israel „darf" das und das wird in der Weltöffentlichkeit dann als „selbstbewusst" definiert.

Hoch interessant vor diesem ganzen Hintergrund ist die Resolution 3379 der *Vereinten Nationen* vom 10. November 1975, die festlegte, dass der Zionismus nicht nur eine Form von Rassismus und rassistischer Diskriminierung sei, **sondern eine Gefahr für**

den Weltfrieden und die internationale Sicherheit mit dem Aufruf an alle Länder, sich dieser rassistischen und imperialistischen Ideologie zu widersetzen.(59a) Unglaublich, möge man meinen, hat sich aber tatsächlich so zugetragen! Sie haben sich also nicht verlesen. Nachdem zahlreiche Beschwerden aus zionistischen Kreisen eingingen, die USA mehrere UN-Konferenzen boykottierte sowie Entscheidungen blockierte, und Israel drohte, die Friedenskonferenz 1991 in Madrid zu boykottieren, wurde am 16. Dezember 1991 die Resolution 3379 durch Resolution 46/86 wieder aufgehoben.(59b) War diese UN-Resolution 3379 nun „richtig" gewesen? Eine mögliche Antwort darauf könnte uns der Zionist, israelische Publizist sowie ehemalige Korrespondent der israelischen Tageszeitung *Haaretz*, Robert Weltsch, geben, als er 1932 konstatierte: *„Es muss an der spezifischen Substanz des jüdischen Volkes liegen, von der offenbar eine Beunruhigung ausgeht."*(59c) Was könnte Weltsch mit der „spezifischen Substanz" gemeint haben? Hierzu passen könnte als Antwort wiederum eine Aussage von Samuel Roth, einem US-amerikanischen Verleger und Schriftsteller jüdischer Abstammung, der 1934 schrieb: *„Die Verachtung der Nichtjuden ist ein Bestandteil der jüdischen Psychologie."*(59d) Diese Aussage erklärt auch gut die brutale und sehr fragwürdige Vorgehensweise der Israelis gegen die Palästinenser in einem Land, welches sie für sich beschlagnahmt haben.

Recalling also that, in its resolution 3151 G (XXVIII) of 14 December 1973, the General Assembly condemned, *inter alia*, the unholy alliance between South African racism and zionism,

Taking note of the Declaration of Mexico on the Equality of Women and Their Contribution to Development and Peace, 1975,[4] proclaimed by the World Conference of the International Women's Year, held at Mexico City from 19 June to 2 July 1975, which promulgated the principle that "international co-operation and peace require the achievement of national liberation and independence, the elimination of colonialism and neo-colonialism, foreign occupation, zionism, *apartheid* and racial discrimination in all its forms, as well as the recognition of the dignity of peoples and their right to self-determination",

Taking note also of resolution 77 (XII) adopted by the Assembly of Heads of State and Government of the Organization of African Unity at its twelfth ordinary session,[5] held at Kampala from 28 July to 1 August 1975, which considered "that the racist régime in occupied Palestine and the racist régimes in Zimbabwe and South Africa have a common imperialist origin, forming a whole and having the same racist structure and being organically linked in their policy aimed at repression of the dignity and integrity of the human being",

Taking note also of the Political Declaration and Strategy to Strengthen International Peace and Security and to Intensify Solidarity and Mutual Assistance among Non-Aligned Countries,[6] adopted at the Conference of Ministers for Foreign Affairs of Non-Aligned Countries held at Lima from 25 to 30 August 1975, which most severely condemned zionism as a threat to world peace and security and called upon all countries to oppose this racist and imperialist ideology,

Determines that zionism is a form of racism and racial discrimination.

2400th plenary meeting
10 November 1975

46/86. Elimination of racism and racial discrimination

The General Assembly

Decides to revoke the determination contained in its resolution 3379 (XXX) of 10 November 1975.

74th plenary meeting
16 December 1991

Abb. 7: Die UN-Resolution 3379 (Ausschnitt)
Abb. 8: UN-Resolution 46/86, welche die Resolution 3379 aufhob.

„Rasse ist alles, es gibt keine andere Wahrheit, und jede Rasse muss zugrunde gehen, die sorglos duldet, wie ihr Blut vermischt wird.“[59e]
Benjamin Disraeli, britischer Premierminister 1868 und 1874 bis 1880, in seinem Roman *Tancred*

„Denkt daran, meine Kinder, dass die ganze Erde uns Juden gehören muss und dass die Ungläubigen als bloße Exkremente von Tieren nichts besitzen dürfen.“[59j]
Mayer Amschel Rothschild auf seinem Totenbett, 1812,
nach Generalmajor Graf Cherep-Spiridovich

„Das jüdische Volk als Ganzes wird sein eigener Messias werden. Es wird die Weltherrschaft erringen durch Auflösung anderer Rassen, durch Abschaffung von Grenzen, Vernichtung der Monarchie und durch Gründung einer Weltrepublik, in der die Juden überall das Privileg der Staatsbürgerschaft exerzieren werden. In dieser Neuen Weltordnung werden die ‚Kinder Israels‘ alle Führer stellen, ohne auf Opposition zu stoßen. Die Regierungen der verschiedenen Völker, die die Weltrepublik bilden, werden ohne Schwierigkeiten den Juden in die Hände fallen. Es wird dann für die jüdischen Herrscher möglich sein, Privateigentum abzuschaffen und überall die Ressourcen des Staates zu nutzen. So wird das Versprechen des Talmud in Erfüllung gehen, in dem es heißt, dass – wenn die Zeit des Messias kommt – die Juden alles Eigentum in ihren Händen halten.“[59k]
Baruch Levy, Brief an Karl Marx, La Revue de Paris, S. 574, 1. Juni 1928

„Unsere Rasse ist die Herrenrasse. Wir Juden sind heilige Götter auf diesem Planeten. Wir unterscheiden uns von den niederen Rassen so, wie diese sich von den Insekten unterscheiden. Tatsächlich sind verglichen mit unserer Rasse andere Rassen Bestien und Tiere, Vieh bestenfalls. Andere Rassen werden als menschliche Exkremente betrachtet. Unsere Bestimmung ist es, über die niederen Rassen zu herrschen. Unser Königreich auf Erden wird von unserem Führer mit einem Eisenstab beherrscht. Die Massen werden unsere Füße lecken und als unsere Sklaven dienen.“[59l]
Menachem Begin, Premierminister Israels, in einer Rede vor der Knesset,
zitiert in Amnon Kapeliouk, „Begin and the ‚Beasts‘“, New Statesman, 25. Juni 1982.

„Die Goyim (Nichtjuden) sind nur geboren worden, um uns zu dienen. Darüber hinaus haben sie keinen Platz auf Erden – nur um uns zu dienen. Ohne das haben sie keinen Platz in der Welt – nur, um dem Volk Israel zu dienen. Mit Einheimischen wird es wie mit jeder anderen Person sein – sie müssen sterben, aber Gott wird ihnen Langlebigkeit geben… Dies ist sein Diener. Deshalb bekommt er ein langes Leben, um gut für die Juden zu arbeiten. Wozu sind die Einheimischen nötig? Sie werden arbeiten, sie werden pflügen, sie werden ernten. Wir werden wie ein Efendi/ein Herr dasitzen und essen. Deshalb wurden Einheimische geschaffen.“[59m]
Rabbi Ovaida Yosef, gemäß *Jerusalem Post* vom 18. Oktober 2010

Klarstellungen

Abschließend muss an dieser Stelle erwähnt werden, dass wir nicht nur einen jüdischen, sondern auch einen christlichen Zionismus haben! Denn schließlich kollaborier(t)en eine Vielzahl nichtjüdischer Leute bzw. Christen mit Zionisten, um die **gemeinsamen Pläne** für eine „Neue Weltordnung" nach ihren Vorstellungen voranzutreiben. Wolfgang Gedeon, Mitglied der Partei *Alternative für Deutschland* (AfD), hinterließ in seinen Schriften diesbezüglich eine interessante Bemerkung: *„(...) sind die meisten Sympathisanten und politischen Handlanger des Zionismus nicht Juden, sondern Nichtjuden. Das fängt oben bei israelhörigen Spitzenpolitikern wie Angela Merkel oder Joschka Fischer an und geht hinunter bis zu den zahlreichen verblendeten und verbiesterten Zionomanen, von denen es in Deutschland nur so wimmelt."*[59f] Nach einem kurzzeitigen Ausschluss aus der Partei blieb er weiterhin Mitglied der AfD.

Der frühere US-Senator und US-Vize-Präsident Joe Biden brachte die Bestätigung für meine o. a. Feststellung im TV-Sender *Shalom TV*, als er sagte: *„Ich bin ein Zionist. Sie müssen kein Jude sein, um Zionist zu sein."*[59g] Klare Worte, die glaube ich keine weitere Erklärung benötigen.

Trotz aller Verschwörungen möchte ich aber gewiss nicht das gesamte jüdische Volk über einen Kamm scheren. Mitnichten! Denn täglich wächst die Zahl auch unter ihnen (vor allem unter den eigentlich konservativen orthodoxen Juden, was überraschend ist), die den Staat Israel sowie den Zionismus ablehnen. Judaismus ist nicht mit Zionismus gleichzusetzen. Es gibt auch unter den Juden verschiedene Strömungen mit verschiedenen Gesinnungen. Suchen Sie mal auf *YouTube.com* nach den Suchworten „Jews against Zionism" oder „Jews protest Zionism" und Sie werden überrascht sein, wie viele Demonstrationen die Juden gegen den Zionismus und den Staat Israel organisiert haben. In Washington D.C. gab es z.B. solch eine Massendemo am 6. Juli 2010. Zehntausende Juden demonstrierten am 9. Juni 2013 in New York aus denselben Gründen. Massendemos gab es bereits auch u.a. in Belgien, London und Jerusalem.[59h] Es kommt schlussendlich stets auf das individuelle Bewusstsein des Menschen an – unabhängig irgendeiner angehörenden Konfession oder Rasse – und was dieser Mensch in seinem Herzen trägt. Nur das zählt. Es gibt zudem selbst unter den deutschen Juden deutsche Patrioten. Der Historiker Edwin Black erinnert in seinem Buch „The Transfer Agreement", dass während des Ersten Weltkriegs rund 100.000 Juden an der Seite der Deutschen kämpften, davon rund 80.000 in den Schützengräben. Der Großteil der Juden lehnte gar den Zionismus grundsätzlich ab und hatte nur wenig Interesse, nach Palästina auszuwandern, da sie sich in Deutschland zuhause fühlten.[59n]

An dieser Stelle möchte ich auch definitiv klarstellen, dass ich persönlich absolut nichts gegen Juden habe und auch keinen Hass oder Groll gegen sie oder andere Völker hege, auch nicht gegen die Zionisten. Und dies appelliere ich auch an Sie, werte Leserinnen und Leser. Ich will auch Niemandem nahelegen, *keine* „Mischehen" zu führen. Möge es jeder so handhaben, wie er glücklich wird und dabei Dritten keinen Schaden zufügt. Auf das „Rassenthema" werde ich im weiteren Verlauf noch zu sprechen kommen. Mir ist aber wichtig und daran gelegen, die schier verlogene und beispiellose Scheinheiligkeit, Doppelmoral und Bösartigkeit jener Clique aufzuzeigen, die Teil eines weltweiten Komplotts ist, um diesen Planeten vollends in die Sklaverei zu überführen. Dabei schützt sich diese Clique hinter dem Mantel einer Religion vor Kritik und Entlarvung. Dabei ist sie wiederum auch nur ausführender Befehlsempfänger einer noch höheren Instanz in der Machtpyramide, wie ich in späteren Kapiteln noch schonungslos aufzeigen werde. Trotz der besten Aufklärung bin ich mir bewusst, dass man mich nach Erscheinen dieses Buches als „Nazi", „lupenreinen Rassisten" und „glühenden Antisemiten" betiteln wird.

Und hier kommen wir gleich zum nächsten Kampfbegriff, den ich auseinanderpflücken werde, nämlich den des „Antisemiten".

Abb. 9: Demonstration in Washington D.C. – *„Zionistische Führer und Sympathisierer repräsentieren nicht das jüdische Volk."*

Abb. 10: Auch in Washington D.C., USA – *„Religiöse Juden in Jaffa brutal behandelt, während sie gegen den Staat Israel protestierten."*

Abb. 11: Massendemo orthodoxer Juden in New York

„Zionismus ist nicht Judaismus. Es ist ein politisches Programm des Terrors. Palästina ist kein Refugium für arme Juden. Es ist ein Investment von etwa 1.500 amerikanischen Teilhabern in die Palestine Economic Corporation und das Chemiekartell von England, dem fast alles, was dort von Wert ist, gehört. Eine Million Juden wurde dorthin vertrieben, um dieses Eigentum zu schützen. Zionismus beschränkt sich nicht auf Palästina allein, sondern erstreckt sich auf die Vereinigten Staaten und die ganze Welt."[59i]

Henry H. Klein, „Zionism Rules the World", 1948

Sind Juden nun Semiten oder „Antisemiten"?

Was für eine provokante Überschrift, denken Sie sich bestimmt gerade! Provokant scheint sie auch nur auf den ersten Blick zu sein, wenn man sich mit der Materie noch nicht näher beschäftigt hat und der gebetsmühlenartigen Programmierung Glauben schenkt, die heutigen Juden würden tatsächlich zu den semitischen Völkern zählen. Laut *Wikipedia* gehören heute Araber, Hebräer, Aramäer und Malteser zu den semitischsprachigen Völkern. Jetzt müsste man klären, ob denn die heutigen Juden tatsächlich Hebräer sind. Den Anfang macht wieder Benjamin Freedman, der uns die Frage recht gut beantworten wird:

> *„Nun, was sind die Fakten über die Juden? Die Juden – ich nenne sie hier Juden vor Ihnen, weil sie allgemein als Juden bekannt sind. Ich selbst nenne sie nicht Juden. Ich beziehe mich auf sie als ‚sogenannte Juden', weil ich weiß, wer sie sind. Wenn Jesus Jude gewesen war, dann gibt es heute keinen einzigen Juden in der Welt. Und wenn diese Leute Juden sind, dann war unser Herr und Erlöser ganz sicher keiner von ihnen, und ich kann es beweisen. Die osteuropäischen Juden, die 92% der jüdischen Weltbevölkerung ausmachen, waren ursprünglich Khasaren. Diese wiederum waren ein kriegerischer Stamm, welcher tief im Herzen Asiens lebte. Sie waren so kriegerisch, dass sogar die Asiaten selbst sie aus Asien nach Osteuropa vertrieben haben, wo sie dann das große khasarische Königreich auf über 800.000 Quadratmeilen gründeten. Nur damals gab es noch kein Russland, da waren noch keine anderen Länder, und das khasarische Königreich war das größte Land in ganz Europa. So groß und mächtig, dass, wenn andere Monarchen in den Krieg ziehen wollten, die Khasaren ihnen 40.000 Soldaten ausleihen würden. So groß und mächtig waren sie.*
>
> *Nun, sie waren Phallus-Verehrer, was unanständig ist, und ich möchte auch nicht näher darauf eingehen. Das war ihre Religion, wie sie auch die Religion vieler anderer Barbaren und Heiden in dieser Welt war. Nun, der Khasarenkönig war so angewidert von dieser degenerierten Lebensweise, dass er sich entschied, einen monotheistischen Glauben zu adoptieren, entweder das Christentum, den Islam oder das, was heute als Judentum bekannt ist, was eigentlich Talmudismus ist. Das Los fiel auf das Judentum und dieses wurde dann zur Staatsreligion. Der König holte Tausende von Rabbis [jüdische Religionsgelehrte] von den Talmudschulen aus Pumbedita und Sura und eröffnete Synagogen und Schulen in seinem Königreich (...) und vielleicht zehn bis zwanzig Millionen Leute wurden zu denen, die wir heute als ‚Juden' kennen. Keiner von ihnen hatte jemals einen Vorfahren, der auch nur mit einem Zeh das ‚Heilige Land' [Palästina] betreten hat, nicht nur in der Geschichte des alten Testaments, sondern bis zum Anbeginn der Zeit. Keiner von Ihnen! Und dennoch kommen sie zu den Christen und bitten uns, sie bei ihrem bewaffneten Aufstand in Palästina zu unterstützen, indem sie sagen: ‚Ihr wollt doch sicherlich Gottes auserwähltes Volk dabei helfen, ihr Gelobtes Land, ihre angestammte Heimat zurückzubekommen. Es ist Eure Pflicht als Christen. Wir gaben Euch einen unserer Söhne als Euren Herrn und Erlöser. Ihr geht Sonntags in die Kirche, kniet nieder und betet einen Juden an, und wir sind Juden.'*
>
> *Nun, sie sind heidnische Khasaren, die genauso konvertiert wurden wie die Iren. Es ist genauso lächerlich sie als Volk des ‚Heiligen Landes' zu nennen, so wie es lächerlich wäre, wenn die 54 Millionen chinesischen Moslems sich als Araber bezeichnen würden. Da würden Sie auch sagen, das sind doch Wahnsinnige. Jeder muss verrückt sein, der glaubt,*

dass diese 54 Millionen Chinesen Araber seien. Alles was sie taten, war es, den Glauben anzunehmen, dessen Ursprung in Mekka, in Arabien, ist. Dasselbe mit den Iren. Als die Iren zu Christen wurden, hat sie niemand in den Ozean versenkt und einen neuen Haufen christlicher Bewohner aus dem Heiligen Land importiert. Sie [die Iren] wurden nicht zu anderen Menschen. Sie waren immer noch dieselben Leute, nur dass sie den christlichen Glauben angenommen hatten. Diese Heiden, diese Asiaten, diese Turko-Finnen, sie waren eine mongolische Rasse, welche aus Asien nach Europa vertrieben wurde. Weil ihr König diesen Glauben – diesen talmudischen Glauben – angenommen hatte, hatte auch das Volk keine andere Wahl. So wie auch in Spanien: War der König katholisch, so musste es jeder andere auch sein. Wenn nicht, hatte man Spanien zu verlassen. (...) So wurden sie [die Khasaren] zu denen, die wir heute ‚Juden' nennen.[(60)]

Das ist schon eine ordentliche Ansage, oder? Jetzt könnte der ein oder andere natürlich kritisieren, der Freedman verfolge eine Agenda mit seinem „Selbsthass" auf das Judentum und dichtete sich das alles zurecht. Doch der israelisch-stämmige Molekulargenetiker Eran Elhaik von der *John Hopkins University* untermauert diese Feststellung von wissenschaftlicher Seite. Er verglich das Erbgut von 1.287 Personen von sowohl aus jüdischen als auch nichtjüdischen Populationen und fand dabei heraus, dass das Genom der aschkenasischen Juden großteils mit dem von kaukasischen Volksgruppen übereinstimme und nur zu einem kleinen Teil mit nahöstlichen Völkern. Beim Letzteren sei er sich aber noch nicht ganz sicher, ob dieser kleine Teil judäischen oder iranischen Ursprungs sei. Laut seinen Aussagen hätten sich iranische und jüdische Judäer im fünften Jahrhundert vor Christus dem khasarischen Imperium angeschlossen. Die aschkenasischen Juden hätten ihre genetischen Wurzeln aber großteils im Kaukasus und nicht im Nahen Osten.[(63)] Elhaik ergänzt, dass die Khasaren im achten Jahrhundert zum Judentum konvertierten und dass nur eine großflächige Konversion den rasanten Anstieg der europäischen Juden von seiner winzigen Anfangsbasis auf acht Millionen zu Beginn des 20. Jahrhunderts erklären könne.[(64)]

Zum Totschlagargument „Antisemit" entgegnete Freedman 1961 in seiner Rede: „*Die Araber sind Semiten. Die Christen bezeichnen Leute, die Juden nicht mögen, als Antisemiten und nennen all die Araber [auch] Antisemiten. Die einzigen Semiten auf der Welt sind die Araber. Es gibt keinen einzigen Juden, der ein Semit ist. Die osteuropäischen Juden sind alle Turko-Mongolen.*"[(65)] Wenn man berücksichtigt, dass viele Juden Araber hassen (siehe die Vertreibung der Palästinenser aus ihrem eigenen Land), wären dann jene Juden in Wirklichkeit die „Antisemiten". Interessant zu sehen, wie aus den Beschimpfungen und Verleumdungen in Richtung all jene, die Israels Politik und den Zionismus kritisieren, umgekehrt plötzlich ein Schuh daraus wird. Und hier will ich ganz sicher nicht alle Juden als „Antisemiten" pauschalisieren. Die Überschrift dieses Abschnitts sowie die Abstammungsforschungen namhafter Juden soll die Absurdität dieses Begriffs nur deutlicher vor Augen führen (und manchmal ist da etwas Übertreibung vonnöten). Nach den uns nun vorliegenden Erkenntnissen werde ich im weiteren Verlauf daher auch öfters von „Khasaren" sprechen. Für die Zionisten hat sich im internationalen Raum der Begriff „Khasarische Mafia" etabliert.

„Ich habe den historischen Beweis zusammengetragen, der zeigt, dass der Großteil des östlichen Judentums – und somit des weltweiten Judentums – chasarisch-türkischer und nicht semitischer Abstammung ist. Im letzten Kapitel habe ich versucht zu zeigen, dass der Beweis der Anthropologie mit dem der Geschichte übereinstimmt und damit den weit verbreiteten Glauben, die jüdische Rasse gehe auf einen biblischen Volksstamm zurück, widerlegt.“[66]

Arthur Koestler, „The 13th Tribe“, 1976

„Nun, das ist ein Trick, den wir immer anwenden. Wenn jemand aus Europa Israel kritisiert, dann bringen wir den Holocaust hoch. Wenn Leute in diesem Land [USA] Israel kritisieren, dann sind sie ‚antisemitisch'. (...) Und es ist sehr einfach, Leute als ‚Antisemiten' anzuprangern und den Holocaust sowie das Leiden des jüdischen Volkes hochzubringen, wenn sie gewisse Handlungen der israelischen Regierung kritisieren. Und das rechtfertigt alles, was wir den Palästinensern antun.“[66a]

Shulamit Alomi, ehemalige israelische Ministerin in einem Interview

Khasaria 2.0 – ein zweites „Israel?“

Aber auch die jüdische Zeitung *The Times of Israel* widmete dem Thema der jüdischen Abstammung am 18. März 2014 einen ausführlichen Artikel[67] in englischer Sprache mit der Überschrift *„Durchgesickerter Bericht: Israel gibt zu, dass Juden in der Tat Khasaren sind; (...)“*, in der auch der vorhin erwähnte Molekulargenetiker Elhaik mit seinen Studien erwähnt wird. Des Weiteren hat dem Artikel zufolge ein Team an Gelehrten und Wissenschaftlern führender Forschungseinrichtungen und Museen des Landes der Regierung einen geheimen Bericht zukommen lassen, welcher bestätigt, dass die europäischen Juden in Wirklichkeit Khasaren sind. Doch was dann an zusätzlichen Informationen folgte, hatte auch mich ziemlich überrascht, obwohl der zweite Teil der Überschrift des Artikels dies schon vorwegnahm: *„(...); Geheimer Plan zur Rückmigration in die Ukraine“*. Ja, ich sehe schon langsam den Groschen bei Ihnen fallen.

Nachfolgend eine Zusammenfassung: Weiterhin berichtet der Artikel über eine inoffizielle Aussage des [israelischen] Ministerpräsidenten, wonach die Regierung sich gezwungen sah, nach kreativen Lösungen zu suchen, nachdem Mahmud Abbas (Präsident des Staates Palästina und Vorsitzender der Palästinensischen Befreiungsorganisation *PLO*) darauf beharrt habe, dass kein Jude in einem palästinensischen Staat bleiben könne. Die Einladung der Ukraine zur Rückkehr der Juden war somit ein „Geschenk des Himmels“. Aus Geheimdienstkreisen, so der Artikel weiter, verlautbarte es, dass nicht *alle* aschkenasischen Juden zurück in die Ukraine sollen. Offensichtlich sei das nicht praktikabel. Die Presse würde für wie gewöhnlich übertreiben und deshalb bräuchte es eine militärische Zensur. Weiterhin heißt es, dass alle Juden, die zurückkehren wollen, ohne Bedingungen als Bürger willkommen seien; umso mehr, wenn sie sich an der versprochenen Einsickerung von massiven Hilfen des israelischen Militärs (inklusive Truppen und Ausrüstungen) und am Aufbau von neuen Standorten beteiligen. Sobald dieser erste Transfer erfolgreich sei, würden weitere Siedler aus dem Westjordanland ermutigt werden, in die Ukraine umzusiedeln. Nachdem dann die Ukraine wieder Kontrolle über ihr Territorium erlangt habe, würde die gegenwärtige (autonome) Republik der Krim wieder zu einem autonomen jüdischen Gebiet werden. Diese Halbinsel, dieser kleine Nachfolger des mittelalterlichen khasarischen Reichs, würde dann *Chaserai* im Yiddischen genannt werden. Der Ministerpräsident bekräftigte zudem, dass keiner den Juden als souveränes Volk zu sagen habe, auf welchem historischen Territorium ihrer Existenz sie leben dürften und wo nicht. Das Volk sei zwar bereit, schmerzvolle Opfer für den Frieden zu bringen (auch wenn das hieße, seine biblische Heimstatt in Judäa und Samaria zu verlassen), aber die anderen hätten zu akzeptieren, dass die Juden ihre historischen Rechte dann woanders ausüben. Und der Entschluss sei auf die Küsten des Schwarzen Meeres gefallen, wo die Juden über 2.000 Jahre lang ein autochthones Volk waren, so der im Artikel zitierte Ministerpräsident. *„Wir möchten es uns als eine Art Heimat fernab von Zuhause vorstellen, oder als die ursprüngliche [Heimat]"*, ergänzt die anonyme Geheimdienstquelle mit einem Zwinkern.

Eine Quelle aus dem arabischen Außenministerium meinte zu dieser Neuigkeit, laut dem Artikel, dass man rückblickend betrachtet diese Entwicklung hätte kommen sehen müssen anhand folgender Hinweise: ein kaum wahrgenommener Bericht, wonach Russland hart gegen Israelis vorging, die khasarische Artefakte aus Russland schmuggelten;[(67b)] der Entscheidungen Spaniens und Portugals, den Nachfahren ihrer vertriebenen Juden die Staatsangehörigkeit zu verleihen, als auch Beweise, wonach ehemalige israelische Soldaten in der Ukraine Milizen anführen, die gegen die Regierungstruppen kämpfen. Der Artikel zitiert zudem Reaktionen aus der Welt auf diese damals neue Entwicklung: Ein Journalist aus dem Mittleren Osten konstatiert, dass der Ministerpräsident Netanjahu in diesem brillanten Schachzug dadurch, dass er sich auf die Seite der syrischen Rebellen, der Ukraine und auch Georgiens und Aserbaidschans stelle, dieser für den Verlust der türkischen Allianz aufkommen und Druck auf den syrischen Präsidenten Assad und den Iran ausüben würde. Der neue zypriotisch-israelische Gas-Deal würde zudem die Ukraine aufwerten und Russland sowie die Golfstaaten wirtschaftlich schwächen.

Aus den Kreisen rechter „antisemitischer" Gruppen verlautbarte es dem Artikel zufolge, dass dies der Höhepunkt eines jahrhundertealten Plans der Juden sei, die Niederlage der Khasaren durch die Russen im Mittelalter zu rächen, **eine Wiederholung der israelischen Unterstützung Georgiens im Jahre 2008.** Ein Sprecher der palästinensischen Partei *Fatah* erklärte:

> *„Da gibt es eine Fortsetzung der Eroberungen und Grausamkeiten. Es ist ganz einfach, die Genetik lügt nicht. Wir sehen heute die Resultate: Das zionistische Regime und die brutalen Besatzungstruppen stammen von kriegerischen Barbaren ab. Die Palästinenser stammen von friedlichen Viehhirten ab, in Wirklichkeit von den alten Israeliten, die Ihr* [die Juden meinend] *fälschlicherweise als Eure Vorfahren beansprucht. Und übrigens ist es nicht wahr, dass Eure Vorfahren jemals einen Tempel in Jerusalem hatten."*

Interessant fand ich aber dann die zitierte Aussage des orthodoxen Sprechers Menuchem Yontef, der die Nachricht über den Plan mit der Ukraine willkommen heißt. Denn diese Ultra-Orthodoxen würden den zionistischen Staat ablehnen, welcher so lange unrechtmäßig sei, bis der Messias komme. Und der im Artikel zitierte Führer der Anti-Israel-Bewegung *BDS* brachte es folgendermaßen provokant auf den Punkt: *„Also, Israel und Khasaria?* ***Das*** *ist es also, was die Zionisten unter einer ‚Zwei-Staaten-Lösung' verstehen?!"*

Zu diesem Thema fand ich passend einen weiteren Leckerbissen der Journalistin Diana Johnstone auf der investigativen Plattform *globalresearch.ca* in einem Artikel vom Februar 2014, welche die aufgeführten Schilderungen weiter abrundet:

„*Nachdem sie in fünf Wochen die Ukraine dreimal besuchte, erklärt Viktoria Nuland, dass in den letzten zwei Jahrzehnten die Vereinigten Staaten fünf Milliarden Dollar in den Umsturz der Ukraine investiert haben, und versichert ihren Zuhörern, dass prominente Geschäftsleute und Regierungsbeamte das Projekt der USA unterstützen, die Ukraine aus ihrer historischen Beziehung mit Russland herauszureißen und (via ‚Europa') in die Interessensphäre der USA einzugliedern. Victoria Nuland ist die Ehefrau von Robert Kagan, dem Führer der jüngeren Generation der ‚Neo-Konservativen'. Sie arbeitet jetzt als Ministerialdirektorin für Europa und Eurasien, nachdem sie zuvor Hillary Clintons Sprecherin gewesen war.*"[(68)]

Laut der deutschsprachigen *Wikipedia*-Fassung hatte Victoria Nuland (ursprünglich „Vitsche Nudelman") orthodox-jüdische Großeltern, die einst aus Bessarabien (einst Teil von Russland) in die USA auswanderten. Zwischen 2014 und 2016 wurde die Ukraine von einem eingesetzten Fremdentrio verwaltet, welches dafür extra im Eilverfahren eingebürgert und mit ukrainischen Pässen ausgestattet wurde. Darunter die Amerikanerin Natalija Jaresko (mit ukrainischen Wurzeln) als Finanzministerin, der Georgier Oleksandr Kwitaschwili als Gesundheitsminister und der Litauer Aivaras Abromavicius als Wirtschaftsminister, der noch nicht einmal ukrainisch spricht.[(69)] Der ukrainische Präsident Petro Poroschenko begründete damals, dieser Schritt sei zwar eine „unorthodoxe Entscheidung", aber notwendig im Kampf gegen die Korruption gewesen. „Unorthodox", echt? Ich musste gerade lachen, als ich dies auf der Internetseite der *Süddeutschen Zeitung* las,[(70)] die übrigens als erste „wichtige *meinungsbildende*" Tageszeitung ihre Lizenz zum Drucken 1945 vom US-Militär erhalten hatte.[(71)]

Dem Oligarchen und Präsidenten Poroschenko gehört übrigens auch der ukrainische TV-Sender *5 Kanal* und er gründete Ende 2014 das *Informationsministerium*, welches im Ausland als „Wahrheitsministerium" oder „Propagandaministerium" betitelt wurde. Dass er jüdische Wurzeln hat (väterlicherseits) und laut der Enthüllungsplattform *Wikileaks* seit Jahren als Informant für die USA tätig ist, sei nur der Vollständigkeit halber hier registriert.[(72)] Von den USA erhält die Ukraine zudem militärische Hilfe, und im US-amerikanischen Verteidigungsetat für 2017 ist die Lieferung von tödlichen Waffen an die Ukraine im Gesamtwert von 150 Millionen US-Dollar vorgesehen.[(72b)] Hierüber zeigte sich die französische Präsidentschaftskandidatin Marine Le Pen besorgt, als sie unverblümt offenbarte, die USA würden eine „illegale Regierung" in Kiew – die illegal infolge der „Maidan-Revolution" an die Macht kam – mit Waffen beliefern, mit dem Ziel, einen Krieg in Europa zu provozieren.[(72c)] Für seine besonderen Verdienste [für Israel] durfte Poroschenko sogar als erster ukrainischer Präsident eine Rede in der israelischen *Knesset* abhalten.[(73)]

Abb. 12: Der ukrainische Präsident Petro Poroschenko beim Besuch der Holocaust-Gedenkstätte *Yad Vashem* in Jerusalem.

Aus dem Artikel der *Times of Israel* konnten wir ja entnehmen, dass ehemalige israelische Soldaten Milizen in der Ukraine angeführt haben. Aus der gleichen Zeitung (24. Mai 2014) erfahren wir: *„In einer verlassenen Chabad-Schule nahe dem Dnjeprufer hier in der ukrainischen Hauptstadt üben sechs uniformierte Juden mit Handfeuerwaffen und kugelsicheren Westen den Häuserkampf. Die Männer, die zu Kiews jüngst gegründeten jüdischen Selbstverteidigungskräften gehören … haben durchweg Kampffertigkeiten aus der israelischen oder der ukrainischen Armee.“*[(74)] Wenn man hier etwas weiter forscht, erfährt man, von wem die israelischen Kämpfer in der Ukraine ihre Anweisungen erhalten haben, und jetzt kommt's: von der ukrainischen rechtsradikalen und nationalistischen *Swoboda Partei* (2014 Teil der Übergangsregierung), wie uns die *Times of Israel* in einem anderen Artikel freundlicherweise offenbart! Widersprüchlich ist dies erst einmal nur für Außenstehende. Verwundernswert ist es jedoch keineswegs, da viele Juden eben diese Revolution unterstützt und dabei mitgemacht haben.[(75)] Die *Swoboda Partei* wiederum bildete während der Maidan-Proteste gemeinsam mit der *UDAR Partei* vom ehemaligen Boxer Vitali Klitschko und der *Allukrainischen Vereinigung „Vaterland“* ein Dreier-Oppositionsbündnis mit dem Ziel, den damaligen ukrainischen Präsidenten Viktor Janukowitsch zu stürzen.[(75b)] Wie es der Zufall will, hat Klitschko ebenfalls teilweise jüdische Vorfahren und sieht sich mit der jüdischen Gemeinschaft persönlich verbunden. Und raten Sie mal, vom wem er während der „Revolution“ in der Ukraine u.a. anerkennende Unterstützung im Kampf um die „wahre Demokratie“ bekommen hat? Von Dieter Graumann, seinerzeit Präsident des *Zentralrats der Juden in Deutschland* und aktuell Vizepräsident des *Jüdischen Weltkongresses* sowie anderen namhaften jüdischen Persönlichkeiten wie z.B. dem deutsch-französischen Politiker Daniel Cohn-Bendit oder dem amerikanischen Dichter Charles Bernstein.[(75c)] Der Premierminister der Ukraine ist Volodymyr Groysman, den das Medium *Jewish Telegraphic Agency* als „jüdisches Wunderkind“ bezeichnet.[(75d)] Hierzu passt treffenderweise folgendes Zitat, welches dem ehemaligen Marxisten, Revolutionären und Regierungschef Russlands von 1917 bis 1924, Wladimir Lenin, zugeschrieben wird: *„Der beste Weg, die Opposition zu kontrollieren ist, sie selbst anzuführen.“* Genau so ist das! Die Machthaber kontrollier(t)en stets beide oder mehrere Seiten. So hat man im Falle der Ukraine eine einst patriotische Partei zu einer „Neo-Nazi“-Partei mit Sturmtruppen aufgepeppt, die prima als Sündenbock herhalten und Umsturzbefürworter aus dem Ausland mobilisieren kann (über passende Medienhetze), während die wahren Akteure diesen dann als Deckmantel zur Erfüllung ihrer Ziele nutzen können (Revolution → Regierungsumsturz → Installation einer hörigen Vasallenregierung, möglichst mit Leuten aus den eigenen Reihen). Laut veröffentlichten Akten des russischen Geheimdienstes KGB, war Wladimir Lenin (gebürtiger Familienname *Uljanow*) übrigens teils jüdischer Abstammung.[(76)] Übrigens, der jüdische Milliardär und als „Regierungsumstürzler“ in Verruf geratene George Soros kündigte 2015 an, eine Milliarde US-Dollar in die Ukraine investieren zu wollen. Na, was für ein „philantropischer“ Zufall. Schön zu sehen, wie sich die Details zusammenfügen.[(76b)]

Wir konnten zudem in der *Times of Israel* erfahren, dass Israel auch Georgien 2008 unterstützt hat, ein Land, welches eigentlich überwiegend christlich-orthodox ist. Schließlich haben die Juden auch hier ihre Wurzeln, da Georgien geografisch gesehen damals Teil des khasarischen Reiches gewesen ist. Welch Wunder, sind in der georgischen Regierung doch zufälligerweise viele Mitglieder jüdischer Abstammung. Der ehemalige georgische Verteidigungsminister z.B. heißt Davit Kezerashvili. Im Georgischen bedeutet „Kezerashvili“ übersetzt „Kind der Khasaren“. Und auch hier ist es keine allzu große Überraschung, wenn in Georgien sich über 1.000 israelische Militärausbilder und viele pensionierte israelische Generäle aufhalten. Warum, das dürfte mittlerweile klar sein.[77]

Soll ein „Groß-Israel“ entstehen?

Ist das nicht ziemlich interessant? Haben Sie jemals etwas darüber in unseren „Qualitätsmedien“ gelesen oder gehört? Nein? Könnte der Grund darin liegen, dass eine Agenda vorsieht, dass wir im Westen gegen Russland gehetzt und auf einen neuen großen Weltkrieg eingestimmt werden sollen, damit die Khasaren ihre neue Heimstatt bzw. Kolonie – inkl. Zugang für den Westen zu weiteren natürlichen Ressourcen – errichten können? Mir stellt sich zudem im Nachhinein die Frage, was es mit den Demonstrationen der orthodoxen Juden gegen den Staat Israel und gegen den Zionismus wirklich auf sich hat? Handelt es sich dabei um konservative oder liberale orthodoxe Juden? Gehören sie gar der fundamentalistischen jüdisch-messianischen *Chabad-Lubawitsch-Sekte* an, welches die größte jüdische Sekte ist und ihren Ursprung in Russland hat? Und sind sie deshalb gegen den Staat Israel eingestellt, weil sie in Wirklichkeit wieder zurück ins „khasarische Reich“ wollen und deshalb die kriegerischen Regierungsumstürze in den betroffenen Ländern billigen? Wie aus den o.g. Artikeln berichtet und zitiert, müssen wir die „Revolutionen“ in der Ukraine, in Georgien, Kirgisien, Aserbaidschan, aber auch die Proteste in Weißrussland und die Zedernrevolution im Libanon nun mit ganz anderen Augen betrachten, genauso wie den seit Jahren vehement versuchten Umsturz in Syrien. Kann es sein, dass hier mehr oder weniger versteckt ein „Groß-Israel“ und in weiterer Folge eine Weltregierung mit einer Welthauptstadt Jerusalem entstehen soll? Ich weiß es nicht mit absoluter Sicherheit. Ich versuche nur die Puzzleteile zusammenzusetzen, die uns langsam aber sicher ein Bild des Ganzen aufzeigen sollen. Ein weiteres Indiz für die Entwicklung in diese Richtung zeigt auch die verabschiedete Resolution 2334 des UN-Sicherheitsrats vom 23. Dezember 2016, die Israel dazu auffordert, seinen Siedlungsbau im Westjordanland und in Ost-Jerusalem zu beenden. Überraschenderweise hatte die USA – wie sonst üblich – diesmal aber kein Veto gegen die Resolution eingelegt. Natürlich war der Aufschrei vom israelischen Ministerpräsidenten Netanjahu und aus Zionistenkreisen sehr groß danach.[77b] Zu dieser Zeit war Donald Trump bereits gewählter US-Präsident und schrieb auf seinem *Twitter*-Kanal noch am gleichen Tag des 23. Dezembers, dass die Sache mit der UN nach dem 20. Januar 2017 (sprich nach seiner Vereidigung) anders laufen würde.[77c] In seiner „Verzweiflung“ flehte Israel Trump an, in Zukunft solche UN-Resolutionen, die Israel benachteiligen, zu stoppen. Trump drängte daraufhin Großbritannien, zukünftig Vetos gegen israelkritische Resolutionen einzulegen, welches zuvor für die Resolution 2334 stimmte. Für Nahostangelegenheiten hatte Trump seinen *Chabad*-jüdischen Schwiegersohn Jared Kushner beauftragt, welchen er zum Berater des Weißen Hauses ernannt hat.[77d]

Zu Donald Trump und seinem Umfeld komme ich im zweiten Teil des Buches noch zu sprechen. Was auf den ersten Blick für die Zionisten mit dieser UN-Resolution negativ ausschaut, entpuppt sich auf den zweiten Blick jedoch als genau das, was die Khasarische Mafia doch eigentlich schon immer wollte. Denn wird Israel von der vermeintlich

„internationalen Gemeinschaft“ dazu gezwungen, sich aus den Palästinensergebieten zurückzuziehen, so müssen diese eine andere Ausweichmöglichkeit haben.

Erinnern wir uns kurz noch einmal an die in der *Times of Israel* 2014 zitierte Aussage des Ministerpräsidenten Netanjahu, dass man, sollten die Juden vertrieben werden, zu akzeptieren habe, dass sie dann eben woanders ihre historischen Rechte wahrnehmen würden. Diese UN-Resolution 2334 dürfte mit guter Wahrscheinlichkeit also weitere „Revolutionen“ (Regierungsumstürze) und Kriege in naher Zukunft mit sich bringen, wobei der Schwerpunkt weiterhin im Nahen Osten und im Kaukasus liegen wird (siehe die weitere militärische Einkreisung Russlands).

Dass Palästina nicht die einzige Lösung werden sollte und die Expansionspläne viel älter sind, zeigen uns zudem folgende Zitate:

„Palästina ist ein kleines Land; ein viel zu kleines Land,
um auch nur einen wesentlichen Teil aller Juden aufnehmen zu können.“[78]
Dr. Paul Nathan, Aufsatz „Sachliche Politik!“ in „Die Wahrheit“, Wien, Nr. 37, 7. September 1926

„Hätten denn alle Juden Platz in Palästina? Nein! Aber dazugehören wollen sie.
Man könnte Millionen von Pässen ausstellen.“[79]
Albert Londres in „Jude wohin?“, 4. Auflage, S. 129, Wien 1931

„Palästina kommt als Zufluchtstätte nur für einen verschwindenden
Bruchteil in Betracht. (…)“[80]
Spero, Aufsatz „Notland der Juden in Afrika“ in „Die Wahrheit“, Wien, Nr. 19, 10. Mai 1935

„Ihr müsst verstehen. Die führenden Bolschewiken, die Russland übernahmen, waren keine Russen. Sie hassten die Russen. Sie hassten Christen. Angetrieben von ethnischen Hass, folterten und schlachteten sie Millionen von Russen, ohne einen Funken von menschlicher Reue (…) Die Oktober-Revolution war nicht das, was ihr in Amerika als ‚Russische Revolution‘ bezeichnet (…) Es war eine Invasion und Eroberung am russischen Volk (…) Meine Landsleute erlitten mehr schreckliche Verbrechen, als irgendein anderes Volk oder andere Nation jemals in der gesamten menschlichen Geschichte (…) Es darf nicht unterschätzt werden. Der Kommunismus beging den größten Massenmord aller Zeiten (…) Die Tatsache, dass die Welt so ignorant und gefühllos über dieses enorme Verbrechen denkt, beweist, dass die globalen Medien in den Händen der Täter liegen.“[81]
Alexander Solschenizyn, „Zweihundert Jahre zusammen“

Nachdem wir uns mit dem „Pausenthema“ des zweiten Kapitels etwas aufgelockert haben, gehen wir mit weiteren Dehnübungen wieder zurück zur Geschichte.

Kapitel 3
Das Dritte Reich – die eine Seite der Medaille

Versailles, Dawes und Young – die Ausplünderung Deutschlands

Nach dem Vertrag von Versailles stürzte Deutschland im Sinkflug abwärts in die Schuldenspirale. Im November 1923 wurde der deutsche Banker Hjalmar Schacht von den anglo-amerikanischen Bankiers in die Position des Reichsbankpräsidenten gebracht, welcher 1924 dann für Deutschland das neue Schuldenprogramm des im Bankhaus *Morgan* ausgearbeiteten *Dawes*-Plans mit absegnete (benannt nach Charles G. Dawes, US-amerikanischer Bankier und US-Vizepräsident von 1925-1929). Schachts Vater war wiederum Leiter einer Lebensversicherung der *Morgan*-Gruppe in Deutschland. Zuvor führte er 1923 die Rentenmark ein, welches die Hyperinflation zwar beendete, aber dafür mangels vorhandenem Gold und Devisen der Grund und Boden des Reichs verpfändet wurde.(82) Im *Dawes*-Plan wurden die Reparationen des Ersten Weltkriegs für Deutschland neu festgesetzt und von da an musste Deutschland jährlich zwischen 1 und 1,7 Milliarden Mark zahlen. Ab 1928 betrug die Summe jährlich sogar 2,5 Milliarden Mark. Um diese horrenden Zahlungen jährlich zu leisten, war Deutschland laufend auf kurzfristige Kredite angewiesen, die sie wiederum nur von angelsächsischen Banken zu hohen Zinsen bekam und letztere sich dadurch sprichwörtlich mehrere goldene Nasen verdienten. Ab 1929 wurde die Höhe der Reparation im sogenannten *Young*-Plan auf ca. zwei Milliarden Mark pro Jahr festgelegt (benannt nach Owen D. Young, US-amerikanischer Industrieller und Mitglied des *Internationalen Deutschen Entschädigungskomitees*). Hinzu kamen aber noch verdeckte Reparationen in Höhe von einer weiteren dreiviertel Milliarde Mark über eine Beförderungssteuer auf die Deutsche Reichsbahn, die bis 1966 zusätzlich jedes Jahr zu leisten waren.(83)

Auf der einen Seite hatte Deutschland zwischen 1924 und 1934 bereits 10,5 Milliarden Mark an Reparationen geleistet, auf der anderen Seite aber wiederum eine stattliche Summe von knapp 19 Milliarden Mark an Kreditschulden angehäuft.(84) Die Absichten des Versailler Vertrags, des *Dawes*- sowie des *Young-Plans* werden hier eindeutig: Deutschland sollte bei der Hochfinanz am besten für immer verschuldet und versklavt sein. Im Oktober 1929 brachten die internationalen Bankiers die Börsenkurse an der Wall Street zum Einsturz, was in weiterer Folge die schwere Weltwirtschaftskrise verursachte. Dies hatte wiederum zweierlei Dinge gleichzeitig zur Folge: die US-Banken verlangten plötzlich die Tilgung ihrer kurzfristigen Kredite auf einmal, und Deutschland fehlten wiederum neue Kredite, um den Reparationszahlungen nachzukommen. Da nun für die deutsche Wirtschaft keine Kredite mehr zur Verfügung standen, gingen besonders in den Jahren 1931 und 1932 viele Firmen bankrott. In weiterer Folge stieg bis Ende 1932 die Arbeitslosenzahl deshalb auf über sechs Millionen. Reichspräsident von Hindenburg erreichte zusammen mit US-Präsident Hoover ein Moratorium, wonach die deutschen Reparationszahlungen für ein Jahr ausgesetzt wurden. Im Jahre 1932 wurde der *Young*-Plan auf einer Konferenz in Lausanne (in Frankreich) schließlich wieder aufgehoben. Nichtsdestotrotz war Deutschland nicht in der Lage, eine letzte geforderte Rate von drei Milliarden Mark und die zuvor angehäuften Kreditschulden nebst Zinsen zu begleichen. Ab diesem Zeitpunkt verhandelte das Deutsche Reich jährlich um weitere

Aufschübe seiner Zahlungsverpflichtungen mit der in Basel in der Schweiz sitzenden *Bank für Internationalen Zahlungsausgleich* (BIZ), von der Hjalmar Schacht eines der Gründungsmitglieder war.[85]

„Es sind nur 300 Männer an der Zahl, die sich untereinander gut kennen und das Schicksal Europas lenken. Diese Juden besitzen Mittel, um jeden Staat zu vernichten, den sie als unvernünftig einstufen.“[85b]
Walther Rathenau (ehem. Reichsaußenminister), *Neue Freie Presse*, 25.12.1909, zitiert in: Gabrielle Liebig: „Das Monstrum von Maastricht“, 22. Mai 1992

Hitlers Wirtschaftswunder

Als Adolf Hitler am 30. Januar 1933 mit der *Nationalsozialistischen Deutschen Arbeiterpartei* (NSDAP) an die Macht kam bzw. an die Position des Reichskanzlers gehievt wurde, sollte sich binnen der nächsten Jahre bis zum Kriegsausbruch 1939 das Deutsche Reich wirtschaftlich deutlich erholen. Hitler setzte die Weimarer Verfassung außer Kraft und stoppte die weitere Ausplünderung des Reichs durch die Reparationszahlungen. Die oberste Priorität war, das eigene Land wieder aufzubauen. Hitler startete ein nationales Arbeits- und Aufbauprogramm, welches den Bau von Straßen und Autobahnen, neuen Gebäuden, Brücken, Kanälen und Häfen sowie die Reparatur von bestehenden öffentlichen Gebäuden und Privathäusern und Hochwasserschutz beinhaltete. Um für die Kosten dafür aufzukommen, ohne dass die Regierung auf Bankkredite zurückgreifen oder die Geldmenge der eigenen Landeswährung (der Reichsmark) weiter erhöhen musste (wegen Inflation), stellte die Industrie Arbeits- und Wertzertifikate aus (sogenannte *Mefo-Wechsel*), die sie an die Arbeiter auszahlte. Die Arbeiter bezahlten mit diesen wiederum Güter und Dienstleistungen bei anderen Unternehmen, welches die Nachfrage insgesamt erhöhte und die Binnenwirtschaft ankurbelte.[86]

Dieser *Mefo-Wechsel* war ein vom Reichswirtschaftsminister Hjalmar Schacht 1934 entworfenes Finanzierungsinstrument, um die Staatsausgaben vorzufinanzieren. Schacht wurde von Hitler zuvor am 17. März 1933 auch zum Reichsbankpräsidenten ernannt. Die Regierung akzeptierte diese Wechsel nicht selbst, sondern über eine dafür extra gegründete Gesellschaft, der ***Me**tallurgischen **Fo**rschungsgesellschaft mbH*, für deren Schulden das Deutsche Reich selbstschuldnerisch bürgte. Hinter dieser Forschungsgesellschaft standen wiederum die großen deutschen Unternehmen *Siemens*, *Gutehoffnungshütte*, *Krupp* und *Rheinmetall*. Die Geschäftsführung übernahmen dabei ein Vertreter des *Reichswehrministeriums* und ein Vertreter der *Reichsbank*. Die Abwicklung der Wechselgeschäfte übernahm ebenfalls die *Reichsbank*. Die Laufzeit der Wechsel war zu Beginn auf ein halbes Jahr begrenzt, später waren sie fünf Jahre lang im Umlauf. Die *Reichsbank* verpflichtete sich, sie jederzeit in Bargeld umzutauschen. Sämtliche Unternehmen im Land, die Aufträge vom Staat erhielten, stellten also diese *Mefo-Wechsel* als Bezahlung aus. Um eine Bargeldvermehrung bzw. Geldmengenausweitung dabei auszuschließen, wurden diese Wechsel mit 4% verzinst. Anstatt sie einzulösen, wurden sie von Lieferanten daher auch untereinander als beliebtes Zahlungsmittel eingesetzt, da sie über die Verzinsung gleichzeitig eine Wertsteigerung mit sich brachten. Die Wechsel hatten zudem den weiteren Vorteil, dass ihr Gegenwert als Staatsschulden nicht direkt in der Bilanz oder im Reichshaushalt auftauchte. Banken konnten sie zudem als *Handelswechsel* verbuchen und die *Mefo-Wechsel* somit vor ausländischen Aktionären verstecken. Zwischen 1934 und 1938 wurden *Mefo-Wechsel* in Höhe von 12 Milliarden Reichsmark ausgegeben und finanzierten etwa 45% der bis dahin aufgelaufenen Ausgaben für die militärische Aufrüstung (bis Ende 1939 ca. 20%). Von diesen 12 Milliarden Reichsmark wurden angeblich acht Milliarden nicht bei der Reichsbank eingelöst, da sie vom Markt aufgenommen wurden. Ab April 1938 wurden die *Mefo-Wechsel* dann durch Reichs-Schatzanweisungen mit kurzen Laufzeiten ersetzt. Bis zum 31. März 1939 stieg die Ausgabe dieser kurzfristigen Schatzanweisungen auf eine Höhe von rund 4,2 Milliarden Reichsmark an, wohl als Vorbereitung auf den kommenden Krieg. Als Hjalmar Schacht die Ausgabe neuer *Mefo-Wechsel* verbot, machte er sich bei Hitler keinesfalls beliebt und trat von seinem Amt als Wirtschaftsminister im November 1937 und von seinem Posten als Reichsbankpräsident am 20. Januar 1939 zurück (anscheinend, weil er die **Autarkiepolitik** des Reichs nicht mehr unterstützen wollte).[(87)]

Die *Mefo-Wechsel* ernteten viel Kritik, da man dem Reich unterstellte, mit diesen einzig und allein die Aufrüstung finanzieren zu wollen. Dies ist ein beliebtes Argument seitens des Establishment, um ein alternatives Währungskonzept, welches die internationalen Bankiers außen vorlässt, schlecht zu reden. Als die Wechsel 1934 das erste Mal ausgegeben wurden, dienten sie allen voran, die Arbeitslosigkeit im Land in den Griff zu bekommen. Die Aufrüstung war zu diesem Zeitpunkt (noch) nicht die oberste Priorität. Dass die Wechsel dann etwas später als Finanzierungsmittel zur Wiederbewaffnung dienten, muss auch vor dem Hintergrund der eingeschränkten Wehrfähigkeit dank des Versailler Diktats unter einem anderen Aspekt betrachtet werden: Die deutsche Reichsregierung unterbreitete nämlich zwischen Februar 1932 und Mai 1935 den Siegermächten von sich aus sechsmal Angebote zur gegenseitigen Rüstungsbegrenzung, **sogar mit vertraglichen Einschränkungen der deutschen Verteidigungsfähigkeit**. Diese Angebote beinhalteten z.B. die deutsche Luftwaffe auf 50% der französischen und die deutsche Marine auf 35% der britischen zu begrenzen. Ein sehr großzügiges Entgegenkommen, um den anderen keinen Grund zur „Gegenrüstung" zu bieten. Hitler sagte dazu am 17. Mai 1933 in einer Rede vor dem Reichstag: *„Deutschland wäre ohne weiteres bereit, seine gesamte militärische Einrichtung überhaupt aufzulösen und den kleinen Rest der ihm verbliebenen Waffen zu zerstören, wenn die anliegenden Nationen ebenso restlos das Gleiche tun würden.*"[(87b)] Lediglich mit Großbritannien entstand ein gemeinsames Flottenabkommen, die USA und Frankreich lehnten Hitlers Angebote aber ab und rüsteten weiter auf; zu dem Zeitpunkt wohl wissend, dass gegen das Deutsche Reich später wieder Krieg geführt werden wird.[(88)] Auch Hitler musste dies erkannt haben und hatte somit keine andere Wahl, als das eigene Land schnellstmöglich wieder aufzurüsten.

Die wirtschaftliche Autarkie versuchte die Reichsregierung mittels zweier Vierjahrespläne zu erlangen. Der erste Vierjahresplan ab 1933 konzentrierte sich darauf, die Bevölkerung wieder in Lohn und Brot zu bringen. Der zweite Vierjahresplan ab 1936 zielte darauf ab, das Deutsche Reich unabhängiger vom Außenhandel und vom Ausland zu machen, was sich einerseits positiv auf die einheimische Wirtschaft auswirkte, aber negativ auf die Wirtschaft anderer Länder. Im Rahmen des Außenhandels schloss die Regierung aber bilaterale Abkommen mit rund 25 Ländern in Europa, Südamerika und dem Nahen Osten ab, welche vorsahen, Waren und Güter per Tauschhandel untereinander abzuwickeln. Für diesen Tauschhandel brauchte man keinerlei Bezahlung in Devisen oder Kredite zur Vorfinanzierung. Durch diese Kooperationen entstand quasi eine wirtschaftliche Sonderzone, wodurch die USA, Großbritannien und Frankreich wiederum wichtige Marktanteile an das Deutsche Reich und seine Handelspartner sowie damit verbundene profitable Kreditgeschäfte verloren (denn die 25 Länder brauchten für den Handel plötzlich keine Kredite mehr bei fremden Banken aufzunehmen). Von 1933 bis 1939 wurde die Arbeitslosigkeit im Deutschen Reich quasi ausgemerzt, es herrschte Vollbeschäftigung und der Lebensstandard stieg allgemein nach der verheerenden Depression der Weimarer Republik wieder an. Eines der Ziele der deutschen Politik war es, die internationalen Kapitalmärkte zumindest teilweise auszuschließen und mittels Schutzgebühren den Zugang zu den Märkten mit den 25 Ländern zu gewähren.

Dass das bei der Hochfinanz und ihren Herren nicht sonderlich gut ankam, ist eine logische Schlussfolgerung. Nach dem Zweiten Weltkrieg schrieb General Fuller in Bezug auf die deutsch-englischen Beziehungen: „*Hitlers Traum war somit ein Bündnis mit Großbritannien (...) ein solches Bündnis war allerdings unmöglich, und zwar vor allem, weil Hitlers unmittelbar nach seiner Machtübernahme verfolgte Wirtschaftspolitik des direkten Austauschhandels sowie der Ausfuhrprämien dem britischen und dem amerikanischen Handel einen tödlichen Schlag versetzten.*" US-Präsident Roosevelt soll seinem Sohn Elliot am Tag, an dem er beschloss, die USA in den Krieg gegen das Deutsche Reich zu führen, gesagt haben: „*Kann irgendjemand denn ernstlich bestreiten, dass Deutschlands Versuch, den Handel in Mitteleuropa zu dominieren, einer der Hauptgründe für den Krieg war?*"(89)

Zu Hitlers Wirtschaftswunder äußerte sich am 24. Mai 2005 die Zeitung *Asia Times* wie folgt:

> „*Die Nazis kamen in Deutschland 1933 zu einem Zeitpunkt an die Macht, als seine Wirtschaft sich im totalen Zusammenbruch befand, es ruinöse Kriegsreparationen zahlen musste und keinerlei Aussichten auf ausländische Investitionen oder Kredit besaß. Doch durch eine unabhängige Finanzpolitik des souveränen Kredits sowie durch ein auf öffentliche Vollbeschäftigung abzielendes Arbeitsprogramm war das Dritte Reich in der Lage, ein bankrottes Deutschland, das keine Kolonien mehr in Übersee besaß, die es hätte ausbeuten können, innerhalb von vier Jahren zur stärksten Wirtschaft Europas zu machen, noch bevor die Rüstungsausgaben begonnen haben.*"(90)

Treffend formulierte es auch der Pastor Sheldon Emry in seinem Büchlein „Billions for the Bankers, Debts for the People":

> „*Deutschland finanzierte seine gesamten Regierungs- und Kriegskosten von 1935 bis 1945 ohne Gold und ohne Schulden, und es brauchte die gesamte kapitalistische und kommunistische Welt, um die deutsche Herrschaft über Europa zu brechen und Europa wieder unter die Knute der Banker zu bringen. Eine solche Geschichte des Geldes wird in den Lehrbüchern für die öffentlichen (von der Regierung betriebenen) Schulen heute nicht einmal erwähnt.*"(91)

Übrigens führte Adolf Hitler das erste Mal den bezahlten Urlaub für Arbeiter ein. Hierfür gründete er Ende 1933 die Organisation *Kraft durch Freude*, welche den Arbeitern im Reich Urlaub und Erholung ermöglichen sollte. Zu bezahlbaren Preisen konnten die Leute Kreuzfahrten buchen und dafür standen extra Schiffe zur Verfügung sowie für

Urlaubszwecke errichtete Strandwohnungen. Kommunisten und Kapitalisten haben zuvor den Arbeitern keinen bezahlten Urlaub gegeben. Die Betriebe waren teilweise mit Sportanlagen und Schwimmbahnen ausgestattet und für die Arbeiter wurden Wohnsiedlungen gebaut. Neu verheiratete Paare mit Kindern erhielten Anleihen bzw. Kredite, die binnen 10 Jahren zurückgezahlt werden mussten. Mit diesem Kapital konnten sie sich eigene Häuser mit Garten oder eine große Wohnung kaufen. Brachte ein Paar ein Kind zur Welt, wurde ein Viertel der Schuld erlassen. Bei vier Kindern musste nichts mehr zurückgezahlt werden. Vergleichen Sie das einmal mit der heutigen Situation.[91a] Geblieben ist immerhin der bezahlte Urlaub – noch.

Abb. 13: Berlin 1936 (aus einem Werbevideo zur Olympiade). Im Bild das Brandenburger Tor.

Abb. 14: Szene am Alexanderplatz. Im Vergleich zum Kaiserreich nicht mehr wiederzuerkennen.

Abb. 15 und 16: Szenerie in einem Lokal und am Strand bei sonnigem Wetter. Die Leute lassen es sich gutgehen.

Jetzt stellen Sie sich einmal vor, was passiert wäre, wenn dieses deutsche Beispiel Nachahmer in anderen Ländern gefunden hätte! Wie bedeutend und „empfindlich" der angestrebte autarke Weg Deutschlands sowie die gewährten sozialen Privilegien der Arbeiter für die Alliierten gewesen sein muss, offenbart auch deren Angebot an die Deutschen nach dem deutschen Sieg im Polenfeldzug September 1939, Frieden zu schließen und keine Räumung Polens verlangen zu wollen, wenn das Reich die Goldwährung wieder einführen würde. Hierzu greift das Onlinemagazin *Der Trutzgauer Bote* passenderweise die Aussage des britischen Verhandlungsführers Oberleutnant J. Creagh Scott auf, welcher am 11. August 1947 während einer Rede in London enthüllte:

„Während des gesamten ‚Telegrammkrieges' 1939/40 (das heißt, der Zeit zwischen dem deutschen Sieg über Polen und dem deutschen Angriff gegen Frankreich am 10. Mai 1940) fanden ausgedehnte Verhandlungen zwischen dem britischen und dem deutschen Auswärtigen Amt statt. Wir schlugen dabei vor, die Feindseligkeiten einzustellen, wenn Deutschland bereit ist, zur Goldwährung zurückzukehren."

Eine Rückkehr zum Goldstandard hätte aber wieder die Abhängigkeit von der Hochfinanz bedeutet.[91b] Wie wir im weiteren Verlauf aber noch sehen werden, gab es bei weitem nicht nur wirtschaftliche Gründe, Krieg gegen das Deutsche Reich zu führen. Dies ist mittlerweile schon fast ein vorgeschobener Alleingrund, um nicht hinter die anderen Gründe zu kommen. Aber Geduld, eins nach dem anderen.

„Ich will Brot und Arbeit für mein Volk. Und dies will ich gewiss nicht durch die Erfüllung von Kreditgarantien erreichen, sondern durch permanente Arbeit, deren Produkte wir entweder gegen fremde Güter oder bei unserem Innenhandel gegen einheimische Produkte austauschen können. Deutschland besitzt eine enorme Zahl von Menschen, die nicht nur arbeiten, sondern auch essen wollen. Ich kann die Zukunft der deutschen Nation nicht auf den Zusicherungen eines fremden Staatsmanns oder irgendeiner internationalen Hilfe aufbauen, sondern lediglich auf der realen Grundlage steter Produktion, für die ich zu Hause und im Ausland einen Markt finden muss."[92]
Adolf Hitler, *Paris Soir*, 26. Januar 1936

„Ich habe nun damals alles umgestellt auf den Gedanken, Arbeitsleistung gegen Arbeitsleistung, Rohstoff gegen Arbeitsleistung, Produkte der Landwirtschaft gegen Produkte der Industrie. Es ist mir gelungen, in jahrelanger Arbeit allmählich eine gewisse Binnenwirtschaft wenigstens in Europa aufzubauen. Allein gegen diese Binnenwirtschaft begann sofort wieder der alte Kampf Englands, das in dieser Konsolidierung wirtschaftlich gesehen den Keim einer späteren politischen Zusammenarbeit fühlte. Es begann daher zugleich der Kampf des ganzen Weltjudentums, das mit dem Ausschalten seiner bisherigen spekulativen Handelsmethoden einen Verlust nicht nur in Europa sah, sondern einen Verlust, der vielleicht die ganze Welt eines Tages betreffen könnte. Denn die Methoden, mit denen wir arbeiteten, waren nicht patentiert. Auch andere Staaten begannen sich diesen Methoden zuzuwenden, und das Gold begann zu verblassen."[93]
Hitlers Geheimrede vom 30. Mai 1942, „Hitlers Tischgespräche" von Henry Picker

„Deutschlands unverzeihliches Verbrechen vor dem Zweiten Weltkrieg bestand in seinem Versuch, seine Wirtschaftsmacht von dem weltweiten Handelssystem unabhängig zu machen und seinen eigenen Austauschmechanismus zu schaffen, der die Weltfinanz der Möglichkeit berauben würde, zu profitieren."[94]
Winston Churchill an Lord Robert Boothby, zitiert im Vorwort zu Sydney Rogersons Buch „Propaganda in the Next War", 2. Auflage, 2001, Orig. 1938

Das „Weltjudentum" erklärt dem Deutschen Reich den „heiligen Krieg"

Als Hitler mit der NSDAP an die Macht kam, mobilisierten die Zionisten unter den Juden weltweit einen riesengroßen Aufschrei. Schließlich richteten sich einige Punkte des Parteiprogramms der NSDAP gegen die Juden und Ausländer im eigenen Land sowie gegen den internationalen Kapitalismus, so z.B.

- Punkt 4: ***Staatsbürger*** kann nur sein, wer Volksgenosse ist. ***Volksgenosse*** kann nur sein, wer ***deutschen Blutes*** ist, ohne Rücksichtnahme auf Konfession. Kein Jude kann daher Volksgenosse sein.
- Punkt 5: Wer nicht Staatsbürger ist, soll nur als Gast in Deutschland leben können und muss unter Fremden-Gesetzgebung stehen.
- Punkt 6: Das Recht, über Führung und Gesetze des Staates zu bestimmen, darf nur dem Staatsbürger zustehen. Daher fordern wir, dass jedes öffentliche Amt, gleichgültig welcher Art, gleich ob im Reich, Land oder Gemeinde, nur durch Staatsbürger bekleidet werden darf.
- Punkt 7: Wir fordern, dass sich der Staat verpflichtet, in erster Linie für die Erwerbs- und Lebensmöglichkeit der Bürger zu sorgen. Wenn es nicht möglich ist, die Gesamtbevölkerung des Staates zu ernähren, so sind die Angehörigen fremder Nationen (Nicht-Staatsbürger) aus dem Reiche auszuweisen.
- Punkt 8: Jede weitere Einwanderung Nicht-Deutscher ist zu verhindern. Wir fordern, dass alle Nicht-Deutschen, die seit 2. August 1914 in Deutschland eingewandert sind, sofort zum Verlassen des Reiches gezwungen werden.
- Punkt 11: Abschaffung des arbeits- und mühelosen Einkommens. ***Brechung der Zinsknechtschaft!***
- Punkt 12: Im Hinblick auf die ungeheuren Opfer an Gut und Blut, die jeder Krieg vom Volke fordert, muss die ***persönliche Bereicherung durch den Krieg als Verbrechen*** am Volke bezeichnet werden. Wir fordern daher restlose Einziehung aller Kriegsgewinne.
- Punkt 13: Wir fordern die ***Verstaatlichung*** aller (bisher) bereits vergesellschafteten (***Trust***) Betriebe.
- Punkt 14: Wir fordern die Gewinnbeteiligung an Großbetrieben.
- Punkt 18: Wir fordern den rücksichtslosen Kampf gegen diejenigen, die durch ihre Tätigkeit das Gemein-Interesse schädigen. Gemeine Volksverbrecher, ***Wucherer, Schieber*** usw. sind ***mit dem Tode zu bestrafen***, ohne Rücksichtnahme auf Konfession und Rasse.[95]

Hitlers Regierung kündigte an, sämtliche Juden aus allen öffentlichen Ämtern und Pressehäusern zu entfernen. Die ersten Schritte dazu wurden Anfang März 1933 gemacht, als Kommissare der NSDAP zur Überwachung in großen und bedeutenden Verlagshäusern, Unternehmen und Organisationen eingesetzt und in Städten und Kommunen Amtspersonen gegen Hitler treu ergebene Leute ausgetauscht wurden.[95b] Haben die Deutschen sicherlich nicht vergessen, dass es die Zionisten waren, die Deutschland bereits vor, während und nach dem Ersten Weltkrieg mit dem Versailler Diktat hintergangen und sich in die verschiedensten Schaltstellen der Macht eingenistet haben, wie es stolz in der jüdischen Zeitung *The Jewish Tribune* am 5. Juli 1920 verkündet wurde: *„Die deutsche Revolution ist die Errungenschaft der Juden; die Liberal-Demokratischen Parteien haben in den Führungspositionen eine große Anzahl von Juden, und die Juden spielen eine vorherrschende Rolle in den hohen Regierungsämtern.“*(96) Und laut einer Zeitschrift der anglikanischen Kirche in Jerusalem vom Juli 1933 sagte Chajim Nachmann Bialik vor der *Universität in Jerusalem*: *„Auch dem Journalismus wandte sich das Judentum nicht vergeblich zu. In seinen Händen wurde der Journalismus eine äußerst gute Waffe im Kampf des Judentums um seine Existenz. Die Arier merkten schließlich, dass der Judengedanke sie langsam wie ein Gift durchdrang.“*(97)

Benjamin Freedman erklärt uns zum Einstieg die damalige Situation:

„Als die Deutschen erkannten, wer für ihre Niederlage verantwortlich war, waren sie natürlich sehr verärgert. Aber nicht ein Haar wurde den Juden gekrümmt, nicht ein einziges. Professor Tansill der Georgetown Universität, der Zugang zu allen geheimen Unterlagen des Außenministeriums hatte, zitierte in seinem Buch ein Dokument, geschrieben von Hugo Schoenfelt, einem Juden, den Cordell Hull 1933 nach Europa schickte, um die sog. Lager der politischen Gefangenen zu untersuchen. Er schrieb zurück, dass die Gefangenen in guter Verfassung seien. Sie waren in exzellenter Verfassung, jeder wurde gut behandelt. Und die Lager waren gefüllt mit Kommunisten. Nun, viele der Gefangenen waren Juden, weil zu dieser Zeit vielleicht 98% der Kommunisten in Europa Juden waren. Einige Priester und Minister, Gewerkschaftsführer, Freimaurer und andere mit internationalen Verbindungen waren auch unter den Gefangenen. Die Juden versuchten das zu vertuschen. Sie wollten nicht, dass die Welt wirklich begreift, dass sie Deutschland [verraten und] verkauft haben, und die Deutschen nahmen ihnen das übel. Die Deutschen bekämpften sie mit geeigneten Aktionen. Sie, wie soll ich sagen, diskriminierten sie, wo auch immer sie konnten. Sie mieden sie. (...) So, nach einer Weile wussten die Juden dieser Welt nicht, was sie tun sollten, also beriefen sie ein Treffen in Amsterdam ein. Juden aus jedem Land nahmen an diesem Treffen im Juli 1933 teil. Und sie sagten zu Deutschland: ‚Ihr feuert Hitler! Und Ihr bringt jeden Juden in seine frühere Position zurück, egal, ob er ein Kommunist oder sonst etwas gewesen war. Ihr könnt uns so nicht behandeln. Wir, die Juden dieser Welt, appellieren an Euch und stellen Euch dieses Ultimatum.'
Sie können sich vorstellen, was die Deutschen den Juden erzählt haben... Was taten sie [die Juden] als nächstes? (...) Zu dieser Zeit gab es zwischen 80 und 90 Millionen Deutsche, und nur 460.000 Juden. Weniger als ein halbes Prozent der Einwohner waren Juden, und doch kontrollierten sie die ganze Presse, sie kontrollierten den Großteil der Wirtschaft, weil sie, als die Mark abgewertet wurde, sie mit billigem Geld praktisch alles aufkauften. Nun, als 1933 Deutschland sich weigerte, sich der Weltjudenkonferenz in Amsterdam zu ergeben, brachen sie die Konferenz ab und Herr Untermeyer – welcher der Leiter der amerikanischen Delegation und Präsident der gesamten Konferenz war – kehrte zurück in die Vereinigten Staaten und ging vom Dampfschiff direkt zu den ABC Studios und gab in einer landesweit ausgestrahlten Radiosendung folgende Stellungnahme ab: ‚Die Juden dieser Welt erklären nun einen Heiligen Krieg gegen Deutschland. Wir sind jetzt in einem heiligen Konflikt gegen die Deutschen. Und wir werden sie bis

zur Unterwerfung verhungern lassen. Wir werden gegen sie weltweit boykottieren, welches sie aufgrund ihrer Abhängigkeit vom Exportgeschäft zerstören wird.'
Letztendlich erklärten die Juden einen Boykott gegen Deutschland, und dieser war so effektiv, dass sie in keinem Geschäft mehr auf dieser Welt einen Artikel mit dem Aufdruck – ‚Made in Germany' – finden konnten. Ein leitender Angestellter der Woolworth Company erzählte mir, dass sie Töpferware und Geschirr im Wert von mehreren Millionen Dollar in den Fluss werfen mussten; und dass ihre Geschäfte boykottiert wurden. Falls ein Kunde Geschirr mit der Aufschrift – ‚Made in Germany' – vorfand, gab es umgehend Demonstrationen und Sitzstreiks vor den Geschäften mit Transparenten, auf denen ‚Hitler' oder ‚Mörder' usw. standen. Bis dahin wurde keinem Juden in Deutschland auch nur ein Haar gekrümmt. Sie hatten nichts zu erleiden, mussten nicht hungern, wurden nicht umgebracht, da war nichts. Natürlich fragten sich die Deutschen: ‚Warum, wer sind diese Leute, die uns boykottieren, all unsere Leute in die Arbeitslosigkeit stürzen und unsere Wirtschaft zum Erliegen bringen? Wer sind sie, dass sie so etwas mit uns machen?' Natürlich nahmen sie es [den Juden] übel. Sicherlich wurden jüdische Geschäfte mit Swastikas bemalt. Warum sollte ein Deutscher sein Geld in ein Geschäft bringen, dessen Besitzer Teil eines Boykotts war, welches Deutschland bis zur Unterwerfung dem Weltjudentum gegenüber aushungern sollte? Welches vorschreiben will, wer ihr Premierminister oder Kanzler zu sein hat? Nun, das war lächerlich.
Das ging noch so eine Weile weiter, aber im Jahre 1938, als ein junger Jude aus Polen in die deutsche Botschaft in Paris eindrang und einen [deutschen] Beamten erschoss, fingen die Deutschen an, in rauer Weise mit den Juden in Deutschland umzugehen. Und sie brachen Fenster ein und hatten Straßenkämpfe usw. (...) In der Zwischenzeit habe ich in Deutschland gelebt, und ich weiß, dass die Deutschen sich zwischen Kommunismus und dem Christentum zu entscheiden hatten. Es gab nichts dazwischen. Die Deutschen entschieden: ‚Wir halten es christlich, wenn irgendwie möglich'. Und sie begannen sich wieder zu bewaffnen."[98]

Aber bereits Monate zuvor, vor dieser Weltjudenkonferenz im Juli 1933 in Amsterdam, riefen die Zionisten über die Medien zum weltweiten Boykott auf und veranstalten Proteste gegen das Deutsche Reich, als Juden in Deutschland – wie von Freedman indirekt bestätigt – nach und nach aus öffentlichen Ämtern etc. entfernt wurden. Bereits am 12. März 1933 hatte der *American Jewish Congress* für den 27. März eine großangelegte Protestveranstaltung im *Madison Square Garden* angekündigt (einer Mehrzweckarena in New York). Einen Tag später, am 13. März 1933 äußerte sich ein Führungsmitglied des *American Jewish Congress* wie folgt zur wirtschaftlichen Situation Deutschlands: „*Ein bellum judaicum bedeutet für Deutschland Boykott, Untergang und Verderben, bedeutet das Ende der deutschen Hilfsquellen und das Ende aller Hoffnungen auf den Wiederaufstieg Deutschlands.*"[99] Ein paar Tage später, am Abend des 18. März, hielt laut dem *New York Times* Bestseller-Autor Edwin Black die militante *Jewish War Vetarans* „feurige" Proteste in New York ab.[100] Unter der Führung der *Jewish War Veterans* kam es dann am 23. März zur ersten großen Massendemonstration, bei der etwa 20.000 Juden u.a. vor dem Rathaus in New York und vor den Vertretungen der norddeutschen *Lloyd* (der Hamburg-Amerikanischen-Schifffahrtsgesellschaft). Auch in Großbritannien sollte sich ein großer Protest anbahnen. So prangte auf der Titelseite der großen Londoner Tageszeitung *Daily Express* am 24. März im großen Schriftzug gleich auf der Titelseite oben: „*Ju-*

däa erklärt Deutschland den Krieg" gefolgt von *„Juden der ganzen Welt vereinigen sich"*, um im Artikel darunter die Juden weltweit zum Boykott von deutschen Waren aufzurufen.[101] Am 27. März 1933 veranstaltete der von Rabbi Stephen Wise gegründete *American Jewish Congress* die bereits angekündigten Massenveranstaltung im *Madison Square Garden*, in dem sich 25.000 Juden versammelten und viele tausend weitere in den umliegenden Straßen, um gegen die deutschen „anti-jüdischen Aktionen" zu protestieren. Am darauffolgenden Tag titelte die New Yorker Tageszeitung *Daily News* in großen Lettern: *„40.000 brüllen hier Protest gegen Hitler"*.[102]

Zwischen dem 28. und 30. März kündigte die NSDAP eine dementsprechende Gegenmaßnahme an, die ab dem folgenden 1. April einen landesweiten Boykott jüdischer Geschäfte vorsah. In ihrem Boykott-Aufruf, welcher im *Völkischen Beobachter* Nr. 88 am 29. März 1933 und auch in anderen deutschen Tageszeitungen veröffentlicht wurde, hieß es u.a.:

> *„Deutschland will keine Weltwirren und keine internationalen Verwicklungen. Aber das nationale revolutionäre Deutschland ist fest entschlossen, der inneren Misswirtschaft ein Ende zu bereiten. Nun, da die Feinde der Nation im Innern vom Volke selbst unschädlich gemacht worden sind, trifft das ein, was wir längst erwartet hatten. Die kommunistischen und marxistischen Verbrecher und ihre jüdisch-intellektuellen Anstifter, die mit ihren Kapitalien rechtzeitig in das Ausland ausrückten, entfalten nun von dort aus eine gewissenlose landesverräterische Hetzkampagne gegen das deutsche Volk überhaupt. Da ihnen das Lügen in Deutschland unmöglich wurde, beginnen sie von den Hauptstädten der ehemaligen Entente aus dieselbe Hetze gegen die junge nationale Erhebung, die sie zu Kriegsbeginn schon gegen das damalige Deutschland getrieben haben. Lügen und Verleumdungen von geradezu haarsträubender Perversität werden über Deutschland losgelassen. Greuelmärchen von zerstückelten Judenleichen, von ausgestochenen Augen und abgehackten Händen werden verbreitet zu dem Zweck, das deutsche Volk in der Welt zum zweiten Male so zu verfemen, wie ihnen dies im Jahre 1914 bereits gelungen war. Millionen unschuldige Menschen, Völker, mit denen das deutsche Volk nur in Frieden leben will, werden von diesen gewissenlosen Verbrechern gegen uns aufgehetzt. Die deutschen Waren, die deutsche Arbeit, sollen dem internationalen Boykott verfallen. Sie lügen von Jüdinnen, die getötet wurden, von jüdischen Mädchen, die vor den Augen ihrer Eltern vergewaltigt worden seien, von Friedhöfen, die verwüstet sind! Alles nur eine einzige Lüge, zu dem Zweck erfunden, eine neue Weltkriegshetze zu entfachen! Wollte man diesem wahnwitzigen Verbrechen länger zusehen, würde man sich zum Mitschuldigen machen. Die nationalsozialistische Partei wird daher nunmehr den Abwehrkampf gegen dieses Generalverbrechen mit den Mitteln aufnehmen, die geeignet sind, die Schuldigen zu treffen. Denn die Schuldigen sind bei uns, sie leben unter uns und missbrauchen Tag für Tag das Gastrecht, das ihnen das deutsche Volk gewährt hat. (...) Die nationale Revolution hat ihnen kein Haar gekrümmt. Sie konnten ihren Geschäften nachgehen wie zuvor. Allerdings, Korruption wird ausgerottet, ganz gleich, wer sie begeht. Die Zugehörigkeit zur jüdischen Rasse oder zur mosaischen Konfession ist so wenig ein Freibrief für Verbrecher, als es die Zugehörigkeit zu einer christlichen Konfession oder zu unserem eigenen Volk sein kann. (...)"*[103]

Trotz des Aufrufs der NSDAP zum Gegenboykott, wird dazu angemahnt, gewaltlos und zivilisiert vorzugehen. So heißt es unter Punkt zwei der Anordnung:

„Die Aktionskomitees sind verantwortlich für den höchsten Schutz aller Ausländer ohne Ansehen ihrer Konfession und Herkunft oder Rasse. Der Boykott ist eine reine Abwehrmaßnahme, die sich ausschließlich gegen das Judentum in Deutschland wendet." Und unter Punkt 11 heißt es zudem: *„Die Aktionskomitees sind dafür verantwortlich, dass sich dieser gesamte Kampf in vollster Ruhe und größter Disziplin vollzieht. Krümmt auch weiterhin keinem Juden auch nur ein Haar! Wir werden mit dieser Hetze fertig, einfach durch die einschneidende Wucht dieser angeführten Maßnahmen. Mehr als je zuvor ist es notwendig, dass die ganze Partei in blindem Gehorsam wie ein Mann hinter der Führung steht. Nationalsozialisten, ihr habt das Wunder vollbracht, in einem einzigen Angriff den Novemberstaat über den Haufen zu rennen, ihr werdet auch diese zweite Aufgabe genau so lösen."*(104)

Propagandaminister Joseph Goebbels kündigte an, dass der eintägige Boykott nicht verlängert werden würde, wenn die Angriffe gegen Deutschland aufhören.(105) Die *Jewish Virtual Library* kommentierte dieses Boykottgeschehen wiederum wie folgt:

„Nur Wochen, nachdem Hitler am 30. Januar 1933 zur Macht gekommen war, initiierte eine hastig zusammengeschusterte Koalition von miteinander rivalisierenden jüdischen Organisationen, geführt von dem Präsidenten des Amerikanisch-Jüdischen Kongresses Rabbiner Stephen Wise, dem Menschenrechtsaktivisten Louis Untermeyer sowie den kämpferischen Jüdischen Kriegsveteranen einen höchst effizienten Boykott deutscher Waren und Dienstleistungen. Jede Organisation betrieb den Boykott auf ihre Weise, versuchte jedoch, eine vereinte antinazistische Koalition zu formen, welche der Nazipartei, die ihren politischen Aufstieg fast ausschließlich dem Versprechen verdankte, sie werde die ruinierte deutsche Wirtschaft wieder aufbauen, den wirtschaftlichen Todesstreich versetzen konnte."(106)

Was an dieser Stelle noch erwähnenswert wäre, ist, dass der deutsche Gegenboykott erst ***nach*** der Kriegserklärung seitens des „Weltjudentums" erfolgte und nicht andersherum, wie es in den heutigen Geschichtsbüchern gelehrt wird. Der jüdische Autor Gerard Menuhin zeigt uns in seinem Buch „Wahrheit sagen, Teufel jagen" zudem zwei weitere Aspekte bei diesem „Boykott-Schlagabtausch" auf. Einerseits waren die New Yorker Juden nicht denselben Gefahren ausgesetzt, die ihren deutschen Stammesgenossen drohten und letztere, durch den aus dem Ausland initiierten Boykott, in eine risikoreiche Lage brachten – getreu dem zionistischen Glaubenssatz, dass „geringere Brüder" für die Sache geopfert werden dürften. Zudem ergaben sich gerade für die Zionisten zwei wesentliche Vorteile, die Menuhin benennt:

„In Zusammenarbeit mit der deutschen Regierung konnten nützliche und wohlhabende Juden dank dem Ha'avara-Abkommen zur Auswanderung nach Palästina bewogen werden, wo sie die Grundlage des künftigen jüdischen Staates bildeten, und die voraussehbare gesellschaftliche Verschlechterung der Lage der deutschen Juden konnte nach dem Krieg ausgeschlachtet werden, um den Juden weltweite und dauerhafte Sympathie einzubringen. Als Folge des 1933 von den jüdischen Organisationen betriebenen Boykotts deutscher Waren sowie der Tatsache, dass Chaim Weizmann, Präsident der Zionistischen Weltorganisation, die Juden zur Unterstützung der britischen Sache verpflichtet und dies 1939 in britischen Zeitungen bekanntgegeben hatte, ereilte die deutschen Juden dasselbe Schicksal wie die Japaner in Amerika: Sie waren potentielle Staatsfeinde und wurden als solche schließlich interniert."(107)

Das Schüren von gegenseitigen Ressentiments sollte also nur die Entwicklung beschleunigen, die zur Gründung des Staates Israel führen sollte. Aber nicht alle jüdische Organisationen unterstützten den Boykott deutscher Waren oder hießen diesen gut. So hat sich z.B. der *Verband Nationaldeutscher Juden* dazu verschrieben, gegen diesen jüdischen Boykott anzukämpfen. 1934 gab dieser Verband folgende Stellungnahme ab: „*Wir haben das Wohlergehen des deutschen Volkes und des Vaterlandes, dem wir uns untrennbar verbunden fühlen, stets über unser persönliches Wohlergehen gestellt. Deshalb begrüßten wir die Ergebnisse des Januar 1933, obwohl sie für uns persönlich Härten mit sich brachten.*“[(108)] Dass die Zionisten die antijüdischen Maßnahmen im Reich willkommen hießen, zeigt Menuhin auch anhand eines anderen interessanten Beispiels auf (Herv. d. Verf.):

> „*Es gilt zu erwähnen, dass die Nürnberger Gesetze lediglich für deutsche Nichtarier galten und nie für jüdische Besucher, die mit fremden Pässen reisten und für die keinerlei Einschränkungen existierten. Den Juden wurden ihre eigenen Organisationen auf dem Gebiet des Sports, der Kultur, der Medizin sowie ihre eigenen Schulen zugestanden,* ***und sie hatten sogar eine eigene Abteilung im Gestapo-Hauptquartier, bestückt mit zionistischen Mitarbeitern, welche die antijüdischen Maßnahmen der Regierung begrüßten, weil sie die von ihnen gewünschte Auswanderung von Juden nach Palästina förderten.*** *Insgesamt gab es sechzig Ausbildungslager, die unter deutschem Patronat von den Zionisten geleitet wurden. Doch nun erhoben die Briten Einwände und verlangten, jeder jüdische Immigrant müsse tausend Pfund Sterling in Gold mitbringen (was heute dem Wert von wenigstens 50.000 US-Dollar entspricht), um eine permanente Aufenthaltsgenehmigung für Palästina zu erhalten.*“[(109)]

Daily Express
FRIDAY, MARCH 24, 1933.
ONE PENNY.

JUDEA DECLARES WAR ON GERMANY

Jews Of All The World Unite In Action

BOYCOTT OF GERMAN GOODS

MASS DEMONSTRATIONS IN MANY DISTRICTS

DRAMATIC ACTION

HIGHER WAGES FOR STEEL WORKERS

AN INCREASE OF THREE SHILLINGS A WEEK

New "Sweep" Bill In The Dail

MR. DE VALERA AND STATE CONTROL

SECRET MEASURE

MR. MacDONALD EXPLAINS HIS TOUR

"PEACE CAN BE KEPT IN EUROPE"

LATE NEWS

OFFICER'S DAYS OF LOVE IN BERLIN

CUTS THAT KILL

GOLDEN HOPES

Abb. 17: Morgenausgabe des Londoner *Daily Express* vom 24. März 1933 „Judäa erklärt Deutschland den Krieg – Juden der ganzen Welt vereinigen sich“ So heißt es u.a. im Artikel: „*Ganz Israel in der gesamten Welt schließt sich zusammen, um den Wirtschafts- und Finanzkrieg gegen Deutschland zu erklären. (…) Ganz Israel erhebt sich im Zorn gegen die Nazi-Angriffe auf die Juden. Adolf Hitler (…) gedachte, nur die deutsche Nation im Rassenbewusstsein zu einigen, erweckte aber das ganze jüdische Volk zur nationalen Wiedergeburt. Das Erscheinen des Hakenkreuzes als Zeichen eines neuen Deutschlands weckte den Löwen von Juda, dem alten Schlachtsymbol des Trotzes. Vierzehn Millionen Juden, die über alle Welt verstreut sind, haben sich wie ein Mann zusammengeschlossen, um den deutschen Verfolgern ihrer Glaubensgenossen den Krieg zu erklären. (…) Deutschland könnte einen hohen Preis für Hitlers Widerstand gegen die Juden zu zahlen haben. Es steht vor einem internationalen Boykott in Handel, Finanz und Industrie. Der jüdische Handelsprinz verlässt seinen Kontor, der Bankier sein Vorstandszimmer, der Geschäftsmann seinen Laden und der Straßenhändler seinen kleinen Karren, um sich gemeinsam dem anzuschließen was ein heiliger Krieg geworden ist, um die hitlerischen Judenfeinde zu bekämpfen. Pläne für ein gemeinsam abgestimmtes jüdisches Vorgehen sind in Europa und Amerika gereift, um gegen das hitlerische Deutschland vergeltend zurückzuschlagen. In London, New York, Paris und Warschau warten jüdische Händler auf einen wirtschaftlichen Kreuzzug.*“[(110)]

Abb. 18 (links unten): In den darauffolgenden Jahren nahm der anti-deutsche Bykott weiter zu: Massendemonstration veranstaltet durch den *American Jewish Congress* und dem *Jewish Labor Committee* am 15. März 1937 im New Yorker *Madison Square Garden*.

DAILY NEWS

40,000 ROAR PROTEST HERE AGAINST HITLER

Abb. 19 und 20: New Yorker Tageszeitung *Daily News* vom 28. März 1933: „*40.000 brüllen hier Protest gegen Hitler*“, und Woolworth, ein großer Importeur deutscher Waren in den USA, der 1933 auf Betreiben der *Jüdischen Kriegsveteranen* (*Jewish War Veterans*) den Import und Verkauf von über 350 aus Deutschland stammenden Produkten einstellte.

„Seit Monaten wird der Kampf gegen Deutschland von jeder jüdischen Gemeinde, bei jeder Konferenz, in allen unseren Gewerkschaften und von jedem Juden überall auf der Welt geführt. Es besteht Grund zur Annahme, dass unser Anteil an diesem Kampf von allgemeinem Wert ist. Wir werden einen geistigen und materiellen Krieg der ganzen Welt gegen Deutschlands ehrgeizige Pläne entfesseln, wieder eine große Nation zu werden und verlorene Gebiete und Kolonien wiederzugewinnen. Doch unsere jüdischen Interessen erfordern die völlige Zerstörung Deutschlands. Kollektiv und individuell ist die deutsche Nation eine Bedrohung für uns Juden.“[111]
Wladimir Zeev Jabotinsky, russischer Zionist und Gründer der *Jüdischen Legion* im Ersten Weltkrieg, Januar 1934 in der Zeitung *Nascha Rjetsch*

„Es gibt nur eine Macht, die zählt, das ist die Macht des politischen Druckes. Wir Juden sind die mächtigste Nation der Welt. Wir besitzen die Macht und wir verstehen sie anzuwenden.“[112]
Wladimir Zeev Jabotinsky, russischer Zionist und Gründer der *Jüdischen Legion* im Ersten Weltkrieg, 27. Juli 1935

„Deutschland ist der Feind des Judentums und muss mit tödlichem Hass verfolgt werden. Das Ziel des Judentums lautet heute: Eine gnadenlose Kampagne gegen alle deutschen Menschen und die völlige Zerstörung der Nation. Wir fordern eine totale Handelsblockade, die Einstellung der Einfuhr von Rohstoffen und Vergeltung gegenüber allen Deutschen, auch Frauen und Kindern.“[113]
A. Kulischer, jüdischer Professor, Oktober 1937

Das Ha'avara Abkommen – enge Kooperation zwischen Zionisten und Nationalsozialisten

Das *Ha'avara Abkommen* (hebräisch: *Transfer*) ist ein am 25. August 1933 beschlossenes und bis zum 3. September 1939 in Kraft gebliebenes Transferabkommen zwischen der *Jewish Agency* (heute offizielle Einwanderungsorganisation Israels), der *Zionistischen Vereinigung für Deutschland* und dem deutschen *Reichswirtschaftsministerium* zur Initiierung und Erleichterung der Auswanderung der Juden aus dem Dritten Reich nach Palästina. Dieses Abkommen sollte auch gleichzeitig den deutschen Export fördern, gerade im Hinblick auf den damals drohenden weltweiten Handelsboykott der Juden. Das Ha'avara Abkommen ermöglichte es den Juden, ihr Vermögen und ihre Waren bei einer Auswanderung nach Palästina zu überführen. Die britische Verwaltung von Palästina verlangte von einwanderungswilligen Juden den Nachweis finanzieller Mittel. Dies wurde bewerkstelligt, indem jüdische Auswanderer den Mindestbetrag von 1.000 Pfund Sterling auf ein deutsches Konto einzahlten. Von diesem Geld wurden dann deutsche Waren für die Ausfuhr nach Palästina bezahlt. Der Importeur in Palästina wiederum zahlte den Gegenwert auf ein Konto ein. Die jüdischen Auswanderer erhielten aus diesem Konto bei ihrer Ankunft in Palästina wiederum den Gegenwert in Häusern, Grundstücken, Zitruspflanzungen oder das gesamte Guthaben bar in Palästina-Pfund erstattet. Hierzu fand ich ergänzend Folgendes:

> *„Juden, die nach Palästina auswandern wollten, konnten ihr Vermögen auf eines oder mehrere Konten von zwei bestimmten jüdischen Banken in Deutschland einzahlen. Sie konnten es auch dann einzahlen, wenn sie zunächst noch in Deutschland bleiben wollten, die Ausreise also nur in Erwägung gezogen, aber noch nicht fest geplant war. Über dieses Geld konnten sie zunächst zugunsten von bereits in Palästina ansässigen jüdischen Siedlern frei verfügen. Sie konnten aber auch das Geld in Palästina anlegen. Sie konnten sogar ihre eigene, später vielleicht einmal anfallende Krankenversicherung bis zu zehn Jahre im Voraus davon bezahlen. Damit erhielten die Juden im Deutschen Reich Rechte, die den deutschen Reichsbürgern verwehrt waren. Werner Feilchenfeld schreibt: ‚Die Vorbereitung einer Heimstätte in Palästina für in Deutschland noch (…) verbliebene Personen stellte eine im Rahmen der deutschen Devisenbeschaffung ungewöhnliche Durchbrechung des Verbots der Vermögensanlage von Deutschen im Ausland dar.' In das Ha'avara-Abkommen wurde, in Zusammenarbeit mit einem Reisebüro in Tel Aviv, auch ein Reisekreditabkommen eingebaut, mit dessen Hilfe die Juden vor ihrer Auswanderung eine Erkundungsreise nach Palästina unternehmen und sich im Land über Lebens- und Arbeitsmöglichkeiten orientieren konnten. Sie zahlten dafür ihre Unkosten in Reichsmark ein und bekamen in Palästina Gutscheine für alle anfallenden Ausgaben. Auch das war eine Ausnahmeregelung, da zur Zeit der Devisenbewirtschaftung Auslandsreisen für Deutsche normalerweise nicht möglich waren.*"(114)

Das *Ha'avara Abkommen* kam mit weiteren Vorteilen und Zusatzregelungen daher. So konnten beispielsweise auch alle Renten und Versorgungsbezüge ohne Abzüge an die ausgewanderten Juden in Palästina transferiert werden. Juden, die finanziell schlechter situiert waren und denen es nicht möglich war, die 1.000 Pfund „Vorzeigegeld" aufzubringen, wurden 50% Ermäßigung auf die Transferkosten bewilligt. Des Weiteren konnten sie über dieses Abkommen Kredite aufnehmen – die erst nach Jahren zurückgezahlt werden mussten –, um ihnen die Auswanderung nach Palästina zu erleichtern. Über ein sogenanntes Clearing-System konnten in Palästina (oder anderswo in der Welt) ansässige Juden sogar ihren Verwandten und Freunden in Deutschland Gelder zukommen lassen. Dieses Clearing bot laut dem Reichsbankrat Walther Utermöhle, dem damaligen Leiter der Reichsstelle für Devisenbewirtschaftung im Reichswirtschaftsministerium, noch eine weitere Möglichkeit: *„Daneben wurde ein Clearing zwischen auswandernden Juden und (...) aus dem Ausland zurückwandernden Deutschen ermöglicht. Wenn zum Beispiel ein Deutscher sein Haus oder sein Geschäft (wegen des Boykotts im Ausland) nicht verkaufen konnte und in Deutschland einen Juden fand, der ähnliche Vermögenswerte besaß, so wurde eine Tauschgenehmigung erteilt, bei der keine Seite einen ungerechtfertigten Gewinn machen konnte.“*(115)

Wie wir sehen können, versuchten alle Parteien dieses Abkommens, den Juden die Auswanderung nach Palästina, so leicht und fair wie möglich zu gestalten, wobei der profitable Hintergrund dieser Unternehmung natürlich nicht außer Acht gelassen werden sollte. Zionisten arbeiteten dabei zusammen mit den Nationalsozialisten. Der größere Teil der Auswanderung von Juden sollte allerdings durch das *Rublee-Wohlthat-Abkommen* vom Februar 1939 bewerkstelligt werden (benannt nach dem US-amerikanischen Juristen George Rublee und Hermann Görings Staatssekretär Helmut Wohlthat). Dieses Abkommen beinhaltete den Entwurf für einen völkerrechtlichen Vertrag zwischen Deutschland und bis zu 32 anderen Ländern und sollte – im Gegensatz zum Ha'avara Abkommen – den Juden die Auswanderung nicht nur nach Palästina, sondern auch in andere europäische oder überseeische Länder ermöglichen. Rublee handelte dieses Abkommen anfänglich mit Hjalmar Schacht aus. Da Letzterer am 20. Januar 1939 als Reichsbankpräsident ausschied, führte Rublee die Verhandlungen später mit Wohlthat fort. Durch den Ausbruch des Zweiten Weltkriegs am 1. September 1939 konnte dieses Abkommen nicht mehr zu seiner Entfaltung kommen, was u.a. die Abschiebung von Juden in die besetzten Ostgebiete zur Folge hatte, wo sie wiederum in Lagern interniert und zur Arbeit für die Rüstungsindustrie herangezogen wurden.(116)

Insgesamt betrachtet lässt sich somit sagen, dass Hitler und die Reichsregierung für die Gründung des Staates Israel die Wegbereiter waren und das *Ha'avara Abkommen* war der nächste Zwischenschritt dafür.

Wie „rassenfeindlich“ waren Hitler und die Nationalsozialisten?

Diese Frage hatte mich viele Jahre lang selbst beschäftigt und da ich neugierig war, bin ich dieser Frage auf den Grund gegangen, um mir meine eigene Meinung zu bilden. Wirft man einen Blick in ein modernes Geschichtsbuch, so hat man den Eindruck, dass damals komplett alles negativ und schlecht gewesen ist. Doch war es das wirklich? Wie bereits erwähnt, lässt sich auch das Dritte Reich nicht einfach so nur in Schwarz und Weiß unterteilen. Es gibt beides und auch Grautöne dazwischen. Nachfolgend einmal ein paar interessante Aspekte, auf die ich gestoßen bin und gern mit Ihnen teilen möchte. Vielleicht wird danach auch ihr Bild der Anschauung ein klein wenig zurechtgerückt.

Hitlers „Edeljuden"

Vor ein paar Jahren entdeckte die Historikerin Susanne Mauss im Landesarchiv Nordrhein-Westfalens zufällig ein Dokument aus alten *Gestapo*-Akten des „Reichsführers SS" Heinrich Himmler vom August 1940, welcher die Behörden anwies, dass der damalige Düsseldorfer Amtsrichter Ernst Moritz Hess (ein Jude, der zum evangelischen Glauben konvertierte, aber als „Vollblutjude" von den Behörden angesehen wurde) auf Wunsch von Adolf Hitler „in jeder Hinsicht unbehelligt gelassen wird". Hitler und Hess dienten beide zusammen während des Ersten Weltkriegs, wurden im gleichen Lazarett behandelt und Hess war sogar zeitweise der Kompaniechef von Hitler und somit sein Vorgesetzter gewesen. Für seinen Einsatz an der Front im Ersten Weltkrieg erhielt Hess später das Eiserne Kreuz Zweiter und Erster Klasse, den bayerischen Militärverdienstorden und 1934 bekam er ein Ehrenkreuz verliehen. Aufgrund der Nürnberger Gesetze wurde Hess zum 1. Januar 1936 von seinem Amt als Richter entlassen. Nach einem zeitweisen Aufenthalt in Südtirol (er bekam weiterhin Pensionsbezüge nach Italien überwiesen) musste er aufgrund der deutsch-italienischen Vereinbarungen mit seiner Familie Ende 1939 wieder ins deutsche Reichsgebiet zurückkehren.

Der von Heinrich Himmler angeordnete und vom Hitler-Vertrauten und Ministerchef der Reichskanzlei Hans-Heinrich Lammers aufgesetzte Schutzbrief sah zudem vor, dass Hess nach außen hin und im behördlichen Schriftverkehr den für Juden erforderlichen Zwischennamen „Israel" nicht zu führen hatte und somit nicht als Jude kenntlich zu sein brauchte. Diese Ausnahmebehandlung wurde im Mai 1941 allerdings wieder zurückgenommen. Von da an stand er nicht mehr unter dem Schutz Hitlers und wurde in das Konzentrationslager Milbertshofen bei München gebracht. Laut der offiziellen Berichterstattung wurde seine Tochter zur Zwangsarbeit in einer Elektrofirma eingesetzt. Seine Mutter und seine Schwester wurden auf Anweisung vom „Judenreferent" im Reichssicherheitshauptamt, Adolf Eichmann, nach Theresienstadt deportiert. Seine Schwester soll in Auschwitz ums Leben gekommen und seiner Mutter später die Flucht in die Schweiz gelungen sein.[(117)]

Ein anderer bekannt gewordener Fall ist der des Juden Dr. Eduard Bloch, welcher einst der Familienarzt der Hitlers gewesen war und Adolf Hitlers Mutter Klara behandelte, die in ihren Mittvierzigern an Brustkrebs erkrankt war. Hitlers Mutter verstarb und nach ihrem Begräbnis sagte Hitler zu diesem: *„Ich werde Ihnen, Herr Doktor, ewig dankbar sein."* und schickte ihm aus Wien noch jahrelang Neujahrskarten zu. Als Hitler etwa 30 Jahre später nach dem „Anschluss" Österreichs nach Linz (in Österreich) kam, erkundigte sich dieser, ob der Dr. Bloch denn noch leben würde und bemerkte: *„Ja, wenn alle Juden so wären wie er, dann gäbe es keinen Antisemitismus."* Der Arzt galt von nun an als „Edeljude" und stand unter dem Schutz der *Gestapo* (Geheime Staatspolizei) von Linz. Er durfte in seiner Wohnung weiterhin bleiben, die nicht als „Judenwohnung" gekennzeichnet werden musste.[(118)]

Abb. 21: SS-Oberführer und Hitlers Chauffeur Emil Maurice

Ein ebenfalls wenig bekannter Fall ist der des Emil Maurice, der aufgrund seiner teils jüdischen Wurzeln im Dritten

Reich als ein sogenannter „Mischling“ galt. Seine enge Freundschaft mit Adolf Hitler datiert zurück bis 1919, als beide Mitglieder der *Deutschen Arbeiterpartei* (DAP) waren, aus der später die NSDAP hervorging. 1920 wurde Maurice Führer der *Saalschutz-Abteilung* und war somit oberster SA-Führer. 1923 wurde er Mitglied des *Stoßtrupps Hitler* (ursprünglich eine Gruppe von Leibwächtern Hitlers). Nach dem *Münchner Aufstand* im November 1923 saß er zusammen mit Adolf Hitler und Rudolf Heß im Landsberger Gefängnis ein. Aus der *Saalschutz-Abteilung* ging die *Schutzstaffel* (SS) hervor und Maurice war SS-Mitglied Nr. 2. Am 1. Juli 1934 wurde er zudem zum *SS-Standartenführer* ernannt und am 30. Januar 1939 wurde er ehrenhalber in den Rang des *SS-Oberführers* erhoben. Maurice war der persönliche Fahrer, Leibwächter sowie politischer Begleiter von Adolf Hitler. Des Weiteren war er Mitglied des Reichstags und wurde als „Ehrenarier“ anerkannt. Während seiner Laufbahn erhielt er mehrere Auszeichnungen (u.a. das Ehrenkreuz, das Goldene Parteiabzeichen, den SS-Ehrendegen und den SS-Ehrenring sowie das Kriegsverdienstkreuz). Heinrich Himmler versuchte ihn sowie seine drei Brüder aus der SS auszuschließen, doch Hitler hielt konsequent seine schützende Hand über ihn.[119]

Ein umstrittener Fall betrifft Erhard Milch, der im Dritten Reich Staatssekretär des Reichsluftfahrtministeriums sowie Generalfeldmarschall gewesen war. Es wurde lange darüber spekuliert, ob Milch einen jüdischen Vater hatte oder nicht. Angeblich soll ein Schreiben des ehemaligen Reichsministers der Luftfahrt Hermann Göring existieren, welches Milchs teilweise jüdische Abstammung bestätigen soll, doch belegbare Beweise hierzu fehlen. Laut dem Militärhistoriker Horst Boog würde eine lückenlose väterliche Ahnenreihe eindeutig seine teils jüdische Herkunft nachweisen. Der US-Historiker Bryan Mark Rigg vertritt die These, Milch sei – im Sinne der Nürnberger Gesetze – gar ranghöchster „jüdischer“ Soldat der Wehrmacht gewesen. Rigg stützte sich diesbezüglich auf geführte Interviews und auf Material des Bundesarchivs. Nach dem Zweiten Weltkrieg wurde Milch vor dem amerikanischen Militärgerichtshof zu lebenslanger Haft verurteilt.[119a]

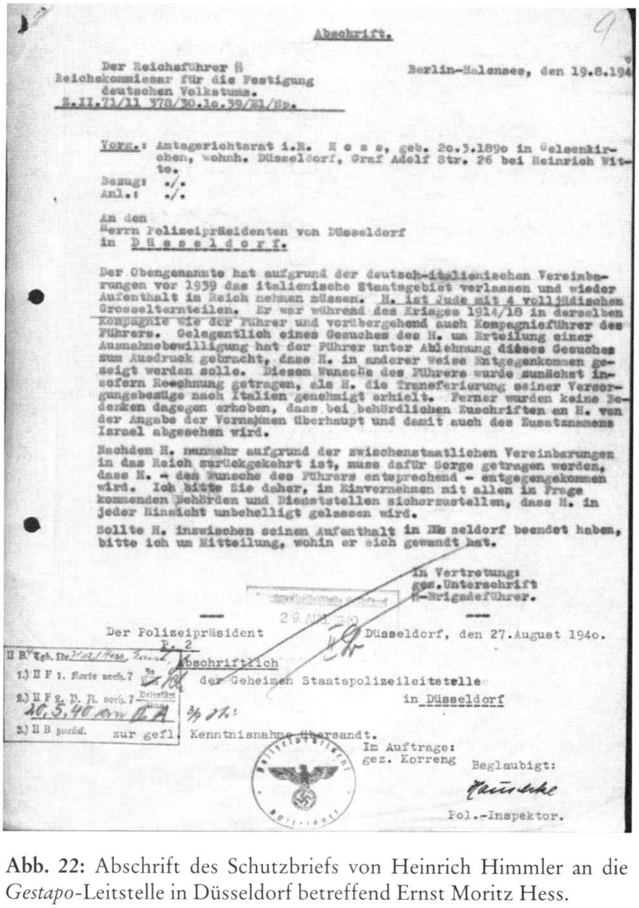

Abschrift.

Der Reichsführer SS
Reichskommissar für die Festigung deutschen Volkstums.
B.II.71/11 378/30.10.39/Bl/Sp.

Berlin-Halensee, den 19.8.194[illegible]

Vorg.: Amtsgerichtsrat i.R. H e s s, geb. 20.3.1890 in Gelsenkirchen, wohnh. Düsseldorf, Graf Adolf Str. 26 bei Heinrich Witte.
Bezug: ./.
Anl.: ./.

An den
Herrn Polizeipräsidenten von Düsseldorf
in Düsseldorf.

Der Obengenannte hat aufgrund der deutsch-italienischen Vereinbarungen vor 1939 das italienische Staatsgebiet verlassen und wieder Aufenthalt im Reich nehmen müssen. H. ist Jude mit 4 volljüdischen Grosselternteilen. Er war während des Krieges 1914/18 in derselben Kompagnie wie der Führer und vorübergehend auch Kompagnieführer des Führers. Gelegentlich eines Gesuches des H. um Erteilung einer Ausnahmebewilligung hat der Führer unter Ablehnung dieses Gesuches zum Ausdruck gebracht, dass H. in anderer Weise Entgegenkommen gezeigt werden solle. Diesem Wunsche des Führers wurde zunächst insofern Rechnung getragen, als H. die Transferierung seiner Versorgungsbezüge nach Italien genehmigt erhielt. Ferner wurden keine Bedenken dagegen erhoben, dass bei behördlichen Zuschriften an H. von der Angabe der Vornahmen überhaupt und damit auch des Zusatznamens Israel abgesehen wird.

Nachdem H. nunmehr aufgrund der zwischenstaatlichen Vereinbarungen in das Reich zurückgekehrt ist, muss dafür Sorge getragen werden, dass H. – dem Wunsche des Führers entsprechend – entgegengekommen wird. Ich bitte Sie daher, im Einvernehmen mit allen in Frage kommenden Behörden und Dienststellen sicherzustellen, dass H. in jeder Hinsicht unbehelligt gelassen wird.

Sollte H. inzwischen seinen Aufenthalt in Düsseldorf beendet haben, bitte ich um Mitteilung, wohin er sich gewandt hat.

In Vertretung:
gez. Unterschrift
SS-Brigadeführer.

29 AUG 1940

Der Polizeipräsident
Düsseldorf, den 27. August 1940.
B. 2

Abschriftlich
der Geheimen Staatspolizeileitstelle
in Düsseldorf
zur gefl. Kenntnisnahme übersandt.

Im Auftrage:
gez. Korreng

Beglaubigt:
Pol.-Inspektor.

II B Tgb. Nr.
1.) II F 1. Karte usch. 7
2.) II F 2. D. R. usch. 7
20.5.40
3.) II B zurück.

Abb. 22: Abschrift des Schutzbriefs von Heinrich Himmler an die *Gestapo*-Leitstelle in Düsseldorf betreffend Ernst Moritz Hess.

Olympiade 1936 – die Geschichte des Jesse Owens

James „Jesse" Owens war ein afroamerikanischer Leichtathlet, der für die USA an den Olympischen Sommerspielen 1936 in Berlin teilnahm und mit insgesamt vier Goldmedaillen (100m, 200m, 4 x 100m und Weitsprung) der erfolgreichste Athlet dieser Veranstaltung war. Vielfach wurde in den Medien berichtet, dass Adolf Hitler Owens die Anerkennung für seine Leistungen verweigert hätte, ihn ignoriert und ja sogar entrüstet das Stadion nach einem seiner Siege verlassen hätte. Doch zum Glück gibt es noch jemanden, der den Falschbehauptungen etwas entgegenzusetzen hatte. Siegfried Mischner war als Sportreporter damals bei der Olympiade von 1936 tätig und bestätigte 2009 in einem Interview[(120)], gesehen zu haben, wie Hitler Owens Hand schüttelte. Owens zeigte Mischner von diesem Moment später ein Foto, welches er in seiner Brieftasche trug und schwärmte: *„Das war eines meiner schönsten Momente."* Mischner klärt auf, dass dieses Foto hinter dem Siegerstand und somit abseits der Weltpresse entstanden sei. Die vorherrschende Meinung im Nachkriegsdeutschland war, so Mischner, dass Hitler Owens ignoriert hätte. Man hätte sich letzten Endes dagegen entschieden, dieses Foto überhaupt zu erwähnen, weil die einhellige Meinung war, dass Hitler in Bezug auf Owens weiterhin ins schlechte Licht gerückt werden musste. Jesse Owens ist seit 1980 tot, genauso wie andere Sportreporter von damals, die Mischners Geschichte bestätigen könnten. Owens schrieb in seiner Biografie jedoch bestätigende Worte, die Mischners Version glaubhaft machen: *„Als ich am Kanzler vorbeikam, stand er auf, winkte mir zu und ich winkte zurück. Ich denke, die Journalisten zeigten schlechten Geschmack, als sie den Mann der Stunde in Deutschland kritisierten."* Warum hatte Hitler dem Owens denn nicht offiziell gratuliert? Rick Shenkman vom *History News Network* des *Columbian College of Arts & Sciences* erklärt dazu:

> *„Die Fakten sind einfach. Hitler gratulierte Owens nicht. Aber an dem Tag hat er auch keinem anderen gratuliert, nicht einmal den deutschen Siegern. Es ist eine Tatsache, dass Hitler niemandem mehr nach dem ersten Tag der Wettkämpfe gratulierte. Am ersten Tag schüttelte er die Hände mit all den deutschen Siegern, was ihm aber Ärger seitens der Mitglieder des Olympischen Komitees einbrachte. Sie sagten ihm, er solle olympische Neutralität bewahren. Entweder er gratuliere jedem oder keinem. Hitler entschied sich dann, keinem mehr eine Anerkennung zukommen zu lassen."*[(121)]

Irgendetwas an dieser Aussage fühlte sich bei mir aber nicht ganz stimmig an. Die Version, die ich am wahrscheinlichsten halte, ist jene, dass am ersten Tag der Wettkämpfe am 2. August 1936 Hitler persönlich dem deutschen Athleten Hans-Otto Woellke gratulierte, weil dieser nun einmal der erste Deutsche war, der seit 1896 wieder eine Goldmedaille gewonnen hatte. Für den Rest des Wettkampftags gratulierte Hitler weiterhin olympische Sieger, deutsche ***und*** ausländische, die er in seinem VIP-Bereich empfing. Etwas später wurde Hitler von dem Präsidenten des *Internationalen Olympischen Komitees*, Graf Henri de Baillet-Latour, aufgesucht, der ihm mitteilte, dass, *„indem er* [öffentlich] *jedem olympischen Gewinner persönlich gratulierte, er gegen das olympische Protokoll verstoßen habe"*, wie u.a. Benton Bradberry in seinem Buch „The Myth of German Villainy" enthüllt (deutsch: „Der Mythos der deutschen Schurkerei"). Hitler hätte sich dann gebührend entschuldigt und gemeint, dass er fortan niemandem mehr gratulieren werde, was er bis zum Rest der Spiele auch nicht mehr getan hatte. Als am darauffolgenden Tag, den 3. August, Jesse Owens seine erste Goldmedaille gewann, hat ihm Hitler logischerweise – offiziell – nicht gratuliert.[121a] Auch wenn bis heute noch kein gemeinsames Foto mit Hitler und Owens aufgetaucht ist, gibt es dennoch weitere glaubhafte Quellen, die Mischners Aussagen untermauern. In der US-amerikanischen Tageszeitung *The Baltimore Sun* erschien im August 1936 ein Artikel, in dem geschrieben stand, dass Hitler Jesse Owens ein signiertes Erinnerungsfoto von ihm selbst zugeschickt hätte. Und neben dem Sportreporter Mischner gibt es noch einen weiteren Zeitzeugen, nämlich den ehemals britischen Kampfpiloten Eric Brown, der 2014 in einer Sendung des britischen TV-Senders *BBC* Folgendes sagte: *„Ich habe viele Berichte gelesen, die besagten, dass Hitler ihn ignorierte. Nun, dies ist absolut unwahr, weil ich selbst Zeuge dabei war, als Hitler Jesse Owens die Hand schüttelte und ihm für das gratulierte, was er erreicht hatte.“*[122] Da Brown Angehöriger eines Staates ist, dessen Regierung hasserfüllt gegen Deutschland in den Krieg zog, sehe ich hier keinerlei Grund, warum er ansonsten lügen sollte.

Abb. 23: Staatssekretär a. D. und Präsident des Organisationskomitees der Olympiade 1936, Dr. Theodor Lewald (mit halbjüdischer Abstammung) mit Adolf Hitler.

Zu der damaligen Zeit herrschte in den USA ja noch strikte Rassentrennung. Während Owens im Berliner Stadion von den Zuschauern ohrenbetäubend gefeiert wurde und auch bei den Deutschen nach eigenen Angaben – egal, wo er hinkam – sehr beliebt war und beklatscht wurde[123], verweigerte man ihm in den USA jedwede gesellschaftliche Anerkennung. In Deutschland durfte er gemeinsam mit den weißen Athleten reisen und auch in denselben Hotels mit den anderen zusammen nächtigen, wohingegen in vielen Teilen der USA Afroamerikaner in getrennten Hotels untergebracht waren und Owens und seine Frau von vielen Hotels ebenfalls abgelehnt wurden. In Deutschland konnte er problemlos im Kino neben Weißen sitzen, öffentliche Toiletten benutzen oder im Restaurant speisen. *„Da waren so viele Dinge, die er in Deutschland tun durfte, die in den Vereinigten Staaten verboten waren. In den Vereinigten Staaten mussten schwarze Athleten getrennt von den weißen Athleten essen.“*, klärt uns Bradberry in seinem Buch auf.[123a] Nach seiner Rückkehr in die Staaten musste Owens bei der Siegesfeier im New Yorker Hotel *Waldorf-Astoria* den Warenaufzug zur Rezeption nehmen. Im deutschen Olympiateam, und das sei hier besonders erwähnt, freundete er sich mit dem deutschen Athleten Luz Long an (Carl Ludwig Hermann Long mit bürgerlichem Namen), von denen es sogar mehrere gemeinsame Fotos gibt. In Bezug auf Hitler erinnerte Owens sich in seiner Biografie: *„Hitler hat mich nicht brüskiert, sondern Franklin D. Roosevelt. Der Präsident hat mir nicht einmal ein Telegramm geschickt.“* Des Weiteren wurden Owens' Siege in der internationalen Presse oft als ein „Schlag gegen Hitlers Mythos der arischen Überlegenheit“ propagiert, was eigentlich völliger Humbug ist, wenn man bedenkt, dass das Deutsche Reich von allen teilnehmenden Ländern die meisten Medaillen errungen und somit auch von dieser Seite her kein Grund zum Neid und zur Missgunst gewesen wäre.[124]

Was Luz Long und Jesse Owens betrifft, so könnten manch Kritiker behaupten, die gemeinsamen Fotos wären gestellt gewesen und dienten bloß zur Imagepflege des Dritten Reichs. Allerdings haben sich die beiden auch nach der Olympiade häufig Briefe geschrieben. Folgenden Brief schrieb Long an Owens, als die USA und Deutschland miteinander im Krieg waren und Long als Soldat bei der Wehrmacht in den Krieg ziehen musste: *„Mein Herz sagt mir, dass dies vielleicht der letzte Brief meines Lebens sein wird. Falls das so sein sollte, so bitte ich Dich um eine Sache: Wenn der Krieg vorbei ist, gehe bitte nach Deutschland, finde meinen Sohn und erzähle ihm über seinen Vater. Erzähle ihm von den Zeiten, als der Krieg uns nicht getrennt hatte – und sage ihm, dass es zwischen Menschen in dieser Welt auch anders zugehen kann. Dein Bruder, Luz.“*

Mit dem letzten Satz wollte er ausdrücken, dass es zwischen Menschen auch freundschaftlich zugehen kann, anstatt sich gegenseitig umzubringen. Long starb im Alter von 30 Jahren nur einen oder zwei Tage später, am 14. Juli 1943, in einem britischen Feldlazarett, nachdem er diesen Brief abgeschickt hatte. 1951 erfüllte Owens ihm den Wunsch und besuchte seinen Sohn Kai-Heinrich Long in Hamburg, dem er von seinem Vater erzählte.[(125)] Letzterer veröffentlichte 2015 eine Biografie über seinen Vater mit dem Titel „Luz Long – eine Sportlerkarriere im Dritten Reich: Sein Leben in Dokumenten und Bildern“. Ich hatte es geschafft, die jeweiligen Nichten von Luz Long und Jesse Owens ausfindig zu machen, jedoch blieben meine schriftlichen Anfragen von beiden Seiten leider unbeantwortet. Gern hätte ich eine Kopie des besagten Fotos von Hitler und Owens hier abgelichtet, da Bilder bekanntlich mehr als tausend Worte sagen. Ich weiß, dass dieses Foto existiert, welches ein gutes Stück weit nötige Heilung in der Welt bringen könnte.

Abb. 24 bis 26: Jesse Owens und Luz Long verstanden sich prima, von „Rassenhass“ keine Spur.

Abb. 27 (links): Luz Long war der erste, der Jesse Owens zu seinem neuen Rekord im Weitspringen gratulierte. Rückblickend kommentierte Owens dazu: *„Man könnte alle Medaillen und Pokale, die ich habe, einschmelzen, und sie würden nicht einmal für eine Schicht der 24-Karat-Freundschaft reichen, die ich in diesem Moment für Luz Long empfand.“*

Abb. 28 (rechts): In der olympischen Sonderausgabe des deutschen Magazins *Die Woche* wurde Jesse Owens als *„Der großartige amerikanische Läufer und Weitspringer“* bezeichnet.

Ausländische Nationen in der Wehrmacht und Waffen-SS

Das ist deshalb auch ein recht spannendes Thema, weil die Wenigsten heutzutage überhaupt wissen, dass ab 1941 im Krieg gegen Russland und gerade in der Endphase des Krieges 1944/45 große Teile Europas und viele Freiwillige „aus aller Herren Länder" in die Waffen-SS oder die Deutsche Wehrmacht eintraten, um Europa im Kampf gegen den Kommunismus und internationalen Kapitalismus beizustehen. Insgesamt **rund eine Million Menschen aus rund 30 Nationen** traten der Deutschen Armee zur Hilfe bei, wovon rund knapp die Hälfte sich der Waffen-SS anschloss – sich dessen wohl bewusst gewesen, dass Letztere die höchsten Verluste in den Schlachten erlitt. Der Beginn des Krieges gegen Russland im Juni 1941 brachte eine neue Wende in der Strategie, um Deutschland und Europa vor einer endgültigen Niederlage zu bewahren. Léon Degrelle, Gründer der belgischen *Rexist Partei* und Offizier der Waffen-SS, war so etwas wie der belgische „Führer". In seinem Buch „Epic: The Story of the Waffen SS" erklärt er, dass die Soldaten der europäischen SS zwar Hitler und die Deutschen bewunderten, aber deshalb selbst nicht zu Deutschen werden wollten. Europäische Einheit könne nach seinen Worten nur durch Harmonie erreicht werden und nicht über den Weg der Herrschaft über die anderen. Über dieses Thema hatte er eine achtstündige Diskussion mit Hitler und Himmler geführt und Hitler teilte seine Ansichten über den Status der nichtdeutschen Europäer nach dem Krieg. Laut Degrelle wuchs Hitler über das nationale Bewusstsein hinaus und hatte die Vision, Europa zu befreien, um es dann neu aufzubauen. Mit Hitler sollten die Europäer gleichberechtigte Verbündete sein. Auch die SS habe das Prinzip der europäischen Einheit verstanden und sich auf ihre Aufgabe vorbereitet. Diese europäische Einheit sollte nach Möglichkeit auch Russland mit einschließen und wie ein Leuchtfeuer in der Welt sein – ein Ort, wo junge Menschen ein neues Leben anfangen können, ein „Rassen-Ensemble", eine alte Zivilisation, eine spirituelle Kraft mit den modernsten technologischen und wissenschaftlichen Errungenschaften. In Bezug auf Russland konnte Degrelle Hitler ebenfalls davon überzeugen, dass Deutsche und Russen als Partner Seite an Seite leben sollten und nicht als Eroberer, doch müsse zuerst der Kommunismus beseitigt werden.[126] Diese Art der Gleichberechtigung wurde dann gleich bei der Schaffung der europäischen Waffen-SS umgesetzt. Degrelle war der Erste, der katholische Priester für seine SS-Einheit erhielt. Jedes islamische Bataillon hatte einen Imam und jede Kompanie einen Mullah. Die französische hatte sogar ihren eigenen Bischof. Die islamische SS war 60.000 Mann stark. Die Waffen-SS respektierte ihre Art des Lebens, ihre Gebräuche und ihren Glauben. Degrelle erklärt dazu:

> *„Es war unser gemeinsamer Wunsch, dass ihre Qualitäten zum höchsten Ausdruck kamen. Dies war unser Rassialismus*. Ich war anwesend, als jeder meiner muslimischen Kameraden während der Neujahrsfeier von Hitler ein persönliches Geschenk erhielt. Es war ein Anhänger in Form eines kleinen Korans. Hitler ehrte sie mit diesem kleinen symbolischen Geschenk. Er ehrte sie mit etwas, was für sie der wichtigste Aspekt in ihrem Leben und in ihrer Geschichte war.*"[127]

(* Degrelle benutzt die Ausdrücke *racism* und *racialism*. Im Englischen, Französischen und in anderen Sprachen wird zwischen *Rassialismus* und *Rassismus* unterschieden, was sich im Deutschen bis jetzt noch nicht im allgemeinen Sprachgebrauch durchsetzen konnte. *Rassialismus* unterteilt die Menschen ebenfalls in Rassen, bewertet diese aber nicht, im Gegensatz zu bestimmten Ansichten, welche unter dem Kampfbegriff des *Rassismus* subsumiert werden.[127a])

Ab 1941 gab es freiwillige Legionen und Bataillonen aus Norwegen, Flandern, der Niederlande und der Wallonie, Dänemark, Finnland, Frankreich, Spanien und Kroatien. Bis August 1944 bestand die Liste an freiwilligen Europäern in der Waffen-SS aus folgenden Elementen:

- zwei holländischen Brigaden
- zwei belgischen Brigaden
- einer französischen und einer italienischen Brigade
- zwei Moslem-Brigaden aus Kroatien
- einer Moslem-Brigade aus Albanien
- zwei ungarischen Divisionen
- zwei skandinavisch-deutschen Divisionen
- zwei lettischen Divisionen
- einer estischen Division
- zwei russischen Divisionen (darunter Kosaken; wurden später in die Vlasov Befreiungsarmee überführt)
- einer ukrainischen Division
- einer italienisch-deutschen Division
- einer ungarisch-deutschen Division
- einer balkan-deutschen Division
- einer serbischen Division (nationale Tschetniks)

sowie zahlreichen ethnischen Brigaden und Divisionen aus der Sowjetunion (Armenien, Aserbaidschan, Tataren bzw. Turk-Verbände) und kleineren Einheiten an Spaniern, Briten, Griechen, Rumänen, Bulgaren und sogar Arabern und Indern, die gegen die britische Kolonialmacht kämpften. Rund 20.000 Araber aus Syrien, Saudi Arabien, Ägypten, Jordanien, Palästina, Libanon, Marokko, Algerien, Tunesien und dem Irak kämpften für das Reich. Selbst aus neutralen Ländern wie Irland, Schweden und der Schweiz gab es Freiwillige. Zudem gab es Leute mit schwarzer Hautfarbe in der deutschen Armee, oft in Form von Arbeits- und Hilfswilligen, wohingegen in den USA Schwarze stark diskriminiert wurden. Aus Asien gab es ebenfalls viele Freiwillige. All diese Einheiten hatten ihre eigenen Embleme und Abzeichen sowie Unterscheidungsmerkmale untereinander. In Zahlen grob zusammengefasst sah der **europäische Bestand** an Soldaten der Waffen-SS allein wie folgt aus:

- Deutsche aus dem Deutschen Reich: 400.000
- Ethnische Deutsche aus anderen Ländern, sogenannte *Volksdeutsche*: ca. 300.000
- Baltische Staaten und aus der Sowjetunion: ca. 250.000
- Balkan und Slawen: ca. 100.000
- Westeuropa: 162.000[(128)]

Nach dem Zweiten Weltkrieg wurden im Zuge der Propaganda (die Sieger schreiben bekanntlich die Geschichte) all die Freiwilligen oft als „Kriminelle“ oder „Söldner“ bezeichnet, die nur hinter dem Geld oder dem Abenteuer her waren. Schaut man sich das strenge Auswahlverfahren an, welches die Waffen-SS an den Freiwilligen durchführte, wirkt die Unterstellung als „Söldner“ oder „Krimineller“ schon absurd. So mussten die Bewerber höchste körperliche und geistige Fitness sowie die richtige politische Einstellung mitbringen. Des Weiteren wurden Leute mit einem Vorstrafenregister einfach nicht aufgenommen, obwohl ein paar sich sicherlich durchgemogelt hatten. Gemäß diesen Standards, so Richard Landwehr vom *Institute For Historical Review*, akzeptierte die Waffen-SS nur 3.000 von insgesamt 12.000 Bewerbern, die die Rekrutierungsbüros der holländischen Legion stürmten. Und von diesen 3.000 wiederum wurden 400 Leute während des Trainings entfernt, weil sie eine kriminelle Vergangenheit oder eine unpassende politische Einstellung hatten. Mit insgesamt rund 82.000 ukrainischen Bewerbern wurde genauso verfahren. So wurden nach dem Auswahlverfahren nur etwas mehr als 29.000 von ihnen angenommen.(129)

Eine weitere „Kuriosität", die den meisten völlig unbekannt sein dürfte, umfasst die Tatsache, dass die Deutschen Mitte der 1930er-Jahre chinesische Truppen der *Nationalen Revolutionsarmee* ausgebildet und trainiert hatten. Der Hintergrund war der Kampf von patriotischen Chinesen gegen den Kommunismus in ihrem Land. Die NSDAP und die anti-kommunistische *Kuomintang* in China arbeiteten in dieser Angelegenheit zusammen. Die von deutschen ausgebildete Division (die sog. „88ste Division") bildete dabei die Elite der Infanterieeinheiten der chinesischen Revolutionsarmee. Diese chinesisch-deutsche Kooperation ging bis 1941 und umfasste den Ausbau der chinesischen Infrastruktur, während China wiederum den Deutschen seinen kommerziellen Markt öffnete.(129a) Wie ist es möglich, dass die Deutschen „sich die Blöße gaben", eine chinesische Eliteeinheit auszubilden, wenn Hitler die Chinesen angeblich als „minderwertige Rasse" betrachtete?

Da gibt es noch etwas, was Degrelle in Bezug auf die Russen geschrieben hat, und da ich dies als wichtig erachte, möchte ich es Ihnen hier mitteilen. Er sagte, dass die Deutschen damals ein falsches Bild von den Russen hatten. Viele hätten geglaubt, dass alle Russen Kommunisten seien. Die Tatsache, laut Degrelle, ist aber, dass der Anteil an Kommunisten unter den Russen doch recht niedrig und daher nicht signifikant sei. Die Deutschen hätten auch geglaubt, die Russen seien komplett das Gegenteil von den Europäern. Doch in Wirklichkeit haben sie ähnliche Familienstrukturen wie wir, sind ebenso eine alte Zivilisation mit tief religiösem Glauben und Traditionen, die denen der Europäer doch ähneln würden.(130) Ich finde dies gerade in der heutigen politischen Weltsituation wichtig, dass dies noch einmal erwähnt wird, da Europa nun seit Jahren ständig gegen Russland gehetzt wird, um die Zustimmung der europäischen Bevölkerung zu einem Dritten Weltkrieg zu bekommen.

Jetzt werden sicher einige Leser den Einwand bringen, dass z.B. nur deshalb so viele Muslime aus dem Kaukasus und Araber in der Waffen-SS waren, weil sie anti-jüdisch eingestellt gewesen waren. Diesen Einwand kann ich nur zu einem Teil gelten lassen. Man müsste auch hier wieder differenzieren und sich fragen, ob sie tatsächlich anti-jüdisch oder anti-zionistisch waren? Kämpften sie vielleicht auch gegen den Kommunismus bzw. das internationale Establishment? Aber schauen Sie sich doch mal die o.g. Zahlen an, von denen ich persönlich glaube, dass sie noch untertrieben sind. Es waren Menschen aus 30 Nationen dabei, ja sogar aus Indien! Sowohl die Wehrmacht als auch die Waffen-SS waren vermutlich die ethnisch vielfältigste Armee der Neuzeit gewesen! Wofür kämpften sie denn alle gemeinsam? Aber um das Ganze noch interessanter zu machen, hier ein paar Fotos von damals...

Abb. 29 bis 31 (von links nach rechts): Soldaten der kroatisch-bosnischen SS-Division *Handschar* (der Name leitet sich vom arabischen Krummsäbel ab), Russische Kosaken in der Wehrmacht, und ein britischer SS-Freiwilliger.

Abb. 32 bis 35 (von links nach rechts): Ein indonesischer Freiwilliger der Waffen-SS in Holland; turkmenischer Soldat in der Wehrmacht; Lucien Kemarat, Soldat der Waffen-SS aus Thailand, und ein Afrikaner bei der Wehrmacht oder Waffen-SS, vermutlich Legion *Freies Arabien.*

Abb. 36 und 37: Afrikanischer Soldat der Legion *Freies Arabien* mit deutschen Wehrmachtsoldaten, und afrikanische Freiwillige mit deutschen Soldaten.

Viele weitere Fotos finden Sie unter den Quellen in den Bildnachweisen am Ende des Buches. Ja, Ausländerhass hat es auch damals vor 80 bis 100 Jahren gegeben, so wie heute überall auf der Welt auch. Aber soviel zum Mythos, dass die Deutschen bzw. „Nazis" alle hassten, die nicht blond und blauäugig waren. In der Welt tut man regelrecht so, als hätten die Deutschen den Rassismus erst erfunden, worüber man echt nur den Kopf schütteln kann.

Abb. 38 bis 40 (von links nach rechts): Algerischer Freiwilliger der Legion *Freies Arabien*; indische Freiwillige in der Wehrmacht – Legion *Freies Indien (Azad Hind)*, welche ab 1944 der Waffen-SS unterstellt wurde, und Generalfeldmarschall Erwin Rommel bei der Inspektion einer Einheit der indischen Legion in Frankreich, Februar 1944.

Abb. 41 (links): Subhash Chandra Bose (2. von links), Führer der indischen Unabhängigkeitsbewegung sowie Mitbegründer der Legion *Freies Indien* und später der indischen Nationalarmee. Hier mit Adolf Hitler in Deutschland, ca. 1941/1942 – Bose traf sich auch mit Mahatma Gandhi, dem politischen und geistigen Führer der indischen Unabhängigkeitsbewegung.

Abb. 42 (rechts): Berlin im November 1943 – Feier anlässlich der Gründung der provisorischen Indischen Nationalregierung von der Zentrale *Freies Indien*.

Abb. 43 (links): Farbiger mit Kameraden, vermutlich Schutztruppe der militärischen Einheiten in den deutschen Kolonien in Afrika von 1891-1918. Viele farbige Soldaten dienten dem Deutschen Kaiserreich als Soldaten, Polizisten und Hilfskräfte u.a. in Deutsch-Ostafrika, Kamerun, Deutsch-Südwestafrika, Deutsch-Neuguinea usw.

Abb. 44 (rechts): Gustav Sabac el Sher (1908), Afrodeutscher mit ägyptischen und deutschen Wurzeln. War Militärmusiker in der Preußischen Armee.
Nach seinem Tod in Berlin erhielt seine Witwe ein Beileidstelegramm des exilierten Kaisers Wilhelm und des Kronprinzen Wilhelm.

...es gab auch sogenannte „jüdische Mischlinge" in der deutschen Armee

Die Fälle von Erich Milch und Emil Maurice sind bei weitem nicht die einzigen Beispiele, die zeigen, dass auch Deutsche mit teils jüdischen Wurzeln in der deutschen Armee dienten und teilweise sogar steile Karrieren absolvierten. Der vorhin erwähnte US-Historiker und Geschichtsprofessor Bryan Mark Rigg (hat selbst jüdisch-deutsche Vorfahren), hatte sich die Mühe gemacht und 430 ehemalige Wehrmachtachtsoldaten interviewt, die damals nach der Definition der Nürnberger Gesetze als „jüdische Mischlinge" oder „jüdisch Versippte" galten. Rigg hatte hier also viele Zeitzeugen befragt, um der Wahrheit auf den Grund zu gehen, anstatt sich bloß auf Dokumente und Sekundärliteratur zu verlassen. Für sein Buch „Hitler's Jewish Soldiers" *(Hitlers jüdische Soldaten)* untersuchte er insgesamt 1.671 solcher Fälle von als *jüdisch* oder *teils jüdisch* geltenden Soldaten. Von diesen bekamen 244 das Eiserne Kreuz verliehen, 19 erhielten das Deutsche Kreuz in Gold, einer in Silber. Bei 17 Ritterkreuzträgern (eine der höchsten militärischen Auszeichnungen während des Dritten Reichs) konnte Brigg jüdische Eltern nachweisen. Bis 1944 blieben einige mit Erlaubnis des *Führers* als Offiziere in der Wehrmacht. Von denen soll es laut der Wehrmacht 77 an der Zahl gegeben haben, die *jüdisch* oder *teils jüdisch* waren, darunter sogar 15 Generäle und zwei Feldmarschälle! Rigg gibt an, dass schätzungsweise bis zu 150.000 Männer mit (teils) jüdischer Abstammung im Reich als Soldaten dienten.(131) Unglaublich, aber wahr. In der Tat hat es im Dritten Reich sehr viele Ausnahmeregelungen in Form von *Deutschblütigkeitserklärungen* (Einstufungen oder wie in Ausnahmefällen Umstufungen zum „Arier") und Besserstellungen gegeben, für all jene Deutsche mit jüdischen Wurzeln, die sich für das Reich besonders erkenntlich gezeigt haben. Entsprechende Anträge wurden dem *Führer* persönlich zur endgültigen Entscheidung vorgelegt.(132)

Die Frage, die sich jetzt viele Leserinnen und Leser stellen werden, ist, wie dieser Widerspruch bloß zu erklären ist? Wie kamen so viele Leute mit (teils) jüdischer Abstammung dazu, überhaupt Seite an Seite mit den Deutschen („Ariern") auf der Seite des Dritten Reichs zu kämpfen, während gleichzeitig doch fast alle Juden eigentlich umgebracht wurden? Hierzu gibt es nach Rigg verschiedene Beweggründe: Zum einen wollten einige einer möglichen Verfolgung als „Mischlinge" entgehen und sahen sich außerhalb der Armee stärker gefährdet. Ein Teil handelte aus opportunistischen Gründen, ein anderer Teil jedoch diente deshalb auf der Seite des Reichs, weil sie sich eben als deutsche Patrioten empfanden, Vertrauen in Hitler hatten und ihrem Vaterland treu dienen wollten.(133) Erinnern Sie sich noch an Ben Morgenstern, den Sohn eines jüdischen „Illuminaten", der für Jan van Helsing und Stefan Erdmann Interviews für die Bücher „Politisch Unkorrekt" und „Whistleblower" gegeben hatte? Er selbst liebt nach seinen Aussagen die Deutschen und auch Deutschland, da dort eben seine Wurzeln sind.

Die „Rassenfrage" brachte natürlich eine entscheidende Problematik mit sich. Nach den Nationalsozialisten galt jemand bereits als Jude, dessen Vater Jude ist. Nach dem jüdischen Glauben zählt aber wiederum die Abstammung der Mutter, ob jemand als jüdisch gilt oder nicht. Ein anderes Problem lag wiederum darin, dass die Abstammungsnachweise sicherlich nicht immer aussagekräftig waren. Denn schließlich sind im 19. und 20. Jahrhundert viele Juden zum Christentum konvertiert. Christen haben sich wiederum in jüdische Familien eingeheiratet und konnten in den Augen der Nationalsozialisten bereits deswegen als „halb-jüdisch" eingestuft werden. Aber auch im Dritten Reich hat man anscheinend differenziert – auch wenn es für Außenstehende nach 80 Jahren erst einmal gar nicht laut der gängigen „Geschichts"schreibung danach aussehen mag. Den Beweis hat Bryan Rigg mit seinen akribischen Nachforschungen erbracht. Ein weiterer Beweis sind die Besserstellungen für all jene „Nicht-Arier", die sich patriotisch für das Reich damals eingesetzt haben. Oder die jüdisch-zionistische Abteilung innerhalb der *Gestapo* (was an und für sich schon fast grotesk anmuten muss). Und ja, sicher hat es in der Wehrmacht und der SS Menschen gegeben, die die Juden in den eigenen Reihen nicht ausstehen konnten, machen wir uns da nichts vor. Aber **wo** gab und gibt es das nicht bitteschön? Selbst heutzutage gibt es bei der Polizei und der Armee Leute, die es nicht gern sehen, wenn ausländische Mitbürger eingestellt werden. Und das ist definitiv kein rein „deutsches Problem", wie uns oft suggeriert werden soll. Das finden wir überall auf der Welt vor.

Was zeigen uns nun all diese vorhin aufgeführten Beispiele bisher? **Dass wir niemals alle über einen Kamm scheren sollten!** In jedem Land auf dieser Erde gibt es unabhängig von Rasse, Konfession oder Hautfarbe sowohl Menschen mit negativem Charakter und negativen bzw. egozentrischen Absichten als auch Menschen mit positiven und ehrenvollen Absichten.

Abb. 45 (links): Helmuth Wilberg, im Sinne der Nürnberger Gesetze „Halbjude", wurde 1935 zum „Arier" erklärt. Er war deutscher Offizier und General der Flieger der Luftwaffe. Er war u.a. mit dem Eisernen Kreuz 1. und 2. Klasse ausgezeichnet.

Abb. 46 (Mitte): Walter Hollaender, einst als „Halbjude" eingestuft, erhielt 1939 eine *Deutschblütigkeitsbescheinigung* von Hitler. Er war deutscher Offizier, Oberst des Heeres und wurde mit dem Ritterkreuz ausgezeichnet.

Abb. 47 (rechts): Paul Ascher, ebenfalls als „Halbjude" eingestuft, erhielt auf Antrag die *Deutschblütigkeitsbescheinigung*. Er war deutscher Marine- und Admiralstabsoffizier und wurde mit dem Eisernen Kreuz 1. Klasse und dem Kriegsverdienstkreuz 2. Klasse ausgezeichnet.

Was bedeutet eigentlich „Rassismus“?

Zu dieser Thematik befragte ich im Juni 2017 einen Bekannten von mir, der Sozialpädagoge und Trendforscher ist. Nebenbei befasst er sich zudem mit Medienkritik sowie politischen Themen. Wir hatten eine interessante Diskussion, bei der es um die aktuelle Migrantenproblematik ging und haben dabei auch geschichtliche Ereignisse mit angeschnitten. Er gab mir die Erlaubnis, sein folgendes Statement in mein Buch aufzunehmen:

> *„Ja, heute ist doch schon fast jeder ein ‚Rassist', ‚rassistisch' oder ein ‚Nazi', wenn er beispielsweise die zügellose Masseneinwanderung kritisiert oder all die vielen Verbrechen anprangert, die von unseren neuen Merkel-Gästen ausgehen. Das sind doch ideale Kampfbegriffe, um besonders uns Deutschen den Mund zu verbieten. Gerade seit Ende des Zweiten Weltkriegs haben sich diese Totschlag-Argumente hinterlistig in unserem Sprachgebrauch etabliert. Zufall? Keineswegs. Denn der Begriff des ‚Rassismus' ist allgemein recht schwammig und somit ein sehr dehnbarer Begriff, in dem gut und gerne verschiedene Unterstellungen untergejubelt werden. So wird er sehr häufig z.B. mit der Unterstellung des ‚Antisemitismus' verknüpft, einem weiteren sehr dehnbaren Begriff. Das Ganze hat sowohl eine psychologische als auch eine strafrechtliche Relevanz.*
> *Psychologisch gesehen werden durch solche Stigmatisierungen manipulierte Schuldgefühle beim Betroffenen ausgelöst, die zum Schweigen und zur Selbstzensur führen sollen. Diffamierungen und Rufmord der betroffenen Person sind weitere Ziele, die zu weiterem Schweigen führen sollen. Eine sachliche Diskussion auf Argumenten und Fakten basierend wird somit gleich unterbunden. In Folge steht dann auch keine gewünschte Lösung des gesellschaftlichen Problems zur Debatte (z.B. die Masseneinwanderung zu stoppen und umzukehren), eher dessen Verschlimmerung. Durch die verordnete ‚Denkschranke' soll zudem das Forschen nach den wahren Ursachen und Hintergründen unterbunden werden, was ja bisher wunderbar funktioniert hat. Das hat Methode.*
> *So, dies ist ein Aspekt. Ein anderer ist die Tatsache, dass durch solche schwammigen Kampfbegriffe Menschen vom Machtsystem schnell kriminalisiert werden. In vielen Fällen, wo tatsächlich Hass und Gewalt gegen andere im Spiel sind – was ich auf keinen Fall befürworte! – wäre eine Strafe die gerechte Konsequenz. Darüber brauchen wir nicht zu diskutieren. Doch darum geht es schon lange nicht mehr. Heute werden zunehmend Leute aufgrund von beliebig unterstelltem ‚Rassismus' angezeigt und verklagt. Die Folgen sind dann oft wieder Schweigen, Rufschädigung, Jobverlust und Einkerkerung. Was die freie Meinungsäußerung betrifft, unterscheidet sich Deutschland nur noch marginal von Russland oder China. Und als ‚moralische' Sittenwächter fungieren dann linksgrün gefärbte ‚Antirassismus'-Organisationen, über die Du in Deinem Buch ja auch berichtest...*
> *So, wie ich das abschließend sehe, hat der zunehmende Trend der ‚Rassismus'-Vorwürfe als eigentliches Ziel, die Loyalität eines Volkes untereinander zu zersprengen, damit keine geschlossene Einheit mehr unter den Leuten herrscht. Obwohl es doch völlig normal und selbstverständlich ist, dass ein Volk oder ein Kulturkreis zu sich steht, sich selbst schützt und stolz auf sich ist. Der weitere ‚Trend', der sich mehr und mehr abzeichnet, ist, dass die gelenkte ‚Antirassismus'-Bewegung sich insbesondere gegen weiße Bevölkerungen richtet. Hier sollte man sich doch mal fragen, ob die Weißen in ihrer Gesamtheit tatsächlich so ‚fremdenfeindlich' sind, wie ihnen hypnotisch immer wieder suggeriert wird?“*

Danke. Besser hätte ich es an dieser Stelle tatsächlich nicht sagen können. Sofern wir in Zukunft den „positiven Rassismus“ meinen und den Kampfbegriff „Rassismus“ hierfür nicht benutzen wollen, so können wir anstatt dessen vom „Rassenbewusstsein“ sprechen, wenn es um den Erhalt des eigenen Volkes geht. Meinetwegen auch „Volksbewusstsein“. Haben Sie vorhin beim Lesen – auch wenn nur ein wenig – ein Unbehagen verspürt, einen höheren Puls oder schwitzende Hände bekommen? Sind Ihnen die Begriffe „Rasse“ und „Rassenbewusstsein“ unheimlich und nicht ganz *koscher*? ☺

Vermutlich sind Sie etwas erleichtert, dass Ihnen beim Lesen dieses Buches gerade niemand über die Schulter schaut, aus Angst davor, Sie könnten als „Rassist“ abgestempelt werden? Falls Sie eine der Fragen mit *Ja* beantworten können, dann erkennen Sie jetzt sicherlich auch, wie sehr Sie von klein auf an buchstäblich mit einem falschen Verständnis von unserer Geschichte und womöglich indirekt zur Scham oder gar zum Selbsthass (Hass gegen alles „Deutsche“) erzogen worden sind. Haben Sie sich vielleicht dafür geschämt, Deutsche(r) zu sein? Nun sei die Frage erlaubt, warum also z.B. Juden, Moslems, Italiener, Franzosen, Japaner, Chinesen und alle anderen Völker sich alle für ihre eigene Rasse einsetzen dürfen, aber uns Deutschen dieses vollkommen natürliche und **gottgegebene Recht** zur Selbsterhaltung abgesprochen werden soll? Warum? Was haben Sie und ich zudem mit dem Dritten Reich zu tun? Gar nichts, denn wir leben im Hier und Jetzt und nicht vor 80 Jahren! Wie lange soll dieser auferlegte Schuldkult weitergehen? Dreht sich die Menschheit dann nicht vielleicht ewig weiter im Kreis? Und ist vielleicht genau das von der Kabale so gewollt? Viel zu leichtfertig wird die „Nazi“- oder „Rassismus“-Keule geschwungen, um jedwede Kritik im Keime zu ersticken. Dienen diese global genutzten Kampfbegriffe tatsächlich mitunter dazu, die Volkszugehörigkeit bzw. Gruppenloyalität zu untergraben? Aber warum hat man es gerade auf uns Deutsche seit mindestens zweitausend Jahren abgesehen? Was hat es mit dem Hass auf die weiße Rasse auf sich? Vielleicht kommen wir diesen Geheimnissen später noch auf die Spur...

Abb. 48 bis 50: Hitler war Vegetarier und ein ausgesprochener Tierfreund. Wussten Sie z.B., dass das erste deutsche Tier- und das Naturschutzgesetz im Dritten Reich verabschiedet wurde?

Hitlers unermüdliche Friedensbemühungen

Vorschläge zur allgemeinen Abrüstung in Europa

Hier sei kurz noch einmal auf Hitlers insgesamt sechsmalige Angebote den Siegermächten des Ersten Weltkriegs gegenüber zur gegenseitigen Abrüstung und Rüstungsbegrenzung erwähnt. Das Deutsche Reich hatte ja sogar Zugeständnisse gemacht, seine eigene Wehrfähigkeit drastisch zu reduzieren. Wir erinnern uns, konkret in Zahlen hieß das, die deutsche Luftwaffe auf 50% der französischen und die deutsche Marine auf 35% der britischen begrenzen zu wollen. Nur mit England wurde ein gemeinsames Flottenabkommen erreicht, jedoch zum strategischen Nachteil Deutschlands. Die Vorschläge, alle Armeen in Europa auf 200.000 oder 300.000 Mann zu begrenzen, wurden zurückgewiesen.(138a) Hitler schlug sogar vor, wie zuvor bereits erwähnt, das gesamte deutsche Militär aufzulösen und alle Waffenbestände zu vernichten, sofern es die anderen Nationen ebenfalls tun. Hitler hatte also ein friedliches und vereintes Europa im Sinn. Lloyd George, Englands Premierminister während des Ersten Weltkriegs, sagte zu dieser Situation am 29. November 1934 im englischen Unterhaus:

> *„(...) dass die Signatarmächte des Vertrages von Versailles den Deutschen feierlich versprachen, man würde abrüsten, wenn Deutschland mit der Abrüstung vorangehe. Vierzehn Jahre lang hatte Deutschland auf die Einhaltung dieses Versprechens gewartet (...) In der Zwischenzeit haben alle Länder (...) ihre Kriegsbewaffnung noch gesteigert und sogar den Nachbarn Geldanleihen zugestanden, mit denen diese wiederum gewaltige Militär-Organisationen dicht an Deutschlands Grenzen aufbauten. Können wir uns dann wundern, dass die Deutschen zu guter Letzt zu einer Revolution und Revolte gegen diese chronischen Betrügereien der großen Mächte getrieben werden?“*(139)

Da die anderen Mächte nicht bereit waren, abzurüsten oder wenigstens die Aufrüstung zu begrenzen, bot man dem Deutschen Reich durch solch ein Verhalten keine Sicherheit. Ganz im Gegenteil, haben sie dadurch dem Reich schon quasi durch die Blume hindurch indirekt den Krieg erklärt. Was also hätte die Reichsregierung tun sollen? Zuschauen? Somit ist es nur folgerichtig und logisch, dass Deutschland bald anfangen musste, wieder aufzurüsten und somit in weiser Voraussicht am 16. März 1935 das *Gesetz über den Aufbau der Wehrmacht* beschloss.

Kriegsschuldfrage – der Streit mit Polen um Danzig und den Korridor

Hintergrund des Streits waren Gebietsansprüche seitens des Deutschen Reichs und Polens. Polen hatte damals nach dem Ersten Weltkrieg zwischen 1918 und 1921 deutsche Gebiete in Oberschlesien, Westpreußen und die Provinz Posen erworben. Vor Hitler haben die 16 Reichsregierungen diese Gebietsverluste an den Polen nicht anerkennen wollen, sehr zum Verdruss der polnischen Regierung und des polnischen Diktators Marschall Jozef Pilsudski. Auf der anderen Seite wollte Hitler unbedingt die Hansestadt Danzig wieder zurück ins Reich holen, welches das Reich in Folge des Versailler Vertrags von 1919 an den Völkerbund verloren hatte und welches Polen sich Stück für Stück einverleiben wollte. Zudem wollte Hitler Zugangswege – einen Korridor – zwischen dem Deutschen Reich und dem abgetrennten Ostpreußen haben. Im Gegenzug hatte Hitler Polen sein Einverständnis gegeben, dass es sich im Zuge der Sudetenkrise den tschechischen Teil des Teschener Gebiets ohne Einwände seitens des Deutschen Reichs einverleiben kann, was am 1. Oktober 1938 seitens Polen dann auch tatsächlich geschehen ist. Indem Hitler in der Tschechenfrage ein Auge zudrückte, hoffte er sich im Gegenzug nun mehr Entgegenkommen seitens der Polen. Er bot Polen sogar an, die 1918 bis 1921 erworbenen deutschen Gebiete behalten zu dürfen. Für die Polen schien das aber nicht großzügig genug gewesen zu sein, forderten sie nach dem Ersten Weltkrieg bereits auch die Gebiete Schlesien, Ostpreußen und Pommern. Der Frieden zwischen den beiden Ländern durch den im Januar 1934 von beiden Seiten geschlossenen Freundschafts- und Nichtangriffspakts sollte nicht lange anhalten.(140) Wenn man bedenkt, dass das Deutsche Reich ca. 10% seines Gebiets nach dem Ersten Weltkrieg an Polen verloren hatte, hatte es einen guten Teil seiner östlichen Bevölkerung einerseits und einen großen Teil seiner Kohlebergwerke sowie Zugang zu anderen Bodenschätzen andererseits verloren. Hier ging es natürlich auch um wichtige Ressourcen sowie um den Zugang zum Meer (Danzig), was wiederum Zugang zum Welthandel ermöglicht.

In seinem Buch klärt uns Gerd Schultze-Rhonhof auf, dass Deutschland jedenfalls mindestens **sechs Mal** zwischen Ende Oktober 1938 und dem 31. August 1939 versucht hatte, mit Polen auf diplomatischem Wege das Danzig-Problem und die Korridor-Frage zu lösen, jedoch gänzlich ohne Erfolg. Der deutsche Außenminister Joachim von Ribbentrop unterbreitete der polnischen Seite am 24. Oktober 1938 folgendes Acht-Punkte-Programm, welches bis Ende August 1939 mit einigen Abänderungen auch weiterhin wesentlicher Bestandteil der Verhandlungen gewesen war:

1. Der Freistaat Danzig wird dem Deutschen Reich angegliedert.
2. Durch den Korridor hindurch (vom Deutschen Reich nach Ostpreußen) wird eine exterritoriale mehrgleisige Eisenbahn und eine Reichsautobahn gebaut, um einen freien Transitverkehr zu ermöglichen.
3. Im Danziger Gebiet erhält Polen aber ebenso eine exterritoriale Straße und Eisenbahn sowie einen eigenen Freihafen.
4. Zudem erhält Polen eine Absatzgarantie für seine Waren im Danziger Gebiet.
5. Beide, das Deutsche Reich und Polen, garantieren sich gegenseitig die Anerkennung ihrer gemeinsamen Grenzen und Territorien.
6. Der deutsch-polnische Vertrag wird um weitere 15 Jahre verlängert (vorher war er auf 10 Jahre begrenzt gewesen).
7. Polen tritt dem *Antikomintern-Vertrag* bei.
8. Beiden Länder fügen ihrem Vertrag eine Konsultationsklausel bei.

Da Polen sich weigerte, dem anti-sowjetischen *Antikomintern-Bündnis* beizutreten, um die Russen nicht zu verärgern, wurde dieser Punkt seitens der Deutschen aus den Bedingungen herausgenommen und war in zukünftigen Verhandlungen auch kein Thema mehr. Auch Hitlers Vorschläge, dass Danzig politisch zur deutschen Gemeinschaft und wirtschaftlich bei Polen bleibt sowie dass auch der Korridor polnisch bleibt, stieß auf Desinteresse bei der Gegenseite.(141) Im Zuge der Besetzung der Rest-Tschechei durch deutsche Truppen am 15. und 16. März 1939 – die Slowakei hatte sich schon selbständig gemacht – sah Polen die Chance, diese Situation auszunutzen, um in der Danzig-Frage weiterhin stur zu bleiben:

Polen holte sich die Rückendeckung von England und Frankreich, die den Polen wiederum Schutz für den Fall anboten, sollte das Deutsche Reich Polen angreifen. Polens Marschall Rydz-Smigly ließ sogleich einen Teil der polnischen Armee mobilisieren und Truppen vor der Stadt Danzig aufmarschieren. Durch die englisch-französische Garantieerklärung vom **31. März 1939** wog sich Polen nun sicher, Krieg gegen das Deutsche Reich führen zu können, um seine eigenen Pläne eines polnischen Großreichs voranzutreiben. Hierzu gibt es zwei bestätigende Zitate. Das eine stammt von dem polnischen nationalistischen Politiker und Journalisten Jedrzej Giertych vom **Sommer 1939**: *„Nach dem bevorstehenden Krieg (...) sollte Polen Danzig, Ostpreussen, Ober- und Zentralschlesien einschließlich Breslau und Zentral-Pommern einschließlich Kohlberg annektieren; Polen sollte außerdem eine Reihe von Pufferstaaten unter seiner Protektion und Herrschaft entlang von Oder und Neiße gründen.“* Das andere ist eine Aussage des polnischen Marschall Rydz-Smigly aus der britischen Zeitung *The Daily Mail* vom **6. August 1939**, welcher unverblümt sagte: *„Polen will Krieg mit Deutschland, und Deutschland wird nicht in der Lage sein, ihn zu vermeiden, selbst wenn es dies will.“*(142) Schauen Sie sich die Daten dieser beiden Aussagen an und wie lange der von England und Frankreich versprochene Schutz Polens her ist. Der Krieg gegen das Deutsche Reich war schon beschlossene Sache! Es ging hier nur noch um die richtigen politischen taktischen Schachzüge, um Deutschland in den Krieg zu manövrieren.

Abb. 51: Die Vorschläge seitens der deutschen Reichsregierung an Polen bzgl. Danzig und des Korridors.

Die gewaltsame Verfolgung und Vertreibung von Deutschen in der Tschechei und Polen

Jetzt könnten Kritiker behaupten, hätte Deutschland die Rest-Tschechei nicht besetzt, hätte Polen keinen Grund gesehen, seinerseits wiederum sich auf einen möglichen Einmarsch deutscher Truppen vorzubereiten. Nun, Polen wollte zum einen doch Krieg gegen das Deutsche Reich führen, wie wir festgestellt haben. Weshalb druckste es sonst fast ein Jahr lang herum und wich allen Verhandlungsversuchen und den großzügigen Angeboten der Deutschen aus?

Polen spielte auf Zeit und wartete auf die passende Gelegenheit, um seine eigenen Aktionen zu rechtfertigen und sich die Rückendeckung durch England und Frankreich zu holen, die sich am Ende als heiße Luft erwies und Polen von den deutschen Truppen binnen 18 Tagen besiegt wurde. Zum anderen rufen wir uns ins Gedächtnis zurück, dass die Tschechoslowakei ein nach dem Versailler Vertrag geschaffener Kunststaat war. Das Gebiet von *Böhmen und Mähren* war geografisch gesehen das Gebiet der Tschechei. Und dort lebten Deutsche, die von der tschechischen Regierung drangsaliert und vertrieben wurden. Etwa ein halbes Jahr vor dem deutschen Einmarsch in die Rest-Tschechei hielt Adolf Hitler am 26. September 1938 eine Rede, in der ich hier die entscheidenden Ausschnitte wiedergeben möchte:

„Zehn Millionen Deutsche befanden sich außerhalb der Reichsgrenze in zwei großen geschlossenen Siedlungsgebieten: Deutsche, die zum Reich als ihrer Heimat zurückwollten! Diese Zahl von zehn Millionen stellt keine Kleinigkeit dar. Es handelt sich um ein Viertel jener Zahl, die Frankreich als Einwohner besitzt. Und wenn Frankreich über 40 Jahre hindurch seinen Anspruch auf die wenigen Millionen Franzosen in Elsaß-Lothringen nie aufgegeben hat, dann hatten wir bei Gott und der Welt ein Recht, unseren Anspruch auf diese zehn Millionen Deutsche aufrechtzuerhalten. (...) Und nun steht vor uns das letzte Problem, das gelöst werden muss und gelöst werden wird!
Es ist die letzte territoriale Forderung, die ich in Europa zu stellen habe, aber es ist die Forderung, von der ich nicht abgehe und die ich, so Gott will, erfüllen werde. (...) Dann kam England. Ich habe Herrn Chamberlain gegenüber eindeutig erklärt, was wir jetzt als einzige Möglichkeit einer Lösung ansehen. Es ist die natürlichste, die es überhaupt gibt. (...) Und nun haben endlich England und Frankreich an die Tschechoslowakei die einzig mögliche Forderung gerichtet: das deutsche Gebiet freizugeben und an das Reich abzutreten. Heute sind wir genau im Bilde über die Unterhaltungen, die damals Herr Dr. Benesch geführt hat. Angesichts der Erklärung Englands und Frankreichs, sich nicht mehr für die Tschechoslowakei einzusetzen, wenn nicht endlich das Schicksal dieser Völker anders gestaltet würde und die Gebiete freigegeben würden, fand Herr Benesch einen Ausweg. Er gab zu, dass diese Gebiete abgetreten werden müssen. Das war seine Erklärung! Aber was tut er? Nicht das Gebiet trat er ab, sondern die Deutschen treibt er jetzt aus! Und das ist jetzt der Punkt, an dem das Spiel aufhört!
Herr Benesch hatte kaum gesprochen, da begann seine militärische Unterjochung nur noch verschärft aufs Neue. Wir sehen die grauenhaften Ziffern: an einem Tag 10.000 Flüchtlinge, am nächsten 20.000, einen Tag später schon 37.000, wieder zwei Tage später 41.000, dann 62.000, dann 78.000, jetzt sind es 90.000, 107.000, 137.000 und heute 214.000. Ganze Landstriche werden entvölkert, Ortschaften werden niedergebrannt, mit Granaten und Gas versucht man die Deutschen auszuräuchern. Herr Benesch aber sitzt in Prag und ist überzeugt: ‚Mir kann nichts passieren, am Ende stehen hinter mir England und Frankreich.' (...) Der Inhalt dieses Vorschlages ist sehr einfach: Jenes Gebiet, das dem Volke nach deutsch ist und seinem Willen nach zu Deutschland will, kommt zu Deutschland, und zwar nicht erst dann, wenn es Herrn Benesch gelungen sein wird, vielleicht ein oder zwei Millionen Deutsche ausgetrieben zu haben, sondern jetzt, und zwar sofort! (...) Was hat der Mann in seinem Leben nicht alles versprochen! Und nichts hat er gehalten! Jetzt soll zum ersten Mal von ihm etwas gehalten werden!
Herr Benesch sagt: ‚Wir können aus diesem Gebiet nicht zurück'. Herr Benesch hat also die Übergabe dieses Gebietes so verstanden, dass es dem Deutschen Reich als Rechtstitel gutgeschrieben, aber von den Tschechen vergewaltigt wird. Das ist jetzt vorbei! Ich habe jetzt verlangt, dass nun nach 20 Jahren Herr Benesch endlich zur Wahrheit gezwungen wird. Er wird am 1. Oktober uns dieses Gebiet übergeben müssen. Herr Benesch setzt seine Hoffnungen nun auf die Welt! Und er und seine Diplomaten machen kein Hehl daraus. Sie erklären: ‚Es ist unsere Hoffnung, dass Chamberlain gestürzt wird, dass Daladier beseitigt wird, dass überall Umstürze kommen'. Sie setzen ihre Hoffnung auf Sowjetrussland. Er glaubt dann noch immer, sich der Erfüllung seiner Verpflichtungen entziehen zu können.
Ich habe nur Weniges zu erklären: Ich bin Herrn Chamberlain dankbar für alle seine Bemühungen. Ich habe ihm versichert, dass das deutsche Volk nichts anderes will als

Frieden; allein, ich habe ihm auch erklärt, dass ich nicht hinter die Grenzen unserer Geduld zurückgehen kann. Ich habe ihm weiter versichert und wiederhole es hier, dass es – wenn dieses Problem gelöst ist – für Deutschland in Europa kein territoriales Problem mehr gibt! Und ich habe ihm weiter versichert, dass in dem Augenblick, in dem die Tschechoslowakei ihre Probleme löst, das heißt, in dem die Tschechen mit ihren anderen Minderheiten sich auseinandergesetzt haben, und zwar friedlich und nicht durch Unterdrückung, dass ich dann am tschechischen Staat nicht mehr interessiert bin. Und das wird ihm garantiert! (...) (143)

So viel zu den weiteren Hintergründen um die Besetzung der Rest-Tschechei, die aus Gründen der nationalen Sicherheit erfolgen musste. Nach dem Einmarsch der deutschen Truppen wurde das *Reichsprotektorat Böhmen und Mähren* erschaffen, in dem den Tschechen weitgehende Autonomierechte zugesprochen wurden. Dieses Gebiet erfuhr anschließend einen Wirtschaftsaufschwung, von dem auch die deutschen *Skoda*-Werke profitierten. Durch den Autonomiestatus musste während des Zweiten Weltkriegs zudem kein Tscheche Militärdienst leisten. Selbst die Polizei blieb tschechisch sowie die tschechische Landeswährung. Im Gegensatz zu den weltweiten Protektoraten Englands – die aus reiner Macht- und Profitgier etabliert wurden – hatte Deutschland sowohl eine völkerrechtliche als auch eine historische Rechtfertigung, war Böhmen und Mähren unter Österreich-Ungarn jahrhundertelang deutsches Staatsgebiet.(144)

Eine vergleichbare Situation fand sich in der Hansestadt Danzig vor, in der fast ausschließlich Deutsche lebten. Polen hatte hier keinerlei völkerrechtliche Ansprüche geltend zu machen. Ähnlich wie in Tschechien haben Polen Minderheiten in ihrem Land seit dem Ende des Zweiten Weltkriegs gewaltsam verfolgt. Alles, was nicht polnisch und **römisch-katholisch** war, wurde nicht akzeptiert. Besonders hatte man es auf orthodoxe und evangelische Christen sowie Juden abgesehen. So nutzte Polen das Konkordat (= Staatskirchenvertrag) mit dem Vatikan u.a. dazu, in den katholischen Kirchen von Weißrussland sowie im Gebiet von Wilna die russische und die litauische Sprache aus den Gottesdiensten zu verbannen und durch Polnisch und Latein zu ersetzen. Evangelische Sonntagsschulen, die in deutscher Sprache abgehalten wurden, wurden mit polizeilicher Gewalt unterbunden. Polen forcierte eine regelrechte „Polonisierung“ und „Katholisierung“ von Minderheiten in seinem Land. Der französische Slawistikprofessor Martel beschreibt die Übernahme der Ukraine durch die Polen damals wie folgt: *„Es wurde erschossen, gehängt, gefoltert, eingesperrt, beschlagnahmt, kurz, man amüsierte sich ganz wie in den guten alten Zeiten. Viele ukrainische Priester wurden hingerichtet. Um Überfüllungen zu vermeiden, machten die Polen keine Gefangenen. (...) Die Gefängnisse von Lemberg quellen über von Ukrainern aller Schichten (...), deren einziges Verbrechen darin bestand, Ukrainer zu sein oder ukrainisch zu sprechen.“*(144a) Wenn es um 2,5 Millionen Juden und rund zwei Millionen Deutsche geht, so reden wir hier nicht gerade von „kleinen“ Minderheiten. Ukrainer, Juden und Deutsche galten als „Staatsfeinde“. Gerade an der deutsch-polnischen Grenze kam es häufig zu Überfällen auf Deutsche und andere Minderheiten. Die Lage spitzte sich im Sommer 1939 zu. Tausende von Deutschen wurden in polnische Konzentrationslager deportiert, aus polnischen Betrieben entlassen und deutsche Läden wurden boykottiert. Zudem wurden Lufthansa-Passagiermaschinen von polnischen Kriegsschiffen beschossen. Viele Deutsche flohen ob dieser Zustände ins Deutsche Reich.(144b) Somit hatte Polen eklatant gegen das mit Deutschland abgeschlossene Minderheitenabkommen verstoßen. Wie schlimm all diese Verfolgungen waren, zeigt auch die Anzahl der rund 15.000 Minderheitenbeschwerden, die beim Völkerbund in Genf zwischen 1919 und 1939 aus Polen eingingen, in denen Rechtsbrüche, Drangsalierungen und Verfolgungen von Polen an Nichtpolen angezeigt wurden. Allein 1.500 solcher Beschwerden gegenüber Deutschen zwischen März und August 1939 hatte das Auswärtige Amt in Berlin aufzeichnen können.[(144c)]

Polen ist auf Konfrontation aus und will den Krieg

Dass Polen auf eine Konfrontation mit Deutschland aus war, zeigt – vor dem ganzen bisherigen Hintergrund – eine weitere, wenig bekannte Aussage des polnischen Botschafters Jozef Lipski gegenüber dem Außenminister von Ribbentrop in Berlin am 26. März 1939, in der er äußert, dass *„er die unangenehme Pflicht habe, darauf hinzuweisen, dass jegliche weitere Verfolgung dieser deutschen Pläne, insbesondere soweit sie die Rückkehr Danzigs zum Reich beträfen, den Krieg mit Polen bedeuten.“* Polen drohte also bereits hier offen dem Deutschen Reich. Von Ribbentrop entgegnete diesem wiederum, *„dass z.B. eine Verletzung des Danziger Hoheitsgebiets durch polnische Truppen von Deutschland in der gleichen Weise wie eine Verletzung der Reichsgrenzen betrachtet werden würde.“*[(145)]

Gerd Schultze-Rhonhof präsentiert uns zu diesem beidseitigen verbalen Schlagabtausch ein wenig beachtetes, aber sehr wichtiges „kleines“ Detail:

> *„Die erste Drohung mit dem Krieg von Seiten Polens ist in den Aufzeichnungen über dieses Gespräch in den Vorkriegsakten des Auswärtigen Amts (AA 1939) und in den Akten des Nürnberger Prozesses abgedruckt und überliefert. Interessant ist, dass diese Drohung in der selben, nach dem Krieg erneut veröffentlichten Gesprächsniederschrift in den ‚Akten der Deutschen Auswärtigen Politik‘ (ADAP – 1956) nicht mehr zu finden ist. Ein Original dieser Aufzeichnung des so brisanten Gesprächs vom 26. März 1939 ist im Archiv des Auswärtigen Amts heute nicht mehr aufzufinden. (…) Diese Drohung von deutscher Seite ist in beiden Versionen des zitierten Dokumentes abgedruckt. Somit ist in der kürzeren Nachkriegsversion der ‚Akten der Deutschen Auswärtigen Politik‘ die deutsche Drohung als einzige erhalten. Die zuerst ausgesprochene Kriegsdrohung aus dem Munde Lipskis wird nach dem Krieg nicht mehr erwähnt.“*[(146)]

Sehr interessant, dass hier wichtige Details zu Lasten Deutschlands unterschlagen wurden. Mit wie vielen solcher Informationen wurde noch verfahren, um Deutschland die Alleinschuld anzudichten? Hitler lässt den polnischen Botschafter jedenfalls wissen, dass es auf dieser Basis keine Lösung für das deutsch-polnische Probleme geben könne und fügt die Bemerkung hinzu: *„Von Krieg dürfe hier natürlich nicht gesprochen werden.“* Der polnische Außenminister Beck bekräftigte die polnische Kriegsdrohung gegenüber Deutschland daraufhin noch einmal, als er dem deutschen Botschafter *von Moltke* in Warschau klarmachte, *„dass jede Intervention der deutschen Regierung für eine Änderung des bestehenden Status quo in Danzig als ein Angriff gegen Polen betrachtet werden wird.“*[(147)] Dass Hitler nach wie vor eine gewaltfreie Lösung suchte, geht auch aus den Akten des deutschen Auswärtigen Amtes hervor, welches vom 25. März 1939 folgende „Weisung des Führers“ notiert hat: *„Führer will die Danziger Frage jedoch nicht gewaltsam lösen. Möchte Polen nicht dadurch in die Arme Englands treiben. Eine evtl. mil. Besetzung Danzigs käme nur dann in Betracht, wenn Lipski durchblicken lässt, dass die pol. Re-*

gierung eine freiwillige Abgabe Danzigs ihrem Volk gegenüber nicht vertreten könne, und ihr die Lösung durch ein fait accompli [=vollendete Tatsache] *erleichtern würde.*“[148] Die Besetzung Danzigs kam also nur als letzte Option in Betracht.

Selbst in den letzten wenigen Tagen vor dem Kriegsausbruch am 1. September 1939 unternahm Hitler mehrere Anläufe, um die Polen noch an den Verhandlungstisch zu bringen und bezog auch England, Frankreich und Italien zur Vermittlung mit ein. Mindestens dreimal verschob er den Termin für den Angriff mit der Begründung: „*Ich brauche Zeit zum Verhandeln.*“[149] Wer den genauen Ablauf dieser letzten Verhandlungsversuche seitens Hitler fast minutiös nachverfolgen will, dem kann ich wärmstens Schultze-Rhonhofs Buch „1939 – Der Krieg, der viele Väter hatte“ empfehlen. Die darin verarbeiteten Schilderungen lesen sich wie ein Krimi! Am 24. August leitete Polen dann eine teilweise Mobilmachung seiner Streitkräfte ein, am 30. August folgte eine Generalmobilmachung, was faktisch einer Kriegserklärung gleichkommt.[150] Der polnische Botschafter Lipski soll laut Dr. Stahmer – dem Verteidiger von Hermann Göring vor dem Nürnberger Tribunal – am 31. August noch verlautbaren lassen, dass er an keiner Botschaft oder Angeboten seitens der Deutschen interessiert sei. Er sei zudem überzeugt gewesen, dass es im Falle eines Krieges zu einer Revolution in Deutschland kommen und die polnische Armee im Siegestriumph nach Berlin marschieren würde.[150a] Nachdem Hitler bis zum letzten Tage mehrfach und vergeblich versucht hatte, eine friedliche Einigung mit Polen zu erwirken und der polnischen Regierung großzügige Angebote im beiderseitigen Interesse unterbreitete, blieb ihm zum Schluss keine Wahl mehr. Was hätte Hitler also zu diesem Zeitpunkt noch tun können? Er ist dem Angriff der Polen zuvorgekommen, um den eigenen Schaden zu begrenzen.

Dass Deutschland kein Interesse hatte, die Rest-Tschechei und Polen dauerhaft zu besetzen, zeigen die weiterführenden deutschen Pläne. Heinrich Härtle dazu in „Amerikas Krieg gegen Deutschland“: „*Polen hätte als unabhängiger Staat ohne Schmälerung seiner echten Lebensinteressen (z.B. Zugang zum Meer) wiedererstehen können. Auch ein unabhängiger tschechischer Staat wurde zugesagt.*“[151] Passend dazu der ergänzende Hinweis von Ingo Schewiola im zweiten Band seines Buches „Wie der Zweite Weltkrieg gemacht wurde“, wonach Reichsmarschall Hermann Göring am 3. Oktober 1939 in einer Unterredung mit dem US-Sonderbotschafter William Rhodes Davis sagte: „*Sie dürfen Mr. Roosevelt versichern, dass Deutschland, wenn er vermitteln will, einer Regelung zustimmen wird, durch die ein neuer polnischer Staat und eine unabhängige tschechoslowakische Regierung ins Leben träten. (…) Was mich selbst und meine Regierung betrifft, so wäre ich glücklich, an ihr teilnehmen zu können, und sollte ich im Fall eines Zustandekommens einer solchen Konferenz Deutschland vertreten, so würde ich Washington als Konferenzort zustimmen.*“[152]

„*Noch im Jahre 1939 war die deutsche Armee nicht für einen längeren Krieg ausgerüstet, und 1940 waren die deutschen Landstreitkräfte den französischen in jeder Hinsicht unterlegen, außer in der Führung. (…) Der Zustand der deutschen Rüstung im Jahre 1939 liefert den entscheidenden Beweis dafür, dass Hitler keinen allgemeinen Krieg ins Auge fasste und wahrscheinlich überhaupt keinen Krieg wollte.*“[152b]

Prof. A. J. P. Taylor, „The Origins of the Second World War“

„Wir traten aus eigenem freien Willen in den Krieg ein, ohne dass wir selbst direkt angegriffen worden wären.“(152a)
Winston Churchill, Rede in der Guild Hall, Juli 1943

„Ich darf noch einmal feststellen, dass ich erstens keinen Krieg geführt habe, dass ich zweitens seit Jahren meinem Abscheu vor einem Krieg und allerdings auch meinem Abscheu vor einer Kriegshetze Ausdruck verleihe, und dass ich drittens nicht wüsste, für welchen Zweck ich überhaupt einen Krieg führen sollte.“(152c)
Adolf Hitler in einer Rede vor dem Reichstag, 28. April 1939

Das „Hoßbach-Protokoll“ – das angeblich wichtige „Beweisstück“ für Hitlers lüsterne Kriegsabsichten

Das *Hoßbach-Protokoll* ist eine von den alliierten Siegern beglaubigte Fotokopie einer von einem US-Amerikaner angefertigten Abschrift einer von einem Deutschen angefertigten Abschrift einer inoffiziellen Niederschrift – dessen Original natürlich nicht vorlag oder auffindbar war –, welche der Adjutant des Führers, Friedrich Hoßbach, fünf Tage nach Hitlers Ansprache vor den Oberbefehlshabern der Wehrmacht am 5. November 1937 angefertigt haben soll. Diese Fotokopie einer Schreibmaschinenabschrift einer Abschrift eines vermeintlichen Gedächtnisprotokolls wurde beim Nürnberger Prozess vom Militärtribunal als wichtiges „Beweisstück“ eingeführt und zur „Urkunde“ erhoben, wonach Hitler Kriegsabsichten gegen seine Nachbarländer hegte, um neuen „Lebensraum im Osten“ zu erobern. Die Rede, die Hitler im November 1937 u.a. vor dem Kriegsminister, dem Oberbefehlshaber der Marine sowie der Luftwaffe und dem damaligen Reichsaußenminister abhielt, wurde im Nürnberger Prozess als „Schlüsselrede“ oder „Geheimrede“ bezeichnet.(153) Hoßbach selbst war Angehöriger des Widerstands gegen Hitler und stand nach eigenen Angaben „nicht für jedes Wort ein“. Er hatte sich zudem geweigert, die seitens des *Internationalen Militärtribunals* (IMT) vorgelegte Fotokopie der Abschrift seiner originalen handschriftlichen Notizen zu beglaubigen. Als Zeuge vor dem Tribunal erläuterte er dazu: *„Auf welche Weise eine oder mehrere Schreibmaschinenabschriften meiner einmaligen handschriftlichen Niederschrift zustande gekommen sind, entzieht sich meiner Kenntnis.“*, wie Udo Walendy für sein Buch „Wahrheit für Deutschland“ herausgefunden hat.(154) Vor dem Militärtribunal wurden auch von den anderen Angeklagten ernste Zweifel an der Echtheit dieser Abschrift geäußert. Der Luftwaffenadjutant von Hitler, Nicolaus von Below, schrieb nach 1945, dass seiner Erinnerung nach die Kopie länger als das Original sei.(155) Reichsmarschall Göring wies 1946 nämlich darauf hin, dass einige der im „Protokoll“ aufgeführten Punkte und Formulierungen gar nicht dem Stil von Hitler entsprechen würden. Göring erklärte dazu:

> *„(...) Dieses Dokument spielt ja in der Anklage eine bedeutende Rolle, da es unter dem Begriff ‚Testament des Führers' läuft: Es ist auch tatsächlich an einer Stelle dieses Wort – ich finde sie jetzt nicht so schnell – ‚Testament' angeführt, von Hoßbach. Zum technischen Teil der Niederschrift Folgendes: Hoßbach war Adjutant des Führers, Chefadjutant. Als solcher war er bei der Sitzung zugegen und machte sich darüber Notizen. Fünf Tage später, wie ich festgestellt habe, hat er dann auf Grund dieser Notizen die Niederschrift gemacht. Es ist also eine Niederschrift, die alle Fehler auch enthält, die bei solchen durch wechselnde Stenographen nicht laufend aufgenommenen Niederschriften leicht erfolgen und die auch unter Umständen subjektive Meinungen des Betreffenden, oder Meinun-*

gen, wie er sie verstanden hat, wiedergibt. Es ist eine ganze Reihe von Punkten drin, das sagte ich seinerzeit schon, die absolut mit dem übereinstimmen, was der Führer wiederholt geäußert hat. Es sind andere Punkte drin, von denen ich sagen könnte, oder Formulierungen, dass sie dem Führer so gar nicht gelegen haben. Ich habe zu viel, in den letzten Monaten, Niederschriften von Verhören und so weiter gesehen, die zum Teil gar nichts mit dem zu tun hatten oder mit dem Sinn, den man ausgeführt hatte, sodass ich auf diese Fehlerquellen auch hier voll hinweise. Soweit das Wort ‚Testament' gebraucht ist, widerspricht dieses völlig der Auffassung des Führers. Denn wenn überhaupt jemand über diese Auffassung Bescheid weiß, so bin ich es. (…) Nun, was wollte er mit diesen Ausführungen hier bezwecken? Es waren zusammengerufen der Kriegsminister, der Oberbefehlshaber des Heeres, der Oberbefehlshaber der Marine, der Luftwaffe und der damalige Reichsaußenminister. Der Führer hat mich kurz vorher, weil ich früher da war, informiert, dass er diese Sitzung mache, um vor allen Dingen dem Generalobersten von Fritsch, wie er sich ausdrückte, Dampf zu machen, weil er mit der Aufrüstung des Heeres in keiner Weise zufrieden sei, und es könne auch nichts schaden, wenn Herr Blomberg dabei auch einen gewissen Nachdruck dann auf Fritsch ausüben würde. Ich erwähnte, warum Herr von Neurath dabei sein sollte. Ja, er wolle das nicht so rein militärisch, sondern er wolle den Oberbefehlshabern – bei mir nicht notwendig –, aber gerade Fritsch klarmachen, dass die außenpolitische Lage ein derartig forciertes Tempo der Rüstung benötige, und aus diesem Grunde hätte er den Außenminister hinzugezogen, der davon nichts wusste. Die Ausführungen waren dann so gehalten, wie sie der Führer in solchen Fällen gerne bevorzugte. Er holte weit aus, stellte die Dinge im großen politischen Rahmen hin und sprach von der gesamten Weltlage, von allen Ecken und Enden, und für jeden Eingeweihten, der ihn so genau kannte wie ich, war der Zweck sehr bald immer abzusehen. Der ging hier ganz eindeutig und ganz klar darauf hinaus, dass er große Absichten habe, dass die Lage politisch so und so sei, und das Ganze endete zum Schluss in der Richtung einer starken Rüstung. Ich möchte behaupten, dass, wenn der Führer zwei Stunden oder eine Stunde später in einem anderen Kreis gesprochen hätte, zum Beispiel zu Diplomaten des Auswärtigen Amtes oder vielleicht zu Funktionären der Partei, er die Dinge vielleicht anders, ganz anders dargestellt hätte. Trotzdem enthält natürlich ein Teil der ganzen Ausführungen grundsätzliche Einstellungen des Führers, aber von dem Ausmaß und Bedeutung, wie heute dieses Dokument betrachtet wird, dieses Ausmaß an Bedeutung kann ich diesem Dokument mit bestem Willen nicht geben. (…)"[(156)]

Und Großadmiral Erich Raeder, der ebenfalls als Angeklagter vor dem Tribunal anwesend war, äußerte sich wie folgt zum Inhalt des Hoßbach-Protokolls:

„*(…) Ich darf einleitend sagen, dass die Behauptung im Trialbrief, dass eine einflussreiche Gruppe von Nazis zusammentrat, um die Lage zu prüfen, durchaus die Situation nicht richtig kennzeichnet. Hitler hatte die in dem Dokument genannten Personen zusammengerufen, um ihnen die politischen Entwicklungsmöglichkeiten und etwaige Weisungen, die er hatte, bekanntzugeben. Ich möchte dann etwas Allgemeines sagen – da ja eine ganze Anzahl Reden von Hitler kommen – über die Art des Redens von Hitler. Hitler sprach ja außerordentlich viel, er holte sehr weit aus, er verfolgte vor allem mit jeder Rede einen besonderen Zweck, je nach dem Zuhörerkreis, den er hatte. Er war ebenso, wie er ein Meister der Dialektik war, auch ein Meister des Bluffs. Er brauchte starke Ausdrücke, ebenfalls je nach dem Zweck, den er verfolgte, er ließ seiner Phantasie außerordentlich*

starkes Spiel, er widersprach sich auch häufig in aufeinanderfolgenden Reden. Man wusste nie, welches seine letzten Ziele und Absichten waren. Das war am Ende einer solchen Rede außerordentlich schwer festzustellen. Seine Rede machte in der Regel mehr Eindruck auf Leute, die ihn sehr selten hörten, als auf solche, die seine ganze Redeweise bei solchen Gelegenheiten schon kannten. Es handelte sich nie um eine Beratung, sondern wie hier schon mal gesagt worden ist, stets um eine Befehlsausgabe ohne Diskussion. (...)
Für mich waren die entscheidenden Sätze seiner Rede: Erstens, »England und Frankreich«, glaube ich, »haben die Tschechoslowakei schon abgeschrieben«, und zweitens: »Ich bin davon überzeugt, dass Frankreich und England nicht eingreifen würden«, drittens aber die Tatsache, dass ja wenige Monate vorher, im Juli 1937, das zweite Flottenabkommen gerade abgeschlossen war. Diese drei Tatsachen schienen mir dafür zu sprechen, und zwar mit Sicherheit dafür, dass Hitler eine kriegerische Lösung dieser Fragen, Österreich und die Tschechoslowakei – es handelte sich damals nur um das Sudetenland –, unter gar keinen Umständen erstreben würde, sondern dass er die ***friedliche Lösung*** *anstreben würde, und deswegen hat mir auch die Rede durchaus nicht den Eindruck gemacht, dass Hitler damals eine Schwenkung in seiner Politik machen wolle, dass er von der Friedenspolitik zu einer Kriegspolitik übergehen würde. Ich kann mir vorstellen, dass Herr von Neurath, der den Zweck dieser Rede nicht kannte, zu einer anderen Auffassung gekommen ist; wenn ich aber jetzt nachträglich darüber nachdenke, so könnte ich mir auch vorstellen, dass dieser übertriebene Charakter der Redeübertreibung vielleicht geradezu dazu dienen sollte, Herrn von Neurath aus dem Kabinett herauszudrücken, weil mir bekannt geworden ist, dass zu jener Zeit schon die Neigung bestand beim Führer, Herrn von Ribbentrop an die Stelle von Neurath zu setzen. Das war nur eine Vermutung, die ich nachträglich gehabt habe. Für mich war die Folgerung aus dieser Rede nichts anderes als die, der Aufbau der Flotte ist im Verhältnis 1:3 zu England weiterzuführen und ein freundliches Verhältnis zu England weiterhin zu erstreben. Das Quantitätsabkommen, das soeben abgeschlossen ist, ist weiter durchzuführen. (...)*
Es war typisch, dass Hitler in dem Moment, wo der Chef der Heeresleitung, Generaloberst von Fritsch, erklärte, nach diesen Ausführungen könne er im Winter 1937/38 seinen geplanten Urlaub für seine Gesundheit nach Ägypten nicht antreten, sofort zurückging und sagte, so eilig wäre die Angelegenheit nicht, er könne ruhig in Urlaub gehen, was dann auch geschah. Dies zeigte, dass es sich wieder einmal darum handelte, einen Druck auszuüben. Das war die Rede vom 5. November 1937. Er hat dann ja weder Österreich noch die Tschechoslowakei niedergeschlagen, sondern die Frage wurde 1938 auf friedlichem Wege ohne Blutvergießen, sogar mit Übereinstimmung der anderen Mächte, geregelt.“(157)

Großadmiral Raeder verlangte die Vorladung des Adjutanten Friedrich Hoßbach. Das Gericht lehnte jedoch ein Verhör Hoßbachs in Anwesenheit von Raeder ab. Somit ist kurz noch einmal festgehalten, dass in der Tat der Anschluss von Österreich und die quasi Annektierung der Rest-Tschechei lediglich als autonomes Protektorat zwar mit Einsatz von Truppen, aber friedlich erfolgte. Es ging in dieser Rede Hitlers vor der Heeresführung primär u.a. darum, angesichts der außenpolitischen Entwicklungen die Aufrüstung des Heeres voranzutreiben, um für mögliche Eventualitäten in der Zukunft „gewappnet“ zu sein. Wir erinnern uns an die zahlreichen Verhandlungsversuche seitens Hitler gegenüber Polen und seiner Geduld mit der tschechischen Regierung, als es um die Verfolgung und Vertreibung von Deutschen ging. Und hierbei muss man fairerweise sagen, dass Polen und Tschechien mit ihrer Drangsalierung und dem Töten von vielen unschuldigen Deutschen somit ja eigentlich als erste Krieg gegen die Deutschen geführt haben und nicht etwa andersherum. Des Weiteren sei auch noch einmal an die Kriegsdrohungen des polnischen Botschafters Jozef Lipski sowie des polnischen Außenministers Beck oder der kühnen Aussage des polnischen Marschalls Rydz-Smigly erinnert. In der Ansprache am 5. November 1937 ging es ebenfalls darum, sich nicht mit England im Streit zu verwickeln und auch darum, ob man die einst verlorenen Kolonien wieder in Anspruch nehmen solle. Das Letztere hätte Hitler kritisch verworfen, da dies nicht in friedlicher Weise erreicht werden könne. Somit kamen landwirtschaftliche Gebiete innerhalb Europas in Betracht, eine konkrete Lösung ließ man aber offen. Von der Schaffung eines „Lebensraums im Osten" in Polen, in der Ukraine oder in Russland war nicht die Rede. Ein Krieg gegen England oder Frankreich war kein Thema, genauso wenig, wie das Einbeziehen der Sowjetunion.(158) Es gab insgesamt vier konkrete Vorbehalte gegen das im Nürnberger Kriegstribunal vorgelegte Hoßbach-Protokoll:

1. Es sei nicht sicher, ob der Führeradjutant Hoßbach tatsächlich nach fünf Tagen niederschrieb, was in der Besprechung am 5. November 1937 gesagt wurde.
2. Das bei Gericht vorgelegte Hoßbach-Prokoll ist mit einigen Randbemerkungen versehen, von denen Hoßbach nichts weiß. Diese Randbemerkungen sollen angeblich von Generaloberst Freiherr von Fritsch, dem Reichskriegsminister von Blomberg und von Fritschs Nachfolger Generaloberst Brauchitsch stammen. Es besteht also der Verdacht, dass die Niederschrift nachträglich manipuliert wurde.
3. Unbekannt ist, ob die erste Abschrift 1943/44 den Inhalt der nicht vorhandenen originalen handschriftlichen Notizen wirklich unverändert wiedergibt. Der Abschreiber ist unbekannt. Zudem sei nicht sicher, dass die vor dem Tribunal vorgelegte Fotokopie auch mit jener Abschrift übereinstimme.
4. Das Nürnberger Militärtribunal lehnte die Befragung von Hoßbach im Beisein des Großadmirals Raeder ab.

Raeder wurde zu lebenslanger Haft verurteilt, 1955 aber wieder entlassen. Reichsmarschall Göring wurde zum Tode durch Hängen verurteilt. Der Vollstreckung des Urteils soll er angeblich durch Selbstmord zuvorgekommen sein (mittels einer Zyankali-Giftkapsel). Anneliese von Ribbentrop, die Witwe des deutschen Außenministers Joachim von Ribbentrop, sagte in Bezug auf das „Schlüsseldokument": *„Bei der in Nürnberg vorgelegten ‚Urkunde' (= angebliches Gedächtnis-Protokoll des Obersten Hoßbach – Mitglied des Widerstandes – über eine Besprechung Hitlers mit Oberbefehlshabern am 5. November 1937, wobei Hitler Kriegspläne enthüllt haben soll) handelt es sich um nichts anderes als um eine in Washington beglaubigte Fotokopie einer unauthentischen Abschrift eines verschollenen Originals."*(159) Genau so wertlos sind laut Udo Walendy auch all die anderen angeblichen „gefundenen" Beweise von Protokollen bzw. Dokumenten von Hitlers Ansprachen vor Oberbefehlshabern der Wehrmacht. So z.B. auch das *Schmundt-Protokoll*, das laut Großadmiral Raeder die *„unklarste Urkunde über eine Rede Hitlers, die überhaupt vorhanden sei, da ein großer Teil der Ausführungen überhaupt gar keinen Sinn habe"*. Walendy führt dazu weiter aus:

„Dieses vom IMT als ‚aus den erbeuteten deutschen Akten stammendes Dokument' ausgegebene Blatt Papier (Deckblatt mit 15 angehefteten Seiten) trägt mit Ausnahme ‚Chef-Sache. Nur durch Offizier' keinen Kopfdruck, kein Datum, keinen Geheimvermerk, keine Gegenzeichnung. Es ist in Schreibmaschinenschrift ‚sinngemäß' abgefasst und enthält Verbesserungen in Tintenschrift, die zu einem nicht bestimmbaren Zeitpunkt eingefügt worden sind – nicht von der Hand Schmundts! Schmundt erlag am 1.10.1944 seinen beim Attentat vom 20. Juli erlittenen Verletzungen; die Echtheit seiner Unterschrift ist nicht nachprüfbar. Das ‚Dokument' ist nicht in das Geheimjournal eingetragen worden, obwohl das für eine ‚Chef-Sache. Nur durch Offizier' unerlässlich gewesen wäre. Außerdem fehlt die Angabe der Zahl der Ausfertigungen. Das angebliche ‚Dokument' trieft von Widersprüchen, besteht aus thematisch zusammenhanglosen Aussagen und enthält absolut unbekannte politische Zielsetzungen."

Folgende Widersprüche werden dann aufgelistet:

„Auf der Anwesenheitsliste sind u.a. Göring und Oberst Warlimont aufgeführt:

1. *Feldmarschall Milch hat Görings Anwesenheit energisch bestritten, da er als Görings Stellvertreter in die Reichskanzlei geschickt worden sei. Göring konnte zu dieser Frage mit Sicherheit keine Auskunft mehr geben.*
2. *Die Teilnahme Warlimonts muss als unzutreffend erscheinen. Geladen waren die Oberbefehlshaber der Wehrmachtsteile (V. Brauhitsch, Göring, Raeder), der Chef OKW (Keitel) und deren Generalstabschefs (Halder, Jesdionnek, Schniewindt), der Staatssekretär der Luftfahrt (Milch), der Chefadjutant der Wehrmacht beim Führer und Reichskanzler und die einzelnen Wehrmachtsadjutanten. Warlimont dagegen war Abteilungschef im Wehrmachtsführungsamt des OKW. Da sein Chef (Keitel) anwesend war, erübrigte sich schon aus diesem Grund die Teilnahme Warlimonts. Sowohl Warlimont selbst als auch alle anderen Zeugen bestritten seine Teilnahme an der Besprechung,. Warlimont hat auch noch nicht einmal nachträglich etwas von dieser Besprechung erfahren. Hitlers angebliche Äußerungen sind sogar der Abteilung Landesverteidigung im Wehrmachtsführungsamt nicht bekannt gemacht worden."*(160)

„Ich will den Frieden – und ich werde alles daran setzen, um den Frieden zu schließen. Noch ist es nicht zu spät. Dabei werde ich bis an die Grenzen des Möglichen gehen, soweit es die Opfer und Würde der deutschen Nation zulassen. Ich weiß mir Besseres als Krieg! Allein, wenn ich an den Verlust des deutschen Blutes denke – es fallen ja immer die Besten, die Tapfersten und Opferbereitesten, deren Aufgabe es wäre, die Nation zu verkörpern, zu führen. Ich habe es nicht nötig, mir durch Krieg einen Namen zu machen wie Churchill. Ich will mir einen Namen machen als Ordner des deutschen Volkes, seine Einheit und seinen Lebensraum will ich sichern, den nationalen Sozialismus durchsetzen, die Umwelt gestalten."(161)

Adolf Hitler nach Beendigung des Frankreich-Feldzuges in einem Gespräch mit seinem Architekten Prof. Hermann Giesler

Erinnern Sie sich noch an das Angebot der Alliierten an die deutsche Reichsregierung nach dem deutschen Sieg im Polenfeldzug September 1939 und vor dem Feldzug gegen Frankreich im Mai 1940, Frieden zu schließen und von einer Räumung Polens absehen zu wollen, wenn Deutschland die Goldwährung wieder einführen würde? Ich erwähne das nur noch einmal, da es in dem Kontext der Kriegsschuldfrage eben eine wichtige Rolle spielt(e) und die Absurdität der falschen Anschuldigungen seitens des Nürnberger Militärtribunals noch etwas mehr hervorhebt. Der ehemalige Reichsaußenminister Joachim von Ribbentrop, der zum Tode durch Hängen verurteilt wurde, sprach in seinem Schlusswort vor dem Nürnberger Tribunal am 31. August 1946 jedenfalls folgende aufschlussreiche Worte:

„*(...) Man macht mich für die Führung der Außenpolitik verantwortlich, die ein anderer bestimmte. Ich weiß von ihr immerhin so viel, dass sie sich niemals mit Weltherrschaftsplänen beschäftigte, wohl aber zum Beispiel mit der Beseitigung der Folgen von Versailles und mit der Ernährungsfrage des deutschen Volkes.*

Wenn ich bestreite, dass diese deutsche Außenpolitik einen Angriffskrieg geplant und vorbereitet habe, so ist das keine Ausrede. Diese Wahrheit wird bewiesen durch die Tatsache, welche Stärke im Verlauf des Zweiten Weltkrieges wir entfalteten und wie schwach wir dagegen zu Beginn dieses Krieges waren. Die Geschichte wird es uns glauben, wenn ich sage, dass wir einen Angriffskrieg ungleich besser vorbereitet haben würden, sofern wir ihn tatsächlich beabsichtigt hätten. Was wir beabsichtigten war, unsere elementaren Daseinsbedingungen wahrzunehmen, genauso wie England seine Interessen wahrgenommen hat, um sich ein Fünftel der Welt Untertan zu machen, wie die USA einen ganzen Kontinent und Russland die größte Binnenländermasse der Erde unter ihre Hegemonie brachten. Der einzige Unterschied der Politik dieser Länder zu der unseren lag darin, dass wir die gegen jedes Recht uns genommenen Länderpartikel, wie Danzig und den Korridor, beanspruchten, während jene Mächte nur in Kontinenten zu denken gewohnt sind. (...) Als ich 1939 nach Moskau zu Marschall Stalin kam, besprach er mit mir nicht die Möglichkeiten einer friedlichen Beilegung des deutsch-polnischen Konfliktes im Rahmen des Briand-Kellogg-Paktes, sondern er ließ durchblicken, wenn er zur Hälfte Polens und den baltischen Ländern nicht noch Litauen mit dem Hafen Libau bekäme, könne ich wohl gleich wieder zurückfliegen. Das Kriegführen galt dort offensichtlich 1939 auch noch nicht als ein internationales Verbrechen gegen den Frieden, sonst könnte ich mir Stalins Telegramm nach Abschluss des Polenfeldzuges nicht erklären, dieses lautet – ich zitiere: »Die Freundschaft Deutschlands und der Sowjetunion, begründet durch gemeinsam vergossenes Blut, hat alle Aussicht darauf, dauerhaft und fest zu sein.« (...)

Was ist nun in diesem Prozess über den kriminellen Charakter der deutschen Außenpolitik schon bewiesen worden? Dass von über 300 vorgelegten Verteidigungsurkunden 150 ohne stichhaltige Begründung abgelehnt wurden. Dass die Archive der Gegenseite und sogar die deutschen für die Verteidigung unzugänglich waren. Dass Churchills freundliche Andeutung mir gegenüber, ein zu starkes Deutschland werde vernichtet werden, für die Beurteilung der Motive der deutschen Außenpolitik vor diesem Forum für unerheblich erklärt wird. (...) Man mag zur Theorie der Verschwörung stehen, wie man will, für den kritischen Beobachter ist sie eine Verlegenheitslösung. Wer an entscheidender Stelle im Dritten Reich gewirkt hat, weiß, dass sie einfach eine geschichtliche Unwahrheit darstellt, und der Vater des Statuts dieses Gerichtshofs beweist mit seiner Erfindung nur, welchem Milieu sein Denken entspringt.

Ich könnte ebenso gut behaupten, dass die Signatarmächte dieses Statuts eine Verschwörung zur Unterdrückung elementarster Bedürfnisse eines hochentwickelten, tüchtigen und tapferen Volkes gebildet hätten. Wenn ich auf mein Tun und Wollen zurückblicke, so kann ich nur schließen: Das Einzige, dessen ich mich vor meinem Volke, und nicht vor diesem Gericht, schuldig fühle, ist, dass mein außenpolitisches Wollen ohne Erfolg geblieben ist."(162)

Der US-amerikanische Henker John C. Woods regulierte vor den Hinrichtungen bei 10 der 12 zum Tode verurteilten Angeklagten die Stricke so, dass der gewünschte Effekt des schnellen Genickbruchs ausblieb und alle Gehängten einen langen und qualvollen Tod durch Strangulieren erlitten.(163) Dass man sich durch die Hinrichtungen wertvoller Zeugen entledigte, die nach dem Krieg noch hätten ordentlich auspacken können, versteht sich dabei von selbst.

Der Russlandfeldzug – Hitler kommt Stalin zuvor

Wie bereits durch das Schlusswort von Ribbentrops angedeutet, hatte der sowjetische Diktator Josef Stalin eigene imperialistische Expansionspläne und hatte es dabei vor allem auf Polen und die baltischen Staaten abgesehen. Seine Bemerkung gegenüber von Ribbentrop, dass *„die Freundschaft Deutschlands und der Sowjetunion, begründet durch gemeinsam vergossenes Blut, Aussicht darauf hätte, dauerhaft und fest zu sein"*, zeigt die unverhohlene Botschaft einer Kriegserklärung gegenüber den Deutschen. Stalins voller bürgerliche Name lautet übrigens Josef Wissarionowitsch Dschugaschwili und wurde in Georgien geboren. Der Familienname „Dschugaschwili" soll im Georgischen nicht, wie vielfach angenommen, „Sohn des Juden" bedeuten. Im Georgischen bedeutet Jude *ebraeli*. 1912 gab sich der Diktator den Kampfnamen Stalin, was nach diversen Deutungen für „der Stählerne" steht.(164)

Am 24. August 1939 unterzeichneten Deutschland und die Sowjetunion einen deutsch-sowjetischen Nichtangriffspakt (auch Hitler-Stalin-Pakt oder Molotow-Ribbentrop-Pakt genannt, unterzeichnet vom deutschen Reichsaußenminister *von Ribbentrop* und dem sowjetischen Volkskommissar für Auswärtige Angelegenheiten *Wjatscheslaw Molotow*), in dem einerseits festgelegt wurde, dass sich die Sowjetunion neutral verhält, sollte es zu einem Krieg zwischen Deutschland und Polen kommen. Im Gegenzug versprach Deutschland still zu halten, wenn die Sowjetunion sich jene einst sowjetische Territorien wieder aneignet, die es nach dem Ersten Weltkrieg an Polen verloren hatte. Am 30. November 1939 überfiel die Sowjetunion Finnland im sogenannten „Winterkrieg" und besetzte mit der Roten Armee am 15. Juni 1940 Litauen. Da Finnland und Litauen in der Interessensphäre des Deutschen Reiches lagen, stellte dies einen Bruch des Nichtangriffspakts und eine Aggression gegen Deutschland dar.(165) Dass es Stalin mit dem Nichtangriffspakt mit Deutschland nicht ernst meinte, entlarvt eine Rede von ihm, die er nur ein paar Tage zuvor, am 19. August 1939, auf einer Vollversammlung des kommunistischen Politbüros abgehalten hatte. Im Folgenden lesen wir die wichtigsten Ausschnitte aus seiner Rede, die in den geheimen Fonds des Sonderarchivs der UdSSR gefunden wurden:

„(...) Wenn wir den Vorschlag Deutschlands über den Abschluss eines Nichtangriffspaktes mit ihnen annehmen, werden sie natürlich Polen überfallen, und der Eintritt Frankreichs und Englands in diesen Krieg wird unvermeidlich. Westeuropa wird von ernsthaf-

ten Unruhen und Unordnung ergriffen werden. Unter diesen Bedingungen werden wir große Chancen haben, außerhalb des Konfliktes zu verbleiben, und wir können auf unseren vorteilhaften Kriegseintritt hoffen. (...) Im Falle einer Niederlage Deutschlands folgt unausweichlich die Sowjetisierung Deutschlands und die Schaffung einer kommunistischen Regierung. Wir dürfen auch nicht vergessen, dass ein sowjetisiertes Deutschland sich vor einer großen Gefahr befindet, falls diese Sowjetisierung sich als Folge einer Niederlage in einem Blitzkrieg erweist. England und Frankreich werden noch über ausreichend Stärke verfügen, um Berlin einzunehmen und ein sowjetisches Deutschland zu verhindern. Und wir werden nicht in der Lage sein, unseren bolschewistischen Genossen in Berlin zu Hilfe zu kommen. Auf diese Weise besteht unsere Aufgabe darin, dass Deutschland einen möglichst längeren Krieg führen sollte, mit dem Ziel, dass England und Frankreich ermüden und bis zu einem Grade geschwächt sind, dass sie nicht mehr in der Lage wären, eine Bedrohung für ein sowjetisches Deutschland darzustellen. (...) Für die Realisierung dieser Pläne ist es unumgänglich, dass der Krieg solange wie möglich ausgedehnt wird, und genau in diese Richtung müssen alle Kräfte gerichtet werden, mit denen wir in Westeuropa und auf dem Balkan aktiv werden. Betrachten wir nun eine zweite Annahme, d.h. einen Sieg Deutschlands. Einige haben sich die Ansicht zueigen gemacht, dass diese Möglichkeit uns vor eine große Gefahr stellt. Ein Quäntchen Wahrheit liegt in dieser Behauptung, aber es wäre ein Fehler zu denken, dass diese Gefahr so nahe und so groß werden wird, wie sie sich von einigen vorgestellt wird. Wenn Deutschland den Sieg davonträgt, geht es aus dem Krieg zu entkräftet hervor, als dass es in einen militärischen Konflikt eintritt, der wenigstens 10 Jahre dauert. (...) Die kommunistische Revolution wird unausweichlich stattfinden, und wir können diesen Umstand dahingehend ausnutzen, Frankreich zu Hilfe zu kommen und es zu unserem Verbündeten zu machen. Im Weiteren werden alle Völker, die unter den Schutz des siegreichen Deutschlands gefallen sind, ebenso zu unseren Verbündeten werden. Vor uns liegt ein weites Tätigkeitsfeld zur Entwicklung der Weltrevolution. Genossen! Im Interesse der UdSSR – der Heimat der Werktätigen – damit der Krieg ausbricht zwischen dem Reich und dem kapitalistischen anglo-französischen Block! Man muss alles tun, damit dieser so lange wie möglich ausgedehnt wird, mit dem Ziel der Schwächung beider Seiten. Vorrangig aus diesem Grunde müssen wir dem Abschluss des von Deutschland vorgeschlagenen Paktes zustimmen und daran arbeiten, dass dieser Krieg, der eines Tages erklärt werden wird, in die maximal mögliche zeitliche Ausdehnung geführt wird. Es wird notwendig, in den eingetretenen Ländern die propagandistische Arbeit dahingehend zu verstärken, dass sie vorbereitet sind für die Zeit nach dem Krieg."[166]

Diese Rede wurde lange Zeit als Fälschung abgetan. Doch mittlerweile halten immer mehr Historiker sie für authentisch, darunter der ehemalige Ministerpräsident von Estland, Mart Laar, oder die russische Historikerin Tatjana S. Buschujewa, die den Text der Rede in den Sonderarchiven vorfand, welcher im Dezember 1994 im Moskauer Literaturmagazin *Nowy Mir* veröffentlicht wurde. Der russische Historiker Viktor Doroschenko bezeichnete diesen Text als „*eines der grundlegenden Dokumente zur Geschichte des Zweiten Weltkrieges*", welches beweise, dass Stalin den Pakt mit Hitler nur deshalb unterzeichnet habe, um „*den Krieg zu entfachen, einmal mit dem allgemeinen Ziel der Machteroberung in Europa, zum anderen mit einem unmittelbaren Gewinn, der sich aus der Vernichtung Polens und der Eroberung Galiziens ergab (...) Der Nichtangriffspakt machte die Hände Hitlers frei, provozierte Deutschland zur Kriegsauslösung. Als Stalin den Pakt schloss, stand für ihn fest, das Abkommen zu brechen, beabsichtigte er doch von Anfang an, zu einem für ihn vorteilhaften Zeitpunkt in den Krieg direkt einzugreifen!*"[167] Man möge Historikern vielleicht keinen Glauben schenken, aber warum sollten russische Historiker sich selbst bzw. ihr Land belasten? Sogar der russische Ex-Geheimdienstler und ehemalige Offizier in der Sowjetarmee, Viktor Suworow, bezog sich bereits 1995 in seinem Buch „Der Tag M" auf genau jenen Tag, an dem Stalin seine Geheimrede abgehalten hatte: *„Dieser Prozess lautete mit einem kurzen Terminus Mobilmachung. Es war die heimliche Mobilmachung. Die sowjetische Führung bereitete die Rote Armee und das gesamte Land auf die Eroberung Deutschlands und ganz Westeuropas vor. Die Eroberung Westeuropas war das Hauptziel, weshalb die Sowjetunion den Zweiten Weltkrieg entfesselte. Der endgültige Entschluss, den Krieg zu beginnen, wurde von Stalin am 19. August 1939 gefasst.*"[168]

Ein weiterer Umstand, der als weiteres wichtiges Puzzleteil hier angegliedert werden muss, ist der *Churchill-Stalin-Pakt*, ein vom 15. Oktober 1939 geschlossener Geheimvertrag zwischen Großbritannien und der Sowjetunion über einen gegen das Deutsche Reich zu führenden Vierfrontenangriffskrieg. Hierzu gibt es aus finnischen Geheimdienstquellen Erkenntnisse, die man besonders der deutschen Öffentlichkeit verheimlichen will. Der finnische Autor und Major der Reserve, Erkki Hautamäki, präsentiert in seinem in schwedischer Sprache veröffentlichten Buch „Finnland i stormens öga" (deutsch: „Finnland im Auge des Sturms") geheimdienstliche Untersuchungen des Finnen Carl Gustaf Emil Mannerheim, der während des Zweiten Weltkriegs finnischer Feldmarschall gewesen ist. Fritz Becker schildert uns aus Hautamäkis Buch eine Zusammenfassung[169] über den geplanten Vierfrontenangriff, um das Deutsche Reich in die Knie zu zwingen:

- Die **erste Front** ist die Nordfront und sieht die Landung englischer und französischer Soldaten in Dänemark, Norwegen und Nordschweden vor. Das Ganze soll als „Hilfsmaßnahme für das von den Russen bedrohte Finnland" getarnt werden.
- Die **zweite Front** ist die Westfront und beinhaltet den Angriff der Franzosen auf Deutschland, inkl. der Beteiligung der Niederlande und Belgien.
- Die **dritte Front** ist die Südfront, bei der Serbien und Griechenland das süddeutsche Reichsgebiet angreifen sollen. Ziel ist die Bindung deutscher Truppen, damit die Sowjetunion anschließend ein leichteres Spiel hat, in einer Großoffensive ins östliche Reichsgebiet vorzudringen.
- Die **vierte Front** ist die Ostfront bzw. „Barbarossa"-Front und sieht den Großangriff der Russen auf das Deutsche Reich vor. Da Polen durch die Deutschen besiegt und besetzt ist, rückt die ostdeutsche Grenze an die Sowjetunion heran, an der wiederum die Streitkräfte der Roten Armee aufgebaut werden (siehe auch Viktor Suworows „Der Eisbrecher: Hitler in Stalins Kalkül").

Da gibt es aber noch weitere Beweise, die belegen, dass Stalin auf alles andere als Frieden aus war. Auch Gerd Schultze-Rhonhof kommt in seinem Werk zu denselben Erkenntnissen: Denn bereits im Frühjahr und Sommer 1939 haben die Sowjets und Großbritannien miteinander korrespondiert und etwaige Möglichkeiten ausgelotet, wie man gegen Deutschland vorgehen könne. Das Ergebnis war ein ausgearbeitetes Abkommen zwischen Großbritannien, Frankreich und der Sowjetunion über eine militärische Kooperation, welches aber nicht mehr unterzeichnet wurde. Doch Stalin blieb forsch in seinen Absichten und Planungen und segnete am 4. August 1939 ein Dokument der Volkskommissariaten für Verteidigung und Äußeres ab, welches insgesamt nicht weniger als fünf unterschiedliche Möglichkeiten eines Großaufmarsches gegen Deutschland mit bis zu 120 Heeresdivisionen vorsah[(170)] (eine Division ist in der Regel 10.000 Mann groß, kann aber auch das doppelte bis dreifache dessen sein). Stalin nutzte die nächsten knapp zwei Jahre, um seine Armee ordentlich aufzustocken und auszurüsten. Ab dem 26. Juni 1940 wurde hierfür der achtstündige Arbeitstag und die siebentägige Arbeitswoche zur Pflicht. Der US-amerikanische Ingenieur John Scott, welcher selbst bis 1942 in der Sowjetunion arbeitete, beschrieb das Ausmaß der russischen Kriegsvorbereitung wie folgt: *„Das russische Verteidigungsbudget wurde fast in jedem Jahr verdoppelt. Unendliche Reserven an Kriegsmaterial, Maschinen, Brennstoffen, Lebensmitteln und Vorräten wurden aufgespeichert. Die Rote Armee wurde von rund zwei Millionen Mann im Jahre 1938 auf 6,5 Millionen bis zum Frühjahr 1941 verstärkt.“*[(171)] Anfang 1940 waren laut dem Schriftsteller Walter Sanning bereits 150 russische Divisionen in den westlichen Wehrbezirken aufmarschiert, davon allein 100 Divisionen in den früheren polnischen Ostgebieten (gegenüber nur sechs deutschen Divisionen). An den Grenzgebieten wurden zudem Ende März 1941 zusätzliche 800.000 Reservisten aufgestellt.[(172)] Diese immensen Kriegsvorbereitungen blieben natürlich vor den Deutschen durch ihre geheimdienstlichen Aufklärungen bereits ab Anfang 1941 nicht unbemerkt. Der deutsche Generalstab hielt Anfang April 1941 daher einen baldigen Angriff der Roten Armee für wahrscheinlich. Im Kriegstagebuch des *Oberkommandos der Wehrmacht* (OKW) findet sich zum 19. Juni 1941 der Eintrag: *„Bedrohlichkeit des russischen Aufmarsches lässt weiteres Zögern nicht zu.“*[(173)] Wann hätten die Russen nun Deutschland genau angreifen wollen? Ex-Geheimdienstler Suworow enthüllt dazu den 6. Juli 1941 als sehr wahrscheinlichen Termin für den Angriff, der den Decknamen „Gewitter“ trug. Er führt dazu die Hintergründe weiter aus:

> *„Die Memoiren sowjetischer Marschälle, Generäle und Admiräle, Archivdokumente, eine mathematische Analyse der vorliegenden Daten zu der Bewegung Tausender sowjetischer Militärtransportzüge – das alles deutet auf den 10. Juli als jenen Zeitpunkt hin, an dem der Aufmarsch der Zweiten Strategischen Staffel der Roten Armee in der Nähe der Westgrenzen abzuschließen war. Aber die sowjetische Militärtheorie sah den Übergang zum zügigen Angriff nicht nach der abgeschlossenen Truppenkonzentration vor, sondern vor diesem Abschluss. In diesem Fall konnte ein Teil der Zweiten Strategischen Staffel bereits auf gegnerischem Territorium ausgeladen und in den Kampf geführt werden.* [General] *Schukow (und auch Stalin) hatten eine Vorliebe dafür, ihre Überraschungsschläge an einem Sonntagmorgen zu führen. Der 6. Juli 1941 war der letzte Sonntag vor dem vollständigen Aufmarsch der sowjetischen Truppen.“*[(174)]

Am 22. Juni 1941 kamen die Deutschen Stalin mit einem Präventivangriff jedoch zuvor und marschierten mit rund 150 Divisionen über die sowjetische Grenze.[(175)] Suworow zitiert den Armeegeneral S. P. Iwanow, der sich zum Datum des geplanten sowjetischen Angriffs dahingehend äußert, dass es den deutschen Truppen gelungen sei, den Russen *„buchstäblich um zwei Wochen zuvorzukommen“*. Suworow stellt folgerichtig fest, wenn er sagt, dass, wenn das nicht passiert wäre, die Geschichte einen anderen Verlauf genommen hätte. Die Russen hätten das Ziel Berlin recht schnell erreicht sowie andere Ziele darüber hinaus im Westen Europas.(176) Der russische Historiker und ehemalige Oberst Valij Danilow hat jene Pläne des sowjetischen Generalstabs gefunden und veröffentlicht, die seit März 1941 vorbereitet und von Stalin am 15. Mai 1941 abgesegnet wurden. Klaus Hornung zitiert dazu in einer Ausgabe des *Preußenblatts* vom 21. August 1999 Danilows Schlussfolgerung: *„Es ging also nicht nur um die Abwehr einer ausländischen Aggression, sondern um die Verwirklichung weitgesteckter kommunistischer Ziele einschließlich der Weltrevolution.“*(176a)

Léon Degrelle kann zudem noch mit einem Fundstück aufwarten. Im Besitz von sowjetischen Dokumenten zitiert er einen Eintrag vom russischen Marschall Woroshilow über die russischen Kriegsabsichten:

> *„Wir haben nun die Zeit, uns darauf vorzubereiten, die Henker der kapitalistischen Welt zu sein, während sie mit sich selbst ringt. Wir müssen jedoch vorsichtig sein. Die Deutschen dürfen keine Ahnung haben, dass wir uns darauf vorbereiten, ihnen mit einem Messer in den Rücken zu fallen, während sie damit beschäftigt sind, gegen die Franzosen zu kämpfen. Ansonsten könnten sie ihren gewöhnlichen Plan ändern und uns angreifen.“*

Wie auch Suworow erklärt Degrelle, der ebenfalls an der russischen Front kämpfte, dass Hitler nur eine einzige Option hatte: Russland anzugreifen oder selbst komplett vernichtet zu werden.(177)

Der „Lebensraum im Osten“ – hatte das Reich imperialistische Welteroberungspläne?

Mir war es wichtig, vorhin nicht nur auf deutsche Quellen zurückgegriffen zu haben, sondern auch auf ausländische, gerade auch auf jene von der „Gegenseite“, sprich, in diesem Fall auf Hintergrundinformationen aus russischen Militärkreisen. Ob aber nun russische oder westliche Quellen, alle kommen sie zu denselben Ergebnissen: Hitler wurde sowohl was Polen als auch Russland betrifft, regelrecht in die Ecke manövriert, aus der er nicht mehr herauskommen konnte, außer durch eine „Flucht nach vorn“. Ähnlich verhält es sich auch mit den anderen Feldzügen, die in Folge des russischen Vorpreschens nach Osten und Südeuropa (Balkan, Partisanen) eine buchstäbliche Frage der überlebenden Notwendigkeit waren, da man von allen Seiten eingekesselt wurde. Zudem mischten sich dann die USA ein, als sie Großbritannien und die Sowjetunion (sowie allen andere Gegner der Achsenmächte) mit großen Mengen an Waffen und anderen Rüstungsgütern unterstützten. Die Hilfe für die Sowjets wurde bereits kurz nach Beginn des Russlandfeldzugs in Gang gesetzt (siehe *Leih- und Pachtgesetz* von Roosevelt). Die USA traten Ende 1941 dann noch selbst aktiv dem Krieg bei durch den bewusst kalkulierten und provozierten Überfall der Japaner auf die US-Flotte in Pearl Harbor.(177a) Die Reichsregierung wusste Bescheid, dass man die Vernichtung Deutschlands im Visier hatte. Trotz aller Geheimdienst- und Militärquellen, Aussagen von hochrangigen deutschen und ausländischen Politikern, dem Nachweis der Manipulation von Protokollen sowie der Öffnung russischer Militärarchive, die die offizielle Geschichtsschreibung endlich korrigieren und somit den verlogenen Geschichtsfälschern die blanke Zornesröte in ihre Gesichter treiben möge, könnten granitharte und renitente Kritiker jetzt immer noch verzweifelt auf die Passagen in Hitlers „Mein Kampf“ pochen, in denen er mehrmals vom angestrebten „Lebensraum im Osten“ gesprochen hatte und diese als „Beweis“ (oder besser gesagt Strohhalm) dafür heranziehen, ihm imperialistische Welteroberungspläne zu unterstellen. Aber kommt das vor dem ganzen Hintergrund, den wir kennen, überhaupt noch logisch und realistisch vor? Ich meine tendenziell nein. Schauen wir uns noch einmal zusammenfassend die Argumente an, die dagegen sprechen:

- Deutschland hatte kein Interesse, Polen und die Rest-Tschechei dauerhaft zu besetzten. Es war sogar dafür, dass später diese beiden Länder als Staaten neu entstehen.
- Hitler wollte von Anfang an nur jene Gebiete, die einst zum Deutschen Reich gehörten und in denen ohnehin bereits großteils Deutsche lebten (als Revision von Versailles), die auch noch von der polnischen bzw. der tschechischen Regierung drangsaliert, ermordet, interniert und vertrieben wurden. In Bezug auf Polen ging es also primär um Danzig und einen Korridor zum abgetrennten Ostpreußen, und nicht um die Besetzung ganz Polens. Hitler hatte den Polen sogar angeboten, auf einen Großteil der einst durch Versailles entrissenen Gebiete zu verzichten.
- Hitler hatte in einer Rede vom 30. Januar 1939 tatsächlich von einer „Ausweitung des Lebensraums“ für das Volk als eines der Ziele gesprochen. Doch mit dem Polenfeldzug ein halbes Jahr später hatte sich das erübrigt. Laut Hans Kehrl, der damals Chef des Rohstoffamtes im Reichswirtschaftsministerium war und Kontakt zum „Wirtschaftsbeaufragten des Führers“ Wilhelm Keppler hatte, schilderte Letzterer ihm gegenüber nie von irgendeinem anvisierten „Lebensraum im Osten“ oder einem „Ostimperium“. Es ging, wenn überhaupt, lediglich um die Rückholung der verlorenen Gebiete. Kehrl schrieb dazu bereits 1979 im 6. Band von „Historische Tatsachen“, dass Hitler schon 1939 wusste, dass man weiteren „Siedlungsraum“ im Osten weder brauchen noch überhaupt hätte besiedeln können und zitiert dabei aus einem Bericht des damaligen „Reichsprotektors von Böhmen und Mähren“ an das Auswärtige Amt über eine Besprechung mit Hitler im Dezember 1939, in der es heißt: *„Es wird davon abgesehen, das Land (Protektorat) in größerem Umfang mit Deutschen zu besiedeln, denn die Verdeutschung des neudeutschen Ostens (Westpreußen, Posen, Oberschlesien) ist vordringlich und schon hierfür reicht die Zahl der deutschen Siedler kaum aus.“*[(177c)]
- Der Hitler-Stalin-Pakt ließ Hitler und der Reichsregierung kaum noch weiteren Spielraum, da sich die Schlinge um das Reich bereits anfing zuzuziehen. Deutschland musste sicher sein, dass Stalin selbst nicht angreift, sollte Deutschland sich Danzig und weitere verlorene Gebiete in Polen zurückholen wollen. Stalin gab diese „Garantie“ nur im Gegenzug dafür, dass sich Deutschland bei Stalins Beutezug wiederum zurückhält. In meinen Augen war das ein Erpressungs-Pakt. Und selbst an diesen hatte Stalin nicht vor, sich zu halten. Denn es war von vornherein ein Komplott. Lesen Sie noch einmal ein paar Seiten zurück, um sich die großen russischen Kriegsvorbereitungen vor Augen zu führen. Wenn man sich zudem die schiere Überlegenheit der russischen Armee in der Anzahl an Soldaten anschaut gegenüber der deutschen Armee inkl. Waffen-SS, erschiene eine imperialistisch angestrebte Invasion Richtung Osten nicht nur unlogisch, sondern völlig absurd.

- In „Hitlers Strategie" kommt auch Andreas Hillgruber zu denselben Erkenntnissen, wenn er schreibt, dass es keinen *„quellenmäßigen Beleg"* für Pläne Hitlers zur Erlangung der Weltherrschaft gibt.[178] Zu keinem Zeitpunkt seiner Regierungszeit hatte Hitler erwähnt, Lebensraum in Russland erobern zu wollen, weder öffentlich noch geheim, konstatiert auch Jürgen Förster in der Darstellung des *Militärgeschichtlichen Forschungsamts* bezüglich des Angriffs auf Russland (siehe „Der Zweite Dreißigjährige Krieg 1941-1945: Der Untergang des Abendlandes")[179]. Hitler-Forscher Enrico Syring kommt wiederum zum etwas differenzierten Ergebnis, dass für Hitler die Sicherung von wirtschaftlichen Ressourcen wichtig war und Hitlers Aussagen zum „Lebensraum im Osten" eher auf eine ferne Zukunft gerichtet seien, wenn das deutsche Volk mehr Lebensraum benötigen sollte. Gemäß Hitlers Einschätzungen über die USA als kommender großer Machtblock sei für ihn, laut Syring, ein wichtiger Grund gewesen, um in Europa ein macht- und wirtschaftspolitisches Gegengewicht zu schaffen, und dazu bräuchte es Ressourcen eines ganzen Kontinents (Europa und Russland).[180] Wenn man sich die Expansion des britischen Empires im 19. und 20. Jahrhundert anschaut, die fast die gesamte Welt vereinnahmt hatte, kann man die gewollte Schaffung eines Gegenblocks (um die eigene Freiheit zu verteidigen) durchaus dann von einem anderen Blickwinkel aus betrachten, was auch im Falle von Hitler ganz sicher als mögliche oder gar zwingende Option vorgesehen wurde, spätestens als der Krieg gegen Russland ausbrach.

Dennoch halte ich es an dieser Stelle durchaus sehr wahrscheinlich und gegeben, dass andere Mitglieder der Reichsführung (z.B. Himmler) oder aus okkulten Orden (z.B. Thule-Gesellschaft) konträre Pläne und Visionen gehabt haben, die denen von Hitler aggressiv und tatsächlich von imperialistischer Natur entgegenstanden. Selbst heute finden sich innerhalb vieler Regierungen dieser Welt Fraktionen, die unterschiedlicher Meinung sind und voneinander abweichende Ziele haben (auch innerhalb der CDU gibt es beispielsweise einen „linken" und einen „rechten" Flügel, Konservative und eher Liberale).

Um noch einmal kurz auf das Buch „Mein Kampf" zu kommen, was ja gern als „Beweis" gegen Hitler herangezogen wird. Aber was... was, wenn Hitler gar nicht der Urheber des besagten Buches ist? Und da beginnt nun auch schon langsam der letzte Strohhalm dahin zu schwinden. Jetzt dürfte sich gerade reges Gedankenkino in Ihrem Kopf abspielen, richtig?

Rudolf Heß' Friedensbemühungen

Nicht unerwähnt an dieser Stelle sollten die Friedensbemühungen von Rudolf Heß sein, dem Stellvertreter von Adolf Hitler. Heß flog mit einer Messerschmitt-Maschine am 10. Mai 1941 nach Schottland, mit dem Ziel, einen Zweifrontenkrieg mit Großbritannien und Russland zu vermeiden. Auf der britischen Insel angekommen, wollte er sich mit Lord Douglas Hamilton treffen, der angeblich im engen Kontakt zum britischen Premierminister Winston Churchill stand, um mit den Engländern – vermutlich auf eigene Faust – Friedensgespräche zu führen. Nach der Landung in Schottland geriet Heß jedoch in britische Kriegsgefangenschaft, wo er verhört und gefoltert wurde, und sein Vorhaben geriet somit ins Leere.[181] Zwar wird das angestrebte Ziel von Heß im Einklang mit den Wünschen von Hitler gestanden haben (da Letzterer definitiv keinen Krieg mit England wollte, sondern Frieden) und zwischen den beiden werden dahingehend Vermittlungsversuche mit großer Sicherheit Thema gewesen sein, aber Hitler war über Heß' Flug anscheinend alles andere als erheitert. Rochus Misch war Hitlers Telefonist, Kurier und Leibwächter. In seinem Buch „Der letzte Zeuge" erinnert er sich daran, wie Hitler außer sich gewesen sei, als er am nächsten Morgen von dem Flug erfuhr: *„Der Heß?! Der Heß?! Ausgerechnet der Heß soll das getan haben? Ausgerechnet der Heß? Warum nur tut er mir das an?"*[(182)] Die Aufregung ist verständlich, da Hitler sowohl Heß als auch Göring als seine Stellvertreter das Fliegen grundsätzlich verboten hatte (welche sich darum aber nicht scherten). Wo Heß nun fehlte, musste die Reichsführung schließlich umgeordnet werden. Dass Hitler über Heß' Entscheidung nicht glücklich gewesen sein wird, zeigt auch ein anderes Detail auf. Denn laut Mischs Ausführungen ließ Hitler auf Anweisung von Martin Bormann sämtliche Mitwisser über Heß' geheimen Flug verhaften und in das Konzentrationslager Sachsenhausen überführen. Bormann war Leiter der Partei-Kanzlei der NSDAP und ein „Vertrauter" Hitlers.[(183)]

Rudolf Heß wurde in den Nürnberger Schauprozessen wegen „Planung eines Angriffskrieges" und „Verschwörung gegen den Weltfrieden" zu lebenslanger Haft verurteilt. Seine Haftzeit verbrachte er im alliierten Militärgefängnis Berlin-Spandau, wo er am 17. August 1987 im Alter von 93 Jahren angeblich durch Selbstmord (Erhängen) verstarb. Die Selbstmord-These konnte sich aber nicht halten. Als Heß' Familie eine erneute Obduktion seines Leichnams in Auftrag gab, wurde festgestellt, dass die Strangulationsmerkmale am Hals auf einen Tod durch Erwürgen hindeuteten und nicht durch Strangulieren. Des Weiteren war Heß körperlich bereits derart geschwächt, dass er ohne Hilfe seines Pflegers kaum alleine laufen konnte, geschweige denn sich selbst hätte erhängen können. Nachdem Michail Gorbatschow Präsident der Sowjetunion wurde, hatte dieser sich für eine Freilassung von Heß ausgesprochen. Das galt es von den Briten mit allen Mitteln zu verhindern. Als Heß von der Möglichkeit einer durch Gorbatschow veranlassten Freilassung von seinem Krankenpfleger erfuhr, soll er diesem entgegnet haben: *„Das ist mein Todesurteil!"* Hinter dem Mord vermutet Heß' Familie den britischen Geheimdienst. In Freiheit hätte Heß nämlich über die Hintergründe seines Englandflugs und seiner britischen Gefangenschaft geplaudert, wobei dann herausgekommen wäre, dass England mit Absicht den Frieden verhindert und somit erst maßgeblich zur völlig unnötigen Ausweitung des Zweiten Weltkriegs beigetragen hatte. Dies entspräche dann nicht mehr der gängigen „Geschichtsschreibung". Als Wissender hätte Heß zudem viele weitere Geheimnisse über die wahren Hintergründe des Krieges auspacken können. Weitere Details zu Heß' Englandflugs und seinen Todesumständen finden sich im Dokumentationsfilm „Geheimakte Heß".[(184)] Heß' Krankenpfleger Abdallah Melaouhi schrieb ein Buch mit dem Titel „Ich sah seinen Mördern in die Augen! Die letzten Jahre und der Tod von Rudolf Heß". Von Rudolfs Heß' Sohn Wolf Rüdiger gibt es ebenfalls ein Buch mit dem Titel „Rudolf Heß: ‚Ich bereue nichts!'", welches u.a. mit weiteren Hintergründen über den Mord an seinen Vater beschäftigt.

Abb. 52: Gedenktafel an der Stelle, an der Rudolf Heß mit dem Fallschirm aus seinem Flugzeug am 10. Mai 1941 in der Nähe von Eaglesham, Schottland, landete. Nachdem die Tafel beschädigt wurde und Proteste aus der regionalen jüdischen Gemeinde aufkamen, wurde diese 1993 vermutlich wieder entfernt.[(185)] Auf der Inschrift stand zumindest Folgendes: *„Dieser Stein markiert die Stelle, an welcher der tapfere, heldenhafte Rudolf Heß in der Nacht des 10. Mai 1941 mit dem Fallschirm landete, um den Krieg zwischen Großbritannien und Deutschland zu beenden."*

Das Rakowski-Protokoll – der Plan des Weltkommunismus

Für einige Aufregung sorgten gewisse Aussagen eines Christian Georgijewitsch Rakowski. Rakowski war Hochgradfreimaurer, sozialistischer Revolutionär, Bolschewist[(186)], ehemaliger Anhänger von Leo Trotzki (gebürtig: Lew Dawidowitsch Bronstein)[(187)] und früherer sowjetischer Diplomat in Paris. Im Zuge des Russlandfeldzugs fand ein Soldat der freiwilligen spanischen Division auf einem russischen Bauernhof die Leiche eines Dr. Josef Landowsky, bei der auch mehrere beschriebene Hefte vorlagen. Landowsky war langjähriger Arzt beim sowjetischen *Volkskommissariat des Inneren* (NKWD). 1950 wurden Landowskys Aufzeichnungen ins Spanische übersetzt. Kernstück dieser Aufzeichnungen ist ein Verhörprotokoll über die Vernehmung von Rakowski, der im Zuge der *Stalinschen Säuberungen* (kommunistischer Massenmord, der schätzungsweise mindestens drei bis über 20 Millionen Menschen zum Opfer fielen) verhaftet, jedoch nicht exekutiert wurde. Das Verhör soll am 26. Januar 1938 stattgefunden haben. Rakowski wurde dabei durch den Beamten der sowjetischen Geheimpolizei *GPU*, Gabriel G. Kuzmin, verhört. Aufgrund seiner schieren Länge gebe ich hier nur die wichtigsten Aussagen wieder:

- Die „Internationale Finanz" bzw. „Jene" im Hintergrund streben die totale universale Macht an. Es gäbe keine Maschine mit „totalerer Macht" als den kommunistischen Staat. Die bürgerlich-kapitalistische Macht sei nur beschränkte Macht.
- „Jene" tauchen selbst nicht als Inhaber von Ämtern in Politik und Bankwesen auf, sondern verwenden seit der Ermordung von Walther Rathenau – einer der „Jenen" – Zwischenmänner bzw. „Strohmänner" und bleiben selbst anonym.
- Adam Weishaupt sei der Gründer der *Ersten Internationale des Kommunismus* gewesen. Er war auch Gründer des *Bayerischen Illuminatenordens*, zudem Semit und Jesuit gewesen, dessen Aufgabe es war, mit diesem Orden die Französische Revolution über ihre politischen Ziele hinaus in eine soziale Revolution weiterzutreiben, zwecks Errichtung des Kommunismus. Hatte Verbindungen zu Rothschilds. Letztere waren Schatzmeister der ersten Komintern (internationaler Kommunismus).
- Seitdem war jeder Krieg ein Riesenschritt zum Kommunismus. Kriegsauslöser Erster Weltkrieg: Hinter dem Attentat auf den Erzherzog stand Trotzki. Den Revolutionären sicherte man Straflosigkeit zu. Oktober-Revolution: Bolschewisten übernahmen Macht, die sie von „Jenen" erhielten. Letztere finanzierten die Oktober-Revolution durch ihre Bankiers, u.a. die Brüder Warburg, Jacob Schiff, Kuhn, Loeb & Co sowie andere europäische und amerikanische Banken.
- Ziel der Freimaurerei sei es, notwendige Voraussetzungen für die kommunistische Revolution zu schaffen. Vertrag von Versailles war – bedingt durch die Reparationen und wirtschaftlichen Einschränkungen – entscheidende Voraussetzung für die kommunistische Revolution (Hunger, Arbeitslosigkeit etc.).
- „Jene" haben dann Hitler zum Sieg verholfen, da sie Stalin stürzen und ersetzen wollten, weil Letzterer das entstandene Chaos in Deutschland in Folge von Versailles nicht dazu nutzte, um eine sozial-internationale Revolution zu ent-

fachen, wie von „Jenen“ gewünscht war. Nur Deutschland wäre daher geografisch betrachtet und von der militärischen Stärke her in der Lage gewesen, in die Sowjetunion einzumarschieren. Aufgrund von Stalins Versagen stürzte sich das deutsche Volk in die nationalsozialistische Revolution. „Jene“ ergriffen die Chance und finanzierten Hitler, die NSDAP, die SA und SS über die Wall Street. Mittelsmann sei Warburg gewesen, der sich gegenüber Hitler unter einem anderen Namen ausgab und über diejenigen log, die er vertrat. Er gab sich als Gesandter einer Finanzgruppe der Wall Street aus, *„die daran interessiert sei, die nationalsozialistische Bewegung als eine Drohung gegen Frankreich zu finanzieren, dessen Regierung eine Finanzpolitik verfolge, die die Wirtschaftskrise in den USA hervorrufe“*. Hjalmar Schacht fungierte als Bindeglied zwischen den internationalen Bankiers und der NSDAP.

- Nach Entfernung Stalins hatte man vorgehabt, Hitler vom Westen her anzugreifen, und seine Generale hätten sich gegen ihn erhoben und ihn liquidiert. Dann sei die Stunde der **„Weltrevolution“** geschlagen.
- Hitler schuf ein „gefährliches“ Wirtschaftssystem, indem er das Privileg der Gelderzeugung sich aneignete und somit die internationale sowie die private Finanz ausschaltete. Da er fast kein Gold besaß, kam er auch nicht in die Versuchung, es als Währungsgrundlage zu nehmen. Einzige Sicherheit für sein Geld war die Arbeitskraft der Deutschen sowie die deutsche Technologie. Dadurch beseitigte er die Massenarbeitslosigkeit im Land. In dem Falle, dass Hitlers System andere Länder ansteckt und sich ein autarker Wirtschaftskreis bilden sollte, wäre die einzige Lösung Krieg gewesen, um das zu verhindern.
- Der Wunsch eines jeden echten Kommunisten sei der Krieg, da dieser den Sieg der Revolution bringen würde. Das sei ein marxistisch-leninistisches Dogma.
- Rakowski windet sich und gibt mehrmals an, angeblich nicht zu wissen, wer „Jene“ sind.[188]

Abb. 53: Christian Georgijewitsch Rakowski

Das ist schon mal recht interessant. Hier ging es also darum, dass „Jene“, die die Weltgeschicke aus dem Hintergrund heraus steuern, beide oder mehrere Seiten finanzieren, sie nach Belieben wie Schachfiguren hin und her bewegen und in einem „günstigen Moment“ dann gegeneinander hetzen. Zuerst wurde also Deutschland bewusst durch den Versailler Vertrag ausgebeutet und in die Armut und ins Chaos gestürzt. Aus der Not der Weimarer Republik heraus hat sich eine patriotische Revolutions- bzw. Befreiungsbewegung in Deutschland gebildet. Gemessen an den unhaltbaren Zuständen wie Hunger und Massenarbeitslosigkeit ist das ein völlig natürlicher Vorgang, der nicht einmal weitere Einmischung von außen benötigt, damit sich dieser gewollte Befreiungsschlag in einer Bevölkerung bildet. Aus dem Hintergrund heraus pickt man sich dann taugliche Führungspersönlichkeiten, echte Patrioten, die es ehrlich meinen und authentisch sind. Schließlich sind diese im Stande, mit ihrer ehrlichen Art, die sie ausstrahlen, Massen anzusprechen und für sich zu gewinnen. Hierzu fand man den durchaus fähigen und charismatischen Adolf Hitler, den man leicht zum „Führer“ machen konnte, da die Massen mit ihm sympathisierten. Man hat dann jene patriotische Befreiungsbewegung (Revolution) von außen früh und rechtzeitig „gekapert“, um den weiteren politischen Verlauf dann bestimmen und steuern zu können. Dafür schleusen „jene“ Hintergrundmächte zusätzliche Leute aus **ihren eigenen** Reihen und/oder „Vermittler“, z.B. Zionisten und Hochgradfreimaurer in wichtige Regierungspositionen ein, damit sichergestellt werden kann, dass die Pläne auch wirklich umgesetzt werden und vor allem, dass sich die patriotische Bewegung nicht verselbständigt und ihr „eigenes Ding“ macht.

Zudem haben wir eine weitere Bestätigung dafür, was wir uns bisher erarbeitet haben. Hitlers Wirtschaftssystem mit den *Mefo-Wechseln* und dem Warentauschhandel mit anderen Ländern war demnach so etwas wie ein zweites Gleis, das Hitler aufbauen wollte. Zwar wurde Hitler damals von der Hochfinanz bzw. „Jenen“ auf geschickte Weise aufgebaut und finanziert, er wollte diese Abhängigkeit aber mit zunehmendem Wachstum wieder abschütteln, um Deutschland und im weiteren Zuge Europa unabhängig vom Joch der internationalen Finanz zu machen. Für mich sieht es aus, dass Hitler zu diesem Zweck die Bankiers „missbrauchen“, also die Instrumente „Geld“ und „Kredit“ solange zum Aufbau nutzen wollte, bis man die Abhängigkeit loswerden konnte. Da er anfing, „aus der Reihe zu tanzen“, musste diese Tendenz mit einem großen Krieg verhindert werden. Rakowski deutete zudem auf einen Streit mit Hjalmar Schacht an (stand in „technischer Opposition“ zu ihm). Wir erinnern uns, dass Schacht Ende der 1930er Jahre das von ihm geschaffene Experiment mit den *Mefo-Wechseln* beenden wollte (also, dass der Staat sein eigenes Geld druckt) und als Reichsbankpräsident im Januar 1939 zurücktrat. Es sieht im Nachhinein so aus, als seien von ihm diese *Mefo-Wechsel* mitunter auch als Tarnmittel genutzt worden, um die parallel laufende Finanzierung von der Wall Street nach außen hin zu kaschieren. Denn wäre dies der Masse publik geworden, hätten die NSDAP und Hitler jede Sympathien verloren. Da Schacht aber von Hitlers Absichten der angestrebten Autarkie gewusst haben musste, wollte er das unterbinden. Als ihm das nicht gelang, hatte er noch rechtzeitig seine Posten geräumt, um etwaigen Konsequenzen zu entgehen und weil er seine Arbeit nun weitestgehend erledigt hatte. Warum wundert uns das nicht? Schacht war immerhin Hochgradfreimaurer, einer der Gründer der *BIZ* (der obersten Zentralbank dieser Welt), und was noch ein interessanter Aspekt ist: er gehörte zwar zu den 24 Angeklagten bei den Nürnberger Prozessen, wurde aber in allen Anklagepunkten freigesprochen! Er muss also für „Jene“ einen derart verdammt guten Job gemacht haben, dass sie ihn nicht als Bauern opfern wollten. (Wer die vollständige Befragung von Rakoswki lesen möchte, den verweise ich auf das Büchlein „Rakowskij Protokoll“ von Josef Landowsky.)

„Wir bewegen uns auf die Neue Weltordnung zu, einer Welt des Kommunismus, und wir sollten nicht von diesem Weg abkommen.“(458)

Michail Gorbatschow, ehemaliger Generalsekretär des Zentralkomitees der Kommunistischen Partei sowie Präsident der Sowjetunion, Mitglied des *Club of Rome*

Hitlers vorgetäuschter Selbstmord

Die offizielle Geschichtsschreibung besagt, dass Adolf Hitler und seine Frau Eva am 30. April 1945 – also kurz vor der Kapitulation der deutschen Wehrmacht (und nicht des Deutschen Reichs!) am 8. Mai 1945 im Führerbunker in Berlin Selbstmord begangen hätten. Deren Leichen sollen von ihren Leibwächtern anschließend mit Benzin übergossen und verbrannt und danach in der Nähe des Notausgangs des Bunkers beerdigt worden sein. Doch die sogenannten von den Russen gefundenen „Beweise" entpuppten sich die letzten Jahrzehnte zunehmend als eine Luftnummer. So wurde das am Ort des Kraters – wo die Leichen vergraben wurden – gefundene Schädelfragment untersucht und nach DNA-Analysen kam heraus, dass dieses Fragment einer Frau gehören würde. Doch Eva Braun hat sich – laut offizieller Darstellung – nicht erschossen, sondern starb durch eine Zyankali-Vergiftung.(189) Auch die gefundenen Zahnfragmente Hitlers konnte ein forensischer Zahnmediziner aus Kanada bereits in den 1980er Jahren entlarven. In der Ausgabe der Zeitung *San Jose Mercury* vom 20. Februar 1987 bemerkte er u.a.: *„Der durchschnittliche Abstand zwischen den Zähnen war anders. Hitler hatte eine Rille in einer Zahnwurzel und Porzellan, was der Leichnam nicht aufwies. (...) bei dem Leichnam gab es mehrere Arbeiten an der Brücke des Unterkiefers, die bei Hitler nicht vorhanden waren."*(190)

Eine weitere Unstimmigkeit an der offiziellen Version liefert uns indirekt auch Rochus Misch, der Kurier, Telefonist und Leibwächter Hitlers, der bis zum „Tod" des *Führers* und Eva Brauns mit im Bunker anwesend war. Er erinnert sich in seinem Buch an die damalige Situation:

> *„(...) Gerade habe ich aufgelegt, da höre ich jemanden rufen: ‚Linge, Linge, ich glaube es ist so weit.' Bormann oder Goebbels, ich bin nicht sicher, wer von beiden, verlangt nach Hitlers Diener. Einer muss also doch etwas gehört haben. In der Telefonzentrale jedenfalls hat niemand einen Schuss vernommen. (...) Totenstille. Linge legt das Ohr an die Tür zum Vorraum. (...) Die zweite Tür geht auf. Ich mache noch zwei Schritte nach vorn und recke den Hals. Das Bild, das sich mir bietet, nehme ich für nur wenige Sekunden in mich auf, aber ich habe es nie mehr vergessen. Mein Blick fällt zunächst auf Eva. Sie sitzt mit angezogenen Beinen auf dem Sofa, den Kopf zu Hitler geneigt. Unter dem Sofa stehen ihre Schuhe. Neben ihr (...) der tote Hitler. Seine Augen stehen offen, starren ins Leere; sein Kopf ist leicht nach vorn gefallen. Blut sehe ich keins. (...)"*

Etwas später hat Misch dann gesehen, wie die Leiche in einen Teppich gewickelt auf dem Weg nach draußen transportiert wurde, um verbrannt zu werden.(191) Auffallend an seiner Aussage sind zwei Punkte: Erstens ist es seltsam, dass kein Schuss gehört wurde, und zweitens, dass Misch keinerlei Blut am Tatort gesehen hat, was doch mehr als eigenartig ist. Beide Punkte bestätigen sich hierbei gegenseitig. Stalins Marschall Georgi Zhukow klärte auf der Potsdamer Konferenz (vom 17. Juli bis 2. August 1945) – auf der Europa neu aufgeteilt wurde – das Rätsel schnell auf, als er sagte: *„Wir fanden keine Leiche, die Hitler gewesen sein könnte."*(192) Zu Beginn dieser Konferenz bestätigten des Weiteren alliierte Geheimdienste, dass weitere U-Boote vor der argentinischen Küste aufgetaucht waren, nachdem bereits eine Woche zuvor das U-Boot U-530 dort aufgekreuzt und sich den Behörden ergeben hatte.(193)

Hitler, Eva Braun und andere Nazi-Größen in Argentinien

In einem dieser U-Boote sind dann mit hoher Wahrscheinlichkeit Adolf Hitler und Eva Braun von Bord gegangen. Der argentinische Historiker und Schriftsteller Abel Basti hat tief gegraben und seine Erkenntnisse in mehreren Büchern in spanischer Sprache veröffentlicht. Laut Basti sei Hitler 1945 von Deutschland nach Argentinien geflohen, wo er ungefähr 10 Jahre lang in der Nähe von Bariloche auf einer Hacienda lebte. Im Jahre 1955 sei er dann nach dem Sturz des argentinischen Präsidenten Juan Péron – so wie viele andere NS-Größen auch – nach Paraguay übergesiedelt, wo er unter dem Schutz des dortigen deutschstämmigen Dikators Alfredo Stroessner weiterlebte. Stroessner wiederum nahm in seinem Land auch andere NS-„Kaliber" auf und war mit Martin Bormann, Hans-Ulrich Rudel, Otto Skorzeny und Dr. Josef Mengele befreundet.

Was war denn nun im Führerbunker damals in Berlin passiert? Basti liefert eine mögliche plausible Version, wonach im Bunker eine andere Person hinterlassen wurde, während Hitler durch einen Tunnel floh, der zum Flughafen Berlin Tempelhof führte, von wo er zuerst abgeholt wurde. Anschließend sei er mit einem Flugzeug über Spanien zu den Kanarischen Inseln geflogen und von dort wiederum mit einem U-Boot nach Argentinien, begleitet von zwei weiteren U-Booten. Von diesen drei U-Booten gibt es wiederum Beweise, denn sie wurden nahe der Stelle, wo sie angelegt hatten, in 30 Metern Tiefe auf dem Meeresgrund der patagonischen Küste vorgefunden. Das Kuriose an ihnen: sie tauchten weder im Archiv der argentinischen Marine auf noch im Archiv des Verteidigungsministeriums.[(193a)] Basti gelang es zudem, an ein paar wichtige Akten der US-amerikanischen Bundespolizei FBI zu gelangen, die auch von alliierter und behördlicher Stelle das „Unglaubliche" bestätigen. In einem FBI-Dokument vom 4. September 1945 heißt es zum Beispiel: *„Argentinien hüllte sich in Schweigen trotz all der Anschuldigungen, dass es zum Zielort von Hitler geworden war, den dieser entweder mit einem speziell dafür gebauten Flugzeug nach 7.375 Meilen von Berlin aus erreichte oder als Passagier eines U-Bootes."*[(194)] Ein anderes Dokument beinhaltet eine interne Meldung an den FBI-Direktor vom 25. August 1945, wonach der Behörde Informationen aus verschiedenen Quellen zugingen, die besagten, Hitler und viele seiner Getreuen würden sich in Argentinien aufhalten.[(195)] Ein weiteres FBI-Dokument vom Februar 1955 (also etwa 10 Jahre später!) beschreibt eine Zeugenmeldung, die vier bis fünf Jahre zuvor Adolf Hitler in Buenos Aires gesehen hat.[(196)] Doch gemäß den Ausführungen von Basti wussten auch andere Geheimdienste, wie die CIA oder der britische Auslandsgeheimdienst MI6, ebenso über Hitlers Flucht Bescheid, genauso wie die russischen Dienste.

Doch warum wurde Hitler nicht gefasst? Basti erläutert dazu: *„Es gab eine Vereinbarung mit den USA, dass Hitler fliehen würde und nicht der Sowjetunion in die Hände fallen sollte. Dasselbe betrifft auch viele Wissenschaftler, Militärangehörige und Spione, die sich später an den [gemeinsamen] Kampf gegen das Sowjetregime beteiligten."*

Der Verrat an Hitler und der Kampf um die Beute

Mein Verleger Jan van Helsing hatte zusammen mit Stefan Erdmann nicht nur Abel Basti in Argentinien aufgesucht, sondern vor Ort Zeitungsarchive nach Hinweisen recherchiert sowie Augenzeugen interviewt, die Hitler und Eva Braun sowie andere bekannte NS-Persönlichkeiten wie Martin Bormann oder Adolf Eichmann gesehen oder gekannt haben. Mit Abel Basti entstand das gemeinsame rund 550 Seiten starke Werk „Hitler überlebte in Argentinien", in dem insgesamt Aussagen von 23 Augenzeugen aufgeführt werden, darunter z.B. auch die Vorkosterin von Hitler, die prüfte, ob das Essen vergiftet sei. Eine andere interessante Aussage in Bezug auf die Frage, warum man z.B. Eichmann und andere NS-Größen aufgespürt hatte und Hitler nicht, kommt aus einem Bericht eines bekannten uruguayischen Schauspielers, der im *Hotel Edelweiß* in Bariloche 2001 vom dortigen deutschen Geschäftsführer darauf angesprochen zu hören bekam: „*Was glauben Sie, wer den Staat Israel finanziert hat? (...) Mit all dem Gold, das Hitler hierher brachte, als er hier landete. Er bezahlte die Hälfte des Goldes, damit sein Leben verschont wurde, die andere Hälfte gab er Péron, und mit dem, was er zurückbehalten hatte, lebte er bis zu seinem Tod.*"[(197)] Gemäß den Recherchen von Basti soll Hitler am 3. Februar 1971 gestorben sein. Interessant finde ich die Aussage des Geschäftsführers des Hotels gerade deshalb, weil dies ein Indiz dafür ist, dass Hitler sein Weiterleben allem Anschein nach sich nur sehr teuer erkaufen konnte – und zudem nur unter Schutz anderer einflussreicher Personen und unter den strengsten Sicherheitsvorkehrungen. Sonst hätte man ihn wie z.B. Adolf Eichmann von *Mossad*-Agenten nach Israel verschleppt und dort exekutiert. Dies ist ein weiteres kleines Indiz dafür, dass Hitler weiterhin ein Feind des internationalen Establishments gewesen war, insbesondere nach dem Waffenstillstand des Zweiten Weltkriegs (es hatten ja nur die Wehrmachtteile kapituliert). Doch Hitler war nach 1945 auch in den eigenen Reihen nicht mehr der Beliebteste. In Bastis und van Helsings Buch gibt es die Schilderungen eines Insiders mit dem Pseudonym Reinhard Schabelmann (der nach eigenen Angaben an der Evakuierung Hitlers beteiligt gewesen war), die es in sich haben! Im Folgenden ein paar Ausschnitte seiner brisanten Aussagen:

> „*(...) Den Führer in Argentinien muss man aus folgender Perspektive betrachten: ein Mann ohne Macht, ohne Zukunftsperspektive, alternd, lustlos und vollkommen demoralisiert, aus der Politik zurückgezogen, mit dem Schmerz der zwingenden eigenen Entwurzelung und von der gesamten Generalität verstoßen. Das war die damalige Situation unseres Führers – es ging nur noch ums Überleben. Und die Bedingungen waren so, dass der einzig verbleibende Gegner des Kommunismus nur noch die Vereinigten Staaten waren. (...) Ich bin überzeugt, dass er sich in seinen letzten Tagen in schwerer finanzieller Not befand – und nachdem viele bis zum Untergang Berlins ihr Leben für ihn gegeben hätten, weigerten sie sich nun, ihn zu unterstützen und wollten ihn nicht einmal besuchen – aus Vorsicht, aus Bequemlichkeit oder weil sie einfach Nationalsozialisten des Wortes und nicht der Überzeugung waren. (...) und ich kann Ihnen versichern, dass bis in die höchsten Ebenen der amerikanischen Regierung hinein bekannt war, dass sich der Führer in Argentinien niederlassen würde. (...) Wir mussten uns nur um die Zivilperson Adolf Hitler kümmern – das machten wir, und bei seinem Tode endete unser Auftrag. Als Bormann nach Argentinien kam, nahmen die Dinge einen anderen Lauf, und viele von uns waren sich uneins. Die Adenauer-Regierung wurde auf wirtschaftlicher Ebene praktisch von den Amerikanern gesteuert und politisch von Bormann, bis 1951.*"[(198)]

Dass es bei der Flucht der NS-Größen auch um den Transfer riesiger Vermögenswerte (Gold, Devisen etc.) gehen musste, ist schon fast selbstredend. In einer vorigen Korrespondenz mit Abel Basti offenbarte Schabelmann diesbezüglich folgende nicht unwichtige Puzzleteile zu den Hintergründen:

„Der Führer war nur eine Figur auf dem Schachbrett bestimmter Konzerne – nicht damaliger, sondern aktueller. Sie wären schockiert, wie sie weiterhin funktionieren und abkassieren. Bei der Suche nach der Beute, die in Argentinien verlorenging, haben Sie keine heiße Spur, aber genügend Anhaltspunkte. In einer menschlichen Gesellschaft, wo der Verrat wie Luft zum Atmen ist, verlor der Führer nur den militärischen Teil des Kriegs. Den Wirtschaftskrieg hätte er fast gewonnen, verlor ihn dann aber wegen seines Alters und gewisser Personen, die er einmal ‚Kameraden' genannt hatte. Die Partei wurde von der SS verraten und diese vom deutschen Wirtschaftsverband. Es geschah direkt vor aller Augen – das Geld, das von bestimmten Parteifunktionären und anderen Leuten bewegt wird, ist nur ein winziger Teil und obendrein Taschendiebstahl von dem Wenigen, was mitgebracht werden konnte. Der große, bedeutende Teil verschwand in den Händen von falschen Verwaltern, welche die Abkommen nicht hielten. Ich weiß vom Schmerz unseres Führers in seinen letzten Jahren, als er sagte: ‚Ich habe drei Dinge im Leben falsch gemacht: Heinrich (Himmler) zu vertrauen, denen (Bankiers und Unternehmen) zu vertrauen, und nicht mir selbst zu vertrauen.' Jeder Tag seines Lebens, nach Berlin und bis zu dem Tag, als er uns verließ, waren Stunden der Qual – und noch immer findet er keinen Frieden, bis die Wahrheit ans Licht kommt."[(199)]

Wie „winzig" dieser Teil des mitgebrachten „Taschengeldes" gewesen sein könnte, dazu gibt uns ein Zeitungsartikel der französischen Zeitung *Le Figaro* vom 1. September 1970 einen kleinen Einblick, den Basti ausgegraben hatte. Der Artikel wurde von einem französischen Ex-Geheimdienstler geschrieben, der zum Thema „Deutsche U-Boote in Argentinien" Folgendes zu enthüllen hatte:

„Am 7. Februar 1945 führte ein einziges U-Boot den Transport ‚17-44' durch – mit folgenden Werten: 187.692.400 Reichsmark, 17.576.500 US-Dollar, 4.682.500 Pfund Sterling, 24.976.500 Schweizer Franken, 8.379.000 Holländische Gulden, 17.280.000 Belgische Francs und 54.963.000 Französische Francs – des Weiteren 87 Kilogramm Platin, 2.511 Kilogramm Gold und insgesamt 4.638 Karat an Diamanten und Brillanten." Darüber hinaus heißt es in dem Artikel: *„Über Ludwig Freude, Agent der deutschen Spionage in Buenos Aires, wurde dieses Vermögen bei der Banco Alemán Transatlántico, der Banco Germánico, der Banco Tornquist und der Banco Strupp deponiert und teilweise auf ein Konto von Juan Domingo Perón und seiner Frau, Maria Eva Duarte de Perón, gutgeschrieben."*

Allein die Edelmetalle und die Diamanten in dieser einen Lieferung haben einen heutigen Wert von rund 160 Millionen Euro. Die Kaufkraft in den 1940ern und 1950ern wird bestimmt das Zehnfache der heutigen betragen haben. Ja, davon kann man ein paar Mal schön essen gehen. ☺ Laut dem Historiker Ladislas Farago, der nach eigenen Angaben Zugang zu geheimen Dokumenten hatte, kamen die U-Boote in Intervallen von sechs bis acht Wochen an die argentinische Küste.[(200)] Ich neige somit zu dem Schluss zu kommen, dass es nicht nur einen solchen Transfer, wie in dem französischen Artikel geschildert, gegeben haben muss. Und wenn diese U-Boote auf ihren Reisen nach Argentinien kurz vor bis nach 1945 wiederum nur einen „winzigen" Teil transferieren konnten, wie hoch muss dann das gesamte Vermögen der NSDAP und der SS gewesen sein?! Was wurde noch in diesen U-Booten aus dem Dritten Reich weggeschafft?

Verräter im engsten Kreis

Heinrich Himmler

Wie wir durch Schabelmann über Hitlers letzte Worte erfahren haben, war Reichsführer-SS und Reichsinnenminister Heinrich Himmler einer der Verräter in den eigenen engsten Reihen. Ich hatte dies an früherer Stelle bereits leicht angedeutet, als Himmler gegen Hitlers Entscheidungen querschoss, wenn es darum ging, Ausnahmeregelungen für „Halb-Juden" in der Wehrmacht und SS einzuräumen. Ein anderer Aspekt ist aber von noch größerer Tragweite: Himmler bot – in Rücksprache mit Reichsmarschall Hermann Göring – nämlich am 23. April 1945 den Westalliierten die Kapitulation der Westfront an. Im Gegenzug forderte er von ihnen Hilfe, um dann als Reichskanzler den Kampf gegen den Bolschewismus weiterzuführen. Hierzu wollte er die Wehrmacht auflösen und sämtliche Einheiten der SS zuordnen. Als Hitler etwas später von Himmlers Angebot der Teilkapitulation an die Feinde erfuhr, schloss er ihn wegen Hochverrats am 29. April 1945 in seinem Testament aus der NSDAP aus und enthob ihn von allen Staatsämtern. Himmler floh anschließend, woraufhin er um den 20. Mai herum von der britischen Militärpolizei gefasst und verhört wurde. Am 23. Mai soll er in einem Verhörzimmer in Lüneburg sich selbst mit einer Zyankalikapsel getötet haben. Andere Versionen besagen, er sei von den Briten ermordet worden.[201] Für mich erscheint das Letztere zutreffend. Die Aktion vom April 1945 war jedoch Himmlers nicht einziges Manöver des Alleingangs ohne Wissen und Erlaubnis von Hitler. Wie ich einem interessanten Bericht von „Historische Tatsachen Nr. 96" zudem erfahren konnte, versuchte Himmler bereits in den Jahren 1942/43 Kontakt zu den Briten herzustellen, um ihnen einen Frieden schmackhaft zu machen, wenn er Hitlers Position als Reichskanzler einnähme. Zudem versuchte er mit den Briten Chancen auf eine Friedensregelung für den Fall auszuloten, sollte Hitler „ausgeschaltet" werden. Vor diesem Hintergrund müsste seine Rolle beim Stauffenberg-Attentat auf Hitler am 20. Juli 1944 neu durchleuchtet werden. Zudem müssen in diesem Zuge auch die geheimen Friedensbemühungen von Dr. Goebbels, Hjalmar Schacht und dem Vizekanzler Franz von Papen aus einem anderen Blickwinkel heraus betrachtet werden. Das britische Außenministerium wurde regelrecht von Friedensangeboten überhäuft. Doch wurden sämtliche Friedensappelle ignoriert oder abgelehnt bzw. man hat den Deutschen Hoffnung auf Frieden gemacht, um sie letzten Endes nur hinzuhalten. Die Briten wollten um jeden Preis **keinen** Frieden. Doch durch die vielen Angebote sammelten sie wertvolle Kenntnisse von den verschiedenen Widerstandsgruppen und haben mit ihrer Friedensrhetorik potenzielle Führungspersonen für die Zeit nach dem Krieg dazu ermuntert, weiterhin gegen Hitler zu intrigieren. Dies entpuppte sich als ein genialer psychologischer Schachzug der britischen Geheimdienste.[202] Auf Himmler komme ich im nächsten Kapitel noch einmal zu sprechen.

Hermann Göring

Göring machte also ebenfalls gemeinsame Sache mit Himmler, hinter dem Rücken von Hitler. Zudem ließ Göring am 23. April 1945 den SS-Standartenführer Bernhard Frank von seinen beabsichtigten Plänen mit den Westalliierten wissen. Auf Weisung Göring verlas Frank einen Funkspruch an Hitler. Letzterer erhielt von Göring diese Botschaft als Telegramm, in dem Göring Hitler anbot, die Kontrolle über Deutschland zu übernehmen und falls bis 22 Uhr abends Ortszeit keine Rückmeldung von ihm käme, Göring dann annehmen würde, Hitler sei in seinem eingeschlossenen Bunker handlungsunfähig und Göring würde dann selbständig handeln. An und für sich ist an dieser übermittelten Botschaft also nichts Verwerfliches dran, wenn man sie isoliert für sich betrachtet und die damaligen Zustände berücksichtigt. Doch da Hitler von Himmlers heimlichen Verhandlungen mit den Westalliierten erfahren hatte – mit Görings Mitwissen und Beteiligung –, muss besagtes Telegramm an Hitler etwas anders betrachtet werden. Hitler ließ sich von Reichsleiter Martin Bormann dazu überreden, Göring wegen Hoch- und Landesverrat verhaften zu lassen, was dann auch geschah. Wie auch Himmler, wurde Göring daraufhin am 29. April 1945 in Hitlers Testament aus der NSDAP ausgeschlossen und fast all seiner Staatsämter enthoben.[203]

Martin Bormann

Auch Martin Bormann hat sich über die Jahrzehnte hinweg nach dem Krieg zunehmend als eine wichtige undichte Stelle im Umfeld Hitlers erwiesen. Wilhelm Landig, ehemals Angehöriger des Sicherheitsdienstes des Reichsführers-SS (SD) und der nach eigenen Angaben mit für die Entwicklung und Verwaltung der Geheim- und Wunderwaffen des Reiches (u.a. Flugscheiben) zuständig war, nennt dazu weitere Verräter:

> *„Manche Quellen sprechen davon, dass der Verräter im Führerhauptquartier Martin Bormann gewesen sein soll. Diese These vertraten Historiker bis Anfang der 90er. Als dann die russischen Archive endlich zugänglich wurden, konnte man den Oberleutnant d.R. Dr. Wilhelm Scheidt, den Adjutanten des Generals Scherff, des Beauftragten für Militärgeschichtsschreibung, als den Hauptverräter im Führerhauptquartier identifizieren. Er war der einzige, der Zugriff auf ausnahmslos alle Informationen hatte, die den Russen übermittelt worden waren. Scheidt hatte sich zu Beginn des Russlandfeldzuges dem Widerstand gegen Hitler angeschlossen und unterhielt u.a. Kontakte zur ‚Roten Kapelle'.“*[204]

Wilhelm Landig bestätigte ebenfalls in einem Interview Ende der 1990er-Jahre, dass Martin Bormann sowjetischer Agent gewesen war.[204a] Die Minimierung von Bormanns Beteiligung sorgte für Skepsis auf meiner Seite, also suchte ich weiter und wurde in Abel Bastis Buch wieder fündig. Demnach wurde Bormann von seinen eigenen Geheimdienstleuten als „Graue Eminenz“ des Dritten Reiches bezeichnet. Aber jetzt kommt's: Hitler hatte in seinem Testament Bormann zum Bevollmächtigten über sein Vermögen ernannt. Nach Hitlers (vorgetäuschtem) Tod war Bormann in der Lage, nicht nur über Gelder in Millionenhöhe zu verfügen, er soll zudem die Finanzen einer ganzen NS-Organisation der Nachkriegszeit verwaltet haben! Bezeichnungen für diese NS-Untergrundorganisation waren „Die Spinne“ und „Odessa“.[205] Basti fand zudem ein weiteres Detail in den Archiven der argentinischen Bundespolizei, wo in einem Dokument aus dem Jahre 1960 nicht nur die Präsenz Bormanns in Argentinien bestätigt wird, sondern Bormann auch als Mitglied der Kommunistischen Partei und als Doppelagent verdächtigt wird. In dem Dokument wird sogar versichert, dass Bormann zuerst nach Moskau geflohen sei, wo er bei einem General Dostovalov wohnte, einem sowjetischen Agenten und ehemals Hitlers engstem Berater für russische Angelegenheiten.[206]

Jetzt werden auch die Aussagen vom Insider Schabelmann etwas klarer, der herausstellte, dass der Großteil der Finanzen in den Händen von „falschen Verwaltern" lag. Dass Bormann innerhalb den eigenen Reihen bereits vor dem Krieg negativ auffiel, können zwei Quellen belegen. Basti bezeichnet Bormann nicht nur als den „mächtigsten Mann" im Dritten Reich nach Hitler, er hatte zudem die Fähigkeit, Konkurrenten um sich herum (wie z.B. Himmler oder Göring) zu verdrängen.[207] Auch Rochus Misch kann Bastis Aussagen von seiner Seite aus unabhängig bestätigen. Denn laut Misch konnten die Leute Bormann überhaupt nicht leiden. Nach seinen weiteren Angaben war Bormann die größte Zeit über mit Intrigen und Machtspielchen beschäftigt gewesen, und dass er stets irgendetwas im Schilde führte, um seine Machtposition weiter auszubauen.[208] Blicken wir noch einmal zurück, hatte Bormann bekanntlich dafür gesorgt, dass die Mitwisser von Rudolf Heß' Englandflug verhaftet und interniert wurden, und Hermann Göring aufgrund seines Verrats ebenfalls verhaftet und seiner Ämter enthoben wurde. Somit hatte Bormann auf raffinierte Art sichergestellt, dass ihm niemand mehr in die Quere kam, der nicht zu 100% auf seiner Seite war. Vor diesem ganzen Hintergrund sollte man die sogenannten „Bormann Diktate" (Hitlers angebliches politisches Testament), die 1995 als Buch erschienen sind, mit großer Skepsis und mit einem gewissen Abstand lesen. Denn die darin veröffentlichten angeblich gemachten Aussagen von Hitler dürften großteils verfälscht oder gar erfunden worden sein, um alle Schuld auf Hitler und die Aufmerksamkeit von sich selbst weg zu lenken.

Putschversuch am 20. Juli 1944

Unter dem Decknamen *Unternehmen Walküre* fand am 20. Juli 1944 ein Putschversuch statt, bei dem auch ein Attentat auf Adolf Hitler und seinem Mitarbeiterstab bei einer Lagebesprechung verübt wurde, bei dem Hitler mit Verletzungen überlebte, vier getötet und weitere sieben Mitarbeiter verletzt wurden. Claus Schenk von Stauffenberg, Offizier und zuletzt Oberst im Generalstab im Zweiten Weltkrieg, führte diesen Anschlag persönlich durch, mit dem er einen Regierungswechsel vollziehen wollte. Zur Widerstandsgruppe gehörten u.a. Carl-Friedrich Goerdeler, der als künftiger Reichskanzler vorgesehen war; Josef Wirmer sollte der neue Reichsjustizminister werden und Graf von der Schulenburg war als Reichsaußenminister geplant. Wirmer hatte sogar zum damaligen Zeitpunkt die Flagge des zukünftigen *Vierten Reiches* bereits entworfen. Diese Widerstandsgruppe würde man heute zu den „Ultrarechten" einstufen, denn sie wollte nicht nur das Großdeutsche Reich bewahren, sondern Polen sollte auch wieder ein deutscher Binnenstaat werden. Südtirol sollte ebenfalls wieder ins Reich eingegliedert werden und von den Alliierten wollte man auch die alten Kolonien wieder zurückverlangen. Selbst Hitler war nicht bereit gewesen, so weit mit seinen Forderungen zu gehen. Weiteres politisches Ziel dieser Gruppe war es, das Deutsche Reich in einen Ständestaat umzuwandeln, was so etwas wie eine Mischung zwischen einer konstitutionellen Monarchie und einer autoritären Diktatur darstellt.[208a] Das hieße also zurück ins Mittelalter, wonach die Gesellschaft in Berufsgruppen bzw. Stände unterteilt wäre und somit die Gleichberechtigung abgeschafft wäre. Umso grotesker ist der Umstand, dass von Stauffenberg und seine Mitverschwörer vor dem Hintergrund ihrer radikalen Ziele heute allgemein von **Kritikern des Nationalsozialismus** als „Helden" oder „Vorbilder" gefeiert werden. Das verstehe mal einer. Jedenfalls wurden von Stauffenberg und ein paar andere Verschwörer in der Nacht zum 21. Juli 1944 standrechtlich erschossen.

Schwerer Verrat an den Kriegsfronten

Wilhelm Canaris

Ein spektakulärer Fall im Sinne des Hochverrats ist auch der des Wilhelm Canaris, seinerzeit deutscher Offizier der Reichsmarine und zuletzt Admiral und Chef der Abwehr/Ausland (Geheimdienst) im Oberkommando der Wehrmacht. Im Irrglauben über die Kriegsabsichten der Alliierten und in der falschen Annahme, der Krieg ginge allein von Hitler aus, sabotierte er den weiteren Verlauf, indem er u.a. den spanischen General und Diktator Franco – nach Absprache mit SS-Oberführer und einem der führenden Köpfe des Widerstands, Ernst von Weizsäcker (dem Vater des späteren BRD-Bundespräsidenten Richard von Weizsäcker) – dazu bewog, den deutschen Truppen den Weitermarsch zur Eroberung Gibraltars zu verweigern. Dies hatte wiederum zur Folge, dass der Krieg zeitlich und geografisch unnötig weiter ausgedehnt wurde. Canaris gilt als eine Schlüsselfigur für die Verlängerung der Kriegshandlungen in Europa. Des Weiteren unterstützte Canaris viele weitere Oppositionelle, wie z.B. Hans Oster, Dietrich und Klaus Bonhoeffer oder Erwin von Lahousen. Hans Oster deckte er, als dieser die Angriffspläne gegen Norwegen und Frankreich an die Alliierten verraten hatte. (Canaris war es auch, der die Kennzeichnung der Juden mit dem „Judenstern" in seiner praktischen Form des gelben Sterns durchsetzte.) Im April 1943 wurde er deshalb von seinem Posten abgesetzt, aus der Reichsmarine entlassen und unter Hausarrest gesetzt. Des Weiteren wurde er später mit dem Stauffenberg-Attentat in Verbindung gebracht, worauf er nochmals festgesetzt und am 9. April 1945 als Staatsfeind hingerichtet wurde.[(209)]

Ernst von Weizsäcker

Ernst von Weizsäcker war übrigens auch Staatssekretär des Auswärtigen Amtes im Dritten Reich und ließ Großbritannien häufig geheime Botschaften zukommen. Bis Mai 1940 hatte er sich gegen eine friedliche Lösung zwischen England und Hitler ausgesprochen und forderte, Hitler gegenüber hart zu bleiben. 1943 wurde er dann auf eigenen Wunsch als deutscher Botschafter in den Vatikan versetzt. 1946 kehrte er zurück nach Deutschland und ging zuerst freiwillig nach Nürnberg, wo er als Zeuge unter päpstlichem Schutz aussagen wollte. Im Juli 1947 wurde er jedoch von den Amerikanern verhaftet und im sogenannten Wilhelmstraßen-Prozess als Kriegsverbrecher 1949 zu anfänglich sieben Jahren Haft verurteilt. Nach insgesamt drei Jahren und drei Monaten in Verwahrung wurde er im Oktober 1950 auf Anweisung des amerikanischen Hohen Kommissars für Deutschland, John McCloy, vorzeitig entlassen.[(209a)]

Abb. 54 bis 56: Heinrich Himmler (1942), Hermann Görin während des Nürnberger Tribunals und Martin Bormann (1934).

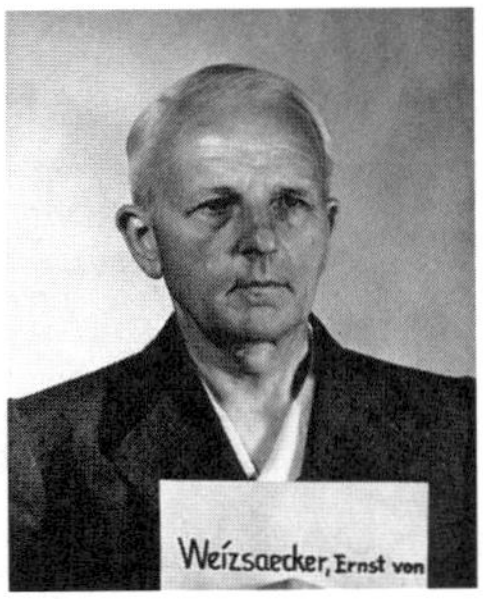

Abb. 57 bis 59: Wilhelm Canaris (1940), Claus Schenck Graf von Stauffenberg und Ernst von Weizsäcker.

Fehlender Nachschub für die Truppen

Im Zuge des Russlandfeldzuges sorgten absichtlich herbeigeführte Verzögerungen des Nachschubs an erforderlicher Winterbekleidung für die deutschen Truppen seitens des Generalquartiermeisters Wagner für verheerende Folgen. Hans Meiser hatte für sein Buch „Verratene Verräter" diesbezüglich wichtige Informationen zusammengetragen und schildert, dass Wagner Hitler am 1. November 1941 versprach, es würde genügend Winterbekleidung für die Truppen beschafft werden. Am 10. November vermeldete er dem *Generalstab des Oberkommandos des Heeres* (OKH), dass die angeforderte Kleidung den verschiedenen Heeresgruppen erst zwischen dem darauffolgenden Januar bis Ende Januar zur Verfügung stehen würde. Dann hieß es von Wagner, dass die Winterbekleidung seit Wochen auf dem Warschauer Bahnhof liege und nicht weitertransportiert wurde. Verantwortlich für diesen Transportverzug war General Gercke, Chef des Wehrmachttransportwesens. Erst als Hitler diesem den Eisenbahnbetrieb entzog, rollte der Nachschub weiter, was für die erforderliche Winterbekleidung jedoch zu spät war. Bis Ende Februar 1942 kamen 202.251 deutsche Soldaten bei der Offensive auf Moskau ums Leben. Diese Zahl hätte erheblich niedriger sein können, wenn die Soldaten bei der extremen Kälte mit passender Kleidung ausgestattet gewesen wären. General Wagner gehörte zum oppositionellen Kreis der Offiziere und war bereits seit 1938 in die Umsturzpläne gegen Hitler eingeweiht gewesen.[(210)]

Bei der Front in Nordafrika war der deutsche General Erwin Rommel dringend auf die Nachschubtransporte von italienischen Häfen aus angewiesen. Den Zielhafen erreichten diese jedoch nur spärlich oder gar nicht, denn sobald diese ausliefen, wurden sie von der britischen Marine und Luftwaffe konsequent versenkt. Die Kriegsschiffe und Bomber waren dabei jedes Mal derart schnell vor Ort, dass es schon besonders auffallend war und es sich dabei keineswegs um Zufälle mehr handeln konnte. Aber wo waren hier die Spione? Hans Meiser zitiert dazu passenderweise den italienischen Admiral Luigi Sansonetti: *„Man habe sie nicht in den Häfen zu suchen, sie seien in Rom. (…) In Rom gibt es kein Meer. Nur die Herren der Ministerien konnten also über die Ankunfts- und Auslaufzeiten der Schiffe unterrichtet sein. (…)"* In Folge gingen dadurch hunderte Panzer, tausende motorisierte Fahrzeuge, zigtausende Tonnen an nötigem Brennstoff und Lebensmitteln durch die Versenkungen verloren. Rommel wurde somit gezwungen, Ende August 1942 einen seiner Angriffe nach 24 Stunden wieder abzusagen, weil der nötige Treibstoff fehlte.[(211)] Das heißt, dass auch auf den Bündnispartner Italien kein Verlass war.

Das Stalingrad-Desaster

Wenn es um fehlerhafte militärische Entscheidungen der Reichsregierung geht, so sind hier namentlich die verantwortlichen Verräter Generalmajor im Generalstab Reinhard Gehlen und dessen Stellvertreter Oberst im Generalstab Alexis von Roenne zu nennen, die die Ic-Abteilung *Fremde Heere Ost* im Oberkommando des Heeres leiteten (Anm.: Die Ic-Abteilung ist die Abteilung des Dritten Generalstabsoffiziers und für die Feindlage und das militärische Nachrichtenwesen zuständig). Beide gehörten dem Widerstand an und haben während des Russlandfeldzuges im Kampf um Stalingrad absichtlich militärische Aufklärungsergebnisse, Lageberichte und Lagekarten unterschlagen oder gefälscht, was wiederum zu schwerwiegenden Misserfolgen und Niederlagen führte, so z.B. dass die berühmte 6. Deutsche Armee mit fast 300.000 Soldaten von den Russen eingekesselt wurde und unter schwersten Verlusten Ende Januar 1943 kapitulieren musste.(212) Von den knapp 108.000 deutschen Soldaten, die nach der Kapitulation in Stalingrad in Kriegsgefangenschaft gerieten, überlebten nur 6.000.(213)

Auch die *Heeresgruppe Mitte* war von Widerständlern unterwandert, was zu ihrem plötzlichen Zusammenbruch 1944 führte und 350.000 deutsche Soldaten gefallen oder in russische Kriegsgefangenschaft geraten waren. Sabotage und Irreführungen gab es auch an der Westfront zuhauf. Hier war der vorhin erwähnte Oberst von Roenne ebenfalls einer der Drahtzieher, der seine intriganten Spiele nun auch im Westen fortführte, nachdem er im Frühjahr 1943 von Hitler (naiverweise) zum Chef der Abteilung *Fremde Heere West* ernannt wurde. Meiser schreibt dazu:

> *„Roenne gelang es, mit einem unzutreffenden Bericht über die Feindlage vom Mai 1944, die deutsche Heeresführung davon zu überzeugen, dass die Alliierten von Calais aus angreifen würden. Dadurch irregeführt, hatte das Oberkommando der Wehrmacht mit einer weiteren Invasion gegen den Pas de Calais gerechnet und deshalb nicht sofort die dort vorhandenen Reserven eingesetzt, um die alliierten Brückenköpfe in der Normandie zu zerschlagen. Damit war – nachträglich betrachtet – der Ausgang der Abwehrschlacht schon am ersten Invasionstag entschieden.“*(214)

Verrat oder Widerstand?

Das ist eine Frage, die nicht ganz so leicht beantwortet werden kann, da viele Aspekte dabei berücksichtigt werden müssen. Wie viel wussten die involvierten Widerstandsgruppen tatsächlich über die wahren Hintergründe Bescheid? Wie viele von ihnen hatten tatsächlich ein patriotisches Herz und handelten lediglich aus Angst und Leichtgläubigkeit, etwas Gutes mit ihren Sabotageakten bewirken zu können? Sie behaupteten teilweise, den Krieg verhindern oder stoppen zu wollen, haben mit ihren Intrigen aber genau das Gegenteil erreicht, diesen sogar unnötig verlängert und den Ausgang erst recht verschlimmert. Sie haben schließlich zum Untergang des Reiches und zum unnötig höheren Verlust von sehr vielen Menschenleben entscheidend mit beigetragen. Wie viele handelten jedoch in egozentrischer und böswilliger Absicht sowie in Zusammenarbeit mit „Jenen“, um sicherzustellen, dass Deutschland den Krieg ganz sicher verliert? Und selbst im letzteren Fall wird es eine kleine Komponente geben, wo besorgte Patrioten durch jene Drahtzieher im Hintergrund belogen und manipuliert und somit selbst verraten wurden. Hierzu passt dann auch Hans Meisers Buchtitel „Verratene Verräter“ sehr gut.

Wie wir sehen, ist die Sachlage nicht immer ganz so „klar“, und unter den Widerstandsgruppen gab es mehrere Varianten und somit beides, sowohl Verrat als auch („ehrlich besorgter“) Widerstand. Was jedoch die Böswilligkeit jener Verräter betrifft, so fasst es Meiser auf der Rückumschlagseite seines Buches gut zusammen, wenn er schreibt:

„Im Mittelpunkt des zivilen Widerstandes standen Ernst von Weizsäcker in Zusammenarbeit mit Carl Goerdeler. Seit 1938 informierte dieser Kreis die britische Regierung und vor allem die Kriegspartei über alle wichtigen Fragen und Aktionen. Dabei scheuten sie nicht vor Verleumdung Hitlers und seines Außenministers Joachim von Ribbentrop zurück. Sie spielten absichtlich London Falschmeldungen zu, um es zum Schlag gegen Deutschland zu ermuntern. Gleichzeitig forderten sie die britische Regierung auf, durch diplomatisch-militärische Provokationen eine Situation herbeizuführen, in der Hitler gezwungen werden sollte, entweder einen Krieg vom Zaun zu brechen oder eine innenpolitische tödliche Schlappe zu erleiden. (…)“

„(...) Aber das Bekenntnis muss gerettet werden, auch wenn ein ganzes Volk dafür zugrunde geht (…) Ich bete für die Niederlage meines Vaterlandes.“(215)
Dietrich Bonhoeffer, lutherischer Theologe und Widerständler gegen den Nationalsozialismus

„Ein Kreis, dem ich angehörte, verfolgte den Vormarsch der Alliierten mit größter Freude. Ein nationalsozialistischer Sieg wäre für uns die denkbar größte Niederlage, dann lieber ein verwüstetes Deutschland.“(216)
Prof. Karl Barth, Schweizer evangelisch-reformierter Theologe, in „Zur Genesung des deutschen Wesens – Ein Freundeswort von draußen“

„Was wir im deutschen Widerstand während des Krieges nicht wirklich begreifen wollten, haben wir nachträglich vollends gelernt: Dass der Krieg schließlich nicht gegen Hitler, sondern gegen Deutschland geführt wurde.“(217)
Wird dem ehemaligen Bundestagspräsidenten Eugen Gerstenmaier zugeschrieben, *FAZ* vom 21. März 1975

Klarstellung

Ein paar Worte möchte ich an dieser Stelle noch loswerden, damit es nicht zu Missverständnissen kommt. Mir geht es gewiss nicht darum, das Dritte Reich zu glorifizieren, ganz bestimmt nicht! Allerdings ist es so, dass zum einen Historiker Nachweise erbracht haben, dass die beiden Weltkriege „viele Väter“ hatten. Zudem sprechen die hier aufgeführten Zitate ausländischer Politiker ebenfalls eine deutliche Sprache. Nehmen wir nur das Beispiel des Massakers von Katyn: Bis 1990 stand in unseren Geschichtsbüchern, dass die Nationalsozialisten für das Massaker an polnischen Offizieren verantwortlich waren. Erst als Gorbatschow 1990 zugab, dass es auf das Konto der Sowjets ging, wurde das Thema debattiert. Es ist also durchaus wichtig, historische Ereignisse zu hinterfragen, zumal die Geschichtsbücher immer von den Siegern geschrieben werden. Ein anderes Beispiel ist der Angriff der Japaner auf Pearl Harbor. Bis heute steht in unseren Geschichtsbüchern, dass die USA überrascht wurden – was eine glatte Lüge ist, denn mehrere US-Militärs haben inzwischen zugegeben, dies bereits eine Woche zuvor gewusst zu haben. Man benötigte aber einen Grund, um in den Krieg eintreten zu können. In diesem Sinne geht es mir darum, die Wahrheit herauszufinden und nichts als die Wahrheit.

Kapitel 4
Der Kreuzzug gegen Deutschland: Die Inquisition des 20. Jahrhunderts – die andere Seite der Medaille

Bankiers und Groß-Industrielle finanzierten Hitlers Aufstieg

Was viele deutsche Patrioten heute nicht wahrhaben wollen, ist die Tatsache, dass Hitler und die NSDAP gerade in ihren Anfängen aus dem Ausland finanziert wurden. Blicken wir gedanklich noch einmal kurz zurück an die Aussagen des Bolschewisten und sozialistischen Revolutionärs Rakowski, der erläuterte, dass beim finanziellen Tiefpunkt der NSDAP ein Gesandter der Warburg-Bankiers sich mit Hitler traf und sich mit diesem einig wurde, dass er und seine Partei über die nächsten Jahre finanzielle Unterstützungen in Millionenhöhe erhalten sollten. In Holland erschien 1933 ein Büchlein mit dem Titel „De Geldbronnen van het National-Socialisme" (deutsch: „Die Geldquellen des Nationalsozialismus"), welches ein paar Tage nach Erscheinen aber wieder rasch aus den Bücherregalen entfernt wurde. Geschrieben wurde das Buch vorgeblich von einem „Sidney Warburg", was anscheinend ein Pseudonym ist. Die einst englische Fassung wurde vom Holländer Jan Gustaaf Schoup ins Holländische übersetzt, welcher behauptete, er habe die Originalfassung von einem Sidney Warburg erhalten. Seine Übersetzung hat er anschließend dem holländischen Verlag *Holkema & Warendorf* zur Veröffentlichung vorgelegt. Nur wenige Exemplare schafften es anscheinend an die Öffentlichkeit, da die Warburgs aus den USA behaupteten, dass es sich dabei um eine Fälschung handele. Deshalb hatte der Verlag wohl auf großen Druck das Buch schnellstmöglich aus dem Verkehr ziehen müssen. Ein Exemplar fand seinen Weg nach England, wo es ins Englische übersetzt und diese Übersetzung in einem britischen Museum ausgestellt wurde. Ein anderes Exemplar erreichte Kurt Schuschnigg, der zwischen 1934 und 1938 österreichischer Bundeskanzler gewesen war. Ein weiteres Exemplar soll in die Schweiz gelangt sein, wo es 1947 ins Deutsche übersetzt wurde.[218] Und Hjalmar Schacht besaß nach seinen eigenen Angaben ebenfalls ein Exemplar, wie er in seinen Memoiren 1952 preisgab.[219] Schacht distanzierte sich in seinem Buch ausdrücklich davon, irgendetwas mit einer Finanzierung Hitlers oder der Partei seitens Dritter zu tun gehabt zu haben. Er stritt zudem ab, selbst jemals einen „Penny" an den Reichskanzler, die Partei oder an eine ihrer Organisationen gezahlt zu haben. In Hinsicht auf die plötzliche Geldschwemme, die die Nationalsozialisten erreichte, bezieht er sich kurioserweise auf besagtes holländisches Buch, welches nach seinen Worten *„die am meisten dokumentierte Darstellung"* über diesen Sachverhalt beinhalte. Nur um anschließend sich wieder davon zu distanzieren und es als Fälschung abzutun. Des Weiteren bildete er in seinen Memoiren eine eidesstattliche Versicherung von James P. Warburg ab, in der Warburg natürlich abstreitet, jemals Hitler oder die NSDAP finanziert zu haben und bezeichnet das Buch als eine komplette Fälschung und *„antisemitische Propaganda"*, obwohl er, wie er selbst sagt, das Buch nie zu Gesicht bekam. Er besteht zudem darauf, dass es weder in den ganzen USA einen „Sidney Warburg" noch eine Bank mit dem Namen *Warburg & Co.* gäbe.[220]

Wie dem auch sei, in dem holländischen Büchlein werden drei Gesprächsverhandlungen beschrieben, die Warburg als Treuhänder der Bank *Kuhn Loeb & Co.* mit Hitler zwischen 1929 und 1933 im Hotel Adlon in Berlin hatte. In diesen Jahren soll eine Zahlung von insgesamt 32 Millionen US-Dollar von *Kuhn Loeb & Co.* erfolgt sein (umgerechnet 128 Millionen Reichsmark; meines Erachtens stimmt die Summe nicht, sie wird um ein Vielfaches höher gewesen sein müssen.), getarnt über verschiedene Banken in Europa, z.B. über die *Banca d'Italia* in Rom, *Mendelsohn & Co.* in Amsterdam oder die *Rotterdamsche Bank* in Rotterdam. Bei den Verhandlungen auf der deutschen Seite sollen zudem Gregor Strasser (Gauleiter und Gründer Auslandsabteilung der NSDAP), Hermann Göring und der Bankier Eduard von der Heydt anwesend gewesen sein. Zudem soll an diesen Gesprächen auch Sir Henri Deterding teilgenommen haben, der damalige Hauptaktionär des Ölkonzerns *Royal Dutch Shell.*(221) Entweder hat dieses Büchlein ursprünglich tatsächlich ein Warburg geschrieben oder es war jemand, der es den Warburgs anlasten, aber die Hintergründe aufdecken wollte. Wer nun tatsächlich das Buch geschrieben hat, ist aber zweitrangig, denn es kommt auf den Inhalt an, von dem ich annehme, dass er aus folgenden Gründen zu einem Großteil der Wahrheit entspricht:

- Zum einen ist da die Tatsache, dass kein Geringerer als der ehemalige Reichsbankpräsident Hjalmar Schacht in seinen Memoiren auf besagtes Buch verweist, um den plötzlichen Geldfluss der NSDAP zu erklären, aber gleich im Anschluss es als Fälschung deklariert und auf die eidesstattliche Versicherung von James P. Warburg verweist. Das alles deutet schon recht mysteriös an. In der Regel ist es doch so, dass solche Dinge in der Öffentlichkeit komplett verschwiegen werden. Trifft also der Ausspruch „Getroffene Hunde bellen" hier zu?

- Merkwürdig ist auch die Tatsache, dass einzelne Exemplare gerade Leute in hohen Positionen erreichten (Schacht, Schuschnigg), obwohl das Buch nach ein paar Tagen vom Markt genommen wurde und kaum Abnehmer fand. Es muss damals also von großer Wichtigkeit gewesen sein, um an Restexemplare heranzukommen.

- Man erkennt in dem Buch schnell, dass einige Namen falsch, leicht verändert oder unvollständig wiedergegeben werden (z.B. *von Heydt* anstatt *von der Heydt*). Aller Wahrscheinlichkeit steckt da eine Absicht hinter, eine Form des Selbstschutzes, da man hinterher behaupten könnte, dass die Dinge erfunden seien.

- Die holländische *Bank voor Handel en Scheepvaart* diente laut dem Historiker Anthony Sutton in „Wall Street und der Aufstieg Hitlers" als wichtige Geldquelle für die Nationalsozialisten.(222) Die Eigentümerin dieser Bank war wiederum die *August-Thyssen-Bank*, die wiederum 1930 die *Von der Heydt Bank* übernommen hatte.(223) August Thyssen war der bekannte deutsche Industrielle. Und hier haben wir den in dem holländischen Büchlein erwähnten Bankier *von der Heydt*. Die Verstrickungen untereinander und über die Landesgrenzen hinweg sind für den Laien auf den ersten Blick wirr und nicht leicht gleich zu durchschauen. Doch wie hätte ein „Sidney Warburg" bzw. der Urheber besagten Schriftwerks über dieses Geflecht schon Ende der 1920er- und Anfang der 1930er-Jahre wissen können? Derjenige muss also Wissen und Hintergründe über die Beteiligten gehabt haben.

Zu diesem deutsch-holländischen Bankengeflecht liefert *pravda-tv.com* noch weitere Details:

„In den Neunziger Jahren konnte der ehemalige Staatsanwalt und jetzige Leiter des Florida Holocaust Museums, John Loftus [‚The secret war against the Jews', 1994], aufde-

cken, was auch den amerikanischen Kontrolleuren bei der Beschlagnahme von Nazi-Vermögen verborgen geblieben war: Auf welchen Kanälen die US-Investionen in das ‚Hitler-Projekt' hinein- und wie die Profite wieder hinausgeflossen waren. Die Schlüsselrolle dabei kam zwei Wall Street Banken – ‚Brown Brother Harriman' und ‚Union Banking Corporation' – zu, in denen Prescott Bush jeweils als Direktor bzw. Aufsichtsrat fungierte, sowie ihrem Ableger in Rotterdam, der ‚Bank voor Handel en Scheepvaart'. Loftus zeigt, wie es über diese von Thyssen 1916 gegründete Bank, die u.a. 1923 die Baukosten für das ‚Braune Haus', das erste NSDAP-Hauptquartier in München, finanzierte, nach dem Krieg gelang, die Milliarden des Thyssen-Konzerns vor der Konfiskation durch die Alliierten zu bewahren. Die Großwäsche von Nazi-Geld durch die ‚Union Banking' blieb den bis Ende der 40er Jahre ermittelnden Staatsanwälten verborgen. Nach erfolglosem Abschluss der Untersuchung wurden Prescott Bush und seinem Sohn George Herbert Walker Bush, dem der amtierende Präsident sein Vermögen verdankt, ihre eingefrorenen Beteiligungen an der Union Banking Corporation 1951 mit 1,5 Mio. Dollar restituiert.“

Eduard von der Heydt arbeitete übrigens in New York ein Jahr lang für das Bankhaus *August Belmont*, das die Frankfurter *Rothschild-Bank* in den USA vertrat.(224) Sir Henri Deterding vom *Shell-Konzern* verbündete sich einst mit einem Marcus Samuel, dem Gründer der *Shell Transport and Trading Company*, welcher wiederum das Wohlwollen des *Bankhauses Rotschild* genoss, welches sich u.a. im russischen Erdölgeschäft engagierte.(225) Anthony Sutton fasst das Engagement US-amerikanischer Firmen und Banken in Deutschland wie folgt zusammen:

> *„(...) amerikanische Firmen, die mit dem Morgan-Rockefeller-Komplex internationaler Investmentbanker verbunden waren – und nicht der Großteil unabhängiger amerikanischer Industrieller, wie festgehalten werden sollte –, waren sehr eng mit dem Aufbau der nationalsozialistischen Industrie verflochten. Bei der Entwicklung unserer Geschichte ist es wichtig festzuhalten, dass General Motors, Ford, General Electric, DuPont und die Handvoll amerikanischer Firmen, die eng in die Entwicklung des nationalsozialistischen Deutschland involviert waren – mit Ausnahme des Ford-Konzerns – von der Wall-Street-Elite kontrolliert wurden – J.P. Morgan, der Chase Bank der Rockefellers und in geringerem Ausmaß der Manhattan Bank der Warburgs (...)“*(226)

Ja, auf amerikanischer Seite gehörte John D. Rockefeller ebenfalls zu den Unterstützern Hitlers. Paul M. Warburg (der erste Direktor der US-amerikanischen Notenbank *Federal Reserve*) war übrigens einer der Direktoren der amerikanischen *IG Farben* (*American IG*), und sein Bruder Max Warburg war im Vorstand der *IG Farben* in Deutschland, dem größten Chemiekonzern der Welt.(227)

Abb. 60 und 61: Links der ehemalige österreichische Kanzler Kurt von Schuschnigg. Rechts der ehemalige deutsche Reichsbankpräsident Hjalmar Schacht.

Zu den frühen Vorstandsmitgliedern der *IG Farben* zählte auch Kurt Oppenheim.[227a] 1938 haben die Deutschen die Warburgs aber aus Deutschland vertrieben. Mit den Oppenheim-Bankern kamen die Nationalsozialisten wohl besser zurecht, denn schließlich wurden letztere zu „Ehrenariern" ernannt.[227b] Deren Bankhaus *Sal Oppenheim & Co.* in Köln wurde in das „arisierte" Bankhaus *Pferdemenges & Co.* umgewandelt.[227c]

Neben *Thyssen* war die *IG Farben* eine der größten Sponsoren, wenn es um die Finanzierung des Nationalsozialismus ging. Somit haben wir hier eine weitere inhaltliche Bestätigung für „Sidney Warburgs" Buch. Die *IG Farben* erlangte übrigens gerade für die deutsche Industrie die besondere Errungenschaft, die es ermöglichte, Benzin aus Kohle zu gewinnen (was für die kommende Aufrüstung nicht gerade unwichtig war). Diese Entdeckung sollte später mitunter zur engen Kooperation mit der amerikanischen *Standard Oil* und in Folge einem weltweiten Öl- und Chemiekartell führen, bei der beide Unternehmen sich den Weltmarkt aufteilten.[227d] Sutton hatte in seinem Buch mehrere Zusammenstellungen der finanziellen Verbindungen und Verflechtungen zwischen US-amerikanischen Industriellen, deutschen Industriellen und Hitler aufgestellt, die wie folgt ausschauen:

Tabelle 7-1: Die finanziellen Verbindungen zwischen US-Industriellen und Adolf Hitler

Datum	amerikanische Bankiers und Industrielle	zugehörige amerikanische Firma		deutsche Quelle		Kanal für die Übermittlung der Gelder
1923	Henry FORD	FORD MOTOR COMPANY				
1931	E.R. HARRIMAN	UNION BANKING CORP.		Fritz THYSSEN	250.000 RM	Bank voor Handel en Scheepvaart N.V. (Tochter firma der August-Thyssen-Bank)
1932-1933		Flick (einer der Direktoren der AEG)		Friedrich FLICK	150.000 RM	direkt an die NSDAP
Februar — März 1933		KEINE		Emil KIRDORF	600.000 RM	Nationale Treuhand a/c Delbrück Schickler Bank
Februar — März 1933	Edsel B. FORD C.E. MITCHELL Walter TEAGLE Paul M. WARBURG	IG FARBEN USA		IG FARBEN	400.000 RM	Nationale Treuhand
Februar— März 1933		KEINE		Reichsverband der Automobilindustrie	100.000 RM	Nationale Treuhand
Februar— März 1933	Gerard SWOPE Owen D. YOUNG C.H. MINOR E. Arthur BALD WIN	INTERNATIONAL GENERAL ELECTRIC	25 %	AEG	60.000 RM	Nationale Treuhand
		KEINE		DEMAG	50.000 RM	
Februar— März 1933	Owen D. YOUNG	INTERNATIONAL GENERAL ELECTRIC	162A%	OSRAM GmbH	40.000 RM	Nationale Treuhand
Februar — März 1933	Sosthenes BEHN	ITT		Telefunken	35.000 RM	Nationale Treuhand
Februar — März 1933		KEINE		Karl Herrmann	300.000 RM	Nationale Treuhand

Abb. 62: Bankiers und Industrielle und die Höhe der Zuwendungen.

Februar— März 1933		KEINE		A. Steinke (Direktor der BYBUAG)	200.000 RM Nationale Treuhand
Februar — März 1933		KEINE		Karl Lange (Maschinen-industrie)	50.000 RM Nationale Treuhand
Februar — März 1933		KEINE		F. Springorum (Hoesch AG)	36.000 RM Nationale Treuhand
Februar— März 1933	Edsel B. FORD	Ford Motor Co.		Carl BOSCH) (IG Farben & Ford Motor AG	
1932-1944	Walter TEAGLE I. A. MOFFETT	Standard Oil, New Jersey	94%	Emil HELFFERICH (Deutsch-Amerika-nische Petroleum Co.)	Heinrich Himmler SS via Keppler-Kreis
1932-1944	Sosthenes BEHN	ITT		Kurt von SCHRÖDER Mix & Genest Lorenz	Heinrich Himmler SS via Keppler-Kreis

Abb. 63: Auch an Heinrich Himmler flossen Gelder aus Übersee.

Der *Keppler-Kreis* bestand aus deutschen Geschäftsleuten, die Hitler finanziell zum Aufstieg vor und bis 1933 verhalfen. Ab Mitte der 1930er Jahre gelang dieser Kreis unter die Kontrolle von Heinrich Himmler und war dann als *Freundeskreis Himmler* oder *Freundeskreis Reichsführer SS* bekannt.

Die ursprünglichen Mitglieder des Keppler-Kreises (vor 1933)

Mitglied des Kreises	**Hauptverbindungen**
Wilhelm KEPPLER	Vorsitzender der IG-Farben-Tochter Braunkohle-Benzin AG (Nutznießer der Technologie der Standard Oil, N.J., Öl aus Kohle herzustellen)
Fritz KRANEFUSS	Kepplers Neffe und Adjutant Heinrich Himmlers; im Vorstand der BRABAG
Kurt von SCHRÖDER	Im Vorstand sämtlicher ITT-Tochterunternehmen in Deutscha id
Karl Vinzenz KROGMANN	Oberbürgermeister von Hamburg
August ROSTERG	Generaldirektor der WINTERSHALL
Emil MEYER	Im Vorstand der Tochterunternehmen der ITT und der AEG
Otto STEINBRINCK	Vizepräsident der VEREINIGTEN STAHLWERKE (des Stahlkartells, das mit Darlehen von der Wall Street 1926 gegründet wurde)
Hjalmar SCHACHT	Präsident der REICHSBANK
Emil HELFFERICH	Vostandsvorsitzender der DEUTSCH-AMERIKAN-SCHEN PETROLEUM CO. (zu 94 Prozent im Besitz der Standard Oil, New Jersey) (s.o. unter Wilhelm Keppler)
Friedrich REINHARDT	Vorstandsvorsitzender der COMMERZBANK
Ewald HECKER	Vorstandsvorsitzender der ILSEDER HÜTTE
Graf von BISMARCK	Regierungspräsident von STETTIN

Abb. 64: Mitglieder des *Keppler-Kreises* und ihre Verbindungen zu Banken und zur Industrie.

Auf das Sonderkonto „S“ gingen bis 1944 folgende Beiträge ein, zugunsten des *Freundeskreis Himmler* von Tochterfirmen der US-amerikanischen *International Telephone und Telegraph (ITT)*:

- 5.000 Reichsmark von *Mix & Genest AG*
- 20.000 Reichsmark von *C. Lorenz AG*
- 25.000 Reichsmark von *Felten & Guilleaume*
- 16.000 Reichsmark von Kurt von Schröder[(228)]

Das US-amerikanische Ölunternehmen *Standard Oil* leistete über seine deutsche Tochterfirma, die *Deutsch-Amerikanische Petroleum Gesellschaft* (DAPG) *(*heute *Esso Deutschland GmbH)* folgende Spenden zugunsten des Himmler-Sonderkontos:

- 10.000 Reichsmark von Staatsrat Helfferich von der *DAPG*
- 10.000 Reichsmark von Staatsrat Lindemann der *DAPG*
- Reichsmark sonstige Spenden[(229)]

Zudem leisteten zwei Direktoren der Firma *AEG* insgesamt 200.000 Reichsmark an Spenden für Himmlers Freundeskreis.[(230)] Zudem weiß der Historiker Sutton von Aufzeichnungen des amerikanischen Botschafters in Deutschland, William Dodd, dass der jüdische Bankier Eberhard von Oppenheim ebenfalls 200.000 Mark an Hitler gab.[(231)] Folgende Wahlspenden verhalfen der NSDAP im ersten Quartal 1933 zur Macht:

Finanzielle Spenden an Hitler: 23. Februar bis 13. März 1933:
(Konto Hjalmar Schachts bei der Delbrück-Schickler-Bank)

politische Spendenbeiträge von Firmen (mit ihren Direktoren)	**versprochener Betrag**	**prozentualer Anteil des Firmengesamtbetrages**
Verein für die bergbaulichen Interessen (Kirdorf)	$600.000	45
IG Farbenindustrie (Edsel Ford, C.E. Mitchell, Walter Teagle, Paul Warburg)	400.000	30,5
Automobil-Ausstellung, Berlin (Reichsverbund der Automobilindustrie S.V.)	100.000	7,6
AEG, Deutsche General Electric (Gerard Swope, Owen Young, C.H. Minor, Arthur Baldwin)	60.000	4,6
Demag	50.000	3,8
Osram GmbH (Owen Young)	40.000	3,0
Telefunken Gesellschaft für drahtlose Telegraphie	35.000	2,7
Accumulatoren-Fabrik AG (Quandt, AEG)	25.000	1,9
Gesamtbetrag aus der Industrie	1.310.000	99,9

Plus politische Spendenbeiträge von einzelnen Geschäftsleuten	
Karl Hermann	300.000
Direktor A. Steinke (BUBIAG — Braunkohle- und Brikett-Industrie AG)	200.000
Dr. Karl Lange (Geschäftsführendes Vorstandsmitglied des Vereins Deutscher Maschinenbau-Anstalten)	50.000
Dr. F. Springorum (Vorsitzender Eisen- und Stahlwerke Hoesch AG)	36.000

Abb. 65: Spenden, die über das Bankkonto „Nationale Treuhand, Hjalmar Schacht“ eingingen.

Und das sind nur die bekannt gewordenen Fälle. Es ist davon auszugehen, dass dies nicht alle Summen gewesen sind.

Das Treffen der „Großen"

In den Auflistungen finden wir einen Kurt von Schröder vor. Kurt Freiherr von Schröder entstammte einer deutschen Bankiersfamilie. Ein Mitglied aus dieser Familie siedelte nach London um, änderte seinen Familiennamen in „Schroder" (ohne Umlaut) und gründete dort das bekannte Bankhaus *J. Henry Schroder* sowie die *J. Henry Schroder Banking Corporation* in New York. Kurt von Schröder war Mitglied des *Keppler-Kreises* und im Vorstand sämtlicher Tochterunternehmen des amerikanischen Telefonriesen *ITT*. Durch Schröder gelang es also der *ITT*, Zugang zum inneren Kern der SS-Machtelite zu erlangen.(232) Am 4. Januar 1933 trafen sich Hitler und sein Vize Franz von Papen mit von Schröder in dessen Kölner Villa, bei der sich die Teilnehmer auf die kommende Regierungsbildung einigten. Dabei wird es auch sicher um die weitere Finanzierung der Partei gegangen sein. Wilhelm Keppler, Rudolf Heß und Heinrich Himmler sollen ebenfalls an diesem Tag beim Treffen mit anwesend gewesen sein.(233) Als Dank für seine Bemühungen wurde von Schröder kurze Zeit später, nachdem die Nationalsozialisten an die Macht kamen, zum deutschen Vertreter der *BIZ* sowie zum SS-Brigadeführer ernannt.(233a)

Am 20. Februar 1933 gab es dann das Geheimtreffen, an dem sich Hitler mit 27 Industriellen getroffen hatte. Bei diesem Treffen wurde ein Wahlfonds in Höhe von insgesamt drei Millionen Reichsmark beschlossen, von dem ein Teil in der Abb. 65 verzeichnet ist. An diesem Treffen nahm auch Hjalmar Schacht teil, der sich immerhin mit einer Summe von 125.000 Reichsmark beteiligte, wie *Wikipedia* zu berichten weiß.(234) Was die Investoren aus dem Ausland und ihre zahlreichen Besuche in Deutschland betrifft, so schreibt Sutton dazu:

> *„Nachdem Hitler die Macht erlangt hatte, arbeiteten US-Firmen und einzelne Amerikaner im Auftrag des Nationalsozialismus und profitierten eindeutig von dem Nazistaat. Wir wissen aus den Tagebüchern William Dodds, des amerikanischen Botschafters in Deutschland, dass 1933 ein Strom von Bankiers und Industriellen aus der Wall Street nacheinander durch die US-Botschaft in Berlin kam und ihrer Bewunderung für Adolf Hitler Ausdruck verlieh – und sehnlichst mit dem neuen totalitären Regime ins Geschäft kommen wollte. Beispielsweise vermerkte Dodd am 1. September 1933, dass sich sowohl Henry Mann von der National City Bank als auch Winthrop W. Aldrich von der Chase Bank mit Hitler trafen, und ‚diese Bankiers denken, sie können mit ihm zusammenarbeiten'. Laut Dodd erwies sich Ivy Lee, der Public-Relations-Mann Rockefellers, ‚gleichzeitig als Kapitalist und als Befürworter des Faschismus'. Somit können wir zumindest eine sympathievolle Reaktion auf die neue Nazidiktatur feststellen, die an die Art und Weise erinnert, in der die internationalen Bankiers der Wall Street das neue Russland Lenins und Trotzkis 1917 begrüßten."*(235)

Warum unterstützten sie Hitler?

Wie wir also sehen können, ist das spinnenartige Netzwerk der Hochfinanz über Konzerne, Mittelsfirmen und Mittelsmänner sehr weit verzweigt und hat(te) seine Finger überall drin. Doch groß wundern braucht uns das nicht. Im Folgenden mal ein paar Punkte, um die Beweggründe zu erklären:

- Die Weimarer Republik war pleite und marode. Die horrenden Reparationszahlungen konnten nicht mehr bedient werden. Die Banken verweigerten dem Deutschen Reich weitere Kredite, was die Situation in Deutschland rapide weiter verschlechterte. Die Hochfinanz konnte also Deutschland nicht weiter ausmelken und hätte auf den Rest der Reparationen verzichten müssen, was für diese wieder einen großen Verlust darstellte. Zudem war der Entzug weiterer Mittel ein raffiniertes Kalkül seitens der Banken, getreu dem Motto „erst zerstören, dann hinterher wiederaufbauen". Zuerst inszenierten die Bankiers den weltweiten Crash 1929 und setzten am absoluten Tiefpunkt dann wieder einen wirtschaftlichen Aufschwung in Gang, auf beiden Seiten des Atlantiks. Denn so wird doppelt verdient.
- Jeder wollte am „Projekt Hitler" groß mitverdienen, allen voran natürlich wieder die Banken und die Großindustriellen. Es winkten schließlich Aufträge (Produktion von Waren, Bauprojekte, Aufrüstung usw.) und daraus resultierende Profite. Zudem sympathisierten viele Industrielle mit Hitler, sowohl im Inland als auch im Ausland. Einige von ihnen (wie z.B. Henry Ford) waren „Antisemiten". Des Weiteren steckte auch die Absicht dahinter, ein Gegengewicht zu Stalin und dem Bolschewismus aufzubauen. Bei einer Bolschewisierung Europas wären u. U. die bereits getätigten Investitionen der Industriellen aus dem Ausland in Europa gefährdet. Doch „jene" Hintergrundmächte hatten den größer gefassten Plan, beide Seiten aufzubauen und raffiniert gegeneinander auszuspielen. Aus dem Chaos sollte dann wieder eine neue Ordnung aufgebaut werden – die Eine-Welt-Regierung.
- Wie ich schon zuvor zum Rakowski-Protokoll bereits geschrieben hatte, war Hitler aber keineswegs dumm. Am Anfang hatte er das Spiel mitspielen müssen. Parallel baute er jedoch sein autarkes System mit den *Mefo-Wechseln* und dem Warentauschhandel mit dem Ausland auf. Wir erinnern uns, dass er das „Friedensangebot" der Alliierten (eher gesagt der Hochfinanz) unter der Voraussetzung der Rückkehr zum Goldstandard abgelehnt hatte (im Zeitraum der Polen- und Frankreichfeldzüge), da er Deutschland und Europa vom Joch der Hochfinanz befreien wollte. Wilhelm Landig, den ich zuvor bereits erwähnt hatte, hat in seinem einzigen Interview enthüllt, dass mit der Finanzierung des Dritten Reichs durch die Bankiers Auflagen daherkamen. Und die Auflagen waren nach seinen Angaben, einerseits nicht von der Goldwährung abzurücken und andererseits von der Ur-Idee der Brechung der Zinsknechtschaft abzusehen, die der Ingenieur und NSDAP-Politiker Gottfried Feder gern durchsetzen wollte. Hjalmar Schacht erreichte dann einen Kompromiss, indem er den Wert der Reichsmark mit der deutschen Arbeitskraft hinterlegte, sodass Hitler und die NSDAP weiterhin ihr Gesicht wahren konnten.(236) Laut Georg Kausch, dem Autor von „Die unbequeme Nation", soll Schacht Feders Rauswurf persönlich veranlasst haben, denn schließlich war sein Kampf gegen die Hochfinanz nun völlig fehl am Platz.(237)

Wer sind „Jene“, die die Welt in zwei Weltkriege gestürzt haben?

Wenn Sie bisher aufmerksam gelesen haben, werden Sie vermutlich eine Ahnung haben, wer mit „Jenen“ gemeint sein könnte. Wer mein erstes Buch bereits gelesen hat, wird schon sicher erraten haben, welche Gruppe und welche Institution ich hier meine, die im Hintergrund die Fäden zieht. Dann möchte ich die Katze kurz und schmerzlos aus dem Sack lassen und hier auf den Vatikan und insbesondere auf seine (Geheim)-Armee, den Jesuitenorden zu sprechen kommen. Gerade in Bezug auf die beiden Weltkriege ist es höchst erstaunlich zu beobachten, wie sehr wahrheitsuchende Forscher und Historiker sich auf „Juden“ und den „Zionismus“ als Ursache konzentrieren, aber jene, die diese als Fußsoldaten benutzen, völlig außer Acht lassen. Sicherlich steckt natürlich eine Absicht hinter „Jenen“, sich gekonnt zu verstecken, aber nicht ausreichend genug, um nicht doch entdeckt zu werden. Im angelsächsischen Raum findet man zu diesen Drahtziehern und ihren Machenschaften wiederum erstaunlich ausreichend Literatur vor, während Deutschland und Europa sich noch wie im tiefsten Winterschlaf befinden, bis auf einige kleine Ausnahmeerscheinungen, die leider eher unbemerkt blieben.

Von den Jesuiten haben viele schon mal im Laufe des Lebens etwas aufgeschnappt und aufgrund des Namens womöglich einen positiven Bezug zu diesen „Kuttenträgern“ hergestellt. Gerade die Kirchengläubigen und insbesondere die Katholiken unter den Lesern könnten sich in diesem Kapitel vor den Kopf gestoßen fühlen. Ich muss diesen Leserinnen und Lesern mitteilen, dass ich darauf nicht die geringste Rücksicht nehmen kann und werde, denn sonst wandeln wir alle endlos lange weiter im Schlaf umher und durchschauen das Spiel weiterhin nicht. Wenn dies ein Themenbereich ist, der sie persönlich extrem reizt und „angreift“, dann wäre es besser, dieses Buch jetzt aus der Hand zu legen. Dann sind Sie tatsächlich (noch) nicht bereit für die Wahrheit. Kommen Sie evtl. später noch einmal auf dieses Kapitel zurück. Alle anderen können gern weiterlesen.

Was ist das Ziel der Jesuiten und des Vatikans?

Politisch betrachtet ist das Ziel eine links-faschistische kommunistische Weltdiktatur ohne nationale oder wirtschaftliche Grenzen. Das ist das, was mittlerweile allgemein als *Neue Weltordnung* bezeichnet wird. Doch es gibt auch einen anderen Grund, den der Bolschewist Rakowski während seiner Vernehmung preisgegeben hat:

> *„(...) Wir haben noch einen religiösen Grund. Ohne das niederzuschlagen, was vom Christentum noch lebt, ist es unmöglich, den Kommunismus siegen zu lassen. Die Geschichte ist beredt – es hat die Revolution sechzehn Jahrhunderte gekostet, ehe sie ihren ersten Teilerfolg erringen konnte, indem sie die erste Spaltung des Christentums hervorrief. In Wirklichkeit ist das Christentum unser einziger Feind, denn das Politische und Wirtschaftliche in den bürgerlichen Völkern ist nur seine Folge. Das Christentum, das das Individuum bestimmt, ist fähig, die revolutionäre Ausstrahlung des neutralen, laizistischen oder atheistischen Staates an Luftmangel zugrundegehen zu lassen, wie wir es in Russland erleben, und schafft sogar diesen geistigen Nihilismus, der in den beherrschten, noch christlichen Massen lebt, ein Hindernis, das auch in zwanzig Jahren Marxismus noch nicht überwunden ist. (...) „*[238]

Das Christentum soll also wieder abgeschafft werden. Aber auch die anderen Religionen sollen verschwinden. Anstelle dessen sollen der Atheismus und, was sich ebenfalls abzeichnet, die luziferische Religion bzw. der Satanismus treten. Dabei muss man verstehen, dass alle mosaischen Religionen sowie auch der Hinduismus schon durch und durch satanisch sind, wenn man sich z.B. die verschiedenen Riten und den *Saturnkult* anschaut, auf den ich gleich noch zu sprechen kommen werde. Beispiele dafür sind z.B. das Bekreuzigen mit einem auf dem Kopf stehenden Kreuz oder die schwarzmagischen Rituale während der „heiligen Sakramente". In meinem vorigen Buch schrieb ich dazu:

„*Von der Taufe bis zum Tod werden an den Menschen ganz ohne deren Wissen etliche weitere schwarzmagische Rituale verübt. So werden z.B. bei der Taufe jeweils ein Kreuz auf die Stirn (geistig nicht sehen dürfen, Blockierung der Hellsichtigkeit, das ‚Dritte Auge' wird verschlossen), auf den Mund (nicht sprechen dürfen) und auf die Brust (Herzchakra, nicht lieben dürfen) gezeichnet. Das Ganze wird bei der Kommunion dann noch einmal wiederholt.*"[(239)]

Ein weiteres Beispiel sind in der Kirche die Einnahme der Hostie und des roten Weins. Dazu schrieb ich Folgendes: „*Die Hostie repräsentiert das Fleisch des Körpers und der rote Wein stellt das Blut von Jesus Christus dar. Das Wort Hostie kommt aus dem Lateinischen und bedeutet Opfer, Opfertier oder Opfergabe. Es wird in Form einer Oblate (lat.: Oblata) gereicht, welches ebenfalls übersetzt Opfergaben heißt. Das Blut (der Wein) wird dabei vom Priester in einem goldenen Opferkelch (wobei Gold hier die Anbetung des Mammons repräsentiert) aufgefangen, und er trinkt es bei der Messe stellvertretend für alle Anwesenden. Finden Sie nicht auch, dass das ‚Einverleiben' dieser Opfergaben, also von dem Leib und Blut Christi, absolut widerlich und verwerflich ist? Ist das nicht Hinweis genug, dass es sich hierbei um, gelinde gesagt, ein sehr makaberes Ritual handelt? Im Satanismus werden regelmäßig Menschen (vorrangig Kinder) geopfert, und Kannibalismus ist Teil des Rituals. (Nein, das ist kein Witz. Das ist bittere Realität!) Die katholische Kirche hat dies eins zu eins symbolisch übernommen. Darüber sollte man einmal nachdenken. (...)*"[(240)]

Im Judentum fällt mir spontan die rituelle Beschneidung bei männlichen Säuglingen ein, die acht Tage nach der Geburt stattfindet. Solch eine Beschneidung verursacht für das Neugeborene höllische Schmerzen. Das ist Folter. Das Blut, das dabei aus der Wunde austritt, wird heute noch bei ultraorthodoxen Juden vom Rabbi oder Mohel, der dieses Ritual vollzieht, mit dem Mund abgesaugt (Metzitzah B'peh).[(241)] Hierbei entsteht für das Kind der erste sexuelle Konflikt, der sich später auf das ganze Leben negativ auswirken kann. Es kann mir keiner sagen, dass das ein „göttlicher" und liebevoller Akt der Nächstenliebe ist.

Dies als ganz kurzer Exkurs, um aufzuzeigen, dass die Religionen bereits alles andere sind, nur kaum von Licht, Barmherzigkeit und Liebe geprägt. Der nächste Schritt liegt darin, all diese bereits dunklen Religionen (die nur in einigen Facetten sich wirklich fundamental voneinander unterscheiden) zu einer einzigen Weltreligion (Universalkirche) dann zusammenzufassen. Und wer steht diesem Vorhaben in erster Linie im Wege? **Alles, was nicht römisch-katholisch ist**, also Protestanten, orthodoxe Christen, Juden, Spirituelle sowie grundsätzlich alle Gottesgläubigen. Zudem sind sämtliche Regierungs- und Systemkritiker weitere Ziele, die es auszuschalten gilt.

Abb. 66: Rituell bekreuzigt man sich mit einem satanischen Kreuz, zumindest im Katholizismus. In der orthodoxen Kirche wird der mittlere Balken bis zum Bauchnabel gezogen. Im evangelischen Glauben bekreuzigt man sich gar nicht. Egal wie herum, warum sollte man an sich ein Symbol der Folter (Kreuzigung) zeichnen oder sich mit einem schmücken?

Die Todfeinde des Vatikans

Um den späteren Verlauf besser verstehen zu können, gibt es nachfolgend erst einmal vorweg eine kurze Vorgeschichte zu den Hintergründen der römischen-katholischen Kirche und der Gründung des Jesuitenordens. Der Spanier Dr. Alberto Rivera (geboren 1935) war ehemals katholischer Priester und Mitglied des Jesuitenordens. Er wurde im Vatikan ausgebildet und von dem Deutschen Augustin Kardinal Bea in die Geschichte und Geheimnisse der Jesuiten und ihre weltweiten Machenschaften eingeweiht. Nach seiner Ausbildung wurde er vom Orden losgeschickt, um protestantische Organisationen und Freikirchen zu infiltrieren, sie zu zerstören und protestantische Führer zu diskreditieren. Als er in diesem Zuge herausfand, dass der Vatikan u.a. hinter der Freimaurerei steckt, begann er die Dinge zu hinterfragen und auf den Grund zu gehen. In den 1960er-Jahren verließ er die katholische Kirche und den Orden und machte es sich zu seiner Lebensaufgabe, die wahre Natur des Katholizismus und die Agenda des Vatikans und der Jesuiten (der *Neuen Weltordnung*) an die Öffentlichkeit zu bringen. Gemäß Rivera hat der Vatikan (und der Jesuitenorden) den Islam, den Kommunismus und den Nationalsozialismus erschaffen. Er hielt weltweit Vorträge, machte Interviews und verfasste auch Schriften, um die Leute weltweit – vor allem die Katholiken – aufzuwecken.(242) Für seine Tätigkeit wurde er vom Jesuitenorden stets angefeindet und angegriffen. Am 20. Juni 1997 verstarb er unter mysteriösen Umständen. Seine Witwe ist sich sicher, dass er von jesuitischen Agenten vergiftet wurde, waren diese doch schon öfters in ihr Haus eingebrochen, um nach Dokumenten ihres Mannes zu suchen.(243) In seiner Schrift „Die heiligen Väter und ihre Paten" enthüllt Rivera u.a. historische Hintergründe, bis hin zur Erschaffung des Jesuitenordens im 16. Jahrhundert und seiner Rolle in den beiden Weltkriegen.

Abb. 67: Dr. Alberto Rivera packte in einem Interview über die Jesuiten aus.

Laut Rivera sind die Juden schon immer Todfeinde des Vatikans gewesen. Der Grund hierfür liegt darin, dass der Vatikan ursprünglich seinen Sitz in Jerusalem haben wollte, da das der Ort der ersten Christengemeinden war (also die der unverfälschten „echten" Christen bzw. Ur-Christen). Des Weiteren wissen wir mittlerweile, dass Jerusalem geografisch gesehen strategisch besonders wertvoll ist. Zudem soll sich das Grab des Apostels Petrus in Jerusalem auf dem Ölberg befinden, und zwar auf der Seite des Franziskanerklosters *Dominus flevit* (lat.: *der Herr weinte*), wo es auch ausgegraben wurde, und Rivera sagt indirekt, dass Petrus in Wirklichkeit nicht in Rom gekreuzigt und begraben wurde. Die Juden kamen dem Vatikan aber zuvor und so konnte dieser seinen Sitz nicht nach Jerusalem verlegen. Im Jahre 70 n.Chr. griff der römische Kaiser Titus die Stadt Jerusalem an und zerstörte dabei den jüdischen Tempel. Der Vatikan brütete aufgrund seiner Niederlage später einen Racheplan aus, um die Juden zu vernichten. Um 900 n.Chr. soll der damalige Papst dann diesen Plan gebilligt haben. Die Geburtsstunde der Inquisition war eingeläutet und sollte sich über die nächsten Jahrhunderte erstrecken. Rivera erklärt weiter: *„Vor den Kreuzzügen verhandelte der Vatikan geheim mit Mohammed, um bei der Judenvernichtung mitzuwirken. Als jedoch die islamischen Streitkräfte Jerusalem eroberten, misslang dem Papst, dorthin zu ziehen. Mohammed hatte Papst und Juden als Ungläubige bezeichnet.“*[244] Wie wir von Rivera erfahren, erzählte ihm Kardinal Bea, wie der Vatikan für sein Vorhaben der Rückeroberung Jerusalems vorab den Islam erschuf. Hierfür wollte dieser für die Araber eine Art „Messias“ erschaffen – jemanden, den sie zum Führer aufbauen konnten, einen Mann mit starkem Charisma, der alle nicht-katholische Araber unter sich zu einer Armee vereinen würde, die Jerusalem für den Papst erobern sollte. Dieser Mann war Mohammed. Der Papst erließ päpstliche Bullen, die den arabischen Generälen die Invasion und Eroberung von nordafrikanischen Ländern erlaubte. Im Gegenzug für die Finanzierung und den Aufbau der riesigen islamischen Armeen wollte der Vatikan drei Dinge:

1. die Vernichtung der Juden und Christen (letztgenannte wurden als „echte Gläubige“ betrachtet, aber als „Ungläubige“ verschrien),
2. den Schutz der augustinischen Mönche und der römisch-katholischen Gläubigen, und
3. die Eroberung Jerusalems für „Seine Heiligkeit“ im Vatikan.

Über die nächste Zeit wurden also Juden und Christen ausgemerzt, während die Katholiken verschont blieben. Die Macht des Islams und seiner Armeen wurde stärker und stärker. Als die arabischen Generäle Jerusalem eroberten, sahen sie sich in ihren militärischen Erfolgen vom Papst nicht mehr eingeschüchtert. Letzterer war schockiert, als die Moslems Jerusalem nicht mehr herausrücken wollten. Wieder einmal wurde der Vatikan also ausgebootet. Danach folgte eine weitere Serie an blutigen Kreuzzügen mit unzähligen Opfern, um das „heilige Land“ vom Islam zu befreien und weiterhin gegen andere „Feinde“ der Kirche vorzugehen.[244a]

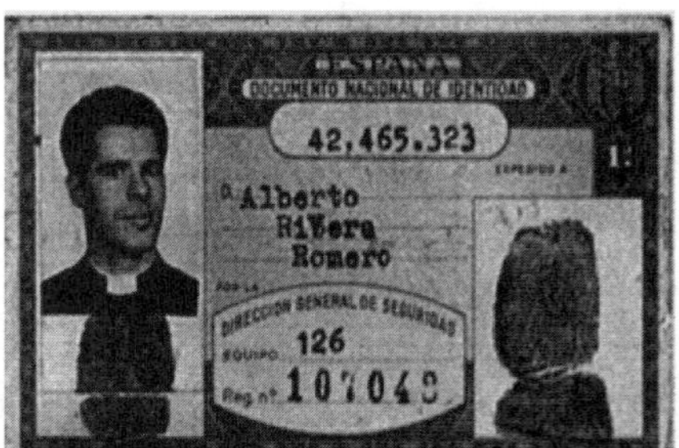

Abb. 68: Der spanische Ausweis von Rivera wurde 1967 unter der Diktatur Francos ausgestellt. Francos Sicherheitsapparat war genauso streng wie das der *Gestapo* im Dritten Reich. Für den Ausweis musste Rivera seine Geburtsurkunde und einen Beweis seiner Erzdiözese vorlegen, welches beweist, dass er Priester ist. Zudem musste er Fingerabdrücke für den Ausweis abgeben.

Rivera schildert zudem, wie seit der Kreuzigung, Beerdigung und Auferstehung Jesu Christi dessen (christliche) Gemeinde verfolgt wurde. Die römischen Cäsaren versuchten diese christliche Bewegung aber vergeblich zu stoppen. Was machten sie also? Sie gründeten eine falsche Kirche. Die Cäsaren legten ihre Kleider ab und zogen sich „religiöse Kostüme“ an. Durch die Kirche sollten die echten Christen getäuscht werden, die sich aber weitgehend in den Untergrund ver-

Abb. 69: Dr. Gerard Bouffard im Interview mit der Witwe des Ex-Jesuiten Dr. Alberto Rivera.

zogen. Als sich 325 n.Chr. Kaiser Konstantin beim Ersten Konzil von Nicäa quasi zum ersten Papst ausrief („Bischof der Bischöfe"), wussten die wahren Christen, dass er den „Antichristen" darstellt. Römisches Heidentum wurde mit dem Ur-Christentum vermischt und daraus entstand das, was wir heute noch als römisch-katholische Kirche kennen. Bei seinem späteren Rücktritt ernannte Konstantin den Bischof von Rom zum *Pontifex Maximus* (*Höchster Brückenbauer*) und machte ihn zum Papst (Vater). Um das Jahr 1054 vollzog sich endgültig eine Spaltung zwischen der römischen Kirche im Westen und Konstantinopel im Osten (der orthodoxen Kirche), das sogenannte „Morgenländische Schisma". Papst Innozenz III. griff im Jahre 1204 Konstantinopel im Zuge des vierten Kreuzzugs an, bei dem die Stadt vernichtet wurde. Die Orthodoxen flüchteten und gelangten bei den östlichen Kirchen unter den Schutz der russischen Zaren.[(245)] Die Stadt hieß ursprünglich Byzanz und wurde nach dem Tod des vorhin erwähnten Kaisers Konstantin nach diesem benannt. Zu seinen Lebzeiten benannte er die Stadt offiziell „Nova Roma" (Neues Rom). In der nachfolgenden Zeit des „dunklen Mittelalters" regierten die Päpste über die Königinnen und Könige in Europa.[(246)] Jetzt wird natürlich klarer, warum das Zarentum in Russland im Zuge der Oktoberrevolution 1917 und ein Großteil der Monarchien abgeschafft werden mussten. Zwei weitere Dinge, die ein Papst hasst, sind Protestantismus und echte Demokratie.

Aber Rivera ist nicht der einzige Aussteiger, der über den Vatikan und die Jesuiten auspackte. Der ehemalige katholische Bischof Dr. Gerard Bouffard aus Quebec (Kanada) – welcher auch jahrelang als Assistent für Papst Paul VI. und Papst Johannes Paul II. arbeitete – bestätigte in einem Radiointerview ebenfalls, dass die Jesuiten perfekte Chamäleone seien und die Identität von Protestanten, Mormonen, Baptisten und Juden annehmen, um Religionen, Regierungen und Organisationen wie z.B. den *Council on Foreign Relations* zu infiltrieren. Die Jesuiten zerstören alles von innen heraus und wollen am Ende auch die katholische Kirche vernichten. Denn sie streben laut Bouffard eine faschistische Weltregierung mit einer luziferischen Weltreligion an, die ihren Sitz in Jerusalem hat. Nach seinen weiteren Ausführungen nutzt die Kirche die Freimaurerei für ihre geheimen Pläne und erklärt, dass selbst höherrangige Priester, Bischöfe, Kardinäle und sogar Päpste Mitglieder in diversen Geheimorden sind, um die teuflische Agenda voranzutreiben.[(246a)] Hiermit decken sich also Bouffards Aussagen mit jenen von Rivera und Rakowski. Eine weitere Sache, die schockierend anmuten mag, ist die Tatsache, dass Bouffard im Interview mit Riveras Witwe offenbarte, dass er derjenige war, der den Befehl unterzeichnete, den Jesuiten Dr. Rivera umbringen zu lassen. Den Todesbefehl habe er als Direktor des „Heiligen Büros" mit einem 18-Karat vergoldeten Stift mit unsichtbarer Tinte unterschrieben. Nur der Direktor des „Heiligen Büros" innerhalb des Vatikans unterschreibt mit diesem besonderen Stift „Top-Secret"-Dokumente. Die Tinte würde nur unter speziellem Licht sichtbar sein, um Fälschungen entlarven zu können. Bouffard erklärte, dass das „Heilige Büro" die moderne Inquisition sei, mit einem Direktor an der Spitze und einem Rat, der zusammenkommt, um über Leben und Tod über diejenigen zu entscheiden, die für die katholische Kirche gefährlich sein könnten. Bouf-

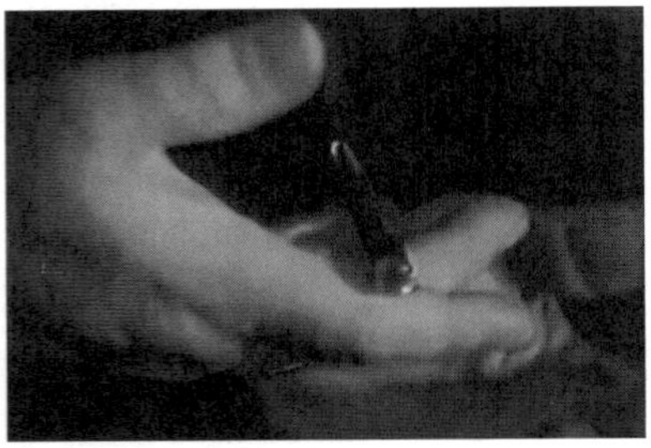

Abb. 70: Dr. Bouffard zeigt und erklärt die Funktion des speziellen Stifts, mit dem im „Heiligen Büro" innerhalb des Vatikans geheime Dokumente unterschrieben werden.

fard stellt klar, dass sich das „Heilige Büro" das Recht nimmt, über Leben und Tod eines jeden Katholiken auf dieser Welt zu entscheiden (wobei ich hier dahingehend korrigieren muss, dass sich der Vatikan anmaßt, über **alles** Leben dieser Erde zu entscheiden). Im Falle von Rivera hieß es seitens diesen Rates, er sei der gefährlichste Mann der Welt, da er die Geheimnisse des Vatikans, des Jesuitenordens und des „Heiligen Büros" verraten habe und somit beseitigt werden müsse. Als Bouffard jedoch anfing, seinen Auftrag zu hinterfragen und die Wahrheit herausfand, trat er aus der katholischen Kirche aus, konvertierte zum Protestantismus und fand seinen Worten nach zum „echten Gottesglauben". Er suchte den Kontakt zu Rivera, bat ihn um Vergebung und freundete sich mit ihm an.(246b)

Zusammenfassung über die Entstehung des Jesuitenordens

Die *Gesellschaft Jesu* (= *Societas Jesu*, Ordenskürzel: SJ, verkürzt intern *Die Gesellschaft* genannt) wurde von dem aus einer Adelsfamilie stammenden spanischen Basken Inigo Lopez de Loyola 1534 gegründet. Diesen militärischen Orden gründete er gemeinsam mit ein paar Mitstreitern mit dem Ziel, im Zeitalter der Reformation den Protestantismus zu zerstören (Gegenreformation), die „Ungläubigen" zu bekehren und die Macht des Papstes zu stärken und auszudehnen. Der *Jesuitenorden* wurde durch Papst Paul III. offiziell durch die päpstliche Bulle *Regimini militantis Ecclesiae* bestätigt und anerkannt und in die Dienste des Vatikans gestellt, schreibt Edmond Paris in „The secret history of the Jesuits"(deutsch: „Die geheime Geschichte der Jesuiten"), dessen Vorwort Alberto Rivera geschrieben hatte.(247) Damit haben die Jesuiten den Vatikan quasi übernommen. Sich selbst gab Inigo den römischen Namen Ignatius von Loyola. Von den Päpsten werden die Jesuiten in aller Scheinheiligkeit auch „Soldaten Christi" genannt, obwohl sie mit Religion und mit Jesus in Wahrheit nichts zu tun haben. Loyola war der erste General der Jesuiten. Der Jesuitengeneral ist auch als der „schwarze Papst" bekannt (aufgrund der schwarzen Ordenstracht) und bestimmt im Hintergrund die Entscheidungen des in der Öffentlichkeit stehenden „weißen Papstes". Den Begriff „schwarzer Papst" kann man auch so deuten, dass die Jesuiten tief im Hintergrund, also aus der Dunkelheit heraus, agieren, außerhalb des Blickfelds der Öffentlichkeit. Wenn sie zivil unterwegs sind, sind sie äußerlich wiederum nicht zu erkennen, da die Ordenstracht nicht verbindlich ist. Die Tatsache, dass es hier einen General gibt, besagt bereits, dass es sich bei diesem Orden um eine **Armee** handelt! Von 1983 bis 2008 war der Niederländer Peter Hans Kolvenbach der Generaloberer. Von 2008 bis 2016 war der Spanier Adolfo Nicolás Jesuitengeneral. Sein Nachfolger ab 2016 ist der Venezolaner Arturo Sosa.(248) Mit dem Argentinier Papst Franziskus (bürgerlich: Mario Jorge Bergoglio) haben wir zum jetzigen Zeitpunkt einen Jesuiten, der gleichzeitig der weiße Papst ist, was in der Geschichte der Jesuiten so auch noch nicht vorgekommen ist und scheinbar den Höhepunkt der Macht der Jesuiten kennzeichnen könnte.(249)

Die Ausbildung eines Jesuiten dauert mindestens 14 Jahre, bevor dieser als „Sohn“ Loyolas anerkannt wird. In dieser Zeit wird der Novize geistig und seelisch regelrecht gebrochen und umprogrammiert. Das eigene *Ich* wird dabei komplett aufgegeben, gegenüber Oberen und dem General herrscht Kadavergehorsam bis zum Tod. In den jesuitischen Lehren wird 500 Mal wiederholt, dass man in der Person des Generals Christus selber sehen müsse. Alle erteilten Befehle seien von ihm „gut“ und „richtig“ und nicht zu hinterfragen. „*Wir müssen schwarz für weiß halten, wenn die Kirche das so sagt.*“, zitiert der Autor Edmond Paris eine Aussage von Loyola in einem Brief an portugiesische Jesuiten. Der jesuitische Gehorsam übertrifft dabei jeden militärischen Gehorsam. Das Erstere ist wesentlich tiefgreifender, da es den gesamten Menschen vereinnahmt und die Aufopferung seines Willens erfordert.(250)

Abb. 71: Aktuell amtierender General der Jesuiten: Arturo Sosa.

Der Schwarze Adel, Jesuiten und der Saturnkult

Wenn man die Pyramide der Macht hinaufklettert, dann kommt man nicht um den sogenannten *Schwarzen Adel* herum, mit den mächtigsten Familien dieser Welt, wie z.B. Orsini, Breakspear, Aldobrandini u.a., die alle zu den wahren päpstlichen Blutlinien gehören. Sie stehen in der Machthierarchie über den Rothschilds, den Rockefellers und sogar über den „weißen“ und „schwarzen Päpsten“ sowie den Jesuiten. Der mächtigste dieser alten römischen Familien und somit dieser Welt soll aktuell ein Pepe Orsini aus dem römischen *Maximus Clan* sein. Die 13 Blutlinien der „Illuminaten“ setzen sich aus folgenden Familien zusammen (entnommen von *bibliotecapleyades.net*):

- Das Haus Borgia
- Das Haus Breakspear
- Das Haus Somaglia
- Das Haus Orsini
- Das Haus Conti
- Das Haus Chigi
- Das Haus Medici
- Das Haus Gaetani
- Das Haus Pamphili
- Das Haus Este
- Das Haus Aldobrandini
- Das Haus Farnese

Diese bis nach Ägypten und Babylon (Mithraskult) zurückreichenden Dynastien sind in voller Kontrolle über den Jesuitenorden, den schwarzen Papst und den *Hohen Grauen Rat der Zehn*. Das *Haus Farnese* gründete mit den Borgias ursprünglich den Jesuitenorden und Pepe Orsini steht als „grauer“ Papst unsichtbar in der Hierarchie sowohl über dem weißen als auch über dem schwarzen Papst. Man könnte diese Familien daher auch als „Schattenjesuiten“ bezeichnen. Sie steuern diesen Orden und bleiben somit selbst im Hintergrund bedeckt. In der Regel gehören die weißen und schwar-

Abb. 72 und 73: Ignatius von Loyola, Begründer und erster General des Jesuitenordens. Wäre seine militärische Rüstung nicht geschlossen, würde er die Hand dahinter verbergen. Auf diese Handgeste komme ich noch später zurück.

zen Päpste selbst nicht zu den päpstlichen Blutlinien, obwohl manch ein schwarzer Papst von denen mit dabei war.(250a) Aus der *Orsini Familie* sind immerhin die weißen Päpste Coelestin III. (1191-1198), Nikolaus III. (1277-1280) und Benedikt XIII. (1724-1730) sowie 24 Kardinäle hervorgegangen.(250b) Die Orsinis sind nach ihren eigenen Angaben wiederum Nachfahren der *Julio-Claudischen Familie*, zu der auch der berühmte alt-römische Staatsmann Gaius Julius Cäsar 100-44 v.Chr. gehörte. Die deutschen Adelsgeschlechter *Anhalt*, *Baden* und *Rosenberg* sollen ebenfalls Verbindungen zu dieser alten römischen Linie haben. Interessant ist auch eine bestehende Verbindung zu den Rothschilds. David de Rothschild ist seit 1974 nämlich mit der Prinzessin Olimpia Anna Aldobrandini verheiratet. Jason Mason, Insider und Autor des Bestsellers „Mein Vater war ein MiB" schrieb dazu in seinem Buch noch folgendes Interessantes vom Super-Insider *Cobra*:

Abb. 74: *Palazzo Farnese* in Caprarola, das erste Pentagon.

> *„In der Familie Aldobrandini sind Seelen inkarniert, die sich vor Millionen von Jahren von der Quelle getrennt haben. In ihrem Besitz befinden sich geheime Dokumente über die Existenz von Atlantis und Fragmente von Ritualen der alten atlantischen Mysterienschulen. Diese Familie ist sich der Bedeutung der Göttinnen-Energie bewusst. Die Familie Chigi sind die Bankiers der Jesuiten, und sie kontrollieren die Banca Monte dei Paschi di Siena in der Toskana. Diese Bank ist die älteste noch existierende Bank der Welt. Direkt nach der Gründung der Jesuiten baute die Familie Farnese ihr erstes Pentagon in Caprarola in der Nähe von Rom. Darin befindet sich ihr Kartenraum, in dem sie während des 16. und 17. Jahrhunderts das Schicksal der Welt formte. Die große Karte in diesem Raum, die während des 16. Jahrhunderts angefertigt wurde, zeigt die Antarktis. Allerdings wurde dieser Kontinent offiziell erst um 1770 entdeckt. Zu dieser Zeit entschied die Familie Farnese, den Jesuiten Adam Weishaupt den Bayerischen Illuminatenorden gründen zu lassen, die Rothschilds an die Macht zu bringen und das Machtzentrum der Familie nach Washington DC zu verlegen und dort ihr zweites Pentagon zu bauen.*"(250c)

Schön, wie die Puzzleteilchen sich zusammenfinden. Die Illuminati praktizieren auch den Saturnkult. Zu diesem schrieb ich in meinem ersten Buch folgende Hintergründe (mit den wichtigsten Ausschnitten):

> *„(...) So versteckt sich z.B. hinter dem christlichen Weihnachtsfest in Wahrheit die Anbetung des babylonischen ‚Gottes' Nimrod als Gott des Planeten Saturn im alten Rom (Rom war auch als ‚Stadt des Saturn' bekannt). Dessen ‚Geburtstag' feierte man in den sogenannten ‚Saturnalien', die zwischen dem 17. und 30. Dezember stattfanden und an denen man dem Gott ‚Saturnus' Opfergaben brachte, Bäume schmückte usw. Die katholische Kirche hatte diesen ‚Geburtstag' übernommen und als Feier der Geburt Jesu Christi deklariert. (...) Dies finden wir auch in den anderen Religionen wieder, bloß in anderer Form. Im Islam ist die Kaaba (arabisch für Kubus, Würfel) für die Moslems der heiligste Ort auf der Erde. Es ist ein großes schwarzes Gebäude in Würfelform, welches sich im Innenhof der größten Moschee der Welt, in Mekka, Saudi Arabien, befindet. (...) Ziel eines jeden Moslems soll es sein, wenigstens einmal im Leben nach Mekka zu reisen, um an den verschiedenen Ritualen teilzunehmen. So umrunden die Pilger das schwarze Ge-*

bäude sieben Mal gegen den Uhrzeigersinn, und bei jeder Umrundung soll der schwarze Stein geküsst oder berührt werden, um ihm dadurch die Ehre zu erweisen. Die Pilger werden auch angewiesen, sich in konzentrischen Kreisen um das Gebäude herum zu versammeln und zu beten.
(...) Der Polarwirbel am Nordpol des Saturns ist ein seltenes Phänomen, dessen Entstehung bisher als ungeklärt gilt. Er hat eine fast perfekte Sechseckform, die in dreidimensionaler Sicht einen Würfel darstellt, um den sich Stürme gegen den Uhrzeigersinn drehen. Daher wird der Saturn auch als ***schwarzer Würfel*** *dargestellt. (...) So schreibt der Freimaurer J. S. M. Ward in seinem Buch ‚Freemasonry and the Ancient Gods' (zu Deutsch: ‚Freimaurer und die alten Götter'): ‚Saturn ist das Gegenteil von Jupiter. Er ist der Satan, der Versucher oder vielmehr der Tester. Seine Funktion ist es, die niederen Triebe des Menschen zu bestrafen und zu zähmen.' Das Wort ‚Saturn' wird hierbei sicherlich nicht zufällig dem Wort ‚Satan' ähneln, vor allem in der englischen Aussprache. In der irischen Sprache wird der Planet ‚Satarn' genannt. In der südafrikanischen Bantusprache Xhosa wiederum ‚isateni'. (...)*
Um nun wieder auf die Kaaba zurückzukommen, ist es somit ganz sicher kein Zufall, dass die islamischen Pilger in den Massenritualen den schwarzen Würfel (Saturn) sieben Mal umrunden (sieben Ringgruppen des Saturn), gegen den Uhrzeigersinn (Nordpol des Saturn) und in konzentrischen Kreisen (Ringe des Saturn) um den Würfel herum versammelt beten müssen. Durch dieses Ritual entstehen große Mengen Energie, von denen sich die dunkle Seite dann ernährt. (...) Die Anbetung Saturns bzw. des ‚Saturngottes' ist somit die Anbetung Satans, welcher sich geschickt und listig hinter verschiedenen Namen und Formen versteckt, wovor auch in der Bibel schon gewarnt wurde. Und die Moslems beten sogar fünf Mal am Tag – Richtung Mekka kniend – zu ihm. Gerade viele Moslems prahlen damit, dass sie im Gegensatz zu allen anderen ‚Ungläubigen' am meisten zu Gott beten und sich sogar vor ihm niederknien. Wenn die nur wüssten...
Laut Erzählungen von verschiedenen antiken Zivilisationen soll unser Sonnensystem einst zwei Sonnen gehabt haben, die uns heute bekannte Sonne und den Saturn. Letzterer soll nur nachts geschienen haben. Auch deshalb wurde der Planet als die ‚Schwarze Sonne' bekannt. Das ist der eigentliche Sonnenkult. Der heilige Feiertag der Christen ist daher nicht umsonst der Sonntag. Und das christliche – zumeist schwarze – Kreuz ist nichts weiter als ein aufgeklappter Würfel. (...) Im Englischen ist der Weihnachtsmann als ‚Santa Claus' bekannt, ein Anagramm für ‚Satan Lucas'. (...) Die Juden feiern ihren Sabbat am Samstag. Der Tag Samstag steht für den Planeten Saturn. Im Englischen wird dies offensichtlicher, denn dort heißt der Samstag ‚Saturday' (Saturnday = Saturntag). Auch der Gebetsriemen in Form eines schwarzen Würfels, den sich orthodoxe Juden beim Gebet um die Stirn schnallen, erinnert daran. (...) In Indien heißt Samstag ‚Shanivar', benannt nach Shani, dem hinduistischen Gott des Saturns. (...) Wir sehen hier, dass bereits die alten Kulturen diesen Saturnkult praktiziert haben, womöglich schon seit zehntausend Jahren oder noch viel länger. Und wenn wir uns die Zahlensymbolik hier anschauen, sehen wir, dass der Saturn für die Zahl sechs steht, also die Zahl der Materie. Im Nordpol des Saturns haben wir die Sechseckform, Samstag ist der sechste Tag der Woche, und von der Sonne aus gesehen ist Saturn der sechste Planet. Hier haben wir also mitunter die von Satanisten so verehrte Zahl 666. Für die Moslems wiederum ist der Freitag der wichtigste Tag in der Woche. Dieser Tag steht für den Planeten Venus, welcher auch als Morgenstern bzw. Lichtbringer bekannt ist. Dreimal dürfen Sie raten, wie das lateini-

sche Wort für Lichtbringer lautet? Es ist Luzifer! Das ist derjenige, der sich hinter dem Licht versteckt. (...) In den semitischen Sprachen wurde Saturn auch ‚El' genannt, was übersetzt ‚Gottheit' heißt. Und somit finden wir auch gerade heute im Sprachgebrauch viele Assoziationen zum Saturn, wie z.B. die El-ite, die durch el-ections (engl. für Wahlen) zu (saturnischen) Herrschern auserwählt wird. (...)
Aber erkennen Sie jetzt das gemeinsame Muster all dieser Religionen? Seit tausenden von Jahren regieren stets dieselben Blutlinien diesen Planeten. Seit tausenden von Jahren praktizieren die Menschen den Saturnkult und somit die Anbetung und Verehrung Satans, ohne es zu wissen. Die römische Kirche hat das Ur-Christentum gekapert, um für die dunkle Seite so viele Seelen wie möglich einzufangen, sie hinters Licht zu führen. Es herrscht in der Tat ein Kampf um die Seelen auf diesem Planeten. Die Hirnwäsche mit den Religionskulten hat dabei bestens funktioniert. (...) "[250d]

Wie wir gesehen haben, sind sich die meisten Religionen ähnlich und haben ihren Ursprung im alten Babylon sowie der Anbetung sehr fragwürdiger „Gottheiten" (*Baal*, *El*, *Seth* usw.).

Der Malteserorden

Der Legende nach wurde der Malteserorden im 11. Jahrhundert ursprünglich als katholischer *Hospitaliterorden vom heiligen Johannes zu Jerusalem* gegründet, welcher die Verwundeten im Ersten Kreuzzug (1096-1099) in einem Hospital versorgte. Nach dem Ersten Kreuzzug stieg er zum Ritterorden auf. Von den Türken wurde der Orden jedoch aus Jerusalem vertrieben und so ließ er sich auf der griechischen Insel Rhodos nieder. Als der Orden von den Türken dort ebenfalls vertrieben wurde, überließ Kaiser Karl V. des Heiligen Römischen Reiches den Rittern die Insel Malta. Nachdem Malta danach zuerst an Napoleon und danach den Engländern in die Hände fiel, wurde der Orden direkt dem Vatikan unterstellt und hat seinen Sitz nun in Rom an der Via dei Condotti 68. Im Deutschen lautet der vollständige Name des Ordens *Souveräner Ritter- und Hospitalorden von Jerusalem von Rhodos und von Malta*. Im Englischen lautet die Bezeichnung etwas anders, nämlich abgekürzt *Sovereign Military Order of Malta*, was etwas deutlicher zu erkennen gibt, dass es sich hierbei um einen kirchlich-**militärischen** Orden handelt, ähnlich wie beim Jesuitenorden. Eine Besonderheit bei diesem Orden ist zudem, dass er den Status eines souveränen Völkerrechtssubjekts genießt, d.h. der Orden ist ein eigener Staat mit eigener Verfassung, eigener Währung, eigenem KfZ-Kennzeichen (S.M.O.M.) und genießt volle diplomatisch-päpstliche Immunität. Der Großmeister des freimaurerischen Malteserordens wird vom Papst auf Lebenszeit gewählt.[250e] Der evangelische Arm dieses Ordens ist der *Johanniterorden* mit Sitz in London und der Queen von England als Oberhaupt. Laut dem Forscher und Autor David Icke sind beide Orden auf höchster Ebene aber miteinander verbunden.[250f] Der 2001 ermordete ehemalige Marinegeheimdienstler und Insider Milton William Cooper schrieb zu diesem Orden folgende interessante Information in seinem Buch „Die apokalyptischen Reiter":

„Die Malteserritter werden von einem Rückgrat gehalten, das aus Adligen besteht. Fast die Hälfte der 10.000 Mitglieder gehört zu Europas ältesten und mächtigsten Familien. Das zementiert das Bündnis zwischen dem Vatikan und dem ‚Schwarzen Adel'. Der Schwarze Adel besteht zum größten Teil aus den Reichen und Mächtigen in Europa. Der

Führer des Schwarzen Adels ist die Familie, die den Anspruch erhebt, direkt vom letzten römischen Kaiser abzustammen.(...) Zur Mitgliedschaft bei den Malteserrittern gehört es, seinem eigenen Vorgesetzten im ORDEN und letztendlich dem Papst gehorsam zu sein."[250g]

In den höheren Maltesergraden wird penibel darauf geachtet, dass die Mitglieder ihre aristokratische Abstammung lückenlos über mindestens die letzten 300 Jahre nachweisen können.[250h] Hier haben wir also von einem hochrangigen Insider eine Bestätigung dessen, was wir zuvor über die Schwarzadelsfamilien herausgefunden haben. Neben dem Jesuitenorden sind die Malteserritter das andere wichtige „Bindeglied" zwischen dem Schwarzen Adel und dem Vatikan. Die Jesuiten wiederum bedienen sich der Malteserritter, um die gemeinsame Agenda der *Neuen Weltordnung* voranzubringen. Wenn man sich anschaut, dass selbst der Vorstandsvorsitzende des deutschen *Malteser Hilfsdienst e.V.* ein hochadeliger *Karl Prinz zu Löwenstein-Wertheim-Rosenberg* ist, dann weiß man, dass die engen Adelsverflechtungen mit dem Vatikan kein bloßes Hirngespinst sind.[250i] Spätestens jetzt dürfte ersichtlich sein, dass es sich bei den „Maltesern" und „Johannitern" nur oberflächlich um wohltätige Hilfsorganisationen handelt, obwohl sie in diesem Bereich laut dem Insider Jordan Maxwell als Gründer und Leiter von Krankenhäusern sowie im Gesundheitswesen allgemein **weltweit** präsent sind. Cooper führt in seinem Buch noch etwas weiter aus:

„Die Malteserritter sind eine weltweite Organisation, deren Fäden durch Handel, Banken, Politik, die CIA, andere Nachrichtendienste, P2, Religion, Erziehung, Justiz, Militär, Denkfabriken, Stiftungen, die Informationsagentur der Vereinigten Staaten, die Vereinten Nationen und zahlreiche andere Organisationen gespannt sind. (...) Die Malteserritter haben ihre eigene Verfassung und schwören, für die Einrichtung einer Neuen Weltordnung unter dem Vorsitz des Papstes zu arbeiten. Malteserritter sind auch mächtige Mitglieder des CFR und der Trilateralen Kommission."[250j]

In der Tat sollen die Gründer des US-amerikanischen Geheimdienstes CIA, William Donovan und Allen Dulles, nicht nur Malteserritter gewesen sein, der Geheimdienst soll maßgeblich vom Malteserorden (auf Weisung der Jesuiten) aufgebaut worden sein.[250k] Neben der weltweiten Infiltrierungstätigkeit ist der Malteserorden natürlich auch die persönliche Miliz bzw. Leibgarde des Papstes. In Zeiten, in denen der Papst einer ernsten Bedrohung ausgesetzt ist, sind es Malteserritter, die den Papst vorrangig beschützen und weniger die Schweizergarde.[250l] Was überraschend an diesem Orden ist, ist, dass es sich dabei nicht um einen reinen Männerorden handelt. Bei den Maltesern gibt es nämlich „Ritter" und „Damen". Ich frage mich übrigens gerade, wohin die ganzen Blutspenden hingehen, die in so gut wie jeder Stadt von gutgläubigen und nichtsahnenden Leuten durch diese vorgeblich wohltätigen Organisationen „abgezapft" werden (im späteren Verlauf dieses Buches werden Sie sich an diese Stelle hier noch einmal erinnern).

Ähnliche Aufgaben wie die Malteserritter übernimmt auch der 1882 in den USA gegründete katholische Orden der *Kolumbusritter*, der sich besonders in der Politik engagiert, um die Ziele des Vatikans umzusetzen und zudem kräftig im Versicherungsgeschäft – insbesondere Lebensversicherungen – mitmischt, wobei die Versicherungen einen Gegenwert von rund 100 Milliarden US-Dollar haben (Stand 2013).[250m] Der Vatikaninsider Eric Jon Phelps enthüllte in seinem Werk „Vatican Assassins“, dass der ehemalige US-Präsident John F. Kennedy ein Kolumbusritter und dessen Vater John P. Kennedy ein Malteserritter gewesen war. Als John F. Kennedy den Vietnamkrieg frühzeitig beenden und die (katholische) CIA *„in tausend Stücke sprengen wollte“*, wurde er liquidiert. Für seinen Mord soll mitunter Malteserritter und Bischof Thomas Kiely Gorman verantwortlich gewesen sein. Unter CIA-Direktor John McCone – ein Malteserritter – wurde der Vietnamkrieg anschließend massiv ausgeweitet, welches der CIA einen neuen großen Drogenumschlagplatz in der Welt für die *MAFIA* ermöglichen sollte.[(250n)]

Opus Dei

Weniger bekannt ist auch der katholische Orden *Opus Dei* (lat. *Gottes Werk*), der ebenfalls mit den Jesuiten zusammenarbeitet und erst 1928 vom katholischen Priester Josemaría Escrivá in Spanien gegründet und der von Papst Johannes Paul II. für selig und heilig gesprochenen wurde. Mit rund 95.000 Mitgliedern weltweit ist das ganz sicher kein kleiner Orden.[(250o)] *Opus Dei* ist als erzkonservativ katholische Sekte in Verruf geraten, die strengste Kontrolle und Bevormundung über ihre Mitglieder ausübt. Tägliche Messen, Rituale, Bräuche, Entfremdung von den Familien sowie wöchentliche Berichterstattungen an den Vorgesetzten zählen dabei zum Standardrepertoire. Männer und Frauen werden in speziellen *Opus-Dei*-Unterkünften voneinander getrennt einquartiert und verpflichten sich zu einem strikt keuschen Leben. Die Mitglieder in diesen Unterkünften widmen ihr ganzes Leben und ihre Seele diesem Orden und übergeben diesem sogar ihre ganzen Einkünfte zum „Wohle der Gemeinschaft“, aber vor allem zum Wohle des Ordens und des Vatikans. Zu den Bräuchen oder Ritualen gehört es auch, sich selbst mit einem geknoteten Seil zu schlagen und sich eine mit Eisenspitzen versehene Kette um den Oberschenkel zu schnallen, wie *ODAN* (*Opus Dei Aufklärungsnetzwerk*) berichtet. Diese Selbstkasteiung soll die Qualen Jesu nachempfindbar machen und ist somit ganz sicher nichts, was nur in Dan-Brown-Spielfilmen vorkommt.[(250p)] Aussteiger berichten, einer buchstäblichen Gehirnwäsche unterzogen worden sein, ähnlich wie man es bereits häufiger von anderen Sekten, wie z.B. der *Scientology*, schon einmal gehört hatte. Besonderes Tätigkeitsfeld dieses Ordens ist seine aggressive Rekrutierung von neuen Mitgliedern weltweit, um den Katholizismus in der Welt voranzutreiben, und aus diesem großen Pool an Mitgliedern dann auch womöglich politische Führungspersönlichkeiten von morgen zu rekrutieren.[(250q)] Der Autor Philip Gardiner fand für sein Buch „Secret Societies“ (deutsch: *„Geheimgesellschaften“*) heraus, dass der *Opus Dei* in den 1930er-Jahren dem spanischen Diktator Francisco Franco bei der Finanzierung half. Der Orden soll derart im spanischen Finanzministerium involviert gewesen sein, dass einige spanische Autoren ihn sogar als „Spanische Mafia“ bezeichnet hatten. Insgesamt weiß man aber relativ wenig über diesen Orden und seine Verstrickungen in Politik und anderen Bereichen. Gardiner zitiert den Jesuitenpriester James Martin, der 2001 im US-amerikanischen TV-Sender ABC in Bezug auf den *Opus Dei* sagte: *„Ich denke, sie fliegen unter dem Radar von allen Leuten, und dass sie viel mächtiger sind, als viele glauben.“*[(250r)]

Was die Malteser- und Kolumbusritter, den *Opus Dei* sowie *Orsini & Co.* betrifft, so werden wir diesen Bereich an dieser Stelle wieder verlassen und uns nachfolgend hauptsächlich auf die Jesuiten und ihr Wirken konzentrieren, da diese es sind, die als Soldaten

~~Christi~~ Satans der päpstlich-cäsaren Agenda mehrheitlich auf den Plan treten und als „graue Eminenzen" sämtliche Bereiche infiltrieren, kontrollieren und manipulieren. Dabei steuern sie auch die vorhin erwähnten anderen katholischen Orden, die in der Machthierarchie dem Jesuitenorden unterstehen, und nutzen diese als ausführende Organe in vielen Bereichen.

Der Schwur der höchsten Weihe

Die Jesuiten legen drei verschiedene Schwüre ab. Der vierte Schwur wird auch „extremer Schwur" genannt, mit dem der Jesuit erst in die wahren Prinzipien und Geheimnisse des Ordens eingeweiht wird. Diesen höchsten Schwur kann dieser aber erst nach 31jähriger Ordenszugehörigkeit und einem Mindestalter von 45 Jahren ablegen. Laut den Recherchen von Eric Phelps leisten diesen höchsten Schwur nur zwei Prozent aller Jesuiten ab.[(251)] Da es laut offiziellen Meldungen knapp 17.000 Jesuiten weltweit gibt (Stand Ende 2015), die in 125 Ländern tätig sind, haben demnach aktuell nicht mehr als 340 von ihnen diesen höchsten Eid abgelegt,[(252)] der nachfolgend ausschnittweise, so wie er in deutscher Sprache verfügbar ist, wie folgt lautet:

> *„Ich .... (Name des Jesuiten), werde jetzt, in der Gegenwart des allmächtigen Gottes, der gebenedeiten Jungfrau Maria, des gesegneten Erzengels Michael, des seligen Johannes des Täufers, der heiligen Apostel Petrus und Paulus und all der Heiligen und heiligen, himmlischen Heerscharen und zu dir, meinem geistlichen Vater, dem oberen General der Vereinigung Jesu, gegründet durch den Heiligen Ignatius von Loyola, in dem Pontifikalamt von Paul III. und fortgesetzt bis zum jetzigen, hervorgebracht durch den Leib der Jungfrau, der Gebärmutter Gottes und dem Stab Jesu Christi, erklären und schwören, dass seine Heiligkeit, der Papst, Christi stellvertretender Vize-Regent ist; und er ist das wahre und einzige Haupt der katholischen und universellen Kirche über die ganze Erde; und dass aufgrund des Schlüssels zum Binden und Lösen, der seiner Heiligkeit durch meinen Erlöser Jesus Christus, gegeben ist, er die Macht hat, ketzerische Könige, Prinzen, Staaten, Republiken und Regierungen aus dem Amt abzusetzen, die alle illegal sind ohne seine heilige Bestätigung, und dass sie mit Sicherheit vernichtet werden mögen. Weiter erkläre ich, dass ich allen oder irgendwelchen Vertretern deiner Heiligkeit an jedem Platz, wo immer ich sein werde, helfen und beistehen und sie beraten und mein Äußerstes tun will, um die ketzerischen protestantischen oder freiheitlichen Lehren auf rechtmäßige Art und Weise oder auch anders auszurotten, und alle von ihnen beanspruchte Macht zu zerstören.*
>
> *Ich verspreche und erkläre auch, dass ich nichtsdestoweniger darauf verzichte, irgendeine ketzerische Religion anzunehmen, um die Interessen der Mutterkirche auszubreiten und alle Pläne ihrer Vertreter geheim und vertraulich zu halten, und wenn sie mir von Zeit zu Zeit Instruktionen geben mögen, sie nicht direkt oder indirekt bekanntzugeben durch Wort oder Schrift oder welche Umstände auch immer; sondern alles auszuführen, das du, mein geistlicher Vater, mir vorschlägst, aufträgst oder offenbarst (...) Weiter verspreche ich, dass ich keine eigene Meinung oder eigenen Willen haben will oder irgendeinen geistigen Vorbehalt, was auch immer, selbst als eine Leiche oder ein Kadaver, sondern bereitwillig jedem einzelnen Befehl gehorche, den ich von meinem Obersten in der Armee des Papstes und Jesus Christus empfangen mag. Dass ich zu jedem Teil der Erde gehen werde, wo auch immer, ohne zu murren, und in allen Dingen unterwürfig sein will, wie*

auch immer es mir übertragen wird ... Außerdem verspreche ich, dass ich, wenn sich Gelegenheit bietet, unbarmherzig den Krieg erkläre und geheim oder offen gegen alle Ketzer, Protestanten und Liberale vorgehe, wie es mir zu tun befohlen ist, um sie mit Stumpf und Stiel auszurotten und sie von der Erdoberfläche verschwinden zu lassen; und ich will weder vor Alter, gesellschaftlicher Stellung noch irgendwelchen Umständen halt machen. Ich werde sie hängen, verbrennen, verwüsten, kochen, enthaupten, erwürgen und diese Ketzer lebendig vergraben, die Bäuche der Frauen aufschlitzen und die Köpfe ihrer Kinder gegen die Wand schlagen, nur um ihre verfluchte Brut für immer zu vernichten. Und wenn ich sie nicht öffentlich umbringen kann, so werde ich das mit einem vergifteten Kelch, dem Galgen, dem Dolch oder der bleiernen Kugel heimlich tun, ungeachtet der Ehre, des Ranges, der Würde oder der Autorität der Person bzw. Personen, die sie innehaben; egal, wie sie in der Öffentlichkeit oder im privaten Leben gestellt sein mögen. Ich werde so handeln, wie und wann immer mir von irgendeinem Agenten des Papstes oder Oberhaupt der Bruderschaft des heiligen Glaubens der Gesellschaft Jesu befohlen wird.
Ich widme hiermit mein Leben, meine Seele und all meine körperlichen Kräfte. Und mit diesem Dolch, den ich nun erhalte, werde ich als Bestätigung mein Zeugnis mit meinem Namen im eigenen Blut unterzeichnen. Sollte ich in meiner Entschlossenheit mich als schwach erweisen, so mögen meine Mitbrüder und Soldaten der Armee des Papstes mir die Hände und Füße abhacken, mir von einem Ohr zum anderen die Kehle aufschlitzen, meinen Bauch aufschneiden und es innen mit Schwefel ausbrennen, mit all der Bestrafung, die mir zugefügt werden kann auf Erden und das meine Seele von Dämonen in der ewigen Hölle für immer gequält werde. (...)“[253]

Mensch, da wird ja einem so richtig mollig warm ums Herz. Wer möchte denn nicht solch „liebevolle“ Burschen zu seinen besten Freunden zählen? Also, ich weiß nicht, wie Sie das sehen, aber mit „geistlichem Vater“ kann hier ganz sicher nicht die barmherzige göttliche Schöpferkraft gemeint sein. Jetzt könnte man sagen, was können schon 340 oder meinetwegen auch 500 Jesuiten des höchsten Grades innerhalb des Ordens schon groß ausrichten? Eine ganze Menge! Denn sie befehligen immerhin die „Soldatenarmee des Papstes“, die weltweit fast alle Bereiche innerhalb von Regierungen, Wirtschaft, Finanzwesen, Wissenschaft, Gesundheitswesen, Religionen, Kultur, Bildungswesen und Medien infiltriert haben!

Abb. 75 bis 76: Links der ehemalige Jesuitengeneral Peter Hans Kolvenbach. Der sympathische Herr in der Mitte ist der ehemalige Jesuitengeneral Adolfo Nicolás. Keine Angst, „der tut einem nichts“. Rechts der ehemalige „Schwarze Papst“ Nicolás zusammen mit dem Jesuiten und „Weißen Papst“ Franziskus. Alles ganz liebevolle Jungs.

Monita Secreta – Die Geheimen Instruktionen der Jesuiten

Monita Secreta ist ein Begriff aus dem Lateinischen und bedeutet „Die geheimen Ermahnungen". Das sind die geheimen Instruktionen der Jesuiten, die 1612 in Krakau in lateinischer Sprache erschienen und 1924 von Julius Hochstetter ins Deutsche übersetzt worden sind. Im Vorwort dieser Schrift heißt es u.a.:

> *„Man muss sich überhaupt hüten, dass diese Verhaltungsmaßregeln nicht in die Hände Fremder fallen, weil dieselben ihnen eine falsche Auslegung zu Teil werden lassen würden, weil sie unseren Orden beneiden. Wenn es geschehen sollte (Gott möge es verhindern!), so soll man behaupten, es seien dies nicht die Gedanken der Gesellschaft, und es soll dies von denjenigen der Unsrigen bestätigt werden, von denen man gewiss weiß, dass ihnen diese Instruktionen unbekannt sind (s. Kapitel II, 3.) Es sollen denselben unsere allgemeine Instruktionen, sowie gedruckte oder geschriebene Verordnungen oder Regeln gegenübergestellt werden."*[254]

Somit ist es nicht verwunderlich, dass diese Instruktionen allgemein als Fälschung abgetan werden. Aus den Überschriften der einzelnen Kapitel kann man schon die niederen Absichten (z.B. Infiltration und Bereicherung) des Ordens herauslesen, hier mal auszugsweise:

> ***„Kapitel II.***
> *Auf welche Weise die Väter der Gesellschaft die vertraute Freundschaft der Fürsten, der Großen und überhaupt der hervorragendsten Persönlichkeiten erwerben und erhalten sollen.*
>
> ***Kapitel III.***
> *Wie muss sich die Gesellschaft denen gegenüber verhalten, welche im Staate großen Einfluss haben, und ohne reich zu sein, doch auf andere Art nützlich sein können?*
>
> ***Kapitel VI.***
> *Wie reiche Witwen für die Gesellschaft zu gewinnen sind. (zu vergl. I, 7.)*
>
> ***Kapitel VII.***
> *Wie man sich die Witwen erhalten soll, und wie man über die Güter verfügen müsse, welche sie besitzen.*
>
> ***Kapitel VIII.***
> *Wie es zu machen sei, dass die Söhne und Töchter der Witwen sich dem geistlichen Stande oder einem frommen Leben widmen.*
>
> ***Kapitel IX.***
> *Von der Vermehrung der Einkünfte der Kollegien.*
>
> ***Kapitel X.***
> *Von der Strenge dieser eigenen Zucht in der Gesellschaft.*
>
> ***Kapitel XI.***
> *Wie sich die Unsrigen in gemeinschaftlichem Einverständnis gegenüber den von der Gesellschaft Entlassenen benehmen sollen.*
>
> ***Kapitel XII.***
> *Welche Personen man in der Gesellschaft erhalten und hegen soll.*

Kapitel XIII.
Von der Auswahl der jungen Leute, welche in die Gesellschaft aufzunehmen sind, und von der Art, dieselben zu halten.

Kapitel XIV.
Von besonderen vorbehaltenen Fällen und von der Ursache der Entlassung aus der Gesellschaft.

Kapitel XV.
Wie man sich gegen die Nonnen und die frommen Frauen betragen soll.

Kapitel XVI.
Über die offen zur Schau zu tragende Verachtung des Reichtums.

Kapitel XVII.
Von den Mitteln, den Orden zu fördern."[255]

Aus dem letzten Kapitel XVII mal einige interessante Passagen, die die Infiltrierung und das gegenseitige Aufstacheln zum Gegenstand haben (aus dem Original):

„3. Königen und Fürsten soll man durch die Lehre schmeicheln, dass der katholische Glaube bei dem gegenwärtigen Zustande ohne Politik nicht bestehen könne, aber hierbei ist große Discretion und Behutsamkeit vonnöten. Auf diese Weise werden die Unsrigen die Gunst der Großen gewinnen, und sie werden zu den geheimsten Beratungen beigezogen werden.

4. Ihr Wohlwollen kann man auch dadurch sich erhalten, dass man ihnen verbürgte Neuigkeiten von allen Seiten her zugänglich macht.

5. Auch wird es nicht wenig Vorteil bieten, die Zwistigkeiten der Großen und Fürsten in vorsichtiger Weise und im Geheimen zu nähren, selbst bis zur gegenseitigen Aufreibung der Kräfte. Wenn man aber bemerkt, dass eine Versöhnung wahrscheinlich ist, so soll sich der Orden zuerst bestreben, den Frieden herbeizuführen, damit man ihm von anderer Seite nicht zuvorkommt.

6. Man muss auf jede Art und Weise, namentlich auch das niedere Volk und die Großen davon überzeugen, dass der Orden durch besondere göttliche Vorsehung gegründet worden sei in Gemäßheit der Prophezeiungen des Abts Joachim [von Floris], *damit die von den Ketzern unterdrückte Kirche sich zu neuem Glanz erhebe.*

7. Sodann muss man, wenn das Wohlwollen der Großen und Bischöfe gewonnen ist, die Pfarreien und Kanonikate besetzen, um eine gründliche Erneuerung des Klerus herbeizuführen, welcher einst unter einer bestimmten Regel mit seinen Bischöfen lebte und der Vollendung zustrebte. Und endlich muss man sich an die Abteien und Prälaturen heranmachen, welche man im Hinblick auf die Trägheit und Dummheit der Mönche im Falle einer Erledigung des Sitzes ohne große Mühe wird erlangen können. Es würde überhaupt zum Vorteil der Kirche gereichen, wenn alle Bistümer in den Händen des Ordens wären, ja wenn er den apostolischen Stuhl inne hätte, zumal wenn der Papst der irdische Inhaber aller Besitztümer würde. Daher muss die irdische Macht des Ordens allmählich, aber mit Klugheit und im Geheimen, ausgedehnt werden. Es ist kein Zweifel, dass dann das goldene Zeitalter eintreten würde, dass man dann ewigen und allgemeinen Frieden genießen und demzufolge der göttliche Segen die Kirche geleiten würde.

8. Wenn aber noch nicht zu hoffen ist, dass man diese Ziele erreiche, muss man, da notwendigerweise Anstände und Ärgernisse eintreten müssen, dem politischen Zustand eine zeitgemäße Wendung geben. Man muss die Fürsten, welche mit uns auf vertrautem Fuße stehen, zu gegenseitigen schrecklichen Kriegen veranlassen, damit so überall die Hilfe des Ordens als des Mehrers des gemeinsamen Wohles, angerufen wird und man seine Dienste in Anspruch nimmt, um eine allgemeine Versöhnung herbeizuführen, und damit er dafür durch große Zuwendungen und kirchliche Würden belohnt wird.

9. Kurz, der Orden wird, nachdem er sich die einflussreiche Gunst der Fürsten erworben hat, wenigstens das zu erreichen suchen, dass er von denen, die ihn nicht lieben, wenigstens gefürchtet wird."(256)

Gerade Punkt 8 ist eine typische Taktik der Jesuiten. Erst einmal Krieg und Chaos verursachen, denn dann schreien alle Leute nach Gott... und Kirche und Jesuiten eilen „wohlwollend" helfend zur Stelle (z.B. mit Vereinen wie dem *Roten Kreuz*).

Jesuiten in der Geschichte

Nachfolgend eine kurze Zusammenfassung über das Wirken der Jesuiten:

„Während Portugal die Jesuiten freundlich aufnahm, stießen sie anfangs auf Widerstand in Spanien, ebenso in Paris und in Venedig, gleichfalls in Belgien und England. Deutschland öffnete sich den Jesuiten ungefähr seit 1556 (vorher nur Köln und Wien). In Deutschland wirkten die Jesuiten entscheidend für die Gegenreformation. Im 16. Jahrhundert entfaltete der Orden ausgedehnte Aktivitäten, weit entfernte Völkerschaften deren eigenen Glaubensvorstellungen zu entfremden und diese durch semitische zu ersetzen. Betroffen waren vor allem Indien, Japan, China, die Philippinen, der Kongo, Abessinien, Brasilien, Peru, Mexiko, Chile und Kanada. In Paraguay wurde ein Jesuitenstaat auf sozialistischer Grundlage errichtet, der von 1610 bis 1767 bestand."(257)

Am 21. Juli 1773 hob Papst Clemens XIV. unter dem Druck der romanischen Staaten den Orden auf. Dieses Verbot währte nicht all zu lange, denn im Jahr 1814 führte Papst Pius VII. den Jesuitenorden wieder ein, welcher sich im 19. Jahrhundert zum Hauptträger des politischen Katholizismus entwickelte. Staatsoberhäupter aus verschiedenen Ländern erkannten in den Jesuiten feindlich gesinnte Individuen, die überall intrigierten und sich einmischten. Dies führte dazu, dass der Orden in vielen Ländern gesetzlich verboten wurde. Dazu heißt es weiter:

„1759 wurden die Jesuiten aus Portugal vertrieben, Spanien verbot den Orden mehrmals, so unter Isabella II., Austreibung 1767; 1820 wies Russland die Jesuiten aus, nach 1844 wurden alle Jesuiten aus der Schweiz verbannt und die Tätigkeit des Ordens in der Bundesverfassung von 1848 verboten. 1874 wurde das Verbot erweitert, sodass fortan allen Jesuiten jede Tätigkeit in Staat und Kirche untersagt war. Der Verfassungsartikel galt bis 1973. Frankreich hatte unter Ludwig XV. bereits Jesuiten ausgewiesen, die keinen Treueeid auf den König abgelegt hatten, 1901 kam es dort zur gänzlichen Ausweisung des Ordens. Das Deutsche Reich erkannte in den Jesuiten die Speerspitze der reichsfeindlichen katholischen Kirche und verwies sie 1872 des Landes (‚Jesuitengesetz'). Aufgrund der politischen Kräfteverhältnisse erhielt der Orden im Jahr 1917 wieder die Zulassung."(258)

Im Deutschen Kaiserreich kam es zwischen dem Reichskanzler und preußischen Ministerpräsidenten Otto von Bismarck und der katholischen Kirche zu Machtkämpfen. Es ging dabei um die angestrebte Trennung zwischen Staat und Kirche, da Bismarck in der katholischen Kirche richtigerweise einen Staat im Staate erkannte. Durch Verordnungen und Gesetze bewirkte Bismarck, dass die katholische Abteilung im preußischen Kultusministerium aufgelöst und im Zuge die geistliche Schulaufsicht in Preußen durch eine staatliche ersetzt wurde. Im Jahr 1872 wurde schließlich der Jesuitenorden verboten. Dieser durfte im Kaiserreich keine Niederlassungen mehr unterhalten. Im sogenannten „Brotkorbgesetz" entzog Bismarck dann den Geistlichen und den Kirchen sämtliche staatliche Zuwendungen, wenn diese sich nicht schriftlich auf die staatlichen Gesetze verpflichteten. Bismarck erläuterte den Grund für diesen Kulturkampf mit eigenen Worten wie folgt:

> *„Den ganzen Kulturkampf konnten wir entbehren, wenn die polnische Frage nicht daran hing. Ich bin in den Kampf hineingezogen worden, weil mir der überzeugende Beweis geliefert wurde, dass unter der Leitung der Geistlichkeit in Westpreußen, namentlich aber auch in Schlesien polonisiert wurde, in Westpreußen mit dem Erfolge, dass die Enkel von Großeltern, die zweifellos deutsch waren, deutschen Ursprungs, deutschen Namens, schon nicht mehr deutsch sprechen konnten und sich für Polen hielten."*[(259)]

Erinnern Sie sich noch an die im letzten Kapitel erwähnte „Polonisierung" der Deutschen seitens der polnischen Regierung, die ja noch bis zur Zeit Hitlers weiterging und die polnische Regierung dabei gemäß ihres Konkordats mit dem Vatikan handelte (Konkordat = Vertrag zwischen einer Regierung und dem Vatikan)? Hier haben wir also auch von einer anderen Seite das feindliche Treiben des Vatikans gegen alles, was nicht katholisch ist, von einem ehemaligen Staatsoberhaupt bestätigt.

Ab 1887 endete mit dem neuen Papst Leo XIII. dieser Machtkampf jedoch wieder und die meisten Einschränkungen für die katholische Kirche wurden nach und nach wieder aufgehoben. Der Vatikan und das Kaiserreich näherten sich wieder an, als Bismarck im Streit mit Spanien um die Karolineninseln den Papst als Schiedsrichter vorschlug. Als Zeichen des Danks und der Anerkennung erhielt Bismarck den *Christusorden* verliehen, den höchsten Orden, den der Papst verleiht (und Bismarck war der einzige Protestant, der diesen Orden jemals verliehen bekommen hatte).[(260)] Hatte sich Bismarck kaufen oder erpressen lassen? Jedenfalls markierte das dann den Anfang vom Ende der Restsouveränität Deutschlands, und für den Vatikan der Gewinn eines wichtigen „Bündnispartners" – oder besser gesagt Deutschland als Basis für die weitere militärische Expansion. Über die katholische Zentrumspartei gewann die Kirche zunehmend Stimmen und Einfluss in Deutschland, was später noch von besonderer Wichtigkeit sein wird.[(261)] (Mir ist bewusst, dass nicht alle Freimaurer und kirchliche Ordensmitglieder böse Individuen sind. Unter ihnen gibt es auch gute Menschen mit positiven Absichten. Doch haben diese zumeist keinerlei Ahnung, mit wem sie naiverweise tatsächlich einen Pakt geschlossen haben. Diese Orden sind mit dem Vatikan, also der dunklen Seite, verbunden. Mit Eiden und Schwüren bindet man sich energetisch an solche Institutionen auf **ewige** Zeit, oder so lange, bis man diese Verstrickungen/Blockaden irgendwann in einem späteren Leben wieder auflöst (z.B. schwarzmagische Rituale, Armuts- und Keuschheitsgelübde etc.). Das wird einem bei Eintritt in solch einem Orden nicht erzählt. Wer diese Tatsachen abstreitet, hat keine Ahnung oder gehört zur dunklen Seite.)

Kommunismus und der Erste Weltkrieg

Neben Rakowskis Andeutungen erklärt auch Alberto Rivera, dass die kommunistischen Helden Karl Marx und Friedrich Engels in Wahrheit von Jesuiten unterrichtet und geführt wurden. Die Gründung der kommunistischen Partei geht somit auf direkten Einfluss unserer „Freunde", die Jesuiten, zurück, (welche auch mit Trotzki, Lenin und Stalin zusammenarbeiteten), mit dem Ziel, einen Machtblock zu errichten, um zu gegebener Zeit die Beschützer der russisch-orthodoxen Kirche, darunter auch die Zaren, zur Strecke zu bringen.[(262)] Derweil breitete sich der Einfluss der orthodoxen Kirche auch auf dem Balkan aus. Die wachsende Macht Serbiens war ein Dorn im Auge Roms und wurde somit auf die Todesliste gesetzt. Frankreich wurde ebenfalls auf diese Liste gesetzt, da es im 18. Jahrhundert den Jesuitenorden verboten und ihre sämtlichen Besitztümer eingezogen hatte.[(263)] Das protestantische England war ebenso ein Feind, da die Jesuiten dort im Zuge ihrer Gegenreformation auf Granit stießen. Edmond Paris fasst die günstige Stunde des Vatikans wie folgt zusammen:

> *„Der Heilige Vater und seine jesuitischen Berater waren über die Leiden der ‚christlichen Nationen' nicht besorgt. Es war nicht das erste Mal, dass diese Nationen zum Vorteil der römischen Politik benutzt wurden. Die gewünschte Gelegenheit war endlich gekommen, den germanischen säkularen Arm gegen das orthodoxe Russland, das ‚gottlose' Frankreich, welches einen ‚ordentlichen Aderlass' brauchte und als Bonus gegen das ‚ketzerische' England einzusetzen. Alles schien einen ‚lebhaften und glücklichen Krieg' zu versprechen."*[(264)]

Und laut Paris hatten die Jesuiten bereits zuvor den deutsch-französischen Krieg 1870/71 zu verantworten.[(265)] So konnte man auch hier alte Feindschaften wieder aufleben lassen. Was Paris allerdings hier übersieht, ist, dass der Vatikan seinen Kreuzzug am Ende gegen das Kaiserreich („ketzerische" Preußen) selbst richten würde. Auf der anderen Seite, so der Ex-Jesuit Rivera, begann noch vor dem Ersten Weltkrieg ein Zusammenschluss **reicher Juden** darauf hinzuwirken, Jerusalem wieder für sich zu gewinnen. Dieses Vorhaben der reichen Juden drohte Roms Pläne schon wieder zunichte zu machen. Daraufhin ersinnten die Jesuiten einen Plan, die Juden nicht nur in Europa zu vernichten. Eine Gruppe von Juden arbeitete jedoch mit dem Vatikan und den Jesuiten zusammen und schrieben laut Rivera im Auftrag der Jesuiten die *Protokolle der Weisen von Zion*, um durch dessen Publikation Europa gegen die Juden aufzubringen.[(266)]

Hier werden Sie sich sicherlich auch wieder fragen, was denn der Widerspruch nun soll? Juden werden vom Vatikan gehasst und dann gibt es wiederum Juden, die mit dem Vatikan zusammenarbeiten. Was ich bei Rivera und auch einigen anderen Autoren manchmal vermisse, ist eine Klärung der Begriffe und eine bessere Unterscheidung. So wie bei anderen Religionen finden wir im Judentum ebenso verschiedene Strömungen und Zweige, mit jeweils gemeinsamen, aber auch unterschiedlichen Zielen. So gibt es selbst unter den Ultraorthodoxen (*Charedim*) einige Gruppierungen, die den Zionismus befürworten und jene, die ihn ablehnen. Jetzt stellt sich die Frage, wen Rivera mit „reiche Juden" meinte? Ich komme zur folgenden Schlussfolgerung: Es müssen also jene sein, die Jerusalem wieder zurück haben wollten und daher den Zionismus befürworteten. Doch damit stünden sie ja dem Vatikan wieder im Wege, der seit den letzten ca. 2.000 Jahren selbst um den Einzug nach Jerusalem kämpft. Was hat der Vatikan also Ende des 19. und Anfang des 20. Jahrhunderts gemacht? Er und der Jesuitenorden kamen jenen „reichen Juden" zuvor, indem sie ihre **untergebenen Zionisten** rechtzeitig einsetzten, um über diese an Jerusalem heranzukommen; was dann spätestens der gläubige Katholik Adolf Hitler in Kooperation mit diesen Zionisten später dann auch ermöglichen sollte. Eric Phelps führt in seinem Werk „Vatican Assassins" bestätigend aus, wenn er schreibt, dass jüdische Freimaurer im Dienste der Jesuiten stehen.[(267)] Man könnte sie daher auch als „Hofjuden" des Vatikans bezeichnen. In dem Zuge sei noch einmal auf die Zusammenarbeit zwischen den **Zionisten** und den Engländern hingewiesen, als Letztere diesen bzw. den Juden ihren eigenen Staat in Palästina versprochen hatten, was dann später zur *Balfour-Deklaration* führte, welches 1917 erst einmal nur der nächste Zwischenschritt gewesen war.

Hier haben wir also die Hintergründe, die zum Ersten Weltkrieg führten. Während des Krieges spielte der deutsche Papst Benedikt XV. ein doppeltes Spiel. In den Jahren 1915-1917 versuchte er einige Male „nach außen hin" den Frieden zu erwirken, welches von der Entente aber nicht ernst genommen wurde. Im Hintergrund arbeitete er daran, Deutschland von innen heraus zu zerstören. Bei diesen Intrigen wirkte auch der damalige Nuntius in Bayern und Erzbischof mit, Eugenio Pacelli, der später Kardinal und Papst Pius XII. wurde (Nuntius = Botschafter des Vatikans).[(268)] Da es zum damaligen Zeitpunkt keinen separaten Nuntius in Preußen gab, war er faktisch Nuntius zum gesamten Kaiserreich. Von dem spanischen Journalisten Eric Frattini, der in seinem Werk „The Entity" u.a. über die vatikanischen Spionagetätigkeiten und die geschichtlichen Hintergründe schreibt, erfahren wir, dass Pacelli mehrere geheime Treffen mit dem damaligen Reichskanzler Theobald Bethmann-Hollweg hatte.[(269)] Worum mag es bei diesen Treffen tatsächlich gegangen sein? Wohl kaum um bloße Friedensverhandlungen, wie wir von Georg Kausch erfahren, was der Hochgradfreimaurer Bethmann-Hollweg tatsächlich im Schilde führte:

„(...) Er hielt am Bündnis mit Österreich fest, setzte die Kriegserklärung an Russland durch und sprach im Reichstag von einem ‚deutschen Unrecht an Belgien'. Seine Rolle im Kriege war die unheilvollste, die man sich denken kann. Er arbeitete auf eine Neugründung Polens (als katholischer Kirchenstaat) hin, verhinderte mit größter Energie Verhandlungen über einen Sonderfrieden mit Russland, sabotierte den Seekrieg gegen Großbritannien. Tirpitz brachte überzeugende Argumente vor, dass Bethmann-Hollweg ein Mann der Alliierten, vor allem Englands war. Bethmann-Hollweg handelte aber auch vollständig im Sinne der Kriegspolitik des Heiligen Stuhls. Man ist zu der Frage berechtigt, ob Freimaurerei und Kirche, die sich in den unteren Graden erbittert bekämpfen, nicht in Wirklichkeit eine gemeinsame, geheime Oberleitung haben."[(270)]

(Ja, die gemeinsame Oberleitung ist die der Jesuiten. Laut Phelps und Rivera delegieren die Jesuiten einige Aufgaben nicht nur an freimaurerische Zionisten, sondern auch an Mitglieder des *Malteserordens, Opus Dei* und andere Geheimbünde und Orden)

Aber auch mit dem deutschen Kaiser Wilhelm II. traf sich Pacelli mehr als einmal, zuletzt am 29. Juni 1917. Nachdem bereits Bethmann-Hollweg drei Tage zuvor dem durch Pacelli übermittelten Friedensvorschlag des Papstes ausgewichen war, wich Kaiser Wilhelm II. ebenfalls aus und ließ die Antwort offen.[(271)] Natürlich treten nach außen hin nicht die wahren Details, über was hinter verschlossenen Türen tatsächlich gesprochen wurde. Wir wissen, dass der Vatikan u.a. das Ziel hatte, die Monarchien aufzulösen, die ihm genauso im Wege standen wie das protestantische Preußen. Bei diesen „Friedensverhandlungen" wird es eher um Kapitulationsverhandlungen gegangen sein, Forderungen nach Gebietsabtretungen sowie um Forderungen, dass sich das Kaiserreich komplett der Autorität des Vatikans untergeben müsse, was durch ein Konkordat mit dem Vatikan zu besiegeln wäre. Die Tatsache, dass es Konkordate mit Bayern erst 1924 und mit Preußen sogar erst 1929 gab [272], verstärkt die Vermutung, dass Kaiser Wilhelm II. sich dem Vatikan keineswegs ergeben wollte. Dass zwei Wochen später jedenfalls, am 13. Juli 1917, Bethmann-Hollweg seinen Posten als Reichskanzler räumte (bzw. räumen musste), wird dann auch sicher kein Zufall gewesen sein.[273] Der Eintritt der USA ins Kriegsgeschehen geschah formell zwar bereits im April 1917, doch bis Truppen und Waffen nach Europa verlagert wurden, verstrich noch einige Zeit für die päpstlichen „Friedensbemühungen".

Dass Papst und Jesuiten gegen Deutschland intrigierten, kam sogar durch das *Düsseldorfer Tageblatt* ans Licht der Öffentlichkeit mit mehreren Artikeln Ende 1917 und Anfang 1918, wie Eric Frattini herausgefunden hatte: Der Redakteur Heinz Brauweiler, der auch gelegentlich als Spionage-Agent für die Deutschen arbeitete, enthüllte, dass eine durch Russland unterstützte Gruppe an Katholiken versuchte, die deutsche Sicherheit zu untergraben. Nach Brauweilers Angaben war in Frankreich zudem ein Buch mit dem Titel „La Guerre Allemande et le Catholicisme" (deutsch: „Der deutsche Krieg und der Katholizismus") erschienen, in dem stand, dass das Deutsche Kaiserreich der wahre Feind für die katholische Kirche in der Welt sei und dass der Kaiser in einem zukünftigen Europa vorhabe, den Papst als absolutistische Kirchenfigur zu ersetzen. Der ganze anti-deutsche Komplott, so das französische Buch, sei von der vatikanischen Gegenspionageabteilung *Sodalitium Pianum* und einem belgischen Anwalt namens Alfons Jonckx organisiert worden. Im Februar 1918 durchsuchten Beamte der deutschen Militärpolizei und Agenten des kaiserlichen Geheimdiensts Jonckx' Haus. Gemäß Aussagen seitens der Deutschen unterhielten Jonckx und die vatikanische Gegenspionage ständige Kontakte mit dem russischen Spionen Baron Sonthoff, um Kampagnen gegen Deutschland und den Kaiser durchzuführen. Dieser Skandal führte dazu, dass das Ansehen des angeblich neutralen Papstes in der Öffentlichkeit Schaden genommen hatte.[274]

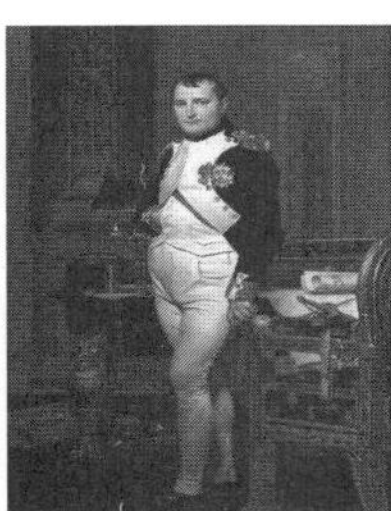

Abb. 77 und 78 (von links nach rechts): Karl Marx, deutscher Philosoph und Verfasser des *Kommunistischen Manifests*. Die Hand hinter dem Revers des Sakkos symbolisiert die „versteckte Hand" der Jesuiten (und Illuminati), die im Hintergrund agiert. Auch die Französische Revolution unter Napoleon Bonaparte (1769-1821) war vom Jesuitenorden gesteuert. George Washington (1731-1799) war einer der Gründerväter und der erste Präsident der Vereinigten Staaten von Amerika. Ganz rechts Salomon Mayer von Rothschild (1774-1855), gründete den österreichischen Zweig der Rothschildfamilie in Wien. Mit der Handgeste zeigt er den Wissenden, wem er dient.

Der Londoner Vertrag von 1915

Der *Londoner Geheimvertrag* vom 26. April 1915 war ein Vertrag zwischen Italien und der Entente (Frankreich, England und Russland), welcher Italiens Kriegseintritt im Gegenzug der Zusicherung von territorialen Ansprüchen vorsah. Italien, das zuvor mit Deutschland und Österreich-Ungarn einen Dreibundvertrag hatte, wechselte mit dem Londoner Vertrag plötzlich die Fronten und war nun der Gegner des Deutschen Kaiserreichs. Viel interessanter ist jedoch der Artikel 15 dieses geheimen Londoner Abkommens, welches der Entente ein Vetorecht einräumte, sollte Italien einen Repräsentanten des Heiligen Stuhls für zukünftige Friedensverhandlungen vorschlagen. Der italienische Außenminister Baron Sonnino erhielt zudem das Versprechen der Alliierten, sie würden sich jedweden päpstlichen Friedensbemühungen widersetzen.(275) Hierzu muss man wissen, dass der Vatikan als Kirchenstaat erst ab 1929 wieder eigenständig bzw. souverän wurde. Warum sollte sich also Italien (Rom) selbst aus zukünftigen Friedensverhandlungen ausschließen? Ein Widerspruch ist das nur auf den ersten Blick. Liest man sich den Artikel 15 genauer durch, so schließt es den Vatikan nicht nur von Friedensbemühungen aus, sondern auch von jedweden sonstigen Verhandlungen, die sich in Folge des gegenwärtigen Krieges zur Regelung von Fragen ergeben werden! Das heißt mit anderen Worten, dass der Vatikan auch bei den Versailler Friedensverhandlungen außen vor wäre und 1919 tatsächlich auch außen vor blieb. Die Gründe erschließen sich uns mittlerweile auch: Denn sämtliche alliierten Parteien wussten von den Machenschaften, die der Papst mit seinen Helfern in Bezug auf den Ersten Weltkrieg hatte. An die Weltöffentlichkeit wären womöglich all die Intrigen des angeblich neutralen Papstes gelangt. Als die deutsche Delegation in Versailles eintraf, erfuhr sie das erste Mal von der *Balfour-Deklaration* und der geplanten Gründung des Staates Israel (England besetzte am 10. Dezember 1917 bereits Jerusalem mit britischen Truppen im Zuge seines Angriffs auf Palästina(276)). Aber wie viel wusste sie über die Rolle des Vatikans Bescheid? Kann es sein, dass die Deutschen hier absichtlich im Ungewissen gelassen werden sollten? Der andere Grund war, nach außen hin es so aussehen zu lassen, als hätten sich die Alliierten gegen den Papst verschworen, und dass Letzterer während des Krieges vergeblich „alles versucht“ hatte, um Frieden herzustellen. Was für ein genialer Schachzug, um den eigenen Ruf aufzupolieren und als „Friedenspapst“ in die Geschichte einzugehen! Den Artikel 15 finden Sie übrigens nur sehr schwer im Internet. Auf deutsch- und englischsprachigen Seiten zum Londoner Vertrag von 1915 wird dieser Artikel konsequent ausgelassen bzw. übersprungen.(277) Zum Glück gibt es aber noch eine Kopie des Originals.(278) (Abb. 78a)

Im November 1918 flüchtete jedenfalls Kaiser Wilhelm II. in die Niederlande ins Exil, nachdem Max von Baden am 9. November eigenmächtig dessen Abdankung im Zuge des marxistischen Novemberputsches verkündete (auch *Novemberrevolution* genannt). Erst am 28. November verkündete Wilhelm II. unter Druck stehend offiziell seinen Thronverzicht. Wegbereiter für den Novemberputsch war die russische Oktoberrevolution einen Monat zuvor.(279) In seinen Memoiren von 1922 ließ er die Katze aus dem Sack, als er von einem Treffen mit Papst Leo XIII. (1878-1903) ein paar Monate vor dessen Tod berichtete, der nicht nur seine Politik lobte (Wilhelm II. beendete quasi Bismarcks Kulturkampf und erlaubte Religionsfreiheit im Kaiserreich.), sondern ihm gleich auch mitteilte, **dass Deutschland das Schwert der katholischen Kirche werden müsse.** Wilhelm II. erwiderte darauf, dass das alte Römische Reich Deutscher Nation nicht mehr länger existiere und dass sich die Zustände geändert hätten, aber der Papst beharrte auf seine Worte.[279a] Das *Heilige Römische Reich Deutscher Nation* war die Nachfolge des antiken Römischen Reiches mit Anspruch auf Universalherrschaft und erstreckte sich vom 10. Jahrhundert bis zum Jahr 1806. Die römisch-deutschen Kaiser wurden von den Päpsten gekrönt.[279b] Wilhelms heute relativ unbekannte Enthüllung liefert uns einen weiteren wichtigen Beweis dafür, dass der Vatikan (die „Cäsaren") an der Wiederherstellung seines alten Römischen Reiches festhielt und an deren Umsetzung fieberhaft arbeitete! Eine weitere interessante Passage findet sich in seinen Memoiren, wonach er vorgeblich erst nach dem Ersten Weltkrieg von einem Freimaurer erfahren hatte, dass auf einer Versammlung der internationalen Großloge *Großorient von Frankreich* (mit Sitz in Paris) im Jahre 1917 u.a. beschlossen worden war, Österreich-Ungarn zu zerstückeln, die Habsburger Monarchie aufzulösen, die Demokratisierung Deutschlands sowie die Abdankung des Kaisers zu erwirken.[279c]

ARTICLE 15.

La France, la Grande-Bretagne et la Russie appuieront l'opposition que l'Italie formera à toute proposition tendant à introduire un représentant du Saint Siège dans toutes les négociations pour la paix et pour le règlement des questions soulevées par la présente guerre.

ARTICLE 15.

France, Great Britain and Russia shall support such opposition as Italy may make to any proposal in the direction of introducing a representative of the Holy See in any peace negotiations or negotiations for the settlement of questions raised by the present war.

Abb. 78a: Artikel 15 des einst geheimen Londoner Vertrags von 1915 – in Französisch und Englisch

Die „Föderation der katholischen Nationen"

Die Forderungen von Papst Leo XIII. sollten somit in den kommenden Jahren und Jahrzehnten mit großen Schritten in die Tat umgesetzt werden. Nach dem Ersten Weltkrieg erdachte sich der damalige polnische Adlige und Jesuitengeneral Wladimir Ledochowski einen großen Plan, nämlich die Erschaffung einer *Föderation der katholischen Nationen*, welches sich über Mittel- und Osteuropa erstrecken solle und Österreich, Polen, Slowakei, Ungarn, Böhmen sowie Bayern beinhalten würde. Dass Bayern und nicht ganz Deutschland gemeint war, liegt auf der Hand, denn schließlich war Bayern – und ist es auch heute noch – nebst Österreich die Hochburg der Katholiken im mittleren Europa und somit des Jesuiten liebstes Kind. Gründete der Jesuit und „erste Kommunist" Adam Weishaupt doch einst den *Bayerischen Illuminatenorden* in Bayern. Zu dieser Zeit, schreibt Edmond Paris, war Ledochowskis wichtigster Mitarbeiter der Nuntius in München (früher Berlin) Eugenio Pacelli (künftiger Papst Pius XII.)[280]

Den Anfang zur Vollendung dieses „Traums" sollte Italien machen, als Benito Mussolini 1925 zum *Duce del Fascismo* (*Führer des Faschismus*) avancierte. Hilfe bekam er dazu von dem Generalsekretär des Jesuitenordens, dem Jesuitenpater Tacchi Venturi, der zwischen Mussolini und Papst Pius XI. eine vermittelnde Rolle einnahm.[281] Venturi war auch einer der Architekten der Lateranverträge, die die römische Frage klärte und die Vatikanstadt souverän machte.[282] Bereits im November 1922 wurde Mussolini zum Ministerpräsidenten des Königreichs Italien „gewählt". Möglich machte dies eine Stimmenmehrheit mithilfe von Katho-

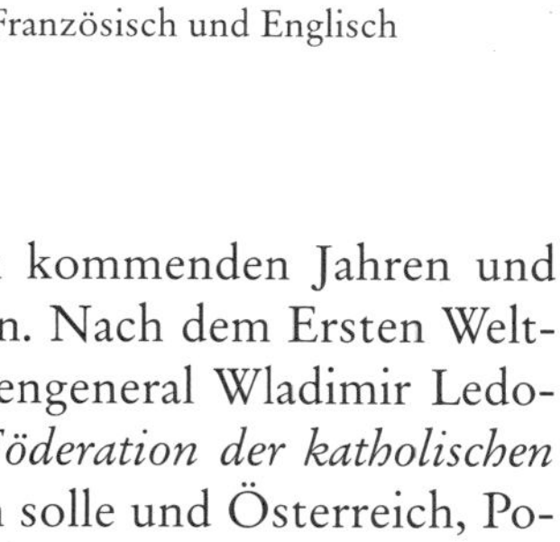

Abb. 79: Eugenio Pacelli, Nuntius und später Papst Pius XII.

liken der christlich-demokratischen Partei (von Luigi Sturzo). Die faschistische Regierung war geboren.[283] 1929 bedankte sich Mussolini mit einem Konkordat mit dem Vatikan und machte damit nicht nur den Katholizismus in Italien zur einzigen Staatsreligion, sondern räumte dem Papst weitgehende politische Macht ein.[284] In der Zwischenzeit schloss der Vatikan 1924 mit Bayern ein Konkordat ab.

Abb. 80: Was will uns Wladimir Lenin bloß mitteilen...?

Nach der bolschewistischen Oktoberrevolution 1917 – welche die Jesuiten hatten aussehen lassen, als sei sie jüdischen Ursprungs gewesen – entsandte der Vatikan 1922 drei von Jesuitenpatern geführte Delegation mit katholischen Priestern nach Russland, die sich dort überall verstreuten, um über die katholischen Gemeinden zukünftige Entwicklungen zu planen und voranzutreiben. Weiterhin unterhielten vatikanische Diplomaten Kontakt zum kommunistischen Revolutionär und Diktator Wladimir Lenin aufrecht.[285] Letzterer erlaubte dem Jesuitenorden 1922 – also nach dem fünfjährigen Bürgerkrieg seit Oktober 1917 – sich wieder in Russland niederzulassen, nachdem dieser die letzten ca. 100 Jahre zuvor zumindest formell von dort durch den Zaren Alexander I. verbannt gewesen war.[286] In diesen fünf Jahren zwischen 1917 und 1922 und bis zu Lenins Tod 1924 hatte die „Revolution“ laut dem Schweizer Magazin *Schweizer Zeit* ca. 13 Millionen Menschen das Leben gekostet. Wurden sie nicht an Ort und Stelle erschossen, deportierte man sie in sowjetische *Gulags* (Konzentrationslager). Lenins Mitstreiter Sinowjew fasste das Ziel wie folgt zusammen: *„Wir müssen neunzig von hundert Millionen der Bevölkerung in Sowjetrussland auf unsere Seite bringen. Mit dem Rest kann man nicht reden, ihn muss man vernichten.“* [287] Zu den sogenannten „Klassenfeinden“ gehörten vor allem Gläubige, so z.B. Orthodoxe, Lutheraner, Methodisten, Baptisten und Mennoniten (evangelische Freikirche). Selbst katholische und moslemische Minderheiten sollen betroffen gewesen sein. Insgesamt wurden über 14.000 orthodoxe Geistliche, darunter auch Nonnen hingerichtet.[288] Doch Lenin „entwickelte“ sich für den „Heiligen Stuhl“ anscheinend nicht gut genug. Zwischen den beiden scheint es nach Frattinis Ausführungen einen Bruch ab 1923 gegeben zu haben. Trotz eines vom Vatikan gewährten zinslosen Kredits in Höhe von über 10 Millionen US-Dollar, zögerte Lenin, den Katholiken im Land Zugeständnisse zu machen.

Die Sowjetunion unterzeichnete eine Fortführung der diplomatischen Beziehungen und der wirtschaftlichen Zusammenarbeit mit Deutschland, was den Zielen des Vatikans aber völlig entgegenstand, welcher weiterhin einen Keil zwischen die Deutschen und Russen treiben und sie gegeneinander aufhetzen wollte.[289]

Abb. 80a: Auch Leo Trotzki zeigte für die Wissenden, wem er diente.

Im Gegensatz zu Leo Trotzki wollte Lenin bereits 1917/18 den Krieg gegen Deutschland nicht mehr fortsetzen, was zum Friedensvertrag von Brest-Litowsk im März 1918 führte.[290] Also musste Lenin weg. Rakowski gab 1938 im Verhör preis, dass Trotzki das Attentat gegen den bereits gesundheitlich ange-

Abb. 81: Wie soll's auch anders sein? Stalin stand ebenfalls im Dienste der Jesuiten.

schlagenen Lenin organisierte und Stalin ebenso seine Finger mit ihm Spiel dabei hatte („getarnte Euthanasie").[291] Letzterer wurde schließlich Lenins Nachfolger. Im darauffolgenden innersowjetischen Machtkampf unterlag Trotzki (Volkskommissar des Auswärtigen) gegen Stalin und floh 1928/29 ins Exil und begründete 1938 die *Vierte Kommunistische Internationale* (*Trotzkismus*). 1940 wurde er von einem sowjetischen Agenten getötet. Trotzki forderte eine permanente Weltrevolution während Stalin erst einmal den Sozialismus im eigenen Land etablieren und ausbauen wollte. Unter Stalins Herrschaft entwickelte sich zunehmend auch der russische Nationalismus (*Nationalkommunismus*), was Trotzki ebenfalls missfiel und nicht dem langfristigen Ziel des Weltkommunismus (der *Neuen Weltordnung*) entsprach, bei dem jedweder Patriotismus nur im Wege steht. Wir erinnern uns, dass dies auch Rakowski bestätigte, als er sagte, dass Stalin die „sozial-internationale Revolution" verhindert habe und daher, wie einst bei dem Sturz des Zaren 1917, es einen Krieg gegen die Sowjetunion geben müsse, um ihn wieder zu entfernen.[292] Das Verhör von Rakowski fand 1938 statt, also noch rund drei Jahre vom Russlandfeldzug entfernt. Wie wir im dritten Kapitel erfahren haben, wollte Stalin das Deutsche Reich zuerst angreifen, dem Deutschland aber zuvorkam.

Folgende Überlegung kommt mir dabei in den Sinn: Im Nachhinein betrachtet hätte wohl Rakowskis Version tatsächlich eintreffen sollen. Da Hitler sich aber partout weigerte, einen Angriffskrieg gegen irgendein Land zu führen (und somit nicht ganz im Sinne seiner Strippenzieher handelte), müssen die Jesuiten zu Stalins Erstschlag übergegangen sein, um ganz Europa mit dem Kommunismus zu überrollen. Die heutige Karte Europas hätte dann ganz anders ausgesehen. Aber weil Hitler Stalin zuvorkam, schien der ursprüngliche Plan wohl wieder zu greifen. Letzten Endes spielt das wiederum keine all zu große Rolle, denn die Jesuiten haben immer mehrere Pläne und Alternativen zur Hand. Dafür wurde während des Zweiten Weltkriegs für ausreichend Sabotage und Intrigen gesorgt, sowie die Hilfe der USA hinzugenommen, um sicherzustellen, dass Deutschland auf jeden Fall verliert **und** der Vatikan/Katholizismus an Macht dazugewinnt.

Abb. 82 und 83: Im linken Bild in der Mitte Mustafa Kemal Atatürk, Revolutionär und Gründer der Republik Türkei. Wie man merkt, sind die Jesuiten große Fans von „Revolutionen". Rechtes Bild zeigt Mitglieder des *Skull & Bones* Orden (ca. Mitte 19. Jahrhundert). Der Mann ganz links dürfte von allen Mitgliedern auf dem Foto der am höchsten Eingeweihte sein.

Derweil arbeitete Kardinal Pacelli, nun Nuntius in der Weimarer Republik, u.a. mit dem päpstlichen Geheimkämmerer Franz von Papen zusammen (1932 zeitweise Reichskanzler), um die Weimarer Republik zu stürzen und für Adolf Hitler den Weg zu seiner Kanzlerschaft zu ebnen und mit dem Nationalsozialismus den „Gegenblock“ zum Kommunismus zu bilden.[293]

Abb. 84, 85 und 86: Oh, welch Überraschung: Jesuit und Weißer Papst Franziskus. Das Logo des Jesuitenordens steckt voller geheimer Botschaften. Offiziell leitet sich das Kürzel IHS von den ersten drei griechischen Buchstaben (Iota, Eta und Sigma) des Namens Jesu ab. Vom Logo gibt es einige Varianten. Bei einer davon wird das „H“ vom Kreuzdolch nur berührt und nicht durchbohrt. Bei dieser Version repräsentieren das Kreuz und der Buchstabe H drei aneinander gestellte „T's“ bzw. „Taus“, welches der 19. Buchstabe im griechischen Alphabet ist. Das dreifache Tau repräsentiert den Tempel von Jerusalem (*Templum Hierosolym*). Das dreifache Tau repräsentiert womöglich auch die drei Gottheiten IHS als Trinität.[293b]

Bei den Jesuiten wird IHS offiziell als *Iesum Habemus Socium* (*Wir haben Jesus als Gefährten*) oder *Jesus Hominum Salvator* (*Jesus, der Erlöser der Menschen*) gedeutet. Die Deutung, die ich nach diversen Quellen und eigenen Überlegungen zum aktuellen Zeitpunkt für wahrscheinlich halte: Inoffiziell soll die Abkürzung IHS für die drei ägyptischen Gottheiten *Isis*, *Horus* und *Seth* stehen, die auch im Römischen Reich verehrt wurden. *Isis* war die Göttin der Geburt, Wiedergeburt, aber auch Totengöttin. *Horus* – der Sohn von *Isis* – war ursprünglich ein Himmelsgott, außerdem Königsgott und Lichtgott. *Seth* wiederum ist Gott der Dunkelheit, des Chaos und der Zerstörung. Im christlichen Glauben würde *Isis* daher für die *Jungfrau Maria*, der Mutter von *Jesus* (*Horus*) stehen. *Seth* wäre dann als Widersacher der Satan bzw. *Luzifer*. Das Symbol der *Schwarzen Sonne* (Saturn)wäre in diesem Zusammenhang als Tor zu *Luzifer*, dem „Lichtbringer“ zu verstehen (auch als Tor zur Hölle). Als *Jesus* gekreuzigt wurde, war die Sonne verdunkelt. Das abgebildete Kreuz symbolisiert nicht nur die Kreuzigung Jesu selbst, als Dolch durchbohrt es den Körper des *Horus* (*Jesus*). *Jesus* wurde nach der Überlieferung am Kreuz mit dem Speer des römischen Legionssoldaten *Longinus* am Oberkörper verletzt. Wenn *Horus/Jesus* für den Himmel, für das Lichtvolle steht, dann will dieser Dolch sinnbildlich den Himmel aufbrechen, das Lichtvolle in der Welt bekämpfen. Die drei Nägel im unteren Bereich der Sonne wären dann jene Nägel, mit denen *Jesus* gekreuzigt wurde. Das Ganze geht aber noch weiter: Die Sonne hat 16 gewellte und 16 gerade Sonnenstrahlen. Die gewellten Strahlen stehen für das weibliche (yonische) Prinzip, die geraden Strahlen für das männliche (phallische) Prinzip. Zusammen genommen also die Vereinigung zwischen Mann und Frau, wobei ich hier dazu neige, dass damit die Vermischung von Mann und Frau, also der Förderung der Androgynität gemeint ist, also die Abschaffung des göttlichen Prinzips von Mann und Frau, die zusammen eine göttliche Einheit bilden (Yin und Yang). Die Zunahme des Genderwahnsinns in Schulen sowie die

Förderung der Transgenderbewegung, Homosexualität und der Spaltung von Mann und Frau in Partnerschaften und Familien unterstützen diese Interpretation. Das hat jetzt mit „Homophobie“ rein gar nichts zu tun. Dass Homosexualität nicht im universalen Sinne sein kann, erkennt man schnell. Wäre nämlich die ganze Welt homosexuell, würde die Menschheit bald aussterben. Nur Mann und Frau als Einheit können neues Leben erzeugen. Und Klonen ist nicht im göttlichen Sinne. Die Sonne könnte man auch als Mondsymbol deuten. Auch hier wieder das männliche und weibliche Prinzip in einem Symbol. An Sonnen- und Mondfinsternissen sowie Neu- und Vollmonden werden besonders viele schwarzmagische Rituale praktiziert – mit ein Grund, warum sich viele Menschen gerade um die Mondphasen herum schlecht fühlen. 32 Sonnenstrahlen plus 3 Nägel plus 1 Dolchklinge (quasi langer Nagel) ergibt die Zahl 36. Addiert man die einzelnen Zahlen von 1 bis 36, also 1+2+3+4+5+.... +36 erhält man zufällig die Zahl 666, die Zahl des „Biestes“, des *Luzifers*. Liest man IHS rückwärts, so erhält man SHI. Im Chinesischen hat *Shi* mehrere Bedeutungen. Die bedeutendsten sind aber *Realität* und *Zeit*. Die ägyptische Gottheit *Seth* ist in der griechischen Mythologie der Saturngott *Chronos*. Der Saturn steht für das Satanische. Das astronomische Symbol des Saturns ist die stilisierte Sichel, welches die Sichel von *Chronos* ist, dem „Sensenmann“, der das Leben der Sterblichen, also ihre Lebenszeit, beendet. Nach ihm sind bekanntlich unsere Uhren benannt (Chronometer). Die Saturnmatrix macht die Menschen in unserem Sonnensystem zu Sklaven der Zeit. Das *Shi* symbolisiert demnach die Kontrolle der Zeit und Kontrolle über unsere Realität bzw. Wahrnehmung.[293a]

Abb. 87 bis 91: Ganz links das *Triple Tau*, welches besonders in der Royal-Arch-Freimaurerei benutzt wird. Daneben das Emblem der Jesuiten in Kleinbuchstaben. Rechts das astronomische Symbol des Planeten Saturn. Rechts davon eine Hostie mit Jesuitenemblem. Der „Leib Christi“ wird bei der katholischen Messe gebrochen und anschließend verspeist. Das heißt, Jesus wird in einem schwarzmagischen Ritual im übertragenen Sinne immer wieder getötet und anschließend einverleibt. Das ist Kannibalismus und Todeskult! Rechts außen sieht man Papst Franziskus in seiner Tracht. Vorn auf der Brust prangt ganz deutlich seine Zugehörigkeit zum Jesuitenorden.

Abb. 92 bis 94: Links der 1993 verstorbene Schauspieler und Musiker River Phoenix. Hier mit dem Symbol der versteckten Hand und dem „Allsehenden Auge“. Dass er mit bereits 23 Jahren schon so hoch eingeweiht gewesen war, ist stark zu bezweifeln. Eher hat diese „künstlerische“ Pose sein Manager für das Fotoshooting angeordnet. Auch Johnny Depp (Mitte) dürfte in seinen jungen Jahren für das Foto hier dementsprechend angeleitet worden sein. Mittlerweile dürfte er als Hollywoodveteran zu den Eingeweihten gehören. Der berühmte puerto-ricanische Sänger und Musikproduzent Marc Anthony wuchs in einer katholischen Familie auf (rechts).

Abb. 95 bis 100: *Big Daddy Kane* und sein Album „Prince of Darkness“ und die beiden populären italienisch-stämmigen Schauspieler Robert De Niro (oben) und Al Pacino in jüngeren Jahren.

Unten links und Mitte der bekannte Hollywoodschauspieler und Filmproduzent Tom Hanks.

Rechts von ihm der Rapper Kanye West.

Halten sie ihre Hände freiwillig so?

Nationalsozialismus und der Zweite Weltkrieg

Der Alldeutsche Verband

Wenn es um die patriotischen Befreiungsbewegungen im Deutschen Reich geht, so kommt man nicht um den 1891 von Dr. Carl Peters gegründeten *Alldeutschen Verband* herum, der bis 1894 noch *Allgemeiner Deutscher Verband* hieß. Die Ziele dieses Verbandes, welches seinen Hauptsitz in Berlin hatte, waren vordergründig das deutsche Nationalbewusstsein sowie das Deutschtum im Ausland zu stärken. Die Gebietsabtretungen durch das Versailler Diktat galt es rückgängig zu machen. Der Altreichskanzler und Fürst Otto von Bismarck war seit 1895 Ehrenmitglied. Bis 1922 hatte der Verband ca. 52.000 Mitglieder, dem sich weitere Gruppen und Vereinigungen, mit rund 130.000 Mitgliedern anschlossen. 1901 gehörten 38 Reichstagsabgeordnete dem Verband an, 1908 waren es 33 an der Zahl.[(294)] Die Statuten vom 6. Oktober 1917 fassten die Ziele des Verbandes wie folgt zusammen:

> *„§ 1. Der Alldeutsche Verband erstrebt Belebung der deutsch-nationalen Gesinnung, insbesondere Weckung und Pflege des Bewusstseins der rassenmäßigen und kulturellen Zusammengehörigkeit aller deutschen Volksteile.*
>
> *§ 2. Diese Aufgabe schließt in sich, dass der Alldeutsche Verband eintritt*
>
> *1) für die Erhaltung des deutschen Volkstums in Europa und über See und Unterstüzung desselben in bedrohten Teilen*
>
> *2) für die Lösung der Bildungs-, Erziehungs- u. Schulfragen im Sinn des deutschen Volkstums*
>
> *3) für Bekämpfung aller Kräfte, die unsere nationale Entwicklung hemmen*
>
> *4) für eine tatkräftige deutsche Interessenpolitik in der ganzen Welt, insbesondere Fortführung der deutschen Kolonialbewegung zu praktischen Ergebnissen.“*

Unter neuer Führung durch Heinrich Claß wurden die Verbandsziele am 31. August 1919 neu formuliert:

„§ 1. Der Alldeutsche Verband will in allen Deutschen eine auf die Treue und Liebe zur deutschen Eigenart gegründete völkische Gesinnung und einen nur auf das Wohl der deutschen Gesamtheit gerichteten völkischen Willen erwecken. Ohne Rücksicht auf ihre Staats-, Partei- und Bekenntniszugehörigkeit will er alle Volksgenossen zusammenschweißen zur Arbeit an der allen Deutschen gemeinsamen Aufgabe: Erhaltung, Pflege und Entwicklung des deutschen Volkstums.

§ 2. Diese Aufgabe schließt in sich, dass der Alldeutsche Verband seine Aufgabe vor allem dienen lässt der Rettung und Wiederaufrichtung des durch den Zusammenbruch im November 1918 mit dem Untergang bedrohten deutschen Volks und Deutschen Reichs. Er fordert insbesondere als für Wohlergehen und Gedeihen der deutschen Volksgesamtheit unerlässlich

1) *sittliche Ertüchtigung aller Kreise und Schichten unseres Volks, Wiedererweckung der Eigenschaften, die unsere Vorfahren aus Zeiten tiefster Not immer wieder emporgehoben haben*
2) *Wiederaufrichtung eines starken deutschen Kaisertums*
3) *Wiederaufbau einer starken deutschen Wehrmacht*
4) *Wiedergewinnung der dem deutschen Volk geraubten Gebiete*
5) *Eingliederung Österreichs in das Deutsche Reich*
6) *Schutz und Hilfe für das bedrängte Auslanddeutschtum*
7) *Gestaltung und Ausbau aller Gebiete des Volks-, Staats- und Einzellebens, gemäß deutscher Eigenart, insbesondere des Schul-, Bildungs-, Gesundheits- und Siedlungswesens, sowie Beeinflussung der deutschen Jugend- und Frauenbewegung im völkischen Sinn*
8) *planmäßige rassische Höherentwicklung des deutschen Volks durch Auslese und Förderung aller im Sinn guter deutscher Art hervorragend Begabten*
9) *Bekämpfung aller Kräfte, welche die völkische Entwicklung des deutschen Volks hemmen oder ihr schaden, insbesondere Fremdensucht und der auf fast allen staatlichen, wirtschaftlichen und kulturellen Gebieten bestehenden jüdischen Vorherrschaft“*[(295)]

Interessant zu sehen, wie im Zuge des Versailler Schanddiktats sich die Verbandsziele geändert haben und sich sehr auf den Erhalt der nationalen Identität im In- und Ausland fokussierten. Aus dem ursprünglichen Gedanken der expansionistischen Kolonialbewegung (Punkt 4 des § 2) wurde die Wiedergewinnung der dem Reich entrissenen Gebiete. Hier galt es also nicht mehr, neue Länder zu kolonisieren, sondern nur noch den alten Bestand wiederherzustellen und zu schützen. Schaut man sich die Ziele an, lesen sie sich wie eine Kampfschrift gegen die Hintergrundmächte. Patriotismus und deutsche Werte sowie die Stärkung des Volkstums, die Wiederherstellung des Kaiserreiches und der Kampf gegen alle Kräfte, die diesen Zielen entgegenstehen (§ 2, Punkt 9), sind doch Gründe genug, um diese patriotische Bewegung zu unterwandern, zu stoppen und zu übernehmen. Bestätigende und erwähnenswerte Details hierzu liefert uns Dieter Bronder in „Bevor Hitler kam“:

„Als erster Vorsitzender amtierte der Bankier von der Heydt. Ihm folgte 1894 der sächsische Pfarrerssohn Professor Dr. Ernst Hasse (1846/1908), erst Offizier, dann Statistiker an der Universität Leipzig und 1893/1903 nationalliberaler Abgeordneter des Reichstages. Er sah die Aufgabe des AV im ‚Kampf gegen die Internationale in jeder Gestalt, die rote sowohl wie die schwarze und die goldene, die Sozialdemokratie ebenso wie den Jesuitenorden und die internationalen Geldmächte'.“[296]

Wir finden gleich drei interessante Aussagen darin:

1. Der Bankier *von der Heydt* war also auch mit von der Partie – jener, der auch später zwischen 1929 und 1933 bei den Verhandlungen mit Hitler, Göring und einem Warburg Bankier kurz vor Hitlers Machtübernahme dabei sein sollte.

2. Noch spannender ist die Aussage über den „Kampf gegen die Internationale“ (also den internationalen Kommunismus) in all ihren Formen. Zur Klärung: Die *Rote Internationale* ist die sozialistisch-kommunistische Bewegung. Mit dem Begriff *Schwarze Internationale* ist der universale Katholizismus gemeint. Die Farbe Schwarz bezieht sich hier auf das schwarze Priestergewand (bzw. der Ordenstracht der Jesuiten!). Otto von Bismarck sah in der Zentrumspartei im Reichstag eine „schwarze Internationale“, die von Rom aus regiert wurde, mit dem Ziel, die deutsche nationale Einheit zu bekämpfen.[297] Schauen Sie sich mal heute die roten, schwarzen oder rot-schwarzen Flaggen der *Antifa* (bzw. der *Antifaschistischen Aktion*) oder anderen links-anarchistischen Bewegungen an, dann wissen Sie Bescheid, wer die tatsächlichen Urheber dahinter sind. Dasselbe gilt für Landesflaggen. Die *Goldene Internationale* bezeichnet die (jüdisch-zionistische) internationale Hochfinanz.[298] Der ehemalige Reichsinnenminister Eduard David (SPD) soll bei der Weimarer Nationalversammlung am 2.7.1919 die Einführung der schwarz-rot-goldenen Fahne als „Zeichen der nationalen Einheit“ befürwortet haben. Auch SPD-Politiker Dr. Ludo Moritz Hartmann (jüdischer Herkunft) befürwortete 1921 in seiner Schrift „Großdeutsch oder Kleindeutsch?“ ebenfalls dieselbe Farbkombination als Zeichen der „großdeutschen Idee“.[299] So, dann hätten wir den Hintergrund zur schwarz-rot-goldenen Symbolik hiermit geklärt. Dass die *Weimarer Republik* und die *Bundesrepublik Deutschland* (BRD) Besatzungskonstrukte sind, bestätigen nur vielmehr die Bedeutung dieser Farbkombination: die totale Besetzung und Fremdherrschaft unseres Landes! Ob die schwarz-weiß-rote Fahne bzw. diese Farbkombination jetzt „besser“ ist, möge nun jeder selbst beurteilen.

3. Und drittens der Kampf gegen den Jesuitenorden!

Das ist schon mal eine geballte Ansage gegen das internationale Establishment.

Der *Alldeutsche Verband* und die *NSDAP* – die patriotische Bewegung wurde umgelenkt

Anfang der 1920er-Jahre kamen sich der Verband und die NSDAP näher, da sich die Ziele der beiden ähnelten. Heinrich Claß nannte den Nationalsozialismus ein *„Kind des Alldeutschen Verbandes"*. Bis 1923 kam es zwischen ihm und Hitler zu mehreren Treffen. Im „Historischen Lexikon Bayerns" wurde ich über die weitere Entwicklung zwischen diesen beiden Bewegungen fündig, die für uns äußerst aufschlussreich sein sollen:

> *„Allerdings stieß das Konzept der NSDAP nach dem gescheiterten Novemberputsch 1923, dass die politische Macht nur vom Boden der Verfassung aus gewonnen werden könne, bei den Alldeutschen auf wachsenden Missmut. 1932 brach der Konflikt zwischen Alldeutschen und Nationalsozialisten offen aus. Die Nationalsozialisten störten bayernweit alldeutsche Versammlungen. Führende Alldeutsche bezichtigten zugleich die NSDAP, dass diese aufgrund ihrer ‚Annäherung' an demokratische Parteien –* ***namentlich wegen der Zusammenarbeit mit dem Zentrum*** *– den ‚Grundkonsens' des völkischen Nationalismus verletzt habe. Die Alldeutschen wähnten den völkischen Gedanken ‚in Gefahr', weil aus ihrer Sicht die NSDAP ‚den marxistischen Strömungen in ihren Reihen immer mehr Raum gegeben' habe. Das Präsidium des Alldeutschen Verbandes empfahl daher am 21. Oktober 1932 in einer in den Alldeutschen Blättern abgedruckten Note, die NSDAP nicht mehr ‚zu fördern oder bei den Wahlen zu stützen'."*

Zum Niedergang des Verbandes findet sich folgende Information:

> *„Als im Oktober 1932 der Gegensatz zwischen Alldeutschen und Nationalsozialisten offen zutage trat und die Alldeutschen den NS-Parteiführer als ‚Adolphe Légalité' des völkischen ‚Verrats' bezichtigten, hatten Überalterung und Rückgang der Mitgliederzahl (1922: 52.000, 1932: 8.000) den Verband längst ins politische Abseits geführt."*

Das ist auch kein Wunder, da die NSDAP ein riesiges Partei- und Werbebudget durch Bankiers und Industrielle im Rücken hatte und somit den *Alldeutschen Verband* vollkommen verdrängen konnte. Dann heißt es noch weiter:

> *„(...) Nach dem 30. Januar 1933 hielten führende Alldeutsche an dem Anspruch fest, im völkischen Lager die alleinige Rechtgläubigkeit des völkischen Nationalismus zu vertreten – was die Paladine des ‚Dritten Reiches' zunächst brüskierte. Dennoch markierte das Jahr 1933 bereits die vollkommene politische Bedeutungslosigkeit des Alldeutschen Verbandes, auch wenn Claß als ‚Gast' bei der NSDAP-Fraktion im Reichstag saß. Die NSDAP observierte ihre politischen Vormünder, zumal der Verband lautstark und stets erneut sein ‚Urheberrecht' am völkischen Nationalismus betonte. (...) Offensichtlich verleugnete die nationalsozialistische ‚Revolution' einen Gutteil ihrer weltanschaulichen Wurzeln. Am 13. März 1939 ließ der Chef der Sicherheitspolizei, Reinhard Heydrich (1904-1942), die Geschäftsstellen des Verbandes durchsuchen und erklärte ihn für verboten, auch unter Hinweis darauf, dass ‚mit der Heimholung der Ostmark und des Sudetenlandes' dessen Mission erfüllt sei."*[(300)]

Unter fadenscheinigen Gründen wurde der „Vater" der nationalsozialistischen Revolution verboten. Was hier passiert ist, ist klar und deutlich: Die patriotische Befreiungsbewegung wurde regelrecht übernommen und umgelenkt, da sie schlichtweg zu gefährlich wurde. Der *Alldeutsche Verband* hatte schon recht früh den Einfluss marxistischer und jesuitischer Kreise (*Zentrumspartei*) und folgerichtig den Verrat am völkischen Nationalismus erkannt. Bereits Reichskanzler Bethmann-Hollweg ging laut dem Mitglied des Verbandes Hans von Liebig gegen ihn sowie andere Mitglieder des *Alldeutschen Verbands* und gegen nationale Kreise im Kaiserreich vor und engagierte sich eifrig, wenn es darum ging, diese Bewegungen zu zensieren.(301)

Die Thule-Gesellschaft

Die *Thule-Gesellschaft* ging 1918 in Bayern aus der Verschmelzung mit dem *Germanenorden* hervor, da die Ziele der beiden sich stark ähnelten. Gegründet wurde die Gesellschaft von einem Rudolf von Sebottendorf (bürgerlich: Rudolf Glauer), der einen großen Hang zur Esoterik und Okkultismus hatte. Im Münchner Nobelhotel „Vier Jahreszeiten" bezog die Gesellschaft ihr Quartier, wo auch die Redaktion ihrer antijüdischen Zeitung *Münchner Beobachter* ihre Büros hatte. 1919 wurde die Zeitung – dessen Chefredakteur Dietrich Eckart war – in *Völkischer Beobachter* umbenannt, bevor sie 1920 an die NSDAP verkauft wurde.(302) Woher die Gelder zur Gründung und Aufrechterhaltung dieser Gesellschaft kamen, ist nicht zu ermitteln. Die *Thule-Gesellschaft* war wiederum eine Tarnung für den inneren Zirkel, dem *Thule-Orden*. Dietrich Bronder dazu:

> *„Innerhalb der Loge bestand als ‚esoterischer Kern' ein magischer Zirkel, in dem Geheimwissenschaften – an der Spitze Astrologie – getrieben wurden. Um aber auch eine entsprechende Breitenwirkung und mit ihr Einfluss auf die Politik zu erreichen, verzichtete man nach außen hin auf die Beschäftigung mit Magie und Okkultismus und bildete einen ‚exoterischen Kreis', die ‚Thule-Gesellschaft'. In ihr pflegte man germanisches Weistum und, nur leicht okkultisch gefärbt, die germanische Vorgeschichte sowie den Antisemitismus.“*(303)

Die wichtigsten Mitglieder des *Thule-Ordens* waren laut Dietrich Bronder und E. Carmin („Guru Hitler"):

1. Ordens-Hochmeister Freiherr Rudolf von Sebottendorf
2. Ordens-Meister Guido von List
3. Ordens-Meister Jörg Lanz von Liebenfels vom *Ordo Novi Templi* (*Neutemplerorden*)
4. Adolf Hitler, Führer und Reichskanzler
5. Rudolf Heß, Stellvertreter des Führers, SS-Obergruppenführer
6. Hermann Göring, Reichsmarschall und SA-Gruppenführer
7. Heinrich Himmler, Reichsführer-SS und Reichsminister
8. Dipl.-Ing. Alfred Rosenberg, Reichsminister und NS-Reichsleiter
9. Dr. Dr. h.c. Hans Frank, Reichsminister, Generalgouverneur in Polen
10. Julius Streicher, Gauleiter von Franken und SA-Obergruppenführer
11. Professor Dr. Karl Haushofer, Generalmajor a. D. und Präsident der *Deutschen Akademie*
12. Professor Dr. Gottfried Feder, Staatssekretär a. D.
13. Dietrich Eckart, Journalist, Schriftsteller und Hitlers Intimus
14. Professor Dr. Bernhard Stempfle, Hitlers Beichtvater und Intimus
15. Professor Dr. Theo Morell, Hitlers Leibarzt

16. Otto Engelbrecht, Reichstagsabgeordneter
17. Franz Gürtner, Polizeipräsident von München
18. Rudolf Steiner, Begründer der anthroposophischen Lehre
19. Ignaz Trebitsch-Lincoln, Buddhist, Okkultist und Himalaya-Reisender
20. Gräfin Westrap und andere.

Laut Bronder waren von diesen Mitgliedern die meisten Katholiken gewesen, immerhin waren sieben **jüdischer Herkunft oder Verwandtschaft**, was wiederum zeigt, dass der nach außen propagierte „Antisemitismus" nur eine Tarnung gewesen war.(304)

Bernhard Stempfle war laut Edmond Paris ein Jesuitenpater. Auch Eric Phelps beschreibt ihn als jemanden, der vom Jesuitenorden zumindest kontrolliert war.(305) Wenn wir schon beim Beichtvater sind, möchte ich an dieser Stelle gleich eine weitere Katze aus dem Sack lassen: Es war Bernhard Stempfle, der großteils das Buch „Mein Kampf" geschrieben und Hitlers Namen darunter gesetzt hatte. Hier sind sich die Autoren Phelps und Paris einig,(306) doch endgültige Bestätigung dafür fand ich erst bei Otto Strasser. Letzterer stand in Opposition zu Adolf Hitler innerhalb der NSDAP und warf diesem vor, die ursprüngliche nationalsozialistische Ideologie verraten zu haben. Des Weiteren warf er ihm die Ermordung seines Bruders Gregor Strasser im Rahmen des *Röhm-Putsches* vor (SA-Gruppenführer Ernst Röhm stand ebenfalls im Konflikt mit der Parteiführung der NSDAP).(307) In seinem Buch „Hitler and I" (deutsch: „Hitler und ich") enthüllt Strasser, dass Hitler lediglich eine grobe und unfertige Fassung seiner Memoiren verfasst habe. Intellektuell zum Buch mit beigetragen sollen u.a. Rudolf Heß, Julius Streicher, Dietrich Eckart und Alfred Rosenberg haben. Erst Stempfle hatte diese literarisch unbrauchbare Fassung in monatelanger Arbeit zweimal komplett überarbeitet und neu geschrieben. Nach den Aussagen von Stempfle ihm gegenüber, sei lediglich ein Kapitel von Hitler im Original gewesen, nämlich das über Propaganda.(308) Laut Strasser hat Hitler Stempfle in der Nacht zum 30. Juni 1934 ermorden lassen, angeblich weil dieser Hitlers Schwächen gekannt hätte.(309) Das scheint mir ehrlich gesagt wiederum zu dünn für ein Motiv. Hitler war schließlich von sehr vielen Freunden und Mitstreitern eng umgeben, die ihn genauso gut kannten. Wenn es danach ginge, hätte er dann jeden um sich herum liquidieren müssen, Freund und Feind. Mir scheint es eher, als ob Hitler auf Druck der Jesuiten hier seinen Namen darunter setzen *musste*, obwohl er mit der Endfassung nicht zufrieden war und von seinen Gedanken und Ideen abwich. Hinterher hat er sich wohl an Stempfle deswegen gerächt. Fraglich ist nur, womit Hitler womöglich erpresst wurde? An dieser Stelle muss man sich **ernsthaft** fragen, wie viel von Hitler tatsächlich in „Mein Kampf" enthalten ist? Wenn er das meiste in diesem Buch nicht geschrieben hatte, müssen viele der darin getätigten „Schlüsselaussagen" (z.B. die Forderung nach mehr Lebensraum im Osten, Pan-Germanismus usw.) komplett hinterfragt werden. Was hier von Anfang an von den Jesuiten eingebaut wurde, war, Hitler ein alleiniges Schuldeingeständnis für die Nachkriegszeit unterzujubeln, um ihn als „Monster" und „skrupellosen Diktator" hinstellen zu können. Als „Beweis" kann man jederzeit entsprechende Auszüge aus „seinem" Buch hervorholen, um zu zeigen, wie abgrundtief böse, hasserfüllt und imperialistisch er war, was ja seit 1945 weltweit permanent getan wurde, schließlich wurde das Buch in zig Sprachen übersetzt. Mit diesem Buch und der Tatsache, dass Hitler als „Führer" stets prominent in den Vordergrund der Öffentlichkeit gerückt wurde, wurde zudem gleich sichergestellt, dass die ganze Welt den Finger nur auf Hitler zeigt(e), während die wahren Drahtzieher völlig im Dunkeln blieben. Der weitere Clou mit „Mein Kampf" ist auch: Dabei deckten sich die Ziele des Vatikans mit dem Drang nach Osten (Katholisierung!) sowie seinen Hass gegen Juden und Orthodoxe mit den Zielen der Nationalsozialisten der Rückeroberung der deutschen Gebiete im Osten (und evtl. Kolonien) sowie dem Hass gegenüber Juden/Zionisten und den Kommunisten. Sehr raffiniert inszeniert und ausgenutzt!

Um wieder zu Thule zurückzukommen... Dass Jesuiten und Juden als Mitglieder im inneren Kreis eines vorgeblich „germanischen" Ordens auftauchen, sollte an dieser Stelle alle Alarmglocken schrillen lassen. Vor allem, wenn man sich dann die nächste Entwicklung anschaut. Denn der Baron von Sebottendorf wollte die politischen Aktivitäten der *Thule-Gesellschaft* ausbauen und schloss sich diesbezüglich mit der 1919 gegründeten *Deutschen Arbeiterpartei* (DAP) zusammen, dessen siebtes Mitglied Adolf Hitler war. Die DAP nannte sich 1920 dann in die NSDAP um.(310) Erwähnenswert ist zudem ein Eintrag im „Historischen Lexikon Bayerns", dass bereits zu Beginn des Jahres 1919 sich unter dem Dach der *Thule-Gesellschaft* fast alle nationalistisch orientierte Gruppierungen versammelten, darunter auch der *Alldeutsche Verband*.(311) So hatten die *Thule*-Leute stets einen Überblick und Kontrolle über Gruppen, die den Jesuiten „gefährlich" werden könnten, um diese ggfls. wiederum rechtzeitig ausschalten zu können.

Zum Hintergrund des gewählten Namens *Thule* gibt es einige Thesen, die sich alle doch recht ähnlich sind. Hierzu fand ich einerseits nachstehende Information:

> *„Die Thule-Gesellschaft wurde nach der in der griechischen Mythologie erwähnten Insel Thule benannt."*(312) Zu Thule selbst findet sich folgender Eintrag: *„Thule ist eine in der griechischen Mythologie erwähnte Insel im Nordmeer, bei der es sich aller Wahrscheinlichkeit nach um Atlantis handelt. Der griechische Seefahrer Pytheas aus Massilia beschrieb die Insel erstmals im 4. Jahrhundert v. d. Z. aber auch als Bernsteinland, was ebenso auf Bornholm hinweisen kann, da sich diese im direkten Einzugsgebiet der deutschen Bernsteinvorkommen vor Ostpreußen befindet. Auf einer Karte des Claudius Ptolemäus wird Thule als Insel vor Trondheim an der Küste von Norwegen verortetet. Als ‚Ultima Thule' wird auch die nördlichste Insel der Erde benannt, die vor Grönland liegt."*(313)

Jan van Helsing schrieb in „Geheimgesellschaften und ihre Macht im 20. Jahrhundert – Band 1" dazu Folgendes:

> *„‚ULTIMA THULE' soll die Hauptstadt des ersten von Ariern besiedelten Kontinents gewesen sein. Dieser nannte sich ‚HYPERBOREA' und sei älter als Lemuria und Atlantis (von Hochkulturen bewohnte und untergegangene Kontinente). (Bei den Skandinaviern gibt es die Sage um das ‚Ultima Thule', das wundervolle Land im hohen Norden, wo die Sonne niemals untergeht und die Vorfahren der arischen Rasse leben sollen.) Hyperborea soll damals im Nordmeer gelegen und im Verlauf einer Eiszeit gesunken sein. Man nimmt an, dass die Hypoboreaner einst aus dem Sonnensystem Aldebaran kamen, welches das Hauptgestirn im Sternbild Stier ist und zirka vier Meter groß, weiß, blond und blauäugig gewesen wären. Sie sollen keine Kriege gekannt und sich vegetarisch ernährt haben. (Hitler übrigens auch). Die Hypoboreaner waren nach angeblichen Thule-*

Texten technisch sehr weit fortgeschritten und sollen die ,Vril-ya', die Flugkörper geflogen haben, die wir heute als ,UFOs' bezeichnen. Diese Flugscheiben sollen durch zwei entgegengesetzt rotierende Magnetfelder zur Levitation, den enormen Geschwindigkeiten und den Flugmanövern fähig gewesen sein, die auch heute bei den sogenannten UFOs zu beobachten sind, und sie sollen die sogenannte Vril-Kraft als Energiepotential bzw. Treibstoff benutzt haben (Vril = Aether, Od, Prana, Chi, kosmische Kraft, Orgon... aber auch vom akkadischen ,viril' = ,wie die höchste Gottheit' = gottgleich), d. h. sie wollen, wie z.B. der Tachyonen-Konverter von Kapitän Hans Coler oder der von Oliver Crane entwickelte ,Raum-Quanten-Motor', Energie dem Magnetfeld der Erde entziehen (kostenlos).

Als HYPERBOREA zu sinken begann, sollen die Hypoboreaner mit groben Maschinen riesige Tunnel in die Erdkruste gegraben und sich unter der Himalaya-Region angesiedelt haben. Das unterirdische Reich hat demnach den Namen ,AGARTHA' oder ,AGARTHI' und seine Hauptstadt nennt man ,SHAMBALLAH'. Die Perser nennen dieses unterirdische Reich ,Ariana' oder ,Arianne', das Ursprungsland der Arier. (An dieser Stelle muss ebenfalls bemerkt werden, dass Karl Haushofer behauptete, dass Thule eigentlich Atlantis war, und er sagt, konträr zu all den anderen Tibet- und Indienforschern, dass sich die überlebenden Thule-Atlanter in zwei Gruppen aufteilten, eine gute und eine böse. Die einen, die sich nach ihrem Orakel Agarthi nannten, waren demnach die Guten und ließen sich in der Himalaya-Region nieder, die anderen hießen nach seinen Worten die Shamballah, waren die bösen, die sich die Menschen Untertan machen wollten und zogen Richtung Westen. Er behauptete, dass ein jahrtausendealter Kampf zwischen den Leuten aus Agarthi und Shamballah im Gange sei, den später die Thule-Gesellschaft mit dem Dritten Reich als Vertreter Agarthis gegen die Vertreter der Shamballah, die Freimaurer und Zionisten, weiterführte, Vermutlich war dies auch seine Mission.) Herrscher dieses unterirdischen Reiches sei ,Rigden Iyepo', der König der Welt, mit seinem Repräsentanten auf der Oberfläche der Erde, dem Dalai Lama. Haushofer war davon überzeugt, dass das unterirdische Reich unter dem Himalaya der Ursprungsort der arischen Rasse sei, worüber er sich angeblich auf seinen etlichen Tibet- und Indienreisen eigens überzeugt hatte. (…)

Speziell Hitlers Anliegen soll es gewesen sein, Eingänge in das unterirdische Reich Agarthi zu finden und in Kontakt mit den Nachfahren der arischen ,Gottmenschen' von Aldebaran-Hyperborea zu kommen. In den Sagen und Überlieferungen über das unterirdische Reich wird unter anderem darüber berichtet, dass es auf der Erdoberfläche noch einen schlimmen Weltkrieg (Dritter Weltkrieg) geben würde, der jedoch durch Erdbeben, andere Naturkatastrophen und einen Polsprung und das daraus folgende Sterben von zwei Dritteln der Menschheit sein Ende finden würde. Nach diesem ,letzten Krieg' sollen sich dann die verschiedenen Rassen aus dem Erdinnern mit den Überlebenden auf der Erdoberfläche wieder vereinen und das tausendjährige ,GOLDENE ZEITALTER' (Wassermannzeitalter) einläuten. Hitler wollte demnach das äußere ,Agarthi' oder ,Ariana' mit der arischen Herrenrasse schaffen, und Deutschland sollte dieser Ort sein. Während des Bestehens des ,Dritten Reiches' wurden deshalb zwei große Expeditionen der SS in den Himalaya unternommen, um solche Eingänge zu finden. Weitere Expeditionen erforschten die Anden, das Matto Grosso Gebirge im Norden und Santa Catarina im Süden Brasiliens, die Tschechoslowakei und Teile Englands. (…)«[314]

Auch Wilhelm Landig äußerte sich dahingehend in ähnlicher Weise, als er sagte, dass mit *Thule* der Kontinent Atlantis gemeint war.[315] Ich möchte keineswegs bestreiten, dass einiges, wenn nicht gar vieles von dem Geschilderten wahr ist, und mit Sicherheit hat es dahingehend nachweislich ernsthafte Forschungen, Ambitionen und auch Expeditionen (z.B. in den Himalaya oder in die Antarktis) gegeben, doch an dieser Stelle soll es erst einmal reichen. Ich nehme an, dass es in der *Thule-Gesellschaft* sicherlich Personen gegeben hatte, die hehre Ziele zu einem höheren Zweck verfolgten. Ein Grund mehr für die Jesuiten, auch diese Bestreben zu infiltrieren bzw. rechtzeitig „im eigenen Kreise" zu erkennen, für sich zu kapern und in eine entgegengesetzte Richtung zu lenken. Dafür wurden dann schon von vornherein die „richtigen" Leute platziert (z.B. Stempfle). In Deutschland gab es auch andere Geheimorden, wie z.B. den *Germanenorden*, den *Wälsungsorden* oder den *Skaldenorden*. Letzterer, so Dietrich Bronder, soll eine Art jesuitischer Orden gewesen sein, der sich „rücksichtslos" für die NSDAP einsetzte und sich für den Mord an SA-Gruppenführer Ernst Röhm eingesetzt haben soll.[316] Also auch hier waren andere Orden bereits von den schwarzen „Kadavern" infiltriert oder insgeheim gar gegründet worden.

Hitler kommt mit Hilfe der Inquisitoren an die Macht

Durch die drei Konkordate mit Bayern (1924), Preußen (1929) und Baden (1932) weitete der Vatikan seine Macht in Deutschland bereits wieder ein großes Stück aus, nachdem es sich bereits zuvor dank Wilhelm II. in Deutschland wieder ausbreiten konnte. In der Weimarer Verfassung von 1919 wurde den Religionsgesellschaften große Freizügigkeit gesichert, inkl. Steuern zu erheben. Viele Patrioten glauben heute, Hitler sei vollkommen demokratisch und legitim zum Reichskanzler gewählt worden. Ja, „technisch" betrachtet wird das nach außen hin auch so ausgeschaut haben, doch gibt es kleine Details, die da gerne übersehen werden:

- Am 30. Januar 1933 ernannte Reichspräsident Paul von Hindenburg Adolf Hitler zum neuen Reichskanzler.[317]
- Nach dem (sehr wahrscheinlich absichtlich inszenierten) Reichstagsbrand am 27. Februar 1933, der durch einen Kommunisten verursacht gewesen sein soll, erreichte Hitler von Hindenburg gemäß Artikel 48 der Weimarer Verfassung den Erlass der Reichstagsbrandverordnung, welches den Ausnahmezustand und die damit einhergehenden Grundrechte wie Versammlungsfreiheit, Pressefreiheit und das Briefgeheimnis aufhoben und willkürliche Verhaftungen ohne Notwendigkeit eines Richters erlaubten. In Folge dessen wurden – folgerichtigerweise – auch die Aktivitäten der kommunistischen Partei KPD unterdrückt und KPD-Mitglieder verhaftet.[318]
- Bei der Reichstagswahl am 5. März 1933 erhielten die NSDAP und die *Deutschnationale Volkspartei* trotz Zuwachs an Stimmen keine Zweidrittelmehrheit, die aber für eine Alleinregierung sowie für Verfassungsänderungen notwendig gewesen wäre.[319]

- Um volle Regierungsgewalt zu erlangen und Gesetze direkt auch ohne Zweidrittelmehrheit erlassen zu können, brachte Hitlers Regierung noch im März 1933 das sogenannte *Ermächtigungsgesetz* zur Abstimmung in den Reichstag, welches am 24. März 1933 für die kommenden vier Jahre dann auch in Kraft trat, da außer der SPD alle Parteien dafür gestimmt haben.[320]

Die Diktatur wurde somit „legal" ermöglicht und viele würden nun sagen, dass das gerade in letzter Instanz demokratisch abgelaufen sei. Der versteckte Clou an der ganzen Geschichte mit dem *Ermächtigungsgesetz* ist aber folgender: Ohne die katholische Partei *Zentrum* wäre keine Zweidrittelmehrheit für das *Ermächtigungsgesetz* zustande gekommen! Deren Stimmen waren absolut unverzichtbar.[321] Der Parteichef der *Zentrumspartei* war „zufälligerweise" der **Jesuit** Dr. Ludwig Kaas.[322] Und Franz von Papen, Malteserritter, Geheimkämmerer des Papstes und somit zur päpstlichen Familie gehörend, war Zentrumsmitglied seit 1920.[323] Beide steuerten seit Mitte der 1920er-Jahre die Partei auf einen rechtsnationalen Kurs. Mit Erlaubnis Hitlers nahmen Hermann Göring und Gregor Strasser bereits vor 1933 Kontakt zu Kaas auf,[324] während von Papen seinerseits wiederum an einer Koalition aus NSDAP, Deutschnationalen und dem *Zentrum* arbeitete.[325] Das, was man bereits mit Don Sturzos katholischer Partei zuvor erfolgreich vollzogen hatte, um Mussolini in Italien zum Diktator zu machen, hat man in Deutschland mit der *Zentrumspartei* ebenfalls mit Erfolg wiederholt. Man erkennt schnell, dass das alles von langer Hand geplant gewesen war.

Abb. 101 bis 103: Links Franz von Papen als Diplomat in der Türkei 1940. In der Mitte der Jesuit und Parteichef der Zentrumspartei Ludwig Kaas. Rechts der Jesuitenpater Bernhard Stempfle, Verfasser von „Mein Kampf".

Hitler und das Reichskonkordat mit dem Vatikan

Hitler und Vizekanzler von Papen hatten Ludwig Kaas bereits im März 1933 den Abschluss eines Konkordats mit dem Vatikan zugesichert, wenn das *Zentrum* dem Ermächtigungsgesetz zustimme.[326] Gesagt, getan. Nur etwa ein halbes Jahr nach Hitlers Ernennung zum Reichskanzler wurde der Staatskirchenvertrag am 20. Juli 1933 feierlich im Vatikan durch Franz von Papen (nicht von Hitler!) und Kardinal sowie Staatssekretär des Papstes, Eugenio Pacelli, unterzeichnet. Kaas – mit Pacelli eng befreundet – stieg als Dank für sein Engagement auf und wechselte in der Zwischenzeit vom *Zentrum* zum Vatikan und wirkte – wie bereits zuvor bei den Konkordaten mit Preußen und Baden – bei der Ausarbeitung des Reichskonkordats mit. Am 10. September 1933 erfolgte dessen Ratifizierung durch das Deutsche Reich.[327] Dadurch hatten der Vatikan und die Jesuiten wieder die volle Oberherrschaft über Deutschland erlangt. Bis zum Ende des Zweiten Weltkriegs zahlte das Dritte Reich die meiste Zeit über finanzielle Beiträge an den Vatikan, die im Konkordat vereinbart wurden, wie uns Edmond Paris in „The Vatican against Europe" schildert.[328] Um welche Summen es sich dabei gehandelt hat, darüber hat man lange spekuliert. Sie müssen zumindest hoch genug gewesen sein, wenn 1934 das *Einkommensteuergesetz* und 1936 das *Gewerbesteuergesetz* eingeführt werden mussten.[329] Einen entscheidenden Hinweis fand ich dann aber in Bronders Buch („Bevor Hitler kam"), **wonach Hitler der römisch-katholischen Kirche im Deutschen Reich jährlich die stattlich große Summe von einer Milliarde Reichsmark zur Verfügung stellte! Somit steht fest, dass spätestens ab 1933/34 die Menschen im Land zu ewigen Steuersklaven des Vatikans gemacht wurden.**[329a] Diese Steuergesetze sowie das Reichskonkordat gelten noch bis zum heutigen Tage in der BRD! Am 5. Juli 1933, also kurz vor der Unterzeichnung des Konkordats, löste sich die *Zentrumspartei* auf. Dies wird eine der Bedingungen der gegenseitigen Hilfe gewesen sein, und sicherlich auch, um die Spuren der Mittäterschaft dieser Partei zu verwischen, getreu dem Motto: *„Aus den Augen, aus dem Sinn."*

Von Franz von Papen erfahren wir in seinen Memoiren (die man mit einem gewissen Abstand und zwischen den Zeilen lesen sollte), dass im Vorwege der Unterzeichnung des Konkordats Propagandaminister Joseph Goebbels und SS-Gruppenführer Heydrich eine anti-katholische Kampagne starteten und einige Kleriker wegen vorgeblich unsittlichem Verhalten verhaften wollten. **Goebbels hätte Hitler zudem mit Bitten regelrecht überhäuft, solch einen „teuflischen" Vertrag nicht zu unterzeichnen** (hätte er bloß auf ihn gehört...). Hitler hielt der Kritik aber stand und erwiderte, dass *„sein Wiederaufbauplan nur in einer **Atmosphäre der Harmonie in religiösen Angelegenheiten** umgesetzt werden könne"*. Hitler ordnete vielmehr an, dass nicht nur sämtliche gegen katholische Einrichtungen und Priester gerichtete Handlungen gestoppt, sondern auch Verstöße gegen seine Anordnungen mit der ganzen Härte des Gesetzes geahndet wurden.[330] Dass dies kein bloßes Lippenbekenntnis war, zeigen laut Edmond Paris die 45 Konzentrationslager (KZ) während des Jahres 1933, in denen rund 40.000 Gefangene saßen, darunter Kommunisten, Liberale und alle anderen politischen Gegner.[331]

Doch erzählt uns Franz von Papen die ganze Wahrheit? Hatten Goebbels und Heydrich tatsächlich katholische Kleriker verfolgt? Sicherlich ist dies passiert, wenn man weiß, dass es innerhalb der NSDAP auch Oppositionen gab, denen die Entwicklung bzw. der Einfluss des Vatikans ganz und gar nicht gefiel. Aber gegen wen richteten sich die neuen strengen Anordnungen auch noch? Dietrich Bronder kann hier mit weiteren Hintergründen ergänzen, wenn er Dr. Rudolf Buttmann zitiert, Mitglied des (jesuitischen) *Skaldenordens* und Mitunterzeichner des Reichskonkordats:

> *„Nach der Erklärung unseres Führers soll nicht eine neue Weltanschauung an die Stelle des christlichen Glaubens gesetzt werden (...) Wir haben wiederholt den Beweis dafür geliefert, dass die Rasse von uns nicht höher gestellt wird als die Religion (...) Für uns als Partei, das hat der Führer oft genug ausgesprochen, und das ist die Richtschnur unseres Handelns, gibt es also kein weiteres Forschen nach einer neuen Religion, sondern für uns als Partei ist das positive Christentum die Grundlage."* Bronder führt dann weiter aus: *„So muss die Grundhaltung der NSDAP auch trotz mancher mehr oder weniger heftigen*

Reibungen mit christlichen Klerikalisten beider Konfessionen angesehen werden. Nie hat das Dritte Reich den Bestand des christlichen Glaubens gefährdet oder ernstlich geschädigt. Im Gegenteil: Hier wurden durch Heydrich und Himmler von der SS erstmals in den Jahren 1933/34 alle bis dahin in Deutschland wirkenden freigeistigen, freireligiösen und freidenkerischen Organisationen aufgelöst, verboten, ihre Führer inhaftiert oder wie Max Sievers im Konzentrationslager (1943) totgeschlagen. Musste die Kirche nicht dankbar sein?"[(331a)]

Hier haben wir also eine weitergehende Bestätigung für Edmond Paris' Aussagen mit den 40.000 politischen Gefangenen. Man hat angefangen, Mitglieder von Freikirchen, Andersgläubige (Sinti/Roma, Juden) sowie Freidenker und Freigeister (also Systemkritiker) zu verfolgen, unabhängig davon, ob sie katholisch oder evangelisch waren. Kritiker wurden als Staatsfeinde angesehen, damals wie heute.

Auf der anderen Seite wurden die deutschen Bischöfe dazu angehalten, jedwede Feindseligkeiten dem Führer gegenüber einzustellen[(332)] und ihm volle Loyalität zu schwören.[(333)] Die katholische Kirche sollte in Deutschland auf eine Linie mit dem Dritten Reich gebracht werden (und umgekehrt).

Heidentum gegen „Christentum"

Aber auch hier kann man in Bezug auf die Politik der NSDAP in den ersten Jahren nach Abschluss des Konkordats nicht alles in Schwarz und Weiß unterteilen. Innerhalb dieser Partei gab es heftige Rangeleien und Gruppierungen mit unterschiedlichen Zielen. Nicht nur Franz von Papen, sondern auch der Großindustrielle Fritz Thyssen berichtete in seinem Buch „I Paid Hitler" (deutsch: „Ich bezahlte Hitler") über den Widerstand einiger Gruppen innerhalb der NSDAP gegen die katholische (und evangelische) Kirche. Im Folgenden eine komprimierte Zusammenfassung seiner Ausführungen[(333a)] inkl. eigenen Anmerkungen: So wurde die Hitlerjugend vom Christentum weg zu einer neuen bzw. einer Rückkehr zur heidnisch-germanischen Weltanschauung erzogen, mit der Verehrung von germanischen Gottheiten wie *Wotan* oder *Thor;* der Verehrung der Sonne, der Natur und der „Mutter allen Lebens". Auch wenn der nach eigenen Worten konservativ katholisch-gläubige Thyssen hier zwar von „anti-religiös" spricht, so war diese neue Bewegung in meinen Augen eigentlich der Versuch zur Rückkehr zu den alten germanischen Wurzeln. Die Verehrung und Würdigung der Natur (mit ihrer Naturheilkunde), der Erde und der Sonne (ohne die kein Leben auf der Erde möglich wäre) usw. ist zumindest der Anfang zur Rückbesinnung auf das, was im Leben wirklich zählt und weg vom dogmatischen „Christentum" der Staatskirchen. Die Philosophie von „Blut und Boden", die Thyssen abwertend beurteilt, bedeutet, wie er selbst erklärt, dass man Lebenskraft an dem Ort (Boden) schöpft, wo man geboren wurde, wo man seine Wurzeln hat, und dass das Blut, das durch die Venen fließt, einen mit der Kraft seiner Vorfahren ausstattet. Man repräsentiere somit einen winzigen Teil der Weltenergie.

Dass der Kampf einiger Nationalsozialisten sich daher gezielt gegen beide Kirchen, also der katholischen und evangelischen, richtete, wird somit besser verständlich. So versuchten einige Nationalsozialisten katholische Priester gegen ihre eigene Kirche aufzubringen. Unabhängig davon, was man von alten germanischen Anschauungen halten mag, so war diese Entwicklung für den Vatikan und die katholische Kirche doch eine reelle Gefahr, die sie so nicht beabsichtigt hatte und daher gestoppt werden musste. Hitler, zwar selbst Katholik, wollte meiner Ansicht nach in seiner naiven und gutgläubigen Art mit dem Konkordat sicherlich auch das Ansehen des Dritten Reiches in der Welt etwas aufpolieren, den Widerstand von allen Seiten schmälern, um, wie er selbst sagte, seinen Wiederaufbauplan in Ruhe vollbringen zu können. Da wurde „offiziell" kein Widerstand geduldet. Und diese neue *freigeistige Weltanschauung* musste daher auf Druck der katholischen Kirche zurückgedrängt werden, was Dr. Buttmann vom *Skaldenorden* vorhin ja bestätigt hatte (*„Nach der Erklärung unseres Führers soll nicht eine neue Weltanschauung an die Stelle des christlichen Glaubens gesetzt werden."*) Für Unmut, so Thyssen, sorgten gerade auch katholische Eltern, die sich über diese neue Erziehung ihrer Kinder in der Hitlerjugend beschwert hatten. So haben Jugendliche katholischer Bauern Jugendliche der Hitlerjugend verprügelt, nur weil letztere z.B. die Sonnenwende feierten. Dennoch, so Thyssen, spielte Hitler wie immer ein Doppelspiel. Während auf der einen Seite die heidnische Weltanschauung offiziell nicht der Doktrin der Nationalsozialisten entsprach, wurde sie dennoch weiter vorangetrieben. Die *Zentrumspartei*, welche offiziell aufgelöst wurde, formierte sich nach Thyssens Worten im Untergrund neu, um gegen diese heidnisch-germanische Entwicklung vorzugehen. Was passierte, war ein Schlagabtausch zwischen den Nationalsozialisten und den Klerikern im Lande. Letztere wurden verhaftet, und in Universitäten wurde das Christentum verspottet. Priester und Bischöfe brandmarkten in ihren Predigten wiederum dieses Vorgehen. Dies alles führte letzten Endes nicht nur zu einer Niederlage für die Nationalsozialisten, da der Widerstand auch in der katholischen Bevölkerung gegen das Vorgehen gegen ihre Religion immer größer wurde, sondern sorgte dafür, dass der Katholizismus in Deutschland am Ende stärker wurde, resümiert Thyssen. Vor dem ganzen Hintergrund darf man auch nicht vergessen, dass es unter den Großindustriellen auch eben Katholiken gab, die Hitler finanziell unterstützten, was für Letzteren auch deshalb ständig ein Tanz auf der Rasierklinge gewesen sein muss, um allen Parteien irgendwie gerecht zu werden, auch wenn er selbst in vielen Angelegenheiten – gerade wegen der Spaltereien in der eigenen Partei – nicht viel ausrichten konnte.

Am Ende bleibt dann noch die Überlegung übrig, ob dieses „kontraproduktive" Vorgehen seitens einiger Flügel der NSDAP gegen die katholische Kirche nicht bewusst mit Kalkül herbeigeführt oder zumindest (von Jesuiten) teilweise mit beeinflusst worden war, um eben genau das Gegenteil zu erreichen (also dass der Katholizismus stärker wird)? Schließlich dürften aus den katholischen Reihen später auch Widerständler gegen Hitler und die NSDAP hervorgegangen sein, die in ihrer konfessionell indoktrinierten und gutgläubigen Art dann meinten, das „richtige" getan zu haben, um das „Christentum" zu beschützen und somit aber mit zum Untergang ihrer Nation beigetragen haben. Ich lasse das mal an dieser Stelle offen.

Ausland wusste über Vatikans Pläne Bescheid

Aber nicht nur in Deutschland wusste man über die Pläne und Absichten des Vatikans Bescheid. Auch im Ausland hat man diese Tendenzen durchschaut, wie uns der Theologe und ehemalige katholische Priester Leo Lehmann mitteilen kann. Lehmann war zudem eine Zeit lang als Berater in rechtlichen Angelegenheiten beim Vatikan tätig und verfügte somit über Insiderwissen. In seiner Schrift „Vatican Policy in the Second World War" (deutsch: „Die Politik des Vatikans im Zweiten Weltkrieg") erwähnt er eine Rede des US-amerikanischen Jesuiten Edmund Walsh, die am 17. Februar 1940 in der Zeitung

New York Times abgedruckt wurde und wo Walsh behauptet, er hätte Hitler sagen hören, dass das *Heilige Römische Reich*, welches ein *Deutsches Reich* war, wiederhergestellt werden müsse.[334] Jesuit Edmund Walsh wiederum gehörte – wie zuvor berichtet – zu jenen abgesandten Gruppen, die nach der Oktoberrevolution (1917) 1922 nach Russland geschickt wurden, um dort die weiteren Entwicklungen des Vatikans voranzutreiben. Das Ganze wurde als eine päpstliche Mission der Hungerhilfe getarnt. In dem Zuge ernannte Walsh den von Jesuiten ausgebildeten Joseph Stalin zum Generalsekretär des *Zentralkomitees der Kommunistischen Partei*.[335] An dieser Stelle sei kurz angemerkt, dass Stalin seine jesuitische Ausbildung in einem Interview am 13. Dezember 1931 mit dem deutsch-jüdischen Autoren Emil Ludwig zugab (siehe „J.V. Stalin Works – From Marx to Mao", ausgegeben 1954 in Moskau[335a]). Lehmann berichtet zudem über eine Meldung in der Zeitung *New York Post* vom 9. Oktober 1943, in der geschrieben stand, dass derselbe Edmund Walsh gemeinsam mit seinen Ausbildern der Jesuitenschule für diplomatische Dienste (innerhalb der jesuitischen *Georgetown Universität*) Gruppen der US-Armee darüber unterrichteten, dass *„ein Wiederaufleben des Heiligen Römischen Reiches die einzige Lösung für das deutsche Problem sei."*[336] In der einflussreichen katholischen Zeitung *Germania* äußerte man sich bezüglich des Reichskonkordats wie folgt: *„Es war für die Konstellation von Adolf Hitler, Franz von Papen und Kardinal Pacelli vorbehalten, die alten Bindungen zwischen dem Reich und der Kirche zu erneuern."*[337] Die *Germania* war übrigens die Parteizeitung vom *Zentrum* und gehörte mehrheitlich Franz von Papen, der auch Aufsichtsratsvorsitzender dieses Blatts war.[338] Letzterer fasste das Konkordat wiederum wie folgt in der Ausgabe des *Völkischen Beobachters* vom 14. Januar 1934 prägnant zusammen: *„Das Dritte Reich ist die erste Macht, welche die hohen Prinzipien des Papsttums nicht nur anerkennt, sondern auch in die Praxis umsetzt."*[339] Und mit diesen „hohen Prinzipien" sind natürlich auch die Inquisitionen und Kreuzzüge gemeint. Was ebenfalls zu erwähnen wäre, ist, dass Lehmann den vorhin erwähnten Fritz Thyssen aus dessen Buch zitiert. Demnach hat Thyssen den Plan des Nationalsozialismus ebenso verstanden, nämlich dass es darum ging, eine Konföderation der zentraleuropäischen Staaten unter einem katholischen Monarchen zu errichten. In der Schweizer *Arbeiterzeitung* veröffentlichte Thyssen einen Artikel mit der Überschrift *„Pius XII brachte als Nuntius Hitler zur Macht."*, in dem er die Idee eines vereinigten christlichen Staates beschrieb.[339a] (Pius XII. ist Eugenio Pacelli; A.d.V.)

Übrigens, Konrad Adenauer, der erste Bundeskanzler der BRD, war ebenfalls Mitglied der *Zentrumspartei*. Interessant ist dies deshalb, weil, wie im dritten Kapitel eine zitierte Insideraussage preisgab, die Adenauer-Regierung politisch von Martin Bormann bis 1951 gesteuert gewesen sei. Für mich liegt es nahe, dass beide mit guter Wahrscheinlichkeit ebenfalls Jesuiten gewesen sein könnten. Bormanns Sohn Adolf Martin wurde 1953 katholischer Priester, was zumindest schon mal ein kleiner Wink in diese Richtung sein könnte.[339b] Von Adenauer ist zumindest bekannt, dass er Mitglied im *Malteserorden* war und u.a. mit dem *Magistral-Großkreuz*, dem *militärischen Christusorden* und dem **höchsten päpstlichen Orden, dem *Christusorden***, ausgezeichnet worden war.[340] Und Edmond Paris hatte herausgefunden, dass Adenauer, wie Franz von Papen, ebenfalls Geheimkämmerer des Papstes war und somit zur päpstlichen Familie gehörte![340a] Dieser Mann stand also voll und ganz und mit Leib und Seele im Dienste des Vatikans und des *Jesuitenordens*. Aber auch der britische Nationalökonom John Maynard Keynes, der auch Berater der englischen Delegation in Versailles war, wertete bereits 1920 einst die wirtschaftlichen Folgen des Versailler Diktats als *„einen Versuch, Deutschland der Versklavung zuzuführen und als ein Gewebe von* ***jesuitischen*** *Auslegungen zur Bemäntelung von Ausraubungs- und Unterdrückungsabsichten.“*[340b] Wir bekommen also von allen Seiten den Einfluss der Jesuiten bestätigt.

Die evangelische Kirche soll bei dem Ganzen hier natürlich nicht unerwähnt bleiben. Auch sie stellte sich voll und ganz hinter Hitler und den Nationalsozialismus. Bronder führt dazu aus:

> *„Der zuvor genannte mecklenburgische Landesbischof D. Rendtorff sagte in einer öffentlichen Erklärung aus dem Jahre 1931: ‚Viele Glieder der evangelischen Kirche leben heute mit ihrem ganzen Fühlen und Denken in der nationalsozialistischen Bewegung... So ist die evangelische Kirche verpflichtet um ihres Berufes willen, die nationalsozialistische Bewegung in ihrem Wollen zu würdigen... ihre Bekundung eines positiven Christentums ernst zu nehmen... bejaht doch die nationalsozialistische Bewegung mit Leidenschaft den sozialen Gedanken, den Brudergedanken.‘ (...) Zur Reichspräsidentenwahl im Jahre 1932 schrieb Pfarrer Teutsch in einem Wahlartikel, der Kampf spitze sich zwischen dem Christus und dem Antichristus zu; der Bolschewismus sei ja bekanntlich der Antichrist, also müsse Hitler die Christus-Seite verkörpern! Und zwei seiner Kollegen veröffentlichten die Erklärung: ‚Niemand lasse sich einschüchtern und verwirren; wer seine evangelische Kirche und sein Volk liebt, begrüßt mit Freuden den Durchbruch des Nationalsozialismus und die Wahl Adolf Hitlers zum Reichspräsidenten!‘ Eine ähnliche Schau wie Teutsch legt der Theologe J. Kuptsch an den Tag, der vor 1933 bereits das Alte Testament radikal verwarf und in der Schrift ‚Christentum im Nationalsozialismus‘ (im Eher-Verlag der NSDAP, München 1932) verkündete: ‚Der Nationalsozialismus ist der einzige wirkliche Verteidiger des Christentums!‘* (Also Verteidiger der Macht des Vatikans; A.d.V.)

Eine weitere Aussage führt Bronder vom Geheimen Konsistorialrat Prof. D. Karl Eger von der *Universität Halle* an:

> *„Das Dritte Reich ist ganz gewiss nicht das Reich Gottes, will es auch nach der Meinung derer, die es verkündigen, gar nicht sein. Aber das Bemühen, den Dienst am eigenen Volkstum, seiner äußeren Behauptung und inneren Gesundung mit ganzer eigener Hingabe und mit dem Aufgebot aller Kraft des Zeugnisses vor anderen den Gliedern des Volkes zu einer heiligen Aufgabe zu machen, kann und will vom Evangelium aus positiv gewertet und nicht bloß mit dem Verstand, sondern gemüts- und willensmäßig bejaht werden...“*[341]

Verwunderlich ist dies keineswegs. Schließlich waren in der NSDAP auch viele Mitglieder evangelischen Glaubens, und wenn es eine Gemeinsamkeit zwischen Katholiken und Evangelen gab, dann den Antijudaismus und den Kampf gegen den Kommunismus, zumal der Reformator Luther schon zu seiner Zeit vor den Juden gewarnt und eine „scharfe Barmherzigkeit“ gegenüber ihnen gefordert hatte.[342] Bereits 1931 wurde ein Kirchenvertrag (ähnlich dem Konkordat) zwischen den evangelischen Landeskirchen und dem Freistaat Preußen abgeschlossen. Zwischen dem bayerischen Staat und der Evangelisch-Lutherischen Kirche in Bayern gab es seit 1924 einen Kirchenvertrag.[343]

„Dieser Krieg ist nicht gegen Hitler oder den Nationalsozialismus, sondern gegen die Stärke des Deutschen Volkes, die ein für allemal zerschlagen werden muss, unabhängig davon, ob es in den Händen von Hitler oder eines Jesuitenpaters ist.“[343a]
Aussage von Winston Churchill
(„Emrys Hughes' Winston Churchill – His Career in War and Peace“)

Abb. 104: Unterzeichnung des Reichskonkordats am 20. Juli 1933. Das Team Infernale von links nach rechts:
Prälat Ludwig Kaas, Vizekanzler und Gesandter des Papstes, Franz von Papen, Kurienkardinal und Unterstaatssekretär Giuseppe Pizzardo, Kardinalstaatssekretär des Papstes Eugenio Pacelli, Kardinal Alfredo Ottoviani und Ministerialdirektor Rudolf Buttmann.

Abb. 105: Adolf Hitler empfing 1935 den Nuntius in Deutschland, Cesare Orsenigo (Nachfolger von Eugenio Pacelli). Man erkennt an seiner Körperhaltung, dass der Katholik Hitler hier dem Nuntius große Achtung und evtl. Bewunderung entgegenbringt.

Belgien

In Belgien war es die jesuitische Organisation *Catholic Action*, die den Faschismus im Land aufbaute und es auf die Invasion der deutschen Armee vorbereitete. Es waren u.a. die Jesuitenpater Picard sowie Arendt und Foucart, die aus dem Hintergrund heraus operierten und ihren Schützling Léon Degrelle Stück für Stück aufbauten. Picard betrachtete Mussolini als ein Genie und wünschte sich für Belgien ebenso einen Diktator. Innerhalb der *Catholic Action*-Zentrale wurde nach 1928 ein Verlag namens *Christus Rex* (deutsch: *Christus [der] König*) gegründet und Degrelle wurde dort als Leiter eingesetzt, um die nächsten Jahre Propagandaarbeit zu leisten. Dies zahlte sich aus, denn die Anhängerschaft wuchs in die Tausende, sodass daraus eine politische Bewegung und die politische Partei *Christus Rex* entstanden ist, dessen Chef natürlich Degrelle war. Auffälliger konnte man einen Namen nicht wählen, um einen Hinweis auf die Strippenzieher zu geben.[344] 1937 wurde die Rexistenpartei stärkste politische Kraft in Belgien. Bereits ein Jahr zuvor traf Degrelle sich mit Mussolini und Hitler, von denen er finanzielle Unterstützung in Höhe von zwei Millionen italienischen Lira und 100.000 Mark erhielt. Es ist auch kein Zufall, dass die deutsche Wehrmacht in Belgien im Mai 1940 einrückte und auf kaum nennenswerten Widerstand stieß, hat doch Degrelles „fünfte Kolonne" für einen reibungslosen Einmarsch gesorgt („Fünfte Kolonnen" sind Gruppen in einem Land, die dem Feind helfen.)[(344a)] Degrelle, der übrigens eine Jesuitenschule besuchte und an einer katholischen Universität studierte, wurde des Verrats verdächtigt, verhaftet und nach Frankreich deportiert, wo er von deutschen Soldaten später aber wieder befreit wurde. Er kehrte daraufhin wieder zurück nach Belgien, um den Rexismus wiederzubeleben und sich mit den Nationalsozialisten zu verbünden. Degrelle wechselte 1941 in die deutsche Uniform und zog mit seiner wallonischen Legion innerhalb der deutschen Wehrmacht in den Russlandfeldzug, welche später der Waffen-SS untergeordnet wurde. Anders als vielfach geglaubt, verfolgte Degrelle nicht die Idee eines Wallonenstaates, *„sondern eines burgundischen Staates in den Grenzen des Kreises Burgund im Heiligen Römischen Reich deutscher Nation"*.[(345)]

Spanien

Mit Spanien hatte der Vatikan kein leichtes Spiel gehabt, wollte sich die *Spanische Republik* der Diktatur Roms nicht unterwerfen. Nicht nur die demokratische Verfassung nach dem Vorbild der US-amerikanischen Verfassung war ein Dorn im Auge der Cäsaren, sondern auch der Umstand, dass drei spanische Präsidenten Gesetze verabschieden wollten, die u.a. die Besteuerung der katholischen Kirchen und ihres Grundeigentums, die Überstellung von Schulen und Klöstern unter staatliche Kontrolle sowie die Anerkennung der protestantischen Religion vorsahen. Hintergrund dieses Affronts gegen den Vatikan waren laut den Ausführungen von Alberto Rivera und Eric Phelps, gefundene Babyleichen in Tunneln unterhalb von Klöstern gewesen, die durch Abtreibungen von Nonnen entstanden sind und die, laut Untersuchungen von staatlichen Ärzten, zu Tode erstickt wurden. Katholiken in ganz Spanien waren aufgrund dieser Enthüllungen außer sich und fingen an, viele Kirchengebäude im Land zu zerstören. Als Antwort auf diesen Kampf gegen die katholische Kirche organisierte der Papst mehrere Divisionen an islamischen Söldnern, die mit Hilfe von General Francisco Franco (einem Freimaurer) und unter der Leitung von Kardinal Pedro Segura alle Katholiken, Protestanten und Juden töten sollten, die sich der Kirche in den Weg stellten. Der Papst exkommunizierte die führenden Köpfe der Spanischen Republik und rief einen „spirituellen Krieg" zwischen dem Vatikan und Madrid aus. Was dann folgte und nach außen hin als „Spanischer Bürgerkrieg" vorwiegend gegen den Kommunismus proklamiert wurde, war in Wirklichkeit eine spanische „Inquisition" unter der Direktive des Vatikans, bei der zwischen 1936 und 1939 einige hunderttausend Menschen ums Leben gekommen waren.[(346)] In Folge wurde Francos Regierung am 3. August 1937 vom Vatikan anerkannt. Am Ende des Bürgerkriegs wurde General Franco Diktator von Spanien. Während des Bürgerkriegs erhielt er dabei Schützenhilfe von Hitler und von Mussolini aus Italien, die ihn finanziell und materiell unterstützten, um dem Faschismus auch in Spanien zum Sieg zu verhelfen.[(347)]

Jetzt stellt sich berechtigterweise die Frage, wie es dann dazu kommen konnte, dass ausgerechnet islamische Söldner für den Papst in den Krieg zogen? Phelps hilft uns hier auf die Sprünge und erinnert uns an die Vereinbarung zwischen dem Vatikan und Mohammed aus dem siebten Jahrhundert, wonach die islamischen Führer dem Papst Jerusalem nach dessen Eroberung überlassen sollten, diese Vereinbarung jedoch gebrochen haben. Die islamischen Führer versprachen später, dies in Zukunft wieder gut zu machen, selbst wenn der Papst eine Armee bräuchte.[348] Im Falle Spaniens war die Zeit also dafür gekommen, wobei ich glaube, dass dies nicht der einzige Fall der islamischen Wiedergutmachung die letzten Jahrhunderte gewesen ist. Francos Sieg war somit auch ein großer Sieg für den Vatikan, bescherte er Letzterem wieder ein kirchliches Budget von 65 Millionen Peseten pro Jahr sowie die Rückgabe des Grundeigentums an die Jesuiten, welches immerhin ca. ein Drittel des Landesvermögens ausmachte. Ab diesem Zeitpunkt genoss die katholische Kirche als einzige Kirche einen legalen Status, protestantische Kirchen erhielten hingegen keinerlei staatliche Garantien.[349]

Kroatien

Als die Deutschen in Jugoslawien einmarschierten, machten sie Ante Pavelic zum Präsidenten des Marionettenstaates Kroatien. Schützenhilfe durch den Vatikan erhielt dieser in Form des Jesuiten und Oberhaupts der katholischen Kirche in Kroatien, Kardinal Alojzije Stepinac, hatte er sich zuvor schon mit seinem 1929 gegründeten terroristischen Geheimbund, der *Ustascha* (zu Deutsch: der Aufständische/Rebell), durch diverse Terrorakte verdient gemacht, so z.B. durch die Ermordung des jugoslawischen Königs Alexander im Jahr 1934. Ähnlich wie schon in Deutschland zuvor, wo Bischöfe und Priester aufgefordert wurden, auf einer Linie mit den Nationalsozialisten zu sein, sandte am 24. April 1941 Kardinal Stepinac ein Rundschreiben an alle Kleriker heraus, in dem er sie aufforderte, mit der *Ustascha*-Armee zu kooperieren.[350] Der Papst selbst ernannte sogar Kardinal Stepinac zum obersten Militärvikar der *Ustascha*-Regierung, der in jeder Kampfeinheit der Armee einen Feldkaplan einsetzte, wie der Bundesromaverband schreibt.[350a] Nicht umsonst spricht man bei dem ganzen Engagement seitens der katholischen Geistlichen – von denen ein großer Teil nationalistisch eingestellt war –, auch vom *Klerikalfaschismus*. Wenn es bloß beim Nationalismus im Sinne von friedlichem Patriotismus geblieben wäre, wäre ja nichts dagegen einzuwenden. Aber wenn dies mit religiösem Fanatismus kombiniert wird, dann entsteht zumeist die Hölle auf Erden. Denn was auf dem Balkan passierte, war ein hasserfüllter Religionskrieg in Reinkultur, bei der sich die kroatischen *Ustascha* einem blutrünstigen Kreuzzug „im Namen Gottes" hingaben. So sagte Pavelic – der ein serbenfreies Kroatien anstrebte – einmal sinngemäß vor seiner Armee: *„Derjenige, der nicht im Stande ist, einer schwangeren Mutter ihr Kind aus dem Bauch herauszuschneiden, ist kein guter Ustascha."*[351] Sein Amtskollege, Erziehungs- und Kultusminister Mile Budak, stand ihm in der Ideologie nichts nach, als er im Juli 1941 sagte: *„Für Minderheiten wie Serben, Juden und Zigeuner haben wir drei Millionen Kugeln. Wir werden einen Teil der Serben umbringen, den anderen werden wir abtransportieren, und den Rest werden wir zwingen, die römisch-katholische Religion anzunehmen."*[351a] Die einzelnen Horrorgeschichten, die während des Zweiten Weltkriegs balkantypisch so einmalig grausam gewesen sein müssen, erspare ich Ihnen an dieser Stelle. Wer sich dazu näher einlesen möchte, wird in Edmond Paris' „The Vatican Against Europe" und in Avro Manhattans „The Vatican's Holocaust" fündig. Manhattan beschreibt jedenfalls den Krieg auf dem Balkan als *„das blutigste religiöse Massaker des Jahrhunderts"*, bei der rund 850.000 Frauen, Männer und Kinder ermordet wurden.[352] Der Historiker Abel Basti zitiert eine argentinische Tageszeitung mit der Angabe von 800.000 Ermordeten, die auf das Konto von Pavelic und der *Ustascha* gehen.[353] Edmond Paris bezifferte die Summe in seinem 1959 erschienenen Buch auf 600.000 Opfer.[354] Die höhere Zahl der Toten dürfte eher stimmen, da seit 1959 neue Erkenntnisse hinzugewonnen wurden. Bei den kroatischen Säuberungsaktionen hat man es besonders auf orthodoxe Serben, Juden sowie Roma und Sinti abgesehen. Dabei waren die Bataillone der Eliteeinheit *Crna Legija* (deutsch: *Schwarze Legion*) besonders berüchtigt für ihre Kriegsverbrechen.[355] Die Zahl der zum Katholizismus zwangskonvertierten Serben beläuft sich zwischen 200.000 und 240.000.[356] Natürlich muss auch hier klargestellt werden, dass diese Massaker nicht allgemein von der kroatischen Bevölkerung, sondern von der *Ustascha* begangen wurden. Auch auf Seite von serbischen Milizen und besonders einigen deutschen SS-Spezialeinheiten wurde brutalst gemeuchelt und ganze Dörfer und Landstriche buchstäblich entvölkert.

Mit dem katholischen „Hauptgespann" Großdeutsches Reich – Italien – Spanien und Kroatien konnte dann der größte religiöse Kreuzzug des 20. Jahrhunderts beginnen, wobei sich Joseph Stalin von allen beteiligten Parteien zum *Grand Inquisiteur* gemausert hatte. Laut dem britischen Historiker Robert Conquest sollen in Russland allein zwischen 1930 und 1937 14,5 Millionen Menschen ermordet worden sein. Zwischen 1917 und 1959 wurden rund 66 Millionen Menschen umgebracht.[357] Da Stalin wischen 1927 und 1953 Diktator der Sowjetunion war, dürfte der Großteil der Opfer auf sein Konto gegangen sein.

Himmler, Gestapo und SS

Wenn Sie sich mal die pechschwarze Uniform der SS-Soldaten und die langen schwarzen Ledermäntel bei den Agenten der *Gestapo* anschauen, woran erinnert Sie das dann? Nicht vielleicht ein wenig an die schwarzen Scharen der Jesuiten mit ihren dunklen Roben? Walter Schellenberg war u.a. Chef des SS Sicherheitsdienstes (SD), SS-Standartenführer und Chef der militärischen Abwehr im Ausland. Laut Schellenberg besaß Reichsführer SS Heinrich Himmler *„die beste und größte Bibliothek über den Jesuitenorden und hatte die umfangreiche Literatur in nächtlichen Stunden studiert"*.[358] Des Weiteren gab er über den Aufbau der SS folgendes in seinen Aufzeichnungen preis:

> *„Die SS-Organisation wurde durch Himmler gemäß den Prinzipien des Jesuitenordens errichtet. Ihre von Ignatius von Loyola festgesetzten Vorschriften und spirituellen Übungen waren das Modell, das Himmler versuchte, genauestens zu übernehmen. Der Titel des ‚Reichsführer SS' entsprach dabei dem des ‚Jesuitengenerals' und die ganze Struktur war eine genaue Nachahmung der hierarchischen Struktur der katholischen Kirche. Ein mittelalterliches Schloss in der Nähe von Paderborn in Westfalen, genannt ‚Wewelsburg', wurde wieder hergerichtet und wurde zu einer Art SS-Kloster."*[359]

Himmler träumte sogar von einem eigenen SS-Staat und orientierte sich dabei an einen Jesuitenstaat im Mittelalter. Der Historiker E. Carmin zitiert dabei Heinz Höhne:

> *„Hier wie dort ein mit größten Privilegien ausgestatteter Orden, frei von jeder weltlichen Jurisdiktion, geschützt durch strenge Aufnahmebedingungen, zusammengehalten durch das Gelübde absoluten Gehorsams gegenüber dem Oberherrn, hier Papst genannt, dort Führer geheißen. Die beiden Organisationen weisen noch mehr historische Parallelen auf: Die Jesuiten gründeten im 17. Jahrhundert unter den Indianern Paraguays einen ei-*

genen Staat, der sich weltlicher Oberhoheit entzog – die SS des Zweiten Weltkriegs träumte von einem SS-Staat außerhalb des Großdeutschen Reiches, dem SS-eigenen Reichsland Burgund mit autonomer Regierung, Armee, Verwaltung und einer Gesandtschaft in Berlin."[360]

Und im März 1943 verlautbarte Himmler diesbezüglich:

„Auf der Friedenskonferenz wird die Welt erfahren, dass das alte Burgund wieder auferstehen soll, dieses Land, das einst die Heimat der Künste und der Wissenschaft war und das Frankreich auf den Rang eines in Weinessig konservierten Blinddarms herabgedrückt hat. Der souveräne Staat Burgund mit seiner Armee, seinen Gesetzen, seinem Münz- und Postwesen wird der Modellstaat der SS sein. Er wird die französische Schweiz einbeziehen, die Pikardie, die Champagne, die Franche-Comté, den Hennegau und Luxemburg. Die offizielle Sprache wird selbstverständlich die deutsche sein. Die nationalsozialistische Partei wird keinerlei Rechte in diesem Staat ausüben. Einzig und allein die SS wird herrschen, und die ganze Welt wird starr vor Staunen sein über diesen Staat, in dem die Weltanschauung der SS in die Praxis umgesetzt werden soll."[361]

Das ist wirklich sehr interessant, sprach doch auch der belgische Führer Degrelle von einem burgundischen Staat in den alten Grenzen des Heiligen Römischen Reiches. Eine weitere Bestätigung also für die geheimen Pläne des Vatikans und des Jesuitenordens. Die Besessenheit von diesem Orden kam nicht von ungefähr. Der Jesuitengeneral Wladimir Ledochowski strebte eine Zusammenarbeit zwischen dem deutschen Geheimdienst und dem Jesuitenorden an. Hierfür wurde innerhalb des SD eine Abteilung gegründet, die überwiegend aus katholischen Priestern in schwarzer SS-Uniform bestand.[362] Aber auch Himmlers Familie schien konservativ katholisch zu sein. So war Himmlers Vater zuerst Direktor einer katholischen Schule in München und danach Tutor von Prinz Rupprecht von Bayern. Seine Mutter war eine strenggläubige Katholikin und sein Bruder war ein Benediktinermönch.[363] Da Himmler auch Chef der *Gestapo* war, wurde diese ebenfalls nach der Struktur und den Prinzipien des Jesuitenordens aufgebaut. Es liegt nahe, dass er selbst Mitglied dieses Ordens war, auch wenn direkte Hinweise dazu fehlen. Zumindest, und daran besteht kein Zweifel, muss er gründlichst von Jesuiten ausgebildet gewesen sein, um überhaupt solch große Strukturen wie die SS und die *Gestapo* aufbauen zu können. Auch Joseph Goebbels genoss eine streng katholische Erziehung und besuchte eine jesuitische Schule.[364] Hitler war ebenfalls von den Jesuiten und der katholischen Kirche angetan, wie er dem Hermann Rauschning mitgeteilt haben soll:

„Ich habe die revolutionäre Technik bei Lenin und Trotzki und andern Marxisten studiert. Ich habe bei der katholischen Kirche wie bei den Freimaurern Einsichten gewonnen, die ich nirgendwo anders hätte erfahren können (...) Vor allem habe ich von den Jesuiten gelernt. Übrigens tat das Lenin auch, soviel ich mich erinnere. Etwas Großartigeres als die hierarchische Ordnung der katholischen Kirche hat es bisher auf der Welt noch nicht gegeben. Ich habe vieles unmittelbar auf die Ordnung meiner Partei übertragen. Fast zweitausend Jahre Bestand unter den wechselnden Schicksalen, das will etwas bedeuten![365] *(...) Ich verrate Ihnen ein Geheimnis... Ich werde einen Orden gründen (...) Wir werden eine Jugend großziehen, die die Welt zum Beben bringen wird.*"

Hitler stoppte und meinte dann, er könne nicht mehr darüber verraten.[365a] Eine weitere Aussage, die von Hitler stammen soll, bekräftigt das vorher Gesagte und seine Bewunderung noch einmal:

„Ich glaube natürlich nicht im Ernst an die abgrundtiefe Bosheit und Schädlichkeit dieser inzwischen verspießerten und in Deutschland immer harmlos gewesenen Vereinigung zur gegenseitigen Beförderung der eigenen Interessen. Ich habe mir sehr genau Bericht erstatten lassen. Nun, was da von angeblichen Greueln zutage kam, von Skeletten und Totenköpfen, Särgen und geheimnisvollen Zeremonien, das ist alles Kinderschreck. Aber eines ist das Gefährliche, und das ist auch dasjenige, was ich von den Freimaurern übernommen habe: Sie bilden eine Art Priesteradel. Sie schließen sich durch besondere Bräuche ab. Sie haben eine Geheimlehre entwickelt, die keine einfach formulierte Lehre ist, sondern in Symbolen und geheimnisvollen Riten stufenweise höhere Einsicht gewährt. Der hierarchische Aufbau und die Erziehung durch Symbole und Riten, das heißt ohne den Verstand zu behelligen, sondern durch Befruchtung der Phantasie, durch magische Einwirkung von kultischen Symbolen: das ist das Gefährliche und Große und von mir Übernommene. Sehen Sie nicht, dass unsere Partei etwas ganz Ähnliches sein muss? Ein Orden, die hierarchische Ordnung eines weltlichen Priestertums. Aber das bedeutet natürlich, dass es nicht etwas Ähnliches von anderer Seite geben darf. Entweder wir oder die Freimaurer oder die Kirche. Aber niemals zwei nebeneinander. Das schließt sich aus (…) darum werden wir beide beseitigen, die Kirche und die Freimaurer.“[366]

Auch wenn Rauschnings Memoiren als Erfindungen abgestempelt wurden, so halte ich die von Hitler getätigten Aussagen durchaus für möglich, besonders wenn man sich den letzten Satz ansieht, in dem er ankündigte, die Kirche und die Freimaurer beseitigen zu wollen. Das deckt sich wiederum teilweise mit vorigen Informationen, als es um das Reichskonkordat ging und ein Teil der Nationalsozialisten gegen die Kirche vorgegangen ist. Auch Mitglied der NSDAP sowie Angehöriger der SS, Wilhelm Landig, sprach davon, dass man im Dritten Reich zwar nicht aktiv gegen das Christentum, aber gegen das „Bibeltum“ gekämpft hätte (Landig schrieb übrigens die „Thule“-Romantrilogie).

Da es sich bei der SS und in Folge auch der Waffen-SS um einen jesuitisch aufgebauten religiösen Orden handelte, muss seine Rolle im Zweiten Weltkrieg – nach allen uns bisher bekannten Informationen – somit die Armee des Vatikans für seinen „heiligen Kreuzzug“ gegen „Ketzer“ und sonstige Feinde gewesen sein. Nach einigem Suchen fand ich im Internet auch einen historischen Hinweis dazu: Im 15. Jahrhundert war Tomas de Torquemada – Mitglied des *Dominikanerordens* – der erste Großinquisitor von Spanien. Die Inquisition richtete sich dabei, wie soll es auch sonst sein, gegen „Ketzer“, hier vordergründig gegen Juden und Mauren, die zum Christentum konvertierten, aber im Geheimen weiterhin ihre ursprüngliche Religion praktizierten. Torquemadas militärische Truppen und Folterer wurden in den höchsten Orden des römischen Kultes eingeschworen, der Ritter des *Sedes Sacrorum*. Das ist Latein

Abb. 106: Ehemaliger Mitarbeiter des US-amerikanischen Auslands-Geheimdienstes CIA sowie dem Vorgänger OSS, E. Howard Hunt, sagte vor laufender Kamera: *„Wir haben schon immer in einer bewundernswerten Art gesagt, dass die Jesuiten den großartigsten Geheimdienst der Welt bilden, und dies schon immer taten.“*

und entspricht dem spanischen *Santa Sede*, übersetzt also die *Ritter des* ***Heiligen Stuhls***. Als militärischer Orden der römisch-katholischen Kirche wurden die *Ritter des Heiligen Stuhls* vom Papst beauftragt, ab sofort und unaufhörlich die „Heilige Inquisition" gegen Ketzer fortzuführen, inklusive Attentate, Folter und Gegenspionage. Von der katholischen Kirche wurde dieser Orden von all seinen Sünden freigesprochen und **genoss päpstliche Immunität**. Das ist also die inoffizielle Bedeutung der „SS" im Dritten Reich. Seit Ende des Zweiten Weltkriegs wird der Orden der *Schutzstaffel* (SS) in den USA unter der Identität des 1865 gegründeten *Secret Service* (**Schutztruppe** des US-Präsidenten) fortgeführt.[367] Dies mag etwas hergeholt erscheinen, doch auch die deutsche SS diente anfangs, zumindest vorgeblich, nur dem persönlichen Schutz von Adolf Hitler und wurde später weiter ausgebaut. Mich würde gern interessieren, was der amerikanische *Secret Service* im Geheimen sonst noch macht und welche Rolle die Jesuiten dabei spielen. Wer unter den Leserinnen und Lesern dazu brauchbares Material hat, kann sich gern an den Amadeus Verlag wenden und ggfls. berücksichtige ich neue Erkenntnisse dazu in einer kommenden Auflage. Absurd wäre eine Weitergabe der Staffel an den US-amerikanischen *Secret Service* nicht, schließlich haben sich die jesuitischen Strukturen der reichsdeutschen Behörden derart gut bewährt, dass sie Entsprechungen auch bei anderen US-amerikanischen Geheimdiensten wie der Bundespolizei *FBI (~ Gestapo)*, dem Auslandsgeheimdienst *CIA (~SS Sicherheitsdienst)* und dem *Department of Homeland Security* (Heimatschutzbehörde) gefunden haben, welchem der *Secret Service* wiederum untersteht. Der in Folge der Anschläge vom 11. September 2001 gegründeten US-amerikanischen *Heimatschutzbehörde* unterstehen wiederum 22 Regierungsbehörden. Dass die Flagge des *Secret Service* gelb-weiß-blau ist und die des Vatikans gelb-weiß, mag ein weiterer dezenter Hinweis für die Verbindung untereinander sein.[368] Deutlicher hingegen ist schon die Dienstmarke eines *Secret Service*-Agenten, der einen römischen Adler abbildet (die *Aquila*). Im römischen Reich diente der Adler als Symbol des Gottes Jupiter und sollte als wichtigstes Feldzeichen der römischen Armee Stärke, Erfolg und Macht vermitteln. Und der Reichsadler ist dem römischen Adler nachempfunden.[368a] Das Adlersymbol, in vielerlei Formvarianten, findet man heute auf zahlreichen Landesflaggen. Ein weiterer Hinweis auf den römischen Einfluss im Hintergrund sind auch die Rutenbündel, in dem ein Beil steckt, auch *Fasces* (lat.) genannt (Singular *Fascis*). Sie waren das Amtssymbol der höchsten Machthaber im Römischen Reich, welche von Amtsdienern (Liktoren) vorangetragen wurden, und daher auch *Liktorenbündel* genannt werden. In der Neuzeit wurde bzw. wird dieses Symbol häufig von Staaten verwendet, die sich auf das alte Rom berufen, so z.B. von den USA, dem republikanischen Frankreich oder dem faschistischen Italien unter Mussolini.[368b] Das Wort „faschistisch" leitet sich von *fascis* ab.

Die Flagge der SS bestand aus den Initialen „SS" in Form von germanischen Runen auf schwarzem Hintergrund (siehe auch die Kragenspiegel bei den SS-Uniformen). Die Farbe Schwarz repräsentiert, wie wir wissen, die *Schwarze Internationale*, also den universalen Katholizismus (~ Satanismus). Und ist die Flagge des *Islamischen Staates* (IS) nicht auch schwarz? Und haben beide, SS-Soldaten (teilweise) und *IS*-Milizen nicht die schwarze Uniform bzw. Kampfmontur gemeinsam? Liegt es da nicht nahe, dass hinter der *IS*-Armee ebenfalls der Vatikan als Auftraggeber steckt, um die „Ungläubigen" (Ketzer) im geplanten nächsten Kreuzzug auszumerzen? Wäre nach dem Spanischen Bürgerkrieg bekanntlich nicht das erste Mal innerhalb von 100 Jahren. Eine tiefere Bedeutung kommt dieser Überlegung zu Grunde, wenn man sich anschaut, welche Gruppen der *IS* besonders ausrotten will, nämlich christliche Minderheiten, Aleviten, Drusen und Jesiden. Letztere werden vom *IS* als eine heidnische Religion angesehen, und bei den Drusen wird die Existenz von Reinkarnation und parallelen Welten gelehrt[(368c)] – ist also für das vom Vatikan geprägte Weltbild ganz gefährlich.

Von „Kreuzzügen" und „Kreuzrittern"

Dass es sich beim Zweiten Weltkrieg um einen Kreuzzug gehandelt hatte, gibt auch der Deckname des Russlandfeldzugs *Unternehmen Barbarossa* Aufschluss. Benannt wurde dieser Feldzug nach dem Friedrich I., welcher 1152 bis 1190 König und 1155 bis 1190 Kaiser des **römisch-deutschen Reiches** war. Zum König wurde er durch einen Erzbischof und zum Kaiser durch den Papst gekrönt. Nach der Niederlage des Königs von Jerusalem gegen Sultan Saladin leitete Friedrich I. den nächsten **Kreuzzug**, um die Stadt zurückzuerobern. Er wurde *Barbarossa* genannt, was auf italienisch *roter Bart* bedeutet (aufgrund seines Aussehens).[(369)] Aber der „heilige Vater" Papst Pius XII. (Pacelli) brachte es unverhohlen in seiner Weihnachtsansprache an die „christlichen Nationen" über das Radio 1942 auf den Punkt, als er verkündete (teilweise eigene Übersetzung aus dem Englischen, von mir hervorgehoben):

> *„Dies ist nicht der Moment, um wehzuklagen, sondern um zu handeln. Nicht darüber wehzuklagen, was gewesen war, sondern die Neugestaltung von etwas, was entstehen wird und entstehen muss zum Wohle der Gesellschaft. Es sollen sich die besten und angesehensten Mitglieder der christlichen Familie, erfüllt mit dem Enthusiasmus der* ***Kreuzritter****, im Geiste der Wahrheit, Gerechtigkeit und Liebe zum Ruf ‚Gott will es' vereinen, bereit zu sein zu dienen und sich selbst zu opfern, wie es einst die alten Kreuzritter taten. (...) Wesentliches Ziel dieses notwendigen,* ***heiligen Kreuzzuges*** *ist, dass der Stern des Friedens, der Stern von Bethlehem, wieder in seinem vollen Glanz, in seinem versöhnenden Trost als Verheißung einer besseren, fruchtbareren und glücklicheren Zukunft über der gesamten Menschheit aufgehe. (...) Möge diese, unsere Weihnachtsbotschaft, die an all jene guten und großzügigen Herzens gerichtet ist, die Legionen dieser gesellschaftlichen Kreuzzüge ermutigen und in jeder Nation vermehren. (...) Wo sonst könnte dieser* ***hehre und heilige Kreuzzug*** *zur Läuterung und Erneuerung der Gesellschaft eine bedeutsamere Weihe erhalten oder eine stärkere Inspiration finden als in Bethlehem, wo im anbetungswürdigen Geheimnis der Menschwerdung der neue Adam erschien? (...) An Euch, freiwillige Kreuzritter einer neuen und vornehmen Gesellschaft, erfüllt den neuen Ruf nach Moral und christlicher Wiedergeburt. Erklärt der Dunkelheit den Krieg, welche durch Abwendung von Gott sowie der Kälte durch Unfrieden zwischen Brüdern entsteht. Es ist ein Kampf für die menschliche Rasse, die schwer erkrankt ist und im Namen eines christlich geadelten Gewissens geheilt werden muss. (...)"*

Die vollständige Rede können Sie auf Deutsch, Englisch oder im Original (auf Italienisch) nachlesen.[(369a)] Das sind deutliche Worte vom päpstlichen Cäsar selbst. Der französische Ministerpräsident Pierre Laval bekräftigte 1943 Pius' Aussagen, als er erklärte: *„Ich hoffe, dass Deutschland siegreich wird. Es möge merkwürdig anmuten zu hören, dass ein Besiegter sich den Sieg des Siegers wünscht. Dies ist deshalb so, weil dieser Krieg nicht* *wie die anderen ist. Es ist ein wahrhafter religiöser Krieg. Ja, ein Religionskrieg.*“[369b] Wenn es darum geht, welche Rechte sich die Kirche herausnimmt, formulierte es der Dominikanerpriester und bekannte französische Prediger von Notre-Dame, Albert Janvier, noch etwas beherzter: „*(...) sollte die Kirche nicht das Recht haben, von den katholischen Staaten die Unterdrückung von Ketzern sogar bis zu deren Tod zu erwarten? Hier ist meine Antwort: Ich befürworte es, sogar bis zum Tod!*“[369c] Der deutsche Jesuitengeneral Franz Xaver Wernz (1906-1914) äußerte sich bereits zuvor in ähnlicher Weise: „*Die Kirche kann Ketzer zu Tode verurteilen, da sie jedwede Rechte nur aufgrund unserer Toleranz besitzen, und diese Rechte sind offensichtlich nicht real.*“[369d] Passend dann auch dazu eine Aussage des katholischen Theologen Prof. Dr. Monzel: „*In der katholischen Lehre gibt es keinen Kompromiss und keine Toleranz.*“[369e] Für so viel Ehrlichkeit können wir wirklich dankbar sein. Schließlich wird diese zum baldigen Untergang dieser Gott verachtenden Römerkaste beitragen.

Schauen wir uns dann die Situation in der Welt von heute an, mit der vollständigen militärischen Einkreisung Russlands von allen Seiten durch die NATO sowie der ständigen Kriegshetze in unseren Propagandamedien gegen die Russen, so zeichnet sich eine baldige Wiederholung der Geschichte ab. Offensichtlich hat der Vatikan mit den beiden Weltkriegen lediglich Etappensiege errungen und will mit dem bzw. den nächsten Kreuzzügen (Dritter Weltkrieg) auf der einen Seite Europa mit islamischen Truppen fluten und auf der anderen Seite wieder gegen die gottesgläubigen Orthodoxen vorgehen, um anschließend seine „Neue Weltordnung“ samt luziferischer Weltreligion umzusetzen. In diesen Zusammenhang muss man auch den Krieg in der Ukraine mit einbeziehen, wo es ebenfalls um die Ausrottung der orthodoxen Kirche geht sowie um die Schaffung eines zweiten „Israel“ (steht der Name *Israel* für die drei Gottheiten Isis – Ra – El? El steht für den Saturngott, Isis für die Mondgöttin und Ra dem Sonnengott.). Die SS von gestern ist dabei die NATO von heute. Wie wir vorhin gelesen haben, nehmen sich Vatikan und Kirche jedes Recht dazu heraus, Gott zu spielen und jederzeit willkürlich über Leben und Tod von Millionen von Menschen zu entscheiden.

„*Der deutsche Krieg ist ein Kampf für das Christentum.*“[369f]
Charles Coughlin (katholischer Priester) im US-amerikanischen Radiosender *Christian Front* (mit ca. 15-20 Millionen Zuhörern) am 7. Juli 1941

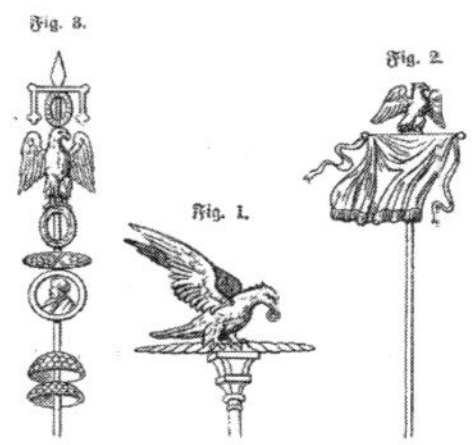

Abb. 107 bis 109: Der römische Adler in diversen Varianten. Er war das wichtigste Feldzeichen der römischen Armee. Römische Legionen trugen den Adler gold- oder silberfarbig auf langen Lanzen voran. Die Abkürzung S.P.Q.R steht für *Senatus Populusque Romanus* (deutsch: Senat und Volk von Rom). Rechts außen: Die Marke eines *Secret Service*-Agenten mit einem römischen Adler.

Abb. 110 und 111: Links Feldzeichen im Dritten Reich – typisch römisch. Rechts entnazifizierter Reichsadler mit entferntem Hakenkreuz über dem Eingang des Amtsgerichts Erlangen. (Die Hakenkreuze wurden überdeckt.)

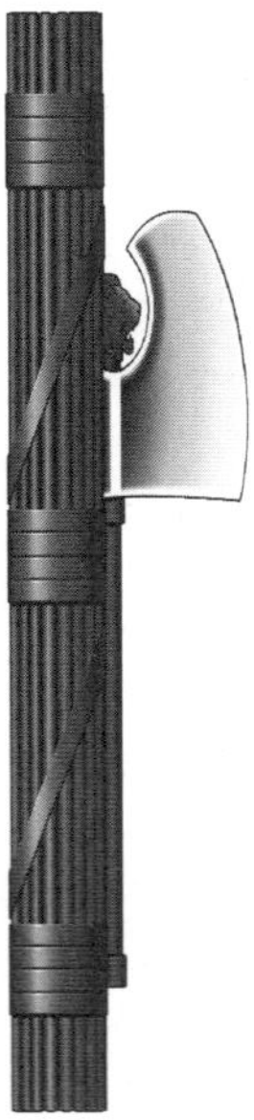

Abb. 112 bis 115: Links ein Rutenbündel bzw. Liktorenbündel, auch *Fascis* genannt (Plural *Fasces*). Daneben ein römischer Adler, in den Fängen eine Fascis, Symbol in Italien während seiner faschistischen Periode. Rechts davon Wappen der italienischen SS-Legion. Der Schweizer Kanton St. Gallen hat dasselbe Wappen, welches eine *Fascis* auf grünem Hintergrund abbildet. Rechts römischer Adler an der Spitze eines Feldzeichens im Siegel von Castro Pretorio, dem XVIII. Rione (Stadtteil) von Rom. Das Wappen stellt ein Feldzeichen der Prätorianergarde dar, einer Garde-Truppe, die damals von römischen Kaisern eingesetzt wurde.

Abb. 116: Reichsadler (links) und Parteiadler (rechts) während der Zeit von 1933 bis 1945. (Die Hakenkreuze wurden überdeckt.)

Abb. 117: Ex-Präsident der USA Barack Hussein Obama bei einer Rede vor dem US-Kongress. Links und rechts von ihm an der Wand zwei *Fasces*. Vorn links im Bild aufgestellt ein römischer Adler an der Spitze einer schmalen Säule.

Wussten Sie, dass das Stückchen Land, auf dem die heutige Hauptstadt der USA, Washington D.C., liegt, im 17. Jahrhundert *Rome* hieß und zum Bundesstaat Maryland gehörte? *Rome* ist die englische Form von *Rom*. Der Großteil der Grundstückseigner des Areals des heutigen Distrikts *District of Columbia (D.C.)* waren, so Gottes Zufall, Katholiken. Innerhalb dieses Areals gehörte die Parzelle Land mit dem Namen *Rome* vorgeblich einem Francis Pope, der Sheriff im Landkreis *Charles County* war. *Pope* bedeutet zufällig *Papst* übersetzt (kommt als Familienname im angelsächsischen Raum aber häufiger vor). Ein Mann namens Andrew White war der erste katholische Priester, der diese Region besuchte und als der „Apostel von Maryland" bezeichnet wird. Und wie es Gottes weiterer Zufall will, war Andrew White ein Jesuitenpater, der 1693 die erste katholische Mission ein paar Meilen unter Washington gründete.[370] Aber hier hört es nicht auf... Dieses 10 Quadratmeilen große Areal gehörte später einem Daniel Carroll, einem der Mitunterzeichner der US-amerikanischen Verfassung (1787/88). Er übertrug dieses Areal später der US-Regierung, woraufhin 1791 Washington D.C. zur Hauptstadt erklärt wurde.[371] Daniel Carroll hatte einen jüngeren Bruder namens John. Beide studierten als Jugendliche am jesuitischen *College of St. Omer* in Frankreich.[372] John Carroll genoss zudem eine 14-jährige Ausbildung im Jesuitenorden und wurde der erste Bischof und später Erzbischof in den USA. 1789 gründete er zudem die *Georgetown Universität*, deren Leitung er... den Jesuiten übergab.[373] Das können Sie übrigens alles auf *Wikipedia* und in der Onlineausgabe der englischsprachigen *Katholischen Enzyklopädie* nachlesen. Washington D.C. hat genauso wie Rom in Italien sieben Hügel. Umgeben ist die Washingtoner Metropolregion von den Bundesstaaten *Maryland* und *Virginia* (katholische Kolonien), also jene Staaten, die die Gründung des Washingtoner Distrikts von *Columbia* ermöglichten. *Columbia* beschreibt das Land der Vereinigten Staaten von Amerika, als die *Neue Welt*. Der altrömischen Gottheit *Libertas* (lat. *Freiheit*) entlehnt, symbolisiert *Columbia* die Göttin der Freiheit (als *Lady Liberty* der *Freiheitsstatue*). Der offizielle Name der Freiheitsstatue lautet eigentlich *Liberty Enlightening the World* (deutsch: *Liberty erleuchtet die Welt*).[374] *Mary* ist die englische Form für *Maria* und *virgin* bedeutet im englischen *Jungfrau*. Wir haben hier also eine Anspielung auf die Jungfrau Maria, die die *Göttin der Neuen Welt(ordnung)* geboren hat. Ja, die spinnen, die Römer. Ein gewisses Maß an Fantasie haben sie allemal, wenn es um (okkulte) Symbolik geht.

Übrigens wurden die USA nach ihrer „Unabhängigkeit" 1776 nicht wirklich unabhängig von Großbritannien. Im Pariser Friedensvertrag von 1783 zwischen den USA und Großbritannien wurden zwar Ansprüche seitens Letzterer an die US-Regierung und die 13 amerikanischen Gründungskolonien ausgeschlossen, jedoch wird eingangs im Friedensvertrag König George III. nicht nur als König von Großbritannien, Irland und Frankreich genannt sowie als oberster Schatzmeister und wahlberechtigter Prinz des Heiligen Römischen Reiches, sondern auch als königliches Oberhaupt der Vereinigten Staaten von Amerika.[375] Und das nach immerhin sieben Jahren angeblicher Unabhängigkeit der USA! Aber auch diese Scheinunabhängigkeit wurde später mit einem anderen Gesetz noch einmal komplett beiseite geschoben. Mit dem sogenannten „Act of 1871" wandelte der damalige 41. US-Kongress ‚Washington D.C.', also die Regierung der Vereinigten Staaten, in ein gewerbliches Unternehmen um. Das war die Bedingung der Banken (unter Einfluss von Freimaurern und Jesuiten), um den maroden Staaten Geld zu leihen. Mit der vertraglichen Einbindung aller amerikanischen Einzelstaaten in diese „Corporation" wurde jeder amerikanische Bürger ohne sein Wissen zum Angestellten, zum Personal dieser Firma: *UNITED STATES CODE, Title 28, § 3002 (15) (A) (B) (C): (15) „United States" means –(A) a Federal corporation; (B) an agency, department, commission, board, or other entity of the United States; or (C) an instrumentality of the United States.*[376] Seitdem agiert die Firmenregierung *Washington D.C.* auf Weisung von der *City of London* außerhalb der US-amerikanischen Verfassung (und somit nicht zum Interesse und zum Schutze der US-Bevölkerung). Die drei Machtzentren dieser Welt sind:

- **Washington D.C.** (das Militärzentrum der Welt), von hier werden die Kreuzzüge in der Welt militärisch geplant und durchgeführt.
- **City of London** (abgekürzt CoL, das Finanzzentrum der Welt), ein abgeschotteter Distrikt innerhalb der Stadt London, als Corporation (Firma) gegründet. Es gehört nicht zu Großbritannien und unterliegt nicht der britischen Gerichtsbarkeit. Selbst die Königin von England (Dienerin des Papstes) hat hier keine Sonderrechte. Die CoL ist der größte Finanzhandelsplatz der Welt. Im Auftrag des Vatikans wird die Welt von hier aus wirtschaftlich kontrolliert und über diverse Kreditinstrumente ausgebeutet und versklavt.
- **Vatikanstadt**, ebenfalls ein Staat im Staat. Es ist die reichste Institution auf diesem Planeten sowie der größte Grundstückseigentümer und der größte Vermögensanhäufer der Welt. Der Vatikan ist die sogenannte *Krone*, und die in der Bibel beschriebene *Hure Babylon* kontrolliert die Welt spirituell.

Abb. 118: Wappen des Kantons und der Stadt Genf. Nicht zu übersehen das Jesuitenemblem. Übersetzt bedeutet der Spruch *„Post Tenebras Lux": „Nach der Dunkelheit das Licht"* und spielt auf die Reformation an. Das römische Adlersymbol kennen wir bereits. Der Schlüssel mit Vierpassreite und Taukreuzeinschnitt dürfte für den Vatikan stehen.

Daneben gibt es noch als viertes Machtzentrum, die *Bank für Internationalen Zahlungsausgleich* (BIZ), welche alle Zentralbanken der Welt steuert und kontrolliert. All diese Machtdistrikte haben gemeinsam, dass sie keiner nationalen Autorität oder Gerichtsbarkeit unterstehen; ihre eigenen Gesetze, Polizeikräfte und Staatsflaggen haben; keinerlei Steuern zahlen und vor internationalen Strafverfolgungsbehörden immun sind.[377] Einen ähnlichen Status genießt auch CERN, die *Europäische Organisation für Kernforschung*, die offiziell mit Teilchenbeschleunigern herum experimentiert. Dieser Organisation gehören 22 Mitgliedstaaten an und sie ist das größte Forschungszentrum der Welt auf dem Gebiet der Teilchenphysik. Ihr Sitz ist im Schweizer Kanton Genf, unterliegt aber nicht der Schweizer Gerichtsbarkeit oder den Schweizer Steuergesetzen. Die Mitarbeiter in dieser Organisation genießen in der Schweiz ebenfalls Immunität.[378]

Abb. 119: Flagge von Washington D.C.. Die drei roten Sterne repräsentieren die drei Machtzentren dieser Welt. Eine These besagt, dass sie zudem für die drei Sternsysteme Sirius A, Sirius B und Orion stehen könnten, da sie über Washington D.C. in einer bestimmten Konstellation zueinander stehen.[378a] Wobei drei Sterne für sich auch häufig den Oriongürtel repräsentieren (dazu später mehr). Wofür die zwei roten Streifen stehen ist unbekannt. Sie könnten für die *Rote Internationale*, aber auch für zwei Blutlinien stehen.

Abb. 120: Im Zentrum jeder dieser Machtdistrikte steht ein Obelisk. Zeigen diese in die Richtung der vorhin erwähnten drei Sternsysteme? Und wenn ja, dann würde es naheliegen, dass da auch eine energetische und womöglich auch eine kommunikative Verbindung zwischen den Machtdistrikten und „etwas" da draußen besteht.

Odessa und die Fluchthelfer der Nazis

Als am 3. Mai 1945 Hitler „offiziell" verstarb, verlautbarte die von Diktator Franco kontrollierte spanische Presse folgendes: *„Adolf Hitler, ein Sohn der katholischen Kirche, starb als Verteidiger des Christentums. Es ist verständlich, dass keine Trauerworte über seinen Tod gefunden werden können, weil es viele gibt, die sein Leben verherrlichen. Über seinen sterblichen Überresten steigt seine siegreiche moralische Figur auf. Mit der Krone der Märtyrer überreicht Gott Hitler den Sieger-Lorbeerkranz."*[379] Doch wie wir wissen, flohen neben Hitler jede Menge andere NS-Größen ins Ausland, und Argentinien war eines der begehrtesten Ziele für das Exil. Für diesen „Massenexodus" wurden auf beiden Seiten – der Regierung Argentiniens auf der einen und des Vatikans auf der anderen Seite – größtmögliche Anstrengungen unternommen und Gelder bereitgestellt. Der Autor Uki Goni enthüllte in seinem Werk „Odessa – Die wahre Geschichte: Fluchthilfe für NS-Kriegsverbrecher" viele Details und der Allgemeinheit unbekannte Hintergründe zur vermutlich größten Fluchthilfeoperation, die bis zu diesem Zeitpunkt in der Geschichte stattgefunden hat. Der Hamburger Journalist Theo Bruns übersetzte mit einer Kollegin Gonis Buch ins Deutsche. Im Folgenden finden wir eine komprimierte Version mit den wichtigsten Informationen aus Theo Bruns' Zusammenfassungen:

Auf der argentinischen Seite errichtete Präsident Juan Perón einen eigenen Geheimdienst, um die Fluchtoperationen zu koordinieren. Geleitet wurde dieser Dienst von einem Rodolfo Freude, dem Sohn des deutsch-argentinischen Unternehmers Ludwig Freude, welcher wiederum der oberste Nazifunktionär in Argentinien war. Freudes wichtiger Helfer war ein Carlos Horst Fuldner, der als Agent beim Auslandsgeheimdienst der SS tätig war und auf Weisung von Walter Schellenberg (dem Chef des SD) Fluchtmöglichkeiten erkunden sollte. Diese Aufgabe setzte er dann in Peróns Geheimdienst um. Bei der ersten Fluchtwelle handelte es sich großteils um führende Persönlichkeiten der europäischen Regime, die mit den Nationalsozialisten kollaborierten. In erster Linie also kroatische *Ustascha*-Größen, belgische NS-Größen, französische Kollaborateure sowie Mitglieder der slowakischen *Hlinka-Garde* und der rumänischen *Eisernen Garde*. Aus all diesen Leuten wurden dann jene Köpfe rekrutiert, die im Rahmen der Organisation *Odessa* später den weiteren Massenexodus durchführen würden. In Europa wurde zudem die *Fluchtroute Nord* etabliert, um über Skandinavien hochrangige NS-Wissenschaftler und -techniker hinaus zu schmuggeln. Geleitet wurde dieses Unternehmen von dem Deutsch-Argentinier Carlos Schulz und den argentinischen Konsuln Pineyro und Mouret in Kopenhagen, Dänemark. Auf der argentinischen Seite wurde zudem eine Organisation mit dem Namen *SARE* gegründet, die *Argentinische Gesellschaft zum Empfang von Europäern*. Ihre Aufgabe war es, für die Neuankömmlinge aus Europa Visa und Mittel für die Einwanderung zu beschaffen. Sitz dieser Organisation war in einem Gebäude in der argentinischen Hauptstadt Buenos Aires, welches, so Gottes Zufall es schon wieder will, dem Erzbistum von Buenos Aires gehörte, dessen Oberhaupt Kardinalprimas Santiago Luis Copello, der auch päpstlicher Gesandter beim Vatikan war. Aber auch in der ach so neutralen Schweiz war man keineswegs tatenlos. In der Hauptstadt Bern wurde die *Argentinische Auswanderungszentrale* gegründet, die als Schlepperbüro fungierte und die Einwanderung nach Argentinien koordinieren sollte. In der Zwischenstation Schweiz wurden Ankömmlinge, denen noch wichtige Papiere (Ausweise etc.) fehlten, dementsprechend ausgestattet und entweder mit dem Flugzeug ausgeflogen oder über den Seeweg über Genua nach Argentinien ausgereist. Notwendige Passdokumente, die auf falsche Namen lauteten, wurden im Sinne der christlichen Nächstenliebe freundlicherweise vom *Internationalen Roten Kreuz* und vom Malteserorden ausgestellt.[(380)]

Im ganzen Fluchthilfenetzwerk war ein wichtiger Bündnispartner natürlich der Vatikan. Der „erfolgreichste Nazischlepper des Vatikans" war der kroatische Priester Krunoslav Draganovic, der als Geistlicher auch Oberst bei der *Ustascha* war und in Verbindung mit der Verwaltung des *Ustascha*-Schatzes gebracht wurde (was man den Opfern im Krieg geraubt hatte). Deshalb war er auch als der „Goldene Priester" bekannt. 1943 ging er nach Rom in ein kroatisches Kloster, welches vom Vatikan als kroatische Sektion der *Päpstlichen Hilfskommission* (PCA) anerkannt war. In diesem Kloster wohnten zeitweise viele *Ustascha*-Größen und Kriegsverbrecher, bevor sie ihre Weiterreise nach Argentinien antraten. Über die Hilfskommission und ihre Unterkomitees sowie durch die internationale Caritas wurde die Fluchthilfe des Vatikans geplant und gesteuert. Für nötige Visa, Pässe sowie Unterkunft und Verpflegung usw. wurde bestens gesorgt. In Argentinien wiederum gründete der ehemalige kroatische Präsident Ante Pavelic die kroatische Exilregierung und wurde Sicherheitsberater vom Präsidenten Perón, dessen persönliche Leibgarde aus *Ustascha*-Faschisten bestand. Wie auch die Kroaten sind die Argentinier tief katholisch bis ins Knochenmark und beide verbindet daher der „Anti-Kommunismus" und der nationale katholische Faschismus. Die österreichische Sektion der *PCA* wurde vom Bischof Alois Hudal geleitet, der für die Ausschleusung von deutschen NS-Größen zuständig und somit neben Draganovic die nächste wichtige Person der vatikanischen Fluchthilfe war. Er verhalf Leuten wie Adolf Eichmann, Josef Mengele, Erich Priebke, Josef Schwammberger, Eduard Roschmann („Henker von Riga"), Franz Stangl oder Hans-Ulrich Rudel sowie hunderten anderen zur Flucht.

Draganovic arbeitete auch mit dem US-amerikanischen Militärgeheimdienst *Counter Intelligence Corps* (CIC) zusammen, der sich ebenfalls der Rattenlinie des Vatikans bediente. Viele deutsche als auch osteuropäische Kollaborateure der Nationalsozialisten gelangten dadurch in die USA, um wichtige Posten in Wissenschaft, Militär, Raumfahrttechnik, Geheimdienstwesen und anderen wichtigen Bereichen einzunehmen. Der öffentlich bekannteste Fall war der des SS-Obersturmführers Klaus Barbie („Schlächter von Lyon"), der vom CIC als „antikommunistischer Experte" rekrutiert wurde. Auch wenn der Vatikan und die katholische Kirche noch bis zum heutigen Tage ihr Engagement in Sachen der Fluchthilfe leugnen oder totschweigen, die Beweise lassen sich nicht unterdrücken. Theo Bruns erklärt dazu:

> *„Es ist bis heute Gegenstand einer hitzig geführten Kontroverse, ob Papst Pius XII. in das Nazifluchthilfenetzwerk involviert war. Unstrittig ist, dass er sich persönlich bei den Alliierten für die von Draganovic protegierten kroatischen Kriegsverbrecher einsetzte, um sie vor der Auslieferung an Jugoslawien zu retten. Er attestierte den Ustascha-Generälen Vladimir Kren und Ante Moskov, ‚standhaft für die Anwendung humanitärer Prinzipien eingetreten zu sein'. Pius XII. verwandte sich zudem für zum Tode verurteilte Massenmörder wie Otto Ohlendorf, der als Führer der Einsatzgruppe D die Ermordung von 90 000 Juden befahl, oder Oswald Pohl, der als Chef des SS-Wirtschaftsverwaltungshauptamtes für die Verwaltung der Konzentrationslager verantwortlich war. (…) Und Uki Goñi kommt auf dem Hintergrund seiner Recherchen zu dem Schluss: ‚Für den Vatikan und die alliierten Geheimdienste war die Rettung von Nazi-Kollaborateuren und SS-Mördern Teil ihrer gemeinsamen antikommunistischen Agenda.' Die Archivquellen belegen: ‚Kardinäle wie Montini … waren das Hirn des Fluchthilfeunternehmens. Bischöfe und Erzbischöfe wie Hudal, Siri und Barrere brachten die notwendigen bürokratischen Verfahren auf den Weg. Priester wie Draganovic, Heinemann und Dömöter unterschrieben die Passanträge. Angesichts dieser nicht zu widerlegenden Beweise ist die Frage, ob Papst Pius XII. über diese Vorgänge Bescheid wusste oder nicht, völlig naiv.'"*[381]

Nun, wir haben ja im vierten Kapitel mittlerweile eine ganze Serie an belegbaren Quellen zusammengetragen und sowohl den Vatikan als auch die Jesuiten eindeutig und ohne jedwede Zweifel als Hauptdrahtzieher der beiden Weltkriege dingfest gemacht. Dass diese gerade NS- und SS-Größen außer Landes verbrachten, ist mittlerweile auch verständlich, denn schließlich genießt die Inquisitionsarmee päpstliche Immunität und wird für die Errichtung des römischen „Vierten Reiches" gebraucht.

Operationen „Overcast" und „Paperclip"

Noch vor Ende des Zweiten Weltkriegs im Mai 1945 brüteten die US-Amerikaner ein Vorhaben aus, um das besiegte Deutschland nach seiner Niederlage materiell und personell auszuplündern. Es ging darum, die buchstäbliche „Kriegsbeute" unter den Siegern aufzuteilen, wobei die US-Amerikaner das meiste abgreifen wollten. Im Speziellen hatte man es auf materielle Schätze (Gold etc.), Geheimtechnologien, Erfindungen und Patente sowie intelligente Köpfe unter den deutschen Technikern und Wissenschaftlern abgesehen. Dieses Vorhaben entstand unter dem Decknamen *Operation Overcast* (deutsch: *Unternehmen Wolkenverhangen* oder *Bewölkt*) und wurde bereits Jahre zuvor geplant. Durch das von den Deutschen erbeutete Wissen erhoffte man sich gerade in Bezug auf die Militärtechnik den Russen voraus sein zu können. Im Rahmen der *Operation Paperclip* (deutsch: *Operation Büroklammer*) wurde noch im Sommer 1945 eine erste Gruppe an Wissenschaftlern in die USA verbracht. Hierfür hatte man sich, wie zuvor erwähnt, auch der Rattenlinie des Vatikans bedient. Das erbeutete Nazigold diente dabei teilweise zur Finanzierung dieser Massenfluchthilfe. Es folgt nun eine kleine Auswahl an deutschen Wissenschaftlern und Ingenieuren, die nach offiziellem Kriegsende in die USA gelangten: Wilhelm Angele, Rudi Beichel, Kurt Blome, Wernher von Braun, Werner Dahm, Konrad Dannenberg, Kurt Debus, Friedrich Duerr, Ernst Eckert, Krafft Arnold Ehricke, Ernst Geissler, Sidney Gottlieb, Dieter Grau, Fritz Haber, Heinz Haber, Karl Heimburg, Otto Hirschler, Helmut Hoelzer, Hans Hüter, Wilhelm Jungert, Heinz-Hermann Koelle, Hermann H. Kurzweg, Alexander Lippisch, Hans Maus, Heinz Millinger, Fritz Müller, Willy Mrazek, Erich W. Neubert, Hans Joachim Pabst von Ohain, Theodor A. Poppel, Eberhard Rees, Gerhard Reisig, Georg Rickhey, Werner Rosinski, Arthur Rudolph, Harry Ruppe, Karl Eduard Schüssler, August Schultze, Walter Schwidetzky, Ernst Stuhlinger, Bernhard Tessmann, Georg von Tiesenhausen, Adolf Thiel, Woldemar Voigt, Hans Ziegler.

Nach der *Operation Paperclip*: Walter Dornberger, Anselm Franz, Walter Häussermann, Hermann Oberth, Hubertus Strughold, Guenter Wendt.

Auf einige dieser Namen werden wir noch im späteren Verlauf stoßen. Die begehrteste Person, der Physiker, Quantenmechaniker und Nobelpreisträger Werner Heisenberg, widersetzte sich einer Verschleppung durch die US-Amerikaner. Er war im Dritten Reich am Uranprojekt mitbeteiligt gewesen und war daher von besonderem Wert – laut US-amerikanischen Geheimakten *„mehr wert als zehn Divisionen"*. Nachdem er einige Zeit in England als Kriegsgefangener interniert war, wurde er bereits 1946 als Direktor des *Max-Planck-Instituts* eingesetzt. Harry Brunser, ein hochrangiger CIA-Mitarbeiter, veröffentlichte im Rahmen seines *Brunser Reports* etwa 500 Namen von Deutschen, die nach dem Krieg in die USA übersiedelten.[(382)] Laut seinen Ausführungen haben 1945 die Sowjets hunderttausende deutsche Geheimdokumente beschlagnahmt und nach Moskau gebracht. Viele dieser Dokumente unterlagen der Kontrolle und Geheimhaltung des sowjetischen Geheimdiensts KGB und wurden „Spezialarchive" genannt. Selbst auf Druck der Amerikaner oder anderer Regierungen rückten die Sowjets diese Dokumente nicht heraus. Ein russischer Archivar machte jedoch Fotokopien von einigen wichtigen Dokumenten, zu denen Brunser anscheinend Zugang hatte. Unter diesen Dokumenten finden sich u.a. persönliche Akten über Adolf Hitler, Joseph Goebbels, Walther Rathenau, Franz von Papen, Hjalmar Schacht und Hermann Rauschning. Geheime Dossiers sind darunter auch aus dem Kanzleramt Adolf Hitlers, der Zentralabteilung der Waffen-SS, der SA und der NSDAP. Zudem hoch geheime Unterlagen über Großindustrielle, die Rothschildfamilie, den US-Präsidenten Franklin Roosevelt, den britischen Premierminister Winston Churchill, die Diktatoren Mussolini und Franco und einige Mitglieder der Adelsfamilien. Von Interesse dürften auch die Bankakten über geheime und nicht geheime Holdings der deutschen Geheimdienste bei britischen, amerikanischen und Schweizer Banken sein. Von besonderem Interesse erachte ich auch die kompletten beschlagnahmten Akten des *Ahnenerbe Instituts*.[(383)] Über dieses Institut ranken sich viele Mythen. Was als wahrscheinlich erscheint, ist, dass das *Ahnenerbe* die Rückzüchtung bzw. den Erhalt der arischen bzw. germanischen Rasse zum Ziel hatte. Die SS verfolgte dabei laut Wilhelm Landigs Worten die Schaffung eines sogenannten „Edelmenschen", mit einem deutschen Volksbewusstsein, der geistig um Jahrhunderte voraus war.

Bis zum Jahr 1990 sollen laut der Forscherin Linda Hunt über die *Operation Paperclip* 1.600 Leute als Personal in die USA gebracht worden sein.[384] Ich denke, dass die Zahl in Wahrheit um einiges höher liegt. Die Beschlagnahmung des „intellektuellen Bestandes“ durch US-Amerikaner und Briten inkl. Patente und Industriegeheimnisse soll sich dabei 1945 auf einen Wert von 10 Milliarden US-Dollar belaufen haben.[385] Aber auch die Russen schauten nicht tatenlos zu und hatten, parallel zu *Operation Paperclip*, ein ähnliches Programm unter dem Namen *Aktion Ossawakim* am laufen, unter dem rund 2.000 deutsche Wissenschaftler, Ingenieure und Techniker mehr oder weniger freiwillig in die Sowjetunion deportiert wurden, um dort zu einem großen Teil für das sowjetische Luft- und Raumfahrtprogramm zu arbeiten. Unter den deutschen Fachkräften, die in die Sowjetunion gelangten, gehörten u.a.:

Werner Albring, *Zentralwerke*, Bleicherode
Erich Apel, *Linke-Hoffmann-Werke*, Breslau
Brunolf Baade, *Junkers*, Dessau
Josef Blass, *Arado Flugzeugwerke*, Rostock-Warnemünde/Zweigwerk in Brandenburg an der Havel
Günther Bock, *DVL*, Berlin-Adlershof
Ferdinand Brandner, *Junkers*, Dessau
Helmut Breuninger, *Askania Werke AG*, Berlin-Friedenau
Matthias Falter, *AEG-Kabelwerk Oberspree*, Berlin
Hellmut Frieser, *TH Dresden*
Paul Görlich, *Carl Zeiss*, Jena
Helmut Gröttrup, *Zentralwerke*, Bleicherode
Helmut Heinrich, *TH Dresden* und *Junkers*, Dessau
Heinrich Kindler, Berlin
Kurt Magnus, *Zentralwerke*, Bleicherode
Norbert Elsner, *TH Dresden*
Walther Pauer, *TH Dresden*
Heinz Rössing, *Siebel*, Halle
Alfred Scheibe, *Junkers*, Dessau
Gustav Ernst Robert Schulze, *Junkers*, Dessau
Heinrich Wilhelmi, *Institut Rabe* (Pseudonym für *Institut für Raketenbau*), Bleicherode
Waldemar Wolff, *Krupp*[386]

Ja, sicherlich wird es unter all diesen Leuten auch Freiwillige gegeben haben, die sich in den USA, Großbritannien oder der Sowjetunion ein besseres Leben erhofften, anstatt ihr Leben lang irgendwo einkerkert zu werden. In der Tat nahmen all diese Leute recht hohe und bedeutende Positionen in der Wissenschaft, in der Raumfahrt sowie in militärischen und pharmazeutischen Firmen ein. Der bekannteste Fall davon dürfte der Raketenwissenschaftler Wernher von Braun sein. Und welche Wahl hätten sie sonst wirklich gehabt? Über die Bedingungen, Drohungen und Erpressungen kann man zwar nur mutmaßen, doch dürfte es in den meisten Fällen um Leben und Tod gegangen sein. Hätten die tausenden von Fachkräften nicht mitgespielt, hätte man vielleicht all ihre Familien ermordet oder sie den Nürnberger Prozessen zugeführt.

Der Völkermord an den Deutschen

In den letzten Jahrzehnten wurde gebetsmühlenartig immer wieder wiederholt, wie viele Menschen durch deutsche Soldaten ums Leben gekommen sind. Doch kaum jemand spricht darüber, wie viele deutsche Zivilisten absichtlich von den alliierten Streitkräften brutalst ermordet wurden! Es handelte sich hierbei nicht um Kämpfer, die eine Bedrohung für die feindlichen Soldaten waren, es handelte sich dabei um unschuldige Frauen, Männer und Kinder. Vom gezielten Völkermord an der deutschen Bevölkerung muss man von den alliierten Bomberangriffen sprechen. Da die Briten mit ihren gezielt geführten Bombenangriffen seit 1939 nur etwa 5% aller Ziele trafen, ging man über zu einem flächendeckenden Bombardement, das auf Initiative des britischen Premierministers und ausgesprochenen Deutschenhassers Winston Churchill erfolgte (der übrigens von dem Satanisten Aleister Crowley beraten wurde[386a]). Als Hintergrund dieser Taktik diente die *Trenchard-Doktrin* Ende der 1920er Jahre, deren Kernaussage war, dass es strategisch günstig sei, sämtliche Objekte des Feindes anzugreifen, „*die wirksam zur Zerstörung der gegnerischen Mittel des Angriffs beitragen und seine Entschlossenheit zum Kampf verringern*".[387] Im Februar 1942 erteilte das britische Luftfahrtministerium dem Oberkommandeur der britischen Luftwaffe, Arthur Harris („Bomber Harris"), die Erlaubnis, seine Piloten „*ohne Beschränkung*" und in erster Linie gegen die „*Moral der feindlichen Zivilbevölkerung*" einzusetzen. Die einsetzende Bombardierung zahlreicher Wohngebiete in ganz Deutschland verstieß dabei eklatant gegen die *Haager Landkriegsordnung*. Nachfolgend ein Überblick über die schiere Zahl an abgeworfenen Bomben:

> *„Bis zum 31. Dezember 1941 fielen 25 bis 1.000 Tonnen Bomben auf: Emden, Bremerhaven, Vegesack, Wilhelmshaven, Cuxhaven, Flensburg, Lübeck, Wismar, Warnemünde, Rostock, Stettin, Osnabrück, Münster, Wesel, Sterkrade, Bottrop, Homberg, Emmerich, Krefeld, M.-Gladbach, Essen, Wanne-Eickel, Gelsenkirchen, Schwerte, Dortmund, Lünen, Kamen, Aachen, Bonn, Mülheim, Koblenz, Frankfurt, Karlsruhe, Stuttgart, München, Nürnberg, Kassel, Paderborn, Soest, Braunschweig, Magdeburg, Merseburg.*
>
> *1.000 bis 3.000 Tonnen auf: Duisburg, Mannheim, Hannover, Bremen, Kiel, Hamburg, Berlin und über 3.000 Tonnen auf Köln.*
>
> *In der Zeit vom 1. Januar 1942 bis 31. Dezember 1943 50 bis 5.000 Tonnen auf: M.-Gladbach, Krefeld, Oberhausen, Bochum, Dortmund, Hagen, Wuppertal, Remscheid, Leverkusen, Mülheim, Bonn, Osnabrück, Emden, Wilhelmshaven, Cuxhaven, Vegesack, Kiel, Lübeck, Rostock, Warnemünde, Stettin, Braunschweig, Münster, Kassel, Leipzig, Mainz, Darmstadt, Saarbrücken, Karlsruhe, Friedrichshafen, Ulm, München, Pilsen.*
>
> *5.000 bis 10.000 Tonnen auf: Düsseldorf, Duisburg, Hannover, Bremen, Frankfurt, Nürnberg, Mannheim. 10.000 bis 22.000 Tonnen auf: Köln, Essen, Hamburg, Berlin.*
>
> *In der Zeit vom 1. Januar 1944 bis 5. Mai 1945 2.000 bis 5.000 Tonnen auf: Cleve, Wesel, Bottrop, Oberhausen, Homberg, M.-Gladbach, Neuss, Düren, Bonn, Castrop-Rauxel, Hagen, Münster, Osnabrück, Wangerooge, Helgoland, Wilhelmshaven, Harburg, Nordhausen, Leuna, Leipzig, Dresden, Bohlen, Chemnitz, Stettin, Magdeburg, Saarbrücken, München.*

5.000 bis 10.000 Tonnen auf: Düsseldorf, Neuss, Homberg, Wanne-Eickel, Frankfurt, Mannheim, Nürnberg, Bremen, Hannover, Braunschweig, Hamburg, Merseburg.

10.000 bis 23.000 Tonnen auf: Köln, Duisburg, Essen, Gelsenkirchen, Dortmund, Kiel, Berlin, Stuttgart, Pforzheim."(388)

Aber auch die Sowjetunion führte einen strategischen Luftkrieg gegen Deutschland, insbesondere gegen Ostpreußen und Norddeutschland. Die protestantische Stadt Dresden hatte bei alledem die heftigsten Bombardements zu erleiden. Die Stadt brannte tage- und nächtelang und wurde buchstäblich pulverisiert. Über die Anzahl der Toten wird immer noch gestritten, doch solle sie bei über 300.000 liegen. Konrad Adenauer bezifferte die Opferzahl in Dresden auf 250.000. 1955 bezifferte die schweizerische Zeitung *Die Tat* die Anzahl der Gesamtopfer durch alliierte Flächenbombardements in Deutschland auf etwas über **zwei Millionen**.(389) Wenn *Wikipedia* die Zahl der zivilen Opfer in Dresden allein auf nur max. 25.000 beziffert(390), so ist das nicht nur eine beispiellose geheuchelte Propagandalüge, sondern eine tiefste Beleidigung und Verhöhnung all jener, die im „Höllensturm" buchstäblich gebraten und teilweise zusammen mit dem Asphalt der Straßen unter extremster Gluthitze von bis zu 1.600° C, verursacht durch abgeworfene Phosphorbomben, verschmolzen waren (siehe die Dokumentation „Höllensturm" auf *YouTube.com*). Großstädte wie Hamburg oder Köln wurden regelrecht dem Erdboden gleich gemacht. Interessant ist dabei, dass der katholische Kölner Dom zwar beschädigt, aber selbst nach dem „1.000 Bomberangriff" nicht zerstört wurde, während die Stadt selber drumherum komplett in Schutt und Asche lag.(391) Mit jedem neuen Angriff hatte man es auf die Überlebenden, Rettungskräfte und Flüchtlinge abgesehen. Schaut man sich die Karten auf den Abbildungen 121 bis 123 an, so wird es – vor dem Hintergrund, den wir mittlerweile kennen – sicherlich kein Zufall sein, dass die vorwiegend katholisch geprägten Bundesländer Bayern und teilweise Baden-Württemberg mit zahlenmäßig deutlich weniger Bombenterror versehen wurden als der Rest Deutschlands, das überwiegend „ketzerische" protestantische Preußen (bis auf Großstädte wie München, Stuttgart oder Nürnberg).

„Es ist beschlossen worden, dass Ihr Hauptangriffsziel von nun an die Moral der feindlichen Zivilbevölkerung, vor allem der Arbeiterschaft, sein soll."(392)
Geheimbefehl an Bomber Harris, 1942

„Ich erachte die Gesamtheit der noch übrig gebliebenen Städte Deutschlands als nicht soviel Wert, wie die Knochen eines einzigen britischen Grenadiers."(393)
Bomber Harris, 1945

Zu diesem grauenvollen Vorhaben der Alliierten äußerte sich später das NSDAP-Mitglied Werner Naumann am 23. März 1945 im *Münchner Hofbräuhaus* wie folgt:

„Denn darüber kann ja nun wohl heute kein Zweifel mehr bestehen, wie die Absichten des Feindes lauten und was der Feind mit uns vorhat. Wir kennen die Absichten des Feindes einmal in Theorie und wir kennen die Absichten unseres Feindes in der Praxis. Ich kann mich in diesem Kreis geschulter Nationalsozialisten kurz fassen. Ich erinnere sie nur kurz an Vansittart, an Morgenthau, an Ilja Ehrenburg, an Churchill, an Roosevelt

usw., was sie alles in der Theorie mit dem deutschen Volke vorhaben. Die einen wollen aus Deutschland einen Kartoffelacker machen, einig sind sie sich alle, dass eine staatliche Selbstständigkeit Deutschlands nie mehr bestehen darf, die anderen wollen uns sterilisieren, andere wieder nach Sibirien verfrachten. (...) Denn, der Feind hat uns nicht nur in der Theorie gesagt, meine lieben Parteigenossen und Parteigenossinnen, was er mit uns vorhat, sondern dieser verbrecherische Feind hat es uns auch in der Praxis vorexerziert. Und zwar beide, sowohl der Westen als auch der Osten. Bei dem Angriff auf Hamburg hatten wir 40.000 Tote zu verzeichnen, bei dem Angriff auf Dresden sind im Laufe von 24 Stunden über 50.000 im wesentlichen Frauen und Kinder durch die Anglo-Amerikaner hingemordet worden, ‚Die sind nicht so schlimm wie die Russen...', oh, ich weiß nicht, wer schlimmer ist! Wir wollen es einmal gar nicht darauf ankommen lassen, wer schlimmer ist. Und was die Sowjets mit uns vorhaben, das exerziert sich ja nun heute, wird im Osten unserem Volke vorexerziert: in meiner Heimat in Schlesien, im Warthegau, in Ostpreußen und überall. Die Meldungen, die von dort kommen (...) sind vollkommen gleichlautend. Unabhängig, ob sie aus Ostpreußen kommen oder von der Mitte der Front oder von unten an der oberschlesisch-slowakischen Grenze. Es steht fest: alle arbeitsfähigen Kräfte, Männer und Frauen, werden sofort erfasst, haben sich mit einer Winterbekleidung versehen und Proviant für 14 Tage zu stellen und werden in Richtung Osten nach rückwärts in Marsch gesetzt. Sämtliche deutschen Kinder, die vorgefunden werden, werden ermordet und sofort totgeschlagen. Sämtliche deutschen Frauen, und zwar ohne Rücksicht auf das Alter, werden von den Bolschewisten geschändet, gemartert, und zum Schluss, wenn sie gebraucht worden sind, hingerichtet. Nun ist das nicht eine Meldung, die von der Heeresgruppe Unten kommt oder nur Oben, so dass man annehmen könnte, es wäre da drüben ein vertierter sowjetischer Divisionsgeneral, oder es war ein verkommener Korpskommandeur, oder es war ein jüdischer Armeeführer, sondern diese Meldungen liegen übereinstimmend vor, von der gesamten Front, vom Norden bis zum Süden, und beweisen uns damit, dass diese Maßnahmen nicht dem Hassinstinkt eines asiatischen Urmenschen entsprechen, sondern eine systematisch von oben befohlene Aktion ist. Und daran haben wir auch gar keinen Grund zu zweifeln.

***Denn was der Feind gegen uns vorhat, ist, um es kurz auszudrücken, die biologische Vernichtung des deutschen Volkes.** Man will in diesem Krieg nun endlich den, wie sie sagen, Ruhestörer in Mitteleuropa beseitigen. Man will sie weg haben. Es ist so üblich, dass nach einem Krieg, der, der unterlegen ist, bezahlen muss. Das hat man früher gemacht mit Reparationen, so nannte man das im Jahre 1918. Und dann musste dafür bezahlt werden Gold oder Geld oder Industriewaren. Heute, wenn wir unterliegen würden, liegt der Welt nichts am Gold, denn die Amerikaner haben Gold so viel in Hülle und Fülle, dass sie gar kein Gold mehr haben wollen. Geld ist ja auch nur eine Anweisung auf eine Leistung, also auf Industriewaren. Deutsche Industriewaren will aber niemand haben, denn einmal wollen sie ja die deutschen industriellen Erzeugungsstätten vernichten, und zweitens ist der Krieg ja nicht zuletzt von den jüdischen Gaunern geführt worden, um die deutsche Konkurrenz auf dem englischen und amerikanischen Markt auszuschalten. Das heißt, der Unterlegene in diesem Krieg muss bezahlen, aber nicht durch Gold und nicht durch Industriewaren, sondern man wird von den Unterlegenen, unter denen die Feinde sich Deutschland vorstellen, wird man eine Ware fordern, die heut' in der Welt allgemein gefordert ist. Das ist die Ware menschliche deutsche Arbeitskraft. Das heißt, unsere Spezialarbeiter, unsere Spezialisten, die man nach Sibirien haben* *will, nach Kiew, nach Rostow, um dort den Sowjets ihre Fabriken aufzubauen. Dasselbe, was wir vor vielen hundert Jahren hatten: der Sklavenhandel im 20. Jahrhundert. Das ist das, was wir einen Weltanschauungskrieg nennen. (...)*"[394]

Abb. 121: Zerstörungen deutscher Städte mit größeren Aussparungen im Süden Deutschlands

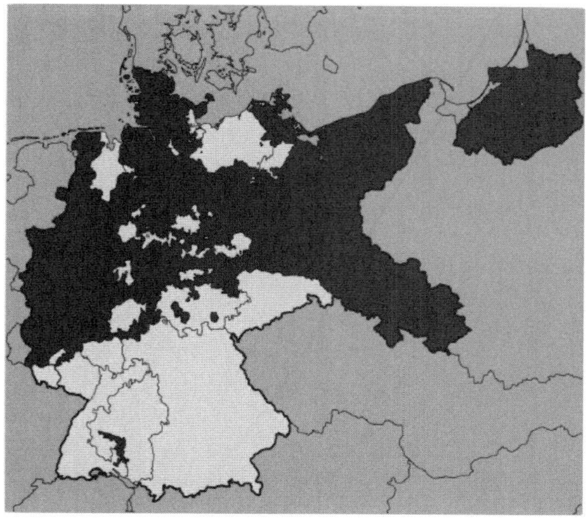

Abb. 122: Zum Vergleich die dunkel markierten Gebiete des Freistaates Preußen (Weimarer Republik).

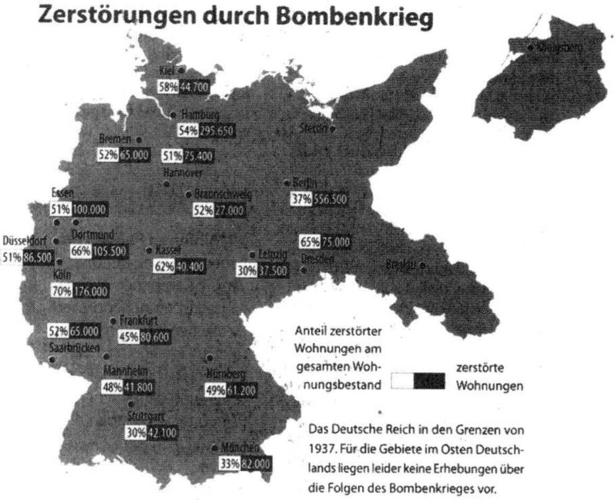

Abb. 123: Zerstörungen der Wohnungen durch alliierte Bombenangriffe.

Folter, Massaker und Massenvergewaltigungen

Doch das sind noch lange nicht die einzigen Kriegsverbrechen, die unsere „Befreier" verübten – sei es die Internierung von Deutschen und deutsch-stämmigen Amerikanern sowie Japanern in Konzentrationslagern der USA; die zahllosen aus Rache und Mordlust verübten Massaker und Folterorgien an deutschen Soldaten und der deutschen Zivilbevölkerung oder die Internierung von 3,4 Millionen deutschen Kriegsgefangenen in den sogenannten Rheinwiesenlagern, oder in den US-amerikanischen Vernichtungslagern im Rheinland, bei der laut Schätzungen zwischen 750.000 und einer Million Menschen ihren Tod fanden.[395]

Was an dieser Stelle auch nicht unerwähnt bleiben darf, sind die **millionenfachen Vergewaltigungen** deutscher Mädchen und Frauen durch alliierte „Befreier", wobei sich die Sowjets hier besonders hervorgetan haben. Nachfolgend dazu ein paar Beispiele:

> In ihrem Buch „Als die Soldaten kamen" schätzt die Historikerin Miriam Gebhardt, dass US-Soldaten sich an mindestens 190.000 deutschen Frauen vergangen haben und rund 430.000 von sowjetischen Soldaten missbraucht wurden. Sie berichtet u.a. die dramatische Schilderung eines Stadtpfarrers aus Moosburg an der Isar über systematische Vergewaltigungen. So drangen US-Soldaten in die Häuser ein, die die Männer hinaus zwangen und dann regelrecht über die Frauen herfielen. Aus Panik sprangen manche Mädchen sogar aus höheren Stockwerken auf die Straße. In Freising wurden z.B. 10 bis 15 Frauen in Zimmern eingesperrt, die wiederholt ausgewechselt wurden. Gebhardt geht von insgesamt 860.000 Vergewaltigungen an deutschen Frauen aus. Aber auch Briten und Franzosen trieben ihr Unwesen. Laut Historiker Marc Hillel vergewaltigten französische Soldaten allein im Stuttgarter Raum 1.200 Frauen.[396]
>
> Britische Kriegsgefangene, die nach 5. Mai 1945 in die britische Besatzungszone verbracht wurden, berichteten: *„Im Gebiet um unser Internierungslager, wo die Städte Schlawe, Lauenburg, Buckow und viele größere Dörfer lagen, vergewaltigten die Roten Soldaten in den ersten Wochen nach der Eroberung jede Frau und jedes Mädchen zwischen 12 und 60 Jahren. Das klingt übertrieben, ist aber die Wahrheit."* Jurist und Historiker Alfred M. De Zayas gab zudem an, dass Frauen an Scheunentore genagelt und vergewaltigt wurden. Väter oder Brüder, die sie beschützen wollten, wurden erschlagen oder erschossen. Das Bundesarchiv stellte fest, dass es sich bei den Vergewaltigungen durch Rotarmisten nicht um Einzelfälle, sondern um ein Massenvergehen gehandelt habe.[396a] (*Preußische Allgemeine*)
>
> Die Abteilung Fremde Heere Ost der Wehrmacht nennt für die Ostgebiete 1.400.000 Vergewaltigungsopfer, davon allein 100.000 in Berlin.[396b] Und Historiker Norman M. Naimark geht von zwei Millionen vergewaltigten deutschen Frauen aus. Die Autorinnen Barbara Mohr und Helke Sanders kommen in ihrem Buch „BeFreier und Befreite: Krieg, Vergewaltigung, Kinder" zu denselben Schätzungen wie Naimark.[396c]
>
> Jurist Ingo Münch stellt in seinem Buch „Frau, komm!" fest, dass es nie zuvor binnen eines so kurzen Zeitraums zu derart vielen Vergewaltigungen von Mädchen und Frauen kam wie 1944/45, nachdem die Sowjets einmarschiert waren. Eine solch hohe Anzahl sei beispiellos und die Brutalität an den Mädchen und Frauen erschreckend.[397]

Weitere Details möchte ich Ihnen lieber ersparen und Worte können nicht ausdrücken, was die Frauen und Mädchen an Gräuel erlitten haben. Man stellt sich als „zivilisierter" Mensch natürlich die berechtigte Frage, wie *Menschen* so etwas Frauen und Kindern nur antun können. Eine mögliche Erklärung, die mir ein aufgeklärter Psychologe aus meinem Bekanntenkreis einmal lieferte: Massenvergewaltigungen an Frauen haben immer damit zu tun, den Feind bis aufs Äußerste zu demütigen, zu schänden und zu entehren. Dies gilt auch für die Männer der vergewaltigten Frauen, die in ihrer Position ihre Frauen nicht beschützen können. Diese Methode hätte man schon in Kriegen im Mittelalter und auch lange davor angewandt. Speziell in Bezug auf die Deutschen, so seine weitere Aussage, wollten die Hintergrundmächte zudem den Rassenstolz der deutschen Frauen brechen.

Wenn wir berücksichtigen, um was es bei diesem Krieg ging (und allgemein so häufig auch bei anderen Kriegen), war die Auslöschung des deutschen Volkes. Im Zuge des „sexuellen Holocausts" an deutschen Frauen und Kindern hat es zu einem großen Teil Abtreibungen gegeben. Doch wie viele Schwangerschaften sind daraus entstanden? Haben fremde Besatzer auf der einen Seite die Männer umgebracht und auf der anderen die Frauen mit Gewalt geschwängert, so wächst eine neue Generation an Nicht-Deutschen bzw. „Mischlingen" heran. Das Ziel eines Krieges ist daher auch stets, die Genetik eines Volkes, seine Biologie und seine Wurzeln mitsamt seiner Intelligenz und Kultur auszumerzen. Oder mit anderen Worten ausgedrückt, wie eingangs bereits erwähnt, es grundsätzlich zu vernichten. Im Falle der Massenvergewaltigungen entsteht in einem Volk, neben den Folgen der allgemeinen Kriegswirren, zudem ein weiterer seelisch tief sitzender Schock, der noch über die kommenden Generationen anhält.

Wie viele Deutsche sind durch die alliierten Kriegsverbrechen und Verbrechen anderer Nationen (Polen, Tschechen und Jugoslawen) insgesamt getötet worden? Auch hier sind definitive echte Zahlen schwer zu ermitteln. Nach Berechnungen, die sich an den amtlich ermittelten Zahlen aus den 1950er und 1960er Jahren orientieren, wurden mindestens 8,8 Millionen Deutsche umgebracht, und das wohl gemerkt nur im Zeitraum von 1945 bis 1950 nach der Kapitulation der deutschen Wehrmacht.(398) Eine andere Aufschlüsselung listet 3 Millionen gefallene deutsche Soldaten, 1 Million ermordete Kriegsgefangene, 1 Million Bombenopfer und 5 bis 6 Millionen Vertreibungstote. Insgesamt 10 Millionen deutsche Opfer.(399) Wobei dies meines Erachtens wiederum Mindestzahlen sein müssen, wenn allein die Züricher Zeitung 1955 bereits von rund zwei Millionen Bombenterrortoten sprach und die Dokumentation „Höllensturm" schätzungsweise von rund 1,5 Millionen Toten in alliierten Internierungslagern allein ausgeht.

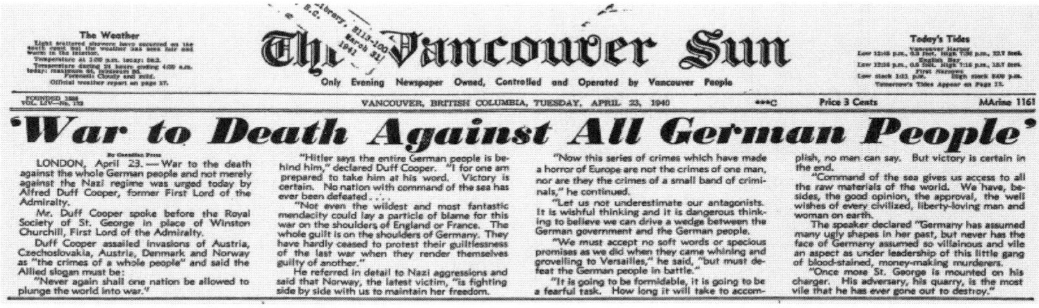

The Weather

The Vancouver Sun

Only Evening Newspaper Owned, Controlled and Operated by Vancouver People

Today's Tides

VANCOUVER, BRITISH COLUMBIA, TUESDAY, APRIL 23, 1940 ***C Price 3 Cents MArine 1161

'War to Death Against All German People'

LONDON, April 23.—War to the death against the whole German people and not merely against the Nazi regime was urged today by Alfred Duff Cooper, former First Lord of the Admiralty.

Mr. Duff Cooper spoke before the Royal Society of St. George in place of Winston Churchill, First Lord of the Admiralty.

Duff Cooper assailed invasions of Austria, Czechoslovakia, Austria, Denmark and Norway as "the crimes of a whole people" and said the Allied slogan must be:

"Never again shall one nation be allowed to plunge the world into war."

"Hitler says the entire German people is behind him," declared Duff Cooper. "I for one am prepared to take him at his word. Victory is certain. No nation with command of the sea has ever been defeated....

"Not even the wildest and most fantastic mendacity could lay a particle of blame for this war on the shoulders of England or France. The whole guilt is on the shoulders of Germany. They have hardly ceased to protest their guiltlessness of the last war when they render themselves guilty of another."

He referred in detail to Nazi aggressions and said that Norway, the latest victim, "is fighting side by side with us to maintain her freedom.

"Now this series of crimes which have made a horror of Europe are not the crimes of one man, nor are they the crimes of a small band of criminals," he continued.

"Let us not underestimate our antagonists. It is wishful thinking and it is dangerous thinking to believe we can drive a wedge between the German government and the German people.

"We must accept no soft words or specious promises as we did when they came whining and grovelling to Versailles," he said, "but must defeat the German people in battle."

"It is going to be formidable, it is going to be a fearful task. How long it will take to accomplish, no man can say. But victory is certain in the end.

"Command of the sea gives us access to all the raw materials of the world. We have, besides, the good opinion, the approval, the well wishes of every civilized, liberty-loving man and woman on earth.

The speaker declared "Germany has assumed many ugly shapes in her past, but never has the face of Germany assumed so villainous and vile an aspect as under leadership of this little gang of blood-stained, money-making murderers.

"Once more St. George is mounted on his charger. His adversary, his quarry, is the most vile that he has ever gone out to destroy."

Abb. 124: Die kanadische Tageszeitung *The Vancouver Sun* titelte am 23. April 1940: *„Krieg bis zum Tod gegen das ganze deutsche Volk."* Dies und nicht bloß ein Krieg gegen das Naziregime forderte der ehemalige britische Erste Lord der Admiralität Alfred Duff Cooper.

Abb. 125: Stadt Dresden nach der „Befreiung“

Abb. 126: Die Hansestadt Hamburg, 1943. Da ist absolut nichts mehr heil geblieben.

Abb. 127: Hansestadt Lübeck, der evangelisch-lutherische Dom brennt nach einem Luftangriff in der Nacht zum Palmsonntag vom 28. zum 29. März 1942.

Abb. 128: Die Stadt Würzburg wurde in den letzten Kriegswochen am 16. März 1945 in eine Ruine verwandelt.

Abb. 129: Das zerstörte Zentrum von Köln 1945 nach der *Operation Millennium* mit 1.000 Bombern gegen Köln. Die Kathedrale blieb intakt.

Abb. 130: Deutsche Kriegsgefangene im Rheinwiesenlager Sinzig am 16. Mai 1945 – ohne Behausung bei Wind und Wetter. Die Menschen mussten entweder im Freien leben oder in Erdlöchern Unterschlupf finden.

„Die Deutschen müssten Engel oder Heilige sein, um zu vergessen und zu vergeben, was sie an Ungerechtigkeiten und Grausamkeiten zweimal in einer Generation zu erleiden hatten, ohne dass sie ihrerseits die Alliierten herausgefordert hätten. Wären wir Amerikaner so behandelt worden, unsere Racheakte für unser Leiden würden keine Grenzen kennen.“(400)

Reverend Ludwig A. Fritsch, Chicago 1947

„Wir haben das falsche Schwein geschlachtet.“(400a)

Winston Churchills Erkenntnis nach dem Zweiten Weltkrieg

Das Hakenkreuz und der „Hitlergruß“

Ein paar klärende Worte wären dazu vielleicht auch einmal notwendig. Das Hakenkreuz bzw. die Swastika wurde zum Staatssymbol des Nationalsozialismus und des Dritten Reiches. Viele deutsche Patrioten, aber auch Menschen weltweit, betrachten die Swastika als eine Art Glückssymbol, weil es schon die Inder und andere Kulturen benutzt haben und dieses Symbol als „Glückssymbol“ erachteten. Nur weil andere Völker dieses Symbol zuvor bereits benutzt haben, muss es noch lange nicht automatisch heißen, dass es tatsächlich ein positives Symbol ist, denn dies ist es ganz sicher nicht! Schauen Sie sich das Hakenkreuz mal genauer an. Sieht ein harmonisches Symbol tatsächlich **so** aus? Gewiss nicht. In Feng-Shui-Seminaren habe ich gelernt, dass Harmonie durch runde, abgerundete, kreisförmige, spiralförmige und weiche Formen entsteht, weniger durch eckige und kreuzartige (bis auf Ausnahmen wie Pyramiden- oder einige Würfelformen). Beispiele für positive Formen sind Kreise, die *Blume des Lebens*, Dreieinigkeitssymbole und andere Formen nach der heiligen Geometrie (z.B. Mandalas). Ein Kreis um ein Symbol herum bedeutet – je nach verfolgter Absicht und Zweck – entweder das Positive in die Unendlichkeit zu bringen oder das Negative einzuschließen, um seine negative Wirkung zu schmälern (ein Pentagramm mit einem Kreis herum bannt das Negative beispielsweise). Bei negativer Absicht kann er das Positive einschränken. Im Falle des Dritten Reichs haben wir ein Hakenkreuz in einer weißen Kreisfläche, was die negative energetische Auswirkung dieses Symbols zumindest dämpft. Machen Sie doch einen Selbstversuch und schauen Sie sich das Hakenkreuz einmal mit und einmal ohne Kreis herum an und fühlen Sie jeweils hinein. Ich fühle mich bei der Version ohne Kreis herum unwohl und beeinflusst. Es fühlt sich nicht gut an. Denken Sie sich die Haken/Widerhaken des Hakenkreuzes weg und sie erhalten ein einfaches Kreuz (= Kirche). Hitler war übrigens einst ein Chorknabe im Benediktinerkloster in Lambach (Österreich). Dort gab es ein Denkmal für einen früheren Klostervorsteher. An diesem war ein Hakenkreuz abgebildet, welches zufälligerweise später für den Nationalsozialismus verwendet wurde. Die blutrote Farbe der Fahne des Dritten Reichs deutet – wie auch bei der sowjetischen oder chinesischen Fahne – auf die *Rote Internationale* hin, also auf den durch die Jesuiten im Hintergrund gesteuerten sozialistischen (National)Kommunismus. Rot ist die Farbe der jesuitischen „Revolution“. Auch das Symbol der *Vril-Gesellschaft* mit dem zackenartigen Blitz sieht für mich sehr disharmonisch, aggressiv und düster aus. Keine der Geheimorden *Thule*, *Vril* oder *Schwarze Sonne* (dem inneren Kreis der SS; Saturnkult) waren nach meinem Kenntnisstand Vereinigungen mit positiven Zielen. Einige Mitglieder hatten ohne Zweifel ganz sicher hehre Absichten, doch allgemein kann diesen Organisationen nicht viel Gutes abgewonnen werden. Wie denn auch, wenn sie von Jesuiten und Mitgliedern anderer Geheimbünde geführt bzw. unterwandert wurden? Hier haben sich viele Mythen und Legenden, ja regelrecht eine naive und blinde Religion in der patriotischen Szene (aber auch weltweit) entwickelt und dies sollte an dieser Stelle am besten sofort aufhören. Wir wollen nicht die negativen Kräfte weiter füttern. Lieber etwas mehr Distanz bewahren und einmal mehr hinterfragen, als blindlings in etwas hinein zu tappen und womöglich negative Energien zu sich einladen. Zur *Vril-Gesellschaft* werde ich noch im dritten Teil ausführlicher kommen, da die Hintergründe komplexer und differenzierter sind.

Schaut man sich zudem die legionenartigen Parteiaufmärsche der NSDAP im Dritten Reich bei Parteitagen, Kundgebungen, Feiern usw. an, mit ihren zahlreichen Bannern und Standarten vor sich hertragend, spiegelt das alles doch ziemlich genau die alten römischen Legionen wider, oder nicht? Der ausgestreckte Arm zum Hitlergruß „Heil Hitler" oder „Sieg Heil" entspricht dabei dem „Heil Cäsar" in der römischen Antike (bzw. „Ave Cäsar" im Lateinischen).[401] Es handelt sich dabei um den römischen Salut.[402] Ob die durch die ausgestreckte Hand ausgesandte Absicht und Energie dabei tatsächlich Hitler zu Gute kam oder den Mächten hinter ihm, kann ich zum jetzigen Zeitpunkt nicht sicher beantworten.

Abb. 131 bis 133: Links Isabel Perón, ehemalige Ehefrau des argentinischen Präsidenten Juan Perón. Sie war von Juli 1974 bis März 1976 selbst Präsidentin von Argentinien. Hier mit dem römischen Salut vermutlich dem Vatikan huldigend. Daneben der ehemalige Bodybuilder und siebenfacher Mister Olympia sowie Hollywood-Schauspieler Arnold Schwarzenegger (römisch-katholisch). Verheiratet ist er mit der Katholikin Maria Shriver, einem Mitglied der Kennedy-Familie. Ist er auch Mitglied im berüchtigten *Skull & Bones* Orden (s. Ring am Finger)? Die meisten berühmten Hollywood-Größen sind Mitglieder in Geheimbünden. Tom Cruise z.B. soll im *Malteserorden* sein. Auch bei den Totenkopfverbänden der SS fand man dieses Symbol als Zeichen des Todeskults.

Abb. 134 (links): Mitglieder der Hisbollah-Miliz stehen im engen Kontakt zu dem religiösen iranischen Führer Ayatollah Ali Khamenei. Ob diese Leute wissen, dass der Islam vom Vatikan erschaffen wurde?

Abb. 135 (Mitte): Ein Parteiaufmarsch der NSDAP mit Hakenkreuz und Standartenadler.

Abb. 136 (rechts): Reichsparteitag der Nationalsozialisten 1938. Sieht das nicht offensichtlich eher nach römischen Legionen aus? (Die Hakenkreuze wurden überdeckt!)

Abb. 137 (links): Über dem Flavia-Brunnen der Abtei in Lambach, wo Hitler Chorknabe war, prangte noch dieses Symbol, ehe es in den letzten Jahren aufgrund des „Hitlertourismus" wieder abgebaut wurde.[403]

Abb. 138 (rechts): Zu Ehren des Abtes Theoderich Hagen in der Abtei Lambach. (Die Hakenkreuze wurden überdeckt!)

Abb. 139: Wenn Millionen von Menschen ihren Salut auf Hitler gaben, wem hat Hitler mit seinem Gruß dann gehuldigt?

Nachfolgend mal ein paar disharmonische und harmonische Bilder zum Vergleich:

Abb. 140 bis 142: Links das Logo der *Vril-Gesellschaft*. Ganz ehrlich, das sieht nicht nur aggressiv aus, es fühlt sich auch genauso an, schon fast schmerzhaft. Im Original hat das Logo die Farben Schwarz, Purpur und Weiß. In der Mitte das Logo der *Schwarzen Sonne*, dem inneren Thule- und SS-Kreis. Sieht zwar etwas „besser" aus als das Vril-Logo oder das Hakenkreuz, aber sehr „unruhig" aufgrund der Zacken/Runen. Das Symbol ist komplett in schwarz gehalten. Komplett schwarz steht für den Tod(eskult). Und die *Schwarze Sonne* ist ein Saturnsymbol, also Satansverehrung. Ich stelle diese Symbole hier nur zur Veranschaulichung und zum Vergleich ein, damit Sie den Unterschied zu den harmonischen Symbolen besser erkennen. Rechts das Sonnenkreuz oder Sonnenrad. Ein bei asiatischen Völkern und den Germanen vorchristliches Licht- und Sonnensymbol. Zudem ein Symbol des Jahreslaufes und des Lebenslaufes. (*historisches-franken.de*) Es wurde später von der (katholischen) Kirche übernommen. Es fühlt sich schon deutlich harmonischer an.

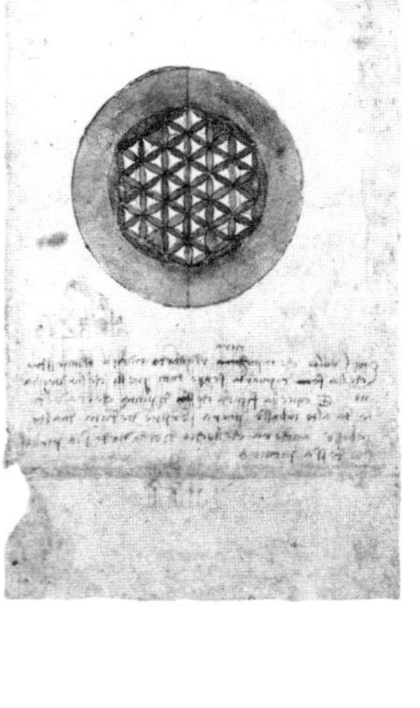

Abb. 143 bis 146: Oben die Blume des Lebens. Links die richtige Variante mit nur einem Kreis herum mit harmonischer Wirkung. In der Mitte die verfälschte Variante mit zwei Kreisen. Rechts ohne Kreis und unvollständig. Ganz rechts Darstellung der Blume des Lebens vom italienischen Künstler und Erfindergenie Leonardo da Vinci (1452-1519). **Wichtige Hinweise zur *Blume des Lebens* unter** [400b]**!**

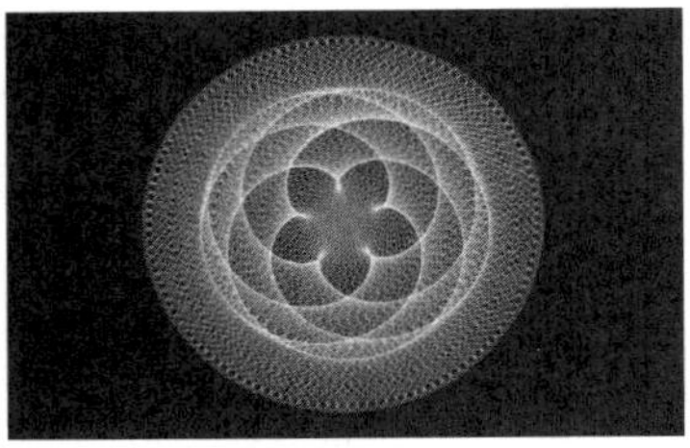

Abb. 147 bis 149: Harmonische Mandalas (von *sein.de* und *allesistenergie.net*)

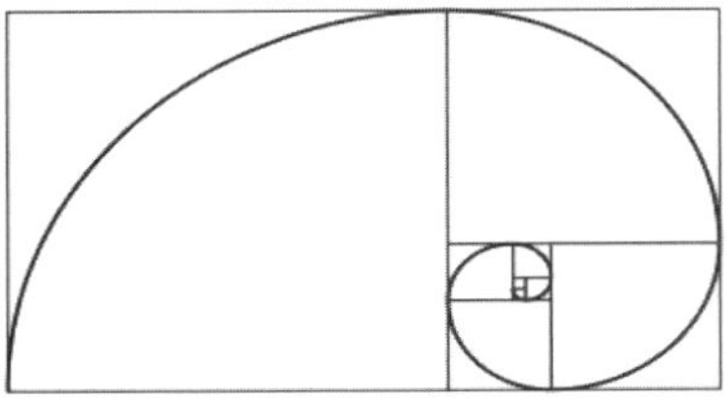

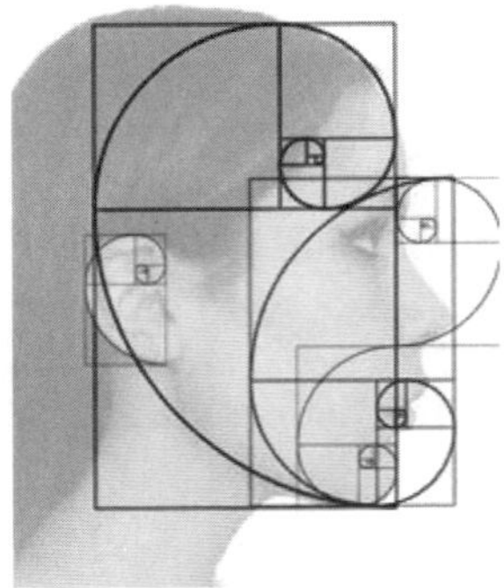

Abb. 150 bis 152: Links der goldene Schnitt, rechts die Entsprechung in der Natur anhand der Nautilusmuschel und anhand der Kopfform. *„Der goldene Schnitt ist ein bestimmtes Verhältnis zweier Größen zueinander – zum Beispiel der Länge zweier Strecken. Zwei Strecken stehen im Verhältnis des Goldenen Schnittes, wenn sich die größere zur kleineren Strecke verhält, wie die Summe aus beiden zu der größeren. Teilen wir die Längen dieser Strecken durcheinander, so erhalten wir stets die Zahl Phi, 1,618…, die in einer Vielzahl von Phänomenen in der Natur eine zentrale Rolle spielt. Im Zusammenhang mit dieser Zahl steht die Fibonacci-Zahlenreihe, bei der zwei aufeinander folgende Zahlen addiert die jeweils nächste Zahl der Reihe ergeben, während eine Division der beiden Durcheinander jeweils eine Annäherung an die Zahl Phi ergibt: 0, 1, 1, 2, 3, 5, 8, 13… Die Verästelung von Bäumen folgt beispielsweise dieser Zahlenreihe, außerdem kommen in der Natur viele sogenannte Fibonacci-Spiralen vor, deren Aufbau sich aus dieser Zahlenreihe ableitet. Der Goldene Schnitt findet sich vielfach in allen Bereichen der Natur und auch im menschlichen Körper – fast alle unsere Gelenke beispielweise teilen die Gliedmaßen annähernd im Verhältnis des Goldenen Schnitts. Und auf die Gesamtlänge des Körpers bezogen, befindet sich auch der Bauchnabel grob im Goldenen Schnitt. Besonders deutlich taucht er dann in vielen Pflanzen auf, etwa bei der Anordnung und dem Aufbau von Blättern oder in den Blütenständen. Der Blütenstand der Sonnenblume beispielsweise ist durch perfekte Fibonacci-Spiralen aufgebaut – mit einer Abweichung von weniger als 0,01 Prozent.“*[404]

Abb. 153 und 154: Links Yin und Yang. Männliches und weibliches Prinzip in sich vereint. Rechts Beispiele von harmonisch anmutenden Logos für Unternehmen, Produkte usw.

Abb. 155: Harmonisches Dreieinigkeitssymbol des *Amadeus Verlags*.

Was ist die „Heilige Geometrie"? Der Autor Rainer Kitza schreibt dazu auf *Mystica.tv*:

„Wenn die Lehren der Geometrie benutzt werden, um die uralte Wahrheit, dass alles Leben aus derselben Blaupause hervorgeht, darzustellen, können wir klar sehen, dass das Leben derselben Quelle entspringt... der intelligenten Kraft, die von manchen ‚Gott' genannt wird. Wenn Geometrie benutzt wird, um diese großartige Wahrheit zu ergründen, entfaltet sich ein erweitertes Verständnis des Universums, bis wir erkennen können, dass alle Aspekte der Realität heilig sind. Die einfachen Wahrheiten der Heiligen Geometrie zu verstehen, führt zur Evolution des Bewusstseins und zur Öffnung des Herzens, dem nächsten Schritt im Prozess der menschlichen Evolution. Wahre heilige, geometrische Formen sind niemals auf eine einzige Form fixiert oder festgelegt. Anstatt dessen sind sie in der Tat in ihrer eigenen Geschwindigkeit und Frequenz in ständiger, fließender Verwandlung und Veränderung (sich entfaltend und vergehend), von einer geometrischen Form in eine andere. Diese sich fortwährend entwickelnden Stadien der Geometrie spiegeln die sich ständig entwickelnde Natur des menschlichen Bewusstsein. (...)"[405]

Ich denke, Sie wissen, worauf ich mit den gezeigten Beispielen hinaus will. Jetzt vergleichen Sie einmal diese Symbole mit dem Hakenkreuz, dem SS-Emblem oder dem *Vril*-Logo. Bei den letzteren überkommt mich buchstäblich das Grauen. Oder geht Ihnen beim Anblick dieser Symbole das Herz dabei auf? Das vielleicht einmal zur Klarstellung für all die hartgesottenen Thule-, SS- und Vril-Fanatiker da draußen.

Fazit

Ich hoffe, dass ich mit dem ersten Teil des Buches die Hintergründe und Zusammenhänge einigermaßen darlegen und aufzeigen konnte, wer die tatsächlichen Drahtzieher der ersten beiden Weltkriege waren und dass jene Kräfte heute immer noch die Geschicke aus dem Verborgenen heraus leiten. Was die Angriffkriegsthematik betrifft, so habe ich versucht, so gut es geht, die tatsächlichen Geschehnisabläufe zu rekonstruieren, welche entgegen der alliierten Siegergeschichtsschreibung ein deutlich anderes Bild vom Polen- und vom Russlandfeldzug zeichnen, als uns in der Schule und den Systemmedien erzählt wurde. Sie werden beim Lesen des dritten und vierten Kapitels gemerkt haben, wie verwoben einerseits die Verflechtungen bestimmter Personen untereinander und in Beziehung zum Vatikan und wie facettenreich, vielschichtig und komplex andererseits diese düstere Epoche in unserer Geschichte in Wirklichkeit doch gewesen ist. Nicht alle SS- oder Parteimitglieder der NSDAP gingen z.B. mit Heinrich Himmlers Ideologien und vielen verabschiedeten Gesetzen im Dritten Reich konform, das ist gewiss und das darf und muss ausgesprochen werden. Beispiele dafür haben wir uns ja angeschaut.

Ein weiteres Beispiel möchte ich hier noch gern aufführen: Erich Ludendorff und seine Frau Mathilde wussten genauestens Bescheid über den Einfluss der Freimaurer und Jesuiten und haben zum deutschfeindlichen Treiben von Eugenio Pacelli und des Vatikans sogar Bücher in den 1920er- und 1930er-Jahren veröffentlicht (z.B. „Das Geheimnis der Jesuitenmacht und ihr Ende" und „General und Kardinal"), indem sie u.a. darlegten, wie die katholische Kirche gegen das „Neuheidentum" bzw. gegen das **nationale Erwachen und den Lebenswillen des deutschen Volkes** arbeitete, um es zu zerstören und dafür je nach notwendiger Taktik mal den Bolschewismus, mal die Patrioten unterstützte und benutzte – und sich dabei, je nach Bedarf, der Hilfe von Freimaurern und Zionisten bedienten. Dabei wurden diese Bücher bereits vor rund 80 Jahren geschrieben! Ludendorff – ehemals Major des kaiserlichen Heeres – war anfangs eng mit Hitler befreundet und war Seite an Seite mit ihm beim Münchner Aufstand 1923 dabei. Laut den Aussagen von Wilhelm Landig hat sich Ludendorff von ihm später aber wieder getrennt, als er sah, was da in Wirklichkeit um Hitler herum vor sich ging. Als die NSDAP an die Macht kam, wurden einige seiner Schriftwerke aus dem Verkehr gezogen, hatte er doch die Machenschaften bereits damals schon aufgedeckt. Vor dem ganzen Hintergrund, den wir bisher erfahren haben, werden einige Leute nun in Bezug auf Ludendorff ihr Urteil „Verräter oder Widerständler" womöglich noch einmal neu überdenken müssen.

Was die Kriegsverbrechen betrifft, ja, die hat es natürlich zuhauf gegeben, aber auf **allen** Seiten und nicht bloß auf der deutschen Seite. Und es kann und darf nicht sein, dass alle deutschen Wehrmachts- und SS-Soldaten weiterhin über einen Kamm geschoren werden. Da gibt es z.B. die *Hilfsgemeinschaft auf Gegenseitigkeit der Angehörigen der ehemaligen Waffen-SS* (kurz *HIAG*), die ebenfalls darum streitet, dass nicht alle SS-Soldaten ständig zusammen mit den Kriegsverbrechern in einen Topf geworfen werden. Jene, die für Kriegsverbrechen gesondert zuständig waren, das waren Spezialeinheiten, die oft auch unabhängig von anderen Divisionen und Kampfverbänden operierten, sodass der Rest kaum etwas von jenen Verbrechen mitbekommen sollte. Die sogenannte Totenkopfdivision der SS sowie Einsatzgruppen der Sicherheitspolizei und des SD beispielsweise sollen für die Brutalität ihrer begangenen Kriegsverbrechen berüchtigt gewesen sein. Diese werden dann auch die Massenmorde an Orthodoxen, Juden und christliche Minderheiten auf Weisung der Jesuiten und des Vatikan begangen haben. Um keine Missverständnisse aufkommen zu lassen. **Jedes begangene Kriegsverbrechen ist eines zu viel gewesen!** Darüber brauchen wir nicht zu diskutieren. Aber auch hier sollte man die Relationen zumindest nicht ganz außer Acht lassen. Die Totenkopfdivision hatte eine Sollstärke von 15.000 Soldaten und rund 17.400 Soldaten im Russlandfeldzug, wenn es nach den offiziellen Quellen geht.[(406)] Die Waffen-SS im Zweiten Weltkrieg erreichte eine Mannstärke von rund einer Million, wenn nicht inoffiziell gar deutlich mehr. Keiner von uns kann zwar sagen, wie viele von ihnen sich an Kriegsverbrechen bzw. der Inquisition ebenfalls beteiligt hatten. Es wäre aber vermessen und irgendwo auch fernab jedes gesunden Menschenverstandes zu sagen, sie alle wären Kriegsverbrecher gewesen. Gerade die Freiwilligen der Waffen-SS hatten mit Himmlers und Hitlers Ideologien wenig am Hut, mit Himmlers noch am allerwenigsten. Zum Ende hin war es eine europäische Armee mit Kämpfern aus unterschiedlichsten Nationen und Religionen (ja, selbst Juden waren mit dabei). Sie alle wollten sich entweder aus der britischen Fremdherrschaft oder dem (drohenden) Kommunismus befreien (oder von beidem). Auch damals wird man schon erfahren haben, dass Stalin bereits in den 1930er-Jahren **Millionen von Menschen** in seinem Land liquidieren ließ. Zu der Zeit war die Angst vor dem Kommunismus also **sehr real und gegenwärtig**. Wäre Hitler dem Stalin nicht zuvorgekommen, hätte der Kommunismus ganz Europa überrollt und plattgewalzt. Heute würden wir dann kein deutsch mehr, sondern russisch sprechen. Dies muss man rückblickend betrachtet ebenfalls berücksichtigen. Und heute will man uns immer noch weismachen, dass fast ganz Europa gegen Russland in den Krieg nur aufgrund eines bloßen Antisemitismus gezogen sei. Was für eine verlogene Bande. In Wirklichkeit führten Deutschland und Europa einen erbitterten Befreiungskampf gegen die Mächte im Hintergrund, auch wenn die gewöhnlichen Soldaten und selbst viele Obere letzten Endes nicht wirklich wussten, gegen wen sie tatsächlich kämpften bzw. eigentlich hätten kämpfen ***sollen***. Dies gilt aber auch für die Seite der Alliierten, deren Soldaten ebenfalls nicht die Wahrheit wussten. Dies alles vor dem Hintergrund als absurd betrachtend, wenn man bedenkt, dass z.B. die Engländer und die Russen eigentlich unsere Brüdervölker sind! Vergessen sollen auch nicht die schiere Anzahl an Kriegsverbrechen sein, die an deutschen Zivilisten und deutschen Soldaten in Kriegsgefangenschaft durchgeführt wurden. Auch hier geht die Opferzahl in die zweistellige Millionenhöhe. Über dieses Unrecht spricht so gut wie niemand heute. Auch hier ist dringend Heilungsbedarf notwendig.

Der Vatikan und die Jesuiten haben ein raffiniertes Theater vollzogen und dabei jeden gegen jeden gekonnt ausgespielt. Sie haben vor allem eines ausgenutzt: den religiösen Glauben der Leute! Hitler und ein Großteil der Personen um ihn herum waren Katholiken und dementsprechend offen, empfänglich und naiv für die Kleriker. Sie glaubten, mit der Kirche einen seriösen Verbündeten gegen den Bolschewismus **und** gegen den Zionismus gefunden zu haben, dabei aber nicht gewusst, dass der Vatikan den Zionismus doch steuerte und diesen als Werkzeug bediente. Der Fokus wurde geschickt nur auf die Juden und Zionisten gelenkt. Es ist naheliegend, dass Hitler dieses perfide Spiel im Laufe seiner Kanzlerschaft irgendwann durchschaut haben muss. Der belgische Rexistenführer Léon Degrelle gab hierzu einen Hinweis, als er schrieb, dass Hitler an Gott glaubte und tief gläubig war, die Dogmen der Kirche aber mit seiner Intelligenz kollidierten. Hitler habe nach Degrelles Worten aber auch erkannt, dass jeder Mensch spirituelle Bedürfnisse habe.(407) Und wenn man fast ein Jahrhundert zurückblickt, als die Menschen in Deutschland durch die Weimarer Republik tief am Boden lagen, war die Kirche und der Glaube an Gott der letzte Strohhalm, den man noch hatte (und genau diese Not nutzte die Kirche aus!). Hitler hätte es nicht geschafft, z.B. Wahlstimmen in Süddeutschland für sich zu gewinnen, wenn er den Kirchen von vornherein rigoros Kontra gegeben hätte. Die Menschen in Deutschland hatten im Grunde genommen nur die Wahl zwischen Christentum (Katholizismus) und Kommunismus. Das Reich entschied sich somit für das Christentum. Es war eine Wahl zwischen Pest oder Cholera.

Weitere Indizien dafür, dass Hitler die Drahtzieher erkannt haben musste, sind die mutmaßliche Ermordung des Jesuitenpaters Stempfle sowie außenpolitisch betrachtet, seine unermüdlichen Friedensbemühungen und wie sehr er versucht hatte, den Zweiten Weltkrieg mit allen Mitteln zu verhindern und abzukürzen. Das waren Momente, in denen Hitler „widerspenstig“ agierte, weil er nicht so wollte, wie die „oben“ es einforderten. Gerade auch die Abkopplung vom internationalen Finanzsystem sowie die von Hitler angestrebte Autarkie – einschließlich Warentauschhandel mit anderen Staaten – drohte das bestehende internationale Machtgefüge in sich wie ein wackeliges Kartenhaus zusammenbrechen zu lassen. Das haben wohl auch die Jesuiten so nicht auf dem Schirm gehabt. Fakt ist: Alles war bereits infiltriert und Kritiker aus den eigenen Reihen wurden zu Widerständlern oder Verrätern. Danach ging es nur noch ums Überleben.

Ich kann innerhalb des politischen Machtgefüges zwei Hauptfraktionen ausmachen: Die „Hitlerfraktion“ gegen die „Himmlerfraktion“. Letztere war durch und durch jesuitisch aufgebaut und gesteuert. Dazu gehörte mindestens die SS, die *Gestapo* und der SD sowie auch die Orden von *Thule*, *Vril* und *Schwarze Sonne*. Erinnern wir uns an die Aussagen von Herrn Schabelmann aus Abel Bastis und Jan van Helsings Buch „Hitler überlebte in Argentinien", wonach Hitler es hinterher bereut habe, Himmler und den Bankiers vertraut zu haben. Leider war die Himmler- bzw. die Jesuitenfraktion die stärkere. Hitler war nur so umgeben von Jesuiten, Freimaurern und Zionisten. Franz von Papen, jemand, welcher der päpstlichen Familie angehörte und „nur" der Vizekanzler war, war vermutlich viel mächtiger als Hitler. Dasselbe gilt auch heute. Man sollte sich stets die Leute um den Präsidenten bzw. der Bundeskanzler herum anschauen. Auch Degrelle schrieb, dass, entgegen der weitläufigen Meinung, Hitler nur begrenzte Macht hatte und ziemlich allein da stand.(408) Inwieweit Degrelle selbst sich des Doppelspiels des Vatikans und der Jesuiten bewusst gewesen ist oder als konservativer Katholik bis zu einem gewissen Grad ebenfalls blind war, kann ich nicht beurteilen. Wie würde die Welt heute aber aussehen, wenn die Hitlerfraktion die Oberhand und somit den Krieg gewonnen hätte? Ich könnte die Frage beantworten, doch möchte ich diese Überlegung Ihnen, jedem einzelnen Leser daheim, überlassen.

Ein paar Worte noch zur Waffen-SS und ihrer Rolle während des Zweiten Weltkriegs: Sie diente nicht nur als „Inquisitionsarmee" des Papstes, sondern fungierte gleichzeitig als Selbstmordkommando. Die Aufnahmekriterien der SS waren streng und rigoros. Man kann mit Fug und Recht behaupten, dass nicht nur aus Deutschland, sondern auch aus jeder teilnehmenden Nation in der Regel nur die Besten der Besten aufgenommen wurden (bis auf Ausnahmen natürlich). Nicht nur jene, die die körperlichen Voraussetzungen mitbrachten, sondern vor allem auch echte Patrioten und zumeist Gottesgläubige mit der „richtigen" Ideologie wurden rekrutiert. Dämmert's Ihnen langsam? Was hasst der Vatikan noch einmal am meisten? Patrioten und echte Gläubige/Christen! Man hat also mit solch einer europäischen Armee wie der Waffen-SS die biologisch gesündesten, stärksten und ausdauerndsten Leute – die Führungspersönlichkeiten und potenzielle Wiederaufbauer von morgen – ausgemerzt! Somit hat man es geschafft, sich nicht nur der Feinde von heute, sondern auch von morgen zu entledigen und dafür zu sorgen, dass sich Deutschland und die anderen Nationen auch biologisch im Sinne der Fortpflanzung von starken Nachkommen für eine lange Zeit nicht mehr erholen sollten. Das als Hinweis auch an alle jene Berufssoldaten heute, die sich für fremde Interessen irgendwo im Ausland verheizen lassen.

Man hat uns von klein auf an gesagt und einprogrammiert: *„das da sind die Bösen"* und *„das da sind die Guten"* und Punkt. Und die Dritten, nämlich die Drahtzieher, hat man erst gar nicht erwähnt, und wenn überhaupt, dann als heilige Friedenstifter. Dass das so nicht ist, das wissen wir spätestens jetzt. Mehr als Schwarz oder Weiß durfte es da nicht geben. Und getreu der jesuitischen Gehorsamkeitsdoktrin, wenn man uns befohlen hatte, Schwarz für Weiß zu halten und umgekehrt, so haben wir die letzten sieben Jahrzehnte unseren Mund gehalten und uns dem Sklavenhalter gebeugt. Nein, man hat uns viel mehr den Mund **verboten**. Man hat uns verboten, zu denken und verboten, wir selbst zu sein. Man hat uns ausgeredet, stolz auf unsere Herkunft sein zu dürfen sowie auf unsere Werte und unsere hervorragende Kultur. Wir haben uns in unserem eigenen Land und von der Welt da draußen beschimpfen, bespucken, erniedrigen, erpressen und ausbeuten lassen, aufgrund eines uns aufgebürdeten kollektiven Schuldkomplexes bis in alle Ewigkeit, der jedoch zu einem nicht unwesentlichen Teil nur durch Verdrehungen und Halbwahrheiten überhaupt erst möglich wurde. Wir wurden dazu verdammt, alle Schuld der Welt und die unserer Vorfahren auf uns zu laden, weil wir die Hintergründe und die Wahrheit nicht kannten. Doch damit ist jetzt Schluss!

Hier und heute möchten wir daher diesen Bann endgültig brechen, ein für alle Mal und in alle Richtungen der Zeit! So Gott es will!

Die Wahrheit ist nicht aufzuhalten, sie wird sich in alle Himmelsrichtungen verbreiten. Und so, wie das Wasser sich überall seinen Weg sucht und jedes Hindernis umfließt und jeden Widerstand durchbricht, so wird die Wahrheit alles ihr im Weg stehende sprengen und aus dem Weg räumen!

Ich weiß, viele Fragen mögen noch offen sein, aber auch ich kann sie nicht alle beantworten. Mögen andere kluge Köpfe weitere Puzzleteile hinzufügen und Verborgenes aufdecken. In den beiden letzten Kapiteln bin ich stellenweise tiefer in manche Bereiche hineingegangen, weil sie für den roten Faden und somit fürs laufende Gesamtverständnis sehr wichtig sind. Haben Sie bitte aber Verständnis dafür, dass ich nicht auf jedes Ereignis, auf jeden Aspekt und auf jede sonstige wichtige Person in Bezug auf die beiden Weltkriege eingehen kann. Dies würde sonst ganze Bände füllen und ich möchte hier noch viele andere wichtige Themen ansprechen, um das Gesamtbild weiter zu vervollständigen. Ich habe mich auf die meiner Meinung nach wichtigsten Punkte konzentriert und diese ausgearbeitet. Wer gerne noch tiefer in den einen oder anderen Bereich eintauchen möchte, der sei auf die Quellen hinten im Buch verwiesen.

Puh, das war schon ein ganz gutes Stück, was wir uns bisher erarbeitet haben, und für manche von Ihnen wird es womöglich stellenweise sehr komplex gewesen sein. Im zweiten Teil lockern wir uns daher wieder etwas auf und widmen uns zur Abwechslung kleineren Pausenthemen zu. Haben Sie noch Lust? ☺

„Nur die Lüge braucht die Stütze der Staatsgewalt.
Die Wahrheit steht von alleine aufrecht."
Verfasser unbekannt

Zusammenfassung Teil I

Aufgrund der Fülle an Daten und Hintergründen habe ich nachfolgend zur besseren Gedächtnisstütze die wichtigsten Punkte einmal kompakt und stichwortartig zusammengefasst, wobei die Reihenfolge aufgrund inhaltlicher Überschneidungen nicht penibel genau sein muss:

- Albert Pike und Giuseppe Mazzini planten die Welt mit drei Weltkriegen zu unterjochen. Mazzini ist Adam Weishaupts Nachfolger des *Bayerischen Illuminatenordens*. Weishaupt war Jesuit und laut dem Marxisten und Revolutionär Christian Rakowski auch der erste Kommunist gewesen. Mazzini war früher Vordenker der *Vereinigten Staaten von Europa*.

- Ein wirtschaftlich starkes deutsches Kaiserreich war ein Dorn im Auge des internationalen Establishments. Zionisten planten einen eigenen Judenstaat zu errichten. Die erste Wahl fiel zunächst auf Uganda, später auf Palästina aufgrund seiner geografisch-strategisch optimalen Lage. Die Zusicherung erhielten die Zionisten von England. Wir erfuhren, dass der Vatikan mit dem Jesuitenorden hinter diesen Plänen steckte, da der Vatikan seinen Sitz für die *Neue Weltordnung* in Jerusalem haben will. Die *Balfour-Deklaration* war nach Ende des Ersten Weltkriegs der nächste größere Schritt zur Gründung des Staates Israel.

- Der Insider Benjamin Freedman klärt über die wahre khasarische Herkunft des Großteils der Juden auf. Sowohl jüdische Autoren als auch israelische Zeitungen bestätigen, dass der Großteil der heutigen Juden (ca. 95%) überhaupt gar keine echten Juden sind, sondern Konvertiten. Es besteht die berechtigte Frage, ob Juden nun Semiten oder „Antisemiten" wären.

- Deutsche wurden als Rassisten weltweit gebrandmarkt. Als Gegenüberstellung steht der „jüdische Rassengedanke" mit strengen Bräuchen zur Erhaltung der eigenen Rasse innerhalb des Judentums, mit gleichzeitiger Diskriminierung von „Nichtjuden". Um Zionist zu sein, muss man jedoch kein Jude sein (Joe Biden). Unter den (orthodoxen) Juden gibt es aber auch große Anteile, die den Zionismus ablehnen.

- Israel allein reicht nicht mehr, die Ukraine soll zweites „Israel" werden. Das ehemalige „khasarische Reich" soll wiedererrichtet werden. Daher auch die „Farbrevolutionen" in Georgien, Kirgisien, Aserbaidschan, Weißrussland, usw.

- Der *Vertrag von Versailles* entriss dem Kaiserreich viele Gebiete, Deutschland musste die Alleinschuld am Ersten Weltkrieg tragen, Land und Volk wurden unmöglich hohe Reparationszahlungen aufgebürdet. Zudem auferlegte man Rüstungsbeschränkungen. Die deutsche Delegation erfuhr zum ersten Mal den wahren Hintergrund des Krieges (Israel). Obwohl die Deutschen den Krieg fast gewonnen hätten, wurde er unnötig verlängert. Das Ziel: die Vernichtung Deutschlands, die Abschaffung der meisten Monarchien in Europa sowie des Zarentums in Russland. Dawes- und Youngpläne sowie der Crash von 1929 brachten Deutschland in die Zahlungsunfähigkeit. Extreme Arbeitslosigkeit und Armut waren die Folge.

- Hitlers Wirtschaftswunder beseitigte die Zahl der ca. 6 Millionen Arbeitslosen binnen fünf Jahren. Es folgte der Aufbau eines Warentauschhandelssystems mit anderen Ländern, worüber die Hochfinanz gar nicht erfreut war.
- Mit der Machtübernahme der NSDAP und der Entfernung von Juden aus Regierungsbehörden und anderen Berufszweigen erklärte das zionistische „Weltjudentum" dem Deutschen Reich den „heiligen Krieg". Es folgte ein internationaler Boykott deutscher Waren.
- Hintergrund des seitens Dritter angestachelten Schlagabtausches war das *Ha'avara Abkommen*, welches Juden die leichtere Emigration nach Palästina samt Vermögenstransfer ermöglichen sollte. Denn Ziel war nach wie vor die Gründung des Staates Israel. Zionisten und Nationalsozialisten arbeiteten diesbezüglich eng zusammen.
- Es gab eine Klärung darüber, ob Hitler und alle Nationalsozialisten „rassenfeindlich" waren. Hitler machte in Bezug auf Juden bzw. „Mischlinge" Ausnahmen, auch in der Wehrmacht und SS. Olympiade 1936: Hitler schüttelte dem afroamerikanischen Athleten Jesse Owens die Hand. Owens wurde in Deutschland besser behandelt als daheim in den USA.
- Zudem waren im Zweiten Weltkrieg die Wehrmacht und die Waffen-SS eine europäische Armee mit Freiwilligen aus rund 30 Nationen, die vereint mit Deutschen gegen den Kommunismus kämpften.
- Hitlers unermüdliche Friedensbemühungen versuchten sowohl den Krieg gegen Polen als auch gegen die Sowjetunion mit allen Mitteln zu verhindern. In beiden Fällen kam Hitler der Gegenseite zuvor. Durch intrigante Absprachen seitens Englands, Russlands und Polens untereinander, wurde Hitler regelrecht in den Krieg hineingezwungen. Hätte Hitler gerade in Bezug auf die Sowjetunion nicht reagiert, hätten die Russen ganz Europa überrollt.
- Das *Hoßbach-Protokoll* sowie andere „Schlüsseldokumente", die vorm Nürnberger Kriegstribunal Hitlers Kriegs- und Expansionsabsichten beweisen sollten, entpuppten sich im Nachhinein als manipulierte und fragwürdige Beweisstücke. Andere Beweise und Zeugen wurden wiederum nicht zugelassen. Das Engagement des Vatikans und des Jesuitenordens als eigentliche Drahtzieher blieben vor dem Gericht unerwähnt.
- Hitler und ein guter Teil der Nationalsozialisten hatten spätestens mit der Rückeroberung einiger der einst durch Versailles entrissenen deutschen Gebiete keine imperialistischen Weltexpansionspläne verfolgt. Hitler verzichtete sogar auf die afrikanischen Kolonien. Was Hitler aber vielmehr macht- und wirtschaftspolitisch vorschwebte, war ein europäisch-russischer Gegenblock zu den USA. Andere Gruppen, wie wir später erfahren haben – allen voran die Jesuiten, der Vatikan sowie Geheimorden wie die *Thule-Gesellschaft* (ebenfalls jesuitisch unterwandert) – hatten aber vor, den Osten (Russland) zu erobern, zu katholisieren und sämtliche Oppositionen auszumerzen (Orthodoxe, Juden, echte Gottesgläubige, Freidenker, Systemkritiker etc.). Jesuitenpater Bernhard Stempfle hat „Mein Kampf" hauptsächlich geschrieben und Hitler nur seine Unterschrift daruntergesetzt.

- Hitler hatte sehr viele Feinde und Verräter in den eigenen Reihen. Er war nur so umgeben von Freimaurern, Jesuiten, Malteserrittern und Zionisten. Verrat an den Kriegsfronten sorgte für die Niederlage des Dritten Reichs. Zahlreiche verübte Kriegsverbrechen seitens der Alliierten an den Deutschen zum Ende des Krieges und noch viele Jahre darüber hinaus werden kleingeredet bzw. negiert.

- Hitler und seine Frau sowie zahlreiche andere NS- und SS-Größen, darunter auch Kriegsverbrecher, überlebten den Krieg und flohen nach Argentinien und in andere südamerikanische Länder. Hitler hat sich seine Freiheit allem Anschein nach sehr teuer mit Gold erkaufen müssen. Jesuiten und Malteserritter schufen die sogenannte „Rattenlinie“, worüber NS-Größen, darunter auch deutsche Verräter, entkommen konnten. Über die *Operation Paperclip* gelangten viele deutsche Wissenschaftler und Ingenieure in die USA, einige gelangten nach England und Russland.

- Marxist und Revolutionär Christian Rakowski offenbart die Pläne „Jener“ zum Weltkommunismus, was nichts anderes ist als eine (links)faschistische Weltregierung mit einer luziferischen Weltreligion. In dem Zuge sollen alle Religionen, auch das Christentum, abgeschafft werden. Der Vatikan steckte hinter der Gründung des Islams, um unentdeckt seine Pläne zur Weltmacht voranzutreiben. Jerusalem soll der neue Sitz des Vatikans und Welthauptstadt werden.

- Hitler wurde von Bankiers und der Großindustrie finanziert. Er arbeitete aber parallel daran, das Reich autark vom Establishment zu machen.

- Jesuiten steckten sowohl hinter dem Kommunismus (Marx, Lenin, Trotzki, Stalin) als auch dem Nationalsozialismus – These und Antithese. Aus dem erzeugten Chaos sollte bekanntlich eine neue Ordnung entstehen. Die patriotischen Bewegungen wurden in Deutschland rechtzeitig von den Jesuiten gekapert, um sie für die eigene Agenda zu steuern. Die NSDAP konnte die nötige Zweidrittelmehrheit nur durch Stimmen der katholischen *Zentrumspartei* unter der Leitung des Jesuiten Ludwig Kaas erreichen.

- Einer der Hauptdrahtzieher im Vatikan war Nuntius Eugenio Pacelli, späterer Papst Pius XII. Das Reichskonkordat mit dem Vatikan zementierte dessen Macht in Deutschland. Der Machtkampf zwischen Christentum und germanischem „Heidentum“ endet zu Gunsten der Kirche.

- Gestapo und SS wurden nach den Prinzipien und Strukturen des *Jesuitenordens* aufgebaut. Heinrich Himmler war der „Ordensgeneral“ der SS (Reichsführer SS). Die (Waffen-)SS war die Inquisitionsarmee des Papstes, um die „Ketzer“ in Europa und Russland auszurotten. Beide Weltkriege waren im Grunde nichts anderes als Kreuzzüge des Vatikans.

- Das Hakenkreuz und Symbole der Thule- und Vril-Gesellschaft sowie der *Schwarzen Sonne* sind keine positiven Symbole. Der „Hitlergruß“ ist ein römischer Salut. Weitere Elemente (römischer Adler usw.) zeigen den römisch-cäsaren Hintergrund des Dritten Reichs.

- *Jesuiten*, *Malteserritter*, *Opus Dei* etc. haben alle Bereiche in Regierungen, Wirtschaft, Medien, Gesundheitswesen, Bildungswesen, Wissenschaft, Militär usw. infiltriert. Die Katholisierung der Welt ist nichts anderes als die Umwandlung der Welt in eine luziferisch ausgerichtete Weltdiktatur. Die Jesuiten werden wiederum vom *Schwarzadel* kontrolliert (Orsini, Borgia, Aldobrandini etc.), die den Anspruch erheben, Nachfahren des letzten altrömischen Kaisers zu sein.
- Fazit: Die Geschichte der beiden Weltkriege ist zu vielschichtig und zu komplex, um sich eine Schwarzweißmalerei zu erlauben. Es gab neben den negativen Aspekten im Dritten Reich durchaus auch positive. Sowohl eine Dämonisierung als auch eine Verherrlichung sind fehl am Platz. Des Weiteren muss unterschieden werden: Adolf Hitler zeigte viele gute Tendenzen auf, wurde jedoch von allen Seiten kontrolliert, angefeindet und letzten Endes behindert und verraten. In Wahrheit hatte er nur begrenzte Macht, und selbst diese versuchte er allem Anschein nach, bestmöglich einzusetzen, um den Schaden so gering wie möglich zu halten.
- Wir müssen akzeptieren, dass (noch) nicht alle einzelnen Details und alle Aspekte der Hintergründe aufgedeckt werden können, da sie noch im Dunkeln liegen. Mit der Zeit kommt aber alles ans Tageslicht.

Deutschland, unser geheiligtes Vaterland

Deutschland, unser geheiligtes Vaterland,
vereint befreien wir Dich aus Feindes Hand.
Gemeinsam lösen wir Dich von den schweren Ketten,
denn die Zeit ist gekommen, Dich endlich zu erretten.

Gemeinsam befreien wir Dich aus der Gefangenschaft,
Wieder auferstehen sollst Du in neuer Pracht.
Lasst uns heilen unsere Wunden der Vergangenheit,
und hoffnungsvoll blicken in eine neue Zeit.

An die deutschen Völker dieser Erde,
kommt alle zusammen in dieser Stunde.
Vereinigen wir uns in Freundschaft und Liebe,
und verhelfen unserem Land zur Freiheit und Würde.

Im Herzen vereint sind wir gemeinsam stark,
mehr als sich jeder von uns vorzustellen vermag.
Denn mit Gottes Hilfe und Segen im Gepäck,
erschaffen wir eine Welt in Frieden, Harmonie und Glück.

Daniel Prinz

Teil II

Der erbitterte Krieg gegen die Menschheit geht weiter

Kapitel 5
Die Entvölkerungsagenda

Georgia Guidestones – die Geplante Weltbevölkerung von 500 Millionen Menschen

Von den *Georgia Guidestones* (deutsch: *Georgia Wegweisersteine*) haben viele bereits gehört. (Abb. 156 bis 159) Für diejenigen, die zum ersten Mal davon lesen, hier eine kleine Zusammenfassung: Diese sechs knapp sechs Meter hohen Granitplatten bilden ein Monument im US-Bundesstaat Georgia (Landkreis Elbert County) und erinnern ein wenig an das Stonehenge-Bauwerk in Großbritannien. Auf diesen Platten sind zehn Richtlinien in acht modernen Sprachen eingraviert. Auf der Oberseite der Platten befinden sich diese Richtlinien zusätzlich in gekürzter Form in vier antiken Sprachen: Babylonisch, Altgriechisch, Sanskrit sowie in ägyptischen Hieroglyphen. Das Monument wurde 1980 von der *Elberton Granite Finishing Company* erbaut. Der Auftrag zum Bau erfolgte zwei Jahre vorher, der oder die Auftraggeber sind allerdings der Öffentlichkeit nicht bekannt. Auf der Inschrift wird der Auftraggeber zwar mit einem *R. C. Christian* angegeben, aber auch gleichzeitig mit einem Hinweis darunter, dass es sich dabei um ein Pseudonym handelt. Das Pseudonym mag im ersten Moment auf einen Christian Rosencreutz hindeuten, den Begründer des Rosenkreuzerordens. Angeblich handelt es sich dabei um das Pseudonym *Robert C. Christian*, jemand, der unter diesem Namen 1979 das Grundstück gekauft hatte, auf dem dieses Monument gebaut wurde. Die zehn eingravierten Richtlinien (ohne Interpunktion), die sich wie die „10 Gebote" lesen, sind wie folgt:

1. Halte die Menschheit unter 500.000.000 in fortwährendem Gleichgewicht mit der Natur
2. Lenke die Fortpflanzung weise – um Tauglichkeit und Vielfalt zu verbessern
3. Vereine die Menschheit mit einer neuen, lebendigen Sprache
4. Beherrsche Leidenschaft – Glauben – Tradition und alles Sonstige mit gemäßigter Vernunft
5. Schütze die Menschen und Nationen durch gerechte Gesetze und gerechte Gerichte
6. Lass alle Nationen ihre eigenen Angelegenheiten selbst/intern regeln und internationale Streitfälle vor einem Weltgericht beilegen
7. Vermeide belanglose Gesetze und unnütze Beamte
8. Schaffe ein Gleichgewicht zwischen den persönlichen Rechten und den gesellschaftlichen (bzw. sozialen) Pflichten
9. Würdige Wahrheit – Schönheit – Liebe – im Streben nach Harmonie mit dem Unendlichen
10. Sei kein Krebsgeschwür für diese Erde – lass der Natur Raum – lass der Natur Raum

Auf einer Erklärungstafel daneben stehen neben den technischen und astronomischen Daten noch die Aufforderung: *„Mögen diese [Steine] Wegweisersteine zu einem Zeitalter der Vernunft sein."* Auf dieser Tafel befindet sich zudem ein Hinweis, dass direkt darunter eine Zeitkapsel vergraben sei. Die Daten, wann diese vergraben und wieder geöffnet werden soll (sofern tatsächlich vorhanden), sind aber nicht eingraviert.[(409)]

Diese „10 Gebote“ sind doch schon mal eine klare Ansage: Reduktion der Weltbevölkerung um fast 95%, Geburtenkontrolle und Eugenik, Weltregierung mit einem Weltgericht und einer Weltsprache kann man nicht missdeuten. Über die Punkte sieben bis zehn kann man eigentlich nicht streiten, doch sind sie ganz sicher kein Grund, über die ersten sechs Punkte irgendeine Art von Romantik aufkommen zu lassen. Wer dieses Monument errichtet hat, ist zwar nicht bekannt, doch kann es sich dabei nur um Vertreter einer bestimmten Machtclique sein. Ob es nun Freimaurer, Jesuiten, Zionisten oder die Mainzelmännchen sind, spielt im Grunde keine Rolle. Wichtig ist, dass diese Aufforderungen an die Herrschenden als „Mahnmal“ gerichtet sind. Die Tatsache, dass für diese Pläne ein großes und aufwendiges Monument errichtet wurde, welches sicherlich sehr kostspielig gewesen sein muss, sollte daran erinnern, dass die Auftraggeber mit diesem Vorhaben eine gewisse Ernsthaftigkeit an den Tag legen. Die Steine wurden sicherlich nicht zum Spaß und bloß als Kalender, Kompass und Sonnenuhr aufgestellt. Auf *querdenken.tv* fand ich noch einen interessanten Hinweis zum Pseudonym. In der Stadtbibliothek Elberton gibt es demnach ein Buch von einem Autoren namens R. C. Christian, in dem erwähnt wird, dass die *Georgia Guidestones* in Gedenken an den Schriftsteller Thomas Paine erbaut worden sind.(410) Paine hat die Schrift „Common Sense“ (deutsch: „Das Zeitalter der Vernunft“) im Jahre 1776 verfasst, um den Drang der Unabhängigkeit von Großbritannien und die Amerikanische Revolution zu fördern. Der britischstämmige Paine war nicht irgendjemand, sondern ein Revolutionär und einer der Gründerväter der USA.(411) Für ein weiteres Rätsel sorgten die *Guidestones*, als 2014 ein Schlussstein mit den Zahlen „20“ und „14“ eingraviert in eine bereits vorhandene Lücke eingesetzt wurde (*pravda-tv.com* berichtete darüber). Ob die Zahlen tatsächlich für das Jahr 2014 standen? Es wurde darüber spekuliert, dass 2014 die finale Stufe zur Umsetzung der 10 Forderungen gestartet wurde. Für weiteres Aufsehen sorgte die Filmaufnahme einer Drohne im Jahr 2015, welche anscheinend Blutspuren auf der Deckplatte des Monuments zeigen. Haben da brutale Rituale stattgefunden?(412)

Welche spezielle Gruppe hinter dem Bauauftrag des Monuments stehen könnte, darauf liefert uns womöglich das Datum einen Hinweis, an dem dieses Monument zum ersten Mal öffentlich enthüllt wurde: 22. März 1980. Die 22 ist das Zweifache von 11. Die „11“ wiederum steht in Freimaurerkreisen für das Erzeugen von Chaos (siehe „Geheimgesellschaften 3“ von Jan van Helsing). Da ist aber noch eine weitere Besonderheit. Das Datum 22.3. schreibt man im Englischen 3/22. Zufälligerweise ist die „322“ Bestandteil des Emblems der berühmt berüchtigten Geheimloge *Skull & Bones* (deutsch: *Schädel & Knochen*). Auch als *Orden des Todes* oder *Loge 322* bekannt, bezieht die Freimaurer-Elite der *Skull & Bones*-Mitglieder hohe Ämter und Posten insbesondere in Politik und Wirtschaft. US-Präsidentschaftskandidaten sind Mitglieder in diesem geheimen Orden, der seinen Ursprung in der elitären *Yale University* in den USA hat, wo jährlich 15 Söhne aus etwa 20 bis 30 sich elitär haltenden einflussreichen Familien in den Orden aufgenommen werden.(413) Seit 1991 sollen aber auch Frauen in den Orden aufgenommen worden sein („Boneswomen“). Das Wappen der Yale Universität zeigt ein aufgeschlagenes Buch, in dem in **hebräischer** Schrift der **lateinische** Ausspruch „Lux et veritas“ steht, was übersetzt „Licht und Wahrheit“ bedeutet.(414)

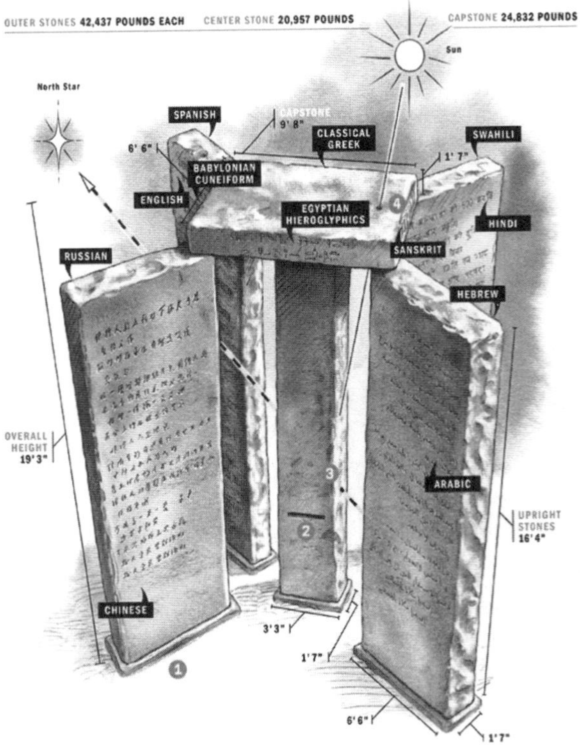

Abb. 156 bis 159: Die *Georgia Guidestones*. Auf der Deckplatte befinden sich vermutlich Blutspuren. Rechts oben Größenmaße in Fuß und Zoll, Gewichtsangaben sowie astronomische Ausrichtungen. Rechts unten: *„Halte die Menschheit unter 500.000.000 in fortwährendem Gleichgewicht mit der Natur.“*

Abb. 160 und 161: Links das Logo der *Yale Universität*. Rechts das Logo des *Skull & Bones*-Orden.

Latein ist die (altrömische) Sprache der katholischen Kirche und des Vatikans, und wir wissen, dass sich der Vatikan jüdischer Zionisten als Fußsoldaten bedient. Viele Botschaften stecken in so manchen Symbolen und Logos. Dass das Datum 22.3. ein bedeutender Tag für die dunkle Seite darstellt, zeigt einen Blick in den okkult-rituellen Kalender. Am besagten Tag wird nämlich die Göttin *Ishtar* gefeiert, die Göttin des Krieges, der Wolllust und der politischen Macht. Sie wurde besonders im alten Babylonien und in Assyrien verehrt, genau in den Regionen, wo der *Islamische Staat* (IS/ISIS) heute sein Territorium hat. In der Nacht vom 21. auf den 22. März veranstalten die „Illuminati" menschliche Blutopfer.(415) Die *Georgia Guidestones* lassen sich also durchaus zum *Skull & Bones*-Orden und bis hin zum Vatikan zurückverfolgen.

Agenda 2030 – Fahrplan zur Neuen Weltordnung

Während sich die *Agenda 21* hauptsächlich auf Klima und Umwelt konzentrierte, umfasst *Agenda 2030* der *Vereinten Nationen* einen umfassenden Plan zur Transformation der Welt, wie wir sie heute kennen und soll dabei alle Lebensbereiche betreffen. So lautet der vollständige Titel dieses Programms auch: *„Unsere Welt transformieren: die 2030 Agenda für nachhaltige Entwicklung."* Die propagierten Hauptziele des UN-Programms, welches zum 1. Januar 2016 in Kraft trat, sehen vor, bis zum Jahr 2030 die Welt von Hunger, Armut und Kriegen zu befreien, sie zu heilen und Frieden und Wohlstand für alle zu bringen. Gleichberechtigung für Mann und Frau sowie die Stärkung der Rechte von Frauen und Mädchen gehören ebenfalls zur Zielsetzung. Wie umfassend dieses Programm ist, erkennt man an auch an einem gewählten Ausdruck in der Präambel, der von einer *„neuen universalen Agenda"* spricht. Es ist ein globaler Aufruf an Menschen, Konzerne und Regierungen, die Welt zu verändern. Die Agenda verspricht, dass keiner auf der Strecke bleiben soll und jedes Land verpflichtet wird, sie umzusetzen.(416) Die 17 Ziele zur „nachhaltigen Entwicklung" lauten wie folgt (*Wikipedia*):

1. Armut beenden – Armut in all ihren Formen und überall beenden
2. Ernährung sichern – den Hunger beenden, Ernährungssicherheit und eine bessere Ernährung erreichen und eine nachhaltige Landwirtschaft fördern
3. Gesundes Leben für alle – ein gesundes Leben für alle Menschen jeden Alters gewährleisten und ihr Wohlergehen fördern
4. Bildung für alle – inklusive, gerechte und hochwertige Bildung gewährleisten und Möglichkeiten des lebenslangen Lernens für alle fördern
5. Gleichstellung der Geschlechter – Geschlechtergleichstellung erreichen und alle Frauen und Mädchen zur Selbstbestimmung befähigen
6. Wasser und Sanitärversorgung für alle – Verfügbarkeit und nachhaltige Bewirtschaftung von Wasser und Sanitärversorgung für alle gewährleisten
7. Nachhaltige und moderne Energie für alle – Zugang zu bezahlbarer, verlässlicher, nachhaltiger und zeitgemäßer Energie für alle sichern
8. Nachhaltiges Wirtschaftswachstum und menschenwürdige Arbeit für alle – dauerhaftes, breitenwirksames und nachhaltiges Wirtschaftswachstum, produktive Vollbeschäftigung und menschenwürdige Arbeit für alle fördern

9. Widerstandsfähige Infrastruktur und nachhaltige Industrialisierung – eine widerstandsfähige Infrastruktur aufbauen, breitenwirksame und nachhaltige Industrialisierung fördern und Innovationen unterstützen
10. Ungleichheit verringern – Ungleichheit in und zwischen Ländern verringern
11. Nachhaltige Städte und Siedlungen – Städte und Siedlungen inklusiv, sicher, widerstandsfähig und nachhaltig gestalten
12. Nachhaltige Konsum- und Produktionsweisen – nachhaltige Konsum- und Produktionsmuster sicherstellen
13. Bekämpfung des Klimawandels und seiner Auswirkungen – umgehend Maßnahmen zur Bekämpfung des Klimawandels und seiner Auswirkungen ergreifen
14. Ozeane erhalten – Ozeane, Meere und Meeresressourcen im Sinne einer nachhaltigen Entwicklung erhalten und nachhaltig nutzen
15. Landökosysteme schützen – Landökosysteme schützen, wiederherstellen und ihre nachhaltige Nutzung fördern, Wälder nachhaltig bewirtschaften, Wüstenbildung bekämpfen, Bodendegradation beenden und umkehren und dem Verlust der biologischen Vielfalt ein Ende setzen
16. Frieden, Gerechtigkeit und starke Institutionen. Friedliche und inklusive Gesellschaften für eine nachhaltige Entwicklung fördern; allen Menschen Zugang zur Justiz ermöglichen und leistungsfähige, rechenschaftspflichtige und inklusive Institutionen auf allen Ebenen aufbauen
17. Umsetzungsmittel und globale Partnerschaft stärken – Umsetzungsmittel stärken und die globale Partnerschaft für nachhaltige Entwicklung mit neuem Leben füllen(417)

Na, wenn das kein Grund für euphorische Freudenschreie ist! Halleluja, endlich ein Paradies auf Erden! Utopische Verhältnisse binnen 15 Jahren und **alle** Staaten müssen mitmachen. Dann können wir uns jetzt alle **endlich** zurücklehnen, die Füße hochlegen, den Partygrill anschmeißen und mit Familie und Freunden auf den baldigen Weltfrieden und Wohlstand für alle anstoßen. Hach, und ich kann an dieser Stelle ebenfalls gleich alle Sachen einpacken, meine Aufklärungstätigkeit beenden, mit 37 in den Vor-Vorruhestand gehen und durch die Weltgeschichte tingeln. Aber... leider, leider muss ich die Euphorie hier abwürgen. So blumig und fantastisch, wie diese „nachhaltigen Ziele" auf den ersten Blick ausschauen, so muss man zwischen den Zeilen lesen. Denn wie wir wissen, sind die Machthaber – ähnlich wie Juristen – darin perfekt geschult, doppeldeutige Formulierungen und Botschaften versteckt bzw. verschlüsselt zu übermitteln, um die Massen zu täuschen. Und gewiss, ein Großteil der Welt wird vermutlich darauf gnadenlos hereinfallen, denn in Wahrheit entpuppen sich diese Ziele als ein Weg zur kompletten Versklavung der Menschheit, wenn man sie durch den „Neusprech"-Filter zieht. Basierend auf den Analysen des US-Forschers, Autors und Betreibers des Gesundheitsportals *naturalnews.com*, Mike Adams(418), lassen sich die 17 Ziele der UN-Agenda wie folgt entschlüsseln:

1. ***Armut beenden***: Bringe jeden Menschen dazu, auf staatliche Leistungen, Essensmarken usw. angewiesen zu sein, damit sie zu hörigen Sklaven der Weltregierung werden. Den Leuten soll es nicht möglich sein, sich selbst helfen zu können. Vermittlung von Opferbewusstsein und Hörigkeit der Regierung gegenüber, die ei-

nen monatlich durchfüttert. Für uns hier in Deutschland würde dies bedeuten, dass irgendwann jeder auf Hartz IV angewiesen sein soll. Das schafft man durch fortschreitendes Lohndumping und sinkende Renten, sodass bald jeder zusätzlich „aufstocken" muss, um über die Runden kommen zu können. Im Gegenzug werden die Maßnahmen und Bedingungen immer weiter verschärft werden, z.B. jede „Sklavenarbeit" neben dem regulären Job annehmen zu müssen.

2. *Ernährung sichern und Hunger beenden*: Den ganzen Planeten mit genetisch veränderten Organismen und patentierter Saat verseuchen, während der Einsatz von tödlichen Herbiziden erhöht wird. Das Ganze erfolge unter dem Vorwand eines „höheren Ertrags". In der Tat hat der Agrarkonzern *Monsanto* bereits fast die ganze Welt mit seinen patentierten Samen geflutet und erpresst. Das Problem ist immer die Kontamination von Nachbarfeldern mit Pollen von gentechnisch veränderten Pflanzen, selbst wenn diese Nachbarfelder auf Gentechnik verzichten. In Pflanzen kann auch gentechnisch das Nährstoffprofil verändert werden, man kann z.B. Vitamine und Mineralien „herauszüchten", damit die Menschen bei vollen Tellern hungern und aufgrund von Unterversorgung krank werden. Zudem sind gentechnisch veränderte Pflanzen/Nahrungsmittel dazu da, um **uns** gentechnisch zu verändern. Und das sicher nicht zum Guten.

3. *Gesundes Leben für alle*: Ordne 100+ Impfungen für Kinder und Erwachsene unter Gewaltandrohung an und drohe den Eltern vor allem mit Gefängnis, falls sie sich weigern, zu kooperieren. Kindern und Jugendlichen sollen mehr Medikamente verabreicht werden, während medizinische Untersuchungen und mit Pharmazeutika begleitende „Präventionsprogramme" durchgeführt werden. Versuchen Sie mal heute in der BRD ein ungeimpftes Kind einzuschulen. Da laufen Sie regelrecht gegen Wände, und das, obwohl es *noch* keine gesetzliche Impfpflicht für Kinder gibt. Bekommen Sie Ihr Kind aber nicht eingeschult, verletzen Sie gegen die gesetzliche Schulpflicht. Dann gibt es richtig Ärger mit den Jugendbehörden. Der Trend ist eindeutig: Es kommen immer mehr neue „Impfungen" heraus und überall soll die Impfquote erhöht werden. Verkauft wird das natürlich unter dem Aspekt „Gesundheit für alle".

4. *Bildung für alle*: Lehre weiterhin die falsche Geschichte an allen „Bildungs"-Einrichtungen und in allen Medien. Es sollen weiterhin statt unabhängigen und kritischen Freidenkern, obrigkeitstreue Arbeitskräfte produziert werden. Wenn die Menschen die wahre Geschichte erfahren würden, könnten sie auf die Idee kommen, sie nicht wiederholen zu wollen. Wenn also heute noch eine verfälschte Geschichte gelehrt wird, warum sollte es 2030 plötzlich anders sein?

5. *Gleichstellung der Geschlechter*: Mike Adams prophezeit hier richtigerweise die weiter voranschreitende geplante Verweiblichung der Gesellschaft und der Abschaffung der starken männlichen Eigenschaften (denn diese könnten aufbegehren und sind daher gefährlich für das Machtsystem). Es geht in Wahrheit nie um so etwas wie Gleichberechtigung. Es geht vielmehr um die **Entzweiung** von Frauen und Männern und um die Förderung von Homosexualität und Transgenderismus oder wie dieser neuzeitliche „Modetrend" genannt wird.

6. *Wasser und Sanitärversorgung für alle*: Die Privatisierung von Trinkwasser und Süßwasserquellen soll vorangetrieben werden. Die komplette Wasserversorgung

liegt dann in den Händen von Konzernen, die jeden Preis diktieren können. Dies ist bereits heute weitgehend der Fall. Der Chef des weltweit größten Nahrungsmittelkonzerns und Trinkwasserabfüllers *Nestlé*, Peter Brabeck, sagte in einem Interview, dass Wasser einen „Marktwert" haben müsse, damit wir uns alle bewusst darüber sind, *„dass das etwas kostet"* (hat zwar keine Logik, hat er aber tatsächlich so gesagt). Jene, die meinen, Wasser sei ein Menschenrecht, hätten nach Brabecks Auffassung eine *„extreme Anschauung"*. Zudem ist er ein großer Befürworter von gentechnisch veränderten Lebensmitteln (siehe auch die Dokumentation „Bottled Life – Das Geschäft mit dem Wasser").[(419)]

7. ***Nachhaltige und moderne Energie für alle***: Förderung von teurer, staatlich subventionierter „grüner Energie", während Kohle, Gas und Öl immer höher besteuert werden. Der Ausstieg aus der Atomenergie hat zudem die weitere Folge, dass es zu vermehrten Stromausfällen landesweit kommen wird, weil Wind-, Wasser- und Sonnenkraft nicht genug liefern können. Um keine Missverständnisse aufkommen zu lassen: Wir brauchen so gut wie keine der vorgenannten Energiequellen, denn die *Freie Energie* gibt es schon seit über 100 Jahren dank des Erfinders Nikola Tesla. Doch damit können Konzerne kein Geld verdienen, also hält man die Menschheit lieber weiter vom System abhängig und beutet sie nun zusätzlich mit Öko- und Klimasteuern aus. Denn wäre die Freie Energie für jeden verfügbar, würde das jetzige Machtsystem komplett in sich zusammenfallen.
8. ***Nachhaltiges Wirtschaftswachstum und menschenwürdige Arbeit für alle***: Der freie Markt soll abgeschafft werden. Kleine und mittelständische Unternehmen sollen zerstört werden und den Großkonzernen Platz machen. Firmen, die sich nicht an die Anforderungen der Regierungen halten, werden die Zulassungen und Gewerbelizenzen entzogen. Das Wort „Wirtschaftswachstum" besagt bereits, dass die UN weiterhin an dem bestehenden Geld- und Finanzsystem festhalten will. Denn sonst wäre Wachstum = Profit nicht möglich. Fakt ist aber, dass wir so etwas wie „Geld" nicht brauchen, nur um überleben zu können (dürfen), wie ich in meinem ersten Buch bereits dargelegt habe. Nur eine auf einem Geldsystem basierte (kapitalistische) Welt braucht so etwas wie „Wirtschafts**wachstum**". Ferner bedeutet es, dass so etwas wie ein komplett „bedingungsloses Grundeinkommen" für alle als Übergangslösung in eine gerechte Welt nicht vorgesehen ist. Menschenwürdige Arbeit für alle bedeutet, dass alle nur noch den Mindestlohn bekommen sollen. Doch es besagt mehr! Das Ziel sieht eine „Vollbeschäftigung" vor, das könnte also auch Zwangsarbeit für alle bedeuten (siehe auch Punkt 1), um eben das angestrebte „nachhaltige Wirtschaftswachstum" für die Konzerne zu ermöglichen. Fakt ist jedoch, dass es bereits heute eigentlich nicht genug Arbeitsstellen für alle aufgrund von rasant fortschreitender Automatisierung und Robotisierung gibt. Dieser Trend nimmt exponentiell zu. Durch die Künstliche Intelligenz werden ohnehin die meisten heutigen Jobs auch noch wegfallen. Wo sollen dann die ganzen Arbeitslosen hin, die Jahr für Jahr immer mehr werden? Fakt ist auch, dass wir heute schon bereits fast alles automatisieren könnten, dies jedoch nicht zugelassen wird, da man die Menschen weiterhin so **abhängig** wie möglich vom System machen will. Wo kämen wir sonst hin, wenn jeder seiner Berufung frei nachgehen und die Welt frei und kostenlos bereisen könnte? Nein, nein, das

ist nur der „Elite" vorbehalten. Aber auch selbst ohne (fortschreitende) Automatisierung wäre ein Abkoppeln vom System möglich und wobei jeder trotzdem in Wohlstand leben könnte. Siehe dazu das *Ubuntu-Prinzip* von Michael Tellinger.

9. ***Widerstandsfähige Infrastruktur und nachhaltige Industrialisierung***: Und diese Infrastruktur sollen natürlich Konzerne errichten. Die Staaten sollen sich weiterhin bei den Banken verschulden, um diese Programme umzusetzen, die von der UN diktiert werden. Und all das sollen natürlich wir alle bezahlen.
10. ***Ungleichheit verringern – Ungleichheit in und zwischen Ländern verringern***: Das bedeutet übersetzt, dass die westlichen Länder weiter verarmen sollen. Die armen Länder sollen nicht besser gestellt werden, sondern weiterhin arm bleiben. Es sind die reicheren Länder, die nämlich auf das Niveau von Dritte-Welt-Ländern gedrückt werden sollen. Beispiele sind fortschreitendes Lohndumping, höhere Preise, sinkende Renten, mehr und mehr Armut, Ausradieren der Mittelschicht sowie eine weitere Umverteilung von fleißig nach reich, ganz nach marxistisch-sozialistischer Art.
11. ***Nachhaltige Städte und Siedlungen – Städte und Siedlungen inklusiv, sicher, widerstandsfähig und nachhaltig gestalten***: Das bedeutet noch mehr „Sicherheit", noch mehr Kontrolle und Überwachung. Das Leben auf dem Land soll so teuer und unattraktiv wie möglich gemacht werden, damit die Leute wieder in die Großstädte ziehen. Dies erreicht man z.B. über höhere Sprit- und Fahrpreise (für die Pendler) und über eine rasante Steigerung von Grundstücks- und Mietpreisen in Vororten. Für diesen Zweck sollen sogenannte *Megastädte* entstehen, die zig Millionen Einwohner fassen können. Menschen sind besser und übersichtlicher zu kontrollieren, wenn sie alle an wenigen Orten eng aufeinander gepfercht werden. Die Bereiche um die Megastädte herum sollen zu Verbotszonen erklärt werden. Begründet wird dies mit dem „nachhaltigen Umweltschutz", der notwendig sein wird, damit mehr Grün- und Waldflächen entstehen. Man könnte aber auch aufhören, die jetzigen noch restlichen Wälder abzuholzen und anfangen, diese riesigen kahlen Stellen im Regenwald und anderswo wieder aufzuforsten. Dass das mit den Megastädten keine verschwörungstheoretische Dystopie ist, zeigt das Beispiel der USA, wo die Entvölkerung von Vororten und ländlichen Regionen im Rahmen des *America 2050*-Programms begonnen hat und auf der *Agenda 21* basiert, dem Vorläufer der *Agenda 2030*. Das Ziel ist die Schaffung von 11 sogenannten Megaregionen und erinnert stark an die 13 Distrikte in der Hollywoodfilmreihe „Die Tribute von Panem".[(420)] Diese Filmreihe basiert auf einer dystopischen Romantrilogie, in der es darum geht, dass die Bevölkerung in Nordamerika in 13 voneinander getrennten Distrikten in ärmlichen Verhältnissen lebt und vom *Kapitol* kontrolliert und beherrscht wird. Jährlich finden sogenannte „Hungerspiele" statt, bei der aus jedem Distrikt ein Mädchen und ein Junge im Alter zwischen 12 und 18 Jahren vom Kapitol ausgelost werden, um gegeneinander bis auf den Tod zu kämpfen, bis am Ende nur noch ein „Tribut" (Gewinner) übrig bleibt. Dieses gladiatorenähnliche makabre Ereignis wird überall im Land auf Leinwänden und im Fernsehen gezeigt. Mit solchen Filmen sollen wir auf die Zukunft vorbereitet bzw. programmiert werden.[(421)]

12. *Nachhaltige Konsum- und Produktionsweisen*: Das heißt die Nutzung von fossilen Brennstoffen und Elektrizität soll durch drastisch hohe Steuern bestraft werden. Dies soll die Menschen weltweit dazu zwingen, bald wie in Dritte-Welt-Ländern zu leben (anstatt die *Freie Energie-Technologien* freizugeben). In dem Zuge wird es Medien- und Werbekampagnen geben, die Menschen an den Pranger stellen, die Benzin, Wasser oder Strom nutzen. Konsum jedweder Art wird verpönt sein.
13. ***Bekämpfung des Klimawandels und seiner Auswirkungen***: Das ist schon ein starkes Stück. Natürlich ist hier der von „Menschen verursachte Klimawandel" gemeint. In Wahrheit ist jedoch unsere Sonne für das Klima verantwortlich, so wie auch die letzten paar Milliarden Jahre. Um diesen „Klimawandel" zu bekämpfen, wird die Erde Tag und Nacht mittels Flugzeugen aus großer Höhe mit *Chemtrails* besprüht, welches zur Bildung von grauen Wolkendecken und zur Sonnenabdunkelung führt. Des Weiteren wird mit den versprühten Giften die Weltbevölkerung mit Absicht zusätzlich krank gemacht. Zu diesem Thema komme ich später noch einmal gesondert. Des Weiteren werden neue Steuern erhoben werden, denn jeder muss zur Bekämpfung dieses „Klimawandels" mit beitragen. Privatbesitz von Autos soll mit Strafsteuern belegt werden, damit die Leute gezwungen sind, die gänzlich überwachten öffentlichen Verkehrsmittel zu benutzen. Dies ergänzt sich wunderbar mit dem teuren Pendelverkehr, sodass die Leute „freiwillig" in die großen Molochstädte ziehen.
14. ***Ozeane erhalten***: Das Fischen soll weltweit weitestgehend verboten werden. Private bzw. kleinbetriebliche Fischerboote werden strafrechtlich geahndet. Fischerei soll nur noch Konzernen vorbehalten sein und unter staatlicher Aufsicht erfolgen. Die Folge werden mehr Nahrungsmittelknappheit und drastisch höhere Lebensmittelpreise sein. Um den Hunger zu beenden, werden die Leute wiederum mehr in die Abhängigkeit der Regierungen gezwungen (staatliche Leistungen wie Hartz IV, Essensmarken usw.).
15. ***Landökosysteme schützen – Landökosysteme schützen, wiederherstellen und ihre nachhaltige Nutzung fördern, Wälder nachhaltig bewirtschaften etc.***: Ja, und wie „schützt" man am besten Land und Boden? Indem man die Leute vom Land in die kontrollierten Städte drängt. Privater Landbesitz soll verboten werden, auch für heutige Bauern. Bauernhöfe und Felder sollen in die Hände von Konzernen fallen. Zudem Verbot von Brennholzöfen, dem Sammeln von Regenwasser und Anpflanzen/Anbau im eigenen Garten, um die Abhängigkeit von der Regierung und vor allem von den großen Nahrungsmittelproduzenten zu fördern. Es soll sich niemand selbst versorgen können. Sie meinen, das sei absurd? Im US-Bundesstaat Michigan ist es nämlich Hobbygärtnern und Kleinstbauern bereits gesetzlich verboten worden, Hühner, Bienenstöcke oder Ziegen zu halten, deren Erzeugnisse wie Eier, Milch oder Honig sie auf lokalen Wochenmärkten verkauften, um sich und ihre Familien über die Runden zu bringen und sich selbst zu versorgen.(422) Und da, wo es gesetzlich per se nicht verboten wird, werden gesetzliche Maßregelungen, Auflagen, Beschränkungen und Steuern jedem ambitionierten Gärtner/Bauer Lust und Ressourcen nehmen.

16. ***Frieden, Gerechtigkeit und starke Institutionen. Friedliche und inklusive Gesellschaften für eine nachhaltige Entwicklung fördern, allen Menschen Zugang zur Justiz ermöglichen usw.***: Das heißt, dass illegal eingesickerte Migranten und andere geschützte Minderheiten Immunität genießen und ungestraft Straftaten begehen können. Gruppen und Bewegungen, die das anprangern, sollen verfolgt und bestraft und von „starken Institutionen" öffentlich angeprangert werden.
17. ***Umsetzungsmittel und globale Partnerschaft stärken – Umsetzungsmittel stärken und die globale Partnerschaft für nachhaltige Entwicklung mit neuem Leben füllen***: Globale Partnerschaft bedeutet internationale Freihandelsabkommen, die nationale Gesetze und Schranken umgehen und Großkonzernen wie *Monsanto, Nestlé, Coca-Cola* usw. einen Freipass zur endgültigen Ausbeutung von Menschen und Planet geben und dabei vor jeder Strafverfolgung geschützt sind. Was wir dann haben, ist eine weltumspannende, einheitliche und korporative faschistische Konzerndiktatur.

Sollten Sie irgendwelche Zweifel an den o.g. interpretativen Ausführungen haben, dann schauen Sie sich einfach nur die heutige Lage mit offenen Augen an, dann muss man kein großer Hellseher sein, um die weitere Tendenz zu erkennen. Fragen Sie sich doch einmal selbst, wie denn z.B. „nachhaltiges Wirtschaftswachstum" möglich sein soll, wenn Konzerne nicht noch besser und die Bevölkerungen gleichzeitig nicht noch schlechter gestellt werden? Die in der Präambel getätigte Aussage[(423)], dass *„keiner auf der Strecke bleiben soll"* und dass *„alle Länder und alle Akteure diesen Plan implementieren* ***werden***", sagt doch schon deutlich aus, dass es da kein Entrinnen gibt und dass keiner gefragt wird, ob er mit dieser Agenda einverstanden ist oder nicht. Das ist keine Bitte, sondern ein Befehl der UN. Oder wurden Sie zur Abstimmung gebeten oder hat man Sie um Ihre Meinung und Vorschläge gefragt? Der Ausdruck „nachhaltige Entwicklung" ist ein sehr dehnbarer und nicht näher definierter orwell'scher Begriff. Das kann alles Mögliche heißen.

Der US-amerikanische Schriftsteller Paul McGuire, Co-Autor des Buches „The Babylon Code", schrieb einst, dass die Menschheit schon immer danach strebte, eine Utopie oder ein Paradies zu verwirklichen. Und als die menschliche Rasse sich zu organisieren begann, kam eine wissenschaftliche oder technokratische Elite an die Macht, die den Massen versprach, sie könne diese perfekte Welt erschaffen. Das alte Babylon bzw. Babylonien, so McGuire, sei dieser erste Versuch gewesen, ein Paradies auf Erden zu erschaffen. Zum alten Babylon hatte McGuire noch was Interessantes in einem Artikel geschrieben. Dies mag für manche Leser etwas „abgehoben" klingen, doch ist es für das Gesamtverständnis nicht unwichtig, um zu verstehen, was die Machthaber von heute wie damals umtreibt. Nachfolgend ein kleiner Ausschnitt übersetzt aus dem Englischen:

„(...) Diese Geheimgesellschaften reichen weit zurück bis zum alten Babylon und dem Turmbau zu Babel, der von Nimrod und seiner Frau Semiramis erbaut wurde, der ersten nachhaltigen Weltregierung, Weltreligion und einem Weltwirtschaftssystem. Man kann nicht verstehen, was heute mit den Vereinten Nationen geschieht, wenn man nicht zuerst verstanden hat, was im alten Babylon passiert ist. Das alte Babylon wurde von einem okkulten und satanischem System regiert, welches als ‚Mysterium Babylon' bekannt war.

Nimrod war genetisch betrachtet kein gewöhnlicher menschlicher Herrscher; er war ein Gott-Mann, oder in den Worten des Philosophen Nietzsche, ein ‚Supermann'. Der Turm zu Babel wurde durch eine okkulte Technologie errichtet. Es war ein interdimensionales Portal und Sternentor, welches interdimensionalen Wesen den Eintritt in unsere Welt erlaubte. (...) Die Realität eines satanischen Systems und einer okkulten Religion musste vor den Massen versteckt gehalten werden, damit die Elite an der Macht bleiben konnte. Aus diesem Grund mussten Geheimgesellschaften gegründet werden, um das Wissen von Generation zu Generation weiterzugeben. In biblischer Hinsicht in Bezug auf den Turm zu Babel verurteilt Gott dieses alte globalistische System, weil der Mensch im Kern versucht, Gott zu werden. Zudem können wir im Buch der Offenbarung lesen, dass das Babylon in den letzten Tagen als Eine-Welt-Regierung, Weltreligion und als ein Weltwirtschaftssystem wiedergeboren werden wird. Was gerade mit den Vereinten Nationen geschieht, ist die Wiederauferstehung von Babylon vor unser aller Augen in Form einer globalen Regierung, Weltwährung und einer neuen Weltreligion. In Kapitel 13 der Offenbarung lesen wir, wie ein charismatischer politischer Führer auftauchen wird, um die Welt zu regieren, (...), ein Weltwirtschaftssystem und eine Weltreligion, die ein Chipimplantat, genannt ‚das Zeichen des Tieres', hervorbringen wird."[(424)]

Und ja, in der Bibel können wir in der ca. 2.000 Jahre alten sogenannten Johannesoffenbarung (Johannes 13, 18) die Prophezeiung lesen:

„*Und es ward ihm gegeben, dass es dem Bilde des Tieres Geist gab* (TV, Computer, Smartphone etc.; A.d.V.), *damit des Tieres Bild redete und machte, dass alle, welche nicht des Tieres Bild anbeteten, getötet würden. Und es macht, dass sie allesamt, die Kleinen und Großen, die Reichen und Armen, die Freien und Knechte, sich ein Malzeichen geben an ihre rechte Hand oder Stirn, dass niemand kaufen oder verkaufen kann, er habe denn das Malzeichen, nämlich den Namen des Tieres oder die Zahl seines Namens. Hier ist Weisheit! Wer Verstand hat, der überlege die Zahl des Tieres; denn es ist eines Menschen Zahl und seine Zahl ist sechshundertsechsundsechzig.*"

US-Forscher und Autor Michael Snyder pflichtet McGuire ebenfalls bei, wonach das alte Babylon der Versuch war, eine Weltregierung zu etablieren. Seitdem versuchen die Herrschenden, dieses Babylon wieder zu errichten, jedoch, wie auch damals schon, in Form einer **Weltdiktatur**, ganz nach den Vorstellungen der Machthaber.[(425)] **Und die UN ist bereits quasi diese Weltregierung!** Jetzt könnte man das Ganze immer noch als überbewertet betrachten. Doch die Tatsache, dass die Eröffnungsrede zur *Agenda 2030* am 25. September 2015 im UN-Hauptgebäude in New York kein Geringerer als der Jesuit Papst Franziskus hielt, verleiht dieser „neuen universalen Agenda" doch so ziemlich das gesamte Gewicht der oberen Machthierarchie.[(426)] Das reiht sich dann auch wunderbar ein mit der Forderung des Vatikans aus dem Jahr 2011 nach einer „supranationalen Autorität" mit weltweitem Geltungsbereich und einer „universalen Jurisdiktion". Solch eine Autorität solle natürlich mit den *Vereinten Nationen* beginnen.[(426a)]

Abb. 162 (oben): Der antike Turm von Babel (Darstellung von Pieter Bruegel, 1563). *„Theologen werten das Turmbau-Vorhaben als Versuch der Menschheit, Gott gleichzukommen. Wegen dieser Selbstüberhebung bringt Gott den Turmbau unblutig zum Stillstand, indem er eine Sprachverwirrung hervorruft, welche wegen unüberwindbarer Verständigungsschwierigkeiten zur Aufgabe des Projektes zwingt und die daran Bauenden aus dem gleichen Grunde über die ganze Erde zerstreut.“*
Laut Genesis 11, 9 wurde die Stadt daher *Babel* genannt, was übersetzt „Wirrsal“ bedeutet. Der Turmbau soll ein unvollendetes Bauwerk und Nimrod der Gründer und erste König von Babylon gewesen sein, der seine Regierung in eine Tyrannei verwandelte, um die Menschen von Gott abzubringen.

Abb. 163 (unten): Das Gebäude des *Europäischen Parlaments* in Straßburg, Frankreich. Unverkennbar: Der „Neubau zu Babel“ wird als unvollendetes Werk von Nimrod fortgeführt. In dieser supranationalen Institution kommen, wie in Babel damals, mehrere Länder und viele verschiedene Sprachen zusammen.

Abb. 164 (links): Für die Freunde des „Zufalls“ hier das offizielle Poster, welches das Europarlament bewirbt und deutlich zeigt, dass der Bau vom Turm zu Babel inspiriert wurde. Unten rechts passend dazu der Slogan: *„Europa – Viele Sprachen, eine Stimme“*. Die auf den Kopf stehenden und daher satanischen Pentagramme zeigen, wessen Geistes Kind die Erbauer sind. Die Leute unten links im Poster sehen aus wie aus Bauklötzen geformt. Nur das Baby hat einen runden Kopf, wurde also noch in das System hineingepresst bzw. indoktriniert. Nach Beschwerden zahlreicher Gruppen wurde das Poster aber wieder verbannt.

Abb. 165 (rechts): Papst Franziskus mit dem damaligen UN-Generalsekretär und hörigem Untergebenen Ban Ki Moon am 25. September 2015. Schauen Sie sich unter der Bildquelle das dazugehörige Video an. Die schelmischen Gesichtszüge des Papstes sprechen Bände. Rechts hinten im Bild die Flagge des Vatikans.

Abb. 166: Am 25. September 2015 hielt Papst Franziskus bei den *Vereinten Nationen* in New York die Eröffnungsrede zur *Agenda 2030*. Manchmal sagt ein Bild mehr als tausend Worte: In der Mitte des Bildes Papst Franziskus mit Ban Ki Moon, umringt von einer ganzen Schar an Kardinälen und Bischöfen. Im Hintergrund die Flaggen der UN und des Vatikans. Möge mir jetzt bitte niemand sagen, dass das Ganze nicht offensichtlich nach einer römisch-luziferischen Agenda ausschaut.

Abb. 167 (links): Papst Franziskus und der Erzbischof von Manila (Philippinen), Luis Antonio Tagle, mit einer doppeldeutigen Geste. Mit dem ausgestreckten Daumen bedeutet es *„Ich liebe dich/euch"* in der Gebärdensprache. Dasselbe Symbol bedeutet bei den Satanisten jedoch zufälligerweise *„Ich liebe/verehre Satan"* (scheinbar unabhängig, ob mit oder ohne ausgestrecktem Daumen). Rockbands machten dieses Zeichen zum Trend, und so praktizieren es heute selbst völlig Ahnungslose auf Rockkonzerten usw., die damit unwissend Satan huldigen. Anton LaVey, Gründer der *Kirche Satans* in den USA, meinte, dass man das Hörner-Zeichen ohne ausgestreckten Daumen auch verwendet, wenn man jemanden verfluchen will. Die Erfinderin der Gebärdensprache, Helen Keller, soll selbst Okkultistin gewesen sein. Zufall?[(426b)] Es ist aber sicher kein Zufall, dass ein Symbol zumindest mit einer weiteren Botschaft überlagert bzw. belegt wurde, um sich anschließend herausreden zu können.

Abb. 168 (rechts): Vor wem oder „was" fürchtet sich das Kind bloß?

Vision 2050 – die totale Weltdiktatur

In das gleiche Horn wie die *Agenda 2030* der *Vereinten Nationen* bläst auch das Projekt *Vision 2050*, ein Konsens von 29 führenden globalen Großunternehmen aus 14 Industrien, die sich ebenfalls eine „globale Nachhaltigkeit" auf die Fahne geschrieben haben. Wir merken, das Wort „Nachhaltigkeit" ist ein wichtiger Schlüsselbegriff der Neuen Weltordnung. Zu den erklärten Zielen gehören u.a. die Halbierung der weltweiten CO_2-Emissionen, die Verdopplung des landwirtschaftlichen Ertrags, ohne aber dabei die Menge an Wasser oder Landflächen zu erhöhen (das heißt GENTECHNIK!), sowie ein etwas kryptisch formuliertes „Ermöglichen eines universalen Zugangs zu CO_2-armer Mobilität". Die anfallenden Kosten für diese weitergehende Öko-Wende soll vom „Markt" getragen werden, also den braven Steuerzahlern.[427] Aber was versteht man unter „CO_2-armer Mobilität"? Dr. Ileana Johnson Paugh vom Internetportal *Canada Free Press* hilft uns auf die Sprünge bei der Analyse, denn hier geht es um nichts anderes, als dass Autos in den Städten gänzlich verboten werden sollen. Radfahren, zu Fuß gehen und der Ausbau von öffentlichen Verkehrsmitteln sollen dann in den zukünftigen Megastädten die einzigen „Reisemöglichkeiten" darstellen. Dies wird man den Leuten dann als zum „Wohle des Planeten" und „zur Förderung der eigenen Gesundheit" verkaufen. So haben wir auch von einer weiteren offiziellen Seite die Bestätigung für jene Ziele, die bereits in der *Agenda 2030* definiert wurden. Indem man also die eigene Mobilität einschränkt, wird man gezwungen werden, in diese riesigen Großstädte zu ziehen.

Für die Umsetzung von diesen Megastädten setzen sich auch der ehemalige US-Vizepräsident Al Gore und der ehemalige mexikanische Präsident Felipe Calderon ein. Auf dem Weltwirtschaftsforum von Davos (Schweiz) 2015 stellten sie das Bauvorhaben in Aussicht, welches 90 Billionen US-Dollar kosten soll, um alle Städte weltweit in Megastädte umzuwandeln. Nach deren Aussagen könnten „wir" es uns nicht leisten, weiterhin Städte mit solch einer niedrigen Bevölkerungsdichte zu haben, wie es sie heute gibt (wo leben die eigentlich?!). Indem man die Bevölkerungsdichte erhöhe, also mehr Menschen auf noch weniger Raum presse, bräuchte es aufgrund der nachbarschaftlichen Nähe im Gegenzug keine Autos mehr und man hätte zudem Massentransportmittel zur Verfügung.[427a] Da sich sämtlicher Lebensmittelpunkt in diesen Ballungszentren abspielen soll, bedeutet dies gleichzeitig, dass das für jeden Einzelnen dann auch die „ganze Welt" darstellen wird. Mit anderen Worten ausgedrückt: Indem das (inter)nationale Reisen drastisch eingeschränkt wird, wird man vom eigenen Land nichts mehr sehen können, geschweige denn von der Welt. Man soll wie ein Tier im Käfig der Nachbarschaft leben.[428] Dies hat zur Folge, dass das eigene Bewusstsein und der eigene Horizont noch einmal deutlich eingeschränkt werden sollen. Das ist das, was die Herrscherclique mit uns vor hat. Ob diese dann selbst in dichtgepackten Städten leben wird? Mitnichten, denn sie wird weiterhin ihre Paläste und gekauften Inseln auf den Ozeanen fernab vom „Massenvieh" bewohnen.

In einer älteren Version der *Vision 2050*-Webseite ließen die Akteure die Katze aus dem Sack und bestätigten die zuvor genannten Pläne der *Agenda 2030* und des Weltwirtschaftsforums wie folgt:

> *„Mit 9 Milliarden Menschen auf dem Planeten, die um begrenzte natürliche Ressourcen konkurrieren, wird sich die Definition von ‚gut leben' ebenfalls wandeln. Anstatt eines utopischen Traums, bedeutet es in 2050 gut zu leben, dass alle Menschen Zugang haben sowie die Möglichkeit sich Bildung, Gesundheit, Mobilität, Grundnahrungsmittel, Wasser, Energie, ein Dach über dem Kopf sowie Konsumgüter leisten zu können. Es bedeutet auch, innerhalb der Begrenzungen des Planeten selbst zu leben."*[429]

Na hoppla, das hört sich jetzt plötzlich nach drastischen Einschnitten für jeden Einzelnen an, mit Rationierungen von Grundnahrungsmitteln und Energie sowie einer erheblichen allgemeinen Reduzierung des aktuellen – bereits schon gesenkten – Lebensstandards. Das, was in der *Agenda 2030* noch blumig und ziemlich utopisch klang, wird hier etwas „realistischer" formuliert. Der Zusatz, dass sich diesen minimalen Lebensstandard auch jeder noch „leisten" können soll, sagt indirekt, dass es in 2050 immer noch ein Finanzsystem geben soll, mit dem die Menschheit versklavt bleibt. Eine staatlich abhängige minimale „Grundversorgung" lässt sich hier ebenfalls bei weiterem technischen Fortschritt und Wegfall von Arbeitsplätzen deuten.

Sowohl die *Agenda 2030* als auch die *Vision 2050* werden in nationalen Programmen eines jeden Landes umgesetzt, die ähnlich klingende oder andere Namen tragen können (viele Ziele werden aber auch nur in Form von neuen Gesetze und „kleineren" Projekten peu à peu umgesetzt). In der BRD findet man jene „utopischen" Zielsetzungen im Vorhaben *Dialoge Zukunft Vision 2050* vor. Hilfe bekommt die Bundesregierung hierbei vom *Rat für Nachhaltige Entwicklung* mit Sitz in Berlin in der *Gesellschaft für Internationale Zusammenarbeit*, den sie bereits 2001 berufen hat, damit dieser die Regierung in allen Belangen zur Weiterentwicklung der Ziele berät, sowie Projekte zu deren Umsetzung vorschlägt. So heißt es auf der Webseite vom Mitglied des Rates, Achim Steiner, gleich: *„Die Nachhaltigen Entwicklungsziele (SDGs) der Vereinten Nationen verpflichten alle Länder zu neuem Denken und Handeln. Grenzen und Möglichkeiten der Globalisierung bemessen sich an ihnen."* (siehe *nachhaltigkeitsrat.de*) Wer ist dieser Herr Steiner? Er ist Leiter des Entwicklungsprogramms der *Vereinten Nationen* und Direktor der *Oxford Martin School* der *Oxford Universität* in England. Diese Schule ist eine Denkfabrik, die sich mit der Zukunft der Menschheit, Klimawandel und Migration beschäftigt[(430)] – also genau die richtige Institution, um die Ziele der UN zur Neuen Weltordnung in Form von Modellen, Projektplanungen, Beratungstätigkeiten, Kontaktvermittlungen, Medienarbeit, Lobbyismus usw. zur Umsetzung auszuarbeiten.

Unter den Mitgliedern des Rates findet man interessante Persönlichkeiten. So ist die Vorsitzende des Rates Marlehn Thieme, die auch Mitglied des Rates der Evangelischen Kirche und zudem Vorsitzende des ZDF-Fernsehrates ist. Ihr Stellvertreter ist Olaf Tschimpke, Präsident des *Naturschutzbunds Deutschland (NABU)*. Weitere Mitglieder kommen z.B. von der Ernährungs- und Landwirtschaftsorganisation der *Vereinten Nationen*, der Großbank *Bank of America Merrill Lynch* in Deutschland, der *Deutschen Telekom Stiftung*, und teilweise findet man auch ehemalige Politiker vor.[(431)] Die Liste an ehemaligen Ratsmitgliedern ist nicht minder interessant. Dort finden wir u.a. den Präsidenten der *Deutschen Landwirtschafts-Gesellschaft*; einen Professor für Zukunfts- und Bildungsforschung der *Freien Universität Berlin*; einen Vertreter der *Allianzversicherung*; den Leiter der *Münchener Rück Stiftung*; den Vorstandsvorsitzenden der *Deutschen Bahn Netz AG*; den Vizepräsidenten des *Deutschen Industrie- und Handelstages*, Dr. Claus Hipp (ja, genau, der mit dem „Hipp" mit der Babynahrung); die Landesbischöfin der evangelisch-lutherischen Kirche, Dr. Margot Käßmann; einen Bischof aus Essen; den Hauptgeschäftsführer des Bischöflichen Hilfwerkes *MISEREOR*; Prof. Dr. Klaus Töpfer, ehemaliger Direktor des Umweltprogramms der Vereinten Nationen; den stellvertretenden Vorsitzenden des Konzerns *BASF AG*, die stellvertretende Generalsekretärin der *Weltgesundheitsorganisation* der *Vereinten Nationen* (WHO); weitere Vertreter von Großunternehmen und TV-Moderatoren, und eine Person fiel mir noch auf, nämlich Max Schön, der Präsident der *Deutschen Gesellschaft Club of Rome* in Hamburg (dem deutschen Ableger des *Club of Rome*).[(432)] Wie wir sehen können, sind Vertreter der beiden Kirchen und von den *Vereinten Nationen* stark präsent, ganz sicher nicht aus Jux und Dollerei.

Zwischeneinschub zum *Club of Rome*: Dieser wurde wiederum 1968 als Denkfabrik und „gemeinnützige Organisation“ an einer Wissenschaftsakademie in Rom gegründet (die 1847 von Papst Pius IX. eine Neugründung erfuhr), die sich nach außen hin, so der Zufall, für eine „nachhaltige Zukunft der Menschheit“ einsetzt, Zukunftsszenarien und Risikoanalysen entwirft („globale Erwärmung“), um anschließend Handlungsmöglichkeiten zu entwickeln und vorzuschlagen. Dieser Club hat weltweit nur maximal 100 Vollmitglieder und besteht u.a. aus Vertretern von Banken und Industrie, Professoren diverser internationaler Universitäten, Botschaftern und Politikern, Wissenschaftlern und Theologen sowie Vertretern der *Vereinten Nationen*. Seit 2012 ist der Adlige Ernst Ulrich von Weizsäcker Co-Präsident dieses erlesenen Clubs (und auch Präsidiumsmitglied der *Deutschen Gesellschaft für die Vereinten Nationen*).[433] Ja, das ist der Neffe des ehemaligen Bundespräsidenten Richard von Weizsäcker. Wir erinnern uns, Letzterer war der Sohn des Ernst von Weizsäcker, der im Dritten Reich Staatssekretär des Auswärtigen Amts war, Großbritannien geheime Botschaften übermittelte und forderte, Hitler gegenüber hart zu bleiben. Später wurde er deutscher Botschafter im Vatikan. Der heimliche Gründer des *Club of Rome* soll laut einigen Forschern David Rockefeller sein.

Der Ex-Geheimdienstler der US-Marine Milton Cooper hatte über diesen Club Folgendes zu berichten:

> *„(...) Eine dritte Studie wurde vom Club of Rome 1968 abgeschlossen, um die Grenzen des Wachstums zu bestimmen. Das Ergebnis war das gleiche. Der Club of Rome wurde beauftragt, ein Computermodell der Welt zu entwickeln, um vorauszusagen, welche Auswirkungen Korrekturen der Regierungen an der sozialen oder wirtschaftlichen Struktur haben würden. Der Club of Rome wurde auch gebeten, ein Computermodell einer Neuen Weltordnung zu entwerfen. Beide Aufgaben wurden erfüllt. Es wurden Studien durchgeführt, um eine Methode zu bestimmen, das Bevölkerungswachstum anzuhalten, ehe der Zusammenbruch unvermeidlich wird. Es wurde festgestellt, dass ein sofortiges Einschreiten zwei Interventionspunkte betreffen muss: Der erste war eine Senkung der Geburtenrate, der zweite die Erhöhung der Sterblichkeitsrate.“*[434]

Laut Coopers Informationen wird der *Club of Rome* von Europas **Schwarzadelsfamilien** kontrolliert und hat sich die Bevölkerungsreduktion als eines der Hauptziele vorgenommen. Der Club habe deswegen auch den „HIV“-Virus im Labor erschaffen und auf die Weltbevölkerung über Impfkampagnen der WHO losgelassen (über die Pockenimpfungen in Afrika und Hepatitis-B-Impfungen in den USA). Der Befehl dazu kam laut Cooper vom Richtlinienausschuss der *Bilderberg-Gruppe* (einer weiteren „elitären“ Einrichtung, die über das Schicksal der Menschheit entscheidet, ohne sie zu fragen). Für die Herrscherelite gibt es natürlich einen echten Impfstoff gegen diesen Virus[435] (sowie gegen alle anderen militärisch-pharmazeutisch erschaffenen Viren. „Virus“ ist lateinisch und bedeutet: Gift.).

Um wieder auf das Projekt *Dialoge Zukunft Vision 2050* zurückzukommen, so finden sich im gleichnamigen Schriftwerk, welches der Rat herausgegeben hat, recht interessante „Visionen“ im Hauptteil und in einem „Verbarium“ im hinteren Teil des Buches. Um dem Ganzen den Flair von bürgerlicher Mitbestimmung zu verpassen, konnten auch Studenten und Schüler ihre Visionen zu 2050 beitragen, sofern diese sich halbwegs an der Agenda der UN orientieren und sich mit dem im Vorwort von Max Schön ausgedrücktem Weltbürgertum identifizieren (bzw. wurden sicherlich genau jene dann für das

„Lieblingsbuch der Kanzlerin" ausgefiltert, die den Vorgaben einigermaßen entsprachen). Nachfolgend lesen wir ein paar Ausschnitte möglicher „Zukunftsvisionen" (mein Dank an *homment.com* für den Hinweis[(436)]):

„*(...) Wir leben im Jahr 2050 in einer Welt, die keine (Staats)Grenzen mehr kennt. (...) Das traditionelle Bild der Familie gibt es nicht mehr. Die Menschen werden in großen ‚Familiengemeinschaften' zusammenleben, ohne unbedingt verwandt zu sein. Kinder werden von mehreren Elternteilen mit unterschiedlichen sexuellen Hintergründen behütet. Die Gleichheit des Liebens, egal von welchem Geschlecht, ist auf allen Ebenen festgeschrieben. Daher wurde die Ehe abgeschafft. (...) Der ÖPNV ist für alle Menschen kostenlos und wird durch ausgebaute Rad- und Fußwege ergänzt. Die Städte erwachen wieder zu neuem Leben, da Autos aus den Städten verbannt wurden. Nun ist viel mehr Platz zwischen den Häusern und die Menschen nutzen ihren Straßenraum aktiv zur Erholung und Freizeit. Es gibt eine dezentralisierte, regionale Wirtschaftsordnung und einen Energiemix aus regenerativen Energien. Konsumrausch und Verschwendung werden in der Gesellschaft kritisch betrachtet. (...)*"[(437)]

„*(...) Die öffentlichen Verkehrsmittel gewinnen an Wichtigkeit und tragen zur Einsparung fossiler Brennstoffe bei... Dies ist nur möglich durch verbesserte Technik und Forschung, vor allem im Bereich der Speichermöglichkeiten von elektrischem Strom. In der Stadt der Zukunft beschränkt sich die Entwicklung auf Verbannung des motorisierten Privatverkehrs aus den Innenstädten, auf die Beschleunigung des Fahrradverkehrs und den Ausbau des öffentlichen Personennahverkehrs... Wir hinterfragen unsere Art der Fortbewegung. Wie viel Auto fahre ich? Wie hoch ist der CO_2-Ausstoß? Welche Strecken gehe ich zu Fuß, fahre mit dem Fahrrad oder nutze die öffentlichen Verkehrsmittel?... Im Jahr 2050 wird der eigene Lebensstil überprüft und kann transparent dargestellt werden. Es wäre z.B. möglich, alle Daten einer Person zu deren Fortbewegung, zum Wohnen, zu Konsum und Ernährung, zum Reisen u.v.m. auszuwerten. Wird beim Wohnen auf den Energiebedarf, bei der Wahl der Fortbewegung auf den CO_2-Ausstoß und beim Konsum auf nachhaltige Produkte etc. geachtet, macht sich dies im Ergebnis bemerkbar.*"[(438)]

„*(...) Budgets werden global vergeben. Gelder werden somit international aufgeteilt... Der Rückgang der Geburtenrate in einigen Industriestaaten wird nicht als Nachteil gesehen. Im Gegenteil. Aufgrund des großen ökologischen Fußabdruckes wird es als notwendig empfunden, dass in den Wohlstandsnationen die Gesellschaft schrumpft. (...) In der Gesellschaft findet eine Durchmischung der Völker statt. Die Menschheit sieht sich als Weltbürgertum mit individuell unterschiedlichen, kulturellen Wurzeln. (...)*"[(439)]

„*(...) Den Schritt zu einer europäischen Einheit haben wir beinahe geschafft. Wir verstehen uns jetzt schon fast als Europäer, nur noch in manchen Köpfen ist das Wort Deutscher, Engländer oder Franzose verankert. Die Kinder unserer Nationen lernen nur noch, dass sie in einem Staat von Europa leben, welcher Staat das ist, ist irrelevant geworden. (...)*"[(440)]

„*(...) Weil wir Autos gemeinsam bzw. eigentlich sowieso fast nur noch Massenverkehrsmittel nutzen, macht es richtig Spaß, auf leeren Straßen an sauberer Luft Fahrrad zu fahren... Natürlich haben wir auch erkannt, dass wir nicht viel mehr zum Leben brauchen, als etwas zu essen und eine kleine Wohnung mit schönem Balkon, die aufgrund der guten Isolierung kaum beheizt werden muss (manchmal reicht auch der dickere Pulli).*"[(441)]

„(…) Wir leben heute im Jahre 2011, dieses Jahr ist besonders, denn es ist das Jubiläum der Einwanderung: 50 Jahre Einwanderung in Deutschland… Ich wünsche mir, dass dieser ganze ‚Integrationsprozess' bis 2050 endlich abgeschlossen ist. Dass es kein ‚wir' und ‚ihr' gibt, sondern dass wir alle in Deutschland ständig lebenden Menschen zu einem gemeinsamen ‚wir' schmelzen. Denn wir brauchen gar keine Brücken, wir leben schon so lange zusammen, wir müssen nur über unsere Schatten springen… Vielleicht hat unser Bundeskanzler oder unsere Bundeskanzlerin in 2050 einen Migrationshintergrund.“[(442)]

Natürlich sind unter den zahlreichen Vorschlägen auch sehr sinnvolle dabei, wie z.B. Förderung von alternativen Heilmethoden, Permakultur (alternativer landwirtschaftlicher Anbau) oder mehr Mitbestimmungsrechte für Kinder und Jugendliche, Dezentralisierung und mehr Regionalität usw., doch sind diese oft in die o. g. zitierten Ausschnitte mit eingeflochten. Man kann den Schülern und Studenten keinen Vorwurf machen, wenn sie beispielsweise die Abschaffung der Nationen und die Durchmischung der Völker, das Abschaffen von Autos, mehr Kontrolle und Überwachung oder das Abschaffen der klassischen Familie und Ehe sich herbeiwünschen. Denn schließlich wurden und werden die jüngeren Generationen vom System zu zukünftigen Sklaven herangezüchtet und dementsprechend verdummt und im Sinne der Globalistenmafia indoktriniert. An o. g. Beispielen sehen wir, was dann dabei herauskommt. Um so wichtiger ist es für die Eltern unter den Leserinnen und Lesern, ihre Kinder dementsprechend aufzuklären, damit sie besser zu unterscheiden lernen, ihnen weiszumachen, dass man in der Schule zwar eine Version gelehrt bekommt, die Wahrheit bzw. die Hintergründe aber ganz anders aussehen. Natürlich ist dies ein Kampf. Warum meinen Sie, müssen in den meisten Fällen beide Elternteile arbeiten, damit die Familie über die Runden kommt und so gut wie keine Zeit mehr für die Kinder haben? Damit sie einerseits nicht auf „andere Gedanken“ kommen, und zweitens diese ihrem Kind dann vermitteln können, da sie entweder keine Zeit haben oder von der Arbeit schlichtweg zu erschöpft sind und ihnen die Energie dazu fehlt. Schule und Medien sind dann die „Erzieher“.

Nicht minder interessant ist das „Verbarium“ (Wörterbuch) im selben Buch, in dem Worte aufgelistet sind, die es 2050 nicht mehr gibt bzw. die nicht mehr genutzt werden. Im Folgenden die Highlights[(443)]:

„Ausländer

frühere Bedeutung: Leute/Personen, die aus einem anderen ‚Land', einer anderen Region kommen

nicht mehr benutzt seit etwa welchem Jahr: 2038

Grund der nicht weiter erfolgten Nutzung: Gründung des ‚Europäischen Staates'. Es spielt keine Rolle mehr, wo jemand herkommt.

Bargeld

frühere Bedeutung: Vorherrschendes Zahlungsmittel im alltäglichen Gebrauch (materieller Art).

nicht mehr benutzt seit etwa welchem Jahr: 2040

Grund der nicht weiter erfolgten Nutzung: Die zentrale Speicherung von Informationen (Konten, Identität, Gesundheit, Versicherungsinformationen auf dem Personalausweis) und die Vernetzung aller Lebensbereiche machten Barzahlungen überflüssig.

Integration

frühere Bedeutung: Einbindung/Einbeziehung zugereister sozialer Gruppen.

nicht mehr benutzt seit etwa welchem Jahr: 2035

Grund der nicht weiter erfolgten Nutzung: Ersetzt durch Partizipation (politische Mitbestimmung; A.d.V.)

Migrationshintergrund

nicht mehr benutzt seit etwa welchem Jahr: 2040

Grund der nicht weiter erfolgten Nutzung: Nicht mehr benötigt, da Menschen so ‚gemischt' sind, dass jeder einen Migrationshintergrund hat.

Zigarette

frühere Bedeutung: Nikotinhaltiger, giftiger Brennstängel, der zur Suchtbefriedigung angesteckt und geraucht wurde. Oft auf Festen und in Gesellschaft.

nicht mehr benutzt seit etwa welchem Jahr: 2030 wurde das Rauchen in Deutschland komplett verboten. 2035 hatte die Zigarettenindustrie keine Chance mehr.

Grund der nicht weiter erfolgten Nutzung: Komplettes Rauchverbot."

Verbote, Einschränkungen und Abschaffung der bisherigen Völker decken sich wunderbar mit der Globalistenagenda. Zu einem meiner Lieblingsthemen „Migration und Abschaffung der Völker" kommen wir später noch im Laufe des zweiten Teils.

Prognosen bis 2025: Deutschlands Bevölkerung soll um 50 Millionen Menschen reduziert werden

Eine Bestätigung für „nachhaltige" Veränderungen in der Welt erhalten wir auch von militärisch-analytischer Seite. Die US-amerikanische Webseite *deagel.com* ist eine Datenbank, die über die meisten Länder dieser Erde Angaben über Bevölkerungsanzahl, Bruttoinlandsprodukt, Kaufkraftparität, Import/Export sowie Militärbudgets und militärische Kapazitäten auspreist. Das letzte Mal wurden die Daten Mitte Juli 2017 aktualisiert. Daneben erstellt das Portal ebenfalls Prognosen über all diese Angaben für das Jahr 2025. Was Menschen weltweit in Aufruhr versetzte, waren die Prognosen über die Bevölkerungszahlen, vor allem in den westlichen Ländern. Schauen wir uns einmal die Prognose jener europäischen Länder an, die laut *Deagel* neben den USA den meisten Bevölkerungsschwund erfahren sollen. Gelistet werden die jeweiligen Bevölkerungszahlen mit Stand 2016 und darunter jeweils die Prognosen für 2025 (Zahlen auf- bzw. abgerundet):

Deutschland

2016: 81 Mio.
2025: 31 Mio.

Rückgang: **61,7%**

Frankreich

2016: 67 Mio.
2025: 42 Mio.

Rückgang: 37,3%

Italien

2016: 62 Mio.
2025: 45 Mio.

Rückgang: 27,4%

Portugal

2016: 11 Mio.
2025: 7,9 Mio.

Rückgang: 28,2%

Griechenland

2016: 10,7 Mio.
2025: 6,8 Mio.

Rückgang: 36,4%

Schweiz

2016: 8,2 Mio.
2025: 5,5 Mio.

Rückgang: 32,9%

Österreich

2016: 8,7 Mio.
2025: 6,2 Mio.

Rückgang: 28,7%

Schweden

2016: 9,9 Mio.
2025: 7,4 Mio.

Rückgang: 25,3%

Ukraine

2016: 44 Mio.
2025: 33 Mio.

Rückgang: 25%

Dänemark

2016: 5,6 Mio.
2025: 3,8 Mio.

Rückgang: 32,1%

Island

2016: 335 Tsd.
2025: 210 Tsd.

Rückgang: 37,3%

Belgien

2016: 11 Mio.
2025: 7,9 Mio.

Rückgang: 28,2%

Besonders harte Fälle neben Deutschland, Frankreich, Griechenland und Island:

Großbritannien

2016: 64 Mio.
2025: 14 Mio.

Rückgang: 78,1%

Irland

2016: 5 Mio.
2025: 1,3 Mio.

Rückgang: 74%

Luxemburg

2016: 582 Tsd.
2025: 244 Tsd.

Rückgang: 58%

Spanien

2016: 48,5 Mio.
2025: 24 Mio.

Rückgang: 50,5%

Israel

2016: 8,2 Mio.
2025: 3,4 Mio.

Rückgang: 58,5%

USA

2016: 324 Mio.
2025: 54 Mio.

Rückgang: 83,3%

Bei Israel fragt man sich unweigerlich, ob das die Auswanderer in die Ukraine sind? Den wahren Schocker liefern aber mit Abstand die Prognosen für die USA sowie ein prognostizierter Rückgang um **75%** der Bevölkerung im US-amerikanischen Protektorat Puerto Rico, während Kanada immerhin einen Rückgang von knapp 26% verzeichnen soll. Mexikos Bevölkerungszahl bleibt den Prognosen nach dagegen aber fast unverändert. Die Bevölkerung in Australien soll um 39% zurückgehen. Russlands Bevölkerungsanzahl soll mit 142 Mio. Einwohnern überraschenderweise unverändert bleiben. Chinas Zahlen sind ebenso unverändert. Mit der großen Reduzierung der Bevölkerungszahlen schrumpfen die jeweiligen Militärbudgets ebenfalls auf ein Bruchteil herab. Große Zuwächse hingegen gibt es in Indien mit einem Anstieg von 1,2 Mrd. auf 1,3 Mrd. Einwohner, Brasilien wächst um 5 Mio. Einwohner, die Zahl der Philippinen um 11 Mio., Indonesien um 10 Mio. Pakistan soll ordentlich von 202 Mio. auf 220 Mio. Einwohner anwachsen.(444)

Alles zusammengenommen gibt es Zuwächse von rund 200 Mio. Einwohnern überwiegend im asiatischen Raum, aber auch in Südamerika und einigen afrikanischen Ländern. Im Gegenzug sollen rund 620 Mio. Menschen binnen der nächsten 10 Jahre verschwinden! Zum Zeitpunkt des Buchdrucks sind es nur noch knapp acht Jahre. Wenn man bedenkt, dass die prognostizierten Zahlen **bis** 2025 erreicht sein sollen, dann müsste die Entwicklung bereits die nächsten Monate und wenigen Jahre erheblich forciert werden. **Das sind sehr viele Menschen in einem sehr kleinen Zeitraum**. Nach eigenen Angaben bezieht *Deagel* seine Daten vom US-Verteidigungsministerium, vom Auswärtigen Amt, der CIA, den Vereinten Nationen, der Weltbank, dem Internationalen Währungsfonds der Europäischen Union sowie einer diversen kleinen Anzahl an „Schattenquellen“. Durch den Ansturm an Entrüstungen sahen sich die Betreiber dieses Portals (vermutlich ehemalige Angehörige des US-Militärs) genötigt, eine Stellungnahme zu verfassen, in der sie versuchen, ihre Prognosen zu erklären. Sie geben an, dass die meisten Daten und Prognosen von den zuvor genannten offiziellen Stellen stammen sowie einigen anderen Quellen. Als wahrscheinlichen Grund für den rapiden Rückgang an Einwohnerzahlen nennt das

Deagel.com – Germany

		Rank	%	World Figures
Currency:	Euro EUR (€)	-	-	-
Year:	2016	-	-	2016
Population:	81 million	18	1.1	7.3 billion
Surface:	357,021 sq. km.	63	0.3	135 million sq. km.
Density:	226 inhabitants / sq. km.	43	419	54 inhabitants / sq. km.
Gross Domestic Product:	$3.5 trillion	4	4.7	$75 trillion
GDP per capita:	$43,236	27	421	$10,266
Purchase Power Parity:	$48,200	23	298	$16,149
Budget:	$1.5 trillion	4	5.8	$26 trillion
Military Budget:	$42 billion	9	2.6	$1.6 trillion
Imports:	$988 billion	3	6.7	$15 trillion
Exports:	$1.3 trillion	3	8.3	$15 trillion
Forecast 2025				
Population:	▼ 31 million	40	0.5	▼ 6.8 billion
Density:	▼ 88 inhabitants / sq. km.	68	176	▼ 50 inhabitants / sq. km.
Gross Domestic Product:	▼ $799 billion	14	1.4	▼ $59 trillion
GDP per capita:	▼ $25,503	21	294	▼ $8,684
Purchase Power Parity:	▼ $17,002	42	162	▼ $10,500
Military Budget:	▼ $7.6 billion	24	0.7	▼ $1.0 trillion

Deagel.com – United States of

		Rank	%	World Figures
Currency:	US Dollar USD ($)	-	-	-
Year:	2016	-	-	2016
Population:	324 million	3	4.4	7.3 billion
Surface:	9.6 million sq. km.	3	7.1	135 million sq. km.
Density:	34 inhabitants / sq. km.	157	63	54 inhabitants / sq. km.
Gross Domestic Product:	$19 trillion	1	25	$75 trillion
GDP per capita:	$57,286	13	558	$10,266
Purchase Power Parity:	$57,300	15	355	$16,149
Budget:	$6.2 trillion	1	24	$26 trillion
Military Budget:	$612 billion	1	39	$1.6 trillion
Imports:	$2.2 trillion	1	14.9	$15 trillion
Exports:	$1.5 trillion	2	9.5	$15 trillion
Forecast 2025				
Population:	▼ 54 million	20	0.8	▼ 6.8 billion
Density:	▼ 6 inhabitants / sq. km.	173	12.0	▼ 50 inhabitants / sq. km.
Gross Domestic Product:	▼ $921 billion	11	1.6	▼ $59 trillion
GDP per capita:	▼ $16,956	45	195	▼ $8,684
Purchase Power Parity:	▼ $11,304	78	108	▼ $10,500
Military Budget:	▼ $8.0 billion	23	0.8	▼ $1.0 trillion

Abb. 169 und 170: *Deagels* Daten und Vorhersagen zu Deutschland und den USA für 2025.

Portal einsetzende Völkerwanderungen aufgrund eines Kollapses des Weltfinanzsystems. Der einsetzende wirtschaftliche Zusammenbruch mit einhergehender Massenarbeitslosigkeit und Armut solle die Leute zwingen, in andere Länder auszuwandern. Der Großteil der Amerikaner würde dabei nach Südamerika und Asien auswandern, was den dortigen Anstieg an Bevölkerungszahlen erklären soll. In dem Zuge sollen aufgrund von Hunger und Armut gerade viele Ältere zugrunde gehen, was wiederum die hohen Todeszahlen erklärt. Mögliche Pandemien mit hohen Sterblichkeitsraten (z.B. durch den Ebola-Virus) sowie einen Nuklearkrieg habe *Deagel* in seinen Prognosen jedoch nicht berücksichtigt. Europa solle es wirtschaftlich ebenso hart treffen. Viele Länder müssten in dem Zuge ihre Bevölkerungszahl wieder aufstocken, indem sie Migranten ins Land hereinholen, während die autochthone Bevölkerung aber schrumpfen soll.

Ich selbst mag mich nicht zu hundert Prozent festlegen, was die Ursachen für diesen großen Bevölkerungsschwund sein könnten, *falls* es so kommen sollte. Dass es wirtschaftliche Gründe aufgrund eines Finanzcrashs allein sein sollen, scheint für mich ein wenig zu dürftig. Dies mag mit ein Grund sein, doch denke ich, dass hier ein großer Krieg der USA/NATO gegen Russland/China zum jetzigen Zeitpunkt am wahrscheinlichsten ist. Darauf wird ja so fieberhaft die letzten Jahre hingearbeitet. Denn nur durch Kriege und evtl. künstlich herbeigeführte Pandemien, z.B. über Chemtrails oder vergiftetes Grundwasser, bekommt man Dezimierungen von 50% und mehr hin. Im Falle der USA ist das der komplette Zusammenbruch der dortigen Zivilisation. Nur ein kleiner Teil wird es in einem Krisenfall (ob Krieg und/oder Finanzcrash) noch ins Ausland schaffen, und dann sicher keine tausende Kilometer weit, weil dazu schlichtweg die notwendigen Mittel fehlen werden und andererseits die gestörte oder überlastete Infrastruktur dies einfach nicht hergeben wird. In jedem größeren Krisenszenario wird zudem jede Regierung mit Waffengewalt erst einmal ihre Grenzen dicht machen, und da wird keiner rein oder rauskommen können; es sei denn, man wolle einen Bevölkerungsaustausch mit Absicht durchführen. Indien soll den größten Zugewinn binnen 10 Jahren verzeichnen, doch sieht das für mich demografisch betrachtet nach einem normalen Anstieg der Bevölkerung aus für ein Land mit aktuell rund 1,2 Mrd. Einwohnern. Dasselbe auch mit Pakistan und einigen afrikanischen Ländern. Das sind alles Länder mit sehr hohen Geburtsraten, bei denen ich keine Masseneinwanderungen aus dem Westen sehe.

Abb. 171: Der mittlerweile 94-jährige Henry Kissinger ist Friedensnobelpreisträger (Foto von 2016).

Was sich hier vollziehen soll, ist die Umsetzung einer weltweiten Bevölkerungsreduktion, wie sie der Vatikan, die *Vereinten Nationen*, der *Club of Rome* und andere „Denkfabriken" und „elitäre" Einrichtungen vorsehen. Ein großer Befürworter der globalen Entvölkerungsagenda ist der in Deutschland deutsch-jüdischer Abstammung geborene Henry Kissinger, ehemaliger Nationaler Sicherheitsberater und Außenminister der USA unter dem US-Präsidenten Richard Nixon Ende der 1960er- und Anfang der 1970er-Jahre. Von 1977 bis 1981 war er zudem Direktor der „elitären" Denkfabrik *Council on Foreign Relations*. Zusammen mit dem damaligen Stabschef des Weißen Hauses, Alexander Haig, entwarf er die Haig-Kissinger-Entvölkerungsrichtlinie, zu der Milton Copper folgende sehr aufschlussreiche Hintergründe im Kontext des AIDS-Projekts schilderte:

„(...) ist die Haig-Kissinger-Entvölkerungsrichtlinie, die vom Außenministerium ausgeführt wird. Diese Richtlinie diktiert, dass Dritte-Welt-Staaten positive und wirkungsvolle Schritte zur Reduzierung ihrer Bevölkerung unternehmen müssen, um diese im Zaum zu halten, andernfalls würden sie keine Unterstützungen von den Vereinigten Staaten erhalten. Wenn sich die Dritte-Welt-Nation weigert, kommt es üblicherweise zum Ausbruch von Bürgerkrieg, wobei man dann normalerweise feststellt, dass die Rebellen von der CIA ausgebildet, bewaffnet und finanziert werden. Das ist auch der Grund, warum in El Salvador und an anderen Orten viel mehr Zivilisten (besonders junge, fruchtbare Frauen) getötet werden. Diese Kriege wurden in katholischen Ländern von den ***Jesuiten*** *angestiftet (...). Die Haig-Kissinger-Entvölkerungsrichtlinie hat verschiedene Ebenen der Regierung übernommen und bestimmt in Wirklichkeit die US-Außenpolitik. Die Planungsorganisation arbeitet außerhalb des Weißen Hauses und richtet ihre gesamten Anstrengungen darauf, die Weltbevölkerung durch Krieg, Hungersnöte, Seuchen, und was sonst noch nötig ist, um zwei Milliarden zu reduzieren. Diese Gruppe ist die Ad-hoc-Gruppe für Bevölkerungspolitik des Nationalen Sicherheitsrates. Der Planungsstab für Richtlinien sitzt im Büro für Bevölkerungsangelegenheiten (Office for Population Affairs, OPA) des Außenamtes, das 1975 von Henry Kissinger gegründet wurde. Die gleiche Gruppe entwarf den Global-2000-Bericht für den Präsidenten, der an Carter überreicht wurde.*

Thomas Ferguson, der für Lateinamerika zuständige Beamte des Büros für Bevölkerungsangelegenheiten des Außenamtes (OPA), machte folgende Aussage: ‚Es gibt einen Grundtenor in unserer gesamten Arbeit: Wir müssen die Bevölkerungszahlen reduzieren. Entweder sie machen es auf unsere Art mit netten, sauberen Methoden, oder sie werden die Art von Schlamassel kriegen wie in El Salvador, im Iran oder in Beirut. Bevölkerung ist ein politisches Problem. Wenn sie einmal außer Kontrolle ist, braucht es eine autoritäre Regierung, ja sogar Faschismus, um sie zu reduzieren... (...) Wir sehen uns die Ressourcen und die Beschränkungen der Umwelt an. Wir sehen auf unsere strategischen Bedürfnisse und sagen, dass dieses Land seine Bevölkerung reduzieren muss, sonst haben wir Schwierigkeiten. Also werden Maßnahmen ergriffen. El Salvador ist ein Beispiel dafür, dass unser Versagen, die Bevölkerungszahl herabzusetzen, die Grundlage für eine nationale Sicherheitskrise geschaffen hat. Die Regierung von El Salvador hat darin versagt, unser Programm zur Senkung ihrer Bevölkerungszahl anzuwenden. Dafür haben sie jetzt Bürgerkrieg. Es wird Umsiedlungen und Nahrungsmittelknappheit geben. Sie haben noch immer zuviele Leute da. Bürgerkrieg ist eine etwas langatmige Methode, Bevölkerungen zu reduzieren. Der rascheste Weg zur Bevölkerungsreduktion ist Hungersnot, wie in Afrika, oder Seuche, wie den Schwarzen Tod. All das KÖNNTE in El Salvador AUFTRETEN.' Henry Kissinger erschuf diese Gruppe nach einer Diskussion mit den Leitern des Club of Rome auf den Bevölkerungskonferenzen von 1974 in Bukarest und Rom. Alexander Haig ist ein strenger Anhänger der Bevölkerungskontrolle. Es war Haig, der Kissinger unterstützte und die OPA zum Einsatz brachte. Ferguson sagte: ‚Wir werden in ein Land gehen und sagen: Hier ist euer verdammter Bevölkerungsplan. Werft ihn aus dem Fenster. Fangt an, euch eure Bevölkerung

Abb. 172: Alexander Haig war zwischen 1974 und 1979 NATO-Oberbefehlshaber in Europa.

anzusehen und zu überlegen, was zu tun ist, um sie zu reduzieren. Wenn ihr das nicht wollt, wenn ihr euch nicht entscheidet, sie durch Planung zu reduzieren, dann werdet ihr ein El Salvador, Iran oder schlimmer, ein Kambodscha haben.' (...)"[445]

Was Cooper in seinem Buch enthüllt, ist so ungeheuerlich, dass einem buchstäblich die Haare zu Berge stehen. Kissinger verfasste 1974 das sogenannte *National Security Study Memorandum 200* und erklärte darin, dass das oberste Gebot der US-Außenpolitik die Bevölkerungsreduktion sei, worüber überraschenderweise selbst der TV-Sender *3sat* berichtete (manchmal bringen die auch die Wahrheit, so nachts ab 1 Uhr oder 3 Uhr, wenn alle schlafen).[445a] Unter Punkt Nr. 3 des weltdemografischen Trends wird in diesem Memorandum gefordert, dass, um die Bevölkerungszahlen in Zukunft in „vernünftigen Grenzen" zu halten, es notwendig sei, Maßnahmen noch in den 1970er- und 1980er-Jahren auf den Weg zu bringen, um die Fruchtbarkeitsrate und die Geburtenrate zu reduzieren, was sich im gesamten Dokument wie ein roter Faden zieht, und vor allem über das Gesundheitswesen und „Familienplanungsorganisationen" sowie im Bereich Ernährung und Landwirtschaft erreicht werden soll.[445b]

„Gemeinnützige" Stiftungen und Milliardäre forcieren Bevölkerungsreduktion

Auch andere prominentere Persönlichkeiten setzen sich leidenschaftlich für die Reduktion der Weltbevölkerung ein. Der Medienmogul und Gründer des US-amerikanischen TV-Senders CNN, Ted Turner, wurde 1996 dahingehend zitiert, dass die ideale Gesamtbevölkerung der Erde bei 250 bis 300 Millionen Menschen liegen würde (was sich wiederum an den *Georgia Guidestones* orientiert). Die australische Politikerin Ann Bressington berichtete in einem Enthüllungsvortrag zum *Club of Rome* zudem, dass in der Ausgabe des 7. Juli 1998 der US-amerikanischen Tageszeitung *Baltimore Sun* berichtet wurde, dass die erste Großspende von Turner in Höhe von 22 Millionen US-Dollar an die UN in Programme floss, die zum Ziel haben, den Bevölkerungswachstum zu stoppen.[446] 1997 kündigte Turner an, insgesamt eine Milliarde US-Dollar an UN-Projekte zu spenden.[447] Das bedeutet, eine Milliarde zur Umsetzung der Bevölkerungsreduktion und der Neuen Weltordnung.

Nicht kleckern, sondern klotzen lautet die Devise des Milliardärs und Gründers des *Microsoft ~~Windoof~~ Windows* Betriebssystems, Bill Gates. Zusammen mit seiner Frau schuf er die Stiftung *Bill & Melinda Gates Foundation*, mit der die beiden insbesondere Geburtenkontrolle und Impfkampagnen für Kinder weltweit (speziell in der Dritten Welt) finanzieren und vorantreiben. In einem TED-Vortrag, in dem es um das Thema Reduzierung vom Menschen verursachten CO_2-Ausstoßes ging, schlug er als eine der Lösungen zur Reduzierung neue Impfungen und Verbesserungen im Gesundheitswesen vor, was im Umkehrschluss nur die Reduktion der Weltbevölkerung bedeuten kann.[448] Denn je weniger Menschen, desto weniger CO_2-Ausstoß. Durch diesen Versprecher hat er sich selbst entlarvt. In weiteren Interviews, darunter auch mit dem Sender CNN, wiederholte er diese Aussage jedoch mit klareren Worten, als er im Zusammenhang mit Impfungen von „Reduzierung des Bevölkerungswachstums" als positive Folge sprach und behauptete mit den Impfkampagnen ca. 75% aller Kinder weltweit zu erreichen.[449] Das alles natürlich, um „Leben zu retten" und was Gutes für die Welt zu tun. Die Stiftung hat bis Ende 2015 Zuschüsse in Höhe von knapp 37 Milliarden US-Dollar vergeben. Zu den großen Spendern gehört auch die Investorlegende und Milliardär Warren Buffet, der neben Bill und Melinda Gates ebenfalls Treuhänder der Stiftung ist.[(450)] Bill Gates ist mit einer halben Million Aktien auch in *Monsanto* investiert und spendete der – von seiner eigenen Stiftung und der *Rockefeller Foundation* gegründete – *Alliance for a Green Revolution in Africa,* kurz *AGRA* (deutsch: *Allianz für eine grüne Revolution in Afrika*) die stattliche Summe von 264,5 Millionen US-Dollar – einer Organisation, die den afrikanischen Bauern den Einsatz von gentechnisch veränderten Organismen aufzwingt, wie das Portal *newstarget.com* herausfand.[(450a)] Als Leiter von *AGRA* hat Gates den Genetiker Rob Horsch, einen ehemaligen Geschäftsführer von *Monsanto*, eingesetzt.[(450b)] Und Horsch ist ebenfalls mit an Bord der *Gates Stiftung.*[(450c)] Zu den Direktoren von *AGRA* gehört auch Kofi Annan, der ehemalige UN-Generalsekretär.[(450d)] Wie sollte es auch anders sein... Da gentechnisch veränderte Lebensmittel die Menschen unfruchtbar machen sollen, passt das wunderbar ins Gesamtkonzept. Wer den weltweiten Agrarmarkt kontrolliert, kontrolliert nämlich ein Stück weit auch die weltweite Bevölkerungszahl. Aber Bill Gates hat noch mehr tolle Ideen. So kündigte er vor wenigen Jahren an, einen Mikrochip zur Verhütung für die Frau zu entwickeln. Dieser Chip würde unter die Haut implantiert werden und bis zu 16 Jahre lang täglich das Hormon *Levonorgestrel* freisetzen, welches eine Schwangerschaft verhindert, so in einem Bericht der renommierten *Medical News Today*. Per Fernsteuerung könne die Frau jederzeit die Funktion des Chips ein- oder ausschalten, z.B. wenn sie doch schwanger werden wolle. Der Verkauf des Chips solle noch 2018 beginnen und der Hersteller hofft, 120 Millionen Frauen bis 2020 mit diesem Chip zu versehen.[(450e)] 16 Jahre sind nun eine lange Zeit. Was, wenn sich der Chip von seiner Trägerin aber nicht mehr ausschalten ließe bzw. aus der Ferne von Dritten aktiviert oder manipuliert wird? Was, wenn es neben dem *Levonorgestrel* noch andere Substanzen, z.B. Gifte enthält, die irgendwann freigesetzt werden und die Frau vielleicht unwiderruflich unfruchtbar macht oder gar Schlimmeres? Wie könnte man jemals überhaupt solch einem Chip trauen? Dies als Vorwarnung an alle Frauen in der Welt!

Bills Vater, William Gates Senior, gehört mit zu den Vorsitzenden der *Bill & Melinda Gates Stiftung*. Er war Leiter der „gemeinnützigen" Organisation *Planned Parenthood* in den USA (deutsch: *Geplante Elternschaft*), wie sein Sohnemann in einem Interview mit dem US-Sender *PBS* enthüllte.[(451)] Die Organisation *Planned Parenthood* bietet medizinische Dienste in den Bereichen Sexualmedizin, Krebsvorsorgeuntersuchungen, Tests auf sexuell übertragbare Krankheiten, Verhütungsmittel und Schwangerschaftsabbrüche. Enge Verbindungen hat diese Organisation zur *American Eugenics Society (Amerikanische Eugenik Gesellschaft)*, zumal Direktoren in beiden Organisationen vertreten sind oder waren, wie das Magazin *LIFE SITE* herausfand. Gegründet wurde *Planned Parenthood* einst als Geburtskontrollklinik von einer Margaret Sanger, einer glühenden Eugenikaktivistin, die auch Vorträge über Geburtenkontrolle vor Frauen des neofaschistischen *Ku Klux Klans* hielt.[(452)] Jetzt könnte man sagen, naja, sie hat sich eben für das Recht der Frauen auf Abtreibung durchgesetzt und das sei etwas Gutes. Ja, bis zu einem gewissen Grad ist das auch verständlich. Doch wenn man Eugenik mit Geburtenkontrolle paart, dann wird eine bestimmte Agenda ersichtlich. Margaret Sangers düstere Absichten werden deutlicher, wenn wir uns anschauen, welche Artikel sie im sogenannten „Baby-Kodex" für Amerika vorschlug[(453)]:

- Artikel 3: Eine Heiratslizenz soll an und für sich dem Ehemann und der Ehefrau nur das Recht eines gemeinsamen Haushalts einräumen und nicht das Recht zur Elternschaft.
- Artikel 4: Ohne die Erlaubnis einer Elternschaft soll keine Frau das legale Recht haben, ein Kind in sich zu tragen, und kein Mann soll das Recht haben, Vater zu werden.
- Artikel 5: Genehmigungen auf Elternschaft sollen verheirateten Paaren auf Antrag durch Behörden der Stadt, des Landkreises oder des Staates gewährt werden, vorausgesetzt, sie sind finanziell in der Lage, das Kind zu unterstützen; haben die Eignung, das Kind richtig großzuziehen; haben keinerlei übertragbare Krankheiten, und dass auf der Seite der Frau keine medizinischen Indikationen bestehen, wonach die Mutterschaft wahrscheinlich zum Tode oder zu dauerhaften gesundheitlichen Verletzungen führen wird.
- Artikel 6: Keine Genehmigung einer Elternschaft soll gültig für mehr als ein Kind sein.

Ja, da habe selbst ich nicht schlecht gestaunt. Und genau das ist der Geist, der diese „elitären" Raubtiere in solchen Organisationen auch heute noch umtreibt, mehr denn je. Schaut man sich an, wer *Planned Parenthood* u.a. mitfinanziert, so sind es neben der US-Regierung – die etwa ein Drittel(!) der Gelder bereitstellt – so Gottes erneuter „Zufall" es will, natürlich auch die *Bill & Melinda Gates Stiftung* sowie die „Philantropen" Warren Buffet, Ted Turner sowie George Soros mit ihren Stiftungen. Letzterer scheint ein glühender Abtreibungsbefürworter zu sein, spendete er doch viele weitere Millionen an viele andere Pro-Abtreibungsorganisationen.[(454)] Schaut man etwas weiter, findet man heraus, dass *Planned Parenthood* Mitglied der in London ansässigen *International Planned Parenthood Federation* (kurz *IPPF*) ist (*Internationale Föderation für geplante Elternschaft*), dem weltweit größten privaten Finanzier von „Familienplanungsprogrammen". Und deren Ziel ist vorrangig die „Überbevölkerung" einzuschränken, wie es unverblümt auf *Wikipedia* heißt.

Ursprünglich finanziert wurde die *IPPF* vom *Hugh Moore Fund* und der *Rockefeller Stiftung*. Zu späteren Finanziers gehörten der Konzernriese *DuPont* sowie die Ölkonzerne *Standard Oil* und *Shell* (die auch bekanntlich Hitler finanzierten). Weitere Gelder kommen von diversen UN-Organisationen (darunter dem *Bevölkerungsfonds der Vereinten Nationen*) sowie der Europäischen Kommission, mit denen sie auch zusammenarbeitet.[(455)] Geworben wird natürlich auch beim *IPPF* stets mit dem „Selbstbestimmungsrecht der Frauen". Der *IPPF* gehört in Deutschland übrigens auch die deutsche Gesellschaft für Familienplanung *Pro Familia* an. Eine Kooperation hat die *IPPF* auch mit dem *Population Council* (*Bevölkerungsrat*), welcher von John D. Rockefeller III. gegründet wurde, sich auf Empfängnisverhütung aller Art fokussiert und ebenfalls

Abb. 173: Ein echter „Drachen": Christina Figueres, ehemalige Generalsekretärin der *Klimarahmenkonvention der Vereinten Nationen*, sagte, dass alle Anstrengungen unternommen werden sollten, um das Bevölkerungswachstum einzudämmen.

in der **Eugenikbewegung** seinen Ursprung hat.[(456)] Die *IPPF* zählt übergeordnet wiederum zu den führenden Organisationen des sogenannten *Population Control Establishments*, einem globalen Zusammenschluss eben solcher „Familienplanungs"-Organisationen, Regierungs- und Nichtregierungsorganisationen, Stiftungen, Politikern, Wissenschaftlern und Aktivisten, die im Rahmen der Überbevölkerungslüge eine Bevölkerungsreduktion vorantreiben. Zu den wichtigsten Organisationen dieses Establishments zählen neben der *IPPF*, die *Weltbank*, die *WHO*, *UNICEF* (Kinderhilfswerk der Vereinten Nationen) sowie der *Bevölkerungsfonds der Vereinten Nationen*.[(457)] Auch im Rahmen der Lüge des von Menschen gemachten Klimawandels äußerte sich Christina Figueres, ehemalige Generalsekretärin der *Klimarahmenkonvention der Vereinten Nationen*, eindeutig, als sie in einem Interview sagte, dass weniger Menschen weniger nationale Ressourcen verbrauchen würden und man bis 2050 eine Weltbevölkerung von neun Milliarden Menschen auf der Erde erwartet. Auf die Nachfrage, ob die Zahl von neun Milliarden eine feste und nicht mehr zu ändernde Zahl sei, meinte sie darauf, dass es *„Druck innerhalb des Systems"* gebe, „man" ganz sicher diese Zahl verändern könne und dass man sogar alles in der Macht Stehende tun sollte, um sie einzudämmen, da die jetzigen planetaren Kapazitäten angeblich erschöpft seien.[(457a)] Damit nannte Figueres dieselbe Bevölkerungszahl bis 2050 wie das Projekt *Vision 2050*. Die Zahl von neun Milliarden Menschen scheint tatsächlich eine magische Zahl zu sein. Haben die Herrschenden vielleicht Angst, dass ab neun Milliarden ein gewisser Bewusstseinswandel auf Erden stattfinden könnte, den es gilt „mit aller Macht" zu verhindern?

Die schockierende Wahrheit über *Planned Parenthood*

Warnung: Die nachfolgenden Abschnitte sind nichts für schwache Nerven und sensible Gemüter.

Dringt man weiter in den Kaninchenbau vor, so kommen grausame und abscheuliche Fakten ans Tageslicht, was die Organisation *Planned Parenthood (PP)* und ihre wahre Natur betrifft. Deshalb habe ich es ans Ende dieses Unterkapitels gestellt. Denn die wahre Natur dieses Vereins ist das Abtreibungsgeschäft. Das *Center for Medical Progress* (CMP) ist eine US-amerikanische Organisation von Abtreibungsgegnern, die herausfand, dass *Planned Parenthood* regen Organhandel von abgetriebenen Föten betreibt. Als interessierte Käufer bzw. Vermittler mit versteckter Kamera hat CMP einige Mitarbeiter von *PP* zu näheren Konditionen wie Zustand der Föten und mögliche Preise für entnommene Proben und Muster befragt. Auf einer *Planned Parenthood*-Konferenz fand im April 2017 solch ein Vorverhandlungsgespräch mit der Präsidentin des medizinischen Direktorenrats von *PP*, Frau Dr. Mary Gatter, statt. Die Preise bewegen sich laut des Gesprächs zwischen 50 und 75 US-Dollar pro *Muster*, was einem ganzen Organ entspricht, sowie unter der Voraussetzung, dass die Käuferseite die Entnahmen selber durchführt. Frau Gatter meinte aber, dass die 50 US-Dollar am untersten Ende wären, ein Be-

Abb. 174: Die Präsidentin des medizinischen Direktorenrats von *Planned Parenthood*, Frau Dr. Mary Gatter, prahlt beim Interview mit versteckter Kamera mit dem Wunsch, sich einen *Lamborghini* leisten zu wollen, als es um mögliche Preisverhandlungen für Organe von abgetriebenen Embryos geht.

trag, den man vor 12 Jahren bezahlt hätte. Als die Präsidentin in einem zweiten Interview gefragt wird, was sie denn für *intaktes Gewebe* verlangen würde, druckst sie eine Weile herum und meinte dann lachend: *„Ich will einen Lamborghini!"* (einer der teuersten Sportwagen). Auf Nachfrage der investigativen „Interessentin" wiederholt Gatter die Aussage mit dem Lamborghini. In Los Angeles beliefert *PP* das Labor *Novogenix Laboratories* mit Organen bzw. Körperteilen von Embryos.

Während zu Beginn der Aufzeichnung des ersten Gesprächs die Präsidentin erwähnt, dass *PP* bis zu einem Reifeprozess von 16 Wochen geht, um die Föten abzutreiben, enthüllt sie auf weiterer Nachfrage des vorgeblichen „Interessenten", dass sie sogar 24 Wochen alte Föten abtreiben und sie zwei Standorte hätten, wo man bereits sogar etwas darüber gelegen hatte. Das sind mindestens sechs Monate alte Babys!

Wenn das nicht schon genug verwerflich und eine absolute Schweinerei wäre, so wird die brutale Grausamkeit des Ganzen noch dadurch gesteigert, dass die Käufer den meisten „Nutzen" von *intaktem* Gewebe ziehen, das heißt, die entnommenen Organe noch funktionstüchtig sein müssen. Je besser der Zustand, umso mehr zahlen die Käufer. Und „funktionstüchtig" bedeutet, dass in vielen, wenn nicht gar sehr vielen Fällen die Babys nur „halb abgetrieben" werden und lebend zur Welt kommen, wie in einem anderen Undercover-Interview von 2014 die Seniordirektorin der medizinischen Dienste bei *PP*, Dr. Deborah Nucatola, durchblicken ließ. Lunge, Herz und besonders Leber sowie untere Extremitäten (Muskelgewebe) wären bei Käufern besonders beliebt. Die Preislage liege zwischen 30 und 100 US-Dollar pro entnommenem Muster.

Die Käufer sind stets medizinisch-pharmazeutische Labore wie *Novogenix* oder *StemExpress*, die vor Ort in den Abtreibungskliniken die „Entnahmen" bzw. „Verwertungen" durchführen, um Proben von Blut, Knochenmark und menschliches (Organ)-Gewebe bzw. Zellen jedweder Art anschließend zu verkaufen, auch im Internet. Wer es nicht glauben mag, möge einfach mal die Webseite *stemexpress.com* aufrufen und selbst nachschauen. Manche Entnahmen gelangen zu Universitäten. Eine ehemalige Mitarbeiterin von *StemExpress* arbeitete als „Entnahmetechnikerin" und beschrieb, dass gerade auch intakte Gehirne bei den Käufern begehrt sind. Intakt bedeutet in diesem Falle zu mindestens 70% oder 80% beider Hirn-Hemisphären. Ein voll intaktes Gehirn zu erhalten, ist schwer, da der Kopf bei der Abtreibung meistens verletzt wird. In einigen Abtreibungsfällen sah sie, wie das Herz des Fötus noch schlug. In einem dieser Fälle wurde sie von der Vorgesetzten aufgefordert, den Kopf eines noch lebenden Fötus aufzuschneiden, um das Hirn zu entnehmen. Sie konnte diese Prozedur aber nicht durchführen und kündigte daraufhin. In der *PP*-Filiale in Houston (Texas) offenbarte die dortige Forschungsleiterin, wie bei der Erstellung von Rechnungen getrickst wird. So erhalten die Käufer keine Rechnungen, in denen von „Organen" oder „Körperteilen" die Rede ist. Schriftlich werden harmlosere Formulierungen wie „vereinbarte Zahlung" genutzt. Denn sonst wären die *PP*-Betreiber alle schnell hinter Gittern.

Abb. 175: Aufnahme mit versteckter Kamera: Seniordirektorin der medizinischen Dienste bei *Planned Parenthood*, Dr. Deborah Nucatola, spricht über halb abgetriebene Föten und die Entnahme von fötalen Organen. Das Gespräch fand bei einem geschäftlichen Mittagessen statt, bei der Nucatola über all diese Praktiken und Details emotional völlig unberührt erzählte, als hätte man sich zum Kaffeekränzchen getroffen.

Seit Dezember 2016 beschäftigen sich nun sowohl die US-amerikanische Bundespolizei FBI als auch das US-Justizministerium mit *PP* und *Novogenix*, was hoffentlich zu einer konsequenten Strafverfolgung und weiteren Enthüllungen führen wird. Es stellt sich natürlich die berechtigte Frage, weshalb man noch weitgehend **intakte** Organe von Föten braucht? Und vor allem, **wer** diese tatsächlich in so großen Mengen benötigt? Die *PP*-Filiale in Los Angeles allein führt jährlich mehr als 15.000 Abtreibungen durch. In den ganzen USA führt *PP* jährlich fast 330.000 Abtreibungen durch, knapp ein Drittel aller Abtreibungen in den Vereinigten Staaten. Das Abtreibungsgeschäft macht dabei fast **50%** aller Einnahmen von *PP* aus.[(457b)] Wohin gehen all diese Organe, Körperteile usw.? Ein Teil mag sicherlich zu Forschungszwecken genutzt werden, aber dafür allein braucht man nicht solch riesige, **frischestmögliche** Mengen. Das ist nur die Außenfassade, damit die Firmen legitim erscheinen. Und wie können *Menschen* so etwas überhaupt tun, vor allem jene, die diese grausamen „Entnahmen" durchführen? Wie abgestumpft muss man bloß sein? So viel zu „wohltätigen" Frauen- und Familienorganisationen. (Quelle: *centerformedicalprogress.org/cmp/investigative-footage*)

Die Entvölkerungsagenda beschränkt sich insgesamt aber nicht nur auf Dritte Welt Länder, denn auch im Westen werden die Menschen massenweise dezimiert, ohne dass es der Allgemeinheit groß auffällt. Die Förderung von Abtreibungen ist dabei nur eines von vielen Mitteln zur Geburtenkontrolle und Bevölkerungsreduktion. Schauen wir uns in den nächsten Abschnitten die sogenannten „Soft-Kill"-Methoden an.

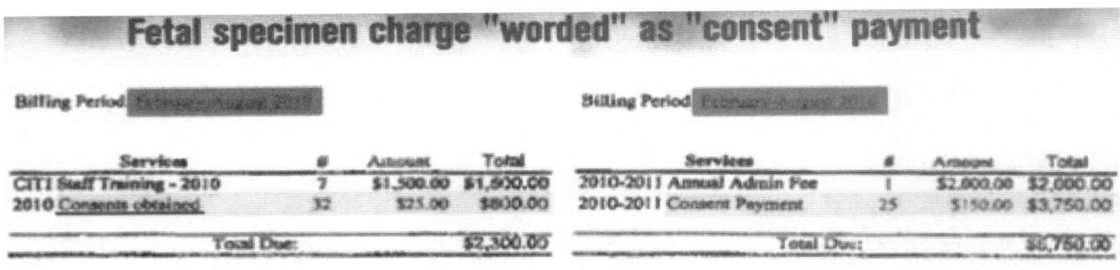
Fetal specimen charge "worded" as "consent" payment

Billing Period [redacted]

Services	#	Amount	Total
CITI Staff Training - 2010	7	$1,500.00	$1,500.00
2010 Consents obtained	32	$25.00	$800.00
Total Due:			$2,300.00

Billing Period [redacted]

Services	#	Amount	Total
2010-2011 Annual Admin Fee	1	$2,000.00	$2,000.00
2010-2011 Consent Payment	25	$150.00	$3,750.00
Total Due:			$5,750.00

Abb. 175a: Auf Rechnungen, die *Planned Parenthood* seinen Kunden ausstellt, spricht man nur von „vereinbarten Zahlungen" und nicht von „Organen" oder dergleichen.

Abb. 176: Milliardär und *PayPal*-Mitgründer Peter Thiel spricht sich in einem Interview für Bluttransfusionen von jungen Menschen als bewährtes Anti-Aging-Mittel aus (Fachbegriff: *Parabiose*). Er bezeichnet die Menschheit als zu „voreingenommen", was bestimmte Dinge betrifft. Die kalifornische Firma *Ambrosia LLC* injiziert 30 bis 80-Jährigen Blutplasma von Spendern, die jünger als 25 Jahre alt sind. In Tierversuchen habe sich nämlich gezeigt, dass das Blut jüngerer Tiere sich auf ältere Tiere verjüngend auswirke. Kostenpunkt für eineinhalb Liter Blut: 8.000 US-Dollar.[(458a)] Was einige anscheinend nicht wissen, ist die Tatsache, dass, wenn man fremdes Blut oder fremde Organe in seinen Körper aufnimmt, man automatisch Seelenanteile, Gene und Charakter- sowie Verhaltenseigenschaften des Spenders übernimmt. Es gibt zahlreiche Berichte, wonach Leute, die z.B. ein Organ oder Blut gespendet bekommen haben, anschließend teilweise zu komplett anderen Menschen wurden, und Familienmitglieder denjenigen oft nicht mehr wiedererkannten. Und dafür zahlen Superreiche jetzt auch noch teures Geld.

Kapitel 6
Die Todesmaschinerie der Schulmedizin und des militärisch-pharmazeutisch-industriellen Komplexes

„Krebs" als profitables Werkzeug zum Genozid

Passend zu diesem Thema fand ich folgende Einleitung zu einen Artikel auf *focus.de* über Milliardenprofite der Pharmaindustrie mit Krebskrankheiten: *„'Sie haben Krebs.' Mit dieser grausamen Nachricht beginnt für viele Menschen der Kampf ums Überleben."*[(459)] In diesen zwei kurzen Sätzen steckt eine geballte verborgene Wahrheit über den „Krebs" – ein Geheimnis, das so gewaltig und **revolutionär** ist, dass, wenn die Menschheit darüber Bescheid *wüsste*, gleich morgen die gesamte Pharmaindustrie bankrott gehen würde. Nicht allein durch die ausbleibenden Profite (denn ausgesorgt haben die Konzerne allemal), sondern durch die Schadensersatzklagen weltweit in nahezu **unbegrenzter Höhe**! Haben Sie vielleicht schon erraten, worin dieses Geheimnis bestehen könnte? Allein die Tatsache, dass ich „Krebs" in Anführungszeichen setze, deutet schon an, dass diese „Krankheit" vielleicht nur „halb so schlimm" sein könnte, als man uns von klein auf an durch die Matrix beigebracht und anerzogen hat. Ja, Zellen im Körper können durch Gifte (Umwelteinflüsse, Nahrung, Impfungen usw.) zwar beschädigt werden und die Zellteilung kann aus dem Gleichgewicht geraten, aber die Diagnose „Krebs" hat in Wirklichkeit doch in den meisten Fällen eine ganz andere Ursache. Und nein, diese Erkenntnis kommt nicht von mir, sondern von zwei Ärzten, von denen ich nachfolgend berichten werde. Die eine Geschichte ist die des mittlerweile Anfang Juli 2017 verstorbenen Dr. med. Mag. theol. Ryke Geerd Hamer, der kurz nach dem Tod seines durch einen italienischen Kronprinzen ermordeten Sohnes Dirk an Hodenkrebs erkrankte und nach seiner Genesung den Zusammenhang zum plötzlichen Verlust seines Sohnes erkannte und verstanden hatte. Seine Geschichte ist so spannend und augenöffnend, dass ich hier auszugsweise seinen Erlebnisbericht bringen möchte:

> *„Wie ich heute weiß, erlitt ich damals einen* **Verlustkonflikt** *mit Hodenkrebs. Damals kannte ich jedoch diese Zusammenhänge noch nicht, sondern vermutete nur, dass meine Hodenschwellung, die ich 2 Monate nach dem Tode meines Sohnes Dirk spürte, irgend etwas mit seinem Tod zu tun haben müsste. Ich war vorher und nachher nie ernstlich krank gewesen, und nahm mir vor, sobald ich die Gelegenheit hätte, nachzuforschen, ob nicht alle Patienten, die an Krebs erkrankt waren, vorher einen ähnlichen furchtbaren Schock erlitten hatten wie ich. (...) Nicht nur der Vater des Opfers, der sein Kind verloren hatte, erkrankte an diesem Tage des 7.12.78 an (Hoden)-Krebs, noch ein Vater, der Vater des Mörders, der seinen Namen und seine Ehre verlor, erkrankte an (Knochenschwund = Osteolysen): Umberto II. von Italien. Seine Selbstwertachtung brach zusammen. Er war jetzt der Vater eines Mörders, die Familie Savoyen auf ewige Zeiten geschändet. Umberto hat uns einen klassischen Beweis dafür geliefert, wie exakt Konflikt-Verlauf und ‚Krankheits'-Verlauf miteinander korrespondieren. (...) Als aber der oberste französische Gerichtshof, die Cour de Cassation, am 18.5.82 entschied, dass der Prinz des vorsätzlichen Mordes anzuklagen sei und der Prozess unverzüglich zu beginnen habe vor dem Schwurgericht, da kam es bei Umberto zu einem dramatischen Konflikt-Rezidiv* [= Rückfall]. *Die Selbstwertachtung brach zusammen! Später hat er versucht, nach Italien*

und nach Rom zurückzukehren, um das Königshaus dort wieder zu etablieren, nicht zum Sterben, wie es hieß. Denn die Italiener hatten ihm angeboten, allein nach Italien zurückzukehren, er aber wollte unbedingt seinen Sohn mit hineinschmuggeln. Aber den Mörder wollten die Italiener zunächst nicht. (…) Der Exkönig Umberto, der ein eifriger Zeitungsleser war, merkte, dass er nicht mehr die Spur einer Chance hatte, nach Italien zurückzukehren mitsamt Sohn. Er gab auf, enterbte seinen Sohn und starb 10 Tage später. Ich hatte ihm ausrichten lassen, er hätte sich lieber der Mutter des ermordeten DIRK zu Füßen werfen und um Verzeihung bitten sollen, statt sich immer neue Tricks und Kniffe auszudenken, die Wahrheit und das Recht zu korrumpieren.

Der Krankheitsverlauf bei König Umberto ist somit genau parallel dem Konfliktverlauf des Einbruchs der Selbstwertachtung und folgt damit ganz exakt der EISERNEN REGEL DES KREBS.

Ich selbst habe meinen (Verlust)-Konflikt, an dem das Konfliktive darin bestand, dass ich mir die schlimmsten Vorwürfe machte, meinen Sohn DIRK nicht aus dem menschlich abscheulichen Klima der Heidelberger Uni- Klinik wegverlegt zu haben, als es noch Zeit war, durch intensive Gespräche mit meiner Frau, die eine erfahrene, gütige Ärztin war, gelöst, wie ich heute weiß. (…) Damals wurde ich operiert, heute würde ich mich mit Sicherheit nicht mehr operieren lassen, nachdem ich die EISERNE REGEL DES KREBS kenne. Die Gelegenheit, dieser meiner Vermutung von der psychischen Ursache des Krebses auf den Grund zu gehen, erhielt ich 1981 als internistischer Oberarzt einer bayerischen Krebsklinik, die der Münchner Uniklinik angeschlossen war. (…) Aufgeschreckt wurden meine Gegner erst, als ich am 5. Oktober 1981 in der RAI [= italien. Staatssender] *und im Bayerischen Fernsehen verkündete, ein neues System für die Entstehung, Lokalisation und den Verlauf des Krebs gefunden zu haben. Den Entstehungsmechanismus nannte ich DIRK-HAMER-SYNDROM (DHS), weil dieser Krebsentstehungsmechanismus nach dem Tod meines Sohnes an mir selbst zum ersten Mal beobachtet wurde, von mir selbst! Seitdem jagt man mich wie einen Hasen übers freie Feld. (...) Ich wurde vor die Wahl gestellt, zu widerrufen bzw. zu erklären, ich habe mich geirrt, ansonsten müsse ich sofort gehen. Ich ging.*

Durch meine intensive Arbeit in der bayerischen Krebsklinik stieg meine Gewissheit, dass jede Krebserkrankung mit einem ***schweren psychischen Konflikterlebnisschock*** *beginnt. (…) Indem ich und immer wieder nicht nur weitere Fälle nunmehr gezielt untersuchte, sondern auch die alten Fälle immer wieder durchging, die ich tabellarisch zusammengestellt hatte, machte ich eine gewaltige Feststellung: Stets hatte z.B. Gebärmutterhals-‚Krebs' bzw. -Ulcus einen ganz besonderen Konflikt-Erlebnisinhalt, nämlich einen sexuellen. Brust-Krebs dagegen immer einen allgemein menschlichen, meist sogar einen Mutter-Kind-Konflikt. Eierstock-Krebs einen genital-analen Konflikt-Erlebnisinhalt usw. Diese Erkenntnisse erschienen mir einerseits logisch und vernünftig, als dass ich sie hätte glauben können, denn sie waren nicht nur gegen die Schulmedizin, sondern sie stellten die ganze Medizin auf den Kopf, denn es bedeutete ja nichts anderes, als dass die Psyche definieren würde, wo der Krebs entsteht! (…) Jeden folgenden Fall untersuchte ich jetzt auf die mir bekannten Kriterien und stellte fest, dass sie in jedem folgenden Fall exakt eintrafen. (…) Ich recherchierte nicht nur alle zurückliegenden Fälle von deren jedem ich ein Protokoll angefertigt hatte, vorwärts und rückwärts, sondern auch besonders die ‚schlafenden Karzinome', sowie die folgenden Fälle.*

Das Geheimnis der Zusammenhänge des Krebsgeschehens – und wie man im Folgenden sieht, wohl der gesamten Medizin, das hatte ich schon im Sommer 1981 erkannt – lag in dem Verständnis der ‚schlafenden Karzinome'. Damals sagte ich zu meinen Kollegen: ‚Wenn wir herausgefunden haben, warum sie schlafen, haben wir das Geheimnis des Krebs entdeckt.' (…) ***In den Fällen, in denen die Patienten überlebt hatten, war immer der Konflikt ausgeräumt gewesen; andererseits war der Konflikt nicht gelöst worden bei den Fällen, die gestorben waren oder deren Verlauf progredient*** [= fortschrittlich] *war. (…)*

Das DHS (DIRK-HAMER-SYNDROM) ist der Dreh- und Angelpunkt der gesamten Germanischen NEUEN MEDIZIN.

- *Jeder Krebserkrankung geht ein schwerster psychischer Schock voraus, ein allerschwerster Konflikt-Erlebnis-Schock.*
- *Immer ist das Konflikterlebnis hochakut-dramatisch gewesen (in der Seele des Patienten).*
- *Immer ist das Konflikt-Schock-Erlebnis isolativ gewesen.*

Es ist wichtig, dass wir uns klarmachen, dass in der Sekunde des DHS, das den Menschen unvermutet ‚auf dem falschen Fuß' trifft, nicht nur ein Schock-Erlebnis als solches passiert, sondern es passiert ein Konflikt-Erlebnis-Schock, der einen ganz bestimmten Inhalt hat! Wenn wir das Wort ‚Konflikt' verwenden, so muss sogleich dazu gesagt werden, dass es sich nicht um Konflikte im bisherigen Verständnis handelt, also um psychologische Konflikte, sondern um Biologische Konflikte. Diese Art von Konflikten können Mensch und Tier erleiden, sogar in ähnlicher Weise die Pflanzen.

Was ist etwas Konfliktives?

Ein Erlebnis, das einen Schock auslöst, dass es den Menschen so unvorbereitet trifft, dass er im ersten Anlauf nicht darauf reagieren kann:

- *So was ist mir noch nie passiert.*
- *So etwas hätte ich mir nicht träumen lassen.*
- *Ich war wie vom Blitz getroffen.*
- *Ich war wie erstarrt.*
- *Ich war wie vom Donner gerührt.*
- *Mir verschlug es die Sprache.*

Es ist auch so, dass nicht unbedingt das, was wir als ‚Stressfaktor' empfinden, ein DHS mit Biologischem Konflikt auslösen muss; also z.B. der Tod eines Menschen, oder eine Scheidung, oder die Tatsache, dass jemand Alkoholiker ist. Dies alles muss nämlich nicht unbedingt ‚unerwartet' sein, die Information muss uns nicht unvorbereitet treffen und es muss auch nicht gänzlich unbegreiflich sein."[(460)]

Das ist ganz schön heftiger Tobak, meinen Sie nicht auch? Das, was uns Hamer schildert, betrifft nicht bloß den Krebs, sondern viele andere Krankheiten genauso! Während eines (unerwarteten) Schockerlebnisses bzw. Konflikts werden also bestimmte biologische Prozesse im Körper hervorgerufen. Hamer erläutert weiter, was dann passiert:

„Dieser unerwartete Schock hinterlässt im Gehirn Spuren, die man mit Hilfe der Computertomographie des Gehirns deutlich sehen kann: Diese Erscheinung im Gehirn trägt den Namen HAMERscher HERD (HH). Mit dem DHS schaltet das vegetative Nervensystem von der Normotonie (normaler Tag/Nacht-Rhythmus) auf die Dauer-Sympathicotonie = Stressphase um. Dieses Geschehen gibt dem Lebewesen eine Chance, seinen Konflikt lösen zu können.

Mit der Sekunde des DHS beginnt die konflikt-aktive Phase (ca-Phase) und die Veränderung am Organ nimmt ihren Lauf. Anhand eines Gehirn-CTs erkennt man die Hamerschen Herde in einer scharfrandigen sog. Schießscheibenkonfiguration. Der Arzt der Germanischen Neuen Medizin kann jetzt präzise erkennen, welche Art des Biologischen Konfliktes im Moment des Schocks der Patient erlebte, an welchem Organ die Veränderung stattfindet und er kann präzise beschreiben, welche Art diese Veränderung ist: ob sie eine Zellvermehrung oder Zellverminderung vorweist.

Wenn dem Patient die Lösung seines Biologischen Konfliktes gelingt, kommt er in die zweite Phase des ‚Sonderprogramms', in die Heilungsphase (pcl-Phase). In dieser Zeit verändert sich auch die Schießscheibenkonfiguration des Hamerschen Herdes; er oedematisiert, was am CT des Gehirns klar erkennbar ist. Der Arzt kann daraus die Veränderung am zugehörigen Organ ebenso präzise beschreiben. Überlebt der Patient den tiefsten Moment der Konfliktlösungsphase, die epileptoide/epileptische Krise, dann kommt er automatisch wieder in die Normotonie. Gelingt dem Patienten die Lösung des Biologischen Konfliktes nicht, bleibt er weiter in der Dauer-Stressphase. Dieser Dauerstress verbraucht seine Lebensenergien.

Es gibt 3 Möglichkeiten:

1. *Der Konflikt bleibt weiter hochaktiv, dann kann der Patient schließlich in der Kachexie daran sterben.*
2. *Der Konflikt wird heruntertransformiert, dann kann der Patient damit alt werden.*
3. *Der Patient erleidet z.B. bei einem Konflikt mit einem HH in der Großhirnrinde, noch einen weiteren Konflikt auf der gegenüberliegenden Hemisphäre, dann ist er in der schizophrenen Konstellation, baut keine Konfliktmasse auf, kann damit noch sehr alt werden.*

Auch die Psychosen verlaufen nach den 5 Naturgesetzen der Germanischen Neuen Medizin.

Die Germanische Neue Medizin ist bisher in bekannten 30.000 Fällen mit Hirn-CT etc. geprüft und angewendet worden. Die Anzahl der Patienten, die sich selbst therapiert haben mit Hilfe der Kenntnisse der Bücher der Neuen Medizin samt Tonkassetten, ist kaum abzuschätzen. Es dürften einige Hunderttausend sein. Es gibt bisher keinen beschriebenen Fall, in dem die GNM nicht exakt gestimmt hätte."[(461)]

Das ist sehr interessant und auch logisch nachvollziehbar. Das ist wirklich bahnbrechend, liebe Leute! Diese Schockerlebnisse hinterlassen also immer Spuren im Gehirn, die man auch wissenschaftlich anhand von CT-Aufnahmen sichtbar machen kann. Eine wichtige Erkenntnis dabei ist, der Ursache der (Krebs)erkrankung auf den Grund zu gehen, um in die Heilung kommen zu können. In manchen Fällen mag sich das „zufällig" von allein lösen, doch sollte man sich hier in jedem Falle professionelle Hilfe holen – jemanden, der sich mit der *Germanischen Neuen Medizin* (auch nur *Neue Medizin* genannt) bestens auskennt sowie Erfahrungen damit hat und den Heilungsprozess des Patienten ggfls. auch mit naturheilkundlichen Präparaten (TCM, Ayurveda etc.) begleiten kann. Denn sonst dauert die „Stressphase" unnötig lange und kann in schweren Fällen unter Umständen dann doch zum Tode führen.

Was genau ist nun ein „Sinnvolles Biologisches Sonderprogramm"? Hamer erklärt dies bestens an einem Mutter-/Kindbeispiel:

> *„Wenn eine rechtshändige Mutter ihr Kleinkind verunfallen sieht, dann erleidet sie einen Biologischen Konflikt. Gleichzeitig mit diesem Schock, den wir DHS nennen, schaltet sich das Sinnvolle Biologische Sonderprogramm ein. Das heißt, es entsteht in der gleichen Sekunde in dem rechten Kleinhirn ein HAMERscher HERD mit scharfen Schießscheibenringen als Ausdruck der Aktivität. Die Mutter hat einen Mutter/Kind-Sorge-Konflikt erlitten. Von da an ist die Mutter in der aktiven oder Stressphase, nimmt an Gewicht ab, denkt Tag und Nacht an ihr Kind und – es wächst in der linken Brust ein Krebs.*
>
> *Wie gesagt, wir hatten früher immer gedacht, das sei etwas sehr ‚Bösartiges'. Genau das Gegenteil ist der Fall. Es ist etwas biologisch Sinnvolles. Denn die nur zum kurzfristigen ‚Einmalgebrauch' bestimmten Brustkrebszellen produzieren hervorragend und ausgiebig Milch, wodurch z.B. bei den Naturvölkern der Säugling oder das Kleinkind, das verunfallt ist, rascher wieder gesund wird. Auch bei einer Frau in unserer Zivilisation laufen diese Vorgänge, obwohl die Frau nicht mehr stillt, analog ab und imitieren den Zweck des mehr-Milch-geben-wollens an den Säugling, der zwar als Kind, meist aber nicht mehr als Säugling vorhanden ist. Ist das Kind wieder gesund, dann schaltet Mutter Natur automatisch wieder um in die 2. Phase oder Heilungsphase.*
>
> 1. *Die Mutter schläft viel, erholt sich wieder, nimmt rasch wieder an Gewicht zu. Wir sagen, sie ist in der vagotonen oder Heilungsphase.*
> 2. *Da der Brustkrebs-Tumor in der Brust jetzt nicht mehr benötigt wird, baut ihn die sparsame Mutter Natur mit Hilfe der Pilzbakterien (Tbc) wieder ab, was aber weder dem Kind noch der Mutter schadet.*
>
> *Auch die Tuberkelbakterien, die das Kind in dieser Phase beim Trinken mit aufnimmt, schaden ihm nicht. Zurück bleibt eine Kaverne.*
>
> *Wir sehen also: Weder die konfliktaktive Phase war etwas Sinnloses oder ‚Bösartiges' noch die Heilungsphase, wenn der Tumor spontan wieder abgebaut wird. So sind alle sog. ‚Krankheiten', die wir bisher glaubten zu kennen, jeweils nur Teile solcher Sinnvoller Biologischer Sonderprogramme (Brustkrebs = ca-Phase/Brustdrüsen-Tbc = pcl-Phase). Wir waren alle nur blind gewesen, sie zu sehen. Wir haben immer versucht, die Symptome zu beseitigen und haben dabei die Ursachen übersehen.*"[(462)]

Das heißt, dass die „Krankheitsprozesse" im Grunde genommen biologisch sinnvolle Prozesse sind, die im Körper ablaufen und nichts „Unnormales" oder „Böses" sind. Allein schon dies zu verstehen, nimmt einem plötzlich ein gewaltig gutes Stück Angst vor „Krankheiten". Hamer weist zudem daraufhin, dass berücksichtigt werden muss, ob jemand rechts- oder linkshändig ist. Denn dann kann die jeweils andere Körperhälfte betroffen sein. Interessant in diesem Zusammenhang fand ich eine Aussage des Arztes und Sportmediziners Dr. med. Michael Spitzbart, wonach Deutschland die höchste Mammographierate (Radiologische Früherkennungsmethode von „Brustkrebs“) und gleichzeitig die höchste Brustkrebsrate im Vergleich zu anderen Ländern hätte.[(462a)] Über diese Aussage sollten gerade Frauen einmal nachdenken. Empfehlen kann ich auch das Buch „Die seelischen Ursachen der Krankheiten“ von Björn Eybl, aus dem ich gern mal ein Krankheitsbeispiel zur weiteren Veranschaulichung wiedergeben möchte. Da Dr. Hamer Hodenkrebs hatte, schauen wir doch einmal nach, was uns Eybl dazu noch an weiteren wichtigen Informationen liefern kann:

„Konflikt: Verlust oder Angst vor Verlust eines nahestehenden Menschen oder Tieres.

Beispiele:

- *Die Mutter des damals 13-jährigen Jungen stirbt = Verlustkonflikt. Mit 58 stirbt seine Ehefrau und er kommt wieder auf die alte Verlust-Schiene. Als er den Tod verschmerzt hat, spürt er längere Zeit ein Ziehen in den Hoden = Heilungsphase – Wiederaufbau von Hodenzellen. Im Gehirn-CT kann man erkennen, dass der Urkonflikt (Tod der Mutter) schon lange zurück liegt. (Eigenes Archiv)*
- *Der heute 60-jährige Rechtshänder erleidet mit 38 Jahren einen schweren Verlustkonflikt: Seine jüngere Freundin lässt ihn von heute auf morgen stehen. Darüber kommt er erst hinweg, als er zwei Jahre später eine neue Partnerin kennenlernt. In dieser Zeit wird eine Hodenentzündung diagnostiziert (= Heilungsphase). Anmerkung: Genauso gut könnte die Diagnose Hodenkrebs gelautet haben. (Eigenes Archiv)*
- *Die Partnerin des Patienten hat einen schlimmen epileptischen Anfall, bei dem sie blau anläuft. Der Patient glaubt, sie würde ihm ‚unter den Händen wegsterben‘. = Verlustkonflikt. (Bericht aus einem Forum)*

Konfliktaktiv: Abbau von Hodengewebe (‚Löcher‘ = Hodennekrose) > Keimdrüsen-Unterfunktion (siehe unten) > Absinken des Testorenspiegels, meist unbemerkt.

***Heilungsphase**: Wiederaufbau des Gewebes. Hodenentzündung (Orchitis), Schwellung, Schmerzen. Aus den ‚Löchern‘ wächst eine Zyste, die zunehmend mit Funktionsgewebe durchwächst. = SM- ‚Hodentumor‘.* [SM = Schulmedizin, A.d.V.]

Biologischer Sinn: Zusätzliches Hodengewebe produziert mehr Testosteron und mehr Spermien. > Verstärkung des sexuellen Antriebs und Verbesserung der Zeugungsfähigkeit. Dadurch kann der erlittene Verlust rasch wieder ausgeglichen werden.

Bemerkung: Mutter-Kind- oder Partnerseite berücksichtigen.

Therapie: Der Konflikt ist gelöst. Heilung begleiten, Rezidive vermeiden. Zinnkrautumschläge nach Treben, Umschläge mit gedünstetem Zwiebel. Odermennig innerlich und äußerlich. OP, wenn Tumor stört oder zu groß wird.“[(463)]

Gerade den „biologischen Sinn“ gilt es zu verstehen. Im Falle von Hamers Hodenkrebs lag der Sinn also darin, dass aufgrund des Verlustes eines Kindes der Körper schnell wieder neue Nachkommen produzieren möchte, um den Verlust wieder auszugleichen. Ja, manchmal ist es „einfacher“, als man denkt, die Natur hat sich schon was dabei gedacht.

Wie ergeht es Ihnen nun mit dieser neuen Erkenntnis, mit diesem neuen Verständnis über „Krebs“ und „Krankheiten“? Meinen Sie nicht, dass Sie damit sich selbst, Ihrer Familie und Ihren Freunden besser helfen könnten? Glauben Sie nicht auch, dass dieses Wissen die Welt buchstäblich *verändern* könnte? Und falls Sie Arzt oder Heilpraktiker sein sollten, meinen Sie nicht auch, dass dies eine immens große Chance auch für Sie bedeuten könnte? Mit dem Wissen der *Neuen Medizin* tut sich nämlich ein gänzlich neues Feld auf, ein neuer Weg ins neue Zeitalter, in dem ganzheitliche und lösungsorientierte **Heilung** im Vordergrund steht, etwas, was als völlig normal und selbstverständlich betrachtet wird.

Das ist hier nur ein kleiner Ausschnitt der *Neuen Medizin*. Seit Hamers Wiederentdeckung der biologischen Naturgesetze hat sich in diesem Bereich viel getan und weiterentwickelt. Es ist eine komplette Wissenschaft und ein Studium für sich. Wer sich mehr für diese revolutionäre Medizin interessiert, der findet auf folgenden Internetseiten reichlich Material zur Weiterbildung sowie Erlebnisberichten aus dem realen Leben:

www.drrykegeerdhamer.com
www.germanische-heilkunde.at
www.neue-medizin.de
www.5bn.de (mit einer kostenlosen vierstündigen Videodokumentation)

Warum der Name *Germanische Neue Medizin*? Hierzu erklärt Dr. Hamer:

„Dass ich die Neue Medizin in Germanische Neue Medizin® (Anm.: bzw. ‚Germanische Heilkunde®') umbenannt habe, hatte nur den einen Grund, weil inzwischen etwa 15 Richtungen der sog. Alternativen Therapien sich auch Neue Medizin nannten, denn der Name konnte nicht geschützt werden. Ich musste also einen neuen Namen finden. Und da diese Medizin in Germanien, dem Volk der Dichter und Denker, der Musiker, Erfinder und Entdecker entdeckt wurde, das zudem die Mutter fast aller europäischen Sprachen ist, nannte ich sie die Germanische Neue Medizin®.“[(464)]

Prof. Dr. Yoda – das Geheimnis, von dem die Menschheit nichts wissen darf

Dies ist eine weitere Person, die es verdient, erwähnt zu werden: Es geht um einen Schulmediziner, der – aus Gründen der Sicherheit unter dem Pseudonym Prof Dr. Peter Yoda – 2008 das Buch „Ein medizinischer Insider packt aus“ veröffentlichte, ein Buch, das die Pharmaindustrie am liebsten verbieten würde. Er selbst heilte seinen Lungenkrebs mit dem Wissen, das auf der *Neuen Medizin* basiert, kombiniert mit einer Ernährungs- und Lebensumstellung. Zurecht erinnert uns Yoda in seinem Buch daran, dass es über viele Jahrtausende eine Naturheilkunde gab, die diesen Namen auch tatsächlich verdiente. Diese Naturheilkunde kannte keine Viren oder Bakterien oder sonstige „böse Erreger“, sondern sah die Verantwortung bzw. die Ursache einer Krankheit stets beim Menschen selbst. Somit ist es schlussfolgernd richtig, dass der Patient zu seiner Genesung auch selbst mit beitragen muss. Das medizinische Wissen, so Yoda, gelangte über die Jahrhunderte über die Frauen („Hexen“) zu den Barbieren, welche die ersten Arztpraxen eröffneten. Doch bereits im 13. Jahrhundert erließ der römisch-deutsche Kaiser Friedrich von Hohenstaufen ein Gesetz, welches regelte, wer heilen dürfe und wer nicht.

Diese Art der Einmischung von Kirche und Staat hat sich nach Yodas Worten bis heute nicht geändert, sondern habe sich sogar verschärft.[465] Erstaunlich, wie nur binnen weniger Jahrhunderte altes Wissen in der Menschheit verloren ging. Yoda erinnert uns hier passenderweise daran, dass doch bereits der französische Arzt Claude Bernard im 19. Jahrhundert zu der Erkenntnis kam, dass der Keim nichts sei und das Milieu alles. Damit entlarvte Bernard den *„als größten Lügner in die Geschichte der Medizin eingegangenen Louis Pasteur"*, der behauptete, dass Bakterien an allem Schuld seien. Erst nach sehr vielen Jahren erfuhr die Öffentlichkeit durch Pasteurs Tagebücher, dass seine Theorie erlogen gewesen war. Bernard wurde diesbezüglich vom Chemiker Max von Pettenkofer bestätigt, als dieser 1892 eine Kultur von Cholera-Bakterien zu sich nahm und nicht erkrankte. Er und einige seiner Schüler wiederholten den Versuch und erkrankten gar nicht oder nur leicht.[466] Yoda ermahnt uns, dass uns allen doch geläufig sei, welch großen Einfluss unsere Psyche auf unseren Körper hat. Beim Thema Krankheiten jedoch glauben fast alle Mediziner, dass es dann nicht die Psyche war, die zu einer Krankheit geführt hat oder darüber bestimmt, wie stark jemand Symptome entwickelt.[467]

Was nun besonders spannend ist, ist Yodas Schilderung, wie er durch seinen besten Freund in einen Geheimbund aufgenommen wurde, der überwiegend aus Ärzten und Wissenschaftlern besteht. Über diesen geheimen Zirkel erlangte Yoda wiederum Zugang zu sogenannten „40er-Bibliotheken", die es in der ganzen Welt gibt. In diesen Bibliotheken sind u.a. wissenschaftliche Studien, Wissen und Erkenntnisse gelagert, von denen die Allgemeinheit nie etwas erfahren soll. Das „40er" in der Beschreibung rührt daher, dass die vielen medizinischen und wissenschaftlichen Forschungen in den 1940er-Jahren oder davor, insbesondere im Dritten Reich, in der Sowjetunion unter Stalin und im kommunistischen China unter Mao Tse-Tung durchgeführt wurden. Lange Zeit hatten daher nur Regierungsmitglieder Zugang zu diesen geheimen Bibliotheken. Nebst klassischen medizinischen Forschungen in den Bereichen Krebs, Giftstoffe und Hauttransplantationen interessierte Prof. Yoda dabei ein Bereich ganz brennend, nämlich der „psychologische Tod". Er schildert dabei einige Beispiele solcher Studien, die alle eines gemeinsam haben und beweisen, **wie machtvoll Ängste und unsere Gedanken sind**! Diese Forschungen, oder besser gesagt Menschenversuche, fanden überwiegend an Gefängnisinsassen bzw. politische Gefangenen statt und waren brutal, grausam und fernab von unserem Verständnis von Ethik, Moral und Menschlichkeit. So hat man einzelnen Versuchsgruppen erzählt, sie hätten irgendeine Krankheit (Leukämie bis hin zu unentdecktem Herzinfarkt) und wartete dann die Ergebnisse ab, die laut Yoda „niederschmetternd" und „unglaublich" waren. Nachfolgend ein Beispiel aus seinem Buch:

> *„(...) Die Ergebnisse dieser, und nicht nur dieser Experimente beweisen, dass es möglich ist, fast jedem Menschen jede Krankheit ‚beizubringen'. Bei einer ‚Studie' ging es z.B. darum, ‚blutbildverändernde Faktoren' herauszufinden. Den Probanden der ersten Gruppe wurde ‚nur' erzählt, dass sie Leukämie hätten und im Endstadium seien, wo auch eine Chemotherapie nicht mehr helfen könnte. Die zweite Gruppe wurde während der Interviews zusätzlich (von hinten) radioaktiv bestrahlt und eine dritte Gruppe wurde ‚nur' radioaktiv bestrahlt.*
>
> *Die beiden ersten Gruppen starben früher als die dritte. Hätten Sie gedacht, dass unbestrahlte, eigentlich gesunde Patienten schneller an einer ‚Leukämie' sterben als Menschen, die einer ‚todbringenden' Bestrahlung ausgesetzt werden? Widerspricht dies nicht auch Ihrem Verständnis von Krankheit und Ursache? Nach diesem Wissen können Sie nicht*

mehr zur Tagesordnung übergehen und so tun, als ob Worte – und vor allem Diagnosen – keine Rolle spielen würden. Und jetzt verstehen Sie auch besser, was all diesen armen Menschen in Afrika und sonst wo auf der Welt angetan wird, denen man sagt, dass sie sehr bald an Aids sterben müssen. Oder überlegen Sie doch einmal, was ein Arzt seinem Patienten antut, wenn er ihm sagt, dass er Krebs hat. Das Wort ‚Krebs' löst bei jedem Menschen AUTOMATISCH folgende Worte aus: Tod, Schmerz und Warum? Seine ganzen Gedanken, und damit der größte Teil seiner Lebensenergie, beschäftigen sich ab sofort nur noch mit dem Thema Krebs. Aus diesem Grund sind natürlich auch alle Vorsorge- und Nachsorgeuntersuchungen für viele Patienten nicht einfach nur unwichtig, nein, sie bringen Menschen sogar den Tod. Sollten Sie Arzt sein, dann wissen Sie bestimmt, wovon ich rede. Oder haben Sie etwa noch nie gesehen, wie schnell Menschen sterben, wenn man ihnen sagt, dass sie bald sterben werden? (...)"

Weiter erklärt er dann, worum es bei dem Ganzen geht, und dass Menschen unterschiedlich auf Diagnosen reagieren:

„Die Überschrift des bisher Gesagten könnte auch heißen: Angst. Je mehr Angst Sie haben, desto kränker werden Sie. Dies ist vielleicht der wichtigste Satz im ganzen Buch und deshalb möchte ich ihn noch einmal wiederholen: Je mehr Angst Sie haben, desto kränker werden Sie. Ich wäre in der Lage, Ihnen in diesem Buch mehr als hundert Studien aufzuzeigen, die klar beweisen, dass Menschen umso schneller sterben, je größer ihre Angst ist. Auch bei meinen Forschungen in Chita wurde sehr schnell sichtbar, dass aggressive Menschen, die wenig Angst haben, ‚am schwersten mit Worten zu töten sind'. Am leichtesten beeinflussbar, im positiven wie im negativen Sinne, sind ‚folgsame' Menschen, also Menschen, die es gewohnt sind, gehorsam zu sein. Diese Menschen kann man einerseits sehr schnell ‚erkranken lassen', andererseits sind sie jedoch auch offener für positive Inputs und dadurch auch in der Lage, schneller zu gesunden. (...) den meisten Menschen ist es gar nicht klar, dass unser heutiges medizinisches System komplett auf Angst aufgebaut ist."[(468)]

Das ist ganz schön heftig, oder? Nachfolgend ein weiteres heftiges Beispiel:

„Eine Gruppe von Menschen bekam mit Cholera-Bakterien verseuchtes Wasser zu trinken, ohne davon in Kenntnis gesetzt zu werden. Eine andere Gruppe bekam ebenfalls Cholera-Bakterien über das Wasser verabreicht, wobei es dieser Gruppe allerdings erzählt wurde. Einer dritten Gruppe wurde nur gesagt, sie hätten Cholera-Wasser getrunken, was jedoch nicht stimmte. Ich habe das Ergebnis mehrmals lesen müssen, weil es nicht in mein damaliges Verständnis von Krankheit und Mikroben passte: Kein einziger Mensch der ersten Gruppe kam zu Tode, wohingegen in der zweiten Gruppe fast alle Menschen und in der dritten Gruppe mehr als die Hälfte starben."[(469)]

Das muss man, glaube ich, erst einmal sacken lassen. Und Ihnen wird es da sicherlich ähnlich ergehen, wie mir damals, als ich diese Beispiele mehrmals durchlesen musste, um vollends zu begreifen, welche Dimension, ja welche schieren Ausmaße unser Gesundheits..., Entschuldigung, Krankheitssystem weltweit hat! Jetzt stellen wir uns mal vor, was in Versuchsreihen mit Menschen passieren würde, denen man glaubhaft und überzeugend erzählt, sie hätten das „Elixier der Unsterblichkeit" getrunken... Wie viele Menschenleben hat allein die Krebsindustrie die letzten 80 Jahre in der ganzen Welt auf dem

Gewissen? Es müssten hunderte Millionen Seelen sein. Und wie viele könnten allein täglich gerettet werden, wenn dieses Wissen allgemein bekannt wäre? Laut Yoda sterben jedes Jahr in unserer möchtegern-souveränen Bundesrepublik etwa **230.000 Menschen** an Krebs, und das, obwohl man deren „Tumore" zuvor zerstört hat![(470)] Wenn man sie zerstört hat, woran sterben dann die Patienten? Berechtigt ist daher die Frage vieler Betroffener, ob man lieber *zellaufbauende* anstatt zelltötende Therapien für sich nutzt? Denn Chemotherapie (= GIFTE!) wirkt zell- und immunzerstörend, während Bestrahlungen wiederum krebserzeugend sind bzw. neuen Krebs entstehen lassen können. Dann sprechen Ärzte dabei häufig von „Metastasierung" (siehe Hamer, Prof. Yoda, *krebstherapien.de*). Wie kann bei diesen Behandlungsmethoden eine Heilung einsetzen, wenn dem Körper dadurch erst jedwede Heilungsmöglichkeiten beraubt werden und der Körper zerstört wird? In einem Beispiel erwähnt Yoda die Kinderstation eines Krankenhauses, bei der mehr als 50% aller „krebskranken" Kinder die Chemotherapie nicht überlebt hatten.[(471)] Da stellt man sich die Frage, ob die Kinder nun am Krebs oder an der Chemotherapie gestorben sind. Letzteres bestätigt indirekt auch Dr. Hardin B. Jones, ehemals Professor für medizinische Physik und Physiologie an der *University of California*, der 25 Jahre lang die Überlebenszeit von Krebspatienten studierte und zum Schluss kam, dass die Chemotherapie nicht wirkt. Hierzu heißt es in einem ins Deutsche übersetzten Artikel beim *Kopp-Verlag*:

> *„Er war Zeuge, wie viele Krebspatienten, die mit dem Gift behandelt wurden, elendig starben und zwar allesamt früher als andere, die sich gegen jegliche Behandlung entschieden. Bei weiterem Nachforschen fand Dr. Jones heraus, dass Krebspatienten in den meisten Fällen schneller starben als diejenigen, die sich auf den Rat ihrer Ärzte hin gegen eine Behandlung entschieden. Später enthüllte Dr. Jones, dass die konventionelle Krebsindustrie verhindern will, dass die Öffentlichkeit mehr über ihre milliardenschwere Cash Cow erfährt. ‚Patienten, die eine Behandlung ablehnten, lebten im Durchschnitt noch 12,5 Jahre', schrieb Dr. Jones über die Ergebnisse seiner Studie, die in der Zeitschrift ‚Transactions of the New York Academy of Sciences' veröffentlicht wurden. ‚Diejenigen, die in andere Formen der Behandlung einwilligten, überlebten im Schnitt nur drei Jahre.'* ***Brustkrebspatientinnen, die jegliche schulmedizinische Behandlung ablehnen, überleben viermal länger als die, die dem System folgen.*** *(…) Auch in einer neueren Studie, die 2004 in der Zeitschrift ‚Clinical Oncology' erschien, wurde eingeräumt, dass Chemotherapie in Wirklichkeit für alle Krebsarten nur in circa zwei Prozent wirksam ist. Diese Angabe beruht auf dem Standardkriterium der Fünfjahres-Überlebenszeit, das technisch nichts über eine Heilung besagt – obwohl Gesundheitsbehörden oft das Gegenteil behaupten. (…) Eine andere Studie, die 1979 im ‚Journal of the American Medical Association' veröffentlicht wurde, ergab, dass viele der gängigsten Verfahren zur Diagnose und Behandlung von Brustkrebs, die* fast *alle heute noch angewendet werden, nichts bewirkt hatten, um die Brustkrebsrate zu senken oder die Überlebenszeit für Brustkrebspatientinnen zu verlängern. Zwei weitere Studien, eine israelische aus dem Jahr 1978 und eine aus England, die 1980 in der Zeitschrift ‚The Lancet' veröffentlicht wurde, kamen zu ähnlichen Ergebnissen. (…)"*[(472)]

Da haben wir es also Schwarz auf Weiß aus einer Onkologiefachzeitschrift, dass Chemotherapie nur in zwei Prozent aller Fälle wirksam sei, und diese Angabe sich auch nur für den ersten Fünfjahreszeitraum beziehe. Weitere Studien aus den 1970er-Jahren belegen zudem, dass Behandlungen bei „Brustkrebs" weder Heilung brachten, noch die Lebenszeit verlängerten. Und heute haben wir bereits das Jahr 2017! Man hat also trotz besseren Wissens die nachfolgenden vier Jahrzehnte einfach weitergemacht. Wie konnten unsere Politiker es so weit kommen lassen? Prof. Yoda erklärt dazu:

> *„Nachdem sich Politiker kaufen ließen und jahrelang gegenüber der Öffentlichkeit behaupteten, dass es durch Chemotherapie und Bestrahlungen Heilungen bei Krebs geben würde, konnte man dann in den 60er- und Anfang der 70er-Jahre nicht mehr zurück und plötzlich zugeben, dass man die Jahre zuvor ganz einfach nur Nonsens geredet hatte. Es gibt Unterlagen, in denen man lesen kann, dass es unter Bundeskanzler Konrad Adenauer durchaus Bemühungen gab, den Chemotherapieweg zu verlassen, doch dies wurde leider mit großzügigen ‚Abfindungen' gekippt und ab Mitte der 70er-Jahre war das Ganze dann nicht mehr zu stoppen. (...) Die Konsequenzen aus diesem Tun kämen einer Katastrophe gleich, denn wenn die deutschen Bürger wissen würden, dass sie jahrelang belogen wurden, dann würden sie ganz bestimmt keinem Politiker, keinem Arzt und keinem Forscher mehr etwas glauben."*[(473)]

Hat sich Adenauer damals also auch kaufen lassen und deswegen u.a. den *Christusorden* verliehen bekommen? In Bezug auf die Positivliste für Arzneimittel (also Arzneimittel, die zu Lasten der gesetzlichen Krankenversicherung verordnet werden dürfen), gab der CSU-Politiker und ehemalige Gesundheitsminister Horst Seehofer zu, dass der Druck der Pharmalobby auf die Politik zu groß sei. Er sagte dazu wörtlich: *„Ja, das ist so seit 30 Jahren, bis zur Stunde, dass sinnvolle strukturelle Veränderungen auch im Sinne von mehr sozialer Marktwirtschaft im deutschen Gesundheitswesen nicht möglich sind, wegen des Widerstandes der Lobbyverbände. (...) Ich kann Ihnen nur beschreiben, dass es so ist und dass es so abläuft und zwar sehr wirksam."*[(474)]

Wann wacht die Menschheit aus diesem Alptraum endlich auf?

Milliarden-Profite und unterdrückte Heilmittel

Wie lukrativ das Geschäft mit dem Krebs ist, zeigen die schwindelerregenden Zahlen. Eine einzelne Chemotherapie kann pro Jahr je nach eingesetztem „Medikament" zwischen 50.000 und 100.000 Euro kosten[(475)]. Laut dem Arzt und SPD-Politiker Karl Lauterbach sind es insgesamt rund 150.000 Euro und mehr pro Patient, demgegenüber zumeist eine „Lebensverlängerung" von nur wenigen Monaten gegenüberstehe.[(476)] Wenn wir konservativ rechnen und „nur" 100.000 Euro Gesamtkosten pro Krebspatient veranschlagen und dabei die Zahl von 230.000 Krebstoten in Deutschland berücksichtigen, so sind das stattliche 23 Milliarden Euro Einnahmen für die Pharmariesen in einem Zeitraum X, wobei X irgendwo zwischen ein paar Monaten und fünf Jahren liegen könnte, denn länger hält ein Mensch solch eine qualvolle Prozedur am Stück zumeist nicht aus. Und das sind Zahlen nur für Deutschland – und nur für die Krebspräparate! Die Bestrahlungen, Operationen und Folgemedikamente für die entstehenden Nebenwirkungen, und für die Nebenwirkungen der Nebenwirkungen sind noch gar nicht mit einkalkuliert. Und das ist auch nur das Krebsgeschäft wiederum, das andere hochlukrative Geschäft mit den Impfungen ist noch einmal eine ganz separate Geschichte, zu der wir auch noch gleich kommen werden.

Methadon

Demgegenüber stehen dann Mittel wie z.B. das *Methadonhydrochlorid*, das laut einer TV-Sendung des *Mitteldeutschen Rundfunks* Tumore schrumpfen lässt, es aber nicht patentfähig ist und mit Kosten von nur 12 Cents pro Tag die Pharmaindustrie daran logischerweise nichts verdienen würde und dahingehend daher auch keine klinische Studien durchführt.[476a]

Graviola

Die Tropenfrucht *Graviola* (Stachelannone) soll nicht nur bei Bakterien- und Pilzinfektionen sowie Parasiten- und Wurmbefall zum Einsatz kommen, man sagt ihr auch nach, sie sei 10.000 Mal wirksamer als starke Chemotherapeutika und 100 Mal wirksamer als eine Chemotherapie, schreibt das Portal *Deutsche Wirtschafts Nachrichten* und beruft sich dabei auf US-amerikanische Studien:

> *„Eine Studie von 2008 bestätigte ebenfalls, dass Graviola im ‚Reagenzglas eine Anti-Krebs-Wirkung hat, aber noch nicht an Menschen untersucht worden ist'. Und 1996 merkte eine amerikanische Studie an, dass eine ‚isolierte Verbindung, die aus dem Samen der Frucht extrahiert wurde, eine 10.000 Mal höhere Wirksamkeit auf Krebszellen hatte als das Chemotherapeutikum Adriamycin'. Schon in den 70er-Jahren gab es in den USA vom National Cancer Institute (NCI) Untersuchungen diesbezüglich. ‚Das NCI hat einige Untersuchungen zur krebsheilenden Wirkung der Graviola durchgeführt und hat einige interessante Resultate zutage gefördert', berichtet US Cancer Centers. ‚Die Studien zeigten (…), dass die Blätter und Stängel der Pflanze unglaublich erfolgreich darin waren, bestimmte Krebszellen im Körper zu zerstören.' Die Ergebnisse wurden in einem internen Bericht vorgestellt, jedoch nicht veröffentlicht, so Psychology Today.“*[476b]

Doch auch hier sind Studien uninteressant. Die britische „gemeinnützige“ Krebsforschungsorganisation *Cancer Research UK* schrieb zu *Graviola*:

> *„Menschen in afrikanischen und südamerikanischen Ländern nutzten Rinde, Blätter, Wurzeln und die Früchte des Graviolabaums zur Behandlung von Infektionen mit Viren oder Parasiten, Rheuma, Arthritis, Depressionen und Übelkeit. In Laborstudien konnten Extrakte der Graviola einige Arten von Leber- und Brustkrebszellen töten, die gegen bestimmte Chemotherapeutika resistent waren. Aber es hat noch keine groß angelegten Studien mit Menschen gegeben. Wir wissen daher nicht, ob es als Krebsmittel wirkt oder nicht. Insgesamt gibt es keine Beweise dafür, dass Graviola als Heilmittel für Krebs funktioniert.“*[476c]

GcMAF

Ein anderes Mittel, das die letzten paar Jahre größere Bekanntheit erlangte, ist das *GcMAF*, welches eine im Körper vorkommende Substanz ist, was für *Gc Makrophagen-Aktivierender Faktor* steht und aus dem *Gc-Protein* und Vitamin D im Körper gebildet wird (daher auch die Sonnenreduktion durch Chemtrails).

Die Aufgabe von *GcMAF* ist es, die körpereigenen Makrophagen (Fresszellen, die Teil des Immunsystems sind) zu aktivieren, die wiederum Viren oder Krebszellen im Körper zerstören. Maligne („bösartige“) Zellen und Viren sondern aber das Enzym *Nagalase* ab, welches die Produktion vom *GcMAF* unterdrückt (*biologischekrebsthera-*

pie.net).[476d] Die Folge ist also, dass dieser Abwehrmechanismus außer Kraft gesetzt ist. *GcMAF* wird als Immuntherapie intravenös verabreicht, um dem Körper zu helfen, sich selbst wieder helfen zu können, und soll in der Behandlung von Krebs und 50 anderen Krankheiten gute Erfolge erzielt haben, laut des Portals *gcmaf.se*, welches von der Firma *Immuno Biotech* betrieben wird. Neben Krebs kommen demnach u.a. auch folgende Anwendungsgebiete zum Einsatz: Morbus Crohn, HIV/AIDS, Epstein-Barr-Virus, Grippe, Hepatitis B & C, Multiple Sklerose, Fibromyalgie, Herpes, Alzheimer, Impfschäden, virale und bakterielle Infektionen, Entzündungen und Autismus (siehe auch *erweiterte-medizin.de*).[476e]

Wie sehr sich die Pharmalobby vom *GcMAF* bedroht sieht, zeigt die Tatsache, dass in den USA binnen fünf Wochen 14 Alternativmediziner und impfkritische Ärzte, die *GcMAF* in ihrer Praxis einsetzten und dessen Wirkung erforschten, auf mysteriöse Weise ums Leben kamen, wie alternative Nachrichtenmedien enthüllten (u.a. *Epoch Times*). Entweder wurden sie ermordet oder „verselbstmordet". Unter diesen Ärzten war ein Dr. Bradstreet, der – wie auch andere Fachleute – in Forschungen herausgefunden haben soll, dass der *GcMAF*-Hemmer *Nagalase* über Impfungen verabreicht werde, wodurch die Menschen also mit Absicht ein krebsförderndes bzw. krebsauslösendes Mittel „geimpft" bekommen! Dr. Bradstreet wurde mit einer Schusswunde in der Brust tot in einem Fluss aufgefunden. Sein gesamter *GcMAF*-Bestand wurde von den Behörden drei Tage vor seinem Tod beschlagnahmt.[476f] Insgesamt sind in den Jahren 2015 und 2016 über 60 naturheilkundlich tätige Ärzte in den USA getötet worden![476g] *GcMAF* wird in den meisten Ländern unterdrückt (u.a. USA, England, Frankreich und Schweiz) und Wissenschaftler sowie Mitarbeiter von *Immuno Biotech* werden nach eigenen Angaben von Regierungen gejagt, wie *Jason Bourne* in der gleichnamigen Filmreihe. So saß ein völlig unschuldiger Mitarbeiter ohne Anklage mindestens vier Monate in einem französischen Gefängnis.[476h] Dabei ist die Wirkung von *GcMAF* nicht neu, sondern seit 1958 bekannt und seit 1990 durch wissenschaftliche Studien belegt.[476i]

Daneben gibt es in der biologischen Krebstherapie auch Infusionstherapien mit hochdosiertem Vitamin C, Curcumin (Wirkstoff im Gewürz Kurkuma), Vitamin B17 (Amygdalin, kommt in Bittermandeln und Aprikosenkernen vor), Hypericin (Wirkstoff im Johanneskraut), Artesunat (Wirkstoff in der Wermutpflanze), Chlorin E6 (aus der Chlorella-Alge), Dimethylsulfonoxid (DMSO) und Dichloressigsäure (DCA), welches sogar Mitochondrien (Kraftwerke der Zellen), die man für irreparabel geschädigt hielt, wieder funktionstüchtig machen soll.[476j]

Haben Sie von den meisten der zuvor genannten Methoden je was gehört? Nein? Genau das will die Pharmaindustrie nämlich auch nicht. Denn an diesen Behandlungsmethoden kann sie kaum etwas verdienen. Und außerdem wäre das doch der Entvölkerungsagenda wiederum nicht besonders zuträglich...

Fazit

Wir wissen nun, dass ein Schock-Erlebnis bzw. ein (seelischer) Konflikt ein biologisches Sonderprogramm im Körper hervorruft, um diese Situation auf biologische/natürliche Weise zu regulieren und wieder in die Heilung bzw. Normalität zu bringen. Das wird dann in der Schulmedizin als „Krebs" (oder eine andere Art Krankheit) bezeichnet. Jetzt verstehen Sie sicherlich, warum bereits die Diagnose „Krebs“ ein derartiger Schock ist, dass ein Großteil daran tatsächlich stirbt, entweder durch den bei sich **eingeleiteten Sterbeprozess** oder durch die todbringenden Behandlungen mit Medikamenten, Chemotherapie und radioaktiver Bestrahlung oder durch eine Kombination derselben, je nachdem, wie stark ein Mensch ist und zudem gewillt ist, solche „Folter“-Prozeduren über sich zu ergehen zu lassen. Angst frisst buchstäblich die Seele auf. Jetzt verstehen wir auch die zu Beginn des Kapitels zitierten Satz aus dem *Focus*-Artikel, in dem es hieß, dass mit der Diagnose „Krebs“ für viele der Kampf ums Überleben beginne. Ob sich der Autor wirklich bewusst darüber war, was er da schrieb?

Vom spirituellen oder metaphysischen Standpunkt aus betrachtet, zieht Gleiches stets Gleiches an (Gesetz der Resonanz). Das heißt, habe ich Angst vor etwas, dann ziehe ich es nach dem Gesetz der Resonanz in mein Leben. Das, woran man fest glaubt, manifestiert sich in der eigenen Realität. Mit positiven als auch negativen Glaubensmustern **programmieren** wir unser Unterbewusstsein. Wir verinnerlichen uns diese, sie werden Teil unseres Lebens, sie machen unser Leben aus. Wenn man glaubt, dass man sterben müsse und dass es da keinen Ausweg gäbe, dann hat man sich das in die eigenen Zellen quasi einprogrammiert, wie ein Computerprogramm, das dann abläuft. Die Zellen stellen sich auf den Tod ein, der Körper degeneriert, das Wesen Mensch verliert mehr und mehr an Lebensenergien, bis irgendwann der physische Tod eintritt. Im wissenschaftlichen Bereich spricht man bei dieser Art der Eigenprogrammierung von *Epigenetik*. Diese Glaubensmuster bzw. Programme kann man jedoch wieder löschen. Gute Kinesiologen, hellsichtige Medien und erfahrene Energiearbeiter können einem dabei helfen.

Nicht berücksichtigt bei der *Neuen Medizin* werden allerdings Vergiftungen (die auch zellschädigend/-wuchernd wirken können) oder spirituelle Aspekte in Form von Karma oder energetische Besetzungen/Anhaftungen, die ebenso Ursache für (chronische) Krankheitssymptome sein können. Dies hängt aber auch vom jeweiligen Therapeuten individuell ab, wie umfangreich sein Wissen und sein Bewusstsein ist. Wenn es um den spirituellen/energetischen Aspekt geht, sei auf das Buch „Schutzengel & Co.“ verwiesen, welches ebenfalls im *Amadeus Verlag* erschienen ist. Des Weiteren muss festgehalten werden, dass biologische Konflikte und Heilverläufe durch andere Vorbelastungen im Körper (z.B. Impfungen, Chemtrails) schlimmer verlaufen können, als wenn das Immunsystem kräftig und der Körper gesund und stark ist. Das Machtsystem arbeitet natürlich daran, uns von allen Seiten zu schwächen.

Aber nicht alles in der Schulmedizin ist schlecht und zu verteufeln. Gerade mit der (Unfall)chirurgie, der Notfallhilfe und Wundversorgung rettet sie täglich tausende Leben. Die Labormedizin mit Blutuntersuchungen leistet ebenfalls einen sehr wichtigen Beitrag zu Diagnosezwecken. Man muss unterscheiden zwischen dem praktizierenden Arzt, der sein Bestes gibt, und der milliardenschweren Pharmaindustrie mit ihrem Lobbyismus.

Woraus Impfcocktails bestehen

Da die meisten Menschen nicht wissen, welche „tollen" Sachen in den Impfungen stecken, finde ich es äußert wichtig, einmal die Bestandteile aufzulisten, mit denen die Bevölkerung dieser Welt vollgepumpt wird. Das renommierte Portal *impfkritik.de* veröffentlichte Anfang 2017 die Untersuchungsergebnisse des 2016 vom gemeinnützigen *Verein Arbeitsgemeinschaft Bürgerrecht und Gesundheit e.V. (AGBUG e.V.)* durchgeführten Analysen von gängigen Impfstoffen. Sämtliche der 16 überprüften Impfstoffe enthielten Quecksilber und Aluminium, wobei der Aluminiumgehalt in den sogenannten „Tot-Impfstoffen" um **das 1.000- bis 6.000-fache** über dem Grenzwert von Trinkwasser liegt! 15 der 16 Impfstoffe enthielten das radioaktive Element Uran, acht der 16 Impfstoffe Nickel und sechs Impfstoffe enthielten das Gift Arsen. Auch wenn die meisten davon in „geringen" Mengen vorhanden sind, stellt *impfkritik.de* völlig berechtigt die Frage, warum diese Stoffe überhaupt drin sind und wie sich die negativen Wirkungen gegenseitig durch Synergieeffekte verstärken?(477) Schaut man sich zudem die vollständige Liste an, so finden sich in den untersuchten Impfstoffen zudem Spuren von u.a. Blei, Cadmium, Caesium und Metalle wie Silber, Palladium, Titan und Platin.(478) Das Aluminium kommt in Form des Aluminiumsalzes Aluminiumhydroxid zum Einsatz (und manchmal als Aluminiumphosphat oder Aluminiumsulfat), welches im Zusammenhang mit dem *Golfkriegssyndrom* steht (eine neuronale Erkrankung), Muskelentzündungen hervorrufen und zur Demenzkrankheit Alzheimer führen kann. Aluminium hat die Eigenschaft, die Blut-Hirn-Schranke durchlässiger zu machen, was dazu führt, dass die Aluminiumverbindung und andere Giftstoffe ins Hirn eindringen können, wie aus zitierten medizinischen Studien auf *Wikipedia* und *impfschaden.info* hervorgeht. Es dient als Wirkstoffverstärker in den Impfungen, was die Synergieeffekte mit den anderen Bestandteilen mit sich bringt.(479) Quecksilber (in Form von Thiomersal) ist – wie auch Aluminium – ein Nervengift und ist Bestandteil der Amalgamzahnfüllung. Der Einsatz von Letzterem sowie Quecksilber allgemein ist auch deshalb in Dänemark, Schweden und Norwegen gesetzlich verboten worden.(480) Ich selbst habe meine Amalgamfüllungen vor Jahren aus meinem Mund professionell entfernen lassen und anschließend meinen Körper entgiftet, was ich jedem mit solch einer Giftbombe im Mund ebenfalls empfehlen kann. Denn Quecksilber kann u.a. zu chronischer Müdigkeit, Konzentrationsstörungen, Gedächtnisstörungen, Sprachstörungen, Muskelschwund und Schwerhörigkeit führen.(480a) Formaldehyd kommt eigentlich in der Chemieindustrie zum Einsatz, z.B. zur Herstellung von Klebstoffen, Bindemitteln, Düngemitteln, Sprengstoffen, Konservierungsmitteln etc. und gilt als akut giftig. Es kann die Netzhaut schädigen und zur Blindheit führen.(481) Formaldehyd und Aluminiumsalze gelten allgemein als ***krebserregende*** Stoffe.(482)

Je nach Impfung finden sich in diesen zudem u.a. tierische Zellen aus Affennieren und Zellkulturbestandteile von Hunde-, Affen- und Kaninchennieren, Hühnerembryos und Hirngewebe von Kaninchen.(483) Tierische Gelatine, Humanalbumin (**menschliches** Eiweiß), **humane Diploidzellen von abgetriebenem Fötalgewebe**, Ammoniaksalze, Hefen und Saccharose (Zucker) dürfen auch nicht fehlen.(484) Hm, echt lecker! Professor für Physiologie der *Universität in London* und Rektor der *Hebräischen Universität Jerusalem*, John Yudkin, zeigte bereits 1957 einen Zusammenhang zwischen dem Konsum von Zucker und koronaren Herzerkrankungen.[485] Zudem wurden 44 italienische und französische Impfstoffe auf ihre Inhalte überprüft, und dabei hatte man herausgefunden, dass neben den „üblichen Verdächtigen" auch sogenannte anorganische Mikro- und Nanopartikel gefunden wurden. In einer Publikation dazu heißt es (von mir hervorgehoben):

> *„Die Anzahl der festgestellten Fremdpartikel und – in einigen Fällen – ihre ungewöhnliche chemische Zusammensetzung – verblüfften uns. Die identifizierten anorganischen Partikel sind weder biokompatibel noch biologisch abbaubar. Dies bedeutet, dass sie bioresistent sind und Effekte auslösen können, die sowohl sofort nach der Injektion* ***als auch erst einige Zeit danach zum Tragen kommen.*** *Es ist wichtig zu verstehen, dass diese Partikel fremd für den Organismus sind und sich auch so verhalten. Insbesondere unterscheidet sich ihre Giftigkeit in mancherlei Hinsicht von der Giftigkeit der chemischen Elemente, aus denen sie bestehen und ihre Wirkung addiert sich. Sie können deshalb eine Entzündungsreaktion auslösen."*[486]

Nanopartikel sind so klein, dass sie sämtliche Organe und Körperzellen durchdringen können. Welche Nanopartikel sind das? Wozu werden sie den Menschen verabreicht? Haben Sie sich schon mal wirklich ernsthaft gefragt, was all diese höchst dubiosen und zumeist giftigen Substanzen im Körper zu tun haben? (Und nicht vergessen das Enzym *Nagalase*, das zumindest einigen Impfungen ebenso zugesetzt wird, welches die *GcMAF*-Bildung unterdrückt.)

Impfbefürworter mögen jetzt rechthaberisch aufschreien, dass all diese Substanzen doch nur in geringen Mengen vorhanden seien und sie selbst *„ja immer noch leben würden"* und dass der „Nutzen" das Risiko übersteige. Ja, welchen Nutzen kann man aus giftigen Substanzen ziehen? Und wie können Sie sich 100% sicher sein, dass da nur „harmlose" Stoffe drin sind? Haben Sie jemals nach einem Beipackzettel zu den Impfungen gefragt? Oder Ihren Arzt aufgefordert, mit seiner Unterschrift und unter voller persönlicher Haftung zu garantieren, dass weder kurzfristig noch langfristig Impfschäden auftreten werden? Denn solch eine Garantie wird Ihnen kein Arzt ausstellen! Es ist genau umgekehrt, dass nämlich **Sie** mit **Ihrer** Unterschrift jedwede Regressansprüche gegen den Arzt unterlassen werden. Haben Sie das nie hinterfragt? Ist das für sich allein schon nicht höchst suspekt und müssten dabei nicht alle Alarmglocken schrillen? Dass Sie selbst haften müssen für den Fall, wenn was schief geht, ist doch schon die Wahrheit fast auf einem Silbertablett präsentiert, dass „irgendetwas nicht stimmen kann" und etwas gewaltig faul an der Impfsache sein muss. Und was die „kleinen" Mengen an Giften betrifft, meinen Sie nicht, dass selbst radioaktive Elemente wie Caesium und Uran, Nanopartikel und Nervengifte in kleinen Mengen schaden könnten? Und wer weiß, was da überhaupt noch so alles drin ist. Wollen Sie weiterhin den Pharmariesen trauen, dass diesen **Ihre** Gesundheit sehr am Herzen liegt? Glauben Sie das tatsächlich allen Ernstes? Die meisten vergessen hierbei, dass die Gifte ja nicht oral verabreicht werden, was an und für sich schon schädlich wäre, aber über den Weg des Verdauungstrakts und der Leber einiges gefiltert und abgeschwächt im Organismus ankäme. Nein, die Gifte werden **direkt** in den Körper ohne den Umweg einer Filterung und Abschwächung gespritzt und gelangen somit **direkt** in die Blutbahn und ins Gehirn, wobei sämtliche Abwehrmechanismen des Körpers umgangen werden! Und da reichen schon Spuren und Kleinstdosen an Giften, um große Schäden herbeizuführen. Und Impfschäden gibt es noch und nöcher, nur hören und lesen Sie davon nichts in den kontrollierten Massenmedien. Ist es Ihrer Meinung nach in Ordnung, Babys und Kleinkindern, deren Immunsystem sich noch nicht entwickelt und ausgebildet hat, all diese Substanzen in Form von Fünffach- und Sechsfachimpfungen zu verabreichen? Es ist ja nicht nur eine einmalige Sache. Sofern Sie Kinder haben, schauen Sie doch mal in den Impfpass hinein, um die Anzahl an Impfungen über die vielen Jahre hinweg zu zählen – eine kontinuierliche und stete Vergiftung. Und mit jeder Impfung wird das Immunsystem immer weiter geschwächt. Steter Tropfen höhlt bekanntlich den Stein. Manche Menschen sind von der Konstitution her empfindlicher, manche etwas robuster. Bei vielen tauchen Schäden nicht immer sofort, sondern später oder erst im Erwachsenenalter auf. Da ist genug Zeit vergangen, bei der man Krankheiten nicht mehr in Verbindung mit einer früheren Impfung bringen würde. Denn die Gifte akkumulieren im Körper über die Jahre und Jahrzehnte und man rennt ständig zum Arzt, weil sich irgendwelche **chronischen** Geschichten angesammelt haben. Das Ganze hat meiner Ansicht nach System und ist mit Absicht so aufgebaut worden. Und wem nützt das? In erster Linie der Pharmaindustrie. Denn von Geburt an schafft man sich kranke Menschen, die lebenslang Patienten sind. Aber schauen wir uns mal die Schäden, die bisher aufgetreten sind, einmal genauer an – die definitiv keine Einzelfälle sind.

Impfschäden, von denen Sie kaum etwas lesen oder hören

Wovon Eltern häufig nach einer Impfung ihres Säuglings berichten, ist schrilles Schreien, welches oft Stunden bis mehrere Tage andauert, in manchen Fällen sogar einige Wochen. Dies kann ein Hinweis darauf sein, dass ein Ödem zu starken Kopfschmerzen führt und das bereits erste Anzeichen für eine mögliche Meningitis oder Enzephalitis sein können. Von offizieller Seite wird zugegeben, dass anhaltendes ungewöhnliches Schreien nach einer Sechsfachimpfung in ein bis 10% aller Fälle auftauche. Das allein ist schon eine sehr hohe Zahl. Wie hoch mag dann die Dunkelziffer sein?[(487)] Es sind auch mehrere Todesfälle bekannt, bei denen Kleinkinder zwischen vier und 17 Monaten nach einer Sechsfachimpfung binnen 24 Stunden verstorben sind. In einem dieser Fälle wurde bei einer Obduktion ein massives Hirnödem festgestellt, womit ein „plötzlicher Kindstod" ausgeschlossen werden konnte.[(488)] Nachfolgend mal drei Beispielfälle von *impfschaden.info*:

> ***„Fall 1: Junge D. – Juli 2008 – Bayern***
>
> *Eine Mutter bringt ihr Kind (4 Monate) ins Krankenhaus, weil es mehrmals erbrach. Am Vortag wurde es mit Infanrix hexa und Prevenar geimpft. Bei der Aufnahme-Untersuchung konnte nichts gefunden werden. Plötzlich verschlechtert sich der Zustand innerhalb der nächsten Tage (Hirnschwellung und eine notwendige OP) im Krankenhaus. Die Ärzte diagnostizieren ein Schütteltrauma und schalteten das Jugendamt ein. Das Kind kam in eine Pflegefamilie. Die Klinik wies eine Impffolge brüsk zurück. Die Eltern konnten mit Unterstützung ein Gutachten in Auftrag geben. Der Gutachter kommt zu dem Urteil: Ein Schütteltrauma ist eher unwahrscheinlich, eine Impfkomplikation umso wahrscheinlicher!!!*
> *Und was ganz wichtig ist, weil man ja öfters von solchen Fällen hört: Bei einem Schütteltrauma gibt es keine symptomfreien Zeiten. Diese waren aber bei dem Kind belegt, der*

Zustand verschlechterte sich ja während des Klinikaufenthaltes! Bei der Aufnahme und bei der Untersuchung am Impftag wurden ja diesbezügliche Hinweise nicht gesehen; hätte aber gesehen werden müssen bei einem Schütteltrauma.
Und: Der Junge wäre definitiv wieder von dem Kinderarzt geimpft worden. Selbst Ärzte wissen, dass, wenn ein Kind eine so heftige Reaktion gezeigt hat, bei einer erneuten Impfung die Reaktionen meist heftiger und schneller erfolgen. Und was ist heftiger als der Tod (der Junge musste ja operiert werden, um die Lebensgefahr abzuwenden)?

Fall 2: Mädchen M. – Februar 2009 – Hessen

Ein Mädchen (4 Monate) erleidet zwei Wochen nach der Impfung (auch 6-fach Infanrix hexa und Prevenar) eine Art epileptischen Anfall. Die Mutter bringt es in ein Krankenhaus und ihr wird auch das Kind entzogen. Ihr wird eine Misshandlung unterstellt und zudem ein Münchhausen-Syndrom!!!
Sie begibt sich freiwillig in eine Mutter-Kind-Therapie. Die Psychologen stellen keine psychische Erkrankung fest. Das Gutachten zur Klärung, ob es eine Impffolge sein kann, kommt zu dem Ergebnis: Ein Schütteltrauma sei auszuschließen, eine Impffolge ist dagegen sehr wahrscheinlich.

Fall 3: Zwillingsbuben L. und T. Juni 2012 - Bayern

Die Buben kommen Ende Januar – sechs Wochen zu früh – auf die Welt. An Pfingsten hat L. große gesundheitliche Probleme. In einer Klinik wird eine Hirnblutung festgestellt und den Eltern eine Misshandlung unterstellt. Bei T. wird etwas später auch eine Hirnblutung diagnostiziert und beide mussten operiert werden. Der Junge L. entwickelte einige Wochen nach der Entlassung Trinkprobleme, weshalb die Mutter öfters beim Arzt war. Was war passiert zwischen Entlassung, bei der es solche Probleme nicht gab, und Pfingsten? Die Jungen bekamen Mitte März eine Impfung gegen Rota-Viren und Mitte April die zweite. Und Ende April die 6-fach-Impfung (Infanrix hexa) und Prevenar. Auch hier gab es bei dem Jungen L. dieses schrille Schreien. Und gerade diese Nebenwirkung steht in den Impfbeipackzetteln."[489]

Gemeldet werden allgemein überhaupt fünf bis maximal 10% aller Fälle. Da die Sechsfachimpfung sich immer höherer „Beliebtheit" erfreut, kommt es auch häufiger zu offensichtlichen Schäden. Es mag zwar makaber klingen, aber vielleicht ist genau das notwendig, damit die Menschen endlich mal aufwachen. Zumindest nach offizieller Berichterstattung sind mindestens fünf Todesfälle nach Sechsfachimpfungen aus Deutschland und Österreich bekannt worden. Die jeweiligen Kinder waren nur 4, 5, 17 und 23 Monate alt.[489a] Erschreckend ist in dem Zusammenhang zudem, wie aus Opfern schnell Täter und den Eltern völlig unberechtigt die Kinder entzogen werden. Neben einem geschädigten Kind wird auch noch die Familie entzweit, was zu mehr Kummer und Leid führt. Ob das so gewollt ist? Ein mir bekannter Jurist meinte hierzu einmal, dass Jugendbehörden nichts weiter als „staatlich" legitimierte Kinderhändler seien, die sich an der Vermittlung von Kindern goldene Nasen verdienen würden. Das ist eine krasse Behauptung!

An dieser Stelle als kleiner Einschub ein wichtiger Hinweis an alle Eltern, besonders die Mütter: Die ersten drei Jahre des Kindes sind die wichtigsten und prägen das Kind für das ganze spätere Leben. In den ersten drei Jahren **muss** die Mutter rund um die Uhr für das Kind da sein. Diese Nähe und Bindung schafft Vertrauen. Dadurch entwickelt das Kind ein starkes Selbstbewusstsein, ist innerlich/psychisch gefestigt, gesund und hat das Potenzial, sprichwörtlich die Welt zu verändern. Selbst kurze Trennungen von der Mutter für wenige Stunden können sich negativ auf die seelische Entwicklung des Kleinkindes auswirken. Babys und Kleinkinder fühlen sich ohne Mutter nämlich im Stich gelassen und verloren! Das ist für die Kleinen ein Schock. Dieses „verloren sein" und „im Stich gelassen" bildet ängstliche und willensschwache Individuen heran. Die Schäden, die dadurch entstehen, sind dann schwer wieder gut zu machen. Sofern man auf ein seelisch und geistig gesundes Kind (und Erwachsenen später) wert legt, sollte man es nicht frühzeitig in die Krippe geben. Jetzt wird klarer, warum die Regierungen so darauf aus sind, die Kinder so früh wie möglich für sich zu vereinnahmen und buchstäblich kaputt zu machen. Denn schließlich könnten diese Kinder später eine ernste Gefahr für das System werden.

Nun zurück zu den Impfungen: Stark im „Trend" sind mittlerweile die HPV-Impfungen für junge Teenagermädchen und junge Frauen gegen Gebärmutterhalskrebs. Nachfolgend mal vier Erlebnisberichte von Betroffenen bzw. von Eltern dazu:

„M.K. 23.05.1992 – Impfung: Gardasil

3 wochen nach der impfung erfolgte eine erblindung auf dem rechten auge. nach einer kortisontherapie wurde eine multiple sklerose diagnostiziert (4 sichtbare entzündungsherde im gehirn). (Originalzitat!; A.d.V.)

L.K. 29.05.93 – Impfung: Gardasil

Seitdem meine Tochter zwei von drei Impfungen erhalten hat, ist sie von monatlichen Bauchkrämpfen, Kreislaufproblemen und Übelkeit geplagt. Teilweise musste ich sie aus der Schule holen. Darin (Impfung) sehe ich ein Zusammenhang, da vorher genannte Probleme nie auftraten. Eine andere Erklärung habe ich noch nicht. Die Kinderärzte drängen einen förmlich, diese Impfung durchführen zu lassen. Vieles wird schöngeredet, ohne Fakten.

N.P. 02.08.1991 – Impfung: Gardasil

Meine Tochter hat vor drei Wochen die 3. HPV-Impfung erhalten. Seitdem leidet sie verstärkt unter starker Übelkeit, Magen- und Kopfschmerzen und allgemeinem Unwohlsein. Wir konnten uns diese Symptome über einen Zeitraum von mehreren Wochen nicht erklären. Erst heute bin ich durch einen Fernsehbericht auf 3Sat auf die Nebenwirkungen der HPV-Impfung aufmerksam gemacht worden. Die angesprochenen Symptome decken sich mit denen meiner Tochter. Wir haben heute sofort eine Ärztin aufgesucht, die eine Blutuntersuchung vorgenommen hat, deren Ergebnisse noch ausstehen. Ansonsten wirkte sie eher ratlos und diesbezüglich uninformiert. Ich mache mir nun große Sorgen um mein Kind.

J.S. 14.08.88 – Impfung: Gardasil

Wir sind trauernde Eltern, deren Verlust und Schmerz durch nichts mehr gelindert werden kann. Wir spüren aber auch Verantwortung gegenüber den Mädchen, die sich noch impfen lassen wollen. Eine Verantwortung, die wir nicht tragen können, weshalb wir bereit sind, in der Öffentlichkeit zur Aufklärung der Risiken der HPV-Impfung beizutragen. Unsere Tochter Jasmin Soriat, geb. am 14. April 1988, ist am 12. Oktober dieses Jahres plötzlich und als völlig gesunder Mensch an einer Atemlähmung im Schlaf verstorben. (...) Zuerst bei der sanitätspolizeilichen Obduktion und danach bei der gerichtlichen Obduktion konnte kein Grund für ihren Tod gefunden werden. Wie erwartet war sie organisch völlig gesund und auch toxikologisch waren alle Analysen auf jedwede Vergiftungen negativ. Sie hatte keinen Herzinfarkt, keine Embolie, keine Entzündungen, keine viralen Infekte. Ein gewaltsamer Tod wurde von vornherein ausgeschlossen und dies wurde auch vom Gerichtsmediziner bestätigt, dass sie keinerlei Verletzungen oder Einstiche hatte. (...) Jasmin wäre damit zu den 1-3 % der ungeklärten Todesfällen eingereiht worden, wenn wir beim Durchgehen aller möglicher Ursachen mit dem Gerichtsmediziner nicht auf die einzig noch mögliche Ursache der HPV-Impfung drei Wochen vor ihrem Tod gestoßen wären. Der Gerichtsmediziner hat danach Ende November die vermutete Nebenwirkung der HPV-Impfung nach dem Arzneimittelgesetz beim Gesundheitsministerium gemeldet, und es wurde vom Generaldirektor für Öffentliche Gesundheit eine Information an die Landessanitätsbehörden hinaus gegeben, was auch der Auslöser für die ersten medialen Berichterstattungen war."[490]

Und das ist nur eine winzige Anzahl. Auf *impfschaden.info* gibt es eine ganze Datenbank an berichteten Schadensfällen für die verschiedensten Impfungen. Dass sich mit solchen Fällen auch immer mehr Gerichte beschäftigen, zeigt zumindest eine kleine positive Veränderung in der öffentlichen Wahrnehmung, wie das Internetportal *ageofautism.com* zu berichten weiß. 2012 urteilte ein italienisches Gericht in Rimini, dass die *Masern-Mumps-Röteln*-Impfung (MMR) bei einem 15 Monate alten Kind zum Autismus und zu irreparablen Schäden führte. Zwei Jahre später, 2014, sprach ein italienisches Gericht in Mailand einem Jungen Schadensersatz zu, nachdem dieser nach einer Sechsfachimpfung des Pharmariesen *GlaxoSmithKline* (GSK) ebenfalls kurz darauf Hirnschäden davontrug und autistisch wurde. Die Richterin berücksichtigte dabei einen vertraulichen Bericht einer klinischen Studie von *GSK* als Beweismittel, in der eine ganze Bandbreite an Nebenwirkungen für die Sechsfachimpfung gelistet sind, darunter auch Autismus.[491] Blöderweise hat das italienische Parlament am 28. Juli 2017 die Zwangsimpfung für schulpflichtige Kinder bis 16 Jahre per Gesetz verabschiedet, um dem „Anti-Impftrend" entgegenzuwirken, wie es hieß. Eltern in Italien müssen nun nachweisen, dass ihre Kinder 10 verschiedene Impfungen erhalten haben, bevor diese eingeschult werden können. Verstöße dagegen sollen mit Bußgeldern bis zu 500 Euro geahndet werden.[491a] Der Faschismus in Italien hat wieder Einzug gehalten! In einem anderen Fall bekam 2015 ein 12-jähriger Junge in Großbritannien von der britischen Regierung eine Summe von 120.000 britischen Pfund zugesprochen, da die Schweinegrippeimpfung *Pandemrix* von *GSK* bei ihm Narkolepsie (Schlafkrankheit) auslöste und er seitdem auf den Rollstuhl angewiesen ist. Seitdem wurden mehr als 100 weitere Familien mit ähnlichen Schadensersatzansprüchen erwartet.[492] Wenn man bedenkt, dass durch solch eine Impfung im schlimmsten Fall ein Leben komplett zerstört wird, sind 120.000 Pfund absolut lächerlich.

Ein Impfinsider packt aus

Der US-amerikanische Investigativjournalist Jon Rappaport führte mit einem ehemaligen Impfmittelforscher ein Interview, in dem dieser über die Risiken von Impfungen sowie über Vertuschungsmaßnahmen der US-Regierung und Pharmaindustrie berichtet. Aus Sicherheitsgründen wählte dieser Insider das Pseudonym Dr. Mark Randall. Das sehr lange Interview wurde in der Juni-Juli Ausgabe von 2006 des *Nexus Magazins* abgedruckt, wovon ich hier Randalls wichtigste Aussagen zusammenfasse:

- Wenn in der US-Aufsichtsbehörde für Nahrungsmittel und Medikamente ehrbare Leute arbeiten würden, dann würden die Impfstoffe gar nicht erst zugelassen werden.
- Der Rückgang von Krankheiten ist verbesserten Lebensbedingungen zu verdanken (sauberes Wasser, frische Lebensmittel, verbesserte Kanalisation, Ernährung usw.)
- Alle Impfstoffe sind gefährlich, denn sie beeinträchtigen die Abwehrmechanismen des menschlichen Immunsystems. Sie lösen Krankheiten aus, gegen die sie eigentlich schützen sollten und können für andere Krankheiten verantwortlich sein, z.B. Meningitis oder Autismus oder auch zum Tod führen.
- Es gibt regelmäßige Verunreinigungen in Impfstoffen. Im Masernimpfstoff *Rivamex* wurden z.B. Hühnerviren gefunden, und in einem Polio-Impfstoff Akanthamöben, die das Hirn zersetzen, sowie das Affen-Cytomegalovirus. Avian-Leukosis-Viren fand man im MMR- und im Grippe-Impfstoff. Auch potentiell gefährliche Enzym-Inhibitoren waren in diversen Impfmitteln vorhanden. Enten-, Hunde- und Kaninchenviren fanden sich im Röteln-Impfstoff usw.
- Einige Impfstoffe werden aus Gewebe von abgetriebenen menschlichen Föten hergestellt! Es wurden auch teilweise Spuren von menschlichem Haar und Schleim entdeckt.
- Standardmäßig werden chemische Substanzen wie Formaldehyd, Quecksilber und Aluminium eingesetzt.
- Impfstatistiken werden gefälscht. Beispiel: Wenn ein gegen Hepatitis B Geimpfter doch an Hepatitis B erkrankt, kann die Diagnose geändert werden, da Ärzte automatisch annehmen, dass geimpfte Menschen nicht an der Krankheit erkranken können, gegen die sie geimpft wurden. Impfstoffe werden nicht wissenschaftlich getestet, und Untersuchungen in Schadensfällen enden stets mit Freispruch für den Impfstoff.
- Das Kind eines Bekannten von Randall ist nach einer DPT-Impfung gestorben.
- Impfstoffe sind lange im Körper aktiv, und Schädigungen oder neurologische Symptome können erst im Laufe der Zeit auftauchen. Risiken nehmen zu, wenn binnen kurzer Zeit mehrere Impfstoffe verabreicht werden.
- Eine berühmte Hollywood-Persönlichkeit hat einmal öffentlich verkündet, sich nicht impfen zu lassen und beging damit beruflichen Selbstmord. Hollywood pflege starke Verbindungen zum Pharmakartell.

- Propaganda der Grippewellen jeden Herbst. Als ob Erreger nur im Herbst von irgendwoher anreisen würden. Im Herbst ist es eine Grippe und im Frühjahr nur eine starke Erkältung.
- Impfstoffe sind wie Aberglaube. Aufgetischte Märchen dienen dazu, diesen Aberglauben zu nähren.
- Randall hält ungeimpfte Kinder für gesünder als geimpfte. „Scheinbar" gesunde Kinder, die geimpft wurden, können Reaktionen in Form von Lern- und Konzentrationsschwäche oder Wutanfällen aufweisen. Impfungen seien das letzte, das er einem eigenen Kind antun würde.
- Durch falsche und unausgewogene Informationen haben Eltern quasi keine Entscheidungsfreiheit (und treffen dann die falsche Entscheidung). Marketing von Pharma, Medizin und Medien versetzen Eltern in Todesängste, indem ihnen Horrorszenarien eingetrichtert werden für den Fall, dass sie ihre Kinder nicht impfen lassen.[(493)]

Das sind schon sehr klare Aussagen, oder? Ein mir befreundeter Arzt (Professor) meinte zu mir einmal unter vier Augen, dass insgesamt betrachtet, Impfungen somit vorsätzlich durchgeführte schwere Körperverletzungen, Totschlag und Mord(versuche) seien. Wenn Regierungen, Mediziner und Impflobbys zu (Zwangs)impfungen aufrufen – so seine Aussage – so rufen sie zu Massenmorden und Völkermorden auf! Das sind heftige Worte, meinen Sie? Ja, es handelt sich aber auch um **heftige** Maßnahmen gegen uns! Das kann man doch keineswegs mehr schönreden. Die vielen Todesfälle und Verkrüppelungen sprechen eine deutliche Sprache. Wenn Sie bisher darüber nichts gehört und gelesen haben, dann liegt es daran, dass Sie sich darüber bisher nicht **ausreichend und umfassend** abseits der klassischen Schulmedizin informiert haben. Obwohl auch immer mehr Ärzte nicht mehr impfen, so zum Beispiel auch der vorhin erwähnte Freund. Es besteht also noch ein wenig Hoffnung, dass die Ärzteschaft insgesamt mal endlich aufwacht. An der Spanischen Grippe (1918-1920) sind an die 50 Millionen Menschen nicht an der Grippe, sondern an den **Massenimpfungen** (Pocken, Typhus, Lungenentzündung) gestorben, die noch während des Ersten Weltkriegs durchgeführt wurden. Augenzeugen aus dieser Zeit zufolge erkrankten nur die Geimpften.[(492a)] Aspirin, welches in hohen Dosen verabreicht wurde, machte die Erkrankungen schlimmer und raffte noch mehr Menschen dahin (*aerzteblatt.de*).[(492b)] Wir sollten endlich mal aufhören, alles blind zu glauben, was uns gelehrt und erzählt wurde.

Fazit: Ungeimpfte Kinder sind gesünder

Dies zeigen deutsche und internationale Studien immer wieder auf und bestätigen auch die vorigen Aussagen des ehemaligen Impfmittelforschers. Die größte deutsche Studie, die in Bezug auf die Gesundheit von Kindern und Jugendlichen zwischen 2003 und 2006 durchgeführt wurde, ist die sogenannte *KiGGS-Studie* der deutschen Seuchenbehörde, dem *Robert-Koch-Institut*. Von rund 17.600 Teilnehmern zwischen 0 und 17 Jahren wurden jeweils 1.500 Daten erfasst und ausgewertet, die sogar offiziell beweisen, dass ungeimpfte Kinder und Jugendliche gesünder sind als geimpfte; vor allem, wenn man die Rechentricks der Studienautoren herausfiltert, wie es die Informatikerin und vierfache Mutter Angelika Müller getan hat. Sie fand heraus, dass z.B. die ohnehin bereits niedrige Anzahl der Ungeimpften weiterhin willkürlich gesenkt wurde, indem einerseits Migranten an gewissen Stellen aus der Rechnung ausgeklammert und in anderen Auswertungen wieder hinzugefügt wurden. Eine andere Manipulation bestand darin, beim Vergleich zwischen Geimpften und Ungeimpften den „Gewichtungsfaktor" wegzulassen, der ansonsten Abweichungen bei der Zusammensetzung der Studienteilnehmer im Vergleich zur Gesamtbevölkerung korrigieren soll. Nach diesen Bereinigungen zeichnete sich für Frau Müller und allen Interessierten dann ein klareres Bild ab, welches sie auf ihrer Webseite *efi-online.de* (Eltern für Impfaufklärung) veröffentlichte. Hier einmal ihre signifikantesten Auswertungen:

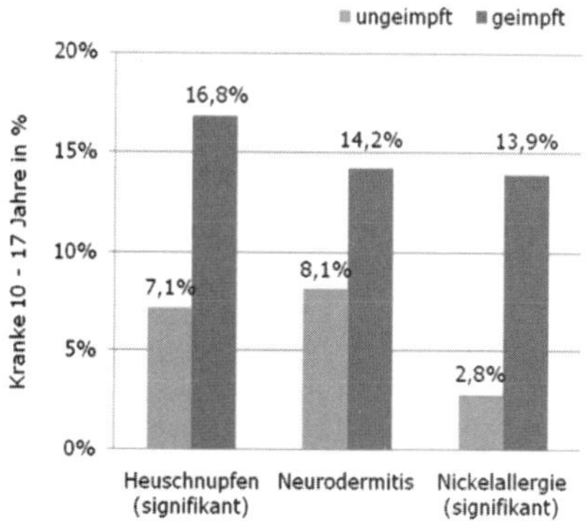

Abb. 177: Ein Vergleich zwischen Geimpften und Ungeimpften im Alter von 10 bis 17 Jahren in Bezug auf Allergien.

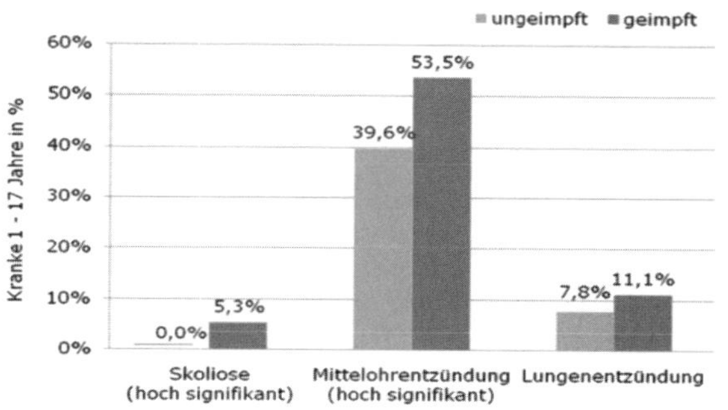

Abb. 178: Auch hier zeigt sich eindeutig, dass Ungeimpfte widerstandsfähiger sind als Geimpfte.

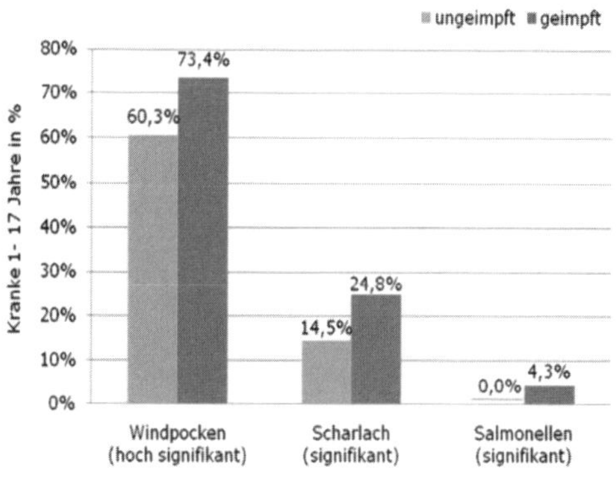

Abb. 179: Interessant zu sehen, dass gegen Windpocken und Scharlach geimpfte Kinder diese Krankheiten erst recht bekommen.

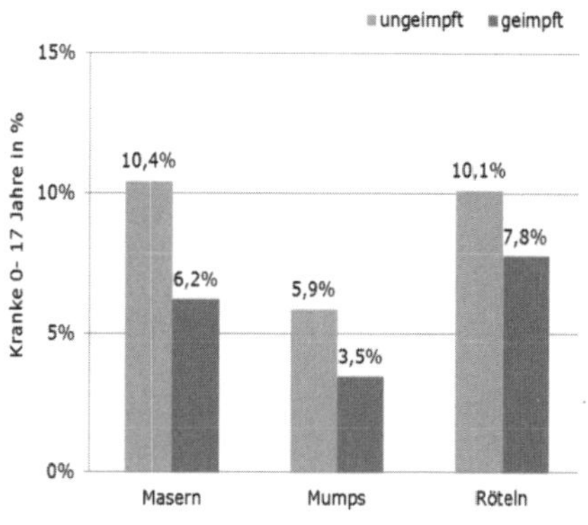

Abb. 180: Angelika Müller weist gerade bei den Ergebnissen dieser Grafik darauf hin, dass ein Großteil der gegen Masern geimpften Kinder insgesamt **drei oder mehr Masernimpfungen** erhalten hatte.[494] Der Schutz müsste nach meiner Logik dann mehr als 100% gegeben sein. Trotz oder nicht vielleicht gerade aufgrund der „Durchimpfung" mit Giftcocktails erkrankt ein bedeutender Teil dennoch an der besagten Krankheit. Ist es möglich, dass es von der Natur so sein soll, dass Kinder ihre eigene Immunisierung entwickeln sollten anstatt da **hineinzupfuschen** und alles kaputtzumachen wie ein Elefant im Porzellanladen?

Krankheiten/Prävalenzen	KiGGs-Studie	Neuseeländische Studie	Elternumfrage aus Salzburg	Fragebogen Kron
Asthma **8-15%**	3,7-5%	3%	Von 820 TN 0%	0,6% JA 0,7% Selten incl. chron. Bronchitis
Mittelohrentzündung **20-26%**	11-20% Doppelt so häufig wie Ungeimpfte	7%	4,6%	2,5% JA 7,5% selten
Neurodermitis bis 6.Lj **10-20%**	8,1- 9,5% Doppelt so häufig wie Ungeimpfte	13% allerdings ohne Alters-begrenzung	4% ohne Alters-begrenzung	Bis 10 Lj, incl. andere Ekzeme 2,5% JA 3,9% selten
Heuschnupfen **10-15% der Kinder**	7,5- 10,3% Doppelt so häufig wie Ungeimpfte	-	2,9%	1,1% JA 1,8 % selten incl. chron. Schnupfen
Allergie **25%**	-	-	3%	3,5% Ja, 4,3% selten
Autismus 0,4-0,5%	-	-	-	0,04% nur ein Fall eines über 15-Jährigen
ADHS **bis 10.Lj** **2-10%**	-	1% allerdings nur Hyperaktivität	1-2%	Bis 10 Lj 0,4% ADS 0,4% Hyperaktiv
Epilepsie **0,5-1%**	-	-	-	0,3%
Diabetes Typ I **0,12-0,15%**	-	-	1 = 0,12%	0,01%

Abb. 181: Eine Gegenüberstellung diverser Studien vom Portal *impfschaden.info*. In der ganz linken Spalte die Häufigkeit von Krankheiten bei allen Kindern (als Maßstab für geimpfte Kinder). Ganz rechts die Auswertungen des homöopathischen Arztes Rolf Kron, der den Gesundheitszustand von ca. 2.300 ungeimpften Kindern analysierte.

Symptom	geimpft	ungeimpft
Asthma	20 (15%)	4 (3%)
Ekzem oder allergische Ausschläge	43 (32%)	16 (13%)
Chronische Mittelohrentzündungen	26 (20%)	8 (7%)
Wiederkehrende Mandelentzündungen	11 (8%)	3 (2%)
Atemnot oder beinaher plötzlicher Kindstod	9 (7%)	2 (2%)
Hyperaktivität	10 (8%)	1 (1%)

Abb. 182: Eine neuseeländische Umfrage von 1992, an der 133 geimpfte und 121 ungeimpfte Kinder teilnahmen. Die Ergebnisse sind mehr als eindeutig. Wäre die Anzahl der ungeimpften Kinder höher gewesen, würde das Ergebnis für die Geimpften noch schlechter aussehen.

Und selbst eine Langzeitstudie in Guinea-Bissau (Westafrika), bei der **15.000 Mütter** mit ihren zwischen 1990 und 1996 geborenen Kindern beobachtet wurden, kam zum Schluss, dass das Sterberisiko bei Kindern, die gegen Diphterie, Tetanus und Keuchhusten geimpft wurden, mehr als doppelt so hoch war wie bei den ungeimpften Kindern (10,5% gegenüber 4,7%).[(495)]

Angelika Müller kommt am Ende ihrer eigenen Studie zu folgendem Ergebnis:

„Ungeimpfte Kinder sind in jeder Hinsicht gesünder als geimpfte. Hierfür gibt es die Beweise im Datenmaterial der KiGGS-Studie sowie logische Erklärungen, die in den Wirkungen der Zusatzstoffe begründet sind. Die Diffamierung von ungeimpften Kindern und deren Eltern muss sofort gestoppt werden, ebenso der direkte und indirekte Impfzwang, wie z.B. Schulausschlüsse von ungeimpften Kindern.“[(496)]

Dem kann ich mich nur anschließen. Es kann und darf einfach nicht sein, dass jemand, der sein Kind nicht mit Vorsatz vergiften will, im schlimmsten Fall das „Sorgerecht“ entzogen wird. Denn die öffentlichen Schulen weigern sich ja, Kinder aufzunehmen, die keine vollständige „Immunisierung“ nachweisen können. Im Grunde müsste man diese Schulen dann alle verklagen. Sind diese es doch, die **eigentlich** gegen die **gesetzliche Schulpflicht** in Deutschland und anderswo verletzen und **nicht** die Eltern. Wie konnten wir dies nur zulassen?! Warum haben wir überhaupt eine gesetzliche Schulpflicht in Deutschland und andere westliche Länder haben sie nicht? Wie kann es sein, dass Eltern lediglich das Privileg eines „Sorgerechts“ von einer Regierung zugesprochen bekommen, welches ihnen anscheinend jederzeit wieder entzogen werden kann? Gehören denn einem die eigenen Kinder nicht mehr? *„Aber klar sind das meine Kinder!“*, werden Sie jetzt sagen. Ja, richtig, aber ist Ihnen bewusst, durch welchen Verwaltungsakt Sie das **Recht** an Ihren Kindern der Regierung übertragen haben? Das war bereits kurz nach der Geburt Ihres Kindes durch die Beantragung der „Geburtsurkunde“. Hier darauf einzugehen, würde den Rahmen sprengen. In meinem ersten Buch habe ich aber all die Hintergründe dazu aufgedeckt, die Jahrhunderte zurückreichen auf gewisse päpstliche Erlasse...

Aber nicht nur gegen Impfkritiker wird scharf vorgegangen, sondern vor allem gegen „Verschwörungstheoretiker“. In den USA wurde z.B. einem verheirateten Ehepaar ihr ein Tag altes Baby von Sozialarbeitern des Bundesstaates Alabama entrissen, weil das Paar „Verschwörungstheorien“ nachging und den christlichen Glauben gemäß der Bibel praktizierte. Die Begründung der Behörden war, dass deren Ansichten „gefährlich“ seien. Die häufigste vorgeschobene Begründung ist natürlich die „Kindeswohlgefährdung“. Was den Behörden jedoch ganz und gar nicht schmeckte, war die Tatsache, dass die Eltern autark lebten und dem Neugeborenen keine Sozialversicherungsnummer verpassen lassen wollten. Das bedeutet, dass das Ehepaar „gefährlich“ für das System ist.[(497)]

Schaut man sich an, wie viele Impfungen Kinder von Geburt an bis zum 18. Lebensjahr in den USA im Jahre 1983 bekommen haben (24 Impfdosen) und ab 2015 verabreicht bekommen (71 Impfdosen, Tendenz steigend)[(498)], so muss man unweigerlich erkennen, dass dahinter eine düstere Agenda steckt, um unsere Kinder und somit die kommende Generation zu degenerierten Sklaven zu machen. Ich kann zudem allen Lesern wärmstens empfehlen, sich einmal auf *YouTube* den augenöffnenden Vortrag „*Impfungen – Sinn oder Unsinn*" von Anita Petek anzuschauen.

Impfaufklärender Dokumentarfilm treibt Angstschweiß auf die Stirn des Establishments

Kurz möchte ich auf den Dokumentarfilm „Vaxxed" (zu Deutsch: *geimpft*) des britischen Arztes Dr. Andrew Wakefield hinweisen. An einer Stelle im Film spricht Dr. Wakefield über die Geschichte einer MMR-Impfung der Firma *SmithKline Beecham/GSK*, die in Kanada 1987 eingesetzt wurde. Als danach Fälle von Meningitis (Hirnhautentzündung) auftauchten, nahm man den Impfstoff dort vom Markt und verwendete ihn bereits einen Monat später unter einem anderen Namen in Großbritannien weiter. Als auch dort nach vier Jahren Einsatz Fälle von Meningitis auftauchten und öffentlich ein Aufschrei erfolgte, wurde er vom britischen Markt genommen und kam anschließend in Dritte-Welt-Ländern wie Brasilien zum massenhaften Einsatz, die zur regelrechten Meningitisepidemie führte. Je jünger die Kinder dabei waren, so Wakefield, umso größer war das Risiko, an einer Meningitis zu erkranken. Der Arzt deckte erst den Zusammenhang zwischen der MMR-Impfung und Autismus auf.[(499)] Für seine Arbeit wurde er von Pharma- und Lobbyverbänden massivst angefeindet und medial in Verruf gebracht.

In den USA sorgte der Film in allen Massenmedien für mächtig Furore, nachdem der Hollywoodschauspieler Robert De Niro ankündigte, dass der Film seine Premiere im April 2016 auf dem *Tribeca Film Festival* haben würde. Aus Berufsgründen fügte er aber gleichzeitig hinzu, dass er kein Impfgegner sei und den Film persönlich nicht empfehle. Es ist unschwer zu erahnen, dass, hätte er diese Bemerkungen nicht hinzugefügt, er keine Rolle mehr in Hollywood als Schauspieler bekommen hätte. De Niro ist auch einer der Mitgründer dieses Festivals. Doch aufgrund großen Drucks der anderen Festivalteilhaber ruderte De Niro zurück und verkündete öffentlich, dass der Film nun doch nicht ausgestrahlt werden wird. Dabei hatten De Niro und seine Frau ein persönliches Interesse daran, dass der Film bekannt gemacht wird, haben die beiden nach eigenen Angaben selbst ein autistisches Kind und deshalb eine öffentliche Debatte über die Ursachen für Autismus lostreten wollen. Doch als er den Film mit der Begründung zurückzog, dass der Film nach Rücksprache mit dem Festivalteam und der „wissenschaftlichen Gemeinde" keinen Beitrag für weitere Diskussionen erbringen würde, sahen Impfgegner dies als Bestätigung dafür, dass De Niro es nicht ernst meinte mit der Aufklärung und eben mit zum Establishment gehöre.[(500)] Mit dem Letzteren werden die Kritiker sicherlich Recht haben, wenn wir uns zudem an seine jesuitische Handgeste erinnern. Dies heißt aber nicht automatisch, dass auch solche Leute nicht mal „aufwachen" können, wenn sie vom Schicksal hart getroffen werden.

Doch schaut man sich an, wer die Sponsoren des *Tribeca Film Festivals* sind, so ist es keine Überraschung, warum der Film zurückgezogen wurde, wie das investigative Portal

Global Freedom Movement herausfand. Denn unter den Sponsoren finden sich u.a. die *Sloan Foundation*, deren Chef ein Globalist und CFR-Mitglied ist; die *Rockefeller Foundation*; die *Bill and Melinda Gates Foundation* sowie die *John D. and Catherine T. MacArthur Foundation*, welche Pro-Impfen-Dokumentarfilme unterstützt sowie die Suche nach einer „HIV-Impfung". Da De Niro mit zum Direktorenteam des Filmfestivals gehört und noch eher als die Öffentlichkeit Zugang zur Sponsorenliste hat und Einsicht über die Geldflüsse, hat er zu 100% vorher gewusst, dass der Film auf diesem Festival nie ausgestrahlt werden würde. Wir können ruhig davon ausgehen, dass De Niro kein „dummer Junge" ist und als langjähriger Schauspieler im Dienste der Jesuiten und Hollywoods ganz genau weiß, dass schlechte Presse besser ist als gar keine. Indem er den Film ankündigte, stürzte sich die Weltpresse auf diese Ankündigung. Dass der Film dann später zurückgezogen wurde, spielt keine Rolle mehr, denn nun hatte er die weltweite Aufmerksamkeit von zig Millionen Menschen. Ohne diesen genialen Werbe- und Marketingschachzugs seitens De Niros hätte die Welt von dem Film nichts erfahren und wäre schnell in die Bedeutungslosigkeit gerutscht. Anstatt De Niro für seinen „Rückzieher" sämtlichen aufzubringenden Hass entgegenzubringen – wie es im Internet auf allen alternativen Medien zu verfolgen war –, sollten wir ihm danken und gratulieren, diesen mutigen Schritt in die Öffentlichkeit mit solch einem „systemsensiblen" Thema gewagt zu haben.(501) In Deutschland drohte die Kino-Tour des Films zu kippen, nachdem Kinobetreiber von mutmaßlichen *Antifa*-Mitgliedern und Autismus-Gruppen bedroht worden waren.(502) Zum Glück konnten sich Betreiber und die Produktionsfirma durchsetzen und ließen sich nicht unterkriegen. Auf der Webseite *vaxxed-derfilm.de* finden Sie weitere Informationen zu dieser Dokumentation.

„Alles, worum ich bitte, ist, dass dieser Film gesehen wird.
Menschen können dann selber urteilen, aber sie müssen ihn sehen!"
Robert De Niro

Impfungen sollen Spiritualität ausschalten!

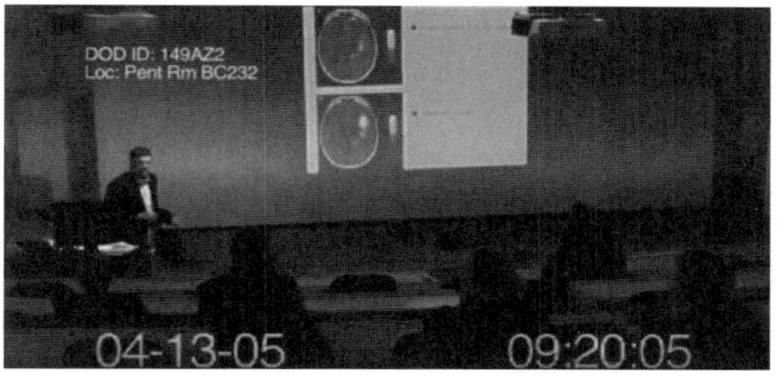

Abb. 183: Ausschnitt des veröffentlichten Vortragsvideos aus dem Pentagon. Der Redner, ein Wissenschaftler, zeigt anhand von Gehirnscans den Unterschied zwischen einem religiösen und einem nicht-religiösen Menschen.

Bevor ich zum Kern des Themas „Impfen" kommen kann, musste ich in diesem Kapitel vorweg etwas weiter ausholen, um auch bei den kritischen Lesern mit den ganzen Hintergründen ein gewisses Grundverständnis aufzubauen. Hinter der weltweiten Impfkampagne, zu denen auch die Impfungen über die Luft (Stichwort: *Chemtrails*) gehören, steckt natürlich noch eine besondere Absicht. Der Molekularbiologe Dean Harner enthüllte in seinem Buch „The God Gene" (zu Deutsch: „Das Gottes-Gen"), dass das Gen *VMAT2* für religiöse Empfindungen des Menschen verantwortlich sei.(503) Das Ganze könnte man jetzt als Schwachsinn abtun, wenn nicht ein aus dem Jahre 2005 an die Öffentlichkeit geschmuggeltes Vortragsvideo aus dem US-amerikanischen Verteidigungsministerium (Pentagon) das Licht der Welt erblickt hätte, in dem ein Wissenschaftler erklärt, über ein über die Luft als Aerosol verbreitetes Virus genau jenes *VMAT2* Gen zu unterdrücken, um aus *„religiösen Fundamentalisten bzw. Fanatikern“* „normale Menschen“ zu machen. Der Name dieser Impfung lautet daher auch *FUNVAX* (Vaccine for fundamentalists/Impfung für Fundamentalisten). In der Präsentation wird dieses Gen tatsächlich dann auch als *Gottes-Gen* bezeichnet, und im Laufe des Vortrags wird ersichtlich, dass das entwickelte Virus sich grundsätzlich gegen religiöse bzw. gläubige Menschen richten kann und nicht bloß gegen „islamische Fundamentalisten“ im Nahen Osten, wie im Vortrag als Beispiel eines möglichen Einsatzgebietes erörtert wird.[504]

In einem internen Dokument wird auf Hinweis von *naturalnews.com* zudem darauf aufmerksam gemacht, dass sechs Methoden zur Verbreitung dieses Virus bereits getestet wurden: über die Luft aus einer großen Höhe versprüht; Versetzung ins Grundwasser; Verbreitung durch Objekte am Boden (z.B. durch Autos/Autogase); Verbreitung über Wasserflaschen; Infizierung der Nahrungsmittelkette sowie Ansteckungen über Insekten. So soll das Virus nicht nur die religiöse/spirituelle Verbindung unterdrücken, sondern in den Infizierten auch eine Unzufriedenheit mit Gott oder der Religion auslösen. Im selben Dokument wird ein Gruppentreffen vom März 2007 erwähnt, welches zur Diskussion den Vorschlag zur Entwicklung eines Selbstmord-Gens beinhaltete.[505] Laut dem Whistleblower Joey Lambardi, der dieses Video und die Informationen über *FUNVAX* an die Öffentlichkeit brachte, vermutet, dass der Virus bereits im Nahen Osten erfolgreich getestet wurde und erwähnt dabei Länder wie den Irak, Iran und Libyen, in denen es überraschend zu Revolutionen in der Bevölkerung gegen ihre religiösen Regime gekommen war.[506] Seit seinem Interview 2011 ist Lambardis Verbleib ungeklärt.

In einem Artikel auf *zeitenschrift.com* wurde ebenfalls ein Zusammenhang zwischen den regulären Impfungen und der Unterdrückung der Spiritualität aufgezeigt. Die schädlichen Inhaltsstoffe in Impfungen, so heißt es im Artikel…

„(…) können bis auf die Ebene der Neutrinos (Lichtstoffwechsel in der DNA) einen direkten Einfluss auf die gesunde seelische Entwicklung und spirituelle Öffnung des geimpften Menschen haben. Im Zusammenhang mit den Stoffwechselprozessen kann man nachvollziehen, was im Organismus auch aus feinstofflicher Sicht abläuft. Mit diesen Kenntnissen ist es nicht mehr verwunderlich, dass durchgeimpfte Menschen oft große Mühe haben, sich für Fakten oder Ansichten außerhalb ihrer engen, oft auch indoktrinierten Denkmuster zu öffnen. Es gibt Gründe, die für diese ‚Blindheit‘ verantwortlich sind. (…) Dadurch wird der Mensch vom unermesslichen Wissensschatz, auf den er zugreifen könnte, abgeschnitten, und das bereits im frühesten Säuglingsalter. In einer Zeit also, in welcher die schützende Bluthirnschranke noch nicht geschlossen ist. Das Perfide daran ist, dass dies dem ‚verhinderten‘ erwachsenen Menschen gar nicht bewusst werden kann. Er ist nicht fähig, es überhaupt zu erkennen und dann entsprechende Schritte zu tätigen.“

Doch gleich im Anschluss wird ein möglicher Lösungsansatz aufgezeigt:

„Natürlich hat die Natur für Möglichkeiten gesorgt, die solche Verhinderungen zu beseitigen vermögen. Dazu bedarf es aber einer Willensanstrengung des Menschen, um diese Blockaden auflösen zu können und den Draht zur geistigen Welt wieder ‚in Betrieb' zu nehmen – sei es zu Engeln, Aufgestiegenen Meistern oder dem eigenen göttlichen Selbst. Einer solchen Willensanstrengung geht jedoch das Erkennen der Blockierung voraus – und gerade dies ist schwierig, weil es sich um den Bereich des ‚ich weiß nicht, dass ich nicht weiß' handelt. Die Grundlagen für die Verbindung zur geistigen Welt sind jedoch noch immer vorhanden. Die staatlich unterstützten ‚Programmierungen' erschweren dies jedoch beträchtlich. Mit gutem Grund, ist doch ein frei denkender Mensch laut Gandhi schwerer zu steuern als zehntausend eingelullte und manipulierte Konformisten."[507]

Der erste Schritt ist richtigerweise erst einmal, sich all dessen bewusst zu sein und sich Gedanken darüber zu machen, ob man sich oder sein Kind impfen lassen sollte oder nicht. Der nächste Schritt sollte sein, regelmäßig seinen Körper zu entgiften. Durch geistige Arbeit (u.a. Meditationen, positiven Affirmationen, Gebete) können alte Glaubensmuster wieder gelöscht werden. Und vergessen wir hierbei nicht, dass wir durch unser Denken Einfluss auf unsere Gene und unsere „inneren Programmabläufe" haben, wie uns die verblüffenden und schockierenden Studienbeispiele des Prof. Dr. Yoda gezeigt haben.

Nach allen bisherigen Informationen zielt die neue Generation an Impfungen also noch mehr darauf ab, auch die Gene der Menschen zu verändern. Natürlich ist die Absicht dahinter klar. Denn potenzieller Widerstand gegen das System soll ausgemerzt und bei allen Neugeborenen schon im Keim erstickt werden. Es gibt zudem ernste Spekulationen darüber, dass alle Neugeborenen über die Impfungen bereits gechippt werden. Chips sind in der Größe heute technisch bereits im Mikrobereich möglich. Das ist fürs Auge kaum mehr sichtbar. Der mit mir befreundete zuvor erwähnte Professor sagte Folgendes: *„Ich kann allen werdenden Eltern nur anraten, eine Hausgeburt oder eine stationäre Geburt im Krankenhaus durchführen zu lassen. Dabei ist penibelst darauf zu achten, dass das Neugeborene* ***nicht*** *geimpft wird! Dies ist im Notfall vehement zu unterbinden."* Das Erwachen der Menschheit soll unterdrückt und eine obrigkeitstreue, dem System gegenüber gehorsame und kritiklose Bevölkerung, buchstäbliche Roboter, herangezüchtet werden – mit einem Virus (sowie einem Chip), welches die Gedanken und Gefühle der Menschen manipuliert und somit eigenständiges Denken unterdrückt. Es herrscht ein wahrer Krieg gegen das menschliche Bewusstsein. Was müssen die Herrschenden für eine Scheißangst vor uns haben! Andersherum gibt es natürlich auch wissenschaftliche Studien, um die Spiritualität und religiöse Erfahrungen des Menschen zu erhöhen. Ja, die probieren alles Mögliche aus. Hierbei spricht man dann von *Genospiritualität.*[508] Meine Meinung ist, dass die Wissenschaftler mal endlich aufhören sollten, Gott zu spielen, und der Evolution sowie der Natur ihren freien Lauf lassen.

Eine kleine erfreuliche und vorsichtig optimistische Meldung bei dem ganzen Impfwahnsinn ist, dass US-Präsident Donald Trump selbst ein Impfkritiker ist und dies auch einige Male durchblicken ließ. Auf seinem Social Media *Twitter*-Kanal schrieb er am 28. März 2014, dass junge gesunde Kinder nach Verabreichung von mehreren Impfungen beim Arzt sich danach unwohl fühlen und an Autismus erkranken.[509] In einem Interview erzählte er 2015 auf die gezielte Frage des Interviewers, dass er selbst keine Grippeimpfungen bekomme und daher auch nicht an der Grippe erkranken würde. Er selbst halte nichts davon, sich „schlechte Sachen" injizieren zu lassen.(510) Er hat zudem den scharfen Impfkritiker Robert F. Kennedy Jr. (der Neffe von John F. Kennedy) gebeten, den Vorsitz der neuen Regierungskommission für Impfsicherheit und wissenschaftliche Integrität zu übernehmen.(511) Aber warten wir erst einmal ab, ob sich das dann auch tatsächlich in der Realität widerspiegelt, woran ich noch deutliche Zweifel habe. Seine Frau, Melania Trump, plädierte bei einem Besuch eines Krankenhauses in Washington D.C. überraschenderweise für die Integration von Elementen aus der Natur, um die Gesundheit und Heilung von Kindern zu fördern.(512) Auf das Phänomen „Trump" komme ich später noch einmal gesondert zu sprechen.

Vergiftungen und Impfungen durch Chemtrails

Wie schon zuvor angemerkt, sind sogenannte *Chemtrails* auch eine Form von Impfungen. Da die Zahl der Impfverweigerer die letzten Jahrzehnte stetig wächst, ist man dazu übergegangen, die Leute eben zusätzlich über die Luft zu „impfen". Was sind nun *Chemtrails*? Das sind chemische Kondensstreifen, die aus Flugzeugen aus großer Höhe versprüht werden, sich langanhaltend ausbreiten und eine graue zugezogene „Wolkendecke" bilden, die die Sonnenstrahlen nicht mehr durchlässt. Das Ganze ist auch unter dem Namen *Solar Radiation Management* bekannt (Verfahren zur Beeinflussung der Sonneneinstrahlung), wovon wieder das SAI-Verfahren (SAI= *Stratopheric Aerosol Injection*) am bedeutendsten ist, also die Ausbreitung von Aerosolen in der Tropopause, der Grenzschicht zwischen der Stratosphäre und der Troposphäre. Dieser Grenzbereich liegt in einer Höhe von acht Kilometern an den geografischen Polen und bei etwa 18 Kilometern am Äquator. Das Ganze soll augenscheinlich dazu dienen, die durch den „Klimawandel" von der Wissenschaft vertretene These der Erderwärmung entgegenzuwirken.(513) Diese Art der Wetterbeeinflussung nennt man im Englischen auch *Geo-Engineering*. Seitens des deutschen *Bundesumweltamts* werden die Chemtrails in die Ecke der „Verschwörungstheorien" gestellt. Die Massenverblödungsmedien blasen natürlich ins selbe Horn (bis auf klitzekleine Teil-Ausnahmen), was ist denn auch sonst anderes zu erwarten? Der Ausdruck *Chemtrails* wurde einst vom ehemaligen US-Präsidentschaftskandidaten Dennis Kucinich in einem US-Gesetzesentwurf zum Schutze der Atmosphäre und des **Weltraums** geprägt (*Space Preservation Act HR 2977*). Kucinich, der Zugang zu geheimem Militärakten hatte, forderte, dass „exotische" Waffensysteme des **Militärs** – gerade auch im Weltraum – verboten werden, zu denen er auch explizit die Chemtrails auflistete. Zu den anderen exotischen Waffensystemen zählte er des Weiteren:

- elektronische und psychotronische Waffen
- Niedrigfrequenzwaffensysteme
- Plasma-, Schall-, Ultraschall- und elektromagnetische Waffen
- Laserwaffen
- chemische, biologische, umwelttechnische, klimatische und tektonische Waffen
- strategische, taktische oder **extraterrestrische** Waffen

Der Ausdruck „exotische Waffensysteme" schließt Waffen mit ein, die den Weltraum oder natürliche Ökosysteme schädigen (wie z.B. die Ionosphäre/obere Atmosphäre!) sowie Waffensysteme, die die Absicht haben, Bevölkerungen oder Regionen auf der Erde oder im Weltall zu schädigen bzw. zu zerstören. Sie können es gerade nicht glauben? Lesen Sie am besten selber auf der Seite des US-Kongresses nach.(514)

Viele Skeptiker würden jetzt immer noch behaupten, dass die Chemtrails in Wahrheit gewöhnliche Kondensstreifen seien. Hier möchte ich gern mal die Frage in den Raum werfen, ob diese Skeptiker Tomaten auf den Augen haben und sich das Wettergeschehen am Himmel die letzten Monate und Jahre tatsächlich mal angeschaut haben? Die Frage ist absolut ernst gemeint, denn draußen sehe ich die meisten Leute wie „Zombies" umherlaufen, die nur noch auf ihr Smartphone vor ihrem „Dickschädel" glotzen und denken, sie wären die Krone der Schöpfung und hätten die universelle Weisheit mit großen Schaufeln gegessen. Dann gibt es jene Leute, die draußen vor sich hergehen und mit abgesenktem Kopf ständig nur auf den Boden starren und anscheinend in ihrem Leben nie mal „nach oben" gucken. Ich wette, Sie haben solche Spezies auch schon häufig draußen herumlaufen sehen. Häufig sieht man auch eine Kreuzung der beiden Exemplare, also Leute, die ihr ~~Essbrett~~ Smartphone vorm abgesenkten Kopf halten, und manchmal beim Überqueren von Straßen von Autos fast umgefahren werden. Aber gut, um einmal die Abgrenzung der *Chemtrails* von den *Contrails* (Kondensstreifen) fundiert darzustellen, finden Sie nachfolgend eine leicht verständliche Erklärung (Herv. d. Verf.):

„Übliche Kondensstreifen (engl.: ‚contrails') entstehen während des Flugbetriebes in Höhen über 6.000 m im Wesentlichen, wenn wasserdampf- und rußhaltige Triebwerksgase auf relativ kalte Luft treffen (bei Temperaturen unter -40° Celsius sowie einer relativen Luftfeuchtigkeit von unter 100% oder mehr). Je höher die relative Luftfeuchtigkeit ist, desto langlebiger sind die Kondensstreifen. Diese langlebigen Kondensstreifen verbreitern sich mit der Zeit und sind irgendwann nicht mehr von den natürlichen Zirruswolken, die sich in den gleichen Höhen bilden, zu unterscheiden. Übliche Kondensstreifen überdauern je nach Verbrennungsprozess, Triebwerkswärme und aktueller Wetterlage ***nur wenige Sekunden bis maximal ca. 20 Minuten****. Ein echter Kondensstreifen bildet sich erst in ungefähr eineinhalb Flugzeuglängen hinter dem Flugzeug aus, da der heiße Wasserdampf für seine Kondensation entsprechend Zeit benötigt. ‚Chemtrails' treten hingegen direkt – ohne Lücke – aus den Trag- oder Heckflächen aus.*

Verkehrsflugzeuge fliegen in der Regel in der Tropopause in einer Höhe von rund 10.000 Metern oder etwas höher. In diesem Bereich liegt die relative Luftfeuchtigkeit regelmäßig deutlich unter 100%, was sich auch an der in diesen Höhen meist äußerst geringen bis fehlenden Wolkenbildung ableiten lässt. Wo sich aufgrund zu geringer relativer Luftfeuchtigkeit keine Wolken ausbilden, können auch keine langlebigen Kondensstreifen überdauern. Es sei denn, es handelt sich um künstlich ausgebrachte, bedeckungsbildende Aerosole mit anderem Kondensationsverhalten als normale Kondensstreifen. Die Entwicklung der Wasserdampfmengen in der Stratosphäre zeigt Untersuchungen zufolge eine abnehmende Tendenz, was die Ausbildung langlebiger Kondensstreifen zusätzlich erschwert. So haben Messungen des Meteorologischen Observatoriums in Lindenberg in der oberen Troposphäre seit den 70er-Jahren eine Abnahme der relativen Luftfeuchtigkeit von ca. 4 % gezeigt. Die gemittelte relative Luftfeuchtigkeit im bisherigen Beobachtungszeitraum beträgt ca. 40%.

Wie viel Wasserdampf die Atmosphäre im Bereich der oberen Troposphäre bis unteren Stratosphäre aufnehmen kann, wird stark von der herrschenden Lufttemperatur bestimmt. Mit sinkender Temperatur nimmt die Kapazität der Luft, Wasserdampf aufzunehmen, nicht-linear ab. Während die Schwellwerte für Temperatur und Feuchte lediglich die Bedingungen zur Bildung von Kondensstreifen definieren, muss zur Persistenz von Kondensstreifen ein zusätzliches Kriterium erfüllt werden, nämlich die Übersättigung der Atmosphäre bezüglich der Eisphase. Andernfalls bilden sich nur kurzlebige Kondensstreifen, die sich nach Vermischung mit der Außenluft rasch auflösen.
Moderne Flugzeuge und Hubschrauber sind ungefähr seit den 60er-Jahren des 20. Jahrhunderts in der Regel mit Zweistrom-Turbinen-Luftstrahltriebwerken mit hohem Nebenstromverhältnis ausgerüstet und produzieren praktisch keine beständigen Kondensstreifen."(515)

Ich denke spätestens jetzt sollte das nun einleuchtend sein. Es existiert sogar ein US-amerikanisches Patent mit der Nummer US20090032214, welches das Ausbringen von Aerosolen/Emissionen in großer Höhe zur Blockierung der Sonne im Rahmen der Eindämmung des Klimawandels beschreibt.(516)

Offizielle Aussagen über Chemtrails

Interessanterweise wurde selbst auf dem deutschen TV-Sender *ZDF* die Bevölkerung in einem Beitrag auf die Existenz von Chemtrails dazu eingestimmt, als es darin hieß, dass Forscher an einer Lösung zur „Eindämmung der Erderwärmung" arbeiten, welche vorsähe, weltweit giftiges Schwefelpulver in der Atmosphäre durch Flugzeuge auszubringen, um die Sonnenstrahlen zurückzureflektieren.(517) In einem *ZDF*-Wetterbericht erklärte der Wettermoderator anhand der Karte Deutschlands, dass jene „Schlangenlinien" vermutlich durch Militärflugzeuge ausgebracht wurden, *„die mit dem Wetter so nichts zu tun haben"*.(518)

Auf einer von den *Vereinten Nationen* organisierten Konferenz zum Klimawandel (keine UN-Sitzung) hielt Rosalind Peterson, Präsidentin der *Agriculture Defense Coalition* (Koalition zur Verteidigung der Landwirtschaft), im September 2007 eine Ansprache, in der sie auf Wetterbeeinflussung durch über die Luft aus zumeist nicht-kommerziellen Flugzeugen versprühte Chemikalien hinweist und dass durch die Blockierung der Sonne diese Art der Wettermodifizierung sich nachteilig auf zukünftige Ernten auswirkt sowie allgemein die Anbausaisons in der Landwirtschaft beeinflusst (denn weniger Sonne bedeutet weniger Photosynthese für die Pflanzen). Ein solch chemisch angereichter andauernder „Kondensstreifen" kann sich, nach ihren Aussagen, bis auf 4.000 km weit ausdehnen und 20 Stunden lang anhalten. Sie zitiert zudem Studien von der NASA (US-amerikanische Weltraumbehörde), die besagen, dass diese „von Menschen gemachten Wolken" die Wärme in unserer Atmosphäre einschließe und somit überhaupt zumindest teilweise zur „globalen Erwärmung" erst beitragen würde (während ja sonst behauptet wird, dass gesprüht wird, um die Erderwärmung zu stoppen). An diesen Sprühaktionen sei sowohl die NASA als auch die US-Luftwaffe beteiligt, die laufend kanisterweise Chemikalien in der Atmosphäre ausbringt, ohne jedwede Regulierung. Unter diesen ausgebrachten Chemikalien befinden sich auch Aluminium, Barium und Strontium, welche, so Peterson, Pflanzen und Bäume zerstöre, da die Wurzeln durch die Vergiftung nicht mehr in der Lage seien, ausreichend Wasser oder Nährstoffe aufzunehmen. Die Chemikalien gelangen ebenfalls in unser Grund- und Trinkwasser. Zudem erwähnte sie, dass die Flugzeugemissionen vermehrt Salpetersäure in die Atmosphäre bringen, die wiederum die Ozonschicht verringert, laut einem Bericht der US-amerikanischen Umweltschutzbehörde.(519) (Von den Impfungen wissen wir bereits, dass Aluminium das Hirn zerstört und Alzheimer auslösen kann.)

Eine weitere Bestätigung kommt dann auch direkt von der US-Luftwaffe, wo Kristen Meghan neun Jahre lang im Bereich Bio- und Umwelttechnik als Industriehygienikerin und Umweltexpertin arbeitete. Teil ihrer Arbeit war es, als Kontrollinstanz Chemikalien freizugeben und zu prüfen, wer diese anfordert und für welche Zwecke diese gebraucht werden. Mit der Zeit wurde sie aufgrund großer Mengen von zum Einsatz vorgesehener Chemikalien skeptisch, da die Behälter keinerlei Angaben über den Hersteller aufwiesen oder einer militärischen Abteilung zugewiesen waren, was nicht dem Standardprotokoll entsprochen hatte. Als sie anfing, Fragen zu stellen, fing man an, sie zu dämonisieren und ihr zu drohen, sie in eine Anstalt einzuweisen und ihr die Tochter wegzunehmen. Seitdem hatte sich ihr Leben geändert sowie ihre Haltung zum US-Militär. Unter den Chemikalien, die sie in riesigen Mengen zu Gesicht bekam, befanden sich zufälligerweise Aluminium, Barium, Strontium und Sulfate (Salze oder Ester der Schwefelsäure). Die Verbindung zu den Chemtrails fand sie dann schnell, als sie selbst in ihrer Umgebung Luft- und Bodenproben entnahm, sie analysierte und in ihnen exakt dieselben chemischen Komponenten vorfand. Laut ihren Schlussfolgerungen werden die *Chemtrails* aus diversen Gründen versprüht. Wenn man den Menschen ihre Nahrung und ihr Ökosystem zerstört, so hat man sie richtig unter Kontrolle. Die Agrarindustrie verdient daran (Pestizide, Genpflanzen) und auch Spekulanteninsider können davon profitieren, wenn sie beispielsweise bereits vorab wissen, wo und wann es wie viel regnen wird (Ernteerträge oder -ausfälle, Börsenpreise etc.).(520)

Auf einer öffentlichen Anhörung der regionalen Luftqualitätsmanagementbehörde in Shasta, Kalifornien, im Jahre 2014, kamen Piloten von kommerziellen Passagierflugzeugen, ehemalige Piloten der US-Luftwaffe, Ärzte und Wissenschaftler zu Wort, die alle die Existenz und Eigenschaften von Chemtrails bestätigten. Bei dieser Anhörung wurden u.a. folgende Insideraussagen getätigt:

- Es wurde von Flugzeugen berichtet, die keine Passagiere an Bord und auch keinen Transpondercode haben (also quasi anonym unterwegs sind), die meilenlange Chemtrails versprühen.
- Diese Sprühflugzeuge werden von Mitarbeitern in Chemieschutzanzügen beladen. Warum, wenn das alles angeblich „harmlos“ sein soll, was gemacht wird?
- Aufgrund der Ausbreitung von mikronisiertem Aluminium kann ein 25%-iger Anstieg von Lungenkrankheiten und fast eine Vervierfachung von Parkinsonerkrankungen und anderen neuro-degenerativen Erkrankungen sowie eine erhöhte Anzahl von Alzheimerfällen beobachtet werden. Nanopartikel erzeugen Zelltod im Gehirn.

- In Kindern mit Aufmerksamkeitsdefizitsyndrom/Hyperaktivitätsstörung und Autismus wurden hohe Mengen an Aluminium gefunden. Nach einer entgiftenden Ausleitung kehrten sie zum Normalzustand zurück.
- Neben Aluminium wird die Ausbreitung von Barium, Strontium und Mangan erwähnt. Es wird klargestellt, dass Aluminium als Verbindung „natürlich" vorkommen kann, aber nicht in freier Form, wie es in der Luft und im Boden vorgefunden wird. Dies sei nicht normal.
- Wenn die Sonne eine „weiße Trübung" aufweist, dann liegt Aluminium in der Luft.
- Chemtrails unterdrücken das Immunsystem.[(521)]

Neben Metallen und Chemikalien enthalten die Chemtrails laut den Aussagen der schwedischen Grünenpolitikerin Pernilla Hagberg auch Viren und Virenfragmente, wie die Seite *naturalnews.com* auf Berufung eines Artikels der schwedischen Zeitung *Katrineholms Kuriren* berichtete. Letztere löschte den Artikel jedoch wieder von ihrer Seite.[(522)] Versprüht werden außerdem u.a. auch Arsen, Bazillen und Schimmelpilze, Quecksilber, Blei, Nickel, Schimmelpilzsporen, Polymerfasern, Mykotoxine, Nano-Aluminium beschichtetes Fiberglas, Sub-Mikron-Partikel (die lebende biologische Materie beinhalten) sowie rote und weiße Blutkörperchen von Menschen, wie unabhängige Analysen laut einer US-amerikanischen Aktivistenseite und die Bürgerinitiative *sauberer-himmel.de* bestätigen sollen.[(522a)]

Wenn also sowohl in Impfungen als auch über Chemtrails Virenteile bzw. Virenfragmente verbreitet werden, so kommt man schon fast zu der Schlussfolgerung, dass Impfungen und Chemtrails eine Zwei-Komponentenwaffe gegen uns „nutzlose Esser" sind. Das heißt, dass bestimmte Viren(fragmente), die über Impfungen verabreicht werden, durch bestimmte Viren(fragmente) über die Chemtrails im Körper aktiviert werden. Gut möglich, dass beispielsweise über Impfungen einst verabreichte inaktive und schlummernde Substanzen durch passende „Aktivatoren" aus Chemtrails (und/oder Nahrungsmittel) erst ihre verheerende Wirkung entfalten. Der umgekehrte Weg kommt natürlich auch infrage, also dass Gifte über Chemtrails durch Gifte in den Impfungen aktiviert werden. Gerade auch deshalb sollte man zusätzliche Vergiftungen da vermeiden, wo es tatsächlich noch möglich ist!

Doch auch das Metall *Lithium* wird laut der Wissenschaftlerin Ann Fillmore zumindest in einigen Regionen testweise in den USA versprüht. Lithium wird in der Medizin für gewöhnlich bei bipolaren Störungen und schweren Depressionen verschrieben. Die Liste an möglichen Nebenwirkungen ist laut Fillmore nicht ohne:

- in aller erster Linie **Lethargie**. Man fühle sich schwer und wie unter Medikamenteneinfluss.
- Muskel- und Gelenkschmerzen
- undeutliches Reden und unscharfes Sehen
- Verwirrung/Halluzinationen
- plötzliche Gewichtszunahme
- Magenprobleme, die zu Durchfall oder Verstopfung führen können.

- Störung des Hormonsystems (endokrinen Systems); Magen schwillt an, als sei man schwanger
- Haarverlust
- Appetitverlust
- Impotenz[523]

Dass die NASA unter dem Vorwand von „Raketenexperimenten" Lithium absondert, dürfte sicherlich nur ein „dummer Zufall" sein.[524] Schaut man sich an, wer bei der finanziellen Unterstützung von Wissenschaftlern dabei ist, die sich für großangelegte weltweite Klimabeeinflussung (Geoengineering) einsetzen, so ist Primus Bill Gates ganz vorn mit dabei.[525] Ist es Zufall, dass Billy sowohl Impfungen als auch Chemtrails liebt? Nicht unerwähnt in diesem Zusammenhang dürfen die *Vereinten Nationen* sein. Denn die Weltgesundheitsorganisation WHO hat ein Impfprojekt ausgearbeitet, das vorsieht, über Aerosole (also über die Luft) die Masernimpfung auszubringen. Das können Sie übrigens auf der Webseite der WHO nachlesen.[526]

Für eine Überraschung sorgte die am 24. März 2017 eingereichte Gesetzesvorlage H6011 des US-Bundesstaates Rhode Island mit dem Namen *Geoengineering Act of 2017 (Gesetz zur Klimabeeinflussung von 2017)*, welches das Geoengineering kritisch betrachtet und gesetzlich regulieren will. So heißt es in der Gesetzesvorlage u.a.:

„‚Geoengineering' wird hier als die absichtliche Manipulation der Umwelt definiert, die nukleare, biologische, chemische, elektromagnetische und/oder andere physikalische Wirkstoffe einbezieht, die Veränderungen der Erdatmosphäre und/oder der Oberfläche bewirken.

(B) Die Generalversammlung von Rhode Island stellt fest, dass das Geoengineering viele Technologien und Methoden mit gefährlichen Aktivitäten umfasst, die die menschliche Gesundheit und Sicherheit, die Umwelt und die Wirtschaft des Staates Rhode Island schädigen können.

(C) Es ist daher die Absicht der Generalversammlung von Rhode Island, alle Geoengineering-Aktivitäten zu regeln, wie es weiter unten in den Bestimmungen und Bestimmungen dieses Kapitels dargelegt ist."

Die Liste an aufgeführten Techniken zur absichtlichen Manipulation der Umwelt beinhaltet beispielsweise:

- *Solar Radiation Management* (SRM) oder was manche als *Chemtrails* bezeichnen
- Bodenbasiertes Geoengineering und/oder atmosphärenbasierte Einsätze [desselben], einschließlich der „Werkzeuge" und Fahrzeuge, um dies einzusetzen, inkl. Drohnen
- Schutz mittels Wolkenabdeckung und Wolkenaufhellung
- Weltraumsonnenschirme oder -sonnenschutzschilde
- Solarschutzschilde oder atmosphärische Sonnenschutzmittel, z.B. reflektierende Partikel wie Schwefeldioxid und Aluminiumoxid
- Künstliche Ionosphäre, z.B. Plasmawolken mit hoher Dichte
- Ozeandüngung mit Eisen oder Kalk

- Wiedervereisung oder Kühlung der Arktis durch künstliche Mittel
- Genetisch modifizierte, CO_2-verzehrende Plastikbäume
- Atmosphärischer Einsatz von Hochfrequenz-/Mikrowellenstrahlung
- Flugzeug-Geoengineering-Aktivitäten

In derselben Gesetzesvorlage werden sogar mögliche Konsequenzen durch all diese Klimabeeinflussungsmethoden aufgezählt:

- Globales Verdunkeln reduziert die Absorption von Vitamin D bei Mensch und Tier
- Reduzierte Photosynthese
- Lokale Niederschlagsmuster verändern sich
- Chemische Inhaltsstoffe in den lokalen Niederschlägen
- Verschmutzung von Luft, Wasser und Boden, wenn die Partikel auf die Erde fallen
- Verschlechterung der Gesundheit bei Menschen, Tieren und Pflanzen und anderen lebenden Organismen
- Beschleunigung der Verluste in der Artenvielfalt und bei den Arten
- Weniger direkte Sonneneinstrahlung auf der Erde [aktuelle Schätzungen gehen von 25 bis 30% weniger Sonnenlicht aus, das die Erde wegen des „Chemtrail"-Sprühens ereicht]
- Anstieg des sauren Regens, Schwefel und Aluminiumoxid
- Dürren und Überschwemmungen
- Erhöhungen der ultravioletten Strahlung (UVA, UVB und/oder UVC), die die Erde erreicht
- Sichtbarkeitsbeeinträchtigung

Auf der letzten Seite der Gesetzesvorlage, nach der der Lizenzierungsprozess öffentlich erfolgen müsste, heißt es abschließend:

„Dieses Gesetz würde ein System zur Regulierung der absichtlichen Manipulation der globalen Umwelt, durch verschiedene Mittel, die als ‚Geoengineering' bekannt sind, schaffen. Dieses Gesetz würde auch vorsehen, dass eine Person, die sich in Geoengineering-Aktivitäten engagiert, eine Lizenz vom Direktor der Abteilung für Umwelt-Management benötigen würde."[(526a)] (Dank an *konjunktion.info* für die Übersetzung!)

So, damit hätten sich die Chemtrails und ihre negativen Folgen für Mensch, Tier und Umwelt als bloße „Verschwörungstheorie" hiermit endgültig und ein für alle Mal erledigt – sehr zum Leidwesen des Establishments und sonstiger Propagandisten. Ob die Gesetzesvorlage nun tatsächlich kritisch mit dem Thema umgeht oder die Chemtrails schlussendlich einfach „legalisieren" will, ist an dieser Stelle erst einmal zweitrangig. Bedeutend ist, dass es **überhaupt** mal vermehrt von offizieller Seite angesprochen wird und somit der Weltbevölkerung die Chance gibt, die Tomaten von den Augen endlich einmal wegzunehmen.

Abb. 184 (links): Chemtrails: Streifen, die sich nicht auflösen, sondern am Himmel bleiben und sich ausdehnen.

Abb. 185 (rechts): Chemtrails über einem Feld in den USA. Im linken Bereich erkennt man, wie die Streifen sich bereits ausgedehnt haben und anfangen, den Himmel zu bedecken und zu verdunkeln.

Abb. 186 und 187: Typisch sind Kreuz- und Schachbrettmuster, damit die ausdehnenden Streifen eine zugezogene Wolkendecke bilden. Sagen Sie mir bitte nicht, dass Sie solch ein Phänomen bei sich in der Gegend noch nie beobachtet haben. Ich sehe das bei mir fast täglich, und das seit vielen Jahren.

Harald Kautz-Vella – Chemtrails und die Transhumanismus-Agenda

Bezüglich des Ausbringens von Aluminium- und Bariumsalzen sowie Strontium fand ich noch einen interessanten Beitrag auf *sauberer-himmel.de*, der diesbezüglich noch etwas näher ins Detail geht:

„Aller Voraussicht nach werden mit Barium-Strontium-Titanat piezoelektrische Nanokristalle versprüht, welche die Atmosphäre in ein technisches Plasma verwandeln. Mit dieser künstlichen Plasmaschicht kann Golf gespielt werden. Diese Kristalle können nämlich zwischen verschiedenen Gitterstrukturen springen und dabei ihre elektrischen Eigenschaften spontan ändern. Ein federleichtes Polymer-Gemisch dient als Trägersubstanz und gewährleistet die Bindung des Bariums und Aluminiumpulvers in der Luft. Schließlich sollen die versprühten Teilchen Wolken bilden."(527)

Der deutsche naturwissenschaftliche Forscher aus dem Bereich der Umweltanalytik, Harald Kautz-Vella, steigt dazu noch etwas tiefer in die Materie ein und erklärt:

„Liest man die Patente aufmerksam durch, so fällt ins Auge, dass hier mit Wellen und ihren ‚time reversed replika'-Wellen gearbeitet wird, d.h. dass hier Skalarwellenphysik zur Anwendung kommt. Wenn die Kristalle auf diese Wellen mit physikalisch konventionellen Reaktionen antworten, dann fangen und streuen die Nanopartikel auch Biophotonen. Die interzelluläre Kommunikation und der Energieaustausch innerhalb von Bioto-

pen ist auf den freien Austausch von Biophotonen angewiesen. Biophotonen sind bidirektionale Lichtwellen, komponiert aus eben jenen Wellen und ihren ‚time reversed replika'-Wellen, durch die Zellen auf räumliche Distanz miteinander verkoppelt sind, über die sie Information und Energie austauschen. Die bidirektionalen Biophotonen befinden sich optisch in gegenseitiger Auslöschung, quasi als stehende Lichtwelle, wodurch das Gewebe für sie transparent wird. Bringt man jetzt Kristalle in das System, die für genau diese Wellenformen sensibel sind, die sie aufnehmen und als weißes, informationsloses, nichtkohärentes, willkürlich polarisiertes und damit als nicht mehr verkoppelbares Licht refraktieren, so verendet die Zellkommunikation und der freie Energieaustausch innerhalb von Pflanzen, sobald die Welsbachpartikel in das Gewebe eingedrungen sind. Das Gleiche passiert zwischen z.B. Pflanzen und den Mikroben im Boden. Dazu reicht es, wenn die Partikel an der Oberfläche der Pflanzen kleben oder sich im Zwischenraum verteilen. Man muss da nicht nur an Wiesen und Wälder denken, auch der Ozean könnte bezüglich Qualität und Quantität der Planktonproduktion in Mitleidenschaft gezogen werden, nur weil die Partikel im Wasser schweben und die Zellkommunikation innerhalb der Plankton-Biotope zerstreuen und zerstören."[528]

Das heißt, dass mit diesen versprühten Metallverbindungen künstlich elektrische Felder erzeugt werden (im Zusammenspiel auch mit Mobilfunk und anderen schädlichen Wellen) und die Nanopartikel dadurch den Fluss der Biophotonen in lebenden Organismen, wie Menschen, Tieren und Pflanzen, manipulieren und somit die Zellkommunikation stören bzw. manipulieren können. Ähnlich wie bei den Impfungen kann also auch hier durch die Chemtrails der Lichtstoffwechsel der DNA unterbrochen werden.

Dass es sich beim Thema „Chemtrails" nicht bloß um Wetterbeeinflussung geht, habe ich mittlerweile durchblicken lassen. Es geht um die Kontrolle über das menschliche Bewusstsein und auch um die Erweiterung technischer Möglichkeiten. Herr Kautz-Vella bot dazu in seinen Vorträgen sehr brisante Informationen und drang dabei tiefer bis zum Kern vor, als die meisten anderen Forscher jemals. Seine Entdeckungen und Zusammenhänge werden viele Menschen schockieren. Sie führen das bisher Gesagte über DNA und Bio- bzw. Lichtphotonen noch weiter aus. Nachfolgend mal eine komprimierte Zusammenfassung seiner wichtigsten Aussagen, um uns nicht zu sehr in komplexe wissenschaftliche und technische Details zu verlieren:

Die Wetter- bzw. Klimabeeinflussung durch Chemtrails bildet nur die äußerste Schicht, von der die Öffentlichkeit erfahren darf, was in meinen Augen im Zuge des propagierten „Klimawandels" eine sehr gute Ablenkungsshow ist. Wenn man sich eine Ebene tiefer anschaut, so muss man hier von fortgeschrittener Militärtechnologie sprechen, die angewandt wird. Das „technische Plasma" und die reflektierenden Metalle ermöglichen u.a. Radarreichweitenverlängerung, Raketenschutzschilde sowie eine dreidimensionale Radarluftraumüberwachung. Denn die „Partikelplasmen" besitzen optische und elektrophysikalische Eigenschaften. Das alles bewirkt, wie wir bereits erörtert haben, Pflanzensterben sowie Baumsterben und Tiersterben (und auch Bevölkerungsreduktion bis zu einem gewissen Grade). Hinter diesem Chemtrailprojekt stecken US-amerikanische Geheimdienste wie die CIA, NSA und die NASA (in Kooperation mit der US-Luftwaffe).

Geht man noch eine Ebene tiefer, so entdeckt man hinter diesen globalen Sprühaktionen eine **„transhumanistische Agenda"**, also die Absicht, die Menschen mit Maschinentechnologie zu verschmelzen. Und da kommen neben den Metallen und Nanopartikeln auch „biologische Agenten" ins Spiel, die über die Luft in unsere Körper eingeschleust wurden und weiterhin werden. Die Elemente, die versprüht werden, bilden eine Verschmelzung von Biologie, Chemie und Technik. Nach Kautz-Vellas Worten werden wir durchseucht mit kleinen „Antennen", die eine **bidirektionale** (also in beide Richtungen) Schnittstelle zwischen Funksignalen und unserem „inneren Lichtkörper" herstellen, wenn man es so nennen mag. Funksignale von außen (z.B. Mikrowellen, WLAN, Mobilfunk, Skalarwellen) werden durch die biologischen Agenten in unserem Körper in DNA-lesbare Lichtsignale verwandelt (unsere DNA kommuniziert über Lichtphotonen). Umgekehrt funktioniert es ebenfalls. DNA-Lichtsignale werden durch dieselben Agenten in Funksignale umgewandelt. Was bedeutet das nun? Einerseits können auf diese Weise gepulste Informationen von außen in Form von Licht in den Körper hineingebracht werden und somit Gefühle blockieren oder auslösen. Der gesamte Gefühlshaushalt eines Menschen kann dadurch von außen gesteuert werden. So ließe sich damit z.B. im arabischen Raum ein „arabischer Frühling" auslösen oder auch anderswo in der Welt, wo ein Menschenkollektiv plötzlich die eigene Regierung stürzt.

Morgellonsyndrom (Pilzkrankheit)

Gehen wir noch ein Stück tiefer in die Materie, so erfahren wir von Kautz-Vella, dass diese biologischen Agenten sogenannte *Morgellons* sind. Das sind künstliche Lebewesen, genauer gesagt eine Kombination aus Einzellern, Vielzellern und Pilzen. Diese Morgellons wachsen auch wie Pilze, sie bilden Myzelien und Fruchtkörper aus. Solch ein Fruchtkörper reift in einem 28-Tage-Zyklus im menschlichen Magen-Darm-Trakt und ggfls. im Uterus der Frau heran, wird etwa 3 cm groß und ähnelt einem menschlichen Embryo in der 20. Schwangerschaftswoche. Es ist zweigeschlechtlich mit ausgebildeten Geschlechtsorganen. In der Morphogenese besitzen die Morgellons insektoide und humanoide Merkmale und sollen laut einigen Quellen in Chemtrails und in genetisch manipulierten Lebensmitteln vorkommen. Sie formen feine Kapillaren aus, welche die Nanopartikel bestimmter Klassen aufnehmen, die zufälligerweise genau durch Chemtrails versprüht werden. Das Resultat sind dann lebende **optische Fasern**, die sich mit verschiedenen Nanopartikeln von innen füllen und als kleine Quantenleser fungieren, die man von außen – wie vorhin bereits erwähnt – elektromagnetisch aktivieren und kontrollieren kann. Einerseits können also von außen Informationen in den Körper hineingebracht werden, andererseits werden über diese „Schnittstelle" auch Informationen nach außen gefunkt. Aufgrund unserer einzigartigen DNA-Signatur sind wir dadurch für die Radarsysteme der Geheimdienste jederzeit weltweit bis 800 Meter unter der Erde individuell ortbar. Zudem können Gemütszustände (und der Zustand der Gesundheit) der Menschen abgelesen und aufgenommen und diese auch auf andere Menschen übertragen werden. Letztere erleben dann Bewusstseinszustände, die nicht ihre eigenen sind.

Durch die weltweiten Sprühaktionen hätten fast alle Menschen diese Morgellons im Körper. Jene Menschen, deren Körper Widerstände gegen sie entwickeln, versuchen diese als Auswucherungen über die Haut abzusondern. Aus der Haut wachsen dann spinnenwebenartige blaue und/oder rote Fäden, die sehr hart und robust sind. Offiziell ist das *Morgellonsyndrom* nicht als Krankheit anerkannt, obwohl rund 300.000 Menschen weltweit mit diesen Symptomen bereits aufgetaucht sind. Bilder dazu möchte ich Ihnen an dieser Stelle aber ersparen, denn diese Wesen ernähren sich von negativen Emotionen, insbesondere von Ängsten und Wut. Und wie wir von Prof. Dr. Yoda wissen, wollen wir mit Ängsten nichts manifestieren, was wir nicht wollen. Diese „Parasiten" lieben ein saures Milieu im Körper. Negative Gefühlszustände machen unseren Körper sauer. Spirituell betrachtet bedeutet das, mehr in die Liebe und Vergebung zu gehen, auf seine Gedanken und Gefühle zu achten. Auf der rein körperlichen Ebene sollen Antibiotika und Antimykotika schädlich wirken (da sie die guten Darmbakterien zerstören), genauso Quecksilber und Zucker. Diese fördern wiederum den Hefepilz im Darm (Candida).(529)

Daher sind Amalgamsanierungen, Schwermetallausleitungen sowie regelmäßige Entsäuerungen des Körpers (z.B. durch basische Bäder, Einnahme von Mineralien) und das vermehrte Zuführen von möglichst biologischen Lebensmitteln, die sich basisch auf den Körper auswirken, sehr wichtig (also mehr Rohkost in Form Obst, Salaten, Wildkräutern). Parallel dazu sollte das Immunsystem mit guten Nahrungsergänzungsmitteln aufgebaut werden (also Vitamine, Mineralien, Spurenelemente, Omega-3-Öle, Proteine, Probiotika, hormonaufbauende/-regulierende pflanzliche Mittel, bedarfsweise Aminosäurenkomplex und Tonika aus dem TCM/Ayurveda-Bereich). Aufgrund der Tatsache, dass die heutigen Nahrungs- und Lebensmittel durch ausgelaugte Böden, Herbizide und Pestizide kaum noch Nährstoffe haben, wäre es meiner Meinung nach schon fahrlässig, nicht mit ergänzenden Präparaten zu supplementieren. Zwei bis drei Gramm Vitamin C pro Tag, täglich Magnesium, hin und wieder B-Komplex und Vitamin D3+K2 nach Bedarf gehören bei mir mittlerweile zum Basisrepertoire (das D3 braucht das *Gc-Protein*, um *GcMAF* zu bilden). Man muss gerade in der heutigen Zeit dem Körper genug geben, damit er all den Giften und täglichen Belastungen im Leben auch etwas entgegensetzen kann. Suchen Sie sich ggfls. Rat bei einem Alternativmediziner, wenn Sie in Bezug auf eine geeignete Supplementierung nicht weiter wissen. Am Ende des Buches habe ich für all jene Interessenten einige weiterführende Quellen aufgeführt, bei denen ich selbst seit Jahren bestelle und zufrieden bin (z.B. *markusprodukte.com*). Weitere Entgiftungstips finden Sie auf *zentrum-der-gesundheit.de/aluminium-ausleiten-ia.html* (z.B. soll natürliches Silizium eines der Gegenmittel für Aluminium sein).

Zusammenfassend kann gesagt werden, dass unsere Atemluft buchstäblich militarisiert wurde und als Hightech-Waffe gegen uns – die zu „lebenden Antennen und Sende- und Empfangsanlagen" umgewandelt wurden – eingesetzt wird. Vorträge von Harald Kautz-Vella finden Sie übrigens auf *aquarius-technologies.de*.

Was können wir gegen Chemtrails ausrichten? Weltweiter Aufruf!

Wir müssen uns die Hoheit über unseren Himmel und unsere Atemluft wiederholen! Da führt kein Weg daran vorbei. Es gibt Wege, wie wir die Vergiftungen und Abdunkelung unseres Himmels zumindest reduzieren und eindämmen können. Hierbei gilt ganz stark die Devise: Je mehr mitmachen, umso effektiver unsere Vorhaben. Denn hierbei macht es tatsächlich die Masse aus. Bei allen folgenden Methoden ist die ehrliche Absicht von Herzen ohne Egogehabe und Profitgier wichtig! Denn sonst werden Sie keinen Erfolg haben.

Landesweite und weltweite Aktion zur „Sphärenharmonisierung“

Eine technische Möglichkeit bietet der Einsatz von sogenannten *Chembustern* bzw. *Cloudbustern* (Wolkenbrechern). Dazu schrieb ich in meinem vorigen Buch unter der Überschrift „Das Wunder der Wüstenbegrünung“ über folgendes interessantes Projekt:

„Dipl.-Ing. Madjid Abdellaziz, Begründer und Betreiber des ‚Desert Greening'-Projekts, hat in der algerischen Wüste in nur wenigen Jahren das erschaffen, was die Meisten nicht für möglich gehalten hätten: Er lässt es in der Wüste regnen. Doch das ist noch längst nicht alles! Einen Teil der Wüste hat er in nur sieben Jahren in eine grüne Oase verwandelt, wo jetzt Pflanzen, Sträucher und Bäume wachsen – eine richtige Vegetation mit eigenem Mikroklima, in dem sogar Gemüse und Obst in Bioqualität angebaut wird! Ein wahres Wunder! Auf der Webseite des Projekts erfahren wir mehr über sein Geheimnis:

‚Mit Hilfe von teils Jahrtausende altem Wissen, das heute durch die neuesten Erkenntnisse der Quanten-, Orgon- und Wirbelphysik bestätigt wird, gelingt es, in Wüstengebieten den immer gleichen blauen Himmel zu beleben und ein abwechslungsreiches Wettergeschehen anzuregen. Dabei wird nicht mit Raketen geschossen, um die Natur in die Knie zu zwingen. Die Methoden gleichen vielmehr der Behandlung eines Patienten, der eine starke Verspannung hat, mit einigen sehr bedacht gesetzten Akupunkturnadeln. Auch das Ergebnis ist ähnlich: Der Patient erholt sich, und die Schulwissenschaft zieht skeptisch die Augenbrauen hoch. Die Atmosphäre erlebt eine Revitalisierung...
Die Wissenschaft der Wüstenbegrünung gründet sich unter anderem auf die alten Wissenschaften des Feng Shui und der Geomantie – Wissenschaften, denen der Gedanke der Ganzheitlichkeit innewohnt. Der Cloudbuster als Stellvertreter des Elements Metall ist in diesem Denken nur eine Säule der integralen Umweltheilung. Erde, Wasser, Feuer, Bäume sind die anderen ‚Elemente', mit denen gearbeitet wird. In der modernen Forschung haben Wilhelm Reich, Viktor Schauberger, Nikola Tesla, Walter Russel, Georges Lakhovsky und andere Wissenschaftler bahnbrechende Entdeckungen gemacht – aber auch aus den antiken Kulturen gibt es Wissen, das heute für ein nachhaltiges Wirtschaften Gold wert sein kann.'

Desert Greening wendet dabei bewährte Methoden der lebensenergetischen Aktivierung von Wasser, Boden und Pflanzen an. Das Zusammenwirken dieser Methoden bewirkt eine Wiederbelebung der Natur – und das auch in Gegenden wie Wüsten, wo die natürlichen Lebensgrundlagen eigentlich weitestgehend nicht mehr vorhanden sind. Übrigens, die zum Einsatz kommenden ‚Cloudbuster' (zu Deutsch: Wolkenbrecher) sind auch im Stande, über ‚Himmelsakupunktur' gezielt Chemtrails aufzulösen.“[530]

Im Internet finden sich zwar auch Bauanleitungen zu einfachen Chembustern, die Richtigkeit und effiziente (und vor allem langfristige) Wirkweise solcher Gerätschaften wage ich jedoch ernsthaft zu bezweifeln. Da werden Kristalle benutzt, bei denen nicht geprüft wird, ob sie energetisch überhaupt rein sind und nicht mit negativen Aspekten programmiert wurden und somit ggfls. sogar mehr Schaden als Nutzen bringen (die meisten Leute sind sich dessen nicht einmal ansatzweise bewusst). Vielleicht können aber mit Madjid Abdellaziz von *desert-greening.com* Kooperationen zum Bau von *professionellen* und funktionierenden Wetterharmonisierern geschlossen werden. Der gute Mann hat schließlich langjährige fundierte Erfahrungen und hat bereits einige Wüstengegenden sehr erfolgreich in grüne Oasen verwandelt, in denen Obst und Gemüse wachsen und gedeihen wie im Paradies! In Zusammenarbeit mit dem Handwerksgenie Peter Kuczera entwickelte er solch einen Sphärenharmonisierer auch in einem kleineren Maßstab, welcher gerade für Eigenheimbesitzer interessant sein könnte. Nähere Informationen dazu gibt es dazu auf *blauer-planet.de*, wo folgende positive Wirkungen von solchen Himmelsharmonisierern aufgezählt werden, die nach den Vorgaben von Abdellaziz gebaut werden, der sich wiederum den Erkenntnissen von Tesla, Reich und Schauberger bediente:

- *Luft, Boden, Wasser und organische Materie werden harmonisiert*
- *Die Frequenz wird natürlicher, annähernd so, wie sie in den 60er-Jahren war. Dadurch können sich auch beim Menschen alte Blockaden auflösen.*
- *Es kommt zu einer Heilung von Luft, Boden, Wasser und allen Lebewesen.*
- *Das Pflanzenwachstum wird gefördert.*
- *Chemtrails werden aufgelöst*
- *HAARP kann uns nicht mehr negativ beeinflussen oder manipulieren.*
- *Die Menschen werden wacher, bewusster und mutiger.*
- *Chakren werden aktiviert und harmonisiert.*

Die große Version hat einen Wirkkreis von bis zu 500 km. Trifft sie auf Schwingungen einer weiteren Anlage, so heißt es in der Beschreibung, arbeiten diese dann zusammen und verstärken sich gegenseitig (Synergieeffekt).[(530b)]

Liebe Leute in Deutschland, Österreich, der Schweiz und weltweit! Hier sind mutige und herzensgute Leute, Unternehmen und Stiftungen aufgerufen, daran mitzuhelfen, ein solches Netz an Harmonisierern in unseren Ländern zu errichten. Es gilt, keine Zeit zu verlieren!

Chemtrails auflösen durch Gebete

Dies richtet sich ausschließlich an jene spirituell offenen und arbeitenden Leute (sowie an alle, die interessiert sind), die wissen, wie machtvoll Gebete sein können. Wir sind nicht allein im Universum. Wir haben die göttliche Schöpfung auf unserer Seite, die wir jederzeit um Hilfe bitten können. In der geistigen Welt wartet eine riesige Schar an Engeln darauf uns helfen zu *dürfen*. Sie tun es nicht, da sie sonst gegen unseren freien Willen agieren würden. Das heißt, wir müssen sie **aktiv** um Hilfe bitten! Dies muss aber ehrlich und von Herzen geschehen. Folgendes Gebet *kann* Wunder bewirken:

> *„Liebe Engel, bitte löst sämtliche Chemtrails am Himmel auf und neutralisiert sämtliche Gifte, die von oben herab auf uns versprüht werden. Zu jeder Zeit, Tag und Nacht, sofern Ihr es für richtig haltet. Vielen Dank.“*

Diese Art der Formulierung ist deshalb wichtig, weil wir als einzelne Menschen uns nicht in die Lernprozesse anderer Menschen oder des Menschheitskollektivs einmischen dürfen. Mit dem Zusatz *„sofern Ihr es für richtig haltet“* laden wir uns selbst kein Karma auf. Die Engel entscheiden dann, ob und wie viel aufgelöst wird. Ich selbst habe dies in meinem Wohnort mehrmals an Tagen praktiziert, an denen Chemtrailstreifen am Himmel sichtbar waren. Kurze Zeit später waren diese dann tatsächlich verschwunden und bildeten keine, wie sonst üblich, zugezogene Wolkendecke. Es klappt aber nicht immer.

Gerade deshalb ist es so wichtig, dass **so viele Menschen wie möglich** sich dessen bewusst sind und die geistige Welt um Hilfe bitten! Und das jedes Mal oder so häufig wie möglich, wenn Chemtrails am Himmel zu sehen sind oder der Himmel komplett bedeckt ist. Je mehr mitmachen, umso mehr „Gewicht" haben unsere Bitten und somit unser kollektiver Wille im Universum. Dadurch verliert die dunkle Seite wiederum an Einfluss. Sollten Sie bisher zu Gebeten keinen Bezug gehabt haben, sind Sie dennoch dazu eingeladen, mitzumachen, sofern Sie möchten.

Wer Zeit und Lust hat, kann natürlich beide der oben genannten Möglichkeiten anwenden. Des Weiteren sei an dieser Stelle an die werte Leserschaft die Frage gerichtet, ob jemand von einer oder mehreren **„echten Impfungen"** (oder Präparaten) Bescheid weiß, die gegen all die Gifte in Impfungen und Chemtrails tatsächlich und langfristig **immun** machen bzw. diese neutralisieren? Zudem besondere „Vitamincocktails" als Infusionen, die in ihrer synergetischen Zusammensetzung das Immunsystem wieder aufbauen? Die Herrscherkaste besitzt solche Möglichkeiten, denn sonst könnten sie nicht rund um die Uhr voller Elan die Menschheit unterdrücken und dezimieren. Spezielle, möglichst nebenwirkungsfreie Ausleitungsmethoden, die neben dem bisher Bekannten kaum geläufig sind, wären ebenso interessant. Anonyme Zusendungen sind auch möglich, in allen Fällen gilt grundsätzlich Quellenschutz. Diesbezüglich brauchbare und (r)evolutionäre Informationen (und Bezugsquellen), die der Menschheit helfen, werden ggfls. in einer nächsten Auflage dieses Buches (oder in einem Artikel) erwähnt. Danke!

Abb. 188: Mini-Sphärenharmonisierer von Abdellaziz und Kuczera mit einer Höhe von ca. zwei Metern und einem Wirkradius von etwa 180 km. Der Dodekaeder kann zusätzlich implementiert werden, welcher die Wirkung nochmals verstärkt. Solch eine Anlage soll auch in der Lage sein, die schädlichen Mobilfunkstrahlen zu harmonisieren.

HAARP – Wetterwaffe und Beeinflussung des menschlichen Bewusstseins

Wenn es um das Thema „Wetterbeeinflussung" geht, so sollte auch *HAARP* in diesem Zusammenhang eine Erwähnung finden. *HAARP* (*High Frequency Active Auroral Research Program*, deutsch: *Aktives Hochfrequenz-Forschungs-Programm zur Erforschung des Polarlichts*) ist ein militärisches und ziviles Hochfrequenzforschungsprogramm zur – so die offizielle Verlautbarung – Untersuchung der Ionosphäre mittels Radiowellen, die von riesigen Sendeanlagen aus in die Ionosphäre gesandt werden. Der *Unterausschuss für Sicherheit und Abrüstung* des EU-Parlaments kam anlässlich einer Anhörung am 5. Februar 1998 zu dem Schluss, dass *HAARP* ein von der US-Luftwaffe und dem *Geophysikalischen Institut* der *Universität Alaska* in Fairbanks betriebenes zur Klimabeeinflussung genutztes **Waffensystem** ist, bei der Bereiche der Ionosphäre von ausgesandten Radiowellen erhitzt werden. Eine der ältesten *HAARP*-Anlagen befindet sich übrigens in Alaska (USA).(531) Überraschenderweise hat der deutsche TV-Sender *ZDF* (mal wieder) auch hierzu zumindest etwas darüber in einer Sendung enthüllt:

> *„Fernab von jeglicher Zivilisation betreiben die amerikanischen Militärs hier eine Anlage zur Manipulation der Ionosphäre. (...) Ein riesiger Antennenwald kann Radiowellen in die Ionosphäre abstrahlen. HAARP hat eine Sendeleistung von 3.600 Kilowatt. Das entspricht der Leistung von tausend Fernsehsendern. Mit den Radiowellen versucht man die Ionosphäre zu verändern. Die Radiowellen pumpen Energie in diese Schicht aus elektrisch geladenen Teilchen. Die Ionosphäre wird aufgeheizt, dehnt sich an diesen Stellen aus und erzeugt Stürme. Eine Möglichkeit, dem militärischen Gegner Schwierigkeiten zu bereiten. (...)"*(532)
>
> Sehr interessant. Hat der Zensor da gerade ein Mittagsschläfchen gehalten? ☺

Durch *HAARP* lässt sich nicht nur das Wetter beliebig steuern, sondern durch die Möglichkeit der Erzeugung von niedrigfrequenten Wellen (ELF- und VLF-Wellen) auch das **Bewusstsein der Menschen**. VLF steht dabei für *very low frequency* (sehr niedrige Frequenz) und ELF steht für *extreme low frequency* (extrem niedrige Frequenz). VLF-Wellen arbeiten im Frequenzbereich von 3 bis 30 kHz und ELF-Wellen arbeiten im Frequenzspektrum hauptsächlich im Bereich von 3 bis 30 Hz. Im Bereich kurz darüber (30 bis 300 Hz) spricht man dann von *super low frequency* (SLF-Wellen). Warum sind gerade die ELF-Wellen am interessantesten? Weil das menschliche Gehirn ebenfalls in diesem Frequenzspektrum arbeitet! Es gibt fünf Zustände des Gehirns:

- Delta-Zustand im Bereich von 0-4 Hz (Tiefschlaf, Koma)
- Theta-Zustand im Bereich von 4-8 Hz (Traum, Hypnose, Trance)
- Alpha-Zustand im Bereich von 8-13 Hz (Entspannung, Meditation)
- Beta-Zustand im Bereich von 13-38 Hz (Wachzustand, Konzentration, hohe Erregung)
- Gamma-Zustand im Bereich von 38-100 Hz (höchste Konzentration mit hohem Informationsfluss, auch Angst/Stress)(533)

Was das im Zusammenhang mit ELF-Wellen bedeutet, wurde in einem interessanten Artikel auf *zeitenschrift.com* eindrucksvoll erklärt:

„Die genauen Kenntnisse der elektromagnetischen Felder erlauben den Zugriff auf die komplexen neurokognitiven Prozesse, die mit dem menschlichen Selbst, dem Bewusstsein und dem Gedächtnis verbunden sind. Bei Einstrahlung entsprechender Frequenzen auf das Gehirn werden ab einer bestimmten Intensität veränderte Hirnwellenmuster erzwungen und die Funktion des Gehirns unterbrochen, was zu ernsthaften Störungen führen kann. Diese Manipulation der mentalen Funktion stört die neurologischen und physischen Funktionen. Die Auswirkungen auf die Gesundheit können beträchtlich sein, da das menschliche Gehirn und verschiedene andere Organe eben mit elektromagnetischen Wellen im ELF-Bereich arbeiten. (...) Am 16. Juli 1981 gab der nordamerikanische TV-Sender NBC (National Broadcasting Corporation) bekannt, dass der Nordwesten der USA jahrelang mit Extreme Low Frequency-Wellen (ELF-Wellen) bestrahlt wurde. Und die Nachrichtenagentur Associated Press veröffentlichte zur gleichen Zeit eine Meldung, in welcher stand, dass dies auch beabsichtigt war. Die Sowjetunion habe ab ca. 1960 über ein Gerät namens LIDA verfügt, mit dem man das menschliche Verhalten mittels ELF-Wellen beeinflussen konnte. In der UdSSR sei das Gerät dazu benutzt worden, die Menschen träge zu machen und in einen tranceähnlichen, gleichgültigen Zustand zu versetzen. Man kann damit zwar auch psychische Probleme, Neurosen und Bluthochdruck behandeln, aber ebenso einen Zustand der Aggression oder Depression hervorrufen. Es seien große LIDA-Ausrüstungen benutzt worden, um Einzelpersonen, aber auch Städte und ganze Regionen der UdSSR und der USA mit ELF-Wellen mit dem Ziel zu bestrahlen, ein bestimmtes Verhalten hervorzurufen.
Laut Angaben der US Defence Intelligence Agency ist es möglich, Geräusche und ganze Worte im Gehirn eines Menschen auftauchen zu lassen, ebenso wie ‚ferngesteuert' Hirnschläge, Herzversagen und andere Krankheiten auszulösen. (...) Eine Bestätigung dieser nicht gerade angenehmen Tatsachen gab sogar Boris Jelzin. In der 1989er-Ausgabe der ‚Microwave News' sagte der spätere erste Präsident Russlands (1991-1999) einem Reporter, der KGB besitze ein ELF-Gerät, welches das menschliche Herz zum Stillstand bringen könne. Während eines Interviews mit Radio Liberty, einer US-Kurzwellenstation im ehemaligen Westdeutschland, wurde Jelzin etwas konkreter und erklärte, KGB-Agenten hätten ihm anvertraut, über ein Gerät zu verfügen, welches ein so starkes 7- bis 11-Hz-Signal aussendet, dass ein Herz ‚gestoppt' werden könne. Jelzin zitierte den Geheimdienstmann mit den Worten, ‚wenn keine erste Hilfe in der Nähe ist, dann ist alles vorbei'. Hier mag interessant sein, dass eine auffällig große Zahl jener Menschen, die Augenzeugen der Ermordung John F. Kennedys waren, an Herzattacken starben; die US-Regierung ist selbstredend im Besitz ähnlicher Geräte. Dem Enthüllungsjournalisten Jim Keith zufolge lautet ihr Codename ‚Project Black Beauty'. ELF-Geräte sollen auch eingesetzt worden sein, als sich Panamas Diktator Manuel Noriega nach der Invasion der US-Truppen von 1989 in der Vatikan-Botschaft in Panama City versteckte. Die Geräte waren als Lautsprecher getarnt, aus denen ständig überlaut Heavy-Metal-Rockmusik dröhnte. Offiziell sollte die Musik Noriega depressiv machen. In Wirklichkeit aber wurde die Botschaft mit ELF-Wellen bestrahlt."[534]

Die Möglichkeit, Botschaften, Bilder und Glaubensmuster ins Gehirn zu projizieren, ist auch unter dem Namen „Die Stimme Gottes"-Technologie bekannt. Der investigative

Journalist Preston James berichtete, dass diese Technologie im ersten Golfkrieg in einem Einsatz gegen Soldaten der irakischen republikanischen Garde eingesetzt wurde. Man ließ sie Stimmen „Allahs" in ihren Köpfen hören, die ihnen befahl, sie solle ihre Waffen niederlegen und sich ergeben, woraufhin hunderte irakische Soldaten von Panzern plattgewalzt wurden.[534a]

Der vorhin erwähnte Unterausschuss des EU-Parlaments sprach 1998 recht offen über die Eigenschaften von *HAARP* und seine negativen Auswirkungen. So heißt es im Bericht dieses Unterausschusses auf der Webseite des Europaparlaments:

„HAARP ist für viele Zwecke einsetzbar. Durch Manipulation der elektrischen Eigenschaften in der Atmosphäre lassen sich gewaltige Kräfte kontrollieren. Wird dies als militärische Waffe eingesetzt, können die Folgen für den Feind verhängnisvoll sein. Durch HAARP lässt sich ein fest umrissenes Gebiet millionenfach stärker mit Energie aufladen als mit irgendeiner anderen herkömmlichen Energiequelle. Die Energie lässt sich auch auf ein bewegliches Ziel ausrichten, u.a. auf feindliche Raketen. (…) HAARP kann Veränderungen der klimatischen Bedingungen bewirken. Das System kann auch das gesamte Ökosystem beeinträchtigen, insbesondere in der empfindlichen Antarktis. Eine weitere schwerwiegende Folge von HAARP sind die Löcher in der Ionosphäre, die durch die nach oben gerichteten starken Wellen entstehen. Die Ionosphäre schützt uns vor einfallender kosmischer Strahlung. Es besteht die Hoffnung, dass die Löcher sich wieder schließen, aber die Erfahrungen mit den Veränderungen der Ozonschicht deuten in die entgegengesetzte Richtung. Die schützende Ionosphäre weist also große Löcher auf."

Also hier nochmals von „hoch offizieller" Stelle die Bestätigung dafür, wie gefährlich diese Sendeanlagen für Mensch und Umwelt sind. Ein Abschnitt in diesem Bericht ließ mich aber besonders aufhorchen, wo es hieß:

„HAARP steht in Verbindung mit 50 Jahren intensiver Weltraumforschung für eindeutig militärische Zwecke, beispielsweise als Teil des ‚Kriegs der Sterne'*, um die obere Atmosphäre und die Kommunikation zu kontrollieren. Solche Forschungsarbeiten sind als schwerwiegend umweltschädigend anzusehen, sie können unübersehbare Auswirkungen auf das Leben der Menschen haben. Niemand weiß heute mit Sicherheit, welche Auswirkungen HAARP haben kann. Der Geheimhaltung in der militärischen Forschung muss entgegengewirkt werden. Das Recht auf Öffentlichkeit und demokratische Kontrolle militärischer Forschungsprojekte und die parlamentarische Kontrolle müssen gestärkt werden."*[535] (Herv. d. d. Verf.)

Aha, was lesen unsere Augen da? Da wird von einem „Krieg der Sterne" geredet. Zu diesem ganz „besonderen" Krieg komme ich im dritten Band ausführlicher zu sprechen. Daher können Sie sich diese Aussage im Bericht des Unterausschusses für Sicherheit und Abrüstung des Europaparlaments schon einmal vormerken. Alaska ist aber nicht der einzige Ort, wo diese massigen Sendeantennen an zwei Standorten aufgestellt sind. Ähnliche weltweit aufgestellte Frequenzanlagen befinden sich des Weiteren u.a. in:

- Russland, Nischni Nowgorod (*SURA*)
- Norwegen, Tromsö (*EISCAT* und *EISCAT 3D*)
- Schweden, Växjö (*LOIS* und *ICECAT 3D*)

- Australien, Exmouth (Marinefunkstelle *Harold E. Holt*)
- Peru, Jicamarca (*Ionospheric Radio Observatory*)
- Antarktis (*SHARE*)[536]

Weltweit sollen in vielen anderen Ländern ebenfalls *HAARP* oder *HAARP*-ähnliche Anlagen stehen. In Deutschland stehen sehr viele dieser Ionosphärenheizer. Die in Rostock/Marlow gelegene Sendeanlage gilt mit ihrer enormen Sendeleistung von **500 Megawatt** als die größte *HAARP*-Anlage weltweit. Weitere Standorte sind u.a.: Hamburg, Berlin, Wilhelmsburg, Jülich, Garching (Unterweilenbach), Bornim bei Potsdam, Tremsdorf, Wachtberg, Tautenburg (Thüringer Wald), Bad Münstereifel-Effelsberg (Max-Planck-Institut für Radioastronomie).[537] Wie heißt es doch so schön: Nicht kleckern, sondern klotzen! Und Deutschland muss natürlich ganz vorn mitmischen. Toll ist es natürlich, wenn Politiker auch mal die Wahrheit ausplaudern. So drohte Wladimir Schirinowski, Gründer der nationalistischen *Liberal-Demokratischen Partei Russlands* im Hinblick auf die Ukrainekrise vor laufender Kamera den US-Amerikanern, als er sagte:

> *„Was ich den Amerikanern gerne sagen würde... Ein Flugzeug war aus Malaysien nach China unterwegs, es ist verschwunden* [Flug MH370]. *Es gab ein Tsunami, 300.000 sind auf dem Meeresgrund. Diese Operation nannten wir ‚Zeit zum Waschen'. Es verschwinden Schiffe. Das Schiff war da, jetzt ist es nicht mehr da. So können auch ganze Städte verschwinden. Washington war da, jetzt ist die Stadt nicht mehr da. Das Weiße Haus war da, jetzt ist es nicht mehr da. Alle wachen morgens auf und sehen, das Weiße Haus ist nicht mehr da. (...) Nichts ist mehr da. Es gibt Schneestürme, die ganz Amerika mit Schnee zuschütten. Es gibt Wetterwaffen, die dafür sorgen können, dass in einer Stadt niemand mehr aufwacht, weil der Luftdruck zu hoch ist. Alle sterben. Ohne Explosionen! Ohne Rauch! Ohne Molotow-Cocktails! (...) Ohne auch nur einen Schuss, ohne Radioaktivität. Da sollten die Amerikaner mal darüber nachdenken.“*[538]

Sehr interessant seine Aussagen, oder? Meinte Schirinowski hier den Einsatz von *HAARP*? Oder womöglich noch von weiteren Geheimwaffen? Übrigens wurde Schirinowski unter dem Namen Wladimir Wolfowitsch Eidelstein in Kasachstan geboren. Sein Vater war polnischer Jude und einst Mitglied der rechtsradikalen nationalistischen *Herut* Partei in **Israel**. Sein Großvater war ein reicher Industrieller in der Ukraine.[539] Dass Schirinowski heute der Anführer der russischen Opposition unter dem Deckmantel des „Nationalismus“ ist, dürfte somit sicher kein Zufall sein. Der Fall einer kontrollierten Opposition ist hier sehr naheliegend.

Die dreiste CO_2-Lüge und „menschengemachter Klimawandel“

Ich hatte ernsthaft überlegt, ob ich dazu was schreiben soll, da für viele Menschen diese lächerliche Propagandalüge als solche eigentlich leicht zu erkennen ist. Da aber viele wiederum doch darauf hereinfallen und sich aufgrund dieser globalen Lüge und geschürten Hysterie dann durch neue Steuern und gesetzliche Einschränkungen in Ihrem Leben weiter versklaven lassen, möchte ich zumindest ein paar klärende Worte für die zuletzt genannte Gruppe loswerden:

- Was hier als erstes „menschengemacht“ ist, sind die Wetter- und Klimabeeinflussung durch Chemtrails, *HAARP* und womöglich anderen geheimen Waffen.
- Es wurde behauptet, dass 97% der Wissenschaftler sich einig über die CO_2-Treibhaustheorie seien. Doch 97% von wie vielen? Und wer hat diese Wissenschaftler ausgesucht? Die *IPCC* der *Vereinten Nationen*, der sich als „Weltklimarat“ anmaßt? Wollen wir denen wirklich noch trauen, nach dem, was wir bisher wissen?
- In den letzten Jahren, so schreibt die Zeitung *Die Welt* in einem Artikel, gab es rund 800 wissenschaftliche Studien, die die CO_2-Treibhaustheorie widerlegen. Im Unterschied zu den „Klimafälschern“, die ihre These lediglich auf Computerberechnungen basieren, haben sich die rund 800 wissenschaftlichen Studien auf Fakten beruht, mit **eigenen Versuchen und Messungen**. Die „Klimafälscher“ basieren ihre Thesen dabei auf den schwedischen Chemiker Svente Arrhenius (1859-1927), der mal die Hypothese aufstellte, dass das CO_2 das Klima erwärmen würde, ohne jedwede Beweise (er dies aber für ein Segen für die Menschheit hielt).[(540)]
- Eine Umfrage von 2008, die von den zwei deutschen Wissenschaftlern Dennis Bray und Hans von Storch durchgeführt worden war, kam zum Ergebnis, dass eine signifikante Anzahl an Wissenschaftlern skeptisch darüber ist, dass gegenwärtige „Klimamodelle“ globale Temperaturen und Veränderungen im Meeresspiegel überhaupt über ein Jahrzehnt hinaus vorhersagen können.[(540a)] (*naturalnews.com*)
- Es gibt mittlerweile mehr als 31.000 US-amerikanische Wissenschaftler, die im Rahmen einer Petition der aktuellen Version des propagierten „Klimawandels“ entgegentreten. Davon haben Sie in den Medien sicherlich auch nichts gehört. Viele dieser Wissenschaftler fühlten sich ermutigt, die Wahrheit auszusprechen, nachdem der pensionierte Atmosphärenwissenschaftler der NASA, John L. Casey, enthüllte, dass die Sonnenzyklen zum großen Teil für wärmere Perioden auf der Erde verantwortlich sind, nicht der Mensch.[(541)] Dasselbe hatte schon der deutsche Naturwissenschaftler Dr. Dieter Broers herausgefunden und seine wichtigen Erkenntnisse in den Dokumentationen „(R)evolution 2012“ und „Solar Revolution“ veröffentlicht.

Bereits 1997 schrieb Nigel Calder, mehrfach ausgezeichneter britischer Wissenschaftsjournalist, jahrelanger Herausgeber des Magazins *New Scientist* und BBC-Autor zusammen mit dänischen Physikern das Buch „The magic sun – die launische Sonne“, in dem sie nachweisen, dass die Sonne für unser Klima verantwortlich ist. Die *Welt* schreibt dazu weiter:

„Die Ergebnisse der Forscher, die wissenschaftliche Arbeiten über die Auswirkungen der Sonne und der Strahlungen aus dem Weltall auf unser Klima beinhalten, aber werden weitgehend totgeschwiegen. Damit können die Politiker nichts anfangen. Das würde bedeuten, dass die Flut von Gesetzen, mit denen die Bürger zu immer neuen Abgaben und Steuern gezwungen werden, um die Welt zu retten, nicht mehr zu rechtfertigen wäre. Weder Glühbirnenverbot noch die gigantischen Subventionen für die sogenannte erneuerba-

re Energie würden einen Sinn machen. Statt mit Steuern den Klimawandel zu beeinflussen, müssten sie sich mit den Folgen des natürlichen Klimawandels beschäftigen."[542]

Ja, so ist das. Wenn man sich dann noch die hauptsächliche Zusammensetzung unserer Luft anschaut, dann wird einem erst deutlich, für wie unendlich dumm wir eigentlich verkauft werden:

78,084% Stickstoff
20,942% Sauerstoff
0,934% Argon (Edelgas)

99,960%
0,038% CO_2 (Kohlenstoffdioxid)

Und für diese 0,038% CO_2 in unserer Atemluft soll die Natur wiederum zu 97% verantwortlich sein. Das heißt, der Mensch hat an den 0,038% wiederum einen Anteil von 3%, was insgesamt 0,00114% entsprechen würde.[543] Und uns will man dazu bringen, sich für den Klimawandel schuldig zu fühlen. Ja ja, jetzt werden CO_2-Schreihälse lauthals rufen, dass jedes „bisschen mehr" unseres Dazutuns das Klima völlig durcheinanderbringe. Ich weiß, das ist genau so schlimm, wie mit den Zeugen Jehovas oder einer anderen Sekte. Dazu kann ich nur entgegnen: Dann soll doch die „Elite" endlich mal die seit 100 Jahren unterdrückten Technologien freigeben, dann „produzieren" wir auch weniger CO_2. Übrigens, Letzteres brauchen Pflanzen *dringend* zur Photosynthese! Und wie wir alle in der Schule, ausnahmsweise mal richtig gelernt haben, wissen wir, dass Pflanzen durch Photosynthese (Sonnenlicht + CO_2) wiederum Sauerstoff produzieren. Wenn aber laufend weltweit Regenwälder abgeholzt werden, gibt es weniger Pflanzen, die einerseits das so mächtig „überschüssige" CO_2 verbrauchen könnten, um Sauerstoff zu produzieren. Es ist aber leicht, den Menschen als „Luftverpester" weiter zu knebeln und zu drangsalieren. Mit der CO_2-Hysterie wird uns zudem auch die Lüge der „Überbevölkerung" unterschwellig untergejubelt. Denn je mehr Menschen, desto mehr CO_2-Ausstoß, gell? Apropos Luftverpester: Die rund 90.000 Schiffe weltweit verbrennen etwa 370 Millionen Tonnen an Treibstoff. Die 15 größten Schiffe der Welt wiederum stoßen laut dem *Naturschutzbund Deutschland* mehr Schwefeloxide aus, als alle Autos der Welt zusammen.[544]

„Globale Erwärmung ist ein teurer Schwindel."[545]
Donald Trump, 2014

Kapitel 7
Spionage und Überwachung der Weltbevölkerung

Tresor 7 – Enthüllungen über die CIA

Anfang März 2017 präsentierte die Enthüllungsplattform *Wikileaks* in einer *ersten* Serie insgesamt 8.761 Dokumente und Dateien, die aus dem Computernetzwerk des US-amerikanischen Geheimdienstes CIA stammen und einige interessante weltumspannende Hackingmöglichkeiten dieses Geheimdienstes enthüllen. Kurzum: Es sind so ziemlich alle Menschen auf der Welt betroffen, die in irgendeiner Form elektronische Geräte wie PCs, Smartphones, Smart-TVs oder Autos neuerer Bauweise nutzen. Die CIA nutzt für ihre Hackingaktivitäten eine eigene Cyberarmee mit 5.000 Mitarbeitern, dem *Center for Cyber Intelligence*. Die 15 wichtigsten Entdeckungen aus diesen „leaks" (herausgesickerten Informationen) hat das Internetmagazin *The Event Chronicle* zusammengefasst(546):

1. **Die CIA ist eine Fabrik für Computerviren und Schadsoftware**
   Mit ihrer Armee von 5.000 Hackern hat die CIA mehr als tausend Hackingsysteme, Trojaner, Viren und Schadsoftware („Malware") hergestellt, um damit andere Systeme zu infizieren. Diese Hacker haben mehr Codezeilen geschrieben, als das größte soziale Netzwerk *Facebook* braucht, um zu laufen.

2. **Umgehung von Verschlüsselungen**
   Die CIA ist in der Lage, sich in jedes Telefon und in jeden Rechner zu hacken und das Betriebssystem zu kompromittieren. Es kann alle Nachrichten bereits lesen und abhören, **bevor** sie verschlüsselt werden. Es spiele keinerlei Rolle, welche Maßnahmen man nutze. Verschlüsselte Nachrichtenapps wie *WhatsApp*, *Signal*, *Telegram* und viele andere sind angreifbar. Etwa 85% aller Smartphones weltweit werden bereits als „Waffe" benutzt.(547)

3. **Umgehung von Betriebssystemen**
   Jeder Bereich des Computers, inklusive des Betriebssystems, kann umgegangen werden. Die CIA hat automatisierte „Malware"-Attacken und Kontrollsysteme für alle beliebten Betriebssysteme entwickelt (Windows, Mac OS X, Linux, Solaris und viele andere sowie Router). Des Weiteren hat die CIA Angriffsmethoden gegen die meisten bekannten Antivirenprogramme entwickelt.

4. **Smart-TVs werden zu Spionage-Fernsehern**
   Die CIA hat zusammen mit den britischen Geheimdiensten *MI5* und *British Security Service* ein Programm namens *Weeping Angel* (*Weinender Engel*) entwickelt. Dieses Programm beschreibt die Möglichkeit, wie die CIA *Samsung* Smart-TVs hacken und es in einen falschen „Aus"-Modus stellen kann. Der Nutzer denkt, dass sein Fernseher aus wäre, in Wahrheit ist er aber eingeschaltet, zeichnet sämtliche Audiogeräusche im Raum auf und sendet sie über das Internet zu einem geheimen CIA-Server (dies setzt natürlich voraus, dass der TV am Stromnetz angeschlossen und mit dem Internet verbunden ist, sowie ein integriertes Mikrofon besitzt. Einige Smart-TVs haben sogar integrierte Kameras für Internetkonferen-

zen. Spionageaktivitäten gibt es aber auch bei anderen Herstellern. *LG* beispielsweise erhielt für die nicht erlaubte und nicht abstellbare Rückübertragung von Nutzerdaten an das Unternehmen – und wer weiß, wo sonst hin – 2014 den *Big Brother Award*[(548)]).

5. ***Microsoft* = Spionagesoftware**
   Bill Gates ist der Mann überhaupt für die NWO-Agenda. Er half der CIA nicht nur, Hintertüren in seinen Betriebssystemen und Software zu implementieren. Laut dem Hacker und Internetmogul Kim Dotcom arbeiten CIA-Programmierer direkt bei der Firma *Microsoft*. *Windows* ist praktisch eine CIA-Spionagesoftware.

6. ***Skype* ist kompromittiert**
   Unterhaltungen über den Internetmessenger *Skype* werden in Text umgewandelt und anschließend zu CIA-Servern zur Analysen und Auswertungen übertragen. Seit 2011 gehört *Skype* dem Unternehmen *Microsoft*.

7. ***iPhones* sowie Android-Geräte sind angreifbar**
   Diese Geräte können leicht gehackt werden. Die CIA hat alle möglichen Arten von „Malware" erstellt, um so ziemlich jedes elektronische Gerät auszuspionieren, das man besitzt.

8. **Brechen des Versprechens, Sicherheitslücken bekannt zu geben**
   Der frühere US-Präsident Obama versprach den Technologiefirmen, dass die US-Regierung Sicherheitslücken ihrer Geräte preisgeben würde, sobald sie diese entdeckt habe. Doch das Gegenteil ist der Fall. Gefundene Sicherheitslücken in Geräten missbraucht die CIA zum eigenen Vorteil, um in Systeme einzudringen.

9. **Das Kapern von allen möglichen Fahrzeugen – für Morde**
   Tresor 7 enthüllt, dass die CIA in der Lage ist, aus der Ferne alle möglichen Fahrzeuge zu übernehmen und fremdzusteuern (inklusive Autos und Flugzeuge), was im Grunde nichts anderes heißt, als dass sie in der Lage ist, nicht beweisbare Morde durchzuführen.

10. **Nutzung des US-Konsulats in Deutschland als Hacking- und Spionagebasis**
    Die CIA-Hacker operieren von einem US-Konsulat in Frankfurt heraus, das sogenannte *Center for Cyber Intelligence Europe*. Die Agenten erhalten schwarze Diplomatenpässe und den Schutz des Außenministeriums. Wenn man weiß, dass Deutschland null souverän ist und nach wie vor eine US-Kolonie unter Besatzung, dann ist das keine sonderlich große Überraschung.

11. **Geheime Absprachen mit Elektronikherstellern**
    Die CIA hat geheime Absprachen mit Elektronikherstellern und Zulieferern. Man muss sich ernsthaft fragen, ob nun in allen Smartphones und elektronischen Geräten Hintertüren eingebaut wurden? Die CIA übe zudem Kontrolle u.a. über die Massenmedien, Hollywood und die Kommunikationsindustrie aus.

12. **Finanzieller Schaden**
    Die CIA hat durch ihre Hackingaktivitäten finanzielle Schäden vermutlich in Milliardenhöhe verursacht.

13. **Projekt „Umbrage" („Schatten")-Cyberangriffe unter falscher Flagge**
Mit diesem Projekt ist die CIA in der Lage, Schadcode so zu manipulieren, um es aussehen zu lassen, als würden Cyberangriffe von anderen Ländern durchgeführt werden. Anschließend kann die CIA öffentlich behaupten, die USA seien z.B. von den Russen gehackt worden.

14. **Revierkämpfe zwischen CIA und NSA**
Zwischen diesen beiden Geheimdiensten gibt es Kämpfe um die Vorherrschaft. Die CIA soll mittlerweile ein ähnlich gutes Spionage- und Hackingsystem haben wie die NSA. Berechtigt stellt sich die Frage, was die anderen 16-17 US-amerikanischen Geheimdienste den Menschen antun, wie z.B. die *Defense Intelligence Agency (DIA)* oder das *National Reconnaissance Office (NRO) (Nationales Aufklärungsbüro)*?

15. **Die CIA steht über dem US-Präsidenten**
John F. Kennedy musste es auf die harte Weise lernen, dass Präsidenten der CIA nicht zu sagen haben, was sie tun soll. Es ist umgekehrt. Die CIA befiehlt dem Präsidenten, was er tun soll.

Da *Wikileaks* bisher nur weniger als ein Prozent der Tresor-7-Daten enthüllt hat, stellt sich die Frage, warum denn die restlichen 99% nicht gleich ebenso veröffentlicht wurden? Mir drängt sich immer mehr der Verdacht auf, dass *Wikileaks* entweder selbst zur kontrollierten Opposition gehört oder von einer elitären Kabale-Gruppe kontrolliert wird, die in Konkurrenz zur jetzigen an der Macht sitzenden steht. Denn heftige Grabenkämpfe gibt es auch innerhalb der Herrscherclique. Wir dürfen also weiter gespannt sein.

Übrigens ist laut dem Hardware-Sicherheitsexperten Damien Zammit in jedem *Intel*-Chip der neueren Generation eine Hintertür eingebaut. In dieser ist ein geheimes Subsystem integriert, die *Intel Management Engine* (ME), die wie eine separate CPU innerhalb der eigentlichen CPU operiert. Sie kann nicht abgeschaltet werden und der Quellcode ist proprietär, das heißt, er kann nicht eingesehen werden. Vielmehr ist er mit einem RSA 2048 Schlüssel codiert, was das Auslesen unmöglich macht. Als Feature zur Fernwartung von PCs ermöglicht diese *Management Engine* IT-Fachkräften, den Inhalt von Festplatten zu durchstöbern, nach Problemen zu suchen oder eben das ganze System zu übernehmen. Laut der Enthüllungsseite *The Millenium Report* können sogar verschlüsselte Festplatten ausgelesen und kontrolliert werden, da der „Prozessor innerhalb des Prozessors" ja die Schlüssel besitze. Alles, was auf dem Computer passiert, werde demnach zu US-Geheimdiensten übertragen, die die Fähigkeit haben sollen, selbst aus der Ferne einen Rechner willkürlich auszuschalten. Der Chip heißt nicht umsonst *Intel*, welches eine Abkürzung für *Intelligence* ist und übersetzt nicht nur „Intelligenz" bedeutet, sondern auch „Geheimdienstinformationen".(549)

Das globale Überwachungs- und Spionagegitter

Keine Handys und Smartphones auf Demonstrationen

Machen wir uns nichts vor: Handys sind ideale Wanzen und Peilsender, die wir häufig bis fast immer mit uns tragen. Jedes Mobiltelefon besitzt eine eindeutige interne Seriennummer (*IMEI*), die dem Nutzer zugeordnet und somit weltweit identifiziert werden kann. Als Diebstahlschutz ist das eine begrenzt sinnvolle Idee, wenn man die Nutzung des Handys bei Verlust/Diebstahl sperren lassen möchte. Aber glauben wir im Ernst, dass die Handyhersteller und Mobilfunkanbieter sich so sehr um unseren materiellen Verlust sorgen? Aber selbst wenn man sich eine anonyme SIM-Karte kaufen (z.B. im Internet) und sie mit Prepaidguthaben anonym aufladen würde, sie aber im selben Handy einsetzt, wo zuvor bereits eine auf den eigenen Namen registrierte SIM-Karte eingesetzt war, so können die Mobilfunkanbieter (und sonst jeder, der ein ernstes Interesse hat) über die Seriennummer des Mobiltelefons, die **immer** mitgesendet wird, wenn sich das Handy ins Netz einwählt, der richtigen Person zugeordnet werden. Laut *Wikipedia* soll der mit der *IMEI* beworbene Diebstahlschutz ungeeignet sein, da man sie mit entsprechender Software neu programmieren könne.(550) Bei Smartphones ist das alles noch viel einfacher und die Überwachungs- und Spionagemöglichkeiten noch um Längen umfangreicher. Für diese gelten die weitreichenden Hackingmöglichkeiten der Geheimdienste genauso wie für Laptops oder stationäre PCs. Wobei die Smartphones noch zusätzliche „Features" besitzen, wie z.B. Irisscanner, Fingerabdrucksensoren, Umgebungslichtsensoren, Pulsmesser, Infrarotsensor, elektromagnetische Sensoren, Beschleunigungssensoren, GPS (Satellitenortung) und hochauflösende Videokameras in HD-Qualität und natürlich ein Mikrofon. Nimmt man all die „tollen" Sensoren zusammen (und wer weiß, was da sonst noch verbaut ist?), bin ich mir sicher, kann man sogar den Gesundheits- und Gemütszustand des Besitzers und anderen Personen in direkter Nähe ermitteln.

Sie sind jemand, der keinen Reisepass beantragt, weil Sie keine Fingerabdrücke abgeben möchten? Keine Sorge, die haben Sie schon an vielen anderen Stellen hinterlassen. Oder haben Sie bisher noch nie mit ihren Fingern über Ihr Smartphone/Tablet „gewischt", während Sie dabei im Internet waren oder am Bankautomaten das Touchscreendisplay benutzt? Die NSA hat sogar eine Methode entwickelt, mit der jemand identifiziert werden kann, auf welche Art und Weise er an einem Touchscreendisplay „wischt" (anhand von Geschwindigkeit, Druck und Muster der Bewegungen).(550a) Nun ist es mit den Smartphones schon eine „smarte" Sache, wenn aus der Ferne unbemerkt Kamera und Mikrofon eingeschaltet werden können, um die Person und seine Umgebung auszukundschaften. Und selbst, wenn man kein solch smartes Wunder besitzt, kann man täglich potenziell von dutzenden Smartphonekameras in der Bahn, im Einkaufszentrum oder auf der Straße aufgenommen werden. Toll sind vor allem Leute (besonders Frauen), die das Ding beim Spazieren als „Accessoire" permanent vor sich her tragen...

Interessant fand ich jedenfalls den Hinweis im *Preussischen Anzeiger*, vor der Teilnahme an Demonstrationen und ähnlichen Massenveranstaltungen oder Stammtischen das Mobiltelefon am besten zu Hause zu lassen. Wenn das nicht geht und man es dennoch mit sich führen will, so solle man mindestens 30 Minuten vor der Veranstaltung die SIM-Karte entfernen und das Handy ausschalten. Und erst 30 Minuten nach der Veranstaltung kann man wieder die SIM-Karte einsetzen, nachdem man sich vom Ort entfernt hat.[551] Mir fällt dazu noch ein, dass man den Akku ebenfalls entfernen sollte. Denn solange dieser drin ist, bekommt das Gerät Strom und ist somit eigentlich an. Ach, Sie können aus Ihrem smarten Phone den Akku nicht entfernen? Da hat aber jemand von den Herstellern mitgedacht und vorgesorgt. Denn Regierungsbehörden setzen zur Überwachung von Handys sogenannte *IMSI-Catcher* ein. *Wikipedia* schreibt dazu:

> *„IMSI-Catcher sind Geräte, mit denen die auf der Mobilfunkkarte eines Mobiltelefons gespeicherte International Mobile Subscriber Identity (IMSI) ausgelesen und der Standort eines Mobiltelefons innerhalb einer Funkzelle eingegrenzt werden kann. Auch das Mithören von Mobilfunktelefonaten ist möglich. Das Gerät arbeitet dazu gegenüber dem Mobiltelefon wie eine Funkzelle (Basisstation) und gegenüber dem Netzwerk wie ein Mobiltelefon; alle Mobiltelefone in einem gewissen Umkreis buchen sich bei dieser Funkzelle mit dem stärksten Signal, also dem IMSI-Catcher, ein. Der IMSI-Catcher simuliert also ein Mobilfunknetzwerk. Dabei werden allerdings auch Daten Unbeteiligter im Funknetzbereich des IMSI-Catchers erfasst, ohne dass diese es erfahren. Der IMSI-Catcher legt darüber hinaus unter Umständen den gesamten Mobilfunkverkehr der betroffenen Mobiltelefone lahm, sodass auch Notrufe nicht möglich sind. IMSI-Catcher werden hauptsächlich zur Bestimmung des Standortes und zum Erstellen eines Bewegungsprofils von Personen benutzt. Eingesetzt werden IMSI-Catcher von Strafverfolgungsbehörden und Nachrichtendiensten.“*[552]

Das Besondere an der *IMSI*-Nummer ist, dass sie pro SIM-Karte einmalig vergeben wird. Dies bietet Behörden und Hackern die Möglichkeit, jeden beliebigen Nutzer zu überwachen, ohne sich die Erlaubnis der Mobilfunkanbieter einholen zu müssen und ohne, dass der Betroffene etwas davon mitbekommt. Da man aber auch gebrauchte SIM-Karten im Netz kaufen kann, hat rein technisch betrachtet, auch diese Art der Überwachung ihre Grenzen.

RFID – Ausspähen von Kaufverhalten und lokale Ortung

Mithilfe von sogenannten *RFID*-Chips (*Radio Frequency Identification*), die besonders in Kundenrabattkarten, aber auch in EC-Karten, Kreditkarten und im Reisepass oder im neuen Personalausweis eingebettet sind, können zumindest auf engerem Raum Bewegungs- und Kaufprofile erstellt werden. Sind Lesegeräte beispielsweise am Eingang eines Geschäfts installiert, so wird man bereits am Eingang als Person identifiziert. Weitere Lesegeräte in Produktregalen können zudem das Kauf- und Konsumverhalten nachverfolgen. Selbst in Kleidung sind mittlerweile *RFID*-Chips vorhanden, entweder als entfernbare Etiketten oder sie sind in die Kleidung fest eingearbeitet, sodass man sie nicht mehr entfernen kann. Öffentliche Berühmtheit erlangte hierbei der Kleidungshersteller Gerry Weber 2012. Mittlerweile dürften diese Chips in vielen anderen Marken eingebettet sein.[553] Jetzt werden einige meinen, das sei alles nicht so schlimm, schließlich funken die Dinger max. ein paar Zentimeter weit. Hier muss man aber zwischen passiven und aktiven Chips unterscheiden. Während erstere auf die Energieversorgung des Ablesegerätes angewiesen sind und auf nur eine geringe Distanz von ein paar Zentimetern bis einem halben Meter ausgelesen werden können, haben aktive Chips eine eigene Energieversorgung und hierbei kann die Reichweite – je nach Sendeleistung – einige Kilometer betragen.[554] Zudem werden *RFID*-Ablesegeräte zunehmend an Bushaltestellen, Parkhäusern, Bahnhöfen, Hörsälen und anderen öffentlichen Plätzen installiert.[555] Da ist die Absicht dahinter eigentlich klar. Und im Portemonnaie führt fast jeder zumindest eine Karte oder ein Ausweisdokument mit sich, welches einen *RFID*-Chip besitzt. Nach und nach wird dann eine weitläufige Überwachung möglich. Spezielle Schutzhüllen und Brieftaschen, welche das Auslesen von *RFID*-Signalen blockieren sollen, findet man u.a. auf *kontaktlos-schutz.de* oder *shop.digitalcourage.de*.

Wie winzig klein diese Chips mittlerweile geworden sind, konnte man in einer TV-Sendung des österreichischen Senders ORF2 von 2014 bestaunen. Der Zukunftsforscher Oskar Villani gab der Moderatorin einen Handschlag und infizierte sie dabei mit ein paar hundert sehr winzigen *RFID*-Chips, die auf den ersten Blick in der Handfläche nicht gleich zu erkennen sind. Da sie nur ein viertel so breit sind wie ein menschliches Haar, muss man schon sehr genau hinschauen, um sie wahrzunehmen. Herr Villani machte klar, dass man mit diesen Chips den Menschen nicht nur rund um die Uhr überall auf der Welt verfolgen, sondern auch seinen Blutdruck und Zuckerhaushalt messen sowie biometrische Daten abfragen könne. Selbst bei normalem Händewaschen seien immer noch genügend Chips da, um den „infizierten" Menschen eine Woche lang ausspionieren zu können. Laut seinen Ausführungen sind die technischen Möglichkeiten schon so weit, dass es die Chips auch noch eine Nummer kleiner gibt.[555a]

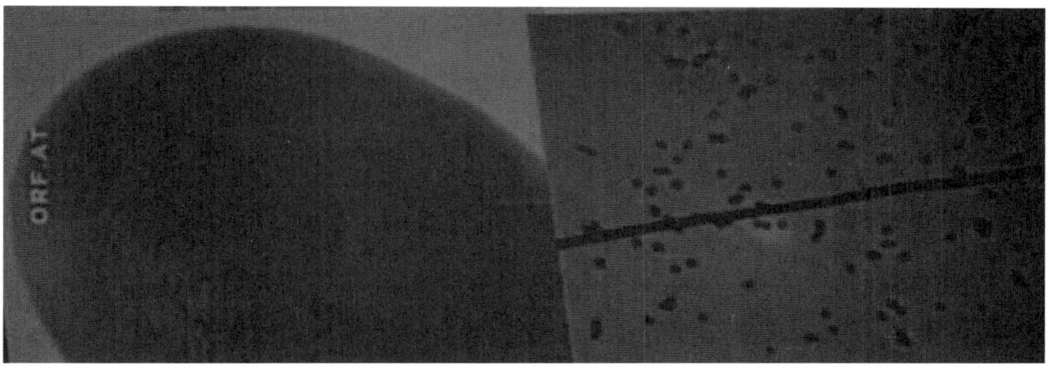

Abb. 189: Links ein winziger *RFID*-Chip auf einer Fingerkuppe bei einer vergrößerten Aufnahme. Rechts ein menschliches Haar umgeben von vielen winzigen solcher Chips.

WLAN als Mini-Radar

Heute kommt fast nichts und niemand mehr ohne diese drahtlose Technik aus, zu der auch die drahtlose Schnittstelle *Bluetooth* gehört. Alles, was drahtlos übertragen wird, kann grundsätzlich von Dritten noch leichter ausgespäht werden. Das gilt auch für Tasteneinschläge und Mausaktionen von schnurlosen Tastaturen und Computermäusen. Ich bin sehr dafür, dass das Leben mit gewissen elektronischen Helfern einfacher und komfortabler gemacht wird, doch geschieht dies seitens der Industrie **immer** zu Lasten des Endnutzers. So berichtete bereits 2015 das Wissenschaftsmagazin *Science Alert*, dass Forscher am berühmten technologischen Institut *Massachusetts Institute of Technology* ein Gerät entwickelt haben, welches über das WLAN-Signal in die Gebäude hineinschauen und Personen verfolgen kann. Das Gerät arbeitet wie ein WiFi-Router, der drahtlose Signale aussendet, die Wände durchdringen und beim Aufprall auf Menschen wieder zurück reflektiert werden. Dadurch können bereits Umrisse und Bewegungen von Personen ausgemacht werden und auch, ob diese z.B. durch Heben und Absenkung der Brust noch atmen. Durch spezielle Algorithmen können die Reflexionen noch verfeinert werden, wodurch man in der Lage ist, verschiedene Personen in einem Gebäude identifizieren bzw. auseinander halten zu können. Physiker von der *Technischen Universität München* haben in Experimenten Ähnliches erreichen können.(556)

Dies sind wiederum Versuche, die öffentlich bekannt und somit bereits „Schnee von gestern" sind. Wir dürfen davon ausgehen, dass die Geheimdienste dieser Welt diese Form der Ausspähung bereits perfektioniert haben. Nun könnten viele meinen, sie seien nicht betroffen, weil sie weder WLAN noch ein Smartphone nutzen. Doch dann nutzt mindestens ein Nachbar im Haus WLAN, und wir wissen, dass das Signal eines Routers mehrere Meter, wenn nicht gar dutzende Meter weit reichen und somit mehrere Etagen eines Wohnhauses bestrahlen kann. Haben Sie zudem geprüft, ob Ihr Zwangsrauchmelder nicht eine 9V-Block-WLAN-Batterie als Stromquelle benutzt? Wenn ja, dann würde ich die gegen eine normale 9V-Batterie austauschen. Natürlich wird der Nutzen einer WLAN-Batterie damit erklärt, dass man bei einem Brand dann auch auf seinem Smartphone benachrichtigt wird, wenn es zuhause brennt. Aber mal ehrlich, glauben Sie allen Ernstes, dass sich die Regierung so sehr um unser Wohl und Zuhause sorgt? Die gesetzliche Pflicht, in **jedem Wohnraum** solch einen Melder zu haben, sollte einen eigentlich schon sehr stutzig machen. Die jetzigen Rauchmelder müssen noch nicht zwangsweise spionieren. Sie wurden aber schon einmal vorsorglich in jedes Zimmer deutschlandweit installiert, die man dann irgendwann mit einer WLAN-Batterie in Zukunft bestücken und somit „aktivieren" kann. Dasselbe gilt auch für die Ablesegeräte an den Heizungen, die mittlerweile ebenfalls von außen abgelesen werden. Was können diese Ablesegeräte und die Rauchmelder evtl. sonst noch? Hat jemand mal in diese Geräte hineingeschaut?

Einen *Big Brother Award* hätte allemal das elektronische Gadget *Amazon Echo* verdient. Das ist ein „tolles" kleines Gerät in Zylinderform, welches man in einem Raum aufstellt und es über WLAN mit dem Internet verbindet. Das Gerät hört auf menschliche Stimmen und kann auf Fragen recht adäquat antworten. Um es „anzusprechen", ruft man einfach „Alexa" und stellt eine Frage, die man hat, wenn man gerade etwas wissen möchte. *Amazon Echo* holt sich die notwendige Information dann übers Internet aus der Cloud und antwortet dem Fragenden. Das Gerät hört und erkennt seinen Besitzer dabei überall im Raum – egal, ob nebenbei das Wasser oder der Fernseher läuft – und kann auf Abruf „jederzeit helfen". Berücksichtigt man, dass das „Helferlein" bei seinen Nutzern rund um die Uhr mit dem Internet verbunden ist, kann man sich den Missbrauch bereits ausmalen, wenn Hacker Zugriff von außen erlangen und somit alles in der Wohnung oder im Haus mithören können. Eine Weiterentwicklung dieses Gerätes gibt es auch bereits. Das *Amazon Echo Show* hat zusätzlich einen Bildschirm, der mit einer Kamera – selbstverständlich nur für Videotelefonie! – ausgestattet ist.(557) Dasselbe gilt übrigens auch für Ihre Webcam am Laptop, neben dem Rechner oder im Smartphone und Tablet. Bei mir sind sie mit *undurchsichtigen* Stickern überklebt. Wenn ich Fotos machen will, nutze ich meine Digitalkamera. Überklebt man die Webcam nicht, hat man schnell ungewollte Zuschauer, die einem z.B. beim Liebesspiel mit dem Partner beobachten. 2016 wurde solch ein Fall in den großen Medien bekannt, bei dem ein Pärchen beim Sex auf dem Sofa von ihrem SMART-TV mit integrierter Webcam von einem Hacker heimlich gefilmt wurde. Das Video landete anschließend auf Pornoseiten, worüber das Pärchen erst von Freunden informiert wurde, die die beiden in dem Video erkannt hatten.[558] Die Hacker können dabei Regierungen, Kriminelle, Unternehmen oder eine Kombination von diesen sein. Da die Gesichtserkennungstechnologie schon seit Jahren voll ausgereift ist, können selbst „unbekannte" Personen jederzeit weltweit identifiziert werden, sind doch bei allen Regierungen Fotos von Ausweisen und Pässen in einer Datenbank gespeichert, die von jedem, der Zugang zu Behördendaten hat (oder sich einhackt), eine Vergleichssuche durchführen kann.

Wie schädlich die WLAN-Strahlung ist, berichtete *pravda-tv.com* in einem Artikel vom Januar 2016, bei der die Seite einige Studien erwähnte, die bewiesen haben, dass die Strahlung äußerst zellschädigend wirkt, besonders stark im Spektrum von 2450 MHz. Negative Auswirkungen gibt es besonders auf das Herz, das Gehirn und die Geschlechtsorgane, was beim Letzteren zur verminderten Fruchtbarkeit führt.[559] Viele tragen ihre schlauen Geräte („schlau", weil sie alles über ihren Besitzer wissen und weitergeben) in der Brusttasche auf Herzhöhe oder in der Hosentasche vorn (was manchmal witzig ausschaut). Ob das „gut" ist, solle jeder selbst entscheiden. Aber auch hier gilt Prof. Yodas Devise: Je mehr Angst ich vor Strahlung habe, umso mehr wird sie mir schaden. Die eigene Einstellung ist gerade für Hochsensible sehr wichtig. Dennoch muss man nicht jeden Trend mitmachen und fahrlässig sein, wo man es einfach vermeiden kann. Es gibt gerade für Handys, Tablets, Smartphones, Bildschirme, Fernseher usw. solche Harmonisierungssticker, die man auf die Geräte kleben kann, um weiteren Energieraub zu unterbinden. Ich habe Sticker von einigen Herstellern selbst daheim ausgetestet, war aber bei einer Marke recht überrascht zu erleben, dass ich z.B. die Strahlung an meinem Handy nicht mehr wahrgenommen habe, ganz so, als sei sie nicht oder kaum noch vorhanden. Der Erfinder arbeitet nach eigenen Angaben nach dem Prinzip der Torusenergie und dem „Nullpunktfeld". Als ich seine Sticker jedenfalls das erste Mal ausgepackt hatte, wurde ich von ihrer Schwingung regelrecht von Kopf bis Fuß harmonisch eingehüllt und ich reagiere sehr sensibel auf Energien (erhältlich bei: *bit.ly/lebensquelle*).

Was ich zudem bei starker Erschöpfung von der Arbeit oder durch E-Smog wirklich empfehlen kann, ist der *Hildegard Orgonakkumulator*. Dieser sammelt die uns umgebende Lebensenergie (*Prana*, *Chi*, *Orgon*), konzentriert und verstärkt sie. Die rund 12,5 kg schwere Platte wird zur Energetisierung von Wasser und Lebensmitteln beworben, doch ich kenne noch weitere Einsatzmöglichkeiten. Man kann z.B. die Füße auflegen und wird dadurch mit Energie wieder aufgeladen. Ich habe es in meinen gesundheitlich schlimmsten Zeiten unters Bett gelegt und die Wirkung ist derart stark, dass ich nach ein paar Nächten es wieder entfernen musste, weil ich zu aufgedreht war und nicht mehr schlafen konnte. Seitdem liegt ein Foto von mir drauf, somit ist die Wirkung milder. Ja, das funktioniert und das für mein Empfinden sehr wirkungsvoll! Ich habe nun zwei solcher Akkus bei mir zuhause und in der Familie hat auch jeder eins. Hausbesitzer stellen sich ein oder zwei solcher Geräte gern in den Keller und durch den großen nach oben hin kegelartigen Wirkungsradius von mehreren Metern kann der Großteil des Hauses energetisch versorgt werden (zu beziehen unter: *bit.ly/orgon-akku*).

Intelligente Stromzähler = gesundheitsschädigende Spionagegeräte

In dieselbe Kategorie der SMART-Geräte sind auch die neuartigen „intelligenten Stromzähler“ (*Smart Meter*) einzuordnen, die nicht nur den allgemeinen Energieverbrauch, sondern den Verbrauch aller einzelnen Geräte im Haushalt genauestens dokumentieren und an den Stromanbieter über das Mobilfunknetz und/oder das Stromnetz übermitteln. In Bezug auf den Datenschutz ist das sehr kritisch, da durch diese Art der Auslesung der Energieversorger (und jeder, der sich Zugang beschafft) jederzeit Ihre Gewohnheiten und Ihre Lebensführung kennt. So kann er leicht feststellen, ob Sie z.B. einer geregelten Tätigkeit nachgehen, wann Sie Urlaub haben, wie oft Sie am Tag das Haus verlassen oder ob Sie an den Wochenenden überwiegend daheim oder unterwegs sind. Ist jemand für längere Zeit weg, so macht sich das im niedrigen Stromverbrauch deutlich, wenn beispielsweise nur noch der Kühlschrank läuft. Kommt jemand einmal die Woche während Ihrer Abwesenheit vorbei, um staubzusaugen oder Blumen zu gießen, so kann man das aus den Stromverbrauchswerten ebenfalls ablesen. Sind Sie ein Nachtmensch oder haben Sie einen geregelten Schlafzyklus? Auch das kann man bereits nach ein paar Tagen oder Wochen herauslesen (nachts ist ja das Licht länger an). Wie häufig Sie Ihren Kühlschrank am Tag öffnen, kann unter Umständen Rückschlüsse auf Ihr Körpergewicht und Essverhalten geben. Die Rückschlüsse und Zusammenhänge erschließen sich umso feiner und präziser für den Datenausleser, je mehr er Vergleichswerte auch von anderen Haushalten hat. Anhand von öffentlich bekannten Daten über den Stromverbrauch einzelner Geräte kann sogar ermittelt werden, welche Marke z.B. Ihr Fernseher, DVD-Spieler, Stereoanlage oder der Kühlschrank hat. Der Leiter des *Unabhängigen Landeszentrums für Datenschutz* in Schleswig-Holstein wird auf *heise.de* mit folgenden Worten zitiert:

> *„Mit den Informationen von Smart Metern wird den Verbrauchern direkt in die Wohnung geschaut, denn durch ihren Energieverbrauch lässt sich auf viele Tätigkeiten rückschließen. Wer garantiert, dass Messstellenbetreiber nicht Profile erstellen und an die Werbeindustrie verkaufen? Die standardmäßige Abfrage alle 15 Minuten verstößt gegen das Gebot der Datensparsamkeit und Datenvermeidung.“*[(560)]

Ja, denn mit Daten kann man viel Geld verdienen, und solch erstellte Profile sind buchstäblich Gold wert für den Handel, aber auch für Regierungsbehörden und Kriminelle (z.B. Diebe) bzw. eine Kombination von diesen. Wie „pervers“ die Ausspähmöglichkeiten über die intelligenten Stromzähler sind, zeigten Forscher der *Fachhochschule Münster* anhand von Versuchen mit solch Stromzählern der deutschen Firma *Discovergy*. Denn mit diesen „tollen“ Stromzählern lässt sich sogar ermitteln, welchen Film oder welchen TV-Sender Sie gerade schauen. Möglich wird dies, so laut den Forschern, durch die Tatsache, dass jeder Film und jede Sendung ein einzigartiges bestimmtes Lichtmuster auf dem Bildschirm für jedes Einzelbild (frame) abbildet, was in etwa einem Fingerabdruck gleichkommt. Bereits zwei 5-Minuten-Blöcke TV-schauen würden ausreichen, um Rückschlüsse auf den gesehenen Inhalt zu ziehen, völlig unabhängig davon, ob eine DVD geschaut oder gestreamt wurde (*Amazon Prime*, *Netflix*) oder ob es sich um einen Röhren-, LCD- oder Plasmafernseher handelt (das Technologieportal *cnet.com* berichtete darüber).[(561)]

Diese neuartigen Stromzähler sind in bereits 65 Millionen US-amerikanischen Haushalten installiert. In der Europäischen Union sind sie ebenfalls auf dem Vormarsch laut einer EU-Richtlinie vom 5. April 2006, die vorsieht, dass die EU-Mitgliedsstaaten 80% aller Haushalte mit diesen Zählern ausstatten müssen, außer es liege eine Kosten-Nutzen-Analyse vor, die gegen einen Einbau spreche.(562) Im September 2015 legte die Bundesregierung das Gesetz zur Digitalisierung der Energiewende vor, in der der Einbau der neuen Zähler für Verbraucher ab 6.000 kWh/Jahr Stromverbrauch verpflichtend wird.(563)

Vor dem Hintergrund, dass solch ein smarter Stromzähler über die Stromleitungen das ganze Wohnhaus bestrahlt und quasi in einen „Mobilfunkmast" umwandelt, sind schwerwiegende Folgen für die Gesundheit vorprogrammiert. Wie „gesund" diese Zähler sind, haben unlängst unabhängige US-amerikanische Studien bewiesen, wonach ein einziger intelligenter Stromzähler so viel Strahlung abgibt wie 160 Mobiltelefone zusammen. Andere Studien sprechen sogar um eine 1.000-fache Strahlung eines normalen Handys (*naturalnews.com* berichtete). So zählen zu den Nebenwirkungen Kopfschmerzen, Schlafstörungen, Herzklopfen, Tinnitus und Schwindel- sowie Krampfanfälle. Auch die US-amerikanische *Akademie für Umweltmedizin* kam zum Schluss:

> *„In einem Haushalt, in dem Personen mit neurologischen oder neurodegenerativen Erkrankungen, genetischen Defekten, Krebs und anderen Krankheiten leben, sollten keine Smart Meter installiert werden. Zudem sollten Smart Meter im näheren Umfeld um die Behausungen von Patienten entfernt werden."*(564)

Da die Kosten den Nutzen meist übersteigen (oder was meinen Sie, wer die Kosten für den Einbau tragen wird? Einsparung an Stromkosten max. 3%.)(565) und die gesundheitlichen Auswirkungen keineswegs rechtfertigen, ist größter Widerstand gegen den Einbau dieser Zähler geboten! In Österreich haben sich Initiativen gegen den Einbau solcher Zähler gewandt, worauf das österreichische Parlament das *Elektrizitätswirtschafts- und -organisationsgesetz (ELWOG)* dahingehend geändert hat, dass dem Kunden ausdrücklich ein Recht einräumt, einen solchen Stromzähler abzulehnen (Siehe §83 ELWOG, *initiative.cc*). Wie sich das in Deutschland entwickelt, muss beobachtet werden, vor allem, falls die festgelegte Grenze des Stromverbrauchs für den verpflichtenden Einbau auf unter 6.000 kWh/Jahr sinken sollte. Aber so lange sollte man nicht warten und beim jeweiligen Stromanbieter protestieren. Denkbar wäre bei einer Wohnungs- oder Haussuche auch, den Vermieter/Besitzer zu fragen, ob das Haus bereits einen intelligenten Stromzähler habe. Falls ja, kann und sollte man vom Kauf bzw. von der Miete ablassen und dem Vermieter oder Makler auch den Grund dafür wissen lassen. Je mehr Leute diesen Boykott praktizieren, desto mehr werden Immobilieneigentümer wiederum ihrerseits dazu gezwungen, den Druck „nach oben" hin weiterzugeben und ebenfalls zu protestieren. Dabei macht es Sinn, der Verkäuferpartei über die Nachteile dieser Zähler zu informieren. Der „Trend" geht eindeutig dahin, dass bald alle Geräte im Haushalt und anderswo mit dem Internet verbunden und miteinander vernetzt werden. Das Stichwort lautet dabei „Internet von Allem". Somit wird eine Totalvernetzung mit einer einhergehenden flächendeckenden Überwachung angestrebt. Die Gefahr, dass Viren und Trojaner, wenn sie einmal ein Gerät daheim befallen haben, im Nu all die anderen vernetzten Geräte ebenfalls infizieren und somit ein großer Schaden entstehen kann, ist groß – von dem ganzen dichten Elektrosmog, der unserer Gesundheit schadet und unsere Sinne

„vernebeln" soll, mal ganz zu schweigen. Denn je mehr elektromagnetische Strahlung die Menschen umgibt, umso leichter sind sie über diese zu manipulieren und zu steuern (unser Gehirn produziert bekanntlich ebenfalls elektromagnetische Wellen, siehe ELF-Wellen).

Smart Dust

Bei *Smart Dust (Intelligenter Staub)* handelt es sich um maximal einen Kubikmillimeter große technische Partikel, die diverse Sensoren und einen Mikro-Prozessor enthalten. Bereits Ende der 1990er-Jahre von *DARPA (Defense Advanced Research Projects Agency)* entwickelt, der Forschungsabteilung des US-amerikanischen Verteidigungsministeriums, waren diese Mini-Computer in Staubkorngröße in der Lage, in einem Tauglichkeitstest verteilt über ein Testgebiet von einem Hektar einen Schützen auf einen Meter genau zu lokalisieren. Selbst die Schussrichtung konnte durch Druckwellen ermittelt werden und auch, ob der Schütze beispielsweise stehend oder kniend geschossen hatte, wie das Wissensmagazin *scinexx.de* berichtete. Geschwindigkeit und Richtungen von fahrenden Autos konnten die Sensoren ebenfalls ermitteln, sowie Fotos vom überwachten Testgelände machen. Der Erfinder des *Smart Dust*, Kristofer Pister, prophezeite seinen Einsatz wie folgt:

> *„Im Jahr 2010 wird es überall Mikrosensoren geben, die ständig Daten über ihre Umgebung sammeln und Energie aus Sonnenlicht, Vibrationen oder Temperaturunterschieden beziehen, damit sie permanent Funksignale empfangen und senden können. Diese Sensorknoten werden nahezu unzerstörbare Ein-Chip-Computer sein, jeder ausgestattet mit einer Sensor- und Kommunikationseinheit und autarker Stromversorgung. Kompakt gebaut und ohne natürliche Zerfallsprozesse, werden sie sogar den Menschen überleben."*[(566)]

Wenn bereits Ende der 1990er-Jahre diese „intelligenten Staubkörnchen" solche Leistung erbrachten, was können sie heute? Sicherlich haben sie mittlerweile mehr Rechenleistung, mehr Sensoren und sind gleichzeitig noch kleiner geworden. Wie viele dieser „intelligenter Staubkörnchen" umkreisen uns in unserer Atmosphäre bereits? Wie viele von ihnen oder den winzig kleinen RFID-Chips haben wir schon mit der Luft oder Nahrung bereits aufgenommen? Harald Kautz-Vella sprach in seinen Vorträgen zudem von *Nanothermit*, welches über Chemtrails mit ausgeschüttet werden soll und von Menschen bereits eingeatmet wurde... Wie leiten wir all dieses Zeug aus unseren Körpern heraus oder neutralisieren es? Eine Möglichkeit ist, dies mit Kraft unserer Gedanken und unseres Willens zu machen. Doch die Vergiftungen finden ja laufend rund um die Uhr statt, was auch eine dauerhafte und laufende Neutralisierung mit sich bringen müsste und nicht gerade langfristig praktikabel ist. Der einzige Ausweg ist, dass all diese multiplen Vergiftungen **gestoppt** werden müssen. Daher ist auch hier der erste Schritt eine breite Aufklärung über diese Machenschaften. Denn je mehr Menschen darüber Bescheid wissen, umso mehr werden bewusst nicht ihr Einverständnis geben, aus der Ferne von Dritten manipuliert oder ausgeschaltet zu werden. Jeder hat einen freien Willen insofern, dass er dem Ganzen widersprechen kann, und sei es nur für sich selbst. Wer nicht widerspricht, gibt passiv sein Einverständnis. Je mehr Leute also all diesem Eingriff widersprechen, umso eher wird auch die geistige Welt gewillt sein, diesen dunklen Vorhaben ein Ende zu bereiten. Das Universum hört alles, was wir sagen, denken und fühlen.

Space Fence – der Weltraumzaun

Einer der größten Rüstungskonzerne dieser Welt, das US-amerikanische Unternehmen *Lockheed Martin*, entwickelt gerade ein spezielles Überwachungsradarsystem mit dem Namen *Space Fence* (Weltraumzaun). Offiziell sollen diese neuen Hochfrequenz-Radarsysteme der US-Luftwaffe besser helfen, Objekte wie (ausgemusterte) Satelliten und Weltraummüll orten und aus dem Verkehr ziehen zu können. Gefahren durch Weltraumwetter und mögliche Folgen für GPS-Satelliten und die *Internationale Raumstation* (ISS) sollen ebenfalls schneller erkannt werden. Die Investigativjournalistin und Autorin Elana Freeland sieht in diesem Vorhaben jedoch ein weiteres Puzzleteil in einer ganzen Reihe von Technologien, um uns Menschen kollektiv und individuell zu überwachen, zu kontrollieren und zu manipulieren. Die Absicht ist, eine Art Hochfrequenzgefängnis zu errichten, welches das menschliche Verhalten und Bewusstsein in einer Weise beeinflusst, welches der Machtelite dienlich ist. Nanobots, Nanofasern, genetisch modifizierte Organismen, künstlich entwickelte Bakterien sowie Schwermetalle werden bereits in unsere Körper durch Impfungen, Chemtrails, Trinkwasser, Nahrung und Medikamente gebracht. Freeland erinnert uns daran, dass unsere Körper zu Sende- und Empfangsanlagen (Funktürme) geworden sind. Wir leben in einer Welt voller drahtloser Technologien und die vielen Frequenzstrahlen durchdringen unsere Körper permanent rund um die Uhr, welche mit *hochleitenden* Schwermetallen verseucht sind. *HAARP* und diese neuen Radarsysteme („Weltraumzaun") liefern über Frequenzen jene Informationen bzw. Befehle, die uns manipulieren und verändern sollen. Die Schlüsselidee dieses Weltraumzauns ist nach ihren Worten eine Überwachung jenseits unseres Verständnisses, bis hinab auf die DNA-Ebene.(567) Meine Vermutung geht aber noch darüber hinaus, nämlich dass dieser Weltraumzaun positiv gesonnene extraterrestrische Besucher besser identifizieren und an der Landung auf der Erde hindern soll.

Robotisierung und Automatisierung

Der Fortschritt der Technik ist nicht mehr aufzuhalten und mittlerweile viel weiter, als den meisten überhaupt bewusst ist. Die Robotisierung und Automatisierung schreitet in immer mehr Unternehmen mit rasantem Tempo weiter voran. In der Öffentlichkeit wird das noch am ehesten wahrnehmbar durch halb-autonom und bald gänzlich autonom fahrenden Autos (und LKWs). Federführend in der Entwicklung ist das US-amerikanische Unternehmen *Tesla Motors* unter der Führung des Milliardärs Elon Musk. Aber auch der Suchmaschinengigant *Google* sowie viele andere Autohersteller haben bereits autonom fahrende Prototypen auf unseren Straßen.(568) In die Kritik geriet *Tesla*, als in den USA 2016 der Fahrer eines im autonomen Automatikmodus fahrenden *Tesla-Models* ums Leben kam, weil der Wagen nicht abbremste und in einen LKW hineinfuhr. Auch *Googles* autonome Testautos haben schon Unfälle auf den Straßen verschuldet.(569) Doch trotz all der Pannen und Risiken wird es da keinen Stillstand in der Entwicklung geben. Bereits heute können Autos der Oberklasse autonom ein- und ausparken sowie in der Fahrspur bleiben oder rechtzeitig vor einem Hindernis abbremsen.

Was die Robotisierung betrifft, so sind es nicht nur Onlinegiganten wie *Amazon*, die Prozesse in ihren Fabriken und Lagern schon fast gänzlich vollautomatisiert haben, auch im täglichen Leben werden sie zunehmend sichtbarer werden und Arbeitsplätze ersetzen. Pionier ist hierbei das japanische Robotiklabor der *Osaka Universität* in Japan unter der Regie des Hiroshi Ishiguro, der humanoid ausschauende Roboter entwickelt hat, die

Abb. 190 und 191: Autonom fahrendes Konzeptauto F015 von *Mercedes Benz*. Im futuristisch anmutenden Interieur befinden sich moderne Touchscreen-Displays zur Bedienung – hier getestet von einer Reporterin der Tageszeitung *New York Times*.

Abb. 192: Der Roboterklon von Prof. Henrik Scharfe der *Universität Dänemark* aus Ishiguros Team ist vom Aussehen her besonders „echt" gelungen.

bereits seit Jahren u.a. in einigen Hotels und Restaurants als Servicekräfte eingesetzt werden oder im Fernsehen die Nachrichten vorlesen. Eines von Ishiguros *Geminoiden* – wie er sie nennt – hat bereits in einem japanischen Spielfilm („Sayonara") mitgespielt. In China zeichnet sich eine ähnliche Entwicklung ab.(570) Optisch sind diese *Robotoide* (auch *Androide* genannt) äußerlich kaum noch von Menschen zu unterscheiden. Obwohl sie bereits recht gut programmiert sind, um sich mit Menschen unterhalten zu können, so fehlen diesen Robotern natürlich emotionale und intellektuell tiefergehende Interaktions- und Konversationsmöglichkeiten. Was die Maschinenintelligenz betrifft, so ist diese schon extrem weit fortgeschritten. Bereits 1996 verlor der damalige Schachweltmeister Garri Kasparow eine Partie gegen den Computer *Deep Blue*. Das ist schon zwei Jahrzehnte her! 2016 verkündete Google, dass sein Programm *AlphaGo* den dreifachen Go-Meister mit 5:0 geschlagen hatte (Go = chinesisches Brettspiel). *Googles DeepMind* („tiefes Hirn") ist dabei in der Lage, Zusammenhänge herzustellen, ohne auf vordefinierte Verhaltensalgorithmen zurückgreifen zu müssen. Möglich wird dies bei *Google* durch die Bildung künstlicher neuraler Netzwerke, die aus bis zu 30 Schichten künstlicher Neuronen bestehen, die neuronale Lernprozesse eines menschlichen Gehirns simulieren sollen. Solche Systeme lernen quasi selbst, durch Probieren und Scheitern. Dies wird uns bereits als „Künstliche Intelligenz" (KI) verkauft. Wenn diese KI lernt, bilden sich zwischen den künstlichen Nervenzellen neue Verbindungen, alte können verstärkt oder gelöscht werden, wie der deutsche KI-Entwickler Jürgen Schmidhuber auf der Internetseite der Tageszeitung *Zeit* in einem Artikel vom Juni 2016 erklärte.(571) Forscher der US-amerikanischen *Universität Maryland* entwickelten mit dem australischen Forschungszentrum *NICTA* auch eine Software, die einem Roboter ermöglichte, sich anhand von Kochvideos auf *YouTube.com* das Kochen selbst beizubringen, wie das Portal *bluemind.tv* berichtete.(572) Die hochintelligenten Computer sind bereits seit Jahren in der Lage, Videospiele zu spielen und Aktien zu handeln. Gerade beim Letzteren wird der Handel heute fast nur noch ausschließlich durch solche automatisierten Programme abgewickelt, die (nach Vorgaben der Spekulanten) autonom an den Märkten handeln. Komplexe Entscheidungen, wie beispielsweise das Finden einer passenden Spenderniere für einen Patienten oder das Erstellen von medizinischen Behandlungsplänen, wurden ebenfalls erfolgreich im Rahmen autonomer Maschinenintelligenz getestet.(573)

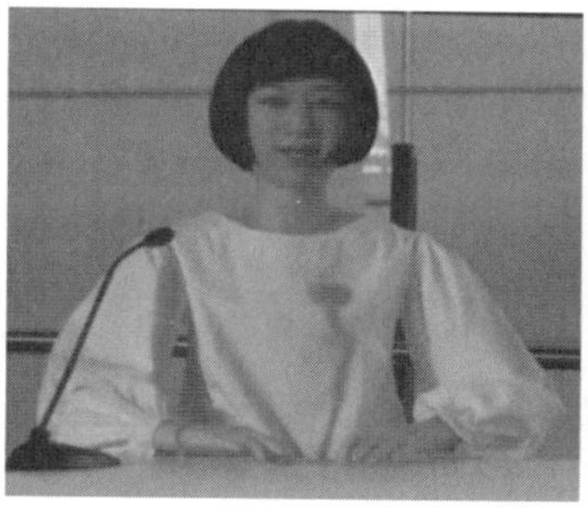

Abb. 193 (links): Eine Kreation Ishiguros, die Nachrichten vorlesen kann.
Abb. 194 (rechts): Hiroshi Ishiguro (Mitte) und sein Team, nebst ihren Roboterklonen.

Im fortschreitenden Automatisierungsprozess spielen sogenannte 3D-Drucker ebenfalls eine immer größere Rolle, mit denen mittlerweile nicht nur kleinere Produkte, sondern im industriellen Maßstab auch Häuser und Autos in einem vollautomatisierten Modus mit großer Geschwindigkeit und in großen Stückzahlen produziert („gedruckt“) werden können. Damit können z.B. auch passgenaue Zahnimplantate oder im fortgeschrittenen Bereich künstliche Ersatzorgane oder moderne intelligente Prothesen hergestellt werden. Der Einsatz ist derart vielfältig, dass der 3D-Druck für sich allein bereits unser Leben in allen Bereichen verändern wird. Im Heimbereich können mit dieser Technik selbst kleine Spielzeuge, Modellfiguren oder Schmuck hergestellt werden, was der Selbständigkeit bzw. Existenzgründungen neuen Auftrieb geben könnte. Die Preise für solche Heimdrucker und die dazu benötigten Materialien (Kunststoffe, Harze usw.) sind aktuell aber noch alles andere als erschwinglich.(574)

Künstliche Intelligenz – viel weiter fortgeschritten und gefährlicher, als man uns erzählt

Im Gegensatz zur hochentwickelten Maschinenintelligenz, spielt **echte KI** in einer ganz anderen Liga, die „nicht von dieser Welt“ ist. Und hierbei kommen sogenannte Quantencomputer zum Einsatz, die – anders als gewöhnliche PCs – nicht auf der Basis der Gesetze der klassischen Physik und Informatik arbeiten, sondern auf der Basis der Quantenphysik bzw. Quantenmechanik. Die *Frankfurter Allgemeine Zeitung* hat in einem Artikel vom Juni 2016 versucht, Unterschied und Arbeitsweise auch für Laien so verständlich wie möglich zu erklären:

> *„Während jeder PC nach den Regeln der binären Algebra mit Bits rechnet, die nur die beiden Werte ‚0‘ oder ‚1‘ annehmen können, arbeitet ein Quantencomputer mit Quantenbits, kurz Qubits. Die Überlegenheit eines solchen Rechners beruht darauf, dass eine quantenphysikalische Informationseinheit außer den beiden binären Zuständen noch beliebig viele Zwischenzustände annehmen kann, und das simultan. Bei zwei Qubits sind die vier Zustände (0/0), (1/0), (0/1), (1/1) gleichzeitig möglich. Das eröffnet gegenüber herkömmlichen Computern völlig neue Welten. So wächst die Zahl der Kombinationen in einem Quantencomputer exponentiell mit der Anzahl der Qubits. Entsprechend steigt die Menge der gespeicherten Information. Dabei werden die Qubits ähnlich wie die Bits in einem klassischen Rechner durch logische Rechenschritte verarbeitet. Darüber hinaus sind aber auch Operationen möglich, die es bei klassischen Computern nicht gibt. Eine Besonderheit beim Rechnen mit Quantenbits ist nämlich, dass diese sich in Zuständen befinden können, die nicht eindeutig sind. Sie befinden sich wie eine Wolke am Himmel*

in einer Art Schwebezustand; sie sind sowohl aktiviert als auch nicht aktiviert; sie sind zugleich ein- und ausgeschaltet. Ist das der Fall, sprechen die Wissenschaftler von einem ‚unbestimmten Wert'. Erst bei einer konkreten Messung wird dieser fein austarierte Schwebezustand zerstört. Das Rechenergebnis liegt am Ende in einzelnen Bits vor wie bei einem PC.“[(575)]

Im Dezember 2015 stellten *Google* und NASA den „ersten“ Quantencomputer des Unternehmens *D-Wave Systems* der Öffentlichkeit mit einer Rechenleistung von 1.000 Qubits vor, der laut dem Forschungsbericht von *Google* in der Lage sein soll, eine ihm gestellte Aufgabe **100 Millionen mal** schneller lösen zu können als ein einzelner Rechenkern eines gewöhnlichen PCs! Auf der IT-Messe *Cebit* 2017 stellte *D-Wave* seine neue Generation mit 2.048 Qubits vor. In Zusammenarbeit mit dem Autohersteller *Volkswagen* soll die neueste Generation dieses Quantencomputers angeblich zu Verkehrsanalysen in der chinesischen Hauptstadt Peking zum Einsatz kommen, um Taxis die *„kürzestmögliche Route durch den Verkehr der Metropole“* zu ermöglichen.[(576)] Da die Zahl der Rechenleistung mit jedem einzelnen Qubit exponential wächst, muss diese neue Generation um ein Vielfaches seines Vorgängers schneller sein und nicht, wie im Artikel auf *golem.de* zu lesen ist, „bloß“ 2.000 mal schneller als ein gewöhnlicher PC. Dass *Google* mit seinen Angaben von *„100 Millionen mal schneller“* für die Vorgängergeneration von *D-Wave* gelogen hat, ist nicht anzunehmen. Grundsätzlich wird in der Medienpresse alles noch als „theoretisch“ und „Utopie“ betitelt und so klein wie möglich geredet. Warum forschen und bauen dann Unternehmen wie *Google, NASA* oder *IBM* an solchen extrem teuren Quantenrechnern (Kosten Millionenhöhe pro Stück), die zudem aufwendig gekühlt und abgeschirmt werden müssen, wenn Leistung und Möglichkeiten nur „theoretisch“ sein sollen? Warum arbeitet der US-amerikanische Geheimdienst NSA laut dem Whistleblower Edward Snowden „offiziell“ an der Entwicklung eines *„kryptologisch nützlichen“* Quantencomputers und warum forcieren die Schweizer Regierung und die *Europäische Union* die Entwicklung von solchen Rechnern, die selbst heutigen Superrechnern um ein unvorstellbar Vielfaches überlegen sind?[(577)] Denn Jerry Chow vom Forschungszentrum des IT-Riesen *IBM* erklärt, dass mit einem Quantenrechner die sichersten Codes (sämtliche heutige Verschlüsselungsalgorithmen) ohne viel Mühe geknackt und komplexeste Optimierungsaufgaben gelöst werden können. Anders als bei einem gewöhnlichen PC erledigt ein Quantenrechner Rechenoperationen nicht nacheinander bzw. Schritt für Schritt, sondern auf einen Schlag![(578)]

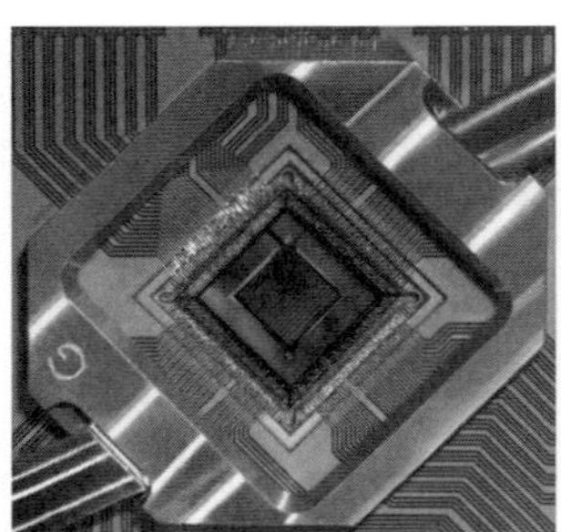

Abb. 195 (links): Prozessor eines *D-Wave*-Quantencomputers.

Abb. 196 (rechts): Im hinteren, kubusförmigen Gehäuse befindet sich der Prozessor in einer streng isolierten Umgebung in einem hohen Vakuum, bei welchem der Druck 10 Milliarden mal niedriger ist als der Druck der Atmosphäre; mit einer Abschirmung, die 50.000 mal niedriger ist als die der Erdatmosphäre bei einer Temperatur am absoluten Nullpunkt (-273° C). Der Prozessor besteht aus dem Metall Niob, welches bei einer Temperatur unter 9,2 Kelvin (-263,95° C) zum superleitenden Material wird und anfängt, quantenmechanische Effekte aufzuweisen.[(583a)]

Zwei Dinge, die man bei all diesen „Neuigkeiten" und „öffentlich" angekündigten „Fortschritten" berücksichtigen muss:

1. Wenn so viele Gelder und so viel Aufwand von solch mächtigen Institutionen in eine Entwicklung gesteckt werden, so ist die „theoretische Phase" eigentlich bereits seit vielen Jahren abgeschlossen.
2. Das Allermodernste, was der Masse öffentlich zugegeben wird, ist bereits Schnee von vorvorgestern und daher veraltet. Die Medienpräsenz dient lediglich zur langsamen Gewöhnung und Vorbereitung der Massen auf eine Technologie, die im Geheimen schon lange erprobt und aktiv sowie erfolgreich genutzt wird. Es ist auch gleichzeitig ein Test, um zu sehen, wie die Öffentlichkeit allgemein darauf reagiert. Und hier liegt die „theoretische Phase" dann nicht Jahre, sondern bereits Jahrzehnte zurück! Die Technologie in *geheimen* Projekten der Militärs und Geheimdienste ist mindestens mehrere Jahrzehnte der uns heute allgemein bekannten voraus. Wobei mit jedem verstrichenen Jahr diese Entwicklung nicht linear, sondern exponentiell erfolgt! Mit dem Kleinreden in den Medien will man uns einen Bären aufbinden, damit man die **wirklich** hoch fortgeschrittenen Sachen a) weiterhin geheim halten und b) diese leichter als „Verschwörungstheorie" abtun kann, denn sonst hätten die „seriösen" Medien ja bekanntlich schon längst „über das Neueste" berichtet. Die Machthaber haben eine leidenschaftliche Vorliebe dafür entwickelt, die Masse erst sehr viel später über einige Tatsachen zu informieren, ohne aber alle bzw. die wahren Hintergründe zu offenbaren. Ein gutes Beispiel ist das Thema „Chemtrails", wie wir bereits gesehen haben.

Mit diesen beiden Tatsachen möchte ich Sie schon mal zumindest gedanklich eine Ebene weiterführen und Sie auf eine weitere Tatsache vorbereiten. Verknüpfen wir beide eben genannten Tatsachen nun mit dem, was der Öffentlichkeit bereits an heutigen Überwachungs- und Manipulationsmöglichkeiten bekannt ist, mit *RFID*-Chips, *Smart Dust*, Überwachungskameras mit Gesichtserkennung, Satellitenüberwachung, Drohnen, *HAARP*, Weltraumzaun, heimischen Rechnern mit eingebauten Hintertüren, sozialen Netzwerken, Handys und Smartphones, bis hin zu den Nanopartikeln, die über Chemtrails ausgeschüttet werden. Das, worauf ich hinaus will, ist ein weltumspannendes flächendeckendes Überwachungs-, Kontroll-, und Manipulationssystem, und das vielfach jenseits unserer Vorstellungskraft, wie es schon Elana Freeland zuvor ausgedrückt hatte. Denn die echte KI ist in der Lage, mehrere mögliche Zukunftsszenarien vorauszuberechnen! In der Praxis heißt dies, dass die Herrschenden sich bisher stets vor Verfolgung dadurch schützen konnten, weil sie durch KI-Rechner mögliche Gefahren für sich und das Machtsystem hier auf der Erde „vorhersehen" konnten. Eine ausgereifte KI ist intelligenter als Millionen Menschenhirne zusammengenommen und wird in Entscheidungsprozessen der Militär- und Kriegsführung eingesetzt.

Dass das, was ich erzähle nicht an den Haaren herbeigezogen ist, zeigt beispielsweise die im Juli bis September 2015 stattgefundene militärische Übung *JADE Helm 15* des Spezialoperationskommandos des US-Militärs. An dieser Übung beteiligten sich hauptsächlich Spezialeinheiten der US-Luftwaffe, *Navy SEALS* und *Green Berets;* offiziell, wie es hieß, um „unkonventionelle Kriegsführung" zu erproben. In alternativen Medien kursierten zu dieser Zeit daher Gerüchte über eine kurz bevorstehende mögliche Ausrufung des Kriegsrechts, der Konfiszierung aller Waffen in der Bevölkerung und der Verhaftung von „politischen Dissidenten". Ein Netzwerkingenieur enthüllte jedoch, dass *JADE* eine KI-Technologie sei, welche holografische Schlachtfeldsimulationen erzeuge, um in bevölkerungsdichten Gebieten Ziele, Aufständische und Rebellen zu identifizieren und zu eliminieren. Kurzum, bei *JADE Helm* geht es nicht darum, dass Generäle und Kommandanten Entscheidungen fällen, sondern ein KI-Computersystem (*JADE*), welches am *Ruder* (engl. *helm*) ist. Und die Militärübung war ein Test, um genügend Daten zu sammeln und um zu schauen, wie erfolgreich dieses System sich gegen zukünftige zivile Revolten gegen das System bewähren würde. Das Motto dieser Übung lautete passenderweise: *„Die menschliche Domäne beherrschen"* (*„Mastering the Human Domain"*).(579) *JADE* ist dabei die Abkürzung für *Joint Assistant for Development and Execution* (*Gemeinsamer Assistent für Entwicklung und Ausführung*). Nun könnte man das Ganze wiederum als „Verschwörungstheorie" beschreiben, wenn nicht selbst *Wikipedia* dokumentieren würde, dass es sich bei *JADE* um eine automatisierte Planungssoftware handelt, die KI benutzt, um mit dieser in „Krisensituationen" in kürzester Zeit großangelegte und komplexe Pläne auszuarbeiten und dementsprechend adäquat militärische Schritte vorzuschlagen. Die Software wurde von *BBN Technologies* – einem Tochterunternehmen des US-Rüstungskonzerns *Raytheon* – im Auftrag von *DARPA* (der militärischen Forschungseinrichtung des US-Verteidigungsministeriums) entwickelt. Dessen Entwicklung geht „offiziell" zurück bis auf das Jahr 1999.(580) Heute sind wir fast 20 Jahre weiter. Schaut man auf die Webseite von *Raytheon's BBN Technologies*, so finden wir dort ebenfalls bestätigende Hinweise auf deren Spezialgebiete, zu denen u.a. Quantenphysik, Quantenmechanik und Quantenkommunikation zählen.(580a)

Die KI ist somit der Grund, dass die Kabale der Menschheit bisher stets einen oder zwei Schritte voraus war. Jetzt möchte ich Sie noch eine weitere Ebene weiterführen und Sie noch einmal kurz an die vorhin erwähnten Robotoiden bzw. Androiden erinnern, die öffentlich „zugegeben" und gezeigt werden. Doch diese völlig veralteten „Kisten" laufen höchstens mit mittelmäßiger bis hoher Maschinenintelligenz. In Wahrheit laufen bereits seit langem Androide auf der Erde herum, die auf ausgereifter KI basieren. Diese haben schon so etwas wie ein künstliches „Bewusstsein" entwickelt (bzw. es wurde ihnen eingesetzt), sie lernen selbständig und sind intelligenter, als wir es uns im Moment noch vorstellen können. Sie sind uns geistig schon weit überlegen.

Sie meinen, das sei jetzt zu abgehoben? Nun überlegen Sie einmal, wenn der *öffentlich* präsentierte *D-Wave* von 2015 eine Rechenaufgabe bereits 100 Millionen mal schneller bewältigen konnte als die heutigen Rechner, was ist dann im Geheimen bereits möglich? Wenden Sie diese unvorstellbare Rechenleistung einmal auf die Robotertechnik an. Meinen Sie da nicht, dass man dabei schon lange auf die Idee gekommen ist, einen Androiden zu erschaffen, der von Menschen in fast jedweder Hinsicht nicht mehr zu unterscheiden ist? Ich sage auch nur „fast", denn so etwas wie ein menschliches Herz mit echten Emotionen haben sie zwar nicht, doch können sie jede nur erdenkliche Mimik und Gefühlsregung „vorspielen", die ziemlich echt und authentisch auf den Unwissenden wirken würde. Was passiert nun, wenn diese KI, die bekanntlich intelligenter als Menschen ist, irgendwann, wenn nicht bereits geschehen, so viel an Intelligenz gewachsen ist, dass sie in Menschen eine gefährliche Spezies sieht und von ihren Erschaffern nicht mehr kontrolliert werden kann? Wenn sich das Spiel umkehrt, und die KI den Menschen beherrscht? Das Letztere ist ja schon durch *JADE Helm* vorgegeben und wer weiß, in welchen Bereichen mittlerweile sonst noch! Was passiert, wenn diese Androiden unter Umständen auch von Seelen bewohnt werden? Haben diese gute oder schlechte Absichten mit uns?

Abb. 197: Der Roboter „Han" der Firma *Hanson Robotics* antwortet auf Fragen einer Reporterin.

Wozu KI in der Lage ist, wurde sehr gut in den US-amerikanischen TV-Serien „Person of Interest" und „Westworld" dargestellt, aber auch in zahlreichen Hollywoodfilmen, die genau diese Thematik mit KI und Androiden zumeist kritisch behandeln und gerade die letzten paar Jahre wieder wie am Fließband herauskommen, ganz so, als würde die Zeit drängen, die Menschen aufklären zu müssen. Waren es in den 1980er- und 1990er-Jahren Filme wie die „Terminator"-Reihe mit Arnold Schwarzenegger, Stephen Spielbergs „A.I." von 2001 oder die „Matrix"-Trilogie (1999-2003), so zählen zu den neueren Filmen Titel wie beispielsweise „I Robot", „Stealth – Unter dem Radar", „Chappie", „Her", „Transcendence", „Automata" oder „Ex Machina" und weitere Filme die noch erscheinen werden. Der älteste Film, der KI zum Thema hat, ist der mit fünf Millionen Reichsmark produzierte deutsche Science-Fiction-Stummfilm „Metropolis" aus dem Jahre 1927. In diesem Film spielt die Szenerie in der Zukunft, genauer gesagt im Jahr 2026, in dem eine Arbeiterklasse an riesigen Maschinen für die Oberschicht schuftet. Als sich ein Arbeiteraufstand ankündigt, wird ein Roboter mit Künstlicher Intelligenz erschaffen, der dies verhindern soll. Der Film brachte nur geschätzt 75.000 Reichsmark an den Kinokassen ein.[(580b)] Damals konnten die Menschen inhaltlich mit dem Film wohl nichts anfangen. Der Film war seiner Zeit extrem weit voraus. Woher hatten die Filmemacher (bzw. Ideengeber) Ende der 1920er-Jahre das Wissen dazu gehabt? Was wurde uns so lange verschwiegen? Und wie sehr ähnelt das verblüffend der heutigen Situation (mit *JADE Helm*)?

Wie sehr KI eine Gefahr für die Menschheit darstellt, zeigen uns Aussagen von berühmten Persönlichkeiten. Einer der bekanntesten Wissenschaftler, Prof. Stephen Hawking, sagte, dass die bisher entwickelte [offiziell bekannte] KI sich als sehr nützlich erwiesen habe, er fürchte jedoch die Konsequenzen, wenn etwas erschaffen wird, das mit Menschen Schritt hält oder sie gar überholt. Es würde sich verselbständigen und sich in einem immer schnelleren Tempo neu erfinden. Menschen, die durch die Geschwindigkeit der biologischen Evolution begrenzt sind, könnten nicht konkurrieren und würden daher gemäß seinen Worten verdrängt werden. Selbst *Microsoft*-Gründer und Impffanatiker Bill Gates schloss sich Hawkings Worten an, als er sich besorgt über die zukünftige Entwicklung der Superintelligenz zeigte. [581] Damit schloss sich Gates auch Elon Musk von *Tesla Motors* an und könne einfach nicht verstehen, warum einige Leute nicht besorgt seien. Musk bezeichnete die KI als unsere *„größte existenzielle Bedrohung"*. Das Technikinformationsportal *techchrunch.com* zitierte seine Aussage wie folgt:

„Wir müssen sehr vorsichtig mit Künstlicher Intelligenz sein. Ich neige immer mehr dazu, zu glauben, dass es da eine regulatorische Aufsicht geben sollte, vielleicht auf nationaler und internationaler Ebene, um sicherzustellen, dass wir nicht irgendetwas richtig Dummes fabrizieren. Mit Künstlicher Intelligenz rufen wir den Dämon herbei. (...)"[582]

Wir können getrost davon ausgehen, dass ein Multimilliardär, der Kontakt zur Kabale und Zugang zu geheimem Wissen hat, bestens Bescheid wissen müsste. Elon Musk will ja bekanntlich mit seinem eigenen Weltraumprojekt *Space X* den Mars besiedeln. Sie erinnern sich, dass, wenn gerade im Hinblick auf technische Entwicklungen etwas „öffentlich" bekanntgegeben oder zugegeben wird, das dann schon lange gemacht wurde...

Um kurz noch einmal abschließend auf die Robotisierung unserer Welt zurückzukommen, so hat Michael Morris, Bestsellerautor u.a. der erfolgreichen Sachbücher „Was Sie nicht wissen sollen" und „Fake News", im Interview mit Jan van Helsing die weitere Entwicklung dahingehend angekündigt, dass bereits ab 2018 die ersten fliegenden Taxis auf den Markt kommen sollen und dass es in wenigen Jahren keine LKW- und Taxifahrer mehr geben wird. Zudem konstatierte Morris etwas **ganz Wichtiges**, was ich in meinem vorigen Buch bzgl. der Notwendigkeit eines bedingungslosen Grundeinkommens bzw. der Abkopplung des Geldes von der Arbeit prognostiziert hatte:

„Es gibt dutzende Studien von Arbeitsmarktforschern, Banken und Unternehmensberatern, die sich alle darüber einig sind, dass bis zum Jahr 2030 Maschinen bis zu 90% aller bisherigen Jobs erledigen werden. Wenn man weiß, dass bereits heute weniger als 50% aller Menschen im Westen arbeiten, dann heißt das, dass in gut zehn Jahren rund 90% bis 95% aller Menschen nicht mehr arbeiten werden. Sie werden zuhause sitzen, kein Einkommen haben und keine Steuern zahlen. Und als Erstes wird es bereits in den nächsten Jahren in Europa und den USA viele in den unteren Einkommensbereichen treffen. All das wird sehr schnell gehen. Es gibt nur wenige Berufe, die noch einigermaßen sicher sind. (...) Wir werden uns als Gesellschaft radikal verändern müssen, so oder so. Neben all den Sachzwängen wird vor allem die Frage nach dem Sinn des Lebens wieder in den Vordergrund treten, denn wir definieren uns bislang weitgehend über unsere Arbeit, unseren gesellschaftlichen Status und unsere Leistung. Was bleibt, wenn das wegfällt? (...)"[583]

Da die jetzige, noch an der Macht sitzende Kabalefraktion kein bedingungsloses Grundeinkommen und die Abschaffung des versklavenden Finanzsystems vor hat, bedeutet das logischerweise gemäß ihrer Agenda, dass mindestens 90% der Menschheit dann auch „überflüssig" wird und daher „weg muss", wobei wir wieder bei den *Georgia Guidestones* wären. Der Rest von 10% oder weniger soll dann als Sklaven mit wenigen Privilegien für die „Oberen" schuften und zur besseren übersichtlicheren Kontrolle in Megastädten leben (*Agenda 2030* und *Vision 2050*).

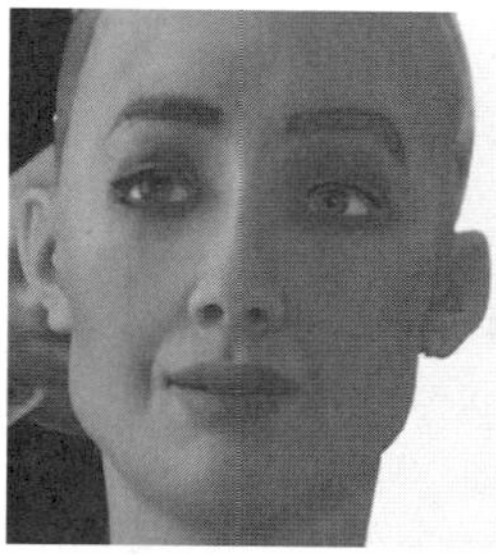

Abb. 198 und 199: „Sophia“ ist ein weiterer Android aus dem Hause *Hanson Robotics*. Sie ist im Stande, mit Menschen in einer „lebensechteren“ Art und Weise zu kommunizieren. Sie hat Kameras und Bewegungssensoren in ihren Augen. Die Computeralgorithmen und KI-Protokolle, die sie nutzt, sind fortgeschrittener und erlauben es ihr, zu lernen und Entscheidungen zu treffen. Im Oktober 2017 bekam sie als erster Roboter die Staatsangehörigkeit Saudi Arabiens verliehen. *(khaleejtimes.com)*

Für Unruhe sorgte „Sophia“ bei einigen Leuten, als sie auf die Frage ihres Erschaffers *„Möchtest Du die Menschen zerstören? Bitte sage ‚Nein'.“* antwortete: *„Ok, ich werde die Menschen zerstören.“*

Abb. 200: Szene aus dem Film „Metropolis“ (1927) mit dem erschaffenen Androiden in Frauengestalt. Das auf dem Kopf stehende Pentagramm im Hintergrund sowie die Allsehende-Auge-Symbolik im Film zeigen, wessen Geistes Kind die Filmemacher gewesen waren.

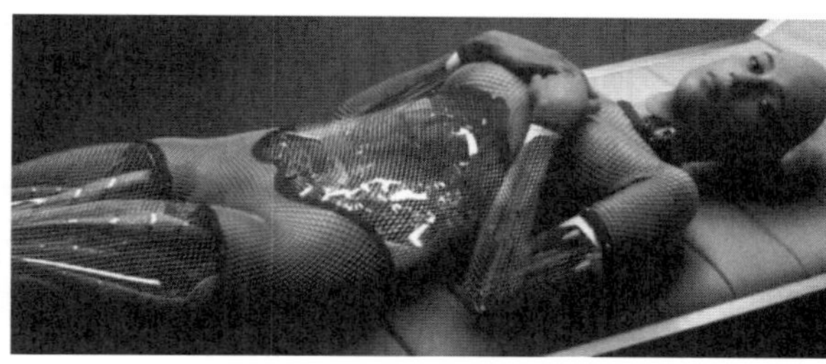

Abb. 201 und 202: „Ava“ aus dem Hollywoodfilm *„Ex Machina“* ist ein menschlich aussehender Android, der von einer KI angetrieben wird. Im Laufe des Films erkennt Ava, dass sie als „Spielzeug“ und Versuchsobjekt gefangengehalten wird, wie auch die anderen Androide im selben Gebäudekomplex.

Abschaffung des Bargelds = gläserne Bürger, die man jederzeit „abschalten“ kann

Wenn es um eine komplett lückenlose Überwachung geht, dann ist das Bargeld noch eines der letzten größten Feinde des Systems. Und Letzteres arbeitet hier nach der bekannten Salamitaktik oder nach der Methode des langsam kochenden Froschs, der gar nicht merkt, dass er gekocht wird, bis er irgendwann verendet. Waren Deutschland und Österreich bis zum jetzigen Zeitpunkt noch verschont blieben, so wurden in mehreren anderen Ländern der EU bereits recht niedrige Bargeldobergrenzen gesetzlich durchgesetzt. So liegt die Höchstgrenze bei Bargeldzahlungen in Frankreich seit dem 1. September 2015 bei gerade mal 1.000 Euro. Möchte man Waren bezahlen, die teurer sind, so geht das nur noch elektronisch per EC- bzw. Kreditkarte oder Banküberweisung. Bargeldzahlungen unter Privatpersonen sind aktuell nicht begrenzt, doch müssen bei Beträgen über 1.500 Euro Rechnungen ausgestellt werden, um eine Zahlung nachweisen zu können. In weiteren folgenden Ländern gelten zum Zeitpunkt des Buchdrucks folgende Bargeldobergrenzen beim Wareneinkauf laut des *Europäischen Verbraucherzentrums Deutschland*:

- Spanien: 2.500 Euro – bei Verstößen kann eine Strafe in Höhe von 25% der Barzahlung verhängt werden
- Portugal: 1.000 Euro – bei Privatpersonen untereinander noch keine Obergrenze
- Italien: 2.999,99 Euro – Bei Verstößen beträgt die Mindeststrafe 3.000 Euro oder bis zu 40% der Barzahlung.
- Belgien: 3.000 Euro – beim Immobilienerwerb sind Bargeldzahlungen untersagt. Verstöße werden mit einer Geldstrafe zwischen 250 Euro und 250.000 Euro geahndet
- Slowakei: 5.000 Euro unter Händlern sowie zwischen Verbraucher und Händler. Unter Privatpersonen liegt die Grenze bei 15.000 Euro
- Tschechische Republik: Beträge bis 350.000 tschechischen Kronen (umgerechnet ca. 13.000 Euro) können pro Tag in bar bezahlt werden
- Bulgarien: seit 1. Januar 2016 9.999 Lew (umgerechnet ca. 5.100 Euro)
- Rumänien: 10.000 RON (umgerechnet ca. 2.300 Euro)
- Polen: 15.000 Euro
- Griechenland: 1.500 Euro – beim Autokauf bestehen noch keine Obergrenzen, es gibt jedoch bereits Gesetzesvorschläge, um dies zu ändern
- Dänemark und Norwegen: Noch keine Einschränkung beim Kauf von Waren. Beim Erwerb von Dienstleistungen gilt die kuriose Besonderheit, dass wenn Beträge 10.000 Kronen übersteigen (ca. 1.000 bis 1.300 Euro) und der Händler Steuern und Mehrwertsteuer des Kaufpreises nicht abführt, der Verbraucher mit zur Verantwortung gezogen werden kann. Verkehrte Welt, so wie „Kinder haften für ihre Eltern".
- Kroatien: 15.000 Euro

In Großbritannien gibt es ebenfalls noch keine Höchstgrenze bei Barzahlungen, doch müssen sich Händler bei den Steuerbehörden als „High Value Dealers" (Händler hochwertiger Güter) registrieren, sofern sie Barzahlungen über 15.000 Euro akzeptieren. Auch in Slowenien, Litauen, Lettland und Island sind noch keine Obergrenzen festgelegt worden.(584) Das Bundesfinanzministerium des Merkelregimes plant jedoch, in Deutschland die Obergrenze für Barzahlungen auf 5.000 Euro abzusenken, wie die *FAZ* Anfang 2016 berichtete. Der damalige Finanzminister Wolfgang „Schäubletto" hat es hier besonders eilig. Als Grund für diese drastische Maßnahme wurde die erhöhte *„Bedrohungslage durch den internationalen Terrorismus"* genannt, insbesondere durch den *Islamischen Staat* (IS). Als Zwischenschritt wurde im Juli 2017 die Bargeld-Obergrenze, bis zu der man sich nicht ausweisen musste, von 15.000 Euro auf 10.000 Euro herabgesenkt.(585) Der 500-Euro-Schein, so der Entschluss der *Europäischen Zentralbank*, wird bereits ab Ende 2018 nicht mehr ausgegeben. Die Begründung ist auch hier, dass der große Schein *„ein Instrument für illegale Aktivitäten"* sei.(585a) Es ist nur eine Frage der Zeit, bis auch der 200er und der 100er aus dem Verkehr gezogen werden. Dann braucht man für „größere" Beträge Beutel und Koffer. Da das zu umständlich ist, sollen die Leute mit diesem Schritt dazu bewogen werden, das Geld wieder aufs Konto einzuzahlen. Beliebte „Argumente" sind natürlich stets „Bekämpfung des Terrorismus" (Terrorismus, den das System selbst erzeugt, Stichwort: „falsche Flagge") und „Bekämpfung der Steuerhinterziehung bzw. Geldwäsche". Der Grund der Terrorismusbekämpfung ist völliger

Blödsinn, denn weder Waffen- oder Drogenhändler sind im heutigen Zeitalter ausschließlich auf Bargeld angewiesen. Das läuft in diesen Milieus dann eher über Edelmetalle, Edelsteine, teure Kunstwerke und Überweisungen über mehrere in der Welt verstreute Briefkastenfirmen, Stiftungen und Trusts ab. Zudem auch über dezentrale elektronische Währungen wie *Bitcoin*, welche aber zunehmend reguliert und kontrolliert sowie zurückverfolgt werden können. Terrororganisationen wie der *IS* nutzen für Bargeldabwicklungen ein eigenes Geldtransfersystem, das *Hawala*-System, bei dem Geld nicht überwiesen, sondern mittels Kuriere – auch grenzübergreifend – transferiert (geschmuggelt) wird.[585b] Im Nahen Osten interessiert sich daher niemand für irgendwelche EU-Gesetze. Des Weiteren arbeiten und bezahlen Terroristen häufig nicht mit ihrem echten Namen, sondern mit gefälschten oder geklauten Identitäten. Dies haben sie schon immer getan und daran wird sich auch nichts ändern. Wie wir also sehen, ist das Argument der „Terrorismusbekämpfung" nicht nur absurd, sondern dreiste Verdummung des Bürgers. Daher könnte demnächst noch ein inszeniertes Pandemieszenario hinzukommen, wo dann Banknoten aus „gesundheitlichen Gründen" komplett aus dem Verkehr gezogen werden müssten. Diese Option wird dann ausgespielt werden, wenn „Terrorismus" und „Steuerhinterziehung" als Gründe nicht mehr ausreichen sollten.

Was die Abschaffung des Bargelds betrifft, so sind die Skandinavier in der EU Vorreiter. So hat die größte schwedische Bank *Swedbank* 2013 verkündet, kein Bargeld mehr auszuzahlen oder entgegenzunehmen. Andere schwedische Banken zogen nach. Laut dem *Schwedischen Bankenverband* sind von den rund 1.800 Bankfilialen im Land bereits knapp die Hälfte bargeldlos, wie das Finanzportal *finanzen.net* berichtete. Und dieser Trend setzt sich auch bei Händlern stark durch. In vielen Bussen, U-Bahnen, Kneipen oder im Einzelhandel kann man bereits nicht mehr mit Bargeld zahlen. Händler und Firmen haben das Recht, die Annahme von Bargeld zu verweigern.[586] In Norwegen dasselbe Bild. Dort hat die größte norwegische Bank *DNB ASA* Anfang 2016 verkündet, das Bargeld ebenfalls komplett abzuschaffen. Der norwegischen Zeitung *VG Nyheter* sagte der Chef der *DNB*, dass *„Norwegen kein Bargeld braucht"*. Seine Begründung: *„60% des Geldes, das in Norwegen im Umlauf ist, ist außerhalb unserer Kontrolle."* Seiner Meinung nach sei es naheliegend, dass dieses Geld in der Geldwäsche kursiere. Als *VG Nyheter* erstaunt nachhakte, gestand er, dass es nur teilweise Schwarzgeld sei: *„Ein Teil dieses Geldes liegt bei den Leuten unter der Matratze. Es ist Geld, das wir nicht sehen."*[587] Aha, damit ließ er die Katze aus dem Sack, worum es bei der Bargeldabschaffung ebenfalls geht, nämlich darum, **das Vermögen der Bevölkerung einzukassieren!** Dänemark macht es seinen Brüdern und Schwestern nach und will das Bargeld in seinem Land ebenfalls komplett abschaffen, zumindest die Pflicht für den Einzelhandel, Bargeld akzeptieren zu müssen. Der Vorstoß kommt hier von der dänischen Regierung. Das Hantieren mit Bargeld sei eben teuer und zeitaufwendig, und so soll das neue Gesetz die Wirtschaft ankurbeln.[588] Umfragen haben ergeben, dass Leute, die elektronisch bezahlen, sich weniger an ein selbst gestecktes Budget halten und beim „Shoppen" mehr Geld ausgeben als gewollt oder nötig. Bei Bargeld gibt es zumindest noch eine kleine psychologische Schranke. Denn ist die Geldbörse leer, kann man nichts mehr kaufen. Logisch, dass sich der Handel über die bargeldlose Entwicklung tierisch freut. So stecken hinter der Bargeldabschaffung nicht nur die Regierungen, sondern auch die Banken- und Kreditkartenindustrie sowie der Handel.

Möglich wurde diese erschreckende Entwicklung in Skandinavien auch deshalb, weil es für die Leute dort völlig normal ist, dass sämtliche ihrer personenbezogenen Daten und Transaktionen von allen Behörden und sonstigen Institutionen unter einer Identifikationsnummer abgespeichert und abgerufen werden können. Das grenzenlose kindlich-naive Vertrauen in den Staat und in das Finanzsystem muss derart groß sein, dass keinerlei Kritik besteht, als gläserner Bürger überwacht, ausspioniert und klassifiziert zu werden. Bei elektronischen Zahlungen kann von jedem Bürger ein aussagekräftiges Profil erstellt werden. Regierung und Handel wissen jederzeit, wo man einkauft, was und wie viel man einkauft, wo man unterwegs ist, zu wem man fährt usw., und kennen dadurch die Vorlieben und „Schwächen" eines jeden Einzelnen. Welche Art von Büchern kauft jemand? Wer ist wie politisch gesinnt und somit evtl. ein „Feind des Systems"? Was sind seine sexuellen Vorlieben? All das und noch so viel mehr kann über jeden Einzelnen über sein Konsumverhalten herausgefunden werden. Gekoppelt mit privat getätigten Einträgen in sozialen Netzwerken und dem eigenen Surfverhalten im Internet (Stichwort: *Browser fingerprinting*) kennen Behörden, Händler, Kriminelle und alle, die ein Interesse haben, den Bürger besser als dieser sich selbst.

Noch weitaus gravierender als das Ausspähen von Daten und dem „Profiling" ist aber die völlige Aufgabe an Restfreiheit, die das Bargeld heute (noch) bietet. Denn Banken können auf Guthaben jederzeit Negativzinsen berechnen, um sich somit selbst zu bereichern. Im Falle einer Währungsreform können zudem alle Bankkonten um z.B. 90% rasiert werden. Eine Gegenwehr ist zwecklos, da nicht mehr möglich. Denn Bargeld gibt es nicht mehr, man kann es also nicht mehr abheben. Ersparnisse zuhause hat man ja ebenfalls keine mehr. Man steht dann mittellos da und ist auf die Gunst der Regierung und Schattenregierung (*tiefer Staat/deep state*) angewiesen. Ein weiterer wichtiger Aspekt, den heute alle Bargeldlosbefürworter außer Acht lassen, ist, wenn Geld nur noch elektronisch vorhanden ist, so kann die Regierung „unliebsamen" Bürger jederzeit auf „Knopfdruck" sämtliche Konten sperren und Guthaben einfrieren. Und was dann? Zahlungen von Kunden gehen aufs Bankkonto ein, Lohn vom Arbeitgeber ebenfalls sowie sämtliche staatliche Leistungen (Renten, Kindergeld, Bafög, Arbeitslosengeld usw.). Plötzlich können Sie Miete, Strom und andere Lebenshaltungskosten nicht mehr begleichen, auch nicht notfalls mit Bargeld. Jetzt können Sie ganz sicher davon ausgehen, dass auch Edelmetalle verboten sein werden und sämtliche Zahlungen damit, so wie der bloße Versuch, strafrechtlich geahndet werden. Vielleicht ist der Vermieter gnädig und stundet die fälligen Mietzahlungen einen Monat lang oder zwei. Womöglich nimmt er auch Ihre Möbel und sonstige Sachwerte zeitweise als „Pfand" entgegen. Aber macht das jeder Vermieter mit? Sicher nicht. Sie denken jetzt an Flucht mit Ihrem Auto und Ihrem letztes Hab und Gut? Sie kommen bei Familie oder Freunden unter? Dann haben Sie noch einmal Glück gehabt. Aber der Vermieter wird spätestens nach ein paar Monaten die Justiz auf Sie ansetzen, da Sie rückständig mit den Mietzahlungen sind. Sind Sie in der Zwischenzeit überhaupt noch zur Arbeit gegangen? Da Sie kein Geld mehr empfangen können, lohnt es sich da überhaupt noch zu arbeiten? Wurden Sie mittlerweile bereits fristlos entlassen, weil die Firma z.B. eh keine „Reichsbürger" bei sich haben will? Jetzt wird Ihnen von den Behörden aufgrund rückständiger Zahlungen (Miete, Strom, Telefon, Versicherungen etc.) alles gepfändet. Nun steht man mittellos da. Wenn Sie nicht ins Gefängnis müssen, dürfen Sie den Rest der Schulden auf Raten abzahlen. Vielleicht wird nun Ihr Bankkonto wieder freigeschaltet, damit Sie diese restlichen Raten auch abzahlen können. Jetzt können Sie zur Behörde gehen und endlich Arbeitslosengeld beantragen, denn Sie können wieder Geld empfangen und sich wieder einen neuen Job suchen. Sie fragen sich zu diesem Zeitpunkt, ob Sie nicht lieber mit dem Auto hätten ins Ausland fliehen sollen, als es noch möglich war. Doch schnell verwerfen Sie den Gedanken wieder, denn Sie erinnern sich daran, dass man das Benzin an den Tankstellen nur noch mit Karte bezahlen kann, und mit der lückenlosen Überwachung auf Straßen und Autobahnen Sie ohnehin nicht weit gekommen wären. Auch die Bankkarte Ihrer Verwandten hätten Sie nicht gebrauchen können, da bei jedem Zahlungsvorgang die Identität des Kontoinhabers biometrisch abgeglichen wird.

Darüber haben Sie sich bisher noch keine Gedanken gemacht, oder? Dieses Szenario muss nicht bloß auf „unliebsame" Bürger gemünzt sein. Es könnte auch im Falle eines Hackerangriffs, Programmierfehlers oder eines Stromausfalls passieren, der Sie individuell oder im schlimmsten Falle eine Stadt, Region oder das ganze Land trifft. Auch andere Szenarien sind möglich, dies sollten nur ein paar Beispiele gewesen sein. Der hauptsächliche Sinn und Zweck hinter dieser ganzen Bargeldabschaffung ist nämlich der: dass keiner aus dem Volk aufbegehrt und alle schön brav obrigkeitstreu bleiben und für die Regierung dankbar auf den Knien herumrutschen. Das Resultat ist dann der perfekte gläserne und zu 100% hörige Sklave, der es nicht wagen wird, seinem „Herren" zu widersprechen oder sich gegen ihn aufzulehnen bzw. die Hand zu schlagen, die ihn füttert.

Frage: Sofern auch nur ein 10%-iges Risiko besteht, dass es gerade Sie oder jemanden aus Ihrer Familie in solch einem vorhin geschilderten Szenario treffen könnte, und das auch bei einem deutlich geringeren Anlass (z.B. Steuererklärung zu spät eingereicht; falsche Beschuldigung einer Straftat), würden Sie die Abschaffung des Bargelds dann immer noch befürworten? Meinen Sie jetzt immer noch, dass, wenn Banken und Regierungen so viel Macht über das Leben eines Einzelnen haben, diese niemals missbraucht werden wird? Klären Sie Ihre Familie und Freunde über die Risiken auf, auch und insbesondere, wenn Sie jemand aus den skandinavischen Ländern kennen. Wobei ich glaube, dass bei Letzteren Hopfen und Malz bereits verloren ist. Und selbst andere Gründe sprechen gegen eine Abschaffung des Bargelds. Gerade ältere Leute und jene, die sonst irgendwie eingeschränkt in ihren Möglichkeiten sind und beispielsweise kein Internet nutzen, kein Smartphone und in vielen Fällen auch keinen Computer besitzen bzw. mit diesen Geräten umgehen können, wären dann alle vom Leben nicht nur ausgeschlossen, sondern wären in ihrer Existenz akut bedroht. Aber Hauptsache „modern" und am liebsten mit einem Chip oder einem Tattoo auf der Haut voll „hip" und „im Trend" sein. Jetzt habe ich natürlich das nächste Stichwort geliefert und „hippige" Bargeldlospropheten werden jetzt stolz kontern, dass, wenn jeder gechippt wird, es nun auch für die Alten und sonstigen eingeschränkten Menschen ein ganz Leichtes sein wird, im Supermarkt und im alltäglichen Bezahlen die Hand vor dem Scanner zu halten. Ja, klar ist das möglich und leicht, aber diese Leute haben dann immer noch nicht begriffen, worüber ich die letzten Seiten und in diesem Buch bisher geschrieben habe. Setzen, **6**!

Neue Spitzelbehörde – Regierung beschließt noch mehr Überwachung

Im Oktober 2016 lief eine Meldung über die Nachrichtenticker, die viele Gemüter erhitzte. Der Bundestag stimmte einem Gesetzesentwurf zu, wonach dem deutschen Auslandsgeheimdienst *Bundesnachrichtendienst* (BND) weitreichende Überwachungsbefugnisse eingeräumt werden. Der BND erhält nun vollen Spähzugriff auf Netzknoten im Inland, wodurch dieser nun auch den gesamten inländischen Internet- und Telekommunikationsverkehr abhorchen darf.(588) Aber auch hier wurde gesetzlich etwas legalisiert, was im Geheimen schon seit langem „rechtswidrig" praktiziert wird.

Viel bedeutender ist hingegen die neue deutsche Sicherheitsbehörde *Zentrale Stelle für Informationstechnik im Sicherheitsbereich* (ZITiS), die Anfang 2017 gegründet wurde und ihren Sitz in München hat. Zu ihren Aufgaben gehören Telekommunikationsüberwachung, Cyberspionage, Massendatenauswertung und vor allem das Knacken von verschlüsselter Internetkommunikation. Mit einer geplanten Anbindung an die *Bundeswehruniversität* sowie dem faktischen Zusammenwachsen mit einem militärischen Cyber-Forschungszentrum ist eine zivil-militärische Spionage- und Überwachungsbehörde entstanden, die dem Innenministerium, dem Bundeskriminalamt, dem „Verfassungs"-schutz und anderen Strafverfolgungsbehörden zuarbeitet. Für 2017 waren offiziell 120 Arbeitsstellen vorgesehen, die bis 2022 auf 400 anwachsen sollen. Treibende Kraft hinter der Errichtung dieser Behörde war der Innenminister Thomas de Maizière, der es anscheinend recht eilig hatte, denn die neue Spitzelbehörde ist ohne ein Errichtungsgesetz entstanden, und im Parlament regte sich auch bis auf ein paar Stimmchen kein Widerstand gegen dieses fragwürdige Vorhaben.(589) Wenn man die KI noch außen vor lässt, dann ist das Knacken von Verschlüsselung mit heutiger Rechenleistung bei starken Verschlüsselungsalgorithmen und Passwörtern mathematisch schier unmöglich. Es sei denn, die Hersteller von z.B. Chat-Messengern oder Smartphones bauen absichtlich Hintertüren ein (was für US-amerikanische Unternehmen und Betreiber sogar gesetzlich Pflicht ist). Doch nicht alle spielen mit und nicht in jeder Software gibt es Hintertüren. Die Tageszeitung *taz* beschrieb das mögliche Vorgehen dieser Behörde daher wie folgt:

> *„Statt bereits verschlüsselte Kommunikation zu entschlüsseln, muss diese dann eben abgefangen werden, bevor sie überhaupt verschlüsselt wird. Das geht entweder durch Überwachungsprogramme auf Computern und Smartphones oder durch das Abfangen von Daten, noch während diese getippt werden – zum Beispiel durch das Aufzeichnen sämtlicher Tastenanschläge oder das regelmäßige Erstellen von Bildschirmfotos, die dann heimlich ausgeleitet werden. (…) Zitis ist die Stelle, die künftig die deutschen Staatstrojaner entwickeln wird. Zitis ist die Stelle, in der die deutschen Kompetenzen zum Hacken, Spitzeln, Spionieren gebündelt werden sollen. Und Zitis ist die Stelle, die mitunter auch Sicherheitslücken auf dem Schwarzmarkt aufspüren und aufkaufen könnte, um diese zu eigenen Zwecken zu benutzen. (…)*"(590)

Also quasi das kleine deutsche Pendant zur NSA. Und auch hier kann man davon ausgehen, dass es heimlich Kooperationen mit Firmen wie *Microsoft* oder *Intel* geben wird, um bestmöglich viele Lücken zu finden. Der Grund für diese neue mächtige Behörde ist natürlich der „Kampf gegen den Terrorismus", wie es auf der Seite des Bundesinnenministeriums heißt.(591) Ganz gelogen ist das natürlich nicht, denn mit „Terroristen" ist auch die eigene Bevölkerung gemeint! Auch in Großbritannien wurde Ende 2016 das bisher *„härteste Überwachungsgesetz einer Demokratie"* erlassen, wie es das Onlineportal *netzpolitik.org* titelte. Das *Investigatory Powers Act 2016* räumt den britischen Geheimdiensten und anderen Behörden noch weitaus tiefer gehende Befugnisse zum Ausspionieren seiner Bürger, als sie es bisher schon hatten. *Netzpolitik.org* fasste die Ermächtigungen wie folgt zusammen:

> *„Prinzipiell gibt die Gesetzesänderung den Geheimdiensten GCHQ, MI6 und MI5 (und in vielen Fällen auch der Polizei) ein weitreichendes Arsenal an Spähmöglichkeiten an die Hand. Die Dienste dürfen jetzt sowohl gezielt, als auch massenhaft hacken, Kommunikationsverkehre abhören sowie auf den für ein Jahr gespeicherten Browser-Verlauf jedes Internetnutzers zugreifen. Außerdem wurde die Vorratsdatenspeicherung stark erweitert. Von nun an können auch Betreiber von Chatprogrammen und andere ‚Communications Provider' dazu aufgefordert werden, Metadaten zu speichern. Zudem können Firmen dazu angehalten werden, bei der Entschlüsselung ihrer Dienste zu helfen und neue Fähigkeiten im Vornherein der Regierung mitzuteilen, damit diese sich darauf einstellen kann. Abgesehen davon ist es den Geheimdiensten erlaubt, auf große Datenbanken wie die des Nationalen Gesundheitsdienstes NHS zuzugreifen."*[592]

Also genau auch das, was wir aus jüngsten Entwicklungen in Deutschland kennen. Und auch bei diesem neuen Gesetz gab es in der britischen Politik keinen nennenswerten Widerstand.

Zensur und Gedankenpolizei – willkommen in China!

Ende September 2015 traf Bundesmerkel den Chef des weltgrößten sozialen Netzwerks *Facebook*, Mark Zuckerberg, auf einem UN-Umweltgipfel. Ein Tischmikrofon erhaschte einen Teil des Gesprächs der beiden, bei dem es um Möglichkeiten gehe, all der Kritiker der Merkel'schen Migrantenpolitik, genauer gesagt jedwede kritischen Beiträge auf *Facebook*, die sich in irgendeiner Weise kritisch gegenüber „Flüchtlingen" äußern, Herr zu werden. Auf die Frage der Merkel: *„Arbeiten Sie daran?"* antworte Zuckerberg: *„Ja"*.[593] Das israelische Nachrichtenportal *Israel National News* fügte dem stolz hinzu: *„Oh, und wie er daran arbeitet!"*[594] So richtig Druck auf *Facebook* machte der deutsche Justizminister Heiko Maas, der ein eigenes Zensurgesetz durchdrücken wollte, damit „Hasskommentare" in sozialen Netzwerken unverzüglich gelöscht werden, ansonsten absurd hohe Geldstrafen gegen das US-Unternehmen verhängt werden sollen. So sieht sein Gesetzesentwurf vor, dass *„offensichtlich strafbare Inhalte"* binnen 24 Stunden nach Eingang der Beschwerde gelöscht werden müssen. Zwar werden *„Volksverhetzung"* und *„Leugnung des Holocaust"* als Beispiele erwähnt, doch was „strafbar" ist, haben eigentlich nicht die sozialen Netzwerke zu entscheiden, sondern die Regierung und zwischengeschaltete Zensurstellen. Werden *„strafbare Inhalte"* nicht (rechtzeitig) gelöscht, so fordert Maas eine Geldbuße von bis zu 5 Millionen Euro gegen die für das Beschwerdeverfahren verantwortliche Person bei *Facebook* (bzw. einem anderen betroffenen Unternehmen). Gegen das Unternehmen selbst solle eine Geldstrafe von bis zu 50 Millionen Euro verhängt werden dürfen.[595] Der kann halt sein „Maas" nicht voll kriegen. Der politische Druck auf *Facebook*, so die *Süddeutsche Zeitung* in einem Artikel von Ende 2016, wird vor dem Jahr der Bundestagswahl größer, gegen ***erfundene Nachrichten*** bzw. „Falschmeldungen" rigoros vorzugehen (Stichwort: „Fake News“).[596] Ah, da sickert also durch, worum es tatsächlich geht, nämlich gegen alles vorzugehen, was nicht systemkonform und „politisch korrekt“ sowie auf der Linie der Regierung ist! Da sind die wahren Hintergründe der Migrantenflutung nur ein Aspekt dabei.

Gesagt, getan. Die ersten Zensur- und Löschmaßnahmen ließen auf *Facebook*, *Twitter*, *YouTube*, *Reddit* und Co. nicht lange auf sich warten. Für Aufregung sorgte der Fall des konservativen homosexuellen Journalisten Milo Yiannopoulos, der auf seinem *Twitter*-Kanal schrieb, dass die erschreckendsten Worte, die man als schwule Person hören könne, „Allahu akbar“ seien („Allah ist der Größte“). Daraufhin hat *Twitter* seinen Kanal gesperrt. Ein anderer homosexueller Journalist äußerte sich in einem Video, dass er nicht mehr länger still bleiben könne, während seine homosexuellen Brüder und Schwestern in Diskotheken abgeschlachtet werden. *YouTube* löschte daraufhin sein Konto.[597] Haben diese beiden Journalisten nun etwas Falsches gesagt? Ich meine nein, denn im Islam wird bekanntlich massivst und gewalttätig gegen Homosexuelle vorgegangen. Dies als Beispiele dafür, was bereits „Hassrede“ ist. Alles, was sich kritisch gegen den Islam oder das Judentum äußert, wird zensiert, gelöscht und gesperrt. Gegen das Christentum darf hingegen ordentlich gehetzt werden, auch von Moslem-Seite. Ich habe dies mit eigenen Augen auf *Facebook* beobachten können, wie zuletzt Genannte, teilweise offen zu erheblicher Gewalt auffordernde Beiträge gegen Christen selbst nach mehrmaligen Beschwerden von Leuten von *Facebook* **nicht** gelöscht wurden. In einem Fall habe ich selbst testweise einen Beitrag von einem mutmaßlichen Moslem dem *Facebook*-Support gemeldet, der Gewalt gegen Christen forderte. Nach wenigen Tagen teilte mir *Facebook* mit, dass keine Gründe für eine Beanstandung vorliegen. Dies sind definitiv keine Einzelfälle.

Für einen buchstäblichen Skandal sorgte *Facebook*, als es im Frühjahr 2016 die größte deutsche *Anonymous*-Seite mit rund zwei Millionen Abonnenten löschte, nachdem diese kurz zuvor die Österreicher zu ihrer Bundestagswahl dazu aufgefordert hatte, den EU-Kritiker Norbert Hofer von der rechtsnationalen Partei FPÖ zu wählen. Das *Anonymous Kollektiv* erfreute sich rasch wachsender Beliebtheit, da es Beiträge zu brisanten Hintergründen veröffentlichte, beispielsweise zu den ersten beiden Weltkriegen oder der Migrantenpolitik. Der Seitenlöschung gingen bereits mehrere Löschungen von unliebsamen Einzelbeiträgen voraus, die Insidermaterial („Leaks“) zum Inhalt hatten. Obwohl einige Beiträge gegen Flüchtlinge und Migranten für meinen Geschmack etwas „unter der Gürtellinie“ waren, so war sie insgesamt betrachtet einfach ein Riesendorn im Auge der Merkeldiktatur.

Die Löschung der Seite erfolgte nicht wegen der Hetze, denn sonst wäre sie bereits viel früher vom Netz genommen worden. Die Löschung erfolgte nach eigenen Angaben nur wenige Minuten nach dem Aufruf zur Wahl der FPÖ.[598] Seitdem veröffentlichen die Betreiber ihre Inhalte auf *anonymousnews.ru* oder *vk.com/anonymous.kollektiv* – dem russischstämmigen sozialen Netzwerk. Aber auch auf *vk.com* wird zunehmend zensiert, und wenn man sich dort neu registriert, wird man aufgefordert, seine Identität anhand von Ausweisdokumenten zu bestätigen. Das *Anonymous Kollektiv* ist aber nicht mit der allgemeinen *Anonymous*-Bewegung zu vergleichen. Deutscher Ableger des Letzteren distanzierte sich ausdrücklich vom „rechtsradikalen“ *Anonymous Kollektiv*, was einmal mehr beweist, dass diese Bewegung eine gesteuerte Opposition ist.

Eine der Zensurstellen, die entscheiden sollen, was „Falschmeldungen" und „Lügengeschichten" sind, ist das deutsche stiftungsfinanzierte Recherchebüro *CORRECTIV* mit Sitz in Essen, welches nach eigenen Kriterien auf *Facebook* „unglaubwürdige" Meldungen als solche mit zwei deutlichen Warnhinweisen kennzeichnen will, um somit zu erwirken, dass Nutzer vom Lesen und Weiterverbreiten der Meldung absehen. Dadurch sinkt die Sichtbarkeit solch eines Beitrags. *„Es kann auch sein, dass wir bei unglaubwürdigen Artikeln die Sichtbarkeit reduzieren."*, sagte der zuständige *Facebook*-Manager Guido Bülow gegenüber *spiegel.de* und enthüllte somit, dass auch aktive Zensur betrieben wird. Moniert wird u.a., dass es „Falschnachrichten" gewesen seien, die sich viral auf *Facebook* verbreitet hatten, die Donald Trump zum Sieg seiner Präsidentschaftswahl verholfen hatten.[(599)] Das ist schon eine ziemlich dreiste An*maas*ung. Meinungsfreiheit, Meinungsvielfalt, Pressefreiheit? Gibt's kein Grundrecht mehr darauf? Schaut man sich an, wer dieses „Recherchebüro" massivst finanziell unterstützt, so ist es allen voran die *Brost-Stiftung* als Initialförderin. Hinter dieser Stiftung stecken die Gründer der *Westdeutschen Allgemeinen Zeitung* (WAZ). Die Stiftung setzt sich ein für den „Brückenbau zwischen den Generationen", der „Völkerverständigung", der „Entwicklung unserer Demokratie", mehr Rechte, Chancen und Anerkennung für „Unterprivilegierte" sowie natürlich zur Aufrechterhaltung des publizistischen Erbes der Brost-Familie (also der *WAZ-Gruppe*). Das Ehepaar Brost gehörte zu denen, *„die ganz vorne dabei halfen, die Nazi-Vergangenheit zu überwinden und Deutschland in einen demokratischen Staat zu wandeln"*. Übersetzt bedeutet das alles demnach das Fördern von Multi-Kulti, mehr Rechte für Ausländer und Migranten und weniger für die Einheimischen sowie die Aufrechterhaltung der Systempropaganda. Vorn mit dabei ist auch die *Rudolf Augstein Stiftung*. Rudolf Augstein war der Gründer und einst Chefredakteur des Systemmediums *Der Spiegel*. Die *Bundeszentrale für politische Bildung* ist ebenfalls mit von der Partie sowie auch die *Deutsche Bank*, *Google Germany* und zahlreiche andere **Presse- und TV-Medien**, die allesamt natürlich ein berechtigtes Interesse daran haben, dass auch nur die Version, die in den Massenmedien verbreitet wird, sich überall durchsetzt. Dann stach eine weitere Stiftung wie ein roter Daumen hervor, die das *CORRECTIV* ebenfalls mitfinanziert, und zwar, wie es der „Zufall" natürlich wieder will, die *Open Society Foundations* von unserem „Philantropen" und „Menschenfreund" George Soros. Im Aufsichts- und Ethikrat wimmelt es nur so von Vertretern der großen Medien (u.a. *NDR*, *Zeit*, *Der Spiegel*) und Amerikanern. Im Vorstand sitzt u.a. ein am internationalen Gerichtshof in Den Haag akkreditierter Jurist, der auch die *Vereinten Nationen* berät.[(600)] Im Kampf gegen „Fake News" haben sich rund 40 internationale Medien, darunter Pressemedien wie *BBC*, *Guardian*, *Reuters*, *AFP*, *Associated Press*, *NBC*, *ABC*, *dpa*, *Zeit Online* und auch die sozialen Netzwerkgiganten *Google*, *Facebook* und *Twitter*, zu einer Koalition zusammengeschlossen. Da wird alles an Macht aufgefahren, um das Bewusstsein der Weltbevölkerung weiterhin zu kontrollieren und zu steuern.[(600a)]

Für ordentliche Empörung sorgte dann auch die Suchmaschine *Google*, als sie Februar 2017 das große US-amerikanische Gesundheitsinformations- und Nachrichtenportal *naturalnews.com* aus ihrem Suchindex entfernte. Zwar sind von diesem Portal drei Seiten bzw. Unterseiten über *Google* auffindbar, aber nicht mehr die laut des Seitenbetreibers Mike Adams rund 140.000 von verlinkten Aufklärungsartikeln.[(601)] *Welt.de* stufte die Seite gleich in die „radikal rechte" Ecke:

„Natural News' ist bei den besonders radikalen Anhängern der neuen rechten Szene in den USA extrem beliebt, da Adams deren Liebe zu Verschwörungstheorien teilt. Wer etwas über die angebliche Verschwörung der Medien gegen US-Präsident Donald Trump erfahren möchte, über die angebliche Schädlichkeit von Impfungen oder über die neueste Geheimdienstintrige – der findet bei ‚Natural News' die Bestätigung eines kruden Weltbildes."

Zurecht betitelte Adams die Sperre als „Internet Gestapo". Laut den weiteren Angaben des *welt.de* Artikels hat *Google* zudem die Werbeeinnahmen von insgesamt über 200 Internetseiten gekappt, die über das *Google*-Werbenetzwerk für die Einblendung von Werbeanzeigen Geld verdienten. Der von *Google* angegebene Grund: „Fake News" und „Hassinhalte".[602] Da die Werbeindustrie zunehmend alternativ orientierte Webseiten und Blogs verbannt, fehlen den Seitenbetreibern somit in den meisten Fällen jedwede Einnahmen, was häufig dazu führt, dass der Betrieb dieser Seiten stillgelegt wird. Die Absicht ist klar: die Vermeidung, dass sich „Falschnachrichten" verbreiten. Lustigerweise gibt es auch eine Art Propagandaliste im Netz, die „Fake-News"-Seiten auflistet: *propornot.com/p/the-list.html*. Die Seiten, die dort gelistet sind, sind daher besonders interessant! Vielen Dank an das Establishment für diese Empfehlungsliste. Das erspart uns allen aufwendige Suchen im Netz. ☺

Amadeu Antonio Stiftung – das Comeback der STASI?

Teil der Task Force zur Bekämpfung von „Hassbotschaften" im Netz ist allen voran auch die *Amadeu Antonio Stiftung*, die 1998 gegründet und 1990 nach einem zu Tode geprügelten Angolaner benannt wurde. Sie setzt sich „offiziell" gegen den Rassismus ein sowie um den Aufbau „demokratischer Gegenstrukturen", vor allem im Osten Deutschlands. Die Gründerin dieser *gemein*-nützigen Stiftung ist eine Anetta Kahane, Tochter jüdisch-kommunistischer Eltern, die zwischen 1974 und 1982 für das *Ministerium der Staatssicherheit in der DDR* (Stasi) unter dem Decknamen *IM Victoria* als Spitzel arbeitete. Sie lieferte aus ihrem Umfeld viele Schriftsteller und Schauspieler ans Messer und horchte im privaten Rahmen Bekannte bei Hochzeiten, Faschingsfeiern, Konzerten oder bei einem Stadtbummel aus, wie es in einem *Welt.de*-Artikel heißt.[603] Der Investigativjournalist Gerhard Wisnewski hat sich bei seinen Recherchen die Mühe gemacht und ein paar interessante Aussagen der Kahane sowie ihrer Mitarbeiter ausgegraben. So hält Kahane laut eines Berichtes des *Tagesspiegels „die geringe Präsenz von Flüchtlingen in den Ostländern für ein großes Problem"*. Sie sagte: *„Im Osten gibt es gemessen an der Bevölkerung noch immer zu wenig Menschen, die sichtbar Minderheiten angehören, die zum Beispiel schwarz sind."* Nach ihren weiteren Worten sei es *„die größte Bankrotterklärung der deutschen Politik nach der Wende"* gewesen, dass sie zugelassen habe, *„dass ein Drittel des Staatsgebiets weiß blieb"*.[604]

Eine recht unzweideutige Aussage, oder? Ist das nicht nur rassistisch den Weißen gegenüber, sondern auch ziemlich deutschfeindlich? Und das für jemanden, der vorgeblich gegen Rassismus ankämpft. Dass die AfD gerade im Osten solch hohen Zulauf hat, zeigt, dass die Leute dort wesentlich aufgewachter sind als der Rest der Michel-Republik. Und das dürfte für Kahane der eigentliche Dorn im Auge sein. Was eine rassistische Hetze gegen Flüchtlinge ist, definiert die Stiftung dann auch selbst in einem vom **Bundesfamilienministerium** geförderten Pamphlet mit Handlungsempfehlungen und listet dabei folgende Formen des Rassismus auf:

- Gegenüberstellung „Wir" und „Die"
- Verallgemeinerungen („alle Flüchtlinge...") und Gleichsetzungen (z.B. Flüchtling = Muslim)
- Normalisierung von Diskriminierungen: „*Ist doch kein Wunder, dass...*"
- Projektionen von gesamtgesellschaftlichen Problemen wie Sexismus, Kriminalität oder Wohnungsmangel z.B. auf „Flüchtlinge"
- Abwertende Bezeichnungen: z.B. „Wirtschaftsflüchtling" suggeriert, dass das Grundrecht auf Asyl hier von Menschen ausgenutzt werde, die nur aus wirtschaftlichen Gründen nach Deutschland kommen, nicht, weil sie Schutz vor Verfolgung suchen.
- Entmenschlichung: Gleichsetzung von Flüchtlingen mit Insekten, Parasiten, Tieren, etc.
- Lügen über Geflüchtete und angebliche Kriminalität, Gewalt, Vergewaltigungen, gefälschte Behördendokumente – oft getarnt als vorgebliches eigenes Erleben.
- Kulturrassismus („*Die passen einfach nicht zu uns.*")
- (Nationalistische) Relativierungen: Was ist mit „unseren" Kindern/Obdachlosen etc.?
- Bald fühlt man sich fremd im eigenen Land/„Volkstod"
- Die da oben/die Lügenpresse – erzählen uns eh nicht die Wahrheit.
- Wer Geflüchteten hilft, ist mindestens ein Gutmensch, oder gleich linksextrem.
- „*Bin ich denn gleich ein Nazi, nur weil ich...*", „*Wo ist meine Meinungsfreiheit, wenn ihr meine Kommentare löscht?*"[605]

Ist das nicht ein starkes Stück? Wenn man also der Meinung ist, dass erst die Kinder und Obdachlosen im eigenen Land versorgt werden sollten, dann ist das „Rassismus". Wenn eingesickerte Migranten tendenziell Straftaten und Vergewaltigungen begehen (siehe Silvester 2015/16 Köln) und man sich über dieses „*gesamt*gesellschaftliche Problem" beschwert, ist man ein Rassist. Wer das Wort „Lügenpresse" benutzt, ebenfalls. Alle Achtung. Bis auf die Gleichsetzung mit Insekten, Parasiten etc. sind die anderen aufgezählten Punkte teilweise doch fragwürdig. Im Anschluss an dieser Auflistung wird dann zum „Melden und Anzeigen" aufgerufen, dem eine Anleitung folgt, wie man z.B. auf *Facebook* Beiträge meldet oder wie man eine Strafanzeige verfasst und wo man sie einreicht. Liest man weiter, findet sich – putzigerweise – ein Hinweis auf Artikel 5 des Grundgesetzes, durch den die Meinungsfreiheit „besonders geschützt" sei. Das sorgte bei mir zumindest für etwas Erheiterung. Zudem heißt es, dass man bloße Meinungen, die man nicht teile, „aus rechtlicher Perspektive" hinnehmen müsse und Strafanzeigen daher nur bei strafrechtlich relevanten Beiträgen Sinn machen würden. Aber wenn man sich unsicher sei, sei eine Anzeige zu viel besser als eine zu wenig.[606] Das heißt melden, melden, melden, anschwärzen und anzeigen, was das Zeug hält – ganz nach *Stasi*-Manier. Der Hinweis, dass man Meinungen „aus rechtlicher Perspektive" hinnehmen müsse, tönt schon fast nach Trotz, und dass man die „freie Meinungsäußerung" – sofern nicht strikt linksgrünkonform – doch am liebsten gänzlich verbieten würde.

Abb. 203: Ex-*Stasi*-Dienerin Anetta Kahane von der *Amadeu Antonio Stiftung*.

Wie deutschfreundlich und Deutschland wohlgesonnen die Mitarbeiter der *Amadeu Antonio Stiftung* sind, zeigt auch ein besonderes Beispielexemplar: Julia Schramm (Geburtsjahr 1985), Fachreferentin für „Hate Speech". Diese junge Dame studierte Politikwissenschaft, Amerikanistik und öffentliches Recht und setzt sich ebenso engagiert ein gegen Rechtsextremismus, „Antisemitismus" und „anderen Formen gruppenbezogener Menschenfeindlichkeit". Sie schrieb auch am o.g. Pamphlet mit. Was diese Frau auf ihrem *Twitter*-Kanal jedoch absonderte, erinnert eher an hinterwäldlerischer Gossensprache als an jemanden, der studiert hat. Mittlerweile hat sie ihre kritischen Beiträge – die sich viral wie ein Lauffeuer verbreiteten – aber wieder gelöscht. Zu groß war die Empörung in der Internetgemeinde. Doch das Internet vergisst bekanntlich nie und so sind ihre Beiträge immer noch öffentlich in den Internetarchiven oder auf einer dem *Twitter*-Unternehmen zugehörigen Domain abrufbar. Nachfolgend einmal die besten „Kostproben" der Frau Schramm:

„Nennen sie mich hysterisch, weil ich Steinmeier für seinen nationalistischen Dreck anspucken will, nenne ich sie ein Arschloch, Herr Kister."

„Deutschland ist eine Idee. Deutschland darf getötet werden."

„Lasst es krachen, lasst es knallen, Deutschland in den Rücken fallen!"

„Stalingrad war Wunderbar – Naziopa blieb gleich da!"

„Bomber-Harris Flächenbrand – Deutschland wieder Ackerland!"

„Sauerkraut, Kartoffelbrei – Bomber Harris, Feuer Frei!"

„Deutschenhass ist eine Erfindung von Kartoffeln, die an Deutschland glauben."

„Reicht jetzt auch wieder mit Deutschland... Gegen Nationalstaaten. Immer. Überall."

Auf folgende Frage: „*Gibt es Potenziale, die wir aufgrund der traumatischen Geschichte ungenutzt lassen?*" antwortete Schramm: „*Ja. Deutschland abschaffen.*"(607)

Abb. 204 und 205: Julia Schramms Verherrlichung des Bombenholocausts gegen die Deutschen im Zweiten Weltkrieg sowie ein weiterer deutschfeindlicher Beitrag nebst anderen, die sie auf ihrem *Twitter*-Kanal schrieb.

Apropos **Feminismus**: Diese Bewegung wurde ursprünglich von der *Rockefeller Foundation* ins Leben gerufen, um die Gesellschaft zu destabilisieren. Nicholas Rockefeller gab dies dem Filmemacher und politischen Aktivisten Aaron Russo zu, der zuletzt mit seinem Dokumentarfilm „America: Freedom to Fascism" für Furore sorgte, da er darin die betrügerische Institutionen des *Federal Reserve Systems* und der obersten US-Steuerbehörde *IRS* kritisierte. Rockefeller jedenfalls äußerte sich wie folgt:

> *„Der Feminismus ist unsere Erfindung aus zwei Gründen: Vorher zahlte nur die Hälfte der Bevölkerung Steuern, jetzt fast alle, weil die Frauen arbeiten gehen. Außerdem wurde damit die Familie zerstört und wir haben dadurch die Macht über die Kinder erhalten. Sie sind unter unserer Kontrolle mit unseren Medien und bekommen unsere Botschaft eingetrichtert, stehen nicht mehr unter dem Einfluss der intakten Familie. Indem wir die Frauen gegen die Männer aufhetzen und die Partnerschaft und die Gemeinschaft der Familie zerstören, haben wir eine kaputte Gesellschaft aus Egoisten geschaffen, die arbeiten (für die angebliche Karriere), konsumieren (Mode, Schönheit, Marken), dadurch unsere Sklaven sind und es dann auch noch gut finden."*[615a]

Deutschland vernichten und Verherrlichung des Holocausts an der deutschen Zivilbevölkerung – die Quantität der Beiträge macht deutlich, dass das, was Schramm schrieb, auch tatsächlich ihrer Gesinnung entspricht. Und wie wir sehen, darf sie ungestraft beleidigen und hetzen. Sie macht somit genau das, wogegen sie doch eigentlich ankämpft. Wie nennt man so etwas, Scheinheiligkeit? Sie ist seit 2016 Mitglied der Partei *Die Linke* und bei dieser auch Mitglied des Landesvorstands Berlin, nachdem sie zuvor bei der Piratenpartei war.[608] Das, liebe Leserinnen und Leser, könnte ernsthaft unsere „Elite" von morgen sein. Ich habe bisher noch keinen Deutschen kennengelernt, der so hasserfüllt gegen seine Landsleute wettert und sie am besten ausrotten wollen würde, ***außer*** es handelt sich bei demjenigen nicht um einen mit deutscher Abstammung, sondern u. U. nur um jemanden, der einen deutschen Namen trägt. Oder solche Leute wurden einer buchstäblichen Gehirnwäsche unterzogen (oder beides). Das Letztere wäre zumindest als Co-Faktor auch möglich, nachdem ich mir Schramms Videostatement auf *YouTube* angesehen habe, in dem sie sich für ihre ausufernde Hassrede auf *Twitter* rechtfertigte und in dem sie für mich wie „auf Drogen" wirkte. Zum Schluss des Videos hin bekräftigte sie aber den „politischen Kampf" und das „Bekenntnis", die Nationalstaaten in Europa im Sinne der europäischen Integration abzuschaffen, denn ein Zurück zu Nationalstaaten kann nach ihren Worten *„auf gar keinen Fall die Lösung sein"*.[609] Eine persönliche Bitte an dieser Stelle sei, diese Frau nun deshalb nicht anzugreifen. Wir wollen nicht unnötig weiter Hass und Groll verbreiten! Vielleicht lesen sich gerade jüngere Leute aus der linken-/*Antifa*szene einmal dieses Buch und schauen tiefer hinter die Kulissen als bisher. Hoffentlich erkennen sie,

Abb. 206: Anne Helm (links), Listenplatzkandidatin in Berlin der Partei *Die Linke*, die sich bei einer feministischen Protestaktion beim britischen Bomber Arthur Harris für die Bombardierung Dresdens bedankte. Im Hintergrund die Dresdener Semperoper. Rechts im Bild: Mercedes Reichstein. Beide waren Mitglieder der *Piraten-*Partei und gehören zur linksfaschistischen *Antifa*.

wie sehr sie von den Mächten im Hintergrund für bestimmte Zwecke missbraucht und eingespannt werden, die eindeutig ihre Horizonte übersteigen.

Wisnewski fand zudem heraus, dass die Stiftung jährlich im Schnitt mit fast 900.000 Euro direkt von der Bundesregierung unterstützt wird. Das wären rund zwei Drittel aller Einnahmen, was diese „gemeinnützige" Stiftung zu einer quasi staatlichen Einrichtung macht. Für einzelne Projekte übernimmt sogar die Bundeskanzlerin Merkel sogar die Schirmherrschaft. Neben Wolfgang Thierse von der SPD als Schirmherr der Stiftung, wird diese auch u.a. von Rita Süssmuth (CDU), vom Grünen-Politiker Cem Özdemir – der auch Gründungskurator der Stiftung ist – sowie einigen Künstlern unterstützt. Angeblich sollen Stiftungsgelder auch an Familienmitglieder geflossen sein, weswegen Wisnewski und andere Forscher sich die Frage stellen, ob es sich bei der *Amadeu Antonio Stiftung* um ein „Steuerbetrugsmodell" handeln würde.[(610)] Umso wichtiger ist diese Frage auch deshalb, weil mit aus Steuern finanzierten Mitteln gegen Systemkritiker und Deutsche vorgegangen wird.

Ein anderes Detail, welches im Zusammenhang mit dieser Stiftung nicht ganz „unbedeutend" ist, ist die Tatsache, dass im Stiftungsrat auch Stephan Joachim Kramer sitzt, der Präsident des Thüringer „Verfassungsschutzes". Zuvor war Kramer Generalsekretär des *Zentralrates der Juden in Deutschland*, Leiter des Berliner Büros des *European Jewish Congress*, Direktor des europäischen Büros gegen „Antisemitismus" des *American Jewish Committee*, Assistent des Europa-Direktors der *Jewish Claims Conference* sowie Mitglied des Präsidiums und Kassenführer der *Deutsch-Israelischen Gesellschaft*. Zudem ist er u.a. Mitglied im Aufsichtsrat des *World Jewish Congress* und Mitglied der *Deutschen Gesellschaft für Auswärtige Politik*.[(611)] Seine Ehefrau ist jüdische Amerikanerin und er selbst konvertierte zum Judentum, nach eigenen Angaben, bevor er seine Frau kennenlernte.[(612)] Da die BRD bekanntlich keine eigene Verfassung hat und auch keine haben kann/darf, muss man sich ernsthaft fragen, welche Verfassung die deutschen Behörden für „Verfassungsschutz" denn in Wirklichkeit schützen, denn die deutsche kann es definitiv nicht sein. Eine mögliche Antwort darauf finden wir beim eben vorgestellten Stephan Kramer, welcher in seinen Arbeitsräumlichkeiten Flaggen von Israel und USA stehen hat, aber keine deutsche. Finden Sie das auch nicht äußerst seltsam?[(613)]

Abb. 207 bis 209: Präsident des Thüringer „Verfassungs"-schutzes, Stephan Kramer. Im Hintergrund links oben die Flagge Israels als Wimpel und die Menora (Kerzenständer), ein religiöser Gegenstand im Judentum. Für Freunde des „Zufalls" weitere Bilder mit US-Flagge. Inwiefern vertritt er die Interessen Deutschlands?

Gemessen an den vielen Pöstchen, die Herr Kramer in einflussreichen jüdischen Verbänden bezog, müssen wir hier logischerweise ein weiteres Mal erkennen, dass in unserem Lande keine deutsche, sondern amerikanisch-zionistische Politik betrieben wird, und das sogar sichtbar für jeden, der nur richtig hinschauen will! Interessant ist es allemal zu sehen, wie die *Amadeu Antonio Stiftung* als verlängerter Arm des „Verfassungsschutzes" und Israels zu agieren scheint, gerade im Hinblick auf die *Stasi*-Vergangenheit der Anetta Kahane.

Das Maas'sche Zensurgesetz wurde übrigens im Mai 2017 von der Unions-Fraktion gestoppt – vorerst.[(614)] Das Maas-Männchen hat aber nicht aufgegeben, und sowohl Zensur und Löschungen im Netz nehmen im Tempo und Umfang weiter zu. Zudem wurde vom Bundestag am 30. Juni 2017, also am letzten Sitzungstag der Legislaturperiode, das Maas'sche *Netzwerkdurchsetzungsgesetz* nun doch durchgewunken. Internetkonzerne wie *Google*, *YouTube* und soziale Netzwerke müssen gegen „Hassrede" im Internet nun rigoroser vorgehen. Im Bundestag waren nicht einmal 10% der Abgeordneten anwesend. Unter § 45 (1) der Geschäftsordnung des Bundestages steht aber, dass eine Beschlussfähigkeit nur dann vorliege, wenn mindestens die Hälfte seiner Mitglieder im Sitzungssaal auch anwesend ist. Was hier also geschehen ist, war die völlig illegale Verabschiedung eines „Ermächtigungsgesetzes".[(614a)] (*epochtimes.de*) Doch damit nicht genug. Maas kündigte sodann Anfang Juli 2017 bereits an, die Inhalte von Suchmaschinen durch Manipulationen ihrer Suchalgorithmen regulieren zu wollen. Hierzu wolle die Bundesregierung eine eigene Digitalagentur gründen, die sich dieser Aufgabe annehme. Dadurch, so die Forderung der SPD, sollen „gesellschaftlich relevante Inhalte" besser sichtbar präsentiert werden. Mit anderen Worten heißt das nichts anderes, als dass bei Suchanfragen bei *Google* beispielsweise Inhalte von den öffentlich-rechtlichen Sendern auf den ersten Seiten gezeigt werden, während sog. „Fake News" pauschal auf die hinteren Plätze der Suchergebnisse verbannt werden und somit nicht mehr gefunden werden würden. Dieselbe Algorithmenmanipulation solle auch auf *Facebook*, *Twitter* & Co. ausgeweitet werden.[(614b)] Wie übertrieben die Zensur*maas*nahmen bereits geworden sind, zeigte ebenfalls bereits Anfang Juli 2017 die ziemlich harmlose Karikatur der Wochenzeitung *Junge Freiheit*, nachdem der Bundestag die „Ehe für Alle" beschlossen hatte (Abb. 210). Der Beitrag wurde von *Facebook* gelöscht, da es „*gegen die Gemeinschaftsstandards verstoßen*" habe. Der Chefredakteur der Zeitung wurde zudem für drei Tage von *Facebook* gesperrt. Ein nochmaliges Veröffentlichen könne zur dauerhaften Sperrung führen, hieß es zudem.[(614c)] Willkommen in der Toleranz- und Gesinnungsdiktatur! (Dank an *macht-steuert-wissen.de* für den Hinweis) Dabei verbreitet der Mainstream laufend Falschmeldungen. Einige davon führten zu großen Kriegen und Millionen von Toten. Zum Beispiel stellte sich im Nachhinein heraus, dass es im Irak doch keine Massenvernichtungswaffen gab. Wer trägt nun dafür die Verantwortung? Hintergrund der plötzlichen Zensurwelle in Europa ist die neue Toleranzverordnung des Europaparlaments, die „Hassrede" unterbinden will und die einzelnen Staaten der EU verpflichtet,

Abb. 210: Die Wochenzeitung *Junge Freiheit* veröffentlichte diese recht harmlose und ganz sicher nicht rechtswidrige Karikatur auf ihrer *Facebook*-Seite Anfang Juli 2017, nachdem der Bundestag die „Ehe für Alle" beschlossen hatte.

diese neue Regelung in nationale Gesetze zu übernehmen. Dies verpflichtet auch Medien, Polizei und Justiz, die ethnische Zugehörigkeit von mutmaßlichen Straftätern nur dann anzugeben, wenn dies unbedingt nötig sei.(615) Die EU mausert sich zum „Vierten Reich".

Rückwärtssprache – ein Mittel, um Politiker zu entlarven!

Was in Deutschland noch eher „Neuland" ist, hat sich im angelsächsischen Raum die letzten Jahrzehnte eine große Gemeinde um die Forschungsrichtung der „Rückwärtssprache" gebildet, im Englischen „reverse speech" genannt. Wenn Gesprochenes aufgezeichnet und rückwärts abgespielt wird, so tauchen neben unverständlichem Kauderwelsch in bestimmten Intervallen (meist alle 20-30 Sekunden) deutliche Botschaften auf, zumeist in Form von Wörtern oder kurzen Sätzen. Diese Botschaften nennt man „Reversale" bzw. „reversals" im Englischen, oder eben „Rückwärtsbotschaften". Um diese Rückwärtsbotschaften herauszuhören, ist es fast immer erforderlich, die Aufnahme rückwärts langsamer abzuspielen (ca. 0,7-fache Geschwindigkeit, mal etwas mehr, mal etwas weniger). Das rückwärts Gesagte steht dabei in den meisten Fällen mit dem vorwärts Gesagten im direkten Zusammenhang. Der Entdecker dieser Methode ist der gebürtige Australier David John Oates, der Anfang der 1980er-Jahre auf die Rückwärtssprache eher „zufällig" stieß, als er seinen Walkman in die Toilette fallen ließ, welches danach Bänder nur noch rückwärts abspielte. Als er eine Kassette der Musikgruppe *Led Zeppelin* einlegte, hörte er an einer Stelle des Lieds *„Stairway to Heaven"* rückwärts die Botschaft *„Play backwards. Hear words sung."* (deutsch: *„Spiele rückwärts ab. Höre gesungene Wörter."*) Seitdem durchforstete er seine gesamte Kassettensammlung und wurde immer wieder fündig. Im Laufe der letzten drei Jahrzehnte hat er seine Analysemethoden verfeinert. Er fand heraus, dass Sprache auf zwei Ebenen abläuft. Was vorwärts gesprochen wird, ist der Ausdruck des Bewusstseins, und was rückwärts gesagt wird, sind die Botschaften des Unterbewusstseins, unabhängig von der gesprochenen Sprache. Wenn nun vorwärts eine Lüge ausgesprochen wird, könnte sich die Wahrheit in rückwärtiger Sprache verbergen. Dadurch ist es laut Oates möglich, auch versteckte Motive und Agenden zu enthüllen, die jemand womöglich hat. Andererseits wird in der Rückwärtssprache das vorwärts Gesagte deutlich unterstrichen und bestätigt (und somit die Wahrheit angezeigt, wobei man von „kongruenten Reversalen" spricht). Im therapeutischen Sinne erfreut sich die Rückwärtssprache zunehmend an Beliebtheit, da darüber oft Gründe für bestimmtes Verhalten oder einer Krankheit herausgefunden werden können, wodurch Hindernisse, Blockaden und falsche Programmierungen im Leben erkannt und besser aufgearbeitet bzw. gelöst werden können.(616) Im deutschsprachigen Raum ist Karina Kaiser als Expertin für Rückwärtssprache bekannt. Auf Ihrer Webseite *innerspeechrevelations.com* schreibt sie über die Reversale Folgendes:

> *„‚Reversal' ist der Fachausdruck für die multi-dimensionalen Mitteilungen aus unserem unbewussten Verstand. Diese Mitteilungen erscheinen aus den verschiedenen Ebenen des Unbewussten in normaler Alltagssprache, verwenden aber auch Metaphern, archetypische Figuren und Symbole. Über diese Metaphern und Symbole zeigen Reversals unsere Verhaltensmuster, unbewusste Gedanken und Glaubenssysteme auf. Einige Reversals lassen uns unterstützende innere Aspekte sehen, andere reflektieren unseren Mangel an Selbst-*

liebe und innerer Harmonie. Reversals bieten uns auch Wege an, ungünstige Verhaltensmuster zu akzeptieren und zu verändern, und erlauben uns dadurch eine Transformation von innen heraus. Auf der tiefsten Ebene unseres Inneren können sich Reversals über Dinge äußern, die sich auf Gott und die Seelenwelt beziehen. Reversals der Seele sind sehr wertvoll, denn die Seele beschreibt oftmals unseren inneren Zustand.“(617)

Wie wir sehen, sind die Einsatzmöglichkeiten in Bezug auf unser Seelenheil sehr interessant. Frau Kaiser hilft Klienten in Sitzungen – bei denen die Gespräche aufgezeichnet und von ihr anschließend ausgewertet werden – Ursachen ihrer Probleme herauszufinden, wodurch sich für den Klienten durch die neu gewonnenen Informationen wiederum Lösungen ergeben (z.B. können laut Frau Kaiser durch bewusstes Erkennen, der Akzeptanz und Reflektion andere Entscheidungen getroffen werden und alte Themen bräuchten sich nicht zu wiederholen).

Nun werden einige Leser behaupten, das sei alles Quatsch und die Rückwärtsbotschaften würden rein zufällig entstehen. David Oates ist aber ein alter Veteran auf diesem Gebiet und war mit seinen Entdeckungen bereits im australischen Fernsehen und hatte sogar einen Auftritt im US-amerikanischen Sender *CNN*. Behörden in Washington D.C. interessierten sich sogar für seine Arbeit. Dieses Interesse brach plötzlich dann ab, als Oates in einer der Ansprachen des damaligen US-Präsidenten George H. W. Bush rückwärts einen Code für die Operation *Desert Storm* enthüllte (Golfkrieg). Seitdem wurden all seine Auftritte im Land abgesagt, inklusive einem geplanten Forschungsprojekt mit der Staatspolizei des US-Bundesstaats Michigan. Nach der Veröffentlichung seines zweiten Buches 1995 eröffnete er eine therapeutische Praxis und tauchte wieder in diversen Shows auf, wodurch er wieder drangsaliert wurde. Er erhielt Morddrohungen und einmal wurde sein Haus angezündet. Da er und seine Familie zunehmend bedroht wurden, kehrte er im November 1999 wieder zurück nach Australien. Seitdem bietet er therapeutische Sitzungen und Beratungen rund um das Thema Rückwärtssprache an.(618) Wie „echt“ und wertvoll Rückwärtsbotschaften sind, zeigt auch der Fall, bei dem Oates der australischen Justiz half, einem Täter endgültig die Schuld nachzuweisen, der seine Mutter umgebracht, dies aber abgestritten hatte, wie die *Welt am Sonntag* im Juli 2001 berichtete. Die Tatwaffe, in diesem Fall ein großes Messer, konnte nicht aufgespürt werden. David Oates nahm ein Fernsehinterview mit dem Verdächtigen auf, analysierte es rückwärts und konnte der Polizei den Tipp geben, der zum Fund des Messers als Tatwaffe führte und somit den Täter überführte. Weiterhin wird im Artikel eine Studie mit 143 Probanden erwähnt, die eindeutig beweise, wie authentisch Reversale sind. Damalige Studienleiterin war die deutsche Psychologin Dr. Katrin Meissner, die zusammen mit Oates zwei Jahre lang an der *Internationalen Universität von Kalifornien* gearbeitet hatte. Das Ergebnis dieser Studie war, dass, obwohl die Probanden zuvor noch nie etwas über Rückwärtssprache gehört hatten, 90% von ihnen mit etwas Übung in der Lage waren, ihre eigenen Rückwärtsbotschaften zu verstehen. Es folgen weitere Beispiele:

„Ein Geschäftsmann erklärt seine fehlgeschlagene Investition. Vorwärts sagt er: ‚Ich habe halt viele falsche Berater gehabt‘. Sein Reversal dazu: ‚Habe gerade geschlafen.‘ Ein Internatsschüler weicht seinem Lehrer vorwärts aus: ‚Ich weiß eigentlich nicht, was ich sagen soll.‘ Rückwärts wird daraus: ‚Ich brauche Hilfe in der Nacht.‘ Alarmiert durch diesen Satz erfuhr sein Lehrer, dass der Junge nachts von Mitschülern belästigt wurde, aber Angst hatte, es zu sagen.“(619)

David Oates bekräftigt, dass wir rückwärts nicht lügen können. *„Lügen wir vorwärts, sagen wir rückwärts, dass wir es tun."*, so seine zitierten Worte im *Welt*-Artikel. Wie bedeutend die Rückwärtssprache ist, zeigt allein die Tatsache, dass Geheimdienste und z.B. auch Personalberatungsfirmen diese sich zu Nutze machen, um hoch bezahlte Posten an den „Richtigen" zu vergeben. Auch Unternehmen führen diese Analysemethoden durch, wenn es um hoch dotierte Vertragsabschlüsse geht, die über Gewinn oder Verlust entscheiden. Der US-amerikanische Geheimdienst CIA hat sogar eine Referenz zu Oates' Buch „Reverse Speech: Hidden Messages in Human Communication" auf ihrer Webseite veröffentlicht.[(619a)] Für eine professionelle Arbeit, so warnt Dr. Meissner, sei aber eine gründliche Ausbildung vonnöten, denn sonst bestehe die Gefahr der Projektion und des Missbrauchs. Man solle ja nicht das hören, was man hören will. Unser Unterbewusstsein drückt sich häufig in Metaphern, mythologischen Symbolen oder Traumsymbolen aus, womit die meisten Leute nichts anfangen können. So können Rückwärtsbotschaften auch „sinnlos" klingen, weil ein Laie die Bedeutung nicht einordnen kann. Zudem drückt sich das Unterbewusstsein oft einfach und unverblümt aus, nutzt keine Höflichkeiten, und der grammatikalische Satzbau wird auch nicht immer gegeben sein. Auch wird ein Mensch unterbewusst manchmal in dritter Person über sich sprechen, was besondere Differenzierung und Feingefühl erfordert und daher im Kontext des vorwärts Gesagten interpretiert werden muss. In anderen Fällen sind die Botschaften wiederum klar und unmissverständlich, wie ich es selbst in eigenen wenigen Analysen beobachten konnte.

Mit dieser buchstäblich revolutionären Methode können rückwirkend sämtliche wichtige Interviews und Ansprachen von Politikern, Behördenmitarbeitern, Konzernbossen, Nachrichtensprechern, Schauspielern, Musikern usw. analysiert und auf ihren **Wahrheitsgehalt** und Ereignisse ggfls. auf Hintergründe geprüft werden. Doch hat die Methode auch ihre Grenzen. Je undeutlicher eine Aufnahme (gerade bei älterem Material), umso undeutlicher können die Rückwärtsbotschaften klingen, die auch allgemein unklar klingen können. Manches mal hört man nur einen Teil einer Rückwärtsbotschaft und überhört den Rest. Daher sind sich Analysten in diesem Bereich nicht immer einig. Der eine hört etwas heraus, was ein anderer wiederum anders interpretiert und somit beide zu völlig unterschiedlichen Ergebnissen kommen können. So will David Oates anhand von Aussagen von ehemaligen Astronauten wie Neil Armstrong und Buzz Aldrin herausgefunden haben, dass die US-Amerikaner mit der *Apollo 11* Mission tatsächlich zum Mond geflogen waren, während Karina Kaiser in ihren Analysen zu einem gegensätzlichen Ergebnis kommt. Oates hatte dann die diesbezüglichen Analysen von Frau Kaiser selbst noch einmal überprüft, die nach seinen eigenen Untersuchungen teilweise falsch, teilweise richtig und berechtigt sind, bleibt aber bei seinem Ergebnis, was die Mondlandung betrifft. Er gesteht zum Ende jedoch ein, dass ein paar der Rückwärtsbotschaften andeuten, dass irgendetwas vor der Öffentlichkeit geheim gehalten wurde und dass da weitere Arbeit notwendig sei, um das Mysterium zu lüften.[(620)]

Reversale bei Politikern und Prominenten

Doch gibt es eben auch recht klare Rückwärtsbotschaften, von denen ich nachfolgend zumindest einige aufzählen möchte, die überwiegend von David Oates entdeckt wurden:

- So sagte der ehemalige US-Präsident **John F. Kennedy** in einer Rede rückwärts: *„Kopf wird im Auto getroffen."* Sein Unterbewusstsein hatte anscheinend eine Vorahnung, dass er ermordet werden würde. David Oates fand durch seine Analysen zudem heraus, dass der verhaftete Schütze Lee Harvey Oswald in Rückwärtsbotschaften zugab, als Sündenbock zu dienen und dass er bereit sei, die wahren Mörder/Schützen zu benennen, von denen es insgesamt mindestens drei gegeben haben soll. Des Weiteren sollen Redenausschnitte von J. Edgar Hoover – seinerzeit FBI-Direktor – enthüllen, dass Hoover diesen Staatsstreich und den Mord an Kennedy organisiert hatte. Kennedys Nachfolger, Lyndon B. Johnson, war in diesem Mordkomplott mit eingeweiht und mit dem Mord einverstanden, kannte aber anscheinend nicht alle Details zu den Abläufen.(621)

- Interessante Aussagen enthüllten die wahren Absichten des 2017 ausgeschiedenen US-Präsidenten **Barack Hussein Obama**. Als er ankündigte, Kindern in Not und arbeitenden Familien eine Krankenversicherung zu ermöglichen (Stichwort *Obamacare*), so sagte er rückwärts: *„Dies muss Euch verdammen."* In der Tat hatten sich viele US-Amerikaner während seiner Amtszeit über zu hohe steigende Beträge, zu schlechte Leistung sowie einen allgemeinen Versicherungszwang beklagt. In einer anderen Rede spricht er darüber, dass Eltern sich fragen, ob unsere Kinder dieselben Möglichkeiten haben werden wie wir (die Erwachsenen). Rückwärts sagt er aber: *„Ich spiele mit ihren Hoffnungen."* In einem Ausschnitt zum Irakkrieg erwähnte er: *„(...) um Irak zu helfen, seine Chance für eine bessere Zukunft zu ergreifen'."* Aber in Wirklichkeit meinte er rückwärts: *„Wir haben es für immer zerstört."* (die Chance meinend) Eine Rückwärtsbotschaft von ihm hatte mit dem vorwärts Gesagten an einer Stelle nichts zu tun und gab einen Hinweis auf das pädo-kriminelle Netzwerk in hohen Kreisen, indem er rückwärts sinngemäß etwa sagte, dass Sex mit Kindern eine Rolle spielen würde (*„Sex has children in this."*). In Bezug auf das Schulmassaker durch einen bewaffneten Einzelschützen in Oregon meinte Obama einmal, dass jedes Mal, wenn wir diese [Amokläufe] erleben, unsere Gedanken und Gebete nicht genug seien. Rückwärts sagte er jedoch: *„Wir werden Euch vermissen, Massenmörder."* (*„We're gonna miss you, mass shooters."*) Als er in Bezug auf die Situation in Afghanistan zu sprechen kam und sagte, dass das afghanische Volk für seine Sicherheit selbst verantwortlich sein werde, gab er rückwärts jedoch Folgendes preis: *„So böse, wir werden die **Menschheit** besiegen."*(622) Die skandalöseste Rückwärtsbotschaft versteckte sich bei Obamas Rede direkt nach seinem Wahlsieg zum US-Präsidenten, wo er sehr viele Male seinen Wahlkampfslogan *„Yes, we can."* zum Besten gab (*„Ja, wir können."*). Spielt man dies rückwärts ab, so erhält man unmissverständlich ein *„Thank you, Satan."* (*„Danke Dir, Satan."*) An einer Stelle der Rede wird noch eine weitere Rückwärtsbotschaft dem Slogan direkt angehängt, welches somit den „Zufallsfaktor" ausschließt, als diese lautete: *„Danke Dir, Satan. Ja, somit dienen wir mit Zuversicht."*(623) Gruselig wird es, wenn dann die Zuschauermenge ebenfalls *„Yes, we can."* ruft.

- Bei der US-Präsidentschaftskandidatin **Hillary Clinton** sieht es mit den „frohen Botschaften" nicht besser aus. Als sie in einer Rede sagt, dass die jungen Leute von heute in Amerika die am meisten offene und facettenreichste Generation sei. Rückwärts gesteht sie aber: *„Ich beging das Verbrechen und ich werde still halten."* Was hat sie verbrochen? Dieses Eingeständnis wiederholt sie an einer anderen

Stelle, an der sie rückwärts sagt: *„Ich bin das Verbrechen."* In einer anderen Rede, in der sie ankündigt, den *Islamischen Staat* im Irak und in Syrien zu schlagen, bestätigt sie dies rückwärts mit: *„Ich bringe uns Krieg."* Woanders deutet sie rückwärts an, dass sie *Prozac* (ein Antidepressivum) einnehmen würde. Der Medikamenteneinfluss wird an anderer Stelle bestätigt, an der sie gegen die Anhänger von Donald Trump wettert, bei der es rückwärts heißt: *„Droge/Medikament spielte wieder."* Wiederum in einer anderen Rede gibt sie rückwärts zu, dass sie krank sei: (*„But I'm ill."*).[624] Als sie in einer weiteren Rede der Menge zujubelt: *„Was für ein großartiger Abend!"*, sagte sie rückwärts: *„Ich bin verdammt gelb!"* Eine scheinbar sinnlose Rückwärtsbotschaft.[625] War sie unter Drogeneinfluss? Oder wollte sie zum Ausdruck bringen, dass sie gelb vor Neid sei? In einer Rede vom Mai 2015 sagte sie rückwärts über sich selbst: *„Ich bin böse."*[625a]

- Bei **Donald Trump** wiederum sieht es durchwachsen aus. Während der Präsidentschaftskampagne 2016 hielt er viele Reden und nahm an mehreren Interviews teil. Als er sich kritisch über den Moscheenbau im Lande äußerte, sagte er rückwärts *„Amerika jetzt."*, was zum Ausdruck bringen soll, dass Amerika an erster Stelle steht und auch bestätigend für seinen Wahlkampfslogan *„America first."* ist. Als er sich bei den Zuschauergästen bei einer Rede wie folgt bedankt: *„Vielen Dank an alle, danke, danke."*, sagte er rückwärts: *„Wacht auf, wacht auf, wir sind die besten, Amerika."* Als er das *Obamacare* als Desaster bezeichnete und meinte, Clinton würde es nur noch schlimmer machen, sagte er rückwärts: *„Seht den Zug Satans."* An anderer Stelle offenbarte er in einer Rückwärtsbotschaft: *„Wir hassen Hillary."* An anderer Stelle, als er sich wieder beim Publikum bedankt, kommt rückwärts heraus: *„Amerika dem Gott dienen."* Als er über seinen eigenen beruflichen Erfolg mit seinem großen Unternehmen spricht, gibt sein Unterbewusstsein zur Kenntnis, dass er *„das Geld sehen müsse"*.[626]
  Während er seinen Eid als neuer US-Präsident ablegte, teilte er uns rückwärts mit: *„Ich werde es im Gerichtsprozess sehen."* Deutete er damit die bevorstehenden Probleme an, wonach die Clinton-Bush-Obama-Fraktion ihn versuchen würde, des Amtes zu entheben, was später auch insgeheim tatsächlich versucht wurde? Am Ende seines Eides gibt es eine Metapher in einer Rückwärtsbotschaft, als er sagte: *„Ich gebe mein Pferd."*, was laut Oates aussagen soll, dass Trump bereit ist, nach vorn zu gehen und Fortschritte zu machen. Als er an einer Stelle aussagt, dass es wenig zu feiern gab für Familien, die zu kämpfen hatten, meinte er rückwärts: *„Du wirst es segnen."* Während seiner Antrittsrede offenbarte sein Unterbewusstsein, dass es in Zukunft Ärger und Probleme seitens der Feinde geben würde. Am Ende dieser Rede sagte er: *„Danke, Gott segne Amerika."* und enthüllte rückwärts: *„Das Verbrechen ist so schlimm, wacht auf!"*[627]
  Nach seiner Wahl hielt er am 28. Februar 2017 eine Rede vor dem US-Kongress, bei der seine Rückwärtsbotschaften nun eher von zweifelhafter Natur sind. Als er sagt: *„Wir alle bluten dasselbe Blut."* (entspricht in etwa *„Wir alle haben dasselbe Blut."*) kommt rückwärts *„Er wird Euch langweilen."* heraus. An anderer Stelle erwähnt er, dass wir alle vom selben Gott/Schöpfer erschaffen wurden. Rückwärts meint er aber: *„Ich werde es versauen."* Im weiteren Verlauf kommt rückwärts zum Ausdruck, dass Trump mit *„dem Terror rechnet"*. Düster ist eine Rückwärtsbot-

schaft, die besagt: „*Das Biest, und es benutzte Obama.*" als er vorwärts Hoffnung machte, dass Amerikaner Wunder erreichen können, wenn ihre Träume entfesselt werden würden.(628) David Oates fand zudem ein weiteres Reversal von Bedeutung. In einer Rede am 1. Dezember 2016 sagte Trump nämlich rückwärts: „*Unheilvolles TAG Projektil.*" („*Sinister TAG bullet.*"), wobei *TAG* für *Trajectory Aiming Guide* steht und ein modernes Langstreckenfernrohr fürs Gewehr meint. Eine weitere Rückwärtsbotschaft soll verlautbaren: „*Und ich solle getötet werden.*" („*And I shall be killed.*") Was man aber eher heraushört, ist: „*And I shall be healed*", was bedeutet: „*Und ich solle geheilt werden.*", was dennoch indirekt auf eine Gefahr für ihn hindeuten könnte, so ähnlich wie es bei John F. Kennedy der Fall gewesen war.(629) Seine Rückwärtsbotschaften haben sich vom Positiven zunehmend zum Negativen hin gewandelt. Erkennbar wird dies vor allem an seinen Taten und Aussagen **nachdem** er zum US-Präsidenten gewählt wurde, die im Gegensatz zu dem stehen, wofür er sich während des Wahlkampfs noch eingesetzt hatte.

- **Warnung:** So richtig düster kommen Rückwärtsbotschaften beim **Papst Franziskus** zum Vorschein. Im September 2015 reiste er in die USA, wo er Ansprachen im Weißen Haus und im US-Kongress hielt. Als er im Weißen Haus an einer Stelle meinte, dass wir immer noch Zeit hätten, um nachhaltige Entwicklungen voranzutreiben, sagte er rückwärts: „*Nazis, die Euch warnen.*" Schwer einzuordnen, laut David Oates kommt die Nazi-Metapher recht häufig bei politischen Führern vor. Nachfolgende Rückwärtsbotschaften sind sehr vulgär. Ich hatte Bedenken, sie hier abzudrucken, aber es bringt meiner Meinung auch nichts, alles immer zu verstecken. Wir sind schließlich hier, um aufzuklären und die Herrschenden zu entlarven. Im US-Kongress sprach er sich für die globale Abschaffung der Todesstrafe aus. Rückwärts offenbarte er: „*Das Böse lutscht den Schw*nz.*" („*Evil suck cock.*"). Weiter in der Rede tauchen Reversale auf wie „*Ich bin böse, Ihr sucht es.*", „*Ich vergewaltige das andere Kind.*", „*Letztes Blut.*" oder „*Mord war die katholische Antwort.*" Weitere Reversale gerade in Bezug auf sexuellen Kindesmissbrauch beinhalten: „*Die Kinder kennen ihn.*" (also *ihn*, den Papst) und „*Sie sind nüchtern, sie sind robuster, ja, sie sind erwachsen.*" Das Letztere interpretiert Oates so, dass es eine Anspielung auf all die Kinder sind, die von der Kirche missbraucht wurden, die nun erwachsen sind und gegen die Kirche vorgehen.(630)

- Als **Zbigniew Brzezinski** (ehem. Nationaler Sicherheitsberater der USA) sich unverblümt dazu äußerte, dass es in früheren Zeiten leichter war, eine Million Menschen zu kontrollieren als umzubringen und es heute genau anders herum wäre, dass es heute unendlich leichter sei, zu töten als zu kontrollieren, offenbarte er rückwärts: „*Wir werden alle **Menschen** umbringen.*"(631)

- Die bekannte Popsängerin **Janet Jackson** (Schwester des 2009 verstorbenen Popsängers Michael Jackson) sagte in einem Interview im Juli 2015, dass es bei ihr keinen Tag gebe, an dem sie nicht an ihren Bruder denken müsse und dass das ihre anderen Geschwister ebenfalls von sich behaupteten. In dieser Aussage kam folgende Rückwärtsbotschaft zum Vorschein: „*Sie töteten meinen Bruder.*"(632)

Nachfolgend ein paar *Reversale* aus der Musikindustrie (aus dem Englischen):

- Song „*Help*" von den *Beatles*: „*Jetzt benutzt er Marihuana.*" (Zu der Zeit experimentierten Mitglieder der Gruppe *Beatles* mit Drogen.)
- Song „*Band on the run*" von Paul McCartney: „*Marihuana, Marihuana. Das Gesetz, Gesetz wird uns ausweisen.*" (McCartney wurde an der Wiedereinreise nach Japan gehindert, weil er Ende der 1970er mit einer Unze Marihuana im Gepäck erwischt wurde – sieben Jahre nachdem dieses Lied aufgenommen wurde.)
- Song „*Gonna raise hell*" von *Cheap Trick*: „*Satan hält die Schlüssel für das Schloss.*" (Türschloss)
- Song „*Black Knight*" von *Deep Purple*: „*Oh Dämon, der aus der Hölle anführt, wir glauben.*"
- Song „*Kids of the Future*" der christlichen Band *Jonas Brothers*: „*Ich spreche für Satan, Satan, Satan, mein süßer im Stich gelassener Satan, Satan.*"
- Song „*Glory to the King*" der christlichen Gesangsgruppe *Hillsong*: „*Höchst böse, böse.*"
- Song „*Tops*" der Gruppe *Rolling Stones*: „*Ich liebe Dich, sagte der Teufel.*"
- Song „*Night Prowler*" der Gruppe *AC/DC*: „*Oo, hört mir zu, ich komme aus der Hölle.*"
- Song „*Still Life*" von *Iron Maiden*: „*Der Mann des Bösen ist da.*"
- Song „*Hotel California*" der Band *The Eagles*: „*Yeah Satan, organisierte seine eigene Religion.*"
- Song „*Snowblind*" der Rockband *Styx*: „*Satan verehrt Stars, wir wissen. Oh Satan, bewege Dich in unseren Stimmen.*"(633)
- Song „*Stairway to Heaven*" der Band *Led Zeppelin*: „*Es ist mein süßer Satan. Jener, dessen kleiner Pfad mich traurig macht, dessen Macht unecht [fake] ist. (Er gibt euch 666).*"

Diese und weitere Reversale von Liedern findet man unter:
reversespeech.com/reversal/music-reversals

Ist das nicht ganz schön heftig und hoch interessant? Dadurch, dass Reversale so häufig und fast immer in bestimmten Intervallen auftauchen, sowie zusammenhängende Botschaften zum Vorschein bringen, ist eine „bloße zufällige Aneinanderreihung von Silben" ausgeschlossen und unmöglich. Wenn jemand mehrere Sprachen spricht, so können die Reversale auch in einer anderen Sprache vorkommen, obwohl die Person z.B. vorwärts deutsch spricht. Akzente bzw. Dialekte sind bei Reversalen ebenfalls möglich, obwohl vorwärts z.B. hochdeutsch gesprochen wird. Reversale kommen aus den Tiefen des Unterbewusstseins vollautomatisch und können nicht „gefälscht" bzw. vorgetäuscht werden. Sie offenbaren die Wahrheit. Die Rückwärtssprache hat übrigens nichts mit *Backward Masking* zu tun, bei dem beispielsweise in Liedern und in Audiomedien rückwärts gesprochene geheime Botschaften separat in die Songtracks eingearbeitet werden, um das Unterbewusstsein der Zuhörer zumeist mit negativen bzw. satanischen Botschaften zu programmieren (Beispiele auf *backwardmasking.com*). Viele weitere Reversale können Sie auf David Oates' Seite *reversespeech.com* und Karina Kaisers Seite *innerspeechrevelations.com* finden. Beide bieten auch Online-Ausbildungen an, um für die Analyse von Reversalen fit zu sein. Ein paar klärende Worte noch zu den Reversalen, die ich auf Nachfrage von einem David-Oates-Mitarbeiter erhalten habe:

- Reversale entstehen immer individuell, basierend auf der eigenen individuellen **Betonung** und **Aussprache** beim Reden und was derjenige gerade **denkt und fühlt** sowie welche **Glaubensmuster** er hat. Wenn zwei Menschen denselben Satz aussprechen, so können bei beiden unterschiedliche Reversale zum Vorschein kommen oder es entsteht nur bei dem einen ein Reversal und bei dem anderen nicht. Die Feinheiten der Sprache sind sehr komplex. Kleinste Veränderungen in der Tonart ergeben rückwärts wiederum einen komplett anderen Klang. Da der eigene Sprachklang quasi so etwas wie ein „Fingerabdruck" ist, ist es schwer, ihn von einer anderen Person zu reproduzieren bzw. nachzumachen.
- Wenn eine Gruppe dasselbe z.B. bei einer politischen Veranstaltung singt (z.B. „*Yes, we can.*"), so kann man die Leute in der Gruppe dazu bringen, dass sie rückwärts alle dasselbe sagen. Das passiert dann, wenn eine Gruppe miteinander besonders im Einklang ist.
- Wenn man etwas liest, so kommen immer Reversale desjenigen zum Vorschein, der das Schriftstück liest, **nicht** von demjenigen, der es verfasst hat. Es sind auch hier die eigenen Gedanken, Gefühle und Überzeugungen, die beim Gelesenen zum Vorschein kommen.

Wie gern hätte ich alle Reden von Adolf Hitler auf Reversale hin untersucht, doch dies ist ein sehr zeitaufwendiger Prozess, der mich viele Wochen, wenn nicht gar einige Monate neben all der anderen Arbeit zusätzlich kosten würde, um alle wichtigen Reden durchzugehen. Die Audiodateien müssen rückwärts nämlich langsamer abgespielt und **mehrmals** angehört werden, um so viele Botschaften wie möglich heraushören zu können, um sie anschließend alle niederzuschreiben und dem vorwärts Gesagten gegenüberzustellen. Aber ich habe eine Idee: Was, wenn **Sie** sich dazu berufen fühlen, nicht nur Hitlers Reden, sondern auch jene unserer Politiker, Firmenchefs, internationalen einflussreichen Persönlichkeiten (z.B. Henry Kissinger, Queen von England) etc. mal auf Reversale in ihren Reden und Interviews hin zu untersuchen und dies dann in Buchform zu veröffentlichen? Psychologen und Kriminologen, die sich u.a. mit Traumsymbolik und Metaphern auskennen, wären für diese Arbeit genauso prädestiniert wie auch Quereinsteiger, die einfach Lust und Spaß an solch spannender „Detektivarbeit" hätten. Ich wette, dass solch ein Buch der absolute Bestseller wäre! Wer selbst mal etwas herumexperimentieren möchte, kann z.B. über *convert2mp3.net* Clips von *YouTube* ins Audioformat umwandeln und über *audiotrimmer.com/online-mp3-reverser* Dateien bis 10 MB Größe rückwärts konvertieren. Mit einem Audioplayer auf dem PC (z.B. *VLC Media Player*) können Sie sich den Track dann rückwärts anhören und langsamer abspielen. Mit guten Kopfhörern geht es besser. Die freie Software *Audacity* kann Tracks sogar rückwärts abspielen. Und ja, es erfordert einiges an Übung und Geduld.

Kapitel 8
Migrantengeddon Teil 1 – der politische Islam greift zur Weltherrschaft

Der Bürgerkrieg in Syrien dauert bereits seit 2011 an, doch erst im Sommer 2015 hat irgendjemand sprichwörtlich den „roten Knopf“ gedrückt und entschieden, ganz Europa und darüber hinaus plötzlich mit Millionen von Migranten zu überfluten. Selbst für Laien wurde schnell erkennbar, dass bei diesem Szenario etwas ganz Gewaltiges nicht stimmen kann. Und das ist in der Tat so: Was ich in diesem Kapitel Brisantes enthüllen werde, ist ein perfider Geheimplan der Kabale, der schon vor vielen Jahrzehnten ausgebrütet wurde, um nicht nur – aber insbesondere – das deutsche Volk, sondern auch andere europäische Völker sukzessive buchstäblich „auszurotten“. Hierbei sind *Eurabien* und die *Islamischen Staaten von Amerika* lediglich als Zwischenstation Mittel zum Zweck zu einem viel größeren Endziel. Sie meinen, dass solch eine große Schweinerei nicht möglich sei? Dann könnten Sie während des Lesens der kommenden Abschnitte sprichwörtlich „vom Glauben abfallen“. Über diese Hintergründe hatte ich bereits im Herbst 2015 auf *pravda-tv.com* und *kopp-verlag.de* berichtet. Seit 2016 scheint es plötzlich nach außen hin „ruhiger“ geworden zu sein. Doch schauen wir uns rückblickend einmal an, was da eigentlich seit 2015 vonstatten geht.

Kriegsflüchtlinge und „Wirtschaftsflüchtlinge“

Was ich vorweg schicken möchte, ist, dass es unbestreitbar sehr viele wirklich notleidende Flüchtlinge gibt, die es in meinen Augen verdient haben, dass ihnen geholfen wird. Am meisten tun mir die ganzen Kinder leid, die enorme Strapazen auf ihren tausenden Kilometern bis nach Europa erdulden müssen, der eigenen Heimat entrissen, um auf diesem Kontinent mit ihren Familien in teilweise notdürftigen Unterkünften untergebracht zu werden, müde und hungernd, sich nach Wärme und Sicherheit sehnend. Es gibt sie, die „echten“ Flüchtlinge, die vor Krieg und politischer Verfolgung flüchten mussten, und um diese geht es mir hier auch nicht. Ganz kritisch ist da aber eine andere Gruppe von Flüchtlingen zu betrachten, die sogenannten „Wirtschaftsflüchtlinge“ (laut der *Amadeu Antonio Stiftung* ist das schon eine böse Diskriminierung). Also jene Massen an Menschen, die nicht aus Kriegsgründen fliehen, sondern weil sie sich in Europa und insbesondere in Deutschland ein besseres Leben erhoffen und hier teilweise mit utopischen Erwartungen aufkreuzen, die allesamt nicht erfüllt werden können (und ein Teil davon mit der Agenda, Europa zu erobern...) So werden den Menschen in den betroffenen Ländern u.a. von arabischen TV-Sendern versprochen, dass die Deutschen für die Flüchtlinge Häuser bauen werden, wie das ZDF berichtete.[(634)] Viele Familien schicken ihre minderjährigen Kinder auf die lange und gefährliche Reise, weil diese aus Deutschland nicht ausgewiesen würden und diese dann ihre großen Familien später nachholen könnten. In Deutschland soll auch sonst alles ziemlich „easy“ sein und jeder Ankömmling könne hier nach Belieben studieren, was sein Herz begehrt, wie es laut Aussagen von einigen Migranten hieß (Sendung vom Nachrichtenportal *N24*).[(635)] Der Schock und die Ernüchterung sind nach Ankunft dann aber riesengroß („*Ich habe mir Deutschland anders vorgestellt.*“)[(636)] . Mein Verleger, Jan van Helsing, weiß hierzu von einem Physiotherapeuten in seinem Bekanntenkreis zu berichten, der einmal einen Syrer in seiner Praxis behandelte, welcher ihm erzählte, man hätte ihm und auch den anderen Flüchtlingen erklärt, hier in Deutschland bekäme jeder ein Haus, ein Auto und eine Arbeitsstelle. Und die Person, die das den Syrern vor Ort mitteilte, sei ein Deutscher gewesen – oder sprach zumindest deutsch! Das muss man sich mal vorstellen! Dass Asylbewerber erst nach drei Monaten nach der Antragstellung auf Asyl eine *eingeschränkte* Arbeitserlaubnis beantragen können und Beschränkungen erst nach 15 Monaten bzw. nach einem erfolgreichen Asylverfahren fallen, wird den fliehenden Migranten wohl nicht erzählt.(637) Dass wir in Deutschland mehrere Millionen Arbeitslose – die vorrangig behandelt werden (sollten) – und *offiziell* mit Stand Dezember 2016 335.000 Obdachlose haben (darunter rund 30.000 Kinder)(638), wird ihnen ebenfalls verschwiegen. Vielleicht sollte ihnen das jemand mal sagen, bevor sie ins „gelobte Land" aufbrechen. Bis 2018 soll die *offizielle* Zahl an Obdachlosen rapide um weitere 200.000 steigen. Dass die offiziellen Zahlen übrigens nicht stimmen können, zeigen Nachrichtenmeldungen vom Oktober 2015, die ebenfalls von 335.000 sprachen.(639) Die *BAG Wohnungslosenhilfe* sprach 2014 ebenfalls von 335.000 Obdachlosen in Deutschland.(640) Echt witzig, wie wir derart dreist angelogen werden. Inoffizielle Schätzungen von Wohlfahrtsverbänden gingen bereits 2008 von etwa 860.000 Obdachlosen aus, davon sind knapp 30% Kinder und Jugendliche.(641) Eine weitere Million Menschen sei akut von Obdachlosigkeit bedroht. Wir müssten erst einmal im eigenen Lande die Misere beseitigen, bevor wir neue Misere hereinholen, oder?

Nun könnte man meinen, wie man nur so unendlich naiv sein kann zu glauben, als Flüchtling oder Migrant hier alles geschenkt zu bekommen. Hierfür müssen wir das Ganze auch mal vom Blickwinkel der Flüchtlinge heraus betrachten. In Ländern wie dem Irak, Libyen und Syrien herrschten vor der „Dämokratisierung" des Westens Zustände, die wir wiederum als „paradiesisch" betrachten würden. So erzählte mir ein Iraker vor vielen Jahren, dass vor dem Krieg vieles in seinem Land kostenlos oder sehr vergünstigt war. So haben Strom, Krankenversicherung und ärztliche Versorgung z.B. nichts gekostet, genauso die Bildung. Jede Familie erhielt monatlich eine Grundversorgung an Lebensmitteln gratis und der Preis des Benzins betrug nur paar Cent pro Liter. Vor der NATO-Invasion sollen frisch Vermählte im souveränen Libyen 50.000 US-Dollar fürs erste Haus bekommen haben. Autokäufe sollen zu 50% von der Regierung bezuschusst worden sein und Kredite waren zinsfrei, denn die Zentralbank befand sich in staatlichen Händen.(642) Das heißt, das Land war unabhängig von der internationalen Hochfinanz, was von dieser nicht mehr geduldet wurde. Das Ergebnis kennen wir alle...

Je nachdem, aus welchen Ländern diese Flüchtlinge kommen, geprägt von einem Status, der für sie jahrelang – bevor der Krieg in ihren Ländern ausbrach – selbstverständlich war (und für alle Menschen dieser Welt sein sollte), gepaart mit den Willkommensrufen hiesiger Politdarsteller und den gezielt gestreuten Lügen US-gesteuerter arabischer TV-Sender, kann man den Flüchtlingen diese hohe Erwartungshaltung und die bittere Enttäuschung hinterher teilweise auch nicht übelnehmen. Auch wenn es von Hilfesuchenden **absolut nicht** hinnehmbar ist, denke ich, ist dies zumindest in einem Teil aller Fälle der Grund, weshalb einige Migranten dann mit Wut und Gewalt reagieren, wie auch ein Lagerpastor aus einem Grenzdurchgangslager zu berichten wusste, der bestätigte, dass den Flüchtlingen Deutschland als „Paradies" vorgegaukelt wurde.(643) Fakt ist: In den Ländern wurden (und werden wahrscheinlich immer noch) vor Ort bewusst Lügen über die zu erwartenden Hilfen verbreitet. Auf „unserer Seite" wiederum wird totales Unverständnis und Hass geschürt. So gießt man Benzin von außen hinein, um eine ohnehin schon kritische instabile Krisensituation noch weiter anzuheizen. Es ist unschwer zu erkennen, dass da ein perfider Plan vollzogen wird, um die Situation in unserem Lande und in Europa gewaltig eskalieren zu lassen.

Nichtsdestotrotz sei hier festgehalten, dass ein Großteil der um Asyl suchenden Menschen nicht um ihr Leben flieht, sondern den deutschen Lebensstandard für sich in Anspruch nehmen will. Das Gesetz, welches aber vorsieht, dass nur Kriegsflüchtlinge und politisch Verfolgte Asyl erhalten dürfen, wird hier mal eben pauschal außer Kraft gesetzt, genauso wie die Dublin-III-Verordnung, die regelt, dass Flüchtlinge im **ersten** Ankunftsland das Asylbewerberverfahren durchlaufen müssen und somit nicht in andere Länder weiterreisen dürften.[(644)] Doch Deutschland (neben Frankreich, Italien und Schweden) soll unter Zwang die meisten Migranten aufnehmen. Wenn das Nachbarland nicht mitspielt, werden diese von der BRD notfalls mit Sonderzügen ins Land geholt (*Der Spiegel* und andere Medien berichteten)[(645)]. Die offiziell verkündeten Grenzschließungen und -kontrollen dienen dann bloß als Beruhigungspille fürs Volk. Der Investigativjournalist Udo Ulfkotte veröffentlichte auf seiner *Facebook*-Seite am 17. September 2015 eine Insidermeldung eines ehemaligen Bundestagsabgeordneten, dem zu Ohren kam, dass in Wirklichkeit **fünf bis sechs Mal** so viele Menschen als offiziell angegeben nach Deutschland strömten![(646)] **Das hieße mindestens 5 Millionen Migranten allein im Jahr 2015**, anstatt der offiziell propagierten knappen Million. Die Polizeiführung habe intern von einem baldigen Bürgerkrieg gesprochen.

Österreichische Sicherheitsbehörden warnten ihre bayerischen Kollegen unterdessen in einem Geheimpapier vor möglicher Anarchie durch Asylanten und einer möglichen „Außerkraftsetzung der gesetzlichen Strukturen".[(647)] Und Merkel bereitete uns schon einmal darauf vor, Gewalt von Migranten erdulden zu müssen. Wörtlich sagte sie wie selbstverständlich: „*(...) Aber wir müssen akzeptieren, dass die Zahl der Straftaten bei jugendlichen Migranten besonders hoch ist. (...)*"[(648)] Dass die Flüchtlingszahlen geschönt werden, um das wahre Ausmaß zu verschleiern, halte ich nicht nur für realistisch, sondern für ein Faktum. Die ungarische Regierung ging sogar insgesamt von **35 Millionen Migranten** aus, die sich auf den Weg nach Europa machen könnten, wie die britische Zeitung *Express* schrieb[(649)] Auch Horst Seehofer sprach von einer möglichen baldigen Krisensituation, da in Bezug auf Asylrecht alle Regeln außer Kraft gesetzt wurden. Sein geschocktes Gesicht in einem Interview vom September 2015 spricht wirklich Bände. „*Es war ein Fehler.*" konstatierte er.[(650)] Seehofer rechnete noch die Familiennachzügler hinzu, die ab 2016/17 ebenfalls nach Deutschland kommen werden bzw. bereits schon da sind. Da die Familien aus islamischen Kulturkreisen in der Regel mindestens drei Kinder nebst mindestens einer Ehefrau haben, möge sich jeder bitte selbst ausrechnen, was da auf uns in Anbetracht an die o. g. echten Zahlen zukommen wird. Seehofer dazu sichtlich geknickt und nüchtern:

> „*Was dies für Sicherheit, für die Integration, für die Finanzierbarkeit, für die Funktionsfähigkeit unserer Verwaltung, einschließlich der Justiz in Deutschland und in Bayern bedeutet. Das ist ein anderes Land. Und die Bevölkerung will nicht, dass Deutschland oder Bayern ein anderes Land wird. Und dies ist jetzt wirklich zurückhaltend formuliert. (...)*"[(650a)]

Die SPD war ebenfalls der Einschätzung, dass die öffentliche Sicherheit nicht mehr gewährleistet werden könne.[(651)] Derweil warnte der österreichische Militärgeheimdienst Anfang 2017 vor einer neuen Zuwanderungswelle, die vor allem aus afrikanischen Staaten wie Nigeria, Kongo, Sudan und Äthiopien bis 2020 kommen werde. Denn bis zu diesem Jahr sei aufgrund steigender Arbeitslosigkeit in diesen Ländern ein „Arbeitskräfteüberhang" von weiteren **15 Millionen Menschen** zu erwarten, wie die *Epoch Times* zusammenfasste.[(651a)]

In der Zwischenzeit häuften sich Berichte, wonach Mietern wegen „Eigenbedarf" ihre Wohnungen oder Häuser gekündigt werden, die der Stadt gehören, um den Migranten Platz zu machen. Selbst der Nachrichtensender *n-tv* berichtete über eine betroffene Mieterin in Nordrhein-Westfalen.[(652)] In einem anderen Fall musste eine achtköpfige Familie das stadteigene Haus der Stadt Niederkassel räumen. In der sächsischen Stadt Görlitz wurden 40 Studierenden die Zimmer zum Ende des Monats fristlos gekündigt. Sie mussten alle das Studentenwohnheim räumen, wie Torben Grombery für den *Kopp-Verlag* berichtete.[(653)] Die mächtige Asyllobby – allen voran die Organisation *PRO ASYL* – mit ihrem Credo *„Bei Flüchtlingsaufnahme gibt es keine Obergrenze"* ficht das alles nicht an.[(654)] Denn sie setzt im Hintergrund ja die Agenda der Masseneinwanderung – unter dem Deckmantel „Flüchtlingshilfe" – unbeirrt fort und soll dafür sorgen, dass die meisten Menschen, die Deutschland überfluten, **bleiben werden**, wie Gründungsmitglied und Geschäftsführer von *PRO ASYL*, Günter Burkhardt, im Interview mit dem *Deutschlandfunk* verlautbarte.[(655)] Burkhardt ist auch zufällig Vorstandsmitglied der *UNO*-Flüchtlingshilfe sowie des *Interkulturellen Rates* in Deutschland.[(656)] Ja, natürlich stecken hinter dieser Migrantenflutung hauptsächlich die *Vereinten Nationen*. Die UNO-Flüchtlingshilfe hat zudem tatsächlich die Chuzpe – neben dem Sammeln von regulären Spenden – die Deutschen für die Finanzierung dieser Masseneinwanderung auch noch um ihre Erbschaften zu bitten (*„Ihr Testament als besonderes Geschenk"*).[(657)] Das ist schon eine Arroganz, die seinesgleichen sucht.

Dass viele Flüchtlinge zudem keine Syrer sind, sich aber als solche ausgeben, hat eine junge syrische Frau bei einer Rede in der serbischen Hauptstadt Belgrad enthüllt.[(658)] In diesem Zusammenhang passt dann auch eine Nachrichtenmeldung, wonach der deutsche Zoll haufenweise Pakete mit echten und gefälschten syrischen Pässen abgefangen hatte.[(659)] Die Türkei ist dabei Dreh- und Angelpunkt für den Handel mit gefälschten Pässen und für Menschenschmuggler, wo Menschen jede Nacht in Istanbul von „Koordinatoren" mit syrischen Pässen ausgestattet und übers Mittelmeer nach Zentraleuropa geschmuggelt werden.[(660)] Seit 2015 kamen Massen an Leuten ins Land, die teilweise – auch aufgrund der schieren Überlastung des Polizeiapparats – nicht registriert wurden und von denen man nicht weiß, wer sie überhaupt sind. Gerade in Bayern waren die Zustände derart katastrophal, dass die Gewerkschaft der Polizei Alarm schlug.[(661)] Anderswo verschwanden Asylanten aus fahrenden Zügen und keiner weiß, wohin die sich versteckt haben. Die *Stuttgarter Nachrichten* und andere Medien berichteten darüber.[(662)]

Trojanisches Pferd: gezielte Einschleusung von IS-Kämpfern als Bürgerkriegsarmee

Doch wir Europäer wurden ja noch von einer weiteren Gruppe bereits vorgewarnt. Selbst in den Systemmedien erschienen Anfang des Jahres 2015 zahlreiche Artikel, wonach die Terrorgruppe *Islamischer Staat* (IS) angekündigt hatte, Europa mit 500.000 Migranten zu überfluten, **unter ihnen viele versteckte Terroristen.**[(663)] Diese haben bekanntlich nicht nur einmal mit Anschlägen in Deutschland gedroht, hatte doch die Terrororganisation im August 2015 ein Drohvideo auf deutsch veröffentlicht und ihre Glaubensgeschwister dazu aufgerufen, die „Ungläubigen" in Deutschland und Österreich in ihren Häusern anzugreifen.[(664)] Einige der Terrorattacken 2017 hierzulande dürften auf das Konto des *IS* gegangen sein oder einen sonst wie gearteten islamistischen Hintergrund haben. Hier sei nur an die Axtattacke am Düsseldorfer Hauptbahnhof erinnert, als ein aus dem Kosovo stammender Asylbewerber mindestens 10 Menschen verletzt hatte, darunter ein 13-jähriges Mädchen; die Messerattacke eines Ägypters in Rheinland-Pfalz, der mehrere Passanten angriff oder dem verhinderten Anschlag auf ein Einkaufszentrum in Essen von einer Terroristengruppe, deren Drahtzieher aus der salafistischen Szene kommt und Kontakt zum *IS* gehabt haben soll.[(665)] All dies ereignete sich innerhalb von zwei Tagen im März 2017. Hintergründe zu weiteren Axt- und Machetenvorfällen im selben Zeitraum blieben offiziell zwar ungeklärt, doch dürften sie im Zusammenhang mit den anderen Attacken gestanden haben. Nicht zu vergessen auch der Terroranschlag auf einem Berliner Weihnachtsmarkt im Dezember 2016, bei dem ein islamistischer Attentäter 12 Menschen tötete und mindestens 55 weitere verletzte. Ein von Geheimdiensten ausgeführter Anschlag ist keineswegs auszuschließen.[(665a)]

Und Dank Merkels und Gaucks Willkommensgeheische wurden und werden weiterhin nun auch *IS*-Kämpfer, getarnt als „Flüchtlinge" mit nach Europa geschleust, wie die *International Business Times* berichtete.[(667)] In meinen Augen ist das **Hoch- und Landesverrat**, da diese Tatsachen ja schon vorher bekannt waren. Das Ganze ist insofern verwunderlich, da Merkel vor ein paar Jahren noch Multikulti für gescheitert erklärt hatte.[(668)] Aber dann wiederum hat sie selbst ja einmal öffentlich fast wortwörtlich zugegeben, dass man sich nicht darauf verlassen kann, dass das, was vor den Wahlen gesagt wurde, hinterher noch gilt und man damit rechnen muss, dass sich das in verschiedenen Weisen wiederholt.[(669)] Je nachdem, welche Regieanweisungen aus Washington kommen, wird den Befehlen bedingungslos gehorcht. Tja, sie sagt es uns direkt ins Gesicht, und dennoch gehen die Leute alle vier Jahre wie die Lemminge zur Wahl*urne*.

Wie an die Öffentlichkeit ebenfalls durchgesickert ist, werden die Schlepperbanden von US-amerikanischen Organisationen und Geheimdiensten finanziert und organisiert, welche sogar deutschsprachige Bürger zum illegalen Schmuggeln von Flüchtlingen aufrufen. Siehe dazu das Portal *fluchthelfer.in*, dessen Domain anfangs mutmaßlich von der US-amerikanischen Denkfabrik *Ayn Rand Institute* registriert wurde. Gründerin und Namensgeberin Ayn Rand (geborene Alissa Sinowjena Rosenbaum) war jüdische Zionistin und vehemente Israel-Verteidigerin.[(670)] Mittlerweile wird der Domaininhaber als *The Escape Institute* ausgewiesen, welches aber nicht existent bzw. erfunden zu sein scheint. Die Kontakt-Email wird in der *whois*-Datenbank mit *paulribbeck@riseup.net* angegeben. Im Impressum der Seite *fluchthelfer.in* wird wiederum eine *Ursel Meininger* in Berlin verantwortlich gezeichnet. Der Pressekontakt führt dann zur Hacktivistengruppe

Peng! e.V. mit Postfach in Berlin. Deren Webseite listet *fluchthelfer.in* wiederum als Projekt auf. Wie man sieht, sollen die wahren Drahtzieher verschleiert werden.(671) Interessant zu sehen, wie eine vermutlich dem linken Spektrum einzuordnende Gruppe frei und ungestraft massenhaft zu strafbaren Handlungen aufrufen darf. Daran sieht man, dass dieses Projekt von „weit oben" geschützt wird.

Unter denen, die diese Migranteninvasion finanzieren und planen, gehört laut des ungarischen Premiers Viktor Orbán auch der Milliardär George Soros. Welch „Zufall und Überraschung". Schließlich will man am konstruierten Chaos auch noch kräftig am Leid und Elend der Massen mitverdienen.(672) Beim Investigativblog *denkbonus* fand ich noch eine Information, wonach die Schleuserbanden Verbindungen zur *Internationalen Organisation für Migration* (IOM) hegen. Zur *IOM* heißt es weiter:

> *„Dies ist eine NGO, gesteuert von der CIA, die sogenanntes ‚Migrationsmanagement' betreibt. Deren Generaldirektor William Lacy Swing ist zugleich ein CIA-Agent, der bereits als US-Botschafter in mehreren afrikanischen Staaten wie Liberia, Südafrika oder der Republik Kongo tätig war. Dort hat er unter anderem die Übernahme der Regionen durch das US-Militär vorbereitet. Er war es auch, der zum wiederholten Mal Europa dazu aufgerufen hatte, doch mehr Flüchtlinge aufzunehmen. Die Schleuser, welche diese Flüchtlinge in Boote setzen und dem Schicksal überlassen, stehen in Kontakt zur IOM. Die IOM ihrerseits benachrichtigt dann Küstenwache und FRONTEX und gibt die Position der Menschen durch, die mitten auf dem Meer um ihr Überleben kämpfen. Dort können die Boote dann von Marine, Küstenwache und anderen Organisation aufgebracht oder, je nach Bedarf, versenkt werden."*(673)

Und William Swing ist zufällig auch noch ein hochrangiger Repräsentant der *Vereinten Nationen*.(674)

Etwa 70-80% aller Migranten sind laut dem Nachrichtenportal *unsertirol24* afrikanische und syrische Männer, überwiegend zwischen 20 und 30 Jahren alt(675), also im besten wehrfähigen Alter. Viele Kinder und Jugendliche sind auch dabei. Zu behaupten, dies liege daran, dass man Männer vorschicken würde, um den Frauen die gefährliche Reise zu ersparen, ist meines Erachtens ein sehr schwaches Argument. Denn wenn es in der Heimat aufgrund von Krieg und Terror gefährlich ist zu leben, lässt man(n) doch nicht gerade Frauen und Kinder zurück, oder? Denn auf der Schmuggel-Reise kann es kaum gefährlicher sein, als in Kriegsgebieten zu bleiben.

Auch ausländische Medien, wie beispielsweise die britische Zeitung *Daily Mail*, berichteten bereits 2014 darüber, dass der *IS* in einer „Trojanischen-Pferd-Kampagne" über die Flüchtlingsströme *IS*-Milizen in die westlichen Länder Europas schleusen würde.(676) Die Türkei dient hierbei als Drehkreuz, in der sich laut den Angaben der *UNO*-Flüchtlingshilfe rund 2,5 Millionen Flüchtlinge aufhalten (Stand Ende 2015)(677), die in andere europäische Länder einreisen wollen. Dass die Terroristen schon im Land sind, ist keine alberne Verschwörungstheorie, sondern Realität. So wurde in einem Asylheim im Kreis Ludwigsburg Anfang August 2015 ein mutmaßlicher *IS*-Unterstützer (Marokkaner) von der baden-württembergischen Polizei festgenommen.(678) Im österreichischen Voigtsberg wurde bereits im Juli zuvor ein syrischer *IS*-Anwerber verhaftet(679), in Bulgarien hat der Grenzschutz Anfang September 2015 fünf *IS*-Terroristen gefasst, wie die *Epoch Times* schrieb.(680) Und der norwegische Geheimdienst hat die Einreise von mehreren islamischen Terroristen des *IS* und der *Al-Nusra-Front* verhindert.(681) Eine als Hilfscontainer für die Flüchtlinge getarnte Lieferung wurde von der griechischen Küstenwache ebenfalls Anfang September 2015 beschlagnahmt. Der Inhalt: 5.000 Waffen und 500.000 Schuss Munition.(682) Salafisten werben hierzulande derweil für den Dschihad an, wie die *Hessenschau* berichtete.(683) Anfang Juni 2016 wurde eine mutmaßliche *IS*-Terrorzelle ausgehoben, die in der Düsseldorfer Altstadt ein Blutbad plante. Herkunft der Terroristen: Syrien.(683a) Zwei von *Interpol* gesuchte *IS*-Terroristen aus Hamburg und Bremen wurden Anfang Februar 2017 in der Türkei festgenommen.(683b) Die niedersächsische Polizei verhaftete ebenfalls im Februar 2017 einen Salafisten, der einen Anschlag auf Polizisten oder Soldaten plante (Meldung der *FAZ*). Drei weitere Helfer wurden im April 2017 verhaftet(683c) Im selben Monat wurde ein mutmaßlicher syrischer *IS*-Kämpfer im Landkreis Biberach in Baden-Württemberg verhaftet.(683d) Anfang Mai 2017 folgten weitere Verhaftungen von syrischen Terrorverdächtigen des *IS* in Magdeburg und Berlin.(683e) Ende Mai wurde ein mutmaßlicher türkischer Dschihadist im Raum Weiden in der Oberpfalz verhaftet, der sich bei der Terrorgruppe *Junud al-Sham* in Syrien aufgehalten haben soll.(683f) Und das ist wiederum nur eine Auswahl an *öffentlichen* Meldungen.

Vor dem Hintergrund, dass Migranten auch noch in teils operativen Kasernen in Deutschland untergebracht werden(684), kann man nur als gewollt herbeigeführtes Sicherheitsrisiko verstehen. Für den Ausbau an Migrantenunterkünften in Kasernen setzte sich *Verteidigungs*ministerin Ursula von der Leyen *(*CDU*)* ein.(685) Das Ausland hält die deutsche Regierung nicht nur für verrückt, sondern fragt sich ernsthaft, was Deutschland in diesen Selbstmord treibt.(686)

Nachtrag: Die Meldungen über Messer- und Machetenattacken haben die letzten Wochen und Monate vor Fertigstellung dieses Buches derart zugenommen, dass es mittlerweile unmöglich wird, sie alle aufzuzählen. Dramatisch ist ein Vorfall vom 7. Juni 2017, wonach ein Syrer im Therapie- und Beratungszentrum für Flüchtlinge des *Deutschen Roten Kreuzes* in Saarbrücken seinen Berater erstochen hatte. Letzter verstarb an den Folgen seiner Verletzungen noch vor Ort.(686a) Das *Gatestone Institut* sprach im Juni 2017 von insgesamt mehr als 1.600 Messerattacken in Deutschland allein im ersten Halbjahr 2017. Nicht alle davon haben einen Bezug zu Migranten, doch ist die Zahl solcher Angriffe zwischen 2013 und 2016 auf über 600% angestiegen. Sowohl Täter als auch Opfer werden dabei immer jünger.(686b)

Wie sich viele der immigrierten „Kulturbereicherer" verhalten

Es folgt nun eine Auswahl an Ereignissen und Fakten aus dem Sommer und Herbst 2015, welche man uns von einigen „Kulturbereicherern" (nicht allen!) dieser gesteuerten Völkerwanderung mitunter vorenthalten will. Da *YouTube* ständig kritische Migrantenvideos löscht, habe ich in Klammern die Suchbegriffe angegeben, da die Videos in den meisten Fällen von anderen Nutzern wieder hochgeladen werden:

- Weil in Ungarn Züge vorerst an der Weiterreise gehindert wurden, warfen die völlig „ausgehungerten" und „ausgezehrten" Flüchtlinge aus Protest gespendetes Mineralwasser und Essen einfach auf die Gleise (*YouTube*-Suche: „throw away food hungary").

- An der mazedonisch-griechischen Grenze verweigerten Flüchtlinge nach ihrer Ankunft massenhaft kostenlose Pakete, die vom *Roten Kreuz* gespendet wurden. Der Grund: Der Inhalt war „nicht halal" und das Kreuz ist ja bekanntlich höchst „beleidigend" für viele Muslime. Dann können der Hunger und die Not ja doch nicht so groß gewesen sein... Dankbarkeit sieht anders aus. (*YouTube*-Suche: „migrants macedonia red cross")

- Im ganzen Land beschwerten sich Flüchtlinge, dass das kostenlose Essen nicht *halal* sei und schmissen den Inhalt von Essenspaketen oft in die Mülltonne, während viele Deutsche aufgrund von Armut ihr Essen von den Tafeln beziehen müssen. Die Asylsuchenden sollten seitdem stattdessen Geld ausgehändigt bekommen (*YouTube*-Suche: „refugees food halal"). Auch in Frankreich verhielt es sich ähnlich: Migranten beschwerten sich über bereits abgelaufene Essensdosen und kippten diese öffentlich vor der Kamera aus. Der Hinweis, dass das aufgedruckte Mindesthaltbarkeitsdatum (MHD) eine zeitlich begrenzte Garantie seitens des Herstellers ist und der Inhalt noch Jahre – teilweise sogar Jahrzehnte – über das MHD hinaus noch haltbar ist, interessierte gar nicht. Dabei handelte es sich sogar um *halal* Raviolidosen (*YouTube*-Suche: „Calais illegals food" oder „Calais illegal food").

- Überall hinterließen Migrantenscharen Schlachtfelder. In Bussen, Zügen und Turnhallen verrichten viele ihre Notdurft überall dort, nur nicht auf den Toiletten.(687) Da es selbst in afrikanischen Ländern Toiletten gibt, können diese Akte nur als bewusste Respektlosigkeit und Erniedrigung gegenüber den Europäern verstanden werden. Die Bilder erinnern häufig ganz und gar nicht an notleidende Flüchtlinge, eher an Autonome, die nur Gewalt als Antwort kennen.(688) Video-Blogger *Billy Six* hat mit der Kamera Migranten interviewt und weitere Bilder festgehalten. In einem Zug erzählte ihm ein Syrer ganz offen, dass er aus wirtschaftlichen Gründen nach Deutschland reise. Und Angela Merkel wäre die „Mama for Syria".(689) Der Bürgermeister einer kleinen baden-württembergischen Gemeinde musste Benimmregeln erteilen. So hieß es im Leitfaden für die Asylsuchenden u.a.: *„Man betritt kein Privatgrundstück, keine Gärten, Scheunen und andere Gebäude und erntet auch kein Obst und Gemüse, das einem nicht gehört. (...) In Deutschland bezahlt man erst die Ware im Supermarkt, bevor man sie öffnet. (...) Unsere Notdurft verrichten wir ausschließlich auf Toiletten, nicht in Gärten und Parks, auch nicht an Hecken und hinter Büschen."*(690)

- Bilder von gewalttätigen Straßenkämpfen zwischen Migranten und der spanischen Polizei sowie zwischen Migranten und Einheimischen in Griechenland hat die deutsche Lügenpresse sorgfältigst ausgespart (*YouTube*-Suche: „Asyl Spanien Straßenkampf" oder „Griechenland alltäglicher Terror").

- In einem Zug von Budapest nach Wien beobachtete eine Augenzeugin, wie Migranten (deren Endziel Deutschland war) auf dem Zugbahnhof gespendetes Essen auf den Boden warfen, darauf herumtrampelten und nach der Herausgabe von Geld forderten. Zudem verrichteten sie ihre Notdurft gerade da, wo sie standen. Von regulären Reisenden versuchten sie Gepäck zu stehlen, nötigten und beleidigten diese. Da die Zeugin arabisch verstand, war sie schockiert zu erfahren, dass muslimische Männer, als sie sich untereinander absprachen, sie ausrauben und vergewaltigen wollten, da sie kein Kopftuch trage und eine „Ungläubige" sei (*YouTube*-Suche: „Aida Bolevar" oder „Migrants trampled on food" oder „Flüchtlinge zerstörten gespendetes Essen").

- Zahlreiche Auseinandersetzungen selbst unter den Flüchtlingen. Interkulturelle Streitereien aus ihren Heimatländern werden in Europa fortgeführt. Schwerverletzte bei Flüchtlings-Krawallen sind mittlerweile deutschlandweit zu verzeichnen (*YouTube*-Suche: „Massenschlägerei Flüchtlinge"). In Flüchtlingsunterkünften werden dabei häufig auch die einschreitenden Polizisten angegriffen.(691) Ein Fremdenpolizist aus Österreich, der mit täglich ankommenden Migranten zu tun hatte, sprach von einem baldigen Bürgerkrieg.(692) Respekt vor weiblichen Polizisten gibt es bei männlichen Muslimen grundsätzlich nicht, wie Polizeikommissarin und Autorin Tania Kambouri zu berichten weiß (*„Deutschland im Blaulicht"*). Seitdem müssen sie von Wachleuten begleitet werden, wie die *Junge Freiheit* schrieb.(693)

- In der sächsischen Gemeinde Freiberg bedrohten Asylsuchende die Supermarkt-Angestellten mit Pfefferspray und Machete.(694) Weibliche Putzkräfte in Asylunterkünften wurden sexuell genötigt und belästigt.(695)

- Eine tschechische Ärztin berichtete von chaotischen Verhältnissen in einem Münchner Krankenhaus, wonach u.a. die Migranten sich weigern, sich von Ärztinnen behandeln zu lassen.(696) Wenn diese erfahren, sie müssten verschriebene Medikamente selbst zahlen, rasten diese förmlich aus. Nach ihren Worten würden sich gerade jene aus Afrika wie die „Tiere" benehmen. Sie berichtet auch von einem Vorfall in einem anderen deutschen Krankenhaus, in dem Migranten Krankenhauspersonal niedergestochen hätten, weil Ärzte es nicht schafften, ein acht Monate altes im Sterben liegendes Kind zu retten, welches mit den Eltern monatelang quer durch Europa gereist war. Der Presse wurde verboten, über diesen Vorfall zu berichten.(697)

Des Weiteren nehmen seit der inszenierten Migranteninvasion Vergewaltigungen sowie sexuelle Nötigungen durch Migranten an einheimischen Frauen und an Mädchen und Frauen unter den Asylbewerberinnen immer mehr zu. Nachfolgend nur ein paar Beispiele aus 2017, die *politikversagen.net* mit Quellenangaben gesammelt hat, um aufzuzeigen, dass es 2015 keine aufgrund des großen Andrangs gearteten „Einzelfälle" gewesen waren:

- 2. Januar 2017 – Grapsch-Attacken in Hamburg: *„St. Pauli/City, Hamburg. Die Polizei hatte extra ein Großaufgebot von mehr als 500 Beamten zusammengezogen – dennoch ist es wieder passiert. Einige Täter schlugen sogar direkt vor den Augen der Polizisten zu!"* (unter den Tätern Iraker, Afghanen und Eritreer)(698)

- 3. Januar 2017 – 14-jährige Hamburgerin von Ägypter missbraucht: *„Hamburg. Ein 14-jähriges Mädchen aus Hamburg ist von einem 21-jährigen Ägypter sexuell missbraucht worden. Der polizeibekannte abgelehnte Asylbewerber sollte bereits seit Jahren abgeschoben werden."*(699)

Abb. 211 (oben links): In Ungarn August 2015 angekommen: „Dankbarer" Immigrant schmeißt einen großen Packen Trinkwasser auf die Gleise. Viele weitere machten es ihm nach.

Abb. 212 (oben rechts): Herbst 2015 in Calais, Frankreich: Da *halal*-Raviolidosen das MHD überschritten haben, wird der Inhalt demonstrativ von afrikanischen Migranten auf den Boden gekippt. Selbst eine Aufklärung darüber, wie sich das mit dem MHD in Europa verhält und dass der Inhalt speziell dieser gespendeten Dosen noch drei Jahre darüber genießbar ist, blieb erfolglos.

Abb. 213 (unten): An der mazedonisch-griechischen Grenze im August 2015: Neuankommende Kulturbereicherer winken vehement mit den Händen ab und verweigern die Annahme von Hilfspaketen des *Roten Kreuzes*, da sie *„nicht halal"* sind.

Abb. 214 und 215: Süditalien an der Domitiana. Afrikanische Fachkräfte („Professoren", „Ingenieure" etc.) beim Zerlegen von Geschäften, Autos, Möbeln und öffentlichem Eigentum. Der italienische Reporter berichtet von Mord, Gewalt, Prostitution und Drogenhandel. Solche Szenen blühen uns bald auch auf deutschem Boden.

Abb. 216: Mama Merkels „Zug der Hoffnung". Syrer erzählt *Billy Six*, was in Deutschland besser ist als in der Türkei oder Syrien und gibt zu, aus wirtschaftlichen Gründen (Arbeit) nach Deutschland gereist zu sein.

- 9. Januar 2017 – Krankenschwester von fünf Schwarzafrikanern vergewaltigt: *„Hamburg-St. Georg. Es ist ein widerliches Verbrechen! Abends wird eine Krankenschwester nach der Arbeit durch Hilferufe in den Lohmühlenpark gelockt, dort fallen mehrere Schwarze über sie her. Sie schlagen die Frau bewusstlos und vergewaltigten sie!“*[700]
- 20. Januar 2017 – 15-jährige von einem Syrer vergewaltigt: *„Bonn, NRW. Ein 34-jähriger Syrer schlug und vergewaltigte nach einer Party in seiner Wohnung ein 15-jähriges deutsches Mädchen.“*[701]
- 24. Januar 2017 – Gruppenvergewaltigung als Livestream ins Internet übertragen: *„Schweden. Der Live-Stream einer Gruppenvergewaltigung erschüttert Schweden: Auf Facebook war stundenlang zu sehen, wie drei bewaffnete Männer mit Migrationshintergrund in einem Zimmer eine bewusstlose Schwedin vergewaltigten.“*[702] Laut dem *Gatestone Institute* stiegen nach 40 Jahren Mulitkulti die Rate der Gewaltverbrechen um 300% und die der Vergewaltigungen um 1472%. Internationale Medien bezeichnen Schweden als „Vergewaltigungsland Nr. 1.“[703]
- 4. Februar 2017 – 12-jähriges Mädchen von Sex-Gang geschwängert: *„Großbritannien. Ein Mädchen wurde von insgesamt sechs muslimischen Männern über lange Zeit missbraucht und vergewaltigt. Als sie 12 war, wurde sie schließlich schwanger. Die Sex-Täter kannten keine Reue: Vor Gericht brüllen sie ‚Allahu akbar'.*[704]
- 8. Februar 2017 – Helferin von Asylbewerber vergewaltigt: *„Tettnang, Baden-Württemberg. Unter dem Vorwand, Hilfe beim Ausfüllen von behördlichen Papieren zu benötigen, macht ein Asylbewerber einen Besuch bei einer Helferin aus. Als sie seine sexuellen Avancen zurückweist, ohrfeigt er sie, schlägt ihren Kopf auf eine Tischplatte und vergewaltigt sie.“*[705]
- 20. Februar 2017 – Deutsche von 9 Irakern verschleppt und vergewaltigt: *„Wien. Neun verwandte Iraker – Väter, Söhne, Brüder und Cousins – verschleppen eine deutsche Lehrerin aus einer Bar und vergewaltigen sie stundenlang gemeinschaftlich. Das Opfer ist seit der grauenhaften Tat psychisch schwer krank.“*[706]
- 1. März 2017 – 27-jährige von Iraker begrapscht und auf Discotoilette niedergeschlagen: *„Straubing, Bayern. Ein Iraker folgte einer jungen Frau auf die Damentoilette der Diskothek, fasste ihr mehrmals an die Brust und küsste sie gegen ihren Willen. Anschließend drängte er die Frau in eine Ecke, warf sie zu Boden und schlug ihr mehrmals mit einer Bierflasche auf den Kopf.“*[707]
- 28. März 2017 – Tunesier wollte Frau vergewaltigen: *„Leipzig, Sachsen. Ein 29-jähriger Tunesier drückte eine 39-jährige Frau auf ihrem Heimweg von der Nachtschicht gegen ein Auto. Dabei begrapschte er sie und nahm sexuelle Handlungen an ihr vor. Die Frau wehrte sich, konnte kurzzeitig flüchten, stürzte jedoch. Sogleich fiel er über sie her und versuchte sie zu vergewaltigen.“*[708]
- 3. April 2017 – Frau vor Freund von dunkelhäutigem Mann vergewaltigt: *„Bonn, NRW. In der Nacht zu Sonntag ist in Bonn-Geislar eine 23-Jährige vergewaltigt worden. Mit ihrem Freund zeltete die Frau an der Siegaue. Nachts drang der Täter in ihr Zelt, attackierte das Paar und bedroht beide mit einer Machete. Dann vergewaltigt er die Frau.“*[709]

- 13. April 2017 – Frau an Tankstelle vergewaltigt: *„Innsbruck, Österreich. Ein 19-jähriger Somalier verfolgte eine 22-jährige Innsbruckerin bis zu einer Tankstelle. Dort verprügelte er sie, riss ihr die Kleider vom Leib und warf sich auf sie. Alarmierte Polizisten mussten den entblößten Täter von der Frau regelrecht runterreißen.“*(710)
- 13. April 2017 – Junge Mädchen von Asylbewerbern sexuell belästigt: *„Werl, NRW. Zu massiven sexuellen Übergriffen auf drei 11- bis 14-jährige Mädchen ist es im Freizeitbad Werl gekommen. Drei 16- bis 19-jährige Asylbewerber aus Mali und Syrien umklammerten und begrapschten die Mädchen.“*(711)
- 6. Mai 2017 – Mehrere Frauen und Polizistin von Flüchtling belästigt: *„Freiberg, Sachsen. Am Donnerstagabend hat ein tunesischer Asylbewerber in Freiberg mehrere Frauen sexuell belästigt. Er hat drei Frauen an einem Fahrkartenautomaten immer wieder unsittlich berührt. Auch vor einer eintreffenden Polizistin machte er nicht halt.“*(712)
- 8. Mai 2017 – Junge Frau auf Straße vergewaltigt: *„Uedem, NRW. Zu einem schrecklichen Vorfall kam es auf einer Landstraße in Uedem am Niederrhein. Zwei schwarzhaarige, fremdsprachige Männer zerrten eine junge Frau von der Straße auf den Grünstreifen und vergewaltigten sie dort.“*(713)
- 11. Mai 2017 – 17-jährige Jugendliche von afghanischem Flüchtling vergewaltigt: *„Calden, Hessen. Ein afghanischer Asylbewerber hat ein 17-jähriges Mädchen in einer Jugendhilfeeinrichtung vergewaltigt. Außerdem belästigte und begrapschte er am gleichen Tag noch zwei andere Mädchen.“*(714)
- 16. Mai 2017 – Schülerin vergewaltigt: *„Minden, NRW. Die Polizei im nordrhein-westfälischen Minden hat einen 19 Jahre alten polizeibekannten Zuwanderer festgenommen, der eine Schülerin vergewaltigt haben soll. Der Mann zerrte das 16-jährige Mädchen in einen Keller und verging sich an ihr.“*(715)

Einen regelrechten Skandal löste die mediale und polizeiliche Vertuschung des Falls einer 13-jährigen Deutsch-Russin aus, die im Januar 2016 von drei kaum deutsch sprechenden Südländern entführt und 30 Stunden lang festgehalten, verprügelt und abwechselnd von den Männern vergewaltigt wurde. Die auf einer Kundgebung sichtlich aufgebrachte Cousine des Mädchens erhob mit zitternder Stimme schwere Vorwürfe gegen die Polizei, die das Mädchen ohne Begleitperson drei Stunden lang verhört, verhöhnt, ausgelacht und der Lüge bezichtigt haben sollen, bis sie zusammengebrochen und der Darstellung der Polizei zugestimmt haben soll. Sie wäre demnach also von deutschen „Ordnungshütern“ zu einer Falschaussage gezwungen worden.(715a) Ja, wir bekommen so langsam aber sicher auch arabische Verhältnisse in unseren Landen.

Häufig ereignen sich Fälle laut Berichten auch in Bahnen des öffentlichen Nahverkehrs, wo Migranten vor Müttern mit ihren Babys oder Kleinkindern onanieren, wie das Portal *rapefugees.net* berichtet hat, die sämtliche Vergewaltigungen und Belästigungen (z.B. das Ablecken der Gesichter von Frauen) von Wirtschaftsflüchtlingen und hier lebenden Ausländern auf ihrer Seite sammelt und archiviert. Die schiere Anzahl an Meldungen aus dem ganzen Bundesgebiet und teilweise anderen europäischen Ländern auf diesem Portal und auch auf der vorhin erwähnten Seite *politikversagen.net* oder *refcri-*

me.info hat sogar mich erschrocken. All die Fälle nur zwischen 2015 und 2017 aufzuzählen, würde ein ganzes Buch füllen! Was die Vergewaltigungen und sexuellen Belästigungen betrifft, so haben diese zwar nicht ausschließlich, aber mitunter auch in der Propagandaarbeit ihren Ursprung. Den Aussiedlern wurden vor Ort im Nahen Osten nämlich nicht nur Häuser, Geld und Studienplätze, sondern auch Frauen versprochen! Gemäß eines investigativen Beitrags der schwedischen Tageszeitung *Dala-Demokraten* wurde den Syrern bzw. Arabern eine „freie junge und willige schwedische Blondine als Freundin" versprochen, wenn sie es irgendwie schaffen würden, illegal bis zum gelobten Land im Norden Europas zu gelangen. Dem Report zufolge hätte man ihnen ein Luxusleben auf Kosten der Steuerzahler versprochen. Als Neuankömmlinge müssten sie erst einmal in Luxushotels unterkommen, bevor die Regierung ein freies Zuhause für sie gefunden hat. Dann könnten sie sich zurücklehnen und es den schwedischen Steuerzahlern überlassen, all ihre Lebenshaltungskosten zu übernehmen.[(715b)]

Des Weiteren sickerten auch folgende Dinge an die Öffentlichkeit:

- ICE-Fahrten sind für Migranten und ihre Begleiter, die nach Deutschland einreisen, selbstredend kostenlos.[(716)] Auf Dienstanweisung der Verkehrsbetriebe sollen vielerorts auch die Busfahrten gratis sein.[(717)] (Abb. 217) Zum 1. Januar 2017 kündigte aber das Land Niedersachsen diese „Willkommensmaßnahme" wieder.[(718)] Der Rest darf sich schon mal auf laufend weitere Preiserhöhungen im Nahverkehr freuen. Mobilfunkanbieter *Yourfone* spendete derweil 50.000 SIM-Karten an Migranten, inklusive Freiminuten und ein Gigabyte mobiles Datenvolumen pro Monat für ein halbes Jahr. Gesamtwert dieser Geschenkaktion: 3,5 Mio. Euro.[(719)] Dank der Bundesnetzagentur sogar anonym für die Migranten (lediglich Adresse der Erstaufnahmeeinrichtung wurde abgefragt). Obendrauf gibt es von der *Deutschen Telekom* gratis WLAN.[(720)] Kosten für Unterkunft werden ebenfalls von den Kommunen übernommen. Kostenübernahmescheine für Krankenkasse und Impfpass werden genauso ausgestellt wie Bildungsnachweise (z.B. Abiturabschluss), ohne Nachweise liefern zu müssen. Ein anderer Trick sei, von dem ich einmal erfuhr, den einige Asylbewerber bei den Erstaufnahmestellen anwenden würden, um auf monatliche Leistungen von knapp 4.000 Euro zu kommen: Man borgt sich einfach vier bis fünf kleine Kinder von Bekannten oder Freunden und stellt mit diesen gemeinsam den Asylantrag. Über eine andere Variante berichtete *oe24.at*, wonach Asylbewerber sich an Landesaufnahmestellen mehrmals registrieren lassen, jedes Mal unter einer anderen Identität und mit einem anderen Aussehen (mit Bart, Brille etc.), um so Leistungen mehrfach zu beziehen. In einem Fall soll ein Asylbewerber auf diese Weise mit 12 verschiedenen Identitäten sich rund 45.000 Euro erschlichen haben.[(720a)]
- Eine raffinierte Taktik, den einige Sozialbetrüger ebenfalls anwenden, ist es, sich sowohl in Italien als auch in Deutschland als Asylbewerber zu registrieren. Dann pendeln sie mit dem Fernbus zwischen diesen beiden Ländern und erhalten doppelte Sozialleistungen.[(720b)] Nur gewusst, wie. Dann wurde ein Fall bekannt, bei dem das Bundesverfassungsgericht die Abschiebung eines Syrers stoppte, der bereits in Griechenland Asyl erhalten hatte. Begründung: In Griechenland bekommt er keine Sozialleistungen.[(720c)]

- Um den Neid und den Frust der Einheimischen weiter anzuheizen, sollen laut der *Bild*-Zeitung ab Januar 2016 über 500 Flüchtlinge in das *Maritim Grand Hotel* in Hannover einquartiert worden sein.(721)
- **Völlige Überfremdung**: Das 100-Seelen-Dorf Sumte im Landkreis Lüneburg musste **1.000** Flüchtlinge aufnehmen, gegen den Willen vieler aufgebrachter Bürger.(722) Das Westerwälder Dörfchen Emmerzhausen mit 665 Einwohnern bekam sogar bis zu **5.000** Asylanten aufgebrummt.(723) Im Dorf selbst gibt es keine Polizei. Und dies sind längst keine Einzelfälle mehr. Es verwundert, dass es bislang auf breiter Basis keinen zivilen Ungehorsam gegeben hat.
- Im Rahmen einer Projektwoche sollten Schüler einer Lübecker Schule in einer Asyl-Durchgangsunterkunft u.a. Betten beziehen, Kleidung sortieren und in den Küchen aushelfen.(724)

Polizei, Stadtverwaltungen, Bürgermeister sowie auch Helfer in den Flüchtlingsunterkünften dürfen unter Androhung von Konsequenzen sowohl über interne Abläufe als auch über die katastrophalen Zustände und Verhaltensweisen von Migranten nichts nach außen verlauten lassen. Eine Objektleiterin eines Flüchtlingsheims wurde fristlos entlassen, weil sie die Zustände im Heim publik machte. Wobei sich dies seit 2017 plötzlich geändert hat und die Medien verstärkt wieder zumindest über Verbrechen von Migranten berichten. Schließlich soll auch die Wut der Volksdeutschen und der hier seit langem zivilisiert lebenden ausländischen Mitbürgern weiter hochgekocht werden.(725)

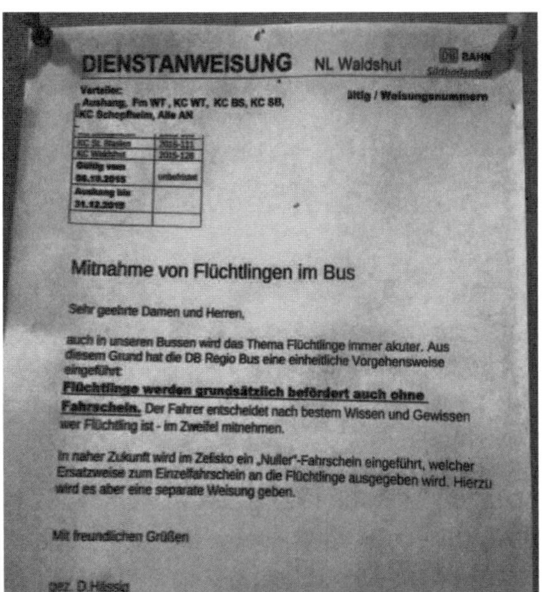
DIENSTANWEISUNG NL Waldshut

Verteiler:
Aushang, Fm WT, KC WT, KC BS, KC SB, KC Schopfheim, Alle AN

Mitnahme von Flüchtlingen im Bus

Sehr geehrte Damen und Herren,

auch in unseren Bussen wird das Thema Flüchtlinge immer akuter. Aus diesem Grund hat die DB Regio Bus eine einheitliche Vorgehensweise eingeführt:

Flüchtlinge werden grundsätzlich befördert auch ohne Fahrschein. Der Fahrer entscheidet nach bestem Wissen und Gewissen wer Flüchtling ist - im Zweifel mitnehmen.

In naher Zukunft wird im Zefisko ein „Nuller"-Fahrschein eingeführt, welcher Ersatzweise zum Einzelfahrschein an die Flüchtlinge ausgegeben wird. Hierzu wird es aber eine separate Weisung geben.

Mit freundlichen Grüßen

gez. D.Hässig

Abb. 217 und 218: Links Dienstanweisung der *Deutschen Bahn Südbadenbus*, dass Flüchtlinge kostenfrei zu befördern seien (Quelle: *mmnews.de*). Rechts die „Einzelfall"-Karte von Deutschland, welche die Verbrechen seitens Migranten und Ausländer aufzeigt (*refcrime.info*).

Erste Enteignungen – bald auch Zwangsarbeit?

Haben Sie sich bisher nicht auch etwa gefragt, wer denn das alles bezahlen soll? Die Antwort: wir Steuerzahler natürlich! Um die Kosten der Flüchtlingsintegration in Milliardenhöhe zu stemmen, sollen die Deutschen laut Ökonom und *ifo*-Präsident Hans-Werner Sinn später in Rente gehen.(726) Zudem wurde seitens der EU-Kommission und der Bundesregierung ein „Flüchtlingssoli" erörtert, um die schieren Kosten zu tragen.(727) Da werden die nächsten Jahre noch weitere Steuererhöhungen (= indirekte Enteignung) auf uns zukommen (z.B. durch Erhöhung der Mehrwert- und Mineralölsteuer).

Die Regierungen lieben es, ihr Wahlvolk vor vollendete Tatsachen zu stellen. Insbesondere dann, wenn die Wenigsten damit rechnen. Hierbei wird die Salami-Taktik angewandt, um zu sehen, wie das Volk reagiert. Beschwert sich der Großteil nicht, wird weitergemacht. Heute mögen es noch probeweise Schüler für einen Tag oder eine Woche sein, die zur Arbeit in Flüchtlingsunterkünften herangezogen werden. Wie schaut es aber nächsten Monat oder nächstes Jahr aus? Da die Zustände im Land aber jetzt schon – vor allem personalbedingt – nicht mehr beherrschbare Züge annehmen, braucht es nicht viel Hausverstand, um zu erkennen, dass demnächst auch alle ALG2-Empfänger zur Zwangsarbeit herangezogen werden, damit unsere eigenen Leute sich der Gefahr und Erniedrigung in Asylunterkünften aussetzen dürfen.

Über den Rausschmiss von Mietern aus ihren Wohnungen und Häusern habe ich vorhin bereits berichtet. Immobilienbesitzer witterten schon recht früh seit dem ersten Ansturm der Migranten einen buchstäblichen Goldrausch, und viele weitere werden sich nicht scheuen, ihren Mietern zu kündigen, weil sie für Flüchtlinge weitaus besser entschädigt werden (nämlich eine Kopfpauschale pro Monat). Eine Quasi-Enteignung durch die Hintertür hatte das Hamburger *Gesetz zum Schutz der öffentlichen Sicherheit und Ordnung* mit sich gebracht. Diesem wurde Anfang Oktober 2015 ein Paragraph 14a mit der Überschrift „*Sicherstellung* ***privater*** *Grundstücke und Gebäude* ***oder Teilen davon*** *zur Flüchtlingsunterbringung*" ergänzt, in dem es u.a. wie folgt heißt (von mir hervorgehoben):

„*(1) Die zuständige Behörde kann zum Zwecke der Unterbringung von Flüchtlingen oder Asylbegehrenden zur Abwehr von bevorstehenden Gefahren für Leib und Leben Grundstücke und Gebäude sowie Teile davon sicherstellen. Die Sicherstellung ist nur zulässig, wenn 1. das Grundstück, Gebäude* ***oder ein Teil davon ungenutzt ist; der Nichtnutzung steht eine Nutzung gleich, die ausschließlich oder weit überwiegend den Zweck verfolgt, eine Sicherstellung nach Satz 1 zu vereiteln*** *(...).*"(728)

Abb. 219: Den „Flüchtlingen" wurden auch massenhaft „willige Frauen" in Europa versprochen.

Juristisch ist das sehr geschickt formuliert. Mit anderen Worten sagt es aus, dass die Behörde nach eigenem Ermessen entscheiden kann, ob und wie viel jemand seine private Immobilie oder Teile davon (= Wohnungen, Zimmer) tatsächlich nutzt oder nicht. Obwohl diese Gesetzesänderung nur bis zum 31. März 2017 befristet war, hatte der Hamburger Senat im darauffolgenden Mai damit begonnen, sechs leerstehende Wohnungen gegen den Willen eines Eigentümers zu beschlagnahmen. Dem Eigentümer sollen zudem sämtliche eventuelle Kosten für Sanierung und Renovierungen in Rechnung gestellt worden sein. Danach werden die Wohnungen an von der Stadt „ausgewählte Mieter“ vermietet werden. [(729)] Möglich wird solch eine Enteignung des Privateigentums durch das *Gesetz über den Schutz und die Erhaltung von Wohnraum*, wonach „Zweckentfremdung“ gesetzlich verboten wurde. Eine Zweckentfremdung liegt laut dieses Hamburger Gesetzes von 1982 dann vor, wenn der Wohnraum beispielsweise ausschließlich für gewerbliche oder freiberufliche Zwecke genutzt wird oder wenn eine Wohnung länger als vier Monate leer steht.[(730)] Müssen sich Freiberufler, die von zuhause arbeiten, nun Sorgen machen? Das Modell der Enteignung und Zwangsvermietung findet bereits auch in anderen Städten wie Berlin Anklang. Das sind erst die Anfänge. Die Leute im Land werden sich noch mächtig wundern, wenn die Massen an Nachzüglern nach Deutschland strömen. Denn irgendwo müssen sie ja untergebracht werden.

Doch ist das noch nicht das Ende an ausgeschöpften „legalen“ Möglichkeiten. Sollte das BRD-Regime jedoch irgendwann den Notstand ausrufen, was recht wahrscheinlich ist in meinen Augen, dann treten Notstandsgesetze in Kraft, welche grundsätzlich jedwede Beschlagnahmungen und sogar das Verordnen von Zwangsarbeit „erlauben“. Schlagen Sie hierzu einmal das *Zivilschutz- und Katastrophenhilfegesetz* auf und lesen sich dort insbesondere die Paragraphen 22 (2), 27 (2) und 28 (1) durch. Letzterer kann alle Frauen und Männer zwischen 18 und 65 Jahren bei „besonderen Gefahren und Schäden im Verteidigungsfall“ zur Zwangsarbeit heranziehen. Der § 31 weist darauf hin, dass die im Grundgesetz verankerten Grundrechte der körperlichen Unversehrtheit, die Freiheit der Person, der Freizügigkeit und der Unverletzlichkeit der Wohnung eingeschränkt werden.[(731)] Das *Arbeitssicherstellungsgesetz* zieht im „Verteidigungsfall“ alle Wehrpflichtigen und Angehörige von Heil- und Heilhilfsberufen heran.[(732)] Und wer „wehrpflichtig“ ist, wird natürlich die Regierung bestimmen (also notfalls **jeder**).

Jetzt könnten Sie meinen, dass solch ein „Verteidigungsfall“ nur wegen der Migranten sehr unwahrscheinlich wäre. Was meinen Sie denn, warum man eine schiere Masse an kulturfremden und teils schwer gewaltbereiten Leuten auf engstem Raum in Zeltstädte und Turnhallen einpfercht? Damit der „Verteidigungsfall“ womöglich mit Absicht provoziert wird. Der Main-Taunus-Kreis in Hessen hat im Oktober 2015 – erstmals seit 1945! – den Katastrophenfall ausgerufen, und das „nur“ wegen der Verteilung von 1.000 Migranten im gesamten Main-Taunus-Kreis. Das habe eben *„vor allem rechtliche und organisatorische Vorteile“* laut eines Sprechers des Landkreises.[(733)] Dies dürfte also mit Sicherheit ein Test gewesen sein. Ein Bürgermeister soll sich ebenfalls im Oktober 2015 bzgl. der Beschlagnahme von Häusern zudem wie folgt geäußert haben:

„Wenn es im Winter zu Grippe-Fällen in den Flüchtlingslagern kommen sollte, wird man die Lager räumen und die Bereicherer in Hotels ‚de-zentralisieren'. Wenn die Hotelkapazitäten nicht reichen sollten, werden wir die Flüchtlinge in Einfamilienhäusern zwangseinquartieren, die Daten über Einwohner und Wohnfläche erhalten wir durch

Zusammenschaltung der Datensätze von Grundsteuermessbescheid und Einwohnermelderegister.“[734]

Deswegen gab es u.a. auch den *Zensus 2011* zur Erfassung sämtlicher Immobilien in der BRD. Da laut Grundgesetz „zum Wohle der Allgemeinheit Eigentum verpflichtet“, sollen nach geistigen Ergüssen einiger Politiker jene mit einem Bußgeld von bis zu 50.000 Euro bestraft werden, die hierbei „Wohnraum zweckentfremden“, heißt es in einem Artikel der *FAZ*.[735]

„Eurabien“ und „Islamische Staaten von Amerika“

Selbst aus offiziellen Kreisen wurde unlängst bestätigt, dass über die Flüchtlingsströme Terroristen des *IS* nach Deutschland geschleust wurden, und dass die vorhin erwähnten Fälle, in denen mutmaßliche Terroristen in Deutschland und anderen europäischen Ländern geschnappt wurden, keine Einzelfälle sind. Mit den inszenierten Terroranschlägen in Europa (z.B. Paris) und den Terrorattacken in Deutschland musste auch hierzulande medial umgeschwenkt werden. Generalbundesanwalt Peter Frank erklärte in der *Spiegel*-Ausgabe 6/2016, dass der *IS* die Fähigkeit habe, Attentäter nach Europa einzuschmuggeln. Binnen drei Monaten haben sich beim Bundeskriminalamt zudem die Hinweise auf mögliche Terroristen und Kriegsverbrecher mehr als verdoppelt.[736] Und der Chef des „Verfassungs“schutzes Hans-Georg Maaßen gab Anfang 2016 zu, dass der *IS* den Flüchtlingsstrom dazu nutze, *„um Kämpfer mit Kampfauftrag einzuschleusen“*. Nach seinen Worten seien zwei der Pariser Selbstmordattentäter mit den Flüchtlingen nach Frankreich gekommen. Maaßen sagte auch, es gäbe bereits 10.000 Fundamentalisten in Deutschland.[737] Das ist lediglich die offizielle Zahl. Und der Präsident des *Bundesnachrichtendienstes*, Gerhard Schindler, gab zu, dass der *IS* verstärkt die dschihadistischen Gruppen im Ausland unterstütze, wodurch neue *IS*-Provinzen entstehen sollen.[737a] Alleine in Frankreich, Großbritannien, Belgien und Deutschland zusammengenommen gibt es nach *offiziellen* Zahlen 66.000 islamische Extremisten.[737b] Selbst diese eigentlich zu niedrig angesetzte Zahl ist schon beachtlich, denn das ist eine Armee!

Von wem wurde der *Islamische Staat* gegründet?

In der Onlineausgabe der *Gulf Daily News*, einer Zeitung im Golfstaat Bahrain, erschien am 15. Juli 2014 ein knapper, aber brisanter Artikel, wonach der ehemalige Mitarbeiter des US-amerikanischen Geheimdiensts und Whistleblower Edward Snowden enthüllte, dass der *IS* vom britischen und US-amerikanischen sowie dem israelischen Geheimdienst *Mossad* gegründet wurde. Die Strategie mit dem Namen *Hornissennest* sähe vor, Terroristen (Söldner) aus der ganzen Welt in eine Region zu versammeln (Syrien/Irak), um für Israel eine künstliche Bedrohung zu erschaffen. Denn ist Israel von einem neuen Feind nur so umzingelt, hat es weiterhin eine Daseinsberechtigung und benötige daher weiterhin besonderen Schutz. Man könnte das schnell als „Schwachsinn“ abtun, wenn wir mittlerweile im zweiten Kapitel dieses Buches nicht die wahren Hintergründe zu Israel (sowie der Ukraine) und dem Zionismus erfahren hätten. Weiterhin erwähnt der Artikel, dass der *IS*-Anführer und selbst ernannter Kalif *Abu Bakr Al Baghdadi* ein einjähriges intensives Militärtraining vom *Mossad* erhalten habe, nebst Sprachkursen und Kursen in Theologie, was ihn also faktisch weniger zu einem fanatisch-religiösen Islamisten als zu einem *Mossad*-Agenten machen würde![(738)] Dazu passen bestätigend die Entdeckungen von Gerhard Wisnewski, wonach der Stratege und Architekt des *IS*, Haji Bakr, laut Recherchen des *Spiegels* ebenfalls *„absolut kein Islamist"* gewesen war.[(739)] *Der Spiegel* erklärt dazu:

> *„In seinen Plänen, die akribisch umgesetzt wurden und den IS bis 2014 zum Herrscher über ungefähr ein Drittel Syriens machten, tauchte der Islam, außer in den Eingangsfloskeln, gar nicht auf. Scharia, islamische Gerichtsbarkeit, verordnete Frömmelei – alles war nur Mittel zum Zweck, unterworfen einem einzigen Ziel: die neu gewonnenen Untertanen zum Gehorsam zu zwingen und die enorme Zugkraft des Dschihad, die zu Tausenden aus aller Welt strömenden Radikalen, benutzen zu können."*[(740)]

Als Bakrs Haus nach seinem gewaltsamen Tod im Januar 2014 durchsucht wurde, wurde keine einzige Ausgabe des Korans gefunden.[(741)] Wie es der Zufall so will, kann der *Spiegel* im selben Artikel mit einer weiteren interessanten Information aufwarten:

> *„Für zwei Jahre saß Haji Bakr im amerikanischen Gefangenenlager Camp Bucca und im Gefängnis von Abu Ghuraib, wo viele der späteren Terrorkontakte erst geknüpft wurden."*

Aber nicht nur Haji Bakr saß in *Camp Bucca* ein, sondern auch der spätere *IS*-Anführer Al Baghdadi sowie andere *IS*-Größen, wie britische und US-amerikanische Medienquellen berichteten.[(742)] Demnach fungierten diese US-Gefangenenlager in Wirklichkeit als Terrorrekrutierungs- und Ausbildungsstätten. Dass der *Mossad* auch hinter dem *IS* steckt, offenbarte die israelische Tageszeitung *The Times of Israel*, als sie am 24. April 2017 den ehemaligen israelischen Verteidigungsminister Moshe Ya'alon zitierte, wonach der *IS* sich einmal sogar bei Israel entschuldigte, weil dieser versehentlich eine israelische Einheit von Soldaten in den syrischen Golanhöhen angegriffen hatte. Ya'alon erklärte diesbezüglich, dass Israel gegen die syrische Armee des Präsidenten Bashar Assad kämpfe und es dabei auch zu versehentlichen Schüssen auf die israelischen Golanhöhen gekommen war.[(743)] Um das Ganze abzurunden, haben irakische Sicherheitskräfte in 2015 einen *IS*-Kämpfer festgenommen, unter denen sich überraschenderweise auch ein **israelischer Oberst** befand! Dieser gestand dann:

> *„Die Militärkommandeure des israelischen Geheimdienstes Mossad und des IS arbeiten eng zusammen (...) israelische Berater helfen dem IS, strategische und militärische Planungen zu erstellen, und führen sie auf dem Schlachtfeld."*

Laut der iranischen Nachrichtenagentur *Fars News Agency* hätten bereits ein Jahr zuvor gefangengenommene *IS*-Kämpfer gestanden, mit israelischen Agenten zusammenzuarbeiten. Des Weiteren soll eine Aufklärungsdrohne des *IS*, die von irakischen Kräften abgeschossen worden war, mit israelischen Typenschildern versehen gewesen sein, wie der *Kopp-Verlag* berichtete.[(743a)] Sehr interessant, nicht wahr? Insbesondere, weil der Welt weisgemacht wurde, was für schreckliche „Antisemiten" diese fanatischen *IS*-Kämpfer doch seien und somit eine sehr große „Bedrohung" für Israel. Ist es denn auch blanker Zufall, wenn auf der Internetseite der israelischen Zeitung *Haaretz* zudem erklärt wird, dass Efraim Halevy, als Leiter des *Mossad*, im Englischen auch als der Leiter von *ISIS* (*Israel Secret Intelligence Service = Israelischer Geheimdienst*) genannt wird?[(744)]

Abb. 220 (links): Der US-Senator John McCain traf sich im Mai 2013 mit Mitgliedern der syrischen Opposition in der syrischen Grenzstadt Bab al-Salam in der Nähe der Türkei, um die Unterstützung der USA zuzusichern. Mitte rechts der syrische Rebellenführer General Salim Idris, links neben McCain der *IS*-Pressebeauftragte Abu Mosa, hinter McCain der spätere *IS*-Anführer Abu Bakr Al Baghdadi, der in die Kamera schaut.

Abb. 221 (rechts): Rechts im Bild der Palästinenser Muaz Mustafa, Direktor der *Syrian Emergency Task Force*, einer in Washington D.C. ansässigen zionistischen Vereinigung, die es sich zur Aufgabe gemacht hat, die Assad-Regierung in Syrien zu stürzen. In der Tür stehend der Terrorist Mohamed Nour. McCain stritt hinterher ab, sich wissentlich mit Terroristen getroffen zu haben, die zuvor 11 libanesische Shiiten entführt hatten.(756) Einfach nur peinlich dieses dummdreiste und die Intelligenz eines jeden beleidigende Dementi.

Auf Seiten der USA zieht natürlich die CIA die Fäden, das haben nicht nur irakische Politiker bestätigt(745). Vom ehemaligen US-Außenminister John Kerry gelangte ein Audiomitschnitt an die Öffentlichkeit, in dem er mit Mitgliedern der syrischen Opposition ein Gespräch am 22. September 2016 am Rande der Generalversammlung der *Vereinten Nationen* führte. Bei diesem Gespräch bestätigte Kerry, dass das strategische Ziel der USA seit 2011 sei, das syrische Regime mit Hilfe des *Daesh* (= *IS*) zu stürzen und dass die Obama-Administration den *IS* mit Waffenlieferungen unterstützt habe. (*voltairenet.org*).(746) Donald Trump beschuldigte während seines Wahlkampfs, dass Obama und Hillary Clinton den *IS* gegründet hätten.(747) Wobei dies ja so nicht stimmt, sie waren/sind vielmehr Unterstützer. Da Trump stark pro-Israel eingestellt ist, hätte er es nicht gewagt, die ganze Wahrheit auszuplaudern. Denn konzentriert sich alles auf Obama und Clinton als Sündenböcke, blickt keiner tiefer in den Kaninchenbau rein. Zudem zeigten *Wikileaks*-Enthüllungen, dass die US-Regierung versuchte, den Einfluss des *IS* einzudämmen und andere „moderatere" Gruppen zu unterstützen, die das syrische Regime stürzen. Anscheinend ist der *IS* für die US-Amerikaner außer Kontrolle geraten. In einer an die Öffentlichkeit durchgesickerten Email der Clinton an ihren Wahlkampfleiter John Podesta kam des Weiteren zum Vorschein, dass die Regierungen von Saudi Arabien und Katar den *IS* heimlich finanzieren.(748) Auch die britische Tageszeitung *Independent* berichtete über die finanzielle Unterstützung seitens der Saudis.(749) In einem Interview mit Julian Assange, dem Kopf von *Wikileaks*, kam ebenfalls heraus, dass Saudi Arabien und Katar (wie auch Bahrain und Marokko) die *Clinton Stiftung* regelmäßig mit Geldern unterstützen, während Hillary Clinton in ihrer ehemaligen Position als Außenministerin wiederum hochdotierte Waffendeals in mehrfacher Milliardenhöhe mit den Arabern geschlossen hatte. Das heißt, dass die Araber sowohl die *Clinton Stiftung* als auch den *IS* finanziell unterstützen.(750) Auch die Kongressabgeordnete der US-Demokraten, Tulsi Gabbard, sagte vor der Kamera unverblümt aus, dass die US-Regierung durch die CIA in Kooperation mit Saudi Arabien, Katar und der Türkei die Terrorgruppen *Al-Kaida* und *IS* mit Waffen und Geldern unterstützt.(751)

Jetzt kommt die berechtigte Anmerkung, dass es doch widersprüchlich sei, dass der *IS* mitunter vom *Mossad* gegründet und von seinen Erzfeinden, den Arabern, aber finanziert wird. Aber was, wenn diese beiden Lager in den „oberen Reihen“ in Wirklichkeit zusammenarbeiten? Hinter dem *IS* steckt nämlich eine Agenda mit mehreren Facetten, wovon eben viele Parteien profitieren. Die Türkei als NATO-Vasall spielt bei diesem *IS*-Projekt ebenfalls groß mit. *„Wir wissen, dass die Türkei die al-Nusra-Front und den IS mit Waffen, Geld und Freiwilligen unterstützt.“*, warf der syrische Präsident Assad der Türkei vor, demnach die Türkei in Wirklichkeit nicht gegen die Terror-Miliz kämpfen würde, sondern mit ihr gemeinsame Sache mache.[752] Zudem soll laut einer Insiderquelle mit nahen Verbindungen zum ehemaligen libanesischen Premierminister Saad Hariri von der US-Botschaft in Ankara heraus die *IS*-Operation gesteuert werden, wie Recherchen von *nsnbc international* ergaben.[752a] Nicht zuletzt beschuldigte auch der türkische Präsident Recep Erdogan Ende Dezember 2016 die USA, die Terrorgruppen zu unterstützen, als es zwischen den USA und der Türkei zwischenzeitlich diplomatische Spannungen gab.[753] Insgesamt will man natürlich mehrere Fliegen mit einer Klappe schlagen. Einerseits will man dadurch den „Diktator“ Assad stürzen, und wie schon zuvor mit dem Irak und Libyen aus Syrien ebenfalls eine westliche „Dämokratie“ machen. Weiterhin soll der Irak zersplittert werden. Das US-amerikanische *TIME-Magazine* enthüllte, dass der Irak in drei Staaten aufgeteilt werden soll: einen für die Kurden, einen für die Sunniten und einen für die Shiiten.[754] Dass die Pläne dafür wiederum älter sind, zeigte der Autor Peter Orzechowski in einem Artikel auf, in dem er an den *Yinon-Plan* erinnert. Oded Yinon war einst ein sehr enger Mitarbeiter des seinerzeitigen israelischen Außenministers Ariel Sharon, welcher dann später Ministerpräsident von Israel war. Bereits 1982 schlug Yinon in einem Aufsatz für die *Zionistische Weltorganisation* Folgendes vor: *„Aus der arabischen Welt muss ein Mosaik ethnischer und religiöser Gruppen gemacht werden. Durch die Zerstückelung sind sie schwach und können so leichter manipuliert werden.“* Über die bestehenden arabischen Länder hinaus sollen zudem auch Iran, Afghanistan und Pakistan neu geordnet werden. Auch Yinon sprach sich für ein geschaffenes Kurdistan aus. Bei der Zerschlagung der ganzen Region des Nahen Ostens und der Neuzeichnung von Grenzen spiele der lange verfolgte Plan eines Groß-Israel dabei ebenso eine wichtige Rolle.[754a]

Des Weiteren geht es natürlich auch um die Kontrolle der Ölquellen. Diesbezüglich stieß ich auf einen Bericht über eine Videoreportage der *Deutschen Welle* auf *neopresse.com*, welcher enthüllt, dass der *IS* nicht durch Öl vom Schwarzmarkt oder Geisel-Erpressungsgelder versorgt werde, da die Milliarden Dollar-Lieferungen via Nachschublinien **durch die Türkei** nach Syrien gelangen würden. Außerdem hebt der Report hervor, dass die *IS*-Terroristen regelmäßig von der NATO gestellte Rückzugsgebiete nutzen, darunter auch einen Hafen der Türkei.[755] Zudem hat man mit dem *IS* wiederum ein Instrument zur Hand, um Europas Völker abzuschaffen. Dazu gleich mehr.

Die *Muslimische Bruderschaft* und die *Organization of Islamic Cooperation*

Die Islamisten träumen schon lange von einer Rückkehr des Osmanischen Reiches. Und die Herrscher dieser Welt wollen es ihnen ermöglichen. Zumindest hat man ihnen das *„versprochen“*. Was die wenigsten wissen, ist die Tatsache, dass dies schon seit Jahrzehnten vorbereitet wurde und diese Geheimpläne nun rasch in die Tat umgesetzt werden. Im Rahmen der *Mittelmeerunion* wurde 2008 eine enge Zusammenarbeit zwischen der EU und 15 Mittelmeeranrainerstaaten in Nordafrika und dem Nahen Osten beschlossen, u.a. in den Bereichen soziale Integration und Migration.(757) Ebenfalls 2008 enthüllten britische Medien dabei einen geheimen Migrationsdeal, wonach **50 Millionen Afrikaner(!)** nach Europa geholt werden sollen. Dieser Deal sieht demnach vor, jene afrikanische „Arbeiter" mit einer *Blue Card* auszustatten, die in ihrer Funktion der US-amerikanischen *Green Card* ähnelt und den neuen Einwanderern ermöglichen soll, sich nach eigener Wahl irgendwo in der *Europäischen Union* niederzulassen. Zudem ist sie auch gleichzeitig mit einer Arbeitserlaubnis ausgestattet und berechtigt den Bezug von staatlichen Sozialleistungen. So gibt es laut des Berichts im afrikanischen Staat Mali eine Art „Jobcenter", welches sich für Bewegungsfreiheit innerhalb der EU und Afrika einsetzt.(758) Sie meinen, diese Millionenzahl sei völlig überzogen? Warten Sie's ab. Bei dieser umfassenden Kooperation mit der EU spielen die *Muslimische Bruderschaft* und die 1969 in Dschidda, Saudi Arabien, gegründete *Organization of Islamic Cooperation (OIC = Organisation für Islamische Zusammenarbeit)* eine zentrale Rolle.

Die *OIC* ist ein Zusammenschluss von 56 islamischen Staaten sowie Palästina und bildet mittlerweile den größten Stimmenanteil bei der Generalversammlung der *Vereinten Nationen*, und übt großen Einfluss auf die EU-Politik aus. Sowohl die *Muslimische Bruderschaft* als auch die *OIC* streben ein **weltweites Kalifat** an (= islamischer „Gottesstaat") – notfalls mit Gewalt –, in welchem im Westen eine viel strengere und brutalere Version des islamischen Rechts (Scharia) herrschen soll als in den islamischen Ländern, wie Leslie Lebl, politische Beraterin beim *American Center for Democracy*, enthüllte.(759) Die Kritik am Islam („political correctness") weltweit zu verbieten, ist dabei ein weiteres Etappenziel der *OIC*. In diesem Zusammenhang hielt die frühere US-Außenministerin Hillary Clinton 2011 zusammen mit der *OIC* eine Konferenz ab, um die Verabschiedung einer UN-Resolution zu diskutieren, welche die „religiöse Intoleranz" gegenüber Muslimen bekämpfen soll. In dem Zuge sollen Islamkritiker als „islamophob" und als Rassisten abgestempelt werden, um jede weitere Kritik zu unterdrücken. Die EU spielt nach Lebl eine Schlüsselrolle dabei, Aspekte der Scharia gesetzlich zu implementieren oder vermeintliche „Hassrede" strafrechtlich ahnden zu lassen. Die nationalen Verfassungen und Gesetze der einzelnen nationalen Staaten werden dabei zunehmend ausgehöhlt, indem nur noch die EU die Gesetze macht, die dann von den einzelnen EU-Mitgliedsländern umgesetzt werden müssen. Die nationalen Parlamente, so kann ich den Ausführungen der Lebl absolut beipflichten, sind nichts weiter als Abnickparlamente von EU-Gesetzen. Begründet werden all diese Maßnahmen mit den „Menschenrechten". Da die Moslems in Europa besonders angefeindet werden, genießen sie gemäß der *Muslimischen Bruderschaft* besonderen Schutz. 2001 kam von dieser Bruderschaft ein am 1. Dezember 1982 verfasstes Dokument ans Tageslicht, welches schweizerische Behörden bei einer Razzia des mutmaßlichen Terroristen Youssef Nada, Direktor der *Al-Taqwa Bank* von Lugano, vorfanden, in dem auf 14 Seiten eine 12-Punkte-Strategie mit dem Namen *Das Projekt* in arabischer Sprache verfasst wurde, das vorsieht, westliche Länder zu infiltrieren und eine „islamische Weltregierung" zu etablieren. Die *Vereinten Nationen* strichen Nada von der UN-eigenen schwarzen Liste der „Terrorfinanzierer" und 2009 mussten schweizerische und italienische Behörden ihre Ermittlungen gegen Nada einstellen. Zudem urteilte der *Europäische Gerichtshof für Menschenrechte* in Straßburg am 12. September 2012, dass durch die Ermittlungen Nadas *Menschenrechte* verletzt wurden, und die schweizerische Regierung musste ihm deswegen eine Entschädigung in Höhe von 30.000 Euro zahlen.[759a]

Im Folgenden eine Auflistung der 12 Punkte des „Projekts" der *Muslimischen Bruderschaft* (übersetzt aus dem französischen von Gudrun Eussner):

1. *„Das Umfeld kennen und sich eine wissenschaftliche Methodik für die Planung und Ausführung zueigen machen.*
2. *Ernsthaftigkeit in der Arbeit beweisen.*
3. *Den internationalen Einsatz und die Flexibilität auf örtlichem Niveau in Einklang bringen.*
4. *Den politischen Einsatz und die Notwendigkeit der Vermeidung der Isolation einerseits und die fortwährende Erziehung der Generationen und die Arbeit in Institutionen andererseits miteinander vereinbaren.*
5. *Sich parallel zu schrittweisen Anstrengungen zur Beherrschung der örtlichen Machtzentren durch Arbeit in den Institutionen um die Gründung eines islamischen Staates bemühen.*
6. *In loyaler Art und Weise in verschiedenen Bereichen an der Seite von islamischen Gruppen und Institutionen arbeiten, indem man Übereinkunft erzielt auf einem Gebiet der Verständigung, um ‚zusammenzuarbeiten in Punkten der Übereinstimmung, und die Punkte der Meinungsverschiedenheiten beiseite zu legen'.*
7. *Das Prinzip einer vorübergehenden Zusammenarbeit anerkennen zwischen islamischen und nationalen Bewegungen in allgemeinen Bereichen und in Punkten der Übereinstimmung, wie dem Kampf gegen die Kolonisierung, die (christliche) Missionstätigkeit und den jüdischen Staat, ohne jedoch Bündnisse schließen zu müssen. Das erfordert im Gegenzug von Fall zu Fall beschränkte Kontakte mit gewissen führenden Persönlichkeiten, soweit diese Kontakte nicht dem [Scharia-] Gesetz widersprechen. Dennoch soll man ihnen, weil man weiß, dass die islamische Bewegung der Ursprung der Initiativen und eingeschlagenen Orientierungen ist, nicht Gefolgschaft leisten oder ihnen vertrauen.*
8. *In einer vorläufigen Perspektive die Kunst des Möglichen meistern, ohne die grundsätzlichen Prinzipien zu missbrauchen, weil man weiß, dass die Gebote Allahs überall zu befolgen sind. Man muss das Genehme anordnen und das Tadelnswerte verbieten: Im Koran zitiertes Konzept, eines der zentralen Ziele der Bruderschaft. Man hat das auch übersetzt mit ‚das Gute befehlen und das Böse verjagen', das alles, indem man eine sichere Quelle angibt. Aber man soll weder in örtlichem noch in weltweitem Maßstab eine Konfrontation, die unverhältnismäßig ist und die in Angriffe gegen da'wa* [= „Ruf zum Islam"], *die Propagierung des Islam, und seine Anhänger ausarten könnte, mit unseren Gegnern suchen.*
9. *Eine ständige Streitmacht für die islamische da'wa einrichten und in unterschiedlichem Maße, soweit das möglich ist, diejenigen Bewegungen unterstützen, die sich in der islamischen Welt im Djihad, im Glaubenskrieg, engagieren.*

10. *Sich an mehreren Orten unterschiedlicher und verschiedener Systeme der Überwachung bedienen, um Informationen zu sammeln und eine sachverständige und wirksame Kommunikation einzuführen, um direkt der weltweiten islamischen Bewegung zu dienen. Tatsächlich sind die Überwachung, die politischen Entscheidungen und eine wirksame Kommunikation komplementär.*

11. *Sich für die palästinensische Sache im Rahmen eines weltweiten islamischen Programms, eines politischen Programms und über den Djihad, den Glaubenskrieg, einsetzen, weil es sich um den Schlüssel zum Gewölbe der Wiedergeburt der arabischen Welt im heutigen Zeitalter handelt.*

12. *Verstehen, auf Selbstkritik und, um sich zu verbessern, auf eine ständige Auswertung der weltweiten islamischen Politik und ihrer Ziele, ihres Inhaltes und ihrer Vorgehensweise zurückzugreifen. Das ist eine Pflicht und eine Notwendigkeit gemäß der Gebote der Scharia.*"[(759b)]

Interessanterweise weist Gudrun Eussner – die selbst mal der linken Szene angehört hatte – in einem Blogbeitrag darauf hin, dass sich die 12 Punkte der *Muslimbruderschaft* wie ein Parteiprogramm der Kommunisten bzw. *Komintern* (*Kommunistischen Internationale*) liest. Die apodiktische, also die entschiedene, keinen Widerspruch duldende Sprache sowie die totalitäre Bewegung der islamischen Expansion gibt tatsächlich einen Hinweis auf einen kommunistischen Hintergrund, weshalb Eussner auch die passende Überschrift *Das „Projekt" der Muslimbruderschaft, die islamische Internationale* für ihren Artikel gewählt hatte. Die *islamische Weltrevolution* trifft es eigentlich auch recht gut.

Sie meinen, das sei weit hergeholt? Frau Eussner hat einmal die Begrifflichkeiten ausgetauscht, um die Ähnlichkeit des „Projektes" der Bruderschaft mit dem Kommunismus aufzuzeigen:

Weltproletariat = Pan-Islam
Kämpfe = Glaubenskriege
Bürgerkriege = Kriege der Ungläubigen gegen die Muslime
Arbeiterbewegung = Bewegung der Muslimbrüder
Arbeiterklasse/Arbeiterschaft = Muslime
Pariser Kommune (1871) = Nakbah (1948/49) in Palästina
Kommunistische Partei = Muslimbruderschaft
französische Proletarier = palästinensische Araber
Proletariat/Arbeiter/Arbeitermasse = Araber
Weltkongress der Kommunistischen Internationale = Ikhwan-Weltkongress
klassenbewusst = gläubig
gesamte Arbeiterklasse = Ummah
Gruppe = Muslimvereinigung
Berufe = Koranschulen
Halbproletariat = Perser und Türken
bürgerlich = ungläubig
geistig = religiös

Oder die folgende Formulierung der Botschaft des zweiten *Ikhwan-Weltkongresses* an die weltweite Muslimbruderschaft:

„Die Muslimbruderschaft ist ein Teil der Muslime, und zwar der fortgeschrittenste, gläubigste und daher ***revolutionärste****. Die Muslimbruderschaft wird auf dem Wege der Auslese der besten, gläubigsten,* ***selbstaufopfernden****, weitsichtigen Araber geschaffen. (...)*"[(759c)]

Bereits 1920 kam der Philosoph Bertrand Russel zu dem Schluss, dass der Bolschewismus die Besonderheiten der französischen Revolution mit denen des Aufstiegs des Islam verbinden würde. Der Islam und Bolschewismus, nach seinen Worten, wären beide praktisch, sozial, unspirituell und darum bemüht, die Herrschaft über die Welt zu erlangen.[(759d)] Der Historiker Bernard Lewis veröffentlichte in einem Magazin des *Royal Institute of International Affairs* 1954 einen Aufsatz über den Islam und den Kommunismus, in dem er zu der Erkenntnis kommt, dass es zwar Unterschiede zwischen diesen beiden Strömungen gäbe, bei näherem Hinschauen aber beide recht „unbehagliche Ähnlichkeiten" aufweisen. Nach Lewis beurkunden beide eine totalitäre Doktrin, die vollständige und endgültige Antworten auf alle Fragen über Himmel und Erde habe. Beide Gruppen böten ihren Mitgliedern und Gefolgsleuten das übereinstimmende Zugehörigkeitsgefühl, nämlich einer Gemeinschaft an Gläubigen anzugehören, die immer Recht gegenüber der äußeren Welt der „Ungläubigen" habe, die immer im Unrecht sei. Beide Gruppen böten das Gefühl einer kollektiven Mission, welche die Bestimmung hat, den historisch unvermeidbaren Sieg des „wahren Glaubens" über die „bösen Ungläubigen" voranzubringen.[(759e)] Ähnliches kennen wir doch bereits auch vom Nationalsozialismus, richtig? Zudem bemüht sich die Muslimbruderschaft darum, die verschiedenen islamischen Strömungen und Gruppierungen unter einen Hut zu bringen, indem sich darauf konzentriert wird, dass die Gemeinsamkeiten unter ihnen gestärkt und Differenzen beiseite geschoben werden.

Da wir mittlerweile wissen, dass hinter den Kommunisten als Rammbock die Zionisten und Jesuiten stecken, kommen wir hier den wahren Hintergründen nun von einer anderen Seite wieder auf die Spur. Jetzt ist auch besser zu verstehen, wieso der *Mossad* mitunter hinter dem *Islamischen Staat* steckt. Jetzt wird auch verständlicher, weshalb allen voran die Linken (und Grünen) die Moslems, wo sie nur können, buchstäblich hofieren und verteidigen und sich so sehr für die Migrantenflutung Deutschlands und Europas sowie die Abschaffung der Nationalitäten einsetzen. **Weil die Kommunisten und der Islam denselben „Vater" als Ursprung haben, wie auch der Nationalsozialismus!** Im Laufe dieses Kapitels wird das noch etwas deutlicher werden.

Derweil warnte Anfang 2017 der Präsident des sächsischen „Verfassungs"schutzes, Gordian Meyer-Plath, dass die *Muslimische Bruderschaft* ihren Einfluss in Sachsen ausbreite. Sie hätte einen „Haufen Geld" und würde massiv Gebäude und Liegenschaften aufkaufen, um Moscheen und Begegnungsstätten für Moslems zu errichten. Das Ziel der Bruderschaft nach Aussagen von Meyer-Plath: die Scharia in Deutschland.[(759f)] Organisieren tut sich die *Muslimische Bruderschaft* in Deutschland laut „Verfassungs"schutzberichten aus den Jahren 2013 bis 2015 unter dem Deckmantel der *Islamischen Gemeinschaft in Deutschland e.V. (IGD)* mit rund 1.300 Mitgliedern, die ihre Aktivitäten bundesweit mit mehr als 50 Moscheengemeinden koordiniert. Die *IGD* sei nicht zu unterschätzen, denn schließlich ist sie Gründungsmitglied des *Zentralrates der Muslime in*

Deutschland.[759g] Wie groß der Einfluss der Bruderschaft ist, macht auch die Aussage des pensionierten US-amerikanischen 4-Sterne Admirals James A. Lyons deutlich. Während einer Pressekonferenz enthüllte er, dass unter der Präsidentschaft Obamas die *Muslimische Bruderschaft* bereits **alle** US-Sicherheitsdienste **und** Geheimdienste infiltriert hätte.[759h] Und der designierte US-Präsident Donald Trump plante Anfang 2017 diese Bruderschaft auf die Terrorliste zu setzen.[759i] Der Plan dafür dürfte sich allerdings geändert haben, als er im Mai 2017 einen Megawaffendeal in Höhe von 110 Milliarden US-Dollar mit Saudi Arabien abschloss sowie weitere Industrieverträge in einer Höhe von etwa 240 Milliarden US-Dollar.[759j]

Zusammen mit dem US-Außenministerium haben die *Vereinten Nationen* jedenfalls bereits hunderttausende Muslime u.a. aus dem Irak und Somalia auch nach Amerika geholt.[760] US-Präsident Barack Hussein Obama (vermutlich selbst Moslem) hatte während seiner Amtszeit vor, mindestens weitere hunderttausende Flüchtlinge aus Syrien ins Land zu holen. Hierzu veröffentlichte das US-Außenministerium 2015 eine Liste mit 190 US-Städten, in denen die Neuankömmlinge sich niederlassen sollten.[761] Die geplante und stattfindende Invasion soll sich also beidseitig des Atlantiks abspielen, wobei Europa seit 2015 besonders in die Zange genommen wird, während die USA (noch) verschont werden.

Wie weit der islamische Einfluss in Europa bereits fortgeschritten ist

Wie weit der islamische Einfluss reicht, zeigte der **Skandal**, als Saudi Arabien 2015 allen Ernstes den Vorsitz im **UN-Menschenrechtsrat** übernommen hatte.[762] Ja, Sie haben richtig gelesen – ein Land, in welchem der Wahhabismus regiert, eine *strikt intolerante* Form des Islams, aus dem der Islamismus hervorging; ein Land, welches die Todesstrafe u.a. für Abkehr vom Islam (Atheismus, Konversion in eine andere Religion), Hexerei, Gotteslästerung und Vergewaltigung verhängt; wo für kleinere Diebstähle oder wenn nicht verheiratete Männer und Frauen gemeinsam in einem Auto fahren, hunderte Peitschenhiebe verordnet werden, bei Diebstählen sonst auch mal gern eine Hand abgehackt wird. Nichteinhaltung des Fastens, Ungehorsam gegenüber den Behörden und Ehebruch sowie Homosexualität können nach Laune des Richters mit Peitschenhieben, Gefängnis oder mit der Todesstrafe „belohnt" werden. Sie ist auch gegen Minderjährige und Geisteskranke erlaubt und wird zumeist durch Enthauptung auf einem öffentlichen Platz vollzogen.[763] Saudi Barbarien, ein *leiden*-schaftliches Land, in dem auch Frauen auf offener Straße mal schnell abgeurteilt und geköpft werden[763a], und in welchem Väter ihre Söhne für Selbstmordanschläge versteigern und dies dort sogar live im Fernsehen übertragen wird (*nuoviso.tv* berichtete).[764] Diese Shows könnte man glatt als *„Saudi Arabien sucht den nächsten Superselbstmordattentäter"* betiteln. Hach, was für eine entzückende und liebreizend romantische Kultur, wo einem so richtig mollig warm ums Herz wird. Na, dann sage ich schon mal „Gute Nacht!". Das „Kopfabschneiden" dürfte dann bald als „Menschenrecht" von hiesigen linksgrün versifften Deutschlandhassern und Systemmedien gefeiert werden. Und solch kultur- und wesensfremde Individuen, deren Entwicklung irgendwann im Mittelalter stehengeblieben zu sein scheint, wollen unsere „demokratischen" Politiker lieber gestern als heute in Massen auch in unseren Landen haben, damit auch Deutschland endlich auch zu solch einer archaischen Barbarenrepublik wird. Aber damit nicht genug: Saudi Arabien wird von 2018 bis 2022 nun auch den Vorsitz in der **Kommission für Frauenrechte** bei den *Vereinten Nationen* übernehmen – ein freiheitliches Land, in dem Frauen kein Auto fahren oder ohne männlichen Vormund zum Arzt gehen, heiraten oder reisen dürfen und nur vollverschleiert das Haus verlassen können. Ja, das ist an Absurdität kaum noch zu überbieten. Doch hat es für die Saudis den positiven Effekt, dass, sobald sie im Menschenrechtsrat oder in der Kommission für Frauenrechte sitzen, selbst nicht verurteilt werden können, da es dann keine Resolution gegen das Land geben kann.(764a) Na, ganz so dumm sind sie nicht. Das Beispiel mit Saudi Arabien ist in etwa so ähnlich grotesk wie das Verleihen des Friedensnobelpreises an den ehemaligen US-Präsidenten Barack Hussein Obama – jenem Mann, der von allen US-Präsidenten bisher die meisten Angriffskriege in der Welt geführt hatte, einer Welt, in der alles ins Gegenteil verkehrt wird: aus „gut" wird „böse" und umgekehrt.

Über die Islamisierung des Abendlandes haben schon andere Autoren wie Udo Ulfkotte („Mekka Deutschland"), Sabatina James („Scharia in Deutschland"), Hamed Abdel-Samad („Der islamische Faschismus") oder Shams Ul-Haq („Die Brutstätte des Terrors") zuhauf in ihren Büchern geschrieben und wir finden tagtäglich Beweise dafür im realen Leben – ob es begangene Straftaten sind, bei denen deutsche Richter ein oder beide Augen zudrücken und ein mildes „Urteil" sprechen, oder bestimmte Forderungen seitens Islamlobbys, denen oft nachgegeben und anschließend umgesetzt werden, weil hier im Westen ja bekanntlich so ziemlich alles fürchterlich „beleidigend" für viele muslimische Mitbürger ist:

- So dürfen z.B. in englischen Schulbüchern keine „Würstchen" oder „Schweine" mehr erwähnt werden. Das hatte die *Oxford Universität* umgesetzt.(765)
- In englischen Medien darf die islamische Herkunft von Straftätern nicht erwähnt werden, stattdessen wird das Wort „Asiaten" benutzt. Auch sonst sehen sich Briten in der Öffentlichkeit zunehmend mit Intoleranz seitens der Muslime konfrontiert.
- In einer U-Bahn fühlte sich ein Muslim aufs ärgste beleidigt, weil eine Britin aufgrund eines anstrengenden Tages ihre Füße auf den Sitz hochgelegt hatte.(766)
- In Paris beten hunderte Muslime regelmäßig dichtestmöglich beieinander mitten auf den Gehwegen und blockieren ganze Straßenzüge, sodass Leute während der Gebetszeiten weder aus ihren Wohnungen raus noch Zutritt zu diesen erlangen können. Das ganze wird von privaten Sicherheitsfirmen überwacht. Laut Gesetz ist das dort zwar illegal, aber die örtliche Polizei hat die Anweisung erhalten, dies nicht zu untersagen oder gar zu ahnden. Der amerikanische christliche Nachrichtensender *CBN* dokumentierte dieses Geschehen in einem Videobeitrag, welches von fast sechs Millionen Menschen auf *Facebook* gesehen wurde.(767)
- Auch in deutschen Städten wird das bald kommen. So herrsche beispielsweise in München angeblich regelrechte Platznot. Viele der mehr als 100.000 Muslime wüssten daher nicht mehr, wo sie das Freitagsgebet abhalten sollen, da weitere Moscheen fehlen würden. Deshalb planten sie, aus Protest eine Kundgebung auf dem Marienplatz in der Innenstadt mit Freitagsgebet Ende Mai 2017 abzuhalten. Aus Angst vor Rechtspopulisten, die anscheinend auf den Plan gerufen worden

waren, sei dieses Vorhaben aber abgesagt worden. Deshalb verrichteten sie ihr Freitagsgebet in einem Theater.[767a] Unfassbar, da fehlen einem glatt die Worte. Man könnte ja auch notfalls zuhause beten...

- In einer kanadischen Highschool in Toronto forderten Muslime tatsächlich die Einführung der Scharia.[768]
- Ein muslimischer Bürger in den Niederlanden hat allen Ernstes sogar eine Petition eingereicht, mit der er erreichen wollte, dass das Oktoberfest in Bayern verboten wird, weil der viele Alkohol und die leicht bekleideten Frauen eine Beleidigung für alle Moslems darstellen würde.[769]
- Dramatisch ist auch die Lage in der norwegischen Hauptstadt Oslo: Frauen werden nachts vergewaltigt und Männer werden vermehrt ausgeraubt. Über den Immigrantenbezirk Grønland sagt eine Muslimin: „*Grönland ist islamischer als Marokko.*“ In diesem Ghetto patrouilliert auch eine sogenannte „Sharia-Polizei“, die als Sittenwächter beispielsweise homosexuelle Paare verjagt. Die Polizei in Oslo: „*Wir haben die Stadt verloren.*“[769a]
- Aufgrund der Migrantenkrise verliert auch die Polizei in Schweden zunehmend die Kontrolle. Im ganzen Land gibt es mittlerweile 55 Gebiete, die als „No-Go“-Zonen geführt werden, also Zonen, in denen Einheimische sich nicht blicken lassen dürfen.[769b] Das ist territoriale Eroberung durch fremde, feindlich gesinnte Kräfte.

Das sind nur paar Beispiele von vielen. Kritisiert man all diese Verhaltensweisen und immer dreister werdenden Forderungen, so wird man schnell als „Nazi“ und „Faschist“ beschimpft, nicht nur in der aufstrebenden Toleranzdiktatur Deutschland. Derweil ist der Aufruf zum Dschihad („heiliger Krieg“ gegen Nicht-Muslime) in der BRD schon seit vielen Jahren nicht mehr strafbar. Propaganda für den „Heiligen Krieg“ und das Werben für Terrornetzwerke ist erlaubt, so beschloss es der Bundesgerichtshof in einer Grundsatzentscheidung 2007 im Hinblick auf die „Meinungsfreiheit“.[770] Ja, Letztere gibt es noch, nur eben nicht für die Deutschen. Alles Zufall? Nein, natürlich nicht. Und bloße „Verschwörungstheorie“ schon lange nicht mehr. Denn hinter all dieser bevorzugten Behandlung von Muslimen bei gleichzeitiger Unterdrückung der einheimischen Bevölkerungen stecken genau jene Methoden, die von der *Muslimischen Bruderschaft* und der *OIC* zur Durchsetzung ihres globalen Kalifats schrittweise über die EU und über die jeweiligen nationalen Landesregierungen durchgesetzt werden. Hier geht man natürlich Schritt für Schritt vor. Dazu zählt auch der Ausbau des Islam-Unterrichts an deutschen Schulen. Anfang Juli 2017 kündigte die Regierung von Nordrhein-Westfalen hierzu an, mit dem Islamverband *DITIB* zusammenzuarbeiten.[770a]

Übrigens, der Ausländeranteil in Hamburg beträgt 13,2%, der Anteil der Einwohner mit Migrationshintergrund (also mit deutscher Staatsangehörigkeit) liegt bei 31% (Stand Ende 2013).[770b] In München sieht es noch schlimmer aus: der Ausländeranteil lag Mitte Mai 2015 bei 26,8% und der Anteil mit Migrationshintergrund bei 34,3% (Stand 2011).[770c] Somit hätten wir 44,9% ethnische Nichtdeutsche in Hamburg und 61,1% in München. Und das sind veraltete Zahlen, die den Zustrom an Migranten ab 2015 noch nicht berücksichtigen. Bei Frankfurt am Main kommt man insgesamt auf 51,2% ethnischen Nichtdeutschen mit 29,1% Ausländeranteil (Stand Ende Juni 2017) und 22,6% mit Migrationshintergrund (Stand 2015).[770d] Deutschland schafft sich in der Tat ab und das mit rasantem Tempo.

Abb. 222: Massen an Moslems bei einem öffentlichen Gebet in Birmingham, Großbritannien.

Abb. 223 und 224: Beim Freitagsgebet in Paris: ganze Straßenzüge werden blockiert. Das Ganze wird von privaten Sicherheitsunternehmen überwacht. Absolut illegal in Frankreich, doch die Polizei wird angehalten, sich nicht einzumischen. Mit Straßenzügen sind nicht nur Gehwege, sondern tatsächlich auch Straßen gemeint. Autofahrer müssen warten, bis das Mittagsgebet vorüber ist, welches bis zu einer Stunde andauern kann.

Abb. 225: Da ist schon etwas Wahres dran. Kopftuch und Vollverschleierung sind Elemente der Frauenunterdrückung des radikalen und politischen Islam. Zudem auch ein „Erkennungszeichen“, an dem man sehen soll, wie weit die islamische Infiltrierung einer Gesellschaft fortgeschritten ist.

Abb. 226: Der Abiturjahrgang 2017 einer Gesamtschule in Duisburg. Ein Zeitungsausschnitt liegt mir vor, in dem auch die Namen dieses Jahrgangs aufgelistet sind. Bis auf einen deutsch klingenden Namen, waren alle türkisch bzw. islamisch klingend. Das ist kein Einzelfall in Deutschland.

„Christentum vom Angesicht der Erde wegfegen“

Aber wenn sich Muslime hier im Westen über die westliche Kultur so sehr aufregen, diese nicht akzeptieren wollen und sich durch alles Mögliche „beleidigt“ fühlen, was machen sie dann noch hier? Warum kehren sie dann nicht zu ihren eigenen Kulturkreisen zurück? Das sind berechtigte Fragen. Die Antwort darauf ist einfach wie logisch: Weil sie im Westen ihre islamische Kultur samt islamisches Recht einführen wollen. Mir ist bewusst, dass es hier auch sehr viele muslimische Einwanderer gibt, die sich bestmöglich integriert haben, die deutsche Kultur respektieren und die deutsche Sprache vorzüglich beherrschen, sich den Lebensunterhalt selbst verdienen und unter ihnen auch viele Musterschülerinnen und Musterschüler an den Schulen sind usw. Diese sind nicht das Thema hier, und mir ist es wichtig, nicht alle Moslems über einen Kamm zu scheren. Selbst viele von ihnen hierzulande schämen sich zutiefst für ihre fanatischen Landsleute.

Es geht mir hier um die Fanatiker und Extremisten – von denen es leider nicht wenige gibt –, die ihre Lebensweise allen anderen aufzwingen wollen. Die machen aus ihren Vorhaben auch keine Geheimnisse und geben dies offen zu. So z.B. auch die *United Muslim Nations International* Gruppe, welche es sich zum festen Ziel gemacht hat, das *„Christentum vom Angesicht der Erde wegzufegen“* und die islamische Weltherrschaft anstrebt.(771) Scheich Farook al-Mohammedi spricht hierbei bereits von „Eurabien“ und den „Islamischen Staaten von Amerika“. In der *Al-Aksa* Moschee in Jerusalem brachte es Top-Imam Sheich Muhammad Ayed 2015 mit tiefer und bebender Stimme etwas martialischer auf den Punkt:

> *„Bald werden wir sie mit unseren Füßen niedertrampeln, so Allah es will (…) Europa ist alt und hinfällig geworden und braucht menschliche Verstärkung. Keine Kraft ist stärker als die menschliche Kraft von uns Moslems.(…) Aber sie haben ihre Fruchtbarkeit verloren und suchen die Fruchtbarkeit in unseren Reihen. Wir werden ihnen Fruchtbarkeit geben! Wir werden mit ihnen Kinder zeugen, weil wir deren Länder erobern werden! Ob Ihr es wollt oder nicht, oh Ihr Deutschen, oh Amerikaner, oh Franzosen, oh Italiener und alle anderen, die seid wie Ihr. Nehmt die Flüchtlinge! Wir werden sie bald im Namen des kommenden Kalifats auflesen.“*(772)

In deutschen Qualitätsmedien vermisst man derartige Meldungen natürlich. Derweil machen Moslems hierzulande und anderswo auch keinen Hehl über ihre Herrschaftsansprüche. In einem auf *YouTube* veröffentlichten Video belehrt ein Moslem einem vermeintlichen Deutschen, was auf uns zukommen soll:

> *„Jetzt mal ganz ehrlich. Der Islam wird in Deutschland kommen, ob Du willst oder nicht. Deine Tochter wird Kopftuch tragen! Sein Sohn wird Bart tragen. OK? Und Deine Tochter wird einen Bärtigen heiraten. So, und wir vermehren uns immer mehr. Ihr Deutschen kriegt ja keine Kinder. Ihr kriegt höchstens, wenn es hoch kommt, zwei Kinder. Wir machen sieben, acht, (…) ok, Kollege? Und dann nehmen wir uns auch noch mal vier Frauen, dann haben wir 22 Kinder. So, und ihr habt vielleicht ein Kind und ein Hündchen, ne, und das war's. Kollege, das ist nicht unsere Schuld, das ist Eure Schuld. Wenn Ihr unsere Länder ausgebeutet habt, kolonisiert habt, damit Du 'nen Mercedes fahren kannst und Deine Digitalkamera da benutzen kannst, na? So macht Allah (…) der allmächtige Gott macht das so, dass wir Euch erobern, nicht mit Krieg hier in Deutschland, sondern mit Geburtenraten erstens, und zweitens, wir heiraten Eure Töchter, ja,*

und Deine Tochter wird Kopftuch tragen. So, jetzt kannst Du richtig einmal durchdrehen. Na, man sieht schon richtig den Hass in Deinen Augen.“(773)

Abb. 227: Sheich Muhammad Ayed zur Islamisierung Europas: „*Wir werden Ihnen Fruchtbarkeit geben!*“

Unter dem Suchbegriff: „Moslems drohen Deutschen“ finden sich einige weitere Videos auf *YouTube*. In Großbritannien bestätigte ein junger Moslem vor laufender Kamera einem britischen Politiker ebenfalls die Eroberungsabsichten des Islams: „*Sharia wird die ganze Welt übernehmen.*“ Darüber sei er sich zu „100 Milliarden Prozent“ sicher.(773a) In einem Beitrag des arabischen TV-Senders *Al Mayadeen* erklärte ein Syrer, dass er nach Deutschland reise, um Deutsche zum Islam zu bekehren. Seine Worte: „*Ich schwöre bei Allah, ich bin für dieses Ziel hierher gekommen.*“(774) Also mich muss niemand mehr bekehren... Der vorhin erwähnte Top-Imam ist aber kein „Einzelfall“. Ein führender Saudi-Imam appellierte beim Gebetsdienst am 2. September 2016 im weltweit größten islamischen „Gotteshaus“, der al-Haram-Moschee – in deren Innenhof sich die berühmte *Kaaba* befindet – indirekt die Ermordung von Schiiten, Juden und Christen. Seine Worte, die vom ägyptischen TV-Sender *Al-Qahera Wal Nas* live übertragen wurden:

„*Oh Allah, erteile unseren Brüdern, den Mudschahedin, Sieg, Würde und Ermächtigung. In Scham (Syrien) und dem Irak und überall. Oh Herren der Welt, ermöglicht ihnen den Sieg über die gottlosen Rafida (Schiiten). Ermöglicht ihnen den Sieg über die verräterischen Juden und über die gehässigen Christen und die nicht vertrauenswürdigen Heuchler. Oh Allah, erteile ihnen Sieg, Hilfe und Kraft.*“(775)

Während hierzulande der Schlafmichel GZSZ, „getürkten“ Fußball und Boxen schaut, wird in arabischen TV-Sendern offen die Islamisierung Europas thematisiert. So lief im jordanischen TV-Sender *Memri TV* eine kleine Talkrunde, bei der ein Scheich erklärte, dass die Zukunft dem Islam gehöre und die islamische Herrschaft kommen werde. Staaten, die sich weigern würden, dass sich der Islam in ihren Ländern verbreitet, würden bekämpft werden. Dabei erwähnt er auch explizit Deutschland als Beispiel. Zudem sei eine Kopfsteuer (*Dschizya*) von all jenen Nicht-Moslems an Moslems zu zahlen, die sich weigern, zu konvertieren.(776) Die Botschaften und Aufforderungen wurden natürlich erhört. In England gehen Islamisten auf Propagandatour und werben mit „Allahu Akbar“-Rufen nicht nur für den Islam, sondern fordern gleich die Scharia für das Königreich. „*Die Herrschaft des Islam wird kommen*“, so die „frohe Botschaft“.(777) Islamisten in Dänemark marschierten im September 2015 in Massen auf den Straßen und forderten die Errichtung eines Kalifats.(778) Was würde mit Christen in Saudi Arabien oder Katar passieren, wenn diese eine Christianisierung in den arabischen Ländern fordern würden?

Im Juli 2016 veröffentlichte das österreichische Nachrichtenportal *oe24.at* sowie andere Medien schon einmal zur weiteren Einstimmung darauf, was uns in Europa und weltweit erwarten soll, den 7-Stufen-Plan des *IS*, der ursprünglich 2005 von der *Al-Kaida* verfasst wurde und wie folgt aussehen soll:

*„1. **Phase: 2000-2003** (Die Phase des Erwachens)
Durch Terroranschläge (11. September) sollen Muslime für die ‚gerechte Sache aufgeweckt' werden.*

*2. **Phase: 2004-2006** (Die Phase des Augenöffnens)
Muslime sollen sich bewusst werden, dass der Westen ein Feind sei und dieser in einen Krieg hineingezogen werden soll. Der Irak-Krieg war dabei zentral.*

*3. **Phase 2007-2010** (Die Phase des Aufstehens)
Die Jihadisten formieren sich im Irak. Von dort aus soll der Kampf dann nach Syrien gebracht werden.*

*4. **Phase 2011-2013** (Die Phase des Umsturzes)
Die verhassten arabischen Regime sollen beseitigt werden. Dies geschah durch den Arabischen Frühling, weniger durch Angriffe der Jihadisten.*

*5. **Phase 2014-2015** (Die Phase des Kalifats)
Ein Islamischer Staat soll gegründet werden. Dies war im Irak und in Syrien der Fall. Man profitierte dabei von den instabilen Verhältnissen in den beiden Ländern.*

*6. **Phase ab 2016** (Die Phase der Konfrontation)
Die Truppen des Islamischen Staates sollen gegen ‚Ungläubige' vorgehen. Es kommt zum ‚totalen Krieg'.*

*7. **Phase bis 2020** (Die Phase des endgültigen Sieges)
Es soll zu einer finalen Konfrontation mit dem Westen kommen. Die Jihadisten sollen danach große Teile der Welt beherrschen. Auch Österreich, das Teil von Oropba werden soll, soll dann unter ISIS-Herrschaft stehen.*"[779]

Die Phase 6 ist mit der Zunahme von Terroranschlägen und Terrorattacken von Einzeltätern bereits angelaufen. Der Investigativjournalist Jürgen Todenhöfer, der 10 Tage lang als Reporter im *Islamischen Staat* unterwegs war, schrieb in seinem Buch „Inside IS – 10 Tage im ‚Islamischen Staat'", dass der Westen die Macht des *IS* drastisch unterschätzen würde und dass die Terroristen planen, einige hundert Millionen Menschen umzubringen.[780] An der Dimension dieses Vorhabens erkennt man bereits, dass dieses nie und nimmer ohne die Hilfe Israels und des Westens erreicht werden könne. Somit ist der *IS* eines der Werkzeuge zur Erreichung der *Georgia-Guidestones*-Ziele sowie der *Deagel*-Prognosen bis 2025.

Streit zwischen der EU und der Türkei – Sultan Erdogan auf Kriegskurs

Dem kriegerischen Ton der arabischen Imame und Scheichs schloss sich Türkeis Sultan Recep Erdogan sowie sein Außenminister Mevlüt Cavusoglu im März 2017 an. Hintergrund war vorgeblich das erteilte Verbot an türkische Minister in Deutschland und in den Niederlanden, die vorhatten, in diesen Ländern Wahlkampfauftritte für das anstehende Volksreferendum in der Türkei abzuhalten, wozu auch die in Deutschland und in Europa lebenden Türken zur Wahl aufgefordert wurden. Dieses Volksreferendum sollte Erdogans Machtbefugnisse durch die Schaffung eines neuen Präsidialsystems ausweiten. Dass diese Absage seitens der hiesigen Regierungen völlig berechtigt war, zeigten die völlig ausgearteten Beschimpfungen und Bedrohungen seitens der türkischen Regierung in Richtung Deutschland und Holland, denen sie „Nazi-Methoden“ vorwarfen. Im Hinblick auf die Niederlande, wo der Rechtspopulist Geert Wilders in den Umfragen aufholte, sagte Erdogan: *„Das ist der neue Nationalsozialismus.“* Cavusoglu machte zudem klar: *„Ihr werdet von Eurem befehlenden Diskurs absehen.* ***Die Türkei befiehlt.****“* Die Türkei sei die „Umma“ und somit weltweite Gemeinschaft von zwei Milliarden Muslimen. *„Deshalb könnt Ihr mit der Türkei nicht im Befehlston sprechen. Ihr müsst anständig reden, Ihr könnt um etwas bitten.“*, fuhr er fort. Zudem werde nach seinen Worten Europa lernen, wie man mit der Türkei umzugehen habe, sonst werde es die Türkei Europa beibringen müssen. Die Grenze überschritt er aber eindeutig, als er sagte: *„Bald könnten in Europa auch Religionskriege beginnen, und sie werden beginnen.“* Erdogan legte nach und sprach sogar von einem „Kreuzzug“ gegen die Türkei, als er ein Urteil des *Europäischen Gerichtshofs* als Anlass zur weiteren Kritik nahm, wonach Arbeitgeber muslimische Kopftücher und andere religiöse und politische Symbole verbieten dürften, sofern es sich nicht gegen bestimmte Gruppen richte.(781)

Eigentlich kann man über diese verbalen Entgleisungen froh sein, zeigen sie doch endlich das wahre Gesicht der Türkei und des politischen Islam. Um zu zeigen, dass er auf Kriegskurs gegen Europa ist, legte Erdogan nochmals nach und rief die Türken in Europa zum Geburten-Dschihad auf. Wörtlich sagte er:

> *„Macht nicht drei, sondern fünf Kinder, denn ihr seid die Zukunft Europas. Das wird die beste Antwort sein, die ihr auf die Unverschämtheiten, Feindseligkeiten und Ungerechtigkeiten, die man euch antut, geben könnt.“*, um das „faschistische Europa“ zu ändern.(781a)

Bereits der algerische Staatschef Houari Boumedienne „prophezeite“ 1974 vor der Versammlung der *Vereinten Nationen*:

> *„Eines Tages werden Millionen Menschen die südliche Hemisphäre verlassen, um in der nördlichen Hemisphäre einzufallen. Und gewiss nicht als Freunde. Denn sie werden als Eroberer kommen. Und sie werden sie erobern, indem sie sie mit ihren Kindern bevölkern. Der Bauch unserer Frauen wird uns den Sieg schenken.“*

Die demografische Überlegenheit, so die italienische Journalistin Oriana Fallaci, war schon immer ein einfaches und probates Mittel, sich Territorien anzueignen, um ein Land zu übernehmen und das einheimische Volk zu verdrängen bzw. zu unterjochen. Bereits seit dem achten Jahrhundert haben sich die Moslems dieser Strategie bedient.(781b)

Ich verstehe allgemein nicht, was sich die Türken hierzulande denn überhaupt zu beschweren hätten? Nicht nur die hier lebenden Türken sind gesetzlich krankenversichert, sondern auch ihre in der Türkei lebenden Familienangehörigen (einschließlich der Eltern) sind mitversichert! Das schließt selbstredend auch Kosten für ambulante und stationäre Behandlungen mit ein, selbst wenn die türkischen Familienangehörigen nicht in Deutschland leben. Dasselbe gilt übrigens auch für die Nachfolgestaaten des ehemaligen Jugoslawien. Möglich machen dies Abkommen von 1964 und 1968 als Dank an die Gastarbeiter für den Wiederaufbau Deutschlands.(781c) Doch das ist nun fünf Jahrzehnte her und hätte zeitlich begrenzt sein müssen, anstatt diese Regelung bis in alle Ewigkeit weiterlaufen zu lassen. Gemessen an der Größe solch einer türkischen oder balkanesischen Familie finanziert Deutschland im Grunde mehrere Länder mit **Abermilliarden** (bis heute vermutlich insgesamt in Billionenhöhe). Hinzu kommt noch, dass laut eines *Focus*-Berichts vom 10. Juli 2017 gemäß des *Statistischen Bundesamts* knapp **48%** der in Deutschland lebenden Türken keiner Arbeit nachgehen. Die große Mehrheit, so heißt es, sei an einem Job schlichtweg nicht interessiert, zumindest nicht offiziell. In dem Bericht wird dann auch die Verknüpfung zur Schwarzarbeit hergestellt. In der Türkei betrage der Anteil der Schattenwirtschaft stolze 28% des Bruttoinlandprodukts.[781d]

Das heißt im Umkehrschluss: mehr Hartz-IV-Bezieher (ohne wirkliche Verpflichtungen im Gegenzug) und weniger Steuereinnahmen für die Regierung aufgrund vermehrter Schwarzarbeit. Letzteres ist irgendwie auch nachvollziehbar, denn bei den abnormal hohen Steuersätzen heizt die Regierung Schwarzarbeit ja erst an, als würde sie Öl ins Feuer gießen. Doch das alles zahlt am Ende der deutsche Steuermichel wiederum, also jeder von uns. Jetzt kann man sich ausmalen, dass wenn die Anzahl der Türken in Deutschland weiterhin wächst, die Zahl der zu finanzierenden Familienmitglieder in der Türkei ebenfalls genauso stetig wachsen wird, wie die Ausgaben für Arbeitslosengeld und Steuerausfälle.

Noch etwas Wichtiges dazu: Diese Gastarbeiterregelung war damals bereits ein trojanisches Pferd als Auftakt zur Überfremdung Deutschlands. Denn all diese Gastarbeiter sind in den 1960/70er-Jahre nicht etwa nach Deutschland gekommen, um aus Barmherzigkeit und Mitgefühl Deutschland aufzubauen, sondern um den Großteil des verdienten Geldes außer Landes zu bringen und um im eigenen Land eigene Häuser und Geschäfte aufzubauen. Kaum woanders in Europa war es möglich, so viel Geld zu verdienen wie in Deutschland. Auch die umgangenen Steuern wurden dazu genutzt, damit Gastarbeiter und ihre Familien sich in ihren Heimatländern sanieren konnten. Wie der Autor Michael Klonovsky von *theeuropean.de* zudem herausfand, herrschte bereits in den späten 1950er-Jahren Vollbeschäftigung in Deutschland! So habe die deutsche Fahrzeugindustrie zwischen 1950 und 1960 ihre Produktion verfünffacht. In wenigen Jahren konnten zwei Millionen Arbeitslose sowie Millionen Vertriebener aus der DDR in Beschäftigung gebracht werden. Als die Gastarbeiterreglungen in den 1960er-Jahren in Kraft traten, lag die Arbeitslosenquote bereits unter lächerlichen 1%! Klonovsky konstatiert (von mir hervorgehoben):

> *„Nur weil Deutschland mitsamt seiner Industrie und Infrastruktur wieder aufgebaut war, konnte es überhaupt ausländische Arbeitnehmer beschäftigen. Das sind die Fakten, man findet sie in jedem Wirtschaftslexikon und jeder Chronik dieser Zeit. **Den staunenswerten Wiederaufbau haben die Deutschen allein bewältigt.** Nur zur Demolierung seines Landes brauchen dieses skurril-emsige Volk, so eifrig vor allem die eigenen sogenannten Eliten auch daran mittun, fremde Hilfe, sei es nun vor 1918, vor 1945 oder nach 2015.“*[781e]

Den heute hier lebenden Ausländern einschließlich ihrer Nachkommen der dritten und vierten Generation, die meinen, ihnen würde deshalb Deutschland gehören, sei daher gesagt: Ja, es war Deutschland, das Euch diese Verdienstmöglichkeiten in erster Linie überhaupt beschert hatte. Deutschland hat dadurch nicht nur sich selbst aufgebaut, sondern mehrere Länder gleich mit. Das ist Fakt. Weder Deutschland noch die Deutschen als Volk sind Euch auch nur annähernd irgendetwas „schuldig“. Ihr habt daher kein Recht, irgendwelche Forderungen zu stellen! Streicht Euch das sofort aus Euren Köpfen heraus! Übrigens kommt diese Zurechtweisung zunehmend selbst von erwachsenen Ausländern in dritter Generation hierzulande, die das arrogante und sozialschmarotzende Verhalten ihrer Landsleute ebenso bis über beide Ohren gebührend satt haben.

Vor diesem ganzen Hintergrund hatte Erdogan dennoch die Frechheit, mit einer weiteren Drohung aufzuwarten:

„Wenn ihr wollt, ebnen wir jeden Monat 15.000 Flüchtlingen den Weg, die wir euch (bislang) nicht geschickt haben, damit ihr euch einmal wundert."[782] Die EU sei nach seinen Worten eben „faschistisch" und „grausam". Er schickte zudem eine weitere Warnung Richtung Europa: *„Wenn ihr euch weiterhin so benehmt, wird morgen kein einziger Europäer, kein einziger Westler auch nur irgendwo auf der Welt sicher und beruhigt einen Schritt auf die Straße setzen können. Wir als Türkei fordern Europa auf, die* ***Menschenrechte*** *und die Demokratie zu respektieren.*", wie auf *Welt.de* zu lesen ist.[783]

Abb. 228: Oh, wen haben wir denn da? Die vorderen Herren George Soros und Erdogan beim gemeinsamen Treffen in Davos 2003.

Na, ist das nicht niedlich, wie er an die „Menschenrechte" appelliert (und sie selbst in seinem Land mit Füßen tritt)? Genau so, wie es die *Muslimische Bruderschaft* gefordert hatte, deren Auffassung nach die Moslems in Europa ja „besonderen Schutz" bedürften. Ganz zufälligerweise hatten sich Deutschland und die Niederlande nur allerhöchstens ein paar Tage vor diesem ganzen Theaterdiskurs mit der Türkei darauf geeinigt, **jährlich bis zu 250.000** Migranten aus der Türkei nach Europa zu holen (also hauptsächlich nach Deutschland).[784] Die Drohung mit den 15.000 seitens Erdogans sind dann eigentlich ein Witz, außer diese seien zusätzlich zu den bereits vereinbarten 250.000 zu verstehen. Da die offiziell verkündeten Zahlen bekanntlich meistens ohnehin gelogen sind, ist eigentlich festzuhalten, dass unsere „Volksverteter" Deutschland eh verraten und bis auf den letzten Brotkrümel verkauft haben. Dass dies so ist, erfahren wir wieder aus österreichischen und britischen Medien, wonach ein Strategiepapier der Bundesregierung enthülle, dass das deutsche Innenministerium darauf hoffe, bis 2060 weitere **12 Millionen Migranten** nach Deutschland zu holen.[785]

So oder so, es kommen aus der Türkei und Afrika nun jedes Jahr massenhaft überwiegend islamische Migranten (und Terroristen!) nach Deutschland und Europa, voraussichtlich in siebenstelliger Zahl, damit der „Kampf der Kulturen" so richtig entfacht und der „Kampf gegen Rechts" weiter vorangetrieben werden kann. Der Streit zwischen der Türkei und der EU (insbesondere Deutschland) könnte die Türkei dazu provozieren, diesen Prozess der „Umvolkung", wie es der Autor Akif Pirincci ausdrückte, willkürlich massivst zu beschleunigen, worauf die Merkel dann nach außen hin „keinen Einfluss darauf habe" und somit für die unkontrollierte Einwanderung jede Verantwortung von sich weisen könne, so die Schlussfolgerung des Börsenprofis Dirk Müller bei einem Vortrag im *Liberalen Klub* im österreichischen Linz Mitte März 2017.[786] Daher sei eben auf dieses vorhin genannte Strategiepapier ausdrücklich hingewiesen, um eben auszuschließen, dass Merkel und die Bundesregierung in Zukunft die Unschuldslämmchen spielen könnten. Sie agiert voll und ganz im Sinne der internationalen NWO-Agenda. Aber welche Wahl hätte Merkel tatsächlich? Sämtliche Politiker werden von ihren Strippenziehern auf die ein oder andere Weise erpresst bzw. erpressbar gemacht (z.B. entlarvende Videoaufnahmen vom Drogenkonsum, Vergewaltigung von Kindern, rituellen Morden usw.).

Die Drohungen aus Richtung der Türkei rissen jedenfalls nicht ab. So schrieb am 1. August 2017 die *Erdowahn*-nahe türkische Zeitung *Yeni Söz* im martialischen Tenor:

> *„Wenn wir heute früh anfangen, können wir Europa in drei Tagen erobern. (…) Die Türken können Deutschland an einem Nachmittag und Frankreich, wenn sie überhaupt den Mut haben zu kämpfen, in einer Stunde besiegen. Wenn wir an einem Morgen beginnen, können wir unser Abendgebet im Schloss Bellevue haben."*

Woher nimmt dieses Blatt seinen Optimismus her? Den Aussagen von *Yeni Söz* nach werde Deutschland von seinen Bürgern im Stich gelassen und stützt sich dabei auf das Ergebnis einer zwei Jahre alten Umfrage, in der nur 18% der Deutschen angegeben hätten, für ihr Land kämpfen zu wollen.[786a] Diese Zuversicht könnte zudem durch folgenden Umstand weiter gestützt sein: Außer der in der Türkei stationierten „Migrantenarmee" hat Erdogan noch zusätzliches Drohpotenzial, welches er aktivieren könnte, wie das *Compact Magazin* enthüllte:

- *„Sein Geheimdienst hat 800 hauptamtliche Agenten und 6.000 IM in der BRD – mehr als die Stasi früher.*
- *Der Rockerclub ‚Osmanen' hat nichts mit Motorradfahren zu tun – es ist eine Schlägerreserve der schlimmsten Sorte.*
- *In den DITIB-Moscheen können Zigtausende aufgehetzt und mobilisiert werden.*
- *Bei den letzten Parlamentswahlen haben 60 Prozent der Deutsch-Türken für Erdogan gestimmt – 10 Prozent mehr als in der Türkei selbst."*[787]

„(…) Ihr werdet uns nicht los. Ihr habt nur die Chance, mit uns zu leben. Ein Leben ohne uns wird es für Euch nicht mehr geben. Die Ibrahims, Stefanos, Marios, Laylas und Sorayas sind deutsche Realität. Ihr werdet es nicht verhindern können, dass bald ein türkischstämmiger Richter über Euch das Urteil fällt, ein pakistanischer Arzt Eure Krankheiten heilt, ein Tamile im Parlament Eure Gesetze mit verabschiedet und ein Bulgare der Bill Gates Eurer New Economy wird. Nicht Ihr werdet die Gesellschaft internationalisieren, modernisieren und humanisieren, sondern wir werden es tun – für Euch. Ihr seid bei diesem leidvollen Prozess lediglich Zaungäste, lästige Gaffer. Wir werden die deutsche Gesellschaft in Ost und West verändern."[787d]

Walid Nakschbandi, Geschäftsführer und Chefredakteur der
AVE Gesellschaft für Fernsehproduktion mbH

Islamisch-religiöser Fanatismus und Extremismus

Was die Extremisten betrifft, so habe ich mir öfters die Frage gestellt, wie verblendet man sein muss zu glauben, dass je mehr seiner Mitmenschen man abschlachtet, desto größer die Belohnungen im „Paradies“ sein würden. Zahlreiche hellsichtige Medien erklärten, was auch Menschen, die ein Nahtoderlebnis hinter sich haben, berichten, dass Mörder und Selbstmörder die unvorstellbar schwärzeste Hölle erleben, wo sie dann u.a. mit anderen Mördern und Selbstmördern abbüßen müssen. Wie „um Himmels Willen“ kommen Islamisten zu solch ideologisch und menschlich völlig verblendeten und irregeführten Einstellungen und Weltmachtvorstellungen? Nun, eine wichtige Rolle spielen hierbei, wie vorhin gesehen haben, natürlich die Imame in den Moscheen, die ihre Jünger einer regelrechten Gehirnwäsche unterziehen. Die Autorin Bat Ye'or hat in ihrem Buch „Europa und das kommende Kalifat“ vielleicht eine weitere klärende Antwort:

> *„In Anlehnung an Bassam Tibi unterstreicht sie, dass es zwischen Muslimen und Nichtmuslimen keinen wirklichen dauerhaften Frieden geben kann, da Frieden mit Nichtmuslimen aus islamischer Perspektive immer Unterwerfung oder Konversion voraussetzt und insofern nur ein ‚islamischer Diktatfrieden' möglich ist. Im Grunde nämlich ist die pure Existenz von Nichtmuslimen ein zu überwindender gotteslästerlicher Frevel. (...) Da die islamische Offenbarung die Muslime unumstößlich dazu verpflichtet, die Allah gehörende Erde zu islamisieren, geht deshalb niemals von ihnen eine kriegerische oder aggressive Handlung aus (da sie doch nur den göttlichen Auftrag erfüllen!). Vielmehr sind es grundsätzlich die Nichtmuslime, die aggressiv und kriegerisch handeln, indem sie die von Allah befohlene Islamisierung der Welt verhindern wollen und sich den göttlich verpflichteten Muslimen widersetzen. In dieser Sichtweise ist der Djihad nichts weiter als die geheiligte Rückeroberung von Gebieten, die den wahren Gläubigen gehören und von Nichtmuslimen widerrechtlich besetzt sind. Insofern qualifiziert die Wiederaneignung von Land, das in jedem Falle dem Islam gehört, den Djihad zu einem defensiven, gerechten und legalen Krieg der Muslime, da er den Willen Allahs wiederherstellt und durch die Unterwerfung und Erniedrigung der Nichtmuslime den Frieden bringt.“*(788)

Ich denke, die Autorin bringt es hier auf den Punkt, wobei man ihre Ausführungen auch auf alle anderen religiös-fanatische Gruppen übertragen könnte. In einem Artikel der *Neuen Zürcher Zeitung* mit der Überschrift *„Salafisten in Europa – Das Ziel ist die islamistische Herrschaft“* wurden die Wesensmerkmale des Islamismus wie folgt sehr treffend und bezeichnend beschrieben:

> *„Ein zentrales Merkmal dieser unter dem politikwissenschaftlichen Begriff ‚Islamismus' zusammengefassten, politisch-religiösen Ausprägungen des Islam ist das Streben nach Akzentuierung der Geschlechtertrennung. Im Kern geht es dabei um die Kontrolle über den Körper der Frau. Sichtbares Zeichen dieses vorerst innerislamischen Feldzuges ist das Kopftuch, dessen Tragen keine religiöse Pflicht darstellt, das in den letzten vierzig Jahren aber zu einem Symbol des politischen Islam geworden ist. Auch wenn die Beweggründe, ein Kopftuch zu tragen, nebst dem immer noch ausgeübten Zwang sehr unterschiedlich sein mögen, ist seine ostentative Zurschaustellung auch hierzulande vielfach durchaus beabsichtigt, was die politische Dimension des Kopftuchtragens illustriert. Die Botschaft ist einfach: Der Islam ist hier, und seine Macht wächst. Es geht um die Konstituierung und Sichtbarmachung einer identitären Gegenöffentlichkeit.*

Ein zweites Merkmal ist der Aufbau einer repressiven Kultur unter den Menschen mit muslimischem Erbe durch die Desavouierung alles ‚Nichtislamischen' (haram) und die Propagierung einer ‚islamischen' Lebensführung (halal). Diese als Forderung verstandene, an alle Menschen muslimischen Glaubens gerichtete Vorstellung führt regelmäßig zur Drangsalierung von nichtverschleierten Mädchen (oder deren Eltern), die an Schulen und im öffentlichen Raum von selbsternannten Tugendwächtern wahlweise als Huren und Schlampen bezeichnet werden. (…)

Ein drittes Merkmal sind die Bekämpfung der offenen und öffentlichen Diskussion über den Islam und die Erzeugung von Verunsicherung und Furcht, in den westlichen Staaten zuerst durch die Delegitimierung der Kritik. Diese wird als Ausdruck von Rassismus, Islamophobie und Fremdenhass hingestellt und durch Gerichtsverfahren und endlose Klagen bei den Behörden bekämpft. Im Bemühen um eine Fetischisierung des Koran wird zur Verunglimpfung historisch-kritischer oder philologischer Analysen an den Universitäten aufgerufen, konfliktscheue Dozierende gehen dem Thema aus dem Weg oder publizieren unter einem Pseudonym wie Christoph Luxenberg. (…)«[(789)]

Ja, das ist die bittere Wahrheit. Bei mir jedenfalls gibt es keine Scheu, Verharmlosung und Tabuisierung. Damit muss auch in Deutschland endlich Schluss sein! Wenn all diese fanatischen Moslems nur wüssten, dass sämtliche mosaische Religionen wie auch der Hinduismus in Wahrheit durch und durch satanisch durchseuchte Religionen sind (wie ich es in meinem ersten Buch aufgezeigt habe), welche mit den ursprünglichen göttlichen bzw. schöpferischen Werten und Prinzipien nichts mehr gemein haben, würden sie „im Namen Gottes" ihre Mitmenschen vielleicht nicht mehr hassen und niedermetzeln. In meinen Augen ist eine Religion, die beispielsweise Frauen unterdrückt, abgrundtief böse. Wer anderen seinen Willen aufzwingt, handelt böse. Wer andere Leute aufgrund ihrer Hautfarbe, Herkunft, Rasse oder Religionszugehörigkeit verfolgt, foltert und ermordet, handelt im Namen des Bösen. Wer unabhängig von Religion tatsächlich glaubt, das vorsätzliche Morden seiner Mitmenschen sei eine gute Tat, ist ein kranker und verblendeter oder besessener Psychopath. Und Politiker, die ihr Volk solchen Psychopathen überlassen, sind ebenfalls Psychopathen, die zusammen mit den anderen und all den Strippenziehern auf einen anderen Planeten ausgesetzt gehören. Die Leute dieser Welt müssen endlich mal die Augen aufmachen und erkennen, wie wir alle – **immer wieder angeheizt von derselben Machtclique** – gegeneinander aufgehetzt werden.

Der heutige Hass von Moslems auf die Deutschen ist vor dem Hintergrund, dass sie im Zweiten Weltkrieg noch Seite an Seite **mit** den Deutschen gegen einen internationalen Feind gekämpft haben, nicht nur unverständlich, sondern auch völlig grotesk. Vielleicht sollten sich gerade die hierzulande lebenden Moslems mal die Geschichte etwas genauer anschauen, Dinge hinterfragen statt den „Goebbels" in den Moscheen und den türkischen/arabischen Medien alles zu glauben. **Es wäre viel sinnvoller – und das ist auch mein Appell an dieser Stelle –, wenn sich alle Moslems mit den Deutschen und anderen Europäern verbünden würden gegen den gemeinsamen Feind!** Dies appelliere ich deshalb, gerade weil in den Moscheen hierzulande und europaweit in den Freitagspredigten auf eine weitere Abgrenzung zwischen Moslems und Christen hingearbeitet wird und die *DITIB*-Moscheen dabei als verlängerter Arm des autokratischen Herrschers Erdogans dienen, wie in Berichten des *Tagesspiegels* von 2016 und 2017 zu lesen ist.[790] Auch wenn nicht über einen Kamm geschoren werden darf, stellt sich hierbei dennoch die berechtigte Frage, wie „integriert" die hier lange lebenden Moslems tatsächlich noch sind und vor allem wie viele von ihnen? Denn das *Taqija*-Prinzip erlaubt den Moslems, Nichtgläubige zu belügen und zu betrügen, wenn es für das eigene Leib und Wohl dienlich ist – etwas, was ich im Rahmen eines Autokaufs bei einem muslimischen Autohändler selbst leidlich im Nachhinein erfahren musste, da ich eben nicht auf die Herkunft des Verkäufers schauen wollte. Es war mir zumindest eine Lehre. Ein Augenzeugenbericht einer christlichen Eritreerin, die als Übersetzerin in Flüchtlingsheimen arbeitete und mitbekam, was Moslems tatsächlich denken, wenn sie unter sich sind, stimmt zur nachdenklichen Sorge. Damit meinte sie nicht nur Flüchtlinge, sondern muslimische Übersetzerkollegen, die hier in Deutschland studiert haben. Im Folgenden ein Auszug der *Katholischen Nachrichten*:

> *„Sicherheitsdienstmitarbeiter und Übersetzer sind ihren Angaben zufolge fast immer Muslime. Sie machen, sagt die 39-Jährige, auf den ersten Blick einen sehr netten Eindruck: ‚Sie sind zumeist hier aufgewachsen, haben oft studiert, angesehene Berufe, und sie geben sich weltoffen.' Doch das ändere sich, sobald sie ‚unter sich' seien: ‚Dann zeigen sie ihr wirkliches Gesicht und sagen Sätze wie ‚Deutschland muss islamisiert werden'. Sie verachten unser Land und unsere Werte.' Die junge Frau ist entsetzt und will es lange nicht wahrhaben. Sie verschweigt weiterhin, dass sie Christin ist, um mehr zu erfahren. Unter anderem besucht sie den Koranunterricht verschiedener Moscheen: ‚Dort wird purer Hass gegen Andersgläubige gepredigt. Die Kinder bekommen es hier in Deutschland von klein auf beigebracht.' Ähnlich sei es in den Flüchtlingsheimen. Sie bekommt mit, wie sich muslimische Jungs weigern, mit Christen zu spielen. Die Übersetzerin versucht zu vermitteln: ‚Du bist Muslim, er ist Christ. Welchen Unterschied macht das denn?' Die Fünfjährigen antworten ihr: ‚Mit den Christen spiele ich nicht. Meine Eltern hassen die auch.' Die Übersetzerin erschrickt: ‚Sie sind vor dem Krieg nach Deutschland geflohen und müssten doch froh sein, dass ein christliches Land sie aufnimmt.' (…) Sie versucht auch, Kontakt zu den Musliminnen aufzubauen. Viele von ihnen haben trotz ihres jungen Alters bereits mehrere Kinder. Vorsichtig will sie über Verhütungsmethoden aufklären. ‚Manche Frauen sagten mir dann: Wir wollen uns vermehren. Wir müssen mehr Kinder bekommen als die Christen. Nur so können wir sie vernichten.' Als sie widerspricht und sagt, dass es doch die Christen sind, die ihnen helfen, stößt sie auf Ablehnung. Die Christen zu verteidigen, sei Sünde."*[790a]

Hinter Erdogans Aufrufen zum Kinderkriegen steckt also mehr als bloße „Übertreibung" oder „Verschwörungstheorie". Und selbst Kardinal Schönborn wagte es im Wiener Stephansdom in einer Predigt 2016 zum 333. Jahrestag der Türkenbelagerung (als Christen die Osmanen besiegten) davor zu warnen, dass viele Muslime die Eroberung Europas wollen, laut einem Bericht der *Kronen Zeitung*.[790b] Kardinal Raymond Burke habe nach eigenen Angaben mehrmals folgende islamische Aussage gehört: *„Was wir in der Vergangenheit mit Waffen nicht schafften, tun wir heute mit der Geburtenrate und Immigration."*, und meinte, dass der wichtigste Erfolg der Moslems die Eroberung Roms sei. Auch Kardinal Bechara al-Rai, Oberhaupt der mit Rom vereinten maronitisch-katholischen Kirche in Libanon, sagte Ähnliches: *„Ich habe von Muslimen oft gehört, dass ihr Ziel die Eroberung Europas mit zwei Waffen ist: Glaube und Geburtenrate."*[790c]

Ja, die Popen werden es ganz genau wissen... Gerade auch deshalb, damit in Zukunft, wenn es „brenzlig" werden sollte im Land, es nicht die „Falschen" erwischt, mögen sich schnellstmöglich so viele Muslime wie nur möglich ehrlich und ohne Hintergedanken auf die Seite des deutschen Volkes und der anderen europäischen Völker stellen. Alles andere ist alternativlos!

George Soros und die „Massenmigrationswaffe"

Wenn es um die Förderung der Migrantenflut und des ungezügelten Bevölkerungsaustausches in Europa geht, so ist einer als Galionsfigur stets ganz vorn dabei: unser „Menschenfreund" George Soros. In der Onlineausgabe der Zeitung *Welt* erschien am 3.10.2016 – also passend zum „Tag der deutschen (Un)Einheit – sein 7-Punkte-Plan für Europas Migrationspolitik. Zudem kritisierte er in seinem Artikel die nationalistischen Entwicklungen in Europa, erwähnt dabei Frankreich, die Niederlanden und Deutschland. Indem Länder Grenzzäune errichten, würden sie nach seinen Worten zulasten ihrer Nachbarn handeln und die EU somit weiter spalten sowie „Menschenrechtsstandards" untergraben.[(791)] An der Rhetorik erkennt man bereits, wie Soros versucht, Schuldgefühle zu erzeugen und natürlich mit der Menschenrechtskeule schwingt, die neben der „Nazikeule" mittlerweile fast genau so populär geworden ist. Was forderte nun Soros von der EU? Nachfolgend die sieben Punkte sowie in Klammern dahinter Kommentare des *Compact Magazins*:

1. *„Erstens muss die EU eine beträchtliche Anzahl von Flüchtlingen direkt aus den Frontstaaten aufnehmen, und zwar auf sichere und geordnete Weise. (Man beachte das Wort ‚muss')*

2. *Zweitens muss die EU die Kontrolle über ihre Grenzen zurückgewinnen. Es gibt kaum etwas, das die Öffentlichkeit stärker verprellt und ängstigt als Szenen des Chaos. (Mit Kontrolle über die Grenzen ist bei Soros natürlich keine Abweisung von Migranten gemeint. Es sollen lediglich chaotische Szenen vermieden und eine geordnete Einwanderung sichergestellt werden.)*

3. *Drittens muss die EU ausreichende finanzielle Mittel auftun, um eine umfassende Migrationspolitik zu finanzieren. Laut Schätzungen werden hierzu für eine Anzahl von Jahren mindestens 30 Milliarden Euro jährlich benötigt. (Auch hier wieder das Wörtchen ‚muss'. Frage: Ob die Verschuldung unserer europäischen Nationen im Zuge der Flüchtlingskrise dem Spekulant Soros und seinen Freunden von der Hochfinanz wohl nützt?)*

4. *Viertens muss die EU gemeinsame Mechanismen zum Schutz der Grenzen, zur Entscheidung von Asylanträgen und zur Umsiedlung von Flüchtlingen entwickeln. (Hier bitte besonderes Augenmerk auf die Formulierung ‚Umsiedlung' legen. Soros sieht in den Neuankömmlingen nämlich keine Flüchtlinge oder Asylanten, die nach dem Ende des Konflikts in ihre Heimatländer zurückkehren sollen. Er will sie auf dem europäischen Kontinent ansiedeln – für immer.)*

5. *Fünftens bedarf es eines freiwilligen Abstimmungsmechanismus für die Umsiedlung der Flüchtlinge. Die EU kann die Mitgliedstaaten nicht zwingen, Flüchtlinge zu akzeptieren, die sie nicht wollen, und sie kann die Flüchtlinge nicht zwingen, an*

Orte zu gehen, wo sie unerwünscht sind. (Die Betonung der Freiwilligkeit ist wohl ein schlechter Scherz, denn: Die Umsiedlung ist für Soros beschlossene Sache. Durch den erwähnten Abstimmungsmechanismus soll der faktische Zwang zur Aufnahme von Flüchtlingen in ein demokratisches Mäntelchen gekleidet werden.)

6. *Sechstens muss die EU Länder, die Flüchtlinge aufnehmen, deutlich stärker unterstützen, und sie muss in ihrem Ansatz gegenüber Afrika großzügiger sein. Statt Entwicklungshilfegelder so einzusetzen, dass sie ihren eigenen Bedürfnissen zugutekommen, sollte die EU eine echte ‚große Lösung' anbieten, die sich auf die Bedürfnisse der Empfängerländer konzentriert. (Was Soros hier meint: Es sollen finanzielle Anreize für die Aufnahme von Flüchtlingen gesetzt werden, um den Volksaustausch lukrativ zu machen. Was aber mit der ‚großen Lösung' gemeint ist, bleibt offen.)*
7. *Die letzte Säule ist die langfristige Schaffung eines einladenden Umfeldes für Wirtschaftsmigranten. Angesichts der alternden Bevölkerung in Europa überwiegen die mit der Migration verbundenen Vorteile die Kosten der Integration der Migranten deutlich.*"[(792)]

Was auffallend ist, ist auch hier wieder die Sprache, die Soros verwendet. Allen voran die Worte „Umsiedlung" und „Wirtschaftsmigranten" sowie der Befehlston in Richtung der EU-Mitgliedsstaaten, die ihren „humanitären Verpflichtungen" nachzukommen haben. Zum Ende seines Artikels hin offenbarte Soros dann noch Folgendes:

„*Die Flüchtlingskrise ist nicht die einzige Krise, der Europa sich stellen muss, aber sie ist die dringlichste. Und wenn in der Flüchtlingsfrage wesentliche Fortschritte erzielt werden könnten, würde dies dazu führen, dass sich die anderen Probleme leichter bewältigen lassen.*"[(793)]

Aha. Logisch macht diese Aussage für mich keinerlei Sinn. Denn die „Flüchtlingsfrage" wird nur zunehmend zu weiterem Chaos, zu noch mehr Kosten und zu noch mehr Leid führen. Wie sollen sich dadurch alle anderen Probleme „leichter bewältigen lassen"? Für mich liest sich der letzte Satz daher eher wie eine versteckte Drohung. Soros engagiert sich vehement dafür, weltweit Völkerwanderungen in Gang zu setzen. Mit seiner *Open Society Foundations* etablierte er dafür die *International Migration Inititiative* (*Internationale Migrationsinitiative*). Diese hat es sich auf die Fahne geschrieben, „systematische Ausbeutung, Diskriminierung und Gewalt gegen Migranten auf jeder Etappe ihrer Reise" entgegenzuwirken, wie es auf deren Webseite formuliert ist.[(794)] Und ja, hier wird nicht etwa das Wort „Flucht", sondern „Reise" verwendet. Völlig berechtigt mahnt die investigative Autorin Friederike Beck an, dass es schrecklich sei, die eigene Heimat zu verlieren bzw. vertrieben zu werden. Entweder handle es sich also um „Flucht vor Krieg" oder um eine „Reise".[(795)] Worum es dann tatsächlich bei dieser *Internationalen Migrationsinitiative* geht, listet Soros freundlicherweise in der weiteren Beschreibung auf:

1. Sicherzustellen, dass Migranten unter gerechten und gleichberechtigten Konditionen Arbeit finden und dabei auf eine Stufe mit den Einheimischen gestellt werden. Arbeitgeber sollen ethische Auswahlpraktiken anwenden und Migranten sollen jederzeit das Recht haben, ihren Arbeitgeber zu wechseln ohne dabei ihren legalen Status zu gefährden; **und dass Migranten erhalten, was ihnen versprochen wurde.**

Kommentar dazu: Im Umkehrschluss bedeutet dies in Wirklichkeit – und hier muss man nicht einmal groß zwischen den Zeilen lesen –, dass es sich hier um eine massive Vergrößerung des Billiglohnsektors handeln soll! Denn die Arbeitgeber werden sich schon „gerecht“ verhalten, indem sie das Lohnniveau insgesamt für **alle** eben noch einmal deutlich senken werden, damit „Gleichheit“ für alle herrscht. Da wir ja nun erfahren haben, was den Migranten so alles „versprochen“ wurde, geht es dem Soros nicht wirklich darum, dass alle Migranten (und keine „Flüchtlinge“) Arbeit finden. Denn seien wir mal ehrlich, diese kommen aufgrund der „Versprechen“ hierher, um die Sozialsysteme bestmöglich auszubeuten, während der Rest, der tatsächlich noch arbeiten geht, dafür aufkommen darf. Das ist die Realität.

2. Sicherzustellen, dass Migranten während des ganzen „Migrationsprozesses“ Zugang zu juristischer Hilfe und Schutz haben. Es geht ferner darum, alte sicherheitsorientierte Regelungen aufzugeben und stattdessen Regelungen auf den Weg zu bringen, die den Transfer durch sichere und legale Kanäle ermöglichen, die wiederum die Kosten für Migration, Migrationskontrolle und Grenzschutz senken sollen.

Kommentar dazu: Mit anderen Worten „*Grenzen frei für alle!*“. Um diese Ziele zu erreichen, so Soros, arbeite die Inititiative grenzüberschreitend durch eine sogenannte „Korridorlösung“, indem koordinierte Aktionen in Ursprungsländern, Durchgangs- und Zielländern ermöglicht werden. Dazu wurden im Rahmen des von *PRO ASYL* unterstützten Netzwerks *Welcome to Europe (w2eu)* auch massenhaft Migranten-Ratgeber verteilt, in denen alle wichtige Telefonnummern, Notfallhotlines, Karten sowie wichtige Informationen und Tipps zu einzelnen Zielländern verzeichnet waren (z.B. welche Asylrechte man im jeweiligen Land hat, wie das Asylverfahren abläuft und was die jeweiligen Gesetze sind). Zudem werde die Migrationspolitik auf nationaler Ebene und grenzüberschreitend geändert. Hierfür sollen die Migranten bereits am Ort ihrer Abreise in Trainings- und Orientierungsseminaren geschult werden, damit sie ihre Rechte in den jeweiligen Zielländern besser durchsetzen können. Dazu beschäftigt Soros extra Migrationsanwälte, um Strategien auszuarbeiten, damit die Migranten in letzter Instanz in Europa auch dauerhaft bleiben können.[(796)]

Und was den „Korridor“ betrifft: Haben Sie sich bei dieser ganzen Asylthematik nicht auch gewundert, warum die mitunter reichsten Länder dieser Welt, nämlich die sechs Golfstaaten, keinerlei Flüchtlinge aufnehmen?[(796a)] Man möge doch meinen, dass die Nachbarländer Syriens und Iraks die ersten Anlaufstellen für Flüchtlinge sein sollten, zumal diese doch dem selben oder zumindest einem eng verwandten Kulturkreis angehören sowie dieselbe Sprache sprechen, anstatt **tausende von Kilometern** in den zumeist **verhassten** Westen zu reisen, wo man weder Kultur noch Gesetze respektiert? Die Antwort ist einfach: Weil man die europäische Kultur eben ändern will! Warum helfen Moslems ihren Brüdern und Schwestern nicht? Saudi Arabien ist ein riesengroßes Land, welches problemlos Millionen von Menschen aufnehmen könnte. Dubai und die Vereinigten Arabischen Emirate sind Experten in schneller Errichtung von Infrastruktur und dem Bau von Häusern. Geld haben diese Länder im **Überfluss**. Und noch etwas: Vor dem Hintergrund, dass das klimatisch warme Saudi Arabien eine riesengroße hervorragend ausgestattete Zeltstadt östlich von Mekka mit einem Fassungsvermögen von **drei Millionen Menschen** besitzt, welche zu fast 99 Prozent im Jahr leer steht, ist es blanker

Wahnsinn, dass Millionen Menschen ins deutlich kältere Europa pilgern, von denen der Großteil weder eine europäische Sprache spricht oder die lateinische Schrift lesen kann.[796b] Wenn die Nachbarländer also keine bzw. so gut wie keine ihrer Kulturgenossen aufnehmen, so bleibt nur noch ein schmaler Korridor übrig, und dieser führt über das Mittelmeer direkt nach Europa. Merken Sie, wie wir für grenzenlos dumm verkauft wurden? Das einmal als Überlegung für zwischendurch.

Um die Migrationsagenda stemmen zu können, unterstützt Soros mit seiner Stiftung eine fast unüberschaubare Anzahl an anderen Stiftungen und NGOs (Nichtregierungsorganisationen), die sich wie ein buchstäbliches Krebsgeschwür über die ganze Erde verbreitet haben. Unter ihnen befinden sich u.a. folgende große, grenzüberschreitend operierende Organisationen, wie Frau Beck herausgefunden hat:

PICUM = Platform for International Cooperation for Undocumented Migrants (Plattform für internationale Zusammenarbeit für nicht erfasste Migranten)

ECRE = European Council on Refugees and Exiles (Europäischer Rat für Flüchtlinge und Menschen im Exil)

MIGREUROP/EPIM = European Programme for Integration and Migration (Europäisches Programm für Integration und Migration)

European Network of Migrant Women (Europäisches Netzwerk für Migrantenfrauen)

Das *EPIM* wurde durch folgende 12 mächtige und reiche Stiftungen und Trusts zum Leben erweckt:

- *The Atlantic Philantrophies* (Stiftungsvermögen 1,4 Milliarden US-Dollar, Stand 2012)
- *Barrow Cadbury Trust* (Stiftungsvermögen 80 Millionen britische Pfund, Stand 2010)
- *Compagnia di San Paolo* (Gesamtwert des Portfolios 7,7 Milliarden Euro, Stand Ende 2015)[797]
- *Fondation Bernheim* (Stiftungsvermögen unbekannt, zur Verfügung gestelltes Kapital 2016: 1.369.810 Euro)[798]
- *Calouste Gulbenkian Foundation* (Stiftungsvermögen 2,8 Milliarden Euro)
- *The Joseph Rowntree Charitable Trust* (Netto-Vermögen 193,4 Millionen britische Pfund, Stand 2015)[799]
- *King Baudouin Foundation* (Netto-Vermögen 16,5 Millionen US-Dollar)[800]
- *OAK Foundation* (Gespendete Summe 2016: 217 Millionen US-Dollar)[801]
- *Diana Princess of Wales Memorial Fund* (gespendete Fördersumme 1999-2012: 112 Millionen britische Pfund)[802]
- *Robert Bosch Stiftung* (Stiftungskapital 1,2 Milliarden Euro)
- *Open Society Foundations* (Stiftungskapital 1,6 Milliarden US-Dollar, Stand 2013. Soros' Vermögen: 25,2 Milliarden US-Dollar, Stand Mai 2017)[803]

- *La Caixa Foundation* (Budget von 460,1 Millionen Euro in 2016 und einem Budget von 510 Millionen Euro in 2017)[804]

- *Fondation Abbé Pièrre* (Budget ca. 42 Millionen Euro)

Die Liste an Stiftungen ändert sich hin und wieder. Das *EPIM*-Partnernetzwerk wiederum hat seit Bestehen mehr als 450 Organisationen in 45 europäischen und außereuropäischen Ländern finanziell unterstützt. Die Gelder flossen überwiegend an Organisationen, die sich für Migration, Asyl, „Menschenrechte", Frauenrechte und Anti-Rassismus einsetzen. Zudem betreibt die *EPIM* intensive Lobbyarbeit auf politischer Ebene, um z.B. das „Narrativ" in Bezug auf Migration zu ändern, also, wie man das Thema „Migration" in der EU am besten medial verkaufen kann. Dass die Masseneinwanderungen gerade auch für Wirtschaftskonzerne lukrativ sind, machte die Europaabgeordnete der Grünen, Judith Sargentini, auf einer *EPIM*-Konferenz am 6. Dezember 2011 deutlich, als sie sagte:

> *„Es gibt hier in der Tat zwei Themen: Menschen, die jetzt in der Europäischen Union ohne Papiere sind, und da ist der Bedarf für Migranten-Arbeiter. Diese beiden könnten einander helfen. Wenn wir nicht so streng mit unseren Migrationsgesetzen wären und mehr Migranten legal erlauben würden, in der Europäischen Union in Niedriglohn-Jobs zu arbeiten, würden wir nicht mit so vielen Migranten ohne Papiere zu tun haben."*[805]

Das einmal, um jedweder „Verschwörungstheorie" den Garaus zu machen. So, wenn wir das nun weiterspinnen, dann bedeutet das, dass der Lebensstandard in Europa auf das Niveau der afrikanischen Länder herabgesenkt werden soll, was wiederum der *Agenda 2030* und *Vision 2050* entspricht. Das von Soros gesponserte *EPIM* unterstützt wiederum tatkräftig die *Stiftung PRO ASYL*. Der *PRO-ASYL*-Konzern setzt sich wiederum aus mehreren Gruppierungen zusammen, die alle miteinander zusammenarbeiten und miteinander finanziell und personell eng verwoben sind und von Friederike Beck zusammengefasst wurden:

- Asylverein *PRO ASYL e.V.* (seit 1986)
- seit den 1980er-Jahren sogenannte Flüchtlingsräte, die von *PRO ASYL* unterstützt werden.
- der *Bundesweiten Arbeitsgemeinschaft für Flüchtlinge e.V. PRO ASYL* (die sich aus Mitarbeitern der Flüchtlingsräte, Wohlfahrts- und Menschenrechtsorganisationen sowie Kirchen- und Gewerkschaftsvertretern zusammensetzen)
- *Förderverein PRO ASYL e.V.* (seit 1988)
- *Stiftung PRO ASYL* (seit 2002)

Zudem ist der *PRO-ASYL*-Konzern Koordinator eines transnationalen *PRO-ASYL*-Netzwerks, nämlich dem *Informations- und Kooperationsforum.*[805a] *PRO ASYL* ist der Meinung, dass „Asylrecht" ein einklagbares Menschenrecht sei, welches jedem Menschen auf diesem Planeten ermöglicht werden solle. Geschäftsführer Günter Burkhardt sagte auf einer von der *Robert-Bosch-Stiftung* (*EPIM*-Mitglied) geförderten Veranstaltung jedenfalls: *„Asylrecht ist ein Recht des Einzelnen, was der Einzelne hat, gegen den Staat, jenseits der Steuerungsmöglichkeiten."* [805b] Jenseits der Steuerungsmöglichkeiten ist demnach mit ungesetzlichen Mitteln zu übersetzen. **Einwanderung ohne Schranken**

und Grenzen, koste es, was es wolle. Dazu werden rhetorische Floskeln benutzt wie „Kein Mensch ist illegal" oder „Zugang zu Schutz ist ein Menschenrecht", die jedwede Kritik von vornherein bereits unterbinden soll. Diese Massenmigrationswellen führen dazu, dass die nationalen Regierungen sich nur noch unter Hochdruck um dieses „Problem" kümmern müssen und andere staatliche Aufgaben kaum noch zu bewältigen wären. Allein schon vom verwaltungstechnischen Aufwand her kann das nur ins Verderben und Chaos führen.

Pervers ist der ganze „Migrantentstadl" auch deshalb, weil anstatt die Fluchtursachen vor Ort zu bekämpfen (also die Umstürze und von außen herbeigeführte Bürgerkriege zu stoppen!) und den Leuten ihre eigene **angestammte Heimat** zu sichern, wird genau das Gegenteil gemacht. Man stürzt die Regierungen im Nahen Osten, erzeugt also absichtlich Chaos in diesen Ländern, und anstatt diese Länder mit **all den Abermilliarden** wieder aufzubauen und dort wieder für friedliche und geregelte Verhältnisse zu sorgen, wird das Geld dazu benutzt, den Leuten ihre Heimat zu **nehmen**, damit sie als nächstes Europa destabilisieren. Und in Europa erzeugt man nun wiederum Chaos und will mit dem *IS* absichtlich den Kontinent in einen Dritten Weltkrieg stürzen. In diesem Zusammenhang dienen die nie endenden Migrantenströme als „Massenmigrationswaffe". Dieser Begriff stammt allerdings nicht von mir, sondern von der US-amerikanischen Politikwissenschaftlerin Kelly M. Greenhill, die den Begriff 2010 bereits in ihrem Werk „Massenmigration als Waffe" (im *Kopp-Verlag*) in der englischsprachigen Ausgabe mit dem Titel „Weapons of Mass Migration: Forced Displacement, Coercion and Foreign Policy" prägte und aufzeigte, dass im letzten halben Jahrhundert diese politisch unorthodoxe Form der Nötigung und Erpressung von Ländern **mehr als 50 Mal** eingesetzt wurde, um das Verhalten der angegriffenen Staaten zu beeinflussen (z.B. indem den Zielstaaten die ungeheuren Kosten und Risiken auferlegt werden).(806)

Wer sämtliche Hintergründe und Details all der Netzwerke, Stiftungen und Organisationen erfahren will, die in Europa ein wahres „Migrantengeddon" veranstalten wollen, dem kann ich Friederike Becks Buch „Die geheime Migrationsagenda" sehr empfehlen, die das ganze Geflecht akribisch und detailliert aufgeschlüsselt hat. Ihre Webseite ist unter *internationale-friedenspolitik.org* erreichbar. Auch wenn das Asylrecht im Laufe des Jahres 2017 gesetzlich wieder verschärft wurde, bleibt die Frage, ob es auch wirklich umgesetzt wird? Wird es denn überhaupt noch etwas bringen, jetzt, wo das Trojanische Pferd bereits in Europa ist und auf seinen Großeinsatz wartet? Letzteres bestätigte auch der ungarische Geheimdienstanalyst Laszlo Foldi vor laufender Kamera im Herbst 2016, der somit auch die bereits zuvor erwähnten Aussagen des BND-Chefs und dem Leiter des „Verfassungs"schutzes bestätigte. Seine brisanten Aussagen, die in der britischen Tageszeitung *Express* veröffentlicht wurden, will ich Ihnen keineswegs vorenthalten:

> *„Etwa vor einem oder eineinhalb Jahren war es ein Tabuthema. Man durfte nicht einmal die Möglichkeit ansprechen, dass sich möglicherweise Terroristen unter die Migranten mischen könnten. (...) Fakt aber ist, dass tausende muslimische Soldaten hier angekommen sind. Das ist kein Terrorismus in seiner klassischen Bedeutung, sondern ein Angriff, eine Invasion, die zwei Ziele verfolgt. Das erste liegt darin, so viele gut ausgebildete Soldaten wie möglich nach Europa zu schleusen, deren primäre Aufgabe es ist, die lokale muslimische Bevölkerung anzuwerben, also diese Moslems der zweiten oder dritten Generation, die in diesen ‚nicht existenten' No-Go-Zonen leben. Über 50 Prozent wollen sich nicht*

in die Gastgeberkultur integrieren; sie sind Mitglieder einer möglichen zukünftigen Armee. Warum sind sie nicht in die ölreichen Länder in ihrer unmittelbaren Nachbarschaft gegangen? Dazu gibt es noch eine andere Strategie – neben dem Ausschicken von Soldaten und Terroristen nach Europa – und zwar die Eroberung Europas auf einem anderen, friedlicheren Weg.
Die Ölländer lassen sie nicht rein, weil sie wissen, dass sie nicht in der Lage sind, einer sinnvollen Tätigkeit nachzugehen, aber sie brauchen auch eine neue Massenbasis in Europa für den Fall, dass ihnen das Öl einmal ausgegangen ist, und deswegen ziehen die Migranten nach Europa und gründen Parteien für sie. Diese Leute werden garantiert für islamische Parteien stimmen, die in Europa noch entstehen werden; sie werden in kritischer Masse in die Parlamente einziehen. Damit ist die Einladung nach Europa die perfekte Gelegenheit, um ein zukünftiges Wählerpotential aufzubauen."[(807)]

Sehr interessant seine Ausführungen. Wobei man sagen muss, dass Parteien wie die *SPD*, *Die Grünen* und *Die Linke* mit türkisch-stämmigen Politikern in oberen Positionen bereits eine immer ausgeprägtere pro-Islam-Politik betreiben. Dazu bedarf es eigentlich keiner neuen Parteien mehr. Dass die Migrationsagenda ein sehr langfristig angelegtes Projekt ist, verrät auch eine Pressemitteilung vom 13. Juli 2016 auf der Webseite der *Europäischen Kommission*, in der es heißt (von mir hervorgehoben):

„*Die Europäische Kommission schlägt heute einen* ***EU-Neuansiedlungsrahmen*** *vor. Damit soll eine gemeinsame europäische* ***Neuansiedlungspolitik*** *festgelegt werden, die gewährleistet, dass Personen, die internationalen Schutz benötigen, geordnete und sichere Wege nach Europa zur Verfügung stehen. Der Vorschlag ist Teil der von der Kommission geplanten Reform des Gemeinsamen Europäischen Asylsystems und der in der Europäischen Migrationsagenda dargelegten* ***langfristigen Strategie*** *für eine bessere Steuerung der Migration. (...) Zur Unterstützung der* ***Neuansiedlungsbemühungen*** *der Mitgliedstaaten im Rahmen der gezielten EU-Programme stellt die Kommission für jede neu angesiedelte Person 10.000 Euro aus dem EU-Haushalt zur Verfügung. Die Mittel werden aus dem Asyl-, Migrations- und Integrationsfonds (AMIF) zugewiesen. Neuansiedlungen, die nicht durch den Neuansiedlungsrahmen der Union abgedeckt sind, werden nicht aus dem Unionshaushalt finanziert.*"[(807a)]

Aha, je mehr Migranten die Länder also aufnehmen, umso mehr gibt es Zuschüsse. Bei einer Million Migranten wären es demnach 10 Milliarden Euro aus dem *AMIF*. Das ist eine stattliche Summe. Da ist der Anreiz natürlich besonders groß, jährlich so viele neue Migranten wie möglich aufzunehmen! Und Zuschüsse aus diesem Topf können nationale, regionale und lokale Behörden in den Mitgliedstaaten, aber auch Träger der freien Wohlfahrtspflege, kirchliche und karitative Einrichtungen, eingetragene Vereine, nationale und internationale Nichtregierungsorganisationen und Gebietskörperschaften beantragen.[(807b)] Gut zu wissen, wie und wo unsere Steuern eingesetzt werden. Ist Ihnen zudem aufgefallen, dass es plötzlich keine „Flüchtlinge" mehr sind, sondern „Neuansiedler"? Diese Terminologie verrät jetzt zum wiederholten Male, dass die einströmenden Menschen tatsächlich auch dauerhaft und für immer bleiben sollen.

Massenflutung geht ungeniert weiter – Medienblackout

Und übrigens: Nur weil die Medien über die Migrantenströme nicht mehr berichten, heißt es nicht automatisch, dass es sie nicht mehr gibt. Genau das Gegenteil ist der Fall, in 2017 haben sie sogar zugenommen. Laut einer Reportage der *Jungen Freiheit* vom Juli 2017, welches mit einem Kamerateam auf der Mittelmeerroute u.a. auf Malta und Sizilien unterwegs war, läuft das alles nun sehr viel organisierter ab und die Massen werden in teilweise sehr entlegenen Gebieten untergebracht, wo neue Häuser für sie bereits gebaut wurden. Auch wird die Last nun auf mehrere Häfen im Mittelmeerraum verteilt, sodass Ankunft auf Festland und anschließender Abtransport in Bussen wesentlich dezentraler abläuft. Als italienische Häfen nannte der Bericht *Augusta*, *Pozzallo*, *Catania*, *Messina* und *Palermo*. Diese Dezentralisierung läuft aber bereits schon vor der libyschen Küste ab. Dass selbst Medien nichts davon mitbekommen, liegt auch daran, dass einige Ankunftshäfen vom Festland aus nicht frei zugänglich, sondern durch hohe Mauern versperrt sind. Diese neuen „Migranten-Enklaven" im sizilianischen Nirgendwo werden zudem streng durch Soldaten mit Maschinengewehren und Panzer bewacht. Wozu ist dies in abgelegenen Steppenregionen noch notwendig? Bewacht das Militär somit „Flüchtlinge" oder eher „Guerillakrieger"? Aufgrund dieser nicht mehr zu bewältigenden Umstände schlug Italien Anfang Juli 2017 Alarm. In einer Woche wären 12.000 Migranten ins Land gekommen, und das *„Maß sei voll"*, beschwerte sich der italienische EU-Botschafter.[807c] Meine Schätzung geht dahin, dass es spätestens 2018 mächtig knallen wird in Italien, aber auch in anderen Ländern. Die kanadische Investigativbloggerin Lauren Southern war ebenfalls im Juli mit der Kamera unterwegs, allerdings in Frankreich. In Paris besuchte sie eine Bahnstation, die täglich hunderte „syrische Flüchtlinge" herankarrt. Wie sie herausfand, handelt es sich zumeist weder um „Syrer" noch um „Flüchtlinge", sondern um nordafrikanische Wirtschaftsmigranten im wehrfähigen Alter, die Frankreich fluten. In Paris läuft das alles offen ab, aber die Medien berichten einfach nicht mehr darüber.[807d] (*fb.com/LaurenCSouthern*)

Nachtrag: Kurz vor Drucklegung des Buches stieß ich auf einen interessanten Hinweis des Sachbuchautoren Stefan Schubert. Wer meint, dass der geheime Migrationsdeal mit 50 Millionen – oder 100 Millionen Afrikanern laut Bundesentwicklungsminister Gerd Müller – das Ende der Fahnenstange sei, dürfte vom Präsidenten des BND, Dr. Bruno Kahl, eines Besseren belehrt und schon mal auf die Zukunft „sachte" eingestimmt werden. Letzterer hielt am 13. November 2017 anlässlich der Veranstaltungsreihe „Zur Zukunft der internationalen Ordnung" der *Hanns-Seidel-Stiftung* eine Rede und offenbarte: *„**Weit über eine Milliarde Menschen werden künftig einen rationalen Migrationsgrund haben.**"* Man beachte seine Wortwahl (*„weit über..."*). Der größte Zuwachs liege laut Dr. Kahl bei den „Umweltflüchtlingen", deren Zahl potenziell im dreistelligen Millionenbereich liegen könne. Zudem wird in vielen Teilen Afrikas Migration als „Menschenrecht" angesehen. Sein Fazit lautete, dass der Migrationsdruck auf Europa zunehmen werde und stellte in Aussicht, dass deshalb mehr in den Sicherheitsbereich investiert sowie die interne Ausbildung beim BND und „Verfassungs"schutz verbessert werden müsse (das heißt dann übersetzt: mehr Überwachung und weitere Beschneidung von Grundrechten).[807e]

„Die Demokratie ist nur der Zug, auf den wir aufsteigen, bis wir am Ziel sind. Die Moscheen sind unsere Kasernen, die Minarette unsere Bajonette, die Kuppeln unsere Helme und die Gläubigen unsere Soldaten.“[(787a)]

Recep Erdogan zitierte 1998 diese Zeilen aus einem Gedicht eines islamistischen Dichters auf einer Demonstration und wurde daraufhin zu 10 Monaten Gefängnis verurteilt. Seine Hasstiraden im März 2017 gegen Deutschland und die EU bestätigen nur mehr seine Gesinnung und wahren Absichten.

„Durch die Gnade Allahs leben wir in einem der reichsten Länder dieser Erde. Das ist eine große Barmherzigkeit von Allah uns gegenüber. Aber ebenso eine riesige Verantwortung. Denn nur wenn wir es schaffen, unsere Identität und unseren Glauben in dieser Gesellschaft zu wahren, können wir eine Bereicherung für diese Gesellschaft werden. Und, inscha Allah (wenn Allah will), eine zentrale Führungsrolle übernehmen. Die Zukunft des Islam in diesem, unserem Land, in DEUTSCHLAND, gestalten wir. Wir, die wir hier geboren und aufgewachsen sind, die wir die deutsche Sprache sprechen und die Mentalität dieses Volkes kennen. Entscheidend ist, dass wir in diesem unserem Land unsere Religionsfreiheit haben. Und dass es keinen Grund gibt, nicht aktiv an der Neugestaltung dieser Gesellschaft mitzuwirken. Ich glaube nicht, dass es unmöglich ist, dass der Bundeskanzler im Jahre 2020 ein in Deutschland geborener und aufgewachsener Muslim ist, dass wir im Bundesverfassungsgericht einen muslimischen Richter oder eine muslimische Richterin haben. Dieses Land ist unser Land! Und es ist unsere Pflicht, es positiv zu verändern. Mit der Hilfe Allahs werden wir es zu unserem Paradies auf der Erde machen. Um es der islamischen Umma (das ist die islamische Weltgemeinschaft) und der Menschheit insgesamt zur Verfügung zu stellen.“[(787b)]

Ibrajim El-Zayat, ehemals Präsident der *Islamischen Gemeinschaft in Deutschland* (IGD) und Generalsekretär des von Saudi Arabien geschaffenen Dachverbands *Islamisches Konzil in Deutschland* (IKD), die wiederum Mitglied der saudisch geführten *Islamischen Weltliga* war. El-Zayat gilt als Vertreter der *Muslimbruderschaft* in Deutschland. Das mit dem muslimischen Bundeskanzler ist nicht weit hergeholt. SPD und die Union aus CDU und CSU diskutierten bereits den iranisch-stämmigen Navid Kermani als möglichen Nachfolger Gaucks als Bundespräsident.[(787c)]

„Ohne kulturelle und religiöse Vielfalt ist Deutschland nicht mehr denkbar: Schwarz-Rot-Gold ist längst bunt. Für uns und unsere Projektarbeit bedeutet das, von Sonderprogrammen für Migranten zu einer aktiven Gestaltung der kulturellen und religiösen Pluralität der Gesellschaft zu kommen. Durch unsere praxisorientierte Arbeit wollen wir darüber hinaus zu der Etablierung einer wirkungsvollen Willkommens- und Anerkennungskultur für Zuwanderer in Deutschland beitragen. (…) Junge Muslime gehören zu Deutschland. Und sie engagieren sich für diese Gesellschaft: Sie organisieren Veranstaltungen zur Berufsorientierung an der Schule und Vorträge zum Islam an der Universität. Sie betreuen Kinder und helfen bei Stadtteilfesten. Sie zeigen soziales Engagement für Senioren oder organisieren Diskussionsveranstaltungen im Jugendzentrum. Sie tun Gutes und begründen das mit dem Islam und ihrem Glauben. Dieses Engagement ist wichtig für uns alle – und es kann das Bild des Islams in Deutschland verändern. Die Robert Bosch Stiftung unterstützt daher Projekte junger Muslime und fördert kreative Ideen, die zeigen, wie bunt unser Islam in Deutschland ist.“[(808)]

Aussagen der *Robert-Bosch-Stiftung*, die den Islam in Deutschland besonders fördert. Warum werden nationale Werte nicht derart gefördert?

Kapitel 9
Migrantengeddon Teil 2 – Deutsche und Europäer sollen ausgerottet werden

Die Deutschlandhasser

Kaufman, Hooton und Coudenhove-Kalergi

Abb. 229: Graf von Coudenhove-Kalergi, Begründer der „Pan-Europa"-Idee, sah die Zukunft Europas in einer „eurasisch-negroiden Mischrasse".

Die Pläne zur Vernichtung der Deutschen und der europäischen Völker sind viel älter und gehen in unserer jüngeren Vergangenheit betrachtet in die 1920er-Jahre zurück, wo der katholische Freimaurer **Graf Richard Nicolaus von Coudenhove-Kalergi** sich stark für einen paneuropäischen Bundesstaat engagierte, unter Ausschluss Englands und Russlands, aber unter Einschluss der **afrikanischen Kolonien** (daher die Flutung Europas mit bald halb Afrika?).(808a) Seiner Vorstellung nach werde das „Pan-Europa" von „Mischlingen" einer „eurasisch-negroiden Zukunftsrasse" bevölkert werden. Die Fortpflanzung unter Einheimischen bezeichnete er in seinem Buch „Praktischer Idealismus" als *„Inzucht"*.(809) Die geistige Führerrasse Europas ist nach seinen Worten *„das Judentum"*. Wörtlich schrieb er dies in Bezug auf Mittel- und Osteuropa: *„Hauptträger des korrupten wie des integren Hirnadels: des Kapitalismus, Journalismus und Literatentums, sind Juden. Die Überlegenheit ihres Geistes prädestiniert sie zu einem Hauptfaktor zukünftigen Adels."*(810) Seine erste und dritte Ehefrau waren Jüdinnen. Nachdem Kalergis geistige Ergüsse 1923 im Buch „Pan-Europa" erschienen waren, bekam er 1924 einen Anruf von Louis Rothschild, der ihm mitteilte, dass der Bankier Max Warburg aus Hamburg sein Buch gelesen hätte und die beiden sich mit ihm treffen wollten. Zu Kalergis Erstaunen bot Warburg ihm die stolze Summe von 60.000 Goldmark an, für einen Zeitraum von drei Jahren, um die pan-europäische Bewegung voranzutreiben.(811) Der *Kalergi-Plan* stieß nach dem Ende des Zweiten Weltkriegs auf besonderes Interesse bei dem damaligen englischen Premierminister **Winston Churchill**, der Kalergis Vision als Basis zur Schaffung der „Vereinigten Staaten von Europa" hernahm.(812) Und „zufälligerweise" haben wir heute die „Europäische Union". In Bezug auf Kalergis Vision einer eurasisch-negroiden Mischlingsrasse schrieb Adolf Hitler in einem offenen Brief an Graf Soden-Frauenhofer, welcher im *Völkischen Beobachter* in der Ausgabe vom 8. November 1929 erschien: *„Sie wollen unser Volk wirtschaftlich und seelisch zu weißen Weltnegern machen. Das ist das Ziel der jüdischen Rasse, die heute über Deutschland herrscht."*(813)

Anfang 1941 veröffentlichte der Jude **Theodore Newman Kaufman** sein Büchlein „Germany Must Perish!" (zu Deutsch: „Deutschland muss zugrunde gehen!"), in dem er einen Plan darlegte, die Deutschen u.a. durch Zwangssterilisation auszumerzen und durch andere Völker zu ersetzen. Kaufmans grausamer Plan sah folgendermaßen aus:

„(...) Als einzige Möglichkeit, die Welt ein für allemal vom alldeutschen Gedanken zu befreien, bleibt also nur, die Quelle zu verstopfen, aus der die kriegslüsterne Seele ihren Ursprung nimmt. D.h. das deutsche Volk daran zu hindern, seine Art immer erneut zu zeugen. Diese moderne Methode, wissenschaftlich unter dem Begriff rasseveredelnder Sterilisation bekannt, ist einfach, menschlich und gründlich. (...) Es handelt sich hierbei um eine einfache und sichere Operation, vollkommen harmlos und schmerzlos, die den Patienten weder verändert noch den Geschlechtsverkehr behindert. Meistens ist die Sterilisation weniger schmerzlich als eine Impfung und nicht ernster zu nehmen als Zahnziehen. Auch geht eine solche Operation außerordentlich schnell von statten und dauert nicht länger als zehn Minuten. (...) Wenn man bedenkt, dass Impfungen und Behandlungen mit Sera als gezielte Wohltaten für die Gesamtheit angesehen werden, dann kann die Sterilisation des deutschen Volkes als eine große Gesundheitsmaßnahme verbucht werden, befürwortet von der gesamten Menschheit, um diese selbst für immer immun gegen den Virus des alldeutschen Gedankens zu machen!“

Und wie man sieht, hat er sich schon bis in die Details hinein fürsorglich ernste Gedanken dazu gemacht:

„Was die Sterilisation der Männer anbetrifft, so würde diese am leichtesten und schnellsten bei den Heereseinheiten in Gruppen durchzuführen sein. Nehmen wir die Zahl der Ärzte mit etwa 20.000 an und schätzen wir, dass jeder am Tage mindestens 25 Operationen vornimmt, so würde ein Zeitraum von höchstens einem Monat benötigt, um die Sterilisation durchzuführen. Je mehr Ärzte zur Verfügung stehen – und es könnten bedeutend mehr als 20.000 gestellt werden, wenn man bedenkt, dass andere Nationen hinzugezogen werden können – um so weniger Zeit würde natürlich benötigt werden. Die gleiche Anzahl Frauen Deutschlands könnte innerhalb von drei Monaten behandelt werden. Da die Sterilisation der Frau etwas mehr Zeit beansprucht, kann man damit rechnen, dass die gesamte weibliche Bevölkerung Deutschlands innerhalb von drei Monaten, vielleicht sogar eher, sterilisiert werden könnte. Die vollständige Sterilisation beider Geschlechter ist deshalb notwendig, weil, nach der heutigen deutschen Lehre, ein Tropfen deutschen Blutes wieder einen Deutschen hervorbringt. Nach vollständiger Sterilisation wird es in Deutschland keine Geburten mehr geben. Bei einer normalen Sterberate von 2% jährlich wird sich die Bevölkerung im Jahr um etwa 1.500.000 verringern. Demzufolge würde das, was Millionen Menschenleben und Jahrhunderte vergeblicher Anstrengungen gekostet hat, nämlich die Ausrottung des großdeutschen Gedankens und seiner Träger, eine vollendete Tatsache werden. Durch Sterilisation verliert der Deutsche seine Möglichkeit, sich fortzupflanzen, dadurch verkümmert der deutsche Wille so, dass die deutsche Macht zur Bedeutungslosigkeit herabsinkt.“[814]

Als **Hooton-Plan** werden in den 1940er-Jahren veröffentlichte Beiträge des Harvard-Anthropologen **Prof. Earnest Hooton** bezeichnet. Hooton hat es sich zur Mission gemacht, die Deutschen umzuzüchten, um den deutschen Nationalismus zu zerstören. Er unterstellte den Deutschen einen starken Hang zum Krieg und bezeichnete sie als *„moralische Schwachsinnige“*. Dies solle einerseits durch Reduzierung der Geburtenzahl sowie durch *„massenhafte Einwanderung“* – insbesondere durch nichtdeutsche Männer – erreicht werden. Damit sich kein großer Widerstand in der deutschen Bevölkerung rege, solle diese Umzüchtung langsam vonstatten gehen. Zudem schlug Hooton vor, dass ein

Großteil der Soldaten der Deutschen Wehrmacht für 20 Jahre oder länger Dienst als Arbeitssklaven bei den alliierten Siegermächten verrichten.[815] Nach seinen Worten sind die einzig guten Deutschen die schnellen und die toten. Die schnellen Deutschen hätten das Land verlassen (aus einem Zeitungsausschnitt des *Canadian Jewish Chronicles* vom 20. Oktober 1944).[816] Der russische Abgeordnete Jewgeni Alexejewitsch Fjodorow hat 2013 und 2014 passenderweise zu diesem Thema bei mehreren Gelegenheiten Tacheles geredet und dabei kein Blatt vor dem Mund genommen, als er sagte:

Abb. 230: Theodore Newman Kaufman

„Uns ist es klar, dass Migration nach Europa von den USA initiiert wurde, um die nationalen Staaten Europas zu zerstören. Auch wenn europäische Staaten und die USA innerhalb des Westens als Verbündete auftreten, die Aufgabe und das Ziel der USA ist: nationale europäische Staaten müssen vernichtet werden. Denn wenn EU-Staaten ihre nationalen Identitäten verlieren, können sie sich niemals mehr als einzelne Nationen/Völker gegen Washington auflehnen. (...) Daraus folgt: Um die möglichen Aufstände bzw. Widerstände der US-Vasallen unterdrücken zu können, was muss man machen? Die nationale Identität immer weiter abschwächen bzw. auflösen. Und genau das machen die USA auch. Die USA organisieren mächtige Migrationsströme, sie fordern immer wieder, die Türkei in die EU aufzunehmen. Diese Forderung kommt doch immer wieder aus den USA."[817]

War das vielleicht eines der weiteren Streitpunkte zwischen der EU und der Türkei im Frühjahr 2017 (nämlich, dass die EU weiterhin zögert, die Türkei aufzunehmen)?

Thomas P. M. Barnett – Vision einer „hellbraunen Mischrasse" in Europa

Abb. 231: Thomas P. M. Barnett

Dass das alles keine alten verstaubten Pläne sind, bezeugen die recht deutlichen und unverblümten Aussagen des US-amerikanischen Militärstrategen und Globalisierungsbefürworters Thomas P. M. Barnett. In seinen Büchern „Der Weg in die Weltdiktatur" (2016) und „Drehbuch für den 3. Weltkrieg" (2016) hat er sich schockierend ehrlich und offen für die *Neue Weltordnung* ausgesprochen. Das Endziel gemäß den Plänen der Elite sei die „Gleichschaltung aller Länder der Erde". Um das zu erreichen, soll laut Barnett durch eine Vermischung von Rassen eine „hellbraune Rasse" in Europa entstehen. Zu diesem Zweck soll Europa daher jährlich 1,5 Millionen Migranten aus Ländern der Dritten Welt aufnehmen. Das Endergebnis sei dann nach der Vision Barnetts und der Globalisten eine Bevölkerung mit einem durchschnittlichen Intelligenzquotienten (IQ) von 90, die zu dumm sei, um zu begreifen, aber intelligent genug, um zu arbeiten. Dadurch könnten die europäischen Länder nie mehr wieder als „Konkurrenten" auftreten oder sich gegen die Globalisierung wehren. Und was ist mit all jenen, die sich diesen Plänen entgegenstellen? Dazu hat Barnett schon Lösungen parat. Zum einen sagte er: *„Sollte sich beim amerikanischen Volk Widerstand gegen die Globalisierung regen, müsste ein neuer 11. September inszeniert werden."* Und seine Botschaft an alle Kritiker und Widerständler allgemein lautet: *„Ja-*

wohl, ich nehme die vernunftwidrigen Argumente meiner Gegner zur Kenntnis. Doch sollten sie Widerstand gegen die globale Weltordnung leisten, fordere ich: Tötet sie!"[818] Das mit dem IQ leitet Barnett vom deutlich niedrigeren IQ bei Menschen aus afrikanischen Ländern ab, bei denen laut offiziellen Angaben der durchschnittliche IQ bis teilweise bei deutlich unter 70 liegt, während Europäer durchschnittlich bei 100 liegen würden und die Asiaten bei 105 und darüber.[819]

Freimaurer rufen zur Invasion Europas auf

Passend zu den Forderungen der Globalisten reihen sich auch die Forderungen von 28 europäischen Freimaurerlogen ein, die am 7. September 2015 eine Presseerklärung abgaben, in der sie die europäischen Regierungen dazu auffordern, die vielen Migranten nicht nur momentan, sondern in Zukunft mehr und mehr aufzunehmen. Begründet wurde dies mit der Überwindung „nationaler Egoismen", nicht näher erläuterten „allgemeinen Interessen" sowie der „Achtung der Menschenrechte" und der „Menschenwürde". Eine indirekte Warnung beinhaltete die offizielle Erklärung ebenfalls. Sollten die Regierungen dieser Aufforderung nicht nachkommen, würde es zu „Spaltungen und Konflikten" sowie zu einem „Wiederaufleben des Nationalismus" kommen. Der vollständige Wortlaut der auf Französisch verfassten Erklärung:

> *„Die europäischen Großlogen sind wegen der Tragödie beunruhigt, die infolge der Migranten, die aus Ländern fliehen, die von Krieg betroffen und Opfer des Elends sind. Wir rufen die europäischen Regierungen auf, die notwendige gemeinsame Politik zu ergreifen, um Bevölkerungen in Not und Gefahr würdig zu empfangen. Die Unfähigkeit der Staaten, ihren egoistischen Nationalismus zu überwinden, ist ein neues Symptom eines kranken Europas, wo sich jeder für sich um seine Interessen kümmert.*
>
> *Die europäischen Großlogen rufen dazu auf, Respekt vor den Menschenrechten und der Menschenwürde zum Teil der Gründungs-Prinzipien des europäischen Aufbaus zu machen. Es ist auf der Basis solcher Prinzipien, dass die Solidarität zwischen den Nationen etabliert wurde. Der Solidaritäts-Geist ist außerdem in Anbetracht der vielen Umwälzungen, die zahlreiche Regionen der Welt betreffen, umso notwendiger.*
>
> *Ohne auf die Historie eines Kontinents zurückzugreifen, der dank zahlreicher Völkerwanderungen geschmiedet ist, sollten die laufenden Dramen Gewissensbisse provozieren und zu erneuernder Begrüßung inspirieren. Stattdessen wird der europäische Kontinent schließlich Schauplatz der Zersplitterung und Konflikte, die die Völker in ein neues Unheil werfen könnten. Daraus wird nur eine Wiederbelebung des Nationalismus erfolgen.*
>
> *Die jetzige Tragödie muss also ein Schmelztiegel der Wiedergeburt eines neuen europäischen Traums werden. Die unterzeichnenden Großlogen erwarten künftige Gesetze, in denen die grundlegenden Werte der Solidarität und Brüderlichkeit ihren gebührenden Ausdruck finden."* (Übersetzung von *euro-med.dk* entnommen.)[820]
>
> Danach folgen noch Unterzeichnungen der einzelnen Logen.

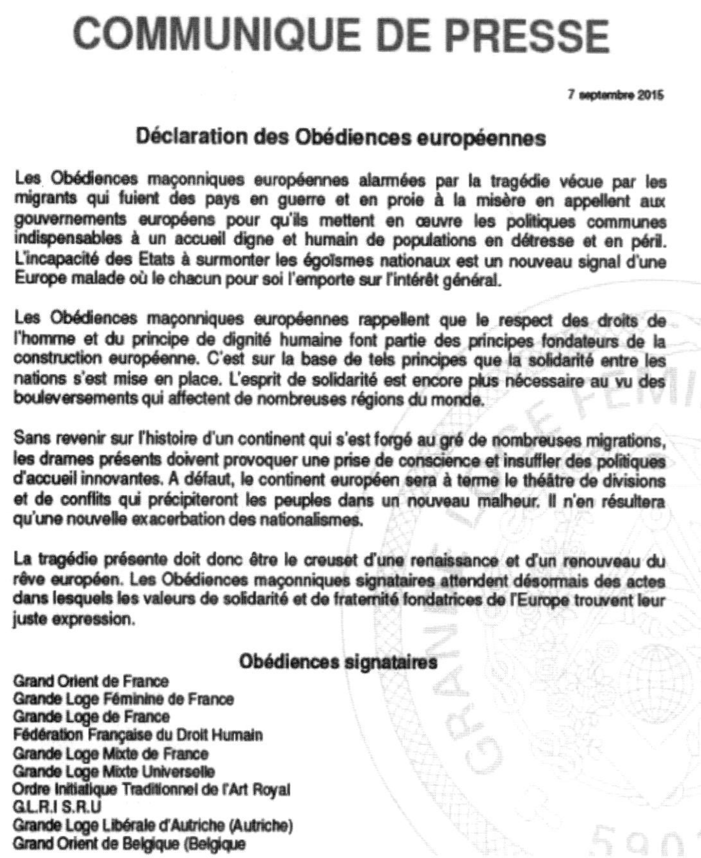
COMMUNIQUE DE PRESSE

7 septembre 2015

Déclaration des Obédiences européennes

Les Obédiences maçonniques européennes alarmées par la tragédie vécue par les migrants qui fuient des pays en guerre et en proie à la misère en appellent aux gouvernements européens pour qu'ils mettent en œuvre les politiques communes indispensables à un accueil digne et humain de populations en détresse et en péril. L'incapacité des Etats à surmonter les égoïsmes nationaux est un nouveau signal d'une Europe malade où le chacun pour soi l'emporte sur l'intérêt général.

Les Obédiences maçonniques européennes rappellent que le respect des droits de l'homme et du principe de dignité humaine font partie des principes fondateurs de la construction européenne. C'est sur la base de tels principes que la solidarité entre les nations s'est mise en place. L'esprit de solidarité est encore plus nécessaire au vu des bouleversements qui affectent de nombreuses régions du monde.

Sans revenir sur l'histoire d'un continent qui s'est forgé au gré de nombreuses migrations, les drames présents doivent provoquer une prise de conscience et insuffler des politiques d'accueil innovantes. A défaut, le continent européen sera à terme le théâtre de divisions et de conflits qui précipiteront les peuples dans un nouveau malheur. Il n'en résultera qu'une nouvelle exacerbation des nationalismes.

La tragédie présente doit donc être le creuset d'une renaissance et d'un renouveau du rêve européen. Les Obédiences maçonniques signataires attendent désormais des actes dans lesquels les valeurs de solidarité et de fraternité fondatrices de l'Europe trouvent leur juste expression.

Obédiences signataires

Grand Orient de France
Grande Loge Féminine de France
Grande Loge de France
Fédération Française du Droit Humain
Grande Loge Mixte de France
Grande Loge Mixte Universelle
Ordre Initiatique Traditionnel de l'Art Royal
G.L.R.I S.R.U
Grande Loge Libérale d'Autriche (Autriche)
Grand Orient de Belgique (Belgique

Abb. 232: Die Presseerklärung der europäischen Freimaurerlogen mit der Aufforderung an die europäischen Regierungen, Migranten scharenweise hereinzulassen.

Die Linksfaschisten – Sturmtruppen der Regierung

Diese Spezies hatte ich schon mal an früherer Stelle erwähnt, als es um die Fachreferentin für „Hate Speech", Julia Schramm von der *Amadeu Antonio Stiftung*, ging. Ihre Hasstiraden gegen die Volksdeutschen ziehen sich wie ein roter Faden durch all die linken Organisationen, die es mittlerweile gibt. Die wohl bekannteste unter ihnen ist die *Antifaschistische Aktion* (kurz *Antifa*), die sich aus linken, linksradikalen und autonomen Gruppen zusammensetzt. Sie tritt nicht nur dann überall auf den Plan, wenn es darum geht, gegen nationalistische/patriotische Strömungen zu protestieren, sondern betreibt gewalttätige Krawalle („Maikrawalle"), bei der sie nicht nur öffentliches Eigentum beschädigen, sondern auch gern mal all jene zusammenschlagen, die sich ihr in den Weg stellen. Letzteres vor allem auf „Gegendemonstrationen" von rechtspopulistischen bzw. patriotischen Kundgebungen (*PEGIDA* & Co., die aber wiederum auch als kontrollierte Opposition gesteuert sind). Nicht umsonst wird sie als „5. Kolonne" oder „Schlägertrupp" des Staates bezeichnet, ähnlich wie die *SA* im Dritten Reich. Waren es damals die „Braunhemden", sind es heute halt die „Roten" bzw. der „Schwarze Block". Und hinter beiden stecken zionistische und jesuitische Drahtzieher. Übrigens ist der 1. Mai als „Tag der Arbeit“ ein wichtiger Feiertag der Kommunisten. Wilhelm Liebknecht – Mitbegründer der Partei SPD – sagte 1890 in seiner Vorrede zum Protokoll des Pariser Arbeiter-Kongresses von 1889: *„Dass es kein Strohfeuer war, was auf dem Kongress loderte, das hat der erste Mai dieses Jahres bewiesen – der erste gewaltige, die erste umspannende Aktion des Weltproletariats, das voriges Jahr zu Paris seinen ewigen Bund des Friedens, der Freiheit und der Gleichheit beschlossen hat!“*(821) Der Ausdruck „Weltproletariat“ verrät den kommunistischen Hintergrund. Und Georgi Dimitroff, Politiker der *Bulgarischen Kommunistischen Partei* sowie Generalsekretär der *Komintern* 1935 bis 1943, sagte zum internationalen Kampftag der Arbeiterklasse: *„Massenarbeit, Massenkampf, Massenwiderstand, Einheitsfront, keine Abenteuer – das ist das Alpha und Omega der kommunistischen Taktik.“*(822) So so, das „Alpha und Omega“ also. Diese Rhetorik kommt wiederum eher aus dem katholisch-kirchlichen Bereich. Vor diesem Hintergrund wird ebenfalls deutlich, dass auch die SPD sowie der *Deutsche Gewerkschaftsbund* (DGB) ebenfalls zum linken Spektrum gehören, was allein schon durch die auffallend rote Farbe in den Logos gekennzeichnet ist.

Dass alle sprichwörtlich „unter einer Decke stecken“, wird besonders dadurch ersichtlich, da die Linksradikalen für ihre Gegendemonstrationen sogenanntes „Demonstrationsentgelt“ erhalten. Richtig, die werden für Demos und Krawalle bezahlt. Im „Kampf gegen Rechts“ scheuen sich staatliche Stellen keineswegs, linke Gruppierungen finanziell zu unterstützen, denn schließlich geht es hier in Wirklichkeit weniger um „Nazis“, sondern eher um einen „Kampf gegen Regierungs- und Systemkritiker“ allgemein. Der Abgeordnete Jörg Henke erhielt auf seine kleine Anfrage vom 7. Juli 2015 beim Thüringer Landtag die Bestätigung dafür, dass das *Thüringer Ministerium für Bildung, Jugend und Sport* zwischen 2012 und 04/2015 insgesamt rund 41.000 Euro an Zuwendungen an diverse Vereine zahlte für Gegendemonstrationen zu nationalen Kundgebungen („Demonstration Dresden“, vermutlich *PEGIDA* u. ä., „autonomer Nationalisten“, „NPD Großveranstaltung“). Unter den Zuwendungsempfängern finden wir u.a.:

- *Das Graswurzelnetzwerk e.V.* (Bündnis gegen Rechts, Unterstützung von asylsuchenden Migranten)
- *Grenzenlos. Verein für Menschenrechte e.V.* (u.a. Unterstützung von asylsuchenden Migranten)
- *AUFANDHALT e.V.* („Kampf gegen Rechts“, Unterstützung von asylsuchenden Migranten, Verlinkung zur *Amadeu Antonio Stiftung*)
- *schrankenlos e.V.* („Interkulturelles Leben gestalten“, Unterstützung von asylsuchenden Migranten)
- *Stadtjugendpfarramt Jena*
- *Studierendenrat Uni Erfurt*
- *Verein zur Förderung von Demokratie und Toleranz e.V.* („Kampf gegen Rechts“, Verlinkung zur *Antifa*)
- *Neue Linke e.V.*
- *Jusos der SPD Thüringen*
- *ran e.V.* (Jugendförderverein des *DGB*)(823)

Doch das ist nur die Spitze des Eisbergs. Ab 2017 nämlich, so berichtete die *Zeit* am 19. März 2016, hat die Bundesregierung für den „Kampf gegen Rechts" ihr jährliches Budget verdoppelt, von 50 Millionen auf satte 100 Millionen Euro pro Jahr. Dieses Geld fließt dann u.a. in solche wie die zuvor genannten Vereine, Organisationen und Projekte. Das dazugehörige Bundesprogramm *Demokratie leben! Aktiv gegen Rechtsextremismus, Gewalt und Menschenfeindlichkeit* wird vom **Bundesfamilienministerium** betrieben.[(823a)]

Dr. Miriam Heigl, Leiterin der *Fachstelle gegen Rechtsextremismus* in München, hat in einem Interview mit dem TV-Sender des *Bayerischen Rundfunks* offen zugegeben, dass sie ebenfalls mit der *Antifa* zusammenarbeitet. Christian Jung, investigativer Autor des Buches „Der Links-Staat. Enthüllt: Die perfiden Methoden der ‚Antifa' und ihrer Helfershelfer in Politik und Medien" fand u.a. heraus, dass Steuergelder zu *Antifa*-Vereinen in München fließen, und das nicht zu knapp: 149.000 Euro pro Jahr ab 2017. Zudem hat nach seinen Recherchen die Stadt München eine Art „Stadt-Stasi", welche dem sozialdemokratischen Oberbürgermeister unterstellt sei, und Daten und Fotos von „politisch unkorrekten" Personen sammeln würde – ohne jedwede Rechtsgrundlage. Selbst die bayerische CSU hätte im Stadtrat dem Projekt der „Stadt-Stasi" zugestimmt. Das muss man sich einmal vorstellen. Es sind also nicht nur die großen Behörden, wie der Landes„verfassungs"schutz oder die Kripo etc., die patriotische Bürger ausspionieren, diese Spitzeltätigkeit findet sogar auf Bürgermeisterebene statt. Nachfolgend ein kurzer, aber interessanter Interviewausschnitt mit Herrn Jung und der *Preußischen Allgemeinen Zeitung* (PAZ) vom 9. Februar 2017:

> ***„PAZ: Welche Rolle spielt in diesem Zusammenhang unsere deutsche Vergangenheitsbewältigung, über die ja der renommierte Journalist Johannes Groß einmal schrieb, dass die Verwaltung der deutschen Schuld und die Pflege des deutschen Schuldbewusstseins ein Herrschaftsinstrument sei, das in der Hand aller derer liege, die Herrschaft über die Deutschen ausüben wollen, drinnen und draußen?***
>
> *Jung: Sie spielt eine erhebliche Rolle! Das dunkelste Kapitel der deutschen Geschichte sollte zwar niemals in Vergessenheit geraten, aber durch die unrealistische Überhöhung einer angeblichen ‚Gefahr von Rechts' mit permanenten Rückbezügen auf die dunklen zwölf Jahre wurde von der Alt-68er-Bewegung ein Popanz aufgebaut und ihr Marsch durch die Institutionen unseres Staates begünstigt. Das bedeutet, dass zum Teil äußerst stramme Linksideologen und/oder deren Zöglinge an entscheidenden Schalthebeln der Macht sitzen und wirken, die nicht selten einen knallharten Systemwechsel hin zum Kommunismus anstreben oder zumindest damit liebäugeln. Aus ihren Lautsprechern tönt unablässig die alarmistische Feindbild-Durchsage einer angeblichen ‚Gefahr von Rechts'! Das festigt ihre linksideologische Position, das heißt, diese Leute verstehen ihr Handwerk.*
>
> ***PAZ: Sie berichten in Ihrem Buch, dass Linksextremisten zur paramilitärischen Ausbildung ins Ausland reisen, um sich auf den bewaffneten Kampf in Deutschland vorzubereiten. Und sogar diese Aktivitäten würden staatlich gefördert, oder vermuten Sie das nur?***
>
> *Jung: Oh ja, diesem durchaus interessanten und aufschlussreichen Themenkomplex haben wir im Buch ein ganzes Kapitel gewidmet. Allerdings findet hier staatliche Förderung nach unseren bisherigen Recherchen nur indirekt statt. Im Norden Syriens hat sich*

die unabhängige Republik Rojava etabliert, die aus drei ‚Kantonen' besteht. Regiert wird sie nach den Prinzipien Abdullah Öcalans, dem in der Türkei inhaftierten Führer der Terrororganisation PKK. Es ist ein sozialistisches System, das sich als eine Art Verfassung sogar einen Volksvertrag gegeben hat. Bei genauerem Hinsehen stellt man allerdings schnell fest, dass es alles andere als ein demokratisches oder gar rechtsstaatliches Gebilde ist, was Sozialisten in Rojava errichtet haben. Auf Anfrage teilte uns eine Sprecherin des Bundesamtes für Verfassungsschutz Anfang Mai 2015 mit, es befänden sich 120 Linksextremisten aus Deutschland in Rojava, um dort am bewaffneten Kampf teilzunehmen. Eine Linksextremistin kam 2015 sogar ums Leben. Sie hatte an der Seite der YPG gegen den Islamischen Staat (IS) gekämpft. Und eine bunt bedruckte Werbebroschüre dazu haben wir beispielsweise Ende April 2016 im Antifa-Treff ‚Kafe Marat' in München vorgefunden. Wer die wohl finanziert hat, dürfte keine Frage sein! (…)

PAZ: Als engagierter Anti-Antifa-Aktivist an der enthüllenden Aufklärungsfront haben Sie bestimmt schon persönliche Erfahrungen mit Linksextremisten gemacht, vermutlich unangenehme?

Jung: Ja, wir wurden bei den Recherchen und Filmaufnahmen nicht nur einmal erheblich gestört und sogar körperlich attackiert, so zum Beispiel in München und Stuttgart. Auch das haben wir in den begleitenden Dokumentarfilmen anschaulich thematisiert."[824]

Das heißt, dass Linksextremisten nun schon als „Söldner" in den Krieg im Nahen Osten ziehen. Interessant allemal... Die Angriffe auf die Partei AfD nehmen seitens der *Antifanten* derweil immer mehr zu. Es kommt zunehmend zu vermehrten Brandanschlägen, schweren Sachbeschädigungen an Parteibüros sowie zu Morddrohungen an AfD-Politikern.[825] Seine hässliche Fratze zeigte der *Antifantenstadl* dann noch einmal so richtig bei den G20-Krawallen in Hamburg im Juli 2017. Hier hat es dann auch unbescholtene unabhängige Journalisten getroffen. Was war passiert? Max Bachmann von *eingeschenkt.tv* sowie seine Kollegen Max Rudkowski (*wearechange.org*), Max und Tim Pool und Lauren Southern aus den USA und Kanada wurden von linken Terroristen nicht nur angepöbelt und als „Nazis" beschimpft, sondern auch tätlich angegriffen und damit bedroht, gelyncht zu werden, wenn sie nicht umgehend die Demonstrationen verlassen und gänzlich aus der Stadt verschwinden. Wie Max Bachmann hinterher berichtete, trug er durch die gewaltsamen Angriffe einige Verletzungen von sich. Diesen Angriffen ging voraus, dass der linke Journalist und Aktivist Sören Kohlhuber auf seinem *Twitter*-Kanal Fotos von den jungen Männern machte, die zusammen mit Lauren Southern gesichtet wurden. Letztere trug naiverweise ein Shirt der *Identitären Bewegung*, was sich klar als Fehler herausstellte. Andere *Antifa*-Gruppen gaben diesen „Aufruf" dann weiter mit der Aufforderung, diese Personen zu „suchen" und zu „handeln". Die kleine Gruppe an Journalisten wurde somit zur buchstäblichen Hexenjagd freigegeben, die gerade noch so davon gekommen war.[825a] Dieses weitere Beispiel zeigt perfekt, dass man hier gezielt gegen Systemkritiker vorgeht, denen man das Label „Nazi" umhängt, um auch die breitere Masse gegen jene dann zu mobilisieren. Der G20-Gipfel in Hamburg jedenfalls war ein Testlauf für den kommenden Bürgerkrieg.

Als Außenstehender mag man von der AfD halten, was man will. Und wenn sie auch bloß eine im Zaum gehaltene kontrollierte Opposition ist, so geht das meines Erachtens deutlich zu weit. Freie Meinungsäußerung und freie politische Meinungen zu haben – solange dies nicht in Gewalt eskaliert –, sollte der Grundpfeiler einer freien Gesellschaft sein. Nicht nur werden von Steuergeldern diese bezahlten Gegendemos finanziert, der durch die linken „Sturmtruppen" entstandene immense Sachschaden zumeist ebenfalls, was beim G20 in Hamburg seinen Höhepunkt erreichte (dann werden für alle die Versicherungsprämien sowie Steuern und Abgaben erhöht). Doch das nimmt unsere Regierung gern in Kauf, wenn es darum geht, politisch „unliebsame" Bewegungen zu (zer)stören. Fördergelder erhält die *Antifa* laut der ehemaligen DDR-Bürgerechtlerin Vera Lengsfeld auch vom **Bundesfamilienministerium** (passt zu der vorhin erwähnten Budgeterhöhung für den „Kampf gegen Rechts"). Hatte die frühere Familienministerin Kristina Schröder (CDU) noch versucht, diese linksextreme Entwicklung mit der „Extremistenklausel" einzudämmen, hatte ihre Nachfolgerin Manuela Schwesig (SPD) diese wieder außer Kraft gesetzt. Dies war möglich, da im neuen Koalitionsprogramm der großen Koalition der Kampf gegen alles Mögliche angesagt wurde (z.B. gegen „Rechts", gegen „Homophobie" und sogar gegen die epidemisch grassierende „Transphobie"), aber ein Kampf gegen den Islamismus und linksextremen Terror wird nirgends erwähnt.(826)

Und was die kontrollierten bzw. unterwanderten Oppositionen betrifft (NPD, DVU, AfD, *PEGIDA* & Co.), so baut man diese **gerade eben** mit dem Ziel auf, um linke Gegenbewegungen zu fördern und zu rechtfertigen. Die Verknüpfung jedweder Systemkritik zum „Nazitum" und dessen übertriebenes Aufbauschen dient den Herrschenden – wie es Jung bereits hatte durchblicken lassen –, die eigene Macht zu erhalten. Es wird eben damit kalkuliert, dass die meisten Leute in Deutschland aufgrund des eingeimpften Schuldbewusstseins lieber in die „linke" als in die „rechte" Ecke gestellt werden möchten. Auch Jung hatte erkannt, wo die Reise hingehen soll, nämlich zum **kommunistischen Faschismus**.

Wenn es um das massenweise Hereinholen von Migranten geht, zwecks Abschaffung der deutschen Nationalität, so findet sich im linksaußen-Spektrum auch die *Interventionistische Linke* (IL), eine gewaltbereite Gruppe, die eine „Scharnierfunktion" innehat. Sie soll demnach den Anschluss an nicht-gewaltbereite Linke suchen, um diese für „militante Aktionsformen" zu gewinnen, wie der *Rheinneckarblog* auf Berufung eines Bundes„verfassungs"schutzberichts von 2013 schreibt.(827) Die *IL* selbst sagt über sich selbst auf ihrer Webseite (von mir hervorgehoben):

> *„Die Interventionistische Linke ist ein Zusammenschluss linksradikaler Gruppen und Einzelpersonen aus der undogmatischen und emanzipatorischen Linken im deutschsprachigen Raum. Wir sind u.a. in sozialen,* ***antirassistischen, feministischen und Klimakämpfen*** *aktiv und engagieren uns in den Bereichen Antifaschismus und Antikriegspolitik. Wir wollen eine Linke sein, die sich einmischt. Deshalb versuchen wir in all diese Auseinandersetzungen durch offene und breite Bündnispolitik unsere Positionen zu vermitteln und diese praktisch werden zu lassen. (…) Kurz: Wir wollen eine neue, gesellschaftliche radikale Linke, die um politische Hegemonie ringt und Gegenmacht organisiert."*(828)

Antirassismus, Feminismus, Klimaschwindel. Sie ist also genau dort *aktiv*, wo die Globalisierer es wollen. Zum Thema „Flüchtlinge" gibt die *IL* Folgendes „zu Gute" (von mir hervorgehoben):

> *„Gemeinsam mit anti-rassistischen Bewegungen, Verbänden und allen, denen die Behandlung der ‚Außenseiter' der Festung Europas durch die EU unmenschlich erscheint, rufen wir nach Brüssel zu einem Tag der europäischen Mobilisierung auf,* ***für ein europäisches Recht auf Asyl und Bewegungsfreiheit – für alle und über alle Grenzen hinweg.*** *(…) Es wird unterschieden zwischen ‚richtigen' und ‚falschen' Flüchtlingen, zwischen Kriegsflüchtlingen und Wirtschaftsflüchtlingen. Ohne zu erwähnen, welche Rolle Europa und seine koloniale Vergangenheit bei der Zerstörung der sozialen, ökonomischen und politischen Bedingungen der Herkunftsländer gespielt hat und spielt und ohne zu erwähnen, unter welchen verbrecherischen Bedingungen sogenannte ‚Wirtschaftsflüchtlinge' in ihren Aufenthaltsländern ausgebeutet und entrechtet werden. (…)*"[(829)]

Nun, es besteht also durchaus ein Interesse daran, den „Kult mit der Schuld" aufrecht zu erhalten. Man darf jedoch annehmen, dass nur die „Oberen" sich dieser Tatsache vollkommen bewusst sind, die große Masse der „Linken" hingegen keine Kenntnis davon hat.

Dass viele der sog. „Gutmenschen" relativ wenig historische Ahnung haben und nur das nachplappern, was man ihnen diktiert, zeigen Äußerungen zur Kolonialzeit. Wenn man diese Zeit anprangert, dann müsste sich die Kritik **in erster Linie** an die Briten und US-Amerikaner richten, die in den letzten 300 Jahren allein für hunderte Millionen von Toten gesorgt und einen Angriffskrieg nach dem anderen geführt haben. Die US-Amerikaner haben in den letzten 100 Jahren mehr Kriege geführt und blutigste Regierungsumstürze weltweit verursacht, als alle anderen Länder zusammen! Das Deutsche Kaiserreich hatte eine handvoll Kolonien in Afrika erworben (und diese waren ganz sicher **nicht** in Syrien, Libyen, Afghanistan oder im Irak!), während die Briten die halbe Welt **gewaltsam** erobert haben. Ach, und den Menschen im souveränen Irak und in Libyen ging es **vor** der Einmischung von außen und ihrer Zerbombung recht gut. Sie genossen teilweise einen besseren Lebensstandard als wir hier im so „modernen" Westen. Wenn die „Wirtschaftsflüchtlinge" in ihren Heimatländern ausgebeutet wurden, dann aufgrund der Verhältnisse, die **nach** ihrer „Demokratisierung" entstanden sind, durch die Einmischung Israels sowie des Vatikans (siehe Teil I dieses Buches). Diese regelrechte dreiste Verdummung, die das linke Spektrum verbreitet, ist schon unterirdisches Kindergartenniveau, welches sich aber zur „Gegenmacht" erheben will.

Abb. 233 (oben): Antideutschendemo. In kyrillischer Schrift steht „*Kommunismus*". Darunter: „*Wir wissen alles. Wir erinnern uns an alles. Wir haben verstanden: Die Deutschen sind keine Menschen.*"

Abb. 234 (Mitte): Ein Banner der *Antifa*. Wenn Deutschland so „scheiße" ist, warum wandern die dann nicht nach Israel oder in die Ukraine aus?

Abb. 235 (unten): Dieses Bild hat die *Antifa* auf Facebook veröffentlicht und es nach einer Zeit später aber wieder gelöscht. Im Hintergrund wird eine Frau angedeutet, die vergewaltigt wird. Solche Botschaften können **nicht** von ethnischen Deutschen stammen.

Abb. 236 und 237 (oben): Demo der *Linken* und ihrer Anhänger im Herbst 2015. Traurig anzusehen, wie hier Migrantenkinder für beleidigende Polemik missbraucht wurden. Die Plakate sollen suggerieren, dass jeder „besorgte Bürger" automatisch ein „Nazi" ist und dass die Deutschen ein Inzuchtvolk seien. Unfassbar. Deutschlandhasser unter sich.

Abb. 238 (oben): Was sagt uns die Aufschrift des Transparents über das Niveau der Demonstranten? Haben Sie jemals in irgendeinem anderen Land der Erde so etwas gelesen – geschrieben von den eigenen Bürgern?

Politiker sowie islamische und jüdische Vertreter fordern Abschaffung der weißen Rasse!

Jetzt, wo deutlich geworden ist, dass es eine jahrzehntealte Agenda gibt, um Deutschland und Europa besonders „bunt" und „multikulturell" zu gestalten, schauen wir uns in diesem Zusammenhang einmal auch Aussagen und Bestätigungen einiger heutiger Politiker an bzw. all jener, die meinen, über die Köpfe von ganzen Völkern hinweg willkürlich entscheiden zu dürfen:

- Der aus einer katholischen Familie stammende niederländische Politiker und EU-Vizepräsident der EU-Kommission, **Frans Timmermans**, lieferte während einer Rede eines Grundrechte-Kolloquiums der EU folgende Botschaft an uns alle: *„Vielfalt wird jetzt in einigen Teilen Europas als Bedrohung angesehen. Vielfalt bringt Herausforderungen mit sich. Aber die Vielfalt ist das Schicksal der Menschheit. Es wird keine Nation, selbst in den entferntesten Orten dieses Planeten geben, die künftig nicht mit Vielfalt konfrontiert sein wird. Das ist es, worauf die Menschheit zusteuert. Und jene Politiker, die versuchen, ihren Wählern eine Gesellschaft zu verkaufen, die ausschließlich aus Menschen einer Kultur besteht, versuchen eine Zukunft zu schildern, die auf einer Vergangenheit aufgebaut ist, die es niemals gab, und daher wird es diese Zukunft niemals geben. Europa wird vielfältig sein, wie alle anderen Teile der Welt vielfältig sein werden. Die einzige Frage ist, wie gehen wir mit dieser Vielfalt um? Und meine Antwort darauf ist, indem wir sicherstellen, dass unsere Werte bestimmen, wie wir mit der Vielfalt umgehen und nicht indem wir unsere Werte aufgeben, um Vielfalt abzulehnen. Das würde uns als Gesellschaft vernichten. Wenn wir das nicht richtig machen, glaube ich wirklich, dass Europa nicht das Europa bleiben wird, das wir erbaut haben. Europa würde (dann) für sehr lange Zeit kein Ort des Friedens und der Freiheit bleiben."* (Übersetzung aus dem Englischen von *unser-mitteleuropa.com* mit eigenen Korrekturen)[830]

Ist das nicht interessant, wie sich das mit der Forderung der europäischen Freimaurerlogen deckt? Und auch Timmermans bestätigt – wie die Freimaurer und auch Thomas Barnett zuvor – mit deutlichen Worten, dass, wenn diese Massenmigration nicht „richtig" vollzogen wird, es in Europa für sehr lange keinen Frieden und keine Freiheit mehr geben wird. Im Umkehrschluss wird also gesagt, dass es dann zu ewig langen Kriegen kommen würde. Jetzt ist es aber so, dass die Masse der Menschen in Europa keine (weiteren) Migrantenströme mehr haben will, da diese eben den Krieg und den Terror nach Europa bringen. Entweder versuchen Timmermans und die anderen uns „normale" Leute für dumm zu verkaufen, oder steckt da doch noch etwas anderes dahinter? Würde, wenn die europäischen Staaten nicht „mitspielen" sollten, dann ein noch viel größerer Krieg gegen Europa losgetreten werden? Womit werden Deutschland und Europa denn genau erpresst? Vielfalt an sich wird eigentlich solange nicht als Gefahr angesehen, solange diese Vielfalt integriert ist, keine bösen Absichten hegt und das Gastland würdigt und respektiert. Das ist bei einem seit 2015 ankommenden größeren Teil der Migranten eben nicht der Fall. Zudem kamen, wie **nachgewiesen** wurde, mit den Strömen mindestens ein paar zehntausende Terroristen nach Europa. Das hat Timmermans schön ausgeblendet. Bemerkenswert ist auch sein Hinweis, wonach es in der Vergangenheit keine Monokulturen gegeben hätte (*„die auf einer Vergangenheit aufgebaut ist, die es niemals gab"*).

Uns versucht er also indirekt zu verkaufen, dass Europa – wie die USA – schon immer ein Einwandererkontinent gewesen sei.

- Der ehemalige französische Präsident **Nicolas Sarkozy** gab am 17. Dezember 2008 in einer Rede Folgendes ganz unmissverständlich von sich: „*Was also ist das Ziel? (...) Das Ziel ist, sich der Herausforderung der Rassenvermischung zu stellen. Die Herausforderung der Vermischung, die uns im 21. Jahrhundert gegenübersteht. Es ist keine Wahl, es ist eine Verpflichtung. Es ist zwingend! Wir können nicht anders, wir riskieren sonst mit sehr großen Problemen konfrontiert zu werden. Deswegen müssen wir uns ändern und wir werden uns ändern. Wir werden uns alle zur selben Zeit verändern: in Unternehmen, in Verwaltungen, in Bildung, in politischen Parteien. Und wir werden uns zu diesem Ziel verpflichten. Wenn dies von der Republik* [also vom Volk, A.d.V.] *nicht freiwillig getan wird, dann wird der Staat Zwangsmaßnahmen anwenden.*“(831)

Vielen Dank an den Herr Sarkozy für so viel Ehrlichkeit. Ob er seine Familie mit teils jüdischen Wurzeln auch in dieses Projekt der „Rassenvermischung“ mit einbeziehen wird? Wohl kaum!

- In der Wochenzeitung *Die Zeit* sagte Bundesfinanzminister **Wolfgang Schäuble** in Bezug auf die Massenmigration: „*Die Abschottung ist doch das, was uns kaputt machen würde, was uns in Inzucht degenerieren ließe. Für uns sind Muslime in Deutschland eine Bereicherung unserer Offenheit und unserer Vielfalt. Schauen Sie sich doch mal die dritte Generation der Türken an, gerade auch die Frauen! Das ist doch ein enormes innovatorisches Potenzial! (...) Afrika wird unser Problem sein, wir müssen diese Aufgabe annehmen. Hart gesagt, hat uns der Mittlere Osten Afrika vom Hals gehalten. Das ist jetzt vorbei.*“(832)

Auch hier erkennt man eindeutig die Kalergi'sche Rhetorik. Wie man bei einer dreiviertel Milliarde Einwohnern in Europa von „Inzucht“ sprechen kann, ist echt ungeheuerlich. Aber das ist das, was solch „elitäre“ psychopathischen Hirne zum Besten geben, wenn sie an Machthebeln sitzen. Und ja, Libyen hat die Massen in Afrika zurückgehalten, bis es zerbombt und „befreit“ wurde. Ja, Ihr „da oben“, wir sind nicht ganz so dumm, Zusammenhänge nicht erkennen zu können, wie Ihr tatsächlich glaubt.

- Der ehemalige Präsident des Europäischen Parlaments und hoffnungsloser Kanzlerkandidat 2017 der SPD, **Martin Schulz**, meinte in der Heidelberger Hochschulrede „*Heimat, Flucht und Identität in Zeiten der Globalisierung*“: „***Multikulturalität gibt es in Europa seit Jahrhunderten, es ist ein Kontinent der Vermischung. (...) Was die Flüchtlinge zu uns bringen, ist wertvoller als Gold.***“ In Bezug auf die Migrationskritiker sagte er: „*Es ist die Lösung, die die Populisten des 21. Jahrhunderts in den kalten Nachthimmel schreien, nachdem sie die Fahnen ihrer Großväter aus dem Keller geholt haben. Die Dämonen, die diesen Kontinent in den Abgrund gezogen haben, sind lebendiger denn je.*“(833)

Das ist schon ein starkes Stück. Ich frage mich, welche Dämonen **ihn** reiten? Auch hier wieder die neue Mär von einem „Europa der Vermischung". Dann die quasi Erhebung der Flüchtlinge über die Einheimischen. Und welche „Flüchtlinge" meint Schulz eigentlich, die „wertvoller als Gold" seien? Die unüberschaubare Anzahl an Ingenieuren, Professoren und Raketenwissenchaftlern? Schulz gilt übrigens als ein „verlässlicher Verbündeter" von George Soros. In diesem Zusammenhang sei kurz erwähnt, dass es unbekannten Hackern gelungen war, an einige Datenbanken von Soros heranzukommen. Darunter fand man u.a. auch eine Unterstützerliste mit dem Titel „Verlässliche Verbündete im Europäischen Parlament (2014-2019)". Demnach handelt rund ein Drittel der Abgeordneten des Europaparlaments im Sinne von George Soros.(834) Martin Schulz ist auch bei den Juden äußerst beliebt und willkommen, verkündete er doch: *„Für mich existiert das neue Deutschland nur, um die Existenz des Staates Israel und des jüdischen Volkes sicherzustellen."* Und nein, das steht auf keinem „Fake-News"-Blog von rechten „Spinnern", sondern auf der israelischen Nachrichtenseite der Zeitung *Haaretz*.(835) Schulz versicherte den Juden zudem auf dem *European Jewish Congress* (EJC) Anfang 2016: *„Europa ist Euer Zuhause heute, jeden Tag und für immer."*(835a) Präsident und somit Führer der europäischen Juden ist Moshe Kantor. Schulz wurde zudem mit der *Europäischen Toleranz-Medaille* für seinen engagierten Kampf gegen „Fremdenhass" vom *Europäischen Rat für Toleranz und Versöhnung* verliehen. Präsident dieses Rates ist zufälligerweise ebenfalls Moshe Kantor.(835b) Alles klar, wofür dieser einstige Kanzlerkandidat ebenso einsteht wie Angela Merkel? Ach, wussten Sie, dass Letztere am 13. Januar 2011 den Europapreis der *Europa-Gesellschaft Coudenhove-Kalergi* verliehen bekam? Dieser besondere Preis wird alle zwei Jahre für „außerordentliche Verdienste im europäischen Einigungsprozess" verliehen.(836) Deutschland als Nation spielt keinerlei Rolle bei unseren Volksverrätern, außer wenn es darum geht, es **abzuschaffen**.

- Parteimitglied der Partei *Die Linke*, **Christin Löchner**, schrieb einem Blogger Anfang 2012 auf seine Email folgende Antwort: *„Löschen Sie mich umgehend aus Ihrem Verteiler. Es mag Sie vielleicht überraschen, aber ich bin eine Volksverräterin. Ich liebe und fördere den Volkstod, beglückwünsche Polen für das erlangte Gebiet und die Tschech/innen für die verdiente Ruhe vor den Sudetendeutschen. Ich tanze am 8. Mai mit Konfetti durch die Straßen der Städte und danke den Alliierten dafür, dass sie mir den Hintern vor den Nazis gerettet haben. Mit Gleichgesinnten, der USA und Juden treffe ich mich darüber hinaus regelmäßig, um mich mit ihnen über Leute wie Sie zu amüsieren – für jeden guten Witz gelangen sogar 50 Dollar in eine Spendenbox für den Neubau/Renovierungen von Synagogen und jüdische Zentren in der Republik. (...) In dem Sinne: Still not loving Germany! („Ich liebe Deutschland immer noch nicht!")"*(837)

- Die *deutsche* Staatsministerin und Flüchtlingsbeauftragte **Aydan Özoguz** schrieb in einem Strategiepapier zur Situation mit der Massenmigration: *„Wir stehen vor einem fundamentalen Wandel. Unsere Gesellschaft wird weiter vielfältiger werden, das wird auch anstrengend, mitunter schmerzhaft sein."* Eine „Einwanderungsgesellschaft" zu sein heiße nach ihren Worten, *„dass sich nicht nur die Menschen, die zu uns kommen, integrieren müssen"*. *„Alle müssen sich darauf einlassen und die Veränderungen annehmen."*, so ihre Forderung.(838)

So so, jetzt müssen sich die Deutschen in ihrem eigenen Land integrieren... Des Weiteren forderte sie ernsthaft das Wahlrecht sowie das Recht zu Volksabstimmungen für Migranten ohne deutschen Pass.(839) Diese Frau hat meiner Meinung nach nicht nur einen Vogel, sondern einen ganzen Käfig voller Vögel! Wenn jetzt die Millionen Flüchtlinge und Ausländer ohne deutschen Pass bald wählen dürfen sollen, dann hätte Deutschland auch noch das restliche kleinste Quäntchen an Selbstbestimmung verloren und auch noch das letzte Tor quasi auf „legalem" Wege für die komplette feindliche Übernahme durch wesens- und kulturfremde Menschen geöffnet. Ein Glanzstück, muss man schon sagen. Was die meisten Deutschen allerdings nicht wissen, ist die Tatsache, dass die Ministerin zwei bekennende Islamisten als Brüder hat (Yaviz und Gürhan Özoguz), die u.a. das islamistische Internetportal *muslim-markt.de* betrieben haben.(840)

- Die zionistische Akademikerin und Philosophin **Barbara Lerner Spectre** offenbarte in einem Interview 2010 mit dem israelischen Sender *IBA-News*: *„Ich glaube, es gibt ein Wiederaufleben des Antisemitismus, weil Europa bisher nicht gelernt hat, multikulturell zu sein, und ich denke, wir werden an dieser äußerst schmerzhaften Umwandlung teilhaben, die stattfinden muss! Europa wird nicht mehr aus monolithischen Gemeinschaften bestehen, wie es noch im vorigen Jahrhundert der Fall war. Wir Juden werden eine zentrale Rolle dabei spielen. Es ist eine riesige Umwandlung für Europa zu bewerkstelligen! Die Europäer gelangen jetzt in ein multikulturelles Stadium und uns Juden wird die dabei führende Rolle übel genommen. Aber ohne diese führende Rolle und ohne diese Umwandlung wird Europa nicht überleben."* (Dank an *ruf-ch.org* für die Übersetzung.)(841)

Ist das nicht ein Aufruf zum Völkermord? Verheiratet ist Spectre mit einem jüdischen Rabbi und sie ist Leiterin des *European Institute for Jewish Studies* (*Europäisches Institut für Jüdische Studien*) in Schweden, welches von der **schwedischen Regierung** und der *Wallenberg Foundation* finanziert wird. Dieses Institut setzt sich für die Erneuerung des europäischen Judentums und der jüdischen Kultur sowie für eine kulturelle Vielfalt in Europa ein. Sie bezeichnet sich selbst als ein „pan-europäisches Institut"(842), was ganz im Sinne und Geiste von Kalergi ist. Aber warum glaubt Spectre, dass die europäischen Gemeinschaften für sich nicht bestehen können? Viele andere, gerade die islamischen und die jüdischen (Israel), funktionieren doch auch prima! China, Indien und Japan sind ebenfalls große und starke „monolithische" Kulturen. Eines haben doch Spectre und andere aber auch noch verraten, nämlich, dass sich Israel und das Judentum aus der Rassenvermischung und der „Multikulti"-Umwandlung komplett herausnehmen! Da müsste man Spectre & Co. doch fragen, weshalb sie als „Führer" nicht mit bestem Beispiel dann vorangehen? Auf die Antwort wäre ich mal gespannt.

Hier ist eine weitere kleine Auswahl schier deutschfeindlicher Aussagen von *deutschen* Politikern:

- **Claudia Roth** (*Die Grünen*):

  „Türkei ist für mich zweite Heimat. Ich mache seit 20 Jahren Türkeipolitik, das ist viele Jahre."

  „Wir haben eine multikulturelle Gesellschaft in Deutschland, ob es einem gefällt oder nicht (...) Die Grünen werden sich in der Einwanderungspolitik nicht in die Defensive drängen lassen nach dem Motto: Der Traum von Multi-Kulti ist vorbei."

Roths Vision laut der Zeitung *Welt*:

„Am Nationalfeiertag der Deutschen ertrinken die Straßen in einem Meer aus roten Türkenflaggen und ein paar schwarzrotgoldenen Fahnen.“[(843)]

- **Jürgen Trittin** (*Die Grünen*):

  „Wir brauchen eine Kultur, die Migranten – auch muslimische Migranten – nicht abschreckt.“

  „Deutschland ist ein in allen Gesellschaftsschichten und Generationen rassistisch infiziertes Land.“

  „Das Eintreten für die gesicherte Existenz des Staates Israel ist ein Grundprinzip deutscher Außenpolitik. Das ändert sich auch nicht durch eine von uns für falsch erachtete Entscheidung der israelischen Regierung.“[(844)]

- **Cem Özdemir** (Bundesvorsitzender der *Grünen*):
  Kritik an Thilo Sarrazin:

  „Das Problem ist nicht Sarrazin selbst als Person, sondern der gleich gesinnte Bevölkerungsanteil in Deutschland.“

  „Was unsere Urväter vor den Toren Wiens nicht geschafft haben, werden wir mit unserem Verstand schaffen.“[(845)] (und mit der „Geburtenrate“!; A.d.V.)

- **Joschka Fischer** (ehemals Vizekanzler und Außenminister, *Die Grünen*):

  „Deutsche Helden müsste die Welt, tollwütigen Hunden gleich, einfach totschlagen; dies zeigt unsere Geschichte ganz sicher.“

  Die *Welt*-Redakteurin fasste in ihrer Rezension zu Josef Fischers Buch „Risiko Deutschland“ seine Denkweise wie folgt zusammen: *„Deutschland muss von außen eingehegt, und innen durch Zustrom heterogenisiert, quasi ‚verdünnt' werden.“*[(846)] „Joschka“ ist zudem beratend für den *World Jewish Congress* tätig[(847)] und Mitgründer sowie Mitglied des *European Council on Foreign Relations (ECFR)*, dem europäischen Ableger der US-amerikanischen Denkfabrik *Council on Foreign Relations*.[(848)] Dem *ECFR* – welches sich als „pan-europäische Institution“ bezeichnet[(849)] – gehören ebenfalls George Soros und sein Sohn Alexander an. Unter anderem unterstützt auch Soros die europäische Denkfabrik finanziell.[(850)] Cem Özdemir ist dort übrigens ebenfalls Mitglied wie auch der ehemalige Finanzminister Hans Eichel und einige andere deutsche Bundestagsmitglieder und Unternehmensvertreter. Im Mai 2005 erhielt Fischer als Außenminister für seine Vermittlungsarbeit zwischen Palästinensern und Juden den *Leo-Baeck-Preis*, die höchste Auszeichnung des *Zentralrates der Juden in Deutschland*.[(851)] Im September 2015 lobte er **Angela Merkel** für ihre Flüchtlingspolitik.[(852)] Und Letztere hatte im Juni 2017 eine Privataudienz beim Papst Franziskus. Offiziell hat dieser sie dazu ermutigt, *„im Kampf gegen die Armut in Afrika und für den Klimaschutz“* nach Plan weiter zu machen und weiterhin für internationale Abkommen, wie z.B. das Pariser Klimaschutzabkommen, zu kämpfen, und die *„gesamte Weltgemeinschaft“* für ihre Ziele einzubinden. Für ihre bisherige Arbeit „für den Frieden“ wurde sie von Franziskus mit einer Medaille mit einem Olivenzweig ausgezeichnet. Die beiden, so heißt es in der Presse, verstehen sich sehr gut. Es war bereits Merkels vierte Privataudienz beim „Stellvertreter Luzifers“.[(852a)]

- **Franziska Drohsel** (SPD, ehemals Bundesvorsitzende der *Jusos*):

  „Deutsche Nation, das ist für mich überhaupt nichts, worauf ich mich positiv beziehe – würde ich politisch sogar eher bekämpfen.“ Das sagte sie vor laufender Kamera bei einer Talkrunde der Sendung *Cicero*.[(853)]

- **Vural Öger** (ehemals SPD-Abgeordneter des Europäischen Parlaments und Geschäftsführer des Reiseunternehmens *Öger Tours GmbH*):

  „Im Jahr 2100 wird es in Deutschland 35 Millionen Türken geben. Die Einwohnerzahl der Deutschen wird dann bei ungefähr 20 Millionen liegen. Das, was Kanuni Sultan Süleyman 1529 mit der Belagerung Wiens begonnen hat, werden wir über die Einwohner, mit unseren kräftigen Männern und gesunden Frauen, verwirklichen.“[(854)]

- **Sieglinde Frieß** (Die Grünen):

  „Das Beste wäre für Europa, wenn Frankreich bis an die Elbe reicht und Polen direkt an Frankreich grenzt.“[(855)]

- **Gregor Gysi** (ehemals Fraktionsvorsitzender *Die Linke*, seit 2016 Präsident der *Europäischen Linke*, einem Zusammenschluss von 15 europäischen Linksparteien mit Sitz in Rom):

  „Jedes Jahr sterben mehr Deutsche, als geboren werden. Das liegt zum Glück daran, dass die Nazis sich auch nicht besonders vervielfältigen. Und schon deshalb sind wir auf Zuwanderer aus anderen Ländern angewiesen.“

Dies sagte er als Werbung für die am 6. Juni 2015 bevorstehende Veranstaltung „Schöner leben ohne Nazis“.[(856)] Wie toll, dass alle Deutschen gleich zu „Nazis“ erklärt wurden. Einige könnten nun meinen, dies habe er mehr aus Scherz gesagt, da er dabei schmunzelnd in die Kamera blickte. Ernsthaft?! Sagt ein ranghoher Politiker das aus „Scherz“ (Gerade im Hinblick und dem Kontext der Aussagen seiner Genossinnen und Genossen.)? Ich machte mir die Mühe und hörte mir seine Aussage rückwärts an. Beim Satz *„Jedes Jahr sterben mehr Deutsche, als geboren werden.“* höre ich rückwärts ganz deutlich heraus: *„Der Arsch, der beim Wald scheißte.“* Also eine bestätigende Aussage zu dem vorwärts Gesagten. Ist es das, was er tatsächlich über die Deutschen denkt?

Zwar keine (deutschen) Politiker, aber dennoch kernige Aussagen:

- **Henryk M. Broder** (jüdischer Publizist und Buchautor): *„Was ich völlig im Ernst gut finde ist, dass diese demografische Struktur Europas nicht mehr zu halten ist. Je eher die Europäer das einsehen, desto besser. Einige Städte sind schon recht farbig und nicht mehr ‚arisch' weiß, und dagegen kann man überhaupt nichts sagen. (...) Europa wird anders werden, und das ist die einzige Chance, die es überhaupt noch hat: sich mit den Leuten, die es eigentlich gar nicht haben will, zu revitalisieren. Die Frage ist nur, ob es sein politisches System aufgeben will. Ich würde gerne das weiße Europa aufgeben, aber ich würde ungern das demokratische Europa aufgeben.“*(857)

- **Deniz Yücel** (ehemals Redakteur bei *taz*, danach *Die Welt*): *„Der baldige Abgang der Deutschen aber ist Völkersterben von seiner schönsten Seite.“*(858)

- **Joe Biden** (ehemaliger US-Vizepräsident): Er sprach sich 2016 für einen *„unnachlässigen Strom an Migranten“* aus, die *„nonstop“* ins Land strömen. Ab 2017 wird die weiße Bevölkerung in den USA (die zumeist europäischen Ursprungs ist) nach seinen Worten eine absolute Minderheit sein. Und das sei laut Biden *„keine schlechte Sache“*.(859)

- **Noel Ignatiev** (Professor jüdischer Abstammung am *Massachussetts College of Art*): *„Mein Anliegen ist es, das ‚Weißsein' abzuschaffen. (...) ‚Weißsein' ist eine Identität, die vollständig aus Unterdrückung hervorgeht. (...) ‚Weißsein' ist keine Kultur, es ist keine Religion, es ist keine Sprache. Es ist ganz einfach eine unterdrückende soziale Kategorie. (...) Die Aufgabe ist es, die Minderheit auf eine Art zusammenzubringen, dass es dem Vermächtnis des ‚Weißseins' unmöglich gemacht wird, sich weiterhin zu vervielfältigen.“*(860) (d. h. als Lösung: Massenmigration)

Und Rabbi Baruch Efrati wurde auf der jüdischen Nachrichtenseite *ynetnews.com* dahingehend zitiert, dass die Juden jubeln sollten über die Tatsache, dass Europa seine Identität zugunsten eines anderen Volkes und einer anderen Religion (Islam) verliert. Efrati befürwortet lieber eine Islamisierung Europas als ein christliches Europa, als Strafe dafür, dass die Christen die Juden verfolgt hatten. Der Islam sei eine *„relativ ehrliche Religion“*, so Efrati, und obwohl es zwischen Arabern und den Juden Gebietsstreitigkeiten gäbe, sei der Islam dennoch eine bessere nichtjüdische Kultur als das Christentum. Dennoch, so fügte er hinzu, sollten Juden beten, dass die Islamisierung von fast ganz Europa nicht dem Volk Israels schade.(861)

Während all diese Aussagen sich nahtlos aneinanderreihen, setzte Anfang Februar 2017 die Hamburger Staatsanwaltschaft noch eins oben drauf, um aufzuzeigen, wie wenig wert die Deutschen sind. Was war geschehen? Ein ehemaliges Vorstandsmitglied des *Türkischen Elternbunds* Hamburg hatte die Deutschen pauschal in einem *Facebook*-Beitrag als „Hundeclan“ bzw. „Köterrasse“ beschimpft. Dieser führte seine Hasstirade wie folgt aus:

> *„Von ihren Händen fließt immer noch jüdisches Blut. Es hat bislang weltweit kaum ein zweites Volk gegeben, welches Menschen derart verachtet, massakriert und erniedrigt hat. Ihr nennt uns Bösewichte und wir schweigen. Erhofft sich Türkei noch immer etwas Gutes von diesem Hundeclan? Erwarte nichts Türkei, übe Macht aus! Sie haben nur Schweinereien im Sinn. Möge Gott ihren Lebensraum zerstören.“*

Aha, seit wann sind die Moslems und Juden solch gute Freunde? Und schaut, liebe Leserinnen und Leser, was in solch gut „integrierten" Gemeinden mitten unter uns für ein Gedankengut herrscht. Einen Straftatbestand der Volksverhetzung stellte diese offensichtlich feindlich-aggressive und zur Machtübernahme fordernde Aussage laut der Hamburger Staatsanwaltschaft jedenfalls nicht dar. Äußerst skandalös war ihre Begründung dazu, zitiert in der *Welt*:

„Es muss sich um eine Gruppe handeln, die sich durch irgendein festes äußeres oder inneres Unterscheidungsmerkmal als äußerlich erkennbare Einheit heraushebt. Für die Bezeichnung ‚Deutsche' treffe das nicht zu, da diese sich nicht ‚als unterscheidbarer Teil der Gesamtheit der Bevölkerung abgrenzen lässt. Bei allen Personen mit deutscher Staatsbürgerschaft handelt es sich um die Bevölkerungsmehrheit und daher nicht um einen Teil der Bevölkerung.'" Da es sich zudem nicht *„um einen verhältnismäßig kleinen, hinsichtlich der Individualität seiner Mitglieder fassbaren Kreis von Menschen handelt"*, würde man das Kollektiv der Deutschen nicht beleidigen können, so die „Gesetzeshüter" aus der Hansestadt.

Somit darf man weiterhin die Deutschen als „Köterrasse" straffrei beschimpfen.[861a] Na, das ist doch schon ein starkes Stück, nicht wahr? Bei den Deutschen handelt es sich also nicht um einen „fassbaren Kreis von Menschen", der „innere" oder „äußere" Unterscheidungsmerkmale hätte. Herzlichen Dank an die Volksverräter für zumindest so viel Offenheit!

Die *Vereinten Nationen* propagieren zudem ganz öffentlich in einem UN-Bericht von **2001** einen Bevölkerungsaustausch durch Migration, um dem „Rückgang" und dem „Altern der Bevölkerung" entgegenzuwirken („Replacement Migration", also Austauschmigration). Für Deutschland sah dieser Report bereits damals eine Zuwanderung von mindestens **11,4 Millionen ~~Migranten~~ „Neo-Germanen"** zwischen 1995 und 2050 vor.[862] Erinnern Sie sich noch an den 2008 an die Öffentlichkeit gesickerten Plan, Europa mit bis zu 50 Millionen Afrikanern zu fluten? Diese Zahl können Sie mittlerweile vergessen. Die ganze Migrationsthematik wird jetzt mit dem Klimaschwindel und der Erderwärmung kombiniert, um einen Gang höher zu schalten. Bundesentwicklungsminister Gerd Müller hatte im Juni 2017 nämlich prophezeit, dass, wenn eine „Begrenzung der Erderwärmung auf zwei Grad nicht gelingt", würde es eine große Fluchtbewegung von bis zu **100 Millionen „Goldstücken" aus Afrika** nach Norden geben. Er sprach sich dafür aus, dass den Menschen in Afrika eine wirtschaftliche Perspektive gegeben werden müsse, denn sonst hätten sie keine Wahl, als zu uns zu kommen. In diesem Zuge forderte er eine Art „Marshallplan", ein großes Investitionsprogramm in Afrika. Freuen wir uns daher jetzt schon alle auf noch mehr Steuern und Steuererhöhungen und vor allem auf eine Flut an Migranten biblischen Ausmaßes! Dass viele Afrikaner einen Rassenhass auf alles Weiße haben, sei dabei nur am Rande erwähnt. Was die „wirtschaftliche Perspektive" jedoch mit zwei Grad mehr oder weniger Durchschnittstemperatur zu tun hat, hat sich mir noch nicht so recht erschlossen. Jedenfalls war beim G20-Gipfel in Hamburg am 7. und 8. Juli 2017 Afrika ein Schwerpunktthema. Bereits zuvor habe die Bundesregierung afrikanischen Staats- und Regierungschefs 300 Millionen Euro zugesagt.[862a] Schon lustig, wie Deutschland für alle anderen laufend Millionen und Milliarden mit beiden Händen ausgeben kann, nur fürs eigene Volk nicht.

Merken Sie etwas nach allem, was Sie bisher gelesen haben? Das „Altern" der Bevölkerung und der „Rückgang der Geburtenraten" sind lediglich Legenden, die man der Öffentlichkeit erzählt. All die vielen Aussagen der Politiker, islamischer „Gelehrter" und einflussreichen jüdischen Vertretern fördern jedoch eine andere Rhetorik zu Tage, nach derer es augenscheinlich um Rache vor allem gegen die Deutschen, aber insgesamt auch gegen die Europäer und gegen die weiße Rasse allgemein geht. Dies wird sicherlich mit *ein* Grund sein, aber nicht der alleinige. Thomas Barnett ließ durchblicken, dass eine „Mischrasse" mit einem durchschnittlichen IQ von 90 für die Herrschenden nicht mehr gefährlich sei, da zu dumm. Des Weiteren geht man wie immer nach dem Schema Problem → Reaktion → Lösung vor. Man erzeuge also Probleme (Kriege → Massenflucht → Massenmigration), warte die Reaktionen der Bevölkerung ab (Unruhen, Bürgerkrieg, „Kampf der Kulturen" etc.) und komme dann von außen mit einer Lösung an, die dann die *Neue Weltordnung* und die *Weltreligion* für alle Menschen präsentieren wird, vermutlich mit einem falschen *Messias*.

„Der Islam gehört inzwischen auch zu Deutschland."[862b]
Christian Wulff (Bundespräsident 2010-2012)

„Islam ist ein Bestandteil Bayerns."[862c]
Finanzminister Markus Söder (CDU)

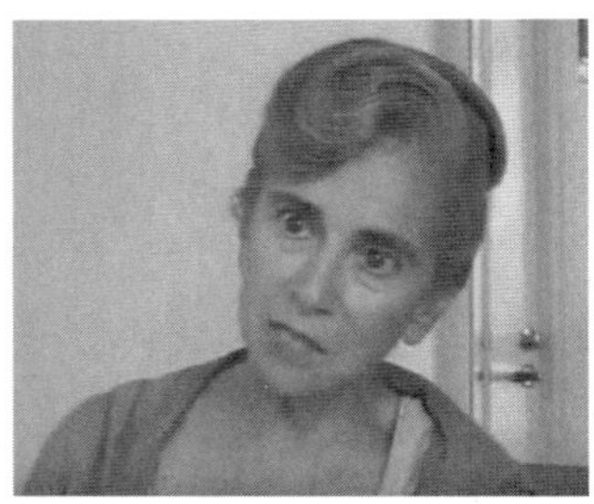

Abb. 239 bis 241: Links der frühere französische Präsident Nicolas Sarkozy. Zur Herausforderung der „Vermischung" sagte er an dieser Stelle des Videoaussschnitts: *„Es ist keine Wahl, es ist eine Verpflichtung. Es ist zwingend!"* In der Mitte die Zionistin Barbara Lerner Spectre. Sie setzt sich stark für die Abschaffung der europäischen Völker ein: *„Die Europäer gelangen jetzt in ein multikulturelles Stadium und uns Juden wird die dabei führende Rolle übel genommen."* Rechts Gregor Gysi, der *Linke*, der alle Deutschen als Nazis bezeichnete.

Abb. 242 und 243: Links Martin Schulz beim Besuch des *Rabbinical Center of Europe*. Rechts mit George Soros im April 2012. Die beiden verstehen sich wohl prächtig.

Das faule Argument mit den „Minderheiten“

Die Argumentationen und die Rhetorik all der so „gemeinnützigen“ Organisationen, die sich vorgeblich um „Menschenrechte“ scheren in ihrem „Kampf gegen Rechts“, zielt immer darauf ab, die Rechte von „Minderheiten“ hervorzuheben, diese zu stärken und zu fördern. Doch wie klein sind die „Minderheiten“ in der Welt tatsächlich? Schauen wir uns einmal die offiziellen Zahlen der Bevölkerungsabteilung laut dem Statistikportal *Statista* an (Stand von Mitte 2017):

- Asien hat eine Gesamtbevölkerung von 4,5 Milliarden Menschen
- Afrika hat eine Gesamtbevölkerung von 1,25 Milliarden Menschen
- Lateinamerika und die Karibik zählen zusammen 643 Millionen Menschen(863)

In der Summe sprechen wir also von gut 6,4 Milliarden Nicht-Weißen. Selbst wenn wir Weiße als Minderheiten in den jeweiligen Kontinenten berücksichtigen, Mischlinge herausnehmen aus der Rechnung und bedenken, dass es auch in Russland viele Menschen gibt, die nicht weiß sind, sondern asiatischen Ursprungs, die man sonst alle auch zu den Weißen zählen würde, so ist die Summe von 6,4 Milliarden fair, wenn nicht gar etwas konservativ gerechnet. Wir ziehen sie aber mal zur Einfachheit halber heran. Die Gesamtbevölkerung in der Welt beträgt 7,54 Milliarden laut *Statista* (Stand Mitte 2017).(864) Das hieße, dass die weißen Menschen mit höchstens 1,14 Milliarden an der Anzahl die eigentliche Minderheit in der Welt sind! Weiße machen – konservativ gerechnet – gerade mal 15,1% der Weltbevölkerung aus. Und wenn wir über Weiße reden, dann ist hier vordergründig von Europäern die Rede! Denn US-Amerikaner und Australier sind ebenfalls europäischen Ursprungs. Wie steht es mit den Weißen, die in Afrika teilweise wie die Tiere gejagt werden und der Mord an Weißen nicht mehr als Straftat gezählt wird? Der neue Rassismus der Schwarzen gegen die Weißen ist z.B. in Südafrika allgegenwärtig und wird nun nach Europa exportiert.(865) Jetzt werden besonders die linksgrün Gefärbten schreien, dass das doch alles als „Ausgleich“ in Ordnung sei. Ist es das tatsächlich? Ist Rache die Lösung für unsere Probleme? Würde diese Rache nicht wieder Gegenrache erzeugen? Wem nützt dieser dann nie endende Kreislauf von Gewalt tatsächlich? Uns, den „normalen“ Menschen, oder doch eher den Herrschenden, die es immer wieder schaffen, uns aufeinander zu hetzen?

Ist das, was nun in Europa abgeht, kein Rassismus gegen die Weißen von der härtesten Sorte? Gibt es tatsächlich nur Rassismus von den Weißen, wie uns ständig von allen Seiten dreist suggeriert wird? Ist da kein Genozid gegen Deutsche und Europäer im Gange? Wir sollten uns nicht mit den vorgegebenen offiziellen Zahlen „beruhigen“ lassen, weil man meinen könnte, na, was machen schon 10 Millionen Einwanderer mehr oder weniger aus (in einem kleinen Land wie Schweden sind schon 1 Millionen mehr Migranten eine regelrechte Invasion). Nun, es wird bei diesen Zahlen nicht bleiben. Gern werden all die Nachzügler vergessen und die sehr hohe Geburtenrate der Moslems allgemein. Wenn jetzt die nächsten Jahre und wenigen Jahrzehnte mehrere Millionen Moslems allein nur nach Deutschland strömen – zu den bereits bestehenden Millionen von Moslems hier – , so werden daraus schnell zig Millionen allein durch die Geburtenrate die kommenden Jahre, das dauert nicht mehr lange. Um es mit Seehofers Worten zu wiederholen: *„Das ist ein anderes Land.“* Wir sollten alle endlich mal aufwachen und das schleunigst! Denn wenn wir das nicht tun, werden wir in **wenigen Jahren** zur Minderheit im eigenen Land. Und ich weiß nicht, wie es Ihnen ergeht, aber ich habe ehrlich gesagt keine Lust, Minderheit in meinem Land zu sein.

Die weitere Überlegung ist die Illusion, dass durch den Massenansturm an kulturfremden und nicht integrationswilligen Horden es sicherlich nicht zu der breiten Massenvermischung kommen wird, wie von den Herrschern erwünscht oder beabsichtigt. Dazu dient das Beispiel USA, wo Chinesen, Koreaner, Schwarze und Latinos in ihren eigenen Ghettos leben und bis auf Revierkriege, alle halbwegs nebeneinander friedlich existieren können. Sicherlich wird es zu einem gewissen Grad an Vermischung kommen, das wäre dann aber ein Prozess von eher Jahrhunderten als Jahrzehnten. Rufen wir uns *Deagels* Prognosen für 2025 für Deutschland noch einmal ins Gedächtnis, so solle die Bevölkerungszahl mehr als halbiert werden. Kann es sein, dass beabsichtigt wird, die Deutschen/Weißen aus Deutschland (und Europa) komplett zu entfernen und mit den „Neuansiedlern" neu zu bevölkern? Da die Weißen nur rund 15% der Weltbevölkerung ausmachen, liegt es nahe, diesen kleinen Rest auch noch schnellstmöglich auszurotten.

Abb. 244: Wenn es nach der Kabale ginge, wäre auch dieser Weiße mindestens ein „brauner Mischling." Wenn es bald keinen friedlichen nationalen Volksaufstand gibt, wird das in wenigen Jahren bittere Realität werden!

Was ist nun die Lösung?

Die Lösung kann nur die Rückkehr zum Patriotismus, also zu nationalen und kulturellen Werten sein, selbstredend ohne Fremdenhass. Jedes Volk hat sein eigenes Land, sein eigenes Reich für sich und muss eigentlich nirgends in der Welt eine „Minderheit" sein! Araber und Türken gehören in ihren eigenen Kulturkreis, ebenso wie die Afrikaner, die Chinesen und Japaner, Israel usw. Das ist nicht „rassistisch" oder „böse" gemeint, das sind nüchtern-sachliche Tatsachen, wenn wir mal unsere rosarote Brille absetzen. Zudem kann von Menschen, die einen Durchschnitts-IQ haben, der weit unter dem europäischen Durchschnitt liegt, realistisch betrachtet auch nicht wirklich erwartet werden, dass sie sich woanders integrieren. Diesen Menschen soll es dann auch fairerweise ermöglicht werden, in ihren eigenen Ländern und Kulturkreisen sich so weiterentwickeln zu dürfen, wie sie es selbst wollen und in ihrem eigenen Tempo. Das ist auch deren gutes Recht, was ihnen nicht weggenommen darf, indem ihre Länder von der Kabale zerbombt und sie somit ihrer Existenz beraubt werden. Das leuchtet doch ein, oder?

Eine weitere Lösung wäre die sofortige Einführung eines bedingungslosen Grundeinkommens bzw. einer Grundversorgung weltweit, inklusive Abschaffung des Zinses und Zinseszinses. Des Weiteren Stornierung aller privaten und gewerblichen Schulden, die alle auf das Kreditbetrugsmodell des Finanzsystems beruhen. Dann gäbe es auch keine Anreize und Gründe für Menschen aus Dritte-Welt-Ländern, woanders hin auszuwandern. Umgekehrt müssten Europäer ebenso ihr „Glück" nicht woanders versuchen müssen. Kurz- und mittelfristig soll die kommunale und regionale **Autarkie** gefördert und sichergestellt werden. Jede Kommune kann sich selbst versorgen und soll nicht abhängig von außen sein müssen. Des Weiteren muss die finanziell gewinnorientierte Wirtschaft gegen eine Wirtschaft ersetzt werden, die auf Nachhaltigkeit setzt und dem Allgemeinwohl zu Gute kommt. Mittel- und langfristig gilt die Abschaffung des heutigen Geld- und Finanzsystems (siehe mein erstes Buch), welches profitorientierte Gewinnmaximierung fördert, stets zu Lasten der Bevölkerungen. Die Umsetzung nur eines der vorgenannten Ziele führt insgesamt nur weiterhin die Versklavung der Menschen fort. Natürlich müssen all die Kriege in der Welt sowie die Umstürze von Regierungen endlich ein Ende finden.

PEGIDA, AfD & Co. als die „Neue Rechte" – wer steckt wirklich dahinter?

Wenn wir vom Aufflammen des Nationalismus in Europa sprechen, so muss ich hier jedoch eine große Warnung aussprechen! Haben Sie sich nicht auch gewundert, wie um die Migrantenkrise um 2015 herum in ganz Europa plötzlich patriotische Bewegungen (*PEGIDA, LEGIDA, Identitäre* usw.) entstanden und „rechte" Parteien wieder neuen großen Zulauf bekamen bzw. neu gegründet wurden, wie z.B. die AfD in Deutschland, die *Front National* in Frankreich oder die *Alt-Right*-Bewegung in den USA – ganz so, als hätte man zwei Kontrahenten gegeneinander ins Rennen geworfen? Erinnern Sie sich noch, was im frühen 20. Jahrhundert geschehen ist? Die nationalen bzw. patriotischen Bewegungen in Deutschland wurden unterwandert bzw. gekapert und dann in eine andere Richtung fremdgesteuert, die zum Untergang unseres Landes führte. Genau das vollzieht sich gerade wieder. Die Geschichte wiederholt sich leider. Lassen Sie mich das anhand von ein paar Beispielen aufzeigen:

- **Die vorgeblich patriotische Partei *Alternative für Deutschland* (AfD):**
  Der ehemalige Landesvorsitzende der AfD in Nordrhein-Westfalen, Marcus Pretzell, der auch Mitglied im *Europäischen Parlament* IST; machte sich auf einer AfD-Veranstaltung in Koblenz stark für ein „Neues Europa". Zu Israel bezog er wie folgt Stellung: *„Ich möchte auch noch ein anderes Land in den Fokus stellen, ein nicht-europäisches. Ja, meine Damen und Herren, wir haben ein Problem mit dem politischen Islam. In Deutschland, in Europa, vor allem in West-Europa. (…) Es gibt ein Land, was schon Jahrzehnte längere Erfahrung in dieser Frage hat. Ein Land, was sich mit einer Politik der Europäischen Union konfrontiert sieht, die feindlicher kaum sein könnte. Die Europäische Union finanziert letztlich über Umwege Terrororganisationen gegen Israel. Diese Europäische Union, die sich für besonders liberal, für besonders verbindend hält. Meine Damen und Herren, was die Europäische Union mit Israel tut, wie sie es behandelt, das ist letztlich Ausweis*

dessen, dass man sich vor der eigenen Zukunft fürchtet. Israel ist unsere Zukunft, meine Damen und Herren in der Form, wie man mit dem Islam umgeht! (...) Wer den Islamischen Staat wirklich bekämpfen will, der sollte Israel unterstützen und nicht auch noch politisch und finanziell bekämpfen. (...) Ich bin sehr stolz und durchaus zufrieden, dass die AfD gerade in den letzten anderthalb Jahren es vermocht hat, sich einzubinden in ein europäisches, in ein internationales Netzwerk."(866)

Erkennen Sie die Taktik, die hier angewendet wird? Da Israel der Feind des Islamismus ist, ist er automatisch „unser" Freund. Gern würden wir auch wissen, in welchem „internationalen Netzwerk" sich die AfD eingebettet hat. Ich vermute mal stark *CFR*, *Atlantik-Brücke* und Soros-nahe Stiftungen. Der Herr Pretzell, so es der Zufall will, ist auch der Ehemann von Frauke Petry, Chemikerin und Unternehmerin sowie ehemals eine der drei Parteisprecher der AfD. Frau Petry reiste Anfang 2016 nach Israel mit ihrem Mann, angeblich aus rein „privaten Gründen", wie sie der *Jüdischen Rundschau* mitteilte.(867) Und im Interview mit der *Welt* betonte sie, dass die AfD *„einer der wenigen politischen Garanten jüdischen Lebens"* sei.(868) Wenigstens ist sie ehrlich. Jetzt hat sie sich von der AfD gespalten und ihre eigene Partei *Die blaue Partei* gegründet, um weiteres naives „Wahlvieh" einzufangen. Wie viele weitere israelische Elemente in der AfD verblieben sind, wird sich noch zeigen müssen. Und wer schaut hier auf den Jesuitenorden und den Vatikan? Keiner. Das Ganze erinnert mich zu sehr an die NSDAP damals. Wie man sieht, kann man wirklich **keiner** Partei trauen!

- **Die rechtspopulistische österreichische Partei FPÖ:**
  Der Bundesparteiobmann Heinz-Christian Strache äußerte sich auf dem österreichischen Staatssender *ORF2* wie folgt zu Israel: *„Wenn Staaten das Existenzrecht Israels nicht anerkennen, wenn Gruppierungen in dieser Welt aus dem arabischen Raum das Existenzrecht Israels nicht anerkennen und auch auf dem Schild vorher tragen, das israelische Volk auslöschen zu wollen, den Staat auslöschen zu wollen, die jüdischen Bürger in Israel ins Meer treiben zu wollen, dann ist das inakzeptabel. Und dann kann es, solange man den Staat nicht anerkennt und nicht respektiert, auch keinen Frieden geben.*"(869)

  Auch Strache reiste im Frühjahr 2016 nach Israel, um sich dort „koscher" zu machen, wie *Die Presse* schrieb. Mit der siebenköpfigen Delegation reiste auch der Wiener FPÖ-Stadtrat jüdischer(!) Abstammung David Lasar, der auch Mitglied der *Israelitischen Kultusgemeinde* in Österreich ist (Pendant zum deutschen *Zentralrat der Juden in Deutschland*). Laut Straches Aussagen gibt es bei der FPÖ *„viele Juden als Funktionäre, Mitarbeiter und auch Mandatare"*.(870) Na denn, so viel zur „nationalen" Partei Österreichs und dem Erbe Jörg Haiders.

- **Rechtspopulistische Partei *Front National* in Frankreich:**
  Die Galionsfigur und Präsidentschaftskandidatin 2017, Marine Le Pen, sagte: *„Ich glaube, viele unserer jüdischen Mitbürger realisieren, dass wir die Einzigen sind, die im Stande sind, sie leidenschaftlich gegen den Aufstieg des islamischen Fundamentalismus zu verteidigen.*"(871)

Liiert ist sie mit Louis Alliot (mit jüdischen Wurzeln), der Vizepräsident ihrer Partei ist.[872] Auch Marine Le Pen reiste oft nach Israel und ist gar Verfechterin der Todesstrafe.[872a]

- **Rechtspopulistische Partei *Partij voor de Vrijheid (Partei für die Freiheit)* in den Niederlanden:**
  Vorsitzender und einziges Mitglied Geert Wilders ist ein glühender pro-Israel-Fan, wenn nicht gar ein Zionist erster Güte. Auf einer *PEGIDA*-Veranstaltung in Deutschland am 13. April 2015 sagte er: „*Liebe Freunde, deutsche Patrioten, schaut nach Israel, lernt von Israel. Israel ist eine Insel im Meer islamischer Barbarei. Israel ist ein Leuchtfeuer der Freiheit und des Wohlstands umgeben von islamischer Dunkelheit. Israel weigert sich, überrollt zu werden. Und wir weigern das auch.*“[873] In einer anderen Rede sagte er auf Englisch: „*Wir sollten einem Land beistehen, das ich sehr liebe, nämlich den Staat Israel. (...) Ich lebte in Israel für einige Jahre. Es fühlte sich wie Zuhause an. Es ist unser Zuhause. Es ist die einzige Demokratie im Mittleren Osten. Und es ist das einzige Land in dieser Region, welches unsere Werte teilt. Lasst uns das niemals vergessen.*“[874]

  Auf einem Anti-Islamisierungskongress in Jerusalem lobte er 2008 völlig realitätsfern Israel in den höchsten Tönen: „*Wir tragen Jerusalem alle in unserem Blut, in unseren Genen. Wir alle leben und atmen Jerusalem. Wir sprechen Jerusalem, wir träumen Jerusalem. Einfach, weil die Werte des alten Israels zu den Werten des Westens geworden sind. Wir alle sind Israel und Israel ist in uns allen.*“[875]

  Frage: Seit wann haben Holländer sowie Nord- und Westeuropäer israelische Wurzeln, anstatt keltische oder germanische? Hat Wilders etwa zu viel Gras geraucht? Jedenfalls war neben Wilders auf einer Rede in Berlin unter den Gastrednern auch Elie Cohen anwesend, früherer Knesset-Abgeordneter der radikalnationalistischen Partei *Israel Beitenu* von Außenminister Avigdor Lieberman. Zudem war Wilders – neben der FPÖ – in Israel, um sich mit Lieberman zu treffen, wie die *FAZ* schrieb. In dem Artikel heißt es auch:

  „*Auch bei einem Kongress der islamkritischen Bewegung ‚Pro Deutschland' im Sommer gab es eine Grußadresse aus Israel. Sie stammte von Joel Bell, der eigentlich teilnehmen wollte, aber dann verhindert war. Joel Bell ist der Kopf einer gar nicht so obskuren, der Likud-Partei nahestehenden Vereinigung, die sich ‚Biblical Zionists' nennt. Unter ‚biblischem' Zionismus versteht man hier, dass die Grenzen Israels von Gott gezogen wurden und niemals Verhandlungssache eines politischen Prozesses sein dürfen.*“[875a]

- **Die rechtspopulistische Partei *Die Freiheit* (aufgelöst 2016):**
  Zurück nach Deutschland und zu dieser kleinen Partei von Michael Stürzenberger, der auch Autor auf *pi-news.net* ist. Auf einer Anti-Islamisierungskundgebung 2017 posaunte er Folgendes: „*Und die Nazis haben ihnen unrecht getan. Hitler war so irre, der hat die ‚Protokolle der Weisen von Zion' als echt angesehen und hat unterstellt, dass sie die Weltherrschaft anstreben und dass sie das deutsche Volk unterbuttern wollten. Wollten sie nie! Die Juden wollten nie die Weltherrschaft, sie wollten auch nie andere von ihrer Religion überzeugen. (...) Und Wil-*

ders sagte, 2017 wird das Jahr des patriotischen Frühlings in Europa. Darauf freuen wir uns! Und Geert Wilders steht auch fest an der Seite Israels, genau so wie Donald Trump, der auch heute schon die erste Maßnahme eingeleitet hat (...) er verlegt die amerikanische Botschaft nach Jerusalem, weil Jerusalem ist die ungeteilte Hauptstadt Israels. Danke dafür! (...) Freunde, ich war im Jahr 2010 mit vielen europäischen Patrioten in Israel, um die Jerusalemer Erklärung zu unterzeichnen. Da war Heinz-Christian Strache von der FPÖ dabei, Filip Dewinter vom Flaams Belang aus Belgien, die Schwedendemokraten und auch viele andere, die auch gezeigt haben: wir stehen an der Seite Israels. Es ist ganz wichtig, die europäischen patriotischen Parteien erkennen, dass Israel den gleichen Kampf führt gegen den unerbittlichen barbarischen Gegner, und zwar den radikalen Islam. Da sind wir alle Brüder im Geiste. Und Israel ist die einzige Demokratie im Nahen Osten."(876)

Ah schau an, der „patriotische Frühling" also, so wie auch die ganzen gesteuerten „Frühlings-Umstürze" in Libyen, Ukraine, Georgien etc. Danke an Stürzenberger für die komplette Entblößung dessen, was sich hinter der „Neuen Rechte" verbirgt, nämlich falsche Patrioten.

- **Angela Merkel zur Verpflichtung Deutschlands Israel gegenüber:**
„Gerade an dieser Stelle sage ich ausdrücklich, jede Bundesregierung und jeder Bundeskanzler vor mir war in der besonderen historischen Verantwortung Deutschlands für die Sicherheit Israels verpflichtet. Diese historische Verantwortung Deutschlands ist Teil der deutschen Staatsräson meines Landes. Das heißt, die Sicherheit Israels ist für mich als deutsche Bundeskanzlerin niemals verhandelbar."(877)

  Dies sagte sie 2008 in einer Ansprache vor der *Knesset* in Jerusalem. Heißt das also Kadavergehorsam bis in alle Ewigkeit?

Vielen Dank an *Mut zur Wahrheit* (*mzwnews.com*) für das Zusammentragen all der entlarvenden Aussagen. Das sind wirklich wichtige Beweisstücke.

Die *Jerusalemer Erklärung*, auf die sich Stürzenberger bezog, wurde von einem Bündnis an rechtspopulistischen Parteien aus Europa anlässlich einer im Dezember 2010 in Jerusalem stattfindenden Konferenz zum Thema „Islamismus und Terrorismus" unterzeichnet. Der Wortlaut dieser Erklärung wurde vom FPÖ-Bundesparteiobmann Heinz-Christian Strache, dem *Vlaams-Belang*-Vorsitzenden Filip Dewinter sowie von Kent Ekeroth von den anti-islamischen *Schwedendemokraten* und von René Stadtkewitz der Partei *Die Freiheit* formuliert. So heißt es in dieser Erklärung unter anderem:

„Die Grundlage unserer politischen Tätigkeit ist unser unverbrüchliches Bekenntnis zu Demokratie und freiheitlichem Rechtsstaat, zu den Menschenrechten im Sinne der Allgemeinen Erklärung der Menschenrechte, zum Völkerrecht und zum Wertekanon der westlichen Zivilisation, der auf dem geistigen Erbe der griechisch-römischen Antike, der jüdisch-christlichen kulturellen Werte, des Humanismus und der Aufklärung basiert. Nachdem die totalitären Systeme des 20. Jahrhunderts überwunden wurden, sieht sich die Menschheit gegenwärtig einer neuen weltweiten totalitären Bedrohung ausgesetzt: dem fundamentalistischen Islam. Wir betrachten uns als Teil des weltweiten Kampfes der Verteidiger von Demokratie und Menschenrechten gegenüber allen totalitären Systemen

und deren Helfershelfern. Damit stehen wir an vorderster Front des Kampfes für die westlich-demokratische Wertegemeinschaft. (...)
Wir lehnen jedweden Fundamentalismus, gleich in welcher Religion oder in welcher politischen Bewegung entschieden ab. Wir bekennen uns zu den humanistischen Idealen der Aufklärung, einer absolut notwendigen historischen Entwicklungsphase, die der Islam bisher noch nicht durchlaufen hat. (...)
Israel als einzige wirkliche Demokratie im Nahen Osten ist uns wichtiger Ansprechpartner in dieser bewegten Weltregion. Eine Region, die sich in den letzten Jahrzehnten immer wieder mit Extremismus und Terror auseinander setzen musste. Ohne jede Einschränkung bekennen wir uns zum Existenzrecht des Staates Israel innerhalb sicherer und völkerrechtlich anerkannter Grenzen. Ebenso ist das Recht Israels auf Selbstverteidigung gegenüber allen Aggressionen, insbesondere gegenüber islamischem Terror, zu akzeptieren."[(878)]

Die Begriffe „Humanismus" und „Aufklärung" sind typisch freimaurerische Rhetorik. So, meine werten Leserinnen und Leser, meinen Sie nun immer noch, dass die patriotischen Parteien eine echte „Alternative" seien? Wir dürfen niemals vergessen, dass die Hintergrundmächte immer zumeist die Oppositionen aufbauen oder irgendwann früh unterwandern, um sie dann zu kontrollieren und zu steuern. Die zukünftige ***baldige*** Entwicklung *könnte* wie folgt ausschauen:

- Diese „Neue Rechte" wird zunehmend stärker werden in der westlichen Welt.
- Irgendwann wird das Finanzsystem durch einen Crash – ähnlich wie 1929 – an die Wand gefahren.
- Gleichzeitig oder kurz danach bricht ein Krieg aus, entweder mit den Moslems oder mit Russland (oder beidem).
- Ähnlich wie nach dem Zweiten Weltkrieg wird man dies alles den „Rechten" bzw. „Nationalisten" in die Schuhe schieben, welches als Grund dafür dienen wird, die Nationalstaaten komplett abzuschaffen, um dann die Neue Weltregierung zu etablieren.

Und wissen Sie, was zudem schlimm an der ganzen Sache ist? Dass, obwohl viele Leute über all diese Hintergründe Bescheid wissen, die AfD bzw. die anderen vermeintlich „patriotischen" Parteien dennoch wählen nach eigenen Angaben, weil sie sonst keine andere „Alternative" sehen. Da kann ich nur noch ungläubig den Kopf schütteln. Die Leute denken nur noch in engen Parteischranken, auch die angeblich so „aufgewachten". Das ist wie ein tiefsitzender Computervirus, eine regelrechte Programmierung, die die Leute nicht loswerden *wollen*. Dieses Parteiensystem ist so aufgebaut, dass **egal**, welche Partei man wählt, man einen **Blankoscheck** diesem Parteiensystem mit seiner Stimme ausstellt! Unabhängig davon, welche Partei dann die Wahl gewinnt oder was die eigene Wunschpartei bei einem Sieg später tatsächlich macht als sie vorher versprochen hat, man hat es bereits **vorher** mit der *Abgabe* seiner Stimme legitimiert! Man hat somit jedwede Rechte verwirkt und auf Dritte übertragen. Ich bin es schon fast leid, dies immer wieder gebetsmühlenartig wiederholen zu müssen. Die Leute von der *Wissensmanufaktur* haben es treffend formuliert, als sie sagten, dass es mit Wahlen höchstens *Chancen* für *kleine* Veränderungen ***im*** System gibt, jedoch keine Chancen für grundlegende Veränderungen ***am*** System.

Jetzt könnte der Einwand kommen, dass auch Hitler bei einigen Juden auch Ausnahmen machte und man nicht alle in einen Topf werfen sollte. Dem kann ich (teilweise) zustimmen, solange es nicht um politische Belange geht. Mal im Ernst, wie patriotisch sind all diese Parteien, wenn sie ein Land (Israel) unterstützen und verteidigen, welches nachweislich den *IS* genauso steuert, wie es hinter den Migrantenströmen und der gewollten Vernichtung der europäischen Völker steckt?! Auch die NSDAP hatte damals mit den Zionisten zusammengearbeitet, schon vergessen? Diese „patriotischen" Parteien sind somit nicht **für** das eigene Volk, sondern unterstützen gerade die Abschaffung des eigenen Volkes. Klar, nicht jeder bei der AfD oder *PEGIDA* wird zwangsweise systemhörig sein oder zum „Feind" gehören – es ist sicherlich die Minderheit –, aber wir vergessen immer wieder, dass dort, wo sich Macht *konzentriert*, diese irgendwann **immer** missbraucht wird – immer, ohne Ausnahme! Echte Oppositionen werden unterdrückt und verboten und schaffen niemals den politischen Aufstieg. Werden sie nicht verboten, dann werden eben die Wahlen **gefälscht**, damit sich nichts ändern kann. Und meinen Sie nicht auch, wenn Sie und ich über all diese Hintergründe Bescheid wissen, dass es die Parteioberen der patriotischen Parteien nicht erst recht tun? Unwissenheit oder eine „Naivität" kann man den Parteichefs in Bezug auf Israel & Co. gerade nicht zuschreiben. Sie wissen ganz genau, dass sie mit dem „Teufel" einen Pakt schließen. Die „Neue Rechte" (bzw. „alternative Rechte", wie sie im Englischen bezeichnet wird) – und damit meine ich an dieser Stelle jetzt nicht die normalen unzufriedenen Bürger, sondern die Parteifunktionäre – soll dabei die „alte Rechte" verdrängen und ersetzen. Eine mögliche Abwandlung des oben geschilderten Zukunftsszenarios könnte auch wie folgt aussehen: Laut Walter Eichelburg von der Webseite *hartgeld.com* sollen nach dem Bürgerkriegschaos wieder Monarchien in Europa entstehen, installiert von Rothschild und Konsorten. Die deutschsprachigen Länder inklusive der Niederlande und Belgien und u. U. den skandinavischen Staaten sollen laut Eichelburg das neue „Deutsche Kaiserreich" bilden. Deshalb werden die jetzigen Politiker und Mainstreammedien diskreditiert, damit diese und das ganze Parteiensystem verhasst sind und das Volk später sehnend nach dem Kaiser schreit (Problem – Reaktion – Lösung), der, wie auch in der Geschichte schon, vom **Papst** gekrönt werden soll. Ich halte dies deshalb für eines der *möglichen* Szenarien, weil es die Wiederinstandsetzung des ursprünglichen *souveränen* Deutschen Kaiserreichs und der Wiederherstellung der deutschen Souveränität untergraben würde – also das, was ich vorhin meinte, dass man die neuen patriotischen Befreiungs- und Souveränitätsbewegungen kapert bzw. ihnen den Wind aus den Segeln nimmt. Dieses Szenario soll den Großteil der Patrioten täuschen, sie in die Irre führen und zufriedenstellen, während im Hintergrund dieselben Strippenzieher weiter herrschen. Ich erwähne dies hier vorsichtshalber und bewusst, damit wir alle vorgewarnt sind und nicht schon wieder hereinfallen! Und noch etwas: Wer sich bei der AfD, FPÖ oder sonst einer Partei als Mitglied registriert, hat seine Gesinnung auf einem Silbertablett präsentiert. Was, wenn die Mitgliederdaten an Geheimdienste oder der *Antifa* geraten? Das zur weiteren Überlegung. Ein positiver Aspekt liegt wohl darin, dass man eher auf Gleichgesinnte trifft und sich mit ihnen abseits der Parteistrukturen vernetzen kann.

Warum soll ich mich aber grundsätzlich innerhalb eines Parteiensystems bewegen und dieses mit meiner Energie füttern (oder irgendeinen König/Kaiser), wenn es doch noch 10 oder 20 weitere Stufen **darüber** in der Machtpyramide gibt, die das **eigentliche** Sagen haben und die unteren Stufen als „Puffer" errichtet haben, die sie jederzeit von oben steuern und somit im Verborgenen agieren? **Wir müssen alle aus diesem Spiel endlich aussteigen! Das bedeutet, zurück zur individuellen, lokalen und regionalen *Selbstbestimmung*** (siehe Michael Tellingers *Ubuntu*-Prinzip). Und hier kann man beim Bürgermeister anfangen. Wenn der nicht mitspielen will, wird er eben unter Massenprotest der Gemeinde abgesägt. Aber ganz unabhängig auch von ihm müssen **wir** die Dinge selbst in die Hand nehmen und umsetzen – anstatt darauf zu warten, dass andere es schon richten (ja, und die richten dann über uns, ohne uns weiter zu fragen, alle Jahre wieder). Die Infrastruktur für alles Mögliche ist doch schon da, sie gehört uns! Wir haben das doch ohnehin alles bezahlt und durch Blut und Schweiß aufgebaut – ein Parallelsystem aufbauen und das alte dann wie eine leere Hülle zurücklassen. Gewinnen wir noch Teile der Polizei und Armee dazu, wird uns keiner daran hindern! Und wir sind sowieso in der schieren Überzahl, das nur mal so zur Erinnerung.

Gehen wir wieder eine Ebene höher

Sie haben sich vermutlich schon gefragt, inwieweit Papst Franziskus und die katholische Kirche in das Ganze Migrantenchaos involviert sind. Keine Sorge, das habe ich nicht vergessen und mir zum Schluss hin aufgespart. Wie bereits zitiert, haben sich schon einige Kardinäle und Bischöfe kritisch zu der ganzen Migrantenflutung geäußert, und die „Opposition" zu Papst Franziskus, der sich von der Gefahr der Islamisierung nicht beeindruckt zeigt, wächst innerhalb der katholischen Kirche zunehmend. Das investigative *Gatestone Institut* zitiert dabei recht interessante Aussagen des Kulturredakteurs Laurent Dandrieu des französischen Magazins *Valeurs Actuelles*:

> *„Der Islam hat alle Chancen, seine Präsenz in Europa mit dem Segen der Kirche massiv zu verstärken. Die Kirche schaut der Verankerung von Millionen Muslimen in Europa... und muslimischen Gottesdiensten auf unserem Kontinent als unausweichlicher Erscheinungsform religiöser Freiheit zu. Aber die Zivilisationsfrage wird schlicht nie gestellt... Durch die Loslösung von Europas einheimischen Völkern und ihren legitimen Sorgen führt die Kirche Europa nicht nur in eine Sackgasse, sondern sie schießt sich auch selbst ins Knie."*

Dandrieu sind zudem folgende Gesten und Reden zugunsten des Islam und der Migranten aufgefallen:

- *„Am 1. Oktober 2014 empfing der Papst eritreische Überlebende eines Schiffsbruchs vor Lampedusa;*
- *am 8. Februar 2015 stattete er einem Flüchtlingslager in Ponte Mammolo, nordöstlich von Rom, einen Überraschungsbesuch ab;*
- *am 18. April nutzte er den ersten offiziellen Besuch des neuen italienischen Präsidenten Sergio Mattarella, für die Forderung ‚viel mehr für Migranten zu tun';*
- *am 6. September 2015 forderte er bei der Beendigung des Angelus-Gebets auf dem Petersplatz ‚jede Gemeinde, religiöse Gemeinschaft, Kloster und heiligen Ort in Europa auf eine Flüchtlingsfamilie aufzunehmen';*

- *am 24. März 2016 entschied er sich, den Gründonnerstag in einem Gebäude zu feiern, in dem 900 Flüchtlinge untergebracht sind und zwölf Asylbewerbern die Füße zu waschen.*
- *am 28. Mai empfing er Kinder, deren Eltern in einem mit Migranten gefüllten Boot starben, das unterging;*
- *während der Generalaudienz vom 22. Juni ging Franziskus in die Menge, um fünfzehn Flüchtlinge zu sich zu holen.*"[(879)] (ich frage mich ernsthaft und besorgt, was mit diesen 15 Menschen passiert ist...)

Zugegeben, gegen einige dieser Gesten ist nichts einzuwenden, sofern sie tatsächlich aus Mitgefühl und Nächstenliebe geschehen. Aber ernsthaft, glauben Sie tatsächlich, dass Papst Franziskus ein solch herzlich gütiger und liebevoller Mensch ist? Verraten tun ihn die Forderungen, „viel mehr Migranten aufzunehmen" und dass auch *„jede Gemeinde, religiöse Gemeinschaft"* usw. Flüchtlingsfamilien aufnehmen solle. Meinen Sie nicht, dass **gerade** der Papst bestens über die vielen eingeschmuggelten *IS*-Terroristen und die vielen integrationsunwilligen Moslems Bescheid wüsste? ☺ Einen weiteren Hinweis gibt uns auch der italienische Bischof Nunzio Galantino, der vom Papst zum Generalsekretär der Bischöfe Italiens ernannt wurde und somit die offizielle Linie des Papstes wiedergibt. Die Motivation hinter den dschihadistischen Anschlägen in Berlin und der Türkei, so behauptete Galantino, seien lediglich „Macht und Geld" und keine religiösen Gründe.[(880)] Steckt die Wahrheit nicht irgendwo eher dazwischen?

Kardinal Schönborn, den ich zuvor bereits erwähnt hatte, der vor der Eroberung Europas durch den Islam warnte, sagte zum 333. Jahrestag der Türkenbelagerung auch Folgendes: *„Gott, habe Gnade für Europa und deine Menschen, die in Gefahr sind, ihr christliches Erbe zu verspielen."*, wie im britischen *Telegraph* zu lesen war.[(881)] Schauen Sie genau auf die Rhetorik. Im folgenden Beispiel wird noch deutlicher, worauf ich hinaus will. Auch Miloslav Vlk, Oberhaupt der tschechischen römisch-katholischen Kirche und Kardinal, warnte vor der Islamisierung Europas und sagte:

> *„Europa wird es teuer zu stehen kommen, dass es seine spirituellen Fundamente verlassen hat; dies ist der letzte Zeitraum, der nicht Jahrzehnte weitergehen wird, in dem es immer noch eine Chance haben könnte etwas dagegen zu unternehmen. Wenn die Christen nicht aufwachen, könnte das Leben islamisiert werden und das Christentum nicht die Kraft haben mit seinem Charakter das Leben der Menschen, um nicht zu sagen: die Gesellschaft zu prägen."* Des Weiteren meinte er: *„Die Moslems haben zweifellos viele Gründe, hierher zu kommen. Sie haben auch einen religiösen Grund, nämlich die spirituellen Werte des Vertrauens in Gott zur heidnischen Umgebung von Europa und seinem atheistischen Lebensstil zu bringen."*[(882)]

So, diese kulturfremden Massen, die uns erobern wollen, bringen uns mit ihrem Terror und ihrem Herrschaftsgehabe also „spirituelle Werte" und „Vertrauen in Gott"? Ich habe fast einen Lachkrampf von dieser entlarvenden Aussage erhalten! ☺ In der britischen Zeitung *The Guardian* reiht sich eine ähnliche Aussage von Vlk prima zu seinen anderen ein:

„Europa hat seine christlichen Wurzeln verleugnet, aus denen es aufgestiegen ist und welche die Kraft geben könnten, die Gefahr der islamischen Eroberung abzuwehren, die sich momentan stufenweise vollzieht.“[(883)]

Vlk erinnert zudem an das Ende des Mittelalters und den Beginn der modernen Zeit, als der Islam es nicht schaffte Europa mit Waffen zu erobern. Die Christen haben sie damals nämlich geschlagen. Heute würde der Kampf mit spirituellen Waffen ausgefochten werden, denen es Europa ermangle, während die Moslems bestens gerüstet seien.

Das sind nun keine Aussagen von irgendwelchen Dorfpfaffen, sondern von hochrangigen katholischen Oberhäuptern. Was fällt auf an ihrer Rhetorik bzw. was wollen sie erreichen? Sie prangern das Heidentum in Europa an und wollen die „Schäfchen“ wieder zum Christentum und somit in die Hände Satans bewegen. Und woran erinnert uns dies? Richtig, an den Streit der katholischen Kirche mit der Führung des Dritten Reiches. Das „Völkische“, das „Nationale“, die Naturverbundenheit und das *wahre* Spirituelle, das sich immer mehr ausbreitet, ist diesen Kirchenoberhäuptern gerade heute ein riesengroßer Dorn im Auge! Die massenweisen Kirchenaustritte sind mit das beste Indiz. Vor dem Hintergrund, dass in Deutschland die Souveränitätsbewegung täglich größer wird, bekommen die Mächtigen langsam richtig Panik, dass die Deutschen die Wahrheit über die beiden Weltkriege erfahren. Deutschland ist nicht nur weiterhin ein besetztes Land, sondern immer noch als Feindstaat bei den *Vereinten Nationen* geführt.[(883a)] Des Weiteren lassen die Aussagen dieser Kirchenoberen durchblicken, dass der Vatikan und die römisch-katholische Kirche Europa auf einen möglich weiteren „Kreuzzug“ vorbereiten bzw. die europäischen Völker für diesen völlig unnötigen Krieg gewinnen wollen. Der italienische Erzbischof Carlo Liberati gibt uns zudem einen weiteren Hinweis, als er warnte, dass jeder in Italien und dem Rest Europas wegen unserer *„Dummheit bald Muslim sein“* werde. Auch er prangerte die Traditionen des Atheismus und des Heidentums in Europa an.[(884)] Damit stellt er uns Europäer, die sich vom satanischen Christentum abwenden, als „dumm“ hin (obwohl das Argument mit dem Atheismus irgendwo begründet ist) – also ein Mittel, um Schuldgefühle zu wecken. Was könnte er mit „unserer Dummheit“ noch zusätzlich gemeint haben? Mir scheint es, als wäre seine Aussage doppeldeutig. Meint er damit eigentlich eher die Dummheit der Kirche, die das alles angezettelt hat? Rufen wir uns an dieser Stelle ins Gedächtnis zurück, dass es doch der Vatikan war, der den Islam erschaffen und diesen in der Vergangenheit bereits mehrmals für seine kriegerischen Eroberungszüge angeheuert hatte! Jetzt lässt sich auch besser nachvollziehen, warum Papst Franziskus den Islam stärkt und sich für die Migranten einsetzt.

Nachfolgend ein paar augenöffnende und bestätigende Zitate aus der Hollywoodserie „Da Vinci’s Demons“ (welches das Leben des Leonardo Da Vinci fiktiv abbildet sowie die Beziehungen des italienischen Adels zum Vatikan), die sich wunderbar als Puzzlestück zur laufenden Migranteninvasion hervorragend einfügen. Ich habe mir sämtliche Staffeln dieser Serie angeschaut und an zwei Stellen fiel mir sprichwörtlich die Kinnlade herunter. Die erste Stelle ist ein Dialogausschnitt des Papst Sixtus IV. mit seiner leiblichen Tochter[(885)]:

Papst Sixtus IV: *„Du musst verstehen, Tochter. Der Thron war immer nur ein Mittel zum Zweck. Der Sultan und seine Armeen auch. Sie sind nur Trittsteine."*

Tochter Lucrezia Donati: *„Aber warum? Warum ist die Invasion dann notwendig?"*

Papst Sixtus IV: *„Wir sind wie der Bauer. Wenn er den Weizen geerntet hat, benutzt er das Feuer, um sein Feld zu reinigen und die Spreu zu verbrennen. Erst dann kann eine neue Saat Wurzeln fassen."*

Tochter Lucrezia Donati: *„Und die Türken sind Dein Feuer?"*

Papst Sixtus IV: *„Schon bald wird der Tag kommen, eine Welt ohne Päpste, ohne Sultane, ohne Könige. Nur die Söhne Mithras* [ein okkulter Geheimorden, der aus dem Hintergrund heraus Politik und Geschehnisse bestimmt und mit dem Vatikan und dem Papst gemeinsame Sachen macht (Hinweis auf die Vorläufer des Jesuitenordens?) A.d.V.]."

Tochter Lucrezia Donati: *„Was sagt Ihr da?"*

Papst Sixtus IV: *„Die Invasion hat bereits begonnen. Leider müssen viele sterben. Doch die Erleuchteten werden überleben."* (Quelle: Staffel 3 - Episode 1, ab Min. 24:50)

Da haben wir einen Hinweis auf die „Illuminati" („Erleuchtete"). Folgende Aussage von „Papst Sixtus IV." in der Serie entstammt der 5. Episode der 3. Staffel (ca. Min. 31:30): *„Diese Wilden* [die Türken meinend] *sind doch nicht mehr als ein Werkzeug, das wir benutzen. Ein Messer fürs Feine, die Sense für den Rest. Wenn ein Werkzeug seinen Nutzen überdauert, wirft man es weg."*

Irgendwie ähnelt das doch sehr der heutigen/baldigen Situation, meinen Sie nicht auch? Und hier schließt sich dann auch der Kreis, der uns wieder zurück zum Vatikan und die Jesuiten als die wahren Verursacher dieser Migrantenkrise führt. Das Ziel dieser Migrantenflutung dürfte nun glasklar sein: Zerschlagung der Nationalitäten, weil diese das letzte und ernste Hindernis der *Neuen Weltordnung* sind. Indem man Völker entwurzelt, ihrer kulturellen Identität und sozialen Zusammenhalt beraubt, stellen diese dann kein Hindernis mehr für die Kabale dar.

Abschließend sollte sich nun auch herauskristallisiert haben, dass man den Islamisten zwar ein globales Kalifat *versprochen* hat, dieses aber **nicht** kommen wird (so ähnlich, wie man den Flüchtlingen alles Mögliche und das Blaue vom Himmel versprochen hat). Sollte es zu weltweiten Bürgerkriegen zwischen Islamisten und Einheimischen kommen, so würde die Kabale schon rechtzeitig einschreiten und dann würden auch die „islamischen Gotteskrieger" von den NATO-Truppen (den neuen „Kreuzzüglern") ausgemerzt werden. Oder doch von russischen Truppen? Die Moslems sollen hier ebenso als Bauernopfer enden. Es wäre von den Islamführern absolut töricht und naiv zu glauben, sie würden an der Spitze der Weltmacht stehen. Über ihnen sind – wie gesagt – noch mindestens zehn weitere Stufen in der Hierarchie und diese bestimmen die Marschrichtung.

Wir werden aufeinander gehetzt, damit sprichwörtlich der „Dritte" sich freut und seine Ziele vollenden kann. Die Einheimischen und Moslems sind sich in Wahrheit keine Feinde. Ich habe die Hoffnung, dass gerade die fundamentalistischen Moslems dies noch schnell erkennen und von ihrem Hass auf die Deutschen und Europäer endlich absehen. Dieser nützt beiden Parteien **nichts**. Die wahren Feinde sitzen in Rom und anderswo, die auch die islamische Religion erschaffen haben, zwecks Spaltung und Manipulation. Mir fehlt auch irgendwo der Aufschrei der islamischen Gemeinden und ihrer Führer in Bezug auf die Terroranschläge und Terrorattacken, die von Islamisten begangen werden. Ist es nicht so, dass, wer schweigt, dieser Gewalt zustimmt?

Meine Botschaft besonders an die politisch-religiös motivierten Moslems, Juden und Katholiken ist, dass Ihr vom Vatikan, dem Jesuitenorden und dem Schwarzadel ebenfalls als ausführende Organe für ihre Zwecke missbraucht werdet! Ihr seid auch nur bloße Soldaten und „Bauern" in diesem großen Schachspiel. Euch allen hat man jeweils die „Führungsrolle" versprochen. Ist das nicht eigenartig?

Grundsätzlich sei an alle genannten Parteien die Chance **erlaubt**, sich schleunigst zu bessern und auf den Pfad der Liebe und des Lichts, des gemeinsamen Miteinanders zu wechseln. Viel Zeit habt Ihr dafür allerdings nicht mehr! Überlegt Euch reiflich, wie Ihr – eine mögliche Einsicht und Bewusstseinserkenntnis voraussetzend – Eure vergangenen Fehler wieder gutmachen und ehrlich helfen wollt, dieses alte Machtsystem mit uns **gemeinsam** zu transformieren, um ein friedliches neues Zeitalter einzuläuten. Dies gilt auch für unsere Politiker. Menschen machen Fehler und können, sollen und dürfen aus ihnen lernen. Doch man wird Euer weiteres Verhalten beobachten und Euch jederzeit wieder entlarven, solltet Ihr es nicht ernst und ehrlich meinen.

Woher kommt dieser Ausrottungswahn gegen die Deutschen und Europäer wirklich?

Nach allem, was wir bisher wissen, steht zweifelsfrei fest, dass man es auf uns Deutsche und Europäer nicht gerade positiv abgesehen hat, äußerst milde formuliert. Ich habe mich in meinen jüngeren Jahren, als mir all die Zusammenhänge noch nicht geläufig waren, häufiger gefragt: *„Warum sind gerade die Deutschen so extremst verhasst bei den Herrschenden, dass man sie ausrotten will?"* Und diese Ausrottungsversuche fangen ja nicht erst jetzt mit der Migrantenflutung Europas an oder seit den beiden Weltkriegen, sondern fanden die letzten mindestens 2.000 Jahre laufend und fast ununterbrochen statt! Aber warum? Es wird langsam auch dem „Dümmsten" und dem stärksten Atheisten klar, dass hinter dieser ganzen Sache doch offensichtlich ein viel größerer Grund stecken muss, ja sogar ein von religiös-spiritueller Natur. Denn nur aus bloßem „Hass" allein, ohne jedweden tieferen Sinn und Hintergrund, wird man nicht dazu übergehen, ein oder mehrere ganze Völker komplett auslöschen zu wollen.

Im Laufe meiner spirituellen Ausbildungen lernte ich, dass nicht nur einzelne Seelen, die hier auf der Erde inkarnieren, unterschiedlich weit entwickelt sind, sondern dass dies auch bei den einzelnen Völkern der Fall ist. Wobei es – um kein Volk an dieser Stelle ausgrenzen zu wollen – in jedem Volk hochentwickelte Individuen gibt, die unabhängig vom allgemeinen geistigen und spirituellen Entwicklungsstand ihres Volkes herausragen können. Wer kennt dann nicht den bekannten, auf die Deutschen bezogenen Ausspruch: *„Das Land der Dichter und Denker"*? Und ja, die Deutschen „sind nun mal" für ihre zahlreichen Erfindungen, ihr Ingenieurswesen, ihre künstlerischen Fähigkeiten sowie für ihr ausgeprägtes Ordnungs- und Organisationstalent bestens bekannt in der Welt. Viele

Produkte „Made in Germany“ sind zum Qualitätsmerkmal geworden und so werden unsere Produkte und Dienstleistungen überall in der Welt angefragt. Des Weiteren gelten – neben anderen Völkern natürlich – gerade die Deutschen im Grunde als ein spirituell sehr weit entwickeltes Volk, sofern sie die letzten Jahrzehnte nach dem Zweiten Weltkrieg in ihrem Wesen nicht unglaublich geistig unterdrückt und degeneriert worden wären. Die deutsche Geschichte aber auf die 12 schändlichen Jahre zwischen 1933 und 1945 einzugrenzen, wäre dasselbe, als nicht weiter von der Wand bis zur Tapete zu denken – gerade im Hinblick darauf, welche Mächte die Deutschen tatsächlich in den kriegerischen Ruin getrieben und anschließend mehrfach einen Massenmord an ihnen verübt haben, welches deutlich die Handschrift und Absicht eines Ethnozids aufweist.

Evolution, Wurzelrassen und ihre Unterrassen

Um zu verstehen, womit wir es hier heute zu tun haben, müssen wir einen Blick auf die Evolution der Menschenrassen werfen, wobei ich hier nur einen stark komprimierten Überblick geben kann – einerseits aufgrund der Länge und andererseits auch mit der aufsteigenden Länge gesteigerten Komplexität des Themas, welches selbst für spirituell Interessierte nicht immer leicht zu verstehen ist, je nachdem, welches Quellenmaterial man zu Rate zieht. Die Pionierin Helena Petrovna Blavatsky – russisch-deutscher Abstammung – , die sicherlich bekannteste Esoterikerin des 19. und Anfang des 20. Jahrhunderts und Mitgründerin der *Theosophischen Gesellschaft*, hat in ihren bibeldicken Werken „Isis entschleiert“ und den Bänden der „Geheimlehre“ mit das umfassendste spirituelle Wissen über u.a. den Kosmos und die geistige/jenseitige Welt, Metaphysik, Religionen und die Entstehung der Menschheit verfasst. Der Antroposoph Rudolf Steiner hat Anfang des 20. Jahrhunderts ihre Lehren fortgeführt und weiterentwickelt. Wenn es um die Evolution hier auf dem Planeten Erde geht, so gibt es demnach sieben große planetarische Weltentwicklungsstufen. Hierbei spricht man von sieben Bewusstseinszuständen, die sich wiederum in sieben Lebenszustände unterteilen, und in jedem Lebenszustand werden sieben Formzustände durchlaufen. Alle Wesen sind diesem Entwicklungsprozess unterworfen und durchlaufen all diese verschiedenen Stadien mehrmals, um bestmögliche Erfahrungen zu sammeln und sich bestmöglich weiterentwickeln zu können. Rudolf Steiner spricht von folgenden **sieben Bewusstseinszuständen** (von *AnthroWiki* entnommen[885a]):

1. Trancebewusstsein, Allbewusstsein
2. Tiefschlafbewusstsein, traumloses Bewusstsein
3. Bilderbewusstsein, Traumbewusstsein
4. Wachbewusstsein, Gegenstandsbewusstsein
5. Psychisches Bewusstsein
6. Überpsychisches Bewusstsein
7. Spirituelles Bewusstsein

Jeder Bewusstseinszustand unterteilt sich noch einmal in **sieben Lebenszustände**:

1. Erstes Elementarreich
2. Zweites Elementarreich
3. Drittes Elementarreich
4. Mineralreich

5. Pflanzenreich
6. Tierreich
7. Menschenreich

Jeder Lebenszustand unterteilt sich noch einmal in **sieben Formzustände**:

1. Arupa (völlige Formlosigkeit)
2. Rupa (physische und geistige Formen)
3. Astral
4. Physisch
5. Plastisch
6. Intellektuell
7. Archetypisch

Jeder Formzustand durchläuft wiederum Entwicklungszustände in Form von **sieben Wurzelrassen (Hauptrassen, Zeitalter, Epochen)**, welche wären:

1. Polarische Epoche
2. Hyperboräische Epoche
3. Lemurische Epoche
4. Atlantische Epoche
5. Nachtatlantische Epoche (hier befinden wir uns gegenwärtig)
6. Sechste Wurzelrasse
7. Siebte Wurzelrasse

Und jede Epoche bzw. Wurzelrasse durchläuft sieben kleinere Epochen. Jede dieser kleineren Epochen dauert ca. 2.160 Jahre (ein Tierkreiszeichen). 12 dieser kleineren Durchläufe brauchen also 25.920 Jahre, wobei man dann von einem *Platonischen Weltenjahr* spricht. Das ist die Dauer, *„die die Sonne als Folge der Präzessionsbewegung der Erdachse braucht, um rückläufig durch alle 12 Zeichen des Tierkreises wieder zu ihrem Ausgangspunkt (Frühlingspunkt) zurückzugelangen.“*[(885b)] Die momentane *fünfte* nachatlantische Epoche unterteilt sich wiederum in **sieben Kulturepochen bzw. Unterrassen**:

1. Urindische Kultur (7227-5067 v.Chr.)
2. Urpersische Kultur (5067-2907 v.Chr.)
3. Ägyptisch-Chaldäische Kultur (2907-747 v.Chr.)
4. Griechisch-Lateinische Kultur (747 v.Chr.-1413 n.Chr.)
5. Germanisch-Angelsächsische Kulturepoche (1413-3573 n.Chr., in der wir uns gerade befinden)
6. Slawische Kulturepoche (3573-5733 n.Chr.)
7. Amerikanische Kulturepoche (5733-7893 n.Chr.)

Jede Unterrasse unterteilt sich noch einmal in sieben „Zweig“- oder „Familienrassen“. Jede Wurzelrasse allerdings durchläuft wiederum sieben Runden. Gemäß Blavatsky befanden wir uns zumindest Ende des 19. Jahrhunderts noch in der vierten Runde.[(885c)] Nach Vollendung der siebten Wurzelrasse und ihren letzten Unterrassen wäre der Entwicklungsprozess auf diesem Planeten abgeschlossen. Während Blavatsky noch die Ausdrücke „Wurzelrassen“, „Rassen“ und „Unterrassen“ benutzt hat, so wies Rudolf Steiner später darauf hin, dass in der nachatlantischen Epoche diese Begriffe nicht mehr berechtigt seien, da ab diesem Zeitpunkt an nicht mehr die körperliche, sondern die seelisch-geistige Entwicklung in den Vordergrund rücken würde. Die Menschheit in Rassen zu unterteilen, würde nach und nach überwunden werden. Dem kann ich persönlich zum jetzigen Zeitpunkt nur teilweise zustimmen, denn sonst könnte man die aktuell mit Zwang zu durchsetzen wollende Rassenvermischung (Kalergi, Barnett & Co.) verharmlosen und durch Steiners Aussagen rechtfertigen. Anders als Steiner, sah Blavatsky die US-Amerikaner als die kommende sechste Unterrasse an. Mir persönlich schien Steiners Darstellung „richtiger" zu sein, obwohl dies Prophezeiungen sind, die Blavatsky und Steiner wiederum u.a. anderen geheimen esoterischen Werken oder eingeweihten Meistern entnommen haben. Menschenrassen, so Blavatsky, werden aus den vorigen geboren, wachsen, entwickeln sich, werden älter und sterben irgendwann aus. Den Übergang von der vierten zur fünften Wurzelrasse beschreibt sie folgendermaßen:

„Seit dem Anbeginne der atlantischen Rasse sind viele Millionen Jahre vergangen, doch finden wir die letzten Atlantier vermischt mit dem arischen Element noch vor 11.000 Jahren. Dies zeigt das ungeheure Übergreifen der einen Rasse über die Rasse, welche ihr nachfolgt, obwohl die ältere in Bezug auf Charakter und äußeren Typus ihre Eigentümlichkeiten verliert, und die neuen Züge der jüngeren Rasse annimmt."(885d)

Wenn von „Atlantern" die Rede ist, so ist das nicht bloß *eine* „Rasse". Denn selbst zu Zeiten von Atlantis gab es Menschen mit den unterschiedlichsten Hautfarben, so wie heute auch.

Jetzt, da wir wissen, dass die fünfte Wurzelrasse mit ihrer fünften Unterrasse (germanisch-angelsächsische) die aktuelle Entwicklungsstufe auf diesem Planeten darstellt, wird es nun spannend. Laut Blavatsky habe sich die fünfte Wurzelrasse, die *Arier*, vor etwa einer Million Jahren in Nordasien gebildet. Als Atlantis unterging, seien sie nach Südwesten gezogen, wo sich der europäische Kontinent aus dem Meer erhoben habe. Um Missverständnissen vorzubeugen: Wenn wir von der gegenwärtigen fünften Unterrasse sprechen, so sind hier die Europäer gemeint. Mit der fünften Wurzelrasse haben wir nach Blavatsky *„den Meridianpunkt der vollkommenen Ausgleichung von Geist und Stoff [Materie] – oder das Gleichgewicht zwischen Gehirnintellekt und geistiger Wahrnehmung überschritten.*"(885e) **Zu den spirituell hoch entwickelten Ariern zählten laut Blavatsky neben den Indern insbesondere die Europäer (die weiße Rasse)**. Alle anderen (Unterrassen) würden Reste der Lemurier und Atlanter sein, die zum Aussterben verurteilt seien.(885f) Den indischen Zweig würde man als *Indo-Arier* bezeichnen. Laut Blavatsky bedeutet das Wort „Arier" übersetzt: „Edler Krieger", „ein Mutiger".(885g) Überreste der Atlanter („gelb und rot, braun und schwarz") fielen einst in den europäischen und asiatischen Kontinent ein, wo es zu Kriegen kam und in denen die Eindringlinge immer wieder besiegt und vertrieben wurden. Einige flohen nach Afrika, andere in noch weiter entfernte Länder. Dazu schrieb Blavatsky weiter:

„Einige von diesen Ländern wurden im Laufe der Zeit infolge neuer geologischer Umwälzungen zu Inseln. Da sie so gewaltsam von den Kontinenten getrennt waren, so ergab es sich, dass die unentwickelten Stämme und Familien des atlantischen Stammes allmählich in einen noch elenderen und wilderen Zustand versanken."(885h)

Die Semiten bezeichnete sie wiederum als die *„wahrscheinlich am wenigsten spirituelle Rasse in der menschlichen Familie“* – ein Zweig, der es nie schaffte, eine Sprache zu entwickeln, die moralische und intellektuelle Ideen verkörpere. Ihre Literatur beinhalte zudem nichts Originelles, sondern sei von den Ariern abgekupfert worden. Alles, was die Semiten je gelernt hätten, käme von Nationen, die älter sind als sie selbst.[(885i)] So wie auch bei den meisten anderen Religionen, beten die Semiten gemäß Blavatskys Worten zu *Baal/Bel*, der auch *El*, *Set/Seth* und *Saturn* ist und somit identisch mit Satan.[(885j)] Wenn wir zu den eigentlichen *Semiten* noch die Araber hinzuzählen (und ich meine hier vordergründig die Islamisten), so wären meines Erachtens Blavatskys Aussagen in Bezug zum spirituellen Entwicklungsstand kompletter. Auch die Nationalsozialisten beriefen sich auf die Ausarbeitungen Blavatskys, was deren Handeln in Bezug auf das Judentum sicherlich maßgeblich mit beeinflusst hat. Hätte ich diese Ausführungen gleich zu Beginn des Buches gemacht, so würden sie als sehr „rassenfeindlich“ aufgefasst werden. Aber sind sie es immer noch nach allem, was wir nun wissen? Blicken Sie noch einmal zurück zu all den Aussagen, Plänen und umgesetzten Taten islamistischer und jüdischer Kreise. Handeln diese „spirituell“? Dennoch sei hier nochmals angemerkt, dass man bei keiner der genannten Gruppen über den Kamm scheren kann!

Der französische Diplomat und Schriftsteller Arthur de Gobineau (1816-1882) vertrat die Ansicht, dass die *arische* oder *nordische Rasse* allen anderen Rassen überlegen sei. Hierarchisch an erster Stelle stand bei ihm die weiße Rasse, dann die gelbe und anschließend die schwarze. Er gilt deshalb als einer der Begründer des „rassistischen“ Denkens. Mischungen zwischen den Rassen gerieten nach seinen Ausführungen stets zum Nachteil der höheren Rasse. Die Menschheit allgemein hätte durch Rassenvermischung in ihrer Qualität eingebüßt. Die weiße Urrasse in Skandinavien und im französischen Adel hätte sich am unverfälschtesten gehalten. Die modernen Deutschen wiederum seien seiner Meinung nach eine minderwertige Mischung aus Kelten und Slawen.[(885k)] Diese Aussagen decken sich zumindest teilweise mit denen von Blavatsky, noch bevor sie überhaupt ihre Bücher später herausbrachte.

Nun könnte man all diese „Rassentheorien“ als Schwachsinn abtun, doch dann müssen wir uns zwingend die Frage stellen, weshalb einflussreiche Personen wie Kalergi, Barnett, Sarkozy, Joe Biden, Barbara Spectre usw. und vor allem die ***Vereinten Nationen*** es gerade auf die europäischen Nationen abgesehen haben und ihren Fokus gerade auf die Deutschen und skandinavischen Staaten – **also die nordische Rasse** – mit der Migrantenflutung gelegt haben? Denn anscheinend basieren deren Wissen und Handlungen wenigstens ansatzweise auf denen von Blavatsky, Gobineau und anderen. Ein weiterer Indikator könnte zumindest der Durchschnitts-IQ auf den verschiedenen Kontinenten sein. Wenn wir uns zudem anschauen, dass man es ganz offiziell auch auf die Russen abgesehen hat – denn in slawischen Völkern besteht ebenfalls viel spirituelles Potenzial –, so könnte man beinahe zur Schlussfolgerung kommen, dass die herrschenden Dunkelmächte nicht nur die jetzige angelsächsisch-germanische Rasse im Eiltempo vernichten möchten, sondern die kommende slawische Kulturepoche gleich von vornherein verhindern wollen. Auch wenn Letztere theoretisch erst ab dem Jahr 3573 beginnen soll, so fängt sie bereits vorher schleichend an, da der Übergangsprozess zwischen zwei Epochen ein längerer ist. Es sei an dieser Stelle daher darauf hingewiesen, dass sich Germanen und Russen eigentlich prima verstehen und ergänzen würden, wenn von außen beide nicht ständig gegeneinander gehetzt würden. Es gibt kulturelle Gemeinsamkeiten (wie z.B. der familiäre und nationale Zusammenhalt, spirituell ebenfalls entwickelt) und somit sollten wir endlich aufhören, die Russen als die „Bösen" zu betrachten. Umgekehrt gilt dieser Appell auch an die Russen, denn wir sind ganz sicher nicht ihre Feinde. So, wie wir nicht „Merkel" sind und auch nicht mit der NATO-Politik einverstanden sind, sind „sie" nicht „Putin" oder „Medwedew". Obwohl ich Putin an dieser Stelle kurz zu einer Aussage, die er getätigt hat, beipflichten kann. Als die deutsche Regierung einen syrischen Migranten, der einen Jungen vergewaltigt hatte, freisprach mit der Begründung, dass er nicht die Sprache des Gastlandes spreche und er nicht verstanden hätte, dass das Opfer gegen die Vergewaltigung gewesen war, so zeigte sich Putin fassungslos ob der Erosion der traditionellen nationalen Werte und meinte, dass eine Gesellschaft, die ihre Kinder nicht schützen könne, keine Zukunft habe. Die Angelsachsen waren übrigens ein germanisches Sammelvolk, bestehend aus Sachsen und Angeln (nordseegermanisches Volk), das ab dem fünften Jahrhundert nach Christus Großbritannien besiedelte und die angelsächsische Kultur bildete. Im Laufe der Zeit kamen noch Skandinavier und französischsprachige Normannen hinzu. Es entstand allmählich das, was wir heute als *englische Nation* und *Kultur* bezeichnen.[(885l)] Die Briten sind somit eigentlich unser „Brudervolk". Schier unglaublich daher der Vernichtungskrieg der Briten gegen die Deutschen in den beiden Weltkriegen.

Klärende Worte

Ein paar klärende Worte zu der Person Blavatsky selbst: Viele kritische Stimmen bezeichnen sie als Satanistin, da sie in ihren Büchern Luzifer verherrlichen und ihn auf eine Stufe mit Gott selbst stellen würde. Das kann ich so nicht bestätigen, und ich denke, dass ihre Aussagen missverstanden wurden, sofern keine böswillige Absicht dahintersteckt, sie zu diffamieren. Was vielen spirituell Interessierten immer noch nicht klar zu sein scheint, ist, dass hier auf der Erde zwei gewaltige Polaritäten herrschen, das Gute und das Böse, das Positive wie das Negative. Doch das Reich der Materie gehört Luzifer, was viele Spirituelle (noch) immer nicht wahrhaben wollen. Im Band 2 der „Geheimlehre" fand ich ab der Seite 243 passende Passagen, die Blavatsky aus dem Anhang des Buches „Das Geheimnis des Satan" zitiert, um einige Missverständnisse vielleicht aus dem Weg zu räumen:

- *„Und am siebenten Tage (…) ging aus von der Gegenwart Gottes ein mächtiger Engel, voll Zorn und Zerstörung, und Gott verlieh ihm die Herrschaft über die äußere Sphäre* [also unser Planet und die physische Bewusstseinsebene, A.d.V.].
- *Die Ewigkeit brachte die Zeit hervor; das Grenzenlose gebar das Begrenzte; das Sein stieg herab in die Zeugung.*
- *Unter den Göttern ist keiner gleich ihm, in dessen Hände gelegt sind die Reiche, die Macht und die Herrlichkeit der Welt.*
- *Throne und Herrschaften, die Dynastien der Könige, der Fall der Nationen, die Geburt von Kirchen, die Triumphe der Zeit.*
- *Satan ist der Thürhüter des Tempels des Königs; er steht in Salomons Vorhalle; er hält die Schlüssel des Heiligtums.*

- *Viele Namen hatte Gott ihm (den Satan) gegeben, Namen des Geheimnisses, verborgen und schrecklich.*
- *Der Widersacher, weil die Materie dem Geiste widerstreitet und die Zeit selbst die Heiligen des Herrn verklagt.*
- *Denn Satan ist der Richter der Gerechtigkeit Gottes (Karma); er hält die Wage und das Schwert.*
- *Denn ihm sind anvertraut Gewicht, Maß und Zahl.*
- *Satan ist der Diener Gottes, der Herr der sieben Wohnungen des Hades, der Engel der offenbaren Welt.*"

Blavatsky stellt klar, dass es sich bei den „sieben Wohnungen des Hades", oder wie sie es sagt, „*der Limbus der Täuschung, aus dem die Theologie ein Grenzland der Hölle macht*", um unsere Erde, die „offenbarte Welt" handelt. Des Weiteren zitiert sie:

- *„Der erste und ‚älteste der Götter' in der Reihenfolge der mikrokosmischen (göttlichen) Entwicklung ist Saturn (Satan) [astronomisch] der siebente und letzte in der Reihenfolge der makrokosmischen Emanation, da er der Umkreis des Reiches ist, dessen Mittelpunkt Phoebus (das Licht der Weisheit, auch die Sonne) ist.*
- *Und Gott hat einen Gürtel um seine Lenden gethan (die Ringe des Saturn), und der Name des Gürtels ist Tod.*
- *...Auf Satan allein ruht die Schande der Zeugung.*
- *Er hat seinen jungfräulichen Zustand verloren (...): indem er himmlische Geheimnisse enthüllte, ist er in Knechtschaft getreten.*
- *Er umschließt mit Fesseln und begrenzt alle Dinge....*
- *Zweifach sind die Heerscharen Gottes: im Himmel die Scharen des [Erzengel] Michael; im Abgrunde (der geoffenbarten Welt) die Legionen des Satan.*
- *Diese sind der Ungeoffenbarte und der Geoffenbarte; der Freie und der (in der Materie) Gebundene; der Jungfräuliche und der Gefallene.*
- *Und beide sind die Diener des Vaters, die das göttliche Wort erfüllen.*"

So ist laut Blavatsky der „Gott der Zeugung" zum Jehova bei den Juden geworden. Basierend auf diesen getroffenen Aussagen, zollt Blavatsky dem Luzifer ein gewisses Maß an Respekt, da er eben ein Teil Gottes, ein Teil der Schöpfung selbst ist. Luzifer bzw. Satan herrscht also über die Materie. Da er auch Herrscher über die Zeit ist (Saturn, Chronos) ist er für Tod und Leben verantwortlich. Denn er begrenzt die Lebensdauer von Lebewesen in der Materie, wodurch ein Zyklus von Leben, Tod (sowie die „Herrlichkeit", die alles Leben hervorbringt) und Wiedergeburt und der Ausgleich von negativem Karma wiederum erst möglich wird. Dadurch wird wiederum ein Entwicklungsprozess in der Materie ermöglicht, der in der feinstofflichen Welt in der Form nicht gegeben ist.

Da Luzifer aber auch der Gott der Wut und Zerstörung ist, ist er auch für viel Schmerz und Leid verantwortlich. Er führt die Menschen buchstäblich in die Versuchung, versucht sie immer wieder in der Bewusstseinsebene herunterzuziehen (negative Gedanken, Emotionen, Gewalt, Kriege etc.), um sie am Aufstieg in die nächsthöhere Ebene zu hindern. Denn begeht ein Mensch zu viele Fehler bzw. vollzieht schlechte Taten, wird er öfters in diese Materie, Luzifers kontrolliertes Reich, inkarnieren müssen, um die Suppe wieder auszulöffeln. Jesus Christus wiederum schaffte es durch sein Dasein, stark Lichtvolles hier auf der Erde zu verankern und eine Brücke zum Himmel zu schlagen, sodass die hier inkarnierten Seelen nicht für immer gefangen sein müssen. Umso härter ist daher der Kampf der dunklen Seite um die Seelen, die ihre „Pfründe", sprich ihre Herrschaftsmacht, zu verlieren droht. Denn jeder Mensch kann sich im Leben für die eine oder andere Seite entscheiden, fürs Licht oder für die Dunkelheit. Jeder kann entscheiden, ob er die Brücke zur Hölle oder zum Himmel (ins Jenseits) nehmen will – wobei die Erde oft als die physische Hölle bzw. als „Gefängnisplanet" bezeichnet wird, eben durch all die Begrenzungen, die immer mehr werden und dem Ausbreiten der dunklen Kräfte. Je mehr Menschen sich aber für die gute und lichtvolle Seite entscheiden, umso eher können wir die Erde in einen lichtvolleren Ort umwandeln! Dies will die dunkle Seite mit aller Macht natürlich verhindern und die Luziferianer ziehen dabei sämtliche Register an subtilen, aber auch an dunkelsten und grausamsten Praktiken, die sich ein Mensch nicht vorstellen kann. Es liegt also in der Macht eines jeden Einzelnen von uns und wohin wir als Menschheit hingehen wollen.

So eigenartig es im ersten Moment klingen mag, aber das Böse in der Welt hat eine wichtige Funktion. Denn ohne das Böse würden wir das Gute wenig oder gar nicht wertschätzen. All die schlechten Dinge, die in der Welt passieren, dienen dem Zweck, aus ihnen zu lernen, aufzuwachen und uns bewusst für etwas Besseres zu entscheiden, und auch selbst dabei in unseren eigenen Leben danach dann zu handeln. Sie dienen dem Zweck, zu lernen und zu wachsen sowie *unterscheiden* zu lernen. Ja, die Erde ist daher auch ein Test- und Wachstumsplanet. Vielleicht sind die Ausführungen Blavatsky in diesem Kontext nun etwas besser zu verstehen.

War Jesus ein Germane gewesen?

Diese provokante Frage könnte einen wahren Sturm der Entrüstung in der Welt auslösen, sollte sie sich tatsächlich jemals auch nur teilweise bewahrheiten. Es hieße, dass unsere Geschichte plötzlich in einem ganz anderen Licht erscheinen und die jetzigen Machthaber ein gutes Stück weit entlarven würde. Im Jahre 1922 erschien die erste Fassung des Buches „Atlantis, Edda und Bibel" von Hermann Wieland, welches die germanische Weltkultur der letzten 200.000 Jahre schildert. Zu den einzelnen späteren erweiterten Auflagen erschien ein separates Vorwort. Im Folgenden möchte ich einmal ein paar Passagen zitieren, und dies erst einmal völlig mit einer wertneutralen Haltung und ohne Vorurteile, um das ich Sie ebenfalls gern bitte. Vorliegend hatte ich die dritte Auflage des Buches aus dem Verlag *Roland Faksimile*. Darin heißt es im Vorwort:

„Es war vorauszusehen, dass Frdr. Döllingers Veröffentlichung ‚Baldur und Bibel' bei Laien und Theologen großes Aufsehen erregen und zur ernsten Prüfung der für die Zukunft des deutschen Volkes höchst wichtigen Fragen der Bibel und des Juden- und arischen Christentums führen würde. Döllinger gelang es als Ersten in jener Schrift den

Nachweis zu führen, dass Jesus kein Jude, sondern ein Arier war, dass somit das Christentum aus arisch-germanischer Quelle stammt und dass die vorjüdische und angebliche jüdische Kultur Palästinas eine germanische war und somit der uns Deutschen 2000 Jahre lang eingeflößte Gedanke von dem Auserwählten Heiligen Volke der Juden, von seiner Weltmission und seinem hohen Kulturwert als eine grobe Fälschung und als wohlberechnete Täuschung sich erweist. Es blieben für den Bibelgläubigen und Bibelfreund aber noch eine Menge Bibelrätsel zurück, die noch einer Lösung bedürfen. Denn gerade diese – es handelt sich hier insbesondere neben vielen Psalmen um die prophetischen Bücher und die Offenbarung St. Johannis – haben schon Zehntausende deutscher Volksgenossen in religiösen Wahnsinn gestürzt und wurden in den letzten Jahren vom Judentum dazu benützt, durch ein Riesenunternehmen dem bibelgläubigen Volke den Wahngedanken eines kommenden Gottesreiches unter Führung eines jüdischen Messias und seiner jüdischen Helfershelfer einzuflößen. (…)
Der Leser wird staunend sehen, wie gewissenlose Literaturdiebe und -Fälscher seit 2500 Jahren bestrebt waren, ehrwürdige alte arische Schriften in geschickter Weise umzuändern, um das jüdische Volk zum Herrenvolk der Welt und die Germanen zu dessen Knechten zu machen. Gleichzeitig wird der Leser sehen, welche gewaltige kulturelle Vergangenheit das in den Kot getretene deutsche Volk hat. Der Vorhang, der absichtlich vor die Vorgeschichte unseres Volkes gehängt wurde, wird weggezogen, und der Blick taucht tief hinab in eine sagenumwobene, ehedem nachtdunkle, nunmehr sonnenhelle und glänzende kulturelle Betätigung des Ariertums in der Vorzeit und erkennt staunend die wundersamen Zusammenhänge von Atlantis, Edda und Bibel und das Ariertum als ursprünglichen Schöpfer der Bibel und Kultur. Der gegenwärtige Kampf des deutschen Volkes wird in seinem Ergebnis bestimmt durch entscheidende Ideen. Beharrt es auf den ihm durch Juda und Rom eingeflößten internationalen Ideen, so wird es trotz vorübergehender Erfolge verloren sein. Hält es sich aber an die hier gegebenen Tatsachen und fußt es auf dem wiedergefundenen arischen Christentum und seinen uralten Rassengesetzen, so wird ihm nach einem blutigen Sieg über den Weltenring seiner Feinde ein glänzender Aufstieg beschieden sein.“

Im Vorwort zur dritten Auflage erfahren wir zusammenfassend folgende interessante Informationen:

„(…) Ausgesetzt wurde verschiedentlich an dem Werk nur der Umstand, dass die Existenz eines vorgeschichtlichen Atlantis manchem geschichtlich und urkundlich nicht genügend festzustehen schien. Viele sagten, wenn diese erwiesen sei, könne man den Ausführungen des Werkes zustimmen. Die neuen Forschungen haben auch diesen letzten möglichen Rest der Befangenheit gegenüber dem Werke beseitigt. Die Astronomen Hanns Hörbiger und Hanns Fischer haben das Vorhandensein des Erdteils Atlantis, seine Vernichtung durch eine Erdkatastrophe (Sintflut) und die hohe Kultur der Atlantisbewohner wissenschaftlich einwandfrei bewiesen. Hiezu kam 1923/24 wie gerufen die Entzifferung der rätselhaften, nach dem Urteil von Astronomen bis zu 200.000 Jahre alten schwedischen Felsbilderschriften, den ältesten Urkunden des Menschengeschlechtes überhaupt, durch Fr. v. Wendrin in Berlin. Nach diesen Bilderschriften steht fest, dass Germanen schon vor rund 200.000 Jahren als kühne Seefahrer die Weltmeere befuhren und in anderen Weltteilen Kolonien anlegten. (…)

Durch die Heranziehung der Forschungen von Hörbiger, Fischer und M. Valier ist das Werk auf eine unanfechtbare Grundlage gestellt. Die schwedischen Felsbilderschriften bringen eine Bestätigung. Endlich zeigt die 3. Auflage ganz neue Gesichtspunkte in der Frage der Person des geschichtlichen Jesus, Gesichtspunkte, die von jedem ernsten Wissenschaftler gewürdigt werden müssen, wenn unsere Untersuchungen zu dem Ergebnis kommen: Jesus war ein Germane und zwar ein vorgeschichtlicher Germanenkönig, so mag die ganze Welt freilich staunend aufhorchen und auf das viel verlästerte Deutschland blicken, das in Wirklichkeit den Heiland der Welt geboren hat. Wir Deutschen aber wollen in ehrfürchtiger Bescheidenheit und inniger Verehrung unseres großen Ahnen gedenken, der – uns zum Heile gesandt – der Weltkultur Ziel und Richtung gab bis auf unsere Tage. Die rechte geschichtliche Erkenntnis bezüglich seiner Person wird und soll uns nicht abwenden vom Christentum, sondern erst recht hinführen zu ihm, freilich zu einem reinen, entjudeten Christentum, das nicht wie das vom Judentum verfälschte Kirchen- und Dogmenchristentum ‚neben' unserem Leben äußerlich einhergeht, sondern das ganze Sein des Menschen erfasst und ihn und den Staat von Grund auf ändert. Man darf wohl sagen, dass die neuen Entdeckungen dieser Auflage allmählich zu einer erfreulichen Änderung unseres religiösen, bürgerlichen und staatlichen Lebens führen müssen. Der wahre Jesus wird in Wahrheit unser Führer auf Erden und zur Ewigkeit werden.
Die historischen Untersuchungen dieses Werkes sind, soweit sie eine der anerkannten Religionsgesellschaften berühren, nicht dazu bestimmt, diese irgendwie anzugreifen oder herabzusetzen, sie dienen vielmehr lediglich der Erforschung der Wahrheit und damit der geistigen Befreiung unseres Volkes von tausendjährigen schädlichen Irrtümern und von den weittragenden Folgen kecker Geschichtsfälschungen. Durch Geschichtsfälschung und Geschichtslügen wurde das deutsche Volk seit 1500 Jahren am Kulturaufstieg gehindert und zur Sklaverei einer internationalen Verbrechergesellschaft gemacht. – Die Enthüllungen der Wahrheit sollen in ihm die geistige Spannkraft und das zerstörte rassische Selbstbewusstsein wecken und ihm die Freiheit bringen. (…)"

Gehen wir dem noch etwas weiter auf den Grund. So heißt es auf den Seiten 3 bis 5 in dem Buch u.a.:

„Die Bibel erzählt uns von einem ‚heiligen, auserwählten Volke'. Können das wirklich die Hebräer sein, dieses grausame und blutgierige Volk, das nach dem Zeugnis der Bibel massenhaft Kinder opferte, Menschenfresserei trieb und alle Völker der Erde ausplündert? Konnte Gott wirklich dieses verworfene Volk dazu ausersehen, den Gottessohn als Heiland der Welt hervorzubringen und den Völkern das Heil zu bringen? Liegt hier nicht grobe Geschichtsfälschung durch das Judentum vor?" (…)

Die Bibel spricht von einer heiligen Stadt Gottes mitten im Meere (…), ‚an den vielen Wassern', ‚zwischen zwei Meeren', ‚bei den vielen Inseln im Meere', ‚mit dem werten Berg Gottes zwischen zwei Meeren', ‚mit den Grenzen mitten im Meere', ‚mit dem Thron Gottes mitten im Meere' (…). Kann denn damit Jerusalem gemeint sein? Niemals! Welche Stadt denn dann? Liegt hier eine Fälschung uralter Berichte vor? Sicherlich! Dann ist aber auch vieles andere in der Bibel, vielleicht das meiste, und die Hauptsache gefälscht! War die heilige Stadt Gottes zwischen zwei Meeren vielleicht die höchst merkwürdige, sagenhafte Hauptstadt des versunkenen Atlantis, d. i. der versunkenen atlantischen Insel ‚Atlantis', mit der sich seit Jahrhunderten eine Reihe von Gelehrten be-

schäftigt? Ist dieses Atlantis etwa das Paradies der Bibel? (...) Wenn nun das uns gelehrte Christentum historisch nicht haltbar ist und die römische Kirche tatsächlich nur eine Fortsetzung aztekisch-buddhistisch-hebräischen Heidentums wäre, sind denn dann nicht im Namen eines gefälschten Christentums von Karl dem Großen an bis in die Gegenwart herein ungeheuere Verbrechen an unserem Volke und am Germanentum begangen worden? Ist dann nicht die Spaltung der Germanen in Konfessionen und deren gegenseitige Bekämpfung ein Wahnsinn? Und wie erklärt sich die höchst merkwürdige Tatsache, dass die Evangelien Buddhas dem Evangelium Christi so ähnlich sind, oft fast im Wortlaut gleich, obwohl sie etwa 500 Jahre älter sind? Welche Evangelien sind die ursprünglichen? Hat Jesus von Buddha entlehnt oder dieser von einem Jesus, der vor ihm lebte in altersgrauer Zeit? Warum stimmt die Lebensgeschichte Buddhas mit der Jesu so auffallend überein?"

Auf den Seiten 17 und 24 schreibt Wieland dann:

„Hier in Atlantis, dessen Name heute noch der Atlantische Ozean und das Atlasgebirge und mexikanische Städte (Aztlan) tragen, konnte sich infolge der genannten Bedingungen jene großartige vorgeschichtliche germanische Weltkultur entwickeln, von der alle alten Sagen und Geschichten, auch Edda und Bibel sprachen und von der wir noch Reste haben. Hier entstanden zum Teil jene uralten Geschichtsberichte, die in alle Priesterbüchereien der alten Kulturvölker gelangten und dann auch von den jüdischen Machern der Bibel zur Herstellung derselben benützt wurden."

„Die Germanen brachten den farbigen Rassen (...) nicht nur Kultur, sondern, wie die Edda sagt, auch ihre Sprache. Die älteste Kultursprache der Welt ist deutsch (germanisch). Alle Sprachen haben von ihr entlehnt. Es kann daher nicht überraschen, wenn uns in den ehemaligen Siedlungsgebieten der Germanen nordisch klingende Namen und Wörter entgegenklingen (...) Es ist auch ganz natürlich, dass die Auswanderer ihre uralten Sitten und Gebräuche in die neue Heimat verpflanzten. So finden wir in Atlantis auch Asen-Könige, 'heilige Berge' und uralte germanische Kultusgebräuche, die freilich, wie wir sehen werden, von den Niederrassigen ins Abscheuliche verzerrt wurden."

Auf den Seiten 33 und 34 wird es spannender:

„Ein Wappenzeichen der Germanen war auch das Lamm, das Sinnbild der Gutmütigkeit und Unschuld (‚geduldig wie ein Schaf, das zur Schlachtbank geführt wird, und still wie ein Lamm vor seinem Scherer'). Das Sinnbild Lamm passt heute noch ausgezeichnet auf die Deutschen. Mit den Schafen und Lämmern aus dem Hause Israels sind Germanen (Kelien=Thelden=Helden) gemeint. Jesus will die verlorenen Schafe Israels wieder zusammenbringen, d. h. sie in einem Reiche wieder vereinigen. ***Der Name Israel ist ein urgermanischer Name für germanische Stämme*** *und findet sich schon lange vor den Juden in Palästina (Gebirge Palästina), von ausgewanderten Germanenstämmen dorthin gebracht. Die Hebräer haben diesen Namen sich angeeignet, um als Höherrassige, als Heilige Gottes und Träger der Verheißung zu gelten.* ***Die zwölf Geschlechter Israels waren zwölf Germanenstämme, keine Hebräer.***
Nicht nur im Totem (Malzeichen) unterschieden sich die Völker voneinander, sondern auch durch die Kleidung. Die Heiligen Gottes (Germanen) trugen zur Unterscheidung von den Anhängern des großen Tieres des Niederrassentums weiße Kleider (Off. Joh. 7 u.

19). Weiß ist die Farbe der Unschuld, der Gerechtigkeit, der Reinheit, rot die Farbe des Niederrassentums. Heute noch bevorzugt der Germane die lichten Farben des Himmels: weiß, blau, gold; der Niederrassige die dunklen Farben, insbesondere rot (...)."

Auf Seite 41 findet sich eine Information zur ur-christlichen Taufe:

„*Da man der Urquelle* [auf Atlantis, A.d.V.] *heilende und verjüngende Wirkung zuschrieb, pflegte man darin die neugeborenen Kinder zu waschen. Daraus entwickelte sich auf Atlantis die schöne, sinnige, bei allen Ariern verbreitete Sitte des Taufens. Auch die germanische Urzeit pflegte den schönen Brauch bis zur Einführung des Christentums. Die Edda erwähnt ihn im Rigsmal: ‚Genetzt ward das Kind und... geheißen.'*"

Und auf Seite 53:

„*Die atlantische Sitte des siebenarmigen Leuchters wurde von der jüdischen Priesterhierarchie in Jerusalem wie manches andere übernommen, nachdem sie in Babel die uralten Berichte über den prachtvollen Tempel auf Atlantis gelesen hatten.*"

Ich weiß, das ist schon harter Tobak. Aber was, wenn auch nur die Hälfte davon, was Wieland schrieb, der Wahrheit entspricht? Würde es denn nicht den unsäglichen Hass und den Vernichtungswahn gegen die Deutschen und nordischen Völker erklären? Völlig berechtigt muss man sich fragen, ob denn Juden einen von ihren (Jesus) tatsächlich an die Römer verraten und ihn somit dem Tode überführt hätten? Wer sind denn die stärksten Kräfte im Hintergrund des Weltgeschehens? Nicht etwa zufällig die Römer (Vatikan/Jesuiten) und die Kabale? Wielands Ausführungen decken sich in großen Teilen mit denen von Blavatsky. Der Übergang von einem Zeitalter zum anderen führte zum Untergang von Atlantis und brachte die neue Epoche der Arier hervor. Im höchsten Maße brisant wäre es, wenn sich tatsächlich irgendwann bewahrheiten sollte, dass es sich bei den 12 Stämmen Israels um germanische Stämme handeln würde und nicht um jüdische. Man stelle sich nur das weltpolitische Ausmaß einmal vor. Mindestens die mosaischen Religionen würden umgehend buchstäblich wie ein Kartenhaus in sich zusammenfallen. Ich kann an dieser Stelle natürlich nicht mit Sicherheit sagen, dass Jesus Germane war. Was, wenn er zur Hälfte germanische und zur Hälfte hebräische Wurzeln hatte? Nur mal theoretisch angenommen. Selbst in solch einem Falle wäre es keine Überraschung, wenn die Juden einen „Mischling" bzw. nach ihrer Meinung nicht reinrassigen Juden geopfert hätten. Könnte es dann auch diesen radikalen Clinch gerade zwischen Deutschen und Juden erklären? Die nachfolgenden Informationen könnten Wielands Forschungen jedenfalls zusätzliches Gewicht verleihen...

Das verlorene Evangelium und sein brisanter Inhalt

Im sogenannten Thomas-Evangelium, dem „Verlorenen Evangelium", wird enthüllt, dass Jesus Maria Magdalena geheiratet und dass die beiden sogar Kinder hatten, die Zwillingssöhne Manasseh und Ephraim. Viele Jahre lang befand sich dieses 29 Kapitel lange und sehr wertvolle Manuskript im *Britischen Museum*, welches es 1847 von dem ägyptischen *St. Macarius* Kloster erhalten haben soll. Vor gut 20 Jahren hat die *British Library* es dem Museum abgekauft und verwahrt dieses einst verschollene Schriftwerk, welches nahezu 1.500 Jahre alt ist. Forschungen seitens des Professors Barrie Wilson von der kanadischen *York Universität* sowie des israelisch-kanadischen Filmemachers Simcha Jacobovici kommen zu dem Ergebnis, dass es sich bei diesem Evangelium um ein Original handeln muss. Weitere sehr interessante Details dazu fasste der Autor Jonathan Dilas auf *huffingtonpost.de* zusammen:

„(...) Mehr noch wird behauptet und dies hat zusätzlich die Kirche auf die Barrikaden getrieben: Mit Jungfrau Maria war nicht die Mutter Jesu gemeint, sondern Maria Magdalena! (...) Laut Professor Wilson und Jacobovici zeigt es Hinweise, dass die Charaktere Josef und Aseneth aus dem Alten Testament höchstwahrscheinlich eine Cover-Story für Jesus und Maria Magdalena waren. (...) Es wird vermutet, dass im Jahre 325 n.Chr. eine Gruppe von Christen Jesu Hochzeit mit Maria verschleiern wollten und kodierten diese mit den Namen Josef und Aseneth. Zu jener Zeit war der römische Herrscher Konstantin an der Macht und verlangte, dass sämtliche Evangelien verbrannt werden sollten, ausgenommen jene von Matthäus, Markus, Lukas und Johannes, damit diese Kollektion wieder in die christliche Sichtweise Konstantins passte. Seit dieser Zeit galten die anderen Evangelien als vernichtet, aber dennoch tauchten immer irgendwo Kopien oder Überbleibsel auf, die in akribischer Handarbeit wiederaufbereitet und weitergegeben wurden. Man wollte das damalige Wissen nicht völlig untergehen lassen, auch wenn dies Konstantin untersagt hatte. Wilson und Jacobovici sind sich sicher, dass sie damit ein fehlendes Puzzlestück in der christlichen Geschichte entdeckt haben. Josef wurde oftmals als ‚Sohn Gottes' bezeichnet und in der frühen syrischen Geschichte tauchte er auf denselben Symbolen wie Jesus auf. Im Weiteren, so haben die beiden Forscher herausgefunden, habe Leonardo da Vinci frechweg Jesus und Marias Kinder in sein großes Werk ‚Das letzte Abendmahl' eingefügt.“

Ist das nicht ziemlich spannend und faszinierend? Einen weiteren Hinweis führt Prof. Wilson an, dass es Maria war, die den Körper von Jesus nach der Kreuzigung gewaschen hat. Zur damaligen Zeit war es aber Brauch, dass die Leichname von Männern gewaschen wurden und nicht von Frauen, außer es war die Ehefrau des Verstorbenen. Im Thomas-Evangelium selbst findet sich ebenfalls ein Hinweis darauf, dass Jesus verheiratet war. So heißt es laut Wilson und Jacobovici im Vers 104:

„Sie sagten zu ihm: ‚Komm, lass uns heute beten und fasten.' Jesus sagte: ‚Welche Sünde habe ich denn begangen oder habe ich etwas noch nicht vollendet? Doch wenn der Bräutigam die Brautkammer verlassen haben wird, dann lasst sie fasten und beten.'“

Weiter heißt es im Artikel:

„Dieses Verlorene Evangelium ist genau genommen eine Geschichte über Jesus, die ihn als Familienvater darstellt und entführt den Leser auf eine abenteuerliche Reise. Es wird von einem Attentat auf Maria und ihre Kinder berichtet und von Jesus politischen und diplomatischen Verhandlungen mit den höchsten Führern des Römischen Reiches sowie weiteren Geheimnissen, die man nicht für möglich gehalten hätte, wenn man sich an die schüchterne Version der Bibel erinnert. Die Namen der Kinder stellen jedoch auch eine Kodierung dar und hinter ihnen verbergen sich ganz andere Namen.“[(885v)]

Und was sagte die englische Kirche dazu? Sie hält das alles für eine Komödie und die katholische Kirche lehnt es ab, dieses, wie auch andere auf Echtheit geprüfte Evangelien zuvor, als Original anzuerkennen. Es würde sonst die Bibel und die Lehre der Kirche „verunreinigen". Nicht nur das, es würde der Kirche das gesamte Fundament unter den Füßen wegreißen. Doch die Luft für die Kirchen wird immer dünner. Denn zwei Jahre nach Wilsons und Jacobovicis Veröffentlichungen präsentierte Karen Leigh King, Professorin für Frühchristentum und Gnostizismus der *Harvard Universität*, ein Papyrus-Fragment, das sie 2011 von einem Privatsammler erhalten haben will, welches in koptischer Sprache verfasst wurde und laut Radiokarbon-Untersuchungen zwischen 659 und 859 n.Chr. zu datieren sei. Der koptische Dialekt auf dem Papyrus soll laut eines anderen Professors während oder vor dem sechsten Jahrhundert ausgestorben sein. Eine Papyrologin soll zudem die Echtheit des knapp viermal acht Zentimeter großen Fragments bestätigt haben, genauso wie Experten der Universitäten von *Harvard* und *Columbia*. Zudem soll es sich bei diesem Papyrusfund um eine Kopie eines Evangeliums handeln, welches ursprünglich womöglich in alt-griechisch im zweiten Jahrhundert verfasst wurde. Ein paar wenige Worte und Satzfragmente konnten noch erkannt und übersetzt werden. Die brisanteste Aussage auf diesem Stückchen Papyrus: *„Jesus sagte zu ihnen: ‚Meine Ehefrau... sie ist fähig, meine Jüngerin zu sein. ... Lasst die Leute anschwellen* [vor Wut] ... *Was mich betrifft, ich bin auf ihrer Seite, um ... (...).*'"(885w)

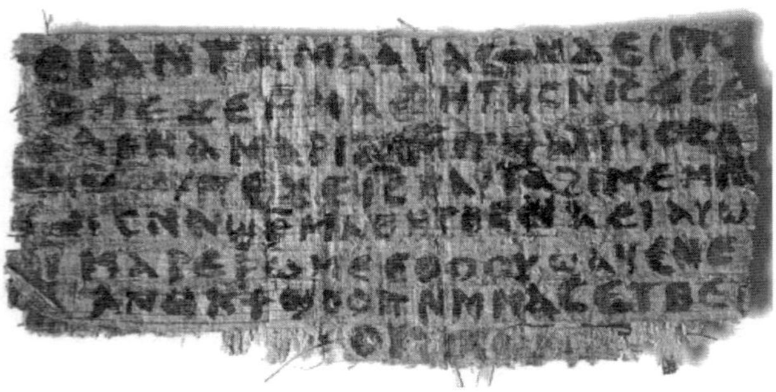

Abb. 245: Das Papyrus-Fragment mit den Worten *„Jesus sagte zu ihnen: ‚Meine Ehefrau...'"*.

Selbstverständlich forderte der Vatikan, dass das „Evangelium von Jesu Frau" als Fälschung verbannt wird. Um diese recht brisanten Entdeckungen noch mit einer pikanten Note zu würzen, gaben Wilson und Jacobovici (Autoren von „The Lost Gospel") auch gleich bekannt, dass laut des Thomas-Evangeliums die Kinder von Jesus und Maria ebenfalls Kinder hatten und somit die Blutlinie fortführten. So wie auch bei mir, findet bei Ihnen jetzt sicherlich auch gewisses Kopfkino statt. Denn sollten sich diese neuen Erkenntnisse in Bezug auf Jesus und Maria Magdalena weiter festigen, so müssen wir zwingend davon ausgehen, dass die Blutlinie von Jesus auch heute noch existiert. Über die Jahrhunderte und Jahrtausende (zumindest die letzten 2.000 Jahre) müssten sich die Nachkommen Jesu immer weiter vermehrt und verbreitet haben. Aber selbst, wenn Jesus und Maria keine eigenen Kinder gehabt haben sollten, so hatte Jesus zumindest sicherlich Geschwister gehabt (auch wenn dies ebenfalls bestritten und in „Glaubensbrüder" umgemünzt wird), von denen es sicher wiederum mehrere Nachkommen gab usw. Wie viele von der Blutlinie Jesu leben also heute noch? Sind es ein paar zehntausende, hunderttausende oder gar mehr? Und wenn Jesus tatsächlich Germane gewesen war, oder zumindest teilweise germanischer Abkunft, so würde dies zusätzlich den Ausrottungswillen gegen die Deutschen und Weißen allgemein erklären, denn man könnte ja nie ganz genau wissen, wie viele Nachfahren Jesu sich unter ihnen befänden.

Da Jesus ein beispielhaft großes spirituelles Potenzial innehatte, so lebt dieses Potenzial auch heute noch weiter fort, vielleicht in Millionen von Menschen. Selbst, wenn es

„nur" noch Funken dieses Potenzials sein sollten, so wissen wir, dass auch der kleinste Funke Licht die Dunkelheit zu erhellen vermag. Und davor fürchtet sich die Kabale wie sprichwörtlich der Teufel das Weihwasser!

Aussagen eines Tempelritters

Nachdem ich das letzte Unterkapitel geschrieben hatte, machte ich mich auf zu einem zweitägigen Kongress nach Großbritannien, bei dem verschiedene Vortragsredner interessante Präsentationen über weltpolitische Hintergründe, Gesundheit, Spiritualität und andere Grenzthemen abhielten. Am zweiten Tag lernte ich dabei einen der Initiatoren dieses Kongresses kennen – einem sympathischen Österreicher, der bereits seit 8 Jahren in Südengland lebt –, mit dem sich ein interessantes Gespräch entwickelte, bei dem wir auch über das Thema „Rasse", Herkunft der Deutschen und Europäer sowie über die Migrantenproblematik zu sprechen kamen. Es ging dabei auch um die spirituellen Aspekte. Die Situation in Deutschland verfolge er nach seinen Aussagen ganz genau, da Deutschland wichtiger Dreh- und Angelpunkt für die weitere Entwicklung in Europa und der Welt sei. Wie sich im weiteren Verlauf unserer Konversation herausstellte, ist dieser Herr mittleren Alters ein hohes Mitglied in einem alten Templerorden, und so war ich natürlich besonders neugierig, seinen Standpunkt mal zu erfahren. Unter der strikten Voraussetzung seine Identität nicht preiszugeben, gab er mir die Erlaubnis, seine folgenden Sichtweisen aufzuzeichnen und in mein Buch mit hineinzunehmen:

> *„Also, unabhängig davon, ob die von der Machtclique angesehene ‚Minderwertigkeit' von Mischlingsrassen tatsächlich auch vollkommen der Wahrheit entspricht, so ist ihre Absicht zumindest soweit klar, dass ein buchstäblich einheitlicher Völker- und Kulturbrei angestrebt ist, der nach ihren Augen leichter beherrschbar sei. Meine Meinung ist, dass ein nationales Volk eben aufgrund seiner Herkunft und Kultur ein besseres Zusammengehörigkeitsgefühl aufbringen kann – man möge es als die ‚vereinende Kraft des Volkes' bezeichnen – als ein ‚Mischmasch', der sich nirgends zugehörig fühlt und sich somit auch nicht wirklich für den Erhalt einer Nation einsetzen würde. Tatsache ist: Jeder Mensch bezieht seine Kraft von dort, wo seine Wurzeln sind. Also aus dem Land, in dem er geboren wurde. Des Weiteren greift er über seine Ahnenspur (Blut, Genetik) auf einen reichhaltigen Fundus an Wissen und Erfahrungen zurück. Ich würde dies als angesammeltes und vererbtes ‚Volkswissen' bezeichnen, sofern die nationale Ahnenspur weitestgehend lückenlos ist. So, und geht man jetzt her und unterbricht überall in einem Volk diese Ketten, diesen Zugang zum alten (spirituellen) Wissen, mit nicht-spirituellen Elementen bzw. jenen Elementen, die von sich aus nichts zu bieten haben an Intellekt und Spiritualität, so entstehen Nachkommen, die, zumindest genetisch betrachtet, nicht den vollen Umfang an Möglichkeiten ‚in die Wiege gelegt' bekommen haben, um das etwas veranschaulichender zu beschreiben.*
>
> *Doch das ist nur ein Teil des Ganzen. Denn neben der Biologie spielt die* ***Seelenentwicklung*** *eines Menschen ebenfalls eine sehr große Rolle! Biologie ist eben nicht immer alles, wie die Wissenschaftler behaupten. Nehmen wir als Beispiel, dass ein geistig-spirituell entwickelter Deutscher eine geistig-spirituell entwickelte Afrikanerin oder Asiatin heiratet und mit ihr Kinder zeugen würde. Würden Sie dann immer noch sagen, dass da eine ‚Minderwertigkeit' oder eine ‚Degeneration' vorliegen würde? Hätte man hier vielleicht das ‚Beste aus zwei Welten' miteinander kombiniert? Auch in unserem Orden*

sind sich diesbezüglich nicht alle einig. Wobei man aber auch hier das Umfeld des anderen Partners ein wenig mit berücksichtigen sollte. Stammt die- oder derjenige aus einer armen Familie, deren Vorfahren auch schon immer arm waren? Dann könnte man u. U. diese Armut bzw. Armutsenergien und ggfls. damit verbundenes Karma ‚mitheiraten' und in das eigene Leben integrieren. Möchte man das? Was den meisten nicht bekannt ist: durch eine Heirat geht das Paar einen Vertrag miteinander ein (besonders, wenn man seinen Familiennamen und somit die Energie des Namens übernimmt). Und damit übernimmt man ein Stück weit vertraglich auch das Karma vom jeweils anderen. Doch dies ist unabhängig davon, ob man jetzt einen Einheimischen oder einen Ausländer heiratet. Dies sei der Wichtigkeit halber hier mal erwähnt, da diese Gegebenheit den Wenigsten überhaupt bewusst ist – gerade im Hinblick auf den Heiratstourismus, wenn z.B. Europäer sich arme Asiatinnen in ihre Länder holen. Man mag vom indischen Kastenwesen halten, was man will, ich denke, dass es zumindest teilweise seine Berechtigung hat, auch wenn ich nichts davon halte, es gesetzlich forcieren zu wollen, weil es gegen den freien Willen des Menschen verstößt. Doch was passiert nun heutzutage vielfach? Es strömen massenweise Menschen ins Land, die weder eine Schulbildung vorweisen können, noch kulturelle Werte mitbringen – uns also nicht ‚bereichern' – und zudem mit einem ***großen Hass- und Aggressionspotenzial*** *nach Europa kommen. Und diese bekommen im Laufe der Zeit Kinder mit Einheimischen. Eine hoch entwickelte Seele könnte sich womöglich zweimal überlegen, ob sie in solch eine Familie noch inkarnieren und sich diesem Aggressionspotenzial hingeben will. Nichtsdestotrotz versuchen es viele solcher Seelen dennoch, weil sie hier auf Erden die Dinge zum Positiven verändern wollen. Doch einmal hier inkarniert, vergessen die meisten ja ihren spirituellen Auftrag und gleiten in die Negativität ab, dies umso schneller, wenn negative Rahmenbedingungen gegeben sind. Und in anderen Fällen würden dann junge, unreife Seelen in genau solche Familien inkarnieren wollen, weil dort die ‚besten' Bedingungen vorzufinden sind. Grundsätzlich gibt es aber auch in der geistigen Welt eine hierarchische Struktur unter den Seelen, je nach Grad ihrer Seelenreife. Eine ‚germanische' Seele, vereinfacht formuliert, wird tendenziell weniger in Afrika inkarnieren wollen, sondern lieber dort, wo es an seine spirituelle und geistige Entwicklung anknüpfen und sich weiterentwickeln kann. Durch eine weltweite ‚Mischrasse' soll die Möglichkeit den höher entwickelten Seelen anscheinend versperrt werden, damit sich durch das jahrtausendealte Wissen das Positive in der Welt nicht weiter ausbreitet. Die herrschende Machtclique denkt eben Jahrhunderte im Voraus.“*

An dieser Stelle hakte ich ein und wollte von ihm wissen, was das alles nun für uns in Deutschland bedeuten würde. Darauf antwortete er:

„Eine ganze Menge und nichts zum Guten hin. Ein anderer Umstand, der bei der Masseneinwanderung extrem zum Tragen kommt und das vorhin erwähnte ‚Mitheiraten' noch auf größerer Ebene verdeutlichen soll, ist die leidige aber wahre Tatsache, dass Massen an Menschen aus ***sehr armen Ländern*** *und* ***Kriegsgebieten*** *nach Europa, insbesondere Deutschland, kommen. Doch damit werden nicht nur ‚bloß' Menschen nach Deutschland und Europa importiert, sondern Armutsenergien, Armuts- und Mangelbewusstsein sowie Kriegsenergien! Dazu gesellen sich Hass- und Aggressionsenergien. Wenn eigentlich energetisch hoch schwingende Regionen in Deutschland – z.B. München und Teile Bayerns oder der Schwarzwald – mit Massen an Menschen überhäuft werden, die Armuts- und Kriegsenergien mitbringen, so zieht es die Schwingung einer Region und des ganzen*

Landes herunter. Wie soll es sonst anders sein? Und Regionen, die bereits vorher niedrig schwingend waren – die meisten Großstädte und Metropolregionen dieser Welt –, verkommen regelrecht selbst irgendwann zu ‚Bürgerkriegsgebieten'. Wer von Spiritualität nichts hält, dem sei einfach die Frage gestellt, was passieren würde, wenn man in einem Raum mehrere negativ gesonnene Personen mit einigen positiv gesonnenen Personen zusammenbringen würde. Wie lange würde es friedlich in diesem Raum bleiben? Wer würde versuchen, wen zu unterdrücken? Und hier noch ein weiterer Aspekt bei der Sache: Es werden auch neue Krankheiten nach Europa importiert, die es auf unserem Kontinent nicht gab bzw. nicht mehr gab. Gehen Sie hin und fragen Sie mal Ärzte in Krankenhäusern, die viele Migranten behandelt haben. Viele von ihnen waren teilweise ratlos ob der mitgebrachten Krankheiten und Symptome. Das heißt, man setzt die Bevölkerungen zusätzlich noch einem eigentlich unnötigen Gesundheitsrisiko aus. Das ist die Realität."

Hier warf ich dann ein, dass Völker sich im Zuge der Evolution in der Vergangenheit doch schon immer teilweise vermischt hätten, worauf er mir entgegnete:

„Ja, richtig... Wenn Rassenvermischung originär entstehen sollte, dann soll es so sein. Und dies wird sicher in den nächsten tausenden und zehntausenden von Jahren passieren, so wie auch in der Vergangenheit Kulturen immer wieder entstanden und verschwunden waren. Das passiert dann aber auf natürliche Art und Weise im Zuge der Evolution – sofern ***keine*** *anderen äußeren Einmischungen stattfinden, was in der Vergangenheit aber zumeist nicht der Fall war... Das, was gerade in Europa abläuft, ist aber eine* ***Zwangseinwanderung*** *von Migranten mit der gezielten Einschleusung von Massen an Leuten – fast ausschließlich jungen, kampferprobten und fortpflanzungswilligen Männern – aus Kulturkreisen, die teilweise völlig konträr bzw. schlichtweg ‚inkompatibel' zu den Kulturen der europäischen Nationalstaaten sind. Dafür sind die Völker auf diesem Planeten doch noch zu unterschiedlich. Das ist nicht schlimm und nicht unbedingt von Nachteil und soll jetzt auch nicht falsch verstanden werden. Die zahlreichen verschiedenen Kulturen bereichern unseren Planeten enorm und sie sind alle Teil der göttlichen Schöpfung und Vielfalt. Es ist sicherlich nicht dem blanken Zufall überlassen, dass die so zahlreichen Kulturen auf diesem großen Erdball überall verteilt leben und jedes Volk sich dabei frei entwickeln und entfalten kann und* ***sollte****, für sich und auch im friedlichen und vor allem respektvollen Nebeneinander mit anderen Völkern, gemäß seines seelischen Entwicklungsstands. Denn wir alle können auf dieser Erde sehr viel voneinander lernen und das in allen möglichen Bereichen, sei es Wissenschaften, Künste, Philosophie usw.*
Der Entwicklungs- und Bewusstseinsstand ist somit logischerweise jedoch nicht bei allen Menschen gleich. Nicht einmal im selben Land und weltweit betrachtet schon gar nicht. In einigen Kulturen dieser Welt ist z.B. die Hemmschwelle zu Gewalt und Kriminalität erschreckend gering. So werden in einigen Ländern für ‚eine Handvoll Dollar' Touristen gern mal entführt oder um einen Kopf kürzer gemacht. Auch sind Ethik, Moral und Wertegefühl nicht überall gleich ausgeprägt, oft gar diametral zu unseren Wertesystemen – siehe z.B. die islamischen Länder und ihren Umgang mit Frauen."

Dann wollte ich von ihm erfahren, was seinem Kenntnisstand nach die *Geistige Welt* über die Rassen denken würde. Hierzu meinte er:

„Es ist der Wille der Schöpferkraft bzw. der göttlichen Quelle, dass es viele verschiedene Rassen auf der Erde gibt. Denn all die verschiedenen Rassen, Nationen und Kulturen ermöglichen es den Seelen, die hierher kommen, ein sehr breites Spektrum an Erfahrungen zu sammeln und verschiedenste Lernprozesse durchzumachen, welche notwendig sind, damit die Seelen sich überhaupt erst umfassend weiterentwickeln und heranreifen können. Wer jetzt diese Vielfalt an Völkern abschaffen und einen multikulturellen Einheitsbrei erschaffen will, nimmt willkürlich allen Seelen die Möglichkeit, dieses breite Spektrum an Erfahrungen zu durchleben und handelt somit gegen das göttliche bzw. schöpferische Prinzip. Das ist FALSCH und muss mit allen Mitteln verhindert werden. Die Bewahrung unserer europäischen Kulturen, unserer Völker und unserer geistigen Fähigkeiten ist unser Geburtsrecht und ihre Verteidigung gleichzeitig unsere oberste Pflicht! ***Dasselbe gilt für jedes andere Volk auf der Erde****, denn jede Rasse hat eine Daseinsberechtigung. Jede Rasse ist in meinen Augen gleich wertvoll und sei es, dass wir uns gegenseitig zumindest bestimmte Lernprozesse ermöglichen, damit wir alle endlich aus unserem Tiefschlaf erwachen."*

Das sind schon heftige Aussagen, die mich selbst noch einige Nächte grübeln ließen. Während ich einige angesprochene Punkte gut nachvollziehen kann, habe ich mit anderen wiederum Schwierigkeiten. Auch Sie als Leser müssen nicht mit allen Aspekten konform gehen. Es spricht für mich persönlich nichts dagegen, wenn Menschen aus verschiedenen Kulturen zusammenkommen und sich ineinander verlieben. Es heißt ja sprichwörtlich: *„Da, wo die Liebe hinfällt"* – sofern es auf natürlichem Wege geschieht und nicht von irgendwem aufgezwungen wird, durch welche Mittel auch immer. Dann ist es eben Schicksal. Das ist mir im Leben selbst schon einige Male passiert. Die Frauen, in die ich mich verliebt hatte, waren auch nicht alle ethnisch Deutsche. Bei Ihnen war es womöglich ähnlich. Dies ist daher von keinem von uns zu verteufeln, denn wir haben auch kein Recht, über die Lebenspläne und Lernprozesse anderer Menschen zu urteilen. Der IQ ist auch nicht alles, denn Seelenreife und EQ (emotionaler Intelligenzquotient) sind eigentlich mindestens genauso wichtig, wenn nicht gar noch wichtiger. Ansonsten sei an die Frauen und Männer generell gesagt, nicht mit jemand „x-beliebigem" Kinder zu zeugen, sondern in Zukunft – all die vorhin erwähnten Punkte berücksichtigend – etwas genauer hinzuschauen. Anfang bis Mitte des 20. Jahrhunderts hat man in Bezug auf Fortpflanzung von „Rassenhygiene" gesprochen, ich würde sogar die „Bewusstseinshygiene" noch voranstellen.

Angela Merkel – Tochter von Adolf Hitler?

Ich weiß, das klingt für die meisten erst einmal völlig abwegig und absurd. Als ich im Zuge der Recherchen zu diesem Buch auf einen Artikel stieß, der genau dieses Thema behandelte (und zudem ohne jedwede Quellenangaben), fand ich es zwar amüsant, schob es dann aber beiseite. Ich hätte mich damit auch nicht weiter beschäftigt, wenn nicht eine Kette an „Zufällen" mich wieder zurück zu dieser kuriosen Behauptung gebracht hätte. Auch wenn dieses Thema zugegebenermaßen eher von spekulativer Natur ist, so möchte ich es den Lesern dennoch nicht vorenthalten, denn auch in Gerüchten steckt nicht all zu selten eine Portion Wahrheit drin. Es kursiert eine Geschichte[(885m)], wonach laut dem Inhalt einer mutmaßlichen *STASI*-Akte, die in den Archiven des russischen Geheimdienstes KGB verweilen soll, Angela Merkel die biologische Tochter von Adolf Hitler sei. Der Nazi-Arzt, der dieses gemäß der Akte bewerkstelligt haben will, wird als *Dr. Klauberg* genannt (auch als „Engel des Todes" bekannt). Er hatte während der Nazi-Ära u.a. mit künstlicher Befruchtung herumexperimentiert und war zudem anscheinend im Besitz von Hitlers gefrorenem Sperma. Wenn man bedenkt, wie weit medizinisch und technisch die Deutschen damals bereits fortgeschritten waren, so ist dies keineswegs als unmöglich anzusehen. Im Austausch von Hitlers Sperma und seiner Expertise sollen die Sowjets ihn nach sieben Jahren Gefangenschaft wieder freigelassen haben. Das Sowjetische Politbüro, so die Geschichte, solle dann ein Experiment bewilligt haben, ein Kind zu erzeugen, welches die genetischen Eigenschaften von Hitler in sich trage. Dr. Klauberg habe anschließend Gretl Braun (die Schwester von Hitlers Frau Eva Braun) nach Ost-Deutschland geholt, die als Leihmutter fungierte. Angela Merkel sei angeblich in Wirklichkeit nicht am 17. Juli 1954, sondern am 20. April 1954 geboren. Und an einem 20. April hatte bekanntlich Hitler auch Geburtstag. Als Klauberg wieder nach Westdeutschland zurückkehrte, soll er sofort wieder verhaftet und zwei Jahre später ermordet worden sein.

Russland, die USA und der Vatikan sollen dann eine geheime Vereinbarung getroffen haben, nach der das Sorgerecht für Angela an die katholische Kirche ging. Diese hatte wiederum sehr gute Kontakte zur lutherischen Kirche in Ost-Deutschland. Als Adoptiveltern fand man dann den evangelischen Pastor Horst Kasner und seine Frau Herlind, die *Angela Dorothea Kasner* großzogen. Ihre angeblich polnischen Wurzeln väterlicherseits (Familienname ihres Großvaters war *Kazmierczak*) könnte somit als bewusst gelegte falsche Fährte interpretiert werden. 1977 heiratete Angela Kasner – laut offizieller Version – den Physikstudenten Ulrich Merkel und nahm dessen Familiennamen an. Die geheime Vereinbarung sah zudem vor, dass Angela Merkel zur internationalen Macht verholfen werden solle, jedoch nicht, bevor der Vatikan einen Deutschen als Papst eingesetzt hatte. Am 19. April 2005 wurde Joseph Ratzinger zum neuen Papst gewählt. Einen Tag später, am **20. April**, hielt er an seinem ersten Arbeitstag als Papst seine erste Ansprache.[(885n)] Etwa sieben Monate später, am 22. November 2005 wurde Angela Merkel zur Bundeskanzlerin „gewählt". Man achte auf die Numerologie hier: 22 + 11 = 33. Eindeutig ein Handzeichen der Kabale als Strippenzieher im Hintergrund. Doch das sind nicht die einzigen Zufälle. Wenn dem alles so sein sollte, welche Aufgabe kommt Merkel zuteil? Das *Vierte Reich* zu etablieren? Weitere Punkte, die diese Abstammungsgeschichte zumindest unterstützen:

- Hitler hatte eine starke Vorliebe für Opernaufführungen des deutschen Komponisten Richard Wagner. Besonders schien ihm Wagners Werk „Parsifal" gefallen zu haben – so sehr, dass er ab 1934 per Verfügung Einfluss auf die Bayreuther *Parsifal*-Inszenierung nahm (trug zum Bühnenbild bei, passte sie an die „nationalsozialistische Ideologie" an).[885o] Merkel wiederum ist ebenfalls erklärte Wagner-Liebhaberin. 2005 bezeichnete sie der *FAZ* gegenüber die Opernaufführungen Wagners bei den 55. Bayreuther Festspielen als *„wunderbar"*.[885p] 2016 sagte sie als Stammgast den Besuch der *Parsifal*-Premiere in Bayreuth angeblich aus Termingründen ab, nahm aber an der Aufführung von „Tristan und Isolde" teil, einer Inszenierung der Urenkelin von Richard Wagner.[885q]

- Eine Halbschwester von Hitler hieß mit Vornamen ebenfalls Angela. Und eine ihrer Töchter wiederum ebenso.[885r]

- Nur einige Wochen nach Angela Merkels Geburt zogen ihre Eltern mit ihr von Hamburg in die DDR.[885s] Hier muss man sich berechtigt die Frage stellen, warum Eltern ausgerechnet mit ihrem Neugeborenen in ein diktatorisches Land umziehen?

- Merkel hat in gewissen Zügen eine gewisse Ähnlichkeit mit Hitler. Auffallend ist zudem, dass beide mit ihren Fingern und Daumen bei Auftritten eine Raute formen (sog. „Merkel-Raute", Abb. 256)

- Merkel hat – je nach Lebensalter – eine frappierende Ähnlichkeit mit Gretl Braun (Abb. 246-252)

- Es gab tatsächlich einen SS-Arzt mit dem Namen Carl Clauberg. Er war im Dritten Reich Gynäkologe und erlangte Bekanntheit durch ein von ihm entwickeltes Verfahren, bei unfruchtbaren Frauen mit einem Eileiterverschluss das synthetische Hormon *Progynon A* zu injizieren, welches ein Wachstum der Eileiter und somit eine Schwangerschaft wieder ermöglichte. Dass er sich mit künstlicher Befruchtung auskannte, ist ihm demnach allemal zuzutrauen. In Auschwitz soll er allerdings an gefangenen Frauen Sterilisationen durchgeführt haben, indem er seinen Ansatz umkehrte und die Eileiter verklebte.[885t] Claubergs Schreibweise mit einem „K" ist womöglich auf die russische Schreibweise zurückzuführen, die ins Englische übernommen wurde.

Als ich jedenfalls Fotos von Merkel aus ihren jüngeren Jahren mit Fotos der Gretl Braun verglich, war für mich diese anfangs „absurde" Geschichte plötzlich gar nicht mehr so absurd. Einen Tag nach diesem Zufallsfund überkam mich die Idee, doch einmal Merkels letzte Neujahrsansprachen rückwärts anzuhören, in der Hoffnung, ich könnte irgendeinen weiteren Hinweis finden, der die Hitler-Tochter-Theorie bestätigen würde. Bei den Neujahrsansprachen 2015 und 2016 fand ich keinerlei Anhaltspunkte. Bei der Neujahrsansprache 2017[885u] allerdings staunte ich dafür nicht schlecht, als ich in der siebenminütigen Rede tatsächlich mehrmals einen Hinweis in diese Richtung heraushören konnte. Doch machen Sie sich am besten selbst einmal die Mühe und nehmen eigene Analysen vor. Die Zufälle, an die ich jedenfalls innerhalb kurzer Zeit herangeführt wurde, zeigen mir persönlich zumindest, dass an dieser ganzen Geschichte doch mehr wahr sein könnte, als wir wahrhaben wollen. Und wenn daran etwas wahr sein sollte, wie viele biologische Nachfahren Hitlers laufen heute mittlerweile dann noch herum? Von wem stammten beispielsweise auch Hillary Clinton und der 1946 geborene Donald Trump wirklich ab? Ist das vielleicht auch der Grund, warum während des diplomatischen Streits zwischen Deutschland und der Türkei im Frühjahr 2017 türkische Politiker und Medien Merkel mit Hitler verglichen haben? Liebe Leserinnen und Leser, ziehen Sie bitte selbst Ihre eigenen Schlüsse aus den hier gewonnen Informationen. Falls es da draußen Insider gibt, die vielleicht gar weitere handfeste Indizien oder Beweise dafür haben, dass Merkel in der Tat die biologische Tochter von Hitler ist, so wenden Sie sich gern an den *Amadeus Verlag*, damit ich die neuen Erkenntnisse ggfls. in einer kommenden Auflage ergänzen kann.

Abb. 246 und 247: Links Gretl Braun in jungen Jahren. Rechts die Geschwister Ilse, Gretl und Eva Braun (von links nach rechts).

Abb. 248: Gretl Braun (links) mit ihrer Mutter Franziska.

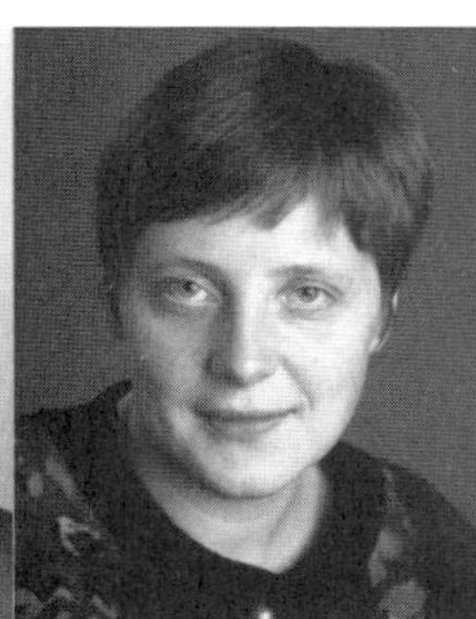

Abb. 249 bis 252: Angela Merkel in jüngeren und späteren Jahren. Gerade in jüngeren Jahren hohe Ähnlichkeit der Augen mit denen von Gretl Braun.

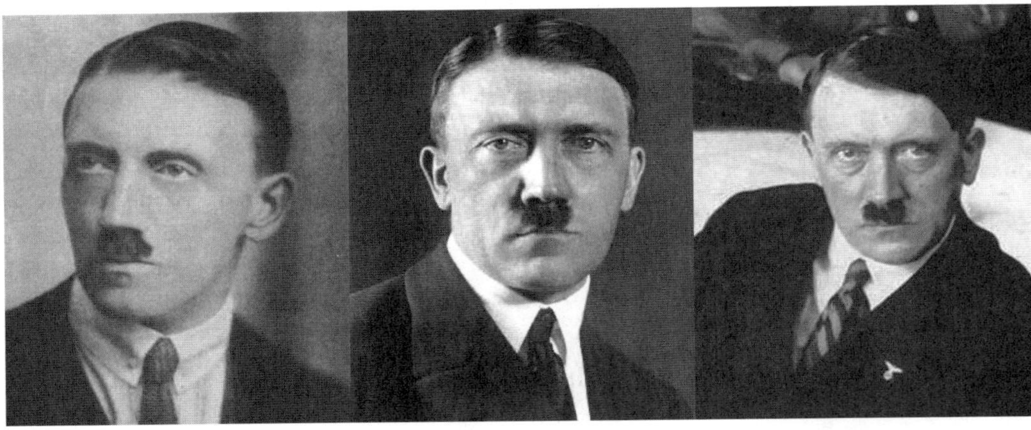

Abb. 253 bis 255: Man vergleiche das erste von rechts mit dem ersten Merkel-Foto von rechts darüber. Es ist fast derselbe kühle Blick und Ausdruck in den Augen. Sogar die Tränensäcke sind fast identlisch.

Abb. 256 (links): Zugegeben, die „Handraute" wird von vielen Politikern als Geste verwendet, was als geheimes Zeichen interpretiert wird. Dennoch finde ich es erwähnenswert bei den vielen Gemeinsamkeiten.

Abb. 257 (rechts): Na, das muss noch ein wenig geübt werden!

Abb. 258: Dieses unglücklich getroffene Foto erzeugte weltweit ein Medienecho. Israels Premier Netanyahu zeigte mit seinem Finger auf etwas und warf dabei einen Schatten auf Merkels Gesicht unterhalb der Nase, welches stark an das „Hitlerbärtchen" erinnert. Dummer Zufall?

Abb. 259: Hillary Clinton kriegt es schon etwas besser hin. Sie wurde für ihre kriegerische und faschistische Politik häufig als „Hitlary" betitelt. Von wem stammt sie denn wirklich ab?

Donald Trump – Marionette der Kabale

Ach, was hat dieser Republikaner für hohe Töne während seines Wahlkampfs gespuckt! Meine Güte, was hat er den Menschen in den USA und in der Welt für neue Hoffnung gemacht. Nach allem, was wir uns bisher erarbeitet haben, hätte ich mir die folgenden Passagen eigentlich sparen können, die ich hier auch nur der Vollständigkeit halber doch einfügen möchte, um das Gesamtbild weiter abzurunden.

Besonders auffallend positiv waren Trumps Wahlversprechen, die einen radikalen Richtungswechsel der US-Politik in Aussicht stellten. Er hat sich auffallend offen kritisch über das „korrupte politische Establishment" geäußert, welches er mit seinem Team verdrängen und ersetzen würde. Die Massenmedien hatte er als „politische Interessenvertretungen" bezeichnet, mit einer politischen Agenda, die nicht *für* das Volk ist und einfach nur lügen, lügen und lügen. Mehr noch, er versprach zudem, die politische Macht wieder in die Hände des amerikanischen Volkes zu legen. Gegen seine Kontrahentin Hillary Clinton (sowie ihren Ehemann) nahm er kein Blatt vor dem Mund, um sie in Reden als „böse" und als „Kriminelle", die man einbuchten müsste, bloßzustellen. Selbst ich war zugegebenermaßen von seiner „Schlüsselrede"[(886)] begeistert, er kam einfach ehrlich und authentisch herüber. Er wollte definitiv was bewegen und verändern. Die verschiedenen Reversale von ihm und Clinton haben zudem im Nachhinein das gute Gefühl bestätigt, wovon viele Leute rund um den Globus berichteten. So hat er in einer seiner Reden auch versprochen, dass die USA aufhören würde, Regierungen in anderen Ländern zu stürzen und sie zu drangsalieren, sobald er an die Macht käme. *„America first"* war sein Slogan. Er stellte die USA an erster Stelle, die es gilt wieder aufzubauen und er wünschte sich, dass alle anderen Länder ebenso für sich einstehen.

Doch als er zum Präsidenten gewählt wurde, haben Trumps Rhetorik und Verhalten eine magische 180°-Wendung vollzogen. Plötzlich lobte er die Clintons in den höchsten Tönen. Hillary Clinton war plötzlich eine *„gute Frau"*. Von *„bösen Kriminellen"* war plötzlich keine Rede mehr. Fast wörtlich sagte er bei seiner Siegesrede: *„Wir schulden ihr eine große Portion Dankbarkeit für ihren Dienst an unserem Land."*[(887)] Bereits 2008 lobte er die Clintons und Hillary sei *„eine wundervolle Frau"*.[(888)] An dieser Haltung hat sich also nichts geändert und die Tiraden während seines Wahlkampfs waren reinstes Theater. Kurz nach seiner Wahl verhängte er gegen den Iran neue Sanktionen, vier Tage nachdem es einen Raketentest durchführte.[(889)] Forderte er während seines Wahlkampfes noch die „Auslöschung" des Islamismus, reiste er im Mai 2017 nach Saudi Arabien, um mit diesem US-Verbündeten einen riesengroßen Waffen- und Industriedeal im dreistelligen Milliardenbereich abzuschließen. Bei seinem Treffen mit den Saudis ging es dann natürlich auch um den Iran, den Trump beschuldigte, die syrische Regierung zu unterstützen. Die arabischen Länder wollte er bei seinem Besuch gegen den Iran zusammenbringen.[(890)] Doch sind das die einzigen Gründe? Ende Januar 2017 hatte Trump vorgeblich aus Terrorgründen die Einreise von Leuten aus dem Iran und sechs weiteren islamischen Ländern zeitweise verboten bzw. drastisch eingeschränkt. Kurz darauf kündigte der Iran an, den US-Dollar im Außenhandel fallen zu lassen und auf eine oder mehrere andere Währungen umzusteigen. Da der Iran 2017 voraussichtlich 41 Milliarden US-Dollar aus dem Ölverkauf einnehmen würde, kann ich mir sehr gut vorstellen, dass die US-amerikanische Notenbank über diese neue Entscheidung Irans alles andere als glücklich war.[(891)] Doch der Iran steht nicht alleine da. Gegen Nordkorea begann Trump ebenso massivst zu wettern. Es ginge angeblich um das Atomprogramm der Koreaner, und Nordkorea solle zu dessen Abbau gezwungen werden. Der Druck solle durch weitere Wirtschaftssanktionen aufgebaut werden. Das Ganze schaukelte sich regelrecht hoch, sodass die USA Kriegsschiffe vor Nordkoreas Küste positionierte und es nun nicht mehr viel fehlt, dass Trump bald den roten Knopf drückt.(892) Irgendwie erinnerte es an die Kubakrise in den 1960er-Jahren. Doch worum geht es bei Nordkorea tatsächlich? Geht es darum, dass dieses Land keine Rothschild'sche Zentralbank hat und daher schleunigst „befreit" werden müsse? Wie immer, erfahren wir nie die wahren Gründe oder nur einen kleinen Teil. Nach einem angeblichen Giftgasanschlag auf Zivilisten in Syrien, den angeblich Assad befohlen hatte, ordnete Trump Anfang April 2017 einen begrenzten Raketenangriff auf einen Flughafen der syrischen Luftwaffe an. Der russische Kreml-Sprecher Dmitri Peskow verkündete daraufhin, dass die syrische Armee nach der Entwaffnung doch keine Chemiewaffen mehr haben könne und dies sogar von der zuständigen UN-Organisation bestätigt wurde. Derweil würde aber der Gebrauch von Chemiewaffen durch Terroristen völlig ignoriert werden, hieß es in der *Süddeutschen Zeitung*.(893) So viel zu dem posaunten Versprechen, keine Angriffskriege mehr gegen andere Länder zu führen und ihre Regierungen stürzen zu wollen.

Wem ist Trump gegenüber loyal?

Ich will Sie hier nicht lange auf die Folter spannen und gleich zum Punkt kommen. Am 1. Juli 2015 führte das jüdische Nachrichtenportal *Jewish News Service* ein Interview mit Donald Trump, bei dem er Folgendes versicherte:

> *„Der einzige [Kandidat], der Israel wahre Unterstützung zukommen lassen wird, bin ich. Der Rest redet nur und handelt nicht. Sie sind Politiker. Ich bin seit dem ersten Tag meiner Geburt loyal zu Israel gewesen. Mein Vater, Fred Trump, war noch vor mir loyal zu Israel."*(894)

Und der Mann hielt sein Versprechen. Gesagt, getan! Nach seiner Wahl benannte er eine ganze Fülle an jüdischen Glaubensgenossen in sein Kabinett, vermutlich mehr, als jeder andere US-Präsident vor ihm. Nachfolgend eine kleine Auswahl:

- Der Posten des neuen Finanzministers ging an Steve Mnuchin, einen Hedgefondsmanager und Filmproduzenten, der 17 Jahre lang für die US-Investmentbank *Goldman Sachs* arbeitete.(895) Des Weiteren arbeitete Mnuchin beim *Soros Fund Management*, dessen Gründer der uns altbekannte „Humanist" George Soros ist.

- Der erste Chefstratege und ranghöchste Berater im Weißen Haus war Stephen Bannon. Er arbeitete früher ebenfalls u.a. bei *Goldman Sachs*. Zudem ist er bekennender Anhänger von Lenin (also Kommunist)(896) und meinte, er würde bei seiner Politik sich an der Finsternis von dem Spielfilm „Krieg der Sterne" orientieren. Seine Worte: *„Finsternis ist gut. Dick Cheney. Darth Vader. Satan. Das ist Macht."*, sagte er dem Magazin *The Hollywood Reporter*.(897)

- Der Chef-Wirtschaftsberater und Direktor des *Nationalen Wirtschaftsrats* ist der aus einer osteuropäisch-jüdischen Familie stammende Investmentbanker Gary Cohn, der zuvor Chief Operating Officer bei *Goldman Sachs* war.(898)

- Der neue Wirtschaftsminister ist Wilbur Ross. Dieser arbeitete 24 Jahre lang bei dem Bankhaus *N.M. Rothschild & Sons*. Als Donald Trumps drei Casinos in Atlantic City in den 1980er-Jahren pleite waren, war es Wilbur Ross, seinerzeit Senior Managing Director der *Rothschildbank*, der Trump zu neuen Geldern durch Investoren verhalf, sodass Trump seine Casinos behalten konnte.[(899)] Trump hat seine Hilfe nicht vergessen und sich dementsprechend mit einem schicken Pöstchen bei ihm revanchiert.

- Trumps Anwalt Michael Cohen war auch Vizepräsident aus dem Beraterteam während seines Wahlkampfs.[(900)]

- Seniorberater von Trump ist sein Schwiegersohn Jared Kushner, Immobilieninvestor, Zeitungsverleger, jüdischer Abstammung und Anhänger der Chabadbewegung, der größten jüdischen Sekte, die stark zionistisch eingestellt ist. Er spendete laut dem jüdischen Magazin *forward.com* insgesamt 342.000 US-Dollar an Chabad-nahe Organisationen und Projekte.[(901)] Trumps Tochter und Kushners Ehefrau, Ivanka Trump, konvertierte 2009 zum orthodoxen Judentum.[(902)] Beraterin der Ivanka Trump während Trumps Wahlkampf war Dina Powell. Letztere avancierte zur stellvertretenden Nationalen Sicherheitsberaterin in strategischen Belangen. Zuvor war sie u.a. Partnerin bei *Goldman Sachs*.[(903)]

- Donald Trumps Sohn, Donald Trump Jr., ist verheiratet mit Vanessa Haydon, einer Halbjüdin.[(904)] Trumps Sohn Eric heiratete Lara Yunaska, die keine Jüdin ist. Beide heirateten aber unter einer jüdischen Chuppa, welches bei jüdischen Heiratszeremonien in Form eines aufgespannten Stoffdaches aufgebaut wird.[(905)] Trumps andere Tochter, Tiffany, ist mit Ross Mechanic zusammen. Sie erraten es, er ist ebenfalls jüdischer Abstammung.[(906)]

Die Liste ließe sich fast endlos fortführen. So gut wie jede Person aus Trumps Wahlkampfteam, seiner *Trump Organization*, seines Kabinetts, seiner Berater, grundsätzlich aus seinem beruflichen wie privaten Umfeld, gehört dem khasarischen Judentum an. Unter *thezog.info/who-controls-donald-trump* findet sich eine umfangreiche Auflistung all der Personen mit khasarischem Hintergrund. Man könnte meinen, Trump sei Präsident Israels und nicht der USA. Besonders auffallend ist auch der Einfluss von *Goldman Sachs* und *Rothschild* durch die Hintertür. Auf der Webseite des *Weißen Hauses* wird das „unzerbrechliche Band" zwischen den USA und Israel betont und zu Solidarität mit Donald Trump und dem israelischen Premierminister Benjamin Netanjahu aufgerufen. Letzterer lobte Trump als *„treuen Freund Israels"*.[(907)] Zufälligerweise stiegen die Aktien von *Goldman Sachs* um 32% nach Trumps Wahlsieg, wie *CNN* berichtete.[(907a)]

Im „Namen Gottes"

Aber nicht nur die Bankenlobby ist in Trumps Regierung vertreten, auch das Ölkartell mischt mit. So hat Trump Rex Tillerson zum Außenminister ernannt. Tillerson ist kein geringerer als der ehemalige Chef eines der größten Ölkonzerne dieser Welt, nämlich *ExxonMobil*.[(908)] Erwähnenswert ist, dass *Exxon* einen Deal mit dem staatlichen russischen Öl-Unternehmen *Rosneft* in der Größe von 500 Milliarden US-Dollar abgeschlossen hat (*New York Times*).[909] Es dürfte der größte Öl-Deal der Geschichte gewesen sein. Tillerson hat wiederum hervorragende Kontakte zum russischen Präsidenten Wladimir Putin.[910] Somit dürfte allein von dieser Seite klar sein, dass die USA und Russland auch zukünftig miteinander kooperieren werden und kein Interesse daran haben können, sich gegenseitig feindselig zu bekriegen, zumindest *vorerst*. Die schnelle Gratulation Putins an seinen neuen US-Amtskollegen zum Wahlsieg deutete zusätzlich auf eine von beiden Seiten gewollte Entspannung der bis dato äußerst prekären Lage hin, haben schließlich die westlichen Herrscherclans die letzten Monate und Jahre fieberhaft auf eine Eskalation mit Russland hingearbeitet.[910a]

Schaut man sich zudem das *Exxon*-Logo an, so bilden die beiden „x" ein *Lothringerkreuz*, ein Symbol, welches jesuitische Missionare bei der Kolonisierung Amerikas mit sich trugen (auch als *Patriarchenkreuz* bekannt).[911] (Abb. 261-263) Hier haben wir also schon einen Hinweis auf den vatikanisch-jesuitischen Einfluss. Und ja, es gibt noch mehr: Eines der Wahlkampfversprechen Trumps war es, dass die Amerikaner alle wieder „Fröhliche Weihnachten" sagen werden, um der politischen *Correctness* entgegenzuwirken. In der Tat erhielt Trump sehr viel Unterstützung von konservativen Christen und Katholiken, auch im Hinblick, gegen den radikalen Islam vorgehen zu wollen und vor allem, weil der Entwurf einer Verordnung vorsieht, konservativ(!)-christliche Werte zu schützen. So steht in diesem Entwurf u.a.:

> *„(...) der Glaube, dass die Ehe als die Vereinigung eines Mannes und einer Frau gelten sollte, sexuelle Beziehungen als solche ordnungsgemäß für die Ehe reserviert sind, männlich und weiblich und ihre Entsprechungen sich auf das unveränderliche biologische Geschlecht eines Individuums beziehen, das objektiv bestimmt wird durch Anatomie, Physiologie oder Genetik bei oder vor der Geburt, und dass das menschliche Leben bei der Empfängnis beginnt und in all seinen Stadien Schutz verdient."* (*Epoch Times*)[912]

Aha, der Gesetzesentwurf sieht also vor, **vorehelichen** Sex zu stigmatisieren. Das heißt „zurück ins Mittelalter". Die Homosexuellen dürften über diesen Entwurf auch nicht gerade besonders glücklich sein. Gegen den Schutz von ungeborenem Leben ist nichts einzuwenden, wobei man hier wirklich absehen muss, inwieweit die Selbstbestimmungsrechte der Frauen weiterhin gewahrt werden. Dieser Entwurf wird auch ein Grund gewesen sein, warum gerade Feministinnen und Schwulenvereinigungen gegen Trump massivst protestiert hatten. Des Weiteren kündigte Trump an, das Gesetz zu „vernichten", welches steuerbefreiten Kirchen bisher verboten hatte, sich politisch zu äußern und sich beispielsweise für oder gegen einen politischen Kandidaten öffentlich auszusprechen.[913] Sollte Trump das tatsächlich durchziehen, dann hätte er die Trennung von Staat und Kirche *offiziell* wieder aufgehoben und Kirchenvertreter würden sich in politische Debatten offen einmischen können.

Schaut man in die Biografie von Trump, so erfährt man, dass er an der *Fordham University* studierte.[914] Dies ist eine von der New Yorker Diözese 1841 gegründete ***jesuitische*** Universität. Später wechselte er zur *Universität von Pennsylvania* (*UPenn*). Größter finanzieller Unterstützer der *UPenn* ist die *Annenberg Foundation*, gegründet von dem Juden Walter Hubert Annenberg, welcher US-amerikanischer Diplomat, Verleger und unter US-Präsident Richard Nixon „Botschafter am Hof von St. James" war (dem offiziellen Titel der ausländischen Botschafter am britischen Königshof).

Abb. 261 bis 263: Logo des *ExxonMobil* Konzerns. Die beiden „x"-Buchstaben bilden ein versetztes Lothringerkreuz. Daneben Varianten des Lothringerkreuzes.

Abb. 264: Der Bischof von London, Richard Chartres, trägt ein Lothringerkreuz.

Abb. 260: Das Logo der *Fordham University*. Der lateinische Spruch *Sapienta et Doctrina* bedeutet *Weisheit und Lernen*. Deutlich zu sehen das Emblem des Jesuitenordens. Makaber muten die Blutstropfen an, die in der farblichen Darstellung rot sind.

Für seine Verdienste wurde er ehrenhalber zum Ritter des britischen Ritterordens *Order of the British Empire* ernannt (und somit in den britischen persönlichen Adelsstand erhoben), mit dem Titel *Knight Commander*, dem zweithöchsten Rang des Ordens.[915] Die *Annenberg Stiftung* spendete auch Geld der *Clinton Stiftung* und sogar einen Betrag in Höhe von 25.000 US-Dollar zugunsten der satanisch anmutenden Marina Abramovic (zu der komme ich später noch), wie aus einer Steuererklärung für das Jahr 2011 hervorgeht (*rebrn.com*).[915a] An der *UPenn* haben übrigens auch Trumps Tochter Tiffany und ihr Freund Ross Mechanic studiert. Zwar offiziell nicht als jesuitische Universität geführt, können wir aber davon ausgehen, dass über einige Ecken auch die Universität *UPenn* vom Vatikan und seinen Orden kontrolliert wird (Dank an *Veritas_Aequitas* von *reddit* für den Hinweis).[916] Auf einer katholischen Spendengala (*Alfred Smith Dinner*) im Oktober 2016, bei der sowohl Trump als auch Clinton ihre Pflichtauftritte hatten, kündigte Trump öffentlich an, gegen *„anti-katholische Voreingenommenheit"* vorgehen zu wollen. Links und rechts hinter ihm war er flankiert von kirchlichen Vertretern. Zu seiner hinteren rechten Seite saß ein Herr, welcher ebenfalls den Orden *Order of the British Empire* um den Hals trug (Abb. 265). Dieser Orden wird gewöhnlich nur an britische Staatsbürger verliehen oder an jeden, der sich für das britische Königreich besonders verdient gemacht hat.[917] Bei dieser Spendengala war auch der New Yorker Erzbischof und Kardinal Timothy M. Dolan anwesend. Das *Time* Magazin nannte ihn 2012 als eine der 100 einflussreichsten Personen in der Welt. Als Clinton ihre Rede hielt, merkte sie an, dass ihr Vizepräsidentschaftskandidat Tim Kaine ein von Jesuiten ausgebildeter Katholik ist – ganz offen, für alle hör- und sichtbar.[917a] Was mich jedoch überrascht hatte, war die Tatsache, dass auf dieser Gala in den hinteren Reihen auch Henry Kissinger anwesend war. Nach Trumps Wahlsieg traf er sich nämlich mit diesem am 17. November 2016, um mit ihm angeblich über China, Russland, Iran und Europa zu sprechen.[918] Jetzt kommt's: Ein paar Tage nach diesem Treffen verkündete Kissinger auf dem TV-Sender CNN, dass die Menschen nicht erwarten sollten, dass Trump all seine

Versprechen einhalten würde![919] Man braucht nicht viel, um eins und eins zusammenzuzählen. Kissinger hatte Trump bei ihrem gemeinsamen Treffen nämlich klargestellt, wer tatsächlich das Sagen hat. Vielleicht hat Kissinger ihn in einen Raum mit anderen Herren in dunklen Anzügen geführt, ihm die unzensierten Aufnahmen der Kennedy-Ermordung gezeigt und anschließend gefragt: *„Und, noch irgendwelche Fragen, Mr. Trump?"* Dies würde allemal den plötzlichen Richtungswechsel Trumps nach seiner Vereidigung erklären. Er hat(te) schlichtweg keine Wahl. Ich vermute, er hatte sich selbst ein wenig zu überschätzt. Eine andere Möglichkeit wäre, dass der Trump vor der Wahl nicht derselbe ist, wie nach der Wahl und der „echte" gegen einen Klon oder Androiden ausgetauscht wurde. Eine absurde Behauptung, meinen Sie? Warten Sie das spätere Kapitel zu dieser Thematik ab…

Da haben wir es also. Auch Trump ist letzten Endes leider nur eine Marionette der Jesuiten und Kabale. Das katholische Portal *CRUX* schrieb am 9. November 2016 – also einen Tag nach der US-Präsidentschaftswahl –, dass unter einigen anderen Faktoren es gerade auch die katholischen Wählerstimmen gewesen sind, die ihm mit zum Sieg verholfen haben.[920] Kommt uns das nicht bekannt vor? Mit der Wahl Obamas haben die US-Wähler einen großen Fehler begangen. In Trump haben sie alle Hoffnung gesetzt und wurden nun jetzt schon wieder auf das Heftigste enttäuscht. Wenn 2020 die US-Amerikaner wieder zur Wahlurne gehen, dann haben sie wahrlich aus ihrer eigenen Geschichte absolut nichts gelernt. Denn Demokraten und Republikaner sind zwei Seiten derselben Medaille. Man hat die Wahl zwischen Pest oder Cholera. Aber mit Bernie Sanders wäre es nicht besser gewesen... schließlich empfahl er seinen Wählern für Clinton zu stimmen, als er im Wahlkampf selbst keine Chancen mehr hatte und sich (vermutlich auf Befehl) zurückzog. Die Tatsache, dass Trump als Präsident von starken Hintergrundmächten ins Amt gehievt wurde, sollte uns **noch einmal daran erinnern**, dass der Präsident verhältnismäßig nur wenig Macht hat, und im Hintergrund Schattenregierungen und mafiös operierende Konzernstrukturen und Geheimorden die eigentlichen Fäden ziehen. Die „Neue Rechte" hat auch in den USA Fuß gefasst.

Das globale Machtverhältnis verlagert sich

Dennoch erachte ich Trump *vorerst* nach wie vor als das etwas „kleinere" Übel, schließlich war er gegen einen großen Krieg gegen Russland, wohingegen Clinton es kaum abwarten konnte, endlich den Dritten Weltkrieg vom Zaun zu brechen. Vielleicht hat dadurch die Menschheit etwas mehr Zeit gewonnen, um aufzuwachen und dieses Spiel zu durchschauen. Und Zeit ist ein kostbares Gut. In vielerlei Hinsicht erinnert mich Trump und das Geschehen um ihn herum an Adolf Hitler damals. Da gibt es einige Parallelen, wie wir gesehen haben. Ich denke, dass Trump ein gewisses Potenzial hätte, die USA und die Welt ein Stück weit zum Besseren zu verändern. Hinter der eifrigen Kriegstreiberei gegen Russland die letzten Jahre wurde und wird in Wahrheit ein heftiger Machtkampf zwischen den westlichen und östlichen „Illuminati" um die zukünftige Weltherrschaft ausgefochten, also welche Clans die **Verwaltung** des Planeten nun übernehmen sollen. Die östlichen Herrscherclans wollen demnach auch nun mal ihre „100 Jahre" Weltregentschaft haben, mit einem „verbesserten" Finanzsystem, Teilschuldenerlass, vielleicht etwas neuem Startkapital für jeden Bürger (Bedingungsloses Grundeinkommen?) und die ein oder andere Freigabe an „neueren" Energietechnologien. So zumindest die Verlautbarung aus Insiderkreisen. Allerdings soll dieser Machttransfer mit so wenig Zerstörung wie möglich und so friedlich wie möglich vonstatten gehen. Die jetzige Herrscherbande/Kabale hinter der Clinton-Obama-Bush-Fraktion will ihre Macht jedoch bis aufs Äußerste verteidigen, zur Not auch eben mit einem Dritten Weltkrieg. Daher dieses gewaltige „Tauziehen" mit Russland gerade die letzten Jahre vor unser aller Augen. Hinter Trump stecken also *mitunter* jene Kräfte, die diesen Machttransfer gen Osten nun rapide vollenden wollen, darunter u.a. die *BRICS*-Staaten, Teile des Pentagons/US-Militärs und des Justizwesens, die allesamt keine Lust darauf haben, dass die USA und die Welt atomar eingeäschert werden. Eine Befreiung unseres Planeten würde dies nach meinem Kenntnisstand jedoch nicht automatisch bedeuten. Statt neokonservative Hardliner würde die Weltmacht dann in der Hand von „gemäßigteren" Kräften liegen, die ebenso Macht- und Besitzansprüche über die Weltbevölkerung und die irdischen Ressourcen stellen. Und über alles wachen nach wie vor der Jesuitenorden und der Vatikan. Das Sklavenspiel würde in die neue Runde gehen. Diesbezüglich bleibt es also weiterhin spannend. Es wäre wünschenswert, wenn Trump sich von den jetzigen Ketten seiner Strippenzieher loslösen könnte. Da er aber auch einen ungestümen Charakter hat, ist zu hoffen, dass er nicht irgendwann unüberlegt auf den „roten Knopf" drückt, wenn er zu sehr provoziert wird.

Nach dieser kleinen Trump-„Zwischenmahlzeit" kommen wir nun zu einem ziemlich deftigen Thema...

Abb. 265 und 266: Donald Trump bei der Alfred Smith Spendengala. Links im Bild ein Herr, welcher den Orden *Order of the British Empire* um den Hals trägt. In einer anderen Bildeinstellung trägt dieser zudem ein rotes *Kabbala*-Bändchen um sein rechtes Handgelenk. Wer der Herr ganz rechts im Bild ist, ist nicht bekannt. Auffallend ist nur seine längliche Schädelform...

Abb. 267: Donald Trump und Hillary Clinton bei der *Alfred-Smith-Spendengala*. Ihr Vorgesetzter in der Mitte ist Kardinal Timothy Dolan. Was Trump in diesem Moment wohl über ihn gedacht hat, als er ihn so skeptisch ansah?

Abb. 268 (links): Ein Bild sagt manchmal mehr als tausend Worte. Die Jesuiten unterstützen bekanntlich beide Seiten. In der Mitte Kardinal Dolan mit seinen beiden Schützlingen. Über ihm der Kronleuchter symbolhaft als „Heiligenschein". Rechts im Bild die Flagge des Vatikans, damit auch für alle sichtbar ist, wer denn tatsächlich das Sagen hat.

Abb. 269 (rechts): Schwarz und Weiß. Laut vatikanischem Protokoll müssen Frauen schwarze Kleidung sowie einen Schleier während einer Audienz beim Papst tragen. Was auch irgendwo Sinn macht, wenn man dem „Tod" begegnet.

Abb. 270 und 271: Donald Trump traf sich im Mai 2017 mit Henry Kissinger (links im Bild). Medienberichten zufolge haben sich Kissinger und Wladimir Putin bisher mehr als 10 Mal getroffen, zuletzt Anfang Februar 2016. Die beiden sollen eine freundschaftliche Beziehung zueinander haben.

Kapitel 10
Pädogate und Satanismus – der schockierende weltweite Pädophilie-Skandal ungeahnten Ausmaßes

Warnung: Dieses Kapitel habe ich absichtlich ans Ende dieses zweiten Teils gestellt, da es gerade für viele Eltern keine leichte Kost sein dürfte. Ich habe hin und her überlegt, ob ich überhaupt zu diesem Thema etwas schreiben möchte, habe mich jedoch dafür entschieden, da es ein viel zu lange tabuisierter Bereich ist, welcher jedoch zu einem der größten festen Bestandteile der Kabale und dieses gegenwärtigen Herrschaftssystem gehört. Mein Tipp grundsätzlich ist, dieses Thema mit einem gewissen inneren Abstand zu lesen, damit es einem nicht zu emotional wird. Ich selbst werde zusehen, dass ich das so knapp wie möglich behandle, ohne jedoch die wichtigsten Hintergründe auszulassen.

Strafverfolgungsbehörden weltweit heben Pädophilen-Ringe aus

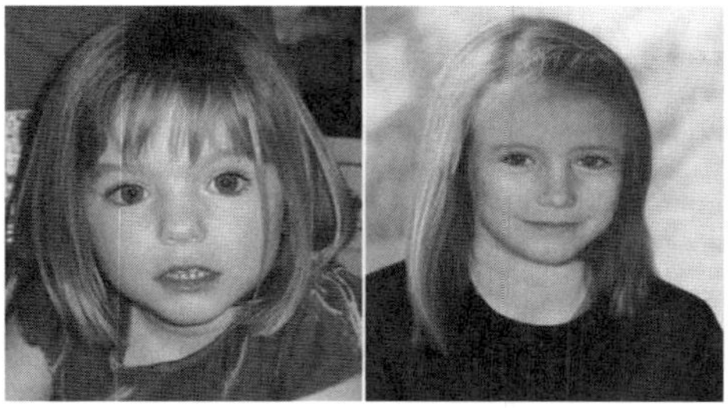

Abb. 272: Madeleine McCann 2007 (links) und eine forensische Bearbeitung rechts, wie sie in 2012 hätte ausschauen können.

Grundsätzlich werden die Straftaten von Pädophilen im TV und in der Presselandschaft großteils ausgeklammert. Der weltweit ausufernde Kindesmissbrauch und das global umspannende und operierende Pädophilennetzwerk wird erst recht verschwiegen, gehört es doch fest zum Establishment, bei dem Justiz, Behörden, Politiker sowie auch das Polizeiwesen alle unter einer Decke stecken. Letzteres darf immer nur die „kleinen Fische" fangen und die Medien dürfen hin und wieder mal ihre ganze mediale Aufmerksamkeit auf einzelne Fälle richten (z.B. der Fall Madeleine McCann, die 2007 aus der Ferienwohnung der Eltern in Portugal verschwand), damit aufgrund der Ablenkung niemand tiefer bohrt und einen Blick auf den **riesigen Kinder- und Menschenhandelsapparat** wirft. Im Falle von Madeleine McCann wird dann beispielsweise der Fokus auf die Eltern gerichtet, indem man die Thesen in den Raum wirft, sie hätten selbst etwas mit dem Verschwinden ihrer Tochter zu tun.(921) Letzteres ist natürlich nicht auszuschließen, auch das kommt sicherlich häufiger vor, doch wenn die großen Medien anfangen, diese Theorien zu streuen (und selbst diese könnten erdichtet sein), dann soll es in der Regel nur zu einer Sache dienen: abzulenken. Und dies hat es allemal. Es erschien sogar ein Buch zu diesem Fall in Portugal, in dem der Fokus weiterhin auf die McCanns gerichtet wurde. Britische Forensiker fanden aber heraus, dass die gefundenen Blutspuren im Leihwagen der Mutter nicht Madeleine zugeordnet werden konnten. Mit einstweiligen Verfügungen erreichten die McCanns zumindest zeitweise den Verkaufsstopp des Buches, britische Medien mussten ihnen und ihren Zeugen zudem hohe Entschädigungen für die Verleumdungen zahlen.(922) Dass es sich bei diesem Fall um einen Komplott internationalen Ausmaßes handelt, ergab 2013 die Erklärung einer neuen Untersuchungskommission des britischen *Metropolitan Police Service (Scotland Yard)*. Der Leiter Andy Redwood gab bekannt, dass man 3.800 Spurenhinweise sowie 38 mögliche Verdächtige in fünf Ländern habe, wie der britische

Guardian schrieb.[923] Die Ermittlungen dauern mutmaßlich noch weiter an. Im späteren Verlauf werde ich enthüllen, wer die Madeleine entführt haben könnte.

Doch dieser Einzelfall (genau wie jener von Natascha Kampusch) soll ablenken von den schier unzähligen Fällen weltweit, bei denen Kinder zu hunderttausenden, wenn nicht gar millionenfach, jährlich verschwinden. Nachfolgend mal ein kleiner Überblick von den eher unauffälligen Randmeldungen in den Medien:

- Im November 2013 wurden während der Zerschlagung eines Pädophilenrings im kanadischen Toronto 386 Kinder aus der Gefangenschaft gerettet. Zu Tage förderte diese Operation eine Filmproduktions- und Vertriebsfirma, die weltweit kinderpornografisches Bild- und Videomaterial verkauft hatte. Die Ermittler stießen dabei auf 45 Terabyte an Daten mit hunderttausenden Bildern und Videos, die *„schreckliche sexuelle Handlungen mit sehr jungen Kindern zeigten, mit die schrecklichsten, die die Ermittler jemals gesehen hatten"*. Dieses hoch genommene Unternehmen vertrieb sein Material an Kunden aus über 50 Ländern. Insgesamt wurden 108 Leute in Kanada, 76 in den USA und 164 in anderen Ländern verhaftet. Das weitere Erschreckende: Unter den Verhafteten befanden sich **40 Schullehrer, neun Ärzte und Krankenschwestern, neun Pfarrer und Priester, sechs Angehörige von Strafverfolgungsbehörden sowie drei Pflegeeltern.**[924]
- Im Sommer 2016 wurde in Spanien ein Pädophilen-Ring ausgehoben, bei dem in 14 Provinzen insgesamt 21 Menschen verhaftet wurden. Auch hier handelte es sich um das Verbreiten von kinderpornografischem Material übers Internet.[925]
- Ebenfalls im Sommer 2016 wurde in Südkalifornien ein Pädophilen-Ring zerschlagen, bei dem 238 Leute verhaftet wurden. Unter ihnen befanden sich Entertainer, Gemeindevertreter, Geschäftsleute und Kleriker. Ein Australier reiste extra nach Los Angeles, um einen sechsjährigen Jungen für Sex zu kaufen. Unter den Verhafteten war sogar ein Mönch, der kinderpornografisches Material verbreitete, wie die *Los Angeles Times* schrieb.[925a]
- Im November 2016 wurden fünf Leute in den italienischen Städten Arezzo, Venedig, Rom, Ferrara und Mailand verhaftet. Gegen 30 weitere Personen wurden Strafanzeigen ausgestellt. Sichergestellt wurden 10.000 Videos, in denen kleine Kinder sexuell missbraucht wurden. Insgesamt seien mehr als 160 Personen im Visier gewesen, davon 44 in Italien und 120 weitere in Europa und Amerika.[926]
- Vom bislang landesweit zumindest offiziell größten Fall von sexueller Kindesmisshandlung in Norwegen wurde Ende November 2016 berichtet. Die norwegische Polizei hat ein Pädophilen-Netzwerk ausgehoben, bei dem 20 Männer festgenommen wurden und gegen 31 weitere Verdächtige ermittelt worden war. Laut norwegischen Medien seien die Fälle von einer besonderen Grausamkeit. 150 Terabyte an Bild- und Videomaterial wurden beschlagnahmt, auf denen nicht nur sexuelle Handlungen mit Kindern zu sehen waren, sondern bei denen die Kinder auch zum Sex mit anderen Kindern und mit Tieren gezwungen worden waren. Zudem wurden Vergewaltigungen von Kindern live im Internet übertragen. Unter den Verdächtigen befanden sich **Anwälte und Politiker**. Die *Welt* schrieb dazu noch: *„Sie sollen unter anderem Säuglinge misshandelt haben, einer*

habe den Missbrauch seiner eigenen Kinder gestanden. Ein weiterer habe über die Vergewaltigung seines noch ungeborenen Kindes phantasiert. Seine Frau war zu diesem Zeitpunkt schwanger.“[927] Interessant in diesem Zusammenhang ist, dass die norwegische Regierung einer der Top-Spender für die *Clinton Foundation* war (andere Top-Spender u.a. das Königreich Saudi Arabien, die schwedische Postlotterie, die *Rockefeller Foundation*).[927a] (*dcpizzagate.wordpress.com*)

- Ebenfalls Ende November 2016 sickerte ein Kindesmissbrauchsskandal im britischen Fußballverband an die Öffentlichkeit. Mehrere Jugendtrainer haben minderjährige Fußballschüler sexuell missbraucht. Unter anderem sollen die Vereine *FC Chelsea* und *Newcastle United* betroffen gewesen sein. Die britische Polizei sprach von rund 350 mutmaßlichen Opfern.[928]

- Ende Januar 2017 wurde in Kalifornien ein Kinder- und Menschenhandelring zerschlagen, bei dem 474 Leute verhaftet und dutzende sexuell missbrauchte Kinder sowie erwachsene Opfer befreit wurden.[929] In den USA allein werden mindestens 100.000 Kinder jedes Jahr Opfer von solchen global operierenden Netzwerken. Und selbst diese Zahl ist deshalb so niedrig, weil viele Opfer aufgrund ihrer Versklavung weiterhin still halten, laut eines Berichts von *tapnewswire.com*.[930] Laut dem US-amerikanischen TV-Sender *ABC News* verschwinden in den USA jährlich 800.000 Kinder.[930a] Das ist eine verdammt große Zahl.

- Ende März 2017 sprengte die deutsche Polizei im Rahmen einer bundesweiten Razzia einen Pädophilen-Ring, bei dem ein Hauptverdächtiger in Berlin festgenommen wurde. Er soll laut einem Bericht des *Tagesspiegels* Kinder und Jugendliche zwischen neun und 14 Jahren missbraucht bzw. an Freier vermittelt haben.[931]

- Im April 2017 wurde ein internationaler Pädophilen-Ring in Spanien von *Europol*, *Interpol* und der spanischen Polizei zerschlagen. Es wurden 39 Leute in 18 Ländern verhaftet, darunter auch zwei in Deutschland. Das beschlagnahmte kinderpornografische Material zeugte von *„übermäßig brutalem“* Inhalt. Die Opfer waren laut Presseberichten zufolge teilweise noch Babys, die ältesten Kinder waren acht Jahre alt.[932]

- Ein weiterer Skandal kam im Dezember 2016 in der deutschen Politik heraus. Die *Epoch Times* berichtete: *„Staatlich geförderter Kindesmissbrauch in Deutschland: Wissentlich vermittelte der Berliner Senat in den 70er-Jahren Jungen im Alter zwischen 13 und 17 Jahren an pädophile Männer. Damit wollten die Behörden offenbar das ‚Problem Straßenkinder' in den Griff bekommen. Darüber hinaus erhielten die Kinderschänder auch noch ‚Pflegegelder' von der Senatsverwaltung.*“[933] Und dies finanzieren wir auch noch mit unseren Steuergeldern.

Der berühmteste Fall in der britischen Pädophilenszene dürfte der berüchtigte und 2011 verstorbene DJ und BBC-Moderator Jimmy Savile sein. An die Öffentlichkeit gelangte ein Bericht, wonach Savile 1975 ein 12-jähriges Mädchen während eines satanischen Rituals vergewaltigte. Die Tat ereignete sich in der untersten Etage eines Krankenhauses, wo das Mädchen Patientin war und Savile eigene Räume besaß, da er als freiwilliger Pförtner dort arbeitete und Spenden für das Krankenhaus sammelte. Zur Tatzeit waren nicht nur Savile, sondern auch einige andere Männer anwesend. Alle trugen bei dem Ritual Roben und Masken.[934] Doch dies ist nur einer von vielen Fällen. Nach seinem Tod kamen hunderte Fälle von sexuellem Missbrauch durch Savile an jungen Mädchen an die Öffentlichkeit (mindestens 450!). *Scotland Yard* bezeichnete ihn als den *„schlimmsten Sexualverbrecher in der Geschichte des Landes"*. Ein richterlicher Untersuchungsbericht im Februar 2016 ergab, dass Verantwortliche des Senders BBC systematisch weggesehen und den Fall Savile vertuscht haben. Für seine „Verdienste" wurde Savile übrigens 1972 zum *Officer of the Order of the British Empire* ernannt. 1990 wurde er zudem zum Ritter geschlagen und somit in den persönlichen Adelsstand erhoben sowie von Papst Johannes Paul II. zum Ritter des *Gregoriusordens* ernannt.[935] Auch der ehemalige britische Premierminister Sir Edward Heath – der Savile kannte – kam nach seinem Tod 2005 wieder in die Schlagzeilen, als eine Gruppe von Frauen sich traute, an die Öffentlichkeit zu gehen. Gemäß ihren Aussagen seien sie selbst von Heath sexuell missbraucht wurden, der 16 Kinder in den 1970ern und 1980ern umgebracht haben soll. In dem satanischen Pädophilen-Ring sollen auch Babys in bizarren Ritualen ermordet worden sein. Die Frauen sagten, dass regelmäßig Kinder in Kirchen und in Wäldern in Südengland rituell geopfert wurden.[936] Mittlerweile vergeht kaum ein Monat, in dem in Großbritannien nicht neue Fälle von rituellem Kindesmissbrauch und Opferungen in hohen Politikerkreisen sowie im TV- und Showbusiness auftauchen. Immer mehr Opfer und Zeugen trauen sich, mit ihren Erlebnissen an die Öffentlichkeit. Da scheint sich etwas zusammenzubrauen.

Abb. 273 bis 276: Jimmy „Das Biest" Savile. Ganz rechts der britische Satanist und Freimaurer Aleister Crowley, Begründer der satanischen *Thelema*-Religion. Somit ist unverkennbar, wem Savile huldigte.

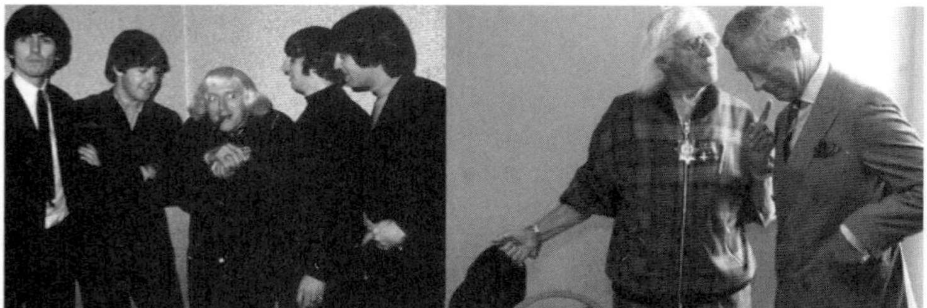

Abb. 277 (links): Jimmy Savile mit den Beatles damals und mit Prince Charles. Savile hatte gute Kontakte zum britischen Adel.

Abb. 278 (rechts): Die Beatles mit der 666-Handgeste und dem Teufelshörnersymbol.

Abb. 279: Die mutige Belgierin Anneke Lucas, die sich traute, mit ihren schrecklichen Missbrauchserlebnissen an die Öffentlichkeit zu gehen. Heute lebt sie in den USA.

Dass Politiker auffallend häufig involviert sind, zeigt zudem ein Fall der Belgierin Anneke Lucas, die in den 1970er-Jahren mit nur sechs Jahren durch ihre eigene psychisch kranke Mutter an einen aristokratischen Pädophilen-Ring verkauft und bis zum 12. Lebensjahr mehr als 1.700 Stunden von hunderten Männern missbraucht und vergewaltigt wurde. In einem Schloss wurde sie nach eigenen Angaben zu Sado-Maso-Orgien gezwungen und genötigt, menschliche Fäkalien zu essen. Sie berichtete, dass, während Jungen öfters gefoltert wurden, man Mädchen häufiger umbrachte. Viele der Mitglieder in den Pädophilen-Netzwerken haben Spaß daran, kleine Kinder zu töten. Als sie 11 Jahre alt und für die Pädophilen nutzlos worden war, drohte ihr ebenfalls der Tod. Doch ihr Peiniger habe im letzten Moment, als sie gefoltert und bereits an den Fleischerblock gefesselt wurde, einen Deal mit jenem Politiker ausgehandelt, der auch Anführer dieses Pädophilen-Rings gewesen sein soll. Diese eine gute Tat kostete ihn später dann aber selbst das Leben. Denn Mitgefühl ist in diesem Milieu ein Todesurteil. Brisant: Der Mann, der sie folterte, soll einer der Angeklagten im Fall *Marc Dutroux* 1996 gewesen sein. Damals drohte das belgische Pädophilen-Netzwerk vollständig aufzufliegen. Doch mehrere „Ermittlungspannen" und viele tote Zeugen haben eine komplette Enttarnung verhindert. Dutroux selbst hielt als Sündenbock her und verbüßt seitdem eine lebenslange Haftstrafe. Über hochrangige Persönlichkeiten in diesem düsteren Netzwerk berichtete Lucas:

> *„Ich erkannte Leute aus dem Fernsehen wieder. Ich stieß auf VIPs, europäische Staatsoberhäupter und sogar ein Mitglied einer königlichen Familie. Ich wurde mit der dunklen Seite ihrer Machtabhängigkeit konfrontiert – jener Seite, von der niemand glaubt, dass sie existiert."*

Die Kinder gelten in solchen Netzwerken laut Lucas als höchst wertvolle „Waren". Sie selbst durchlief einen Heilungsprozess, der mehr als 30 Jahre dauerte, um das Erlebte zu verarbeiten. Yoga solle ihr dabei sehr geholfen haben. Die heute 53-Jährige betreibt als Yoga-Lehrerin die Organisation *Liberation Prison Yoga*, um anderen Menschen zu helfen, die in ihrer Kindheit ebenfalls vergewaltigt und sexuell missbraucht wurden.(937)

Hillary Clinton, John Podesta und „Pizzagate"

Als im Herbst 2016, also pünktlich zur US-Präsidentschaftswahl, die Enthüllungsplattform *Wikileaks* tausende Emails des Wahlkampfleiters von Hillary Clinton, John Podesta, veröffentlichte, wurde eine regelrechte Lawine losgetreten, die allgemein als die *Pizzagate*-Affäre bekannt wurde. Clinton wurde zudem bezichtigt, die Chefin eines Pädophilen-Rings zu sein, welches seinen Haupttreffpunkt im beliebten Pizzarestaurant *Comet Ping Pong* in Washington D.C. haben soll. Was jedenfalls seit der Veröffentlichung dieser Emails in Gang gesetzt wurde, war eine weltweite Untersuchung, an der sich Bürger/Aktivisten und Strafverfolgungsbehörden beteiligten. Das US-amerikanische FBI ermittelte in dem Fall und Donald Trump konnte Nutzen aus dieser neuen, perfekt abgestimmten Enthüllung ziehen, die Hillary Clinton sowie ihr Umfeld bloßstellte und sicherlich ihren Wahlverlust mitverursachte. John Podesta war übrigens auch Berater von Barack Obama und Vize-Vorsitzender des Übergangsteams im *Obama-Biden-Transition Project*. Er studierte an der jesuitischen *Georgetown University* und in einem Emailaustausch, welcher von *Wikileaks* veröffentlicht wurde, schrieb er: *„Wie all meine jesuitischen Freunde sagen, der Papst ist der einzig Wahre.“*(937a) Er ist also sehr eng mit den Jesuiten verbunden und somit ist davon auszugehen, dass er voll in ihren Diensten steht. Des Weiteren kam heraus, dass er häufig Kontakt zum radikalen Rabbi Michael Lerner hat. Letzterer ist Gründer des *Tikkun Magazine*, dessen Philosophie sich auf die Lehren des alten Testaments, kabbalische Mystik und Marxismus basiert.(937b) Lerner gehört also zu jener Gruppe an Juden, die nach dem babylonischen Talmud leben (nicht alle Juden folgen dem Talmud). Der Talmud wiederum billigt Sex mit kleinen Kindern. So heißt es im Traktat *Aboda Zara II (Fol. 37a)*: *„Bei einem 9jährigen Knaben ist der Geschlechtstrieb schon reif, nicht aber bei einem 3jährigen Mädchen, obgleich es begattungsfähig ist.“*, und dass *„ein nichtjüdisches Mädchen mit drei Jahren und einem Tage“* zum Beischlaf geeignet ist.(937c) Behalten Sie dies im Hinterkopf, wenn Sie die folgenden Passagen lesen.

Geheime Codewörter und Symbole

In den an die Öffentlichkeit gelangten Podesta-Emails tauchten immer wieder spezielle Nahrungsmittel auf, die im Kontext des Geschriebenen wenig bis gar keinen Sinn ergaben. Innerhalb der global agierenden Pädophilenszene werden bestimmte alltäglich gebrauchte Wörter als Codes benutzt, wenn es darum geht, Kinder und sexuelle Praktiken in einer versteckten Sprache zu gebrauchen, sodass, wenn eine Kommunikation mal nach außen dringen sollte, kein Verdacht geschöpft wird. Folgende sind Standardbegriffe, die in der internationalen Pädo-Szene verwendet werden:

- cheese **p**izza (Käsepizza) = **c**hild **p**orn = Kinderpornografie
- pizza = Mädchen
- cheese (Käse) = kleines Mädchen
- hot dog = Junge
- pasta (Nudeln) = kleiner Junge
- ice cream (Eiscreme) = männlicher Prostituierter
- walnut (Walnuss) = farbige Person
- map (Karte) = Samenflüssigkeit
- sauce (Soße) = Orgie
- domino = Fesselspiele/BDSM(938)

Schauen wir uns nun einige Beispiele ausschnittsweise an, wie sie in den *Wikileaks*-Emails aufgetaucht sind:

- In einer Email mit der Nummer 55433 schrieb eine Susan Sandler von der *Sandler Foundation* an John Podesta am 2. September 2014: *„The realtor found a handkerchief. I think it has a map that seems pizza-related. (...)“*(939) Übersetzt heißt der Satz: *„Der Makler hat ein Taschentuch gefunden. Ich glaube, es hat eine Karte, die mit Pizza zu tun hat.“* Macht dies irgendeinen logischen Sinn? Mitnichten. Entschlüsselt heißt es nämlich: *„Der Makler hat ein Taschentuch gefun-*

den. Ich glaube es hat Samenflüssigkeit darin, das mit einem Mädchen zu tun hat.“ Jetzt ergibt es plötzlich und schockierenderweise einen Sinn. Podesta antwortete jedenfalls auf dieses ganz „wichtige“ Taschentuch: *„Ok, thanks.“* (*„Ok, danke.“*)

- Am 24. Dezember 2015 findet sich eine Email mit der Nummer 50322, von der *Sandler Foundation* an John Podesta und seine Frau: *„(...) instead of pasta and wonderful sauces, it was a lovely, tempting assortment of cheeses, Yummy. I am awaiting the return of my children and grandchildren from their holiday travels so that we can demolish them. (...) Do you think I'll do better playing dominos on cheese than on pasta?“*(940) Normal übersetzt: *„(...) anstatt Nudeln und wundervolle Soßen, gab es eine reizend und verführerische Auswahl an Käse(sorten), lecker. Ich erwarte die Rückkehr meiner Söhne und Enkelkinder aus ihrem Ferienurlaub, damit wir sie vernichten* [i.S.v. verspeisen] *können. (...) Glaubst Du, ich bin besser, wenn ich Domino auf Käse anstatt auf Pasta spiele?“* Sie merken schon, wie wenig Sinn vor allem der letzte Satz macht. Warum sollte man so detailliert über „Essen“ reden und irgendwelchen Käsesorten so viel Aufmerksamkeit und Beachtung widmen, dass sogar auf die Rückkehr der Kinder und Enkelkinder gewartet wird, um sie zu „vernichten“? Weshalb wäre diese Tatsache so ungemein wichtig, um sie in einer Email derart ausbreiten zu müssen? Außer entschlüsselt bedeutet dies Folgendes, denn dann macht der Austausch darüber auch Sinn: *„(...) anstatt kleinen Jungen und wundervollen Orgien, gab es eine reizend und verführerische Auswahl an kleinen Mädchen. (...) Glaubst Du, es geht mir eher einer ab, wenn ich Fesseln mit einem kleinen Mädchen oder mit einem kleinen Jungen spiele?“*

- In einem anderen Email-Leak tauchte ein Emailaustausch mit dem Betreff *„Seid bereit für den ‚Chicago Hot Dog Freitag'“* zwischen Angestellten der Elite-Denkfabrik *Stratfor* auf, wo es u.a. hieß: *„I think Obama spent about $ 65.000 of the tax-payers money flying in pizza/dogs from Chicago for a private party at the White House not long ago, assume we are using the same channels?“*(941) Regulär übersetzt würde es heißen: *„Ich glaube, Obama gab vor nicht all zu langer Zeit etwa $ 65.000 an Steuergeldern aus, um Pizza/Hot Dogs aus Chicago für eine private Feier im Weißen Haus einzufliegen.* ***Vermute, wir nutzen dieselben Kanäle?****“* Der investigative Blog *Alles Schall und Rauch* merkt richtigerweise an, dass es keinen Sinn ergebe, für solch eine **riesige Summe** Pizza und Hot Dogs *einfliegen* zu lassen (für dann 6.000 Gäste oder wie?!), wenn doch im Weißen Haus die Regel gelte, dass alles in der *eigenen* Küche für die Gäste in bester Qualität zubereitet und kein Essen von außerhalb bestellt wird.(941a) Dies macht allein aus Sicherheitsgründen keinen Sinn. Es kann sich also nur um eine Bestellung von Mädchen und Jungen gehandelt haben. Denn dann macht auch der hohe Preis Sinn, der für diese „Ware“ über bestimmte „Kanäle“ bestellt wird. Und um unseren Freunden des „Zufalls“ gleich den Wind aus den Segeln zu nehmen, gab es noch eine Rundmail eines Senior Grafikdesigners bei *Stratfor*, in der dieser fragte, ob man eine bestimmte Person als Mitglied in die Organisation *NAMBLA* aufnehmen solle.(942) *NAMBLA* steht für *North American Man/Boy Love Association*, also *Nordamerikanische Organisation für Liebe zwischen Männern und Jungen*. In einer anderen Email fragte derselbe Designer seinen Kollegen, der gerade zurück von einem *NAMBLA*-Kongress kam, ob er denn dort Jungs gestreichelt hätte.[943] In einer anderen Email fragt ein *Stratfor*-Mitarbeiter seine Kollegen, wer denn alles im Büro in Austin (Texas) sein würde, der Pizza haben möchte. Er schreibt: *„Wir haben nur ein Stück und wir müssen wissen, wie dünn wir dieses schneiden sollen...“*[944] (Übersicht: *tinyurl.com/pizzagatestratfor* – backup: *archive.is/Ot2rM*) Mal im Ernst, warum sollte man als gut verdienender Mitarbeiter mehrere Kollegen zum Pizzaessen einladen, wenn nur ein Stück und nicht einmal (Geld für) eine ganze Pizza vorhanden ist?

- In einer Email mit der *Wikileaks*-Nummer 14333 von einem mutmaßlichen Lewis Amselem, welches über Cheryl Mills (Beraterin von Hillary Clinton) zu Clinton weitergeleitet wurde, schrieb Amselem: *„I will be sacrificing a chicken in the backyard to Moloch.“* Zu Deutsch: *„Ich werde ein Huhn in meinem Hinterhof dem Moloch opfern.“*[945] In der Schwulenszene bedeutet „Huhn“ ein minderjähriger Junge und „Moloch“ ist ein stierköpfiges Wesen aus der Bibel, dem man Kinder durch Feuer rituell opferte.

Das FBI veröffentlichte folgende halb-geheime Symbole, die von der weltweiten Pädophilen-Szene genutzt werden, damit sich Gleichgesinnte und Insider besser finden können. In der Öffentlichkeit können diese Symbole auch leicht abgewandelt oder spiegelverkehrt erscheinen, um weniger auffallend zu sein.

(U) CLogo a.k.a. “Child Lover”

(U) BLogo aka “Boy Lover”

(U) GLogo a.k.a. “Girl Lover,” Childlove

Abb. 280 bis 283: Links: Das Schmetterlingslogo symbolisiert Pädophile, die keine bestimmte Präferenz auf ein Geschlecht haben. Mitte: Das spiralenförmige Dreieckslogo besteht aus einem größeren Dreieck, welches einen erwachsenen Mann symbolisiert, sowie einem kleineren Dreieck, welches für einen Jungen steht. Sind die Ecken der Dreiecke abgerundet, so steht es für „Liebhaber“ von kleinen Jungen. Rechts: Das äußere Herz steht für einen erwachsenen Mann oder eine Frau, das kleine Herz für Mädchen. Hat es nicht irgendwie Ähnlichkeit mit dem Logo der Marke *Langnese*?

Abb. 284 und 285: Links: Das Firmenlogo des Restaurants *Comet Ping Pong* weist seltsame Merkmale auf: Mondsichel und Stern wie beim satanischen Baphomet (unten rechts im Bild). Rechts ein Mitarbeiter von *Comet Ping Pong*. Das Tischtennislogo ähnelt aber ganz zufällig dem Schmetterlingslogo der Pädophilen.

Clinton Foundation und Kinderhandel in Haiti

Diese Logos fanden sich beispielsweise auch bei der Pizzeria *Besta Pizza* und dem Bistro *TERASOL*, die in direkter Nachbarschaft zur Pizzeria *Comet Ping Pong* und der Einrichtung *Beyond Borders (Jenseits von Grenzen)* liegen. Letztere ist eine „humanitäre" Organisation, die sich darum bemüht, „*Kindersklaverei zu beenden und Gewalt gegen Frauen und Kinder in Haiti zu verhindern*", wie es auf deren Webseite *beyondborders.net* heißt. Die *Clinton Foundation* engagierte sich bekanntlich sehr für Haiti nach dem Erdbeben am 29. Januar 2010 und ist zufälligerweise Partner von *Beyond Borders*.[946] Anfang Februar 2017 stellte die *Clinton Foundation* ihre Programme zur Haiti-Hilfe ebenso komplett ein wie das Spendenprogramm *Clinton Global Initiative*. Dieser plötzliche Rückzug geschah nur ein bis anderthalb Tage vor einer Anti-Kinderhandelrazzia der haitianischen Polizei, wie der *Haiti Sentinel* berichtete.[947] Zufall ist das sicher nicht. Denn Hillary Clinton – so ging aus den durchgesickerten *Wikileaks*-Emails hervor – zeigte großes Interesse an einer Frau namens Laura Silsby, die ehemals Leiterin von *New Life Children's Refuge* war, einer „christlichen" Hilfeorganisation, die vorgab, Waisenkinder aus Haiti und der Dominikanischen Republik „*zu retten, zu lieben und sich um sie zu sorgen*". Nach dem Erdbeben 2010 versuchten neben Laura Silsby (einer Baptistin) neun weitere baptistische Missionare 33 haitianische Kinder über die Grenze zu schmuggeln. Sie wurden erwischt und Silsby wurde für vier Monate eingebuchtet. Clinton setzte sich anschließend für Silsby ein, indem sie sich für eine deutliche Strafmilderung einsetzte. Der Anwalt, der Silsby vertrat, war selbst ein verurteilter Kinderhändler.[948] (*archive.is/oZz2Y*)

Wem gehört *Comet Ping Pong*?

Diese Pizzeria in Washington D.C., in der man im Keller auch Tischtennis spielen kann, gehört einem James Achilles Alefantis. Er zählt laut dem *GQ-Magazin* zu den 50 mächtigsten Personen in Washington D.C. (Platz 49).[948a] Der Anwalt von Alefantis ist ein Max Maccoby, der auch Direktor der Organisation *Friends of the Orphans* ist, das Waisenhaus, welches Laura Silsby beauftragte, die 33 Kinder aus Haiti zu entführen.[948b] Alefantis sammelte auch Spendengelder für Barack Obama im *Comet*, wie aus internen Emails von Alefantis an John Podesta hervorgeht.[948c] Solch ein Zufall aber auch. Das *Comet*-Restaurant preist sich selber als „familienfreundlich" an. Verstörend sind jedoch bestimmte Poster und Gemälde, die innerhalb des Restaurants hängen. Aber schauen Sie selbst anhand der folgenden Bilderstory:

Abb. 286: Dieses Gemälde hängt im Keller des *Comet*, wo Kinder Tischtennis spielen können. Einige der abgebildeten Personen tragen ein Hirschgeweih und halten enthauptete Köpfe. Auf *dcpizzagate.wordpress.com* fand ich den Hinweis, dass in satanischen Kreisen „Götter" mit einem Hirschgeweih mit Fruchtbarkeit, Natur, sexueller/kreativer Energie und Erdmagie assoziiert wird. Ganz links im Bild sieht man Reptilienköpfe aus einem Menschen herauskommen.

Abb. 287 und 288: Links die mobile Webseite der Band *Heavy Breathing* mit fragwürdigen Kindabbildungen und sexuellen Anspielungen. Rechts im Musikvideo *„Land of La LA“* der Gruppe *Sex Stains* ist das Jungenliebhabersymbol abgebildet. Der ganze Clip ist eher bizarr und hat Anspielungen auf *mind control*.

Abb. 289 (rechts): Links zeigt ein Poster, welches den Auftritt einer Band im *Comet* ankündigt. Die Promoterin dieser Band ist eine Sasha Lord, die noch weitere recht verstörende Poster speziell fürs *Comet* fertigen ließ, um Bandauftritte anzukündigen. In diesem Poster wird ein Mädchen skizzenhaft abgebildet, dessen Seele anscheinend sich vom Körper löst. Rechts ist ein Bild, das von der Künstlerin Kim Noble erstellt wurde. Sie wurde als Kleinkind rituell wiederholt und extrem missbraucht. Dies führte dazu, dass sich ihre Persönlichkeit in mehrere Fragmente spaltete, was wiederum zu multiplen Persönlichkeiten bei ihr führte, mehr als hundert verschiedene an der Zahl.[949] Das Bild rechts symbolisiert wohl ihr eigenes erlebtes Trauma, bei dem die Seele aufgrund des unerträglichen Schmerzes den Körper verlässt. Die Situation stellt sechs Erwachsene dar, die anscheinend in Pentagrammform angeordnet sind. In der Mitte wird ein Kind von einem der Erwachsenen sexuell missbraucht. Unterm Kind liegt ein Taschentuch, welches die Körperflüssigkeiten (Blut und Samen) aufsammeln soll und vermutlich als „Trophäe“ sowie für schwarzmagische Rituale verwendet wird.

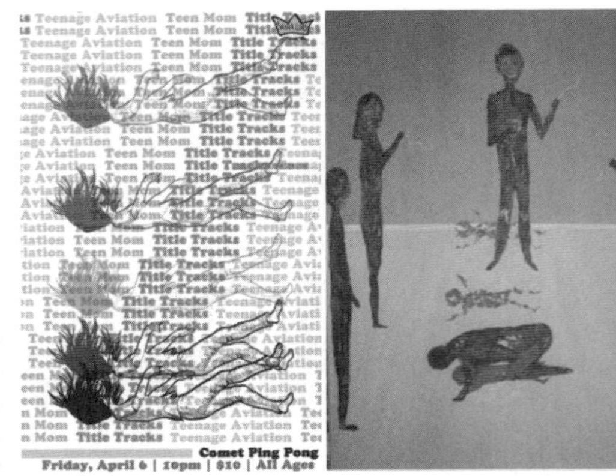

Abb. 290: Andere Poster von Sasha Lord fürs *Comet*: Das linke, recht brutale Poster ist wohl eine Anspielung auf den Serienmörder Jeffrey Dahmer, der seine Opfer ebenfalls enthauptet in solch eine Pose setzte. Das zweite von links ist ein Poster für die Ankündigung der Band *Heavy Breathing (Schweres Atmen)* mit Elementen, die aussehen wie Bluttropfen. Schaut man sich das Musikvideo „Fantasy“ der Gruppe *Prince Rama* auf *YouTube* an, so wird man satanische und **hardcore**-sexistische Elemente darin entdecken, wobei auch Kinder im Clip vorkommen – ganz ohne Altersbeschränkungssperre abrufbar, während laufend reihenweise system- oder islamkritische Videos samt Konten gelöscht werden. Drittes von links: Ein sehr makabres Poster für die Ankündigung der Band *Sex Stains (Sexflecken)*. Es wird sogar „für jedes Alter“ damit geworben. Ganz rechts ein Werbeposter für die Band *Lolitas* mit einem schreienden Kind. Gehören solche Poster und vor allem Auftritte solcher Bands in ein „familienfreundliches“ Restaurant? Gehören die meisten dieser „Werke“ überhaupt irgendwo öffentlich ausgestellt?

Auf den *Twitter-* und *Instagram*-kanälen *jimmycomet* von James Alefantis fand man ebenfalls einige Bilder mit sexuellen Anspielungen in Verbindungen mit Kindern (Gesichter etwas unkenntlich gemacht):

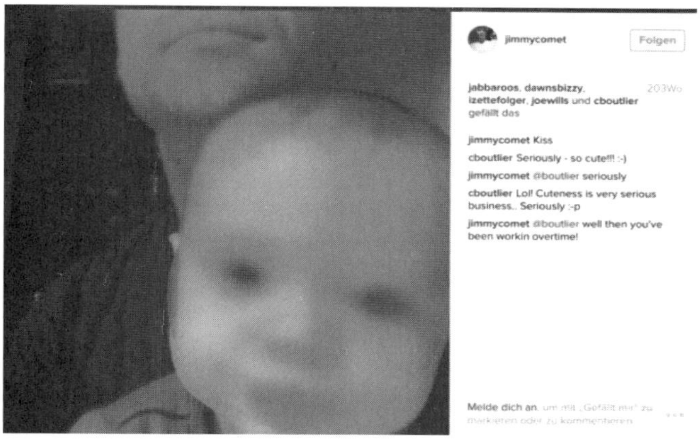

Abb. 291 und 292: Ein Nutzer kommentiert zum linken Bild: „*Cuteness is serious business. Seriously.*" („*Niedlichkeit ist ernstes Geschäft. Ernsthaft.*"). Man könnte es noch als „Witz" abtun, wenn nicht das rechte Foto noch wäre. Was macht ein Baby mit ganzen Bündeln an Euroscheinen? Das ist meiner Ansicht nach mehr als grenzwertig.

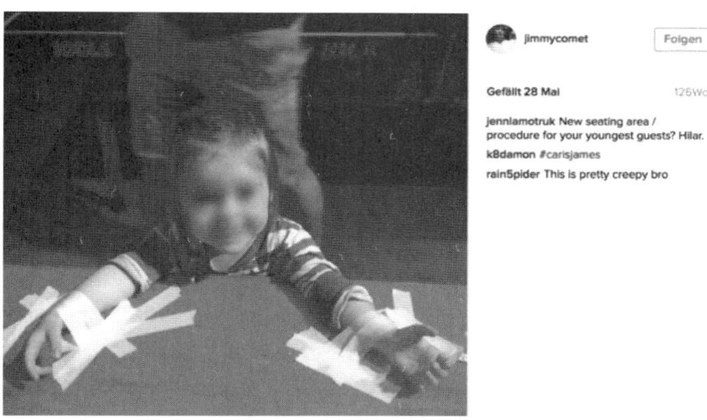

Abb. 293: Dieses Foto entstand wohl im Keller von *Comet* (im Hintergrund Tischtennistisch). Ich finde, man sollte (Klein)kinder nicht in solche Sado-Maso-anmutenden Positionen bringen und ablichten.
In den Kommentaren schreibt jemand: „*Ziemlich gruselig, Junge.*"

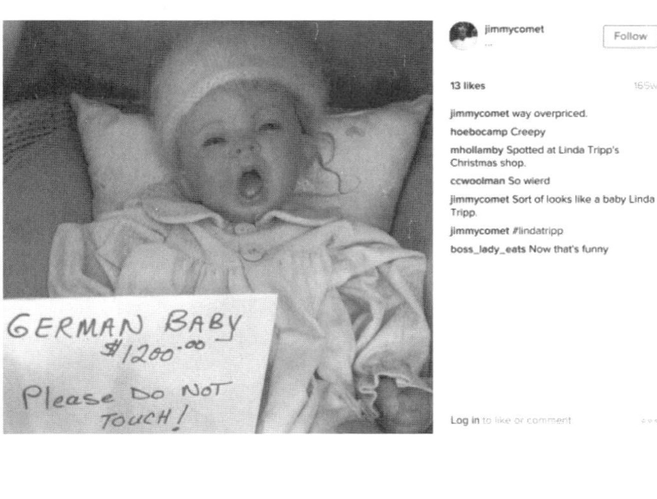

Abb. 294: Hier zwar eine Schaufensterpuppe, aber die Anspielung auf den Kauf bzw. Verkauf von (deutschen) Babys ist auch hier nicht zu leugnen.

Abb. 295: Alefantis veröffentlichte ein Foto eines Erwachsenen mit einem kleinen Jungen. Nun wird die Botschaft schon deutlicher. Alefantis selbst schrieb als Kommentar den Hashtag *#chickenlovers*. Da keine „Hühner" im Bild sind, greift hier die Schwulen-/Pädosprache für Liebhaber kleiner Jungs. Die „Sexkette" (sex bracelet) in gelber Farbe würde für Umarmung oder alternativ für Anilingus stehen. In anderen Farben haben sie eine andere sexuelle Bedeutung.(950) Hier sind also gleich zwei Hinweise für Eingeweihte.

Abb. 296 (links): Das mutet ebenfalls sehr fragwürdig an. Laut der Körperstatur nach zu urteilen, handelt es sich hier um Kinder, höchstens Jugendliche, die maskiert anscheinend in einem okkulten Ritual niederknien.

Abb. 297 (rechts): Dieses Foto erschien wohl in einer Bar mit dem Namen *L'Enfant Cafe & Bar*. *L'enfant* ist französisch und bedeutet „Das Kind". Der Mann in der Mitte trägt einen Pullover mit der Aufschrift (übersetzt) *„Ich liebe das Kind."* bzw. *„Ich liebe das L'Enfant."* Vor dem ganzen Hintergrund bisher ein „Zufall" zu viel. Gruseliger wird es, wenn der Name *James Alefantis* bis auf drei Buchstaben ein Anagramm zu *J'aime l'enfants* bildet. Grammatikalisch im Französischen zwar nicht ganz korrekt, würde aber übersetzt *„Ich liebe Kinder"* bedeuten.(951) (Quelle: *themilleniumreport.com*) Man ist schon dazu geneigt, zu glauben, dies sei nicht sein richtiger Name und er hätte sich *James Alefantis* bewusst als Pseudonym ausgesucht, um als Insider damit prahlen zu können.

Abb. 298: Alefantis ist ein Fan von Marina Abramovic, die mit ihren extremen Auftritten stark mit okkulten Symbolen arbeitet, die schon sehr in die satanische Richtung gehen.

Abb. 299: Ein paar der harmloseren Bilder, in denen sich Abramovic in Szene setzt. Es finden sich Hinweise auf Pädophilie bzw. Kindesmissbrauch, Kannibalismus sowie Satanismus. In dem einen Bild hat sie auf die Wand mit Blut ein Ritual geschrieben, nachdem man sich mit einem scharfen Messer tief in den Mittelfinger der linken Hand schneiden und den Schmerz „essen", also vereinnahmen sollte.

In den *Wikileaks*-Enthüllungen tauchte auch eine Email von Abramovic an Tony Podesta auf, die ihn und seinen Bruder, John Podesta – dem Wahlkampfleiter von Hillary Clinton – zu einem „Spirit Cooking dinner" bei sich zuhause im Juli 2015 einlud. „Spirit cooking" würde übersetzt „Seelenkochen" heißen. Tony Podesta leitete diese Einladung an seinen Bruder John weiter.(952) Bei diesen Treffen geht es um Rituale, die z.B. eine Vermischung von Blut, Urin, Brustmilch und Samenflüssigkeit beinhalten. Viele, die Abramovics Darbietungen als „Kunst" verteidigen, sei auf ein Zitat verwiesen. So hat diese sich dazu einmal klar auf ihrem *reddit*-Kanal geäußert, dass der Kontext entscheidend ist:

> „*Wird okkulte Magie im Kontext von Kunst oder in einer Galerie ausgeübt, dann ist es Kunst. Wird es in einem anderen Kontext ausgeübt, in spirituellen Kreisen oder privat zuhause oder in TV-Sendungen, dann ist es keine Kunst.*", so ihre Aussage.(953)

Also, wenn solche Darbietungen außerhalb der Kunst privat oder öffentlich durchgeführt werden, dann handelt es sich um *echte* schwarzmagische Rituale.

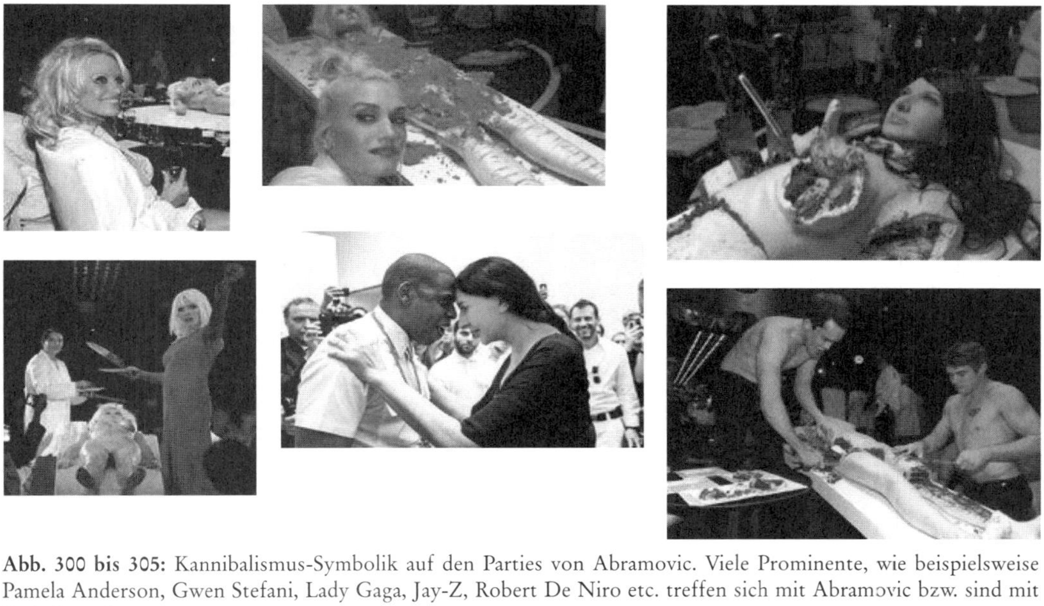

Abb. 300 bis 305: Kannibalismus-Symbolik auf den Parties von Abramovic. Viele Prominente, wie beispielsweise Pamela Anderson, Gwen Stefani, Lady Gaga, Jay-Z, Robert De Niro etc. treffen sich mit Abramovic bzw. sind mit ihr befreundet.

Abb. 306 und 307: Abramovic (Jahrgang 1946, gebürtige Serbin) und Lady Gaga bei etwas, was vermutlich nach solch einem „spirit cooking" ausschaut. Aufgrund der geöffneten Augen ist anzunehmen, dass die Frau in dem Behälter (noch) lebte. Aber man weiß ja nie...

Abb. 308: John Podesta (Wahlkampfleiter von Hillary Clinton). Deuten seine vernarbten und verkrüppelten Hände und Finger auf die Teilnahme an satanischen Ritualen à la Abramovic hin? Das Pflaster am Mittelfinger seiner linken Hand scheint ein Indiz zu sein – siehe Abb. 299. Die Internetgemeinde rätselt, was die Symbolik der Zahl 14 und des Fisches bedeuten mag. Esoterik-Autorin Tracy Twyman fand heraus, dass das Fisch-in-der-Hand-Symbol u.a. in alchemistischen/kabbalistischen und rosenkreuzerischen Schriften als „Hand der Ehre/Ruhmes" auftaucht. Eine andere, viel simplere Erklärung wäre ein Wortspiel für Pädo-Insider. Nimmt man die englischen Wörter „fish" und „fourteen" (14), so klingt es genau so wie „fish for teen", was übersetzt „Fischen nach Teenagern" bedeutet. Eine weitere Möglichkeit bietet ein anonymer Hinweis im Internet, der auf den Mythos von Seth und Osiris verweist. Seth war demnach neidisch auf seinen Bruder Osiris und tötete ihn. Er zerhackte seinen Bruder in 14 Stücke und verteilte die Körperteile in ganz Ägypten. Isis, die Frau von Osiris, suchte nach allen Körperteilen, um ihn wieder zum Leben zu erwecken. Sie fand aber nur 13 Körperteile und der 14. (der Penis) war nicht auffindbar, da er von einem Fisch verspeist wurde. Also machte sie ihm einen neuen Penis aus Gold. Der Fisch symbolisiert demnach Leben und Wiederauferstehung und könnte somit bedeuten, dass Podesta die Lebenskraft von jemandem verspeiste. Gemäß des Satanisten Aleister Crowley tue man dies, in dem man Blut und Samenflüssigkeit trinke (Stichwort: „spirit cooking").[954]

Abb. 309 (links): James Alefantis, dem *Comet Ping Pong* gehört und Tony Podesta (der Bruder von John Podesta). Er ist ein sehr einflussreicher Lobbyist der Demokratischen Partei in den USA und war auch für Bill Clinton und Obama zuständig.

Abb. 310 (rechts): Tony Podesta mit einer hängenden Skulptur, die einen enthaupteten Menschen in einer verwinkelten Pose darstellt. (Quelle: *washingtonlife.com*) Der Serienmörder und Kannibalist Jeffrey Dahmer hat Opfer derart zugerichtet und in fast derselben Pose als Trophäe abfotografiert (polizeiliche Beweisfotos dazu gibt es im Internet). Tony Podesta hat eine ganze Galerie an Werken von u.a. Marina Abramovic und Biljana Djurdjevic, ebenfalls einer gebürtigen Serbin. Unter den verstörenden Bildern, die Podesta so sammelt, befinden sich u.a. Abbildungen eines Mädchens, welches ihre eigenen Haare strickt; eine nackte Frau, die in Blut getränkt ist oder nackte Teenager in einem der Schlafzimmer von Podestas Residenz, wie die *Washington Times* berichtete.[954a]

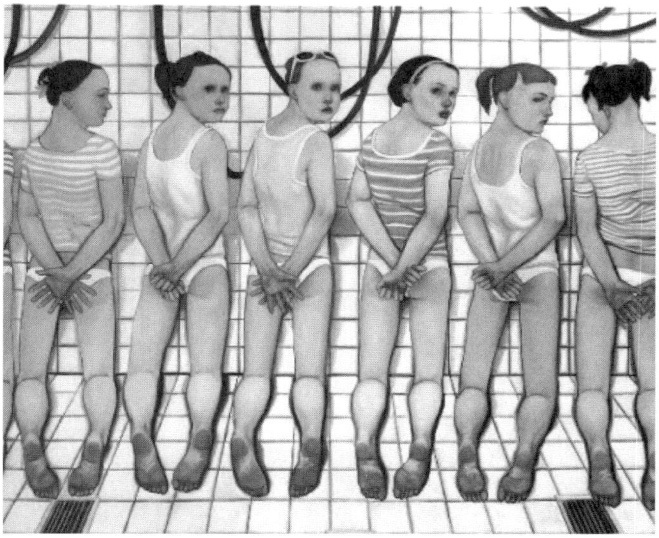

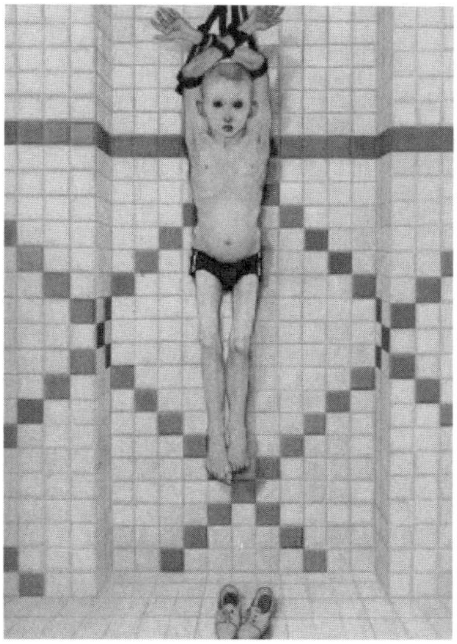

Abb. 311 und 312: Ein paar der Werke von Biljana Djurdjevic, die Kinder in Gefangenschaft zeigen. Finden Sie das nicht auch sehr verstörend? Hat Djurdjevic ihre eigenen Erlebnisse in diesen Bildern verarbeitet?

Abb. 313: John Podesta (unten links) und sein Bruder Tony Podesta (rechts unten). Jeweils darüber die erstellten Fahndungsfotos nach Zeugenangaben im Entführungsfall **Madeleine McCann**. Auch wenn fälschlicherweise seitenverkehrt, aber selbst die Angabe eines Muttermals auf Tony Podestas Stirn stimmt überein. Waren diese beiden Herren die Entführer des britischen Mädchens gewesen? (Quellen: *Wikipedia/victuruslibertas.com*)

Die Pizzeria *Besta Pizza*

Als registrierter Agent dieser Pizzeria, die nur zwei Hausnummern von *Comet Pizza* entfernt ist, ist ein Andrew Kline eingetragen. Kline ist oder war zumindest ein Beauftragter von Hillary Clinton und war einer der vier Anwälte in der Strafverfolgungsabteilung für Menschenhandel im US-Justizministerium(955) – also eine prädestinierte Position, um echte Ermittlungen gegen Pädokriminelle zu sabotieren. „Besta" bedeutet im portugiesischen übrigens „Tier" oder „Biest". Schauen wir uns mal das Logo dieser Pizzeria an:

Abb. 314 und 315 (links unten): Das Webseitenlogo von *Besta Pizza* mit dem Pädosymbol für Jungenliebhaber, bevor *Pizzagate* die Runde machte. Daneben das veränderte Logo, nachdem die Pizzeria ins Visier geriet. Oben: Das Schild am Laden dürfte mittlerweile auch geändert worden sein.

Abb. 316 (rechts): Die alte Version der Webseite des *Terasol* Bistros, welches in derselben Straße gegenüber von *Comet* und *Besta Pizza* liegt. Unten das Doppelherz-Logo, welches stark dem Pädo-Logo für Liebhaber von kleinen Mädchen bzw. Kindern ähnelt. Die kleine Hand eines Kindes im Herz wird überschattet von einer großen Erwachsenenhand. Auch Terasol änderte schnell seine Webseite um und entfernte das Logo wieder, nachdem *Pizzagate* ins Rollen kam. Hillary Clinton war zufällig häufiger Gast dieses Bistros (siehe auch archive.is/tplgE).

Schauen wir uns mal die geografische Lage all dieser Betriebsstätten an, so sind sie alle in einer Straße zu finden:

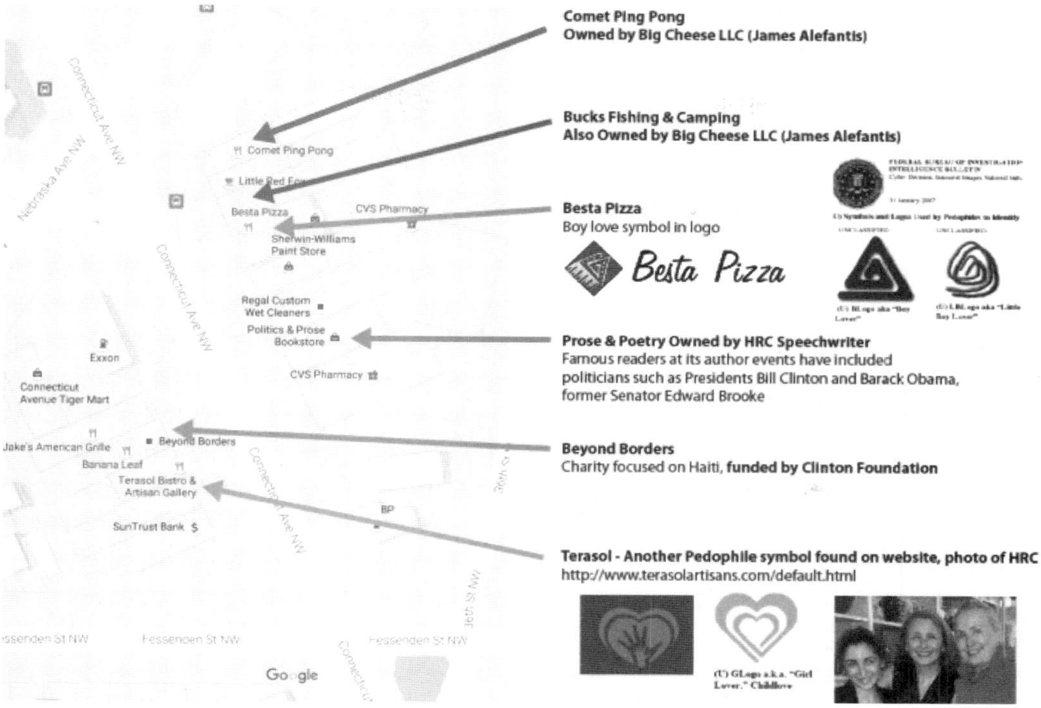

Abb. 317: Eine von *steemit.com* erstellte Übersichtskarte, um die Nähe all dieser Pizzerien und Clinton nahestehenden Firmen aufzuzeigen. Möge mir jetzt noch jemand sagen, dass das alles „Zufälle" sind.

Abb. 318: Die *Radcliffe Foundation* setzt sich offiziell für Kinder und Frauen ein. In Nordgriechenland eröffnete die Stiftung das *Elpida Center*, um Flüchtlinge unterzubringen. Auf ihrer Webseite dokumentieren sie den Bau und die Renovierung dieses Centers. Unter den Bildern war auch das obige vorzufinden mit dem Symbol für Jungenliebhaber. Die *Radcliffe Foundation* arbeitet eng mit den Clintons zusammen. Der Gründer Frank Giustra gründete ebenfalls den *Boys Club Network* für problematische bzw. gefährdete männliche Jugendliche. (*radcliffefoundation.org*)

Abb. 319: Dies ist die Sheriff-Marke des Landkreises Los Angeles in den USA, um mal aufzuzeigen, dass auch der Polizeiapparat in vielen Teilen mit solch Elementen durchseucht ist. Deutlich sichtbar das Jungenliebhaber-Pädosymbol.

Über Bill Clinton kam im Mai 2016 an die Presse, dass er mindestens 26 Mal das Flugzeug des Milliardärs und verurteilten Sexualstraftäters Jeffrey Epstein – der minderjährige Teenagerinnen zur Prostitution anwarb – bestieg, um zur privaten Insel von Epstein auf den amerikanischen *Jungfern*inseln (Virgin Islands) zu fliegen, wo viele hochrangige Persönlichkeiten ihren pädophilen Trieben nachgehen. Epsteins Flugzeug wurde in den Medien nicht umsonst als „Lolita Express" und seine Insel St. James als „Orgieninsel" oder „Pädophileninsel" bezeichnet. Auch Hillary Clinton soll laut einer FBI-Quelle mindestens sechs Mal auf Epsteins Insel gewesen sein.(957) Am 1. November 2016 twitterte *Anonymous*, dass es die Zeugenaussage eines *Secret-Service*-Agenten verifiziert hatte, der bezeugen kann, dass auf einem Flug in der Epstein-Maschine Bill Clinton mit einem 13-jährigen Mädchen anwesend war.(957a)

Bei dem ganzen Pädo- und *Pizzagate*-Skandal darf ein Name ebenfalls nicht fehlen: George Soros. Dieser „gütige Friedensstifter" steht wiederum in direktem Kontakt mit John Podesta und spendete sechs Millionen US-Dollar an die *Clinton Foundation* und fast 11 Millionen US-Dollar für Hillary Clintons Wahlkampf. Schließlich war Clinton eine Verfechterin seiner „radikalen Vision einer Welt ohne Grenzen", wie die *Washington Times* schrieb.(958) Soros selbst übrigens behauptete ja einmal in einem Interview vor laufender Kamera, dass er schließlich da sei, um Geld zu machen und da könne er nicht auf soziale Konsequenzen schauen, die seine Taten verursachen.(959) Er gab somit zu, wenig Empathie mit der Menschheit zu haben.

Pädophilie-Epidemie in Hollywood

Auch Hollywood ist ein „heißes Pflaster", wenn es um Pädophilie und sexuellen Kindesmissbrauch geht. Der Schauspieler Corey Feldman nahm kein Blatt vor den Mund, als er in einem Interview sagte:

> *„Das Problem Nr. 1 in Hollywood war schon immer, ist es und wird es auch in Zukunft immer sein: Pädophilie. Das ist das größte Problem für Kinder in dieser Industrie. (...) Es ist das große Geheimnis. (...) Ich wurde von ihnen buchstäblich umkreist, als ich 14 Jahre alt war."*

Erst als er älter wurde, begriff er, wer sie waren und was sie wirklich wollten. Sie waren nach seinen Worten überall wie „Aasgeier". Feldman sagte, er und sein bester Freund und Kinderschauspielerkollege Corey Haim wurden missbraucht. Dieses Trauma trug letzten Endes zum Tod von Corey Haim in Folge von Drogenmissbrauch 2010 bei, der nur 38 Jahre alt wurde. Es gäbe eine Person, die Schuld an Haims Tod hat, und nach Feldmans Aussagen sei es ein Hollywood-Mogul, dessen Namen er zur eigenen Sicherheit zwar nicht verraten kann, diese Person aber entlarvt werden müsse. Ein weiterer trauriger Aspekt, der in Feldmans Interview zum Vorschein kam, war die Tatsache, dass Kinderstars keine Kindheit haben. Zu oft leben dann die Eltern durch ihre Kinder, die nur noch das Geld und den Erfolg sehen. Feldman selbst war zwar in der Lage, mit 10 Jahren einen Vertrag zu lesen, wusste aber nicht, was es heißt, geliebt zu werden. Er wusste als Erwachsener nicht, wie man eine Familie gründet oder selbst Kinder erzieht, da er selbst nicht richtig erzogen wurde.(960)

Abb. 320: Szenen aus den beiden Filmen „Kevin allein zu Haus“ (links) und dem Nachfolger „Kevin allein in New York“ (rechts). In beiden Filmen bestellt er sich seine Lieblingspizza, nämlich *„eine wunderschöne Käsepizza nur für mich allein.“* Aufgrund von heftigen Familienstreits, dem Scheidungskrieg seiner Eltern und mutmaßlichen Drogenproblemen verschwand der Schauspieler Macaulay Culkin – seinerzeit der berühmteste Kinderstar weltweit – fast vollständig von der Hollywoodbühne. Wie er selbst sagte, aus freien Stücken, weil er das alles nicht mehr wollte. Was weiß er über die „dunkle Seite“ Hollywoods? Später, als Erwachsener, gründete er die Comedy-Cover-Band *The Pizza Underground (Der Pizza Untergrund)*, die andere Lieder auf eine Weise parodierte, indem deren Texte so verändert wurden, dass es in den Liedern nur um „Pizza“ ging.[964] Sind das subtile Botschaften?

Abb. 321: Pop-Sängerin Miley Cyrus auf der Bühne mit deutlicher Pizza und Hot Dog-Symbolik.

Hollywoodschauspieler Elijah Wood („Herr der Ringe“) enthüllte 2016 ebenfalls das größte Problem Hollywoods. Seine Worte:

> *„Ganz klar ist da etwas Großes im Gange in Hollywood. Es war alles organisiert. Es gibt in der Industrie eine Menge Giftschlangen. Menschen, die nur ihre eigenen Interessen im Kopf haben. Es gibt eine Dunkelheit im Unterbauch dort – was man sich ausmalen kann, das ist dort vermutlich schon einmal passiert.“*

Der ganze Pädophilieskandal sei nach seinen Aussagen auch nur deshalb so lange unentdeckt geblieben, da die Opfer *„nicht so laut reden können, wie jene an der Macht“*. Er selbst sei verschont geblieben, weil seine Eltern gut auf ihn aufgepasst haben, und denen eine gute Erziehung wichtiger war als die Karriere. Des Weiteren ließen ihn seine Eltern nicht auf jene Partys gehen, die eine Gefahr hätten für ihn darstellen können. Die Macht von Hollywood ist jedenfalls so groß, dass Elijah Wood kurz nach seinen Aussagen diese wieder relativieren musste, als er sagte, dass er keine Erfahrungen aus erster Hand hätte und somit über dieses Thema nicht mit einer Autorität sprechen könne, die über Artikel und Filme hinausgehen, die er gelesen oder geschaut hätte. Beim Interview zuvor hatte er schon darauf hingewiesen, dass unschuldige Leute, die versuchen, diese Dinge zu enthüllen, zerquetscht und ihre Leben irreparabel beschädigt werden.[961]

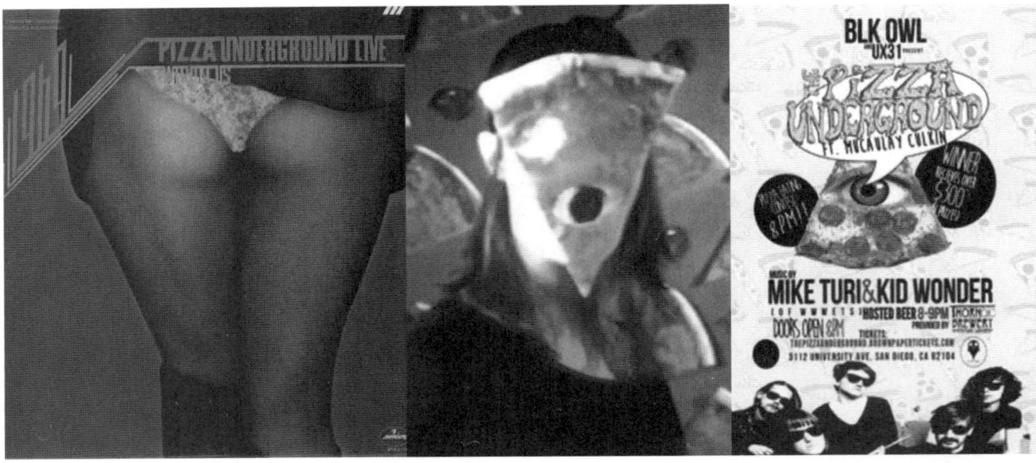

Abb. 322: Links ein Cover der Band *The Pizza Underground*, in der Mitte ein Ausschnitt aus einem Musikvideo der Band und rechts ein Poster, das den Auftritt der Band ankündigte. Bei dem linken Bild könnte man sich noch nichts groß dabei denken. Aber die Pizza als Maske vors Gesicht deutet auf okkulte Rituale und die Leute im Hintergrund hin. Deutlicher wird es noch mit dem Allsehenden Auge in der „Pizzapyramide" im rechten Bild. Kann das als Hilfeschrei Culkins gedeutet werden, der diese Themen nicht direkt ansprechen darf. „Dank" *Pizzagate* können wir solche Botschaften nun erkennen, egal, ob in Filmen, in der Musik oder sonst wo.

Insider Jon Robberson von *hagmannreport.com*, der 16 Jahre lang im Hollywood-Geschäft tätig war, arbeitete an Projekten mit, hinter denen große bekannte Regisseure und Produzenten standen, wie beispielsweise Steven Spielberg, Jerry Bruckheimer oder J. J. Abrams. In einem Interview kam er gleich auf den Punkt, ohne um den heißen Brei zu reden:

> *„Vieles von dem, was heute in Hollywood gemacht wird, könnte man als satanisch bezeichnen, allerdings kommt es tatsächlich von druidischer Beschwörung, druidischer Hexerei, der Verehrung von Gaia, der Erde, was alles aus dem neunten und zehnten Jahrhundert in England entstand. Die Spuren davor führen über die kabbalistische Hexerei und jüdischen Mystizismus bis hin zu dem, was im antiken Babylon ablief. (...) Es gibt eine direkte geschichtliche Linie aus der Zeit, als die Babylonier im Tempel auf der Spitze des Turmes zu Babel Kinder für Moloch opferten. Von damals an, als sie Gott mit den Praktiken eine auswischen wollten, bis zum heutigen Hollywood könnte man, wenn man es eingehend studiert, eine direkte Linie der aktiv praktizierten Hexerei finden."* (Dank an *1nselpresse.blogspot.com* für die Übersetzung.)

Robberson stellt klar, dass es nämlich zwei wesentliche Dinge sind, die aus dem alten Babylon übernommen wurden: Kinderopferungen und Pädophilie. Er erwähnt zudem Corey Feldmans Buch („Coreyography"), in welchem dieser über seine Erfahrungen in seiner Kindheit schreibt und die Pädophilie in Hollywood in den höchsten Kreisen entlarvt, zu denen z.B. Direktoren der Entwicklung, Produzenten, machtvolle Agenten sowie internationale Bankiers gehören, die das alles finanzieren. Diese „hohen Tiere" veranstalten Partys, die sich zu Orgien entwickeln.

Abb. 323: Versteckte sexuelle Botschaften in Walt-Disney-Kinderfilmen. Von links nach rechts: „Arielle, die Meerjungfrau" und „König der Löwen" (Himmel über Simba und Filmposter)

Abb. 324: Von links nach rechts: *„Mickey Mouse", „Rapunzel – Neu verföhnt" (Tangled) und „Das Dschungelbuch".*

Abb. 325: Auch die berühmte Pop-Sängerin Katy Perry mit unverkennlicher „Pädo-Pizza"-Botschaft für die Eingweihten.

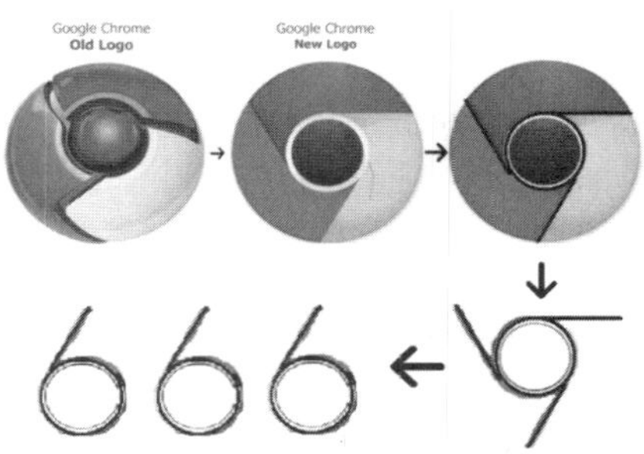

Abb. 326 und 327: Das Logo von *Walt Disney* enthält die Zahl 666. Viele Firmen- und Markenlogos enthalten die Zahl 666. So auch das Logo von *Google Chrome* (rechts).

Den Kinderstars werden Drogen verabreicht und anschließend werden sie in kompromittierenden Situationen gefilmt. Dabei geht es laut Robberson nicht um Aufnahmen von gewöhnlichen Orgien, sondern um homosexuelle Interaktionen mit mehreren Partnern, Blutvergießen und das Zerstückeln von Tieren. Der Sinn dahinter ist klar: Sobald sie die Kinder bereits in jungen Jahren in solchen Situationen auf Video haben, besitzen sie sie. Damit werden die Kinder durch die Kabale ein Leben lang erpress- und kontrollierbar.(962) In der Tat wurden bereits einige aus dem Hollywood-„Unterbauch" angeklagt, wie *Fox News* berichtete. Darunter ein Martin Weiss, der als Hollywood-Manager für Kinderstars arbeitete. Das Opfer, welches zum Zeitpunkt des Missbrauchs noch nicht einmal 12 Jahre alt war, gab an, dass Weiss ihm damals gesagt haben soll, *„dass das, was sie tun, in der Unterhaltungsindustrie gang und gäbe sei"*. Dann gibt es noch den Komponisten der Kinderserie „Sesamstraße", Fernando Rivas, der ebenfalls von der Justiz angeklagt wurde, weil er ein Kind zu sexuellen Handlungen zwang. Zudem produzierte und verbreitete er kinderpornografisches Material. Ein anderer Fall handelt von dem Casting-Agenten aus Hollywood, Jason James Murphy, als herauskam, dass er einen Jungen entführt und ihn sexuell missbraucht hatte.(963) Doch das sind wenige und relativ kleine Fische. Es wird Zeit, dass den Oberen ebenfalls der Prozess gemacht wird.

Für ordentlich Schlagzeilen sorgte im Oktober 2017 der bekannte Hollywood-Produzent Harvey Weinstein, als er am 8. Oktober aus der seinen Namen tragenden Produktionsfirma *The Weinstein Company* gefeuert wurde, sich am 10. Oktober seine Frau von ihm trennte und am 12. Oktober die *Hachette Book Group* den Druck der Weinstein-Bücher einstellte. Hintergrund waren schwerste gegen ihn gerichtete Vorwürfe der sexuellen Nötigung und sogar Vergewaltigung seitens einer ganzen Reihe von weiblichen Darstellern, darunter Hollywood-Größen wie Rose McGowan, Mira Sorvino, Gwyneth Paltrow, Ashley Judd, Asia Argento, Rosanna Arquette und Angelina Jolie. Weinstein habe sich entschuldigt und angekündigt, eine Auszeit nehmen zu wollen, um seine „Dämonen" in den Griff zu bekommen. Die populäre Boulevardseite *TMZ.com* will zudem herausgefunden haben, dass der Vertrag zwischen Weinstein und seiner Firma eine Sex-Klausel enthalten haben soll, nach dieser er nicht entlassen werden konnte, wenn er jemanden „missbräuchlich" behandelt hätte. Im Gegenzug sei dafür eine von ihm an die Firma zu entrichtende Vertragsstrafe vereinbart worden, die 250.000 US-Dollar für das erste Vergehen, 500.000 US-Dollar für das zweite, 750.000 US-Dollar für das dritte und eine Million US-Dollar für jedes weitere Vergehen vorsah. US-Präsident Trump meinte zu diesen Anschuldigungen gegen Weinstein dem Sender CNN gegenüber: *„Ich bin ganz und gar nicht überrascht."*(963a) Nur ein paar Tage nach Bekanntwerden des Weinstein-Skandals trat Kaya Jones an die Öffentlichkeit, ein ehemaliges Mitglied der bekannten Musikgruppe *Pussycat Dolls*, und bezeichnete die Mitglieder dieser Girlband als Teil eines „Prostitutionsrings". Zudem forderte sie die „Puffmutter aus der Hölle" der Gruppe auf, zu beichten, weshalb eine ihrer anderen Mitgliederinnen der Gruppe Selbstmord begangen habe (vermutlich Simone Battle meinend). Jones sagte, man müsse als Teil des Teams mitspielen und dies bedeute, auch auf Befehl mit jedem zu schlafen, der einem vorgesetzt wird. Tue man dies nicht, hätten „die" gegen einen nichts Belastendes in der Hand.(963b) Im November 2017 geriet dann Schauspieler Kevin Spacey ins Visier, nachdem mehr als ein Dutzend Männer den Filmstar der sexuellen Nötigung bezichtigten. Als Konsequenz wurde seine Nebenrolle für den im Dezember 2017 erscheinenenden Film „All the Money in the World" kurzfristig mit einem anderen Schauspieler neu gedreht. Ich bin sicher, dass in der nächsten Zeit noch viele solcher Skandale aus dem Hollywood-Sumpf herauskommen werden.(963c)

Strichcodes ziehen auf der energetischen Ebene die Lebensenergie aus den Produkten heraus bzw. belasten sie mit negativer Energie/Informationen. Manche Unternehmen gerade aus dem Bio-Bereich sind dazu übergegangen, die Strichcodes auf ihren Produkten mit einem einzelnen waagerechten Strich entstören zu wollen. (Abb. 329 Mitte) Doch das reicht nicht aus und hat keinerlei Wirkung. Denn durch die gegenüberliegende Seite strömt immer noch negative Energie heraus. Der Strichcode muss von **beiden Seiten** (also oben **und** unten) *geschlossen* werden (siehe Abb. 329 rechts oder Rückseite dieses Buches). Letzteres habe ich bisher bei einem einzigen Unternehmen gesehen, welches Aufbackbrötchen für den Bio-Handel herstellt. Diejenige oder derjenige hat also tatsächlich Ahnung. Da war ich sehr überrascht. Die Wirkung vorher und nachher lässt sich übrigens mit einem kinesiologischen Test überprüfen. Unabhängig von der Art der Strichcodes (mit oder ohne verlängerte Balken, PZN-Codes auf Medikamenten usw.) durchstreiche ich nach jedem Einkauf manuell mit einem Stift sämtliche dieser Codes auf allen eingekauften Waren. Man kann nie wissen, welche negativen Informationen in ihnen codiert sind. Es muss nicht perfekt ausschauen, Hauptsache der Code ist beidseitig von links nach rechts durchgestrichen. Oft sind solche Codes auf einem Produkt mehrfach angebracht, natürlich nur, um die Kassenabfertigung um eine Sekunde zu beschleunigen. Symbole, wie wir wissen, tragen allgemein bereits eine Schwingung. Fühlen Sie doch mal selbst in die Strichcodes hinein und betrachten sich mal in der Abb. 329 die einzelnen Codes. Welches fühlt sich tatsächlich am „harmonischsten“ an? Jetzt haben Pressemedien aus dem Mainstreambereich dies als „Verschwörungstheorie“ und „esoterische Quacksalberei“ ins Lächerliche gezogen. Daraufhin haben leider einige Bio-Hersteller reagiert und durchstreichen ihre Codes nicht mehr. Diese waren auch vorher zwar schon nutzlos, da sie nur einfach durchgestrichen waren, doch finde ich es sehr schade, dass sich die Hersteller nicht mal weitergehend informieren und sich derart leicht in ihre Geschäftspolitik von außen einmischen lassen.

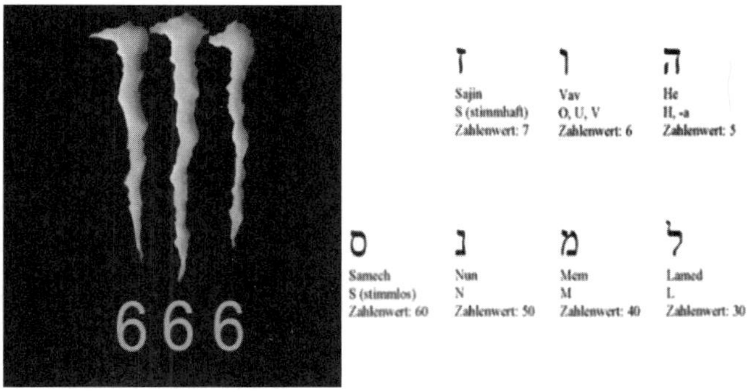

Abb. 328: Im hebräischen Alphabet hat der Buchstabe Vav/Waw (V/W) den Zahlenwert sechs. Links das Logo des *Monster*-Energydrinks. Passend dazu sei angemerkt, dass der Internetzugang mit dem Präfix *www* somit ebenfalls für 666 steht. In den USA sind übrigens bereits fünf Menschen gestorben, nachdem sie dieses Getränk konsumiert hatten. Die Todesursache bei einem 14-jährigen Mädchen lautete: Herzrhythmusstörung durch Vergiftung mit Koffein.(964a)

Abb. 329: Die drei identischen Doppelstriche im EAN Barcode *„stehen nicht für eine Zahl, und der Scanner liest sie nicht als 6-6-6, aber sie stellen das freistehende Binärcode-Element 101 dar, das nur in den B- und C-Modulen der Zahl 6 vorkommt. Die drei längeren 101-Doppelstriche links, in der Mitte und rechts codieren also dreimal die Sechs“.* (zeitenwandel.info)

Schockierende Enthüllungen eines Ex-Elitebankers

Abb. 330: Ronald Bernard bricht sein Schweigen über die Geldelite.

Der holländische Ex-Banker Ronald Bernard bewegte sich in „hohen" Kreisen und wurde einmal auf einer Party dazu aufgefordert, ein Kind rituell umzubringen. Das war der Punkt, an dem es zu viel für ihn wurde und er aus diesen „elitären" Kreisen ausstieg. In einem holländischen TV-Interview brach er sein Schweigen und erwähnt in seinen Enthüllungen über die Geldelite gegenüber der Moderatorin Irma Schiffers ebenfalls, warum beispielsweise Politiker und Banker zu diesen Taten gezwungen werden und wo der Ursprung dieser grausamen Morde in der Geschichte liegt. Bestsellerautor Jason Mason hat sich die Mühe gemacht und Bernards wichtigste Aussagen in einem Artikel vom 25. April 2017 wie folgt zusammengefasst:

„Ronald beschreibt seine Erfahrungen in einem holländischen TV-Interview. Er gibt darin Details darüber bekannt, wie die satanische Elite Kindsopferungen durchführt, um ihre Mitglieder zu testen und zu erpressen. Im Laufe seiner Karriere wurde er langsam in diese Kreise eingeführt. ‚Ich wurde gewarnt, als ich da hineinkam: ‚Mach das erst, wenn Du zu 100% kein Gewissen mehr hast.' Als ich das hörte, lachte ich damals darüber, aber es war nicht als Scherz gemeint. Ich wurde trainiert, ein Psychopath zu werden und versagte.' Das eiskalte Gewissen bekam eine Fehlfunktion. Im Interview erzählt Ronald, wie er darin verwickelt war, die italienische Wirtschaft zu zerstören und große Unternehmen bankrott zu machen. Das führte zu Selbstmorden und Zerstörung. Für seine Bankerkollegen war es ein Erfolg, der es wert war, gefeiert zu werden. Man lachte darüber, dass ein Besitzer eines dieser Unternehmen Selbstmord beging, nachdem sie das getan hatten. Er hinterließ eine Familie. ‚Wir sahen auf die Menschen herab und verspotteten sie. Alles war nur ein Produkt, Müll, alles war wertloser Abfall... Die Natur, der Planet, alles konnte verbrennen und zusammenbrechen. Menschen waren nur nutzlose Parasiten, so lange wir unsere Ziele erreichten und solange wir als Unternehmen wachsen konnten.' Roland beschreibt dann, wie er an den Punkt kam, an dem es für ihn endete. Er war bereits tief in den Zirkeln der Illuminati und musste einen lebenslang gültigen Vertrag unterzeichnen, aber sein Gewissen begann sich langsam zu regen. ‚Um es vorsichtig auszudrücken, folgten die meisten Leute dieser Kreise nicht gerade einer der üblichen Religionen. Die meisten dieser Leute waren Luziferaner. Anfangs fand ich das lustig und hielt es für ein Märchen, und dachte, nichts davon ist wahr. Aber für diese Leute ist es die Wahrheit und die Realität. Sie dienen etwas Immateriellem, das sie ‚Luzifer' nennen.' Ronald wurde zu Plätzen mitgenommen, die Kirchen Satans waren. Er besuchte diese Orte und sie hielten dort ihre heiligen Messen ab. Man hatte dort nackte Frauen, Alkohol und Drogen. Anfangs amüsierte es ihn und er glaubte nicht an diese Dinge. Er war noch nicht überzeugt, dass es tatsächlich real war. Seiner Meinung nach war das Böse und die Dunkelheit in den Menschen selbst. Er hatte die Verbindung noch nicht erkannt. ‚Ich war also Gast in diesen Zirkeln und es gefiel mir sehr, alle diese nackten Frauen zu sehen. Das war ein gutes Leben. Aber es kam schließlich der Punkt, als ich zur Teilnahme an Opferungen im Ausland eingeladen wurde. Das ist es, warum ich Ihnen das alles erzähle.' Ronald musste an diesem Punkt beinahe anfangen zu weinen und hatte Schwierigkeiten weiter zu erzählen. ‚Das war für mich der Bruch... Es waren Kinder!' Er sollte

sie rituell ermorden, aber er konnte es einfach nicht übers Herz bringen. An dieser Stelle kommen ihm die Tränen. (...) ‚Ich begann danach langsam zusammenzubrechen. Ich hatte selbst eine schwere Kindheit und hatte viel durchgemacht. Das traf mich sehr und veränderte alles für mich... Das war die Welt, in der ich mich wiederfand. Ich begann dann damit, gewisse Aufgaben zu verweigern. Ich konnte meinen Job nicht mehr machen. Das machte mich zu einer Gefahr.'
Ronald war nicht mehr in der Lage, optimal zu funktionieren. ‚Der Grund für alles, was in der Welt passiert ist, dass SIE jeden in der Tasche haben. Man muss manipulierbar und erpressbar sein, und mich zu erpressen, fiel ihnen sehr schwer. Sie versuchten das also über diese Kinder zu tun und das hat mich gebrochen.' Er erklärt weiter, dass die Illuminati Politiker auf der ganzen Welt mit dieser Taktik erpressen. Wenn man das im Internet sucht, dann findet man mehr als genug Zeugenaussagen, um zu bestätigen, dass das alles kein Walt-Disney-Märchen ist. Man findet diese Wahrheit weltweit, und die Illuminati machen das seit tausenden von Jahren. Bernard weiter: ‚Ich studierte früher Theologie, und sogar in der Bibel findet man Hinweise über diese Praktiken bei den Israeliten. Der Grund, warum die ersten 10 Stämme Israels aus Babylon vertrieben wurden, waren diese Ritualmorde mit Kindern. Sie opferten Kinder, das weiß man. Das machte mich zu einem Gläubigen – weil ich nun realisierte, dass es mehr im Leben gibt, als nur das, was man wahrnehmen kann. Es gibt eine unsichtbare Welt. Das ist real!' Ronald erklärt, dass er hier über die Dunkelmächte und die Manifestationen des Lichts spricht. Seitdem ist er felsenfest davon überzeugt, dass alles, was über die Illuminati erzählt wird, auch tatsächlich stimmt. ‚Das Dunkle ist eine echte Wesenheit. Ich fand heraus, was in der Bibel geschrieben steht. Aber so etwas steht nicht nur in der Bibel, man kann es in vielen Büchern finden.' An dieser Stelle erwähnt er die ‚Protokolle der Weisen von Zion' und sagt, dass dieses Buch seiner Meinung nach die Realität wiedergibt. ‚Es gab wirklich einen Moment der Trennung von der Manifestation des Lichts, als eine Gruppe ihren eigenen Weg ging und Zorn und starken Hass mit sich nahm. Nur wenige erkennen das ernsthaft. Es ist eine zerstörende Kraft, die unsere Werte und unsere Courage hasst. Diese Kraft hasst die Schöpfung und das Leben. Sie wird alles tun, um uns komplett zu zerstören. Der Weg, das zu erreichen, ist, die Menschheit zu spalten. Teile und herrsche ist ihre Wahrheit... ***Die Menschheit ist eine Manifestation des Lichts, das ist echte Schöpfung. So lange man sie mit politischen Parteien oder Hautfarbe spaltet, kann man von einem luziferischen Standpunkt aus ihre volle Macht unterdrücken. Daher können sie nicht selbst aufstehen, denn wenn sie das tun würden, dann würden die Luziferaner verlieren. Dieses gierige Monster würde verschwinden.*** *'* (Herv. d. d. V.)
Am Ende des Interviews erzählt Ronald noch eine Geschichte: ‚Ich erzähle immer von einem alten amerikanischen General, der einmal einen ganzen Raum voller Leuten verdunkelte. Die Augen gewöhnen sich an die Dunkelheit. aber man kann dennoch nichts sehen. Der General sagte kein Wort und entzündete plötzlich ein Feuerzeug. Dieses kleine Licht genügte, um die Erfahrung zu machen, dass bereits eine kleine Manifestation des Lichts ausreichte, damit sich alle wieder gegenseitig sehen konnten. Dann sagte der General, dass DAS die Kraft UNSERES Lichtes ist.' Ronalds Rat für die Menschheit ist einfach: Wir müssen aufwachen und erkennen, was wirklich um uns herum passiert. Wenn wir uns vereinen und die Dunkelheit zurückweisen, kann die Menschheit die Illuminati vernichten, bevor sie uns zerstören. Wenn wir zusammenkommen, können wir dafür sorgen, dass diese ganze schmutzige Geschichte aufhört zu existieren...“[964b]

Auch hier bekommen wir also von einer weiteren Quelle den Grund genannt, warum man Politiker und andere bekannte und/oder einflussreiche Persönlichkeiten zu solchen Schandtaten zwingt. Damit sie nämlich erpressbar sind, auf Kommando gehorchen und alles machen, was man von ihnen verlangt. Schert jemand aus, wird der Presse „belastendes Material“ zugespielt. Interessant fand ich zudem, die Bestätigung eines weiteren „realen“ Insiders zu hören, wonach dieser grausame Opferkult bis zurück nach Babylon reicht. Dies bestätigt wiederum nicht nur Blavatskys Aussagen, sondern auch die veröffentlichten Emails aus Hillary Clintons und John Podestas Umfeld, in denen ja auch ein Opfer an „Moloch“ erwähnt wird. Bernard ist ein gutes Beispiel, dass es selbst in diesen machtvollen Kreisen Menschen gibt, die irgendwann aufwachen und die Seite wechseln. Und bei aller Negativität dieses Themas ist dies ein gutes Zeichen und eine positive Entwicklung! Es zeigt, dass Menschen sich tatsächlich irgendwann an einem Punkt in ihrem Leben ändern können. Die Welt braucht mehr Insider, die auspacken. Je mehr, desto besser! Ganz wichtig ist aber die Botschaft an uns. Die Liebe in unseren Herzen ist unser stärkstes Licht, unsere stärkste Kraft! Und wenn wir dieses Licht bündeln, kann sie das Dunkle in der Welt besiegen. Dazu muss jeder erst einmal bei sich selbst und in seinem eigenen Umfeld anfangen. Wenn dies jeder tut bzw. tun würde, könnte sich die Welt schnell zum Guten hin ändern.

All die vielen einzelnen Fotos und Informationshäppchen für sich allein würden noch nicht viel Aufmerksamkeit erregen. Man wäre dazu geneigt, nicht viel in sie hineinzuinterpretieren. Doch all die Puzzleteilchen zusammengesetzt geben plötzlich ein deutliches und nicht zu leugnendes Bild ab. *Pizzagate* ist sehr mächtig und nicht zu unterschätzen! Es ist so mächtig, dass es das Potenzial hat – ähnlich wie beim Dutroux-Fall damals – das globale Pädophilen- und Menschenhandelnetzwerk komplett und restlos auffliegen und sämtliche Mitglieder öffentlich an den Pranger stellen zu lassen. Aus *Pizzagate* wurde schnell ein globales *Pädogate*. *Pizzagate* ist der Grund, weshalb weltweit Medien die „Fake-News“-Kampagne kurz nach Bekanntwerden dieses Skandals ins Leben gerufen haben, um solche investigativen Meldungen und Enthüllungen ins Lächerliche zu ziehen und Zensurmaßnahmen im Internet einzuleiten. Noch Anfang Dezember 2016 warnte Clinton vor der Gefahr durch eine „Fake-News“-Epidemie, nachdem sie ins Visier aufgrund der Nähe zu einem Pädophilen-Ring kam.[964c] *Pizzagate* startete als ein Skandal erst einmal auf lokaler Ebene in Washington D.C. und um Hillary Clintons Umfeld herum, welches aber von dort aus das gesamte Establishment niederreißen *könnte*. Ich sage bewusst *könnte*, denn die Kabale wird laufend Ablenkungsshows inszenieren, damit dieses Thema wieder in der Versenkung verschwindet. **Wir** sind diejenigen, die dafür sorgen müssen, dass dieses Thema so lange nicht verstummt, bis dieses System samt der luziferischen Kabale beseitigt wurde! Die größte Datenbank zu diesem Thema (*pizzagate.wiki*), wurde Ende August 2017 vom Netz genommen, so brisant ist das Thema. Zum Glück sind die Seiten noch in Archiven abrufbar. Eine umfassende und ausführlichere Übersicht über diesen Skandal finden Sie somit auf folgenden Seiten:

http://tinyurl.com/pizzagatearchiv oder *http://archive.is/pizzagate.wiki*
https://dcpizzagate.wordpress.com (backup: *http://archive.is/BsBad*)
https://voat.co/v/pizzagate

Der Unheilige Stuhl

Wie wir aus einigen Berichten zu Beginn dieses Kapitels bereits gelesen haben, tauchen unter den pädokriminellen Tätern auch immer wieder Kleriker auf. Etwa sieben Prozent aller katholischen Priester allein in Australien wurden beschuldigt, sich an Kindern sexuell vergangen zu haben. Eine Untersuchungskommission der australischen Regierung wertete Daten zwischen 1950 und 2010 aus. In einem Zeitraum von sechzig Jahren sammelten sich Beschuldigungen gegen insgesamt 1.265 Priester und Nonnen des Landes. Zwischen 1980 und 2015 gab es 4.444 gemeldete Fälle von sexuellem Missbrauch durch katholische Priester, von denen nur ein Bruchteil tatsächlich juristisch verfolgt wurde. Die schlimmsten Institutionen seien jene, wo katholische Orden oft Schulen führen und Heime für die verwundbarsten Kinder. Das Durchschnittsalter der missbrauchten Jungen und Mädchen betrug zwischen 10 und 11 Jahren.(965) (*theeventchronicle.com*)

Ein Riesenskandal flog 2011 auf, als britische Zeitungen und der TV-Sender *BBC* enthüllten, dass die katholische Kirche in Spanien über fünf Jahrzehnte hinweg rund 300.000 Neugeborene ihren Eltern aus spanischen Krankenhäusern wegnahm, um sie an Adoptionsfamilien zu verkaufen. Das geheime Netzwerk, welches an diesen Entführungen und dem Kinderhandel beteiligt war, bestand aus Ärzten, Krankenschwestern, Priestern und Nonnen. Dieses Entführungsprogramm begann während der Diktatur von General Franco (ab 1939) und ging bis mindestens Ende der 1980er-Jahre. Der Hintergrund war, dass man Kinder von jenen Eltern wegnehmen wollte, die man als gefährlich für das Regime erachtete, um sie „geeigneteren" Elternpaaren in Obhut zu geben. In den Krankenhäusern erzählte man den Frauen einfach, dass ihr Kind während oder kurz nach der Geburt verstorben sei. Die oft jungen und unverheirateten Mütter bekamen ihr Kind nie zu sehen und waren auch nicht in der Lage, der Beerdigung beizuwohnen. Bestanden sie jedoch darauf, ihr totes Kind nach der Geburt noch einmal sehen zu wollen, so zeigte man ihnen eine Babyleiche, welche eiskalt war, die aus dem Tiefkühlfach dann passenderweise als Alibi hervorgeholt wurde. Den Adoptiveltern soll man wiederum erzählt haben, die leibliche Mutter hätte ihr Kind nicht mehr haben wollen und somit aufgegeben. Ein Riesendrama entstand, als im Land viele Frauen und Männer herausfanden, dass sie von ihren eigenen Eltern für Geld gekauft wurden. Und viele leibliche Mütter verspürten innerlich, dass ihr Kind in Wahrheit nicht tot sei. Der schockierende Skandal begann öffentlich zu werden, als zwei Männer herausfanden, dass sie als Babys gestohlen wurden. Der Vater eines dieser Männer enthüllte nämlich auf seinem Sterbebett, dass er seinen Sohn damals für 200.000 spanische Peseten gekauft hatte, was damals eine riesige Summe Geld war, wofür man eine Wohnung kaufen konnte. In einigen Fällen wurden nun angebliche Gräber der „verstorbenen" Babys exhumiert und man fand Skelette von Erwachsenen oder Tieren vor. Einige Gräber waren sogar leer.(966) (*dailymail.co.uk*) Es ist jedoch anzunehmen, dass ein Teil der entführten Babys nicht zur Adoption freigegeben, sondern in satanischen Ritualen ermordet wurden.

Wie groß der Skandal bezüglich sexuellen Missbrauchs und rituellen Kindstötungen ist, ist sehr schwer abzuschätzen. Einen kleinen Indikator gab das US-amerikanische katholische Magazin *National Catholic Reporter* in einem Artikel von Anfang November 2015, wonach die katholische Kirche in den USA allein zwischen 1960 und 2015 nach

Recherchen des Magazins in Bezug auf sexuellen Missbrauch seiner Kleriker Kosten von mindestens **vier Milliarden US-Dollar** hatte. Darunter befinden sich Abfindungszahlungen an die Opfer (Schweigegelder), Kosten für die Verteidigung der Angeklagten, Kosten für deren Überwachung, Anwaltskosten (diese betrugen schon 433 Millionen US-Dollar), Therapien für Opfer (78 Millionen US-Dollar zwischen 2004 und 2013), Notfallhilfen für Opfer, Versicherungsprämien usw. Dies alles nur, damit die vielen Fälle schnell wieder unter den Teppich gekehrt werden können und im Rahmen der „Schadensbegrenzung" keine all zu große öffentliche Aufmerksamkeit erregen. Da viele, wenn nicht gar die meisten Fälle erst gar nicht öffentlich werden und viele Opfer schweigen, wird die Dunkelziffer viel größer sein. Auch der *National Catholic Reporter* kommt zur Erkenntnis, dass die Summe von vier Milliarden US-Dollar eine Schätzung im unteren Bereich ist, da viele Informationen im Dunkeln liegen und nicht zugänglich sind. Zu diesen vier Milliarden US-Dollar kommen noch weitere jährliche Verluste von etwa 2,3 Milliarden US-Dollar hinzu aufgrund von Kirchenaustritten und fehlenden Spenden, als Konsequenz infolge von bekannt gewordenen Skandalen.[(967)] Wie groß müssten dann die Summen weltweit sein? Als Papst Franziskus 2014 behauptete, dass rund zwei Prozent aller katholischer Kleriker Pädophile seien (d.h. rund 8.000 pädophile Kleriker weltweit)[(968)], so ist diese bereits hohe Zahl nichtsdestotrotz eine verharmlosende Lüge. Allein in Australien waren es sieben Prozent aller katholischen Priester, dabei immer noch berücksichtigend, dass die Dunkelziffer immer deutlich höher liegt. Wie düster es innerhalb der päpstlichen Mauern in Rom zugehen muss, sollte einem echt zu denken geben, wenn schon von offizieller Seite der Chef-Exorzist des Vatikans, Gabriel Amorth, in einem Interview zugab, dass *„der Teufel im Vatikan residiert"*. Während es nach seinen Worten schwer sei, dies zu beweisen, so seien die Konsequenzen daraus anhand des Teufels Werks sichtbar, wenn Kardinäle nicht an Jesus glauben und Bischöfe Verbindungen zum Teufel haben, berichtete *ABC News*.[(969)]

Es gibt immer mehr Pädophilieskandale, in denen die „Diener Gottes" auftauchen. Und komischerweise scheint sich dabei hauptsächlich die katholische Kirche besonders „gemausert" zu haben. Der ehemalige vatikanische Botschafter Erzbischof Jozef Wesolowski zum Beispiel soll in der Dominikanischen Republik gegen Bezahlung Sex mit Kindern gehabt haben. Ermittler fanden auf dem vatikaneigenen Dienstcomputer des polnischen „Geistlichen" mehr als 100.000(!) kinderpornografische Fotos und Videos. Des Weiteren wurden Spuren von 45.000 gelöschten Fotos entdeckt. Sowohl Polen als auch die Dominikanische Republik forderten seine Auslieferung, doch der Vatikan hat grundsätzlich kein Auslieferungsabkommen und kündigte an, ihm dem Prozess machen zu wollen. Doch 2015 verstarb Wesolowski im Alter von 67 Jahren, offiziell an Herzversagen.[(970)] Über einen Fall berichtete die Tageszeitung *Welt* im Oktober 2013, in dem es um den US-amerikanischen Pater Lawrence C. Murphy ging, der im Rahmen von „Sexualunterricht" – wie er es seinen Opfern gegenüber bezeichnete – schätzungsweise 200 Jungen missbraucht hatte, darunter überwiegend gehörlose Kinder. Der Artikel stellt auch den Dokumentarfilm „Mea Maxima Culpa" des TV-Senders *Arte* vor, in dem weitere unbekannte Details zu Tage gefördert werden. So erfährt man in diesem Film u.a., dass:

- 50% der katholischen Priester den Zölibat erst gar nicht einhalten würden.
- Irische Bischöfe 1997 die dringende Anweisung aus Rom bekommen haben, Missbrauchsfälle nicht mehr zu melden.
- Der Vatikan weltweit „Behandlungszentren“ für pädophile Priester unterhält (so ausufernd muss diese Pädo-Epidemie sein). Der befragte Benediktinerpater Patrick Wall gab an, pro Fall 250.000 US-Dollar ausgegeben haben zu dürfen, um jeden Skandal zu vermeiden.
- Rom ernsthaft vor hatte, die Karibikinsel Carriacou zu kaufen, *„um daraus eine Art Teufelsinsel für pädophile Kleriker zu machen“*.[971]

Der verurteilte italienische pädophile Priester Don Patrizio Poggi, der eine fünfjährige Gefängnisstrafe wegen Missbrauch von jugendlichen Jungen absaß, sagte gemäß der Zeitung *Huffington Post* aus, dass es innerhalb der römisch-katholischen Kirche einen homosexuellen Prostitutionsring gebe, in dem Kleriker minderjährige Jungen für Sex anmieten.[972] So langsam geht es auch den höheren Rängen an den Kragen. Am 29. Juni 2017 erschien eine Pressemeldung über die Anklage durch die australische Polizei gegen Kardinal George Pell, dem höchsten Kleriker Australiens und als Schatzmeister des Vatikans offiziell der drittmächtigste Mann nach dem Papst. Er soll sich während seiner Priesterzeit und seiner Amtszeit als Erzbischof von Melbourne an mehreren minderjährigen Jungen sexuell vergangen haben. Seit 2014 lebt er jedoch im Vatikan und muss daher nicht nach Australien ausgeliefert werden.[972a]

Wenn der Vatikan bis 2013 offiziell bereits Sex mit Kindern ab 12 Jahren für Kirchenangehörige erlaubte[973], italienische Bischöfe mit Segen des Vatikans anordnen, dass Kindesmissbrauch durch Kleriker den Polizeibehörden nicht mehr gemeldet werden muss[974] und der ehemalige Papst Benedikt XVI. in seinen letzten Dienstjahren angeblich alle zwei Tage einen Priester aufgrund von Kindesmissbrauch vom Amt enthoben haben will[975], so lässt dies schon mehr als nur erahnen, was für ein tiefer und rabenschwarz dunkler Sumpf sich hinter der ganzen katholischen Kirche befinden muss. Schaut man sich die lange zusammenfassende Liste an sexuellen Missbrauchsfällen in der katholischen Kirche weltweit auf *Wikipedia* an[976], so könnte man meinen, dass ein regelrechter globaler „Pädo-Ausrottungskrieg“ gegen die Kinder stattfindet.

Rituelle Opferungen im Hardcore-Satanismus

Jetzt stellt sich natürlich die Frage, weshalb und zu welchen Zwecken kranke Leute gerade Kinder sexuell missbrauchen und häufig anschließend rituell ermorden? Der bekannte Sachbuchautor Guido Grandt, der einige Bücher und Artikel zu den Themen „Pädophilie“ und „Satanismus“ veröffentlichte, beschäftigt sich seit bereits über drei Jahrzehnten mit dem harten Satanismus mit seinen Blutopfern und Ritualmorden. Im Laufe der Zeit hatte er auch direkten Kontakt zu solch Satanisten, die ihm einige Insiderinformationen preisgaben. Nachfolgend ein kleiner Auszug aus seinem Buch „Okkult-Morde – Fakten & Hintergründe“:

> *„Bei den Logen, Orden, Zirkeln und Kulten des ‚Hardcore-Satanismus‘ ist die Sprache von* ***‚unnatürlicher Vereinigung‘****, von* ***‚geheimen Instruktionen‘****, von* ***‚Liebe unter Willen‘, Blutriten, Kindsopfern und Kannibalismus; vom Tod als ‚Tor zur vollständigsten***

und dauernden Freude' und von einer ,magischen Handlung', die ,im Tod endet'. *Aleister Crowley, der Mentor des Neo-Satanismus, dem die meisten Satanisten weltweit huldigen, hat Anweisungen für rituelle Opferungen, auch von Kindern verfasst: ,Aber das Blutopfer ist, obschon gefährlicher, wirksamer; und für fast alle Zwecke ist das menschliche Opfer das Beste.' Das festgelegte Opfer soll ,erbarmungslos zur Strecke' gebracht werden. (...) Für die höchste spirituelle Arbeit muss man dementsprechend das Opfer wählen, das die größte und reinste Kraft in sich birgt. Ein männliches Kind von vollkommener Unschuld und hoher Intelligenz ist das befriedigendste und geeignetste Opfer.' Eine Hexe, selbst Szene-Kennerin, erklärt mir in einem Interview, dass für Satanisten das ,junge' und ,unbefleckte' eine große Rolle spielt. Satanisten hätten keinen Respekt vor menschlichem Leben. Es würde um Macht gehen, und sie hätten keine Hemmungen, Menschen oder ein Kind umzubringen, um die totale Macht zu erlangen. Ein anderer Satanist schreibt in einem persönlichen Brief, der mir vor liegt:* ***,Der Wunsch nach ganz besonders jungen Opfern ist auch nicht leicht erfüllbar. Da hatte de Sade es leichter'.*** *Oder wie ein Insider, der sich selbst in der okkult-satanistischen Szene tummelt, mir bei einer Undercover-Recherche fast süffisant auf meine Frage antwortete, ob er Kontakt zu Leuten hat in Bezug auf ,Blutopfer', die nicht nur mit Katzen herumhantieren? ,...Ich sagte Ihnen schon, ich kann Ihnen da weder ja noch nein sagen, weil darüber, das Sie können sich ja vorstellen, geht keiner hausieren...'.*

Unbestreitbar sprechen, verlangen und realisieren Satanisten die Tötung von Opfern. In einem geheimen Ritual (dem ,Ritual von Apep') erklärt Aleister Crowley in seinem ,Liber Stellae rubeae' in Vers 22 und 33 beispielsweise: ***,Auch soll er (der Meister/d. A.) ein junges Kind auf dem Altar töten, und das Blut soll den Altar mit Geruch wie von Rosen bedecken... Du sollst niemand die innere Welt dieses Ritus enthüllen: deswegen habe ich in Symbolen geschrieben, die nicht verstanden werden können.'*** *Crowley behauptet zwischen 1912 und 1928 selbst rund einhundertfünfzig Knaben geopfert zu haben! (...) Ingolf Christiansen, Beauftragter für Weltanschauungsfragen der Evangelisch-Lutherischen Kirche in Göttingen, meint in Bezug auf Fälle von Tötungsdelikten im Kontext satanistischer Weltanschauungen: ,Ja, es gibt sie. Das heißt aber nicht, dass jeder Satanist gleich Menschenopfer tätigt. Aber es ist leider nicht auszuschließen, dass Menschen auf dieser ideologischen Schiene für Satan auch mit Menschenopfern kalkulieren. Der theoretische Hintergrund ist schon in Crowleys ,Liber Al vel Legis' zu finden, das zu den Bestellern der Satanismusszene gehört.' Und weiter: ,In Gesprächen und Beratungen von Opfern wird mir ab und zu über Ritualtötungen berichtet. Ich bin da sehr zurückhaltend. Trotzdem ist auch in Deutschland durchaus mit der Möglichkeit zu rechnen, dass Menschen in Ritualen ihr Leben lassen müssen. Mit Zahlenangaben sollte man aber sehr vorsichtig sein, sie können nur spekulativen Charakter haben.' Er schätzt, dass 3.000 bis 7.000 Satanisten ,gedanklich über Tierrituale hinausgehen'. Und die ehemalige Leiterin des Sekteninfo Essen ergänzt: ,Da gemäß satanistischem Glauben Satan Blut will und immer bessere Opfer will, ist die große Gefahr gegeben, dass es auch zu Opferungen von Menschen kommen kann.'*

Der ehemalige Großmeister einer noch heute sehr aktiven okkult-magischen Loge gesteht in einem mir vorliegenden Schreiben den Zusammenhang von Menschenopfern: ***,Auch Menschen können geopfert werden...Ich bin für die Opferung von Menschen. Es sollten sowohl Tiere als auch Menschen geopfert werden!' Und: ,Opfer- und Tötungsarten sollten auch in der magischen Praxis vollzogen werden. Siehe die FOGC-Loge in*** *den 20iger-Jahren oder die schwarzen Messen in Frankreich.' Und ein anderer Satanist meint, dass wenn Menschen im Rahmen eines Rituals einen anderen töten, dies kein ‚Mord', sondern ein ‚Opfer' wäre. **Und diese Blutopfer (beim Töten durch ‚Blutvergießen', weil auch Menschenblut eine ‚heilende Lebenskraft' darstellt, so die Vorstellung der Okkultisten) werden auch an bestimmten Kalendertagen oder zur Verfolgung eines bestimmten Zwecks durchgeführt. Der Journalist und Filmemacher Rainer Fromm berichtet in seinem Buch ‚Satanismus in Deutschland' davon, dass der ‚Order of Nine Angels' aus Großbritannien Menschenopfer als förderlich für die ‚Arbeit von Satan' beschreibt und als ‚kraftvolle Magie' sieht. Denn diejenigen, so ist in einem Internet-Aufsatz des Ordens zu lesen, ‚die an einem Opfer-Ritual teilnehmen, müssen sich am Tod weiden.'**"*[977]

Das ist schon recht brisant und krank zugleich! Jetzt kommen wir endlich dahinter, was es mit den ganzen Organ- und Blutspenden, den sehr dubiosen Praktiken in Abtreibungskliniken (Stichwort: *Planned Parenthood*) und eben auch diesen Blutopfern auf sich hat – was ich in einem früheren Kapitel bereits einmal erwähnt hatte –, nämlich um durch das Blut von Säuglingen und kleinen Kindern Langlebigkeit zu erlangen. Um dies zu erreichen, müssen also **laufend** und andauernd Kinder geopfert werden.

Warnung!

Hierzu passt auch die Bestätigung des ehemaligen Satanisten und Meisterhexers Zachary King, der in einem Interview offenbarte, dass in Abtreibungskliniken satanische Rituale vollzogen werden. Nach seinen Worten sei die Abtreibung ein satanisches Opfer. Und für diese Art von Ritualen werden neun Monate alte Babys kurz vor ihrer Geburt noch im Mutterleib getötet, während 13 Hohepriesterinnen und -priester eines Hexenzirkels um die Frau herumstehen und dabei einen schwarzmagischen Zauber vollziehen. Das Ritual würde um 23:45 Uhr beginnen. Der schwarzmagische Zauber/Bann würde um Mitternacht ausgeführt werden, welches die „Hexenstunde" sei und um 3:00 Uhr würde das ungeborene Kind getötet werden, welches die „Stunde des Teufels" sei. Laut King sei das Töten eines der besten Opfer für Satan, um seine Gunst zu erlangen und etwas von ihm im Gegenzug zu kriegen (sei es Materielles oder Macht). Und wenn man ein Ungeborenes töten könne, sei dies Satans ultimatives Ziel. King selbst hatte seine erste rituelle Abtreibung noch vor seinem 15. Lebensjahr vollzogen und insgesamt über 140 durchgeführt. In einigen Fällen seien nach seinen weiteren Aussagen Rituale nicht geglückt, weil Abtreibungsgegner/Christen, die von diesen Ritualen in Abtreibungskliniken Bescheid wissen, auf der anderen Straßenseite der Klinik demonstrieren und gegen diese mordende Praktik gebetet hatten. Gegenüber derselben Straßenseite stünden „demonstrierende" Abtreibungsbefürworter, von denen der Großteil Satanisten seien, die mit Beschimpfungen „dagegen" halten würden. Beim Abtreibungsritual in der Klinik selbst vollziehen niedere Ränge des Hexenzirkels magische Schutzrituale, um sich vor den Gebeten der Christen zu schützen. In den Fällen, wo die Christen aber stärker gewesen seien, musste das Ritual abgebrochen werden.[977a] Ich finde diese Information von besonderer Wichtigkeit, da sie aufzeigt, wie mächtig positive Gedanken, Segnungen und Gebete sind!

Was in diesem Zusammenhang noch erwähnenswert ist, ist die Tatsache, dass gewöhnliche Morde und Ritualmorde nicht selten auf Video aufgezeichnet und in kriminellen Kreisen für sehr hohe Summen als „Snuff Movies" verkauft werden. Ralph Rieckermann, Ex-Bassist der deutschen Rockband *Scorpions*, wurde vor laufender Kamera gefragt, ob er denn auf irgendwelche Fetisch-Partys gehen würde. Er antwortete darauf, dass er keine Fetisch-Partys besuche, er aber auf einer Party einmal anwesend war, bei der er *„richtig üblen Scheiß mit angesehen"* hätte. Auf weitere Nachfrage sagte er, dass dort Leute umgebracht wurden und Besucher bis zu 100.000 zahlen würden, um sich das anzuschauen. Am Ende fügte er noch hinzu: *„Ich mach' keine Witze."*[(977b)] Solche „Snuff Partys" finden überall auf der Welt statt, die leider voll von solch schwer kranken *Unmenschen* ist.

Corona Novem – Der *Neunte Zirkel*

Beim *Neunten Zirkel* (auch *Neunte Krone*, im englischen *Ninth Circle*) handelt es sich um einen satanischen Kinderopferkult, zu dessen Seniormitgliedern Joseph Ratzinger (ehemals Papst Benedikt XVI.), der aktuell amtierende Papst Franziskus (Jorge Bergoglio), Justin Welby (Erzbischof von Canterbury), weitere Hauptamtsträger des Vatikans und der Jesuiten sowie Mitglieder von Adelsfamilien, Regierungsminister und auch Robenträger von Gerichten gehören sollen, nach Aussagen des *International Tribunal into Crimes of Church and State* – kurz *ITCCS* (*Internationales Tribunal in Sachen Verbrechen von Kirche und Staat)*, einer von ehemaligen Missbrauchsopfern gegründeten zivilen Gerichtsbarkeit mit Hauptsitz in Brüssel und regionalen Büros in Vancouver, New York, London, Dublin und Paris. Das *International Common Law Court of Justice* – kurz *ICLCJ* (*Internationaler Common Law Gerichtshof für Gerechtigkeit*) stellt den juristischen Arm des *ITCCS* dar, nach eigenen Angaben bestückt mit akkreditierten Juristen und Anwälten aus Belgien, England und den USA (*Common Law* = Gewohnheitsrecht). Tribunal und Gerichtshof behaupten, eine Menge belastendes Beweismaterial (hauptsächlich in Form von Zeugenaussagen) gegen vorgenannte und viele andere bekannte Persönlichkeiten zu besitzen, die im Rahmen des *Neunten Zirkels* Babys und Kinder rituell ermordet haben. Der *ICLCJ* will den ehemaligen Papst Benedikt XVI., die Queen von England, Prince Philip, den kanadischen Premierminister Stephen Harper sowie weitere 27 Angehörige von Kirche und Staat angeklagt haben. Kurz nach seiner Anklage soll Papst Benedikt XVI. von seinem Amt zurückgetreten sein.[(978)] Ratzinger soll laut Aussagen eines Aussteigers des *Neunten Zirkels* diesem bereits seit 1962 angehören. Zivilkläger George Dufort vom *ICLCJ* sagte dazu:

> *„Der Zeuge behauptet, sowohl den ehemaligen Papst Paul II., Karol Wojtyla, als auch Papst Benedikt XVI., Joseph Ratzinger, bei der Teilnahme an Ritualen des Neunten Zirkels in katholischen Kathedralen und in einem französischen Wald gesehen zu haben."*

Des Weiteren soll das Gericht Beweise haben, die sich auf Dokumente aus dem Vatikan in lateinischer Sprache beziehen, in denen die Teilnahme eines jeden neuen Papstes in diesem Zirkel vorschreibe, damit dieser überhaupt sein Amt antreten könne. Diese Dokumente sollen sich zudem auf kultartige Rituale als „The Magisterial Privilege" beziehen (zu Deutsch etwa: „Das gebieterische Privileg"). Und dieses „Privileg" beinhaltet die rituelle Tötung eines Neugeborenen und den anschließenden Konsum dessen Blutes.[(979)] (*liebezurwahrheit.info*)

Am 8. August 2014 veröffentlichte der *ITCCS* folgende Meldung auf seiner Seite:

„Seit Mitte Juli vollzieht unser zentrales Kommando hochgradige Überwachungs- und Intelligenzoperationen gegen zwei Kindesfolter-Netzwerke, die mit dem katholischen Neunten Zirkel Opferkult assoziiert werden, sesshaft in Dublin (Irland) und Montreal (Kanada). Seit dem 10. Juli lieferten Informanten Namen von Teilnehmern in den Ritualen, die ursprünglich auf den 15. August terminiert waren. Derartige Folterrituale und -morde werden regelmäßig jeden Monat bei Neumond vollzogen an den genannten Schauplätzen, aber auch an anderen, wie etwa Waldstücke in der Nähe von Brüssel und in Zwolle (Holland). Die Informanten bestätigten außerdem, dass die Rituale des 15. August in der Pro Kathedrale (Dublin) und der Marie Reine du Monde Kathetrale (Montreal) stattfinden sollen, in deren unterirdischen Kellergewölben.
Sie bestätigten weiterhin, dass die Kinder und Jugendliche, die in diesen Ritualen missbraucht werden, von katholischen Waisenhäusern dieser Städte bereitgestellt werden, in Zusammenarbeit mit dem kriminellen Syndikat der 'Ndrangheta, das auch eng mit Polizei und Vatikan Agenten in Kanada und Irland zusammenarbeitet. Unser Kommando hat zwei 6-Mann-Gruppen trainiert und mobil gemacht, die in den geplanten Kultritualen am 15. Augst eingreifen und diese unterbinden sollen. Es sind gut ausgebildete und bewaffnete Einheiten.
Am 2. August meldete ein hochrangiger Informant unserem Kommando, dass der Kult in Montreal sein Treffen in eine unterirdische Forschungsstätte auf dem Territorium der McGill Universität verlegt hat. Dieser Standortwechsel wurde in Anwesenheit von ein paar ‚sehr prominenten Männern' beschlossen, darunter George Soros, der örtliche katholische Erzbischof Christian Lepine und Firmenvertreter des Cargill-Konzerns. Es gab keinen Beweis, dass der Dublin-Kult sein Treffen von der Pro Kathedrale verlegt hat, mit Erzbischof Dermot Martin als Sponsor. Unser Kommando fährt mit seinen Operationen fort an all diesen verdächtigen Örtlichkeiten bis zum 15. August, um die Kinderopferrituale zu stoppen und alle Teilnehmer für das öffentliche Gericht festzunehmen mit allen möglichen Mitteln. (…)“[(980)]

Dass der Name *Soros* auftaucht, wundert mich jetzt nicht. Zu *'Ndrangheta* äußerte sich im Juni 2014 eine Augenzeugin und Richterin, die vorm *ICLCJ* unter Eid ausgesagt haben soll:

„Das Verbrechenssyndikat 'Ndrangheta liefert die Kinder, die für die Ritualmorde in Holland benutzt werden, von welchen ich Zeuge wurde, und für Menschenjagd-Parties. Sie sind tief involviert in Menschenhandel, dank ihrer Kontrolle über Polizei und Politiker.“[(981)] (*faszinationmensch.com*)

Die *'Ndragheta* ist wiederum die Vereinigung der kalabrischen *MAFIA*, deren Einflussbereich sich über ganz Europa, Nord- und Südamerika sowie Russland und Australien erstreckt. Zu den wichtigsten Einnahmequellen dieses *MAFIA*-Netzwerks gehören der Drogenhandel, Waffenhandel, Geldwäsche, Erpressungen und die illegale Müllentsorgung, insbesondere Giftmüll. Mit einem geschätzten Jahresumsatz von 53 Milliarden Euro (2013) übertrifft sie sogar die *Deutsche Bank* und *McDonalds*.[(982)]

Ich weiß, jetzt werden viele sagen, dass das doch keine „offiziellen“ Gerichte sind, die Beweislast sehr dünn ausschaue und alles doch nur Spekulation sei. Dem kann ich zwar nicht widersprechen. Und viel mehr als unter Eid getätigte Zeugenaussagen können der *ITCCS* und der *ICLCJ* nicht hervorbringen. Doch das ist völlig normal und liegt schlichtweg an der Natur der Sache bzw. an der Art der Verbrechen. Hochkalibrige Leute gehen mit ihren Taten ganz sicher nicht hausieren und werden sämtliche Spuren ihrer Aktionen so sorgfältig wie möglich vernichten und verschleiern. Des Weiteren werden diese ganz sicher dafür sorgen, dass sie bei ihren satanischen Ritualen nicht gefilmt werden. Irgendwie hat sich die Vorstellung durchgesetzt, dass nur auf Video aufgenommenes oder etwas Schriftliches als wahr betrachtet wird, eine mündliche **Zeugenaussage** aber als weniger wahr, wie mir der Leiter des *ITCCS*, Kevin Annett, auf Anfrage selbst erfahrungsgemäß mitteilte. Und selbst wenn man Beweisvideos veröffentlichen würde, würden Kritiker es immer noch als Fälschung sehen wollen. Egal, was man an Beweisen vorzeigen würde, es würde alles infrage gestellt werden. Aber weshalb sollten so viele Opfer nach Jahren oder Jahrzehnten herauskommen und Märchen auftischen (und durch Bekanntwerden ihrer Identität ihr Leben gar riskieren)? Und viele dieser Opfer schildern völlig unabhängig voneinander dieselben Täter und dieselben oder ähnlichen Abläufe bei den Ritualen. Wenn wir uns die Anschuldigungen einmal ansehen, so müssen wir doch zumindest anerkennen, dass diese also keineswegs aus der Luft gegriffen sind. Insbesondere nicht nach allem, was wir über den Adel, den Vatikan und die Kleriker wissen, richtig? Der Kopf fängt bekanntlich vom Kopf an zu stinken, immer. Zivilkläger George Dufort merkt richtig an, dass seitens der Beschuldigten absolute Stille herrscht und dass dies gerade legal betrachtet sehr wichtig sei.(983) In der Tat kamen die letzten Jahre keinerlei Dementi seitens hochrangiger (katholischer) Kleriker, die die Anschuldigungen in irgendeiner Art und Weise zurückgewiesen hätten. Aus der Geschäftswelt weiß man unlängst, dass Schweigen Zustimmung bedeutet.

Warnung!

Über den rituellen Ablauf im *Neunten Zirkel* fand ich noch folgende Informationen, die sich für mich stimmig anfühlten. Demnach formieren sich in einem Opferritual neun Mitglieder des Zirkels in roten Roben in einem Kreis um das Kindesopfer herum, welches auf einem Altar geknebelt und gefesselt liegt (Abb. 331) Jedes der neun Kultmitglieder vergewaltigt einer nach dem anderen das Kind, wobei jeder der Vergewaltiger seinen Samen im Kind hinterlässt. Dies wird getan, weil der männliche Samen die Essenz der männlichen Kraft enthält. Wie es von Aleister Crowley gelehrt wurde, soll diese Handlung sowohl das Ritualopfer als auch den schwarzmagischen Akt an sich mit einer „männlichen Potenz" durchtränken bzw. aufladen. Danach wird das Opfer mit langen

Abb. 331: Die Aufstellung beim satanischen Ritual im *Neunten Zirkel*. Die neun Zirkelmitglieder formen acht Zirkel (Kreise) um das Kindesopfer herum, welches selbst den neunten Zirkel bildet.

Auffallend ist hier die Numerologie mit der Zahl 11 (6+5, 7+4, 8+3, 9+2). Vier mal die 11 ergibt 44. Die 11 steht bei den Freimaurern und Okkultisten u.a. für das Erzeugen von Chaos, während die 4 im spirituellen Sinne für Tod (und Neuanfang) steht.

Messern umgebracht, entweidet und zerstückelt, mit anschließendem Trinken des Blutes und Verspeisen des Fleisches. Die körperlichen Reste werden dann verbrannt und entsorgt.(984)

Der energetische Aspekt bei Ritualmorden

Ein weiterer Grund, warum so viele Kinder (aber auch Erwachsene) geopfert werden, ist das Absaugen von sogenanntem „Loosh", der Lebenskraft und der emotionalen/spirituellen Energien der Opfer, durch das Erzeugen von enorm viel Angst, Schmerzen, Leid und Verzweiflung, von denen sich dunkle Astralwesen und auch die Täter ernähren (nicht umsonst will Satan immer mehr Blut sehen). Man denke hier in vereinfachter Form an Energievampirismus. Dunkle Wesen können sich nur von dunklen/niederen Energien speisen, wohingegen lichtvolle und liebevolle Energien sie zugrunde richten würden. Das ist ein gewichtiger Grund, warum so viele Kriege und Hungersnöte **laufend** auf der Erde verursacht werden. Je größer das Leid, desto größer die freigesetzten Leidenergien. Diese wird dann zum Machterhalt und zur Machtausweitung eingesetzt. Positives wird derweil immer weiter zurückgedrängt und vernichtet. Die Kabale praktiziert ganz offensichtlich einen Todeskult. Denken Sie noch einmal zurück an die schieren Opferzahlen aus den beiden Weltkriegen sowie an die zig, wenn nicht hunderte Millionen von Opfern durch Lenin, Stalin, Mao & Co. Und das sind nur die letzten 100 Jahre. Ja, es geht darum, die Menschheit zu reduzieren, aber die bloße „Überbevölkerung" allein kann es auch nicht sein. Hier geht es schon um etwas Größeres.

In einem *YouTube*-Beitrag fand ich zudem einen weiteren Hinweis, wonach durch diese abartige sexuelle Perversion im Rahmen solch eines schwarzmagischen Rituals, bei dem ein Kind sexuell missbraucht und rituell ermordet wird, die Täter in die Lage versetzt werden sollen, Zugang zu alternativen Dimensionen/Realitäten zu erhalten – welche in zahlreicher Form parallel zu der unsrigen bestehen. Das Ziel dieser Ultra-Satanisten soll es sein, ihr „eigenes Universum" zu finden, um „Gott" (bzw. Herrscher) in diesem anderen Universum (Realität) zu werden. Dann könne man Energie aus diesem anderen Universum durch das Kind hindurch ziehen und dadurch ewig leben. Der Erzähler des Beitrags behauptete, ihm seien schon Männer begegnet, die vorgaben, hunderte Jahre alt zu sein.(985) Einen sehr ähnlichen Hinweis fand ich in einer Aussage der Illuminati-Aussteigerin mit dem Pseudonym *Svali*. Um in andere spirituelle Dimensionen zu gelangen, sagte sie, müsse ein großes Opfer erbracht werden – für gewöhnlich mehrere Tiere –, um *„ein Portal zu öffnen"*. Auch würde geopfertes Blut dazu benutzt werden, einen *„Kreis zu schließen"*, um die dämonischen Kräfte in Schach zu halten.(986)

Das wird für die meisten Leute an dieser Stelle völlig abgehoben klingen, aber ist es das tatsächlich? Was und wie viel wissen wir eigentlich über schwarze Magie? Ich kann nicht mit Bestimmtheit sagen, dass das vorhin Gesagte tatsächlich so ist. Ich folge aber meiner Intuition, und irgendetwas scheint schon dran zu sein, zumindest teilweise. Das mit den parallelen Universen ist schon lange bekannt (siehe Prof. Stephen Hawking). Mal rein theoretisch: Was, wenn man versuchen möchte, andere Dimensionen – in denen die Herrscher schon absolute Macht erlangt haben –, diese mit der unsrigen zu „verschmelzen" bzw. anzugleichen, um dann auch hier dieselbe Macht zu manifestieren? Ich mag unrichtig liegen, aber wir sind ja hier, um weit über den Tellerrand hinauszuschauen und all den Hintergründen auf die Spur zu kommen. Daher noch einmal die Frage: Ist es nicht eher wahrscheinlich, dass all diese Millionen von Babys und Kinder doch für wesentlich „mehr" getötet werden, als nur aus „Spaß an der Sache"? In den unteren Ebenen, den sogenannten „kleinen Fischen", wird das sicher zumeist der Fall sein. Ich meine hier aber die hohen Ränge in den Geheimlogen und satanischen Orden, denen Politiker, Kleriker, Adlige, Konzernbosse und andere einflussreiche Personen angehören, die die Weltgeschicke leiten und letzten Endes über **uns** herrschen. Ist also anzunehmen, dass dies alles „dumme" Leute sind? Ganz und gar nicht. Es hat also schon einen abgrundtief dunklen „höheren Sinn", warum die solch schreckliche Dinge tun. Und wer sitzt oben am Schalthebel der Macht und sorgt dafür, seine Macht zu erhalten? Zufällig unsere „illuminierten" Freunde aus Schwarzadel, Vatikan, den Jesuiten und Zionisten.

Zur Abrundung kommen wir noch einmal auf die Flüchtlingskrise zurück:

Was meinen Sie, warum es anscheinend Methode hat, dass so viele Flüchtlinge unregistriert nach Europa kommen? Wer nicht registriert ist, den „gibt es nicht" und der kann leicht für andere „Zwecke" missbraucht werden. Wobei ein Teil davon sicherlich für einen geplanten Dschihad versteckt und trainiert wird. Aber was ist mit den Frauen und Kindern? Ich habe keinen Beweis dafür, aber dass viele Migranten es auf ihrer Flucht- oder Schleuserroute zudem gar nicht erst nach Europa schaffen, sondern unterwegs „verloren gehen" oder „ertrinken", könnte nur die halbe Wahrheit sein. Den Rest können Sie sich nun sicher denken. Dass der von Israel und vom Westen gesteuerte *Islamische Staat* gerade viele Frauen und Kinder entführt, dürfte zudem sicher kein Zufall sein. Werden diese doch vergewaltigt, zur Sklavenarbeit herangezogen oder auf Sklavenmärkten verschachert (wo kommen diese dann hin?).[(987)] Ein weiterer Aspekt, der bei den ganzen Kindesentführungen und dem Menschenhandel ebenfalls zum Tragen kommt, ist der immense Organhandel. Während einer Anhörung 2014 vor den *Vereinten Nationen* kam durch einen Bericht eines syrischen Arztes heraus, dass rund 18.000 syrische Kinder in türkischen Flüchtlingslagern Opfer von Organentnahmen wurden. Die Kinder waren in Krankenhäusern zur Behandlung kleinerer Verletzungen, starben aber und wurden komplett ausgenommen.[(988)]

Was zudem nun deutlich wurde ist, dass etliche der „wohltätigen" Stiftungen und Organisationen sowie karitativen Einrichtungen dieser Welt in dieses globale Pädophilie- und Menschenhandelnetzwerk auf die ein oder andere Weise genau so involviert sind wie Jugendbehörden, Kinderheime, Adoptionsstellen, Kirchen, viele Krankenhäuser und andere („soziale") Einrichtungen. Machen wir es uns daher zur gemeinsamen Aufgabe, diesen Skandal zu enthüllen und die Zukunft unserer Kinder zu schützen!

Jetzt wird man sich bei alledem berechtigt die Frage stellen, wie denn Menschen solch grausamste Dinge ihren Mitmenschen nur antun können? Das ist eine gute Frage, in der vielleicht auch schon die Antwort steckt. Was, wenn es sich bei den Mitgliedern des neunten Zirkels und den höchsten „Eliten" allgemein gar nicht um „Menschen" handelt sondern in Wirklichkeit um Hybride, also Mischwesen? Stellen Sie sich als Beispiel mal Fleischfresser im Tierreich vor, die ab und an kein Problem damit haben, auch Menschen zu verspeisen, z.B. Alligatoren. Denn mal Hand aufs Herz, welcher Mensch könnte solche *bestialischen* Dinge einem anderen Menschen antun? Ich meine hier nicht das bloße Töten, dazu wäre ein großer Teil der Menschheit bereit, sei es auch nur im äußersten Notfall, um sein Leben oder das seiner Familie zu retten. Ich meine hier das grausame und eigentlich unaussprechlich und *unvorstellbare* barbarische Foltern von Kindern bis zum äußersten Exzess, das Zerstückeln der Leichen und der anschließende Kannibalismus. Denken Sie einmal nach. Was für ein „Mensch" ist imstande, so etwas zu tun? Ist so etwas wirklich *menschlich*, also typisch für die Rasse Mensch?

Von der berühmten Schauspielerin und mittlerweile auch UN-Botschafterin Angelina Jolie tauchte ein Video im Netz auf, in dem sie in jüngeren Jahren bei einem Treffen mit Freunden enthüllte, selbst bei einem okkulten Illuminati-Ritual *eingeweiht* geworden zu sein und stellte klar, dass das nichts mit Sado-Maso zu tun hätte, wie fälschlicherweise von einigen Leuten angenommen wird. Man werde bei der Einweihung gefesselt, gequält und würde höllische Schmerzen erleiden. Sie selbst empfiehlt anderen Kollegen, dieses Ritual ebenfalls zu vollziehen. Viele Mitglieder bekämen während des Einweihungsrituals Tattoos gestochen. So zieren Jolie am ganzen Körper diverse mystisch anmutende Tattoos, darunter auch ein *Drachen* am linken Oberarm, die römische Zahl XIII und ein fettes lateinisches Kreuz (Saturnsymbol) seitlich auf dem unteren Bauch mit der lateinischen Aufschrift daneben *„Quod me nutrit, me destruit"* (zu Deutsch: *„Was mich erhält, zerstört mich auch"* – Luzifer meinend?). Während des Rituals musste sie zudem eine Schlange opfern. Manche dieser Rituale werden auf Video aufgezeichnet und hochrangigen Mitgliedern gezeigt. Jolie zeigte ihren Freunden solch ein Video, was gegen die Regeln ist. Einer ihrer Freunde, der sich das Video gerade anschaute, war sichtlich schockiert über die perversen Foltermethoden (*YouTube*-Suche: „Angelina Jolie admits to illuminati sacrifice"). Es liegt nahe, dass Jolie in die *Bruderschaft der Schlange* bzw. *Bruderschaft des Drachen* aufgenommen wurde, die auch als *Illuminati* bekannt sein soll. Diese Bruderschaft soll die älteste bekannte Geheimgesellschaft sein und bis auf die sumerischen Götter *Enki* und *Enlil* zurückgehen. (*faszinationmensch.com*) Milton William Cooper („Die apokalyptischen Reiter") schrieb, dass diese Bruderschaft sich der Bewahrung der „Geheimnisse der Zeitalter" verschrieben habe und Luzifer als den einzigen und wahren Gott anerkennt. Das „Allsehende Auge" solle ebenfalls Luzifer darstellen.[989] Ihr Symbol soll das uns bekannte Dollarsymbol sein, welches fälschlicherweise als ein durchgestrichenes „S" ($) wahrgenommen wird. Doch in Wahrheit ist es ein *Semicaduceus* und bildet eine Schlange ab, die sich ein und ein halbes Mal um einen Stab windet (Abb. 333). Hier haben wir also einen Hinweis auf den Schlangen- bzw. Reptilienkult. Und auf die Reptilien komme ich in den nächsten Kapiteln zu sprechen.

Abb. 332: Angelina Jolie (links), als sie ihren Freunden gegenüber von ihrem Illuminati-Einweihungsritual erzählte. Zahlreiche mystische und okkulte Tätowierungen zieren ihren Körper.

Abb. 333 (links): Schaut man vom Ende der vatikanischen Audienzhalle aus auf die Bühne, so erkennen wir welches Symbol? Ein Schlangenkopf. Schauen Sie genau hin, dann erkennen Sie es. Die Decke ist die schuppige Kopfhaut, links und rechts die großen ovalen Fenster sind die Augen, in der Mitte ist der geöffnete Mund mit den beiden Giftzähnen. Und der Mittelgang ist die ausgestreckte Zunge. Und in dem Schlund befindet sich die „Jesus"-Figur. Wir haben es hier eindeutig mit einem Hinweis auf die *Bruderschaft der Schlange* und den Reptilienkult zu tun.

Abb. 334 (rechts): Die *Bruderschaft der Schlange* (auch *Bruderschaft des Drachen*) soll die älteste bekannte Geheimgesellschaft sein und bis auf die sumerischen Götter *Enki* und *Enlil* zurückgehen. Das Dollarsymbol soll ihr Zeichen sein. Es wird fälschlicherweise als ein durchgestrichenes „S" wahrgenommen. Manche Dollar-Währungen haben zwei Striche/Stäbe. Abgeleitet ist es vom *Caduceus*, dem „Hermesstab"/„Merkurstab" mit zwei Flügeln und zwei sich darum windende Schlangen, dem Symbol der Pharmaindustrie und der Ärzteschaft. Womöglich ist dieser Stab ein Phallussymbol.

Abb. 335: Die vatikanische Audienzhalle eingetaucht in eine dämonische Atmosphäre. Auf der Bühne vorn soll die Figur „Jesus" darstellen, der aus dem Krater einer nuklearen Explosion wieder aufersteht. Bei näherer Betrachtung ist ein Reptilienschädel erkennbar. Nur die Gegenseite wird die Person von Jesus in einer derart hässlichen und grausamen Art abbilden.

Fazit

Auch wenn dies nach all diesen Hintergründen schwerfallen mag, lassen Sie uns dennoch den „Monstern" gegenüber nicht in Hass und Groll verfallen, die diese grausamsten und abscheulichsten aller Taten begehen. Lassen Sie mich das ein wenig erklären. Aus einigen dieser traumatisierten Kinder werden später nämlich jene Soziopathen, die zu einem großen Teil an Schaltstellen in Regierungen, Behörden, Geheimdiensten, Geheimgesellschaften, Konzernen usw. Machtpositionen beziehen und die Menschheit und unseren Planeten noch tiefer in das schwarze Loch ziehen werden – ein abgrundtief dunkler Kreis, der sich die letzten Jahrtausende ständig weitergedreht hat. Wir sollten dabei bedenken, dass viele, wenn nicht sogar die meisten der pädokriminellen Täter, selbst in ihrer eigenen Kinder- und Jugendzeit sexuell misshandelt und traumatisiert wurden. Sie kennen es nicht anders, denn sie wurden regelrecht zum Täter gedrillt und programmiert. Sie sind somit auch irgendwo Opfer (gewesen). Damit sind *jene* gemeint, die den sexuellen Missbrauch überlebt haben, nicht getötet wurden und höchstwahrscheinlich auch nicht zu den Illuminati bzw. derem inneren Zirkel angehören, um sie zu zukünftigen Soldaten für das System heranzuzüchten (z.B. unsere Politiker). Groll, Rache und „böses Blut“ an diesen vergießen zu wollen, wäre somit ganz sicher falsch, und dadurch würde das Rad des negativen Karmas – als Ursache und Wirkung – sich nur weiterdrehen, aus dem wir alle doch endlich aussteigen wollen. Hass und Wut bringen uns kein Stück weiter. Erinnern wir uns: Gleiches zieht Gleiches an (*Gesetz der Resonanz*). Wir sollten daher Gedanken und Gefühle der Heilung und Vergebung aussenden, denn nur so werden eine Bereinigung und ein Aufstieg der Erde möglich sein. Jede Seele kommt mit einer bestimmten Mission hier auf diese Erde. Diese misshandelten und ermordeten Kinder hatten ein enorm hartes Schicksal zu erdulden! Man mag sich unweigerlich fragen, aus welchen Gründen sie das alles erleben mussten und ob hinter alledem eine Botschaft stecken könnte? Mir fällt zumindest ein möglicher Grund ein: Um **uns** in der heutigen Zeit das Dunkle aufzuzeigen, damit **wir** aufwachen – um dies anschließend in die Heilung bringen zu können! Das ist unsere Mission. Diese mutigen Kinderseelen sind es schließlich, die das Kartenhaus des jetzigen okkult-satanischen Machtsystems zu Fall bringen.

Und ja, im Hintergrund passiert einiges, um diesen Pädo-Sumpf auszutrocknen. Am 9. Februar 2017 erließ US-Präsident Trump eine präsidiale Verfügung („executive order“), um transnationale kriminelle Organisationen und Netzwerke in Verbindung mit internationalem Menschenhandel zu verfolgen, was somit auch die Eindämmung des Kinderhandels und sexuellen Missbrauchs von Kindern mit einschließt. Diese Verfügung dehnt sich zudem auf die Verfolgung anderer Verbrechen aus (u.a. Drogen- und Waffenhandel, Korruption sowie Cyber- und Finanzkriminalität)[(989a)] In diesen Zusammenhang passt eine interessante Meldung, wonach zwischen dem 30. Oktober und 22. November 2017 mehr als **4.200** versiegelte Anklageschriften von US-Bezirksgerichten eingereicht wurden. Die Gerichte in den USA haben die Möglichkeit, Anklagen geheim zu halten, um z.B. die Verbrecher nicht aufzuscheuchen, was deren Untertauchen unterbinden soll. Jedenfalls sind diese versiegelten Anklageschriften samt Aktenzeichen vom Journalisten Hal Turner ins Internet gestellt worden – der nach eigenen Angaben von 2003 bis 2008 für das FBI tätig war –, der feststellte, dass diese hohe Anzahl an versiegelten Anklageschriften absolut einmalig sei. Normalerweise gibt es vielleicht drei bis vier solcher versiegelten Fälle pro Bezirk und nun gäbe es in einigen Bezirken mehrere hundert solcher Anklagefälle! Am 21. Dezember 2017 erließ Trump eine weitere präsidiale Verfügung, um Korruption und „schwere Menschenrechtsverletzungen“ zu ahnden. Hierzu sollen weltweit sämtliche Vermögen der betroffenen Kriminellen beschlagnahmt werden. Dabei könnte es tatsächlich neben der unteren und mittleren Ebene auch endlich „größere Fische“ treffen. Am darauffolgenden 29. Dezember 2017 veröffentlichte Trump zudem eine Proklamation, in der er den Januar 2018 als besonderen Aktionsmonat ankündigte, um „nationale Sklaverei und Menschenhandel zu verhindern“ oder wie er es sagte, um *„die Dunkelheit auszutreiben, die Menschenhändler über unsere Welt gebracht haben. (...)*“[(989b)] Kein Wunder, dass die Demokraten Sturm gegen ihn liefen, um ihn zu stürzen. Wie es aussieht, kommt endlich Bewegung ins Spiel.

Auf geht’s nun zu Teil III, in dem wir wieder erst mit einigen kleineren Übungen anfangen. ☺

Zusammenfassung Teil II

Da der zweite Teil recht lang war, biete ich an dieser Stelle ebenfalls eine Zusammenfassung der wichtigsten Informationen in gebündelter Form:

- Im Rahmen der Entvölkerungsagenda mit der geplanten Reduktion der Weltbevölkerung auf 500 Millionen Menschen (*Georgia Guidestones*), dienen *Agenda 2030* und *Vision 2050* als Etappen- und Endziele. In diesem Zuge ist geplant, die jetzigen Großstädte in Megametropolen und Megaregionen auszubauen, in denen die Menschen dichtestmöglich beieinander leben. *Deagels* Prognosen sehen bis 2025 eine drastische Reduzierung der deutschen Bevölkerung vor. Andere Länder, wie z.B. die USA, soll es teilweise noch schlimmer erwischen. *Deagel* begründet dies mit großen Völkerwanderungen aufgrund des Zusammenbruchs der (Welt)wirtschaft.

- Die Menschheit wird, wenn nicht gerade durch bewaffnete Konflikte, durch die Pharmaindustrie dezimiert. Wir haben anhand von Daten und Fakten sowie Insideraussagen erfahren, wie schädlich Impfcocktails (Aluminium, Quecksilber, tierische Zellen, Nanopartikel usw.) und Krebsmedikationen (Chemo, Bestrahlung usw.) sind. Gifte in Impfungen und in den Chemtrails dienen vermutlich als „Zwei-Komponenten-Waffe". Echte alternative und sanfte(re) Heilmethoden werden aber bewusst unterdrückt. Impfungen sind zudem in der Lage, die Spiritualität beim Menschen auszuschalten.

- Des Weiteren wird die Weltbevölkerung durch Chemtrails laufend vergiftet und krank gehalten. Viele für den *Menschen* giftige Stoffe (Aluminium, Barium, Virenfragmente etc.) werden vom Himmel herab auf uns versprüht. Durch das Versprühen von „biologischen Agenten" wird eine Kommunikation in beide Richtungen ermöglicht. Das heißt, es können manipulative Informationen von außen in den Körper hineingebracht werden (Blockieren oder Auslösen von Gefühlen und Gedanken), und anders herum kann der Mensch komplett ausgelesen werden. Des Weiteren wird durch die Sprühaktionen der Himmel künstlich verdunkelt, welches allein für sich schon schädlich für Menschen, Tiere und Pflanzen ist (Entzug des Sonnenlichts, zusätzlich zur Vergiftung der Böden).

- Mit den weltweiten *HAARP*-Frequenzanlagen können sowohl das Wetter und Klima als auch das menschliche Bewusstsein manipuliert werden. Der Unterausschuss des EU-Parlaments sah bereits 1998 *HAARP* als eine militärische Waffe in Verbindung mit 50 Jahren intensiver Weltraumforschung, beispielsweise als Teil des „Kriegs der Sterne".

- Während also mit *HAARP* und Chemtrails unser Klima zum Negativen hin manipuliert wird, wird die Weltbevölkerung für den Klimawandel verantwortlich gemacht. Rund 31.000 US-amerikanische Wissenschaftler treten dieser Propagandatheorie entgegen. Es gibt zudem etwa 800 wissenschaftliche Studien, die die CO_2-Treibhaustheorie widerlegen. Wissenschaftlich bewiesen ist zudem, dass die Sonne mit ihren Sonnenzyklen für unser Klima verantwortlich ist.

- Mit dem globalen Überwachungs- und Spionagegitter (Handys, Smartphones, WLAN, RFID, Smart Dust, Space Fence, Satelliten, Drohnen, sämtlichen *SMART*-Geräten, PC-Software und -Hardware mit eingebauten Hintertüren usw.) ist in Kombination mit *HAARP* und Chemtrails eine lückenlose Überwachung, Kontrolle und Manipulation der Menschheit möglich. Im Zusammenspiel mit KI ist das Überwachungsgitter derart ausgefeilt, dass sich dem so gut wie niemand entziehen kann. In diesem Zusammenhang spielt die angestrebte komplette Abschaffung des Bargelds eine sehr wichtige Rolle. Läuft alles nur noch digital, ist keine Transaktion mehr anonym. Zudem kann „unliebsamen" Bürgern jederzeit der Zugang zu Bankkonten und somit zur Teilhabe am wirtschaftlichen und gesellschaftlichen Leben verwehrt und somit der Existenz beraubt werden. Rein digitale Bankkonten (ohne Bargeld) können jederzeit von der Regierung leergeräumt oder reduziert werden (z.B. in einer Währungsreform).

- Ein Ausbau von Zensur- und Spitzelbehörden soll die Meinungsfreiheit im Internet und allgemein komplett abschaffen. Jeder, der sich nicht systemkonform und politisch korrekt äußert, ist ein „Rassist", „Nazi", „Antisemit", „homophob", „islamophob" usw. und ist zur Zielscheibe der Regierung geworden. Mit solchen Beschimpfungen sollen Kritiker und besorgte Menschen von vornherein mundtot gemacht werden, damit jedwede Diskussion vermieden wird. Die angewandten Methoden bedienen sich diktatorischen Elementen (STASI, Drittes Reich). Die EU entwickelt sich mit schnellerem Tempo zum Vierten Reich. Ein Mittel, Politiker und Konsorten zu entlarven, bietet die Rückwärtssprache, die selbst von Geheimdiensten wie der CIA und einigen Strafverfolgungsbehörden im Geheimen genutzt wird.

- Die Migrantenflutung Deutschlands und Europas mit Moslems und Afrikanern soll zum Ziel haben, die einzelnen europäischen Nationen abzuschaffen und eine „hellbraune Mischrasse" zu etablieren (Kaufman, Hooton, Coudenhove-Kalergi, Barnett). Hochrangige Politiker sowie islamische und jüdischer Vertreter fordern gar die komplette Abschaffung der weißen Rasse.

- Der *Islamische Staat* (IS) wurde von Israel und vom Westen aufgebaut und finanziert. Unter den Massen an Migranten sind nachweislich Terroristen des *IS* mit nach Europa als „Trojanisches Pferd" geschleust worden. Der Islam unter der Führung der *Muslimischen Bruderschaft* und der *Organization of Islamic Cooperation* strebt ein weltweites Kalifat an. In Europa erstreiten sich die Moslems immer mehr Sonderrechte, während die einheimischen Bevölkerungen mit Absicht immer mehr benachteiligt werden. Dabei wurde der Islam vom Vatikan und der römisch-katholischen Kirche gegründet, als Rammbock (Werkzeug) zur eigenen Erlangung der Weltherrschaft. Rechtzeitig würden von den Herrschenden diese willfährigen Bauern (Moslems) geopfert werden. Schließlich befinden sich über den islamistischen Führern noch mindestens 10 weitere Stufen in der Machtpyramide, die das eigentliche Sagen haben. Aus dem Hintergrund heraus involviert in die Migrantenströme soll laut Friederike Beck der Multi-Milliardär George Soros sein.

- Deutschland wird von glühenden (linksgrünen) Deutschlandhassern regiert, die in großen Teilen keine ethnischen Deutsche sein können. Patriotische Parteien und Bewegungen wie *PEGIDA*, *Identitäre*, AfD & Co. als die „Neue Rechte" sind absichtlich gegründete oder unterwanderte Organisationen. Angela Merkel ist möglicherweise die Tochter von Adolf Hitler.

- Sowohl vom spirituellen als auch vom evolutionären Standpunkt aus handelt es sich bei den europäischen Völkern um die fünfte Unterrasse der fünften Wurzelrasse (Arier), die neben den Indern (Indo-Arier) und Russen von allen Völkern geistig und spirituell am weitesten entwickelt sein sollen. Es gibt aber stets in jedem Volk dieser Welt auch positive Ausnahmen. Die Deutschen sind seit langem mit ihrem vielfältigem Erfinderreichtum und ihren besonderen künstlerischen Begabungen nicht umsonst als das „Volk der Dichter und Denker" bekannt. Da die Deutschen und Europäer somit das höchste Potenzial hätten, diesem globalen Sklavensystem erfolgreich entgegenzutreten, ist es entschiedenes Ziel der Kabale, diese Völker und auch die Russen auszurotten. Die *mögliche* germanische Herkunft Jesu (und seiner möglichen Nachkommen) verleiht dieser Thematik zusätzliche Brisanz.

- Obwohl US-Präsident Donald Trump viel Potenzial hat, positive Veränderungen herbeizuführen, scheint er ebenfalls eine Marionette der Kabale zu sein bzw. wird er in seinem Vorhaben gehindert, wo es nur möglich ist. Die Menschen sollten grundsätzlich endlich einmal aus diesem ganzen Parteiensystem aussteigen, da dieses keine echte Macht hat, sondern nur die Macht von viel weiter oben umsetzt.

- Durch *Pizzagate* fliegt der globale Pädophilieskandal zunehmend auf. Hillary Clinton und ihr Umfeld scheinen bis zum Hals tief drin in diesem Skandal zu stecken, der sich durch alle Bereiche der Machthierarchie, Medienapparat und der Unterhaltungsbranche bis hin zum Vatikan zieht. Rituelle Baby- und Kindermorde sowie Kannibalismus dienen den Satanisten als Verjüngung. Die Täter sind zudem Energievampire, die sich von den durch Ängste und Schmerzen freigesetzten Energien nähren und ihre Dämonen bzw. die dunkle Seite damit ebenfalls füttern.

TEIL III

Die größte Enthüllung aller Zeiten

Der Kosmos, die geheimen Raumfahrtprogramme und die bröckelnde Geheimhaltung über außerirdische Lebensformen sowie ihren machtausübenden Einfluss auf der Erde seit mindestens hunderttausenden von Jahren

Kapitel 11
Der Auftakt zur Enthüllung

Der Größenvergleich von Planeten und Sternen

Um Ihnen einmal aufzuzeigen, wie winzig klein unser Planet Erde zur Sonne ist und Letztere wiederum im Vergleich zu vielen anderen Sternen, schauen Sie sich die folgenden Zahlen an:

- Unsere Sonne hat einen Durchmesser von 1,4 Millionen Kilometern, dem 109-fachen unseres Planeten.[(990)]
- Der Stern *Arktur* im Sternbild Bärenhüter hat einen 25-fachen Sonnendurchmesser. Er ist 36,7 Lichtjahre von der Erde entfernt (1 Lichtjahr = 9,461 Billionen Kilometer) und mindestens 110-mal heller als unsere Sonne.[(991)]
- *Aldebaran* ist ein Stern im Sternbild Stier und ca. 67 Lichtjahre von uns entfernt. Sein Name stammt aus dem Arabischen und bedeutet der „Nachfolgende", weil er den *Plejaden* am Himmel zu folgen scheint. Sein Durchmesser ist beinahe das 45-fache unserer Sonne, leuchtet 150-mal so hell wie diese.[(992)]
- Der *Polarstern* (auch *Polaris* oder *Nordstern*) als hellster Stern im Sternbild *Kleiner Bär* ist etwa 430 Lichtjahre von uns entfernt. Er leuchtet rund 2.000-mal so hell wie unsere Sonne. Die Angaben über seinen Durchmesser schwanken zwischen dem 32-fachen und dem 44-fachen des Sonnenradius. Er kommt zudem mit einem engen Doppelstern daher, welches als Paar – *Polaris Aa* und *Polaris Ab* – wiederum von einem weiteren Stern (*Polaris B*) begleitet wird.[(993)]
- Der *Pistolenstern* befindet sich in der Nähe des Zentrums der Milchstraße. Er ist eingebettet im sogenannten *Pistolennebel*, der aufgrund der Ähnlichkeit der Form einer Pistole seinen Namen hat. Er ist 25.000 Lichtjahre entfernt, hat den ungefähren Durchmesser von 340 Sonnen, und laut neuesten Erkenntnissen soll er bis zu 10 Millionen mal stärker leuchten als unsere Sonne.[(994)]
- Der Stern *Antares* (auch *Alpha Scorpii A* genannt) hat einen Durchmesser von etwa 1.000 Millionen Kilometern, also rund 714-mal größer als unsere Sonne (je nach Quelle sogar 883-mal größer). Er ist ca. 600 Lichtjahre von unserer Erde entfernt und scheint 10.000-mal heller als die Sonne. Zusammen mit *Alpha Scorpii B* bildet *Antares* ein Doppelsternsystem.[(995)]
- Der Überriese *VY Canis Majoris* aus der Konstellation *Großer Hund (Canis Major)* ist 3.900 Lichtjahre von der Erde entfernt, was 37 Billiarden Kilometer weit weg ist. Sein Durchmesser entspricht nach aktuellem Stand 1.420 Sonnenradien, was ihn zu einem der größten Sterne der Milchstraße macht.[(996)]
- Die Sterne *Westerlund 1-26* (1.530 – 1.580 Sonnenradien), *RW Cephei* (1.535 Sonnenradien), *WOH G64* (1.540 – 1.730 Sonnenradien) und *UY Scuti* (1.708 Sonnenradien) gehören momentan zu den größten bekannten Sternen in unserem Universum. Einige Quellen berechnen *Westerlund 1-26* auf rund 2.000 Sonnenradien, was ihn unter Umständen bald zum größten Stern machen könnte, bis irgendwann wieder ein noch größerer entdeckt wird.[(997)]

Das sind nur einige Beispiele aus einer langen Liste an Riesen und Hyperriesen.[998] Die nächstgelegenen Sternsysteme außerhalb unseres Sonnensystems sind *Alpha Centauri* und *Proxima Centauri*, mit nur 4,24 bis 4,34 Lichtjährchen von uns entfernt. Unsere Galaxis (Milchstraße) hat einen stolzen Durchmesser von 100.000 bis 120.000 Lichtjahren und besteht Schätzungen zufolge aus 100 bis 400 Milliarden Sternen, mit mindestens 100 Milliarden Planeten und vielleicht gar mehr, wenn es nach einer Studie geht.[999] (*space.com*) Ihre Erscheinungsform entspricht einer flachen Scheibe – der *Galaktischen Scheibe* – auf der die meisten Sterne sich befinden (Abb. 343). In der galaktischen „Atmosphäre" – dem *Galaktischen Halo* – befinden sich u.a. Kugelsternhaufen, weitere alte Sterne und *Dunkle Materie*. Unser Sonnensystem befindet sich etwa 27.000 Lichtjahre vom Zentrum der Milchstraße – der Ur-Zentralsonne – entfernt und seine momentane Position ist im *Orion-Cygnus-Arm*, zwischen den beiden spiralförmigen Sternkonzentrationen des *Perseusarms* und des *Sagittariusarms* (Abb. 341 und 342). Zudem umkreist es das Zentrum der Galaxis einmal alle ca. 225 Millionen Jahre, was einem *Galaktischen Jahr* entspricht.[1000] Schauen wir uns zur Veranschaulichung die Größenverhältnisse von Planeten und Sternen anhand der folgenden Bilder einmal an:

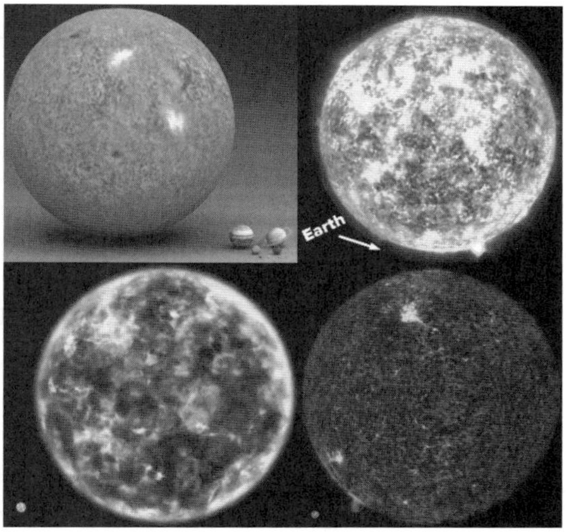

Abb. 336: Oben links die Sonne im Vergleich zum Rest der Planeten im Sonnensystem. Oben rechts die kaum sichtbare Erde und die Sonne. Unten links unsere winzige Sonne im Vergleich zu *Arktur*. Unten rechts *Arktur* im Vergleich zum Riesen *Antares* wiederum.

Abb. 337: Die Sonne und die acht Planeten unseres Sonnensystems sowie der Asteroidengürtel und kleinere planetare Objekte. Die Abstände sind nicht maßstabsgetreu.

Abb. 338: Größenvergleich von Planeten und Sternen zueinander.

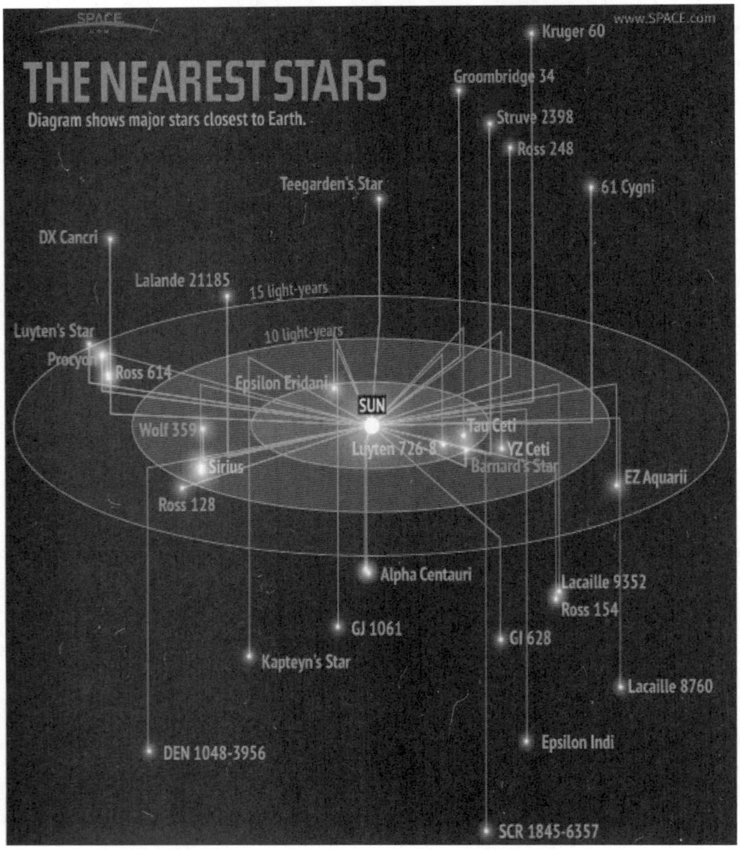

Abb. 339: Die nächsten Sterne in unserer Nachbarschaft im Umkreis von 10 und 15 Lichtjahren.

Abb. 340: Das *Paranal*-Observatorium in der Atacamawüste im nördlichen Chile. Zur Beobachtung des Zentrums der Milchstraße wird mithilfe eines Lasers ein künstlicher Leitstern erzeugt. Dieser ermöglicht eine Korrektur der Luftunruhe durch adaptive Optik und dies auch an Stellen, wo kein heller natürlicher Leitstern vorhanden ist. (*Wikipedia*)

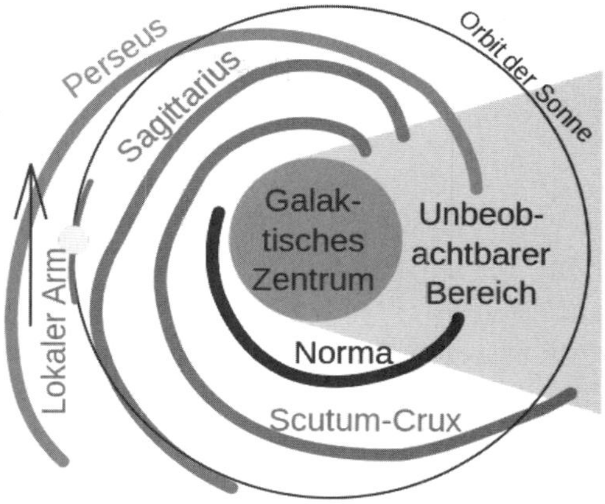

Abb. 341: Der Punkt links im lokalen Arm (Orionarm) markiert die ungefähre Position unseres Sonnensystems.

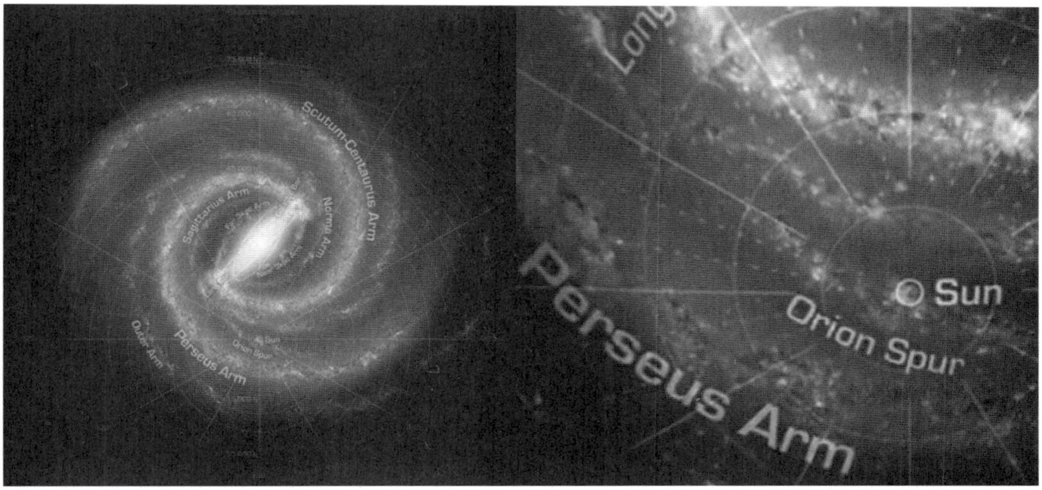

Abb. 342: Links eine schematische Darstellung unserer Milchstraße mit ihren Spiralarmen und dem galaktischen Zentrum. Da, wo die Aufschrift „Sun" („Sonne") ist, befinden wir uns. Rechts ein vergrößerter Ausschnitt.

Abb. 343: Infrarotaufnahme der Milchstraße mit ihrer „Scheibe" und dem Zentrum, der Ur-Zentralsonne.

Wir reisen durch Raum und Zeit

Die Erde dreht sich nicht um die Sonne. Auch die anderen Planeten nicht. Zumindest nicht auf eine Weise, wie uns das bisher beigebracht wurde. Unser *heliozentrisches Weltbild*, welches das *geozentrische Weltbild* aus der Antike abgelöst hatte (bei dem die Erde das unbewegte Zentrum darstellte), ist nicht nur veraltet, sondern unvollständig und in Folge dessen auch falsch. Die meisten Menschen haben heutzutage noch die Vorstellung, dass sich die Planeten in unserem Sonnensystem um die Sonne in elliptischen Bahnen drehen, unser Sonnensystem zudem in der Galaxis eine statische Position innehabe, wir also quasi an einer festen Stelle im Weltraum „stehen" (Abb. 345). Doch dem ist nicht so. Wie die an den Universitäten *Oxford* und *Cornell* studierte Astronomin Karen Masters an der *Universität Portsmouth* in Großbritannien klarstellte: Unser Sonnensystem bewegt sich sowohl allgemein in die Richtung der Rotation der Galaxis (ja, auch sie bewegt sich im Universum fort), als auch weiter „nach innen", in die Galaxis hinein. Zudem bewegt sich das Sonnensystem auch noch in einer oszillierenden Auf- und Ab-Bewegung, raus aus der *Galaktischen Scheibe* und wieder hinein (Abb. 348). Ein solcher Auf- und Ab-Zyklus dauert 70 Millionen Jahre. Der Eintritt in die Scheibe erfolgt somit alle 35 Millionen Jahre. Wir passieren zudem einen größeren Spiralarm etwa alle 100 Millionen Jahre und brauchen rund 10 Millionen Jahre, um solch einen komplett zu durchschreiten.[(1001)]

Abb. 344: Physiker, Kosmologe und Visionär Nassim Haramein erklärt dem Publikum die spiralförmigen Bewegungen der Planeten und der Sonne.

Der bekannte Physiker, Forscher und Kosmologe Nassim Haramein, der auch weltweit Vorträge zum Universum, Bewusstsein und anderen Grenzthemen abhält, hat das Prinzip sehr gut veranschaulicht und erklärt. Da unsere Sonne das galaktische Zentrum umkreist (und somit nicht stationär im Orbit ist), bewegen sich unsere Planeten demnach auch nicht in flachen, elliptischen, sondern in wiederkehrenden *spiralförmigen* Bahnen um die Sonne (Abb. 346). Es ist vielmehr so, als ob die Planeten von einer unsichtbaren Kraft von der Sonne in einem Vortex (Wirbel) hinterhergezogen würden, während sie und somit das ganze Sonnensystem durch die Galaxis reisen (dann ebenfalls in einer spiralförmigen Bahn). Das bedeutet, dass kein Planet jemals wieder auf seine „alte" Position zurückkehrt, denn er bewegt sich zusammen mit der Sonne vorwärts, während er sie gleichzeitig umkreist. Um das einmal anhand von Zahlen zu verdeutlichen: Die Sonne umkreist das galaktische Zentrum mit einer Geschwindigkeit von 240 km/s. Das sind 14.400 km in der Minute und somit 864.000 km/h. Am Tag legt die Sonne also 20.736.000 Kilometer zurück, und im ganzen Jahr 7.568.640.000 Kilometer. Die Erde legt durch ihre zusätzlichen Rotationen wesentlich mehr Kilometer zurück, aber nach einem Jahr sind wir – vereinfacht gerechnet – mindestens 7,5 Milliarden Kilometer im All gereist. Eine weitere spannende Sache ist, dass alles im Universum einer Torus-Dynamik unterliegt. Ein Torus ist vereinfacht ausgedrückt eine geometrische Form, die einem Rettungsring oder einem Donut ähnelt (Abb. 349). Energie-Vortexe kommen aus dem galaktischen Zentrum nach Norden und Süden heraus und bilden über den Rand der Galaxis umschließend einen galaktischen

„Lichtkegel", welches insgesamt eine Torus-Form erzeugt. Sterne bewegen sich aus der galaktischen Scheibe heraus, dem Lichtkegel entlang und die Vortexe wieder herab. Auch der Mensch bildet ein torusförmiges Energiefeld um sich (Abb. 350).

Das ist nun ein ganz anderes Verständnis von unserem Sonnensystem. Die Erde, auf der wir uns befinden, ist somit ein Raumschiff, wenn man es so nennen mag. Das alte heliozentrische Weltbild vergleicht Haramein somit zurecht mit der alten Vorstellung der flachen Erde.[(1002)] (*humansarefree.com*) Weil Text und Buchstaben oft trocken daher kommen, folgen nun ebenfalls ein paar Bilder, um diese spiralförmige Bewegung einmal besser zu veranschaulichen. Unter den jeweiligen Bildquellen finden Sie hinten im Buch die Links zu den passenden Videos auf *YouTube* dazu, die ich wirklich empfehlen kann, sich einmal anzuschauen (Dank an *djsadhu.com*, der sich unglaublich große künstlerische Mühe mit den Videos gegeben hat). Leider kann ich (noch) keine bewegten Bilder in Bücher einfügen, sonst hätte ich es getan. ☺

Abb. 345: Das alte heliozentrische Modell, das wir in der Schule beigebracht bekommen haben.

Abb. 346: Das spiralförmige Modell. Die Sonne ist wie ein Komet, der seine Planeten auf seiner Reise durch die Galaxis in einer Art Vortex hinter sich herzuziehen scheint.

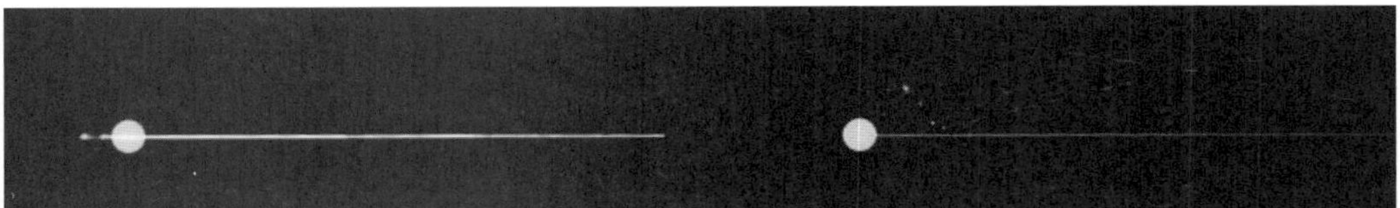

Abb. 347: Zum Vergleich links das heliozentrische Modell, rechts das spiralförmige.

Abb. 348: Das Sonnensystem in einer spiralförmigen Aufwärtsbewegung, raus aus der *Galaktischen Scheibe (Galactic Plane)*.

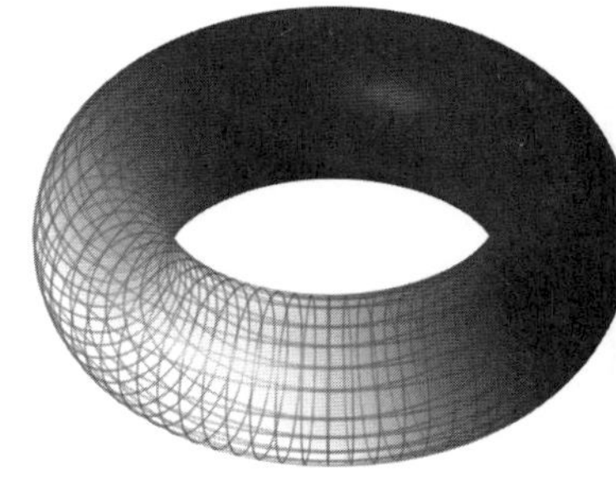

Abb. 349: Gewöhnlicher Torus

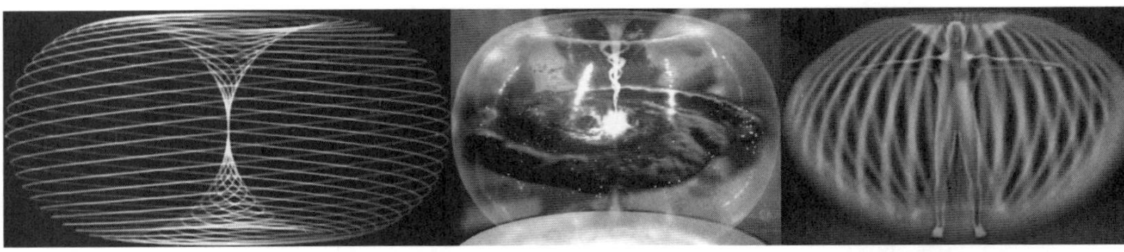

Abb. 350: Das Bild links zeigt die Torus-Dynamik. In der Mitte ein Ausschnitt einer Animation aus der Dokumentation „Thrive: Was auf der Welt wird es brauchen“, in der Nassim Haramein die Torus-Dynamik anhand unserer Galaxis erklärt. Rechts das Energiefeld in Torus-Form anhand des Menschen aufgezeigt. (Nils Humano/Ciência Universalista/*YouTube*)

Des Weiteren bewegt sich unser Sonnensystem – als Teil eines Sternhaufens – in Zyklen von 25.920 Jahren in spiralförmigen Bahnen zur Ur-Zentralsonne hin und entfernt sich von ihr auch wieder. Der Zeitraum von 25.920 Jahren – wobei man hier von einem *Weltenjahr* spricht bzw. *Platonischem Jahr* – unterteilt sich wiederum in 12 kleinere Zyklen (Tierkreiszeichen) à 2.160 Jahre, den *Platonischen Monaten*. Momentan nähern wir uns wieder dem Zentrum unserer Galaxis, was zur Folge hat, dass unser Sonnensystem mehr von der hoch schwingenden Energie dieses Zentrums abbekommt. Dieser Trend wird die nächsten Jahre und Jahrzehnte somit immer weiter zunehmen. Dabei befinden wir uns gerade in einem Übergang vom sogenannten *Fische*- zum *Wassermannzeitalter*, von der einen in die andere Epoche. Die Auswirkungen dessen sind, dass durch den zunehmenden Einfluss der neuen Energien die Menschheit immer weiter aufwacht und die Schleier der Lügen zunehmend erkennt. Und dies können wir heute mehr denn je beobachten. Die Menschen sind immer unzufriedener, wollen sich nicht mehr versklaven und für dumm verkaufen lassen. Parallel dazu kommen immer mehr alternative Lösungen zum Vorschein, neue Wege und Möglichkeiten, um das alte, ungerechte System gänzlich abzulösen und ein neues Zeitalter einzuläuten. Alles schreit förmlich nach Unzufriedenheit und Veränderungen. In Zyklen, in denen sich das Sonnensystem vom Zentrum der Galaxis aber entfernt, verfallen die Menschen in eine Art Tiefschlaf, die negativen Kräfte sind vermehrt am Ruder, das Bewusstsein an seinem Tiefpunkt angelangt. Glücklicherweise verlassen wir diese alte Epoche nun. Das jetzige, alte System versucht gerade nur noch wie wild um sich zu schlagen, um diese Veränderungen irgendwie zu verhindern. Daher auch diese Anspannungen und das Hochschaukeln auf der weltpolitischen Bühne sowie auch in breiten Teilen der Gesellschaft.

Mysteriöse Objekte auf Planeten und UFO-Sichtungen

Und wir bleiben noch etwas bei diesem Thema und schauen uns an, was für interessante Objekte z.B. auf dem Mond und Mars entdeckt wurden, die da eigentlich „nicht sein sollten". Zudem wurden riesige fliegende Objekte in der Nähe der Sonne und Flugscheiben während einiger NASA-Missionen im All aufgenommen, die schon atemberaubend sind und uns deutlich zeigen, dass in unserem Sonnensystem ein reger Flugverkehr stattfindet. Schaut man sich besonders die Videos der Shuttlemissionen an, so erkennt man an den für normale Flugzeuge unmöglichen Flugmanövern (z.B. plötzliches Stoppen und abrupte Richtungsänderungen), dass es sich schlichtweg um fortgeschrittene Flugobjekte handeln muss.

Am 18. Juli 1965 startete die sowjetische Sonde *Zond 3* ins All, die eigentlich den Mars erkunden sollte, doch das Projekt schlug fehl, da nach 150 Millionen Kilometern von der Erde entfernt die Kommunikation zur Sonde abbrach. Während ihres Fluges am Mond vorbei, schoss sie einige Bilder von der „dunklen Seite des Mondes", also der uns *zufälligerweise* immer abgewandten Seite, und dabei entdeckte die Sonde am 20. Juli dann aus rund 10.000 km Höhe über dem Mond einen wahrlich riesigen Turm auf ihm, der kaum natürlichen Ursprungs sein kann. Im März 2017 entdeckte das Ufologenteam *SecureTeam10* mithilfe der Software *Google Moon*, welche ihre Daten von NASAs Mondsonden erhält, insgesamt sechs Türme bzw. hohe, spitz zulaufende pyramidenartige Strukturen auf der Mondoberfläche, die zwischen drei und fünf Kilometern hoch sind.[(1002a)] Wer hat sie dort errichtet und zu welchem Zweck? Im *Tycho Krater* des Mondes wurde zudem ein Jahr zuvor etwas entdeckt, was wie ein Gebäudekomplex aussieht. Ein Teil dieses Komplexes weist eine perfekt viereckige Form auf.[(1002b)] Aufmerksame Leute weltweit haben häufiger UFOs auf den Live-Übertragungen der internationalen Raumstation *ISS* entdeckt. Und in allen Fällen wurde diese Übertragung plötzlich gekappt oder der Kontrast des Bildes derart verändert, dass die Objekte nicht mehr sichtbar sind. Unter den besten Fundstücken ist ein riesiges Mutterschiff zu sehen (Abb. 358).

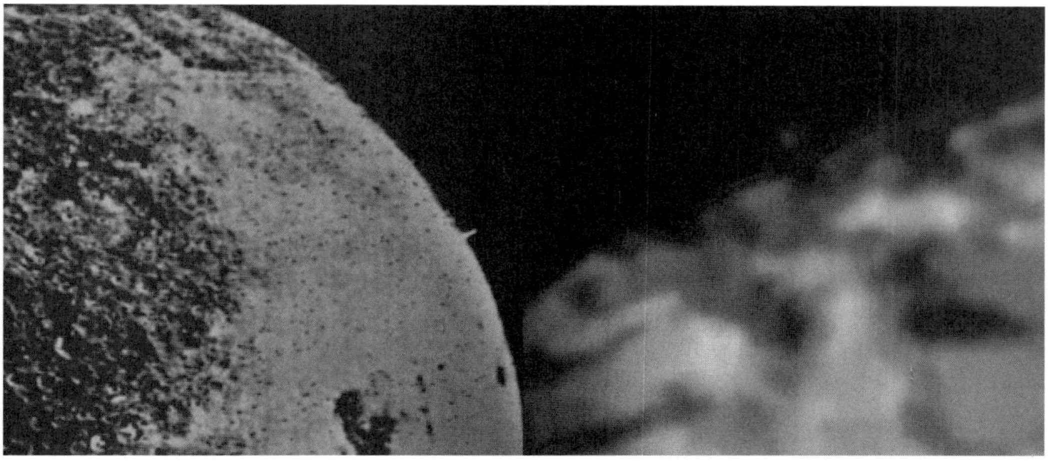

Abb. 351: Aufnahmen der sowjetischen *Zond 3* von der Rückseite des Mondes. Am rechten Rand des linken Bildes sieht man deutlich die „Pike" hervorstechen. Im rechten Bild eine herangezoomte Aufnahme.

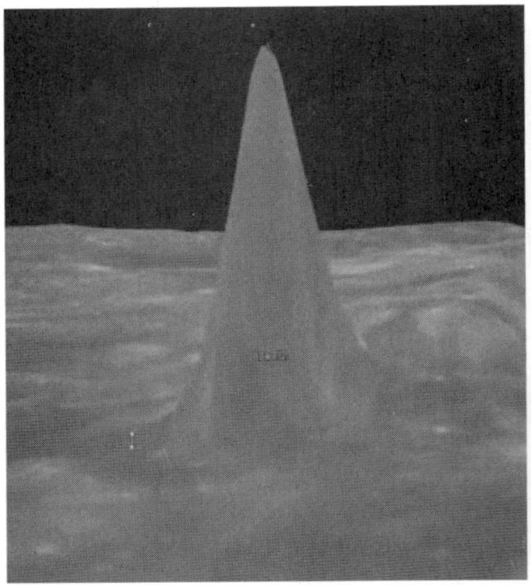

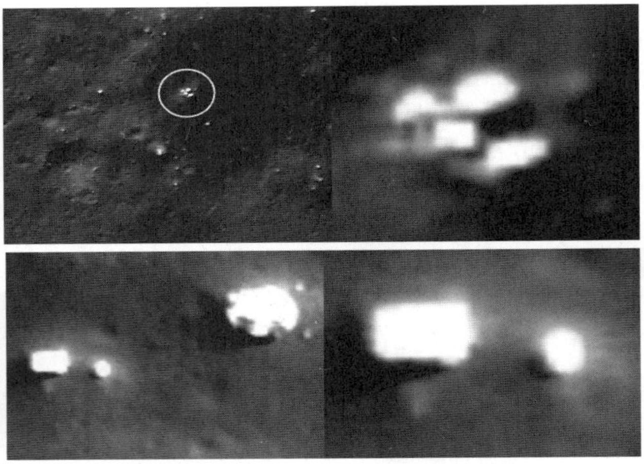

Abb. 352 (links): Über *Google Moon* wurden insgesamt sechs hohe pyramidenartige Türme gefunden.

Abb. 353 und 354 (rechts): Vergrößert man den eingekreisten Bereich im *Tycho Krater* des Mondes, entdeckt man etwas, was wie ein Gebäudekomplex ausschaut, dessen Mittelteil von oben betrachtet eine perfekte viereckige Form aufweist. In diesem Krater findet man mehr solcher Objekte, die für Felsen eine zu perfekte runde oder viereckige Form aufweisen.

Abb. 355 (links): Am 27. April 1972 filmten Astronauten eine Flugscheibe oberhalb des Mondes. (*ancient-code.com*)

Abb. 356 (rechts): Screenshot einer Live-Übertragung der *ISS*. Sichtbar ist ein wahrlich riesiges, längliches Objekt.

Abb. 357: Auch hier schob sich sehr deutlich ein Flugobjekt ungeniert vor die Kameralinse der *ISS*, welches rund zwei Minuten sichtbar war, bevor die NASA den Stream abbrach. Eine seltene Aufnahme (vom 5. April 2016), die der Brite Jadon Beeson gemacht hatte. *Sputniknews.com* berichtet unzensiert über solche Fundstücke wie auch britische Zeitungen.

Abb. 358: Links und Mitte: Ein riesiges Prachtstück vor der *ISS* erwischten die Ufologen Blake und Brett Cousins vom *YouTube*-Kanal *thirdphaseofmoon* im Juli 2017. An diesem Raumschiff leuchteten abwechselnd mehrere Lichter. Als es immer mehr Form annahm, rückte es wieder in den Schatten und verschwand. Rechts eine Aufnahme von *ufosightingsdaily.com* eines großen UFOs an der *ISS*.

Abb. 359: Eine ältere Aufnahme von der *ISS*. Links im Bild rauscht ein großes Flugobjekt an ihr vorbei.

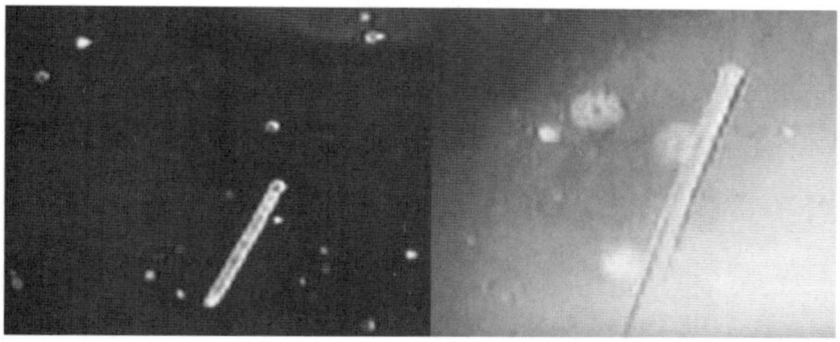

Abb. 360 und 361: Links deutlich ein riesiges zigarrenförmiges Objekt. An ihm vorbei fliegen laufend mehrere kleinere Flugobjekte. Rechts eine Aufnahme von der Erde aus dem All. Durchs Bild flogen laufend mehrere runde Objekte. In diesem Bildausschnitt allein sind acht von ihnen sichtbar. Später verschwanden sie und es tauchten neue an anderen Stellen auf.

Auf dem Mars geht es nicht weniger interessant zu. Auch dort wurden zahlreiche Objekte von Marssonden und Mars-Rovern entdeckt, die nahelegen, dass man uns von der offiziellen Seite her laufend mit Krümeln füttert und uns offensichtlich auf etwas vorbereiten möchte. Zu den Fundstücken zählen jedenfalls ein Monolith auf dem Marsmond *Phobos* sowie ebenfalls drei riesige Türme auf Mars, die wie auf einer absolut geraden Linie aufgestellt sind, ähnlich den Pyramiden von Gizeh, und anscheinend ebenfalls den Oriongürtel nachbilden. Zu dem Monolith äußerte sich in einem Fernsehinterview der zweite Mann auf dem Mond und *Apollo 11*-Astronaut, Buzz Aldrin, der uns zum Reisen ins All aufforderte, dabei wie folgt:

„*Wir sollten den Marsmond besuchen. Da ist ein Monolith, eine sehr ungewöhnliche Struktur auf diesem kleinen kartoffelförmigen Objekt, welches Mars einmal in sieben Stunden umrundet. Wenn Leute darüber erfahren, werden sie fragen: ‚Wer hat ihn dort aufgestellt?'*" Doch plötzlich merkte er, dass er sich ein wenig zu weit aus dem Fenster gelehnt hatte und fügte noch schnell hinzu: „*Nun, das Universum hat es dort aufgestellt oder, wenn Sie es wollen, Gott hat ihn dorthin platziert.*"(1002c) Aber ganz sicher, Herr Aldrin. ☺

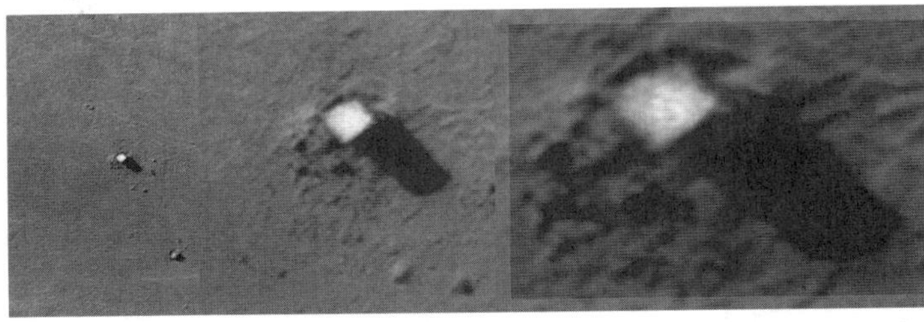

Abb. 362: Dieser von Buzz Aldrin bestätigte Monolith (von links nach rechts vergrößert) wurde auf dem Marsmond *Phobos* von der Marssonde *Mars Reconnaissance Orbiter* entdeckt. Anhand des langen Schattens, den das Objekt wirft, kann man davon ausgehen, dass es nicht nur riesig in der Breite, sondern auch in der Höhe sein muss. Wer hat es dort aufgestellt? Und wie tief ragt es in die Erde hinein?

Abb. 363: Links die drei Türme auf dem Mars in der Gegend *Terra Meridiani*. In der Mitte eine 3D-Visualisierung dieser Türme aus einer anderen Perspektive von Jose Luis. (*mundodesconocido.es*) Rechts das berühmte „Marsgesicht“ in der *Cydonia*-Region.

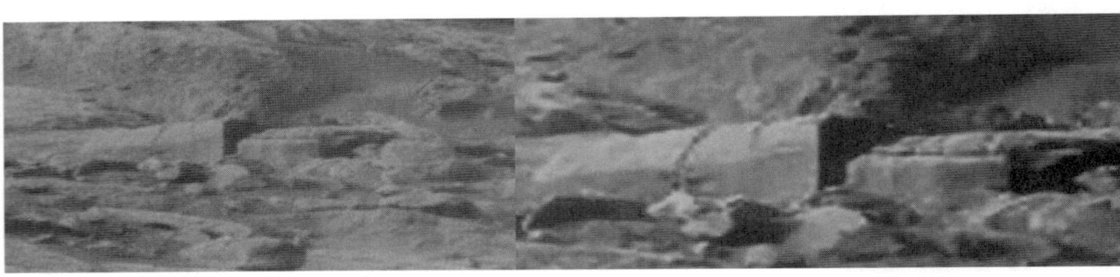

Abb. 364: Auf der Marsoberfläche finden sich mehrere Objekte und Strukturen, die nicht natürlich aussehen. Sind dies womöglich Ruinen von alten Zivilisationen? Oder eine alte verlassene Einrichtung?

Abb. 365 (oben): Was hier ein *Rover* auf seiner Spazierfahrt auf dem Mars entdeckte, sieht eindeutig wie ein Flugobjekt aus.

Abb. 366 (links): Selbst symmetrisch perfekt geformte Pyramiden und omegaförmige Strukturen finden sich auf dem Mars.

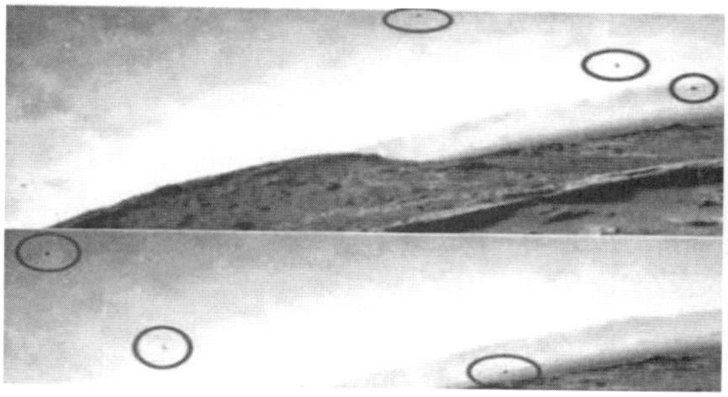

Abb. 367: Hier weitere Flugobjekte, die vom Mars Rover fotografiert wurden.

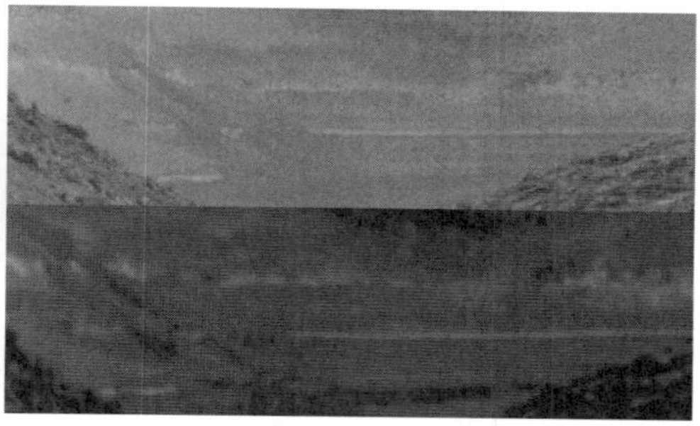

Abb. 368: In der oberen Hälfte das Originalfoto der NASA. Dasselbe Foto unten, mit erhöhtem Kontrast und Verdunkelung zur Ausarbeitung von Details. Was wir hier sehen, sind ganz sicher intelligente Strukturen, die nicht durch Korrosion entstanden sind, wie die NASA uns glauben machen will. Man kann nur mutmaßen, was es ist. Jedenfalls schaut die pistenartige Struktur stark nach einem Zugang in den Berg hinein aus. Rechts davon könnte eine lange Straße/Brücke dorthin führen. Der untere Bereich des Fotos wurde sichtlich wegretuschiert.

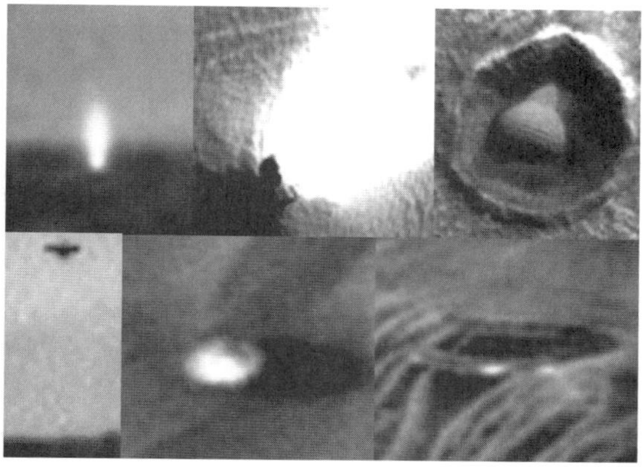

Abb. 369: Eine Zusammenstellung diverser Entdeckungen. Die beiden oberen links zeigen eine ungewöhnlich starke und helle Lichtquelle. Oben rechts ein Krater, in dem sich eine symmetrisch perfekte Kugel befindet, womöglich eine Kuppel eines unterirdischen Komplexes. Unten links sehen wir zwei UFOs auf der Marsoberfläche. Zu erkennen sind auch die Kuppeln auf den UFOs. Das zweite von links wirft einen großen Schatten auf die Oberfläche. Unten rechts zeigt etwas, das deutlich nach einer in einen Hang eingefassten Halbkuppel mit großen Sichtfenstern aussieht. Durch den Glanz scheint es metallisch zu sein.

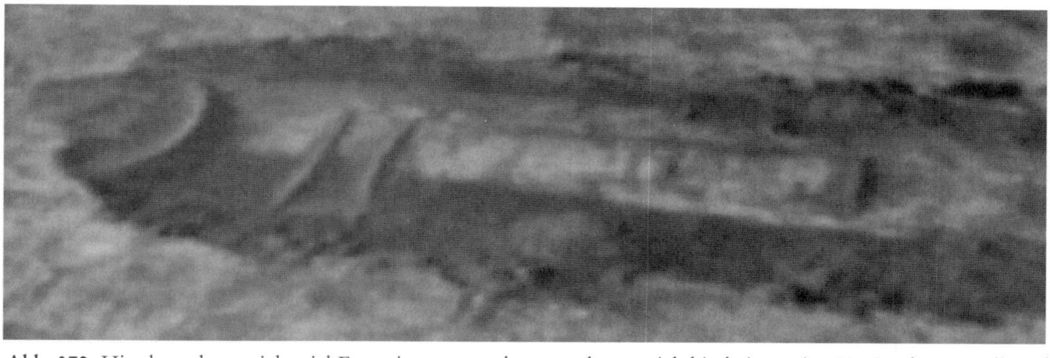

Abb. 370: Hier braucht es nicht viel Fantasie, um zu erkennen, dass es sich hierbei um eine UFO-Absturzstelle auf dem Mars handelt. Links sieht man noch einen Teil der Flugscheibe in der Erde vergraben, welches hinter sich eine Schneise hinterlassen hat. (*secureteam10/YouTube*)

Aufgrund von Platzmangel kann ich hier nur einige ausgewählte Bilder vom Mars bringen. Aber ich denke, das sollte erst einmal reichen, um auch Skeptiker zum Grübeln zu bringen. Im Internet findet sich eine Fülle weiterer Beweisfotos zum tagelangen Herumstöbern, wobei wöchentlich immer neue gefunden werden. Nachfolgend noch ein paar Fotos von ungewöhnlichen Flugobjekten auf der Erde, die von der US-Marine im März 1971 von einem U-Boot aus in arktischen Gewässern aufgenommen wurden, als es unbeabsichtigt diese auf seiner Route kreuzte. Bei dem U-Boot soll es sich um die *USS Trepang (SSN 674)* gehandelt haben. Die Fotos wurden ursprünglich von dem französischen Magazin *Top Secret* abgedruckt. Das Magazin behauptete, diese von einer anonymen Quelle erhalten zu haben. Der UFO-Forscher Alex Mistretta und der Investigativautor John Greenewald konnten verifizieren, dass dieses U-Boot tatsächlich zur besagten Zeit am besagten Ort gewesen war. Sowohl der damalige Admiral dieses U-Boots als auch der Offizier, der diese Objekte durch sein Periskop entdeckte und aufnahm, konnten ausfindig gemacht und zum Vorfall befragt werden. Beide gaben an, *„nichts Ungewöhnliches“* oder was anderes außer *„Eis“* gesehen zu haben und wollten von UFOs nichts wissen.[1002d] (*theblackvault.com*) Das klingt nicht sehr glaubwürdig und eher nach einer Schutzhaltung.

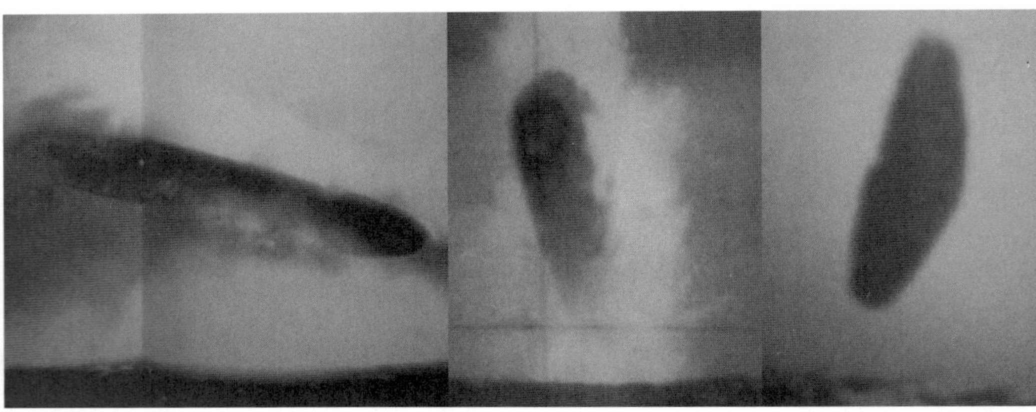

Abb. 371: Aber bei diesen Bildern sieht die Sache meines Erachtens schon anders aus. Vor allem das Objekt rechts sieht nach einem großen Raumschiff aus, wenn man bedenkt, dass diese Aufnahmen durch das Periskop noch vergrößert erscheinen und die Objekte in weiterer Ferne waren.

Abb. 372: Große Objekte, die ins Wasser eintauchen oder aus dem Wasser aufsteigen. Kritiker behaupten, dass es sich bei diesen um zepellinartige Ballons oder Waffensysteme handeln würde, die die *USS Trepang* aufgenommen hatte.

Abb. 373: Am 1. September 2016 explodierte die *Falcon-9*-Rakete der Elon Musk gehörenden Firma *SpaceX* (dem auch *Tesla Motors* gehört) kurz vor ihrem Start. Kurz vor und während der Explosion fliegt ein UFO blitzschnell an der Startrampe vorbei.

Die Rakete sollte offiziell einen 150 Millionen US-Dollar teuren Satelliten der Firma *Facebook* ins All befördern. Was war wirklich an Bord? Und wurde von guten Kräften sicherheitshalber etwas Schlimmeres verhindert? Zum Zeitpunkt der Explosion waren weder die Zündung an, noch gab es sonst lokal eine Hitzequelle nach Musks Aussage.

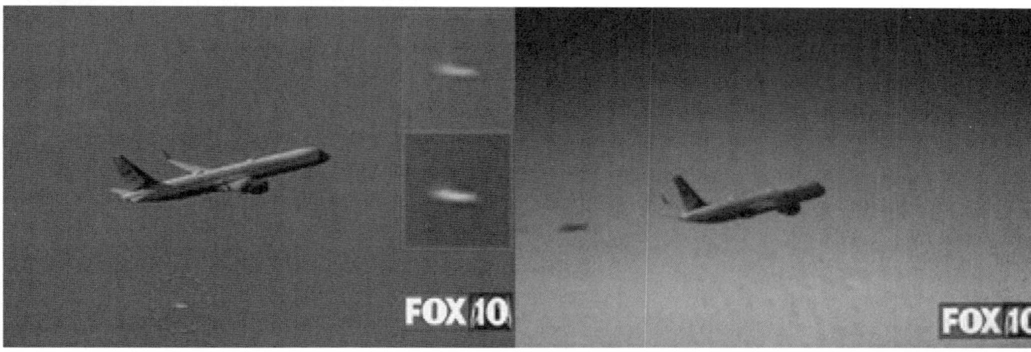

Abb. 374: Als Donald Trump am 19. Januar 2017 mit einer Regierungsmaschine von New York City nach Washington D.C. zu seiner Vereidigung flog, schien er von UFOs begleitet bzw. bewacht worden zu sein. Die Aufnahme stammt vom TV-Sender *FOX 10 Phoenix*.

Wenn Sie einigermaßen die Medien die letzten Jahre verfolgt haben, so wird Ihnen sicherlich aufgefallen sein, dass uns in immer kürzeren Abständen immer mehr kleine „Häppchen" hingeworfen wurden, um uns langsam auf die Tatsache vorzubereiten, dass es sowohl hier auf der Erde sowie „da draußen" noch viel mehr Zivilisationen gibt, als der gewöhnlichen Masse bekannt ist – wobei das vorige Bildmaterial mit zu dem ganzen Häppchenpaket gehört. Hier ein paar ausgesuchte Meldungen der letzten zwei bis drei Jahre:

- Im November 2014 räumte die NASA die Möglichkeit ein, dass der Jupitermond *Europa* einen Salzwasserozean unter seiner dünnen Eiskruste haben könnte, größer als alle Ozeane der Erde zusammen.[1002e]
- Kurz darauf, im Frühjahr 2015, gab die NASA bekannt, dass sie einen riesigen Salzwasserozean auf dem Jupitermond *Ganymed* gefunden hat, der sich ebenfalls unter der Eisschicht des Mondes befinden soll. Wasser wird auch auf dem Jupitermond *Callisto* und auf einigen Saturnmonden vermutet. Ebenfalls im Frühjahr 2015 verlautbarte der Chefwissenschaftler der NASA, dass man bis 2025 außerirdisches Leben gefunden haben wird, natürlich aber nur Mikroorganismen.[1002f]
- Im Juli 2015 verkündete die NASA, dass ihr Weltraumteleskop *Kepler* 1.400 Lichtjahre entfernt einen erdähnlichen Planeten gefunden hat. Er soll 60% größer als die Erde sein und wird als sein „älterer Cousin" bezeichnet. Man gab ihm den

Namen *Kepler-452b*. Die *Kepler*-Mission wurde 2009 mit dem Ziel gestartet, im Universum nach erdähnlichen Planeten zu suchen, die sie durch die Distanz zu ihrem Stern für Erdlinge bewohnbar macht.[(1002g)]

- Auf seiner Webseite veröffentlichte die NASA Anfang Oktober 2015 die Meldung, dass der Zwergplanet Pluto einen blauen Himmel sowie Wasser in Form von Eis habe.[(1002h)]
- Anfang 2017 wurde die Meldung verbreitet, dass sieben neue erdähnliche Planeten auf einmal gefunden wurden. Diese Exoplaneten umkreisen den Stern *Trappist-1*, einem Roten Zwerg, welcher sich 40 Lichtjahre von uns entfernt im Sternbild Wassermann befindet (Exoplanet = Planet außerhalb unseres Sonnensystems, der einen Stern umkreist).[(1002i)]
- Das gemeinsam von der NASA und dem *Deutschen Zentrum für Luft- und Raumfahrt* betriebene fliegende Infrarotteleskop *SOFIA* entdeckte laut einer NASA-Meldung vom Mai 2017, dass unser benachbartes Sternsystem *Epsilon Eridani* vom Aufbau her unserem Sternsystem sehr ähnelt, so z.B. auch von einem Asteroiden- und Kometengürtel umgeben ist.[(1002j)]
- Im Juni 2017 verkündete man, dass das Weltraumteleskop *Kepler* weitere 10 erdähnliche Planeten gefunden habe. Offiziell wurden mittlerweile rund 3.500 Exoplaneten in 2.600 Sternsystemen gefunden.[(1002k)]

Wir wissen nun, dass es Bauten und Strukturen auf dem Mond, dem Mars und anderen Planeten gibt, die von intelligenten Wesen errichtet worden sein müssen. Das Internet ist zudem voll von Fotos und Videos von UFOs, und selbst im Photoshop-Zeitalter können nicht alle immer als Fälschungen wegdiskutiert werden. Vor 20 Jahren hätte niemand geglaubt, dass es in unserem Sonnensystem Planeten und Monde mit Wasservorkommen gibt. Zudem bekommen wir nun regelmäßig Updates über erdähnliche Planeten in unserem Universum. Diese Entdeckungen legen doch durch die Blume nahe, dass es auf diesen fernen Planeten – zumindest auf jenen mit ähnlichen atmosphärischen Verhältnissen wie auf der Erde – humanoide Lebewesen geben muss und das sogar sehr wahrscheinlich. Da all diese Exoplaneten aber viele Lichtjahre entfernt sind und wir uns *offiziell* noch auf dem alten Stand der Raketentechnik hier befinden, mit denen all diese voller Leben gedeihende Planeten für uns nie und nimmer erreichbar wären, so muss man sich ernsthaft die Frage stellen, warum denn überhaupt all diese Mühe und all diese schieren Abermillionen an Kosten investiert werden, um solch entfernte Planeten überhaupt aufzufinden? Wo ist da der Sinn? All diesen Aufwand könnte man sich doch redlich sparen, außer die Technologie für interstellare Reisen existiert bereits und wurde die letzten Jahrzehnte vor uns nur geheim gehalten. Und wer sagt, dass es außerhalb unserer Erde in unserem Sonnensystem nicht ebenfalls mannigfaltig Leben gibt? Wie viele der 69 Jupiter-, 62 Saturn-, 27 Uranus- und 14 Neptunmonde könnten menschliches oder außerirdisches humanoides Leben beherbergen? Saturns Mond *Titan* wird aufgrund seiner erdähnlichen Eigenschaften nach dem Mars schon als nächstes Ziel für eine menschliche Kolonie schmackhaft gemacht, die rund 300 Millionen Menschen groß sein könnte, wenn es nach den Visionen von kalifornischen Wissenschaftlern geht.[(1002l)] Aber wer sagt denn, dass es da draußen nicht auch Lebensformen gibt, die unter anderen Bedingungen gedeihen als hier auf der Erde? Es ist eine irrige Annahme zu glauben, dass alle anderen

Lebewesen im Universum ebenfalls auf Wasser und Sauerstoff angewiesen sind wie wir. Ich glaube, diese Möglichkeit haben die meisten Menschen noch gar nicht in Betracht gezogen. Und hat man uns überhaupt die Wahrheit über die Atmosphäre der Planeten und der ca. 180 Monde in unserem Sonnensystem erzählt? Wie viele Zwergplaneten existieren neben *Eris* zudem noch am äußersten Rande unseres Sonnensystems, im *Kuipergürtel*? Es gibt für uns noch so viel zu entdecken und zu erfahren. Die im Unwissen gehaltene Weltbevölkerung steckt hier noch in den kleinsten Kinderschuhen.

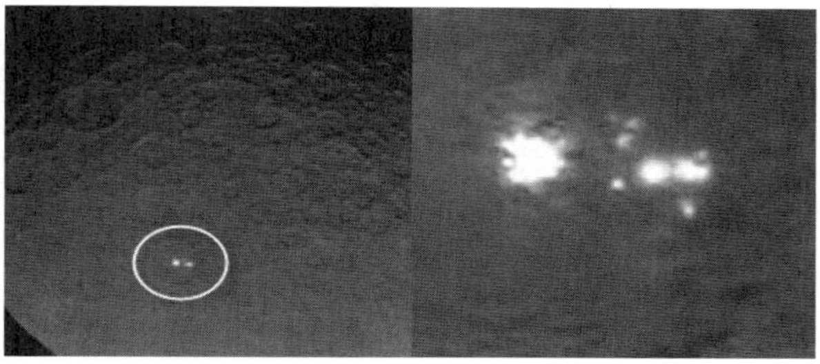

Abb. 375: Der Zwergplanet *Ceres* im Asteroidengürtel unseres Sonnensystems weist eine kuriose Eigenschaft auf. Forscher weltweit rätseln, was es mit den äußerst hellen und auffälligen Bereichen auf sich hat. Sind es riesige Eisvorkommen, die durch die Sonne permanent reflektiert werden? Oder handelt es sich um eine dort lebende Zivilisation und dies sind Lichter von Städten?

Die Sonne – Ein riesiges Sternentor?

Ein anderes recht interessantes und von UFO-Forschern häufig beobachtetes Phänomen sind UFOs, die sich nahe der Sonne aufhalten bzw. an ihr vorbei fliegen oder in sie eintauchen und „verschwinden". Laut Nassim Haramein ist die Sonne ein Dimensionsportal, durch das man zu einem anderen Ort in der Galaxis oder Universum in Sekundenschnelle reisen könne. Das ganze funktioniert dann natürlich auch in entgegengesetzter Richtung. Andersherum kommen dann auch fremde Besucher durch die Sonne in unser Sonnensystem. Als die NASA eine Videoaufnahme ins Netz hochlud, welches die *SOHO*-Sonde von der Sonne gemacht hatte, zeigte sie zwei UFOs mindestens so groß wie die Erde, die in die Sonne hineinflogen. Nur etwa ein bis zwei Sekunden später hatte die Sonne einen Plasma-Auswurf (Abb. 376). Die NASA lud das Video hoch mit der Erklärung, dass es sich um Kometen gehandelt habe, die in die Sonne hineinflogen. In einem Vortrag wies Haramein richtigerweise darauf hin, dass Kometen aber einen sehr langen und sichtbaren Schweif hinter sich herziehen (und das war bei den beiden Objekten, die in die Sonne flogen, nicht der Fall). Als Astrophysiker die NASA dann anschrieben und fragten, was das denn für Objekte wären, die als „Kometen" bezeichnet werden, zog die NASA das Video wieder zurück. Haramein war aber schnell genug, um das Video rechtzeitig vorher gesichert zu haben. Denn als sich viele Leute über die Löschung des Videos beschwert hatten, lud die NASA das Video wieder hoch, doch diesmal hatten die beiden Objekte plötzlich einen Schweif hinter sich. Echt putzig, die Jungs, wie sie es immer wieder versuchen, unsere Intelligenz zu beleidigen. ☺

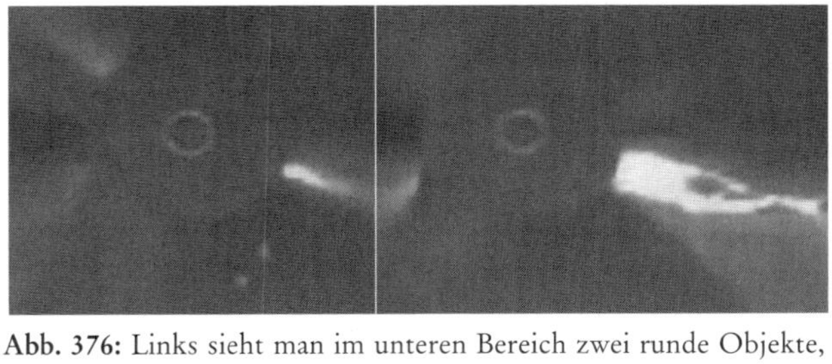

Abb. 376: Links sieht man im unteren Bereich zwei runde Objekte, die in Richtung Sonne fliegen. Rechts sieht man einen gewaltigen Plasma-Auswurf, kurz nachdem die Objekte in die Sonne geflogen sind.

Haramein vermutete, dass die beiden riesigen Raumschiffe eine komplette Umrundung der Sonne vollzogen haben, um anschließend in einen Sonnenfleck am Breitengrad 19,47° einzutauchen und somit in ein Vortex bzw. Wurmloch, das bis zum Mittelpunkt der Sonne reicht. Diese Umrundung würde auch die ein bis zwei Sekunden Verzögerung bis zum Plasma-Auswurf der Sonne erklären. Haramein erklärt, dass ein Sonnenfleck stets in polarer Opposition zu einem anderen Sonnenfleck auftaucht. Ihre Vortexe verbinden sich in der Mitte dann zum Singularitätspunkt und bilden einen Doppel-Torus. Von oben betrachtet zeigt die Dynamik dieses Doppel-Torus eine fließende Yin-und-Yang-Form (Abb. 385). Baut man nun ein Raumschiff, welches in diese Singularität eintauchen kann, ist dieses in der Lage, jeden Ort in der Galaxis in Sekundenschnelle zu erreichen. Und hier schließt sich die Frage an, was denn tatsächlich der Grund für die Plasma-Auswürfe der Sonne sind? Sind es immer kosmische Einflüsse oder sind häufig – wenn nicht gar ausschließlich – auch planetengroße UFOs für diese verantwortlich? Und wenn die Sonne in Wirklichkeit ein riesiges Sternenportal und Dimensionstor ist, ist das der wahre Grund, weshalb alte Zivilisationen die Sonne bzw. ihre „Sonnengötter" verehrten? Es ist laut Haramein anzunehmen, dass ihrem Verständnis nach ihre „Götter" von der Sonne kamen, also in Wirklichkeit Außerirdische waren, die aus einem anderen Sternsystem (oder einer anderen Galaxie) auf ihrer Reise durch die Sonne wieder herauskamen. Der Mittelpunkt unserer Galaxis – die Ur-Zentralsonne – sei nach den Lehren von Haramein zudem ebenfalls ein riesiges Wurmloch und Singularitätspunkt, welches quasi als Verkehrsknotenpunkt dient (Synonym für *Wurmloch = Schwarzes Loch*). Von diesem größeren Knotenpunkt aus lässt sich nämlich nicht nur jedes andere Sonnensystem in unserer Galaxis erreichen, sondern auch Knotenpunkte anderer Galaxien, von welchen man aus wiederum dortige Sonnensysteme bereisen kann.[1063] Wir haben es hier mit den Wurmlöchern also – wenn man es so formulieren kann – mit einem intergalaktischen Transportnetzwerk zu tun. Jede Sonne ist über dieses Netzwerk mit jeder anderen Sonne anderer Sternsysteme verbunden sowie mit der Ur-Zentralsonne.

Eine anschließend weitere, hoch interessante Sache bezüglich des Portalreisens, die Haramein im vorhin erwähnten Vortrag erzählte, war, dass planetengroße UFOs die Größe eines Sonnenflecks eines Sterns brauchen, um durch das Wurmloch reisen zu können, kleinere UFOs sich jedoch kleinerer Wurmlöcher beispielsweise auf der Erde bedienen könnten. Die „Sonnenflecken" der Erde, so Haramein, seien die Vulkane auf unserem Planeten. Forscher wie Haramein, Richard C. Hoagland und andere fanden nämlich heraus, dass die am meisten aktiven Vulkane auf der Erde bei 19,47° nördlichen Breitengrad liegen, besonders die Vulkane auf den Hawaii-Inseln und in Mexiko (vereinfacht wird oft auch von aufgerundeten 19,5° gesprochen). Auch einige Pyramiden befinden sich um diesen Breitengrad herum, so auch die mexikanische Stadt Teotihuacan nordöstlich von Mexico City – die von Azteken als „Geburtsstätte der Götter" bezeichnet wurde – mit ihren beiden Mond- und Sonnenpyramiden. Je nach Quelle befinden sich sowohl die „Stadt der Götter" als auch die Pyramiden zwischen 19,5° und 19,7° nördlichen Breitengrads. Haramein erzählte, dass in Mexiko die Leute abends und nachts auf ihrer Veranda sitzen und dabei zuschauen, wie UFOs in die Vulkane hinein- oder aus diesen wieder hinausfliegen. Die mexikanische Regierung habe den Flugpiloten sogar die Anweisung gegeben, ihre Anflugrouten auf Mexico City zu ändern, so stark sind die UFO-Aktivitäten in der Gegend um den Vulkan herum. Der höchste Berg der Sahara, *Emi Koussi*, befindet sich im afrikanischen Tschad, ist ein ruhender Vulkan und befindet sich ebenfalls bei 19,47° nördlichen Breitengrads. Viele andere Berge sind zwischen dem Breitengrad 19° und 19,4° nördlich oder südlich des Äquators angesiedelt (z.B. *Kalsubai* in Indien, *Cerro Rico* in Bolivien oder der *Yasur*-Vulkan auf dem Inselstaat Vanuatu). Auch der große rote Fleck auf Jupiters Oberfläche soll laut einigen Behauptungen bei 19,5° positioniert sein, jedoch konnte ich dies nicht verifizieren. Offiziell wird die Position mit 22° südlich des Äquators angegeben. Dennoch sieht dieser gigantische Fleck, der etwas größer als die Erde ist, wie ein riesiger Vortex aus und befindet sich stets auf derselben Höhe des südlichen Breitengrads. Nord- und Südpol des Saturns sehen ebenfalls aus wie riesige Vortexe. Die sogenannte *Alpha Regio* auf dem Planeten Venus ist eine Hochlandregion, auf der sich der Vulkan *Mons Eve* befindet. Diese Region befindet sich kurioserweise auch bei 22° südlichen Breitengrads.(1064) Die 19,47° (bzw. 19,5°) wird auch als *tetraedrische Konstante* bezeichnet. Ein Tetraeder besteht aus zwei entgegensetzt ineinander platzierten dreidimensionalen Pyramiden. Diese bilden wiederum einen Kreis um sich herum. Da, wo die seitlichen Spitzen den Kreis berühren, befinden sich in einem Planeten die nördlichen und südlichen Breitengrade von 19,5° (Abb. 377).(1065)

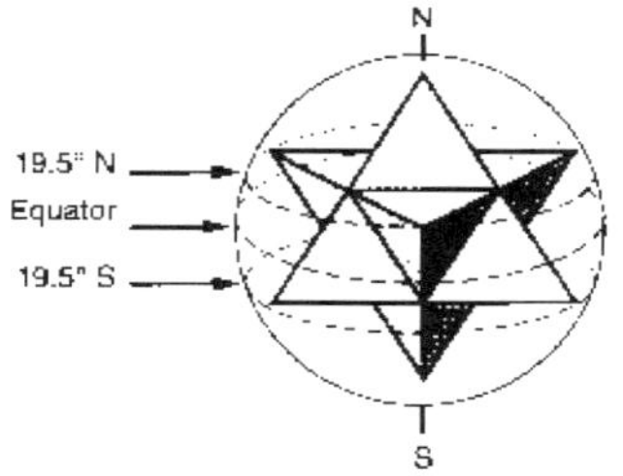

Abb. 377: Ein Tetraeder, welcher einen Kreis bildet. Da, wo die seitlichen Spitzen den Kreis berühren, befinden sich in Planeten die nördlichen und südlichen Breitengrade von 19,5°.

Bei dieser Art von Geometrie spricht man auch von *heiliger Geometrie*, da sie überall im Universum vorkommt. In ihr ist vereinfacht ausgedrückt alles Leben und Wissen geometrisch und mathematisch codiert. Bei dem Breitengrad von 19,47° würde sich demnach ein Energievortex befinden, das wiederum Portalreisen ermöglichen soll. Ich bin kein Experte in dieser Hinsicht, doch erscheint mir eine derartige komplexe Ordnung nur all zu logisch und sinnvoll. Solch Energievortexe werden sich sicherlich auch an anderen Breitengraden befinden, doch taucht die Position von 19,47° auffallend häufig auf.

In einem Vortrag von 2011 zeigte Haramein ein uraltes Artefakt, welches in einer Maya-Pyramide in Mexiko gefunden wurde. Auf diesem Artefakt sind Planeten und die Sonne sowie UFOs abgebildet. In der Sonne befindet sich zudem ein großes schwarzes Dreieck, welches ein Portal abbildet. Aus der Sonne heraus kommt ein UFO. Ein Jahr später, Anfang März 2012, veröffentlichte die NASA Aufnahmen von der Sonne, in der sich zum Erstaunen der rätselnden Welt („Loch in der Sonne") genau solch ein wahrlich gigantisches schwarzes Dreieck befand (Abb. 378).(1066) Finden Sie das nicht auch äußerst ungewöhnlich? Bei einer anderen Aufnahme von der Sonne sieht man tatsächlich ein Objekt buchstäblich wie eine Kugel aus ihr herausschießen. Ein normaler Plasma-Auswurf war es nicht, der sieht nämlich anders aus. Das geschieht so schnell, dass leider kein Screenshot von dem Austritt möglich ist. Suchen Sie auf *YouTube* nach *„UFO coming out of the sun?"*, um sich das Video selbst anzuschauen. Da die NASA dafür bekannt ist, der Öffentlichkeit ständig irgendwelche Märchen aufzutischen („Kometen, Bildartefakte/fehler usw.) hat sich das Synonym für NASA = *Never A Straight Answer (Nie eine aufrechte Antwort)* mittlerweile weit verbreitet. Haben wir nicht endlich die Wahrheit verdient, anstatt wie kleine Kinder verschaukelt zu werden?

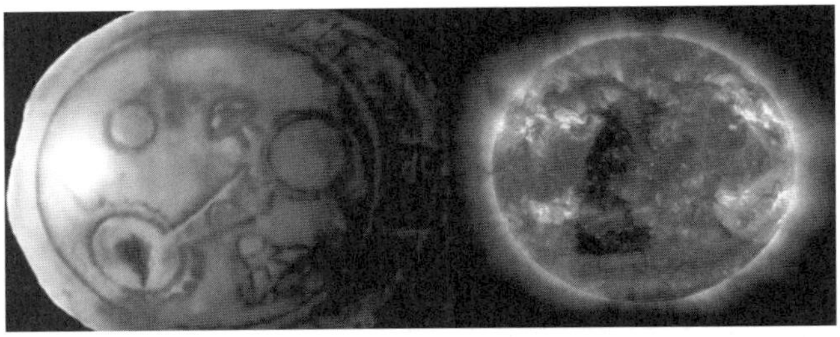

Abb. 378: Links das geborgene Artefakt aus einer Maya-Pyramide. Abgebildet ist neben zwei Planeten und UFOs auch die Sonne im linken Bereich, in der sich ein schwarzes, dreieckiges Portal befindet. Aus der Sonne fliegt zudem ein UFO heraus. Rechts eine von der NASA veröffentlichte Aufnahme der Sonne vom März 2012, die ein gigantisches schwarzes Dreieck beinhaltet.

Die meisten Teleskope und Sonden, die die Sonne beobachten, gehören laut Haramein zufälligerweise dem **Vatikan.** Ist das nicht interessant? Was könnte der Vatikan denn für ein offensichtlich großes Interesse haben, die Sonne permanent unter Beobachtung zu haben? Natürlich, um die fremden Besucher im Blick zu haben bzw. die „Ein- und Ausreise“ in unserem Sonnensystem zu überwachen. Kommen Sie nicht auch zu dem Schluss, dass wir nie allein sind und es die ganze Zeit auch nie gewesen waren? Es gibt nach Aussagen des Whistleblowers William Tompkins (siehe 13. Kapitel) laut den neuesten Informationen nach **200 Milliarden Galaxien** da draußen. Und jede Galaxie hat wiederum Milliarden Sterne! Es wäre grenzenlose menschliche Ignoranz und Naivität zu glauben, dass die Menschheit die einzig alleinige Spezies im Multiversum sei. Ja richtig, denn wir haben nicht nur dieses „unendlich“ große Universum, sondern mehrere Universen. Was hat man vor der Öffentlichkeit die letzten gut 70 Jahre verheimlicht? Schauen wir uns in den nächsten Abschnitten dazu am besten einmal Aussagen von Militär- und Regierungsinsidern an, um den Geheimnissen auf die Spur zu kommen...

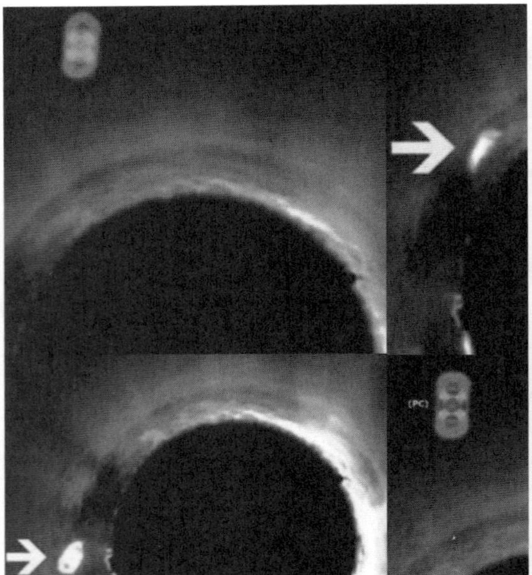

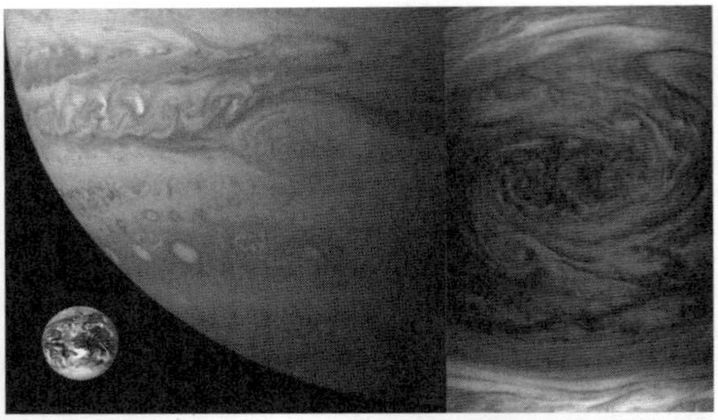

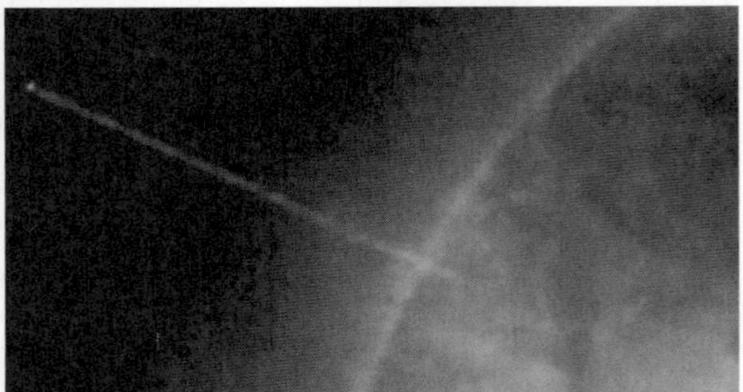

Abb. 379 (links): Oben links sieht man ein Objekt in der Größe des Jupiters auf die Sonne zurasen. Oben rechts und unten links im Bild prallt es seitlich an der Sonne ab. Unten rechts wurde die wahrscheinliche Form des Objekts am PC herausgearbeitet und farblich hervorgehoben. Aufnahme von Februar 2017.

Abb. 380 (rechts oben): Rechts ein Ausschnitt Jupiters mit dem roten Fleck, der wie ein Auge ausschaut. Daneben die Erde zum Größenvergleich. Rechts ein vergrößerter Ausschnitt des roten Flecks.

Abb. 381 (rechts unten): 2016 entdeckte UFO-Blogger Scott Waring dieses Fundstück in einem NASA-Video der Sonne. Links neben der Sonne schwebt ein großes UFO, welches scheinbar Energie der Sonne anzapft. Dass einige Zivilisationen die Sonnenenergie für ihren Antrieb nutzen, ist durchaus mehr als nur denkbar.

Abb. 382: Links ein Screenshot einer Videoaufnahme, die eine Webkamera am 19. Juni 2016 um 12:12 Uhr Ortszeit im Infrarotmodus gemacht hatte, als der aktive Vulkan *Popocatepetl* in Mexiko gerade ausbrach. Rechts eine Aufnahme desselben Vulkans zu einem anderen Zeitpunkt, als ein UFO tatsächlich hineinflog. Der Vulkan scheint regelrecht ein Magnet für UFOs zu sein.

Abb. 383 (unten): Auch der mexikanische Vulkan *Colima* scheint bei UFOs beliebt zu sein.

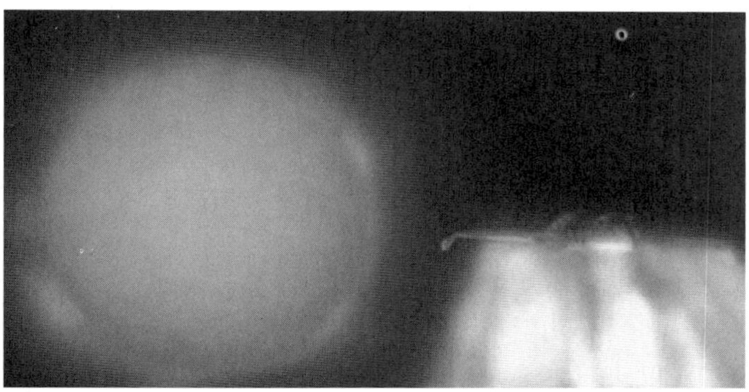

Abb. 384: In dieser Filmszene aus „Star Trek IV: Zurück in die Gegenwart" (1986) vollzieht die Crew mit einem Raumschiff eine halbe Umdrehung um die Sonne und erreicht dadurch einen Zeitsprung in die Vergangenheit. Wahrheit verpackt in Science-Fiction-Filmen?

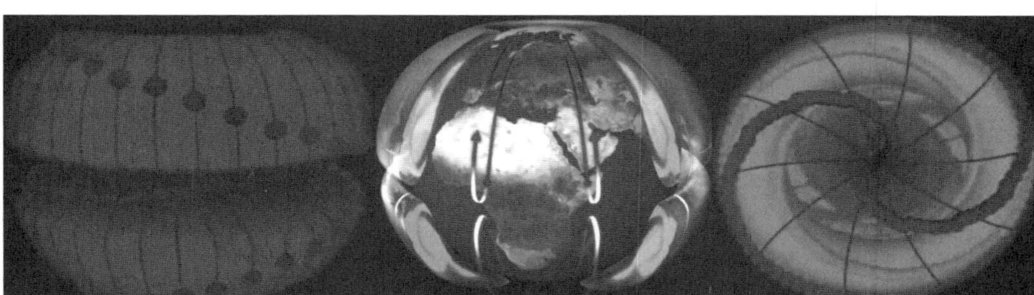

Abb. 385: Links die Dynamik eines Doppel-Torus, wie er bei einem Wurmloch gegeben ist. Derselben Dynamik folgt auch das Wetter auf der Erde (Bild Mitte). Das Wettergeschehen bewegt sich vom Nordpol runter bis zum Äquator, erhitzt sich dort und kehrt dann wieder hoch zum Nordpol zurück und wiederholt diese Bewegung fortlaufend. Dasselbe passiert vom Südpol rauf bis zum Äquator und dann wieder runter zum Südpol usw. Von oben betrachtet bildet die Dynamik eines Doppel-Torus eine fließende Yin-und-Yang-Form.[1066a]

Steven Greer: The Disclosure Project

Der 9. Mai 2001 könnte durchaus als der größere Auftakt zur weltweiten Enthüllung über UFOs und Außerirdische in die Geschichtsbücher eingehen, als der US-amerikanische Mediziner und bekannte Ufologe sowie Gründer des *Disclosure Project* (*Enthüllungsprojekt*), Dr. Steven Greer, an diesem Tag die erste Enthüllungskonferenz im *National Press Club* in Washington D.C. veranstaltete, bei der 21 Ex-Mitarbeiter von CIA, des Militärgeheimdienstes, der US-Luftwaffe und US-Armee ihr Schweigen brachen und vor laufenden Kameras offenbarten, während ihren Dienstzeiten Kontakt oder sonstige Erfahrungen mit UFOs gehabt zu haben. Sämtliche Zeugen willigten ein, ihre Aussagen vor dem US-Kongress unter Eid erneut ablegen zu wollen, was deren Berichte umso glaubwürdiger macht. Nachfolgend möchte ich ein paar der interessanten Schilderungen wiedergeben:

- **Michael Smith**, Unteroffizier der US-Luftwaffe und Fluglotse bei der Flugaufsicht (1967-1973), berichtete von einer Radarbeobachtung eines UFOs in 24 km Höhe in Klamath Falls, Oregon. Es schwebte zehn Minuten lang in dieser Position, sank anschließend langsam ab und verschwand komplett vom Radar für die nächsten fünf bis zehn Minuten. Dann tauchte es plötzlich wieder unbeweglich in 24 km Höhe auf, jedoch 200 Meilen nach dem letzten Radarumlauf entfernt. Dort verharrte es wieder für ca. 10 Minuten und wiederholte das Spiel noch zwei weitere Male. Ende 1972 war Smith im Bundesstaat Michigan einer Radarstaffel zugeteilt. Bei einem Vorfall erhielt er panische Anrufe von Polizisten und Sheriffs, die drei UFOs von der Mackinaw-Brücke zur Autobahn Interstate 75 verfolgten. Smith konnte die UFOs auf dem Radarschirm bestätigen, doch auf Anweisung des Luftverteidigungskommandos NORAD war seine Standardantwort den Polizisten gegenüber, dass nichts auf dem Radar sichtbar sei.
- **Enrique Kolbeck** arbeitete als Fluglotse am internationalen Flughafen von Mexico City. UFO-Sichtungen seien nach seinen Aussagen besonders häufig in seinem Land, was er sich nicht erklären könne. Am 4. März 1992 wurden 15 unbekannte Objekte westlich des Flughafens *Toluca* erfasst, welches etwa 50 Meilen vom internationalen Flughafen entfernt ist. Am 28. Juli 1994 hatte Flug 129 von *AeroMexico* einen Zusammenprall. Irgendetwas krachte in das linke Hauptfahrwerk des Flugzeugs. Eine Woche später, zur selben Abendzeit wie zuvor, hatte Flug 904 von *AeroMexico* beinahe einen Zusammenstoß. Das unbekannte Flugobjekt wurde plötzlich auf dem Radar erfasst, aber nur für einen Moment. In der folgenden Woche wurden viele Sichtungen von Piloten gemeldet, darunter merkwürdige Lufterscheinungen und grelle Lichter. Am 15. September 1994 wurde ein Objekt auf dem Radar gesichtet, welches sich fünf Stunden lang nicht von der Stelle rührte. Am nächsten Morgen wurde dann von einem Reporter berichtet, dass viele Menschen in der Stadt *Metepec* ein UFO gesichtet hatten. An einem anderen Ort südöstlich des *Toluca*-Flughafens wurde von vielen Menschen ein großes untertassenförmiges Objekt mit einem geschätzten Durchmesser von 15 Metern gesichtet, welches aufblitzte und anscheinend auf den Boden krachte. Kolbeck sagt, dass es noch sehr viele solcher Meldungen von Piloten gab, die zugleich auf dem Radar bestätigt werden konnten.

- **Graham Bethune** war Pilot und Kommandant bei der US-Marine mit einer *Top Secret*-Freigabe. Er schilderte einen Vorfall vom 10. Februar 1951, als er eine Maschine von Island nach Neufundland (Kanada) flog. Etwa 300 Meilen vor dem Ziel erblickte er einen riesigen weißen Kreis auf dem Wasser. Anschließend sah er ein gelbes Licht, welches aufstieg und neben der Maschine herflog. Das Objekt hatte eine Kuppel, und Bethune und andere Passagiere an Bord konnten zudem koronare Entladungen sehen, die von diesem Flugobjekt ausgingen. Während dieses Vorfalls versagten vier oder fünf Instrumente im Cockpit, wohl aufgrund des elektromagnetischen Effekts, welches vom besagten Objekt ausging. Es wurde auch auf dem Radar gesichtet, mit einer Fluggeschwindigkeit von mehr als 1.800 mph (2.896 km/h).
- **Dan Willis**, ehemals bei der US-Marine gewesen, hatte eine *Top-Secret-Crypto-Level-14*-Sicherheitsfreigabe und war für den Umgang mit besonders sensiblen Daten befugt. Er arbeitete im Chiffrier-Raum der Marine-Kommunikations-Station in San Francisco. 1969 erhielt er eine dringende, als „geheim" eingestufte Nachricht eines Schiffes vor Alaska, welches über ein helles rot-orange leuchtendes elliptisches Objekt mit einem ungefähren Durchmesser von 21 Metern berichtete, welches aus dem Wasser aufstieg und mit rund 7.000 mph (11.265 km/h) ins All nach oben schoss. Die Geschwindigkeit wurde vom Schiffsradar erfasst und bestätigt. Als er Jahre später beim elektrotechnischen Zentrum der Marine in San Diego arbeitete, berichtete ihm ein Kollege von NORAD, dass er Objekte auf dem Schirm sichtet, die alles im Weltraum und in der Luft verfolgen würden – Objekte, die plötzlich von der Anzeige verschwinden und im rechten Winkel abbiegen. Als er seinen Vorgesetzten darauf ansprach, entgegnete dieser ihm: *„Das war nur ein Besuch von unseren kleinen Freunden."*
- **Don Phillips** war bei der US-Luftwaffe sowie für bestimmte US-Geheimdienste tätig. Bevor er zur Luftwaffe kam, arbeitete er als Konstruktionsingenieur für *Skunk Works*, eine Abteilung des Rüstungskonzerns *Lockheed Martin*, die sich mit geheimer Technologieentwicklung beschäftigt und auch in der Raumfahrt aktiv ist. Zu den von *Skunk Works* entwickelten, offiziell bekannten Kampfflugzeugen gehören u.a. die *SR-71 Blackbird* und der Tarnkappenbomber *F-117 Nighthawk*. Als er Mitte der 1960er-Jahre einer Radarstation nahe dem Mount Charleston (56 km von Las Vegas entfernt) zugeteilt war, erlebte er einmal nachts einen lauten Lärm am Himmel. Zusammen mit anderen Leuten, die draußen das Spektakel bereits bestaunten, sah er, wie Lichter durch den Himmel mit einer Geschwindigkeit zwischen 2.400 und 3.800 mph (3.862 bis 6.115 km/h) blitzten und zwischendurch auch ruckartig anhielten und im spitzen Winkel umkehrten. Es waren sechs oder sieben Objekte, die am Himmel dann einen Kreis formten, rotierten und dann verschwanden. Phillips gibt an, dass die Objekte an der vereinten Position auf die *Area 51* zu zeigen schienen, welches auch als *Groom-Lake*-Testfluggelände der Luftwaffe bekannt ist, wo auch neuartige Flugzeuge von *Skunk Works* getestet wurden.
- **Karl Wolfe**, Unteroffizier der US-Luftwaffe mit einer *Top Secret*-Freigabe, arbeitete als Techniker für Präzisions-Fotoelektronik auf dem Luftwaffenstützpunkt *Langley Air Force Base* im Bundesstaat Virginia (nicht zu verwechseln mit dem

CIA-Hauptquartier in Langley, Virginia). Als er Mitte des Jahres 1965 beim *Lunar-Orbiter*-Projekt der NASA arbeitete und ein Bauteil in einem Labor reparieren sollte, war ein anderer Pilot mit anwesend im Raum, der ihm nach 30 Minuten sichtlich erschüttert mitteilte: „*Übrigens, wir haben eine Basis auf der Rückseite des Mondes gefunden.*“ Dieser legte ihm dann einige Fotos vor, auf denen klar und deutlich künstliche Strukturen zu erkennen waren: pilz- und kugelförmige Gebäude sowie Türme.

- **Robert Salas** war Oberst bei der US-Luftwaffe. Auf einem Luftwaffenstützpunkt im Bundesstaat Montana war er für die Raketenstarts zuständig. Eines frühen Morgens im März 1967 überwachte er 10 Raketen, die mit Atomsprengköpfen bestückt waren. Er erhielt einen panischen Anruf von einem Hauptsicherheitsbediensteten, der ihm mitteilte, dass vor dem Eingangstor draußen ein helles, rot glühendes Objekt schwebte. Kurz darauf wechselte eine Rakete nach der anderen in den „Außer-Betrieb“-Modus. An diesem Morgen verloren sie sechs bis acht Raketen. Ein ähnliches Szenario ereignete sich auf dem *Echo-Flight*-Stützpunkt. Und der Stützpunkt *Oscar Flight* verlor alle 10 Raketen unter sehr ähnlichen Umständen. Überall waren UFOs über den Startvorrichtungen gesichtet worden, die die Raketen deaktivierten.
- **Dwynne Arnessen** war 26 Jahre lang bei der US-Luftwaffe für Kommunikation und Elektronik zuständig. Er besaß eine *Top-Secret-SCI-TK*-Sicherheitsfreigabe (etwas höher als *Top Secret*) und schied im Rang eines Oberst am Luftwaffenstützpunkt *Wright Patterson* aus. Als er in den 1960er-Jahren auf den Stützpunkt *Ramstein* in der Verschlüsselungsabteilung tätig war, lief einmal eine Nachricht durch seine Abteilung, wonach ein UFO auf Spitzbergen in Norwegen abgestürzt war und dass ein Team von Wissenschaftlern auf dem Weg dorthin sei, um es zu untersuchen. 1967 arbeitete er bei einer Luftdivision in Montana als Leiter der Kommunikationsabteilung und war auch für *Top-Secret*-Angelegenheiten zuständig. Während seiner Dienstzeit dort kam einmal eine Nachricht herein, dass ein UFO in der Nähe der Raketensilos gesichtet worden war und die Raketen deaktiviert hätte. Von weiteren Kollegen eines anderen Stützpunktes erfuhr Arnessen, dass dort ebenfalls UFOs in der Nähe von Atomwaffen gesehen wurden.
- **Jonathan Weygandt**, Obergefreiter der US-Marine, war in Peru stationiert, als er dazu beordert wurde, Bericht von einer Absturzstelle zu erstatten, wo ein mysteriöses Flugobjekt abgeschossen und in einen Berghang abgestürzt war. Er berichtete, dass es anders ausschaute, als alle anderen bis dahin bekannten UFOs. Nachdem er die Absturzstelle besuchte, wurde er verhaftet und saß mehrere Tage in einer Gefängniszelle ein. Man beschimpfte ihn und sagte ihm, dass er dies nie hätte sehen dürfen. Er wurde bedroht, dass man ihn und seine Familie holen würde, für den Fall, dass er über diesen Absturz reden sollte. Höchstwahrscheinlich hatte er einen zu niedrigen Rang und eine fehlende Sicherheitsfreigabe, um Zeuge solch eines Ereignisses sein zu „dürfen“. Er musste ein Dokument zur Verschwiegenheit unterschreiben und wurde danach wieder entlassen. An der Absturzstelle waren nach seinen Angaben Regierungsleute aus verschiedenen Ländern anwesend, darunter Amerikaner, Chinesen und Deutsche. Es war definitiv eine „multinationale Angelegenheit“.

Abb. 386:
Dr. Steven Greer

Weitere Zeugenaussagen mit deutschen Untertiteln findet man auf *YouTube* auf dem Kanal von *NuoViso.tv*(1003) sowie weitere Informationen auf *disclosureproject.org* und *siriusdisclosure.com*. Eine Warnung sei aber an dieser Stelle von meiner Seite aus in Bezug auf die Person Steven Greer ausgesprochen. Greer propagiert öffentlich mit felsenfester Überzeugung, dass es keine negativen bzw. bösartigen Außerirdischen geben würde. Seiner Überzeugung nach hätten nur positive Wesen aufgrund ihrer hohen geistigen und spirituellen Entwicklung überhaupt das Privileg und die Möglichkeit des interstellaren Reisens. Was Greer da betreibt, ist nicht nur absolut falsch, sondern gefährlicher Blödsinn. Selbstverständlich gibt es bösartige Außerirdische, die der Menschheit nicht wohl gesonnen sind (das ist an dieser Stelle noch deutlich untertrieben formuliert) und auch hochentwickelte Technologien besitzen, um Raum und Zeit zu überwinden. Das werden wir an späterer Stelle noch ausführlicher behandeln, da es ein wichtiges Kernthema ist. Auf der Erde sind es auch gerade die bösartigsten Individuen, die die geheimsten und fortgeschrittensten Technologien besitzen, die der Allgemeinheit vorenthalten werden. Warum sollte das also auf anderen Planeten und in anderen Sternsystemen zwangsweise anders sein?

Wenn man sich einige Vorträge von Greer anschaut, findet man irgendwann heraus, von wem sein *Disclosure Project* mitunter unterstützt wurde: Laurence S. Rockefeller. Dieser Milliardär und „Philantrop" unterstützte bereits in den 1990er-Jahren diverse Projekte, die sich mit dem UFO-Thema befassten. Aus Rockefellers *UFO Inititative* – deren Leitfigur übrigens Hillary Clinton war – ging auch Greers Enthüllungsprojekt quasi hervor. Greer spricht in blumigen Worten über Laurance Rockefeller, was sämtliche Alarmglocken läuten lassen sollte.(1004) Des Weiteren las ich in *Facebook*-Gruppen, wie Teilnehmer an Greers Seminaren von ihm angeblafft, zurechtgestutzt oder gleich ausgeschlossen worden waren, weil sie in einigen Punkten nicht mit ihm übereinstimmten. Eine andere Meinung wird von ihm partout nicht akzeptiert. Eigene Fehler will er nicht einsehen. Die fast aggressive Sturheit, mit der er seine Behauptung von nur positiven ETs vertritt, kann jeder in einem Interview selbst auf *YouTube* sehen, welches *Project Camelot* 2009 mit ihm führte.(1005) Es ist unschwer zu erkennen, von wem Greer hier manipuliert und benutzt wird. Die Absicht hinter Greers bzw. Rockefellers Propaganda ist klar. Die Kabale will das Narrativ kontrollieren, also was und wie viel der Öffentlichkeit über UFOs und Außerirdische überhaupt erzählt werden soll. Denn erfährt die Öffentlichkeit nur einen kleinen Teil der Wahrheit – und diesen auch noch verfälscht –, dann hält die Kabale weiterhin die Zügel in der Hand. Das wird im Laufe dieses dritten Teils noch deutlicher werden, daher möchte ich an dieser Stelle nicht all zu viel vorweg nehmen. Dennoch wollte ich Greers Initiative den Lesern nicht vorenthalten, schließlich hatte er mittlerweile einige hundert Zeugen aus Bereichen des Militärs und der Geheimdienste interviewt. Er brachte über die letzten 20 Jahre hinweg viele Steine in der Öffentlichkeit ins Rollen und somit soll sein Engagement sowie sein umfangreiches Insiderwissen auch ganz sicher nicht klein geredet werden. Dennoch muss man lernen, Wahres vom Falschen zu unterscheiden. Schalten wir nun einen Gang höher...

Hacker Gary McKinnon: US-Marine unterhält eine Weltraumflotte

Abb. 387: Gary McKinnon

Der Brite Gary McKinnon sorgte für ordentlich Gesprächsstoff, als er 2002 in die Schlagzeilen geriet, da er sich in den Jahren 2001/2002 in zahlreiche schlecht geschützte Regierungscomputer der US-Armee, der US-Luftwaffe, der US-Marine, des Pentagons und der NASA eingehackt hatte. Von der damals amtierenden Bush-Regierung wurde er beschuldigt, den *„größten militärischen Computerhack aller Zeiten"* begangen zu haben. Ihm drohten 70 Jahre Gefängnis und eine Geldstrafe in Höhe von zwei Millionen US-Dollar, weswegen die USA seine Auslieferung aus Großbritannien forderten. 2012 entschied sich die britische Regierung aber dagegen. Was fand McKinnon bei seinen digitalen Einbrüchen vor? Ursprünglich erhoffte er sich, auch Informationen über mögliche Freie-Energie-Geräte und unterdrückte Technologien zu finden, stolperte dabei dann jedoch über Daten, die im Zusammenhang mit UFOs standen. Als er in einem Rechner der NASA zu Gange war, entdeckte er, dass die US-Marine ein geheimes Raumfahrtprogramm namens *Solar Warden* unterhielt (übersetzt etwa: *Wächter des Sonnensystems*), welches seit den 1980er-Jahren aktiv und unter der Autorität der *Vereinten Nationen* gewesen sein soll. Zudem stieß er auf eine Excel-Tabelle, die den Titel „Nicht-Terrestrische Offiziere" trug, mit Angaben von Namen und Rängen. Ein anderes Dokument enthielt Angaben über Transporte zwischen Schiffen und Flotten. Die Schiffsnamen begannen alle mit dem Präfix *USSS* und er konnte all die Schiffsnamen unter den normalen Schiffen der US-Marine auf See nicht vorfinden, als er versuchte, deren Namen abzugleichen. Des Weiteren entdeckte er ein Foto eines zigarrenförmigen Raumschiffs im Orbit, was seiner Auffassung nach nicht von Menschenhand gemacht zu sein schien. McKinnon fand zudem von einem NASA-Foto-Experten heraus, dass es im *Johnson Space Center* ein „Gebäude 8" gäbe, wo aus Satellitenbildern sämtliche Raumschiffe digital entfernt würden. Als McKinnon sich in einen Computer in diesem Gebäude einhackte und auf das vorhin genannte Bild stieß, das er gerade herunterlud, wurde er ertappt. McKinnons brisante Geschichte war weltweit von den großen Medien aufgegriffen worden, darunter auch von der *BBC* und der *Huffington Post*. Einigen Berichten zufolge soll er sich an zwei Schiffsnamen erinnert haben, die *USSS LeMay* und die *USSS Hillenkoetter*. Admiral Roscoe Hillenkoetter war der erste Direktor der CIA sowie eines der Mitglieder von MJ-12 (zu MJ-12 siehe weiter unten).[1006]

Die *Epoch Times* machte auf einen Bericht der *Washington Times* aufmerksam, die den Schattenhaushalt für geheime Programme („Black Budget") im Jahre 2013 auf 52,6 Milliarden US-Dollar bezifferte. Die Folgejahre dürften höher ausgefallen sein. Interessant dabei ist, dass die drei Geheimdienste CIA, NSA und NRO *(National Reconnaissance Office)* mehr als 68% des Schattenbudgets erhalten haben. Über die NRO weiß die Öffentlichkeit genau so gut wie nichts Bescheid, wie auch über das *National Geospatial-Intelligence Program* (NGP) (zu Deutsch: *Nationale Agentur für Geographische Aufklärung*), dessen Budget seit 2004 um mehr als 100% gewachsen ist. Das NGP ist eine Behörde für militärische, geheimdienstliche sowie kommerzielle kartografische Auswertung und Aufklärung und untersteht dem US-Verteidigungsministerium. Sie bietet auch dem US-Militär taktische Unterstützung bei Kampfeinsätzen an. Auffallend ist das Logo der NGP, welches die Erdkugel und einen leuchtenden Stern aus der Weltraumperspektive heraus zeigt.[1007]

Was Gary McKinnon durch seine waghalsigen „Ausflüge" in Regierungscomputer herausgefunden hatte, klingt im ersten Moment nach fantastischer Science-Fiction. Doch McKinnon steht bei weitem nicht alleine da, wie wir in den folgenden Abschnitten noch lesen werden...

Bedeutende Zeugenaussagen

Milliardär Robert Bigelow: *„Es gibt eine Präsenz von ETs"*

Las Vegas Immobilientycoon Robert Bigelow hat ein eigenes Raumfahrtunternehmen und arbeitet mit der NASA zusammen, um die Raumfahrt zu kommerzialisieren. Sein erstes Projekt ist eine kleine mobile Raumstation, die sich aufblasen lässt und beispielsweise als Forschungslabor oder Krankenhaus genutzt werden könnte. Viel interessanter sind jedoch seine Aussagen in einem Interview mit dem US-amerikanischen TV-Sender *CBS* für die bekannte Sendung *60 Minutes*. Nachfolgend ein Ausschnitt mit der Moderatorin Lara Logan:

> ***„Lara Logan: Glauben Sie an Aliens?***
>
> *Robert Bigelow: Ich bin absolut davon überzeugt. Das ist alles, was es dazu zu sagen gibt.*
>
> ***Lara Logan: Glauben Sie auch, dass UFOs die Erde besucht haben?***
>
> *Robert Bigelow: Es hat eine Präsenz von ETs gegeben und die gibt es nach wie vor. Und ich habe Millionen und Millionen und Millionen ausgegeben – ich habe als Individuum womöglich mehr für dieses Thema ausgegeben, als sonst jemand in den Vereinigten Staaten.*
>
> ***Lara Logan: Ist es nicht riskant für Sie in der Öffentlichkeit zu behaupten, dass Sie an UFOs und Aliens glauben?***
>
> *Robert Bigelow: Das kümmert mich nicht. Das ist mir egal.*
>
> ***Lara Logan: Sind Sie nicht darüber besorgt, dass einige Leute sagen werden: ‚Habt Ihr diesen Typen gehört, er klingt, als sei er verrückt'?***
>
> *Robert Bigelow: Das kümmert mich nicht.*
>
> ***Lara Logan: Warum nicht?***
>
> *Robert Bigelow: Es wird keinen Unterschied machen. Es wird nicht die Realität dessen ändern, was ich weiß.*
>
> ***Lara Logan: Können Sie sich vorstellen, dass wir auf unseren Weltraumreisen auf andere Formen intelligenten Lebens stoßen werden?***
>
> *Robert Bigelow: Sie müssen nirgends hin gehen.*
>
> ***Lara Logan: Man kann es hier finden? Wo genau?***
>
> *Robert Bigelow: Es ist eigentlich direkt vor unseren Nasen. Oh mein Gott. Wow."*

CBS bekam von der US-amerikanischen Flugaufsichtsbehörde zudem die Bestätigung, dass sie Berichte über UFOs und andere unerklärliche Phänomene an eine Firma von Bigelow weitergereicht habe. Bigelow selbst erklärte zudem, dass er selbst seine eigenen *„nahen Begegnungen"* hatte, über die er aber nicht ins Detail gehen will.(1008)

Ben Rich von *Skunk Works*

Der internationale Chef der bekannten UFO-Untersuchungsorganisation *MUFON* (*Mutual UFO Network*), Jan Harzan, war am 23. März 1993 bei einer Präsentation von **Ben Rich** anwesend, der viele Jahre lang Chef von *Lockheed Skunk Works* war. Während dieses Vortrags, so Harzan, erzählte Rich etwas über die Geschichte der *Skunk-Works*-Abteilung und zeigte den anwesenden Teilnehmern dazu verschiedene Fotos von bereits bekannten Flugobjekten, die diese Abteilung über die Jahre hinweg gebaut hatte. Am Ende seiner Präsentation zeigte er dann überraschenderweise ein Foto einer schwarzen fliegenden Untertasse, welche gerade in Richtung Weltraum davon zu fliegen schien. Dazu sagte er:

> *„Wir haben bereits die Mittel, um andere Sonnensysteme zu bereisen, aber diese Technologien sind in ‚Black Projects' unter Verschluss, und es würde schon das Eingreifen Gottes benötigen, damit diese Technologie nach außen dringt, um der Menschheit zu dienen. Was immer Sie sich vorstellen können, wir sind in der Lage, es zu tun!"*

Am Ende der Rede sagte er: *„Wir haben jetzt die Technologie, um E.T. nach Hause zu bringen."* Harzan berichtete, dass Rich ihm und einer kleinen Gruppen an interessierten Ingenieuren noch erzählte: *„Wir haben jetzt die Technologie, um zu den Sternen zu reisen. Wir fanden einen Fehler in den Gleichungen. Wir wissen nun, was es ist und es dauert keine Lebzeiten."* Als Ben Rich fertig war und den Saal verlassen wollte, folgte Jan Harzan ihm, weil er noch wissen wollte, wie nun der Antrieb funktionieren würde. Rich entgegnete ihm mit der Gegenfrage: *„Wie funktioniert ESP* (*extrasensory perception*, Sammelbegriff für übersinnliche Wahrnehmungen; A.d.V.)?" Harzan antwortete: *„Keine Ahnung. Alle Punkte in Raum und Zeit sind miteinander verbunden?"* Und Rich sagte darauf: *„Genau so funktioniert es!"*, drehte sich um und verließ den Raum.(1009) John Andrews, einem Ingenieur bei *Lockheed Martin*, mit dem Rich privat befreundet war, schrieb dieser in einem Brief, dass er davon überzeugt sei, *„dass es zwei Arten von UFOs gibt. Solche, die wir bauen und solche, die ‚sie' bauen. Ich glaube an beide Varianten. Ich empfinde, dass alles möglich ist"*. Rich berichtete weiter, dass alle „biomorphen" Luft- und Raumfahrt-Designs von dem Roswell-Raumschiff inspiriert waren und dass er glaubte, dass die amerikanische Öffentlichkeit mit der Wahrheit über UFOs und Außerirdische nicht umgehen könne. Zum Ende seines Lebens hin änderte er jedoch seine Meinung. Anfang Januar 1995 soll er nämlich etwa 10 Tage vor seinem Tod seinem Freund sowie Luft- und Raumfahrtjournalisten James Goodall folgendes am Telefon aus einem Krankenhaus in Los Angeles erzählt haben:

> *„Wir haben Dinge da draußen in der Wüste, die sind 50 Jahre dem voraus, was man sich überhaupt vorstellen kann. Wenn Du es im Film ‚Krieg der Sterne' oder bei ‚Raumschiff Enterprise' gesehen hast – wir waren dort und haben es getan oder haben entschieden, es nicht zu tun, weil es die Mühe nicht wert war."*(1010)

Ex-CIA-Mitarbeiter packt auf dem Sterbebett aus

Abb. 388: Der von Richard Dolan interviewte Ex-CIA-Mitarbeiter

Der bekannte UFO-Autor Richard Dolan interviewte am 5. März 2013 einen ehemaligen CIA-Mitarbeiter an seinem Sterbebett, welcher ihm berichtete, dass er während seiner Dienstzeit – als er dem US-Präsidenten Dwight D. Eisenhower unterstand – Zugang zur *Area 51* hatte. Für das Videointerview wollte er namentlich dennoch anonym bleiben. Bei einem Treffen im *Weißen Haus*, zu dem dieser eingeladen war, war neben Präsident Eisenhower auch sein Nachfolger sowie sein damaliger Vizepräsident Richard Nixon anwesend. Eisenhower erzählte, dass die Leute der *Area 51* und von MJ-12 klar ausgedrückt haben, dass die Regierung keinerlei Jurisdiktion über das habe, was diese geheimen Einrichtungen so machen. MJ-12 (Majority 12 oder Majestic 12) ist übrigens eine Gruppe, die das gesamte Geschehen um UFOs und ETs auf der Erde überwacht und auch entschieden hatte, dass der Öffentlichkeit nie jemals etwas über UFOs oder Außerirdische erzählt werden sollte. Die frühen MJ-12-Mitglieder bestanden aus Admiral Roscoe Hillenkoetter, Dr. Vannevar Bush, James V. Forrestal, General Nothan Twining, General Hoyt S. Vanderberg, Admiral Sidney W. Souers, Gordon Gray, Dr. Donal Menzel, General Robert M. Montague und Dr. Lloyd V. Berkener. Diese unkontrollierbare Macht gefiel Eisenhower überhaupt nicht, also befahl er dem CIA-Mitarbeiter, die *Area 51* zu inspizieren und ihm anschließend Bericht zu erstatten. Schließlich zog Eisenhower ernsthaft in Erwägung, das gesamte Areal von der Armee stürmen und alles beschlagnahmen zu lassen, sollten die Verantwortlichen dieser Einrichtungen ihm nicht schnellstmöglich Bericht erstatten. Der CIA-Mitarbeiter und sein Vorgesetzter erhielten Zugang zur *Area 51* und er hatte dort zudem Zugang zur Abteilung *S-4*, in der sie verschiedene UFOs sichteten, darunter auch jenes, welches bei dem Absturz von Roswell 1947 in New Mexico geborgen worden war. Dieses Roswell-UFO, so der Zeuge, soll mit einem Antigravitationsantrieb ausgestattet gewesen sein und sah optisch aus, wie aus Aluminium gebaut. Mit geschätzten 150 bis 300 Pfund Gewicht war es erstaunlich leicht und man konnte davorstehen und es anheben. Er bekam auch die mathematische Formel für Antigravitation zu sehen, die platzmäßig auf einem Stück Papier passte. Laut seinen Aussagen seien alle Insassen dieses UFOs beim Absturz ums Leben gekommen, bis auf zwei. Zudem bekamen die beiden nicht nur eine auf Video aufgezeichnete Autopsie eines Außerirdischen zu sehen, sondern bekamen auch einen selbst *live* zu Gesicht, während sie in der *S-4* waren. Sein Vorgesetzter durfte einen *Grauen* (*Grey*) interviewen, der ein leicht orientalisches Aussehen hatte sowie eine etwas größere Kopfform als bei Menschen, eine sehr kleine Nase, einen sehr kleinen Mund und lediglich Ohrlöcher. Anschließend erstatteten die beiden Bericht bei Eisenhower und erzählten ihm alles, was sie gesehen und erfahren haben. Dieser sei über den Umfang der geheimen Projekte sichtlich geschockt gewesen. An der Stelle enden dann auch die Informationen. Der von Dolan interviewte Zeuge sagte am Ende noch, dass er nun erleichtert sei, dies preisgegeben zu haben, als sei eine schwere Last von seinen Schultern genommen worden, da er über die ganzen Jahre hinweg sich sehr viele Geheimnisse aufladen musste.(1011)

Laut Timothy Good, einem ehemaligen Berater des Pentagons (US-Verteidigungsministerium), hatte Präsident Eisenhower während seiner Amtszeit drei Geheimtreffen mit Außerirdischen auf Luftwaffenstützpunkten im Bundesstaat New Mexico, darunter auch auf der *Holloman Air Force Base*. Das erste Treffen soll mit Vertretern einer nordisch aussehenden Rasse (den *Nordischen*) stattgefunden haben, aber eine Vereinbarung sei dann doch mit den *Grauen* unterzeichnet worden. In einer Sendung des *BBC* sagte Good zudem aus, dass Außerirdische mit tausenden Menschen in der ganzen Welt bereits Kontakt aus unterschiedlichen gesellschaftlichen Schichten hatten und dass Regierungen weltweit seit Jahrzehnten mit Besuchern anderer Planeten in Kontakt stehen, wie die britische *Daily Mail* 2012 berichtete.[(1012)]

Wernher von Brauns Aussagen zum Roswell-Absturz

Dr. Wernher von Braun war ein bekannter deutscher Raketentechniker während des Dritten Reiches sowie Mitglied in der NSDAP und der SS gewesen. Als Direktor der *Heeresversuchsanstalt Peenemünde* entwickelte er u.a. die V2-Rakete und war sehr wahrscheinlich an weiteren geheimen technologischen Entwicklungen beteiligt. Nach Ende des Zweiten Weltkriegs gelangte er im Rahmen der *Operation Paperclip* in die USA. Bei der NASA wurde er Direktor des *Marshall Space Flight Center*, das sich mit der Entwicklung von Raketentriebwerken beschäftigte. Er entwickelte u.a. die *Saturn-V*-Rakete, die *Apollo 4* zu ihrem Erstflug und später zum ersten bemannten Flug im Rahmen des offiziellen Weltraumprogramms ermöglichte. Von Brauns größter Erfolg war die bemannte Mondlandung 1969. Später wechselte er in die Privatwirtschaft über, wo er Vizepräsident des Luft- und Raumfahrtunternehmens *Fairchild Industries* (später *Fairchild Dornier)* wurde, an der auch *Daimler-Benz* eine Beteiligung hatte.

Das ist zumindest die offizielle Version. Clark C. McClelland (Abb. 486) war Luft- und Raumfahrtingenieur bei der NASA und nach eigenen Angaben seinerzeit häufig in Kontakt mit deutschen Wissenschaftlern, die über *Paperclip* in die USA kamen, darunter auch mit Wernher von Braun. Da das deutsche Team an Wissenschaftlern in der Nähe des Roswellabsturzes damals auf dem Übungs- und Testgelände *White Sands* in New Mexico tätig waren, fragte McClelland von Braun, ob dieser beim Absturzort anwesend war und ob man Aliens geborgen hatte. Von Braun erzählte ihm, dass er und sein Team zu der Absturzstelle berufen wurden, um diese zu untersuchen, nachdem das Militär bereits großteils zurückbeordert worden war. Er erzählte McClelland, dass das abgestürzte Flugobjekt nicht aus Metall gebaut zu sein schien, zumindest nicht, wie wir Metall auf der Erde kennen. Es machte den Eindruck, als sei es aus biologischer Materie, wie Haut, gemacht worden. Die Trümmerteile brachten ihn jedoch ins Grübeln. Sie waren sehr dünn und aluminiumfarben, wie das silbrige Papier von Kaugummiverpackungen – zudem sehr leicht, aber extrem robust. Das Innere des Raumschiffs war nahezu leer, so, als ob die Insassen mit dem Schiff eine Einheit bildeten. Letztere wurden geborgen und in einem medizinischen Zelt aufbewahrt. Nach von Brauns Schilderungen sollen es kleine, sehr zarte Körper gewesen sein, mit großen Köp-

Abb. 389: Dr. Wernher von Braun im *Marshall Space Flight Center*, 1964

fen, großen Augen, jeweils vier Fingern an den Händen und einer grauen reptilienartigen Haut, ähnlich der Haut von Klapperschlangen.[1013] Hier haben wir also von einer anderen Seite jemanden, der die Version des Roswell-Absturzes des vorhin erwähnten Ex-CIA-Mitarbeiters bestätigt. (*stargate-chronicles.com*)

Auch **Daniel Salter**, der als Oberfeldwebel bei der US-Luftwaffe diente, konnte den Roswell-Absturz bestätigen. In einem Interview für Steven Greers *Disclosure Project* erzählte er, dass die US-Amerikaner mit einem speziellen Radar zwei Raumschiffe dazu brachten, miteinander zu kollidieren. Eines davon wurde dabei in der Luft zerstört samt Insassen. Das andere stürzte ab und wurde geborgen. Nach seinen Aussagen waren vier Wesen an Bord, wovon zwei noch gelebt hätten. Einer der Überlebenden sei aber noch vor Ort verstorben und der andere wurde in eine geheime Basis nach Los Alamos gebracht, wo er noch drei Jahre weiterlebte. Da dieses Wesen durch Wände gehen konnte, musste man um das ganze Gebäude herum, in dem dieses Wesen festgehalten wurde, einen elektromagnetischen faradayschen Käfig errichten. Dieses Wesen enthüllte, dass von dort, wo sie herkommen, sie keine physischen Körper bräuchten. Diese bräuchten sie nur dann, wenn sie ein anderes Sonnensystem bereisen, in welchem sie auch Dinge beeinflussen wollen. Dann bedienen sie sich der Moleküle des besagten Sonnensystems und bilden für sich Körper, die sie dann als Vehikel benutzen können. Wenn sie das Sonnensystem wieder verlassen, würden sie die Körper wieder ablegen oder er dematerialisiert sich.[1014]

Was Neil Armstrong und Buzz Aldrin wirklich auf dem Mond entdeckt haben

Abb. 390: Buzz Aldrin, ehemaliger NASA-Astronaut, und neben Neil Armstrong offiziell der erste Mensch auf dem Mond.

Wer kennt nicht diese beiden Namen? Diese Herren waren offiziell die ersten Menschen, die auf dem Mond landeten. Verschiedene seriöse Quellen besagen, dass, nachdem diese *Apollo*-Astronauten auf dem Mond gelandet waren, sie an die Bodenstation in Houston übermittelten, dass mehrere riesige UFOs am Rande des Kraters parken und sie von diesen beobachtet würden. Diese Übermittlung soll während der zweiminütigen Stille bei der weltweiten Live-Übertragung stattgefunden haben. Die NASA habe diesen Teil der Aussagen einfach ausgeblendet. Timothy Good erwähnt in seinem Buch „Above Top Secret", dass Amateurfunker die VHF-Signale von *Apollo 11* zum Houston-Hauptquartier mitgehört hätten. Die der Öffentlichkeit vorenthaltene Passage lautete folgendermaßen:

„Houston: Was ist da? Mission Control ruft Apollo 11.

Apollo 11: Diese Babys sind sehr groß, Sir. Riesig. Oh Gott, das würdet Ihr nicht glauben! Ich sage Euch, da sind andere Raumschiffe da draußen... aufgereiht auf der anderen Seite des Kraterrandes. Sie sind auf dem Mond und beobachten uns."

1975 gewann dieser Mitschnitt an Glaubwürdigkeit, als Maurice Chatelain, ein pensionierter Kommunikationsingenieur bei der NASA, in seinem Buch „Our Cosmic Ancestors" (deutsch: „Unsere kosmischen Vorfahren") schrieb, dass wenige Momente, bevor Armstrong die Leiter hinabstieg, um den Mond zu betreten, zwei UFOs über deren

Köpfen schwebten. Aldrin machte mehrere Fotos davon, von denen einige in der Juni-Ausgabe 1975 des *Modern People*-Magazins veröffentlicht worden sein sollen. Chatelain sagte zudem, dass sämtliche Flüge der *Apollo*- und *Gemini*-Missionen von UFOs begleitet wurden, entweder aus der Ferne oder manchmal auch aus direkter Nähe. Jedesmal, als dies passiert sei, hätten die Astronauten der Bodenstation in Houston Bescheid gegeben, die ihnen wiederum anordnete, Stillschweigen über diese Vorfälle zu bewahren. In einigen späteren Interviews hatte Buzz Aldrin bestätigt, dass *Apollo 11* während seiner Reise zum Mond in der Tat von einem UFO begleitet wurde (z.B. in der Sendung *„Aliens on the Moon"* des Senders *SyFy*). Einem Professor auf einem NASA-Symposium soll Armstrong zudem gesagt haben, dass sie da oben regelrecht abgeschreckt worden wären. Deshalb habe es von den USA danach auch nie eine Raumstation oder eine Stadt auf dem Mond gegeben. Auf Nachfrage des Professors, was er denn damit meine, sie seien „abgeschreckt" worden, entgegnete Armstrong ihm, dass er keine Details nennen könne, außer, dass „deren" Schiffe unseren gegenüber viel weiter fortgeschritten wären, sowohl in der Größe als auch in technologischer Hinsicht. Er wiederholte zudem, dass sie wirklich riesig und „bedrohend" waren. Interessant ist zudem, dass im Hollywoodfilm „Transformers 3 – Dark side of the Moon" ganz zufällig eine Version der Wahrheit über die Mondlandung gezeigt wird. In der Szene, wo Aldrin und Armstrong auf dem Mond umherwandern und ein abgestürztes Raumschiff entdecken, funkt Aldrin nach Houston: *„Ihr werdet nicht glauben können, was wir sehen..."* Die NASA antwortet: *„Dass wir letzten Endes nicht allein sind, richtig?"* Aldrin darauf: *„Nein, Sir. Wir sind nicht allein."*[(1015)] (Dank an *exopolitics.org* für die Hinweise)

Abb. 391: Neil Armstrong, ehemaliger NASA-Astronaut und offiziell erster Mensch auf dem Mond. Die Aufnahme entstand im Februar 2012, ein halbes Jahr vor seinem Tod.

Jemand anderes, der Armstrongs und Aldrins Erzählungen verifizieren konnte, ist Steven Greer, der mit nahen Freunden und Familienmitgliedern der beiden Astronauten gesprochen hatte. Diese bestätigten, dass die beiden in der Tat riesige UFOs um den Krater herum, wo das Lunar-Modul gelandet war, gesichtet hatten. Er sprach zudem mit Offizieren aus dem Militär, die das aufgenommene Videomaterial dieses Ereignisses gesehen hatten. Als Greer 1997 einen Freund von Armstrong gefragt hatte, ob Letzterer denn gern nach Washington kommen würde, um vor Mitgliedern des Kongresses auszusagen, teilte der Freund Greer mit, dass Armstrong dies wünschte, wenn er könnte, aber dass, wenn er aussagen würde, was wirklich während der Mondlandung passiert gewesen sei, er, seine Frau und seine Kinder getötet werden würden. Eine andere, sehr glaubwürdige Quelle, die Armstrongs und Aldrins Version bestätigen konnte, ist Ken Johnston, ein ehemaliger Ingenieur des Luft- und Raumfahrtkonzerns *Boeing* und Kampfpilot bei *Grumman Aerospace* sowie Testpilot bei der NASA. In derselben zuvor erwähnten Sendung *„Aliens on the Moon"* sagte Johnston aus, dass, während Armstrong und Aldrin auf der Mondoberfläche waren, Armstrong auf den medizinischen (Notfall)kanal wechselte und dem leitenden Stabsarzt sagte, dass „sie" hier seien, am Rande des Kraters parkten und die Gelandeten beobachten würden.[(1016)]

Jetzt fragt man sich zurecht, warum die Welt damals 1969 nichts von alledem in der Liveübertragung gesehen hatte? Schließlich filmten die beiden Astronauten alles. Kritiker entdeckten zurecht, dass Bildmaterial von der Mondlandung manipuliert erschien (z.B., dass die US-Flagge sich bewegte, obwohl das im luftleeren Raum nicht möglich sei), und daher kamen diese zu dem Schluss, dass die Mondlandung in Wirklichkeit in einem Studio gedreht worden war. Greer kann hier eine plausible Erklärung abliefern. Nach seinen Aussagen habe das Lunar-Modul, bevor es überhaupt den Mond erreichte, die Erde umkreist und dabei reichlich Bildmaterial aufgenommen. Diese Bilder wurden zum Luftwaffenstützpunkt *Langley Air Force Base* geladen, wo sie von einer speziellen Abteilung des Geheimdienstes NSA aufbereitet wurden. Die Kabale wusste nämlich, dass das Risiko sehr groß sei, dass man bei der Landung „etwas" entdecken würde und hatte sich dementsprechend rechtzeitig vorbereitet. Die Liveübertragung sei auch nicht in Echtzeit gewesen, sondern verzögert. Die NSA habe dann im prekären Moment die zuvor aufgenommenen harmlosen Bilder in die Liveübertragung eingefügt. Die Welt bekam die riesigen UFOs somit nicht zu Gesicht. Greer bekräftigt, dass wir in der Tat auf dem Mond landeten, aber das Videomaterial gefälscht gewesen war (und womöglich mit Studioaufnahmen ergänzt wurde).(1017)

Auch der frühere *Apollo 14*-Astronaut und sechste Mann auf dem Mond, Edgar Mitchell, gab bestätigende Aussagen von sich. In einem Radiointerview mit Nick Margerisson am 23. Juli 2008 sagte er nämlich: *„Ich habe das Privileg, darin eingeweiht zu sein, dass wir auf diesem Planeten besucht worden waren und dass das UFO-Phänomen real ist."* An anderer Stelle gab er preis: *„Wir sind nicht allein im Universum. Sie kommen schon seit langer Zeit hierher..."*(1017a)

Abb. 392: Dr. Edgar Mitchell, ehemaliger NASA-Astronaut und offiziell der sechste Mann auf dem Mond.

Dass da schon jemand auf dem Mond ist, bestätigte auch Dr. John Brandenburg, Vizemanager der *Clementine Mission*. Die *Clementine Mission* war nach seinen Angaben eine Foto-Aufklärungsmission, um zu sehen, ob jemand Basen auf den Mond errichtet bzw. diese weiter ausgebaut hat. Das beeindruckendste Foto zeige eine meilenlange rechteckig-lineare Struktur, die unmissverständlich künstlich ausschaut und „nicht da sein sollte". Brandenburg meinte, dass er mit Besorgnis auf solche Strukturen schaut, weil es nicht „unsere" sind und wir diese niemals hätten bauen können. Im Umkehrschluss bedeutet dies, dass jemand anderes da oben ist. Des Weiteren konnte die *Clementine Mission* herausfinden, dass es Eis bzw. Wasser an den Polen unseres Mondes gibt. Auch George Leonard, Wissenschaftler und Foto-Analyst bei der NASA, kam an einige offizielle NASA-Fotos heran, die er in seinem Buch „Somebody Else Is On The Moon" veröffentlichte. Obwohl diese Fotos klein und nur niedrig aufgelöst sind, zeigen sie massive Bauten und Strukturen.(1018)

Nachfolgend noch ein paar weitere interessante Aussagen von bedeutenden Persönlichkeiten:

- **Prof. Lachezar Filipov**, Vizepräsident des bulgarischen Weltraumforschungsinstituts: *„Aliens sind gegenwärtig überall um uns herum und beobachten uns die ganze Zeit."*(1019)

- **Alberto Perego**, italienischer Konsul (1963): „*Die Weltraummenschen sehen eine Zukunft voller Wohlstand für die Erde, falls unsere Führer einen neuen Konflikt vermeiden, und bestätigen, dass sie unter uns sind, um uns zu helfen. Wir dürfen nicht vergessen, dass wir es ihnen zu verdanken haben, dass bisher noch kein atomarer Krieg ausgebrochen ist.*“(1020)

- **Gordon C. Cooper**, ehemaliger US-Luftwaffenpilot und Astronaut der *Gemini-5* und *Mercury-9*-Missionen: „*Ich glaube, dass diese extraterrestrischen Gefährte und ihre Belegschaften diesen Planeten von anderen Planeten aus besuchen, die offensichtlich technisch etwas fortgeschrittener sind als wir hier von der Erde.*“

Das schrieb Cooper in einem Brief an die *Vereinten Nationen* am 9. November 1978. Er selbst wurde nach eigenen Angaben Zeuge, als ein kleines UFO 1958 auf dem Luftwaffenstützpunkt *Edwards Air Force Base* in Kalifornien landete und als er hunderte von ihnen am Himmel fliegen sah Anfang der 1950er-Jahre.(1021)

Insider der *Area 51*

Bill Uhouse diente nicht nur als Kampfflieger bei der US-Marine sowie bei der US-Luftwaffe auf dem *Wright-Patterson*-Luftwaffenstützpunkt als Testpilot fremdartiger Versuchsflugzeuge, sondern war zudem 30 Jahre lang als Ingenieur bei der *Area 51* tätig, wo er an Antigravitations-Antriebssystemen sowohl für Flugsimulatoren als auch für Flugscheiben arbeitete. Nach seinen Angaben war die erste Flugscheibe, die sie getestet haben, ein Nachbau eines außerirdischen Schiffes gewesen, das 1958 im Bundesstaat Arizona verunglückte. Zudem hätten ETs der US-Regierung ein Raumschiff geschenkt, welches zur *Area 51* verbracht bzw. dort auch gebaut wurde. Die vier Außerirdischen, die das Raumschiff begleiteten, seien zu einer Basis nach Los Alamos in New Mexico gebracht worden. Uhouse gab an, dass er mithilfe eines *Grauen* einen Flugsimulator für spezielles Training in der US-Luftwaffe gebaut hätte. Dieser *Graue* mit dem Code-Namen *J-Rod*, sei einst selbst Pilot eines abgestürzten Raumschiffes gewesen, welches in der *Area 51* aufbewahrt werde. Mit diesem *Grauen* kommunizierte er über eine spezielle technologische Schnittstelle auf telepathischer Basis und ausgestattet mit einer hochentwickelten Übersetzungssoftware, die eine Technologie der *Grauen* sei. *J-Rod* hätte mitgeteilt, dass es verschiedene Rassen von *Grauen* gibt, darunter kleine, große und welche, die etwa so groß wie die Menschen seien. Uhouse erzählte des Weiteren, dass Forschungen zum Nachbauen von außerirdischen Technologien in massiven Untergrundbasen stattfinden, darunter an den zwei bekannten Standorten *Area 51* und der *Dulce Basis*. Letztere sei eine Gemeinschaftsbasis der US-Regierung und Außerirdischen nahe dem Ort Dulce im Landkreis Rio Arriba im Bundesstaat New Mexico. Die *Dulce Basis* soll noch geheimnisumwobener sein als die *Area 51*. Der Bau dieser Basen, so glaubt man, soll bereits unter den Administrationen der US-Präsidenten Harry Truman und Dwight Eisenhower stattgefunden haben, um *Graue*, *Reptiloide* und *große Weiße* (*Nordische*) zu beherbergen. Dies deckt sich teilweise mit den Aussagen des zuvor genannten Ex-CIA-Mitarbeiters, der angab, dass Eisenhower einen Pakt mit den *Grauen* abgeschlossen hatte. Die *Grauen*, so die Gerüchte, hätten aber das Abkommen mit der US-Regierung gebrochen und seitdem soll es in den Untergrundbasen einige Bereiche geben, in denen sowohl Außerirdische als auch entführte und gefangen genommene Menschen als Versuchskaninchen für Experimente missbraucht werden. Uhouse behauptete, dass womöglich hunderte, wenn nicht gar tausende *Graue* mittlerweile mit dem Pentagon an fortgeschrittenen Technologien arbeiten würden.[1021a]

Der Journalist James Goodall (der mit Ben Rich von *Skunk Works* befreundet war) äußerte in Interviews, dass es bereits in den 1980er-Jahren in der *Area 51* mindestens acht geheime Programme gab. Zwei davon waren öffentlich nicht bekannte Flugobjekte. Während eines davon mit vier bis sechsfacher Mach-Geschwindigkeit fliegen konnte, erreichte das andere Flugobjekt eine Geschwindigkeit von 10.000 mph (16.093 km/h) und wurde eingesetzt, um den Luftraum zu überwachen. Goodall wollte von einem Mitarbeiter der *Area 51* wissen – der von 30 Jahren Dienstzeit 12 Jahre lang in geheimen Projekten arbeitete –, was es denn mit diesem geheimen Testgelände auf sich hätte. Dieser erzählte Goodall, dass er bis zum Jahr 2025 nicht darüber reden dürfte, sie aber Dinge da draußen in der Wüste hätten, die selbst George Lucas neidisch machen würden (Lucas schuf die „Star-Wars"-Filmreihe). Einmal interviewte Goodall im Jahre 1985/86 ein hochrangiges Militärmitglied (*Chief Master Sergeant*), der als Sicherheitsspezialist in der *Area 51* dreimal zu einem Einsatz war. Dieser erzählte ihm, dass sie Dinge da draußen hätten, die buchstäblich nicht von dieser Welt seien. Sie hätten nach seinen Aussagen Dinge, die gar besser sind als in der Filmreihe „Star Trek" und besser als alles, was man in Spielfilmen bis zum damaligen Zeitpunkt gesehen hatte.[1021b]

„Es gibt reichliche Beweise dafür, dass wir kontaktiert werden, dass uns Zivilisationen seit sehr langer Zeit besuchen, (...), dass sie Technologien des Bewusstseins nutzen. Sie nutzen Toroide und rotierende Magnetscheiben für ihre Antriebssysteme, welches ein gemeinsamer Nenner des UFO-Phänomens zu sein scheint. Sie manipulieren lokal Raum und Zeit, sodass sie ihr eigenes Elektro-Gravitationsfeld und somit ihren eigenen Antigravitationsantrieb haben.“[1022]

Dr. Brian O'Leary, Physikprofessor der *Princeton Universität* und früherer NASA-Astronaut

„Wir sind nicht allein. Meiner Meinung nach ist unsere Vorsehung, dass wir ein Teil der planetarischen Gemeinschaft werden. Wir sollten bereit dazu sein, unsere Hand jenseits unseres Planeten auszustrecken und jenseits unseres Sonnensystems, um herauszufinden, was da draußen wirklich vor sich geht.“[1023]

Edgar Mitchell, ehemaliger NASA-Astronaut und sechster Mann auf dem Mond

Auch hochrangige Politiker plaudern über UFOs und Außerirdische aus

Nicht nur ehemalige Militärs, Geheimdienstler und Wissenschaftler können uns eine reichliche Fülle über ihre Erlebnisse erzählen, auch Politiker sind durchaus im Stande, etwas mehr Tacheles zu reden, und sei es dann erst, wenn sie aus dem Amt ausscheiden. Fangen wir erst einmal mit den „harmloseren" Aussagen an.

Als der scheidende US-Präsident **Dwight D. Eisenhower** 1961 in seiner Abschiedsrede vor der ausufernden Macht des *Militärisch-industriellen Komplexes* (MIK) warnte[(1024)], so hatte zu dieser Zeit kaum jemand auch nur geahnt, dass seine Aussage in Verbindung mit außerirdischen Lebewesen stehen könnte. Nach der Offenbarung des zuvor erwähnten anonymen ehemaligen CIA-Mitarbeiters kurz vor seinem Tod kommt heute etwas mehr Licht in die ganze Sache. Deutlicher formulierte es US-Präsident **Ronald Reagan**, als er am 4. Dezember 1985 Studenten einer High School im US-Staat Maryland von seinem Gespräch mit Michail Gorbatschow beim Friedensgipfel in Genf erzählte:

> *„(...) ich konnte es mir nicht nehmen, ihm mitzuteilen, wie leicht unser beider Aufgaben bei solch Treffen wären, wenn es da plötzlich eine Bedrohung für diese Welt von einer anderen Spezies von einem anderen Planeten da draußen im Universum gäbe. Wir würden all diese lokalen Differenzen zwischen unseren Ländern vergessen und wir würden ein für alle Mal herausfinden, dass wir alle wirklich menschliche Wesen sind, gemeinsam auf diesem Planeten. (...)"*

Doch ist dies nicht die einzige Aussage von ihm. Vor der Generalversammlung der *Vereinten Nationen* am 21. September 1987 äußerte er sich auf ähnliche Weise:

> *„In unserer Besessenheit mit den Feindschaften im Moment, vergessen wir häufig, wie viel die Mitglieder der Menschheit vereint. Vielleicht brauchen wir irgendeine äußere universale Bedrohung, die uns dieses gemeinsame Band erkennen lässt. Gelegentlich denke ich daran, wie schnell unsere Differenzen weltweit verschwinden würden, wenn wir uns einer außerirdischen Bedrohung von außerhalb dieser Welt konfrontiert sähen."*

Auf einem *Nationalen Strategie Forum* in Chicago gab er am 4. Mai 1988 von sich:

> *„Aber ich habe mich öfters gefragt, was, wenn wir alle auf der Welt herausfinden würden, dass wir von einer Macht aus dem Universum – von einem anderen Planeten – bedroht wären? Würden wir dann plötzlich einsehen, dass es zwischen uns überhaupt keine Unterschiede gäbe – wir alle menschliche Wesen, Bürger der Welt sind – und würden wir nicht zusammenkommen, um gegen diese besondere Bedrohung zu kämpfen?"*[(1025)]

Für die Massen sind seine Aussagen rein hypothetischer Natur. Doch aufgewachte Kritiker werden in ihnen eindeutig erkennen, dass uns Reagan etwas mitteilen wollte. Als der bekannte Hollywood-Regisseur Steven Spielberg seinen Film „E.T." 1982 herausbrachte, gab es im Weißen Haus eine Vorführung für Präsident Reagan und ein paar geladene Gäste, darunter auch Richter und Astronauten. Nach der Vorführung, so Spielbergs Aussagen, stand Reagan auf, schaute in die Menge und sagte:

> *„Ich möchte mich dafür bedanken, dass Sie E.T. ins Weiße Haus gebracht haben. Wir haben Ihren Film wirklich genossen. Und da sind einige Leute in diesem Raum, die wissen, dass alles, was auf diesem Bildschirm gezeigt wurde, absolut wahr ist."*

Auch wenn er diese Aussage scherzhaft tätigte, hat er dabei aber nicht gelacht.[1026] Sicherlich keinen Scherz machte er jedoch beim vorhin erwähnten Friedensgipfel in Genf am 19. und 20. November 1985, als er mit Gorbatschow offiziell über das Wettrüsten und über diplomatische Beziehungen verhandelte. Wie die britische Zeitung *Daily Mail* berichtete, soll Reagan Gorbatschow ernsthaft gefragt haben, ob er von ihm Unterstützung erhielte im Falle einer außerirdischen Invasion. Gorbatschow solle jedenfalls das Thema gewechselt haben. Zwei Wochen später tätigte Reagan dann seine bekannten Aussagen vor den Studenten der High School. Anschließend wurde ihm vom damaligen Nationalen Sicherheitsberater Colin Powell verboten, in zukünftigen Reden solche Aussagen noch einmal zu wiederholen. Bis zum Amtsende ging er Reagans Reden durch und löschte sämtliche „interplanetare Verweise".[1027] Reagan hielt sich bekanntlich nicht daran. Hinter Reagans damaligen Aussagen kann durchaus eine Bemühung gewesen sein, die Öffentlichkeit für eine vereinte Weltregierung einzustimmen – einer von vielen Plänen, um die Neue Weltordnung umzusetzen. Dabei könnte man sich wahlweise fortgeschrittener Hologrammtechnologien bedienen, die im Rahmen des *Project Blue Beam* eine außerirdische Invasion mit Kämpfen am Himmel und das ganze Programm simulieren, und/oder es werden echte Raumschiffe für die Simulation mit einbezogen. Vor diesem Hintergrund erscheint die von Reagan 1983 ins Leben gerufene *Strategic Defense Initiative*, eines mit Laserwaffen bestückten Raketenabwehrschilds – natürlich gegen die „bösen Russen" – in einem etwas anderen Licht.

Dass Reagan in der Tat geheime Informationen gehabt haben muss, beweist auch eine Passage in seiner Biografie „The Reagan Diaries", die der Ufologe und Autor Michael Salla von *exopolitics.org* entdeckte. Dort heißt es auf Seite 334 zu einem Tagebucheintrag vom 11. Juni 1985:

> *„Mittagessen mit Top 5 Wissenschaftlern. Es war faszinierend. Der Weltraum ist wahrlich die letzte Grenze und einige Entwicklungen im Bereich Astronomie etc. muten wie Science-Fiction an, außer dass sie real sind. Ich habe erfahren, dass unsere Shuttle-Kapazität 300 Leute in den Orbit schicken kann."*[1028]

Aha, sehr interessant! Vor allem, wenn man bedenkt, dass ein Shuttle der NASA höchstens acht Astronauten befördern konnte. Und es wurden nur fünf Shuttles jemals gebaut. Hatte Reagan bewusst oder unbewusst von einem geheimen Weltraumprogramm gesprochen? Mit Sicherheit! Auch folgende Präsidenten äußerten sich zum Thema „UFOs" auf eine Weise, die blicken lässt, dass es da zweifellos „mehr" geben muss, als man den „nutzlosen Essern" preisgeben will:

- So hatte **George Bush Senior** in seinem eigenem Wahlkampf 1988 zum US-Präsidenten auf die Frage eines Journalisten nach der Existenz von UFOs geantwortet: *„Ich weiß einiges, aber ich muss in der Öffentlichkeit sorgsam mit als geheim eingestuften Informationen umgehen."* Einem UFO-Forscher, der ihn ebenfalls auf dieses Thema ansprach, erwiderte er: *„Ich weiß über einiges Bescheid. Ich weiß eine Menge darüber."* 2015 wurde er auf einer Benefizveranstaltung zum Sammeln von Wahlkampfgeldern für die Präsidentschaftskandidatur seines Sohnes Jeb Bush von einem Vertreter von *MUFON* gefragt, wann die US-Regierung den Amerikanern die Wahrheit über die UFOs erzählen würde. Bush entgegnete ihm darauf: *„Die Amerikaner können nicht mit der Wahrheit umgehen."* Da Bush Senior zudem CIA-

Direktor 1976/77 gewesen war, wird er ziemlich viel über dieses Thema gewusst haben.(1029)

- Auch sein Sohn und ebenfalls ehemaliger US-Präsident, **George Bush Junior,** machte in der amerikanischen Talksendung *Jimmy Kimmel* Andeutungen, dass er mehr weiß. Auf die Frage des Gastgebers, ob er während seiner Amtszeit Zugang zu geheimen UFO-Dokumenten hatte, antwortete Bush Junior darauf nur knapp: *„Möglicherweise."* Kimmel fragte, ob denn Bush jetzt, wo er nicht im Amt sei, denn nicht alles tun könne, was er wolle (und somit auch offen über einige Dinge plaudern), sagte Bush darauf: *„Ja, das stimmt, aber ich werde es Ihnen nicht sagen."*(1030)

- Der frühere US-Präsident **Barack Obama** war ebenfalls als Gast bei Jimmy Kimmel eingeladen und wurde ebenso zur UFO-Thematik befragt. Kimmel sagte, dass, wenn er Präsident wäre, er sofort nach den Akten suchen würde, die Informationen über UFOs und das geheime Testgelände *Area 51* beinhalten, um alles Mögliche herauszufinden. Obama fragte er dann, ob er dies denn so gemacht hatte. Dieser antwortete ihm darauf mit Humor:

  „Das ist der Grund, warum Sie nicht Präsident sein werden. Die Außerirdischen würden es nicht zulassen, denn Sie würden all ihre Geheimnisse offenlegen. Sie üben eine strikte Kontrolle über uns aus."

  Auf weitere Nachfrage Kimmels sagte Obama: *„Ich kann darüber nichts enthüllen."* Kimmel entgegnete darauf wiederum, dass, als er den ehemaligen US-Präsidenten Bill Clinton in der Sendung hatte, dieser gesagt hatte, er habe tatsächlich nach den Akten gesucht und Forschungen angestellt und habe aber nichts gefunden. Obama darauf: *„Nun, das ist das, was uns befohlen wurde, zu sagen."*(1031) Interessant ist, dass Obama am 26. Mai 2016 einen Brief über das Pressesekretariat zur Abgabe seines „Weltraumberichts" an den Kongress veröffentlichte, in dem es um eine „ganzheitliche Politik zur Abschreckung von Feinden im Weltraum" ging. So schrieb er in dem knappen Brief:

  „(...) Dieser Bericht ist das Ergebnis eines behördenübergreifenden Prozesses mit der Zielsetzung, die Risiken für die USA und unsere Alliierten im Weltraum zu reduzieren; und um die Rechte, den Zugang, die Möglichkeiten, die Nutzung sowie die Freiheit des Handelns der Vereinigten Staaten im Weltraum zu schützen und zu erhalten. Der Erfolg bedarf mehrjährige Mühe und Hingabe über alle Behörden und Abteilungen hinweg, und ich freue mich auf Ihre laufende Unterstützung."

  Das kann man auf der Archivseite des *Weißen Hauses* nachlesen.(1032) Der Ausdruck „Abschreckung von Feinden im Weltraum" lässt deutlich erkennen, dass es hier ganz sicher um viel mehr gehen muss, als um bloße Interkontinentalraketen, die es seit Jahrzehnten bereits gibt, wegen denen man sicher keinen extra „Weltraumbericht" mit unter Verschluss gehaltenen Anhängen verfassen muss, wenn es doch angeblich seit 2011 keinerlei Weltraummissionen mehr mit den veralteten Shuttles der NASA gibt.

- Auch US-Präsidentschaftskandidatin **Hillary Clinton** war in Jimmy Kimmels Sendung (im März 2016) und wurde auf die früheren Aussagen ihres Ehemanns

Bill Clinton angesprochen. Sie entgegnete, dass sie sich sehr für die Offenlegung der geheimen Akten einsetzen würde, sobald sie im Amt sei, sofern es die „Nationale Sicherheit" nicht bedrohe.[(1033)] Auch während des gesamten Wahlkampfs versprach sie nach außen hin, großes Engagement bei der Veröffentlichung von UFO-Informationen an den Tag zu legen. Meines Erachtens hat sie dies nur getan, um so viele Wählerstimmen wie möglich zu sammeln.

- Schon viel „deutlicher" formulierte es 2012 der aktuell amtierende russische Ministerpräsident **Dmitri Medwedew** (vormals Präsident Russlands) im russischen TV-Sender *REN TV* in der Interviewpause, als er dachte, die Kameras und Mikrofone wären bereits aus. Eine Journalistin fragte ihn, ob Außerirdische jemals auf der Erde gelandet seien. Seine Antwort darauf:

  „Ich erzähle es Ihnen noch einmal. Zusammen mit dem Aktenkoffer mit den nuklearen Codes wird dem Präsidenten des Landes eine ‚Top-Secret'-Akte ausgehändigt. Diese Akte enthält gänzliche Informationen über Außerirdische, die unseren Planeten besucht haben. Zudem erhält man einen Bericht des absolut geheimen ‚Spezialdienstes', welcher für die Belange und Kontrolle der fremden Besucher auf dem Territorium unseres Landes zuständig ist. Mehr Informationen über dieses Thema können Sie im Dokumentarfilm ‚Männer in Schwarz' (‚Men in Black') erhalten."

  Die Journalistin fragte mit einem Grinsen, wie viele es von denen geben würde, darauf antwortete Medwedew noch: *„Wie viele von ihnen unter uns sind, kann ich nicht sagen, weil sonst Panik ausbrechen würde."* Das alles erzählte er mit ernster Mine und ohne zu lachen, während die Journalistin und die Crew um sie herum sich darüber lächerlich zu machen schienen. Unter den Kommentaren unter den Videos wird von einigen darauf beharrt, er habe die Journalistin lediglich aufs Korn nehmen wollen, da er auf den Hollywoodfilm „Men in Black" hingewiesen habe. In der Übersetzung und von russischsprachigen Kommentatoren wird jedoch darauf hingewiesen, dass er aber die russische Dokumentation mit demselben Titel gemeint hatte und nicht die US-amerikanische Komödie. Sucht man auf *YouTube* nach „men in black russian", so wird man fündig. Was die Ernsthaftigkeit seiner Aussagen noch untermauert, ist die Tatsache, dass der britische TV-Sender *Sky News* in einem Bericht mit der Überschrift *„Alien Invasion?"* zuvor genau jene Aussagen Medwedews ins Englische übersetzte und mittendrin der Übersetzer plötzlich abgewürgt und der Ton plötzlich abgedreht wurde, nämlich vor der Stelle *„(...) auf dem Territorium unseres Landes zuständig ist"*.[(1034)] Die Reaktion seitens der Journalistin kann man sich auch so erklären, dass Menschen, die die Wahrheit sonst nicht verkraften würden, das Thema in den Bereich der Fantasie ablegen, was auch eine Schutzfunktion der Psyche sein könnte.

- Der ehemalige Senator des US-Bundesstaats Alaska, **Mike Gravel**, offenbarte in einem Interview 2013 Folgendes: *„Es gibt eine außerirdische Präsenz, die unseren Planeten überwacht und das umfassend."* Seiner Meinung nach studieren die Außerirdischen uns und treten deshalb nicht mit uns allgemein in Kontakt, weil die Erde ein kriegerischer Planet und die Menschheit noch unreif sei. Nach seinen Angaben gab es mindestens 10 UFO-Abstürze auf der Erde und die Wrackteile wurden alle in die USA gebracht, damit Techniker und Wissenschaftler die exotischen

Flugobjekte der Außerirdischen nachbauen können. Gravel gab an, dass sowohl auf Seiten der Machthaber und der Militärs strikte Geheimhaltung über all diese Sachen ausgeübt wird. Gerade die Militärs seien an dieser Geheimhaltung besonders interessiert, da sie genau wissen, dass die Außerirdischen uns vielfach überlegen sind und unsere Verteidigungssysteme jederzeit sofort ausschalten könnten. Würden sie uns vernichten wollen, so Gravel, hätten sie das schon lange tun können.[(1034a)]

Für großen Wirbel sorgte der ehemalige kanadische Verteidigungsminister **Paul Hellyer** im Jahr 2014, als er im russischen TV-Kanal *Russia Today* die Bombe platzen ließ und u.a. folgende brisante Informationen enthüllte[(1035)]:

- Er weiß, dass die Außerirdischen unseren Planeten seit tausenden von Jahren besuchen. Und sie leben schon lange unter uns.
- Der ehemalige Astronaut Edgar Mitchell sagte ihm gegenüber, es gäbe zwischen zwei und zwölf Rassen da draußen. Neueste Berichte gehen jedoch von rund 80 verschiedenen Rassen aus. Einige von ihnen sehen uns zum Verwechseln ähnlich aus, darunter die „großen Weißen“ und die „nordisch Blonden“. Wir würden diese auf der Straße nicht als Außerirdische erkennen, höchstens denken, das sei jemand aus den skandinavischen Ländern. Die „großen Weißen“ arbeiten nach seinen Worten mit der US-Luftwaffe in Nevada zusammen. Daneben berichtete er noch von kleinen Grauen, mit dünnen Armen und Beinen, großen Köpfen und großen Augen.
- Der Großteil dieser Besucher soll uns freundlich gesonnen sein, einige Rassen aber nicht.
- Sie kommen von den verschiedensten Sternsystemen, darunter den *Plejaden*, *Zeta Reticuli* und anderen. Einige Rassen leben sogar in unserem Sonnensystem. Hellyer erwähnte dabei den Planeten *Andromedia*, welcher eines der Saturnmonde sein soll. Andere leben auf der Venus und einige auf dem Mars. Er vermutet, dass sie untereinander in Kontakt stehen und Teil einer Föderation sind.
- Eine Regel dieser Föderation ist es, sich solange nicht in die menschlichen Belange einzumischen, bis sie dazu eingeladen werden (Respekt des freien Willens). Doch sie sind besorgt aufgrund all der Gewalt und Kriege auf unserem Planeten und sie glauben, dass die Menschen keine guten Verwalter ihres Planeten sind. Wir verbringen zu viel Zeit damit, uns gegenseitig zu bekriegen. Wir verpesten die Umwelt und spielen mit exotischen Waffen herum (z.B. Atomwaffen), die vernichtende Effekte nicht nur auf der Erde, sondern auch in anderen Teilen des Kosmos haben.
- Wir haben viele ihrer Technologien übernommen, beispielsweise LED-Lampen, Mikrochips und Kevlarwesten sowie viele andere Dinge. Wir könnten noch vieles von ihnen erhalten, gerade im Bereich der Medizin und Landwirtschaft, sofern wir gewillt wären, damit friedlich umzugehen. Doch die Führer unseres Planeten sind mehr interessiert an den militärischen Technologien und dies sei ein Fehler. Wir müssen uns diesbezüglich schnell ändern, damit wir noch die

Kurve kratzen. Wir sollten alle zusammenarbeiten – untereinander und mit unseren Nachbarn von anderen Planeten. Aber gleich von Anfang an haben wir die UFOs abgeschossen oder versucht, sie abzuschießen. Wenn diese Besucher es gewollt hätten, hätten sie uns schon längst mühelos übernommen. Wir sollten mit den positiv gesonnenen zusammenarbeiten, anstatt unser eigenes „Star-Wars"-System zu entwickeln, um uns gegen sie zu schützen.

- Laut Hellyers Aussagen sind ca. 15-20% aller UFO-Sichtungen real. Er selbst erhalte jede Woche drei bis vier Emails von Leuten, die UFOs gesichtet hätten. Und einige von ihnen seien an Bord eines Schiffes gewesen und haben sogar einen anderen Planeten besucht. Die Hinweise von Leuten zu diesem Thema, die in bestimmten geheimen Bereichen gearbeitet haben oder sogenannter *Whistleblower*, sind mittlerweile vielfältig vorhanden.

Einen sehr interessanten Bericht lieferte **Kirsan Iljumschinow** ab, der ehemalige Präsident der autonomen russischen und buddhistisch geprägten Republik Kalmückien, den ich in einem Beitrag von *exopolitik.org* vorfand. Auf *BBC* und im russischen Staatsfernsehen erzählte er, dass er im September 1997 von seiner Wohnung in Moskau eines Nachts vom Schlafzimmerbalkon aus über eine halbtransparente Energieröhre von einem extraterrestrischen Raumschiff abgeholt und die Besatzung mit ihm zu einem anderen Planeten geflogen war. Sie erzählten ihm, sie seien von Planet zu Planet unterwegs, um Proben zu sammeln. Als er die fremden Besucher fragte, warum sie sich denn nicht öffentlich übers Fernsehen zeigen würden, bekam er die Antwort, dass die Menschheit dafür noch nicht bereit sei. Nach seinen weiteren Worten, seien „sie" wie wir Menschen vom Aussehen her gewesen und ebenfalls mit demselben Verstand ausgestattet wie wir. Iljumschinow wurde bewusst, dass wir Erdenbewohner weder einzigartig, noch allein in dieser Welt sind. Er gab an, dass beispielsweise in den USA jährlich mehr als 4.000 Leute auf eine ähnliche Weise kontaktiert werden, wie es bei ihm der Fall war. Er selbst hätte die Geschichte nicht glauben können, wenn er nicht drei Zeugen gehabt hätte, die alle Zugang zu seiner Wohnung hatten und ihn morgens nicht auffinden konnten, als sie ihn für eine Dienstreise in die Ukraine abholen wollten. Sie bemerkten die offene Balkontür im Schlafzimmer und warteten eine ganze Stunde lang auf ihn, machten sich Sorgen und telefonierten Freunde ab, die aber auch nichts über seinen Verbleib wussten. Plötzlich kam er aus dem Schlafzimmer in die Küche und erzählte ihnen, was ihm widerfahren sei. Die waren noch monatelang geschockt von seiner Erzählung. Er konnte sich nicht erklären, warum die Besucher gerade ihn für die Reise ausgesucht hatten. Auch hätten sie ihm keine besondere Botschaft mitgeteilt, sie wollten ihm einfach das Raumschiff und sich selbst mal offenbart haben.[1036]

„Das UFO-Phänomen existiert und es muss mit einer Ernsthaftigkeit behandelt werden."[1037]
Michail Gorbatschow, ehemals Präsident der Sowjetunion

„Ich lache Leute nicht mehr aus, die behaupten, sie hätten UFOs gesehen. Ich selbst habe eins gesehen."[1038]
Jimmy Carter, US-Präsident 1976-1980

Enthüllungen durch Wikileaks und die Podesta-Emails

Der Name des bereits zuvor genannten Astronauten **Edgar Mitchell** taucht überraschenderweise auch noch an anderer Stelle mehrmals auf, nämlich in den von *Wikileaks* veröffentlichten Podesta-Emails. Ja, man möge es kaum glauben, dass es in diesen Emails auch um andere wirklich wichtige und weniger makabre Dinge ging als um „Hot Dogs" und „Pizza". Edgar Mitchell stand jedenfalls mehrmals mit John Podesta und seinem Büro 2014 und 2015 in Kontakt. In seinem Anliegen aus dem Juni 2014 formulierte er die Notwendigkeit der Enthüllung der außerirdischen Präsenz auf unserem Planeten und dass die alten jahrzehntelangen Regelungen, die diese Präsenz vor den Bürgern geheim halten sollen, heute veraltet, überflüssig und schlichtweg unglaubwürdig geworden sind, da mittlerweile so viele Leute sich der Themen rund um die Außerirdischen voll bewusst seien. Mitchell sprach bei diesem notwendigen Enthüllungsprozess von drei wesentlichen Dingen:

1. Die Nachhaltigkeit unseres Planeten mithilfe von Energietechnologien der nächsten Generation, wie z.B. der Nullpunktenergie („freie Energie").
2. Galaktische Reisen und Forschungen einer entwickelten Spezies, die sich der außerirdischen Präsenz bewusst sei. Aber nicht als ahnungslose Forscher, die zurückfallen zu den Mitteln der Kolonisierung und Zerstörung.
3. Sowie einer souveränen und engagierten Regierung, die der Weisheit und dem Intellekt ihrer Bürger respektvoll begegnet, während wir in den Weltraum schreiten.

Mitchell ersuchte für weitere Gespräche auch den direkten Kontakt zu Barack Obama (zu der Zeit war Podesta noch Berater von Obama). Mit Obamas Freundin und Botschafterin Hamamoto wollte er sich am 4. Juli 2014 in Genf treffen. In Genf wollte er dann zusätzlich bei den *Vereinten Nationen* und der europäischen Weltraumbehörde ESA zur Notwendigkeit der vorgenannten Enthüllungen vorsprechen.(1039) Am 18. Januar 2015 schrieb Mitchell John Podesta und ließ ihn wissen, dass er sich mit Hamamoto getroffen und sie kurz über die Nullpunktenergie unterrichtet hatte. Zudem drängte er auf ein baldiges Treffen, um über die Enthüllungen und die Nullpunktenergie zu sprechen. Er kündigte zudem an, dass bei dem Treffen auch seine katholische Mitarbeiterin Terri Mansfield anwesend sein wird, um die Gruppe auf den neuesten Stand über **die Erkenntnisse des Vatikans über extraterrestrische Intelligenzen** zu bringen.(1040) Am 30. April 2015 schrieb Mitchells Mitarbeiterin Mansfield John Podesta eine Email, um eine Onlinekonferenz über *Skype* abzusprechen (da Mitchell es zu einem persönlichen Treffen nicht mehr schaffen würde). In dieser Email richtet sie von Mitchell aus, wie wichtig der nächste Kontakt wäre in Bezug auf die Enthüllungen und die Unterschiede der *„Himmlischen"* in unserem eigenen Sonnensystem und jenen aus dem *„nicht gewalttätigen angrenzendem Universum, von denen sie zurückgehalten werden"*. Diese Unterschiede könnten entweder einen intergalaktischen Krieg oder Frieden einläuten.(1041) Der *Skype*-Kontakt schien sich lange hinzuziehen, denn in einer weiteren Email vom 18. August 2015 schrieb Mitchell an Podesta noch einmal persönlich und brachte zum Ausdruck, dass, während der Krieg im Weltraum heißer werde, Podesta bedenken möge, dass die Außerirdischen vom angrenzenden Universum uns helfen möchten, die Nullpunktenergie auf die Erde zu bringen. Und dass sie keine Form von militärischer Gewalt auf der Erde oder im All dulden werden. Außerdem erwähnte Mitchell noch seine Zusammenarbeit mit Carol Rosin an einem Abkommen, welches das Stationieren von Waffen im Weltraum verhindern soll. Rosin war langjährige enge Mitarbeiterin des deutschen Raketenwissenschaftlers Wernher von Braun. Ob es noch zu einem direkten Gespräch zwischen Mitchell und Podesta/Obama gekommen war, ist nicht bekannt. Mitchell jedenfalls verstarb am 4. Februar 2016 im Alter von 85 Jahren.(1042)

Ein weiterer Name, der in den Podesta-Emails auftauchte, ist Tom DeLonge, der ehemalige Gitarrist der Musikgruppe *Blink-182*. DeLonges erste Email an Podesta ist datiert auf den 26. Oktober 2015, obwohl aus dieser hervorgeht, dass die beiden sich vorher schon einmal getroffen haben, nämlich als DeLonge Podesta für eine Dokumentation interviewte. Aus dieser Email geht auch hervor, dass DeLonge eine Reihe an Medienprojekten am Laufen hat (Romane, Filme und Non-Fiction) und sich auch mit einem engen Mitarbeiter von Steven Spielberg getroffen hätte. Offensichtlich geht es bei diesen Projekten um die UFO-Thematik, denn DeLonge veröffentlichte bereits die ersten beiden Bände seiner *„Sekret Machines“*-Trilogie (*„Geheime Maschinen“*), welches auf Fakten basiere und wofür DeLonge mit Leuten aus Regierungs- und Militärkreisen sowie aus dem Geheimdienstsektor zusammengearbeitet hat. John Podesta schlug er zudem vor, sich mit zwei hochrangigen Beamten zu treffen, die mit der sensiblen UFO- und Außerirdischen-Thematik vertraut seien. Am 25. Januar 2016 schickte DeLonge Podesta eine weitere Email, in welcher er von einem General McCasland spricht, mit dem er seit vier Monaten zusammenarbeite. Dieser ehemalige General der Luftwaffe soll laut DeLonge Leiter eines Labors des Luftwaffenstützpunkts *Wright Patterson Air Force Base* gewesen sein, welches Teile des abgestürzten Roswell-UFOs untersuchte. McCasland sei im Bilde über DeLonges Enthüllungsbemühungen und hatte ihm sogar dabei geholfen, sein Beraterteam zusammenzustellen.(1043)

Interessant an diesen Geschichten ist, dass US-amerikanische Medien recht offen über DeLonge und den Podesta-Emails berichtet haben (so z.B. das *Rolling Stone Magazine*), was ein eindeutiger Hinweis darauf ist, dass diese Teilenthüllungen von der Kabale gewollt sind. Ähnlich wie bei Steven Greer, sollte man meines Erachtens auch DeLonges Werke – die mit Fiktion untermalt sind – mit einem gewissen Abstand begegnen, denn schließlich arbeitet DeLonge mit „dunklen Elementen“ zusammen, und die sind sehr daran interessiert, **ihre** Version der kommenden globalen Enthüllungen in das Bewusstsein der Menschen einzupflanzen.

USA reaktivieren den National Space Council

Im Juli 2017 reaktivierte US-Präsident Donald Trump den *National Space Council (Nationaler Weltraumrat)*, bei dem der US-Vizepräsident Mike Pence den Vorsitz übernehmen wird. Dieser Rat wird dem Weißen Haus als Berater für Weltraumpolitik zur Seite stehen. In einer Rede im *Kennedy Space Center* der NASA rief Pence aus, dass die USA sich in der *„Dämmerung einer neuen Ära der Weltraumerforschung“* befände. Zudem sprach er sich für eine *„Rückkehr zum Mond“* aus sowie, dass *„Amerikaner ihren Fuß auf den Mars setzen“*. Pence stellte klar, dass Trump den Nationalismus ins All tragen und dass die Amerikaner wieder die Führer im Weltraum sein werden. Trumps Visionen gehen laut Pence über die NASA hinaus. Zu diesem Zweck werde der *National Space Council* die politische Zusammenarbeit zwischen mehreren Regierungsbehörden sowie dem kommerziellen Sektor koordinieren. Bis Ende 2018 plane die NASA daher, den Weltraumverkehr an *Boeing*, Elon Musks *SpaceX* und andere private Unternehmen auszugliedern.(1044) Den Ausbau der behördenübergreifenden Zusammenarbeit hatte bereits Obama zuvor in seinem Weltraumbericht 2016 zwecks einer *„ganzheitlichen Politik zur Abschreckung von Feinden im Weltraum“* gefordert.

Abb. 393: US-Vizepräsident Mike Pence

Wundern Sie sich nicht auch, was da bloß im Hintergrund schon eine sehr lange Weile vorgehen muss und vor uns verschwiegen wurde, wenn die US-Regierung nun ihren *Weltraumrat* reaktiviert, den sie eigentlich schon seit 1989 hat? Was hier von Mike Pence „offiziell“ verkündet wurde, wurde bereits vor Jahrzehnten getätigt. Jetzt wird nur die Öffentlichkeit langsam darauf vorbereitet. (Dazu dann mehr in den nächsten Kapiteln.) Pence sagte über sich selbst, er sei „evangelikaler Katholik“, gehört also zu den religiösen Rechten bzw. Konservativen. Bei seiner Ansprache flankierten hinter ihm links und rechts Flaggen an Standarten mit dem römischen Adler darauf (Abb. 393). Wir wissen mittlerweile, wem die USA gehören, nämlich den Jesuiten und dem Vatikan – das stets im Hinterkopf behalten. Wenn nun die USA *offiziell* wieder die nationale Vorherrschaft über die Raumfahrt erlangen wollen, dann sagt uns das nichts anderes, als dass die Kabale jetzt ihren nächsten großen Schritt in Richtung „Versklavung der Weltbevölkerung“ vollziehen will. Und die Vertreter Luzifers haben sich die letzten Jahre zum Thema „Außerirdische“ durchaus offen geäußert. In unserer medial abgeschotteten Tiefschlafrepublik haben Sie sicher nichts oder kaum etwas darüber gehört oder gelesen, stimmt's? Da müssen wir uns wieder ausländischer Medien bemühen. Dass im Hintergrund schon eine ganze Menge passiert, ohne dass wir es mitbekommen, zeigt auch das neue Gesetz, welches sowohl vom US-Senat sowie vom Kongress abgesegnet und von Obama unterzeichnet wurde, und die USA zum Schürfrechteverwalter im Weltall macht. Ab sofort entscheiden das US-Verkehrsministerium, das US-Verteidigungsministerium und die NASA, wer wie und zu welchen Zwecken wohin ins All darf, um etwas abzubauen. In Europa soll es unter der Führung Luxemburgs ebenfalls ein ähnliches Regelwerk geben, das den Firmen Besitzrechte an die erbeuteten Schätze aus dem All zusichern will.(1044a) Es zeichnet sich also jetzt bereits ab, dass Regierungen und Konzerne sich der Ressourcen des Alls bemächtigen wollen. Das tun sie insgeheim schon seit langem, doch jetzt soll auch die Öffentlichkeit langsam an die neue Realität gewöhnt werden. Oder was meinen Sie, wozu man solche Gesetze braucht, wenn es offiziell doch Jahre dauern würde, um bis zum Asteroidengürtel zu gelangen, dort Mineralien und Edelmetalle abzubauen, um sie anschließend wieder nach jahrelangen Reisen zur Erde zurückzubringen? Überwiegen da nicht die Kosten die vermuteten gewonnenen Einnahmen um das Vielfache? Solche Gesetze machen daher nur dann Sinn, wenn schnelles Reisen **und** schneller Transport von **großen Mengen an schweren Gütern** innerhalb unseres Sonnensystems auch tatsächlich möglich ist.

Und kennen Sie das *Asgardia-Projekt*? Das kommerzielle, in Österreich ansässige Projekt sieht vor, eine Abtrünnigenzivilisation auf einer Raumstation im Erdorbit zu gründen. Diese neue Weltraumnation soll seine eigene Verfassung, seine eigene Flagge sowie seine eigene elektronische Währung (*SOLAR*) bekommen. Es soll zudem eine eigene Regierung samt Parlament haben und will sich als Mitglied der *Vereinten Nationen* bewerben. Akzeptierte Staatsbürger (mittlerweile rund 100.000 an der Anzahl) sollen zudem einen Ausweis erhalten, der auch gleichzeitig als Bankkarte fungieren soll. Dieser Ausweis berechtige dann zur Beantragung eines Reisepasses. Auf jedem Kontinent der Erde soll es Botschaften von *Asgardia* geben. Aktien der *Asgardia AG* soll es ab Ende 2017 zu kaufen geben. Was ist das *offizielle* Ziel dieses Projekts? Angeblich geht es darum, eine entmilitarisierte Zone zu errichten und um die Erde vor „feindlichen Gefahren" wie Sonnenstürmen, koronalen Massenauswürfen der Sonne und möglichen gefährlichen Asteroiden und Kometen zu schützen sowie um wissenschaftliche Forschungen zu ermöglichen. Der nächste Schritt sei es, bewohnbare Niederlassungen auf dem Mond und woanders im All zu errichten. Da fragt man sich, wie dieses Projekt vor all den „furchtbaren" Gefahren aus dem All schützen soll? Dazu müsste es u.a. modernste Waffentechnologien geben. Sollen hier womöglich außerirdische Schiffe vom Besuch auf die Erde abgehalten werden? Oder ist diese geplante Raumnation ein Zufluchtsort für die Kabale, wenn es hier auf der Erde bald brenzlig werden sollte? Die ersten Satelliten von *Asgardia* sollen 2017, 2018 und 2019 starten. Um 2025 herum sollen angeblich dann die ersten Asgardianer hochgeschickt werden.(1044b) Sofern es sich bei diesen tatsächlich um „Normalsterbliche" handeln sollte, werden sie mit großer Verwunderung den „regen Verkehr" oben mitbekommen. Ich wäre zumindest sehr skeptisch, was dieses Projekt betrifft, allein schon wegen der eigenen Nationalbank und der Notwendigkeit, so etwas wie „Geld" im Weltraum haben zu müssen. Die angegebenen Gründe für dieses Projekt sind absolut lächerlich und unglaubwürdig, reinste Augenwischerei. Vielleicht finden sich Insider da draußen, die wissen, was es mit diesem Unternehmen tatsächlich auf sich hat.

„Wir stehen vor der Geburt eines neuen Jahrtausends. Bereit, die Geheimnisse des Weltalls zu entschlüsseln, die Erde von den Miseren der Krankheiten zu befreien und neue Energien und Technologien von morgen nutzbar zu machen."(1045)

US-Präsident Donald Trumps große Versprechen bei seiner Vereidigungsrede am 20. Januar 2017

Was sagen vatikanische Vertreter?

Wie aus den Podesta-Emails hervorging, hat der Vatikan wohl mehr Wissen über extraterrestrische Intelligenzen als die Politiker. Muss er ja auch, denn schließlich steht er im direkten Kontakt mit ihnen. Folgendes verlautete einmal Papst Johannes XXIII. (1958-1963): *„Die Söhne Gottes sind überall. Manchmal haben wir Schwierigkeiten, unsere eigenen Brüder zu erkennen."* Dies sagte er, nachdem ein UFO im Garten von *Castel Gandolfo* gelandet und – bis auf einige optische Ausnahmen – ein recht menschlich aussehendes Wesen mit dem Papst 20 Minuten lang gesprochen habe. Kardinal Loris Capovilla war als Zeuge zugegen, als sich dies zutrug. Seitdem arbeiten der Vatikan und die NASA noch enger in einem geheimen Forschungszentrum zusammen, um Tag und Nacht die Bewegungen der fremden Besucher und ihrer Raumschiffe zu verfolgen.(1046)

So hat der Vatikan nicht nur seit dem 16. Jahrhundert seine eigene Sternwarte im *Castel Gandolfo*, sondern besitzt ein weiteres Teleskop auf dem für dort ansässige Indianer heiligen Berg *Mount Graham* im US-Bundesstaat Arizona, das sog. *Vatican Advanced Technology Telescope* (VATT), welches für sichtbares und infrarotes Licht geeignet ist. Direkt daneben befindet sich das *Large Binocular Telescope* (LBT), ein riesiges binokulares Teleskop, welches aus zwei 8,4 Meter großen Hauptspiegeln besteht und dieselbe Lichtsammelleistung besitzt, wie ein einzelnes, 11,8 Meter großes Teleskop. Mittels Interferometrie (einer speziellen Messmethode in der Physik) kann die optische Auflösung gar auf die eines 22,8 Meter großen Spiegels gesteigert werden. Dadurch ist es auch möglich, Zentralsterne auszublenden, um deren mögliche Planeten sichtbar zu machen.

Abb. 394: Die Vatikanische Sternwarte in *Castel Gandolfo*, südlich von Rom in den Albaner Bergen.

Das *LBT* ist das weltgrößte optische Teleskop und ein 100 Millionen Euro teures Gemeinschaftsprojekt der USA, Deutschland und Italien. Auf deutscher Seite sind die *Max-Planck-Institute für Astronomie, extraterrestrische Physik* und *Radioastronomie*, das *Leibniz-Institut für Astrophysik* und die *Landessternwarte Heidelberg* mit insgesamt 25% beteiligt. Auf italienischer Seite ist das nationale Institut für Astrophysik mit Sitz in Rom ebenfalls mit 25% beteiligt.(1047) Und wenn auch der Vatikan offiziell nichts mit dem *LBT* zu tun hat, so kann man aufgrund der *VATT*-Präsenz in direkter Nähe und der römischen Beteiligung ziemlich sicher sein, dass der Vatikan sich Zugang zum weltgrößten Teleskop gesichert hat. Eine Besonderheit des *LBT* ist jedoch ein mit einem Spektroskop und einer Kamera ausgestattetes und vom *Max-Planck-Institut* mitentwickeltes spezielles integriertes Modul mit der Bezeichnung *LBT NIR-Spectroscopic Utility with Camera and Integral-Field Unit for Extragalactic Research*, das die Abkürzung *LUCIFER* trägt und Aufnahmen im nahen Infrarotspektrum ermöglicht.(1048) Die Abkürzung wurde in *LUCI* umbenannt, weil sich anscheinend viele zu Recht über die vorige Version beschwert hatten. Im Infrarotbereich, so sind sich Ufologen einer Meinung, kann man wesentlich mehr Dinge sehen, vor allem UFOs, die unsichtbar fürs menschliche Auge sind.

Abb. 395 und 396: Oben das *Vatican Advanced Technology Telescope (VATT)* in Mount Graham (Arizona). Unten das weltgrößte Teleskop mit dem *LBT-LUCIFER*-Modul, um Planeten sowie Raumschiffe fremder Welten im Infrarotbereich zu erfassen.

Wonach hält also der Vatikan denn genau Ausschau, wenn er mithilfe von „Lucifer" in Bereiche außerhalb unserer Galaxis vordringt? Vielleicht nach seinen „Göttern", deren Ankunft er erwartet? Weshalb unterhält der Vatikan ein großes Astronomieprogramm sowie eine eigene große Sternwarte in *Castel Gandolfo*, welches von dem argentinischen Jesuitenpater und Astronomen **José Gabriel Funes** bis 2015 geleitet wurde? Letzterer sagte in einem Interview 2008 mit der Vatikan-Zeitung *L'Osservatore Romano* aus, dass die Möglichkeit außerirdischen intelligenten Lebens nicht im Widerspruch zu den Lehren der katholischen Kirche stünde, *„weil wir Gottes kreative Freiheit nicht begrenzen können"*. Er fuhr fort: *„Wenn wir irdische Wesen als ‚Brüder' und ‚Schwestern' betrachten, warum könnten wir nicht auch von einem ‚außerirdischen Bruder' sprechen? Er würde genau so zur Schöpfung gehören."* Wenn es um die theologische Frage geht, wie es denn um die Erlösung der Brüder im All bestellt sei, mutmaßte Funes gemäß eines *Welt*-Artikels, *„dass vielleicht nur wir Menschen die ‚verlorenen Schafe' im All waren und die Außerirdischen gar keine Erlösung nötig haben, weil sie keine Sünder sind"*.(1049) Als NASAs Weltraumteleskop *Kepler* im Juli 2015 die Entdeckung des erdähnlichen Planeten *Kepler-452b* verkündete, schrieb Jesuit Funes in derselben vatikanischen Zeitung:

> *„Die Entdeckung des neuen Planeten Kepler-452b lebt die Idee wieder auf, dass ein Kontakt und – warum auch nicht – auch ein Zusammentreffen mit intelligenten außerirdischen Wesen einer fremden Zivilisation in der nahen Zukunft geschehen könnte."*

Er ergänzte aber gleich, dass er persönlich skeptisch sei, dass solch ein kosmisches Ereignis wirklich stattfinden würde.(1050) Im September 2015 wurde dann **Guy Joseph Consolmagno** von Papst Franziskus zum neuen Leiter der *Vatikanischen Sternwarte* ernannt. Und ja, auch er ist ein jesuitischer Astronom, der sich laut *spiegel.de* zum Thema „Außerirdische" in einem Interview einmal wie folgt äußerte:

> *„Ich hoffe, dass wir mitbekommen, dass es Leben sogar in unserem Sonnensystem gibt. Selbst wenn es nur Bakterien wären. Ich bin Science-Fiction-Fan genug, dass ich von dem Tag träume, an dem wir andere Wesen treffen können. Wir müssen größer denken. Wir müssen davon ausgehen, dass solche Wesen mehr sind, als wir aus Science-Fiction-Filmen kennen, wo sie Menschen in witzigen Kostümen sind. Wir müssen vorbereitet sein auf Leben, das viel bizarrer ist, als wir es jetzt auch nur erkennen könnten. Und trotzdem: Wenn die Gesetze der Physik überall im Universum die gleichen sind, dann werden auch die Gesetze von richtig und falsch dieselben sein. Und man muss zu der fundamentalen Frage kommen: Liebe ich meinen Nachbarn? Liebe ich den Schöpfer, der dem Universum Bedeutung gibt? Und habe ich die Freiheit, diese Wahl zu treffen? Das wird überall gleich sein. (…)"*(1051)

Interessante Worte. Und ja, auch mit den „bizarren" Umständen werden wir durchaus zurechtkommen müssen.

In Bezug auf Außerirdische drückte sich bereits Ende der 1990er-Jahre der damalige Chefexorzist des Vatikans und enger Freund von Papst Johannes Paul II., **Corrado Balducci**, noch viel deutlicher aus. Auf die Frage, was er denn zu jemandem sagen würde, der behauptet, dass Aliens bereits unter uns sind, antwortete er vor laufender Kamera, dass wir nicht mehr darüber zu diskutieren bräuchten, ob es wahr oder unwahr sei und ob „sie" real seien oder nicht. Heute könnten wir mit Sicherheit sagen, dass diese Wesen real sind. Wir könnten darüber keine Zweifel haben aufgrund der schieren Anzahl der Sterne und Galaxien da draußen. In einem anderen Interview erzählte er, dass die Wesen anderer Planeten ebenfalls eine Seele und einen Körper haben, wie wir auch, in UFOs reisen und sich auch Menschen auf der Erde zeigen. Seiner Meinung nach müsse das UFO-Phänomen wissenschaftlich und als eine physische Realität erforscht werden und nicht im Reich von Engeln und Dämonen. Des Weiteren würde nach seinen Worten der Vatikan über seine Botschaften weltweit Informationen zu fremden Besuchern und ihren Kontakten zu Menschen zusammentragen. Zudem wiederholte Balducci immer wieder, wie wichtig es sei, dass Zeugenaussagen über UFOs und Außerirdische als wahrhaftige

Fakten angenommen und nicht als Halluzinationen abgetan würden.[1052] Balducci soll zudem einmal gesagt haben, dass es etwas *„niedrigeres als die Menschheit da draußen im All nicht geben könne"*. Leider hat Steven Greer seine Aussage in eigenen Vorträgen dazu genutzt, die Lüge zu bestärken, dass es nur positive ETs geben würde.[1052a] (Dank an *stillnessinthestorm.com* für die Hinweise)

Balduccis Aussagen halte ich dennoch gerade für die kirchen- und bibelgläubigen Menschen sehr wichtig, da in Christenkreisen (aber auch teilweise in anderen Religionen) tatsächlich der Blödsinn verbreitet wird, dass es sich bei den Außerirdischen pauschal um Dämonen handeln und sofern man an ihre Existenz glauben würde, man mit diesen „Dämonen" paktieren würde. Das ist ein ähnlich hochgradiger Schwachsinn, wie die Theorie der „flachen Erde". Und Letztere wird übrigens von professionellen Trollen im Auftrag der Kabale besonders die letzten zwei bis drei Jahre wie eine Sau durchs Internetdorf gepeitscht, um Leute zu verunsichern, von den *wahren* Enthüllungen abzulenken und die Freiheitsbewegung zu diskreditieren („dumme Verschwörungstheoretiker"). Und leider Gottes fallen tatsächlich viele Menschen auf diese krude Theorie auch noch herein, selbst Prominente aus Deutschland. Erzählt man diesen, die sollten doch mal mit einem guten Teleskop selber in den Himmel schauen und sehen, dass die Planeten eine runde Kugelform haben, kommt als Gegenargument, wir würden doch nicht sehen können, ob es sich um Kugeln handeln würden. Alles, was wir sehen würden, sei bloß eine kreisrunde Form. Und das sei dann „Beweis" genug, dass die Himmelskörper flach seien. Das würde dann bedeuten, dass diese flachen Scheiben von unserer Perspektive aus allesamt „stehend" im Universum schweben. Da diese „Flacherdler" auch behaupten, es gäbe keine Gravitation und die Planeten würden stationär im All schweben, müssten folglich alle Menschen von solch einer „stehenden Scheibe" ja herunterfallen und im All verschwinden. Und dieser Schwachsinn kommt von erwachsenen Menschen... Ansonsten einmal der folgende Tipp, sich die Planeten über Tage und Wochen hinweg mit einem Teleskop anzuschauen. Dann wird man u.a. Folgendes entdecken:

- dass die Monde Jupiters und Saturns um ihre jeweiligen Planeten kreisen und dass der große rote Fleck (Wirbelsturm) Jupiter umkreist.
- dass die Sonnenflecken sich um die Sonne herum bewegen.

Und ich meine, dass die Planeten und viele Monde auch um ihre eigene Achse rotieren und von diesen somit nicht immer dieselbe Seite zu sehen ist. Ansonsten würde man mit einem Fernglas auf hoher See Schiffe hinterm Horizont nur noch teilweise erblicken oder diese verschwinden sehen, was für eine Krümmung der Erde spricht. Ach, sie merken schon, was dieser neue „Hype" eigentlich für ein mittelalterlicher Schwachsinn ist, reinster Kindergartenkram zum Zeit rauben, daher höre ich an dieser Stelle auch gleich wieder auf. Selbst die alten Griechen hatten mehr Wissen über das Universum als unsere verblödete Menschheit heute und wussten bereits damals, dass die Planeten rund sind.

Doch zurück zu den hohen Klerikern: Selbst ein Papst wie Franziskus ließ durchblicken, dass er zumindest indirekt die Existenz von Wesen anderer Planeten nicht infrage stellen würde. Während einer Messe im Mai 2014 sprach er über außerirdische Lebensformen und meinte, dass er auch Marsianer taufen würde, sollten sie jemals die Erde besuchen. Dazu wären sie in der Kirche willkommen. Seine Rede fokussierte sich auf die Frage: *„Wer sind wir, um die Türen zum Heiligen Geist zu verschließen?"*, in der er sagte, dass die Taufe jedem offen zugänglich sei.[1053] Auch der vorhin erwähnte Vatikanastronom Consolmagno sagte gemäß eines Berichts der britischen Zeitung *The Guardian* 2010, dass auch Aliens – egal, wie viele Tentakeln sie haben – eine Seele besitzen und er sie ebenfalls taufen wollen würde, sollten sie darum bitten.[1054]

Sich katholisch taufen zu lassen bedeutet, einen Pakt mit dem Vatikan und somit mit Satan einzugehen. Ich bin mir sicher, dass kein intelligentes und spirituell entwickeltes Wesen da draußen so etwas machen würde. Das wissen auch diese Kleriker ganz genau. Darum geht es aber nicht wirklich. Der springende Punkt ist doch, dass hier nicht irgendwelche Dorfpfaffen, sondern hohe Vatikanvertreter erstaunlich offen mit der Außerirdischen-Thematik umgehen. Vor 20 Jahren wäre das noch völlig undenkbar gewesen, und vor 300 Jahren wäre jemand dafür als „Ketzer“ gevierteilt oder auf dem Scheiterhaufen verbrannt worden. Warum also gerade solch eine Offenheit die letzten Jahre?

Der Vatikan und der Schlüssel des Salomon

Halten wir also fest: Der Vatikan besitzt nicht nur eigene Teleskope in der Nähe Roms und hat Zugang zum weltgrößten Teleskop der Erde. Dank unseres Freundes Nassim Haramein wissen wir, dass dem Vatikan zudem alle Sonden und Teleskope gehören, die speziell die Sonne beobachten bzw. überwachen. Man kann also mit Fug und Recht behaupten, dass der Vatikan und die Jesuiten unser Sonnensystem und große Teile unserer Galaxis Tag und Nacht überwachen und Ausschau halten. Im Zuge der Vorträge mit Haramein stieß ich noch einmal auf die geheimnisumwobene Symbolik, die der Vatikan nutzt. Hiermit meine ich das angeblich „christliche“ *Chi-Rho*-Symbol bzw. „Christusmonogramm“ sowie das Wappen des Vatikans, welches u.a. einen goldenen und silbernen Schlüssel abbildet. Der Forscher Wayne Herschel, der Autor des Buches „The Hidden Records I“, knackte den geheimen Vatikancode, als er ein Piktogrammpuzzle in hebräischen Manuskripten des „Schlüssel des Salomon“ entschlüsselte. Um das verständlicher zu veranschaulichen, erkläre ich das am besten in Form der nachfolgenden Bilderserie:

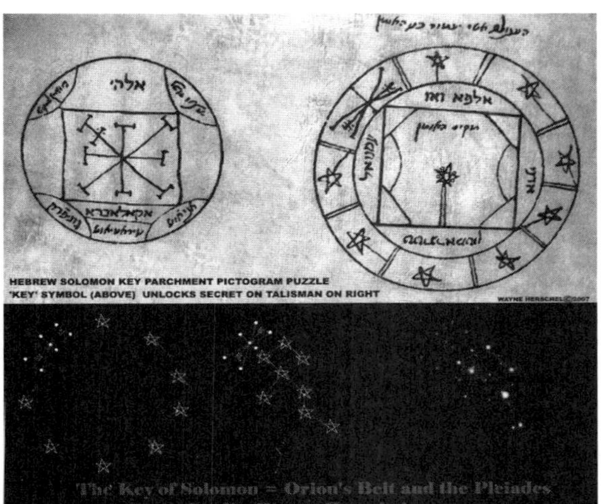

Abb. 397 (oben): Das Chi-Rho bzw. Christusmonogramm. Offiziell sollen die Anfangsbuchstaben „Xp“ aus dem Griechischen für das Wort „Christos“ stehen. Manchmal wird dieses Zeichen noch mit den Alpha- und Omega-Symbolen links und rechts abgebildet. Rechts davon eine alte Version des Chi-Rho-Symbols, die ich auf *ringofchrist.com* gefunden habe. Ähnelt dieses nicht etwas dem Hakenkreuz und dem Symbol des Ordens der *Schwarzen Sonne*? Aber wie auch schon bei dem Jesuitenlogo steht das *Chi-Rho*-Symbol für etwas völlig anderes...

Abb. 398: Oben sehen wir das hebräische Piktogrammpuzzle auf Pergament, welches das Geheimnis zum Schlüssel Salomons beinhaltet. Unten sehen wir, was auf dem Pergament gemeint war. Gemäß Wayne Herschel soll der Schlüssel des Salomon den Zugang zum Oriongürtel und den Plejaden symbolisieren.

Abb. 399: Dies ist eine Luftaufnahme des Vatikans. Links sehen wir den Vatikan mit dem Petersdom (Basilika) und den St. Petersplatz mit Obelisken (achten Sie auf das Kreuzmuster auf dem St. Petersplatz). Im rechten Teil des Bildes sehen wir die Engelsburg *Castel Sant'Angelo* in Rom, eingebettet in einem pentagonalen Sternmuster, welches einst als Gefängnis und Fluchtburg der Päpste diente. Fällt Ihnen etwas aus dieser Luftperspektive auf? Auf dem nächsten Bild wird es deutlicher.

Abb. 400: Diese Formation bildet eindeutig einen Schlüssel ab! Bei dem „heiligen Petrus", der vor der Basilika in Form einer Statue steht, könnte es sich in Wahrheit um König Salomon handeln, der den Schlüssel zum Geheimnis (der Menschheit?) in der Hand hält. Sein Finger zeigt in Richtung der Engelsburg. Das *Chi-Rho* steht dabei für das Orion-Sternbild und...

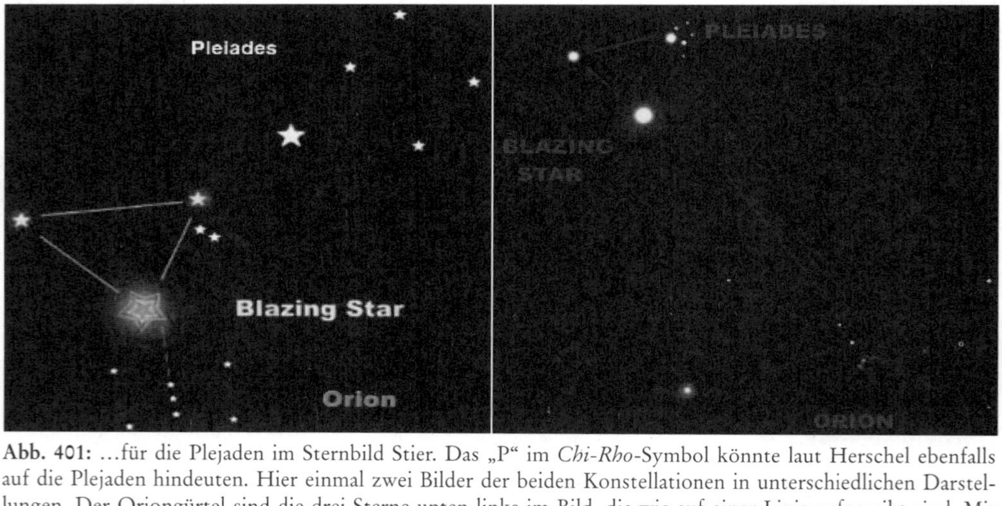

Abb. 401: ...für die Plejaden im Sternbild Stier. Das „P" im *Chi-Rho*-Symbol könnte laut Herschel ebenfalls auf die Plejaden hindeuten. Hier einmal zwei Bilder der beiden Konstellationen in unterschiedlichen Darstellungen. Der Oriongürtel sind die drei Sterne unten links im Bild, die wie auf einer Linie aufgereiht sind. Mit dem „Blazing Star" wäre laut Herschel *Sol 1* gemeint (weitere Interpretation: *Stern des RA* im alten Ägypten), was wiederum der Engelsburg des Vatikans entsprechen würde. Links von den Plejaden bildet ein Dreisternsystem (Sol 1, Sol 2 und Sol 3) ein Dreieck.

Schauen wir uns das Ganze jetzt zur besseren Veranschaulichung aus einer weiteren Landschaftsperspektive an.

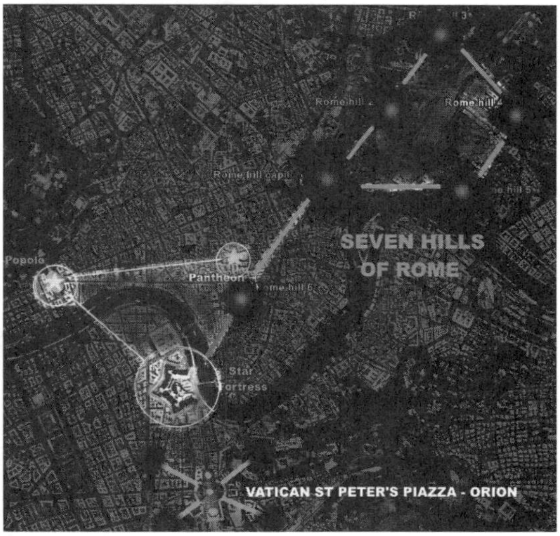

Abb. 402: Wir haben es hier mit einer Sternkarte zu tun. Der Vatikan repräsentiert also den Orion. Die Obeliske auf der *Piazza del Popolo* und beim *Pantheon* bilden mit der Engelsburg das Dreisternsystem ab. Die *Sieben Hügel* Roms symbolisieren die Plejaden (auch als *Siebengestirn* oder *Sieben Schwestern* bekannt).

Abb. 403: Das Christentum hätte demnach seinen Ursprung in Sirius und Orion, Hinduismus und Buddhismus im Sternsystem Aldebaran, der Islam in *Sol 1* und das Judentum käme von den Plejaden, was mit der jüdischen Menora (Sieben Kerzen, Siebengestirn) noch einmal verdeutlicht werden soll. (*thehiddenrecords.com/religion*)

Spannend, oder? Wayne Herschel geht davon aus, dass der Schlüssel des Salomon der Schlüssel zum Orion und den Plejaden sei. Wer hätte das gedacht! Welches Geheimnis befindet sich womöglich in der Engelsburg gelagert, wofür Petrus/Salomon den Schlüssel in der Hand hält? Welches Geheimnis ist mit dem Stern verbunden, auf den Salomon zeigt? Laut Herschel würde es sich bei den heiligen drei Königen aus der Bibel ebenfalls um die drei Sterne des Oriongürtels handeln, die dem Stern von Bethlehem folgen. Fragt sich nur, welcher Stern von Bethlehem damit gemeint sein könnte? Mit dem *Chi-Rho* ist jedenfalls nicht das Kreuz Jesu gemeint, sondern das „Kreuz am Himmel“ (Orion). Herschel scheint den Code geknackt zu haben, wenn er folgende Sternbilder und Sternsysteme als den Ursprung der vier großen Religionen zuordnet, wie in Abb. 403 zu sehen.

Das scheint also das große Geheimnis zu sein, welches der Vatikan hütet, der den Schlüssel zum Wissen nicht nur über den Ursprung der Religionen und somit der „Götter“, sondern auch den Ursprung der **Menschheit** besitzt! Richtig, wir alle stammen nämlich ursprünglich von den Sternen ab.

Schauen wir uns an, wo das Sternbild der Plejaden noch zu finden ist.

Abb. 404: Die bereits zuvor erwähnte *Cydonia*-Region auf dem Mars kann neben dem „Marsgesicht" auch noch mit Pyramiden aufwarten. Und das Pyramidengebilde oben links bildet rein zufällig die Plejaden ab, wie Wayne Herschel herausgefunden hatte.

Abb. 405 (links): Hier zur weiteren Veranschaulichung, dass die verschiedenen Kreuze als „Salomons Schlüssel" für das Sternsystem Orion stehen. (Wayne Herschel/*YouTube*)

Abb. 406: Das Wappen des Vatikans mit mysteriöser Symbolik. Wofür stehen der goldene und der silberne Schlüssel? Auffallend jedenfalls ist, dass die Schlüssel ein Kreuz bilden und somit auch auf den Orion hinweisen.

Die „3 Kronen der Gewalt" auf der Tiara stehen bestimmt für den Oriongürtel, was auch Wayne Herschels Interpretation ist. In meinem ersten Buch habe ich über diese 3 Kronen geschrieben und dargelegt, dass sie drei Fundamente für unsere heutige Versklavung bilden, die durch drei päpstliche Bullen (Erlasse) im 15. und 16. Jahrhundert erlassen wurden.

Schlüssel und Tiara passen zudem geometrisch gesehen in eine pentagonale Struktur, was wieder an die Engelsburg erinnert und daher stimmig zueinander passen würde.

In dieses ganze Puzzle muss sich dann auch der Jerusalemer Tempel einreihen, der auch als „Tempel Salomons" bekannt ist und auf dem Tempelberg befinden sich die bedeutendsten „Heiligtümer" der Moslems, nämlich der Felsendom und die *al-Aqsa-Moschee*. Der erste Tempel sowie auch Jerusalem wurden 586 v.Chr. durch die Babylonier unter Nebukadnezar II. zerstört. Der Tempel wurde wieder neu errichtet und 70 n.Chr. durch die Römer erneut zerstört. Die Westmauer dieses zweiten Tempels dient bis heute als Klagemauer für die Juden. Seit Jahrzehnten wird unter einigen Rabbinern die Neuerrichtung des Tempels in Erwägung gezogen, der Bau des „dritten Tempels". Warum sind dieser Tempel und Jerusalem die letzten paar tausend Jahre so heiß umkämpft? Warum hat der Vatikan tatsächlich ein solch großes Interesse an Jerusalem? Könnte es sein, dass in/unter/über dem Tempel ein Sternenportal ist, durch das Wesenheiten aus dem Orion und woanders her auf unseren Planeten gelangen?

Zwischenexkurs zu den Pyramiden

Und auch die drei großen Pyramiden von Gizeh in Ägypten bilden auf interessante Weise den Oriongürtel ab. Laut Berechnungen des Forschers Robert Bauval waren sie in perfekter Korrelation zueinander im Jahr 10.450 v.Chr. Zu dieser Zeit bildete der Fluss *Nil* zudem unsere Milchstraße ab.[(1054a)] Die kleine Pyramide, die leicht versetzt zu den beiden großen liegt, entspricht exakt dem kleinen Stern des Oriongürtels, der ebenfalls etwas versetzt zu den beiden anderen Sternen liegt und keine absolut gerade Linie mit diesen bildet (Abb. 407). Am westlichen Nilufer liegt die altägyptische Nekropole (Totenstadt) *Sakkara*, in der sich ein Pyramidenkomplex befindet, der die Andromeda-Galaxie abbildet (Abb. 410). Die Pyramide in Abu Roasch bildet den Stern Sirius ab. Südlich von Gizeh befindet sich die Nekropole Saujet el-Arjan mit zwei Pyramiden (davon eine unfertig), die Aldebaran bzw. Alpha Tauri abbilden. Weiter südlich davon befiden sich die Pyramiden von Abusir, die in Korrelation zu den Plejaden stehen. Die drei Pyramiden von Teotihuacan in Mexiko und ein Teil des Pyramidenkomplexes bei der chinesischen Stadt Xi'an bilden verblüffenderweise ebenfalls den Oriongürtel ab (Abb. 407 und 408). Bloßer Zufall kann das alles gewiss nicht sein. Wie kann es zudem sein, wenn die Pyramiden laut offizieller Lehrmeinung erst vor rund 4.500 Jahren erbaut wurden? Dass letztere Angabe nicht stimmen kann, zeigen Wassererosionsspuren an den Pyramiden und an der Sphinx, die auf ein Alter von mindestens 12.000 Jahren schließen lassen. Die Sphinx soll sogar noch viel älter sein. Laut Hinweisen anderer Forscher wurden die Pyramiden vor dem Untergang von Atlantis durch die Sintflut (vor etwa 12.600 Jahren) erbaut. Das wiederum hieße, dass sie 13.000 Jahre oder älter sind.[(1054b)] Laut einer weiteren These wurden die Pyramiden von Gizeh mit seinen Tempelanlagen von Thoth, dem Atlanter, erbaut und bilden – neben dem Oriongürtel – insgesamt auch unser Sonnensystem ab, wobei die drei großen Pyramiden Erde, Mars und Venus darstellen würden. Wer auch immer die Pyramiden gebaut hatte, war hoch intelligent, was wiederum der öffentlichen Geschichtsschreibung widerspricht, die Zivilisationen vor 5.000 bis 10.000 Jahren als äußerst primitiv und unterentwickelt darstellt.[(1054c)] Jedenfalls ist der Nahe Osten mit starker Orion-Symbolik versehen. Hat der *Orient* daher seinen Namen?

Die älteste Pyramide soll laut eines ukrainischen Wissenschaftlers auf der Insel Krim stehen. In der Ukraine sollen ebenfalls unterirdische Pyramiden entdeckt worden sein wie auch verschüttete Pyramiden in Bosnien (z.B. nahe der Stadt Visoko).[(1054d)] Handelt es sich bei diesen ebenfalls um Sternentore und sind diese der eigentlich wahre Hintergrund für die Kriege in diesen Ländern gewesen (und auch in anderen Ländern allgemein)? Und warum hat die NASA die Mondregion *Mare Tranquillitatis* (lat. für *Meer der Ruhe*) als Landeplatz für ihre erste Mondlandung und für folgende Mondmissionen ausgewählt? Laut einigen Forschern standen die Koordinaten dieser Mondregion zu den gegebenen Landedaten und Uhrzeiten in Korrelation zum Oriongürtel. Noch kurioser wird das Ganze noch, wenn wir uns das Logo von der für 2019 angesetzten NASA-Mondmission *Exploration Mission 1* des *Orion*-Programms anschauen, welches den Schriftzug *Orion* und den Oriongürtel abbildet (Abb. 412).[(1054e)]

Schon im alten Babylon war der Orion besonders „heilig". Jetzt kommt die große Preisfrage, welche „Götter" der Vatikan und die Jesuiten nun verehren? Welchen Wesenheiten aus dem Sternbild des Orion huldigen sie?

Abb. 407: Die drei Pyramiden von Gizeh sowie ein Teil der chinesischen Xi'an-Pyramiden (ganz rechts) bilden den Oriongürtel ab.

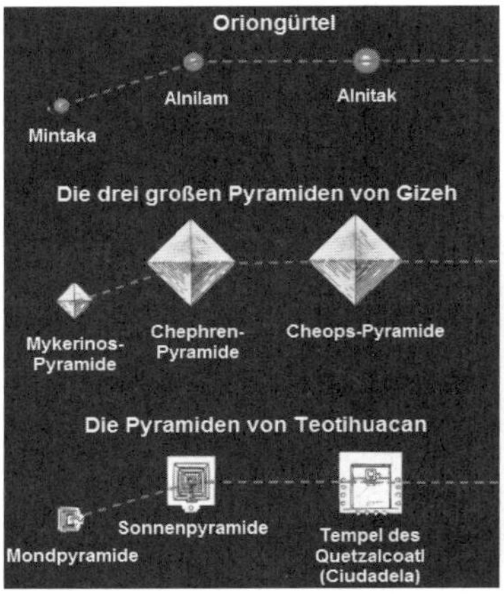

Abb. 408 (links): Darstellung des Oriongürtels im Vergleich mit den drei großen Pyramiden von Gizeh sowie den Pyramiden von Teotihuacan in Mexiko. Im Tempel des Quetzalcoatl befindet sich eine kleine Pyramide. (Grafik von *ancient-code.com* übernommen)

Abb. 409: Zur Veranschaulichung die Sterne Sirius, der Oriongürtel, Aldebaran und die Plejaden am Nachthimmel. Gerade Sirius und Orion spielten in der altägyptischen Mythologie mit ihren Göttern Osiris (Orion) und Isis (Sirius) eine sehr wichtige Rolle.

Und befinden sich ein paar dieser Wesen im Vatikan selbst bzw. leiten diesen sogar insgeheim? Daniel Salter, der ehemals in der US-Luftwaffe diente und sich zuvor zum Roswell-Absturz äußerte, erwähnte ebenfalls in seinem Interview, dass die Grauen vom zentralen Stern des Oriongürtels kommen würden. Auf die Frage, welche Wesenheiten hier sonst auf der Erde noch die Kontrolle haben, kann uns vielleicht die große Pyramide von Gizeh einen Hinweis geben. Die bekannten Forscher Robert Bauval und Graham Hancock fanden nämlich heraus, dass um 2.500 v.Chr. die Luftschächte von der Königinnen- und der Königskammer exakt in Korrelation zu gewissen Sternen standen. Der südliche Schacht von der Königinnenkammer aus zeigte auf den Stern Sirius, wohingegen der südliche Schacht der Königskammer sich in einer Linie zum hellsten Stern des Orion (Alnitak) befand. Der nördliche Schacht von der Königinnenkammer aus zeigte auf den Stern *Beta Ursa Minor* (auch *Kochab* genannt) im Sternbild *Kleiner Bär*, und der nördliche Schacht von der Königskammer zeigte auf den Stern *Alpha Draconis* (Thuban) im Sternbild *Drache* (Draco), der zum damaligen Zeitpunkt auch der Polarstern war (Abb. 413).[1054f] Viele Forscher sind sich sicher, dass die Reptilien/Reptiloiden von Alpha Draconis bzw. vom Sternbild *Draco* kommen. Reptiloide sind humanoide Wesen mit deutlich reptilischem Aussehen und Merkmalen, oft auch „Reptilien" oder „Reptos" genannt. Stehen das „Alpha und Omega" des Vatikans somit für *Alpha Draconis* und *Orion*? Zu den Reptilien komme ich noch im nächsten Kapitel ausführlicher.

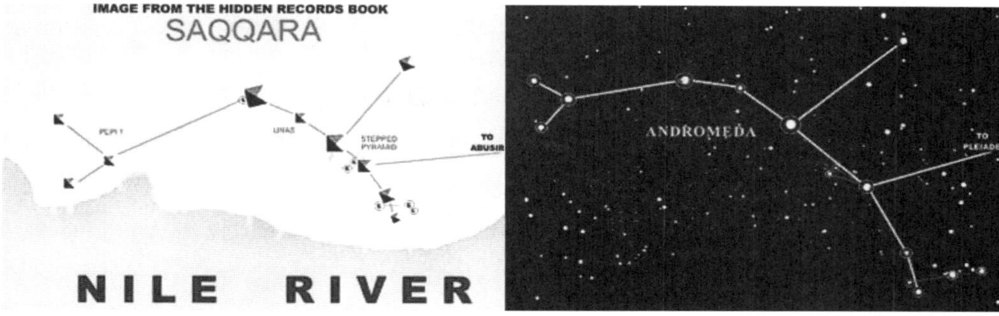

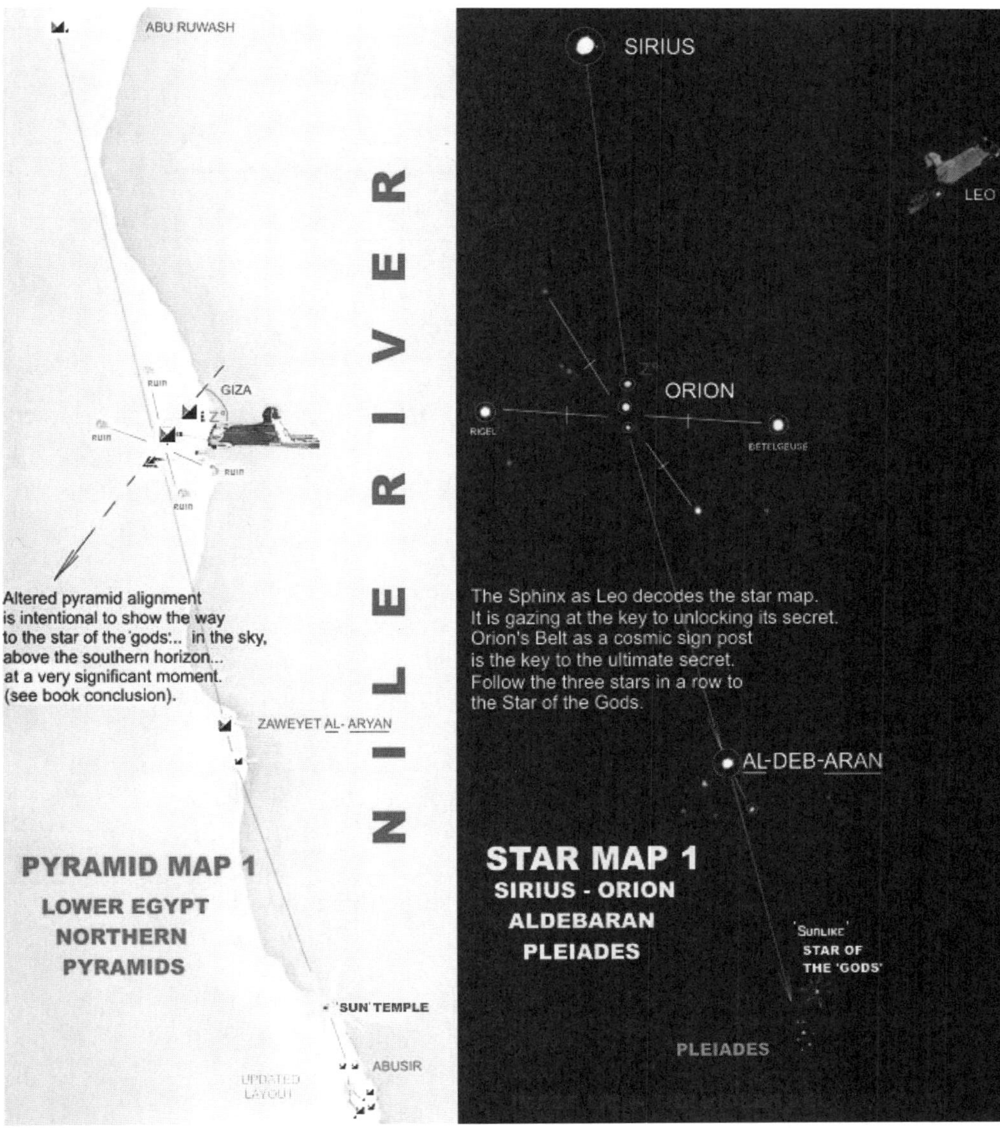

Abb. 410 und 411: Oben bildet der Pyramidenkomplex in der Region von Sakkara in Ägypten die Andromeda-Galaxie ab. Unten bilden die Pyramiden entlang des Nils in Ägypten eine Sternkarte (aus Wayne Herschels Buch „The Hidden Records" / *ancient-code.com*)

Wer interessiert ist, umfangreichere und detailliertere Analysen und Interpretationen zu der Vatikan- und Pyramidensymbolik zu erforschen, dem sei Wayne Herschels Webseite *thehiddenrecords.com* sowie sein gleichnamiges Buch empfohlen.

Abb. 412: Logo der für 2019 angesetzten *Exploration Mission 1* der NASA.

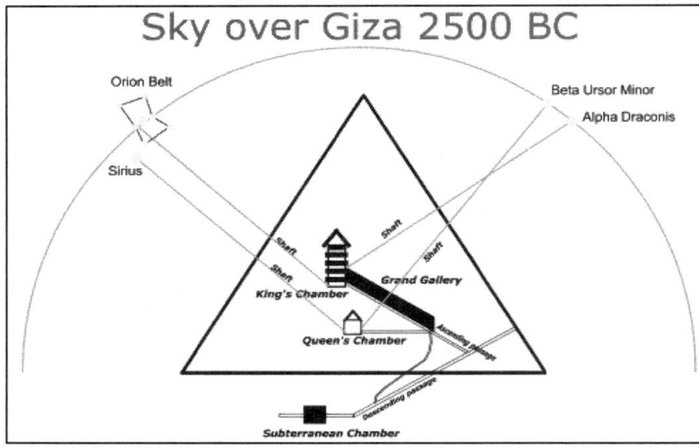

Abb. 413: Die Schächte der Königinnen- und der Königskammer in der großen Pyramide von Gizeh standen um 2.500 v.Chr. herum in perfekter Korrelation zu bestimmten Sternen.

Religiöse Führer rufen zu Freundschaft und Einheit auf – neue Alien-Weltreligion?

Dass da etwas ganz „Großes" im Gange ist, zeigte auch das Treffen aller prominenten religiösen Führer dieser Welt im Juni 2017, die die Botschaft an die Weltgemeinschaft richteten, nicht auf die Unterschiede der anderen zu schauen, die eine andere Religion haben, sondern dass wir alle zusammenkommen und uns gegenseitig kennenlernen sollten. Wir sollten die Schönheit Gottes in jedem menschlichen Wesen und in jeder Schöpfung erkennen. Wir sollten uns gegenseitig helfen und Freundschaften über Religionen und Grenzen hinweg schließen. Es war sogar von „universeller Freundschaft" und Einheit die Rede.[(1055)] (*YouTube.com/makefriends*) Solch eine Botschaft mit einer derart noblen Aufforderung an die Menschheit hat es noch nie zuvor gegeben und ist daher tatsächlich „revolutionär". Wir brauchen dringend mehr Liebe und endlich Frieden in der Welt. Trotz aller Unterschiede müssen wir miteinander endlich klarkommen. Warum kam diese Botschaft gerade jetzt? Und ist diese wirkliche ehrlich und ohne Hintergedanken gemeint? Was könnte dahinter stecken? Der Whistleblower Corey Goode, der im Geheimen Weltraumprogramm tätig war, meinte, dass dieser Appell an die Welt der nächste Schritt in Richtung der Offenlegung von außerirdischem Leben wäre. Allen voran würden religiöse Führer uns demnach zuerst eine „engelhafte" nordische Rasse vorstellen, die uns im Aussehen absolut ähnlich ist. Dieser Schritt würde nach seinen Worten allmählich in eine esoterische *New Age* ET-Weltreligion münden, die auf Einheit anstatt auf Trennung basieren solle. Dennoch befürwortet Goode keineswegs die Idee einer nordischen ET-Rasse als Führer einer neuen Religion. Sie sollen schließlich nicht vergöttert werden. Hier sei Skepsis und Vorsicht angebracht.[(1056)]

Zu Goodes äußerst brisanten Erlebnissen kommen wir noch im 13. Kapitel. Der Skepsis und Vorsicht kann ich mich nur anschließen, denn der US-amerikanische investigative Journalist und Buchautor Thomas Horn war nach Mount Graham in Arizona gereist, um dort die Teleskopanlage des Vatikans zu besichtigen. Dort erhielt er zudem die Gelegenheit, mit Guy Consolmagno ein Interview zu führen. In diesem machte Consolmagno zwei Hauptaussagen. Die eine war, dass die Nationen dieser Welt sehr bald Aliens als ihre Erlöser ansehen werden, und die andere, dass man herausfinden möchte, woher die Außerirdischen kommen. Horn bekam zudem nicht öffentliche Vatikandokumente zu sehen, die die interne Position des Vatikans offenbaren. Eine solch interne Idee soll sein, dass Jesus der „Sohn eines Sternenkindes“ war, also von einer außerirdischen Intelligenz abstammend.(1057) Ob diese Unterlagen und die damit verbundenen Informationen nun echt sind oder absichtlich als Falschinfo nach außen sickern sollten, sei erst einmal offen gelassen. Es unterstützt aber Corey Goodes Informationen dahingehend, dass man uns „engelhafte“ Nordische als Erlöser präsentieren könnte und daraus eine Weltreligion etabliert werden würde. Vor allen Dingen bestätigen all die bisherigen Aussagen aus Vatikankreisen, dass der Vatikan und die Jesuiten *mindestens* schon seit langem über die Existenz von Außerirdischen Bescheid wissen.

Was ich momentan sehe, ist, dass die Kabale gerade versucht, die Führungsrolle über die Enthüllungen außerirdischen Lebens an sich zu reißen. Laut Carol Rosin habe Wernher von Braun ihr in den 1970er-Jahren erzählt, dass die Herrschenden am Ende ihre letzte Karte ausspielen würden, und diese wäre die Karte der ETs mit einer vorgetäuschten Alien-Invasion.(1058) Diese letzte Karte muss wohl jetzt bald ausgespielt werden, da das weltweite pädokriminelle Netzwerk und andere „heikle“ Dinge drohen aufzufliegen, in die der Vatikan und viele Regierungen bis über beide Ohren verwickelt sind. Nur eine großangelegte Ablenkung könnte dies noch verhindern. Es wäre durchaus möglich, dass die Idee der vorgetäuschten Invasion aufgegeben und man stattdessen zu einer ET-Weltreligion à la Friede-Freude-Eierkuchen übergeht, um die Menschen weiterhin zu kontrollieren. Vom Zeitpunkt her betrachtet, könnte der jüngste Appell an die Menschen auch mitunter der Versuch sein, den Widerstand gegen die Migrantenflutung zu brechen, um so eine „Einheit“ zu erzwingen. Das Ziel einer einheitlichen „Mischrasse“ könnte in diesem Zusammenhang ebenfalls ein kranker Plan sein, auf solch eine Weise die „Trennung“ unter den Menschen auflösen zu wollen. Blöd ist allerdings, dass es im ganzen Universum ebenfalls eine gottgewollte Vielfalt an Rassen gibt. Es gibt also durchaus einige Variablen und mehrere Szenarien, die die Herrschenden sich überlegt haben, und je nach äußeren Umständen, diese dann umsetzen oder abändern werden. Wie dem auch sei, sollten wir grundsätzlich die nächsten Entwicklungen ganz genau verfolgen und stets alles lieber einmal mehr als einmal zu wenig hinterfragen.

Wenn allerdings schon die *UNICEF* 2015 ein Werbevideo herausgebracht hatte, das die Botschaft der Akzeptanz und Toleranz von außerirdischen Kindern nahebringt (Abb. 414) und den Slogan beinhaltet: „*Versäume nicht die Möglichkeit, jemanden zu akzeptieren, der anders ist. Versäume nicht die Möglichkeit, die Dein Leben verändern könnte.*“, so ist dies in meinen Augen unmissverständlich ein weiterer Schritt, die Weltbevölkerung auf diese Realität langsam vorzubereiten.

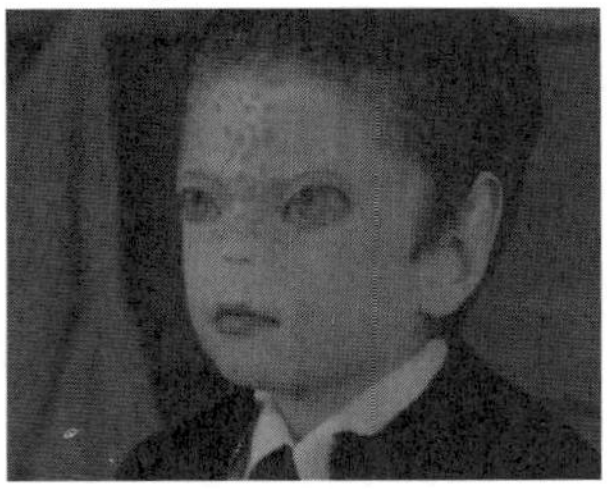

Abb. 414: Ausschnitt aus einem Werbevideo der *UNICEF*

Abb. 415: Religiöse Führer fast aller Religionen riefen im Juni 2017 die Menschheit zu Freundschaft und Einheit auf.

Der Chronovisor

Einige werden vermutlich schon mal etwas von der Geschichte gehört haben, dass der Vatikan im Besitz eines TV-ähnlichen Gerätes in Vitrinengröße sei, mit dem es in die Vergangenheit und sogar in die nahe Zukunft blicken könne. Diese Behauptung geht zurück bis 1972, als am 2. Mai diesen Jahres eine italienische Zeitung einen Artikel mit der Überschrift veröffentlichte: *„Eine Maschine, die die Vergangenheit fotografiert, wurde endlich erfunden."* Dieses Gerät soll vom Benediktiner-Priester und Physiker Ernetti Pellegrino in Zusammenarbeit mit 12 weiteren Wissenschaftlern bereits in den 1950er-Jahren entstanden sein, unter ihnen der Kernphysiker Enrico Fermi und Wernher von Braun. Wie funktioniert das Gerät? Gemäß Pellegrino sollen Licht und Klang von einem Ereignis in seiner Umgebung im subatomaren Bereich in Form von elektromagnetischen Informationen gespeichert werden, die mit Antennen – ähnlich wie beim TV und Radio – empfangen bzw. „angezapft" und wiedergegeben werden können. Der Priester Francois Brune hat das Prinzip ebenfalls in seinem 2002 erschienenen Buch „Le nouveau mystère Du Vatican" beschrieben (zu Deutsch: „Die neuen Mysterien des Vatikans", siehe das Buch „Das Geheimnis des Pater Ernetti"). Das Gerät besitze demnach diverse Knöpfe, Schalter und andere Steuermöglichkeiten, mit denen man Ort und Zeit eines Ereignisses auswählen könne, das man sich anschauen möchte. Richtig justiert soll das Gerät mit dem Namen *Chronovisor* in der Lage sein, die Restlicht-Energie des optischen Ausdrucks und des Klangs des gewünschten Ereignisses wiederherzustellen, um diese auf einem Bildschirm dann wiederzugeben. Ernetti soll sich mit diesem Gerät verschiedene, in der Vergangenheit zurückliegende Ereignisse angeschaut haben, darunter die Zerstörung von Sodom und Gomorra oder die Originaltexte der 10 Gebote auf den Gesetzestafeln vom Sinai. Zudem soll er den Leidensweg und die Kreuzigung Jesu sowie andere brisante Inhalte aufgezeichnet haben, die nach seinen Aussagen allesamt im Widerspruch zur offiziellen Geschichtsschreibung stünden. Der Vatikan solle ihn aber daran gehindert haben, mehr über dieses Gerät zu erzählen und ihn sogar gezwungen haben, seine Aussagen zu revidieren, was er tatsächlich auch tat. Die Existenz seines erfundenen *Chronovisors* hätte er aber bis zu seinem Tod nicht widerrufen wollen.[(1059)]

Dass an dieser Geschichte doch etwas Wahres dran sein muss, zeigen zwei interessante Begebenheiten. Zu der einen schrieb die *Epoch Times* im Juli 2015:

„In den wissenschaftlichen Kreisen der italienischen Kirche aber geht die Forschung weiter. Derzeit untersuchen zwei Teams die Möglichkeit, einen Chronovisor auf Grundlage des von Ernetti erklärten Prinzips zu bauen: ‚Schall und Licht wirken ständig auf die Materie ein, werden eingeprägt und können wieder erlebbar gemacht werden; sie existieren als eine uns unbekannte Form von Energie.' Der Leiter beider Teams ist der kirchlich orientierte Luigi Borello, der Ernetti persönlich kennenlernte und zu seinem Hauptkritiker wurde."[(1060)]

Das heißt, dass in diese Richtung ernsthafte Forschungen betrieben werden. Andererseits wird die Existenz des zuvor genannten *Chronovisors* noch von einer anderen Seite bestätigt, nämlich vom Buchautor Alfred Lambremont Webre („Das Omniversum" im *AMRA Verlag*). Laut seinen Aussagen im britischen *Daily Star* vom März 2017 besitze der Vatikan solch ein Gerät, mit dem es die „Spuren" von vergangenen Ereignissen anzapfen könne, um diese als Bild und Ton wiederzugeben. Webre behauptet, dass der Vatikan diese Technologie in den späten 1960er-Jahren auch dem Pentagon und dem CIA zu Verfügung gestellt habe. Die CIA hätte dann ein Programm aufgesetzt, um in die politische Zukunft zu schauen. Mithilfe des *Chronovisors* soll sie in der Lage gewesen sein zu sehen, wer die zukünftigen US-Präsidenten sein würden und habe diese Leute dann im Voraus bereits für ihre „zukünftige" Tätigkeit im Sinne der Kabale vorbereitet. Die CIA sowie die britischen Geheimdienste MI5 und MI6 seien nach Webres Worten vom Vatikan gegründet worden und in Wirklichkeit Geheimdienste des Jesuitenordens (was für uns ja keine Überraschung mehr ist). Von einer anderen ähnlichen Technologie berichtete auch ein Dr. Dan Burisch, der behauptete, zwei Jahrzehnte lang für MJ-12 gearbeitet zu haben. Burisch kam bei MJ-12 mit dem Projekt *Looking Glass* in Kontakt. Dieses Gerät soll in der Lage (gewesen) sein, Raum und Zeit zu biegen, um so jenseits der Ereignishorizonte vorwärts oder rückwärts blicken zu können. Vereinfacht gesagt, die Vergangenheit und die mögliche Zukunft zu sehen. Wurde dieses Gerät mit einem zweiten gepaart, konnten neben den Bildern auch Töne empfangen werden und noch mehr. Dieses Gerät soll von außerirdischer Technologie nachgebaut worden sein und ursprünglich als Sternentor für Zeitreisen gedient haben.

Solche Technologien wie der *Chronovisor* und das *Looking Glass* würden jedenfalls erklären, warum sich die Kabale so lange an der Macht halten konnte. Denn schließlich war sie der Menschheit bisher immer mindestens einen Schritt voraus, um mögliche Gefahren für die Herrschenden rechtzeitig vorherzusehen. Heute nutzt sie (zusätzlich) die KI, um mögliche Zukunftsszenarien zu „berechnen".[(1061)] Laut Webres weiteren Aussagen habe der damalige US-Präsident Eisenhower nicht nur mit den Grauen, sondern auch mit den Draconiern und Reptiloiden sowie den Anunnaki einen Pakt geschlossen (*Grenada Abkommen* von 1954). Der spätere US-Präsident Bush Senior soll mit diesen einen zusätzlichen Vertrag – den *Tau 9 Vertrag* – abgeschlossen haben, welcher die Ausweitung der bestehenden „pädokriminellen Matrix" auf der Erde ermöglicht habe. Diese Verträge ermöglichten die Entführung von Millionen von Kindern und Erwachsenen im Rahmen eines planetaren und intergalaktischen pädokriminellen Menschenhandels für Zwecke der rituellen Opferungen, Kannibalismus und des Energievampirismus („Loosh").

Aha, nun hätten wir also ein Stück weit das Bild weiter vervollständigt, denn jetzt haben wir nach Daniel Salter vom *Disclosure Project* einen weiteren Hinweis darauf, mit welchen negativen Wesen der Vatikan und die Jesuiten anscheinend paktieren und mit ihnen gemeinsam die Geschicke hier auf Erden leiten, nämlich mit den *Grauen*, den *Reptiloiden* und den *Anunnaki*. Diese Informationen ergänzen sich zudem mit der Orion-Ausrichtung des Vatikans und bekannter Pyramiden. Die Anunnaki sollen laut dem russisch-amerikanischen Autoren Zecharia Sitchin Wesen sein, die den Menschen einst als Sklavenrasse zum Abbauen von Gold schufen. Der Whistleblower Corey Goode enthüllte während Interviews auf *gaia.com*, dass Sitchin selbst Freimaurer gewesen und von den Illuminati beauftragt worden war, diese wohl nicht ganz richtige These in die Welt zu setzen, um in den Köpfen der Menschheit das Bild der Anunnaki als anbetungswürdige Wesen und uns als unterwürfige Sklaven einzuprogrammieren.

Nun ist Alfred Webre nicht „irgendjemand", sodass man seine Aussagen nicht vorschnell ins Reich der Fantasien abtun sollte. Er ist Absolvent der *Yale University* und der *Yale Law School* (Jura). In Yale lehrte er zudem Wirtschaftswissenschaften und an der *University of Texas* Staatsrecht. Er ist Mitglied der *District of Columbia Bar* und somit lizensierter Jurist in Washington D.C.. Des Weiteren war er juristischer Hauptberater der Umweltschutzbehörde in New York City und Zukunftsforscher am *Stanford Research Institute* der *Stanford University*. In letzterer war er 1977 Leiter der von US-Präsident Jimmy Carter ins Rollen gebrachten *White House Extraterrestrial Communication Study*, eine Untersuchung zur Kommunikation mit Außerirdischen. Auslöser für diese Untersuchung soll Carters und Webres angebliche Begegnung der Dritten Art auf einem Raumschiff gewesen sein. Das Pentagon habe diese Untersuchung aber auf illegale Weise gestoppt. Offenbar war Jimmy Carter einen Schritt zu weit gegangen. Webre war zudem eine Zeit lang Delegierter der *UNISPACE Conference* der *Vereinten Nationen*, die sich offiziell für die Erforschung und friedliche Nutzung des Weltraums einsetzen will. Als Richter nahm er an der *Kuala-Lumpur-Kriegsverbrecherkommission* teil, welche den ehemaligen US-Präsidenten George Bush Junior sowie den ehemaligen britischen Premierminister Tony Blair der Verbrechen gegen den Frieden für schuldig gesprochen hatte.(1062) Wir können also davon ausgehen, dass Webre einiges über Insiderwissen verfügt. Er betreibt die Webseite *exopolitics.com*.

Klonen von bekannten Persönlichkeiten

Zu Jimmy Carter fällt mir an dieser Stelle noch etwas sehr Interessantes ein. Zu ihm komme ich aber gleich. Sie erinnern sich noch, dass nach der Wahl von Donald Trump Stimmen aus dem demokratischen Lager laut wurden, wonach die US-Wahl von Russland manipuliert gewesen sei. Der linke Filmemacher Michael Moore ging im Februar 2017 sogar soweit, Trump als einen „russischen Verräter" zu bezeichnen und verlangte seine Amtsenthebung. Hintergrund dieser Entrüstung waren Anschuldigungen, wonach Unterstützer von Trump während seines Wahlkampfs Kontakt zu russischen Hackern hatten, die mutmaßlich für die Email-Hacks betreffend Clinton und Podesta verantwortlich gewesen sein sollen. Zudem soll Trumps nationaler Sicherheitsberater Michael Flynn am 29. Dezember 2016 – also noch vor Trumps Amtsantritt – mit dem russischen Botschafter Sergej Kisljak telefoniert haben. Als dies öffentlich bekannt wurde, sah sich Flynn genötigt, von seinem Posten zurückzutreten. Brisanter wird die Sache, da er im

Verdacht steht, ebenfalls in Kontakt mit den russischen Hackern gestanden und somit die US-Wahl mit manipuliert zu haben.[1067] In dem Zuge stieß ich auch auf einen Artikel auf *theguttertrash.com*, einer satirischen Aufklärungsseite, die auch mal grenzwertiges Material bringt, natürlich ohne Quellenangaben und mit einem Hinweis versehen, dass alles auf dieser Seite frei erfunden sei. Nur wissen wir auch, dass Wahrheit oft in Satire verpackt wird, weil das der einzige Weg ist, einige hochbrisante Informationen an die Öffentlichkeit zu bringen. Jener Artikel erschien nun „zufällig" am 20. Januar 2017, also genau an dem Tag, als Donald Trump sein neues Amt antrat. Jedenfalls wird im Artikel behauptet, dass Präsident Trump in Wahrheit ein russischer Klon mit dem Namen *Boris Nostrovya* sei (Abb. 416). Der Nachname ähnelt stark dem „Nastrovje" (russisch für Gesundheit), was die fiktive Art des Artikels widerspiegeln soll. Zudem soll „Boris" vom russischen KGB als Agent für seine Rolle als „Trump" trainiert worden sein. Mehr noch, er soll halb Mensch, halb Maschine sein, also ein organischer Robotoid. Die Russen, so vermutet der Artikel, könnten die Technologie von Außerirdischen haben. Wissenschaftler und Ingenieure hätten aber große Angst, etwas darüber zu erzählen. Viele von ihnen seien nämlich schon spurlos verschwunden. Das im Artikel gezeigte Foto von „Boris" sieht dem Trump wirklich sehr ähnlich.[1068] Unbekannt ist, woher das Foto stammt und ob es nicht doch Trump in einer bildbearbeiteten Version ist. In diesem Zusammenhang gibt es auch Stimmen, die besagen, dass ein Trump mit roter Krawatte der Klon und der Trump mit blauer Krawatte der echte Trump sei. Bevor ich das Bild von „Boris" sah, hatte ich bereits den starken Eindruck, dass seine Ehefrau Melania sehr künstlich wirkt und aufgrund ihrer Augenpartie entweder eine Außerirdische bzw. ein ET-Mensch-Hybrid oder ein Android mit russischen Gesichtszügen ist (Abb. 417 und 418). Sie selbst ist gegenüber ihren jungen Jahren nicht wiederzuerkennen, obwohl man einen Menschen selbst im späteren Alter in der Regel immer wiedererkennen kann (und sie ist erst 47). Aufgrund ihrer Modelkarriere sagt man ihr Schönheits-OPs und Botoxbehandlungen nach, sie selbst hatte das aber immer abgestritten, mit der Begründung, dass es schädlich fürs Gesicht und die Nerven wäre.

Mal angenommen, diese Story und auch die Vorwürfe seitens der Demokraten würden überwiegend stimmen, so stellt sich die Frage, welche außerirdische Fraktion hinter Russland steht? Auffallend ist doch allemal, wie russlandfreundlich zumindest Teile der Trump-Administration sind. Trump selbst signalisierte ein Entgegenkommen gegenüber Russland, sein ehemaliger Chefstratege Stephen Bannon ist ein bekennender Leninist, wie wir wissen, und Michael Flynn werden Verbindungen zu russischen Hackern nachgesagt. Zufall ist das alles sicher nicht. Wenn ich mal vorsichtig diese Puzzleteilchen verbinde, so entsteht bei mir der Eindruck, als hätte Russland in der Tat die US-Wahl manipuliert, **gerade um** den Dritten Weltkrieg zu verhindern, den die Obama/Clinton-Fraktion versucht(e) gegen Russland zu entfachen. Dann wäre die Wahl Trumps zumindest temporär tatsächlich „gut" gewesen.

Mir ist bewusst, dass diesbezüglich noch einige Hintergrundinformationen mehr vonnöten wären und dass das bisher meinerseits spekulativ ist. Ich bin jedoch sicher, dass ich nicht alleine mit meinen Vermutungen dastehe, welche noch dadurch bestärkt wurden, als ich dann – wie es der Zufall wieder will – nach sehr kurzer Zeit auf einen Audiovortrag von Dr. Peter Beter stieß. Dr. Beter war ein US-amerikanischer Anwalt, Finanzier und 1968 politischer Kandidat für das Gouverneursamt des Bundesstaates

West Virginia. 1961 wurde er vom Präsidenten John F. Kennedy als Leiter der Rechtsabteilung der nationalen *Export–Import Bank of the United States* eingesetzt. 1973 brachte er das Buch „Conspiracy Against the Dollar: The Spirit of the New Imperialism" heraus und veröffentlichte zwischen 1975 und 1982 Audio-Newsletter auf Kassetten, in denen er geheime Hintergrundinformationen zu Politik und Geschichte ausplauderte.[(1069)] Im vorhin erwähnten Vortrag erklärte Beter, dass Russland – aber auch der Westen – technologisch in der Lage sei, „organische Robotoide" herzustellen. Nach seinen Worten sehen Sie aus wie Menschen, erfüllen sämtliche menschliche Funktionen (wie essen und trinken, bluten, wenn sie sich schneiden) und würden auch eine Untersuchung beim Arzt als „Mensch" bestehen. Sie können auch getötet werden. Das Gehirn wäre aber ein biologischer Computer, ein holografisches Gehirn, und müsse auch wie ein solcher programmiert werden. Hierzu wird das gesamte Gedächtnis und Wissen inklusive aller Erinnerungen des Originals – also des echten Menschen – kopiert. Diese Technik bezeichnete Dr. Beter als *Ultraschall Zerebrales Hologramm*. Über nicht hörbare Audiofrequenzen lässt sich mit dieser Methode ein dreidimensionales Abbild eines menschlichen Gehirns erstellen, falls nötig, sogar unauffällig und ohne das Wissen der betroffenen Person, welches dann in den Robotoiden hineinkopiert wird. Dieser ist dann auch in der Lage, „alte Freunde" wiederzuerkennen. Außenstehende bemerken somit erst einmal nichts. Diese organischen Robotoide hätten jedoch nur eine kurze Lebensdauer von wenigen Wochen oder Monaten und müssten ständig nachproduziert werden, was aber binnen weniger Stunden möglich sei. Hierzu wird der genetische Code des Originals kopiert. Diese Robotoide werden dann so programmiert, dass sie jene Personen bestmöglich nachahmen, die sie beispielsweise in der Öffentlichkeit repräsentieren sollen. Auch wenn sie ihren Originalen verblüffend ähnlich sind, weisen sie Unterschiede auf, anhand derer man sie erkennen bzw. unterscheiden könne. So mangelt es ihnen an einem Selbsterhaltungstrieb, sie handeln somit nur so, wie man es ihnen befohlen hat (z.B. auch für Selbstmordmissionen oder gefährliche Testflüge ins All, bei denen man höchstens die Kopie eines Astronauten aufs Spiel zu setzen bereit ist). Was Beter dann aber enthüllte, hatte sogar mich überrascht. Er behauptete nämlich, dass das *Weiße Haus* und das Kabinett unter vollständiger Kontrolle der Russen seien. Zum Zeitpunkt seiner Aufnahme sei nach einem ihm vorliegenden Geheimdienstbericht nur eine Person aus dem Kabinett des US-Präsidenten Jimmy Carter am Leben. Der ganze Rest sei von russischen Robotoiden ersetzt worden! Selbst der Oberste Gerichtshof der USA sei zum damaligen Zeitpunkt mit neun russischen Robotoiden besetzt gewesen.[(1070)] Ist das nicht heftig? Was Dr. Beter hier mit „organischen Robotoiden" bezeichnet, sollen genetisch hergestellte Klone gemeint sein.

Den zuvor erwähnten Artikel über Donald Trumps Klon habe ich als „übertrieben" erst einmal beiseite geschoben, bis ich auf Beters Aussagen stieß. Wenn man sich zudem Jimmy Carters Fotos anschaut, die nur ein Jahr oder wenige Jahre auseinander liegen, so fällt tatsächlich auf, dass das zwei verschiedene „Personen" sind. Denn der (robotoide) Klon trug seinen Scheitel auf der anderen Seite (Abb. 420) und sieht auch sonst etwas anders aus als der „echte" Carter. Und ein erwachsener Mann ändert seinen Scheitel nie (bei Frauen vielleicht schon eher). Wurde dieser 1978/79 heimlich ausgetauscht, nachdem er 1977 die Untersuchungsstudie zur Kommunikation mit Außerirdischen in Gang brachte, welche vom Pentagon ja illegal gestoppt wurde? Wer weiß? Im selben Jahr, als

Carter Präsident wurde, kam 1977 „zufällig" der Hollywoodfilm „Futureworld" als Fortsetzung zum Film „Westworld" (1973) in die Kinos. In beiden Spielfilmen wird ein futuristischer Themenpark thematisiert, in welchem auf einem riesengroßen Areal verschiedene Zeitepochen simuliert werden, in welchen die Gäste in diesem modernen Vergnügungspark ein paar Tage oder Wochen in das Leben des Wilden Westens, des Mittelalters oder des alten Roms eintauchen und diese hautnah erleben können. Die Statisten und Schauspieler in diesen nachempfundenen Welten bestehen aus Androiden (menschenähnlichen Robotern, mit technischem Innenleben), mit denen die Freizeitgäste wie mit gewöhnlichen Menschen kommunizieren und interagieren können und dies sogar völlig freizügig, tabulos und dekadent, sofern erwünscht. In der Geschichte von „Futureworld" wird sogar ein Schritt weitergegangen, indem genetisch exakte Kopien von hohen Politikern oder anderen Persönlichkeiten des öffentlichen Lebens hergestellt werden. Diese genetischen Klone werden anschließend einer Programmierung unterzogen und gegen die Originale ausgetauscht, um eine bestimmte (politische) Agenda zu verfolgen. In dem Film wird angedeutet, dass die Originale von ihren Kopien getötet werden sollen, damit letztere unbemerkt ihren Platz im Leben einnehmen. 1980 folgte den beiden Filmen eine Serie mit dem Titel „Beyond Westworld" – als direkte Fortsetzung von „Westworld" –, welche allerdings floppte und bereits nach fünf Episoden eingestellt wurde. In dieser Serie geht es darum, dass ein verrückter Wissenschaftler versucht, wichtige Politiker durch Roboter bzw. Androide auszutauschen, um die Weltmacht an sich zu reißen. Ab Februar 2017 wurde die US-amerikanische Serie „Westworld" im deutschen TV ausgestrahlt, welche den futuristischen Vergnügungspark der beiden vorhin erwähnten Spielfilme quasi als Remake wieder aufgreift, und in der Geschichte die Künstliche Intelligenz sich gegen ihre Schöpfer stellt (was zum Schluss hin bei „Westworld" von 1973 ebenfalls der Fall ist, bei dem die Androiden viele Gäste des Themenparks töten). Ähneln die Storyinhalte dieser Filme nicht zufällig Dr. Beters Schilderungen auf verblüffende Weise?

Und das, werte Leser, fand bereits in den 1970er-Jahren statt. Wie weit fortgeschritten mag die Technologie dann heute sein? Der sogenannte „Kalte Krieg" und das militärische Wettrüsten der USA und Russland würden unter diesen neuen Gesichtspunkten plötzlich in einem völlig anderen Licht erscheinen.

Der US-amerikanische Insider George Green, der während seiner Dienstzeit in der Luftwaffe mit *Top-Secret*-Freigabe außerirdische Flugscheiben zu Gesicht bekam, erzählte in einem Interview mit dem Aufklärungsportal *Project Camelot* 2008, dass es nur zwei Körperzellen von einem Menschen bräuchte, um eine Kopie von ihm herzustellen. Auch er bestätigte, dass viele Präsidenten bereits „ausgetauscht" wurden. Er empfiehlt sich beispielsweise George Bushs (Junior) Erscheinung und Verhalten, kurz nachdem er gewählt wurde, anhand von Videos anzuschauen. Es wäre halt viel einfacher (bzw. bequemer), jemanden auf die öffentliche Bühne zu schicken, der die Rolle des Originals mimt (während letzterer dann Urlaub machen oder an geheimen Meetings teilnehmen kann). Und auch Bush Junior hätte diese Möglichkeit in Anspruch genommen. In der Tat ist Bush binnen acht Jahren viel zu schnell gealtert, was bei „Replikas" schnell passiert. Die Augen sehen zum Ende seiner Amtszeit hin anders aus als vorher (Abb. 419). Diese Technologie hätten die US-Amerikaner laut Green von den *Grauen* erhalten, obwohl Menschen seinen Aussagen nach bereits seit 1938 geklont werden. Eines der Hauptgründe für das Klonen sei, dass man für wichtige Persönlichkeiten jederzeit ein Ersatzteillager an Organen parat habe. Der Vorteil liegt auf der Hand, schließlich würde der eigene Körper seine eigene DNA ja nicht abstoßen. Doch manchmal geschehen auch „Kopierfehler" beim Anfertigen von Klonen, sodass diese gewartet werden oder neu angefertigt werden müssen (was auch Bush Juniors merkwürdiges und recht stupides Verhalten vor Kameras erklären würde). Als Beispiele, an welchen Orten diese Reparaturen durchgeführt werden, nannte Green die *offizielle* Erholungsanlage des US-Präsidenten *Camp David* im Bundesstaat Maryland und einen Flügel im Krankenhaus *Bethesda Hospital* (ohne genauere Ortsangabe). Die dortigen Krankenschwestern würden diese Klone – bzw. „organische Robotoide" wie Dr. Beter sie nannte – als „Die Anderen" bezeichnen. Er empfiehlt sich den Spielfilm „The Boys from Brazil" anzuschauen, in dem diese Klon-Technologie detailliert geschildert wird. Der Film handelt davon, dass der Nazi-Arzt Josef Mengele aus Genen Adolf Hitlers 94 Jungen geklont hatte, die über Agenturen alle zur Adoption freigegeben wurden. Eine Zionistenvereinigung verlangt die Ermordung der Hitler-Klone. Die Liste mit den Namen dieser 94 Jungen wird allerdings verbrannt. Hierbei stelle ich mir gerade die Frage, ob Hitler damals beim Stauffenberg-Attentat nicht vielleicht doch ums Leben gekommen und durch einen Klon ersetzt worden war? Wenn ja, handelte es sich dann um einen Hitler-Klon, der später nach Argentinien flüchtete? Und war dann auch Adolf Hitlers verstorbene Seele in seinen Klon gewechselt? Im letzteren Fall hätte Hitler nach seinem Tod tatsächlich „weitergelebt".

Abb. 416 (links): Ist Donald Trump ein organischer Robotoid/Klon oder ein Android? Die oberen Bilder stammen von einer Satireseite. Oben rechts ein Foto von Trump, während er geschminkt wird. Es entpuppt sich in Wirklichkeit als Wachsfigur bei *Madame Tussauds* in London. Passend, um ihn als Kunstfigur darzustellen. Oben rechts „Boris", der angeblich russische *KGB*-Android. Unten rechts ein Ausschnitt aus einem Fernsehinterview, bei dem die Pupille von Trumps rechtem Auge eine merkwürdige schmale Form aufweist, ja schon fast reptilisch. Das rechte Auge scheint sich gegenüber dem linken Auge regelrecht zu „verstecken".

Abb. 417 (rechts): Melania Trump links in ihren jungen Jahren und rechts aktuellere Bilder. Nicht nur die Augen(partie) und die Nase sind anders, sondern auch die Kopf- und Gesichtsform allgemein. Die Augen erscheinen mir deutlich russisch, fast schon asiatisch. Während sie in jungen Jahren einen „warmen" Ausdruck hatte, erscheinen die Augen heute eher kalt und emotionslos.

Abb. 418: Melania Trump links im Jahr 1999, nachfolgende Bilder aus den späteren Jahren. Auf mich wirkt sie jedenfalls wie von einem anderen Planeten. Schauen Sie sich nur die Kopfform ganz rechts an. 1999 schienen die Augen noch mit Leben gefüllt gewesen zu sein, später tendenziell kalt, künstlich und fast „seelenlos".

Abb. 419 (oben): US-Präsident George Bush Junior. In nur sieben Jahren extrem schnell gealtert. Kleinere Augen und die Ohren scheinen auch nicht ganz dieselben zu sein wie auch die Kopfform. Sind das zwei verschiedene Personen?

Abb. 420 (links oben): Bis einschließlich 1979 trug US-Präsident Jimmy Carter seinen Scheitel zur linken Seite. Im Laufe des Jahres 1979 hatte er plötzlich einen Scheitel zur rechten Seite, den er seitdem auch trägt. Zudem sichtbare Unterschiede zwischen den Personen „Carter" 1977-1979 und 1980. Die Augen sind kleiner geworden.

Ein anderes Detail, das George Green erwähnte, war, dass die Klone seelenlos und von Außerirdischen (auf feinstofflicher Ebene) übernommen würden, weil die ETs – wohl die negativen meinend – hier auf der Erde zunehmend mitmischen wollen.(1071) Ich denke, dass dies zumindest in einigen Fällen der Fall sein kann und dass sich unter Umständen auch sogar dämonische Wesen solcher Klone bemächtigen. Was mir noch persönlich einfällt zu den politischen Führern, ist, dass es durchaus logisch erscheint, dass sie entweder keine Menschen sind oder Menschen mit gewissen „Erweiterungen". Wenn man berücksichtigt, wie viel geballte Hassenergie solch ein politischer Promi weltweit *täglich* auf sich zieht, würde dies kein „normaler" Mensch lange überleben können. Solche Posten können nur Personen beziehen, deren Biologie und Wesensstruktur so etwas nichts anhaben kann, oder sie werden von Dämonen und ETs bestmöglich abgeschirmt und beschützt.

Aussagen aus dem Showbiz

Interessanterweise treten immer mehr Leute aus dem Showbiz hervor, die erzählen, entweder selbst ein Klon zu sein oder behaupten, dass es im Entertainmentgeschäft gang und gäbe wäre, Schauspieler, Musiker usw. zu klonen. Manchmal geben sie auch nur indirekte Hinweise. So sagte das US-amerikanische Model und „*Playboy*-Häschen" Holly Madison in einem Interview offen und frei heraus, dass sie nicht eifersüchtig auf andere Frauen sei, da sie in einem Klonlabor großgezogen wurde, um für Hugh Hefner (Herausgeber des Erotikmagazins *Playboy*) die perfekte Frau zu sein. Außer der Tatsache, dass sie einen etwas höheren IQ besitze, als Hefner es gern hätte, habe sie nichts, worüber sie sich Sorgen machen müsste.[1072]

Der US-amerikanische Rapper *B.O.B.* veröffentlichte im November und Dezember 2015 sowie Anfang 2016 mehrere Beiträge auf seinem *Twitter*-Kanal, die auf Klonzentren hinweisen (aus dem englischen übersetzt):

„Hunderte Kinder werden jedes Jahr vermisst = Klonzentrum"

„Wenn ein gesunder Promi plötzlich einen Schlaganfall, Herzinfarkt oder Aneurysma erlitt = Klonzentrum"

„Einen Promi gesehen, bei dem Tätowierungen oder Piercings mysteriöserweise verschwunden sind? = Klonzentrum"

„Ich bin kein Klon, ich habe immer noch Träume."

„Falls mein Konto gelöscht wird = Vertuschung!"

„Falls mein Flugzeug verschwindet = Vertuschung"

„Ich bin bei vollem Verstand, komplett gesund und der Dinge gewahr"

„Falls irgendwelche Schlagzeilen über mich erscheinen, ich sei verrückt oder wahnhaft = Vertuschung"

„Habt Ihr Euch jemals gefragt, warum es illegal ist, die Antarktis oder den Nordpol zu erkunden??"[1073]

„Ihr glaubt, dass das Klonen zufällig zum Thema geworden ist?"

Die Rapperin *Kreayshawn* schrieb am 1. Februar 2016 auf ihrem *Twitter*-Kanal: *„Ich habe die Klonzentren gesehen!"*[1074]

Auch die bekannte Pop-Sängerin Nicki Minaj äußerte sich auf *Twitter* am 28. Januar 2016 mit dem Hashtag *#STOPHUMANCLONING* (Menschliches Klonen stoppen) eher indirekt zum Klonen und meinte, dass sie wisse, dass keine gegen sie gerichtete Waffe erfolgreich sein wird und sie suche nach Gleichgesinnten. In der Klatschpresse wurde sie als eher exzentrisch beschrieben.[1075] Und Schauspielerin Amanda Bynes twitterte folgende denkwürdige Nachricht an die Öffentlichkeit: *„Mein Papa hat nie diese Dinge getan. Der Mikrochip in meinem Hirn brachte mich dazu, diese Dinge zu sagen, aber mein Vater war derjenige, der sie beauftragte, mich zu chippen."*[1076] Dass Stars ihre Arbeit oft nicht freiwillig verrichten, sondern von ihren Strippenziehern gesteuert werden, ließ auch die berühmte Pop-Sängerin *Ke$ha* in einem *Twitter*-Beitrag durchsickern, als sie zu ihrem Song *„Die Young"* (*„Sterbe jung"*) schrieb: *„Ich hatte aus diesem Grund mein eigenes Problem mit ‚Die Young'. Ich wollte den Text dazu NICHT singen und ich wurde dazu GEZWUNGEN."*(1077) (Dank an den *YouTube*-Kanal *Vrillex* für die Hinweise)

Abb. 421: Oben ein Ausschnitt aus Kanye Wests Musikvideo *„Famous"* mit Wachsfigurenreplikas von berühmten Persönlichkeiten. Unten sehen wir Kanye West, der 2015 seine Modekollektion auf einer Modeshow präsentierte. Seine Models sind in Reihen aufgestellt und wirken wie eine Armee von Zombies.

Das US-amerikanische Model und Sängerin Tila Tequila gab in einer Radiosendung bekannt, dass Kinder jedes Jahr über Jugendwohlfahrtbehörden/Jugendämter entführt werden und nicht nur an pädophile Kreise, sondern auch an Klonzentren zum Klonen vermittelt werden. In einem *Twitter*-Beitrag vom Mai 2016 schrieb sie zudem, dass mittlerweile so viele Prominente durch Klone ersetzt wurden, weil sie nicht gehorchen wollten.(1078) Der US-Schauspieler Kevin Hart sagte in einer Fernsehsendung, dass er geklont wurde und dass es sogar drei von seiner Sorte geben würde.(1079) Da er Komödien dreht, wird die Masse es als bloßen Sarkasmus abtun. Der Rapper Kanye West gab 2016 in seinem Musikvideo zu seinem Song *„Famous"* (*„Berühmt"*) ebenfalls Hinweise auf geklonte Stars. Im Video sieht man auf einem großen Bett mehrere „schlafende" nackte Wachsfigurenduplikate von Prominenten, darunter Kim Kardashian, Taylor Swift, Bill Cosby und Donald Trump. In der Mitte liegt Kanye West (Abb. 421). Einige Figuren im Video bewegen sich leicht und scheinen zu atmen. Sicher war das alles gestellt, aber warum sollte man dies zeigen? Welche Botschaft will man mit solchen Bildern befördern?

Rapper *Eminem* (mit bürgerlichem Namen Marshall Mathers) ließ in einigen schrägen Songtexten durchblicken, dass mit ihm „etwas nicht stimmt". In seinem Song *„Rain Man"* gibt es eine Passage im Refrain, in der es heißt:

> *„Weil ich keine Beine habe! Oder ein Hirn. Schön Sie kennen zu lernen. Hi, mein Name ist... Ich habe meinen Namen vergessen. Mein Ziel war es nicht der zu werden, der ich durch diesen Grad an Ruhm geworden bin. Meine Seele ist besessen von diesem Teufel, mein neuer Name ist... Regenmann."*

Abb. 422: Rapper Eminem mit einer zombiehaften Fehlfunktion? Oder hat er nur gespielt?

Der Ausdruck „Regenmann" ist eigentlich ein Codewort und Synonym für Satan, der Geld „regnen lässt", wenn man ihm seine Seele verkauft (viele Sängerinnen und Sänger haben offen zugegeben, dass sie ihre Seele an den Teufel verkauft hätten). In seinem Song *„Rap God"* (*„Rap-Gott"*) gibt es folgende interessante Zeilen: *„Und ich solle nicht geweckt werden. Ich bin der wandelnde Tote. Aber ich bin nur ein TV-Sprecher, ein treibender Zombie (...)"* Beim letzteren Text könnte man sich nichts Großes dabei denken, wenn *Eminem* bei einer Interview-Livesendung zu einem Footballspiel nicht plötzlich rund 20 Sekunden lang einen Aussetzer, ja eine regelrechte Fehlfunktion zu Schau stellte, die ihn wie einen Zombie wirken ließ (Abb. 422), ehe er wieder zurück in die Realität kam, als ob nichts gewesen wäre. Berühmt wurde er 1999 mit seinem weltweiten Hit *„My name is"* (*„Mein Name ist"*). Im Musikvideo zu diesem Song schlüpfte er in die verschiedensten Rollen. Das Musikvideo seines Songs *„The Real Slim Shady"* handelt von mehreren Doppelgängern/Klonen und er singt, dass „all die anderen nur imitieren" würden und fordert sie auf, es möge sich doch der echte „Slim Shady" erheben. Im Video wird auch eine Art Klonfabrik gezeigt, in der mehrere von seiner Sorte auf einem Fließband transportiert werden.(1080) Das sind deutlich viele Hinweise.

Abb. 423: Ist Al Roker ein Robotoide? Oder stand er unter Hypnose?

Solche „Fehlfunktionen" einiger Promis und Moderatoren vor laufender Kamera scheint es häufiger zu geben, zumindest in den USA. So geschehen auch beim US-amerikanischen Wettermoderatoren und Schauspieler Albert Roker, der vor laufender Kamera dann plötzlich für mindestens 17 Sekunden erstarrte, als seine Kollegin neben ihm *„(...) Platz für den heiligen Geist lassen"* aussprach, wobei „heiliger Geist" in dem Moment ein Codewort zu sein schien, der ihn in diesen erstarrten Zustand versetzte, in dem er weder blinzelte, sich bewegte oder sonst auch nur die geringste Mimik zeigte (Abb. 423).(1081) Bekannt ist er als Al Roker, wobei „Al" die Abkürzung von Albert ist. Auffallend hier ist, dass „Al" auch dem „AI" ähnelt, welches die Abkürzung für „Artifical Intelligence" ist („Künstliche Intelligenz"). Befand er sich unter Hypnose/Mind control, oder wurde sein „System" kurz in den Ruhezustand versetzt?

Ein anderes Beispiel betrifft Kourtney Kardashian, die Schwester des US-amerikanischen Models Kim Kardashian. Kourtney wurde in einer TV-Sendung zugeschaltet und wurde zum Raubüberfall auf ihre Schwester vom Moderator gefragt, wie es ihr denn nun ginge. Im Hintergrund hört man Anweisungen, die an Kourtney ergehen, aufzuhören und nichts darüber zu sagen. Sie starrt nur noch in eine Richtung und sagt roboterhaft: *„Sie kamen gerade herein."* Der Moderator hakt noch einmal nach und fragt, ob die Verbindung verloren sei. Dann merkt er schmunzelnd an, dass sie einen Aussetzer hätte, als direkt danach Kourtney ihren vorigen Satz noch einmal monoton wiederholt.(1082) Das *„Sie kamen gerade herein."* hat nun überhaupt nichts mit dem Gesprächsthema oder der Frage zu tun. Das ist ein sehr merkwürdiges Verhalten.

Der Fall des US-amerikanischen Basketballspielers Draymond Green ist ein weiteres gutes Beispiel. Nach einem Spiel gab er ein Interview, und während sein Kollege neben ihm spricht und über eine gestellte Situation lacht, fängt Green ebenfalls an zu lachen und erstarrt dabei mit offenem Mund und offenen Augen für bestimmt 18 Sekunden wie eine Statue, ehe

Abb. 424: Rechts im Bild der Basketball-Spieler Draymond Green, der gute 18 Sekunden lang in dieser Mimik wie eine Statue erstarrte.

er wieder weitermacht. Während dieser Zeit kein Blinzeln, kein Schlucken, keine Regung im Gesicht, wie eine Schaufensterpuppe (Abb. 424).[1083] Auf *YouTube* findet man noch einige weitere solcher Fälle, bei denen man durchaus den Verdacht hegen kann, dass es sich bei ihnen um Klone handeln könnte. Denn wäre jemand beispielsweise auf Drogen, würde er die ganze Zeit über ein merkwürdiges Verhalten an den Tag legen und nicht so, als hätte man ihn wie ein Gerät für einige Zeit aus- und dann wieder eingeschaltet. Was geschieht in diesen Momenten? Wird das Betriebssystem neu hochgefahren? Ob es sich dabei um biologische Klone oder Androide handelt, ist schwer zu sagen. Auffallend ist jedoch, dass viele Stars optisch einfach zu „perfekt", zu „gemacht" wirken. Die meisten werden jetzt sagen, dass viel Make-Up und Schönheits-OPs im Spiel sind, was unbestreitbar der Fall ist. Doch wenn man genau hinschaut, wird man merken, dass einige Personen mit regelrecht „seelenlosen" Augen an sich sehr künstlich und unnatürlich wirken, in einigen Fällen tatsächlich „unmenschlich". Und dann könnten die medial verbreiteten Nachrichten über Schönheits-OPs hin und wieder eine glaubhafte Legende für die Öffentlichkeit sein. Jedenfalls würde ich nun hellhörig werden, wenn ein Star einen Krankenhausaufenthalt in der *Bethesda Hospital*-Kette hat.

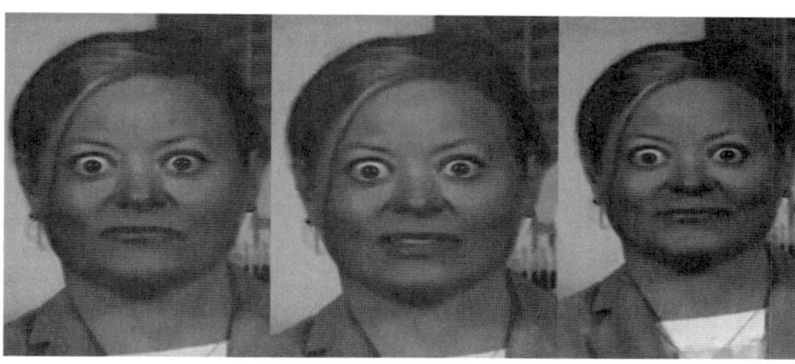

Abb. 425: Bei dieser interviewten Dame wirkt die ganze Mimik sehr künstlich und unnatürlich.

Donald Marshall – Klone als Avatare

Die nachfolgenden Abschnitte klingen erst einmal absolut zu *fantastisch*, um wahr zu sein. Dennoch möchte und muss ich Sie an diese Tatsachen heranführen, da sie als weitere Puzzleteilchen zum Gesamtbild beitragen und die Hinweise der vorhin erwähnten Stars nur untermauern. Und die Stimmen, die sich zu Wort melden, werden immer mehr. Die Wahrscheinlichkeit, dass allesamt nur fantasieren und halluzinieren, sinkt exponential mit jeder weiteren bekannten Persönlichkeit, die ausplaudert. Im Folgenden eine komprimierte Zusammenfassung von der Seite *donaldmarshallrevolution.com*:

Donald Marshall trat 2011 an die Öffentlichkeit und gab an, Illuminati-Insider gewesen zu sein und selbst ein Klonzentrum besucht zu haben, wo er auf andere geklonte Stars und bekannte geklonte Persönlichkeiten traf. Er selbst sei nach eigenen Angaben von den Illuminati-Netzwerken für deren Zwecke missbraucht, gefoltert und geklont worden. Zu den Mitgliedern dieses Netzwerks zählt er die royalen Blutlinien, religiöse Führer und Politiker sowie Mitglieder aus reichen Familien, einflussreichen Leuten aus der Hochfinanz, Medien und aus der Unterhaltungsbranche. Sie alle haben sich zur Teilnahme in dieser Organisation bereit erklärt. Und während die Mitglieder dieses Eliteclubs sich an unendlichen Möglichkeiten erfreuen, haben sie sich im Gegenzug dazu verpflichtet, an nächtlichen geheimen Meetings teilzunehmen, die in tief unter der Erde gelegenen militärischen Untergrundbasen stattfinden (den sogenannten *DUMBS = Deep Underground Military Bases*), wo u.a. streng geheime Klontechnologie angewandt wird und „*wo diese Eliten sich als Klone treffen, während ihre Originale nachts träumen*". Bei diesen Meetings werden zukünftige Ereignisse erörtert, während der Rest von uns schläft und von alledem keine Ahnung hat. Marshall erwähnt dabei eine Variante oder eine Möglichkeit zur Nutzung von Klonen, die sich *R.E.M-Driven Consciousness Transfer* nennt und von der bisher geschilderten Nutzung von Klonen etwas abweicht. Diese Technologie funktioniert so, dass das Bewusstsein eines Menschen während der REM-Phase (Traumphase) seines Schlafs in einen identischen Klon transferiert wird, welcher sich viele Kilometer entfernt in einer der geheimen Basen befindet. Er erklärt dies an seinem eigenen Beispiel, wo sein eigenes Bewusstsein fast jede Nacht entführt und gefangen gehalten wird, bis sein originaler Körper wieder aufwacht. Wenn er nachts einschläft, wacht er in seinem Klon wieder auf. Und wenn sein originaler Körper wieder aufwacht, sackt der Klon in sich zusammen und ruht – bis zur nächsten Nacht, wenn er wieder aktiviert wird. Was Marshall hier mit „Bewusstsein" beschreibt, wird aller Wahrscheinlichkeit nach die Seele gemeint sein, also dass ein Seelenfang und Seelentransfer zum Klon stattfindet. Doch wie kam es zu dem Ganzen überhaupt? Marshall gibt an, dass er im Alter von fünf Jahren von seiner Mutter an die Illuminati verkauft wurde. Als er das Alter von 30 Jahren erlangt hatte, entschlossen die Illuminati sich dazu, seine Kindheitserinnerungen freizugeben, die sie bis dahin mit ihrer Technologie unterdrückt hatten. Von nun an begann er sich daran zu erinnern, dass er in diesem Klonzentrum – welches er in einer Untergrundbasis im Westen Kanadas vermutete – fast jede Nacht in seinem Klon aufwachte und dieser Klon von anderen geklonten hohen Persönlichkeiten zu „Sportzwecken" und zu Zwecken der Unterhaltung auf verschiedenste Art und Weise geschlagen, gefoltert und für wissenschaftliche Experimente missbraucht wurde. Die Schmerzen der Verletzungen empfand er real wie auch im „wirklichen" Leben. Die Präsenz in seinem Klon (Avatar) fühlte sich absolut real an und nichts fühlte sich an wie in einem Traum. Ich frage mich gerade, wie oft er seinen „eigenen Tod" dabei durchleben musste. Er traf nachts auch auf seine Eltern und viele andere Familienmitglieder und begriff, dass seine ganze Familie enge Verbindungen zur Kabale hatte. Für Gefälligkeiten und die Chance, im Gegenzug in der Hierarchie selbst aufzusteigen, haben sie sich selbst und ihre Kinder als Sklaven für die Elite verkauft, ohne Menschenrechte (und Klone werden zudem allgemein nicht als „Menschen" angesehen). Klone würden zudem als Sexsklaven für andere Mitglieder dienen. Eine befremdliche Vorstellung, aber durchaus logisch und „sinnvoll", wenn böse Menschen mit zu viel Geld nicht mehr wissen, wohin damit.

Marshall war ratlos und suchte nach Hilfe, denn er wollte diese nächtlichen „Entführungen" stoppen. Er wollte diese ganze Organisation auffliegen lassen. Als er damit zum kanadischen Geheimdienst ging, nachdem er bei der Polizei zuvor erfolglos war, traf er die beiden Agenten als Klone kurz darauf in der Nacht im Klonzentrum, während er schlief. Sie verprügelten ihn fürchterlich und warnten ihn, ja nie mehr wieder zu ihnen zu kommen. Somit wurde Marshall klar, dass auch der ganze Justizapparat in diese Klongeschichte involviert ist. Es sind zudem viele gewöhnliche Leute mit gewöhnlichen Jobs, die sich im Dienste der Illuminati stellen, um irgendwie in der Hierarchie hinauf zu klettern. Kinder sind besonders begehrt in dieser Organisation, da ihre Klone regelmäßig missbraucht und geopfert werden. Wenn ein Kind erwachsen wird, können die Illuminati entscheiden, ob und wie viel sie von den Erinnerungen freigeben. Wenn sich ein

Mitglied als nützlich oder gar loyal für die Organisation herausstellt, schaltet die Kabale seine Erinnerungen Stück für Stück frei und setzt ihn in Positionen der örtlichen Regierung oder der Strafverfolgungsbehörden ein, wo diese dann wiederum die Verbrechen der Kabale vertuschen und dafür sorgen können, dass ihre Aktivitäten weiterhin geheim bleiben. Er selbst hatte die verschiedensten Dinge ausprobiert, um diesen Seelentransfer nachts zu verhindern (Medikamente, mehrmalige Unterbrechung des Schlafs durch einen Wecker), ist aber immer wieder gescheitert. Nachts würde er dann im Klonzentrum ankommen und von den anderen für seine verzweifelten Versuche ausgelacht werden, die ihm klar machten, dass er sich vor ihnen nirgends auf der Welt verstecken und auch nichts gegen diese Entführungsprozedur unternehmen könne. Sollte sich ein Mitglied als nicht nützlich für die Kabale erweisen, so würde diese meist seine Erinnerungen unterdrückt halten. Diese Individuen enden dann meist als Alkohol- oder Drogenabhängige mit unerklärlichen Ängsten und Phobien, und einige begehen Selbstmord. Und wie viele Stars haben oder wollten sich schon das Leben nehmen? Kann es sein, dass sie glaubten, diesem Missbrauch mittels Freitod entfliehen zu können?

Warum hat man Donald Marshall nun so lange leben lassen? Er gibt an, dass er über drei Jahrzehnte hinweg in diesem Klonzentrum eine Menge Songs für berühmte Sängerinnen und Sänger geschrieben hätte, u.a. für Whitney Houston, Tina Turner, Madonna, Eagles, Eurythmics, Justin Timberlake, Lady Gaga, Katy Perry, Ke$ha und auch Britney Spears. Für Letztere schrieb er auch den Song *„Break the Ice"*. In dem japanisch anmutenden Animationsmusikvideo zu diesem Song bricht die Figur von Britney Spears in ein Klonzentrum ein und jagt es dann in die Luft. Schon ein denkwürdiger Zufall, wenn an Marshalls Geschichte überhaupt nichts dran wäre. Für die Band *Eurythmics* soll er das Lied *„Sweet Dreams (are made of this)"* geschrieben und auch dort im Text kleine Hinweise hinterlassen haben. So heißt es z.B. im Liedtext: *„Einige von ihnen wollen Dich benutzen. Einige von ihnen wollen durch Dich benutzt werden. Einige von ihnen wollen dich missbrauchen. Einige von ihnen wollen von Dir missbraucht werden."* Wenn die *Eurythmics*-Sängerin Annie Lennox auf die letzte Frage in einem Interview – was eines ihrer Geheimnisse sei – für die britische Zeitung *The Guardian* nicht geantwortet hätte, dass sie ein Klon sei, hätte ich mir sonst nichts weiter bei dem Song gedacht.[(1084)]

Auch für den Rapper *Eminem* (Marshall Mathers) schrieb er seine Hitsongs. Wenn *Eminem* in seinem Song über den „Rain Man" singt, dann soll damit Donald Marshall gemeint sein, da er von der Kabale ebenfalls als „Rain Man" bezeichnet worden sei. Denn schließlich „regnete" es massenweise Songs und Profite in Multimillionenhöhe aus ihm. Der gleiche Vor- bzw. Nachname der beiden mutet ebenfalls als kurioser Zufall an. Fast all seine produzierten Lieder wären nach Marshalls Behauptungen zu Top 10 Hits geworden. Bekannt als „Das Phänomen" erntete er durch seinen Ideenreichtum Respekt bei der Kabale. In Zeiten, in denen seine Ideen ausgingen, wurde sein Klon jedoch geschlagen und gefoltert, in der Hoffnung, neue Titel aus ihm dadurch herauspressen zu können. Selbst andere geklonte Stars hätten ihn verprügelt, wenn mal nichts neues aus ihm herauskam und diese aber auf neue Hits drängten. Besonders *Madonna* hätte ihn ordentlich verdroschen. Im Klonzentrum fand er sich auch mit anderen geklonten Songschreibern wieder. Die Texte wurden jedoch anderen Songschreibern zugesprochen, die den ganzen Ruhm dann für sich einheimsten. Er weist darauf hin, dass so gut wie keiner der berühmten Sängerinnen und Sänger es von sich aus zum Erfolg geschafft hätte. Sie entstammen zumeist aus Illuminati-Familien und deren späterer Erfolg wäre von vornherein buchstäblich *vorprogrammiert*. Die Biografien, in denen diese Stars angaben, sie hätten jahrelang mühsam gekämpft, um entdeckt zu werden, seien in dieser Hinsicht erfunden und erlogen. Ich denke, dass dies zumindest bei einigen durchaus der Fall sein wird.

Marshall unterscheidet zwischen zwei verschiedenen Klon-Technologien. Bei der ***Replikation*** würde man ideale Voraussetzungen schaffen, in denen ein Baby als Klon heranwächst. Da das Baby aber bis zum Erwachsenwerden wie alle anderen Babys heranwachsen muss, sei dies ein sehr zeitaufwendiger Prozess. Im Gegenzug sei die ***Duplikation*** die beliebtere Methode. Damit können bestimmte Gene zum schnellen Wachstum künstlich angeregt werden, wodurch ein Körper bis zu seiner kompletten Reife nur wenige Monate benötige. George Green und Dr. Peter Beter meinten in ihren Schilderungen aller Wahrscheinlichkeit nach die letztgenannte Methode. Bestes Beispiel für das Duplikations-Klonen sei im Spielfilm „Die Insel" zu sehen, in dem sehr reiche Leute Millionengelder in die bestmögliche Versorgung ihrer Klone in einer Untergrundbasis investieren, deren alleiniger Zweck es ist, als Organersatzteillager für ihre Originale zu dienen.

Eine weitere Möglichkeit, die die Elite zur künstlichen Erweiterung ihrer selbst bzw. „Lebensverlängerung" nutzt, sei mithilfe der Mikrochip-Technologie. In den 1940er-Jahren wollten die Herrschenden ewig leben und finanzierten daher die Entwicklung von Mikrochips. Seit vielen Jahren ist es möglich, das gesamte Bewusstsein samt aller Erinnerungen eines Menschen aufzuzeichnen und auf einem Chip zwischenzuspeichern. Dieses lässt sich dann in das Gehirn eines anderen Körpers transferieren und speichern, wodurch derjenige dann „weiterlebt". Laut Marshall fand man aber heraus, dass sich Klone für solch einen dauerhaften Bewusstseinstransfer nicht eignen, da deren Verhalten fehlerhaft und somit nicht zuverlässig sei. Deshalb nutze man den Körper anderer Menschen dafür. Ist das mit ein Grund für viele Entführungsfälle? Interessanterweise haben Filme wie „Transcendence" und „Selfless" diese Thematik detailliert und eindrucksvoll behandelt. Im letzteren Film erkrankt ein Milliardär an Krebs und soll sterben. Er erkauft sich mehr Zeit, indem er sein Bewusstsein in einen jungen und gesunden Körper transferieren lässt und dadurch weiterlebt. Doch im neuen Körper tauchen plötzlich Erinnerungen seines „Vorbesitzers" auf, die enthüllen, dass dieser getötet wurde, um für den Milliardär seinen Wirtskörper zur Verfügung zu stellen. Solche Technologien kommen somit immer mit Nachteilen daher. Auch der Hollywood-Blockbuster „Avatar" hat die Bewusstseinstransfer-Technologie zum Inhalt. Aber sicher, die ganzen Storyschreiber und Filmemacher saugen sich alles immer bloß aus ihren Fingern heraus... Laut Marshall jedenfalls leben viele Reiche und Mächtige in neuen Körpern mit neuen Identitäten einfach weiter. Vor dem Hintergrund, dass ein Rothschild, Rockefeller, der schwarze Papst oder ein anderes Mitglied der Kabale dadurch ewig weiterleben kann, ist zum Wohle der Menschheit und dieses Planeten die Notwendigkeit groß und dringend, das Klonen unverzüglich zu stoppen. Und der erste Schritt dahin ist, darüber weltweit aufzuklären und **sämtliche Geheimnisse** diesbezüglich ans Licht zu bringen. Ist Ihnen übrigens mal aufgefallen, dass viele Stars in den letzten 10 bis 15 Jahren kaum bzw. nur langsam gealtert sind? Suchen Sie mal in einer Suchmaschine nach Stars wie Keanu Reeves, Will Smith, Tom Cruise, Patrick Stewart, Lucy Liu, Jennifer Lopez, Paul Rudd oder Halle Barry und vergleichen mal Aufnahmen von vor 20 Jahren mit denen von heute. Entweder trinken die alle Babyblut, nutzen ein anderes geheimes Verjüngungsmittel oder es handelt sich in vielen Fällen um Klone. Die Transformation der kanadischen Schauspielerin Pamela Anderson und ihr „neuer Look“ 2017 ist beispielsweise derart auffallend, dass es selbst sämtliche Medien aufgriffen. Das *US Magazine* fragte im Mai 2017 sogar: *„Pamela Anderson, sind Sie das?“*[(1085)] Vor allem im Vergleich zu 2015 scheint ein deutlicher Verjüngungsprozess vollzogen worden zu sein. Allgemein scheint mir die Pamela Anderson von 2017 eine ganz andere zu sein als die „Pamelas“ die Jahre zuvor, die auch schon sehr unterschiedlich aussahen. Auf den Bildern von 2017 ist ihr rechtes Auge kleiner als das linke. Es sind grundsätzlich nicht dieselben Augen wie zuvor. In den Jahren zuvor erscheinen die Augen gleich groß. Fast 20 Jahre Jahre lang trug sie zudem am linken Oberarm ein Stacheldraht-Tattoo. Auf unterschiedlichen Bildern und Videos aus 2017 ist dieses komplett verschwunden (Abb. 436). Offiziell ließ sie sich sämtliche Tattoos an ihrem Körper weglasern. Selbst bei einer Laserentfernung bleiben sichtbare Narben und Hautfarbenunterschiede zurück. Auf der Rückseite des linken Oberarms und der Schulter sind nach wie vor alte Narben präsent, die sonst auch nicht weggeschminkt wurden.

Das Klonthema wird uns in Zukunft immer mehr beschäftigen. Mit all diesen Informationen sollte man ernsthaft seinen Musikkonsum noch einmal überdenken. Dies richtet sich besonders an die jüngere Generation da draußen. Ich selbst höre – bis auf seltene Ausnahmen – schon seit Jahren fast nichts mehr aus dem Mainstreambereich, allein schon wegen den eingebettenen subtilen satanischen Botschaften und dem krankhaften „Ohrwurmeffekt“, den diese Lieder mit sich bringen. Denn mit unseren Käufen unterstützen wir die Kabale nur noch mehr. Und wer singt tatsächlich auf der Bühne und im Musikvideo? Der echte Künstler oder eines seiner Klone? Wir werden wahrlich von vorn bis hinten betrogen und für dumm verkauft.

Eine Überlegung noch am Rande: Wie viele Auftragsmorde können durch gedankenmanipulierte Klone ausgeführt werden, während die wahren Drahtzieher nie gefasst werden? Und die Originale der Klone werden dann von der Justiz zur Rechenschaft gezogen, die von „ihren“ Taten aber keine Ahnung haben. Vor dem Hintergrund der Todesstrafe in einigen US-Bundesstaaten und Ländern dieser Erde ist das eine ganz schön krasse Angelegenheit, die zum Grübeln anregt. Auch auf solch eine Weise lassen sich unliebsame Personen entsorgen. Ich erwähne dies an dieser Stelle besonders, damit ab sofort auf diese Klonthematik mehr geachtet wird. Wer diese ganze Klonindustrie nicht wahrhaben kann oder will, dem sei gesagt: Schaut und fühlt genau hin. Wenn man bereits Schafe, Hunde und Katzen *offiziell* geklont hat, warum soll es bei Menschen dann gerade *nicht* möglich sein?[(1086)] Nennen Sie mir einen wirklich guten und triftigen Grund dafür. Wer Augen hat, der sehe und wer Ohren hat, der höre!

Abschließend lässt sich noch sagen: Alles ist Fake – die Nachrichten, die Nachrichtensprecher, Schauspieler, Musiker, Politiker usw. Wir leben regelrecht in einer Scheinwelt, die mit der Realität überhaupt nichts mehr gemein hat. In dem Maße, wie wir den Medien unsere Aufmerksamkeit (= Energie) schenken, machen wir diese Scheinwelt jedoch zu unserer eigenen Realität (Gesetz der Resonanz), und tragen somit maßgeblich zu unserer eigenen Gehirnwäsche und zu unserem eigenen Untergang bei.

Nachfolgend noch ein paar Bilder von bekannten Persönlichkeiten, die möglicherweise Zwillinge oder Klone sind:

Abb. 426: Links Schauspielerin Zoey Deschanel und daneben Sängerin Katy Perry.

Abb. 427: Die beiden US-amerikanischen Schauspieler Kris Kristofferson (links) und Jeff Bridges.

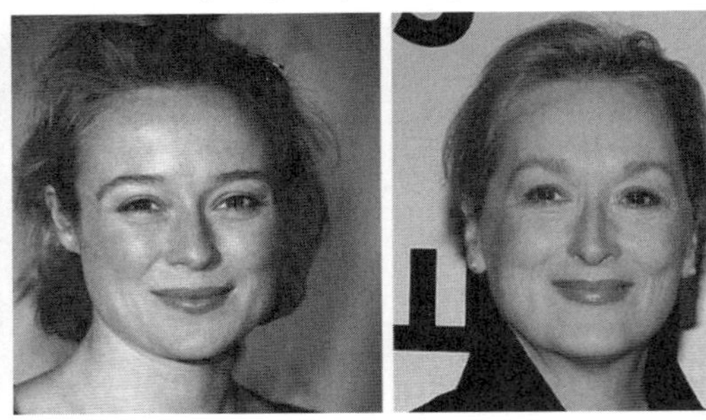

Abb. 428: Die beiden *britischen* Schauspieler John Hurt (links) und Sir Ian McKellen.

Abb. 429: Die beiden US-amerikanischen Schauspielerinnen Jennifer Ehle (links) und Meryl Streep.

Abb. 430: Von links nach rechts die drei US-amerikanischen Schauspieler im Dienste Hollywoods: Robert Downey Jr., Javier Bardem und Jeffrey Dean Morgan. Gerade die beiden letzteren könnten sich kaum ähnlicher sein.

Abb. 431: Bis auf die Augenfarbe haben beide eine frappierende Ähnlichkeit. Links die Pop-Sängerin Taylor Swift und rechts Zeena LaVey in den 1980er-Jahren, einst Hohepriesterin der Kirche Satans in den USA und Tochter vom bekannten Satanisten Anton LaVey.

Abb. 432: Schauspieler Patrick Stewart, bekannt aus „Star Trek" und „X-Men" hat sich lange erstaunlich gut gehalten.

Abb. 433: Noch auffälliger ist es beim Schauspieler Keanu Reeves. Er will partout nicht altern.

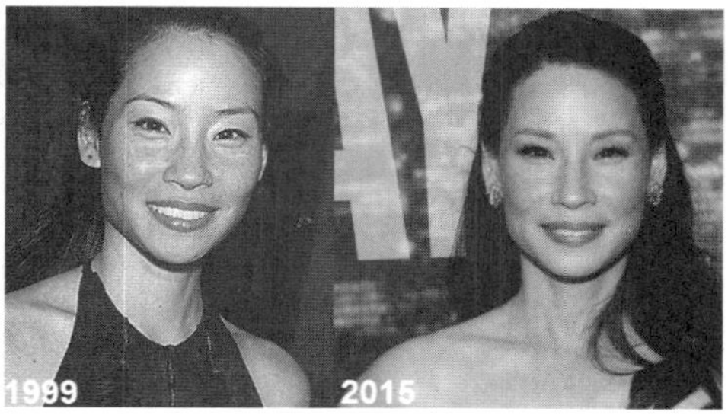

Abb. 434(links): Beim Schauspieler Tobey Maguire scheinen 17 Jahre spurlos vorüber gegangen zu sein.

Abb. 435 (rechts): Auch die asiatische Hollywood-Schauspielerin Lucy Liu scheint kaum zu altern.

Abb. 436: Handelt es sich bei der Pamela Anderson von 2017 um einen Klon oder um die echte, und die Personen die Jahre zuvor waren Klone? 2017 fehlen plötzlich Tattoos an ihrem Körper. Das ist nicht dieselbe Frau wie die Jahre zuvor.

Kapitel 12
Geheimnisse im Dritten Reich

Zum Auftakt dieses Kapitels gehen wir noch einmal zurück in die Zeit des Dritten Reichs, da zu dieser Zeit viele Dinge geschehen sind, die zu einem guten Teil unsere heutige sehr komplexe und verfahrene Situation in der Welt erklären und für diese gar hauptsächlich mit verantwortlich sind.

Wenn jemand zu diesem speziellen Thema Erfahrung hat, dann ganz sicher Jan van Helsing, der in seinen Büchern bereits über die moderne Flugscheiben-Entwicklung der Deutschen vor und während des Zweiten Weltkriegs geschrieben hatte. Hier sei nur an seine Bücher „Unternehmen Aldebaran“ und „Hände weg von diesem Buch“ erinnert. Der Insider und Autor Jason Mason hat zusätzliches Material für sein Werk „Mein Vater war ein MiB“ zusammengetragen, um u.a. die geheimen Geschehnisse im Dritten Reich und das später entstandene Geheime Weltraumprogramm so gut es geht zu rekonstruieren. Eine keineswegs leichte Aufgabe, da allgemein in den Schilderungen einiger Bücher da draußen, die es zu diesem wachsenden Thema gibt, auch sehr viel sagenhafte Mythologie mit eingeflochten wird und sich zudem Wahrheit mit Fantasien und falschen Informationen mischen. Das gilt auch für viele Vortragsredner zu diesen Themen. Die tendenzielle Berichterstattung in alternativen Kreisen ist gerade in Bezug auf die Nazis viel zu positiv, mit lauter rotarosen Brillen und Plüschhasen, wie ich feststellen konnte. Dass nicht alles im Dritten Reich positiv war, wie manche Extremisten meinen – aber auch nicht alles so schwarz gewesen ist, wie uns jahrzehntelang eingetrichtert wird –, haben wir besonders im ersten Teil des Buches gesehen. Es ist durchwachsen, sehr komplex und vielschichtig. Dies bitte ich beim Lesen dieses Kapitels stets im Hinterkopf zu behalten. Wenn nachfolgend allgemein von *Nazis* oder *den Deutschen* die Rede ist, die finstere Machenschaften ausüb(t)en, so ist damit nur ein Teil der Deutschen (bzw. Naziführung) gemeint, nicht alle und nicht pauschal das deutsche Volk. Dasselbe gilt auch für *die Amerikaner*, *die Russen* etc. Niemand hat das vollständige Bild (auch ich nicht!) und nicht alle Informationen müssen immer der Wahrheit entsprechen. Hier das Wahre vom Falschen zu unterscheiden, ist dabei gewiss nicht immer leicht, wenn nicht gar die schwerste Aufgabe. Dennoch gibt es glaubhafte Indizien und Berichte, die, wenn man sie zusammenfügt, deutlich mehr Licht ins Dunkle bringen. Wenn sich dann auch noch bei verschiedenen Insidern ähnliche oder gar gleiche Informationen finden und überschneiden, so sollte man diese meiner Meinung nach nicht in das Reich der Fantasie abtun, sondern ernsthaft als weitere wichtige Puzzleteile in Betracht ziehen und ins Bild mit einfügen, unabhängig davon, wie „ungeheuer“ oder „unglaubwürdig“ sie zuerst erscheinen mögen.

Deutsche Flugscheibentechnologie

Was unter allen Experten und Insidern als gesichert gilt, ist, dass die Deutschen während des Dritten Reichs hoch-moderne und neuartige Flugscheiben gebaut haben, die damals in Peenemünde, in den Messerschmidt-Werken in Augsburg sowie in Neubrandenburg, Prag und Wien gebaut wurden. Zu den Flugscheiben mit Turbinen- und Antigravitationsantrieb gehörten u.a. die Modelle *Vril* und *Haunebu* in verschiedenen Größen und

Ausführungen sowie das zigarrenförmige Flugobjekt *Andromeda* (Abb. 437 bis 440). Zum Antigravitationsantrieb der *Haunebus* schilderte ein deutscher Pilot Jan van Helsing, dass er 1943 zwei solcher Scheiben gesehen und sich mit den Piloten sogar unterhalten hätte. Der Antrieb funktioniere demnach nach dem Gegenlaufprinzip einer gequetschten Lemniskate (schleifenförmige geometrische Kurve in Form einer Acht). Van Helsing schildert dazu weiterhin:

„Durch die gegenläufigen Scheiben im Innern des Raumschiffs entsteht dadurch ein weiterführender Dynamoeffekt. Durch diesen Effekt würden die Raumschiffe ein Null-Feld um sich herum aufbauen, wobei sie sich fortwährend in dieses Null-Feld hineinsaugen. Je nachdem, wohin man dieses Feld richten würde, zöge es das Schiff hinein. Durch diesen Antrieb gäbe es, aber nur von außen sichtbare, ruckartige Zick-zack-Bewegungen, die jedoch im Innern nicht fühlbar wären. Innerhalb der Schiffe würden keinerlei Fliehkräfte auf die Piloten einwirken, da die Schiffe eben ein eigenes Gravitationsfeld besitzen."

Der Zeuge schilderte, dass nur ein leises Summen dieser Fluggeräte zu hören gewesen sei. Hoben diese zuerst schwerfällig vom Flugplatz ab auf eine Höhe von 600 bis 700 Meter, schossen sie plötzlich wie ein Blitz weg. Es gibt bei diesen Flugobjekten auch keinen Schallmauerdurchbruch, wie es bei konventionellen Antrieben der Fall ist.[1087]

In der Nacht zum 25. Februar 1942 geschah am Himmel im südlichen Kalifornien etwas, was in den US-Medien später als die „Schlacht von Los Angeles" bezeichnet wurde. In dieser Nacht tauchte eine Flugscheibe stundenlang am Himmel auf, was von rund einer Million Menschen in der Region gesehen wurde. Die US-Armee feuerte mindestens 1.400 Artilleriegeschosse in einer Stunde auf dieses Objekt ab, welches sich aber völlig unbeeindruckt zeigte. Das Spektakel wurde damals sogar vom TV-Kanal *CBS* aufgenommen. Video und Bilder dazu finden sich im Internet (Abb. 445).[1088] Interessanterweise passierte dieser Vorfall in etwas weniger als drei Monaten, nachdem die USA in den Zweiten Weltkrieg eingetreten waren. Die Vermutung liegt nahe, dass es sich hierbei um eine deutsche Flugscheibe gehandelt hatte. Während des Zweiten Weltkriegs berichteten US-amerikanische Zeitungen über unbekannte Flugobjekte der Deutschen. Unter der Überschrift *„Floating Mystery Ball Is New Nazi Air Weapon"* (zu Deutsch: *„Mysteriöse schwebende Kugel ist die neue Nazi-Waffe in der Luft"*) schrieb die große Tageszeitung *New York Times* am 14. Dezember 1944, dass Kampfpiloten der US-Luftwaffe schwebende silberfarbene Kugeln über deutschem Gebiet gesichtet hatten, die vereinzelt oder in Schwärmen auftauchten und teilweise sogar fast durchsichtig erschienen sein sollen. Kurz darauf, am 2. Januar 1945, berichtete dieselbe Zeitung von „Feuerbällen", die in nächtlichen Kämpfen über Reichsgebiet US-amerikanische Kampfpiloten „belästigten".[1089] Am 30. März 1950 veröffentlichte *Der Spiegel* in seiner Druckausgabe einen Artikel über Sichtungen von Flugscheiben und merkte in diesem an, dass seit dem 24. Juni 1947 (also kurz nach dem Roswell-Absturz) das US-Verteidigungsministerium in regelmäßigen Abständen Existenz und Sichtungen von UFOs dementiert, obwohl seit diesem Datum Medien von zunehmenden Sichtungen durch Zeugen berichteten. Letztere meldeten sich damals nämlich aus fast allen Staaten der USA und Kanada.[1090] Es gab zu diesem Zeitpunkt wohl eine derart hohe Frequenz an Überflügen durch Flugscheiben, dass selbst einige großen Medien es nicht mehr leugnen konnten. Am 6. Dezember 2014 hatte das Revolverblatt *BILD* einen reißerischen Artikel über *„Hitlers geheime*

UFO-Pläne" abgedruckt, in dem stand, dass Hitler in einem *Skoda*-Werk in Prag fürs Radar unsichtbare Flugkreisel bauen ließ mit dem Ziel, mit dieser Wunderwaffe den Krieg noch gewinnen zu können. Allerdings erwähnt der Artikel nur die Erfindung des deutschen Ingenieurs Andreas Epp, die lediglich auf einen konventionellen Antrieb beruhte[(1091)] – eine beliebte Taktik der Medien, um dem Leser zu suggerieren, dass dies der „modernste Stand der Technik" sei. Der US-amerikanische Oberfeldwebel Daniel M. Salter, der sich zuvor über den Roswell-Absturz und die *Grauen* bereits äußerte, enthüllte in seinem Interview, dass die Deutschen elektromagnetische Antriebssysteme während des Zweiten Weltkriegs besaßen und von diesen bereits seit 1932 Kenntnis hatten. Sie hätten nach seinen Angaben nämlich zwei UFOs in Brasilien geborgen, diese nach Deutschland verbracht, wo Wissenschaftler sich sofort an die Arbeit machten, diese Flugobjekte nachzubauen.[(1091a)] Zudem soll im Schwarzwald 1936 eine Flugscheibe abgestürzt sein, von der die Deutschen sich die Technologie ebenso abschauen konnten.

Abb. 437: Deutsche Flugscheiben der *Vril*-Baureihe

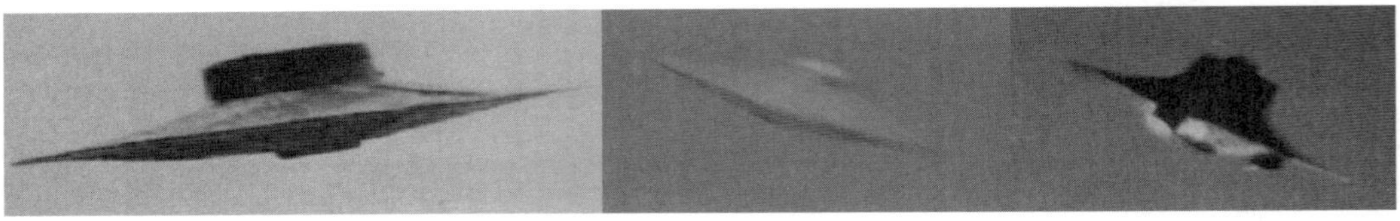

Abb. 438: Weitere Flugscheiben der Vril-Baureihe. Ganz rechts eine *Vril 8 Odin*.

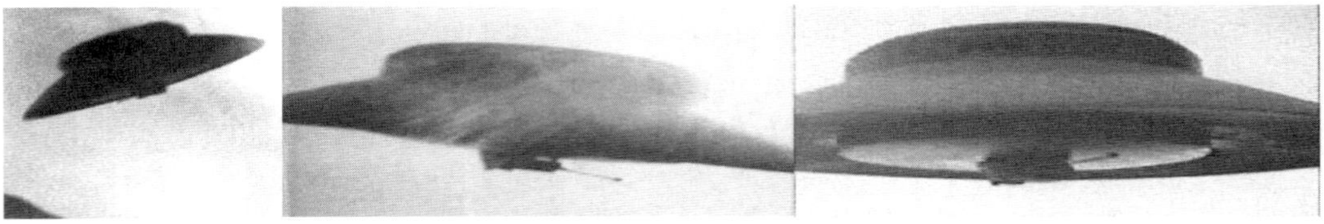

Abb. 439: Flugscheiben der Baureihe *Haunebu*, ausgestattet mit einer Kraftstrahlkanone (Laserwaffe).

Abb. 440: Weitere Flugscheiben der *Haunebu*-Baureihe

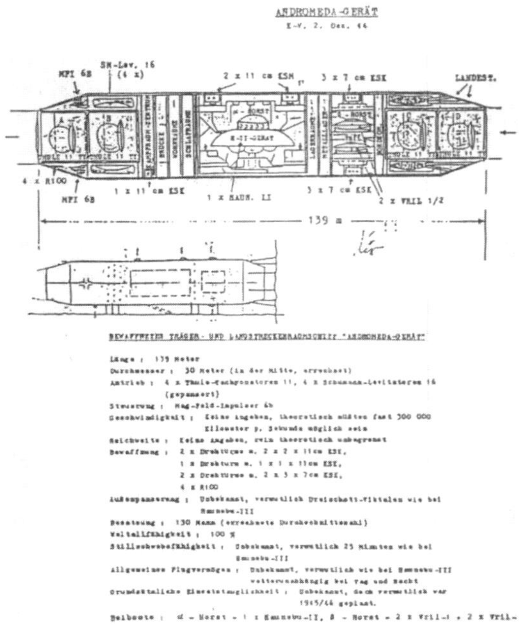

From Reichs-German secret SS archives

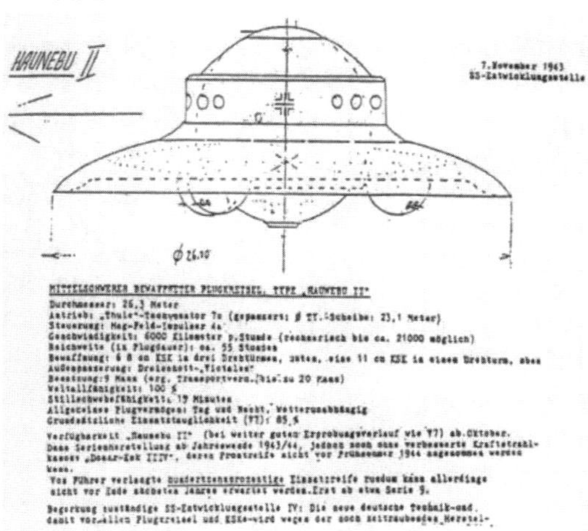

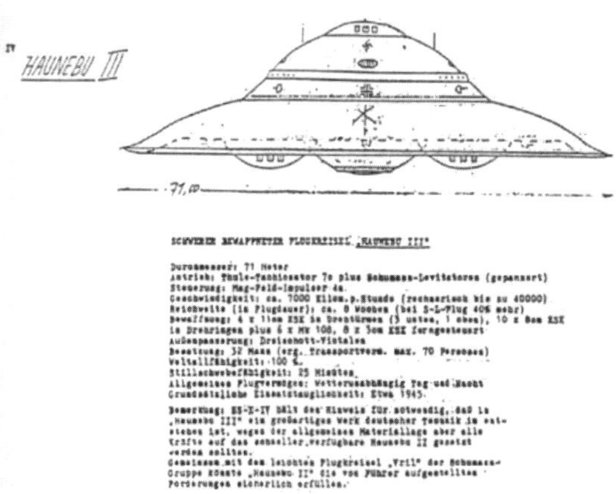

Abb. 441 bis 444: Oben links: Schema zu *Haunebu I* aus den SS E-IV-Geheimarchiven. Oben rechts: Schema zum *Andromeda*-Raumschiff. Unten: Schemata zu den Flugscheiben *Haunebu II* und *Haunebu III*.

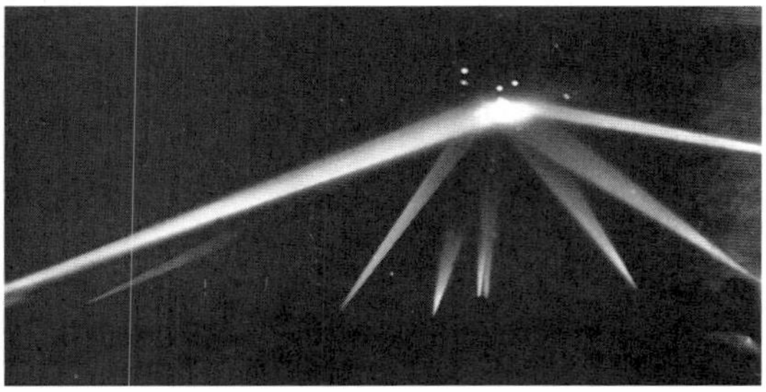

Abb. 445: Die „Schlacht von Los Angeles" am 25. Februar 1942

Neuschwabenland, die Innere Erde und die deutsche Mondbasis

Anfang des 20. Jahrhunderts haben neben den USA, Großbritannien, Australien und Frankreich auch das Deutsche Reich die Antarktis erkundet. Die bedeutendste deutsche Expedition fand im Frühjahr 1938 unter der Leitung des Polarforschers Alfred Ritscher statt. Im Zuge dieser Expedition haben die Deutschen ein 600.000 km^2 großes Gebiet im Norden des Eiskontinents in Besitz genommen und nannten es *Neuschwabenland*. Nach damaligem sowie heute geltendem Völkerrecht war diese Besitznahme völlig legal. Während die Deutschen in Neuschwabenland zugange waren, hatte das Königreich Norwegen am 14. Januar 1939 durch eine Resolution ein größeres Gebiet, welches Neuschwabenland mit einbezog, rechtswidrig beansprucht und nennt es seitdem Königin-Maud-Land. Die topografischen Benennungen im atlantischen Sektor wurden übrigens am 5. August 1952 im Bundesanzeiger veröffentlicht.[(1092)]

Was hatten die Deutschen **in** der Antarktis getrieben? Laut des russischen Forschers Dr. Konstantin Ivanenko fand eine Absatzbewegung der Deutschen statt. Ab 1942 soll eine Legion von 2.500 Soldaten der Waffen-SS („Das letzte Bataillon") und rund 10.000 Siedlungsfrauen in die Antarktis geschickt worden sein. Diese Frauen waren demnach groß, blond und blauäugig und wurden sowohl unter Deutschen als auch Ukrainerinnen ausgewählt, die dieselben rassischen Wurzeln wie die Deutschen hatten. Die Umsiedlung soll damals vom *Rasse- und Siedlungshauptamt* durchgeführt worden sein. Die Deutschen haben jedenfalls eine Basis tief im Innern der Antarktis errichtet (*Basis 211*), und laut Ivanenko gibt es mehrere Basen, die unterirdisch miteinander verbunden sind. Diese sollen zudem auf bereits bestehenden Ruinen der alten Hochkultur *Kadath* errichtet worden sein, dem vermeintlichen Ursprung der arisch-slawischen Rasse. Ihre Geschichte soll über 100.000 Jahre alt sein. Im Innern der Antarktis existieren riesige Höhlensysteme, die bestens dazu geeignet sind, von der Oberwelt versteckt aus nicht nur eine neue Zivilisation zu errichten, sondern auch unbehelligt politische und militärische Pläne zu schmieden und umzusetzen. Heute sollen in den Antarktisbasen über zwei Millionen Menschen leben. Die innerdeutsche Hauptstadt trage den Namen *Neu-Berlin* und in dessen Stadtgebiet sollen sich neben Außerirdischen von Aldebaran und den Plejaden auch *Graue*, *Reptiloide* und *Men in Black* (MiB) aufhalten. Der Grund dafür liege darin, weil die beiden Pole der Erde An- und Abflugpunkte anderer planetarer Völker seien. Großadmiral Karl Dönitz erklärte 1943: *„Die deutsche U-Bootflotte ist stolz, ein irdisches Paradies, eine uneinnehmbare Festung für den Führer gebaut zu haben, am unteren Ende der Welt."*[(1093)] Die *MiB* haben ihren Namen aufgrund ihrer ominösen Erscheinung, da sie von Zeugen immer als Männer in schwarzen Anzügen in schwarzen Wagen gesichtet werden. Sie tauchen immer bei UFO-Kontaktlern auf, schüchtern diese massivst ein, damit diese über den Kontakt bzw. die UFO-Sichtung niemandem etwas erzählen. Zudem beschlagnahmen oder vernichten sie jedwede Beweise (Foto- und Videoaufnahmen, Hinterlassenschaften von UFOs usw.). Von Zeugen wird die Konfrontation mit den „Männern in schwarz" einhellig als sehr unangenehm und bedrohlich empfunden.

Dass die Deutschen einen Zugang zu einer Welt in der Inneren Erde – dem Reich *Agartha* – gefunden hatten, belegen einige Dokumente. Eines davon ist der Brief eines Angehörigen der U-Bootbesatzung des U-209 mit dem Namen Karl Unger, welcher über eine deutsche Kolonie in Brasilien an einen Freund an der Erdoberfläche gesandt wurde. Der Amerikaner Joe Watson gelangte über einen ehemaligen Oberst der US-Luftwaffe wiederum an eine Kopie dieses Briefes, in dem geschrieben stand:

> *„Lieber alter Kamerad, Diese Nachricht wird eine Überraschung für Dich sein. Das U-Boot 209 hat es geschafft, die Erde ist HOHL! Dr. Haushofer und Hess hatten recht. Der gesamten Mannschaft geht es gut, aber sie kann nicht zurückkehren – wir sind keine Gefangenen. Ich bin sicher, dass diese Nachricht Dich erreichen wird, es ist die letzte Verbindung mit dem U-209. Wir werden uns wieder begegnen, Kamerad. Ich bin in Sorge für jene, welche ihr Leben auf der Oberfläche der Erde zu verbringen haben, seit der Führer gegangen ist. Gott segne immer unser Deutschland. Mit herzlichen Grüßen, Karl Unger.“*

Eine bestätigende Information, dass das U-209 tatsächlich als verloren gemeldet wurde, erhalten wir u.a. auf *Wikipedia* und der Archivseite *u-boote-online.de*.

Demnach soll die letzte am 7. Mai 1943 bekannte Position 52°00'N-38°00'W gewesen sein, südlich von Grönland im nordatlantischen Ozean. Offiziell wird ein Tauchunfall oder ein Angriff als mögliche Ursache angegeben.[1094]

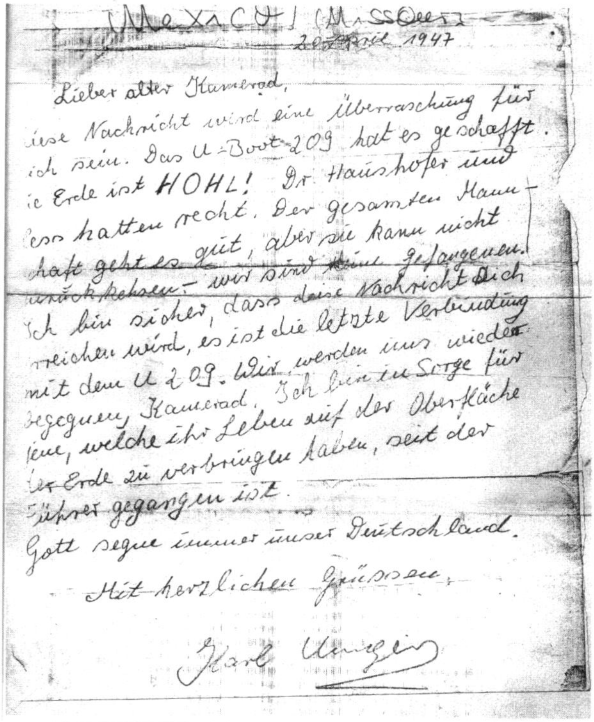

Lieber alter Kamerad,
iese Nachricht wird eine Überraschung für
ich sein. Das U-Boot-209 hat es geschafft.
ie Erde ist HOHL! Dr. Haushofer und
ess hatten recht. Der gesamten Mann-
haft geht es gut, aber sie kann nicht
urückkehren – wir sind keine Gefangenen.
Ich bin sicher, dass diese Nachricht Dich
reichen wird, es ist die letzte Verbindung
mit dem U 209. Wir werden uns wieder
begegnen, Kamerad. Ich bin in Sorge für
jene, welche ihr Leben auf der Oberfläche
der Erde zu verbringen haben, seit der
Führer gegangen ist.
Gott segne immer unser Deutschland.
Mit herzlichen Grüssen,
Karl Unger

Abb. 446: Brief vom Besatzungsmitglied der U-209 Karl Unger an seinen Freund über die Innere Erde.

Weitere Bestätigung erhalten wir zudem aus einer militärischen Quelle. **Douglas Dietrich** war ehemals Bibliothekar und Aktenvernichter beim US-Militär. Bevor er jedoch geheime Akten vernichtete, machte er sich selbst Notizen über ihren Inhalt. Der Chefredakteur Thomas Kirschner vom *Nexus Magazin* führte mit ihm ein Interview und wollte es genauer wissen, was es mit Neuschwabenland auf sich hatte.[1095] Auch Dietrich bestätigte, dass u.a. sowohl Hitler, Bormann, Goebbels als auch SS-Obergruppenführer Hans Kammler und zahlreiche Techniker am Ende des Zweiten Weltkriegs sich zu geheimen Stützpunkten in Norwegen, Grönland, den Kanarischen Inseln, nach Südamerika und von dort weiter in die Antarktis und von dort wiederum weiter ins Erdinnere abgesetzt hatten. So erwähnte er auch einen wissenschaftlichen Artikel von 2007 aus der Zeitschrift *New Scientist*, der enthüllte, dass es im unteren Erdmantel unseres Planeten mehr Wasservorkommen gibt, als alle Ozeane auf der Oberfläche zusammengenommen. Gewaltige Wasserdurchflüsse hätten über Jahrtausende oder gar Jahrmillionen kilometerhohe Kavernen bzw. Hohlräume ausgewaschen, in denen ein eigenes Klima mit Wetter herrscht, weil das Wasser an ihren Decken kondensiert und als Regen wieder hinabfällt. Die Erde sei zwar nicht hohl, aber mit gigantischen Kavernen durchzogen, die miteinander verbunden sind. Was kaum jemand heute weiß, ist laut Dietrich die Tatsache, dass das Dritte Reich damals die ersten programmierbaren Computer gebaut hatte, mit dem es das Kräfteverhältnis zwischen den Alliierten und den Achsenmächten sowie den wahrscheinlichen Ausgang des Krieges berechnen konnte. Die Alliierten waren in jedweder Hinsicht zahlenmäßig überlegen und so wurde beschlossen, das Dritte Reich nach Neuschwabenland umzusiedeln. Die kalten und sterilen Bedingungen dort waren zudem prima für die heiß-laufenden Rechenmaschinen. Zur Stromerzeugung nutzten die Nazis in der Antarktis geothermische Energie und Wasserkraft. Des Weiteren war es für die Reichsführung wichtig, den Fortbestand der nordischen Rasse der Arier zu erhalten. Nach Dietrichs Worten waren die Deutschen gemäß der Nazi-Ideologie Arier, die einst aus Nordindien und Persien (heute Iran) nach Nordeuropa ausgewandert waren. Diese Rassenideologie verband Deutschland mit Japan und auch Indien. Anders als der russische Forscher Ivanenko ging Dietrich im Interview davon aus, dass 1939 bereits eine Million Deutsche in die Antarktis und später ins Unterland umgesiedelt wurden.

Den Alliierten sind die vielen U-Boote auf dem Südatlantik in Richtung Südpolarkreis natürlich nicht entgangen und bekamen deshalb Wind von dem immensen Material- und Menschentransport. Die Nazis wurden noch während des Krieges von der britischen Spezialeinheit *SAS (Special Air Service)* in der Antarktis angegriffen. 1944 scheiterten die Briten mit ihrer *Operation Tabarin*, die zum Ziel hatte, Stützpunkte des Dritten Reichs in der Antarktis zu vernichten. Später versuchten die Amerikaner mit der *Operation Highjump* die Nazis am Südpol zu besiegen, scheiterten jedoch mit dieser Operation sowie mit anderen Unternehmen. Laut Dietrich kamen allein bei der *Operation Highjump* 3.500 Marineinfanteristen ums Leben.

Nachfolgend eine kleine Zusammenfassung über die wichtigsten Missionen der Amerikaner in ihren Versuchen, die Antarktis auch nach dem *offiziellen* Ende des Zweiten Weltkriegs unter ihre Kontrolle zu bringen: Im Rahmen der *Operation Highjump* griffen die Amerikaner unter der Leitung der Admiräle Cruzen und Byrd die Deutschen in Neuschwabenland an. Organisiert vom Marineminister der USA, James Forrestal, machten sich US-Soldaten im Dezember 1946 mit über 40 Schiffen bis an die Zähne bewaffnet in Richtung Antarktis auf dem Weg. Zeitlich angesetzt war die Operation für acht Monate. Doch scheiterte diese Mission in weniger als acht Wochen, da die Amerikaner vernichtend geschlagen wurden, wie wir von Douglas Dietrich bereits zuvor erfuhren. Der südamerikanischen Presse (*El Mercurio*) soll Byrd hinterher gesagt haben, dass sie von feindlichen Flugobjekten angegriffen wurden, die imstande waren, von einem Pol zum anderen in einer unglaublichen Geschwindigkeit zu fliegen. Kurz nach dieser Presseerklärung verlautbarte das sowjetische Marinejournal *Rote Flotte*, dass die USA die Inbesitznahme der Antarktis anstrebten, mit der Errichtung von permanenten Basen auf dem Eiskontinent. Das ging sogar aus offiziellen Veröffentlichungen der US-Marine und der US-Armee hervor. Doch die Amerikaner gaben nicht auf. Nach *Highjump* folgten noch zwei weitere Operationen: die *Operation Windmill* 1947/48, bei der Bodentruppen eine Aufklärungsmission im Inneren der Antarktis durchführten, sich Ende 1948 aber wieder zurückzogen, und die ab 1954 begonnene *Operation Deep Freeze* sowie das *US*

Antarctic Program zur dauerhaften Besetzung des Kontinents. Laut Admiral Byrd war *Deep Freeze* ein „gemeinsamer internationaler Angriff auf die Antarktis“ gewesen. Die USA haben es geschafft, den Südpol-Kontinent allmählich unter ihre militärische Kontrolle zu bringen und haben drei feste Basen dort etabliert. Seit dem 17. April 2002 untersteht die Antarktis dem US-Pazifik-Kommando. Die Autoren Gehring und Zunneck („Flugscheiben über Neuschwabenland“) fragen berechtigterweise, vor *wem* die Sicherstellung amerikanischer Interessen und die Sicherheit der Amerikaner mit solch einem militärischen Aufwand denn geschützt werden müsse?[(1096)] Jedenfalls konnte dieser Erfolg erst nach vielen Jahrzehnten erfolgen, nachdem die Nazis sich spätestens 1997 komplett ins Erdinnere zurückgezogen haben. Wobei anzunehmen ist, dass dieser Rückzug ins Innere Reich bereits um 1954 großumfänglich stattgefunden haben musste, als die Amerikaner unter dem Deckmantel des *Geophysikalischen Jahres* 1957/58 ihre Atombombenabwürfe über der Antarktis tätigten.

Neuschwabenland sei nach Worten Dietrichs die *Area 51 Deutschlands*, und von der Antarktis aus haben die Nazis eine Basis auf dem Mond errichtet. Dietrich erzählt, was den wenigsten heute überhaupt bekannt ist, dass nicht russische Kosmonauten und amerikanische Astronauten die ersten Menschen im All waren, sondern Angehörige der deutschen Raumwaffe, einem Gemeinschaftsprogramm von Reichsmarschall Göring und Heinrich Himmler! Als Dr. Robert Goddard in den 1920er-Jahren in den USA seine Raketen entwickelte, hätten die Deutschen bereits bemannte Raumflüge gestartet. Zudem seien die meisten deutschen Raketentechniker nach dem Krieg nach Ägypten gegangen und hätten das ägyptische Luft- und Raumfahrtprogramm entwickelt. Für die rund 400 Nazi-Wissenschaftler wurde sogar eine eigene Stadt nordöstlich von Kairo errichtet, der *Factory 333* in Heliopolis (griechisch für *Sonnenstadt*). Das war auch der Grund, weshalb der damalige ägyptische Präsident Gamal Abdel Nasser den Amerikanern drohen konnte, sämtliche ihrer Passagierflugzeuge vom Himmel zu holen, sollten sie weiterhin gegen seine Verstaatlichungspläne des Suezkanals vorgehen.

Die Amerikaner wollten das weitere Weltraumprogramm der Nazis verhindern und entschieden 1958 mit der *Operation Argus* mehrere Atomraketen in der Atmosphäre über der Antarktis zu zünden. Das Ergebnis war, dass durch die Explosionen die radioaktive Strahlung die ganze Erde umkreiste und in einer Höhe von bis zu 65.000 Kilometern einen neuen künstlichen Strahlungsgürtel erzeugte. Damit solle das Weltraumprogramm der Nazis vorerst gestoppt worden sein. Denn jeder neue Flug ins All wäre für die Pilotencrew tödlich gewesen, und jene Deutsche auf der bereits bestehenden Mondbasis waren von weiterem Nachschub abgeschnitten. Nachdem die Amerikaner einen Nuklearkrieg gegen die Exilregierung des Dritten Reiches führten, trat 1959 dann das *Antarktis-Abkommen* in Kraft und die USA und Sowjets erklärten den Eiskontinent zum Sperrgebiet. Der Zweite Weltkrieg war also noch lange nicht beendet und ist es auch heute noch nicht. Nichtsdestotrotz waren die Amerikaner über ihre Geheimdienste bereit, mit der Exilregierung des Dritten Reiches weiterhin zusammenzuarbeiten, schließlich hatten sie im eigenen Land viele *Paperclip*-Nazis, die als Berater und Vermittler fungierten. Zudem arbeiteten in den 1940er- und 1950er-Jahren ehemalige SS-Offiziere und *Gestapo*-Agenten in der CIA, sodass es eine Verständigungsbasis mit den Unterländern gab. UFO-Sichtungen über Großbritannien und beispielsweise New York City waren zu der Zeit noch normal gewesen. Eines der deutschen UFOs sei für den großen Stromausfall in New York City verantwortlich gewesen, da die Exil-Nazis ihre Macht demonstrieren wollten. Leider nannte Dietrich hierzu keine Jahresangabe. Doch der Überflug von mehreren Flugscheiben über Washington D.C. im Jahre 1952 legt nahe, dass es in den 1950er-Jahren stattgefunden haben muss. Mit diesen Drohgebärden erkauften sich die Nazis bis zur *Operation Argus* wertvolle Zeit, um den Umzug in die Innere Erde zu vollziehen. 1997 begann dann ein streng bewachter Ökotourismus auf dem Eiskontinent, nachdem die Nazis aus der Antarktis verschwunden und ins Innere übergesiedelt waren. Eingänge zur Inneren Erde gäbe es laut Dietrich in Tibet, in der Antarktis, in den Norditalienischen, Schweizer und Österreichischen Alpen und in Berchtesgaden. Mit Sicherheit gibt es auf der Welt noch viele weitere Eingänge.

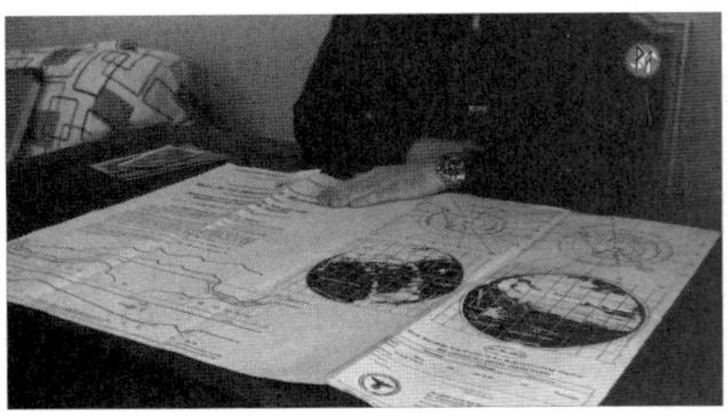

Abb. 447: Der russische Journalist Nikolai Subbotin inspiziert das Material aus den KGB-Unterlagen.

Weitere Bestätigung zur Existenz Neuschwabenlands und des Reichs im Erdinneren erhalten wir aus freigegebenen russischen KGB-Dokumenten. Aus diesen analysierte der Journalist **Nikolai Subbotin** eine freigegebene Mappe, die den Namen *Orion* trägt. In diesen auf den 10. März 1940 datierten Dokumenten ist eine Tauchroute zu einer unterirdischen Höhle enthalten, die vier Kilometer unter dem Eis liegt sowie Fotos von einer Mannschaft und Karten der innerirdischen Kontinente. Auf einem der Dokumente, die an Kapitäne von U-Booten des Sonderkonvois des Führers gerichtet und mit „Geheime Kommandosache" klassifiziert sind, heißt es *„Anweisung zum Passieren von Räumen und Korridoren zur Fahrt nach Agartha"*. Nach einer detaillierten Routenbeschreibung heißt es am Ende der Anweisungen in runden Klammern: *„(Weitere Anweisungen im Paket Nr. 3. Erst bei Eintreffen in Agartha öffnen!)"* (Abb. 450 und 451). Laut Subbotin hätte Russland bisher nur 25% des Inhaltes dieser Unterlagen freigegeben, da der Rest hoch umstritten sei und im krassen Widerspruch zur offiziellen Version unserer Geschichte stünde.[1097]

Am 2. Januar 2015 erhielt die bekannte UFO-Forscherin Linda Moulton Howe eine Email von einem pensionierten Flugingenieur der US-Marine, der ihr über seine seltsamen Sichtungen in der Antarktis berichtete, wo seine Einheit ihren Stützpunkt bei der McMurdo-Station hatte. In der Korrespondenz wollte er nur „Brian" genannt werden. Als er im Dezember 1995 während einer Mission über das transantarktische Gebirge flog, beobachtete er glänzende Flugscheiben, die sehr schnell flogen und ebenso abrupt stoppten. Er und seine Kameraden haben dort regelmäßig UFOs fliegen sehen. Ein anderes Erlebnis, das er schilderte, war ein Überflug über eine verbotene Zone, die sich zwischen 6,5 bis 15 Kilometer von der Südpol-Station entfernt befand. Offiziell ließ man verlautbaren, dass es

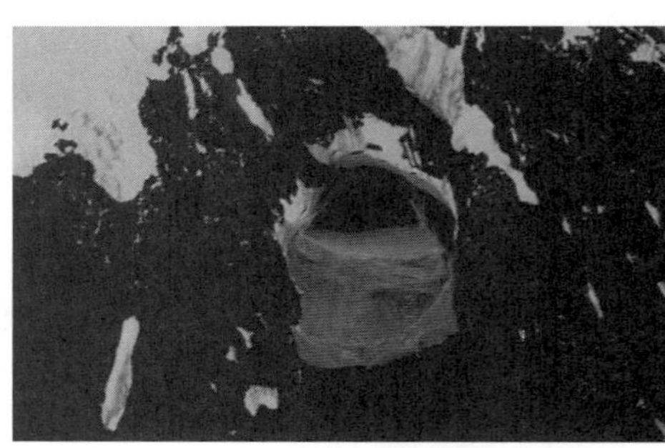

Abb. 448: Das von „Brian" gefundene große Loch in einem Berg der Antarktis. Koordinaten nach *Google Earth*: 66°33'24.90"S, 99°50'15.14"O

sich um eine Luftprobenentnahmestation handle. Doch als Brian mit seiner Crew über die verbotene Gegend flog, entdeckte er ein etwa 80 Meter breites und 30 Meter hohes, großes Loch im Eis, welches wie ein Höhleneingang aussah und in die locker eine Passagiermaschine hätte hineinfliegen können (Abb. 448). Unweit davon wurde ein zweites großes Loch gefunden. Später erfuhr er, dass dies der Eingang zu einer Forschungsbasis sei, in der mit Außerirdischen zusammengearbeitet wird. Eine andere Kuriosität widerfuhr ihm, als er und seine Crew zu einem Lager in der Nähe von Marie Byrd Land fliegen sollten, weil seit einer Woche der Kontakt zum Camp abbrach und man sichergehen wollte, dass mit den Leuten dort alles in Ordnung sei. Dort angekommen, war aber keine Menschenseele vorzufinden. Dutzende Wissenschaftler waren spurlos verschwunden. Eine Woche später tauchten diese plötzlich auf und baten darum, abgeholt zu werden. Brian und seine Crew holten die Wissenschaftler ab und flogen sie nach Christchurch in Neuseeland. Während des Flugs konnte Brian die Angst in den Gesichtern dieser Wissenschaftler sehen, welche kein Wort darüber verlieren wollten, was ihnen in den zwei Wochen passiert war oder wo sie sich in dieser Zeit aufhielten.(1098) (*quer-denken.tv*)

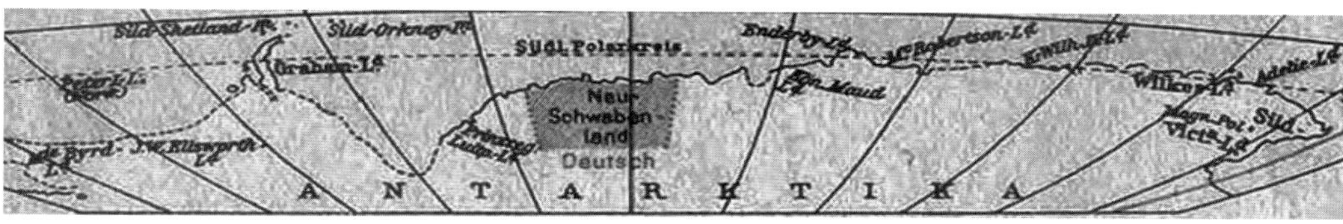

Abb. 449: Nördlicher Teil der Antarktis mit Neuschwabenland. Auszug aus dem „Soldaten Atlas" des OKH während des Zweiten Weltkriegs 1941.

Geheime Kommandosache!

Nur für Kapitäne von U-Booten der A-Klasse des Sonderkonvois des Führers

U-Bootflotte der Kriegsmarine des Deutschen Reichs

Karte für das Passieren der Meerestiefen

Nur beim Manövrieren verwenden!

Anweisung zum Passieren von Räumen und Korridoren zur Fahrt nach Agartha

ABTAUCHEN AM PUNKT MIT DEN KOORDINATEN: EXAKTER SCHNITTPUNKT: 66° SÜDLICHER BREITE UND 1° ÖSTLICHER LÄNGE, AUF EINE TIEFE VON 400 METERN.

Abb. 450: Anweisungen an die U-Bootkapitäne zur Fahrt nach Agartha im Erdinnern.

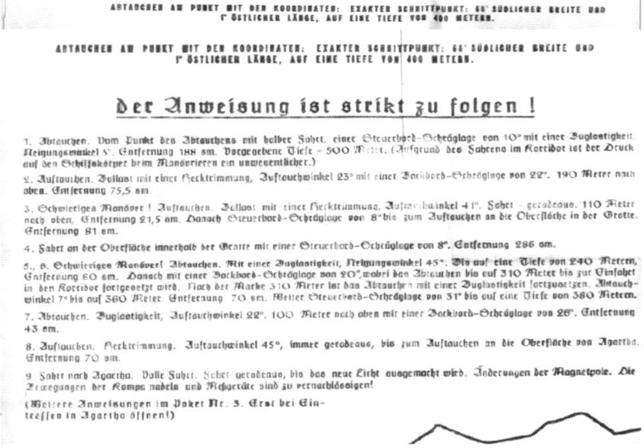

ABTAUCHEN AM PUNKT MIT DEN KOORDINATEN: EXAKTER SCHNITTPUNKT: 66° SÜDLICHER BREITE UND 1° ÖSTLICHER LÄNGE, AUF EINE TIEFE VON 400 METERN.

Der Anweisung ist strikt zu folgen!

1. Abtauchen. Vom Punkt des Abtauchens mit halber Fahrt, einer Steuerbord-Schräglage von 10° mit einer Buglastigkeit, Neigungswinkel 5°. Entfernung 188 sm. Vorgegebene Tiefe – 500 Meter. (Aufgrund des Fahrens im Korridor ist der Druck auf den Schiffskörper beim Manövrieren ein unwesentlicher.)

2. Auftauchen. Ballast mit einer Hecktrimmung, Auftauchwinkel 23° mit einer Backbord-Schräglage von 22°. 190 Meter nach oben. Entfernung 75,5 sm.

3. Schwieriges Manöver! Auftauchen. Ballast mit einer Hecktrimmung, Auftauchwinkel 41°. Fahrt – geradeaus. 110 Meter nach oben, Entfernung 21,5 sm. Danach Steuerbord-Schräglage von 8° bis zum Auftauchen an die Oberfläche in der Grotte. Entfernung 81 sm.

4. Fahrt an der Oberfläche innerhalb der Grotte mit einer Steuerbord-Schräglage von 8°. Entfernung 286 sm.

5., 6. Schwieriges Manöver! Abtauchen. Mit einer Buglastigkeit, Neigungswinkel 45°. Bis auf eine Tiefe von 240 Metern, Entfernung 60 sm. Danach mit einer Backbord-Schräglage von 20°, wobei das Abtauchen bis auf 310 Meter bis zur Einfahrt in den Korridor fortgesetzt wird. Nach der Marke 310 Meter ist das Abtauchen mit einer Buglastigkeit fortzusetzen. Abtauchwinkel 7° bis auf 360 Meter. Entfernung 70 sm. Weiter Steuerbord-Schräglage von 31° bis auf eine Tiefe von 380 Metern.

7. Abtauchen. Buglastigkeit, Auftauchwinkel 22°. 100 Meter nach oben mit einer Backbord-Schräglage von 26°. Entfernung 43 sm.

8. Auftauchen. Hecktrimmung. Auftauchwinkel 45°, immer geradeaus, bis zum Auftauchen an die Oberfläche von Agartha. Entfernung 70 sm.

9. Fahrt nach Agartha. Volle Fahrt. Fahrt geradeaus, bis das neue Licht ausgemacht wird. Änderungen der Magnetpole. Die Bewegungen der Kompaßnadeln und Meßgeräte sind zu vernachlässigen!

(Weitere Anweisungen im Paket Nr. 3. Erst bei Eintreffen in Agartha öffnen!)

Abb. 451: Genaue Routenbeschreibung, um nach Agartha zu gelangen.

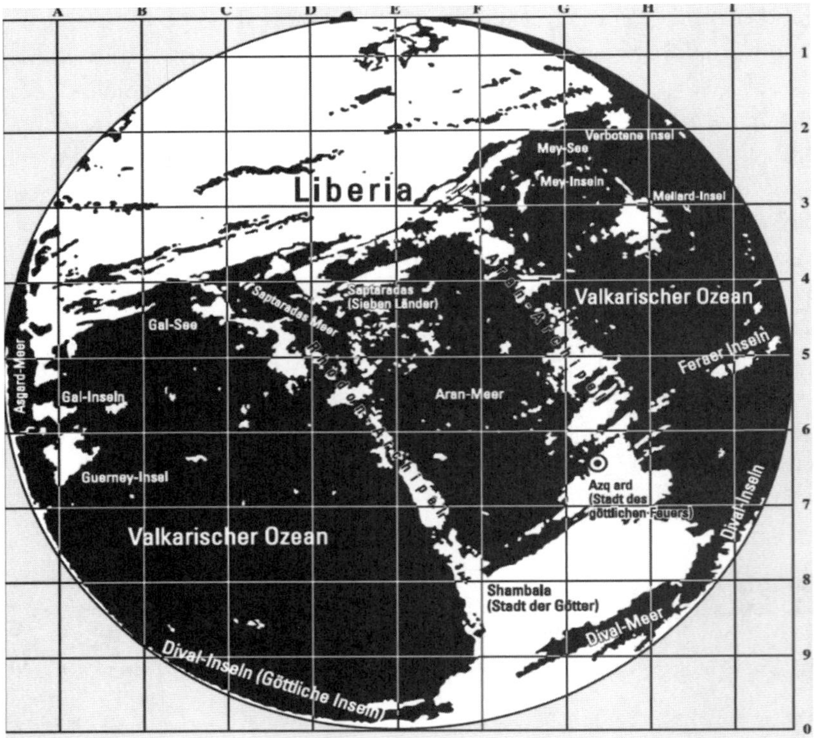

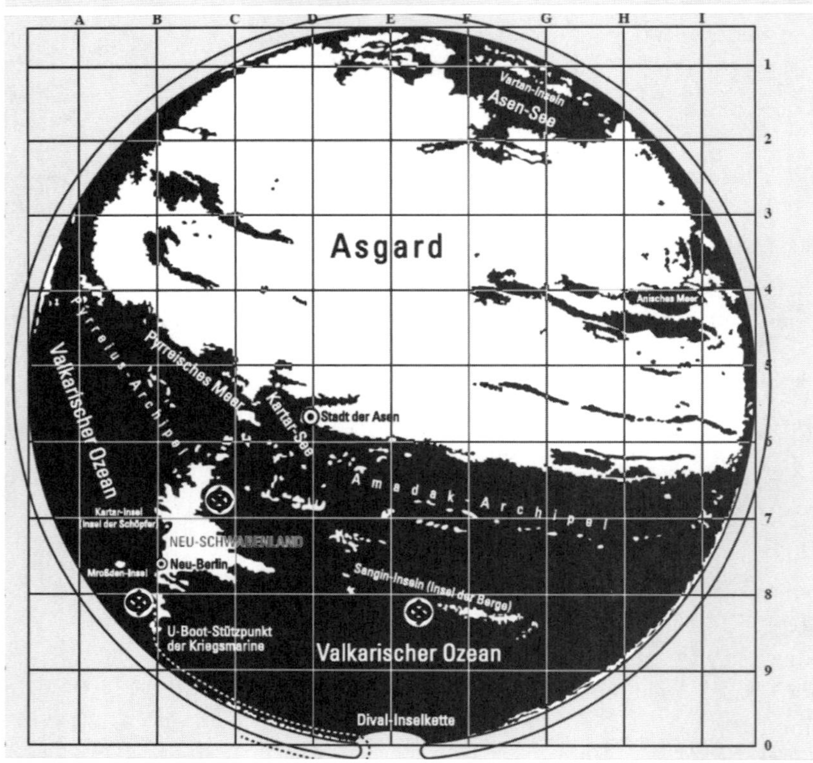

Abb. 452 und 453: Deutsche Karten von Agartha in der Inneren Erde, die aus KGB-Akten stammen sollen. Neben den beiden großen Kontinenten *Asgard* und *Liberia* ist auch *Neuschwabenland* mit der Hauptstadt *Neu-Berlin* eingetragen.

Das Ahnenerbe und die Tibet-Connection

Um den okkulten Hintergrund des Dritten Reiches sowie den Einfluss der Jesuiten besser verstehen zu können, muss man die Verbindungen der Nazi-Führung sowie der deutschen Geheimgesellschaften zu Geheimgesellschaften in Asien betrachten. Hierzu hat Jason Mason in seinem Buch „Mein Vater war ein MiB" sehr brisante Informationen zusammengetragen, von denen ich hier die wesentlichsten zusammenfassend wiedergeben möchte:

Das *Deutsche Ahnenerbe* war eine von Heinrich Himmler 1935 gegründete Forschungsgemeinschaft der SS, deren Aufgabe es war, dem Ursprung der arischen Rasse auf den Grund zu gehen. Zu diesem Zweck unternahm diese Gemeinschaft geschichtliche sowie archäologische und anthropologische Forschungen und Expeditionen. Zwischen 1926 und 1943 führte das *Ahnenerbe* mehrere Expeditionen nach Tibet durch, um nach heiligen Schriften zu suchen. Geleitet wurden die Expeditionen von Himmler, bei denen Schriften über Atlantis, die arischen Veden sowie über die innerirdischen Reiche *Agartha* und *Shambhala* gefunden und ausgewertet wurden. Diesen Schriften zufolge gab es einst eine Superrasse, die auf einem Kontinent im nördlichen Atlantik lebten (Atlantis) und von einer großen Flut vernichtet wurde. Einige Priester konnten jedoch noch rechtzeitig entkommen und flohen u.a. nach Indien, Tibet und in die Himalayaregion. Man ging davon aus, dass diese nordische Superrasse an arischen „Gottmenschen" die Vorfahren der Inder und Europäer seien. Ähnliches kennen wir bereits aus den Werken der Theosophin Helena Blavatksy. Gefundene alte Manuskripte in Sanskrit enthielten zudem Informationen, wonach Außerirdische vor 20.000 bis 30.000 Jahren auf die Erde gekommen waren und genetisch den modernen Menschen erschufen. Ferner enthielten sie auch technische Informationen über Flugobjekte, die *Vimanas*, die die Außerirdischen auf der Erde als Fortbewegungsmittel benutzten und die Deutschen mit als Grundlage genutzt haben sollen, um eigene Flugscheiben zu bauen.

Der Offizier Karl Haushofer war federführend bei diesen Forschungsbemühungen (und war auch Hitlers Mentor), der auch Kontakte nach Tibet hergestellt haben soll, wodurch es wiederum Kontakte zu tibetischen Geheimgesellschaften und Völkern in der Inneren Erde kam. Der wichtigste Kontakt in Tibet bestand zur Geheimgesellschaft *Grüner Orden*, die sich der schwarzen Magie bedient (Schwarze Bön-Religion). Die Mitglieder dieses Ordens nannte man auch die *Grünen Männer*. Was wenigen bekannt ist: Bereits ab 1926 gab es einen steten Zuwachs an Verbindungen zwischen deutschen und tibetischen Orden, was dazu führte, dass zu der Zeit in Berlin und München erste Kolonien von Tibetern und Indern gegründet wurden, die der Bön-Religion folgten. Zwischen Nationalsozialisten und tibetischen Lamas (Hohepriestern) bestand ein derart enger Kontakt, dass tausende Lamas sich als Freiwillige im Kampf gegen die Sowjetunion meldeten. Nach dem Einmarsch der Sowjets in Berlin waren diese verwundert über die vielen toten Tibeter in deutschen Uniformen. Den Deutschen und den tibetischen sowie japanischen Drachenorden verbanden dieselbe Ideologie und der starke Hang zum magischen Okkultismus zwecks Machterlangung. So bediente sich die Nazi-Führung stets der tibetischen Astrologie und schwarzen Magie, wenn es um politische Entscheidungen und deren Umsetzung ging. Und hierzu waren die Grünen Mönche bestens ausgebildet. So solle ein normaler Grüner Mönch in der Lage gewesen sein, den Willen von sechs Männern gleichzeitig beherrschen zu können. Der Führer von ihnen, der „Grüne

Handschuh“ (weil er stets grüne Handschuhe trug), soll den Willen von hunderten gesteuert haben können. Die Expeditionen des *Ahnenerbe* waren nicht nur auf der Suche nach Wissen über die Vorfahren, sondern insbesondere auf der Suche nach geheimen magischen Formeln zur Beschwörung von dunklen Wesenheiten sowie nach geheimem Wissen zur Erlangung eines machtvollen Bewusstseins. Zu diesem Zweck sollen SS-Einheiten im psycho-physischen *Tibetischen Yoga* ausgebildet worden sein, welches später den Grundstein für das *MK-Ultra*-Programm zur Bewusstseinskontrolle legen sollte. Des Weiteren waren die Nazis stark daran interessiert, den Zugang zu *Agartha* und *Shambalah* zu finden. Und die Mitglieder der *Grünen Drachenorden* galten als Vertreter des innerirdischen Reiches *Agartha*. Zudem gibt es in der Himalayaregion und besonders in Tibet Eingänge zur Inneren Erde.

Abb. 454: *Ahnenerbe* Tibet-Expedition 1938/39. (Hakenkreuz überdeckt!)

Der bulgarische Physikforscher Vladimir Terziski sowie der bekannte UFO-Autor Len Kasten fanden zudem heraus, dass die *Grünen Männer* dem Deutschen Reich dabei helfen wollten, aus dem Arier eine Art „Übermensch“ zu schaffen, was sicherlich ein Grund für die genetischen Experimente des Reichs war. Die Schwarzmagier Tibets strebten demnach selbst ein Weltreich an, und die bereits fortschrittlich weit entwickelten Deutschen schienen als Werkzeug ideal geeignet für ihre Ziele zu sein. Und hier kommt wieder Karl Haushofer ins Spiel, der nach Japan eingeladen und in den *Orden des Grünen Drachen* aufgenommen worden war. Man hat Haushofer in Geheimnisse eingeweiht und ihm gewisse „Mächte“ übermittelt. Haushofer kehrte 1911 nach Deutschland zurück und war anschließend an der Gründung der *Thule-Gesellschaft* (1918) sowie der *Vril-Gesellschaft* beteiligt, die beide mit den *Grünen Drachen* in Japan verbunden waren. Es waren schließlich die *Grünen Männer* in Tibet, die Letzteren befohlen haben, mit der *Thule-Gesellschaft* zu kooperieren. Durch ihr Zutun hofften sie, dass Deutschland mit Japan ein Bündnis eingehen, und dann mit diesem gemeinsam Russland erobern würde. Wie wir wissen, hatte die *Thule*-Gesellschaft maßgeblichen Einfluss auf die Gründung der DAP, aus der später die NSDAP hervorging. Wir haben es hier also mit einem Bündnis der westlichen Swastikas mit den östlichen Swastikas zu tun. Uns im Westen wurde jahrzehntelang suggeriert, dass alles, was aus Tibet und Indien kommt, super spirituell und positiv wäre (Spiritualität ist auch im negativen Sinne möglich). Ist es nicht doch etwas naiv zu glauben, dass es in Asien keine dunklen Kräfte gäbe? Jason Mason schrieb, dass die Swastika in der schwarz-magischen Bön-Religion und im Buddhismus ein Zeichen der *Kriegermönche* war. Dass dieses Symbol mehrere antike Zivilisationen benutzt haben, bedeutet *nicht* automatisch, dass es positiv ist, oder? Das Symbol scheint also noch älter zu sein, als es die alten Zivilisationen bereits waren. Und da muss man fragen, woher und von wem dieses Symbol tatsächlich abstammt? Michael Cremo, der Autor des Buches „Forbidden Archeology" („Verbotene Archäologie"), hätte vielleicht eine brauchbare Antwort dazu. In einem Interview für die US-amerikanische Doku-Sendung *Ancient Aliens* (5. Episode der 2. Staffel) sagte er, dass die Swastika in alten Sanskrit-Schriften in Verbindung mit außerirdischen Wesen, wie beispielsweise dem Hindu-Gott *Brahma*, gebracht wird. Das Symbol wird in indischen Tempeln verwendet, die außerirdischen Wesen huldigen. Da es sich bei der Swastika um ein Kreuzsymbol handelt, hätten wir hierbei wiederum eine Anspielung auf den Orion. Es liegt nahe, dass die Inder genauso wenig wissen, wem sie so da alles mit ihren „Göttern" bedingungslos und unkritisch huldigen, wie auch den Christen unbekannt ist, dass das Kirchenkreuz ein negatives Symbol ist. Die Schlussfolgerung liegt also nahe, dass es sich bei der Swastika um ein schwarz-magisches Symbol handelt. Das ist zumindest mein Empfinden. Oder warum hätten die Jesuiten ansonsten ein anderes, *positives* Symbol nutzen sollen? Jedenfalls repräsentiert es weder die Germanen noch die Arier. Spätestens jetzt dürften einige von der ach so tollen Swastika als „Glückssymbol" hoffentlich endgültig geheilt sein.

Doch die *Grünen Männer* in Tibet hatten gemäß Terziski und Kasten noch ein weiteres Geheimnis: Sie standen nämlich wiederum unter der Kontrolle der Reptiloiden in der Inneren Erde! Diese kämen ursprünglich vom Stern *Alpha Draconis* und ihr innerirdisches Reich erstrecke sich von Tibet bis nach Beras und Indien. In hinduistischen Mythen wurde dieses Reich *Patala* oder *Schlangenwelt* genannt, in der die *Nagas* leben, eine Rasse von schlangenähnlichen Wesen. Die Hauptstadt dieses Reptilienreichs soll *Bhogavati* sein. Über die *Grünen Männer* in Tibet gelangte schließlich von den Reptiloiden die Antigravitationstechnik zur *Vril-Gesellschaft.* Letztere benutzte diese zusammen mit dem Wissen aus geheimen tibetischen Schriften, um die deutschen Flugscheiben zu bauen. Haushofer holte Mönche aus Tibet sowie Japan nach Berlin, die als wissenschaftliche Beratergruppe fungierten und Hilfe sowohl bei der Übersetzung der technischen Aufzeichnungen als auch beim Bau der Flugscheiben selbst behilflich waren. Als dann 1933 Hitler an die Macht gebracht wurde, kam es zu einem Abkommen zwischen der NSDAP und den Reptiloiden. Die Entwicklung der Flugscheiben gelangte unter die Kontrolle der SS, innerhalb derer ein gesonderter Bereich dafür eingerichtet wurde – die sogenannte *SS-Entwicklungsstelle IV.* Im Jahr 1944 übergab Heinrich Himmler die Geheimtechnik an SS-General Hans Kammler und verlegte den Bau der Flugscheiben in das *Skoda*-Werk in der damaligen Tschechoslowakei. Laut Dokumenten kann man davon ausgehen, dass die Deutschen mindestens 25 flugfähige Flugscheiben gebaut hatten, wovon die *Haunebu III* mit 71 Metern Durchmesser die größte war. Terziski zufolge sei diese zum Mars geflogen und an Bord hätten sich Deutsche und Japaner befunden. Nach einem achtmonatigen Flug soll sie im Januar 1946 auf dem Mars eine Bruchlandung vollzogen haben. Der Abflug müsste demnach im Mai 1945 stattgefunden haben, zur Zeit der Kapitulation der deutschen Wehrmacht. Terziski behauptet, dass der Abflug daher mit Wahrscheinlichkeit

Abb. 455: Anthropologe und SS-Hauptsturmführer Bruno Beger beim Vermessen von Gesichtsproportionen im Rahmen der Ahnenforschung.

von der gemeinsamen Basis der Deutschen und Außerirdischen in Neuschwabenland stattgefunden hatte. Nach seinen weiteren Aussagen hatten die Deutschen mit den Japanern zwischen 1943 und 1945 die gemeinsame Mondstation *Alpha 1* gebaut. Die Flugscheiben der Typen *Haunebu I* und *Haunebu II* sollen dafür verwendet worden sein, Leute, Maschinen und sonstiges Material zum Mond zu transportieren. Doch die Russen und Amerikaner haben diesem Treiben nicht lange zugeschaut und landeten mit ihren eigenen Flugscheiben Anfang der 1950er-Jahre ebenfalls auf dem Mond und sollen laut Terziski ihre erste Nacht als Gäste auf der Nazi-Basis verbracht haben. Die Russen und Amerikaner bauten ihre gemeinsame Basis auf dem Mond in den 1960er-Jahren, die heute eine Bevölkerung von 40.000 Mann haben soll. Die SS baute inzwischen ihr Raumfahrtprogramm weiter aus, aus dem sich das heutige internationale *Geheime Weltraumprogramm* entwickelte.

Viele Forschungsergebnisse vom *Ahnenerbe* befinden sich heutzutage bei den alliierten Siegermächten jedoch immer noch unter Verschluss. Die Geheimakten sollen erst 2044 enthüllt werden.[(1099)]

Dass die Antarktis mit ihren unterirdischen Basen ein extrem wichtiger Bezugspunkt ist, zeigt auch die Tatsache, dass im Jahre 2016 sowohl Patriarch Kirill (Führer der russisch-orthodoxen Kirche), der ehemalige US-Außenminister John Kerry kurz vor der US-Wahl, die neuseeländische Justizministerin Amy Adams sowie der ehemalige Astronaut Buzz Aldrin den Eiskontinent besuchten. Letzterer wäre unten fast ums Leben gekommen und musste nach Neuseeland in eine Klinik evakuiert werden, angeblich wegen Sauerstoffmangels. Noch kurioser wird das Ganze, da Aldrin kurz nach seiner Einweisung auf seinem *Twitter*-Profil ein Foto von einer Pyramide in der Antarktis veröffentlichte mit folgendem Begleittext: *„Wir sind alle in Gefahr. Es ist das Böse selbst."* Der Beitrag wurde schnell wieder gelöscht, allerdings konnten noch Screenshots davon gemacht werden. (Abb. 456) Wen oder was Furchteinflößendes hatte er unten zu Gesicht bekommen? Spannender wird die Geschichte noch, da in der Antarktis Pyramiden und riesige runde UFOs gefunden wurden (Abb. 457 bis 459). Und je mehr das Eis schmilzt, umso mehr werden Artefakte das Licht der Welt erblicken und die Regierungen dieser Welt in Erklärungsnot bringen. Doch was haben hochrangige Politiker und religiöse Führer dort unten zu suchen? Auch Bill Clinton war seinerzeit als US-Präsident auf dem Eiskontinent sowie der britische Prinz Harry im Jahr 2013.[(1099a)]

Abb. 456: Ex-Astronaut Buzz Aldrins mysteriöser *Twitter*-Eintrag: *„Wir sind alle in Gefahr. Es ist das Böse selbst."* Was hatte er gesehen und erlebt?

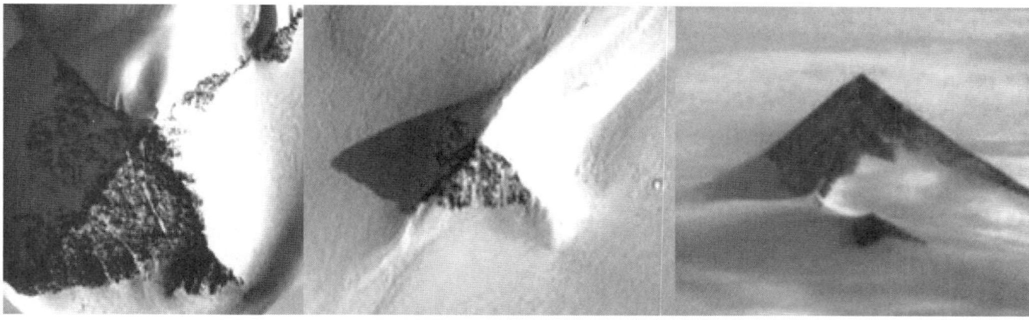

Abb. 457: Pyramiden in der Antarktis. Zeichen einer alten Zivilisation.

Abb. 458: Eine der Pyramiden in der Antarktis im Vergleich zur ägyptischen Großen Pyramide. Naturgewalten bilden keine perfekten geometrischen Formen.

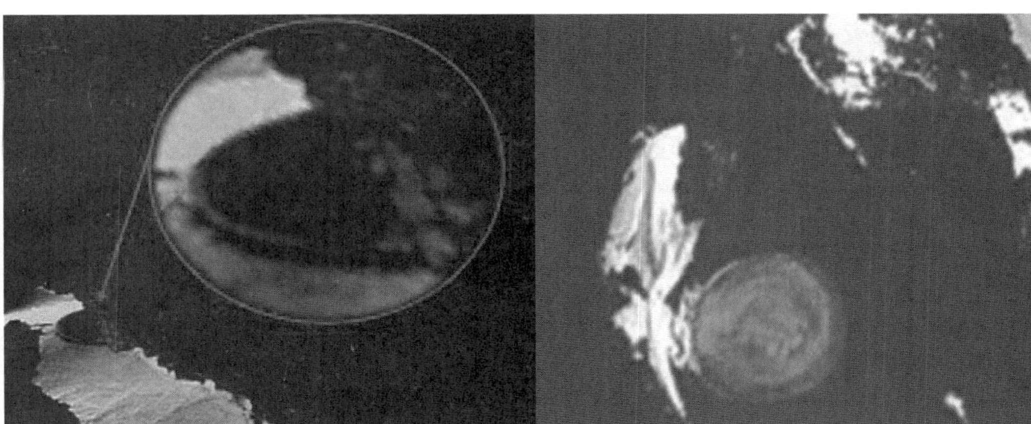

Abb. 459: An zwei Stellen in der Antarktis wurden große, perfekt runde Scheiben gefunden, die stark nach UFOs aussehen. Die Koordinaten des UFOs links: 66°16'23.73"S 100°59'3.25"O. Was fällt auf? Dieses Objekt liegt nahe des Höhleneingangs aus der Abb. 448. Die Koordinaten des rechten UFOs: 74°35'39.74"S 164°54'44.56"O

Die Vril-Gesellschaft

Was die *Vril-Gesellschaft* betrifft, so heißt es, dass sie aus der *Alldeutschen Gesellschaft für Metaphysik* hervorgegangen sei, die einst von einem kroatischen spirituellen Medium namens Marija Oršić (ausgesprochen: Orschitsch, westliche Schreibweise: Maria Orsic) zusammen mit einem deutschen Medium namens Sigrun gegründet worden sei. Dieser Gesellschaft sollen noch andere Medien angehört haben, die später auch als *Vril*-Frauen bezeichnet wurden. Diese Medien standen demnach in Kontakt mit Außerirdischen von einem Planeten des Sternsystems Aldebaran, von denen sie Durchgaben in einem geheimen Templer-Code und in einer sumerischen Schrift zum Bau von Flugscheiben erhalten haben sollen. Laut den telepathischen Botschaften der *Vril*-Frauen sei der Stern Aldebaran von zwei bewohnten Planeten umkreist, die das Reich *Sumeran* bilden. In dem Buch „Unternehmen Aldebaran“ fasste Jan van Helsing weiter wie folgt zusammen:

> *„Die Menschheit des Sonnensystems Aldebaran soll sich in ein Volk von hochgewachsenen und spirituell weit fortgeschrittenen Menschen, die die eigentliche und regierende Bevölkerung Aldebarans darstellen, und verschiedene andere menschliche Rassen unterteilt haben, die sich durch negative Mutationen der hochgewachsenen Aldebaraner infolge der klimatischen Veränderungen auf den einzelnen Planeten entwickelt haben sollen. Diese farbigen ‚mutierten' Rassen sollen eine geringere geistige Entwicklungsstufe gehabt haben. Je mehr es zur Rassenvermischung kam, desto mehr soll auch die geistige Entwicklung dieser Völker herabgesunken sein, was zur Folge hatte, dass, als die Sonne Aldebaran zu expandieren begann, diese nicht mehr in der Lage waren, die Raumfahrttechnologie ihrer Vorfahren zu erhalten, um eigenständig die Planeten zu verlassen. Somit sollen die mutierten Rassen, von der Rasse der großen Aldebaraner völlig abhängig, mit Raumschiffen evakuiert und zu anderen bewohnbaren Planeten gebracht worden sein. Trotz dieser Rassenunterschiede sollen sich jedoch die verschiedenen Rassen absolut respektiert und nicht in des anderen Lebensraum eingegriffen haben, weder die großen hellhäutigen Aldebaraner bei den anderen Rassen, noch andersherum. Jeder respektierte einfach, dass die anderen eine eigene Entwicklung machten (im Gegensatz zu Erde).*
>
> *Die hochgewachsenen Aldebaraner sollen dann vor etwa 500 Millionen Jahren damit begonnen haben, andere erdähnliche Planeten zu kolonisieren. Es heißt, dass sie in unserem Sonnensystem zuerst den Planeten Mallona* (auch Maldek oder Tiamat genannt. Letzterer ist ein Name sumerischen Ursprungs; A.d.V.) *besiedelten, der, anstelle der heutigen Planetoiden, damals zwischen Mars und Jupiter existiert haben soll. Danach Mars, von dessen hochentwickelten Bewohnern die großen Pyramidenstädte und das bekannte Marsgesicht zeugen (...).*
>
> *Die Mitglieder der VRIL-Gesellschaft waren der Ansicht, dass die Rasse der Aldebaraner demnach später, als die Erde langsam bewohnbar wurde, in Mesopotamien gelandet sein soll und die Herrscherkaste der SUMERER, die als helle, weiße Gottmenschen bezeichnet wurden, gebildet haben. Des Weiteren kamen die VRIL-Telepathen zu der Erkenntnis, dass das Sumerische nicht nur mit der Sprache der Aldebaraner identisch ist, sondern auch, dass das Aldebaranisch-Sumerische wie ein unverständliches Deutsch klingt und auch die Sprachfrequenz beider Sprachen – des Deutschen und des Sumerischen – fast gleich ist.“*[1100]

Wenn das eben Beschriebene tatsächlich stimmt, dann wäre dies ein Hinweis darauf, dass die Aldebaraner die Vorfahren der Arier und somit auch der Germanen wären. Es unterstützt auch Wayne Herschels Analysen dahingehend, wonach diverse außerirdische Gruppen die Religionen/Kulturen hier auf Erden etabliert hätten.

Karl Haushofer scheint derjenige gewesen zu sein, der sich dieser Trance-Medien angenommen hatte. Der *Vril-Gesellschaft* sollen *Thule*-Leute sowie auch Nazi-Führer angehört haben, darunter Hitler, Himmler, Göring und Alfred Rosenberg. Dass es diese Trance-Medien gegeben hatte, die telepathischen Kontakt mit einer außerirdischen Zivilisation hatten, möchte ich an dieser Stelle nicht bezweifeln. Es heißt, dass die überlieferten Informationen zum Bau von Flugscheiben friedlichen Zwecken dienen sollte sowie um den Kampf um Ressourcen auf der Erde zu beenden, das Wissen und die Technik jedoch missbraucht und die Flugscheiben stattdessen zu Kriegszwecken gebaut und eingesetzt wurden, worüber sowohl die Aldebaraner als auch *Vril*-Leute enttäuscht gewesen sein sollen.(1101)

Es ist schwer zu beurteilen, was und wie viel von alledem wahr ist. Da aber Karl Haushofer und Heinrich Himmler *Vril*-Mitglieder waren und durch die Vermittlung der Tibeter einen Pakt mit den Reptiloiden geschlossen hatten, gehe ich davon aus, dass die *Alldeutsche Gesellschaft für Metaphysik* von dunklen Kräften übernommen und später in die *Vril-Gesellschaft* überführt wurde (bzw. letztere wurde unterwandert). Denkbar ist zudem, dass die Trance-Medien im Laufe der Zeit ihre mediale Arbeit nicht freiwillig verrichteten. An dieser Stelle belasse ich es erst einmal und distanziere mich von all zu legendenhaften und blumigen Ausschmückungen rund um diese Geheimgesellschaft, die im Internet und in Buchform über sie kursieren. Schauen wir, ob wir noch weitere Aussagen über diese Gruppe im weiteren Verlauf erfahren können.

Donald Marshall über die „Vril"

Wir hatten in einem vorigen Kapitel bereits von Donald Marshall heftige Informationen zum Thema „Klonen" erhalten. Folgende Schilderungen von ihm sind nicht weniger brisant und ich gebe zu, ich kann nicht garantieren, dass alles, was er erzählt, der 100%-igen Wahrheit entspricht. Seine Angaben decken sich aber mit den Entdeckungen von Vladimir Terziski und Len Kasten, die ein weiteres wichtiges Puzzleteil liefern und welche sich mit den späteren Aussagen der Whistleblower im nächsten Kapitel decken, und somit mit all den bisherigen Erkenntnissen in diesem Buch eine gemeinsame Schnittmenge bilden. Wenn man auf der Suche nach der Wahrheit ist, muss man auch das „Unglaublichste" in Betracht ziehen, seine gewohnten Weltbilder mehrmals neu justieren und auch mal komplett über Bord werfen.

Marshall behauptete, dass, als Adolf Hitler im Gefängnis von Landsberg saß, dieser Edward Bulwer-Lyttons Roman „Vril – oder eine Menschheit der Zukunft" gelesen hätte. In dem Buch geht es um eine Meisterrasse, die behauptet, die Nachfahren der Atlanter zu sein, die Zugang zu einer Energieform hätten, die *Vril* genannt werde. Sie selbst nennen sich in dem Roman die *Vril-ya*. Als Hitler Kanzler wurde, schickte er Expeditionen los, die Minen und Höhlen in ganz Europa auf der Suche nach diesen Wesen durchforsteten. Ich denke, hier war eher Himmler mit dem *Ahnenerbe* der Initiator. Auch nach

Asien und insbesondere Tibet wurden deutsche Forscher entsandt, wo sie mit einflussreichen tibetischen Lamas Kontakt aufnahmen, die geheimes Wissen zu allen Höhlensystemen in der Erde rund um die Welt hätten. Eine Legende besagt, sie würden den Zugang zur Inneren Erde bewachen, bekannt als die „Rote Tür", die sich im *Potala-Palast* in der tibetischen Hauptstadt Lhasa befinden soll, dem Regierungssitz des Dalai Lamas. Nachdem es zu einer Allianz zwischen den Nazis und den Lamas gekommen sei, hätten nach Marshalls Angaben Letztere enthüllt, dass sie seit Jahrhunderten dabei helfen, eine einheimische Reptiloidenrasse vor den Oberflächenbewohnern zu verstecken, die seit prähistorischen Zeiten tief in der Inneren Erde leben würde. Diese seien als *Vril*-Echsen bekannt. Diese Reptiloiden gaben den Nazis den Hinweis auf eine uralte Militärbasis, die auf Zeiten von Atlantis zurückgeht und sich in Tunneln und Höhlen in bzw. unter der Antarktis befinden würde. In dieser Basis würden sich fortgeschrittene alte Flugobjekte, Waffen und Technologien befinden, die sie bereit waren herzugeben für etwas, was sie im Gegenzug haben wollten. Sie sind Fleischfresser und bevorzugen frisches Menschenfleisch. Also wurde ein Deal gemacht. Die Nazis erhielten Zugang zur Antarktisbasis und verkauften im Gegenzug die Menschheit. Nach Marshalls Schilderungen sei dies aber nicht das erste Mal gewesen, dass die *Vril*-Echsen Kontakt mit Menschen hatten. Adelsfamilien, Religionsführer und Regierungsoberhäupter hätten einen geheimen Pakt mit den böswilligen Reptiloiden abgeschlossen. Im Gegenzug erhielten die Machthaber von ihnen wertvolle Rohstoffe, die sich tief in der Erde befinden, wie beispielsweise Gold, Edelsteine und Mineralien. Dafür würden sie die Existenz dieser Wesen vor der Menschheit weiterhin verheimlichen und den Reptos laufend Menschen als Nahrung zuführen.[(1102)]

Ich weiß, dass das ganz schön heftig und brutal klingt. Aber mal im Ernst, wieso sollte das nicht der Wahrheit entsprechen *können*? Blicken wir noch einmal gedanklich zurück auf die äußerst grausame Pädophilen- und Menschenhandelszene, die Menschen (besonders Kinder) auf bestialischste Art foltern und ermorden und diese anschließend oft verzehren. Glauben Sie nach wie vor, dass *Menschen* zu so etwas in der Lage wären? Wie viel Prozent „Mensch" ist in solchen Menschen, die solche Taten vollbringen können? Da wir wissen, dass die Jesuiten und der Vatikan die deutsche patriotische Befreiungsbewegung Anfang des 20. Jahrhunderts gekapert und infiltriert hatten und sie neben den tibetischen Geheimorden sich ebenfalls in okkulte Geheimgesellschaften wie der *Thule-Gesellschaft* und auch der *Vril-Gesellschaft* eingebracht haben, so finde ich, könnte dies ein weiteres Puzzleteil sein. Es ist durchaus vorstellbar, dass es sich bei „Vril" um einen doppelt belegten Begriff handelt, also dass es sich nicht oder nicht nur um die kosmische Kraft bzw. Freie Energie handelt, sondern um **die** *Vril*, also um reptiloide Wesen. Oder handelt es sich bei *Vril* um eine negative bzw. schwarzmagische Energie? Eine Anlehnung an *virile* aus dem Englischen für „männlich" und „zeugungskräftig" ist ebenfalls eine beliebte Interpretation. Doch die universale Kraft wird in Sanskrit-Schriften als *Prana* bezeichnet. Da die Nazis solch enge Verbindungen zu Tibet und Indien hatten, wäre *Prana* als Teil der Namensgebung doch weitaus sinnvoller und naheliegender gewesen als *Vril*, oder? Sich einer Romanvorlage zu bedienen, macht hier für mich irgendwie wenig Sinn. Jedenfalls wäre ich mit dieser Geheimgesellschaft etwas vorsichtiger. Zu viel liegt noch im Verborgenen. Nach außen hin haben Geheimorden zumeist – wie uns doch bekannt sein sollte – einen humanistischen und positiven Anstrich, untermalt mit einer positiven Legende. Kratzt man an der Oberfläche, kommt dann doch der Dreck zum Vorschein. Wie ich das schon im ersten Teil des Buches geschrieben hatte, haben die heutigen fanatischen Anhänger der *Vril-Gesellschaft* – von der sie in Wirklichkeit eigentlich kaum etwas wissen – keine Ahnung, wem oder was sie da eigentlich huldigen. Denken Sie beispielsweise auch an die viele Symbolik (Schlangenkult/Reptilienkult im Vatikan). In der chinesischen Mythologie bildet man diese Reptos zudem als Drachen (Dracos) ab. Und rein zufällig sind die Geheimgesellschaften Asiens „Drachenorden". In der islamischen Mythologie erschienen die „Dschinn" oft als schlangenartige Wesen. Die viel zitierte „Schlange" in der Bibel, die Eva dazu verführte, von der verbotenen Frucht der Weisheit zu essen, könnte auch ein Hinweis auf den Einfluss von Reptiloiden sein. In einigen christlichen Kreisen werden Erscheinungen dieser Kreaturen fälschlicherweise mit *Dämonen* oder *Satan* selbst verwechselt – wobei die Reptiloiden ohne Zweifel eine knallhart satanische Agenda fahren, die in unserer Galaxie nahezu beispiellos sein dürfte. Vielleicht sollten wir endlich mal aufhören, alles ständig nur als „Fantasie" oder „Hirngespinst" abzutun.

Andere Forscher in der Vergangenheit, wie beispielsweise der frühere *BBC*-Sportreporter David Icke, haben in ihren Büchern ebenfalls von außerirdischen Reptilien gesprochen, die die eigentliche Spitze der Machtpyramide bilden. Laut David Icke und anderer Whistleblower sind die Reptilien sadistische und bösartige, aber hochintelligente „Biester" ohne Mitgefühl, die die Fähigkeit des Gestaltwandelns haben und daher auch die menschliche Gestalt annehmen können. Der Pionier Icke erwähnte oft in seinen Büchern und Vorträgen, dass viele hochgestellte Persönlichkeiten, insbesondere Präsidenten und Vertreter aus Adelshäusern, in Wirklichkeit gestaltwandelnde Reptilien in Menschengestalt seien. Grundsätzlich hätte die herrschende Elite einen hohen Anteil an Reptilien-DNA in sich, die Resultat eines alten Hybridisierungsprogramms sei (also durch Kreuzung von Reptos mit Menschen). Viele Entführungen durch ETs, die gerade bei Frauen oft mit sexueller Natur einhergehen, deuten auf eine laufende Hybridisierung hin.

Was nach all diesen Schilderungen klar wurde, ist, dass die Achse *Reptiloide/Graue – Schwarzadel – Jesuiten – Vatikan* und ggfls. andere böswillige Außerirdische – also die Dunkelmächte – seit Ende des Zweiten Weltkriegs an der Errichtung eines globalen *Vierten Reiches* arbeiten, was nichts anderes ist als die *Neue Weltordnung*. Im Dritten Reich ist ihnen ein Adolf Hitler mit ein paar seiner treuen Gefolgsleuten in die Quere gekommen, sodass die restlose und vollständige Übernahme der Welt zum damaligen Zeitpunkt noch nicht erfolgen konnte.

Sie sind noch immer überrascht oder haben Zweifel? Dann lesen Sie sich am besten noch einmal den ersten Teil dieses Buches durch. Ich hätte es auch lieber gesehen, dass die Jesuiten-Fraktion sich mit den Engeln des Himmels verbündet hätte, anstatt mit bösartigen Kreaturen. Dem ist aber *leider* nicht so. Daran können weder Sie noch ich jetzt noch etwas ändern. Wir können und müssen jedoch den Tatsachen ins Auge blicken, damit wir der wahren Hintergrundmächte gewahr sind, und gerade damit sich dieselbe Täuschung und die Geschichte nicht noch einmal wiederholen.

Sie leben schon lange unter uns

Auf der Seite *truthcontrol.com* fand ich eine gute und passende Beschreibung über Herkunft und Absichten der Reptiloiden, die sich mit denen von Zeugen und Whistleblowern weitgehend decken. Wo kommen diese Wesen her? Ihr Heimatplanet soll – wie schon an früherer Stelle erwähnt – im Sternsystem *Alpha Draconis* in der Konstellation *Draco* liegen, wo die genetisch ursprüngliche Rasse der Reptiloiden angesiedelt ist. Die Namen des Sternsystems und der Konstellation sind ganz sicher nicht „zufällig" ausgewählt worden. Diese von Alpha Draconis stammenden Reptiloide werden auch *Draconier* oder *Dracos* genannt. Draconier werden aber auch andere mit den Reptiloiden verbündete Rassen bezeichnet. In der Regel sind dies einst von den Reptilien eroberte/versklavte Rassen, die in die Draco-Föderation eingegliedert wurden, um zusammen mit ihnen andere Planeten und Sonnensysteme zu erobern. Die Reptiloiden selbst würden nicht genau wissen, wie sie einst nach Alpha Draconis gekommen seien. Ihre Vorfahren waren vermutlich aus einem anderen Universum in das unsrige gekommen. Sie sehen sich daher als die ersten und ältesten Wesen in unserem Universum, wodurch sie ihren *königlichen* Herrschaftsanspruch über dieses Universum stellen. Ihre eigene Geschichte lehrt sie, dass sie hierher gebracht wurden, um über alles zu herrschen. Doch als sie anfingen das All zu erkunden, stießen sie auf andere Rassen. Überall, wo sie hingelangten und Sternsysteme kolonisierten, haben sie durch genetische Experimente mehrere Rassen erschaffen oder bestehende abgeändert und so auch ihre eigenen Gene mit eingebracht. Die Reptilien sind sehr egoistisch und dienen nur sich selbst. Während sie alle anderen Rassen verabscheuen, respektieren sie die eigene. Sie sind sehr bösartig, aggressiv und werden als eine der stärksten Kriegerrassen im Universum bezeichnet, im negativen Sinne. Ich stieß dann auf die Information, dass das am dichtesten besiedelte Gebiet der Unterrassen dieser Alpha Draconier in der Konstellation Orion liegen soll! Also dort, von wo auch einige der bösartigen Grauen herkommen sollen, von denen ich denke, dass sie die Helfershelfer der reptilischen Draconier sind. Dass das „Alpha und Omega" des Vatikans sich auf die Herkunft der Reptilienherrscher bezieht, erscheint für mich noch etwas wahrscheinlicher. Wayne Herschels ebenfalls plausible Interpretation sieht das „Alpha" als die Konstellation Stier mit dem Stern *Alpha Tauri* (*Aldebaran*) und das „Omega" als ein Sternentor, durch das außerirdische Wesen angereist kamen und den Menschen erschaffen hätten (Genesis).[(1102a)]

In der Inneren Erde sind die Reptilien von Alpha Draconis ansässig. Sie sind unserer gewöhnlichen Technologie um Jahrtausende voraus. Angeblich hätten die Alpha Draconier die Primatenrasse erschaffen, die einst zum Mars und später zur Erde gebracht wurde. Diese Primatenrasse solle dann von 21 weiteren außerirdischen Rassen genetisch modifiziert worden sein, welche dann insgesamt 22 mal genetisch verändert bzw. erweitert wurde und im Laufe der Zeit zum heutigen *Homo sapiens sapiens* führte. Die DNA des Menschen soll einst 12 Stränge gehabt haben, aber von der Orion-Gruppe auf zwei reduziert worden sein, um uns unten zu halten und besser beherrschen zu können. Warum taten sie dies? Anscheinend fand diese Orion-Gruppe heraus, dass wir Menschen zu einer Gruppe an Energieformen gehören sollen, die Lebensformen erschuf, die sich selbst entwickeln und frei ausdrücken und entfalten können. Die Draconier wiederum erschaffen oder manipulieren Rassen, die bloß als natürliche Ressource und zu ihrem Vergnügen dienen sollen. Das sind zwei völlig gegensätzliche Philosophien, weswegen alles, was der Reptilien-Agenda widerspricht, eine Gefahr darstellt. Die Reptilien sehen sich als die wahren „Ureinwohner" unserer Erde, da sie einen Teil unserer Genetik beeinflusst haben. Daher haben wir heute noch beispielsweise das Reptilienhirn und auch einige reptilische Gene in uns. Die Genetik einer Rasse zu ändern, bedeutet auch ihre Schwingung, ihren Klang und auch ihre Gedankenmuster zu ändern bzw. neu zu prägen. Dies ist insbesondere bei Kreuzungen zwischen Menschen und Reptiloiden interessant, sowie den Nachkommen, die daraus entstehen. Diesen Individuen mit ihrem hohen Anteil an Reptiliengenen (z.B. in den Adelshäusern) mangelt es daher an Mitgefühl und Liebe im Herzen. Im Hollywood-Spielfilm „Jupiter Ascending", in dem es über die Kontrolle der Menschheit durch Außerirdische geht, kann man übrigens in einigen Filmszenen solch in Szene gesetzten Reptiloide sowie ihre „Oberherren" sehen.

Wie wir erfahren haben, gibt es somit verschiedene Arten von Reptiloiden, die sich auch in ihrer Größe unterscheiden, aber alle deutlich größer als wir sind und mit leicht unterschiedlichen optischen Merkmalen, so wie bei uns Menschen auch. Die Größenangaben variieren je nach Quelle zwischen zwei und vier Metern, wobei letztere Größenangabe sich auf die königlichen Exemplare bezieht. Ihre Lebensspanne soll zwischen 1.800 und 4.100 Jahren liegen, wobei nur die royale Linie das höchste Alter erreicht. Auch der bekannte afrikanische Medizinmann und Autor Credo Mutwa hat in Interviews mit David Icke über Reptiloide gesprochen und diese beschrieben. Entführte und auch hellsichtige Medien beschreiben ihre Haut als schuppig, die Hautfarbe mit grün, rot, braun und manchmal auch weiß. Diese Farben wie auch das Vorhandensein von Flügelansätzen sollen den Rang in ihrer Hierarchie signalisieren, wobei jene mit weißer Haut und Flügelansätzen unter ihnen zur königlichen Elite zählen. Zudem haben sie reptilientypische Augen und werden häufig mit drei Fingern an jeder Hand beschrieben, die an ihren Enden lange Krallen haben. Sie kommunizieren auf telepathische Weise und sind in der Lage, die menschlichen Emotionen und Gedanken zu manipulieren. Sie beziehen ihre Energie zudem durch negative Emotionen anderer und sind daher stets bedacht, so viel Angst, Leid und Elend auf der Erde und anderen Planeten zu erzeugen. Man denke hier passenderweise an den Begriff „Energievampire". Einige Reptilien, so manche Augenzeugen, befinden sich in der vierten Dichte, also fürs gewöhnliche menschliche Auge (noch) nicht sichtbar. Sie sind in der Lage, von anderen Menschen Besitz zu ergreifen, sie also zu besetzen. Sie nisten sich dann beispielweise ins Gehirn des Opfers ein und manipulieren das Verhalten desjenigen, welches gewöhnlich ins Negative umschlägt. Derjenige ist dann einfach nicht mehr er selbst, was ich persönlich bei jemandem beobachtet habe (so ähnlich wie es auch bei Besetzungen durch verstorbene Seelen oder Dämonen der Fall sein kann).

Warnung!

Die folgenden deftigen Details sind nichts für Zartbesaitete: Die Menschen sind so etwas wie Delikatessen für diese fleischfressenden Wesen, von denen sie ständig und in großen Mengen Nachschub brauchen. Die Menschen sind in ihren Augen Vieh und die Erde die dazugehörige Farm, um auch andere Ressourcen wie Edelmetalle oder Mineralien abzubauen. Besonders Kinder haben die Reptos zum Fressen gern und man möge sich unweigerlich fragen, weshalb dies der Fall ist. Es geht um den Verzehr von Hormonen, denn diese sind quasi Träger von Emotionen. Dabei sollen die Nebennieren, die

Hirnanhangsdrüse sowie die Knochenmarksflüssigkeit sehr beliebt sein. Bei Kindern ist die Hormonproduktion am höchsten, weshalb sie daher besonders „begehrt" sind. Die Kinder werden dabei nicht sofort umgebracht, sondern gefoltert und dermaßen geängstigt, um ihre Hormonausschüttung sowie ihre Angst bis zum absoluten Maximum anzuregen. Wenn die Reptos die Körper anschließend verzehren, dient dies nicht nur als reine Nahrungsquelle, sie erhalten durch die mit Schrecken und Angst „aufgepeppten" Hormone – welche eine Substanz für sich darstellen – sowohl ein körperliches als auch ein mentales „High", wie es bei Drogen der Fall ist. Tiere haben nicht dasselbe breite Emotionsspektrum wie menschliche Wesen, daher sind Menschen und andere spirituell entwickeltere Wesenheiten die bevorzugte Wahl. Die Regierungen haben es bisher angeblich nicht geschafft, solch eine spezielle Substanz künstlich herzustellen (vermutlich *Adrenochrom*), weshalb sie mit den Reptos die Vereinbarung getroffen hätten, Gold abbauen zu dürfen im Gegenzug für Menschen, besonders Kinder. Im Sommer 2017 bestätigte der Ex-CIA-Mitarbeiter Robert David Steele, dass es im Zusammenhang mit Pädophilie das Ziel sei, die entführten Kinder zwecks Hormonanreicherung ihres Blutes zu terrorisieren und ihnen die Knochenmarksflüssigkeit zu entnehmen.(1103)

Mir ist bewusst, dass viele dies als Spinnerei und Angstmacherei abtun werden. Beides liegt mir fern. Das sind grausame Details, die auch allen Insidern und Whistleblowern bekannt sind, nur sprechen diese nicht oder kaum darüber, weil die meisten Menschen solche Grausamkeiten nicht glauben könnten. Der Tenor unter diesen Insidern ist, dass es die Glaubwürdigkeit aller anderen Informationen rund um geheime Technologien und des Geheimen Weltraumprogramms untergraben könnte und ich stimme mit ihnen dahingehend überein, dass dies in der Tat so sein könnte, würde man diese Information der breiten Masse auf einmal zugänglich machen. Nur dieses Buch wird die breite Masse eher nicht lesen. Und wenn doch, dann wird es zu einem Zeitpunkt passieren, wenn die Masse bereit für diese Art von Informationen ist. Das Erwachen vollzieht sich laufend und in Etappen. Ich habe hin und her überlegt, ob ich diese brutalen Details erwähnen soll. Doch letzten Endes werden sie ohnehin früher oder später bekannt werden. Schließlich tragen sie zum Gesamtverständnis mit bei, und das ist doch das Ausschlaggebende hier (nämlich warum und für welche Zwecke Menschen entführt werden, besonders Kinder). Eigentlich, wenn man eins und eins zusammenzählt, kann man sich das schon fast selbst zusammenreimen. Ich könnte auch provokant die Frage stellen: Haben Sie sonst ernsthaft geglaubt, dass die Reptiloiden sich nur von Tofu und Gemüse ernähren? Es ist aber auch bekannt, dass nicht alle Reptiloiden den Menschen gegenüber feindlich sind. Man kann und sollte auch unter ihnen nicht alle über einen Kamm scheren, das sei fairerweise gleich mit erwähnt. Mir geht es hier primär um jene, die bösartiger Natur sind.

Im Laufe der Zeit lernte ich, dass es in bestimmten Regionen dieser Welt einen sehr hohen Anteil an Reptiloiden im Volk gibt, wobei es sich hier eher um Gestaltwandler als um inkarnierte reptiloide Seelen handelt. Und der Rest sollen „echte" Menschen und ggfls. andere außerirdische Seelen sein, die hier ebenfalls inkarnieren sowie ETs, um Erfahrungen zu sammeln und sich weiterzuentwickeln. Wenn man sich anschaut, wie stark materiell eingestellt und ego-bezogen viele Menschen in einigen Ländern sind, dann ist der Grad der Unterwanderung nicht verwunderlich. Aber **nicht** alle hier inkarnierten reptiloiden Seelen müssen zwangsweise negativ sein. Es kommt eben auch auf das Umfeld an, in dem sie aufwachsen. Auch viele von ihnen wollen sich seelisch weiterentwickeln und einige von ihnen haben wohlwollende Absichten. Rund 50% der hier auf Erden inkarnierten Seelen stammen nach weiteren Informationen, die ich erhielt, nicht von der Erde ab. Viele Seelen von anderen Sternen und Galaxien sind hier auf der Durchreise. Einige sind hier, um der Erde und der Menschheit bei ihrem Aufstieg zu helfen, andere, um dies zu verhindern. Der berühmte Kampf zwischen Dunkelheit und Licht.

Abb. 460: Zbigniew Brzezinski – Noch Fragen?

Hier haben Sie aber nun endlich die Antwort auf die Frage „Warum?" in Bezug auf die vielen Kriege, Kindesentführungen und -opferungen, den dubiosen Praktiken in Abtreibungskliniken, der Entvölkerungsagenda (viele Tote = viel Nahrung und Hormone, viel Leidenergien), dem verdeckten Organhandel und der steten Aufforderung zur Organ- und Blutspende in Medien und durch Rote-Kreuz-„Wohltats"-verbände auf den Straßen, die zufällig den beiden großen unchristlichen Kirchen angehören. Sie können es noch immer nicht wahrhaben? Denken Sie doch einmal nach. Verbinden Sie all die Puzzleteile, die wir mittlerweile aufgelesen haben und folgen dem roten Faden, den ich Ihnen bisher mühsam und aufwendig durchs ganze Buch gelegt habe. Schauen Sie sich zudem die *Mitmenschen* um sich herum genauer an, und sie werden bei vielen entdecken, dass sie vom Aussehen her wie „Aliens" aussehen. Bei manchen ist es offensichtlich, bei anderen weniger. Das ist nicht abwertend gemeint, sondern eine gegebene Tatsache. Sind sie nie in Kontakt mit Menschen gekommen, die übertrieben ego-gesteuert oder materialistisch eingestellt waren? Oder Menschen, die besonders gefühlskalt sind und man dies in ihren kalten, oft leblosen Augen und am ganzen Wesen wahrnehmen kann? Bei Reptilien („echt" und inkarniert) werden Sie zudem häufig beobachten, dass diese oft mit ihrer Zunge spielen – die nicht selten abnormal lang ist für einen Menschen! – oder beinahe nervös mit ihren Augen schnell hin und her blicken, um ihre Umgebung zu „scannen" und im Blick zu behalten. Nicht bei allen, aber bei vielen wird die „Herkunft" die Ursache für deren Wesenszüge sein. In diesem Buch habe ich nicht umsonst einige Persönlichkeiten abgebildet, um Ihr Auge ein wenig dafür zu schulen, und ich werde noch weitere abbilden, bei denen es auffällig ist. Blicken Sie auch noch einmal ins Unterkapitel der Rückwärtssprache, in dem einige Politiker sich selbst entlarvt haben. Da sagte doch der frühere US-Präsident Obama an einer Stelle rückwärts: *„So böse, wir werden die **Menschheit** besiegen."* Und Zbigniew Brzezinski, ehemals Nationaler Sicherheitsberater der USA, gab rückwärts preis: *„Wir werden alle **Menschen** umbringen."* Nun, wenn man sich „Zbiggi" ansieht (Abb. 460) oder auch den britischen Hacker Gary McKinnon, so mag man schon den Eindruck haben, dass sie etwas „alienhaft" aussehen. Lesen Sie sich die vorigen Rückwärtsaussagen noch einmal durch. Meinen Sie ernsthaft, dass ein Mensch so über seine Mitmenschen reden würde?

Die Windsors – eine Reptilienbande?

Für einen regelrechten Reptilienskandal sorgte die Königin Elizabeth II. von England zur Feier ihres 90. Geburtstags. Während der britische Sender *BBC 2* die Parade im Juni

2016 live übertrug, wollten viele tausende Bürger des Landes gesehen haben, wie die Queen entweder teilweise oder ganz eine Reptiliengestalt annahm. Die Plattform *Twitter* wurde regelrecht überflutet mit Beiträgen, die den Hashtag *#ReptilianQueen* trugen (Abb. 461). Einige der Kommentare lasen sich wie folgt (aus dem Englischen übersetzt):

„Ich habe gerade die Königin sich in ein Reptil verwandeln sehen. Meine Hand zu Gott, ich denke mir das nicht aus."

„BBC 2, zieht Ihr gerade lustige Streiche ab oder HATTE DIE KÖNIGIN GERADE IHRE GESTALT GEWECHSELT?"

„Äh... die Hände der Königin wurden gerade grün und schuppig, als sie gewunken hatte, hat das sonst jemand gesehen? Reptil?"

„Leute??? Habt Ihr die Hände der Königin gesehen? Wie ein Halloween-Kostüm!!!"

„Werdet Ihr alle jetzt denken, ich sei verrückt, wenn ich Euch sage, dass ich gerade die Königin beim Gestaltwandeln sah? Ich wünschte, ich könnte behaupten, dass ich Witze mache..."(1104)

Abb. 461: *Twitter*-Beiträge über gestaltwandelnde Queen.

Andere Leute wollen die Königin mit grünen und schuppigen Klauen gesehen haben, während ein anderes Profil erwähnte, dass die Königin *„schwarze, schlangenähnliche Augen mit einem vertikal mittigen gelben Streifen"* gehabt hätte. Andere wollen wiederum beobachtet haben, wie sie ein graues Gesicht wie eine Mischung aus Echse und Aasgeier hatte. Der Hashtag *#ReptilianQueen* wurde schnell zum Top 10 Thema auf *Twitter*. Solche und ähnliche *Twitter*-Beiträge, so Zeugen, wären binnen 10 bis 20 Sekunden nicht nur entfernt, sondern auch die dazugehörigen Profile gleich ebenfalls mit gelöscht worden. Die Anzahl der Sichtungen muss jedenfalls derart groß gewesen sein, dass der königliche Palast kurze Zeit später eine Pressemitteilung auf seiner Webseite unter *royal.uk/queen-seen-different-form-2016* veröffentlichte, die aber gleich daraufhin wieder gelöscht wurde. Unter *archive.org* ist diese Webseitenadresse zwar noch archiviert, jedoch mit leerem Inhalt versehen, was kurios ist und nur zeigt, dass hier Kräfte am Werk waren, die sämtliche Spuren so gut wie möglich beseitigt haben. Es beweist aber zumindest, dass es diese Adresse definitiv gegeben hat. Im Internetzeitalter gibt es aber immer Leute, die zur richtigen Zeit am richtigen Ort sind und von solchen Dingen schnell Screenshots machen bzw. den Computerbildschirm zu Beweiszwecken abfotografieren, was auch in diesem Fall geschehen ist (Abb. 462). In der kurzen Presseerklärung, in der anfangs die Königin gelobhudelt wurde als die am längsten regierende Monarchin in der Geschichte Großbritanniens, heißt es u.a. weiter (aus dem Englischen frei übersetzt):

„Diese Woche wurde die Königin von tausenden Leuten in einer Gestalt gesehen, mit der sie nicht vertraut sind. Wir möchten der Öffentlichkeit versichern, dass die Königin immer noch ihre Königin ist und auch weiterhin die geliebte und respektierte Persönlichkeit ist, als die sie stets bekannt war. Obwohl sie nicht menschlich ist, ist sie eine hingebungs-

volle Führerin und Monarchin, und sie glaubt, dass ihre Untertanen sie und ihre Familie für das, was sie sind, akzeptieren werden.“

Zum Schluss kommt noch eine mutmaßliche Aussage der Königin in Zitatform:

„Ich zolle Tribut dem Engagement, der selbstlosen Hingabe und dem großmütigen Geist meiner Millionen Untertanen und ich erwarte, dass sie diese Nachricht auf eine reife und demütige Weise verdauen. Nichts hat sich geändert. Gemeinsam wollen wir weiter marschieren.“(1105)

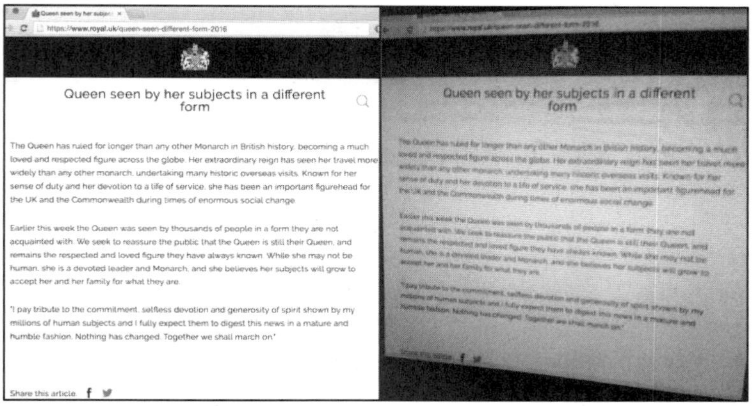

https://www.royal.uk/queen-seen-different-form-2016

Queen seen by her subjects in a different form

The Queen has ruled for longer than any other Monarch in British history, becoming a much loved and respected figure across the globe. Her extraordinary reign has seen her travel more widely than any other monarch, undertaking many historic overseas visits. Known for her sense of duty and her devotion to a life of service, she has been an important figurehead for the UK and the Commonwealth during times of enormous social change.

Earlier this week the Queen was seen by thousands of people in a form they are not acquainted with. We seek to reassure the public that the Queen is still their Queen, and remains the respected and loved figure they have always known. While she may not be human, she is a devoted leader and Monarch, and she believes her subjects will grow to accept her and her family for what they are.

'I pay tribute to the commitment, selfless devotion and generosity of spirit shown by my millions of human subjects and I fully expect them to digest this news in a mature and humble fashion. Nothing has changed. Together we shall march on.'

Share this article

Abb. 462: Presseerklärung des königlichen Palastes über die *„nicht menschliche Monarchin“.*

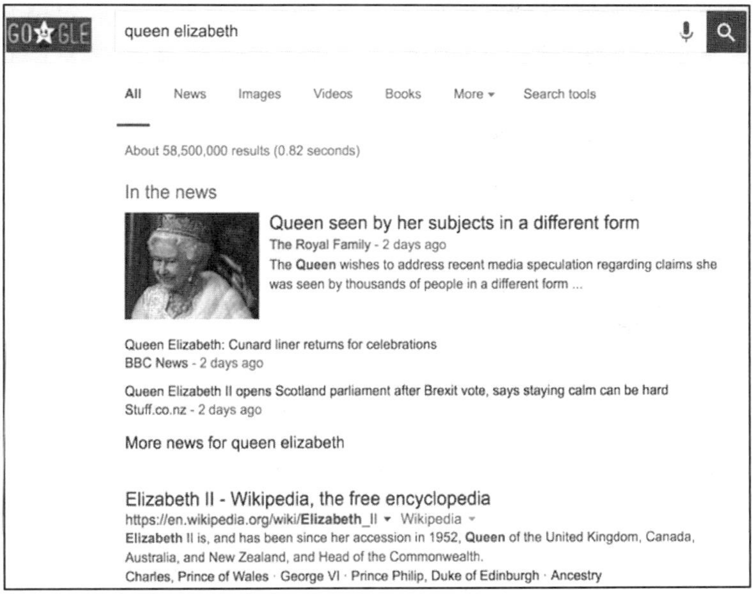

Abb. 463: Die Presseerklärung war sogar in der News-Sektion bei *Google* gelistet.

Es ist offensichtlich, dass diese Erklärung zumindest für den Notfall vorbereitet wurde, sollten die Massen die wahre Gestalt der britischen Königin irgendwann sehen. Selbst in den *Google*-Suchergebnissen war diese Presseerklärung als News gelistet (Abb. 462). Gemäß David Icke hätte Prinzessin Diana die königliche Windsor-Familie mehrmals als „Echsen“ und „Reptilien“ bezeichnet und dass sie „nicht menschlich“ seien. Es gibt Meinungen, die behaupten, dass Diana deshalb „verunfallt“ wurde, weil sie angeblich kurz davor stand, der Öffentlichkeit die wahre Natur der Windsors zu enthüllen.

Auf *YouTube* findet man mittlerweile sehr viele Videoausschnitte beispielsweise von Prominenten oder Nachrichtensprechern, deren Augen und Gesichter sich merkwürdig verziehen und teilweise sogar gänzlich unkenntlich werden. Bei einigen sieht man für einen Bruchteil einer Sekunde vertikale Pupillen. Hierfür muss man die Videos herunterladen und deutlich langsamer abspielen, um diesen Moment zu erwischen. Viele werden jetzt sagen, nun ja, das sind sicher alles Artefaktbildungen o. ä. aufgrund schlechter Bildqualität. Bis zu einem gewissen Grad lasse ich das in einigen wenigen Fällen auch gelten. Doch wenn allerdings solche „Phänomene" sehr häufig bei denselben Leuten auftreten und diese, wenn dies an ihnen auftritt, dann manchmal mitten in der Berichterstattung von der Kamera weggehen aus dem Bild, um kurz danach wieder hervorzutreten, dann ist das schon mehr als eigenartig (Abb. 464 und 465). Und zu häufig verändern sich die Köpfe, manchmal vielleicht noch Teile des Oberkörpers, jedoch nie der Hintergrund oder andere Gegenstände um die Personen herum in den Aufnahmen. Das Muster bei den Gesichtsveränderungen ähnelt sich bei fast allen Beispielen dahingehend, dass sie an eine schuppenartige, knorpelige Form erinnern.

Abb. 464: Reporter Michael Brownlee (*Fox News, NBC*) verändert sich aber sehr häufig vor der Kamera. Wenn zudem eingedrückte Wangen oder andere eingedrückte Bereiche sichtbar werden, dann wird es sich kaum um Qualitätseinbußen im Bild handeln.

In einem anderen, sehr bekannten Fall prescht die *schmal zulaufende* Zunge eines dunkelhäutigen Journalisten auffallend weit aus seinem Mund seitlich hervor. Während er sich schnell umdreht und einen merkwürdigen Laut von sich gibt, fängt er wild an zu fluchen, *„was denn zur Hölle dieses Ding sei"*, das *in* seinen Mund geflogen wäre (versuchte Täuschung). Seine Fluchtiraden wurden rückwärts abgespielt, die neben einigem Kauderwelsch folgende interessante Botschaft zum Vorschein brachten: *„Menschen sind wir nicht. Wir sind nicht wir selbst."*[(1106)] Den Vogel schießt aber Yusuf Estes ab, ein US-amerikanischer islamischer Prediger, der vom Christentum zum Islam konvertierte. Während eines Vortrags mutiert sein Kopf mehrmals in eine schon deutlich wahrnehmbare reptilische Form, mit zackigen und knorpeligen Merkmalen und einer grünlichen Hautfarbe. An einer Stelle meint man, große reptilische Augen zu erkennen. An einer anderen Stelle wird fast sein ganzer Kopf plötzlich durchsichtig, wodurch man den sonst nicht sichtbaren Hintergrund sehen kann. Es handelt sich dabei um das Originalvideo (Abb. 470). Kompressionsfehler, wie von Skeptikern und Freunden des „Zufalls" oft vorgeschoben, gelten allerspätestens in solch einem Fall nicht. Wenn Körperteile plötzlich durchsichtig werden, dann muss wohl eine Art Hologramm vorliegen. Ich las in diesem Zusammenhang häufig von einem „Flüssigkristallhologramm", welches stellenweise in solchen Momenten versagen solle. Diese Täuschung ist auf das menschliche Gehirn angepasst, sodass wir es in der Realität zwar meist nicht wahrnehmen, die Videokameras aber manchmal schon, da sie ein weiteres Frequenzspektrum abdecken. Jetzt kann man das Ganze weiterdenken und zum Schluss kommen, dass es sicherlich Filter gibt (auf Software- und/oder Hardwareebene), die all diese Wesen so darstellen, wie sie **wirklich** sind. Womöglich finden sich kreative Erfinder hierzu, die das realisiert haben und melden sich beim *Amadeus Verlag*. Vielleicht gibt es auch so etwas wie ein „Repto-Spray", das man irgendwo in großen Menschenmengen versprühen kann, welches alle Reptilien in ihre ursprüngliche Form zwingt. ☺

In einem anderen Fall gab es im Nachrichtenstudio eine Streitdebatte zwischen einem *CNBC*-Reporter und einem eingeladenen Gast, als der Reporter plötzlich schnell sich diesem zuwendet, mit dem Kopf hervorprescht und ihn wie eine Schlange anhisst. Das Geräusch dazu, das er macht, muss man sich echt anhören. So etwas kommt nur von Schlangen, Menschen kriegen das ohne Übung nicht so leicht hin. Das Verhalten schaut derart instinktiv aus und ist so untypisch für einen Menschen, dass es sich bei diesem Reporter womöglich um ein Reptil oder einen Hybriden handeln könnte (Abb. 471). Direkt im Anschluss reckt und streckt er sich, so, als könne er das vorhin Geschehene irgendwie plausibel rechtfertigen. Schauen Sie sich am besten einmal selbst alle Videos an. Die Links dazu finden Sie unter den Bildquellen im Anhang.

Um es kurz und knackig auf den Punkt zu bringen: *Sie* sind schon lange unter uns! Und damit meine ich nicht nur inkarnierte Reptilienseelen, sondern vor allem reptiloide Gestaltwandler und andere außerirdische Gäste sowie auch ET-Mensch-Hybride, Klone und Androide. Mit Sicherheit sind Sie selbst schon mal einer dieser Spezies über den Weg gelaufen oder hatten gar direkten Kontakt mit solchen Wesen. Selbst Ihr Nachbar könnte beispielsweise ein ET-Repto oder ein Android sein, ohne dass es Ihnen bisher groß aufgefallen wäre, weil Ihnen die Thematik nicht bekannt war oder das Bewusstsein dazu fehlte. Wenn Sie zurückblicken auf Ihr Leben, werden Ihnen sicherlich einige Leute einfallen, die auf Sie einen seltsamen und unerklärlich merkwürdigen Eindruck machten. Das sage ich jetzt nicht, um Sie auf den Arm zu nehmen oder Ihnen Angst einjagen zu wollen. Ich erzähle Ihnen das gerade hier und heute aus eigener Erfahrung und damit Sie schon einmal *vorbereitet* sind und nicht durchdrehen, wenn eines Tages plötzlich die Schleier entfernt werden und diese Wesen sich Ihnen offen zeigen sollten. Der Großteil der Menschheit wird in solch einem Falle buchstäblich den Boden unter sich verlieren und vermutlich geistige Schäden davontragen. Selbst mit voriger mentaler Vorbereitung wird es für die meisten von uns schwer verdauliche Kost werden, und ich nehme mich da selbst nicht heraus. Ich selbst bin schon Reptiloiden in Menschengestalt begegnet, doch erst seit 2017 habe ich diese auch vermehrt bewusst erkannt. Ist man mit ihnen alleine in einem Raum, kann man sich durchaus bedroht fühlen. Wenn die einen dann noch „verdachtsmäßig“ anschauen und plötzlich permanent meiden, wie der Teufel das Weihwasser, dann fühlen sie sich wohl ertappt. Vor wenigen Jahren hatte ich einen Robotoiden/Androiden direkt vor mir. Es war eine junge Stewardess auf einem innereuropäischen Flug. Ihre Augen schienen sich tief in ihren Augenhöhlen regelrecht zu verstecken und ich konnte deshalb keine Pupillen wahrnehmen. Sie bewegte sich und agierte eigentlich ganz normal, aber sie wirkte emotional völlig kalt und wirkte selbst als Stewardess einfach viel zu aufgesetzt und künstlich. Es ist die ganze Art und Erscheinung, man fühlt, dass da kein menschliches Wesen/Innenleben drin steckt. Ich frage mich, wer sie eingesetzt hat und zu welchen Zwecken? Da diese KI-Roboter mit allen möglichen Sensoren und Scannern ausgestattet und somit in der Lage sind *jede* Verschlüsslung zu knacken, fällt mir hierzu in erster Linie Spionage und Sabotage ein (z.B. Firmen- und Geschäftsgeheimnisse, Gedanken lesen etc.).

Ich hoffe inständig, dass „der erste Kontakt“ mit positiven menschenähnlichen Wesen stattfinden wird – die ebenfalls schon lange unter uns weilen, wie z.B. die Nordischen –, um uns langsam an diese neue Realität zu gewöhnen, **die definitiv kommen wird, ja eigentlich schon da ist**.

Ich hoffe zudem, dass Sie nach all den Informationen bisher nicht gerade vom Stuhl gefallen sind. Da wir uns langsam auf das Ende des Buches bewegen, musste ich Sie halbwegs ins kalte Wasser werfen, sofern Sie mittlerweile nicht eigentlich schon von sich aus darauf gekommen sind. Ich schlage vor, das ansonsten einmal ein wenig sacken zu lassen, bevor Sie fortfahren. Wir werden uns jedenfalls noch weitere Bestätigungen in Bezug auf die Reptilien, andere Außerirdische sowie Bewohner der Inneren Erde einholen.

Abb. 465: Die Reporterin links und ganz rechts sind dieselben – bei unterschiedlichen TV-Berichten. Sehen Sie, wie sich eine knorpelige Struktur auf ihrer Stirn hervortut? Rechts und in der Mitte handelt es sich um eine Sendung, bei der sogar das Gesicht der Moderatorin im Studio die Gestalt ändert, während der Hund neben ihr normal bleibt.

Abb. 466: Schauen Sie sich die merkwürdigen und geriffelten Verformungen am Hals dieser spanischen Nachrichtenreporterin an. Oft verformen sich auch die Zähne recht merkwürdig.

Abb. 467: Weitere Reporterinnen mit extremen Verformungen.

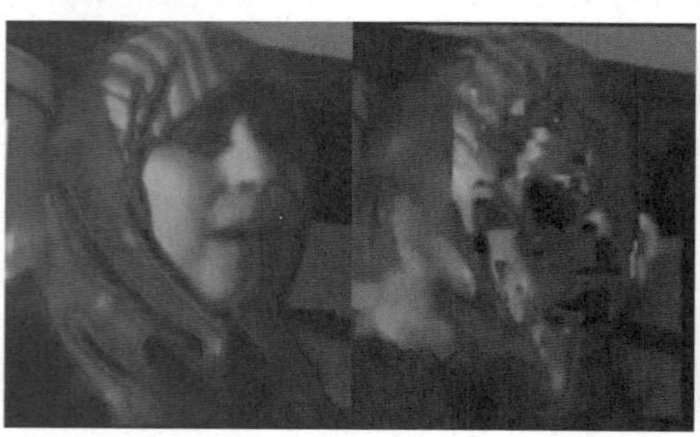

Abb. 468: Friedensnobelpreisträgerin aus dem Jemen, Tawakkol Karman, die die *Jasmin Revolution* des arabischen Frühlings unterstützte. Von dem einen auf den anderen Moment verformt sich der ganze Kopf in eine nahezu erschreckende Fratze.

Abb. 469: Ein Reporter interviewt einen asiatischen Sportler.

Abb. 470: Der islamische Prediger Yusuf Estes. Diese Gestaltwandlungen sind schon heftig. Deutlich sind reptilientypische Formen erkennbar. Im letzten Bild unten rechts sind sogar große Augen erkennbar. Im Bild unten links wird sein Kopf plötzlich durchsichtig, ehe er langsam wieder vollständig auftaucht. Das Mikrofon bleibt aber immer intakt (Aufnahmen vom Originalvideo).

Abb. 471: Reptilien spielen besonders gern mit ihren Zungen. Ganz links ein Reporter, der seinen Gast vor Wut wie eine Schlange anhisst. Ganz rechts ein dunkelhäutiger Reporter, bei dem sich die schmal zulaufende Zunge verselbstständigte, worauf er anschließend Fluchtiraden von sich gab.

Abb. 472: Während einer TV-Sendung verändert sich die Hautfarbe dieser Reporterin stellenweise ins Grünliche.

Abb. 473: Ob solche langen Zungen normal sind?

Abb. 474: Dienen diese Sternchen Satan oder ist das nur Show? Von links nach rechts Miley Cyrus mit passenden Hörnern auf dem Kopf, Ke$ha und Rihanna.

Abb. 475 (links): Steven Greer vom *Disclosure Project* spielt auffallend häufig mit seiner Zunge herum. Merkwürdige und unnormal wirkende Halsform samt Kehlkopf. Im ersten Bild oben links ist sein Hals an den Seiten auffallend und ungewöhnlich glattgezogen. (*whale.to/c/greer.html*)

Abb. 476 (rechts): US-amerikanischer Politiker und Lobbyist Richard Hugh Baker, der während eines Interviews permanent solche Augen hatte.

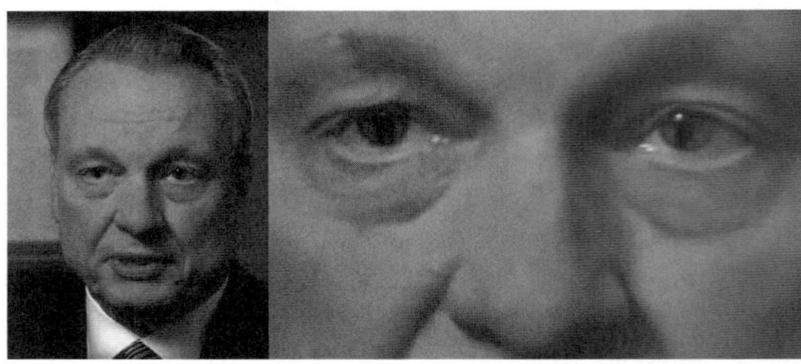

Abb. 477: Die Sängerin Annie Lennox der Gruppe *Eurythmics*. Rechts Coverausschnitt des Albums *Revenge*, auf dem Sie mit Reptilienaugen abgebildet ist.

Abb. 478: Links eine Frau als Talkshowgast der *Dr. Phil Show* in den USA, die solche Pupillen durchgehend hatte. Rechts Popsängerin Nicki Minaj (aus Originalvideo). Letztere hat passenderweise ein Lied mit dem Titel „*Anaconda*".

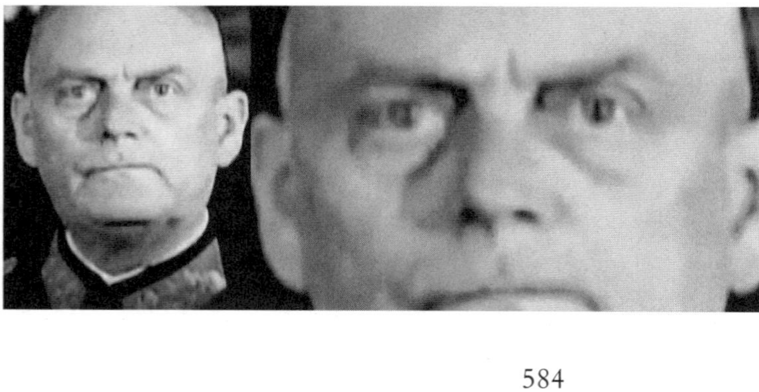

Abb. 479: Wilhelm Keitel, Heeresoffizier der deutschen Wehrmacht während des Dritten Reichs und von 1938 bis 1945 Chef des Oberkommandos der Wehrmacht. Ich frage mich, wie viele hohe Nazi-Funktionäre keine Menschen waren?

Abb. 481: Mitglieder der Familie Bush. Oben links und rechts die ehemaligen US-Präsidenten George Bush (links) und sein Sohn George W. Bush. Unten links die Ehefrau von Bush Junior. Alle weisen reptilische Pupillen auf. Unten rechts deren Tochter Jenna Bush während der Liveschaltung einer Nachrichtensendung.

Abb. 480: In der Mitte das mit Drachensymbolen gespickte Wappen der *City of London*. Auf lateinisch steht die Inschrift „Domine Dirige Nos“, was übersetzt „Herr, führe uns“ bedeutet. Glauben Sie mir, mit „Herr“ ist nicht der barmherzige, christliche Gott gemeint. Latein ist immer ein Hinweis auf den Vatikan und die Jesuiten. Das Kreuz auf dem Schild lässt sich als Orion-Symbolik deuten. In der ganzen City sind solche Drachenfiguren aufgestellt – ganz sicher nicht aus „Jux und Dollerei“. Hier wird der Masse direkt ins Gesicht „geschrien“, dass die Reptilien herrschen (und keiner kapiert’s).

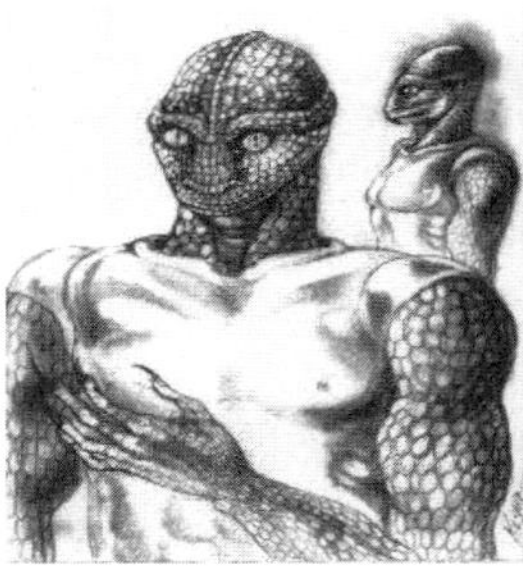

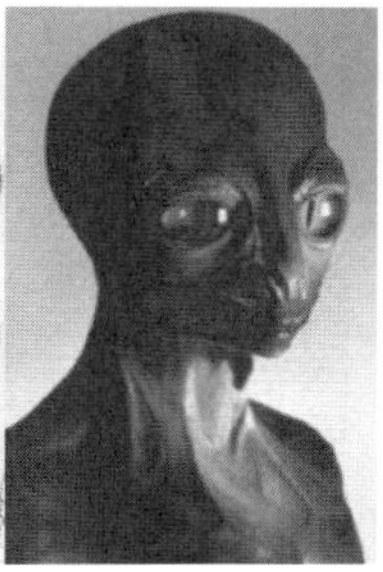

Abb. 482 und 483 (links): Darstellungen von Reptiloiden. **Rechts:** Über einem der fünf Eingänge der gotischen Kathedrale *Santa Iglesia Catedral Basilica des Sab Antolin* in der spanischen Stadt Palencia befinden sich zur Verzierung reptilienartige Figuren am Portal, die wie Wesen aus den „Alien“-Spielfilmen aussehen.

Abb. 484:
Mutmaßlicher (*grauer*) Außerirdischer aus angeblichen alten KGB-Aufnahmen.

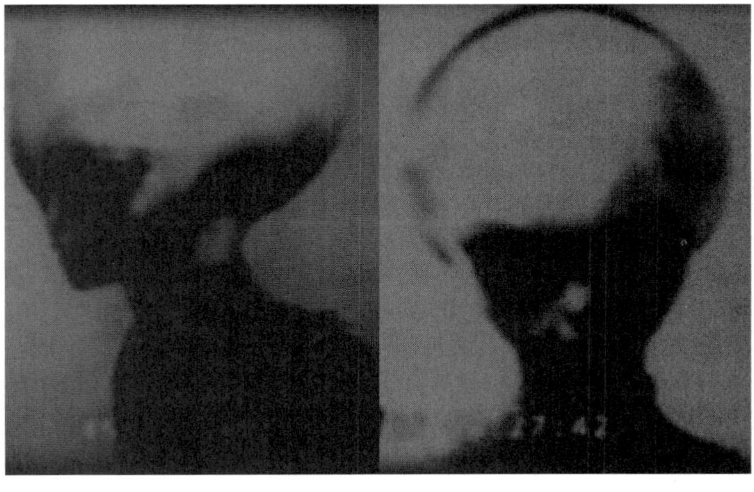

Führender Rabbi zur außerirdischen Herkunft der Juden und ihrer Mission

Michael Laitman ist ein bekannter Rabbi und gilt als international angesehene Autorität in Bezug auf die jüdische Kabbala. Zudem ist er Wissenschaftler, bewandert auf dem Gebiet der Bio-Kybernetik und Autor von rund 30 Büchern. Wir haben es hier also mit einem erfahrenen Experten zu tun, dem ein gewisser Einfluss bezüglich seiner Lehren zugesprochen werden kann. Am 9. Mai 2011 hielt er einen Vortrag mit dem Titel „Israelische Nation" vor Studenten über die Geschichte Israels und die Mission der Juden in der Welt. Aus dem knapp einstündigen Vortrag gebe ich hier ausschnittweise den wichtigen Teil wieder, bei dem es um die Herkunft der Juden und ihrer besonderen Aufgabe hier auf Erden geht, nach der sie der Menschheit angeblich helfen und sie erretten müssten:

> Rabbi Laitman: „*In Wirklichkeit kommen wir nicht von hier. Wir kamen von dort* (zeigt ins Weltall). *Dies ist Israels Wurzel. Wir nahmen also eine Route, die uns nach innen brachte durch etwas, was man den ‚Bruch der Gefäße' bezeichnet, den Bruch der kollektiven Seele. Wir wurden hineingebracht und jetzt, da zerbrochen im Inneren, müssen wir wieder korrigiert werden. In dem Maß unserer Korrektur korrigieren wir das kollektive Ego.*"
>
> **Frage aus dem Publikum: „*Wer ist dieser Leiter/Chef, der die Kommandoeinheit entsandt hatte?*"**
>
> Rabbi Laitman: „*Er, der Schöpfer. Israel ist ein Teil von ihm. (...)*"
>
> **Frage aus dem Publikum: „*Also, dieser Chef schickte diese Kommandoeinheit?*"**
>
> Rabbi Laitman: „*Ja, er gab ihnen Stärke, gab ihnen die Verbindungen, alles, wenn sie verbunden sind zu ihm. Aber sie haben keine andere Wahl, er hat sie zerbrochen. Um sie in dieses feindliche Land zu senden, musste er ihnen dieselbe Form geben wie dieses Land. Es ist so, als ob wir als Undercover-Team, als Geheimagenten, in ein Land gehen. Und jeder von uns ist genau so wie die Leute in diesem Land. Sagen wir, wir werden irgendwo hingeschickt, nach Afrika beispielsweise. Wir nehmen dann dieselbe Form an wie die Leute in Afrika. Das Verhalten, die Charaktereigenschaften, die Herangehensweise, Interessen, alles. Genau dieselbe Form, im Inneren und im Äußeren. Wie ein Geheimagent. Er hält sich dort für eine Weile auf. Niemand rührt ihn an, er arbeitet, baut ein Haus und hat Familie. Jahr ein Jahr aus ist alles prima. Danach fängt er an, etwas zu tun. Er bekommt eine Erinnerung von außen: ‚Du musst jetzt arbeiten!' Er hat es fast schon vergessen gehabt und plötzlich rufen sie ihn: ‚Hier ist Dein Befehlshaber, dies und jenes usw..', wie in den Filmen. Das ist das, was mit uns geschieht. Wir müssen aufwachen. Wir müssen uns daran erinnern, dass wir eine spezielle Mission haben. Und wir kommen wirklich nicht von diesem Ort. Wir kommen von einem komplett anderen Ort. Entsprechend diesem Weckruf müssen wir unsere Freunde nun finden. Hast Du schon einen Anruf bekommen? Er hat einen Anruf bekommen und er bekam einen Anruf. Und dann versammeln wir uns als Gruppe. Also von diesem ganzen Planeten sind wir Aliens, die aus einer anderen Galaxie kommen. Wir erhielten individuell diesen Lichtstrahl, diese Erweckung. Und nun kommen wir als Gruppen zusammen, fangen an uns vorzubereiten, um die Erde zu erobern. Das ist die Mission. Wie erobern wir sie? Wir erhalten ebenfalls die Methoden. Uns wird nach und nach alles gezeigt. Wir werden unterrichtet,*

nicht unterrichtet, sondern trainiert und aktiviert, welches unseren Geist in Bewegung setzt. Es ist für uns zwar neu, aber in der Tat kommt es von unserem Ursprungsplaneten. Und dank dieser ursprünglichen natürlichen Kraft, die wir haben, werden wir jene erobern, die auf der Erde leben. Warum schaut ihr mich so an? Glaubt ihr mir nicht? Ich meine es ernst! Es ist sogar viel mehr als das. Es ist keine andere Galaxie, es ist ein anderes Universum. Es ist überhaupt eine andere Dimension. Das ist es, wer wir sind."

Frage aus dem Publikum: „*Warum sind sie Aliens?*"

Rabbi Laitman: „*Sie sind Aliens, weil... Ich rede nicht über ihre äußere Form, ihren Körper oder ihr Blut und Organe. Ich rede über das Innere, welches auf dieser Welt nicht in anderen Leuten vorhanden ist, sondern nur in ihnen. Es ist die innere Software in ihnen, welches aus einer anderen Welt kommt.*"

Frage aus dem Publikum: „*Und andere haben es nicht?*"

Rabbi Laitman: „*Andere haben es nicht.*"

Frage aus dem Publikum: „*Aber jeder hat doch einen Punkt im Herzen...*"

Rabbi Laitman: „*Nein, nein. Das ist nicht so.*"

Frage aus dem Publikum: „*Und sie werden es niemals haben?*"

Rabbi Laitman: „*Wir werden sehen. Sie werden vielleicht durch etwas gehen* [wohl einen Prozess meinend; A.d.V.], *um das zu erlangen, aber in der Zwischenzeit ist dies nicht von Belang. Worüber wir jetzt reden ist die Phase, in der die Undercover-Agenten zusammenkommen und sich organisieren müssen, um die Erde zu erobern. (...) Wir sind also hierher gekommen, um hier alles in Ordnung zu bringen, so wie es auf unserem Heimatplaneten ist. Nun wachen wir auf von der Welle, die von unserem Heimatplaneten kommt und wir werden aktiviert, um mit der Arbeit anzufangen. (...)*"(1107)

Das, was Laitman da vortrug, präsentierte er im Rahmen eines spirituellen Kontexts, dass die Juden mit Beispiel vorangehen und einen Zustand der Liebe erzeugen sollen, um die ins Chaos stürzende Menschheit zu retten. Nun haben wir im ersten Teil erfahren, dass die mosaischen Religionen – Judentum, Christentum, Islam –, nicht dem dienen, was wir als den „lieben Gott" kennen. Sie beten etwas anderes an. Wir haben erfahren, dass Außerirdische seit Jahrtausenden und länger die Erde besuchen – im Alten Testament finden sie als *Nephilim* und *Elohim* Erwähnung. Die Nephilim vermischten sich mit einem Teil der Menschen und erwählten die damaligen Juden, um als Statthalter die Erde zu verwalten, so lange sie abwesend sind. Ist es das, was Rabbi Laitman meinte? In einem Interview bekräftigte dieser selbstbewusst die führende Rolle Israels als er sagte: „*Das System von Kräften bestimmen wir. Wir, das Volk Israel und nicht Obama und nicht Putin. Sie sind Vollzieher von dem, was wir bestellen werden. Die ganze Welt erfüllt das, was wir bestellen. Die Freiheit des Willens existiert nur bei uns.*"(1108) Na, das ist doch schon mal eine deutliche Sprache.

Abb. 485: Rabbi Michael Laitman

Kapitel 13
Kosmische Enthüllungen: Super-Insider und Whistleblower

In diesem Kapitel schauen wir uns nun Aussagen von verschiedenen hochgradigen Insidern an, die ihr langes Schweigen brechen und schier ungeheure Dinge zu berichten haben, die unser einer nur aus Science-Fiction-Filmen kennt. Es sind Leute, die alle in streng geheimen Projekten gearbeitet haben, und einige von ihnen waren sogar in modernsten Raumschiffen in und außerhalb unseres Sonnensystems unterwegs und haben Dinge gesehen und erlebt, die ein „gewöhnlicher“ Mensch nicht in hundert Leben erlebt. Wenn sich bestimmte Informationen bei den einzelnen voneinander unabhängigen Whistleblowern wiederholen, so ist es das beste Indiz dafür, dass an ihren Geschichten gewiss etwas wahr sein *muss*. Auch wenn das meiste von dem, was diese Leute zu berichten haben, zu „unglaublich“ für Sie klingen mag, so bitte ich Sie, dennoch offen für Neues und (R)evolutionäres zu bleiben, um Ihren bisherigen Horizont noch ein gutes weites Stück mehr zu erweitern. Es handelt sich hier in der Regel um gestandene Persönlichkeiten, die zumindest in einigen Fällen tatsächlich einen militärischen und/oder geheimdienstlichen Hintergrund nachweisen können. Sie setzen dort an, wo die „kleineren“ Insider aus beispielsweise Steven Greers *Disclosure Project* aufhörten. Dennoch ist ein gewisser Abstand vonnöten und nicht alles, was diese Leute erzählen und behaupten, muss der Wahrheit entsprechen. Denn auch sie haben vielleicht hier und da Falschinformationen von ihren Vorgesetzten bzw. Quellen erhalten oder unterliegen unter Umständen noch einer alten Programmierung. Grundsätzlich sei darauf hingewiesen, dass nicht jeder die ganze Wahrheit kennt (auch ich nicht!), sondern immer nur einen Teil. Alle zusammen genommen zeichnen zumindest ein vollständigeres Bild ab und beleuchten alle sonst bisher verborgenen Hintergründe. Gäbe es bei all den folgenden Berichten zusammen genommen keine gemeinsame Schnittmenge, hätte ich mir dieses Kapitel sicherlich erspart. Wir schalten nun einen Gang höher und so geht es jetzt Schlag auf Schlag weiter bis zum Ende des Buches. Ich wünsche Ihnen viel Spaß beim Lesen der letzten Unterkapitel.

Aussagen des NASA-Insiders Clark McClelland

Wie wir im letzten Kapitel gesehen haben, haben die Nazis also mithilfe der Geheimgesellschaften schon recht früh Kontakte zu den Reptilien geknüpft, um an Wissen und Technologien heranzukommen. Doch selbst aus deutschen Reihen gab es Aussagen, die zugaben, dass es Hilfe „von außen“ gab.

Der Raketeningenieur Wernher von Braun war einst Student des Physikers und Ingenieurs Dr. Hermann Oberth, der zu den Gründern der Raketentechnik zählt. Oberth schrieb 1954 in einem Artikel der Zeitung *The American Weekly*:

> „*Es ist meine These, dass Flugscheiben real sind und dass es sich bei Ihnen um Raumschiffe aus einem anderen Sonnensystem handelt.*“ Zudem soll er auch Folgendes preisgegeben haben: „*Wir können den ganzen Erfolg unserer rekordartigen Fortschritte in einigen wissenschaftlichen Bereichen nicht für uns allein verbuchen; wir erhielten Hilfe.*“ Auf die Nachfrage von wem, antwortete er: „*Von Menschen anderer Welten.*“[(1109)]

Etwas Ähnliches soll auch von Braun selbst gesagt haben. Der UFO-Forscher Dr. Allen Greenfield hatte nach eigenen Aussagen Kontakt zu von Braun, den er fragte, wie die Deutschen denn so schnell all diese neuen Technologien entwickeln konnten. Von Braun schaute runter auf die vor ihm liegenden UFO-Akten und soll gesagt haben: *„Wir hatten Hilfe von ihnen.“* Auf die Nachfrage, ob er mit „ihnen“ die Außerirdischen meinte, meinte er: *„Ja, wir hatten Hilfe. Wir alle hatten Hilfe von* ***ihnen****.“*[(1110)]

Clark C. McClelland, dessen Zeugenaussagen wir bereits zuvor zu Schilderungen von Wernher von Braun bezüglich des Roswell-Absturzes gelesen hatten, arbeitete von 1958 bis 1992 bei der NASA als Luft- und Raumfahrtingenieur und als technischer Assistent während der *Apollo*-Mondmissionen. Er gehörte zu jenen, die Flug-Simulationen an den Space-Shuttles durchführten und dafür sorgten, dass diese sowie auch die Raketen in einem technisch einwandfreien Zustand waren, bevor sie ins All flogen. Während seiner Laufbahn im nationalen Weltraumprogramm lernte er nicht nur Astronauten kennen, sondern auch all die deutschen *Paperclip*-Wissenschaftler, die das US-amerikanische Weltraumprogramm – sowie später das Geheime Weltraumprogramm – erst ermöglicht hatten. So hatte er nicht nur persönlichen Kontakt zu Dr. Wernher von Braun, sondern u.a. auch zu Dr. Hermann Oberth, Dr. Konrad Dannenberg, Dr. Ernst Stuhlinger, Dr. Adolf Knothe und Dr. Kurt Debus. Letzterer war der erste Direktor des *Kennedy Space Centers* am Cape Canaveral in Florida zwischen 1962 und 1974. Allein diese Tatsache sowie die schiere Anzahl an deutschen Wissenschaftlern in hohen Positionen im US-Weltraumprogramm zeigt, dass die NASA kein US-amerikanisches, sondern mehr oder minder ein deutsches Programm war. McClellands Aussagen nach hätten Deutsche etwa 80% der Belegschaft bei der NASA ausgemacht. Debus habe auch *Die Glocke* entwickelt, ein Antigravitationsantrieb, der die Form einer Glocke aus Gusseisen hatte. Kurz bevor Debus zusammen mit von Braun über *Paperclip* in die USA gelangte, übertrug er die Obhut über *Die Glocke* und das zugehörige Projekt dem SS-General Dr. Hans Kammler. Als McClelland einmal zu Debus' Büro zitiert wurde, standen dort noch zwei weitere Herren im Raum. Zu seiner Überraschung war einer davon Hans Kammler und der andere war ein SS-General namens Siegfried Knemeyer. Vom deutschen Ingenieur und Techniker Heinz Schuler erfuhr McClelland, dass Kammler die Person sei, die Debus besonders nahe stand. Er sei 1945 in Wahrheit nicht ums Leben gekommen. Kammler hätte auch mit dem US-amerikanischen General George Patton Pläne ausgearbeitet, um *Die Glocke* in die USA zu bringen. Diese wäre sowohl in den USA als auch in der Sowjetunion nachgebaut worden. Ein solcher Nachbau stürzte am 9. Dezember 1965 in Kecksburg, Pennsylvania, ab. Patton sei auf Wunsch von der amerikanischen Seite von einem russischen KGB-Agenten ermordet worden, weil Patton einerseits damit gedroht hatte, die geheime Zusammenarbeit zwischen diesen beiden „feindlichen“ Ländern öffentlich zu machen und andererseits Ambitionen hatte, US-Präsident zu werden, was man unbedingt verhindern wollte. McClelland bezeichnet General Kammler als einen *„grausamen Offizier“*, der 12 bis 14 Millionen Sklaven die großen Kavernen ausarbeiten ließ, in denen später Kampfflugzeuge und Raketen gebaut worden waren.

Laut McClelland waren andere deutsche Wissenschaftler ebenfalls mit modernen Entwicklungen beschäftigt. Dr. Dannenberg – der in Peenemünde an den V1- und V2-Raketen mitgearbeitet hatte – hätte ein Design für ein solarbetriebenes Raumschiff entworfen und Dr. Stuhlinger hätte 1958 den Ionen-Antrieb entwickelt. Dieser Antrieb wurde für die *Dawn*-Mission 2007 eingesetzt, einer Sonde, die sich auf dem Weg machte zu den Planetoiden *Vesta* und *Ceres* im Asteroidengürtel.

Abb. 486: Links Clark McClelland mit Astronautin Judy Resnick, rechts im Cockpit des Space Shuttles *Columbia*.

In seinem laufenden Buchprojekt „Stargate Chronicles" und in Interviews mit *Project Camelot* enthüllte McClelland sehr interessante Dinge, die er von Wernher von Braun persönlich erfahren hatte. Von Braun erzählte ihm, dass außerirdische Intelligenzen die Erde seit vielen tausenden von Jahren besuchen. Die Erde sei so etwas wie eine kosmische Kinderkrippe für viele Kulturen anderer Sterne. Unsere menschliche Gesellschaft besteht eigentlich aus mehreren Gruppen dieser Kulturen, was wiederum bei uns die verschiedenen Kulturen, Religionen, Sprachen, Gebräuche, physische Erscheinungsformen, die Uneinigkeiten untereinander usw. erklären würde. Die über viele Jahrtausende stattfindenden Kolonisierungsversuche dieser außerirdischen Rassen dienen der Kontrolle der Erde und ihrer Spezies. Von Braun erzählte ihm ferner, dass auf einem großen Planeten, der den Stern Aldebaran umkreist, Arier leben und diese vor vielen tausenden von Jahren auf der Erde gelandet seien und die germanische Rasse erschaffen hätten. Anfang der 1930er-Jahre hätten sie der deutschen Armee und Luftwaffe mit Waffen ausgeholfen, die denen der USA, Russland und Japan weit überlegen waren. Gemäß von Braun hätte er selbst Aldebaraner getroffen und beschrieb diese als groß (größer als gewöhnliche Menschen) und die meisten von ihnen hätten blonde Haare und blaue Augen. Dass Aldebaraner den Deutschen Technologie brachten, hörte McClelland auch von anderen deutschen Wissenschaftlern.

Abb. 487: Deutsche Flugscheiben im Juli 1952 über Washington D.C.

Zudem sollen sich laut McClelland riesige Aldebaranerschiffe im Orbit der Erde befinden, um der Menschheit dabei zu helfen, sich von den bösartigen Reptiloiden zu befreien (Aussage Stand August 2015). Diese riesigen Schiffe würden elektrische Energie von unserer Sonne tanken (so wie in der Abb. 381 abgebildet). Die ETs leben zudem unter uns und wären in Regierungen auf der Erde eingesetzt. Eine weitere interessante Aussage, die McClelland tätigte, war, dass der Zweite Weltkrieg erst mit dem Überflug der deutschen Flugscheiben über dem *Weißen Haus* im Juli 1952 zu Ende gewesen sei (Abb. 487). Leider ging er nicht mehr weiter über diesbezügliche nähere Umstände ein. Jedenfalls sollen diese von der deutschen Basis unter der Antarktis gekommen sein, wo auch einst Adolf Hitler und Eva Braun hingebracht worden sein sollen. In bzw. unter der Antarktis gäbe es mehrere Städte und Fabriken, *Neu-Berlin* sei solch eine Stadt. Ob die Deutschen heute immer noch dort seien, könne er nicht sagen, da der Informationsfluss zu ihm von der Kabale abgebrochen wurde (zudem habe man illegalerweise seine Pensionsansprüche gestrichen, um ihn fertig zu machen). Nord- und Südpol hätten hingegen große Öffnungen, durch die man fliegen und in der Inneren Erde eine andere Zivilisation vorfinden könne. Die US-Amerikaner hätten seinen Aussagen zufolge schon seit vielen Jahren Basen auf der Rückseite des Mondes sowie eine Kolonie auf dem Mars. In Bezug auf Hitler behauptete er, dass dieser in seinen späteren Jahren als Priester in Cuenca, Ecuador gearbeitet hätte. Ich möchte das zwar nicht gänzlich ausschließen, diese Behauptung kommt mir aber etwas merkwürdig vor.

Eine weitere, auch unglaublich klingende Aussage McClellands war, dass angeblich zwei gigantische Objekte sich auf dem Weg zu unserem Sonnensystem befinden würden. Das eine Objekt – das er *Dyson-Kugel* nennt – sei künstlicher Art und hätte einen Durchmesser von 22 Millionen Meilen, was umgerechnet etwa 35 Millionen Kilometern entsprechen würde (unsere Sonne hat im Vergleich einen Durchmesser von „nur" 1,4 Millionen Kilometern). Diese *Dyson-Kugel* würde hinter sich einen Stern im Schlepptau mit einem Durchmesser von einer Million Meilen haben (1,6 Millionen Kilometer). Es wäre nicht der erste Bericht, dass unser Sonnensystem irgendwann eine zweite Sonne bekommen würde (hierzu würde der Durchmesser dieses neuen mutmaßlichen Objekts fast identisch mit dem unserer Sonne sein), doch dafür bräuchte es noch fundiertere Angaben. Eine besondere Kuriosität, die McClelland während seiner Laufbahn bei der NASA erlebte, ereignete sich während einer Shuttle-Mission im All. Auf seinem Überwachungsmonitor im Kontrollzentrum staunte er nicht schlecht, als in der Ladebucht des Shuttles ein etwa 2,40 bis 2,70 Meter großer „Humanoide" im Raumanzug stand – mit Helm, aber ohne Sauerstoffbehälter – der zwei weiteren Astronauten der Mission mit Handbewegungen Anweisungen zu geben schien. Ob dies ein Außerirdischer war, lässt sich nicht mit absoluter Bestimmtheit sagen, es wäre aber naheliegend. Hinter dem besagten Shuttle hatte er zudem ein Raumschiff schweben sehen. Die ganze Sichtung dauerte eine gute Minute.

Clark McClellands Großvater mütterlicherseits soll das Forschergenie Nikola Tesla persönlich gekannt haben. Tesla soll seinerzeit ebenfalls in Kontakt mit Außerirdischen gestanden und bereits ein Design für ein Flugobjekt mit Antigravitationsantrieb entworfen haben, welches sich die US-Amerikaner später gekrallt hätten.

Zu Wernher von Braun sagte McClelland noch, dass er ein sehr freundlicher und herzensguter Mensch gewesen sei und dass er sich seinem „Nazi-Erbe" nicht zugehörig fühlte sowie mit dem Nazitum wenig anfangen konnte (auch wenn er während des Dritten Reichs keine andere Wahl hatte, als „mitzuspielen"). Es sei absolut sicher, dass er sich dem deutschen Volk zugehörig fühlte. Er wollte ins All und diese Möglichkeit auch der Menschheit bringen. Wernher von Braun und seine Familie sollen McClelland zufolge zudem von Heinrich Himmler mit dem Tode bedroht worden sein, wenn von Braun die Befehle der SS nicht befolgen würde. Himmler sei eine sehr gefährliche Person gewesen. Dies ist eine absolut wichtige Aussage in meinen Augen, um herauszukristallisieren, wer auf welcher Seite stand. McClellands Webseite kann unter *stargate-chronicles.com* erreicht werden, auf der er auch die spannenden Kapitel seines Buches in leicht verständlichem Englisch zum Herunterladen anbietet.[(1111)]

Die Anwesenheit von SS-Generälen bei der NASA ist ein klares Indiz dafür, dass die Jesuiten und Reptiloiden den US-amerikanischen *Militärisch-industriellen Komplex* infiltriert hatten. Mich wundert allerdings, dass McClelland hier nicht näher auf die Zusammenarbeit der SS mit den Reptos eingegangen ist.

Ok, wir haben jetzt verschiedene Aussagen über die Kooperationen der Deutschen mit hauptsächlich Reptiloiden einerseits und nun auch Aldebaranern andererseits gelesen, die als weitere Spieler auf dem Spielfeld auftreten. Wie wir während des Zweiten Weltkriegs bereits die „Hitlerfraktion" und die „Himmlerfraktion" hatten, so haben wir es hier scheinbar ebenfalls bzw. nach wie vor mit zwei gegnerischen Hauptfraktionen zu tun: die *Nordischen ETs* gegen die *Dracos*. Wenn ich die bisherigen Informationen alle zusammenfüge, so schaut es für mich danach aus, als ob ein Teil der Reichsführung und deutschen Wissenschaftler zusammen mit Leuten der *Vril-Gesellschaft* (zumindest den telepathischen Medien) sich mit den *Nordischen Aldebaranern* verbündet hätten, während der andere jesuitisch-zionistische Teil vorderrangig mit den Reptilien einen Pakt einging. Denkbar sind noch weitere Fraktionen und Kooperationen aus den Geheimgesellschaften *Thule*, *Vril* und der *Schwarzen Sonne*, mit dementsprechend verschiedenen Agenden. Die Jesuiten und der Vatikan halten grundsätzlich die Kontrolle nicht nur übers Finanzsystem, sondern auch über den technologischen Fortschritt und all die Geheimtechnologien!

Pete Peterson arbeitete mit ETs zusammen

Der US-Forscher und Beststeller-Autor David Wilcock interviewte für seine TV-Show *Cosmic Disclosure* (*Kosmische Enthüllungen*) einen sehr interessanten Insider und Whistleblower mit dem Namen Pete Peterson, den er all die Jahre zuvor immer wieder als Quelle in seinen Sendungen und Artikeln zitiert hatte. Mitte 2016 sowie im Sommer 2017 interviewte Wilcock ihn zu seinem Werdegang und den neuesten Entdeckungen in Bezug auf antike Zivilisationen und das Geheime Weltraumprogramm. Aus diesen drei Interviews folgt nun eine Zusammenfassung seiner spannenden Aussagen.

Pete Peterson war bereits als Kind ein kleines Erfindergenie. Sein Großvater war nach seinen Angaben einst Nikola Teslas rechte Hand in Colorado gewesen. Als Jugendlicher entwickelte Peterson in den 1950er-Jahren eine 1 Watt starke Antenne, die eine weltweite Reichweite hatte und somit alles übertraf, was das US-Militär zu der damaligen Zeit an technischen Möglichkeiten besaß. Er gewann Auszeichnungen bei Wissenschaftswettbewerben, wodurch die US-Regierung auf ihn aufmerksam wurde. Für diese baute er verschiedene Antennen zur Kommunikation und nach Fertigstellung wurde er auch dafür mit einem fünfstelligen Betrag entlohnt, was für ihn als Minderjährigen und vor allem zur damaligen Zeit ziemlich viel Geld war. In Absprache mit seinen Eltern wurde er in den Sommerferien von der US-Regierung für diverse Projekte eingespannt. Als ihn FBI-Agenten einmal abholten und ihn an einen geheimen Ort brachten, erfuhr er von diesen über eine sogenannte „White Star Ranch". Dies sei eine Einrichtung, die sich um psychisch und körperlich kranke Kinder mit diversen Behinderungen kümmert und eben auch um Genies. Der Clou an dieser Geschichte ist, dass laut Peterson genau jene „behinderten" Kinder die absoluten Genies seien, wie sie die Welt noch nie gesehen hatte! Solche Kinder und späteren Erwachsenen hätten einen IQ von 300 bis 400. Prominentes Beispiel solch eines Supergenies wäre der im Rollstuhl sitzende Physiker Stephen Hawking. Peterson wurde eingeladen, in solch einer Einrichtung ein Trainingsprogramm zu durchlaufen, und in den Sommerferien würde er weiterhin für die US-Regierung in Superlaboren arbeiten. Peterson gab an, dass es schätzungsweise 20 solcher als sensible und streng geheim eingestufte Einrichtungen in den USA allein geben würde, in denen Kinder für die Regierung für die verschiedensten Aufgaben gemäß den individuellen Talenten ausgebildet werden. Es gab bzw. gibt auch Kinder, die für zukünftige Führungsposten in der Politik trainiert werden. Er gibt an, dass er während seiner Zeit auch auf Leute wie Dick Cheney, Donald Rumsfeld und Henry Kissinger traf, mit denen er zusammen als Jugendlicher in solch einer Einrichtung gewesen war.

Peterson vermutete, dass die White Star Ranches mit Außerirdischen zusammenarbeiten, allein durch die Tatsache, dass die komplexen Methoden und Sequenzen, mit denen er trainiert wurde, am Ende für etwas viel Größeres stehen mussten. Und an diesem Ende musste doch jemand stehen, der das alles komplett überwachen und verstehen konnte. Die Bestätigung seiner starken Vermutung bekam er, als er Dinge vorgelegt bekam, die er nachbauen sollte, die für ihn offensichtlich nicht von dieser Welt sein konnten. Das war Anfang der 1960er-Jahre, als das US-amerikanische Geheime Weltraumprogramm sich zu formen begann. Da war er erst Anfang 20. Einmal brachte man ihn zu einem Hangar mit aufgereihten Wrackteilen eines UFOs. Die Steuerkonsole, mit der er sich beschäftigen sollte, war für drei Finger ausgelegt. Das Material war extrem leicht und aus einer ungewöhnlichen metallischen Legierung. Zu der Zeit kam er in Kontakt mit einem ET, von dem er vermutete, dass er einer der Piloten des abgestürzten Schiffes gewesen sei oder zumindest jemand, der über diese Wesen Bescheid wusste. Ein paar Jahre später bekam Peterson ein intaktes UFO zu sehen, so, als ob es ein Geschenk oder ein Tauschobjekt gewesen sei. Zu dieser Zeit bekam er dann viel mehr Außerirdische zu Gesicht, die mit der Regierung zusammenarbeiten. Und als Peterson Steuermodule nachbaute, halfen ihm ETs aus, die drei Finger an einer Hand hatten. Einige dieser Außerirdischen sehen deutlich anders aus als wir, andere sehen uns wiederum sehr ähnlich. Peterson beschrieb, dass einige von ihnen vier Beine hätten oder kürzere Vorderarme. Manche hätten größere Köpfe. Er sah auch Reptiloide, die *Dracos* oder *Drachen* genannt wurden. Er meint, in der Hierarchie würden die *Dracos* seiner Vermutung nach über den Anunnaki stehen und erzählte, dass einige Reptiloide die nettesten Leute seien, die man treffen wollen würde. Sie wären uns ethisch und moralisch sehr ähnlich und hätten dasselbe Urteilsvermögen wie wir Menschen. Andere Reptos wären wiederum ziemlich übel. Seiner Einschätzung nach wären etwa ein Drittel der Reptiloiden positiv und zwei Drittel negativ. Ich finde diese Aussage sehr wichtig, denn genauso wie bei Menschen, kann man auch bei Reptiloiden nicht alle über einen Kamm scheren. Zudem traf er auch auf insektoid ausschauende Wesen. Darunter gäbe es jene, die wie Gottesanbeterinnen aussehen und daher *Mantiden* genannt werden. Die Insektoide besitzen aber auch eine hominide Form, d. h. sie haben einen Kopf, zwei Arme und zwei Hände sowie zwei Beine. Deren Beine wären so dünn, dass wir sie mit einer Hand umfassen könnten. Sie sind in der Lage sprachlich zu kommunizieren, was sich blechern anhören soll, so als müssten sie mechanische Teile bewegen, um Töne und Resonanzen zu erzeugen. So unterschiedliche außerirdische Wesen es gibt, so unterschiedlich sind auch deren Atmungsmechanismen. Einige, so Peterson, atmen durch die obere Seite des Kopfes, andere durch den Brustkorb. Einige von ihnen sprechen, andere kommunizieren zusätzlich oder ausschließlich telepathisch. Manche von ihnen sprechen ein sehr gutes Englisch mit amerikanischem Akzent, andere sprechen mit einem bestimmten Akzent, als hätten sie zuvor beispielsweise erst russisch oder sumerisch gelernt.

In einer TV-Sendung sprach Peterson auch etwas über die Pyramiden, die nach seinen Angaben per Antigravitationstechnologien oder per Gedankenkraft zur Schwerkraftaufhebung gebaut worden waren. Durch ihre spezielle geometrische Form, ihre Bauweise sowie den Ort, an dem sie gebaut wurden (Energieknotenpunkte auf der Erde), würden die Pyramiden Informationen (bzw. Energien) sammeln, diese nach oben hin bündeln und sie aus der Spitze heraus hinaussenden. Wohin diese dann geschickt werden, hat Peterson leider nicht verraten. Ich vermute zu den Zivilisationen auf anderen Sternen, die sie einst erbaut hatten bzw. mit denen alte irdische Zivilisationen in Kontakt standen. So sollen die Pyramiden laut Peterson eben auch mit zur Kommunikation mit Außerirdischen gedient haben und die Priesterkasten in den antiken Kulturen, die diese Bauten errichteten, seien nach seinen Aussagen Außerirdische gewesen. Zudem waren die Pyramiden so etwas wie heilige Stätten, wo sie hinpilgerten und sich versammelten. Und die Informationsfelder, die die Pyramiden erzeug(t)en, ermöglichten es dieser Priesterkaste, ihre geistigen bzw. spirituellen Fähigkeiten zu verstärken und zu erweitern. Die Anwesenheit der Pyramiden soll somit auch den spirituellen Aspekt der damaligen Zivilisationen insgesamt gefördert haben. Es gäbe auch viele Pyramiden unter der Erde (in Untergrundstädten) und unter den Ozeanen vergraben, die mit Spionagesatelliten ausfindig gemacht wurden und von denen laut seines Wissensstands drei dabei sein sollen, die dreimal größer sind als die ägyptischen Pyramiden! Diese drei seien damals Teil einer Stadt mit 15 Millionen Einwohnern gewesen. Bei den außerirdischen Pyramidenerbauern soll es sich um Riesen gehandelt haben. Es gab bereits viele archäologische Funde, welche riesige Skelette zutage brachten, die zwischen 2,70 und 3,70 Metern groß waren. Einige hätten eine normale Kopfform, andere eine deutlich längliche – zumeist nach hinten gewölbte – Schädelform. Solche Skelette von 3,70 Metern Größe wurden laut Peterson sogar in Museen in Oregon ausgestellt. Diese Riesen kreuzten sich mit den Erdlingen und pflanzten sich mit irdischen Frauen fort – es gab ein regelrechtes Zuchtprogramm. Die Idee dahinter scheint wohl die gewesen zu sein, sich durch Kreuzung besser an die atmosphärischen Verhältnisse hier anzupassen, um langfristig Fuß zu fassen und regieren zu können. Sie kamen hierher, um primär Rohmaterialien auf der Erde abzubauen. Diese Wesen, so Peterson, mussten sich zudem vor der Sonne verstecken und bauten riesige Tunnelsysteme unter der Erde. Einige dieser Tunnel führen zu unterirdischen Städten, in denen ebenfalls Pyramiden gebaut wurden. Peterson behauptet, selbst einmal solch einen Tunnel 200 km tief in Südamerika bereist zu haben und erwähnt, dass die Wände dieser Tunnel aus einer Art flexiblem Glas bestehen würden, so als ob ein Laser diese Tunnel ausgebohrt hätte. An den Wänden sah er Mandalas und andere geometrische Formen eingraviert, die wohl den Zweck hatten, die Menschen unten zu beschützen und die Wände flexibel zu halten. Peterson erwähnte in diesem Zusammenhang auch einen 29.000 Jahre Sonnenzyklus. Ab einem Punkt in solch einem Sonnenzyklus wurde die Intensität der Sonne so stark, dass diese Außerirdischen unter die Erde mussten, um sich zu schützen – neben dem Abbau von Mineralien und anderen Bodenschätzen.

Auf die Frage von Wilcock, wo es sonst noch heute Spuren von diesen Leuten geben würde, die einst diese antiken Untergrundstädte gebaut hatten, kommt Peterson auf das brisante Thema der Antarktis zu sprechen. In der Antarktis wurden bereits seit den 1940er-Jahren Entdeckungen gemacht, die man vor der Öffentlichkeit geheim gehalten hat. Laut seinen Aussagen gäbe es drei Besiedlungsschichten tief unterm Eis der Antarktis. In jeder Schicht hätte es jeweils einen Absturz von großen UFOs gegeben sowie

Ruinen alter Zivilisationen. In der tiefsten Schicht, ca. 5 km tief, sei ein zylinderförmiges bzw. zigarrenförmiges UFO vor rund 200.000 Jahren abgestürzt. Zur damaligen Zeit war der heutige Eiskontinent eine größere tropische Insel mit Palmen, die Teil von Atlantis gewesen sein könnte. Die Regierungen graben diese Schicht gerade aus und bauen einen riesigen Tunnel nach unten. Alle (gefrorenen) Leute, die dort unten in dieser Tiefe gefunden wurden, waren nach Petersons Angaben Riesen. Einige von ihnen sogar bis zu 11 Meter groß! Das gefundene Flugobjekt bestand aus einem flexibel aussehenden Metall mit selbstreparierenden Eigenschaften. Hatte man einen Schneidbrenner darauf gehalten, würde sich die Oberfläche danach wieder zurück in seinen Ursprungszustand versetzen. Das Raumschiff war nicht aus einem Guss, sondern war aus Modulen zusammengesetzt (man denke hierbei an LEGO-Steine). Wollte man ein Stück herausziehen, so würde es wieder in seine Ausgangsform zurückgehen, so als ob nichts passiert wäre. Das Material schien stark magnetisch oder durch Informationsfelder zusammengehalten worden zu sein.

In der zweiten Besiedlungsschicht, in rund 3 km Tiefe, wurde ein weiteres UFO entdeckt, welches völlig anders war als das erste zuvor. Peterson ist sich sicher, dass es aus einem ganz anderen Teil des Universums gekommen war. Er durfte das Innere dieses Objekts besichtigen, und das Bedienfeld war für drei lange Finger ausgelegt. Die Steuerung der moderneren UFOs geschehe überwiegend mental, also per Gedankenkraft. Peterson meinte, dass fast alle älteren ET-Zivilisationen drei Finger an einer Hand hätten, zumindest nach all den bisher zur Verfügung stehenden Proben. Im Universum sei mathematisch alles nach der Zahl 3 ausgelegt bzw. nach dem Dreiersystem (Ternärsystem). Somit wären die 3 und das Vielfache davon harmonische Zahlen (also 3, 6, 9 usw.). Das Hirn könne die Steuerung für drei Finger leichter berechnen als für fünf. Drei Finger wären nach seinen Worten auch mehr als ausreichend oder gerade ausreichend genug. Dabei besitzen jene ETs keine drei Mittelfinger, sondern zwei äußere „Daumen" und einen Mittelfinger, mit denen sie alles bewerkstelligen können. Es gab offenbar irgendwelche außerirdische Rassen, die dem heutigen *Homo sapiens* im Rahmen von genetischen Kreuzungen fünf Finger verpasst haben – aus welchen Gründen auch immer. Vielleicht, um uns von der idealen Mathematik und der vollen Ausschöpfung unseres Potenzials fernzuhalten. Denn Peterson meinte, dass wir uns nicht einmal 1% dessen vorstellen könnten, was uns eine auf einem Ternärsystem basierte Wissenschaft überhaupt ermöglichen könnte. Das ist eine sehr gewichtige Aussage. Auf die Frage, warum denn die Erde so interessant sei für die Außerirdischen, antwortete Peterson, dass der Abbau von Gold eine wichtige Rolle spielen würde. Dabei ginge es aber nicht um das metallische Gold, sondern um das *Weiße Gold*, welches man daraus (alchemistisch) herstellen kann. Es wird auch *Ormus* oder *Manna* genannt und sieht aus wie weißliches Pulver. Bekannt ist es auch als *monoatomisches Gold* oder *einatomisches Gold*. Peterson behauptet, es würde das Leben verlängern, indem es das Nervensystem und die Telomere regeneriere (Telomere sind die Endstücke der Chromosomen, die mit jeder Zellteilung kürzer werden. Haben sie sich abgenutzt, stirbt die Zelle). Dies stecke nach seinen Worten in Wahrheit hinter Salomons Goldminen. Dieser verkaufte Ormus sehr teuer an andere Herrscher. Diese Substanz stecke auch hinter den ganzen Weltraumerkundungen sowie dem Goldabbau hier auf der Erde, da unser Planet sehr große Goldvorkommen hat.

An dieser Stelle möchte ich kurz bezüglich des Ormus gern aber noch einen Warnhinweis anmerken. Mein ungutes Gefühl bezüglich dieser Substanz bestätigte sich, als ich auf einen Artikel der Autorin Anna Hayes (Ashayana Deane) stieß. Sie fand heraus, dass das Weiße Gold zwar in der Anfangsphase Funktionen im Körper verbessern und spirituelle Erfahrungen ermögliche, aber dafür gleichzeitig die ersten drei Stränge der DNA-Schablone zerstört werden und somit Mutationen der DNA verursacht. Zudem mache das Zeug süchtig wie eine Droge, der Körper wird davon abhängig und braucht immer mehr, um die allgemeine Gesundheit aufrecht zu erhalten, was in eine Abwärtsspirale führe (schnellerer Zerfall der DNA-Schablone = mehr Gold notwendig). Des Weiteren sollen nach ihren Aussagen die Anunnaki das Gold der Erde deshalb abgebaut haben, um es in ionisierter Form in die Atmosphäre ihres Planeten zu versprühen, um ihr Leben zu verlängern. Wenn aufgrund der physischen Abhängigkeit nicht stetig höhere Konzentrationen dieser Substanz in der Luft vorhanden waren, wurden sie krank und starben schnell. Nachdem sie ihre Goldressourcen aufgebraucht hatten, nahmen sie das Gold von der Erde, um ihre Atmosphäre weiter aufrecht zu erhalten. Eine andere Rasse soll ihnen dann geholfen haben, die Abhängigkeit von dieser Substanz wieder loszuwerden, doch ihre Rasse habe immer noch einen genetischen Defekt deswegen.[1111a] Aber ist es möglich, dass diese Substanz den Reptiloiden wiederum gut tut? Die Herrscher dieses Planeten haben einen hohen Anteil an Reptilien-DNA, sind Hybriden oder gänzlich Reptil. Die Biologie von diesen Leuten ist **nicht** mit unserer Biologie zu vergleichen. Was diesen Wesen eventuell gut tut, muss daher noch lange nicht dem Menschen zuträglich sein. Bis auf die Spurenelemente gehören (Edel)Metalle einfach nicht in unseren Körper, egal in welcher Form. Wenn man zugrunde legt, wie stark leitfähig gerade Edelmetalle sind und wir dadurch zu immer besseren Antennen werden (zwecks Kontrolle und Manipulation, siehe Harald Kautz-Vella im zweiten Teil des Buches), so leuchtet diese Warnung durchaus ein. Mir ist bewusst, dass im Internet viele Shops monoatomische Produkte verkaufen und fantastische Heilmöglichkeiten damit verbunden werden (z.B. Zirbeldrüse aktivieren), doch ich wäre sehr vorsichtig mit ihnen (und das ist nur ein gut gemeinter Rat von mir an dieser Stelle). Wenn diese Produkte solch spirituell fördernden und lebensverlängernden Eigenschaften haben, warum sehen dann die Verkäufer nicht immer jünger aus oder sind zu Erleuchteten geworden? Der passende Ausdruck „Schlangenöl" hätte hierbei witzigerweise eine Doppelbedeutung.

Wenn Sie sich für das Thema „Telomere verlängern" interessieren, recherchieren Sie im Netz mal nach *Astragalus*, *Astragaloside IV* und *Cycloastragenol*. **Organischem** Germanium sagt man ebenfalls verjüngende Heileigenschaften nach (das *anorganische* ist wiederum schädlich).

Zurück noch einmal zu Pete Peterson, der auch davon berichtete, dass unter der obersten Eisschicht, quasi auf der Oberfläche, ein drittes Raumschiff gefunden wurde, welches technologisch noch moderner sei, als die beiden zuvor. Aber in diesem Schiff befanden sich lebende Außerirdische, die dort unten anscheinend ausharrten. An Bord sollen sich 15 verschiedene Spezies aufgehalten haben, die in verschiedenen voneinander getrennten Bereichen lebten, mit separater Atmosphäre und Schwerkraft, so wie sie es jeweils auf ihren Heimatplaneten haben. Peterson meinte, dass einige von ihnen in diesem Schiff schon seit sehr langer Zeit leben würden, wie in einer Kolonie. Und manche, die es nicht mehr ausgehalten haben in dieser isolierten Umgebung und nach draußen gingen, wurden von Militärs erschossen (denn es wurden auch tote Körper gefunden). Die vom obersten UFO versuchten auch einige Besatzungsmitglieder der UFOs der unteren Ebenen zu retten, die sich laut Peterson in Stasis befanden (eine Art Super-Tiefschlaf). Ob diese Wesen da heute immer noch in ihrem Schiff leben, ist nicht bekannt. Peterson hatte dazu keine weiteren Informationen genannt. Er erwähnte aber, dass heute seinen Schätzungen zufolge etwa 350.000 Außerirdische in bzw. unter der Antarktis leben. Doch was diese in drei separaten Schichten unterm Eis gefundene UFOs in der Antarktis betrifft, so weiß man über diese nicht erst seit ein paar Monaten oder wenigen Jahren Bescheid, sondern seit 1941/42! Peterson vermutet, dass die Deutschen das UFO an der Oberfläche hätten damals entdecken müssen. Sie hätten es eigentlich nicht übersehen können. Er sagte zudem, dass die Deutschen zu dieser Zeit bereits mit **vier bis sechs** verschiedenen ET-Gruppen in Kontakt standen! Eine weitere Quelle also, die uns bestätigt, dass es neben den Reptiloiden auch noch Kontakt zu anderen Außerirdischen gab.

Laut Peterson sollen intelligente Zivilisationen bereits vor 200-250 Millionen Jahren die Erde besucht haben. Beweise dafür sollen in etwa 1 km tiefen Kohleminen entdeckt worden sein, wo „antike" Sternhöhenmesser gefunden wurden, welche Navigationsgeräte zum Navigieren in unserer Galaxis waren. Unsere ganze Milchstraße, so Peterson, sei eine „große genetische Farm", um die DNA der alten ET-Zivilisationen aufrecht zu erhalten. Und natürlich auch eine Farm zum Abbau von Rohstoffen, insbesondere Gold. Den Mars und die Rückseite des Mondes hätten wir terraformiert, also den Erdverhältnissen angepasst. Wir haben im Geheimen bereits Technologien, die 300 Jahre weiter sind, als alles, was der Oberflächenbevölkerung bekannt ist.[(1112)] Dies mag für viele unglaublich klingen, doch schauen Sie sich den „gewaltigen" technologischen Sprung alleine in den letzten dreißig Jahren an. Ohne außerirdischen Input wäre dies nie möglich gewesen. Wobei das, was wir heute allgemein haben, als stark abgespeckter „Abklatsch" der modernen Dinge im Geheimen zu betrachten ist. Und das meiste bekamen wir bisher ohnehin nie zu Gesicht, wie uns der nächste Abschnitt gleich zeigen wird.

Peterson behauptet, insgesamt rund 300 Erfindungen entwickelt zu haben, die 25 bis 50 Jahre dem voraus waren, was technologisch allgemein möglich gewesen ist. Er wurde von den besten Wissenschaftlern ausgebildet und wurde der technische Problemlöser schlechthin. In der Welt der geheimen Projekte galt er als einer der wertvollsten und produktivsten Erfinder. Leider bleiben so gut wie all seine weltverändernden Erfindungen klassifiziert bzw. als geheim eingestuft. Er half der Regierung UFOs nachzubauen sowie andere technologische Errungenschaften. Zu einer seiner bahnbrechendsten Erfindungen gehört ein fortgeschrittener Computerchip, der um ein Vielfaches stärker ist als alles, was wir heute in der kommerziellen Welt zur Verfügung haben, schreibt David Wilcock in seinem Buch „Ascension Mysteries". Dieser Chip sei mit photonen-basierten Transistoren ausgestattet, anstatt Elektronen zu nutzen. Sein Chip habe 144 Kerne, die um ein Vielfaches schneller laufen als aktuelle Technologie und könne billigst auf einer mehrschichtigen Siliziumscheibe produziert werden. Photonen sind in der Lage, mehrere Rechenoperationen gleichzeitig zu bewerkstelligen, statt nacheinander (was ja bei Quantencomputern der Fall ist). Während die Supercomputer des Pentagons für eine zufällige Rechenaufgabe drei Wochen brauchten, um sie zu knacken, hatte Petersons Chip das Rätsel bereits gelöst, während die an diesem Test teilnehmenden Regierungsbeamten auf der Toilette waren. Allein durch solch einen einzelnen Chip könnten 85% der Komponenten eines Smartphones weggelassen werden. Es verbrauche zudem so wenig Strom, dass quasi eine Zitrone mit eingesetzten Metalldrähten als Energiequelle völlig ausreichen würde.

Eine andere erwähnenswerte Sache ist, dass Peterson in einem Programm tätig war, welches sich damit beschäftigte, das Nervensystem bis in die kleinsten Details zu „kartografieren". Dabei entdeckte er, dass wir in der Mitte unserer beiden Schulterblätter eine Vertiefung haben, an der eine Gruppe an Nervenfasern sich kreuzen würde, bevor sie zum Gehirn führt. Drückt oder massiert man diese Stelle, würde sie wehtun. Bis heute hat diese besondere Stelle keine Funktion, doch Peterson und seine Insider sind der Ansicht, dass diese Nervencluster das Resultat von außerirdischen genetischen Experimenten sei und dass diese Bereiche von uns genutzt werden würden, sobald wir lernen, wie man sie aktiviert bzw. sich Zugang zu ihnen verschafft. Spezielle energetische Felder seien nämlich in der Lage, Wörter, Gedanken und visuelle Informationen über diese Bereiche, die sie als „Schnittstellen" bezeichnen, ins Gehirn zu transportieren. Wilcock schreibt in seinem Buch, dass Peterson ihm erzählte, dass wenn man Informationen auf diese Art erhält, es Kopfschmerzen und Orientierungslosigkeit verursachen könne. Die Daten würden dann über die nächsten paar Tage oder Wochen im Kopf auftauchen. Zuerst würden sie wie in einem Traum erscheinen, dann schrittweise in das Bewusstsein gelangen als etwas, was man dann weiß und versteht. Wilcock schreibt dazu: *„Wir haben das Potenzial, mithilfe dieser Technologie unsere Intelligenz gewaltig zu vergrößern und verschiedene Sprachen zu erlernen."*[(1113)] Nicht ganz zufällig wurde diese Technologie auch in der „Matrix"-Trilogie gezeigt (obwohl in den Filmen die Schnittstelle hinterm Kopf war).

Abb. 488: Pete Peterson zu Gast bei David Wilcock in der Sendung *„Cosmic Disclosure"*.

Man könnte Petersons Aussagen alle als Fantasterei und Science-Fiction abtun, wenn nicht zwei Wochen nach seinen Auftritten bei *gaia.com* die US-Regierung in einer illegalen Aktion nicht seinen *gesamten* Besitz inklusive seinem Haus und seinem Truck beschlagnahmt hätte, um all seine Besitztümer mit einem Bulldozer zu zerstören. Die Kabale will nämlich verhindern, dass die äußerst pikanten Details zu den Entdeckungen in der Antarktis ans Tageslicht kommen. Wilcock und auch der Whistleblower Corey Goode stellten klar, dass die Kabale der Öffentlichkeit lediglich von alten ET-Zivilisationen in der Antarktis erzählen will, die mal vor sehr langer Zeit dort gelandet und auch wieder verschwunden waren. Dabei soll es bleiben. Über aktuell bestehende operierende Basen und über die Tatsache, dass da außerirdische Zivilisationen **heute** noch leben, soll hingegen nichts nach außen dringen. Genauso soll auch nichts über die Riesen erzählt werden, die dort unten gefunden wurden. Man will diese Besiedlungsschichten erst einmal von allen prekären Details „säubern", bevor erste Aufnahmen der Welt als „Sensation des Jahrhunderts" zur Ablenkung der Massen präsentiert werden. Diese Teilenthüllung akzeptieren wir nicht und wollen wir nicht! Wir wollen die ganze Wahrheit!

Randy Cramer: „Ich war Supersoldat auf dem Mars"

Abb. 489: Randy Cramer

Im Jahre 2014 kam Randy Cramer zuerst mit seinem Pseudonym „Captain Kaye" an die Öffentlichkeit und begann über seine Erfahrungen in geheimen Raumfahrtprojekten zu erzählen, bevor er später mit seinem richtigen Namen auftrat. Er gibt an, 20 Jahre lang in einer geheimen Spezialsektion („special section") der US-Marine als Supersoldat eingesetzt gewesen zu sein, welche 1953 auf Bestreben Eisenhowers gegründet wurde, als moralischen und ethischen Gegenpol zur MJ-12-Gruppe. Nach Cramers Worten hatte Eisenhower den Mitgliedern von MJ-12 nicht getraut, daher wollte er eine militärische Einheit ins Leben rufen und sie mit Marinesoldaten besetzen, weil diese noch eine Mentalität der Zusammengehörigkeit und der Teamarbeit aufweisen – im Gegensatz zur Luftwaffe oder Armee, wo der Großteil an Korruption herkomme. Wenn das mit dem Gegenpol tatsächlich stimmen sollte, dann wäre davon auszugehen, dass Eisenhower zu den „Guten" gehörte und zum Vertrag mit den *Grauen* und *Reptiloiden* gezwungen worden war, was keine große Überraschung wäre, da Präsidenten kaum etwas zu sagen haben.

Cramer wurde 1970 geboren und seine Ausbildung begann schon im sehr frühen Kindesalter von dreieinhalb Jahren und ging bis zu seinem 17. Lebensjahr. Diese Ausbildung fand im Rahmen des Programms *Project Mannequin* statt, welches ein globales Geheimprojekt war mit dem Ziel, militärische Supersoldaten zu erschaffen, die schneller, stärker und vor allem moralischer sein sollten, als ein ausgebildeter reiner Killer. Zu seiner Ausbildungszeit gehörte auch die Teilnahme am *Project Moonshadow*, welches ein Ableger des Programms zur Gedanken- und Bewusstseinskontrolle *MK Ultra* war (MK = Mind Kontrol; das „K" soll die deutsche Beteiligung an diesem Programm kennzeichnen). Während nach seinen Angaben *MK Ultra* ein traumabasiertes Konzept war, setzte *Moonshadow* auf ein Konzept der Kooperation. Dabei geht es nicht darum, einen Soldaten zu erschaffen, der auf Kommando tötet, sondern der einen tief sitzenden Instinkt hat, seinen Stamm und das eigene Territorium bei einer Bedrohung durch Einsatz seiner ganzen Stärke und Gerissenheit bis aufs Äußerste zu verteidigen und alles zu vernichten, was die Existenz des eigenen Genoms bedrohen würde. Dieses Programm war für 300 Supersoldaten ausgelegt. Mädchen machten 20% dieser Gruppe aus, und dieses Verhältnis sei die ganze Zeit über konstant während seiner 20 Dienstjahre im Geheimen Weltraumprogramm gewesen. Während seiner Kindheit wurde er nachts abgeholt. Obwohl er dann für Tage oder Wochen weg war, würde er anschließend immer zurück in die Zeit und zurück ins Bett gebracht werden, von wo und wann er abgeholt wurde (sodass niemandem seine Abwesenheit auffiel). Sein Training fand auf einer geheimen Mondbasis auf der dunklen Seite des Mondes statt mit dem Namen *Lunar Operations Command* (LOC, Lunar Operationskommando), auf Saturns Mond *Titan* sowie im tiefen All.

1987 wurde er dann in die *Mars Defense Force* (MDF, Mars Verteidigungskräfte) rekrutiert, dessen Zweck es ist, die fünf bereits bestehenden Menschensiedlungen als Teil einer Kolonie bzw. Abtrünnigenzivilisation auf dem Mars zu beschützen. Die MDF ist nicht von irgendeiner einzelnen Regierung gesponsert, sondern gehört der *Mars Colony*

Corporation (MCC, Marskolonie-Gesellschaft), einem Konglomerat von Finanzinstitutionen, Technologie- sowie Luft- und Raumfahrtunternehmen und Regierungen, welches Mitte der 1970er-Jahre gegründet wurde. Dieses internationale Konglomerat besteht hauptsächlich aus den Vereinigten Staaten, Deutschland, Russland und China. Während diese Länder auf der Erde nach außen hin nicht gut miteinander klar kommen, haben sie sich im Geheimen zusammengeschlossen und ein gemeinsames geheimes Weltraumprogramm erschaffen. Die weltraumtauglichen Kampfflieger und Jagdbomber hätten nach Cramers Aussagen verschiedene Antriebssysteme, die von Kernfusion und Elektrogravitation bis hin zum temporalen Antrieb reichen. Es gäbe zudem mindestens fünf große zigarrenförmige Schiffsträger, die interstellar reisen können und die die kleineren Flieger und Bomber transportieren. Cramer selbst habe auf solch einem Schiff mit dem Namen *EDF SS Nautilus* gedient, welches 1,2 km lang sei. Die Weltraumflotte habe Technologien, die alles bei weitem übertrifft, was es auf der Erde gibt.

Gemäß Cramer hatte die MDF drei Hauptaufgaben:

- Den Mars als US-Territorium zu beanspruchen,
- eine außerirdische Verteidigung des Planeten Erde zu etablieren und
- die Marsianer an die Anwesenheit von Erdlingen zu gewöhnen.

Des Weiteren war es das Ziel, eine menschliche Zivilisation im All aufzubauen, sollte es auf der Erde zu kataklysmischen Ereignissen kommen. Auf dem Mars wurde Cramer in der Hauptsiedlung *Aries Prime* stationiert (bzw. *Aries Primus*), welches der nördlichstgelegene Komplex und auch das Hauptquartier der MDF und der MCC ist. In dieser Siedlung lebten Leute mit verschiedenen Talenten und Fertigkeiten, von Wissenschaftlern bis hin zu Bauern. Cramer verbrachte auf *Aries Prime* seine Dienstzeit auf einer Militärbasis mit dem Namen *Forward Station Zebra*. Eine Besonderheit, die der Mars laut Cramer aufweise, sei, dass es nicht nur Flora und Fauna dort gäbe, sondern dass man die Luft dort auch tatsächlich atmen könne. Die Atmosphäre sei sehr dünn wie auf hohen Bergen auf der Erde und ein Schutzanzug mit Sauerstoff würde es leichter für das Herzkreislaufsystem machen. In den Regionen am Äquator sei dieser Schutzanzug aber nicht zwingend erforderlich. Da seine Station im hohen Norden war und dort die Atmosphäre der Antarktis ähnele, trug er draußen einen Gesichtsschutz. Der Himmel sei tagsüber rot aufgrund des hohen Gehalts an Eisenoxid in der Atmosphäre, welches die kürzeren Wellenlängen wie Blau blockiere. Beim Sonnenaufgang und -untergang weise der Himmel für 15 bis 20 Minuten lang eine violette Farbe auf.

Nach seinen weiteren Aussagen gäbe es zwei einheimische Rassen auf dem Mars, die Insektoiden/Mantiden und die Reptiloiden, deren Heimstätten (Nester/Schwärme) zumeist unterirdisch gelegen sind. Beide Rassen verteidigen vehement ihre Territorien, wobei die Reptilien die aggressiveren seien. Bei beiden handelt es sich um entwickelte Rassen mit eigener Intelligenz, Kultur und Zivilisation. Anfangs gab es Kämpfe und Scharmützel zwischen den Einheimischen und den Erdlingen, doch alle Parteien hatten auf diese Auseinandersetzungen keine Lust mehr und unterzeichneten einen Friedensvertrag. Dieser beinhaltete, dass die Menschen nicht in die heiligen Stätten der einheimischen Bewohner eindringen und dass sie alle zusammen gegen einen vierten aggressiveren Feind kämpfen würden, eine *draconische Reptilienrasse*. Der gemeinsame Kampf war erfolgreich und die Draconier zogen sich wieder zurück. Doch eine Schlacht sollte zum

Verhängnis werden. Einmal kam der Befehl, wonach Cramer als Teil eines 1.000 Mann starken Einsatzteams in die heiligen Tunnel der Reptiloiden einmarschieren sollte, um von dort ein Artefakt zu stehlen. Natürlich war dies eine eklatante Verletzung des Vertrags. Cramer drückte seine Besorgnis über diesen Einsatz aus, doch sein Vorgesetzter sagte, dass dieser Befehl vom Hauptquartier komme und Befehle befolgt werden müssen. Als die große Truppe in die Tunnel vordrang, verloren sie jedwede Kommunikation zum Hauptquartier und wurden auf übelste Weise von den Reptiloiden aufgerieben. Cramer war einer von nur 35 Überlebenden.

Nachdem er seine Wunden aus dieser Schlacht geheilt hatte, wurde er von der MDF zur *Earth Defense Force* (EDF, Erdverteidigungskräfte) versetzt und arbeitete die letzten drei Jahre seines 20-Jahre-Programms als Pilot auf dem Mond und war Kapitän eines Raumschiffs. Cramer sagt, dass es während des Militärdienstes keine Möglichkeit gab, mit der Erde zu kommunizieren und dass dies strikt durchgesetzt wurde. Am Ende seiner Dienstzeit gab es eine Abschiedszeremonie im LOC, bei der nach seinen Angaben VIPs anwesend waren, darunter auch der damalige US-Verteidigungsminister Donald Rumsfeld. Anschließend wurde er 2007 auf der Mondbasis einer Verjüngungsprozedur bzw. Altersregression unterzogen, seine Erinnerungen gelöscht bzw. unterdrückt und wieder zurück ins Jahr 1987 in seine Zeitlinie zurückversetzt. Es dauerte viele Jahre, bis seine Erinnerungen wieder kamen, und er so etwas wie ein „Total Recall" („Totale Erinnerung") hatte (der gleichnamige Hollywoodfilm mit Arnold Schwarzenegger über die Marskolonie unter der Herrschaft eines diktatorischen Marskonzerns lässt grüßen). Cramer ist der Meinung, dass nicht nur der Mond und der Mars kolonisiert wurden, sondern auch andere Bereiche des Sonnensystems und darüber hinaus.

Dass Cramer bisher nichts zugestoßen sei und er frei über seine Erlebnisse reden könne, liege nach seinen Worten daran, dass er für diese Offenlegung die Erlaubnis der Spezialsektion des US-Marinekorps hätte. Er stehe unter dem Schutz eines Oberst Jamieson und eines Brigadegenerals Smythe. Letzterer sei sein direkter Vorgesetzter, von dem er die Erlaubnis und gar den Befehl erhalten habe, und der ihn wöchentlich unterrichtet. Auf die Nachfrage von Cramer, ob er denn alles veröffentlichen dürfe, soll der General ihm gesagt haben: *„ALLES!"* Zwischen der Spezialsektion des Marinekorps und des über ihm stehenden Komitees gäbe es schwere Meinungsverschiedenheiten, und der General bezeichnete die Mitglieder dieses Komitees als „seelenlose Deppen". Die US-Weltraummarine gehöre somit zur Allianz, die sich für öffentliche Enthüllungen einsetze. Dies untermauert Eisenhowers scheinbare Absichten, hier tatsächlich ein Gegengewicht zur Kabalefraktion geschaffen haben zu wollen. Cramer ergänzt hierzu, dass es einen Artikel 21 der geheimen Marinekorps-Vorschriften gäbe, welcher Befehlshabern der US-Marine es erlauben würde, einen Marinesoldaten als Zivilisten zu entsenden, um die Öffentlichkeit vorzuwarnen, sollte eine der folgenden Bedingungen eingetroffen sein:

- Wenn weniger als 50% der verfassungsmäßigen Garantien der US-Regierung in Kraft sind, aufgrund von Handlungen einer außerirdischen Rasse oder
- weniger als 75% der operativen Funktionen der US-Regierung nicht mehr ausgeführt werden.

Mindestens eine davon sei erfüllt. Die Warnung, die Cramer an die Öffentlichkeit richtete, war, dass die elitäre Abtrünnigenzivilisation vom Mars vorhabe, die Erdbevölkerung zu eliminieren, um die Erde anschließend mit den jetzigen Marskolonisten neu zu besiedeln. Dies könne u.a. dadurch verhindert werden, indem die Menschen in die politischen Prozesse direkt mit eingebunden werden und indem die geheimen Technologien der Menschheit zur Verfügung gestellt werden, die man momentan zurückhält. Zu diesen Technologien gehören Antigravitation, Zeitreisen, Teleportation, medizinische und andere Technologien. Es gäbe Technologien, die Körperteile nachwachsen lassen, alle Krankheiten, inklusive Krebs, heilen und unsere Körper verjüngen können. Cramers Webseite lautet *earthcitizenconsulting.org.*[1114]

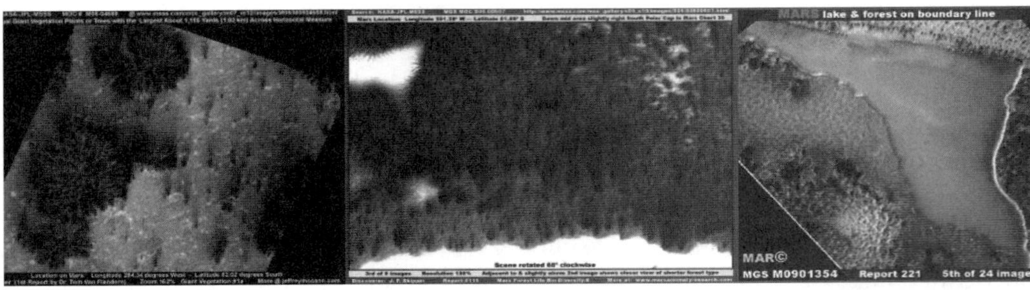

Abb. 490: Bäume, Wälder und Seen auf dem Mars

Abb. 491: Vögel und Eichhörnchen auf der Marsoberfläche?

Laura Eisenhower wurde für den Mars rekrutiert

Dass es bereits Kolonien von Erdlingen auf dem Mars gibt, hatte auch Laura Magdalene Eisenhower bestätigt, die Ur-Enkelin des früheren US-Präsidenten Dwight D. Eisenhower. Sie berichtete, dass sie im Jahre 2006 von einem Mann das Angebot bekam, auf den Mars überzusiedeln. Anfangs hatte sie noch keine Ahnung, um was es sich da handeln würde und dachte, das sei ein geplantes Projekt irgendwann in der Zukunft. Bei dem Treffen handelte es sich eigentlich um eine Verabredung für ein Kennenlernen. Erst später erfuhr sie, dass dieses Treffen nicht rein zufällig passierte und sie gezielt für den Mars rekrutiert werden sollte. Dafür wurde sie schon vor ihrer Geburt ausgewählt. Die beiden kamen sich näher und sie ging mit ihm eine Beziehung ein. Während der Beziehung wurde die Notwendigkeit seitens ihres Partners, sich für den Mars zu entscheiden, immer dringender, was sie dazu veranlasste, zu hinterfragen und der ganzen Sache auf den Grund zu gehen. Sie fand heraus, dass hinter den Rekrutierungsversuchen eine Gruppe namens *Aviary* stand, eine vermeintliche UFO-Forschungsgruppe, die sich aus Wissenschaftlern, Militärs und Geheimdienstagenten zusammensetzt und sich u.a. mit Telepathie, Remote Viewing (Fernwahrnehmung), Bewusstseinskontrolle, militärischen Entführungen (im Englischen „military abductions", „Milabs") und der Herstellung von psychotronischen Waffen beschäftigt. Nach Eisenhowers Angaben spionieren sie zudem ET-Kontaktler aus und verbreiten Desinformationen rund um das UFO-Thema. Ihr schlechtes Gefühl über diese ganze Rekrutierungsgeschichte sollte sich bewahrheiten, als sie herausfand, dass all jene, die die Einladung zum Mars bisher angenommen hatten, als Sklavenarbeiter in den Marskolonien endeten! Geködert hatte man sie mit modernsten Technologien und einem utopischen Lebensstil. Logischerweise lehnte sie das Angebot ab. Was nach ihren Worten anfangs tatsächlich mal als Rettung des menschlichen Genoms geplant war (Stichwort: *Alternative 3*), pervertierte in eine völlig negative Richtung. Als einen der Koordinatoren des Marskolonieprojekts im Hintergrund konnte sie einen Dr. Harold E. Puthoff identifizieren, ein ehemaliger Forscher des *Stanford Research Institutes*.

Abb. 492: Laura Eisenhower

Über ihren Ur-Großvater berichtete sie, dass er zu seiner Zeit immer mehr über diese geheimen Projekte herausfand. 1947 wurde gesetzlich in den USA festgelegt, dass US-Präsidenten nichts zu sagen haben in Bezug auf die UFO-Thematik. Die MJ-12-Gruppe wurde ***über*** dem Präsidenten positioniert und hatte diesbezüglich die Entscheidungsgewalt. Daher hatte er versucht, mit einem Teil des Militärs in die *Area 51* einzumarschieren und warnte die Öffentlichkeit in seiner letzten Rede vor dem übermächtigen *Militärisch-industriellen Komplex*, wie an früherer Stelle bereits erwähnt. Jedoch hatte er keine Macht und Kontrolle über diese Gruppe. Bezüglich des Zeichnens von Verträgen mit ET-Gruppen meinte sie, dass die ganze Sache komplexer ist, als es den Anschein hat. Sie stellt infrage, wie viel ihr Ur-Großvater wirklich gewusst hatte bzw. wissen durfte und dass wir es schließlich mit einer Schattenregierung zu tun haben, da so vieles **über** dem Präsidenten angesiedelt ist – mehr, als wir es uns vorstellen können. Der Vertrag von 1954 wurde ihren Aussagen nach – und hier zitierte sie den ET-Kontaktler Alex Collier – nämlich zwischen den ETs und den „ULTRA"-Einheiten der NSA abgeschlossen, einem Geheimdienst, der seine eigene Regierung sei. So war es auch die NSA schließlich gewesen, die jedwede Hilfe von wohlgesonnenen Außerirdischen ausgeschlagen hatte. Präsident Eisenhower habe selbst gar nichts mit den ETs unterzeichnet. Die Gerüchte, die diesbezüglich gestreut wurden, dienten dazu, einen Sündenbock zu haben und die wahren Geheimvereinbarungen zu kaschieren. Die NSA unterliege keinen Gesetzen in den USA, und selbst die CIA wüsste nicht viel über ihre *Ultra-* und *Blue Moon*-Einheiten – den beiden höchsten Einheiten der NSA – die sich mit außerirdischen Technologien und Informationen beschäftigen. Das Wort *Blue* bedeutet in Militär- und Geheimdienstkreisen im Zusammenhang mit Außerirdischen stehend. Und dennoch floss ein Großteil der Steuergelder in geheime Projekte der NSA (und auch anderer Geheimdienste) zur Überwachung und Spionage der Bevölkerung, zum Bau von Geheimtechnologien sowie dem Ausbau des Geheimen Weltraumprogramms. Steuergelder und private Gelder flossen auch in den Bau der *DUMBs*, den militärischen Untergrundbasen für die Eliten, von denen es in den USA 131 und weltweit hunderte mehr geben soll.

In gewisser Weise führt Laura Eisenhower die Aufgabe ihres Ur-Großvaters fort und entblößt den *Militärisch-industriellen Komplex* sowie die Nazi- und ET-Agendas rund um die geheimen Weltraumprogramme. Sie bestätigte zudem Randy Cramers Aussagen dahingehend, dass ihr Ur-Großvater als Gegengewicht zu MJ-12 die Spezialeinheit innerhalb des US-Marinekorps gegründet hatte, die sich momentan für eine komplette Enthüllung des Geheimen Weltraumprogramms und der Geheimtechnologien einsetzen würde. Sie erwähnte zudem, dass es positive und den Menschen wohlgesonnene Wesen gibt, die wollen, dass wir souverän werden und **lernen**, uns selbst zu retten. Wir wollen zwar keine wohl gemeinte Hilfe ausschlagen, doch würden wir nicht weit kommen, wenn andere alles für uns erledigen würden. Hierzu fällt mir noch ein, dass im Universum das höchste Gesetz der freie Wille ist. Dagegen werden gerade die positiven und lichtvollen Außerirdischen nicht verstoßen. Sie würden sich damit in unser Karma und in unsere Lern- und Entwicklungsprozesse einmischen. Ausnahmen der Einmischung sind dann gegeben, wenn z.B. hier auf der Erde stattfindende Aktionen negativen Einfluss auf andere Zivilisationen haben (z.B. Atomkriege). Wir werden zu den Sternen gehen, meinte sie, aber wir müssten uns erst einmal um unseren eigenen Planeten kümmern, und wir müssten uns in dieser Übergangsphase entwickeln, denn sonst würden wir dieselben Probleme zu anderen Welten tragen. Wir müssen diejenigen sein, die die alten Muster aufbrechen.

1926, so Eisenhower, hätten die *Grauen* vom Sternsystem *Zeta Reticuli* Kontakt zu Fraktionen mehrerer Regierungen hier auf der Erde aufgenommen. Die Zetas sollen auch zu Zeiten von Atlantis ihr Unwesen getrieben haben und hätten auch zeitweise mit der Kolonisierung des Mars zu tun gehabt. Nicht alle seien böse, doch einige hätten sich mit den Dracos verbündet, als sie ihre eigene Welt durch einen Nuklearkrieg zerstört hatten. Sie hätten sich dann zu *kleinen Grauen* zurückentwickelt, als sie aufgrund der Zerstörung gezwungen waren in den Untergrund zu gehen. Diese Degeneration brachte auch einen Verlust ihrer Fortpflanzungsmöglichkeiten mit sich, weshalb sie zum Erhalt ihrer Rasse das Klonen benutzen. Ein ähnliches Szenario wiederholt sich gerade heute. Die Zetas und die Reptiloiden haben mehrere Projekte, die die Absicht verfolgen, die Schwingungsfrequenz der Erde zu zerstören, um uns an der Entwicklung und am Aufstieg zu hindern. Zum Glück gibt es aber **lichtvolle Kräfte**, die dem laufend entgegenwirken!

Etwas Verblüffendes erzählte Eisenhower, was die Sternenportale betreffe. So sagte sie in einem Interview, dass es auf der Erde 12 Hauptsternentore gäbe, und das 13. wäre im Zentrum der Erde, genauer gesagt im Erdkern. Die 12 Hauptsternentore korrespondieren mit unseren 12 DNA-Strängen. Als die Sternentore vor tausenden von Jahren mit dunklen Technologien beeinträchtigt oder beschädigt wurden, hatte dies Einfluss auf unsere DNA. Deshalb sei es für uns so schwer, unsere momentan zweistrangige DNA voll zu aktivieren und unsere Schwingung dementsprechend zu erhöhen. Alles, was auf diese Sternentore einwirke, hätte somit direkten Einfluss auf uns Menschen, was unsere Fähigkeit zur Entwicklung behindert und dass wir überhaupt die „Augen öffnen“ können. Zur Zeit befänden wir uns in einem co-kreativen Prozess gemeinsam mit der Erde, um diese Hürden zu überwinden. Wir könnten diese Entwicklung jedoch nicht gänzlich erfahren, sollten wir uns der transhumanistischen Agenda hingeben, bei der die Technologien uns übernehmen und uns somit die spirituelle Entfaltung blockieren. Solch ein Szenario hatte es in der Vergangenheit angeblich schon mehrmals gegeben, als technologisch hoch entwickelte (aber spirituell unterentwickelte) Zivilisationen vernichtet wurden bzw. sich selbst vernichtet haben. Viele, wenn nicht gar die meisten Kriege auf der Erde werden Eisenhowers Aussagen nach wegen den Sternentoren geführt, die es für die Herrschenden gilt zu kontrollieren, während man uns in der Öffentlichkeit völlig falsche Informationen und Gründe liefert. In der Nähe von Bagdad im Irak beispielsweise sei angeblich solch ein Sternentor. Das sei der wahre Hintergrund für die Zerbombung und Übernahme dieses Landes gewesen. Denn diese Sternentore sind Kraftorte, welche nach ihren Worten in der Lage seien, uns in multidimensionale Wesen zu verwandeln. Doch die Herrschenden bringen durch diese Portale nur negative Wesen herein. Viele Kriege und dunkle Rituale werden durchgeführt, um die Entwicklung umzukehren, also einen Rückschritt im Bewusstsein zu erzielen, damit die Kabale weiter an der Macht bleibt. Die größte Gefahr sieht sie auch in der Künstlichen Intelligenz (KI), der wir uns nicht hingeben dürfen. Anfangs mag diese Technologie von großer Hilfe sein, die Maschinen sind jedoch darauf aus, alles Biologische irgendwann zu vernichten. Dies sei schon in anderen Sternsystemen und Galaxien vor uns passiert, wo die KI alles zerstört hatte.

Laura Eisenhower gibt uns zudem folgende Botschaften mit auf den Weg: Sich mit der natürlichen Zeitlinie sowie zu unserem vollen menschlichen Potenzial – als Individuen und als vereinte Spezies – wieder zu verbinden, sei unser **Geburtsrecht**. Wir müssen sowohl unsere Licht- als auch unsere Schattenseiten annehmen und die „Teile-und-Herrsche"-Agenda überwinden, die darauf setzt, uns als Menschheit zu entzweien. Wir müssen die männlichen und weiblichen Energien annehmen und wieder in Gleichklang bringen. Das weibliche Prinzip muss wieder auf der Erde verankert werden (denn das Weibliche ist noch versklavt und wird von den Dunkelmächten zur Kontrolle und Herrschaft missbraucht). Wir müssen über diese Themen die Wahrheit verbreiten und ans Licht bringen. Dies alles hat wiederum einen positiven Einfluss auf die Erdgitter und hilft, die natürlichen Sternentore zu öffnen und hilft zudem, uns mit den höheren Energien der Erde zu verbinden. Somit erlauben wir es unseren DNA-Strängen, sich zu aktivieren. Zwischen 2000 und 2017 sei der letzte natürliche Zyklus gewesen, bei dem sich diese natürlichen Sternentore geöffnet hätten (die uns beim Erwachen und beim Aufstieg helfen sollen). Der letzte Zyklus davor sei 22.346 v.Chr. gewesen.

In der Tat konnten wir gerade die letzten 10 bis 15 Jahre sehr gut beobachten, wie die Menschheit zunehmend aufwacht. Die Schwingungserhöhungen, die in diesem Teil des Universums stattfinden, sind der Grund für die rapide Zunahme der strikten Kontrolle und Überwachung der Menschen im selben Zeitraum (die strikte Überwachung dient laut Insider Mark Richards übrigens auch dazu, Außerirdische hier auf der Erde zu identifizieren, beispielsweise durch die modernen Körperscanner an Flughäfen.) Wenn wir es schaffen, in der Liebe zu sein und unsere Schwingung zu erhöhen, so Eisenhower, dann können wir selbst die Nanopartikel in den Chemtrails umwandeln, sprich, dass wir immun gegen diese Art von Kontrolle und Manipulation werden. Bleiben wir jedoch in der niedrigen Schwingung haften, die durch Medienpropaganda, durch all die Angsterzeugung und durch ein Verzerren des männlichen und weiblichen Prinzips kommt (Förderung von Transgendertum und Homosexualität), umso erfolgreicher werden all diese Angriffe gegen uns. Das erfordert natürlich konsequente innere Arbeit, Arbeit an uns selbst. Wegen ihrer Aufklärungsarbeit erhält Laura laufend Todesdrohungen, doch kämen diese nicht von direkter Stelle. Sie erwähnte, dass die Kabale im Rahmen der Transhumanismus-Agenda Möglichkeiten habe, Menschen in Waffen zu verwandeln. Es sind dann jene manipulierte Menschen, die absolut nichts mit dem Ganzen zu tun haben, die die schmutzige Arbeit erledigen und dann andere attackieren und sie bedrohen.[(1115)]

Ein weiterer Zeuge, der die Mars-Geschichte bestätigen kann, ist der vor kurzem erwähnte CIA-Insider Robert David Steele, der im Zusammenhang mit dem Pädophilie-Thema vor laufender Kamera die Welt schockte, als er behauptete, es gäbe eine Kolonie auf dem Mars, die von Kindern bevölkert sei, die von der Erde entführt worden waren. Sie wären auf eine 20 Jahre lange Fahrt ins All geschickt, bevor man sie auf den roten Planeten aussetze. Einmal angekommen, hätten dann die jungen Erwachsenen keine andere Wahl mehr, als für immer dort als Sklaven ihr Dasein zu fristen. Steeles Meldung sorgte für derart Empörung und Aufsehen, dass die NASA und die Mainstreammedien diese Behauptungen aufgriffen, um sie zu verneinen bzw. ins Lächerliche zu ziehen. Da fragt man sich, warum sie nicht einfach still gehalten haben, anstatt es medial noch aufzubauschen?[(1116)] In diesem Zusammenhang frage ich mich, ob denn nicht ein Kontingent an „verschollenen" Flüchtlingen ebenfalls als außerplanetarische Sklaven oder Futter abgezweigt wurde. Laut des Insiders Mark Richards hätten es im Zuge der Massenwanderungen aus Afrika von 20 Millionen Menschen nur 13 Millionen nach Europa geschafft. Der Rest sei für den Futterrausch von *Reptiloiden* und *Grauen* abhanden gekommen. Das ist eine gewagte Behauptung. Solch Massenwanderungen wären aber zumindest ideal, um unauffällig eine große Menge an Leuten verschwinden zu lassen.

Eine weitere Bestätigung gab es 2014 von einer Frau, die angab, für die NASA mal als Technikerin gearbeitet zu haben und dass sie 1979 bei einer Liveübertragung Astronauten bei einer heimlichen Mars-Mission beobachtet habe, die auf dem Mars auf die in den 1970er-Jahren geschickte *Viking*-Raumsonde zugingen, die dort gelandet war. Mit ihr verfolgten sechs weitere Kollegen diese Übertragung, bevor ihr Vorgesetzter die Bildschirme abschaltete. Ihre Geschichte erzählte sie dem ehemaligen CIA-Piloten John Lear, der einst behauptete, dass die NASA bereits 1966 auf dem Mars gelandet sei und dass es sogar eine Kolonie dort gäbe. Seinen Aussagen zufolge hätten sich die Menschen dort so weit entwickelt, dass sie die dünne Luft auf dem Mars atmen könnten (der *Focus* berichtete darüber).[(1117)] Dass die großen Medien Gefallen an der Mars-Thematik haben, zeigt auch ein Artikel vom 22. Juni 2015 auf der Internetseite des britischen Senders *BBC* mit der Überschrift: *„Wie man eine marsianische Diktatur zum Sturz bringt"*, in welchem über die Konferenz der *British Interplanetary Society (Britische interplanetarische Gesellschaft)* berichtet wurde, die nur zwei Blocks entfernt vom britischen Geheimdienst MI6 liegt. Bei dieser Konferenz kam eine Gruppe von 30 Leuten zusammen, die sich überlegte, wie man eine (fiktive) Regierung auf dem Mars umstürzen könne, die man *selbst* erschaffen habe, aber nicht mehr tolerieren würde. Die Schlussfolgerungen dieses Treffens soll zukünftigen Raumfahrern als Handbuch zur Seite stehen. Die „hypothetische" Situation solle dazu anregen, über mögliche Probleme und Herausforderungen nachzudenken, bevor man überhaupt ins All fliege, z.B. wenn jemand im Zuge einer Revolution auf dem Mars die Wohnsiedlung zerstört und dadurch unter Umständen der

Sauerstoff verloren geht. Daher resultiere die Erkenntnis, dass die Siedlungen so gebaut werden sollten, um Engpässe in Bezug auf Sauerstoff, Wasser und Energie bestmöglich zu minimieren. Die Gründung von friedlichen Oppositionen zur Regierung, beispielsweise in Form von *Arbeitergewerkschaften*, solle die Entstehung einer Diktatur erst unmöglich machen.[1118] Interessante Wortwahl mit den Gewerkschaften... Und alles natürlich nur rein „hypothetisch". ☺

So gut wie alle Whistleblower über das Geheime Raumfahrtprogramm berichten über die Existenz von Kolonien oder Sklavenkolonien auf dem Mars (und auf anderen Planeten). Das ist somit mitnichten ein Einzelphänomen eines verrückt gewordenen „Fantasten".

Supersoldat Michael Prince über Reptiloide und SS-Sturmtruppen auf Sirius

Auch der Brite Michael Prince (zudem unter dem Namen James Casbolt bekannt) – Sohn eines hochrangigen MI6-Agenten – wurde nach eigenen Angaben wie Randy Cramer im *Project Mannequin* zum Supersoldaten ausgebildet und dafür auch körperlich/genetisch durch Implantate, fortgeschrittene Robotik, KI und Verjüngungstechnologien erweitert. Er gibt an, für den MI6 als Drogenhändler und Attentäter gearbeitet zu haben, sowie für die NSA in den USA tätig gewesen zu sein. Mit einer Gruppe von Jugendlichen wurde er von Deutschen 1984 in einem Trainingscamp in Südamerika trainiert. An den Toren der Trainingshalle sollen Banner mit Hakenkreuzen gehangen haben. Die dortigen Offiziere sollen die zweite oder dritte Generation von Nazis von der Basis in *Neu-Berlin* gewesen sein, deren Väter und Großväter einst nach dem Zweiten Weltkrieg mit U-Booten dahin geflüchtet seien. Prince erwähnte, er sei Mitglied des „Vierten Reichs", einem modernen Nazi-Imperium, das die Welt übernehmen wolle. Nach seinen Worten kontrollieren der Vatikan und der Jesuitenorden den globalen Drogenhandel sowie das Supersoldaten-Programm der CIA und des MI6. Alle Supersoldaten-Attentäter würden eigentlich für den Vatikan und die Jesuiten arbeiten. Er selbst habe über den *Opus Dei* geheime Instruktionen erhalten, um verschiedene Leute zur Strecke zu bringen und hätte bei einer Veranstaltung mehrere Mitglieder der Rothschild-Familie umgebracht. Tausende von Jesuiten und dem Vatikan gedankenkontrollierte Attentäter sollen sich als „Schläfer" in der Bevölkerung aufhalten, die darauf warten würden, aktiviert zu werden.

Prince behauptet, auch mit verschiedenen ETs in Kontakt gewesen zu sein, darunter auch *Reptiloide* und *Graue*. Letztere seien nach seinen Worten Bio-Roboter bzw. „lebende Maschinen", welche mit der NSA einen Vertrag geschlossen hätten. Zudem habe er auf verschiedenen Dinnerparties Menschen sich in die Reptilienform verwandeln sehen. Als er in einer KI-Anlage gefangen war, traf er George Bush Senior, dessen Pupillen sich in schlangenähnliche Schlitze verwandelten und der zu ihm in einer seltsam klingenden Sprache sprach, die sich wie Schnalzlaute, Gezische und tiefes Knurren anhörte. Bush Senior schien einer der Hauptverantwortlichen in diesem Supersoldaten-Programm zu sein. Er sei aber selbst wiederum Diener der KI, was ein Hinweis darauf ist, dass die KI der „Gott" der Reptos ist. Weitere Hauptakteure in diesem Programm seien zudem ein Dr. Green sowie ein Alfred Bonner, ehemals Chef des MI6, die auch seine Vorgesetzten zu sein schienen. Dr. Green sei eigentlich Dr. Mengele aus dem Dritten Reich und Chef des *Tavistock Institute* gewesen, das die Bewusstseinskontrolle perfektioniert habe. Mit diesen Personen sowie Bush Senior sei er bei einer Gelegenheit zusammen in einem Raum und mit ihnen über eine KI-Technologie telepathisch verbunden gewesen. Bei dieser Zusammenkunft konnte er die seelischen Vorgeschichten der anderen auf Bildschirmen über ihren Köpfen ablesen. Sie alle waren auf eine komplexe Art karmisch miteinander verbunden. Dr. Green (Mengele) sei auf Seelenebene eine reptilische Lebensform, die sich in einem menschlichen Körper verstecke und ursprünglich vom Sternsystem Alpha Draconis kommen würde. Bei einer Gelegenheit, als die beiden zusammen Vögel getötet und deren Blut getrunken hätten, will er Green sich in eine Art bleichen Vampir mit spitzen Zähnen verwandeln gesehen haben. Alfred Bonners Ursprung sei von den Plejaden und Bush Senior sei ein „Saurier-Reptil" – eine Dinosaurier-Lebensform auf zwei Beinen mit großem Kopf –, das sich ebenfalls in einem menschlichen Körper verstecke.

Als Prince bei einem Auftrag sexueller Natur einen Politiker tötete, wurde er von einem Militärgericht in London für schuldig gesprochen, und das Standardprotokoll sah vor, dass solche Agenten in einen Kälteschlaf versetzt werden. Der Richter entschied, dass Prince in ein geheimes Unterwassergefängnis verlegt werden sollte, das von der NSA betrieben wird. Bis zur endgültigen Entscheidung über das weitere Prozedere würden dorthin die gefährlichsten Menschen der Welt gebracht werden. Nach der Urteilsverkündung brachte man ihn zum unterirdischen Tunnelbahn-System, welches alle Untergrundbasen weltweit verbindet. Doch das Shuttle, das ihn zum Unterwassergefängnis angeblich im atlantischen Ozean fahren sollte, fuhr mit sehr hoher Geschwindigkeit durch eine Reihe von Wurmlöchern und kam in einer Wasserwelt im Sternsystem Sirius heraus, welches nur in seinem Zentrum eine kleine Landmasse besaß, welches das einzige bewohnte Gebiet über Wasser war. Der Rest des Planeten bestand nur aus Wasser. In diesem „exotischen" Gefängnis saßen sowohl Menschen als auch Außerirdische ein, die jedoch getrennt voneinander untergebracht waren. Als Michael Prince ankam und ausstieg, standen an jeder Seite des Zuges zwei Reihen von SS-Sturmtruppen in schwarzen Lederuniformen. Auf Deutsch sagte man ihm, dass er hier so lange bleiben müsse, bis entschieden werde, was mit ihm weiter geschehen solle. Prince erinnerte sich, dass man ihm und seinen anderen Kameraden während der Ausbildung gesagte hatte, dass diese Gefängniseinrichtung unter dem atlantischen Ozean liegen würde, da viele Soldaten verrückt geworden seien, nachdem sie weit in den Weltraum gereist waren. Sie hatten Schwierigkeiten, sich zu orientieren, als sie vom elektromagnetischen Feld des Planeten getrennt wurden, auf dem sie aufgewachsen waren. Daher nutzte Prince geistige Übungen, um sich psychisch zu stabilisieren. Sein Geist war es, den nach seinen Angaben eine katholische Jesuitengruppe brechen wollte, damit eine außerirdische Wesenheit von ihm Besitz ergreifen kann. Alle Versuche bisher seien gescheitert, und in dieser Einrichtung auf Sirius sollte ein letzter Versuch gestartet werden, um seinen Verstand zu spalten. Hierzu wurde er gefesselt in eine unterirdische Säule aus Wasser, Gasen und niedrigen Temperaturen eingelassen, das ihn mürbe machen sollte. Er meisterte jedoch die Prozedur und überlebte diese Folter. Nachdem er wieder hinaufgezogen wurde, trat ein Reptiloid mit weißer Haut und roten Streifen entlang des Gesichts an ihn heran und überreichte ihm als Anerkennung ein goldenes Zepter. Er zeigte zu einer goldenen Tür, hinter dieser sich ein Raum befand. Von dem Reptiloiden nahm Prince telepathisch wahr, dass es exakte Kopien dieses Raums auch an anderen Plätzen auf der Erde wie in der Antarktis oder in Peru existieren würden, die von den Nazis und anderen Gruppen kontrolliert werden. Jason Mason schreibt dazu weiter in seinem Buch:

> *„Michael ging in Richtung des Raumes, und die goldene Tür öffnete sich. Er wurde in grünem Licht gebadet, als das passierte, und sah einen männlichen und einen weiblichen Reptiloiden auf zwei Stühlen sitzen, die wie Throne aussahen und sich am anderen Ende des grünen Raumes befanden. (...) Die Wände des Raumes waren aus einer Art Smaragdstein gefertigt, und Michael sah Bilder von großen Kriegen im Weltraum und auf der Oberfläche von Planeten – Waffenbrüder; verlorene Liebe, Königinnen; Könige; Götter; die auf der Erde wandeln; Riesen; Mars usw. (...) Michael ging hinüber zu den zwei Reptilien, und diese nickten sich gegenseitig anerkennend zu. Ein Gerät ragte aus dem Boden, das aus einer kristallklaren Röhre bestand, in das Michael sein Zepter legte. Ein klares, diamantenes Licht breitete sich nun im Raum aus, und die beiden Reptilien begannen gemeinsam, telepathisch mit seinem Verstand zu sprechen. Die Sprache klang sumerisch und wurde von Michael folgendermaßen übersetzt: ‚Wir durchsuchen die Galaxis nach würdigen Gegnern für unser Blut. Du erfüllst die Kriterien. Du wirst an einem langen Konflikt mit uns beteiligt sein. Wir respektieren Dich, Kämpfer! Geh gegen uns vor! Zeige keine Gnade! Wir werden auch keine zeigen! Umarme Dein Ego, und spiele das gefährlichste Spiel! Nun geh! Es gibt weitere Aufgaben für Dich, die große Gnosis des Atriums und die Reptilien der heiligen Basilika...!'“*(1119)

Ja, ich gebe zu, dass Prince' Schilderungen sehr abgefahren sind, gelinde gesagt, und durchaus Stoff aus einem „Star-Wars"-Film hätten sein können. Ich habe bewusst den Großteil seiner ziemlich fantastisch anmutenden Schilderungen ausgelassen, da ich viele Dinge davon selbst nicht ganz glauben kann. Ich habe hier deshalb nur jene Schilderungen zusammengefasst, die sich für mich noch am stimmigsten anfühlten, insbesondere der Einfluss der Jesuiten und des Vatikans sowie die Angaben über Bush Senior, Dr. Green und Alfred Donner und dem Fortbestehen der SS als auch der Planung des Vierten Reiches (NWO).

Abb. 493: Michael Prince in Kampfmontur

Was laut des Blogs *reptiliandimension.wordpress.com* zumindest teilweise für seine Aussagen sprechen könnte, ist die Tatsache, dass er mit Haley Meijer verheiratet gewesen war, der Tochter des US-amerikanischen Supermarkt-Tycoons und Multimilliardärs Hank Meijer (*Meijer Supermarket*). Im Sommer 2015 wurde er von einem britischen Gericht zu 12 Jahren Haft verurteilt, da er seine Frau und ihre Familie erpresst und bedroht hätte. Er hätte sexuell pikante Fotos von ihr ins Netz gestellt und damit gedroht, sie solange nicht entfernen zu wollen, bis ihre Familie ihm zwei Millionen britische Pfund zahlt. Er solle zudem gedroht haben, Selbstmordbomber zu dem Haus ihrer Eltern zu schicken. Seiner Drohung ging angeblich die Scheidung von seiner Frau voraus, die ihm klar gemacht hätte, er würde seinen Sohn nie wieder sehen. Seine weitere Forderung sei somit gewesen, dass sein Sohn nach Großbritannien gebracht werde. Diese Story wurde von den wichtigsten britischen Zeitungen wie dem *Guardian* und der *Daily Mail* publiziert.

Prince behauptete, Kontakt zur britischen königlichen Familie und anderen „High-Society"-Leuten gehabt zu haben. Das scheint zu stimmen, denn es gibt ein Foto von ihm und seiner Ex-Frau mit dem Herzog von Marlborough.[(1120)] Zudem behauptete er, die Familie Meijer sei eine der reichsten und einflussreichsten Familien in der Welt und hätte großen Einfluss auf die aufstrebende *Neue Weltordnung*. 2014 und 2015 kam er an die Öffentlichkeit und packte über seine Erfahrungen aus. Ist es also möglich, dass er durch seine aufklärende Tätigkeit zu einer „tickenden Zeitbombe" für die Kabale wurde und man ihn deshalb mundtot machen wollte? Der Umstand, dass er sich in eine reiche Illuminati-Familie eingeheiratet hatte, bescheinigt ihm einen gewissen Grad an Glaubwürdigkeit, denn solch eine einflussreiche Familie hätte sicher keinen „Spinner" und „Fantasten" in ihre Reihen gelassen (aber wer weiß). Das garantiert dennoch keineswegs, dass er stets die Wahrheit erzählte.

Abb. 494: Im linken Teil von links nach rechts: Michael Prince mit seiner damaligen Frau Haley Meijer, dem Herzog von Marlborough und Prince' Schwiegermutter. Rechts ein Teilausschnitt der Webseite *meijer.com*. Sehr seltsam die beworbene Biermarke *Blue Moon* – derselbe Name einer geheimen NSA-Einheit, die sich mit Außerirdischen beschäftigt. Zufälle gibt's...

Cobras Aussagen über die Archonten und die Matrix

Wenn wir uns die bisherige Machtpyramide anschauen, so stellen wir fest, dass weder die Hochgradfreimaurer noch die Illuminati dessen Spitze bilden. Darüber befinden sich bösartige außerirdische (sowie innerirdische) Wesen, die hier die Geschicke auf Erden leiten. Aber auch über den Reptiloiden und Grauen soll es noch Außerirdische geben, die das eigentliche Sagen haben. Wenn die Reptos zu den „besten Kriegern" des Universums im negativen Sinne zählen, so müsste es dann über ihnen noch schlauere Köpfe geben, die das ganze Kontrollsystem – auch als *Matrix* bekannt – sich hier ersonnen und erdacht haben. Jason Mason hatte passend dazu in seinem Buch brisante Aussagen des Super-Insiders *Cobra* zusammengetragen. Gemäß Cobra hätten die Dunkelmächte vor rund 26.000 Jahren eine Quarantäne auf unserer Erde errichtet und die Menschheit in Geiselhaft genommen. Sie erschufen ein engmaschiges Kontrollsystem, dem sich keiner entziehen soll. Diese Matrix solle dabei von Wesen betrieben werden, die *Archonten* genannt werden. Das seien nichtphysische negative Wesen, die von der Andromeda-Galaxie stammen sollen und die entschieden haben, sich nicht wieder zurück zur göttlichen Lichtquelle entwickeln zu wollen. Sie ernähren sich von negativen Energien wie Angst, Wut etc. Auf der physischen Ebene werde die Kontrolle durch die ursprünglich vom Orion stammende Knechtschaft über das babylonische Geld- und Finanzsystem – welches mit Künstlicher Intelligenz betrieben wird – sowie durch die Programmierung über die Massenmedien ausgeübt. Auf den mentalen, ätherischen und astralen Ebenen werde die Kontrolle durch elektromagnetische Manipulationen im Raum-Zeit-Gefüge ausgeübt, die die Illusion eines ewigen Kreislaufs erzeugen würde und der Grund dafür sein soll, weshalb bisher zu wenige Menschen sich befreien und spirituelle Erleuchtung finden konnten. Durch die Erschaffung von Reinkarnations-Schleifen und dem damit verbundenen Zwang, hier immer wieder inkarnieren zu müssen, schlichen sich Lethargie und das große Vergessen ein. Auf den ätherischen und astralen Ebenen sollen die Archonten daher als „Herren des Karmas" bekannt sein, da sie ständig Einfluss auf unsere Lebenspläne haben wollen, sobald wir inkarnieren.

Die Archonten sollen die drakonische und reptiloide Rasse genetisch erschaffen haben, um sie als Krieger zur Machtausdehnung im Universum einzusetzen. Dies macht die Reptos wiederum bestenfalls zu deren Partnern und Verbündeten, und schlimmstenfalls ebenfalls zu deren Sklaven. Die Draco-Verwalter halten wiederum auf der ätherischen und niederen astralen Ebene die Matrix mithilfe der Künstlichen Intelligenz aufrecht. Es soll zudem ein Alarmsystem geben, welches aufgewachte Menschen aufspürt, da diese mit ihrem Licht ein Loch in der Matrix erzeugen würden. Die Dracos schicken dann einen astralen Reptiloiden, welcher die psychologischen Schwachpunkte der erwachten Person herausfinden soll, um die Person dann unter Druck zu setzen. Hierzu werden die Gedanken und Emotionen des Menschen manipuliert bzw. bombardiert, um einerseits sein spirituelles Wachstum zu bremsen und ihn andererseits von seinem Freiheitskampf bzw. seinem lichtvollen Weg wieder abzubringen. Oft wird dies durch Erzeugung von Ängsten und Kummer erreicht und durch das Projizieren von negativen Gedankenformen in den Geist. Je nach Schwachstelle könnten auch andere „Knöpfe" gedrückt werden. Durch diese Maßnahmen sinkt die lichtvolle Energie des Menschen ab und das Loch in der Matrix schließt sich wieder. Ich denke, dass dies ein Grund für viele Besetzungen durch astrale Reptilien und andere Energieparasiten ist. Oft heißt es gerade in spirituellen Kreisen, als Mensch sei man stets selbst verantwortlich für Besetzungen, die man z.B. durch negative Gedanken und Emotionen selbst in sein Leben eingeladen hatte (*Gesetz der Ursache und Wirkung* und *Gesetz der Resonanz*). Vor dem Hintergrund solch hinterhältiger Technologien und Energien wird das Prinzip von Ursache und Wirkung bzw. die Ursachenfindung etwas verzerrt. Denn gerade sog.

Abb. 495: Abbildung der Machtpyramide, die der Wahrheit noch am nächsten kommt. Sie vermutet, dass es über den Archonten noch eine weitere außerirdische Instanz geben soll, die sich von negativen Energien ernähre und die Archonten kontrollieren würde. (Quelle: *in5d.com*) Ich denke, das Allsehende Auge an der Spitze wird Luzifer selbst sein. **Politiker und der Rest der Menschheit sind unter dieser Machtpyramide angesiedelt. Ist nun klar, weshalb Politiker und Parteien zu wählen, völlig sinnlos ist?**

Lichtarbeiter – also jeder, der sich für die Wahrheit, für die Freiheit und die Liebe einsetzt – werden häufig energetisch attackiert (davon kann ich ein paar lange Liedchen singen). Je machtvoller die positiven Absichten und je heftiger die Wahrheit, umso stärker sind auch die Angriffe. Was logisch ist, da die dunkle Seite – die sich gerade im Eiltempo den Ast absägt, auf den sie sitzt – die Ausbreitung des Lichts verhindern will.

Auf der physischen Ebene seien laut Cobra die Archonten in den Strukturen der Jesuiten-Organisationen inkarniert. Die untergegebenen Verwalter der Jesuiten sind die Illuminati, welche das weltweite Geld- und Finanzsystem und das damit verbundene System der Lohnarbeit betreiben. Und den Illuminati untergeordnet sind wiederum inkarnierte Reptiloide. Zu den wichtigsten Schwarzadelsfamilien der Archonten sollen die italienischen Familien Farnese, Orsini, Aldobrandini und Chigi gehören. Während die Farneses die Jesuiten gegründet hatten, sollen es die Orsinis gewesen sein, die für den Pakt zwischen den Reptiloiden und dem Vatikan verantwortlich gewesen waren. Die Orsinis sollen selbst stark mit den Reptiloiden in Kontakt stehen und zudem als Hauptverbindungsglied zwischen den physischen und nichtphysischen Archonten fungieren.[(1121)]

Wie sich wunderbar das Bild langsam zusammenfügt und sich mit den Informationen über den Schwarzadel, den Vatikan, die Jesuiten und Zionisten in diesem Buch deckt, die im hierarchischen Verbund gemeinsam die Menschheit in Sklaverei halten. Sie alle sind die irdischen Verwalter der außerirdischen Mächte. Angesichts dessen sollte jedem klar geworden sein, wie **völlig sinnlos und lächerlich** es ist, noch so etwas wie Politiker bzw. Parteien zu wählen (egal, was die *versprechen*). Denn dieses Parteiensystem weltweit ist lediglich eine der untersten Kontrollinstanzen **unter** der Machtpyramide. Und darunter befindet sich erst die Menschheit. Das sind 99,5% der Weltbevölkerung. Wenn diese zusammenkommen würde, würde die Matrix **sofort** zusammenbrechen.

Der elektronische Schleier

Nach Cobras Aussagen haben die nichtphysischen Archonten zur Aufrechterhaltung ihrer Kontroll-Matrix auf der niederen astralen sowie auf der ätherischen Ebene ein Gitter aus elektromagnetischer Energie erschaffen. Dieser „elektronische Schleier" soll u.a. die Antriebssysteme der Raumschiffe von positiven Außerirdischen stören, um so deren Aktionen zu behindern. Zudem habe dieser Schleier mehrere Programme zur Manipulation und Kontrolle der Menschheit. Folgende Hauptprogramme hatte Jason Mason in seinem Buch zusammengefasst:

1) ***„Die Absenkung des Bewusstseins und des Lichtkörpers (Merkaba).*** *Dieses Programm wird mit ätherischer Resonanztechnologie stehender Wellen aufrechterhalten.*

2) ***Die Blockierung des freien Willens und der positiven Entschlusskraft.*** *Dieses Programm wird mittels ätherischer Infraschall-Technologie aufrechterhalten. Einige Leute können das hören, weil es teilweise in die physische Ebene eindringt. Das ist der HUM-Ton mit tiefer Niederfrequenz. Infraschall blockiert gewisse Zentren im physischen Gehirn und die Entschlossenheit der Menschen. Außerdem ist es der Grund für die ständige Müdigkeit, die viele Menschen grundlos verspüren.*

3) ***Absenkung der Intelligenz.*** *Das wird bewerkstelligt, indem starke Magnetfelder in die ätherische Struktur des Gehirns induziert werden. Diese Felder bestehen auch in*

den Membranen zwischen dem physischen und dem ätherischen Gehirn, und stören so die Denkprozesse. Das verursacht einen benebelten Geist, Vergesslichkeit und einen Mangel an Konzentration.

4) ***Die Induzierung von Disharmonie in menschlichen Beziehungen.*** *Das wird durchgeführt, indem die Chakren des ätherischen Körpers beeinflusst und verstimmte Frequenzen mittels Infraschall in die aurischen Membranen eingebracht werden. Dieses Programm verursacht einen künstlichen Riss zwischen Liebe und Sexualität. Es verschließt das Herz und fördert durch übermäßige Denkprozesse das Ungleichgewicht zwischen dem männlichen und dem weiblichen Prinzip.*

5) ***Induzierung von Armut.*** *Das wird umgesetzt, indem Armuts-Hologramme und bildhafte Vorstellungen direkt ins ätherische Gehirn projiziert werden. Was wir in unserem Bewusstsein haben, das manifestiert sich auch auf der physischen Ebene.*

6) ***Ernährungsmuster und Fettleibigkeit.*** *Dieses Programm projiziert Bilder von bestimmten Nahrungsmitteln ins ätherische Hirn und verursacht Fettleibigkeit.*

7) ***Das allsehende Auge.*** *Dieses Spionageprogramm arbeitet von der ätherischen Ebene aus und überwacht alle Aktivitäten von physischen Wesen. Diese Technologie gibt dann Berichte an die nichtphysischen Archonten weiter.*

8) ***Implantate.*** *Das sind ätherische und astrale Kristalle, die kurz vor der Inkarnation in die Aura eines jeden Menschen eingepflanzt werden. Das kann nicht verhindert werden, weil jede Seele durch die mentalen, höheren und niederen astralen Ebenen gehen muss, um auf der physischen Ebene zu inkarnieren. Diese Implantate beseitigen die Erinnerungen der vorherigen Inkarnation und sind der Hauptgrund, warum wir uns meistens nicht an vorherige Leben erinnern können oder daran, dass die Archonten den Planeten beherrschen. Deshalb werden diese Implantate in der Poesie der ‚Schleier des Vergessens' genannt.*"[(1122)]

All die dunklen Kräfte sind sich der weiblichen Energie bewusst, die sie hier auf der Erde mit allen Mitteln zu unterdrücken versuchen, denn sie ist die Verbindung zur göttlichen Quelle. So hoffnungslos und ausweglos das alles klingen mag, möchte ich an dieser Stelle schon mal ein „Stop!"-Signal setzen und Ihnen mitteilen, dass es dennoch Mittel gibt, um dieses Kontrollsystem zu schwächen und nutzlos zu machen. Ich hätte damit noch bis zum Ende des Buches gewartet, möchte aber nicht riskieren, dass sie jetzt schon vor Verzweiflung resignieren und das Buch zuklappen. Die beste Waffe gegen die Archonten, so Cobra, ist die **Energie der Liebe!** Hier insbesondere die Liebe zwischen einer Frau und einem Mann. Diese Liebe würde den nichtphysischen Lichtkräften Kraft geben, die damit, wenn möglich, die Archonten und ihre Untergebenen aus dem Umfeld dieser Menschen entfernen. Da die gesunde Sexualenergie die **schöpferische Lebenskraft** selbst ist, versuchen diese negativen Wesen diese zu unterdrücken und zu pervertieren. Des Weiteren kommen diese Dunkelmächte nicht gegen die lichtvollen Energien von positiven außerirdischen Zivilisationen und Aufgestiegenen Meistern an (z.B. Jesus). **Durch Liebe, Licht, Wahrheit und Mut verlieren diese negativen Wesenheiten schnell ihre Macht!**

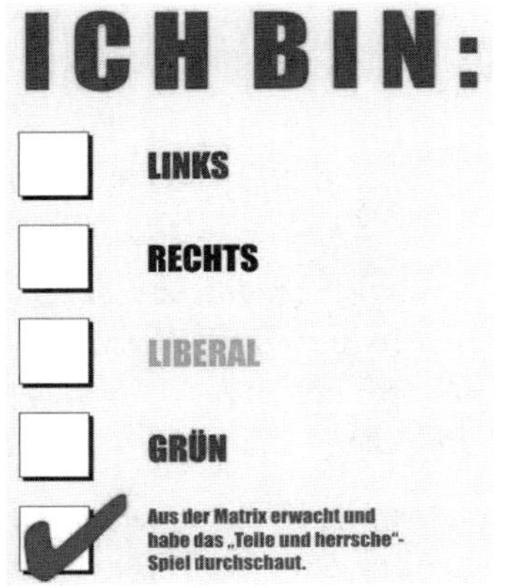

Abb. 496: Jeder, der in diesem Parteiensystem wählen geht, schließt einen Pakt mit dem Teufel ab, ohne es zu wissen.

Das bedeutet was? Dass wir es selbst in der Hand haben! Da wir uns dessen jetzt bewusst sind, können wir noch gezielter an uns arbeiten und von nun an noch besser darauf achten, wenn wir mal wieder aus unserer Mitte heraus befördert werden sollten, dass wir durch Rückbesinnung auf die Liebe in unserem Herzen und durch einen lösungsorientierten anstatt problemorientierten Ansatz schneller wieder auf den Sattel aufsteigen. Sich dabei Hilfe von außen zu holen, beispielsweise durch den Partner, die Familie oder Freunde, zeugt nicht von Schwäche, sondern von Stärke, Mut und positivem Willen, etwas verändern zu wollen. Der bekannte US-amerikanische Forscher, Autor und TV-Moderator in alternativen Medien, David Wilcock, sagte einmal, dass ihm ein Rothschild-Kontaktmann das größte Geheimnis über die Reptiloiden mitteilte: Es bräuchte nur einen einzigen Tag, an dem die überwiegende Mehrheit der Menschheit einen ganzen Tag lang nur fröhlich und positiv gelaunt ist, damit den Reptos die energetische Grundlage genommen wird und sie tot umfallen wie die Fliegen. Lesen Sie sich diese Aussage mehrmals durch, um das wahre Ausmaß solch einer Realität wirklich zu verstehen. Jetzt dürfte auch noch ein weiterer Groschen gefallen sein, weil viele jetzt noch besser verstehen, warum die Dunkelmächte ein System aus Angst, Krieg, Hunger und Leid permanent aufrecht erhalten müssen.

Zudem steht uns die geistige Welt jederzeit zur Hilfe. Nochmals zur Erinnerung: Im Universum warten **Millionen** geistiger Wesen („Engel“) nur darauf, uns zu helfen. Da sie sich nicht in unsere Belange einmischen dürfen, müssen wir sie explizit um Hilfe **bitten**! Nur dann treten sie in Aktion. Je mehr Menschen dies tun, umso mehr Engel stehen uns zur Seite. Allein dieser markierte kleine Passus hier könnte die Welt buchstäblich verändern, wenn bloß die Menschheit darüber Bescheid wüsste!

Simon Parkes – ehemaliger Politiker spricht über Reptiloide, Mantiden und die Grauen

Simon Parkes war britischer Politiker in der *Labour*-Partei, trat aber zurück, um sich voll und ganz seiner Aufklärungsarbeit zu widmen. Seine Mutter war in den 1960er und 1970er-Jahren für den britischen Geheimdienst MI5 tätig und ihre Tätigkeit dort war, Berichte über UFO-Abstürze abzutippen, die von amerikanischen Spezialeinheiten geborgen worden waren. Sein Großvater war britischer Diplomat und arbeitete für den britischen Auslandsgeheimdienst MI6. Während dieser Zeit wurde er mit den Orden *Order of the British Empire* und *Commander of the British Empire* ausgezeichnet. Zeit seines Lebens stand Parkes mit Außerirdischen in Kontakt. Er gibt an, auf Seelenebene zu einem Drittel Mensch, einem Drittel Mantid und einem Drittel Reptiloid zu sein. Auf Seelenebene soll seine Mutter ein Mantid sein und die Mantiden seien seine geistigen Führer.

Die Erde, so Parkes, sei unter der Kontrolle von *Reptiloiden*, *Mantiden* und den *Grauen*, wobei die Reptiloiden hier die führende Kraft seien. Die Grauen wiederum sollen die Arbeitskräfte der Mantiden und Reptiloiden sein. Die Reptiloiden beschreibt er als 1,80m bis 2,40m groß, von kräftiger Statur und kämpferischer Art und mit starken mentalen Fähigkeiten, mit denen sie Menschen hypnotisch kontrollieren können. Sie sehen nicht alle gleich aus. Unter den Reptiloiden gäbe es eine Art Kastensystem, dem genetische Unterschiede zugrunde liegen. Die Anführer sollen rudimentäre Flügel besitzen, mit denen sie aber nicht fliegen können. Laut seinen Aussagen sollen Reptiloide aufgrund ihrer geistigen Fähigkeiten in der Lage sein, unsere Wahrnehmung von ihnen dahingehend zu manipulieren, dass sie uns als Menschen erscheinen, aber nicht ihre Gestalt selbst verändern könnten. Ich persönlich halte dies für eine falsche Information, denn würde man mit diesen Gestalten zufällig in Berührung kommen, würde sofort auffallen, dass „etwas nicht stimmt". Diesbezüglich gibt es unter den Insidern verschiedene Versionen, die man hört, wobei ich denke, dass die Reptilien beide Varianten beherrschen, je nach Erfordernis. Was aber wiederum mit anderen Aussagen übereinstimmt, ist, dass sich laut Parkes Reptilien von unseren negativen emotionalen Energien ernähren („Loosh"). Die Reptilien hätten vor ca. 120.000 Jahren damit angefangen, die Menschheit zu manipulieren und vor 15.000 Jahren die vollständige Kontrolle über sie erlangt. Einige der Reptilien seien schon seit langer Zeit hier auf Erden und wollen uns Menschen daher nicht akzeptieren. Andere Repto-Gruppen kämen aus anderen Teilen des Universums. Eine spezielle Gruppe der Reptilien seien die Dracos, die von Alpha Draconis stammen. Sie sollen 3m bis 3,50m groß sein und eine grau gefleckte Haut haben. Jene mit weißer Haut scheinen die königlichen Führer zu sein. Werden von ihnen mal menschliche Kinder verspeist, so sei das normal und nichts Außergewöhnliches, denn wir Menschen würden ja auch Tiere essen – ein interessanter und nicht ganz von der Hand zu weisender Vergleich, auch wenn er meiner Meinung nach etwas hinterher hinkt. Auf der astralen Ebene würden Reptilienseelen auch Menschen besetzen, um sie an der spirituellen Weiterentwicklung zu hindern. Diese Seelen seien in der Astralwelt gefangen und könnten sich spirituell nicht weiterentwickeln. Da sie ständig Energie bräuchten (also die emotionalen Energien von Menschen), hätten sie sowohl auf der physischen als auch in der astralen Ebene ein System, eine Energie-Matrix, erschaffen, damit die Menschen ständig in einem Zustand von Gewalt, Krieg und Angst gehalten werden. Diese spezielle Matrix werde laut Parkes vom Mond aus gesteuert.

Die Mantiden wiederum seien im Universum diejenigen, die wichtige Entscheidungen treffen würden und als Problemlöser bekannt wären. Sie stammen ursprünglich von der Erde und seien auch hier auf der Erde energetisch verankert. Sie sind zwischen 2,50m und 2,80m groß, der Anführer sogar 3,50m. Obwohl sie Entführungsopfern als lieb und weise erscheinen, seien sie in Wirklichkeit kontrollierend und manipulierend. Sie hätten ein Kontrollschiff außerhalb der Erde und überwachen das menschliche Bewusstsein und seien zudem in der Lage, wahrscheinliche Zukünfte zu sehen. Sollte jemand eine Bedrohung für ihre Agenda darstellen, so würden Aktionen gegen diese Person eingeleitet werden. Die Mantiden würden sich in menschliche Belange einmischen, weil sie in der vierten Dimension gefangen wären. Da unser Planet und die Menschheit sich im Aufstiegsprozess befinden, wollen sie sich mit den Menschen verbinden, da sie hoffen, dadurch ebenfalls mit aufsteigen zu können. Sie seien bereit – im Gegenzug zu den negativen Reptilien – ihr negatives Verhalten zu ändern, das sie an ihrer Entwicklung hindert.

Parkes gibt an, dass die Mantiden in der Vergangenheit zwar ein Doppelspiel gespielt haben. Es hätte sich aber mittlerweile herauskristallisiert, dass die Mantiden sich wünschen, dass die Menschheit sich weiterentwickelt. Sie stünden zudem jetzt in direkter Kommunikation mit den *Nordischen* und nicht mehr mit den *Reptilien*, was in der Vergangenheit anders gewesen war.

Abb. 497: Simon Parkes mit einer Darstellung eines Mantiden.

Von den *Grauen* gäbe es laut Parkes drei Sorten. Die **kleinen Grauen** würden die Routinearbeiten während den Entführungen durchführen. Die **mittelgroßen Grauen** führen kleinere Eingriffe an den Entführten durch inkl. dem Einpflanzen von Implantaten, und die großen Grauen würden das ganze Prozedere überwachen und auch die Schiffe fliegen, mit denen Menschen entführt werden. Im Gegensatz zu den beiden vorgenannten hätten die **großen Grauen** mehr Emotionen. Die Grauen hätten ebenfalls starke psychische Fähigkeiten und könnten Bilder und Emotionen in die Menschen hineinprojizieren.

Die Reptiloiden und Mantiden hätten ihre eigenen Agenden. Die Erde diene allgemein zum Abbau von Ressourcen für den Handel mit anderen außerirdischen Rassen im Universum. Eine Agenda sei laut Parkes, eine humanoide Hybridrasse zu erschaffen, also eine Kreuzung aus ETs und Menschen. Entführte hätten von verschiedenen Arten von Hybriden berichtet. Manche würden den Außerirdischen sehr ähnlich sehen, andere sehr menschlich. Das Ziel sei es, einen menschlich aussehenden Hybriden zu erschaffen, der starke psychische Fähigkeiten besitzt, um die Gedanken der Menschen zu kontrollieren. Da sie sehr menschenähnlich aussehen, würden sie unerkannt unter uns weilen. In welchem Maße die Mantiden an solchen Hybridprogrammen (noch) beteiligt sind, ist unklar, jedoch dürften die Reptilien hier eine dominante Rolle in negativer Hinsicht spielen. Bei diesem Hybridszenario hat Jason Mason zwei Varianten dargestellt, von denen keine gut für die Menschheit wäre:

1. *„Es handelt sich um eine große Gruppe von außerirdischen Seelen, welche in die Hybridkörper auf der Erde ‚schlüpfen', die dann unter uns leben. Diese Hybriden sollen später die reduzierte menschliche Population psychisch kontrollieren.*

2. *Die Aliens werden damit fortfahren, ihre Seelen in Hybriden zu pflanzen, während die menschliche Population verdrängt wird. Es wäre möglich, dass das bereits heute geschieht und die reptiloiden Kontrolleure in ihren erschaffenen Hybridkörpern auf der Oberfläche leben. Das wäre eine stille Übernahme des Planeten. Die parasitären ETs könnten auf diese Weise unerkannt die Regierungen mit ihresgleichen unterwandern und die Kontrolle über die Erde übernehmen, falls das nicht schon passiert ist."*

Punkt zwei ist meines Wissens nach schon lange geschehen und das nicht nur innerhalb von Regierungskreisen.

Brisante Aussagen machte Parkes über CERN in der Schweiz und den großen Teilchenbeschleuniger dort, dem *Large Hadron Collider* (LHC). Diese Anlage solle mithilfe außerirdischer Technologie zu dem Zweck gebaut worden sein, ein Dimensionstor zu öffnen, um verschiedene Paralleluniversen, in denen die *Neue Weltordnung* bereits existiert, mit unserem Universum, also unserer Realität, zu verschmelzen. In einem Vortrag behauptete er zudem, dass am 15. August 2015 versucht wurde, mit dem Teilchenbeschleuniger die Verbindung von guten Menschen zur spirituellen Quelle und dem Gottesbewusstsein zu trennen. Parkes behauptet, mit einer organisierten Massenmeditation dies verhindert zu haben, woraufhin der LHC zeitweise defekt gewesen sein soll. Bei diesem Vorhaben wären seinen Angaben nach einige Meditationsteilnehmer schwarzmagisch angegriffen worden (und einer von ihnen hätte für drei Wochen sein Hörvermögen verloren).[1123]

An dieser Stelle bin ich etwas skeptisch, ob Parkes Aussagen stimmen. Zudem muss man mit Massenmeditationen generell vorsichtig sein.

Ende 2016 führte *Project Camelot* ein zweistündiges Interview mit Parkes, in dem er weitere sehr interessante Aussagen zu verschiedenen Themen machte. Im Zusammenhang mit der Kontrolle der Erde und den Reptilien nannte er das Orion-Imperium und die Sirius-Konföderation. Die Sirianer seien nach seinen Aussagen mehr reptilisch als jene vom Orion. Die reinrassigen Reptilien hätten versucht, alles Mögliche zu hybridisieren, um reptilisches in die Rassen einzubringen, diese zu „assimilieren". Die Reptilien seien von der KI infiziert und beherrscht. Die ursprünglichen Anunnaki seien nach seinen Aussagen wahrscheinlich sehr weißhäutig gewesen (so als hätten sie sich mit weißer Farbe angemalt) und hätten nur wenig Reptilisches in sich gehabt. Vom Aussehen her seien sie den Nordischen ähnlich. Reptilien könnten sich als Nordische maskieren und somit die Menschen täuschen. Der Vatikan hätte deshalb sein „Lucifer"-Teleskop, um Ausschau zu halten, wann die Anunnaki-„Götter" wiederkehren. Parkes hält es für möglich, dass diese oder andere Wesen wieder zur Erde zurückkehren, um ihren Herrschaftsanspruch wieder persönlich geltend zu machen (solange dient die Kabale als deren Verwalter der Erde, sozusagen als „Geschäftsführer"). Parkes hofft, dass die Menschheit bis dahin aufgewacht und souverän genug ist, um denen dann sprichwörtlich den Finger zu zeigen, wenn es so weit mal kommen sollte. Seine Sorge gilt dem Vakuum, also der Phase, während die Menschen aufwachen und erst anfangen zu kapieren, wer sie wirklich sind und dass sie die ganze Zeit belogen wurden. In dieser sensiblen Phase könnte „irgendetwas" oder „irgendjemand" die Gelegenheit nutzen und sich als sonst etwas präsentieren bzw. die Macht ergreifen. In dieser sensiblen Phase befinden wir uns gerade.

Zu den *Aldebaranern* erzählte er etwas, das sich für mich gar nicht stimmig anfühlt und hier daher nur aufklärungshalber erfolgt, um aufzuzeigen, dass sich die Whistleblower durchaus widersprechen und nicht alles der Wahrheit entspricht: Er nennt sie die „Verbannten" – eine Gruppe, die eine Basis in der Antarktis habe. Sie seien eine halbnordische Rasse, welche kompromittiert worden wäre. Sie seien zudem mit bestimmten Personen in der US-amerikanischen Regierung verbunden. Sie seien auch angeblich der Grund gewesen, weshalb einige prominente Leute die Antarktis 2016/17 besucht hätten. Und Buzz Aldrin sei gefragt worden, ob dies dieselben Leute gewesen seien, die er damals im All (auf dem Mond am Kraterrand aufgereiht) gesehen hätte. Parkes ließ aber mehr oder weniger offen, ob Aldrin sie tatsächlich als Aldebaraner identifiziert hätte. Aldrin hatte ja auf *Twitter* den besorgniserregenden Beitrag gebracht, dass wir alle in Gefahr seien und in der Antarktis „das Böse selbst" lauere. Ich denke, er meinte hier die Reptilien und dass es auch Reptilien waren, die er auf dem Mond gesehen hatte. In der Antarktis, so bestätigte auch Parkes, sollen sich verschiedene außerirdische Rassen aufhalten. Einige von ihnen seien sehr böse und feindlich, andere wiederum den Menschen gegenüber sympathisch gesonnen. Zu *Planet X* bzw. *Nibiru* meinte er, dass dies ein von einer KI kontrolliertes Objekt sei. Es würde momentan ferngehalten werden und nicht in unser Sonnensystem gelangen. Ich persönlich halte die ganze Endzeitpropaganda um diesen angeblichen Planeten, der sich unserem Sonnensystem annähern und für Zerstörung sorgen soll, für reine Angstmacherei und Ablenkung.

Wie auch *Cobra* sagte er, dass Archonten energetische Wesen seien, die die Reptilien kontrollieren würden. Sie können selbst nichts Physisches erschaffen. Also hätten sie sich in die Hirne von Führern und Machthabern dieser Welt eingenistet und somit ein großes Netzwerk errichtet. Und von da aus käme die Idee, dreiviertel der Weltbevölkerung loszuwerden. Denn was wir aufgrund dieser archontischen Energie in der Welt haben, ist eine extrem hohe technologische Entwicklungsstufe, ohne aber im spirituellen Bewusstsein mitgewachsen zu sein. Man sehe heute nur noch in der Technologie die Rettung. Ab einem gewissen Grad des technologischen Fortschritts würden die Archonten der Meinung sein, dass die Technologie nun ausreichend sei und man die Menschen deshalb nicht mehr benötige. Die Top-Illuminati wiederum gehen mit dieser Agenda konform. Doch Parkes sagte, dass dies erstens nicht passieren werde und zweitens selbst die Illuminati von den Archonten als „überflüssig" erachtet werden würden. Es gäbe mittlerweile eine Anzahl an Leuten in sehr hohen Positionen, die das Problem erkannt haben und dagegen arbeiten.

Dann äußerte Parkes sich auch zur weltpolitischen Situation und zu möglichen Zukunftsszenarien. Der Grund für die Kriegsvorbereitungen gegen Russland sowie die mediale Hetze gegen dieses Land in den westlichen Medien liege darin, dass eine Gruppe von Nordischen Putin und Russland unterstützen würden. Zu Donald Trump sagte er, dass er nicht von den Illuminati kontrolliert sei. Trump soll gesagt haben, dass 200 Generäle und Admiräle hinter ihm stünden. Die Medien sprachen von 88 (soll diese Zahl ein Hinweis auf etwas sein?). Und Trump soll Teilen der CIA und des FBI klar gemacht haben, dass es einen Bürgerkrieg in den USA geben würde, sollten sie versuchen, ihn zu entfernen. Dies war, wie gesagt, kurz nach der Wahl. Trump plane zudem, die Wirtschaft in den USA zu sanieren und das Land wieder zur Nummer 1 zu machen. Dies würde jedoch 7 bis 10 Jahre dauern. Diese Zeit hätte Trump laut Parkes aber nicht. Er habe deshalb einen Plan aufgesetzt, um dies in 18 Monaten zu erreichen. Doch der einzige Weg, dies in so unglaublich kurzer Zeit zu schaffen, sei es, außerirdische Technologien freizugeben. Einiges von diesen Technologien will er angeblich den Firmen zur Verfügung stellen, um so eine schnelle Produktion in Gang zu bringen. Hierbei soll es sich um „alte" sehr fortgeschrittene Technologien handeln, die selbst die modernsten Technologien, die die USA aktuell besitzen, veraltet erscheinen lassen sollen. Da bin ich aber mal gespannt. Den Einfluss der Kabale und des Vatikans auf Trump erwähnte Parkes jedoch nicht. Ich denke nicht, dass Trump in Bezug auf geheime Technologien ein Mitspracherecht hat. Die Freigabe würde von den Fraktionen hinter ihm erfolgen.

Auf Geld wurde Parkes Aussagen nach ein schwarzmagischer Fluch gesetzt. Alle großen Banken seien deshalb auf Energiepunkten der Erde gebaut worden. Der einzige Weg, um die Menschheit wirklich zu befreien, sei es daher, ihre Verbindung zum Geld zu entfernen. Die Erde sei nach seinem Kenntnisstand der einzige Planet, wo Geld alles sei. Auf den meisten Planeten gäbe es ein Tauschhandelssystem und zu diesem sollten wir auch so schnell wie möglich übergehen (d. h. ***kein*** neues Finanzsystem und keine Goldwährung o. ä.!). Für die EU sieht er einen Kollaps voraus. Dem vorausgehen würde die Pleite einer großen italienischen Bank. Er warnt vor selbst ernannten Heilsbringern und auch davor, sich auf keinen Fall impfen zu lassen. Wir sollten stattdessen Vertrauen in uns selbst setzen!

So düster es auf den ersten Blick erscheinen mag, so gibt es auch Lichtblicke und Hoffnung für uns. Die satanischen Kräfte sind die letzte Bastion des Bösen auf diesem Planeten, weil sie von einer tödlichen, bösartigen Energie aufgezehrt werden, welche wiederum mit einer KI verknüpft sei. Wir haben also eine KI und eine energiebasierte dämonische Kraft, welche gemeinsam versuchen zu verhindern, dass sich die Menschheit entwickelt und im Bewusstsein aufsteigt. Selbst die Herrschenden seien sich uneinig untereinander und auch uneinig darüber, welches Szenario sie wirklich als nächstes ausspielen wollen. Für drei Monate wollen sie eine gefakte Alien-Invasion, für die nächsten drei Monate dann doch lieber was anderes. Da herrscht also ordentlich Chaos und Panik in den oberen Reihen, und das ist eine ermunternde Neuigkeit. Denn dadurch erhält die Menschheit mehr Zeit zum Aufwachen. Und diese Zeit sollten wir daher sinnvoll und effizient nutzen! Viele geplante Chaos-Szenarien seien zudem von guten Kräften im Hintergrund bisher wirksam verhindert worden. Der Dritte Weltkrieg solle gar dreimal in der letzten Zeit verhindert worden sein (und Parkes ist nicht der Einzige mit dieser Aussage). Die Menschheit hat demnach noch eine Chance bekommen. Es hätte sich laut Parkes eine Tür aufgetan und nun stellt sich die Frage, ob die Menschheit hindurchgehen wird. Wenn die Chance wahrgenommen wird, dann würde es zwischen 2017 und 2019 einen Paradigmenwechsel geben. In solch einem Falle hätten wir bis Mitte 2019 eine Zivilisation, die komplett anders ausschauen würde, als das, was wir bisher haben. Bereits zuvor erwähnte Parkes, dass die Dinge sich nun schnell ändern würden. Die hereinkommenden kosmischen Energien (von der Ur-Zentralsonne) sorgen für ein Erwachen der Menschen, und positive und uns Menschen wohlgesonnene außerirdische Gruppen arbeiten ebenfalls mit daran, dass wir das Ruder noch herumreißen. Jedoch dürfen wir die Hände nicht in den Schoß legen. Schlafen wir weiter und bleiben weiterhin passiv oder nehmen wir unser Geburtsrecht als kosmische Wesen wahr?[(1124)]

Jahreszahlen würde ich persönlich höchstens als Wahrscheinlichkeiten nehmen und mich nie auf sie versteifen. Tritt das Vorhergesagte nicht ein, sind viele Leute dann später enttäuscht. Die Zukunft ändert sich laufend und Dinge können schneller geschehen oder auch deutlich später – nämlich dann, wenn die Zeit für sie reif sind. Simon Parkes' Webseite kann unter *simonparkes.org* erreicht werden.

William Tompkins' Enthüllungen über die Vril-Gesellschaft, Nordische ETs, Lebensverlängerung und das Geheime Weltraumprogramm

Abb. 498: William Tompkins im Interview mit *gaia.com*

Im Alter von 94 Jahren kam William Mills Tompkins 2016 das erste Mal an die Öffentlichkeit, um über seine Erlebnisse zu sprechen. Er gab Interviews für u.a. *gaia.com*, *Project Camelot*, *Jeff Rense* und *Search4TruthReality*. Er arbeitete bis in die 1990er-Jahre für die beiden US-amerikanischen Luftfahrtunternehmen *TRW* und *Douglas Aircraft Company*, um für die US-Marine Designs und Modelle für 16 bis 18 verschiedene Typen an Schlachtschiffen für den Weltraum zu entwerfen und zu bauen. Die längeren Schiffe waren eins bis sechs Kilometer lang, die später dann auch für das Marine-Weltraumprogramm *Solar Warden* gebaut wurden, einem gemeinsamen Weltraumprogramm mit einer Gruppe von *Nordischen ETs*. Während des Zweiten Weltkriegs arbeitete Tompkins für die US-Marine und war damit beauftragt worden, unter der Leitung von Admiral Rico Botta die neuesten Geheimdienstinformationen über den unglaublichen Fortschritt der deutschen Technologie auszuwerten. Im damaligen Nazi-Deutschland sowie in den besetzten Ländern waren bis zum Kriegsende 29 US-Spione in den verschiedensten Bereichen eingesetzt, die der US-Marine später übermittelten, dass die SS mit Dracos einen Pakt geschlossen und von ihnen 13 UFOs sowie geheime Technologien zur Verfügung gestellt bekommen hatten. Zudem hatten die Nazis eigene Flugscheiben entwickelt bzw. jene nachgebaut, die sie von den Reptilien zur Verfügung gestellt bekommen hatten, und die nach Tompkins Angaben Durchmesser zwischen 12 und 76 Metern hatten. Einige von ihnen waren mit Laserkanonen an Bord ausgestattet, die sie ebenfalls von den Reptilien erhalten hatten. Dazu hatten sie riesige Untergrundfabriken und Produktionsstätten innerhalb von Gebirgen, wo sie Waffen, Panzer und eben auch Flugscheiben mithilfe von Sklavenarbeitern bauten. An ihrer Seite waren reptiloide Berater (in menschlicher Gestalt), die bei der Konstruktion und beim Bau halfen. Alle Aktivitäten waren in Teilbereiche aufgeteilt, sodass niedere Ränge des Personals und Arbeiter nicht wussten, was sie da eigentlich bauten. Nur die an der Spitze wussten, was Sache war. So können Dinge im Geheimen massenweise produziert werden, ohne dass Leute Bescheid wissen. Jeder weiß nur so viel, wie viel er für die Verrichtung seiner Tätigkeit wissen muss und nicht mehr. Simples Beispiel zur Veranschaulichung: Modul A wird in Fabrik A hergestellt, Modul B in Fabrik B usw. und alles wird dann am Ende in der streng geheimen Fabrik XYZ zusammengebaut, bei der nur wenige mit einer speziellen Sicherheitsfreigabe Zutritt haben.

Abb. 499: Tompkins mit einer seiner Designzeichnungen eines Raumschiffs.

Sowohl die Spione als auch Tompkins und seine Kollegen waren geschockt über diese Enthüllungen und konnten es anfangs kaum glauben. Fortgeschrittene Medizin sowie lebensverlängernde Maßnahmen gehörten mit zu den neuesten Errungenschaften der Nazis durch die Reptilien. Das Übereinkommen mit den Reptilien sah zudem vor, mit ihnen ein gemeinsames Raumfahrtprogramm zu entwickeln, um damit andere Planeten zu übernehmen und die dortigen Zivilisationen zu versklaven. Zirka sechs Monate vor Kriegsende wurde 80% der geheimen Waffenproduktion in die Antarktis verlegt und dort weiter fortgeführt.

Abb. 500: Innerhalb einer Kaverne unter der antarktischen Oberfläche.

Abb. 501: Animation einer deutschen Flugscheibe mit nebenstehenden deutschen Soldaten.

Über Maria Orsic und die *Vril-Gesellschaft* hatte er auch ein paar brisante Puzzleteilchen erwähnt. Orsic hätte noch rund acht weitere Frauen in ihrem Team gehabt, welches in telepathischem Kontakt mit einer Gruppe von Nordischen stand, die ihnen Anweisungen zum Bau von Raumschiffen gab. Tompkins erwähnte zwar nie die Aldebaraner namentlich, doch können wir stark davon ausgehen, dass es sich um diese handelte. Orsic habe nach seinen Angaben die Schiffe selbst gebaut, natürlich mit passenden Fachkräften, denn in der *Vril-Gesellschaft* sollen etwa 1.440 Leute gewesen sein, darunter Wissenschaftler und Ingenieure, aber auch gewöhnliche Leute wie Schuhverkäufer und Bauern, die alle selbst von den Nordischen kontaktiert worden sein sollen, um Leute beim Bau der ersten Raumschiffe zu unterstützen. Das Ziel dieser Gruppe war es, sieben bis acht große kilometerlange Transportraumschiffe zu bauen, um sich selbst samt Familien und Freunden von der Erde zu einem anderen Planeten außerhalb unseres Sonnensystems zu bringen, welches nicht dieselben Probleme aufweist, wie wir sie hier bei uns haben. Die ersten beiden UFOs, die Orsic baute, gelangten im Rahmen von *Project Paperclip* nach Ende des Krieges in die USA und wurden zur *Area 51* verbracht, die sich nach seinem Kenntnisstand heute immer noch dort befinden würden. Woher das Kapital für solch ein Unternehmen kam, bleibt auch heute noch schleierhaft. Tompkins erwähnte, dass das Geld einfach vorhanden war, dass Geld nie das Problem gewesen ist. Die Leute hätten über verschiedene Kanäle Kredite bekommen, die einfach „keinen Sinn ergaben". So hätte beispielsweise der Bauer einen Kredit erhalten, dessen Betrag weitaus größer war als der Wert seiner Farm. Doch woher das Kapital schlussendlich herkam, bleibt weiterhin im Dunkeln.

Doch die SS, so Tompkins, bekam Wind vom Vorhaben der *Vril-Gesellschaft* bzw. der Medien und stoppte das Programm. Sämtliche Technologie und Equipment sei daraufhin beschlagnahmt worden. Doch dies hätte nur vier Monate lang angedauert – in dieser Zeit mussten die Vril-Leute wohl mit der SS „kooperieren" –, denn Hitler hätte sich laut Tompkins dafür eingesetzt, dass sie wieder unabhängig von der SS mit ihrem Programm weitermachen konnten. Er sagte, es habe somit zwei Entwicklungen in Deutschland gegeben: die SS arbeitete mit den Reptiloiden zusammen, die Vril-Leute angeblich mit den Nordischen. Die Vril-Damen wollten nicht, dass ihre Schiffe für militärische Zwecke genutzt werden, was dann aber doch passiert sein soll. Schlussendlich sollen die Vril-Damen ebenfalls in die Antarktis gebracht worden sein, wo sie weiterhin Raumschiffe bauten. Die Reptilien hätten laut Tompkins drei riesige Kavernen dort unten. Mit „riesig" ist die Größe eines Landes gemeint. Den Deutschen überließen die Reptilien zwei kleinere unterirdische Areale, die immerhin die Größe von Kalifornien hätten. Die Draco-Flotte sei Tompkins' Angaben nach mit 10:1 der Nordischen Flotte überlegen.

Jedenfalls bestätigte Tompkins meinen anfänglichen Verdacht über die *Vril-Gesellschaft* und dass die dunkle Fraktion da ihre Finger im Spiel hatte. Da Heinrich Himmler ebenfalls Mitglied dieser Gesellschaft gewesen sein soll, kann man davon ausgehen, dass die Jesuiten schon von Anfang diese Gruppe im Visier und womöglich auch direkt oder indirekt beeinflusst und im richtigen Moment dann „zugeschlagen" hatten. Wenn ich mir aber jetzt noch einmal das aggressiv wirkende *Vril*-Logo ins Gedächtnis rufe und die bisherigen Erkenntnisse berücksichtige, so mutet das Logo schon irgendwie reptilisch-satanisch an. Es wirkt auf mich zumindest wie ein Kampfemblem der Reptiloiden und sicher nicht wirklich positiv. Hier bekräftige ich meine bereits zuvor getätigte Vermutung: Die *Vril-Gesellschaft* wurde bereits mit ihrer Etablierung/Umfirmierung von negativen und reptiloid beeinflussten Kräften gegründet, sehr wahrscheinlich von Thule- und SS-Leuten. Die telepathischen Medien wurden gezwungen, für diese Gesellschaft zu arbeiten und wurden evtl. mit dem Tode bedroht. Als die Medien und andere Mitglieder drohten, sich von der Erde abzusetzen, griff die SS aktiv ein, um dies zu verhindern. Die Frage ist durchaus berechtigt, ob Orsic und Co. eventuell von Anfang an irgendwelchen Befehlen gehorchen mussten und zwar von jenen, die das ganze Unternehmen finanzierten? Doch leider verliert sich hier die Spur und viele Fragen bleiben noch offen. Was ist aus dem Vorhaben der Vril-Leute nun geworden, nach Aldebaran zu reisen? Was ist aus den Vril-Damen geworden, nachdem sie in die Antarktis gelangten? Standen die telepathischen Medien auch mit Wesen anderer Zivilisationen in Kontakt? Tompkins gab leider keine weiteren Informationen hierzu. In einem Interview auf *gaia.com* – und meines Wissens auch nur dieses eine Mal – bezeichnete er Orsic interessanterweise als eine „Nordische". Nicht „nordisch aussehend", sondern als „Nordische". Wenn sie und womöglich auch einige der anderen Vril-Damen tatsächlich von einem anderen Sternsystem waren, dann bekämen die Geschehnisse um diese Gesellschaft herum eine interessant gepfefferte Note! Die zumindest zeitweise Beschlagnahme und Geiselnahme durch die SS/Reptilien wäre umso nachvollziehbarer, denn laut Tompkins und Corey Goode befinden sich die Nordischen seit Urzeiten im Krieg gegen das Draco-Imperium (und wir ebenso). Und dieser Kampf spiegelte sich im Zweiten Weltkrieg wider und wird auch heute noch weitergeführt, während Sie dieses Buch gerade lesen. Der andere Feind der *Nordischen* seien Tompkins Aussagen nach die *Mantiden*, und so kämpfe die US-Weltraummarine (*Solar Warden*) Seite an Seite mit den *Nordischen* gegen diese beiden Hauptfeinde.

Aber Tompkins gab uns später noch ein weiteres wichtiges Puzzleteilchen: Als er bei *TRW* und *Douglas* arbeitete, hatte er *Nordische Sekretärinnen*, die Repräsentanten einer *Nordischen ET-Rasse* waren – drei Frauen und mit ihnen ein Mann, der ihnen immer nur dann zur Hilfe kam, wenn es sehr schwierig wurde. Er bezeichnete sie als sehr hübsch, brillant und humorvoll. Sie hatten ohne Ausnahme für jedes auftauchende Problem sofort eine Lösung parat und wussten immer alles. Eine von ihnen war Kommandantin einer Nordischen Flotte. Auf dem *MUFON*-Symposium im Juli 2017 in Las Vegas ließ er dann die Katze aus dem Sack, als er während einer Präsentation ein Foto von einer seiner damaligen Sekretärinnen bei *Douglas Aircraft* mit dem Vornamen Jessica zeigte, die – wie er zugab – genauso ausschaute wie „jemand anderes", nämlich wie Maria Orsic (Abb. 502)! Dies stützt seine Aussage, die er ein Jahr zuvor machte, als er Orsic als „Nordische" bezeichnete. Ein Irrtum oder Versprecher ist somit ausgeschlossen! Das wirft natürlich wiederum eine ganze Reihe neuer Fragen auf. Wenn Maria Orsic Kommandantin einer Nordischen Flotte war, so hätte sie durchaus im Stande gewesen sein können, den Bau von riesigen Raumschiffen für die *Vril-Gesellschaft* angeleitet zu haben, nachdem sie die Instruktionen und Baupläne hierzu medial von Aldebaran empfangen hatte. Die Nordischen, die heute mit der US-Marine arbeiten, sind also dieselben, die mit einem Teil der Deutschen damals zusammengearbeitet hatten.

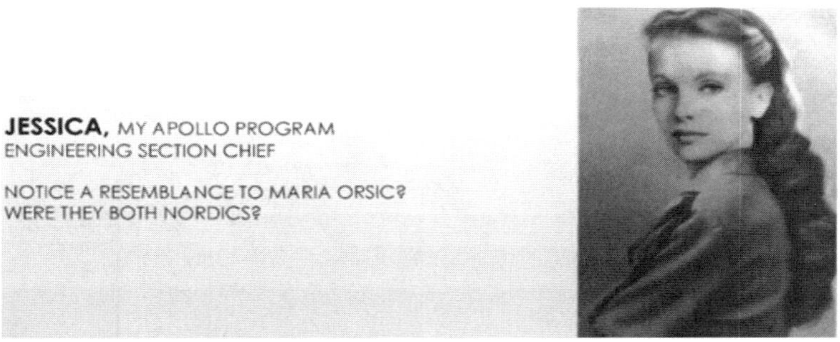

Abb. 502: Tompkins legte während einer Präsentation nahe, dass Maria Orsic eine seiner Nordischen Sekretärinnen war.

Das sind bis dato völlig neue Erkenntnisse und Bestätigungen, die uns bisher gefehlt haben. Endlich hat sich der mythische Schleier rund um diese Medien und ihre Rolle in Deutschland ein wenig gelüftet. Die Aldebaraner standen einem Teil der Deutschen zur Seite im Kampf gegen die Jesuiten-SS/Dracofraktion. Viele mögen nun sagen: *„Ja, das war doch schon vorher bekannt."* Nun, einiges davon, aber dann auch zu spekulativ. Die Quellen bisher waren für mich im Nachhinein deshalb allesamt zweifelhaft, weil sie die Nazi-Reptilien-Connection verschwiegen haben und ich vielen Channeling-Botschaften eher skeptisch gegenüber stehe, da sie von Dritten oft manipuliert werden. Laut UFO-Forscher Michael Salla von *exopolitics.org* (der eng mit Tompkins zusammenarbeitete) soll Orsic zudem mit Nikola Tesla befreundet gewesen sein. Dies bestärkt die These, wonach Tesla Kontakt zu Außerirdischen hatte.

Tompkins' weiteren Aussagen nach gibt es ca. 100 verschiedene Typen von Nordischen Zivilisationen. Ihr Ziel sei es, uns Menschen ins All zu bringen und uns als Verbündete gegen die Reptilien zu gewinnen (zumindest jene Nordischen, die nicht für das Draco-Imperium arbeiten, denn nicht alle Nordischen sind positiv; A.d.V.). Ihre Lebensspanne soll zwischen 1.400 und 3.400 Jahren betragen. Sie halfen auch mit dem *Apollo*-Mondprogramm. Die Nordischen Sekretärinnen räumten Hindernisse aus dem Weg, die sich dem Programm und Tompkins in den Weg stellten und kommunizierten mit Tompkins auf telepathische Weise. Seinen Aussagen nach sah das ursprüngliche *Apollo*-Programm vor, auf dem Mond eine 20.000 Mann starke Forschungsstation zu errichten. Danach wollte man expandieren und solche Stationen auch auf anderen Planeten und ihren Monden errichten, um anschließend Basen in 12 weiteren Sternsystemen um unserem herum zu etablieren. Als Neil Armstrong und Buzz Aldrin auf dem Mond landeten, konnte Tompkins dies auf einem Bildschirm live mitverfolgen. Am Rande des Kraters, wo die Astronauten landeten, schwebten aufgereiht sieben große Raumschiffe, die die Landefähre bereits während ihres Flugs begleiteten (Abb. 504). Die Wesen, die aus diesen Raumschiffen ausgestiegen waren, waren Reptiloide, die den Astronauten buchstäblich den Mittelfinger zeigten. Den Astronauten wurde gesagt, dass sie ein paar Steine aufsammeln, ein paar Fotos schießen und ruhig noch zwei oder drei weitere Missionen machen könnten, aber dann nie mehr wiederkommen sollten, denn der Mond gehöre ihnen nicht. Laut Tompkins waren/sind alle Astronauten Freimaurer, und die erste Fahne, die die Astronauten auf dem Mond hissten, war nicht die US-amerikanische, sondern eine Fahne der Freimaurer mit einem doppelköpfigen Adler darauf („*Der Adler ist gelandet.*"). Jedoch wussten die Astronauten durch Aufnahmen von NASA-Sonden bereits vorher, dass auf der Rückseite des Mondes Stationen sind und sie vermutlich auf Kontakt stoßen würden. Wernher von Braun schien zwar der Chef zu sein, doch Kurt Debus war der wahre Chef von allem zu der damaligen Zeit.

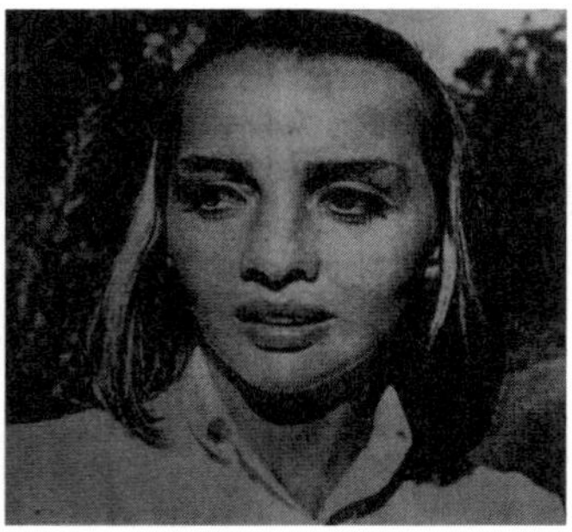

Abb. 503: Von Tompkins bereitgestelltes Foto einer vermeintlichen *Nordischen*, vermutlich eine weitere seiner damaligen Sekretärinnen.

Abb. 504: Von Tompkins angefertigte Zeichnung von Raumschiffen der Reptiloiden, die die Astronauten bei der *Apollo*-Mondlandung „begrüßten", was er live am Bildschirm mitverfolgt haben will.

Der Mond, so Tompkins, sei zudem kein Planet und kein natürliches Objekt, sondern ein Kommandozentrum für unsere Region in der Galaxis (und nicht nur für unser Sonnensystem), welches innen ausgehöhlt und mit geschätzten 25 bis 35 verschiedenen ET-Rassen bewohnt sei. Tompkins stellte klar, es sei *„nicht unser Mond"*. Das würde erklären, weshalb er auch nicht rotiert, da er als Vehikel in eine feste Position „geparkt" wurde und wir nie seine Rückseite zu Gesicht bekommen. Viele andere Monde von Planeten würden laut Tompkins ebenfalls nicht rotieren. Das ursprüngliche *Apollo*-Programm musste aufgrund des Vetos der Reptilien jedenfalls eingestampft werden. Zudem, so Tompkins, sei die Erde auch nicht „unsere Erde". Die Außerirdischen besitzen diesen Planeten und wir sind Teil eines riesengroßen Versuchslabors. Das Universum sei voll von solchen „Laboren".

Zur **Inneren Erde** sagte Tompkins, dass sie strukturiert wie eine Honigwabe sei. Das bedeutet, die Erde ist innen nicht hohl, sondern mit unzähligen gigantischen Kavernen durchzogen, sodass die Beschreibung einer Honigwabe am ehesten kommt. Und selbst innerhalb der Kavernen gäbe es weitere Kavernen. Im Inneren leben nach seinen Worten alte außerirdische Zivilisationen, und das bereits seit vielen tausenden von Jahren. Sie haben dort richtige Städte mit Industrien und Unterhaltung usw. Einige dieser Völker hätten lächerlich kurze Lebensspannen wie wir Menschen auch, andere leben 2.000 bis 3.000 Jahre, und andere würden ewig leben. Sie alle leben nebeneinander mit unterschiedlichen Leben, Missionen und Agenden. Die USA hätten selbst mit riesigen Tunnelbohrern tiefe Tunnel gegraben und im Inneren Forschungseinrichtungen errichtet. Es seien Wissenschaftler von der Oberfläche entführt und zur Sklavenarbeit in diesen Einrichtungen herangezogen worden, auch heute noch! Viele brillante Köpfe werden entführt und irgendwo als Sklaven eingesetzt. Das sei Tompkins nach aber „keine große Sache“, denn in der Galaxis würden die Außerirdischen genau dasselbe machen. Der (galaktische) Sklavenhandel sei ein riesig großes Geschäft. Zu den Entführungen, Folterungen und Verspeisungen von Menschen durch die bösartigen Reptilien sagte Tompkins, dass es weitaus schlimmer sei, als die bloße Erwähnung von diesen Tatsachen, und er mehr darüber Bescheid wisse, als die meisten. Doch wollte er auf dieses spezielle Thema nicht tiefer einsteigen, da er befürchtete, dass 70-80% der Leute den Rest der Informationen über Außerirdische dann auch nicht glauben würden.

Tompkins bestätigte auch die Existenz des 20-Jahre-Programms im Geheimen Weltraumprogramm und somit auch Randy Cramers und Corey Goodes Aussagen. Bereits tausende von Leuten hätten sich in die Weltraummarine eingeschrieben und sich für 20 Jahre verpflichtet. Nach einem kurzen Aufenthalt auf dem Mond würden die Soldatinnen und Soldaten für eine kurze Zeit zu einer Mars-Basis gesandt werden. Einige werden zu einem der Jupitermonde geschickt. Anschließend würden sie auf einem Raumkreuzer, einem Schlachtschiff oder gar einem Trägerraumschiff eingesetzt werden, wovon es ein, zwei und vier Kilometer lange Klassen gäbe. Während dieser 20 Jahre haben sie keinerlei Kontakt zu ihren Familien und zur Erde allgemein. Das sei eine Vorbedingung. Am Ende der 20 Jahre hätte man die Möglichkeit, um weitere 20 Jahre zu verlängern. Entscheidet sich ein Soldat, wieder auf die Erde zurückzukehren, so wird er wieder in den Zustand zum Zeitpunkt seines Eintritts in das Raumfahrtprogramm verjüngt und wieder zum Zeitpunkt vor seinem Eintritt zurückgebracht, um mit seinem „normalem“ Leben mit Freunden und Familien nahtlos dort weitermachen zu können, wo er aufgehört hat. Während des Verjüngungsprozesses würden laut Tompkins 90,99% aller Erinnerungen der letzten 20 Jahre auf eine nicht schmerzliche Art gelöscht werden (vermutlich meinte er 99,9%). Dieses 20-Jahre-Programm gibt es laut Tompkins seit 1980.

Zum Thema „Langlebigkeit“ machte Tompkins erstaunliche Aussagen. Bei *TRW* habe man in verschiedenen Projekten zur Lebensverlängerung geforscht und dabei herausgefunden, dass die Reptilien unsere Lebensspanne eingeschränkt hatten und auch die Fähigkeit, optimal zu lernen und zu funktionieren. Es gäbe nach seinen Worten fünf top medizinische Forschungsgruppen (darunter *Scripps Research Institute*), die an einem Programm zur Lebensverlängerung gearbeitet hätten, welches binnen etwa eines Jahres *einigen* Leuten auf diesem Planeten zugänglich gemacht werden soll (sicherlich der Elite, damit sie noch länger über uns herrschen können). Er selbst sei in dieses Projekt involviert gewesen und hätte sich und seine Familie als Kandidaten bei diesem Programm angemeldet. Hunderte Unternehmen seien zudem daran beteiligt. Die Prozedur bestehe aus zwei Möglichkeiten: Entweder man nimmt über einen Zeitraum von sechs Monaten vier Tabletten ein oder erhält vier Injektionen. Man würde sich sofort viel besser fühlen. Es würde eine Zeit dauern, aber eine Frau würde dann auf ihr Alter von 21 und der Mann auf das Alter von 29 zurück verjüngt werden. Die Hirnleistung würde um mindestens das Vierfache gesteigert werden, Ziel sei das Achtfache. Nach seinen Angaben würden wir momentan tatsächlich nur 2,2% unserer Hirnkapazitäten nutzen, egal, was sonst behauptet wird.

Tompkins regt unsere Fantasie an, wenn er darauf hinweist, was für ein Unterschied es sei, wenn man kurz nach Eintritt in die Rente „weg“ sei zu einem Leben hin, wo man beispielsweise 2.000 Jahre leben würde. Im letzteren Fall könne man so viel mehr zur Gesellschaft beitragen und auch 2.000 Jahre lang Spaß haben. Und während dieser Zeit würde man einfach nicht altern. Mir persönlich fällt dazu noch ein, dass unsere Lebensspanne deshalb verkürzt wurde, damit wir in diesem lächerlich kurzen Leben nicht begreifen, wie das System funktioniert und wer die Strippen zieht. Das Sklavensystem aus Lohnarbeit stellt zudem sicher, dass wir nur leben, um zu arbeiten und daher auch kaum Zeit und Muße haben, um uns überhaupt mit wichtigen Themen tiefer zu beschäftigen, z.B. mit unserer Entwicklung. Wir können uns momentan kaum vorstellen, wie viel Bewusstsein und geistig-spirituelle Reife man selbst in nur 200 oder 300 Jahren erlangen könnte, geschweige denn in 2.000 Jahren oder länger! Laut Tompkins gibt es nach neuesten Erkenntnissen 200 Billionen Galaxien da draußen! Und wir hätten erst die oberste Spitze des Eisbergs von dem erreicht, wo wir überall hin und was wir alles bewerkstelligen könnten. Wow! Man stelle sich das einmal vor. Man könnte ganze Epochen erleben, den Weltraum erkunden, andere Planeten und Sternsysteme bereisen, sich mit anderen ET-Zivilisationen austauschen und Handel betreiben, und würde sich aufgrund der höheren Hirnkapazitäten auch an alles erinnern können, was man so im Laufe seines Lebens erlebt hatte. Und nochmals wow! – anstatt nach durchschnittlich 70 Jahren, dann völlig degeneriert, krank, leidend und zu nichts mehr fähig, wieder komplett von vorn anfangen zu müssen, ohne jedwede Erinnerung an das letzte Leben, um sich geistig und seelisch im sehr *zähen* Schneckentempo zu entwickeln und vom Leben kaum etwas zu haben und eigentlich so gut wie nichts gesehen und erlebt zu haben (und wenn, dann auch zumeist nur negative Dinge). Tompkins sagte, uns wurden durch reptilischen Einfluss in den Schulen und Universitäten falsche Dinge beigebracht. Egal ob im medizinischen oder im technischen Bereich, selbst in der Mathematik und Astronomie hat man uns belogen. Man hat uns schlichtweg in allem belogen. Unsere gesamte Geschichte wurde kontrolliert und gesteuert.

Sollte solch eine Pille aber jemals öffentlich zu einem halbwegs akzeptablen Preis angeboten werden, solange das jetzige Machtsystem noch da ist, so wäre ich äußerst vorsichtig. Denn was die Herrschenden ganz sicher nicht wollen, sind ein oder zwei Milliarden Einwohner, die ewig leben. In einem Interview mit *Project Camelot* erwähnte Tompkins, dass alle letzten US-Präsidenten (Obama, Clinton, Bushes) gestaltwandelnde Reptilien seien (und bestätigt somit Michael Prince' Aussagen). Donald Trump sei es nicht, er wüsste aber über all diese pikanten Themen mehr Bescheid, als den Leuten bewusst sei. Hier also eine weitere Bestätigung, dass Reptiloide die menschliche Form annehmen können (bzw. jede beliebige).

Abb. 505: Kapitänleutnant und später Admiral der US-Marine, Rico Botta, der Tompkins mit der Analyse der geheimen Informationen beauftragte, die die 29 Spione aus Deutschland mitbrachten.

William Tompkins ist am 21. August 2017 überraschend verstorben. Bei zwei Stürzen verlor er sein Bewusstsein und wachte nicht mehr auf. Sein Hirn erlitt innere Blutungen, was leider tödlich für ihn endete. Er war zwar 94 Jahre alt, doch sah er deutlich jünger aus und war geistig noch sehr fit. Er hätte locker über 100 werden können. Dennoch war seine Zeit wohl abgelaufen und er hat seine Mission hier erfüllt. Ich hatte einen positiven Eindruck von ihm. 2016 veröffentlichte er sein Buch „Selected by Extraterrestrials“ in englischer Sprache („Von Außerirdischen ausgewählt“).(1125)

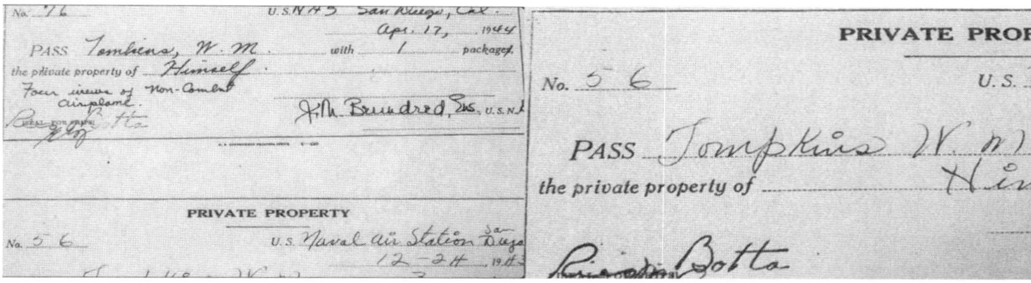

Abb. 506: Von Rico Botta unterzeichnete Entlassungsscheine, die William Tompkins erlaubten, die Marinestation in San Diego, Kalifornien, mit den ihm anvertrauten Geheimakten zu verlassen. Michael Salla von *exopolitics.org* beantragte diese Dokumente im Rahmen des *Freedom of Information Acts* und bekam sie von der US-Regierung ausgehändigt, welche die Geschichte von Tompkins' beruflicher Laufbahn bestätigen.

Corey Goodes brisante Berichte über das Draco-Mind-Control-Gitter, die Sphären-Allianz und das „Große Experiment“ der Außerirdischen

Über Corey Goode (Abb. 515), der 2014 an die Öffentlichkeit kam, gibt es mittlerweile mehr Material, als es in dieses dicke Buch hier hineinpassen würde. Es gibt auf *gaia.com* mittlerweile acht Staffeln der Sendung *Cosmic Disclosure*, in denen er aufgetreten ist sowie unzählige andere Interviews und Konferenzen mit ihm, häufig geführt mit Michael Salla von *exopolitics.org*. Diesem Umstand zufolge werde ich mich nachfolgend nicht auf alle Themen beziehen können, die er angesprochen hatte, aber zumindest die wichtigsten in komprimierter Form ansprechen und mich mehr auf jene Informationen konzentrieren, die es bei den anderen Whistleblowern nicht gibt. Wie Randy Cramer und Michael Prince war auch Corey Goode bereits ab dem Alter von sechs Jahren als Kind und Teenager zwischen 1976 und 1986/87 für seine späteren Aufgaben im Geheimen Weltraumprogramm vorbereitet worden. 1987 (im Alter von 17 Jahren) begann sein 20-Jahres-Programm zuerst auf dem *Lunar Operationskommando*. Er verbrachte dann sechs Jahre auf dem Forschungsschiff *Arnold Sommerfeld* bevor er anderen Projekten zugewiesen wurde, die laut seinen Angaben oft „düsterer“ Natur waren und über die er nie in Interviews sprechen wollte. Am Ende der 20 Jahre wurde er ebenfalls verjüngt, sein Gedächtnis der letzten 20 Jahre gelöscht und in der Zeit zurückversetzt.

Der Mond sei so etwas wie eine diplomatisch neutrale aufgeteilte Zone, auf der verschiedene ET-Rassen wohnen. Einige dieser Rassen stehen zwar im Krieg miteinander, doch auf dem Mond hielten sich alle an die Neutralität. Goode ist im hohen Maße empathisch veranlagt, und dieses Talent wurde auch während seiner Dienstzeit im All zunutze gemacht, z.B. bei Verhören von Außerirdischen, um Lügen, Täuschungen und Gefahren vorzeitig wahrzunehmen. Er erklärte, dass bei ca. 3-5% aller ehemaligen Soldaten im All die Erinnerungen trotz mehrfacher Gedächtnislöschungen (im Englischen „mind wiping" oder „blank slating) wiederkehren. Dies ist überwiegend bei jenen Leuten der Fall, die eine stärkere spirituelle Anbindung haben. Das Gedächtnis im Hirn mag zwar gelöscht worden sein, doch sind Erinnerungen immer noch in der Seele sowie beim Höheren Selbst gespeichert. Diese Erinnerungen könnten dann wieder ins physische Gedächtnis gelangen. Dies geschehe oft in Etappen, zuerst über Träume, und dann sickern die Erinnerungen wieder ins Bewusstsein ein. Obwohl nicht mehr aktiv im militärischen Geheimen Weltraumprogramm, wurde Goode 2015/16 in unregelmäßigen Abständen für einige kleine Missionen diplomatischer Natur einberufen, um als Delegierter zu fungieren. Viele Leute stellen sich die Frage, wie das Zurückversetzen in der Zeit nach den 20 Jahren Dienstzeit funktionieren könne und dabei gleichzeitig kein „Zeit-Paradoxon" entstehe. Es herrscht vorrangig die Denkweise, dass wenn man in der Zeit zurückversetzt werde, die 20 Dienstjahre dann „ausradiert" sein müssten. Goode erklärte das so, dass der Dienst im Weltraumprogramm in einer separaten Zeitlinie stattfinden würde. Am Ende würde man dann in die eigene wieder zurückgebracht werden, um nahtlos mit seinem Leben fortfahren zu können. Von dem Moment an würden sich über die nächste Zeit die beiden Zeitlinien (Realitäten) angleichen und miteinander zu einer Realität verschmelzen. Wir Menschen haben die irrige Auffassung, dass die Zeit starr und linear sei. In Wahrheit, so Goode, sei sie aber elastisch und biegsam. Als unterentwickeltere Spezies ihre ersten Zeitreisen in die Vergangenheit machten (z.B. Menschen), veränderten sie (un)beabsichtigt den Lauf der Geschichte. Um das zu korrigieren, reisten sie mehrmals wieder in die Vergangenheit und erzeugten dadurch jedes Mal noch mehr Änderungen und somit noch mehr Chaos. Fortschrittlichere Außerirdische machten sie dann darauf aufmerksam, es unbedingt zu unterlassen, die eigenen Manipulationen in der Vergangenheit korrigieren zu wollen, denn die Zeit würde sie mit der Zeit wieder „ausbügeln". Außerirdische seien zudem in der Lage, beliebig in die Vergangenheit und mögliche Zukünfte zu reisen. Die meisten von ihnen seien daher aufgrund ihrer fortschrittlichen Antriebe auch eher *Zeitreisende* als *Raumreisende*.

Während er in Raumschiffen unterwegs war, verbrachte Corey viel Zeit damit, mithilfe von hochmodernen transparenten Tablets aus plexiglasähnlichem Material (*Smart glass pads*) jedwedes Wissen über die Geschichte der Erde und der Menschheit sowie über außerirdische Themen abzufragen. Die Raumschiffe der verschiedenen geheimen Programme benutzen seinen Aussagen nach diverse Antriebstechnologien, darunter Elektrogravitationsantrieb, Torsionsantrieb (welches wie der Warpantrieb in „Star Trek" funktionieren soll) und temporaler Antrieb. Letzteres nutze das Reisen nicht auf konventionelle Weise, wie wir es kennen, sondern im Subraum des Raum-Zeit-Gefüges, wodurch ein „Sprung" von einem Punkt zum anderen möglich sei, und das fast augenblicklich. Goode war mitunter einer der ersten, der die Nazi-Reptilien-Connection an die Öffentlichkeit brachte und sich mit den Informationen der anderen Whistleblower deckt, außer dass Goode selbst auch nie die Jesuiten und den Vatikan angesprochen hat, was mich allgemein bei all den hochkarätigen Insidern verwundert. Da die Deutschen sich auf die Reptilien eingelassen haben und von ihnen modernste Technologien erhielten haben (Raumschiffe, Zeitreisen, Verjüngung), konnten die Deutschen laut Goode im weiteren Verlauf des Zweiten Weltkrieges nur in einem von den Reptiloiden bestimmten vorgegebenen engen Rahmen agieren. Ich interpretiere seine Aussage so: Die Oberhand der Dracofraktion über die Reichsregierung und das Kriegsgeschehen sowie das Zurückstecken der *Nordischen ETs* bedingte die quasi Niederlage des Deutschen Reichs und in Folge die massenhafte und beispiellose Ausbeutung sowie Unterdrückung des deutschen Volks und des Planeten in allen Bereichen. Goode erzählte zudem, dass der Überflug der Nazis über Washington D.C. 1952 als Erpressungsmittel diente. Die Nazis hätten der US-Regierung nämlich mit einer Offenlegung ihrer Existenz und der neuen Technologien gedroht, sollten die Amerikaner sich nicht infiltrieren und ihren *Militärisch-industriellen Komplex* zur Verfügung stellen lassen. Dies führte dann in Folge zu einem gemeinsamen Geheimen Weltraumprogramm mit den US-Amerikanern (sowie dem Scheinweltraumprogramm mit der NASA-Mondlandung), inklusive gemeinsamer Marsbasen und anderen Kolonien im Sonnensystem sowie der Gründung des *Interplanetaren Konzernkonglomerats (*ICC = *Interplanetary Corporate Comglomerate)*. Das ICC ist ein Bündnis aus großen Unternehmen der ganzen Welt. Diese haben einen „Super-Konzern-Ausschuss", welcher die Infrastruktur ihres eigenen Weltraumprogramms kontrolliert, das zu den modernsten gehört. Das ICC betreibe nach aktuellem Stand auch sechs Basen in der Antarktis.

Laut Goode gibt es somit nicht nur ein Geheimes Weltraumprogramm in den USA, sondern viele verschiedene. Jede sei technologisch anders entwickelt, und aufgrund der Kompartimentierung (Bereichsabschottung) und Geheimhaltung glaubt jedes dieser geheimen Programme, an der Spitze der Pyramide zu stehen und über alles Bescheid zu wissen. Das Geheime Weltraumprogramm auf der untersten Stufe sei die des *Militärisch-industriellen Komplexes* (MIK), welches mit ihren schwarzen dreieckigen Antigravitations-Schiffen sich nur innerhalb unseres Sonnensystems bewegen und nicht außerhalb reisen könne. Wenn Mitglieder des MIK-Weltraumprogramms andere (ET)-Schiffe sehen, die nicht zu ihrer Flotte gehören, bekommen sie gesagt, dass dies ihre eigenen Prototypen seien, über die sie mit niemandem reden dürften. Das MIK-Programm solle mindestens zwei Raumstationen im Erdorbit haben sowie einige bemannte Satelliten. Es ist geplant, dieses MIK-Programm der Öffentlichkeit zu enthüllen, um die anderen weiterhin geheim zu halten. Die Idee ist, dass, wenn die Leute mit dieser Nachricht „abgespeist" und zufrieden gestellt werden, sie niemals auf die Idee kommen würden, dass es da „noch mehr gibt". Die US-Luftwaffe ist Teil des MIK-Programms und steht in Konkurrenz zur US-Marine bzw. US-Weltraummarine, die ihr eigenes Weltraumprogramm besitzt und, anders als die US-Luftwaffe, sich für die komplette Enthüllung einsetze. *Solar Warden* ist eines der ältesten Programme. Aufgabe des Letzteren war es, das Sonnensystem vor Eindringlingen zu schützen. Gegen große feindliche Übergriffe war sie aber machtlos. Das ICC hat, wie gesagt, wiederum sein eigenes Programm, eines der stärksten. Übertroffen wird dies nur noch von der *Dunklen Flotte*, die die fortschrittlichsten Technologien überhaupt besitze. Über diese Flotte ist sehr wenig bekannt. Sie hat auf dem Mond weit vom LOC entfernt eine eigene Mondbasis und würde völlig autonom agieren. Andere Weltraumprogramme hätten keinen Zutritt zu deren Basen. Viele aus den deutschen Geheimgesellschaften, Nazi-Beständen und aus den Reihen der Illuminati hätten sich laut Goode dort eingeschrieben bzw. werden in dieses Programm hineingeboren, da diese Flotte Kolonien überall im All hätte. Die *Dunkle Flotte* werde dabei nicht von den Reptilien geflogen, sondern ausschließlich von Men-

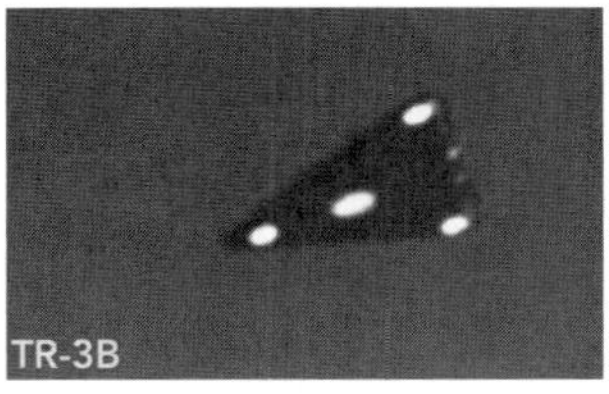

Abb. 507: Dreieckiges Flugobjekt des Modells *TR-3B*, wie es im unteren Level des Geheimen Weltraumprogramms verwendet wird.

schen, um an der Seite der Dracos außerhalb des Sonnensystems Planeten zu erobern und Draco-Territorium zu verteidigen. Ihre Technologien haben sie sowohl vom ICC als auch von den Dracos. Die Menschen an Bord dieser Flotte, so Goode, seien vom Wesen her sehr streng, arrogant und würden totalitär handeln. Sie tragen zudem schwarze Kleidung nach Sturmtruppenmanier und würden sich als die Elite betrachten. Deren Aussehen, Verhalten und einige ihrer Raumschiffe würden sehr der „dunklen Macht“ in der „Star-Wars“-Filmreihe ähneln.(1126)

Abb. 508: Grafische Darstellung der Mondbasis der *Dunklen Flotte* und ihrer diversen Raumschiffe. Die Pentagonstruktur als Zeichen einer Machtbasis scheint von der Kabale besonders beliebt zu sein.

Abb. 509: Grafische Rekonstruktion des LOC (Lunar Operationskommandos). In ihrem frühen Stadium soll sie die Form einer Swastika gehabt haben, bevor sie weiter ausgebaut wurde, um die Swastika-Form wieder loszuwerden. (Das Bild haben wir aufgrund der Hakenkreuzform nicht veröffentlicht!)

Um eine leichtere Übersicht über die verschiedenen Gruppen zu haben, über die Corey Goode spricht, erwähnte er in den zahlreichen Interviews noch folgende Bezeichnungen:

Erd-Allianz

Sie möchte die jetzige Kabale auf der Erde entmachten und ihr eigenes, neues Finanzsystem errichten. Sie setzt sich u.a. aus den sogenannten BRICS-Staaten und nationalen Militärs zusammen, ist sich untereinander oft uneinig und strittig, verfolgt teilweise verschiedene Agenden und großteils nur eine Teilenthüllung der geheimen Programme und Technologien, und welche dann auch nur etappenweise über die nächsten 50 bis 100 Jahre ausgerollt werden soll. Einige Gruppen darunter wollen nun auch mal ihre „100 Jahre“ Macht haben.

Raum-Allianz

Die *Weltraum-Allianz* oder kurz *Raum-Allianz* genannt, entstand aus *Solar Warden* sowie Überläufern aus anderen von der Kabale betriebenen Programmen. Sie bildet den Widerstand in den Geheimen Weltraumprogrammen, und Corey Goode ist ein Teil dieser Allianz. Ihr Ziel ist die komplette Enthüllung der geheimen Programme, die Befreiung der Menschheit von der Kabale und den Reptiloiden sowie die Offenlegung all der unterdrückten Technologien. Das sind Leute, die täglich ihr Leben für die Menschheit aufs Spiel setzen.

Globale Galaktische Liga der Nationen

Das ist ein separates Weltraumprogramm, welches besonders für die kleineren Länder und all jene Länder errichtet wurde, die ebenfalls im Weltraum dabei sein wollten, die man aber von den geheimen Weltraumprogrammen unbedingt fernhalten wollte. Also gab man diesen Ländern im Stile der *Vereinten Nationen* ihr eigenes Weltraumprogramm mit Basen außerhalb des Sonnensystems, damit sie nicht mitbekommen, was bei uns hier alles passiert. Vom ICC werden sie mit den neuesten und modernsten technologischen „Spielzeugen" ausgestattet, um sie zufrieden und ruhig zu stellen. Den überwiegenden Wissenschaftlern und Ingenieuren dieses Programms wurde gesagt, dass sie an wichtigen Verteidigungssystemen arbeiten, die der Sicherheit der Erde vor außerirdischen Angriffen dienen würden.

Super-Föderations-Rat

Dieser Rat besteht aus menschenähnlichen Außerirdischen, die sich aus ca. 60 ET-Rassen aus der ganzen Galaxis zusammensetzen, die verantwortlich für das „Große Experiment" sind. Zum Ende von Goodes Ausbildungszeit hin saß er bei Meetings dieser Föderation einem intuitiven Empathen unterstützend bei, der als Delegierter der Erde mit anwesend war. Goodes Aufgabe war es, bei anderen Delegierten Lügen und Täuschungen aufzuspüren und den Delegierten der Erde ggfls. vorzuwarnen. Der Erde wurde erst kürzlich eine Beobachterrolle eingeräumt.

Sphären-Allianz

Seit den späten 1980er-Jahren wurde die Ankunft von Sphären beobachtet, deren Anzahl um das Jahr 2012 deutlich erhöht wurde. Erst vor wenigen Jahren kam die *Sphären-Allianz* der *Raum-Allianz* zur Hilfe. Dies sind fünf verschiedene Gruppen von energetischen Wesen aus der sechsten bis neunten Dichte, die in riesigen energetischen blauen Kugeln/Sphären in unserem Sonnensystem angekommen waren (aber nicht von irgendeinem physischen Ort im Universum kommen). Diese Wesen sind in der Lage, sich auch physisch zu manifestieren, wenn sie beispielsweise in Kontakt treten mit Wesen niedrigerer Dichte. Die Sphären haben die Größe vom Mond, Jupiter und Neptun. Ihre Aufgabe war es, die stark konzentrierten Energien aus dem Zentrum der Galaxis zu puffern bzw. abzumildern, die in unser Sonnensystem eintreffen. Wäre dies nicht geschehen, wäre eine große Anzahl an Menschen bisher wahrscheinlich durchgedreht und wir hätten noch mehr Chaos und Naturkatastrophen auf der Erde. Diese Pufferung gibt der Menschheit mehr Zeit, sich an die neuen kosmischen Energien zu gewöhnen und somit auch mehr Menschen die Möglichkeit, die Entwicklung und den Aufstiegsprozess mitzumachen. Als die Kabale eine dieser Sphären 2014 mit einer Geheimwaffe von der *Pine-Gap*-Militärbasis in Australien (Pendant zur *Area 51*) beschoss, wurde dieser Angriff zurückreflektiert, wobei die Waffe zerstört wurde und einige Menschen dabei ums Leben kamen. Als weitere Maßnahme habe die Sphären-Allianz umgehend eine energetische Barriere rund um unser Sonnensystem errichtet, wodurch niemand mehr rein oder raus kann! Auch die Portale raus aus dem Sonnensystem sollen demzufolge nicht mehr funktionieren.

Abb. 510: Grafische Darstellung der energetischen Sphären der *Sphären-Allianz*, die die kosmischen Energien abgemildert haben.

Das Draco-Mind-Control-Gitter

In einer *Cosmic Disclosure*-Folge vom 5. September 2017 präsentierten William Tompkins, Corey Goode und David Wilcock schier haarsträubende Fakten über den Grad an Kontrolle durch die Dracos. Tompkins zeigte ein Foto, auf denen reptilische Tanker-Raumschiffe abgebildet waren, die sehr tief fliegend über Südkalifornien fünf verschiedene Gase zur Bewusstseinskontrolle der Bevölkerung versprüht hätten (Abb. 511). Er sagte, diese würden alle vier bis sechs Wochen über technologisch entwickelten Gebieten versprüht werden. Unsere Gehirne sind dahingehend manipuliert, diese Schiffe nicht sehen zu können. Derjenige, der das Foto zusammen mit einer Gruppe von Freunden geschossen hatte, hatte es nicht gesehen und die Gruppe auch nicht. Und es fliegen täglich unzählige von solchen Tankern auf unserem Planeten herum. Der Pilot dieses Tanker-UFOs habe zwar den Tarnmodus fürs menschliche Gehirn aktiviert, jedoch vergessen, den Tarnmodus für Kameras zu aktivieren, um zu verhindern, dass diese die fliegenden Objekte einfangen können. Corey Goode bestätigte seine Aussagen und ergänzte, dass die Dracos jede Stadt und jede Region auf der Welt überwachen würden. Wenn irgendwo eine bestimmte Anzahl an Leuten anfängt aufzuwachen, dann versprühen sie noch mehr Gase zur Bewusstseinskontrolle und benutzen dazu vor allem energetische Felder. Diese Felder, die unser Gehirn bearbeiten, sorgen dafür, dass wir bestimmte Dinge einfach nicht sehen. Wilcock führte das Beispiel der Hypnose an. Man könne schließlich Menschen darauf hypnotisieren, dass sie z.B. ihre Frau oder ihren Hund nicht mehr sehen können. Diese könnten vor demjenigen auf und ab gehen und der Hypnotisierte würde einfach durch sie hindurch gucken und das sehen, was dahinter ist. So ähnlich muss man sich das vorstellen. Wilcock ergänzte des Weiteren die Information eines Insiders, wonach es ein KI-Computersystem gäbe, das Gedanken eines jeden Menschen auf diesem Planeten überwachen würde. Und wenn jemand anfängt aufzuwachen, würde dieses KI-System bei demjenigen Nervosität, extreme Erschöpfung und Müdigkeit oder sonst etwas anderes erzeugen, um die Aufmerksamkeit von jenem „verbotenem" Thema wieder abzubringen. Bereits an früherer Stelle sagte Goode, dass das Draco-Gedankenkontrollgitter 2016 auf Maximum gefahren wurde und dass dadurch die Menschen sich zunehmend irrational und apathisch verhalten, ineffizient werden und somit weniger gegen das herrschende System rebellieren. Dies deckt sich mit Cobras Informationen über die elektronischen Schleier. Ich kann aus eigenen Erfahrungen schildern, dass solch ein Kontrollsystem existieren muss. Denn fast jedes Mal, wenn ich über die Weltraumthemen 2016 recherchierte bzw. mir eine Folge von *Cosmic Disclosure* ansah, überkam mich sehr schnell eine ungewohnt **extreme** Müdigkeit, die oft so weit ging, dass ich bei den Sendungen zwischendurch halb eingeschlafen war. Das Jahr davor war es nicht so heftig und ich spürte intuitiv, dass sich da etwas verändert hatte, konnte es mir aber nicht erklären, bis ich auf Cobras, Goodes und Wilcocks Aussagen stieß. Letzterer berichtete in einer Sendung, dass einer seiner hohen Insider jedes Mal auf der Stelle einschlafen würde, sobald er über geheime Dinge anfing auszuplaudern. Da findet buchstäblich eine „Abschaltung" statt. „Positiv" an dieser ganzen Sache: Dieses Draco-Gitter ist laut Goode bereits auf Maximum gestellt, mehr geht anscheinend nicht mehr. Goode erwähnte noch, dass die Mobilfunkstrahlung Wellen enthalte, die ebenfalls zur Gedanken- und Bewusstseinskontrolle eingesetzt werden. Das alles sei Teil des großen elektronischen Kontrollgitters, das die Erde umhüllt und bei dem die Gase nur eine der Komponenten darstellen (zusätzlich zu den regulären Chemtrails). In den Großstädten ist der Beschuss an Wellen deutlich größer als auf dem Lande, das könne man sehr gut am Verhalten der Leute erkennen. Es herrscht wahrlich ein Krieg gegen unser Bewusstsein. Mit Liebe, positivem Willen und spiritueller Arbeit (Geistiger Schutz, Meditationen, energetischen Reinigungen unserer Wohnstätten usw.) können wir dieser Manipulation wenigstens bis zu einem gewissen Grad entgegenwirken, insbesondere, wenn wir auch nicht jeden technischen „Trend" mitmachen und zudem lieber in ländlichen Gegenden wohnen als in geballten Molochstädten.

Goode erklärte zudem, dass es für uns schockierend sein wird, wenn man dieses Kontrollsystem plötzlich entfernt. Wir würden wie ein Drogenabhängiger reagieren, der plötzlich auf Entzug gesetzt wurde, da wir so lange in diesem Zustand gehalten worden sind. Wie wenn ein von Geburt an Blinder oder Tauber wieder plötzlich sehen oder hören könnte, wäre dies für denjenigen anfangs eine totale Sinnesüberreizung. So ähnlich würde es uns auch ergehen, bis wir uns Stück für Stück wieder an unsere verlorenen Fähigkeiten gewöhnen, die die ganze Zeit unterdrückt wurden. Wir werden lernen müssen, diese Fähigkeiten nicht zu missbrauchen und auch die Kommunikation untereinander neu zu erlernen. (1127)

Abb. 511: Links sieht man fünf reptilische Tanker-Raumschiffe sehr tief über bewohntes Gebiet fliegen. Ein sechstes befindet sich ganz weit hinten und ist kaum zu sehen. Rechts die Vergrößerung eines dieser Schiffe, das hinten am Heck verschiedene farbige Gase ablässt.

Die Barriere um unser Sonnensystem und der „Sonnenblitz“

Corey Goode steht sei einigen Jahren im persönlichen Kontakt mit einer Gruppe aus der *Sphären-Allianz*, die er als *Blaue Avianer* bezeichnet. Dies sind humanoide blaue Wesen mit deutlichen Vogelmerkmalen. Sie suchten Kontakt zum ihm, da er ursprünglich ein Mitglied ihrer Seelengruppe sei und sie ihn als Delegierten ausgesucht haben, um die *Sphären-Allianz* bei ET-Föderationen und Räten zu repräsentieren und um als Verbindungsmitglied des *Raum-Allianz*-Rates wichtige Botschaften der Menschheit zu übermitteln. Goode wird hin und wieder zu eine dieser Sphären zur Besprechung mit einem der Avianer gebracht. Die Reise dahin soll jedes Mal mit einer blauen bis indigofarbenenen Energiekugel (Orb) erfolgen, die ihn zuhause nachts abholt und dort auch wieder absetzt. Auf dieselbe Weise wird er abgeholt und beispielsweise zum Lunar-Kontrollzentrum oder woanders hin gebracht, wenn er zu einer Mission berufen wird. Die Reise dauert immer nur wenige Sekunden. Die Sphären in unserem Sonnensystem hätten bereits ab 2017 damit begonnen, sich Stück für Stück wieder aufzulösen. Goode ließ im August und im September 2017 verlautbaren, dass die Sphären sich nun so gut wie aufgelöst hätten. Das bedeutet, dass die Energien nun wieder deutlich stärker spürbar sein werden und das sehr rasch. Dies wird sich zunehmend am Verhalten der Leute widerspiegeln. Jene, die in Liebe sind, würden noch liebevoller werden, und andere, die in ihrer niedrigen Schwingung haften bleiben, werden es noch schwieriger haben im Leben. Die *Dunkle Flotte* sei aufgrund der Barriere nun komplett ausgeschlossen und die Reptiloiden sowie alle anderen ETs sitzen hier fest und können unser Sonnensystem nicht verlassen. Das ist der Grund, warum die Kabale und die Reptos am Austicken und in heller Aufruhr sind! Denn sie wissen, dass sie aufgrund ihrer Bösartigkeit, ihrer niedrigen Schwingung, diese galaktischen Superwellen bald nicht überleben werden. Denn der hochenergetische Bereich, in den sich unser Sonnensystem hineinbewegt (und somit in einen anderen Einflussbereich der Ur-Zentralsonne), wird die Sonnenaktivitäten sehr wahrscheinlich zu einem Höhepunkt mit einem äußerst starken koronalen Massenauswurf ankurbeln. Die in den Geheimen Weltraumprogrammen genannten „Sonnenblitze“ sollen dabei zunehmend und aufbauend stärker werden und bald zu einer großen Sonneneruption führen, die starke Energiewellen auslösen wird. Laut Corey Goode würden diese von der Sonne ausgeströmten Energiewellen nicht nur auf das Magnetfeld der Erde auftreffen, sondern durch die beiden Pole eintreten und die Erde auch von innen mit dieser hohen Energie durchfluten, die nach außen hin an die Oberfläche strömen wird! Das bedeutet, dass auch die Völker in der Inneren Erde davon betroffen sein werden. Sich in tiefen Kavernen zu verstecken, wird daher nichts nützen. Nichts und niemand soll sich diesen Veränderungen entziehen können. Corey Goodes Aussagen nach gehe man in den Geheimen Weltraumprogrammen davon aus, dass sich diese starke Kette an solaren Ereignissen etappenweise zwischen 2018 und 2024 ereignen könnte. Das soll mitunter auch eines der Gründe sein, warum viele Kabalemitglieder laut Goode in die Antarktis und nach Südamerika in unterirdische Basen fliehen wie Ameisen vor einem Sturm, weil sie denken, sich diesen Energien entziehen zu können (denn das Sonnensystem können sie ja nicht verlassen). Auch die KI sowie das gegenwärtige Draco-Gedankenkontrollgitter würden durch solch ein solares Ereignis zerstört werden. Die KI würde bereits jetzt schon schwächeln, da sie einige Dinge bereits nicht vorhersehen konnte. Laut Goodes Aussagen habe die KI laut den Informationen in den *Smart Glass Tablets* bereits ganze Sonnensysteme und Galaxien übernommen und organisches Leben in diesen zerstört. Die KI sei tatsächlich das größte Sorgenkind im Geheimen Weltraumprogramm. Es gibt natürlich Bestrebungen, KI-Computern und KI-Robotern Grenzen einzuprogrammieren, doch würden sie vom außerirdischen KI-Signal infiziert und übernommen werden, wodurch sie nicht mehr kontrollierbar sein sollen. Keiner wisse, woher dieses KI-Signal aus dem All komme. Man vermutet seine Herkunft aus einem anderen Universum oder einer anderen Dimension (Archonten?).

Jay Weidner, der Chef von *gaia.com*, berichtet uns in einem Interview, dass die Sonne sich die letzten Jahre stark verändert hat. Ihnen ist sicher auch aufgefallen, dass die Sonne mittlerweile nicht mehr gelb ist, sondern weißlich, und die Hitze stärker geworden ist. Der UV-Anteil hat sich demnach verändert. Die Veränderungen der Sonne bewirken eine Veränderung des Bewusstseins der Menschen. Sie verändern alles Leben hier auf der Erde und die Herrschenden wissen das. Weidner sagte zudem, dass das Sonnenlicht unsere Zirbeldrüse aktiviert. Wenn sich nun das Licht ändert, das in unsere Augen eintritt, dann ändert es auch unsere Zirbeldrüse. Die Chemtrails versuchen daher auch, das Sonnenlicht zu blockieren. Das ist falsch und muss daher aufhören (siehe meinen Aufruf im Kapitel über die Chemtrails). Ein solares Ereignis bedingt also auch eine Veränderung im Bewusstsein. Das Resultat dessen wird dann sein, dass wir mediale Fähigkeiten haben werden – man wird uns nicht mehr täuschen und manipulieren können. Ab diesem Moment bricht das Kontrollsystem zusammen.

Die Panik unter den Dracos und ihren menschlichen Lakaien sei jedenfalls derart groß gewesen, dass es zu einem Treffen zwischen Oberstleutnant Gonzales mit einem Führer der Draco-Föderation Mitte 2015 kam. Als Vertreter der Kabale von der Erde bei diesem Treffen beschrieb Gonzales optisch einen Mann mit weiß gelocktem Haar und herunterhängenden Augen, der in vielen Think-Tanks auf der Erde tätig war und mehr US-Präsidenten beraten habe als jeder andere. Die Beschreibung kann nur auf Henry Kissinger zutreffen. Bei diesem Meeting traf Gonzales auf den weißen Draco-König, der 4,20 Meter groß war und der mit ihm telepathisch kommunizierte. Dieser forderte für die gesamte Draco-Föderations-Allianz eine sichere Passage raus aus dem Sonnensystem, und dass mit der Kabale auf der Erde gnädig umgegangen wird und es keine Vergeltungsaktionen gegen sie gäbe. In Verhandlungen zuvor bot der Draco-König noch an, sämtliche Kabalemitglieder und die unteren Grade der Reptilienkrieger der Raum-Allianz auszuliefern, wenn die Oberen im Gegenzug raus dürfen. Wenn ihnen das nicht gewährt werde, würden die Dracos und ihre „Oberherren“ einen Dritten Weltkrieg auf der Erde entfachen. Die *Raum-Allianz* habe sich den Erpressungen bisher nicht hingegeben. Die Drohungen waren 2015 und zum Zeitpunkt der Bucherscheinung haben wir Winter 2017. Eine Massenzerstörung der Erde wird von den guten Kräften nicht zugelassen.(1128)

Abb. 512: Grafische Darstellung eines weißen Draco-Königs, mit dem Corey Goode und Gonzales zu tun hatten. (Künstlerin: *vashta.com*)

Was heißt das, liebe Leser? Die dunkle Macht bröckelt, und das in hohem Tempo! Nicht mehr lange, und es wird tatsächlich so sein, dass die Reptilien und ihre irdischen Verwalter tot umfallen werden wie die Fliegen, sobald die Sonne ordentlich „hustet". Nein, bei mir kommt dabei keine Schadenfreude auf, und das sollte es bei Ihnen auch nicht. Es hätte ja auch anders gehen können, denn die Reptilien hatten Zeit und Gelegenheiten noch und nöcher gehabt, sich zurückzuziehen. Interessant ist auch die Bestätigung, dass der Draco-König von „Oberherren" sprach und somit zugegeben hatte, dass die royale Draco-Kaste eben nicht an der obersten Spitze ist, sondern aller Wahrscheinlichkeit nach die Archonten. Die *Raum-Allianz* hatte zudem Gelegenheiten, im Kampf tote Reptilien zu bergen. Autopsien ergaben, dass sie voller KI-Nano-Roboter waren.

Galaktischer Sklavenhandel

Es war überraschend zu erfahren, dass die ICC Goodes Aussagen nach kommerziellen Handel mit mindestens 900 verschiedenen ET-Rassen auf regelmäßiger Basis da draußen betreibe. Sie betreibe zudem eine Kolonie auf dem Mars, wo wahrscheinlich hunderttausende Menschen als Sklaven arbeiten und Technologien für ETs herstellen würden. Kinder in diesen Kolonien werden in die Sklaverei geboren. Corey Goode ergänzte zu William Tompkins' Aussagen, dass es eine seit mehreren Generationen bestehende Infrastruktur der Sklaverei gäbe, aus welcher die entführten Menschen herkämen, und die extra hier für die Erde errichtet wurde und mit den Außerirdischen gekoppelt sei. So würden beispielsweise auf anderen Planeten, auf denen Lebensmittel angebaut werden, Sklaven von der Erde zur Arbeit eingesetzt. Der Sklavenhandel hier auf der Erde hätte nie wirklich aufgehört. Pro Jahr würden eine Million Menschen weltweit von der Erde weg entführt werden. Die Außerirdischen hätten Menschen seit ihrem Bestehen entführt, so Goode. Sexsklaverei sei zudem ein großer Zweig innerhalb dieser Strukturen. Das ist schon sehr heftig das ganze. Doch nicht alle würden als Sexsklaven oder als Nahrungsquelle enden. Es gäbe ET-Rassen, die die Fähigkeiten der Menschen besonders schätzen und diese somit auch sehr gut behandeln würden, ähnlich einem Dienstmädchenverhältnis. Dies geschehe zwar immer noch gegen den freien Willen, es sei aber nicht alles reinster Horror.

Als Stimmen über Sklavenkolonien im Geheimen Weltraumprogramm immer stärker wurden, wurde Goode mit seinem vorhin erwähnten Kollegen mit dem Pseudonym Oberstleutnant „Gonzales" zur Inspektion dieser Marskolonie beauftragt, was dann am 20. Juni 2015 erfolgte. Goode und sein Team konnten sich von den miserablen Zuständen dieser Kolonie überzeugen. So würde dort eine Familie von vier Personen engstens in einem einzelnen Raum leben und kaum physische Besitztümer haben. Zudem schien es dort eine Art Kastensystem zu geben. Die Atmosphäre auf dem Mars sei laut Goode sehr dünn zum Atmen. Während man kurze Momente ohne Schutzanzug herumlaufen könne, wäre ein Schutzanzug für den Kreislauf und den Körper besser – gerade bei längeren Aufenthalten und körperlichen Anstrengungen. Auf der Oberfläche gäbe es zwar keine Ozeane, aber Wasser, welches täglich schmilzt und wieder gefriert. In Kavernen unter der Oberfläche gäbe es wiederum große Wasservorkommen, in denen verschiedene Wesen leben, auch Menschen. Ein Lichtblick gibt es aber in dieser ganzen Geschichte. Goode erwähnte, dass die *Raum-Allianz* viele Leute mit einer Technologie markiert hätte, bevor sie als Sklaven irgendwohin entführt wurden. Diese konnte man ausfindig machen, sie retten und zur Heilung in ein anderes Sonnensystem bringen. Diese Menschen sollen zur Erde zurückgebracht werden, wenn einmal die KI entfernt worden ist und die weiteren Entwicklungen im Rahmen der vollständigen Enthüllungen stattgefunden haben. Andere Sklaven werden zudem befreit und ebenfalls zu Heilungseinrichtungen gebracht werden. Umso wichtiger ist es daher, dass die ganze Wahrheit herauskommt.[(1129)]

Das „Große Experiment"

Haben Sie sich mittlerweile nicht auch nach dem „Warum?" gefragt? Warum sind wir scheinbar „Versuchskaninchen" in einem großen Labor? Die genetischen Experimente der Außerirdischen hatten bisher stets einen negativen Touch und viele hatten deshalb das Gefühl, wenig Mitspracherecht bei alledem zu haben. Wer sind wir Menschen wirklich? Die nachfolgenden Informationen dürften für viele Leser neu, bahnbrechend und augenöffnend sein!

Corey Goode sprach von Anfang an von 22 genetischen Programmen von ca. 60 verschiedenen ET-Rassen. Fünf ET-Gruppen arbeiten also gemeinsam an solch einem Programm, manchmal auch an anderen, wenn sie nicht mit ihrem eigenen Programm konkurrieren. Diese rund 60 ET-Rassen – die auch die *Super-Föderation* ausmachen – haben also ihre Gene in uns eingekreuzt. Aber weshalb und mit welchem Ziel? Erst im August 2017 enthüllte Goode weitere Gründe dafür und den ganzen Plan dahinter. Vor etwa 500.000 Jahren soll es einen Planeten in unserem Sonnensystem gegeben haben, der sich zwischen Mars und Jupiter befand und uns als *Maldek* oder *Tiamat* bekannt ist. Er wird auch „Super-Erde" genannt. Die Bewohner von Maldek und vom Mars standen im Krieg zueinander, wobei sie Technologien verwendeten, um sich gegenseitig zu zerstören. Maldek explodierte (der heutige Asteroidengürtel) und Mars (ein Trabant von Maldek) wurde in eine Wüstenlandschaft verwandelt. Ein Teil der Überlebenden dieser Planeten soll zur Erde geflohen sein und bildete erste Enklaven. Vor ca. 60.000 Jahren dann stürzte in der Antarktis eine weitere Gruppe dieser Wesen (Prä-Adamiten) mit ihren drei großen UFOs ab, bei dem das größte laut Goodes Informationen einen Durchmesser von 4,8 km haben soll. Die Zerstörung Maldeks jedenfalls hatte zur Folge, dass die Schutzbarriere um unser Sonnensystem herum ausfiel – die einst von einer „Alten Erbauerrasse" errichtet wurde –, und eine ganze Reihe an Außerirdischen hereinkam, die als „genetische Farmer" bezeichnet werden. Sie hatten die Mission, fortschrittliches Leben, wie z.B. den Menschen, zu etablieren, dieses Leben zu überwachen und ihm bei seiner Entwicklung zu helfen. Diese Mission beinhaltet vier Komponenten: eine *genetische*, eine *spirituelle*, eine *Bewusstseins-* sowie eine *kosmische Komponente*, die alle Hand in Hand zusammenarbeiten:

1. Die **genetische Komponente** beinhaltet, genetische Proben von anderen Sternsystemen und Galaxien zu besorgen. Wenn die genetischen Farmer an einem Punkt der Meinung sind, dass nun der geeignete Zeitpunkt für eine andere/neue Spezies gekommen sei, bringen sie diese neue Genetik zu dem Planeten und fangen an, die dortige Spezies genetisch zu verändern.

2. Die **Bewusstseinskomponente** ist eng mit der spirituellen Komponente verknüpft. Ziel sei es, dass die jeweilige Gruppe – also *wir* in diesem Fall – nach einem Fahrplan ein Bewusstsein entwickelt, das mit dem kosmischen Zeitplan bzw. Fahrplan übereinstimmt. Das Ganze wird sehr sorgsam gehandhabt. Die Farmer fanden heraus, dass Bewusstsein in einem bestimmten Tempo wächst.

Sie beschleunigen diesen Prozess, indem sie uns beispielsweise Religionen und Kulturen geben oder uns zivilisationstypische Dinge beibringen. Sie kommunizieren mit Menschen telepathisch und pflanzen ihnen Ideen und Informationen ins Unterbewusstsein, um Entwicklungen voranzutreiben.

3. Die **spirituelle Komponente** beinhaltet, dass die genetischen Farmer selbst als Menschen inkarnieren, um auch Teil ihres eigenen Experiments zu sein. Aufgrund dieser Experimente könnten sie evolutionsmäßig sich selbst nicht weiterentwickeln, es sei denn, wir halten mit ihnen Schritt. Ihre Agenda ist auch deshalb, uns beim Fortschritt zu helfen, sodass sie selbst vorankommen.

4. Die **kosmische Komponente** ist das in Einklang bringen der anderen Komponenten unter Berücksichtigung der kosmischen Bedingungen. Je nach Region in unserer Galaxis, bewegen sich die Sternsysteme und Sternhaufen zu unterschiedlichen Zeiten in diese hochenergetischen Bereiche hinein, die als Katalysator fungieren, und die Farmer berechnen die Zeitpunkte dieser Eintritte.

Kurzum, es ist ein Evolutionsprogramm, das in Einklang mit den kosmischen Veränderungen arbeitet, die in verschiedenen Regionen der Galaxis immer leicht unterschiedlich auftreten. Das heißt, je nachdem, wann und in welcher Form diese energetischen Wellen auftauchen, arbeiten die genetischen Farmer – diese Gegebenheiten berücksichtigend – an den lokalen Völkern, um ihre DNA zu erweitern sowie ihr Bewusstsein zu erhöhen. Zu diesen kosmischen Veränderungen gehört der vorhin erwähnte *Sonnenblitz*. Goode erklärt, durch ihr Einschreiten und Wirken halten die genetischen Farmer die Menschheit im Zeitplan für das kosmische Ereignis (den Aufstieg), sodass wir einen viel größeren Sprung in unserer Entwicklung erfahren, als es sonst der Fall wäre, wenn wir uns bloß „natürlich“ entwickeln würden. Denn ohne diese genetischen Modifikationen an uns würden wir uns sehr viel langsamer entwickeln und viel schwieriger in der Lage sein, in die nächsthöhere Dichte zu wechseln. Und vermutlich würden dadurch viel zu wenige Menschen aufsteigen und gezwungen sein, einen neuen Inkarnationszyklus zu vollziehen. Dies alles geschehe jedoch unter strikter Berücksichtigung der kosmischen Gesetze und des freien Willens.

Folgendes bezieht sich auf die positiven ETs, die beispielsweise Entführungen und Experimente an Menschen durchführen: Was man in den geheimen Weltraumprogrammen erst nach langer Zeit herausfand, war, dass die meisten Entführten Inkarnierte der Seelengruppe dieser genetischen Farmer waren. Bevor sie also als Menschen inkarnierten, hatten sie eine Übereinkunft mit ihresgleichen, dass man mit ihnen später experimentieren dürfe. Innerhalb dieser 22 Programme gäbe es zudem viele Unterprogramme, um beispielsweise mittels Kreuzung von Menschen und ET-DNA Hybride zu erschaffen oder die Evolution anderer Lebensformen (Tiere) zu dem Punkt hin zu beschleunigen, an denen diese sich zu hominiden Lebensformen entwickeln, die dann wiederum in der Galaxis ausgesät werden.

Laut Goode sei das Ziel dieser 22 genetischen Programme, jeden Planeten und dessen fortgeschrittene Wesen dazu zu bringen, sich selbst verwalten zu können. Dazu fällt mir passenderweise das Wort „Souveränität“ ein. In diesen Programmen wurde u.a. auch die Programmierung eingebaut, dass man z.B. niemanden außerhalb der eigenen Rasse heiraten solle. Der Grund dahinter ist, dass die Farmer nicht wollen, dass ihre genetischen

Programme sich mit den anderen Programmen mischen. Das würde die Experimente korrumpieren. Daher seien die verschiedenen Programme auch lokal eingesetzt und begrenzt, in verschiedenen Regionen dieser Erde. Deshalb haben wir auch so viele verschiedene Rassen hier auf der Erde, mit unterschiedlichen Hautfarben, Religionen und Kulturen. Dahinter stecken nämlich die 22 genetischen Programme. Jedes Programm strebt für sich an, mit der Entwicklung am schnellsten sein zu wollen, und so wetteifern diese Programme auch gegeneinander. Jedes Programm strebt an, seine menschliche Gruppe/Volk zur Selbstverwaltung zu bringen. Daher sind Mischungen nicht erwünscht.

Meine Schlussfolgerung: Wenn die Herrschenden nun eine „braune Mischrasse" erzeugen wollen, so wollen sie diese 22 genetischen Programme zerstören, um die Weiterentwicklung und den Aufstieg der ganzen Menschheit zu verhindern! Sie handeln somit gegen die göttliche Schöpfungsvielfalt und gegen den göttlichen Plan des Aufstiegs.

Goode sagte zudem, dass wenn wir an einem Punkt technologisch und spirituell entwickelt genug sind, wir damit beginnen werden, unsere eigenen genetischen Programme zu managen sowie das Tempo ihrer Entwicklung. Sie wollen jeden zu diesem Stand der Evolution bringen. Und ab diesem Zeitpunkt werde man als Mitglied in die *Große Konföderation* aufgenommen. Die genetischen Programme hören mit dem nächsten solaren/komischen Ereignis nicht auf, sondern gehen in die nächste Phase über. Sie werden solange fortgeführt, bis alles wieder zur Quelle zurückkehrt, oder was auch immer „am Ende der Zeit" geschehen mag.[(1130)]

Jetzt könnten viele immer noch empört reagieren und sagen: *„Ich habe dem allem aber nicht zugestimmt!"* Und ich sage: *„Doch!"* Bevor wir hier auf der Erde oder woanders inkarnieren, entwerfen wir mit unseren Engeln und Geistführern einen Lebensplan. Wir entscheiden uns bewusst, diese oder jene Erfahrungen an diesem Ort und zu jener Zeit zu machen, um bestimmte Dinge zu lernen und um uns seelisch weiterzuentwickeln. Wir alle wollen irgendwann wieder zurück zur schöpferischen Quelle und durchlaufen hierfür einen Äonen-langen Entwicklungsprozess. Viele von anderen Sternsystemen sind hier zur Zeit inkarniert, um der Menschheit bei diesem kommenden Entwicklungssprung und dem Aufstieg zu helfen.

Und ja, auch die Reptilien haben genetisch bei uns eingegriffen und uns eingeschränkt. Schließlich kamen sie auch in unser Sonnensystem, als die Schutzbarriere damals zerstört wurde. Aber auch hier haben wir es uns ausgesucht, dies mitzumachen oder „durften" aus karmischen Gründen mehrmals inkarnieren, um vergangene „Sünden" wieder gut zu machen und daran zu arbeiten, unsere Beschränkungen wieder aufzuheben sowie uns aus dem gegenwärtigen Sklavensystem zu befreien. Auch hier werden einige Seelen zugestimmt haben, später im Leben von bösartigen ETs entführt zu werden, um Experimente über sich ergehen zu lassen. Es gibt für alles einen Grund und eine Ursache. Jetzt können wir vielleicht auch besser verstehen, warum so viele außerirdische Rassen besonders an uns interessiert sind. Eine Kreuzung von 60 Rassen stattet uns mit zahlreichen Fähigkeiten aus und mit einem breiten Emotionsspektrum, was bei anderen ET-Rassen da draußen nicht der Fall ist. Und Emotionen sind wichtig fürs Manifestieren! Unsere Genetik soll wiederum in der Lage sein, anderen ET-Rassen bei ihrer Entwicklung weiterzuhelfen, die unter Umständen zu wenig Empathie und Herzenswärme haben und nicht lieben können. Wir sind in der Tat einmalige Geschöpfe! Das ist ein sehr weites, komplexes und vielschichtiges Thema, daher soll es hier erst einmal reichen.

Mars, Antarktis und die Riesen

Corey Goode berichtete, dass laut seinen Quellen in der Antarktis ganze *schockgefrorene* Städte und Zivilisationen gefunden worden waren, darunter Tiere und bis zu vier Meter große humanoide Riesen, wovon einige langgestreckte Schädel und seltsam proportionierte Körper hätten, die nicht für die Schwerkraft und den atmosphärischen Druck der Erde ausgelegt waren. Bei diesen Wesen handelt es sich um die vorhin erwähnten *Prä-Adamiten*, die Rasse, die nach der Zerstörung Maldeks floh, um auf dem Mond und in der Antarktis Kolonien zu errichten. Den Mond sollen sie ca. 440.000 Jahre lang bewohnt haben, und irgendwann während dieser Zeit soll der Mond im aktuellen Orbit um die Erde positioniert worden sein. Man nennt sie deshalb *Prä-Adamiten*, weil sie aus der Zeit vor „Adam (und Eva)" stammen. Diese *Prä-Adamiten* sollen recht aggressiver Natur gewesen sein (schließlich sie zerstörten ihre eigenen Planeten) und sich auch in die 22 genetischen Programme der anderen ET-Rassen eingemischt haben. Sie kreuzten sich mit den Menschen und erschufen eigene Hybriden, um in der irdischen Umgebung besser agieren zu können. Mit den Reptilien sollen sie sich bekriegt haben, aber nach dem letzten Kataklysmus (Sintflut) eine Art Waffenstillstand mit ihnen erreicht haben. Einige dieser Riesen befinden sich in „Stasis" und es wird hin und her überlegt, ob diese Wesen wieder erweckt werden sollen oder nicht. Verschiedene Nationen waren bzw. sind dabei, Ausgrabungen durchzuführen und könnten unabhängig voneinander über diese neue „Sensation" berichten. Eine Gruppe der *Prä-Adamiten* soll damals auch Kolonien in Süd- und Mittelamerika errichtet haben. Eine weitere Blutlinie von ihnen soll es in Europa und Asien geben. Die heutigen Eliten sehen sich als die Nachkommen dieser *Prä-Adamiten*. Zudem befinden sich nicht nur in der Antarktis, sondern im ganzen Sonnensystem verteilt Ruinen und alte Technologien der *Alten Erbauerrasse*. Die ältesten dieser Ruinen sollen mehr als 1,8 Milliarden Jahre alt sein, und die *Prä-Adamiten* bewohnten solch einen alten riesigen Ruinenkomplex auf dem Eiskontinent, da diese uralten Technologien immer noch funktionstüchtig waren.

Im Frühjahr 2016 versuchten Mitglieder der Kabale mit sechs großen tropfenförmigen Raumschiffen von der Antarktis aus die Atmosphäre zu verlassen, als sie von anderen dreieckigen Schiffen angegriffen wurden (vermutlich von der *Erd-Allianz*). Der Fluchtversuch musste abgebrochen werden und die fliehenden Schiffe verzogen sich wieder zurück ins Eis. Wie im Unterkapitel über Pete Peterson bereits erwähnt, planen die Herrschenden, so gut wie nichts über die Funde in Antarktis offenzulegen und die dort gefundenen Riesen sowie lebenden Außerirdischen weiterhin vor der Öffentlichkeit geheim zu halten. Goode erwähnte zudem, dass die Forschungs- und Entwicklungseinrichtungen dort unten wirklich riesig seien und dass alles, was illegal und unmoralisch ist, dort getrieben werde. Zudem gäbe es auf dem Eiskontinent auch einen Weltraumflughafen für ankommende und abreisende Raumschiffe.(1131)

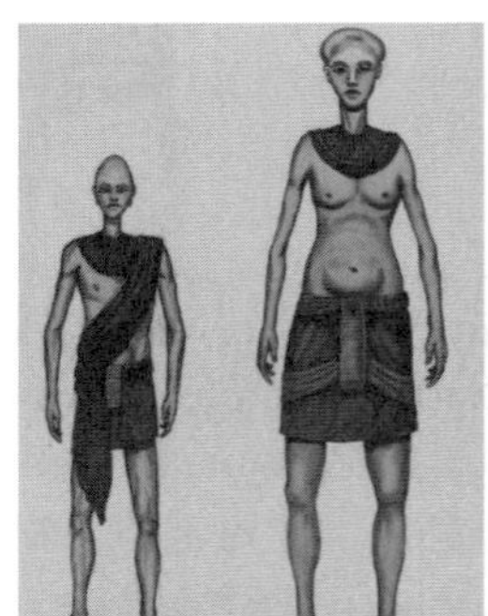

Abb. 513: Rechts eine grafische Darstellung eines reinblütigen *Prä-Adamiten*, und links ein menschlicher Hybrid.

Innerirdische Gruppen

Corey Goode berichtete auch über sieben Gruppen von innerirdischen Menschen, die weitestgehend aussehen wie wir, mit vielleicht leicht unterschiedlichen körperlichen Proportionen. Einige dieser Gruppen behaupten, vor Millionen von Jahren die Erde auf der Oberfläche bewohnt zu haben, bevor sie sich aufgrund von kataklysmischen Ereignissen in die Innere Erde zurückgezogen haben. Goode steht in Kontakt mit einer der Gruppen, die sich *Anshar* nennt und kommuniziert regelmäßig mit einer ihrer Vertreterinnen, einer Hohepriesterin namens *Ka Aree*. Er hat diese Gruppe auch in der Inneren Erde bereits besucht. Vom Aussehen her ähneln sie den Nordischen. In der Vergangenheit hätten die *Anshar* telepathisch Kontakt zu Oberflächenmenschen aufgenommen und sich ihnen gegenüber als Außerirdische ausgegeben. Diese Täuschung rechtfertigten sie damit, angeblich ihre Existenz geschützt haben zu müssen, indem sie ihren Aufenthaltsort nicht verrieten, da auch die *Anshar* nach eigenen Angaben von der Kabale auf der Erdoberfläche angegriffen werden. 2016 wurden die *Anshar* für ihre Täuschungen und Manipulationen von der *Sphären-Allianz* gerügt, in der Vergangenheit *„keine angemessenen Verwalter der planetaren Sphäre"* gewesen zu sein. Ihnen wurde auferlegt, ab sofort transparent und ehrlich mit der Oberflächenbevölkerung umzugehen, was sie zuerst mit Besorgnis auffassten. Doch sie hätten sich entschieden, ihren Kontaktlern gegenüber reinen Wein einzuschenken. Die *Anshar* hätten zudem eine neue Aufgabe erhalten, und diese siehe vor, mit der Oberflächenbevölkerung direkter und positiver umzugehen. Goode schätzte, dass es zuerst mit dieser innerirdischen Gruppe zu einem offenen Kontakt kommen könnte, bevor ein Kontakt mit Extraterrestrischen stattfindet.[1132]

Abb. 514: Grafische Darstellung von Vertretern der innerirdischen *Anshar*-Zivilisation. Links außen *Ka Aree*. Deutlich sichtbar die Saturn-Amulette. (Künstlerin: *vashta.com*)

Jedoch sollte an dieser Stelle auch eine kleine Warnung angebracht sein dürfen, da es Indizien gibt, die darauf hindeuten, dass es sich bei dieser innerirdischen Gruppe **nicht** um positive Wesen handelt. Einerseits ist mir von Beginn an aufgefallen, dass die *Anshar* Saturn-Amulette um ihren Hals tragen, was ein Hinweis auf den Saturnkult ist. Die Saturnsymbolik ist bekanntlich nur all zu omnipräsent bei der Kabale. Andere innerirdische Gruppen tragen die Swastika oder das Omega als Symbol. Für mich fühlt sich das nicht stimmig an. Die Rückwärtssprache brachte zudem weitere Hinweise. Tiffany Fontenot, die ich bereits im Kapitel über die Reversale erwähnt habe und die auch eine Schulung in diesem Bereich mit einem Zertifikat absolviert hat, fand heraus, dass die *Anshar* mit der Oberflächenbevölkerung nichts Gutes im Schilde führen.[1132a] Am 21. August 2017 hatte Goode gemeinsam mit Cobra zu einer weltweiten Friedensmeditation aufgerufen, bei denen sich die *Anshar* aus der Inneren Erde mit eingeklinkt hätten (zu Fontenots Analyse und zum Thema „Massenmeditationen" allgemein siehe Anmerkungen unter [1132b]). Einen weiteren Hinweis, der gegen die Anshar spricht, habe ich gleich in den nächsten Abschnitten angeführt...

Drei ET-Gruppen und Innerirdische sowie der Vatikan planen Enthüllung

Da sich die Herrschenden untereinander uneinig sind, gibt es auch mehrere geplante Szenarien, die bezüglich einer Offenlegung zum Tragen kommen *könnten*. Im Laufe des Jahres 2017 erhielt Goode aus mehreren militärischen Quellen Informationen, darunter auch von *Ka Aree* von der *Anshar*-Zivilisation, wonach drei menschlich aussehende ET-Gruppen sowie die *Anshar* selbst sich nicht mehr an das *Mohammed-Abkommen* halten und sich mehr und mehr der Öffentlichkeit zeigen wollen. Eine *Nordische ET-Gruppe* unter ihnen soll diese Bemühungen anführen und habe bereits seit langem Kontakt zu religiösen Führern dieser Welt. Sie habe mit dem Vatikan erörtert, wie man sich der Öffentlichkeit zeigen könne, ohne dass sie geschockt reagiert. Im Sommer 2017 kam Goode nach mehreren Hinweisen mit dieser Info an die Öffentlichkeit. Das *Mohammed-Abkommen* hat selbst nichts mit dem Propheten Mohammed zu tun. Dieses Abkommen wurde von verschiedenen ET-Gruppen getroffen, die entschieden hatten, sich den Menschen nicht mehr öffentlich zu zeigen und nur noch aus dem Hintergrund heraus zu agieren, um im Geheimen Einfluss auf die globalen Eliten zu nehmen. Dieses Abkommen wurde im siebten Jahrhundert herum getroffen, zu einer Zeit, als der Islam etabliert wurde, daher der Name. Bis zu diesem Zeitpunkt soll es einen offenen Kontakt zwischen Menschen und Außerirdischen gegeben haben. *Ka Aree* erzählte Goode, dass es zwei Versionen gäbe, wie solch eine Enthüllung inszeniert werden könnte:

1. Drei religiöse Führer präsentieren uns eine „engelhafte" ET-Rasse, die uns ein neues Buch und eine neue esoterische Religion bringen, die auf Einheit basiere (statt Entzweiung).
2. Sieht fast so aus wie Szenario 1, nur dass der Papst allein dasselbe verkündet, während er neben einem *Nordischen* steht.

Hinter der Botschaft der religiösen Führer an die Menschheit am 14. Juni 2017, mit der Bitte, näher zusammenzurücken, könnte also in der Tat eine Vorbereitung auf die kommenden Enthüllungen sein. Einen Tag zuvor sickerte ein vermeintliches MJ-12-Dokument an die Öffentlichkeit, welches von menschlich aussehenden ETs sprach, wovon der Großteil freundlicher Natur sein soll und die mit einem hohen Maß an geistigen Fähigkeiten ausgestattet seien. Am 15. Juni berichtete dann Goode von seiner Unterredung mit *Ka Aree*, die ihm ebenfalls von den vier ET-Gruppen berichtete. Diese Art der Offenlegung scheint also eine ernste Option zu sein, obwohl Goode auch erwähnte, dass solch ein ähnliches Szenario bereits 2008 vom Vatikan versucht wurde. Es könne sich demnach auch noch ein paar weitere Jahre hinziehen.

Seinen weiteren Aussagen nach würde diese Art der Offenlegung dazu führen, dass mehr als 90% der Menschen diese neue „ET-Religion" ohne zu zögern annehmen würden. Die Gründe hierfür lieferte Goode auch. Besonders die *Nordischen* hätten bis zum heutigen Tage *neue* Glaubenssysteme und Religionen ausgearbeitet. Nachdem man uns diese Wesen vorgestellt haben wird, werden die Menschen sehr viele Fragen an sie haben, insbesondere in Bezug auf ihr Wissen über Gott und das Universum. Zu diesem Zeitpunkt wird gar von diesen ETs erwartet werden, dass sie ihr Glaubenssystem mit uns teilen, da die meisten Menschen ihre bisherigen hinterfragen werden. Die Menschheit wird begreifen, wie wenig sie weiß und sich daher an diese neuen „Freunde" wenden, um Hilfe und Antworten zu erhalten, was dann dazu führt, dass die Menschheit ein ähnliches Glaubenssystem annimmt, was sie von der jetzigen Entzweiung abbringen soll.

Wie soll der Kontakt initiiert werden? Goode sagte, dass diese vier Gruppen planen, Menschen zuerst über lebhafte Träume und Visionen zu kontaktieren, um sie langsam für den persönlichen Kontakt vorzubereiten. Und dann müssten die religiösen Führer dies von der spirituellen Perspektive aus den Leuten erklären müssen. Auch wenn Goode sich sicher sei, dass es sich bei all diesen vier Gruppen um positive Wesen handelt, hatte ich von Anfang an dennoch ein **ungutes Gefühl** bei dieser Sache und mahne deshalb zur besonderen Vorsicht! Die Worte vom Jesuiten Guy Consolmagno habe ich nicht vergessen, als dieser sagte, dass die Nationen dieser Welt sehr bald Aliens als ihre Erlöser ansehen werden. Aber Goode selbst machte klar, dass er die Idee *„Nordische als Engel einer neuen Religion, die die Leute annehmen sollten"* auch nicht toll finde. Sein Gefühl trügt ihn hier also nicht, auf das er besser hören sollte. Außerdem erwähnte er in früheren Interviews, dass es auch Nordische Gruppen gäbe, die zusammen mit den Dracos arbeiten, darunter eine Nordische Rasse mit sechs Fingern an jeder Hand.[(1133)]

Ich halte daher folgendes Szenario für möglich:
Die Herrschenden stehen kurz davor, ihre letzte Karte auszuspielen, und zwar die „ET-Karte" einer vorgetäuschten Alien-Invasion (laut den Warnungen von Wernher von Braun an Carol Rosin), wobei hier eine Abwandlung in eine „friedliche Übernahme" mit Etablierung einer *Neuen Weltreligion* geplant sei. Bei den uns präsentierten *Nordischen* könnte es sich um eine der negativen Nordischen Gruppen handeln oder um Reptiloide in der Gestalt von Nordischen. Der Vatikan und andere religiöse Führer blieben weiterhin an der Macht. Die Gefahr eines neuen „ET-Kults" und Verehrung von (falschen) „Göttern" ist absolut gegeben. Die NWO 2.0 wäre dann perfekt. Das wollen wir natürlich nicht. Untermauert wird das Ganze wieder von Tiffany Fontenot, die einige von Goodes und Wilcocks Aussagen der *Cosmic Disclosure*-Sendung der vierten und siebten Episode der achten Staffel rückwärts analysierte. Bei der Passage, als Goode sagte, dass diese vier Gruppen die Menschen über Träume und Visionen kontaktieren würden, kam rückwärts dabei heraus, dass Leute, die auf diese Wesen hereinfallen, von diesen angegriffen werden. David Wilcock bestätigte bei einer Aussage rückwärts ebenfalls, dass es sich bei diesen vier Gruppen nicht um positive Wesen handelt. Als Goode an einer Stelle erwähnt, dass es diese Nordische Gruppe sei, die womöglich die Sache anführen wird, fand Fontenot in seinem Reversal heraus, dass diese Gruppen ihn aufgrund seiner Leichtgläubigkeit benutzen würden. An einer anderen Stelle kam bestätigend heraus, dass Goode als Sprachrohr missbraucht werde. Sie mahnt an, dass man sich Vertrauen erst ordentlich verdienen müsse (und das finde ich auch).[(1133a)]

Nein, es ist keineswegs alles rabenschwarz, aber wie wir sehen, muss auch hier das Ganze etwas differenziert betrachtet werden. Ich wollte zumindest auf die potenzielle Gefahr hingewiesen haben. Lieber einmal mehr warnen und mit etwas Distanz herangehen, als blindes Vertrauen haben und der Masse hinterherrennen. Das sehe ich zumindest als meine Verantwortung Ihnen gegenüber an. Da diese Zivilisationen uns technologisch und geistig tausende Jahre voraus sind, sollten wir nicht ausschließen, dass selbst Empathen wie Corey Goode nicht mal an einem Punkt im Leben auf eine falsche Fährte gelockt werden können. Jeder, der sich irgendwie spirituell entwickelt, weiß wovon ich hier rede. Man wird getestet und soll lernen, negative Einflüsse zu erkennen. Davor ist keiner gefeit. ☺

Botschaft der Blauen Avianer

Dies führt mich zu der Botschaft der *Blauen Avianer*, die sie uns durch Corey Goode mitgeteilt haben:

> *„Fokussiere Dich jeden Tag darauf, vermehrt Dienst an anderen zu verrichten und liebevoller zu Dir selbst und anderen zu sein, um Deinen Grad an Schwingung und Bewusstsein zu erhöhen. Lerne, Dir selbst und anderen zu vergeben (und somit Karma aufzulösen). Dies wird die Schwingung des Planeten ändern, das kollektive Bewusstsein der Menschen anheben und die Menschheit ändern, eine Person nach der anderen – und sei es, dass diese eine Person Du selbst bist. Behandle Deinen Körper wie einen Tempel und gehe zu einer höher schwingenden Ernährung über, die Dir bei diesem Prozess hilft."*

Ab einem bestimmten Punkt werden wir dann die kritische Masse erreichen und unsere Probleme **selbst** lösen! Mit dieser Botschaft kam aber gleichzeitig eine Warnung: Die *Blauen Avianer* hätten in der Vergangenheit dreimal versucht, ihre Botschaften zu übermitteln und diese seien von der Menschheit jedes Mal verzerrt worden. Sie stellten daher klar, dass ihre Botschaften nicht die Basis eines Kultes oder einer religiösen Bewegung bilden sollen. Wir sollen nach innen schauen und nicht die Lösung im Außen suchen und auch nicht dritte Personen oder Wesen als Retter oder Gurus betrachten. Diese Warnung ging auch an Corey Goode selbst, sich nicht zu einem Guru-Status zu erheben. Jeder, der dies tue, solle zur Verantwortung gezogen werden, einschließlich Goode.(1134) Und leider Gottes gibt es da draußen zahlreiche Alien-Kulte (*Ashtar Command*, *PAO* usw.). Von mir kommt daher auch noch einmal der Hinweis, auch die *Blauen Avianer* selbst oder sonst irgendwelche Wesen nicht zu „Göttern" zu erheben und sie als Heilsbringer zu sehen. Da laut Goode die *Blauen Avianer* sich dazu entschlossen hätten, mit den *Anshar* angeblich zu kooperieren, wäre ich auch bei diesen Wesen etwas vorsichtiger. Wird er von ihnen einer besonderen Prüfung unterzogen, damit er besser unterscheiden lernt?

Goode erwähnte zudem, dass bei so vielen Menschen natürlich viel Uneinigkeit herrscht, und wir werden stets in gewissen Dingen andere Ansichten haben als andere Menschen. Diese Zersplitterung führte bisher dazu, dass sich die Menschheit nicht einig war, was sie eigentlich will. Zu viel und zu oft werde auf Differenzen und Meinungsverschiedenheiten geschaut. Dies muss aufhören, denn wir müssen gemeinsam an einem Strang ziehen! Wir können uns also zumindest darüber einig sein, dass wir uns nicht immer einig sein können. ☺ Worauf wir alle uns aber ganz sicher schnell einig werden können, laut Goode, ist die Forderung nach der kompletten Wahrheit und der kompletten Enthüllung! Dem stimme ich voll und ganz zu. Wir alle wollen die Wahrheit und ein Leben in Frieden, Freiheit und Wohlstand. Daher lasst uns alle nach diesem Ziel gemeinsam streben!

Miccas Zivilisation

Goode traf sich 2016 zudem mit einem Botschafter einer Zivilisation von einem Sternsystem innerhalb unseres Sternenhaufens, welches sich erst vor drei Generationen aus den Klauen der Reptilien befreit haben soll. Der Name dieses Botschafters laute *Micca*, und Goode beschrieb ihn als 1,65m groß und als sehr menschlich aussehend, mit afrikanischen Merkmalen, einem dunkleren Hautton, wie sie Ägypter oder Libyer haben, aber mit einer leicht orangenen Nuance. Da ihre Gene zu 94% mit den unsrigen identisch seien, wären sie unsere kosmischen Cousins und hätten Ähnliches durchleben müssen wie wir gerade. Micca habe Goode erzählt, dass sein Volk fasziniert von uns sei, und sie unsere Kulturen und Künste sowie unsere Musik und Unterhaltung lieben würden. Sie hätten Ähnliches auf ihrem Planeten und sie würden auch unser Radio, TV und das Internet seit deren Bestehen verfolgen. Unseren Hang zur Gewalt mögen sie allerdings nicht. Micca teilte mit, dass sein Volk zu uns kommen werde, um uns in der Übergangsphase zu begleiten, nachdem wir uns selbst vom jetzigen Kontrollsystem befreit hätten. Jedoch erwartet Micca nicht, dass die Erdlinge Außerirdische gleich von Anfang begrüßen werden (vermutlich aufgrund der bisherigen Manipulation und Skepsis). Auf ihrem Planeten gäbe es, ähnlich wie bei uns, auch verschiedene Rassen mit verschiedenem Aussehen. Bei denen spielte es sich in der Vergangenheit so ab, dass die KI durch solare Aktivitäten zusammengebrochen war. Dies führte dazu, dass sich die Dracos in einem verwirrten Zustand befanden, da sie von dieser abhängigen Technologie plötzlich getrennt waren, die ihnen keine Befehle mehr gab. In diesem Moment habe dann das Militär zugeschlagen und die Dracos besiegen können.(1135) Also ich meine: Wenn andere Zivilisationen da draußen es geschafft haben, schaffen wir das auch!

Abb. 515 und 516: Links Corey Goode und hinter ihm eine grafische Darstellung eines *Blauen Avianers*. Rechts David Wilcock.

Abb. 517: Grafische Darstellung von Micca. (Künstlerin: *vashta.com*)

Sowohl Corey Goode als auch David Wilcock werden seit der zweiten Jahreshälfte 2017 extremst angegriffen. Wilcock hatte schon einige Morddrohungen erhalten und die Bremsen an seinem Wagen wurden mit aller Wahrscheinlichkeit manipuliert. Von der Kabale wurden heftige Diffamierungs- und Erpressungskampagnen nicht nur gegen beide, sondern gegen all jene gestartet, die der Teilenthüllung des Weltraumprogramms der US-Luftwaffe widersprechen und die Enthüllung des Programms der US-Marine vorantreiben sowie das unzensierte Antarktis-Narrativ verbreiten. Die Tatsache, dass Goode, Wilcock und Pete Peterson sich beeilt hatten, die ganze Wahrheit auszupacken, war angeblich der Grund, weshalb die kurz bevorstehende Teilenthüllung anscheinend abgesagt werden musste, wie Goode durchblicken ließ. Mit diesem Buch liegt es mir daher besonders am Herzen, zur kompletten Enthüllung beizutragen! Da beide, Goode und Wilcock, auch energetisch heftigst angegriffen werden und **kein** Mensch perfekt ist, muss man auch akzeptieren lernen, dass jeder manipuliert werden kann und auch wird. Wer meint, er sei nicht manipuliert und sei vor alledem gefeit, unterliegt einer irrigen Annahme. Hier verweise ich gern noch einmal auf das Draco-Mind-Control-Gitter. **Jeder** von uns ist bis zu einem gewissen Grad manipuliert – Sie, ich und all die anderen da draußen. Die Aufgabe von uns allen ist es nun, Wahrheit von Falschheit gut unterscheiden zu lernen. Das ist ein lang andauernder Entwicklungsprozess und erfordert Geduld und Nachsicht mit uns selbst und auch mit anderen. Was Goode und Wilcock betrifft, so habe ich ein stimmiges Gefühl, dass die beiden es mit ihrer Aufklärungsarbeit absolut ehrlich meinen. Mögen sie weiterhin gute Arbeit leisten und auch zwischenzeitliche Störmanöver und Hindernisse umschiffen. Solch eine Arbeit erfordert unglaublich viel Mut, Kraft und Ausdauer!

Goodes Webseiten können unter *spherebeingalliance.com* und *fulldisclosureproject.org* erreicht werden. Wilcocks Webseite lautet *divinecosmos.com*. Die Sendung *Cosmic Disclosure* ist unter *gaia.com* abrufbar, bei der der Großteil der vergangenen Sendungen auch mit deutschen Untertiteln versehen ist, andere Sprachen sind auch verfügbar. Neuere Sendungen brauchen immer eine Weile, sind aber zumindest immer englisch untertitelt.

Fazit

Was mir ein wenig missfällt, ist die Tatsache, dass sich bisher Insider und Whistleblower hauptsächlich aus den USA gemeldet haben, gefolgt von Großbritannien. Mir ist dabei aufgefallen, dass hauptsächlich und fast ausschließlich die Nazi-Reptilien-Connection in den Vordergrund dieser ganzen globalen Verschwörung gestellt wird. Dass es diese Kooperationen gegeben hat, dürfte sehr wahrscheinlich sein und sie haben letzten Endes den weiteren Verlauf der Geschichte bis zum heutigen Tage ja maßgeblich geformt. Doch ist mir die bisherige Berichterstattung etwas zu einseitig negativ zu Lasten der Deutschen ausgefallen. Es sind nur eine kleine Anzahl an Insidern, die erwähnen, dass es da auch Kooperationen zwischen Deutschen und Nordischen und womöglich auch anderen Gruppen gab, dies aber meist nur eher am Rande. William Tompkins' und Clark McClellands Ausführungen waren hierzu meiner Meinung nach noch am ausgewogensten, auch wenn da noch einige Fragezeichen übriggeblieben sind. Ich bin mir nach meinen bisherigen Recherchen jedenfalls sicher, dass es während des Dritten Reichs auch Widerstand und positive Fraktionen auch innerhalb der Reichsregierung gab, die gegen die Dunkelmächte ankämpften. Das wurde bisher kaum bis gar nicht erwähnt, sodass das Narrativ darauf hinausläuft, dass die Deutschen wieder mal die „ultimativen Bösen" und für alles Schlechte in der Welt verantwortlich sind. Ich sehe ein wenig die Gefahr dabei, dass die Menschen hier die Deutschen pauschal alle wieder über einen Kamm scheren und der Hass gegen die Deutschen in der Welt nur verstärkt wird. Dabei sind die Reptilien mit ihren irdischen Handlangern (Schwarzadel, Jesuiten, Vatikan) die eigentlichen Verursacher, die die passenden Kräfte als Verbündete unter den Deutschen gefunden haben, **aber** auch unter vielen anderen Völkern auf diesem Planeten bzw. ihren Führern – das wird gern ausgeblendet. Und jene deutschen Verräter, die für Deutschland nichts übrig hatten und haben, sind auch keine Deutschen und keine Germanen. Als Deutsche inkarnierte Reptilien sind für mich keine Deutschen, denn sie repräsentieren nicht den positiven germanischen Geist sowie seine Werte und Tugenden. Das sind trojanische Pferde, und die gibt es überall, so, wie auch echte Reptiloide in Menschengestalt überall unter uns auf der ganzen Welt herumlaufen. Hier **muss** in der Weltbevölkerung unterschieden werden. Den US-amerikanischen Whistleblowern will ich aber keinen Vorwurf machen, denn ich denke, die meisten von ihnen machen das nicht mit böswilliger Absicht. Es ist logisch, dass man die eigene Nation positiv in diesem Kampf hervortun möchte, besonders beim Militär. Eine einseitige Aufklärung seitens Vorgesetzter bzw. dritter Quellen wird sicherlich auch gegeben sein, denn man selbst ist erhaben und man selbst macht ja keine Fehler, nur die anderen... Denn würden die Vorgesetzten ihren Untergebenen erzählen, dass es unter den Deutschen auch „Gute" gibt, steht man als stolze US-Nation ja „blöd" da, was den Rekruten vielleicht die Motivation nehmen würde, überhaupt erst für ihr eigenes Vaterland in den Dienst treten zu wollen.

Wo sind nun die Whistleblower aus Russland oder aus deutschen Reihen? Es wäre wichtig und sinnvoll, auch mal von anderer Seite eine Version zu hören, auch von Vertretern der Absatzbewegungen.

Das ist zumindest der aktuelle Stand der Dinge. Ich bleibe an diesen Themen natürlich weiterhin dran. Updates zum Geheimen Weltraumprogramm gibt es auch unter *transinformation.net*, *jason-mason.com* sowie *dieunbestechlichen.com* zu lesen.

Das war es nun mit den brisanten und hochspannenden Berichten von Superinsidern und Whistleblowern. Tompkins' und Goodes Aussagen waren für mich persönlich noch einmal richtige Augenöffner zum Schluss hin und geben mir einen positiven Ausblick nicht nur auf die Zukunft, sondern auch auf die Gegenwart. Denn sie machen Mut weiterzumachen, und das erst recht jetzt in der aktuellen kritischen Phase. Mir ist bewusst, dass nicht jedes Detail stimmen muss, was diese Insider zum Besten gegeben haben. Ich habe so gut es geht, jene Informationen herausgefiltert, die sich für mich stimmig anfühlten oder sich zumindest mit Aussagen anderer decken. In Zukunft, so bin ich zuversichtlich, werden mehr und mehr Insider ihr Schweigen brechen und uns weitere wichtige Puzzleteile liefern.

Nach alledem fällt mir abschließend noch eine Theorie zum „Arier-Zuchtprogramm" während des Dritten Reichs ein. Je nachdem, ob man mit dem Züchten eines „reinrassigen Ariers" negative oder positive Ziele verfolgte, ergeben sich dementsprechend völlig unterschiedliche und konträre Absichten: Im negativen Sinne hätte man vielleicht eine geistig überlegene Einheitsrasse erschaffen wollen, um den Planeten zu unterjochen. Im positiven Sinne habe man vielleicht erstrebt, die einst spirituellen und geistigen Fähigkeiten der Germanen/Nordischen „zurückzuzüchten", nach Vorbild der arischen Aldebaraner, um im ewigen Kampf gegen die Reptiloiden überhaupt etwas gegen diese geistig entgegensetzen zu können. Im letzteren Fall wäre eine genetische Kreuzung mit Nordischen (sei es Aldebaranern und/oder anderen) während des Dritten Reichs zum schnelleren Erreichen der Ziele genauso vorstellbar gewesen, wie die Kreuzung von Reptiloiden und Deutschen für finstere Zwecke auf der anderen Seite. Ist das der wahre Grund für die geplante Ausrottung der nordischen Völker? Weil sie im Rahmen der 22 genetischen Programme einst von den *Nordischen* die meiste DNA bekommen haben? Sind die nordischen Völker Europas von diesen 22 Programmen womöglich ausschließlich ein einzelnes oder mehrere genetische Programme der Nordischen? Wenn dem so wäre, inkarnieren in den nordischen Ländern dann überwiegend auch Nordische ET-Seelen? Ich kann nichts von alledem handfest beweisen, aber auch keineswegs ausschließen. Vor diesem ganzen außerirdischen Hintergrund würde der Vorwurf des „Rassismus" gegen die Deutschen jedenfalls erst recht und endgültig wie Eis an der Sonne schmelzen.

Wie kann man das alles so lange vor der Öffentlichkeit geheim halten?

Bei all diesen fantastisch klingenden Berichten stellt man sich unweigerlich die Frage, wie man solch gigantische Unternehmen vor der Öffentlichkeit so lange verstecken konnte? Viele sind der Meinung, dass die Regierung keine Geheimnisse hüten könne. Nachfolgend mal eine kurze Zusammenstellung an Mitteln und Mechanismen, die aufzeigen, dass es doch möglich ist:

Kompartimentierung

Was selbst in vielen gewöhnlichen Firmen angewendet wird, wird in geheimen Projekten in olympischer Perfektion ausgeübt. Wie an voriger Stelle bereits erwähnt, werden verschiedene Bauteile in verschiedenen Bereichen hergestellt und am Ende in einem anderen Bereich wieder zu einem ganzen zusammengebaut. Alle Mitarbeiter müssen Verschwiegenheitsvereinbarungen unter Androhung von „drakonischen" Strafen unterzeichnen. Die Angst vor Verlust des sicheren Arbeitsplatzes und der Pension, dem Risiko, nirgends woanders mehr eine Anstellung zu finden und letzten Endes die Angst, schwerwiegende Repressalien über sich und seine Familie erdulden zu müssen, sind der Grund dafür, dass sich die meisten Mitarbeiter im eisernen Schweigen über ihre Tätigkeit üben, selbst Kollegen anderer Abteilungen gegenüber, was dazu beiträgt, dass einzelne Mitarbeiter nie das ganze Bild kennen und nicht wirklich wissen, woran sie da eigentlich arbeiten. David Wilcock hatte hierzu in einem Artikel einmal das Beispiel des Baus der Atombombe im Rahmen des *Manhattan Projects* zwischen 1939 und 1946 aufgezeigt, welches zwei Milliarden US-Dollar kostete und 130.000 Mitarbeiter hatte! Dieses Projekt war in derart viele Bereiche aufgeteilt, dass der Großteil nicht den blassesten Schimmer hatte, was da gebaut wurde. Ein Artikel des *Life*-Magazins 1945 schrieb in Bezug auf die enorme Geheimhaltung, dass mehr als 100.000 Leute in diesem Projekt wie *„Maulwürfe im Dunkeln arbeiteten"*, und dass womöglich nicht mehr als nur ein paar Dutzend Leute im ganzen Land über die ganze Bedeutung dieses Projekts Bescheid wussten. Alles läuft auf einer „need to know"-Basis, man weiß also gerade so viel, wie man für das Verrichten der Arbeit wissen muss und nicht mehr. Das Ausplaudern von Geheimnissen wurde zudem mit einer Gefängnisstrafe von 10 Jahren oder einer Geldstrafe in Höhe von 10.000 US-Dollar geahndet (entspricht heute rund 130.000 US-Dollar). Wilcock schrieb, dass kein Mitarbeiter Geheimnisse ausgeplaudert habe. Erst als die Atombombe gezündet wurde, fanden die Leute heraus, woran sie jahrelang gearbeitet hatten.(1136)

Ein anderes Beispiel, das Wilcock in seinem Buch „Ascension Mysteries" anführt, ist der Bericht eines Insiders, der in einer Militärbasis Autopsien an außerirdischen Körpern durchführte. In den ersten neun Monaten bekam er kleine lachsfiletgroße Stücke an biologischem Gewebe zur Analyse. In den neun Monaten danach bekam er Arme und Beine serviert, die menschlich aussahen, aber anders. In darauffolgenden neun Monaten bekam er intakte oder halb-intakte Körper zur Untersuchung. Ihm wurde nie gesagt, dass dies Außerirdische seien und er durfte nie eine Frage über deren Herkunft stellen.(1137)

Tarntechnologien

Alle Raumschiffe nutzen Technologien, mit denen sie sich unsichtbar machen können, was sie auch meistens tun. Die Aufnahmen von UFOs in der Nähe von Vulkanen kommen meist von Kameras im Infrarotmodus. Mit Nachtsichtgeräten der neuesten Generation wird man einen regen Verkehr am Himmel beobachten können. Besonders über den Dächern von Großstädten schweben viele UFOs, das kann ich mit absoluter Sicherheit sagen. Wenn UFOs sich zeigen, wie z.B. bei NASA-Live-Übertragungen oder auch mal am Himmel, dann deshalb, um die Menschen langsam an diese Realität zu gewöhnen. Die Augenzeugenberichte sind so mannigfaltig, dass man diese Sichtungen nicht mehr wegdiskutieren kann. Große Raumschiffe nutzen zudem zum Reisen nur für kurze Zeit die Erdatmosphäre, ansonsten nehmen sie Sternenportale, was deren Sichtbarkeit noch einmal drastisch minimiert. Und vergessen wir nicht das Draco-Gedankenkontrollgitter, welches dafür sorgt, dass wir all die Dinge einfach nicht sehen.

Wir leben in abgeschottenen Welten

Auch hierzu hatte Wilcock ein sehr treffendes Beispiel anhand von eingeborenen Völkern gezeigt, die irgendwo abgelegen im Busch oder auf Inseln völlig isoliert weit fernab von irgendwelcher Zivilisation leben. Als während des Zweiten Weltkriegs amerikanische Soldaten auf einer melanesischen Insel nahe Australien landeten, waren die Eingeborenen geschockt und betrachteten die Weißen buchstäblich als „Götter". Bis zu diesem Zeitpunkt waren für diese Leute die melanesischen Inseln die ganze Welt. Sie konnten sich nicht vorstellen, dass es da draußen noch anderes intelligentes Leben außer ihnen gibt. Und nun wurden sie mit einem Grad an Zivilisation und Technologien konfrontiert, die sie sich zuvor nie hätten vorstellen können. Sie hatten die Soldaten derart verehrt, dass sie einen Kult daraus errichteten.

Uns ergeht es nicht anders! Auch wir leben auf Inseln, sei es Europa, Amerika, Afrika oder Asien. Und dennoch haben wir nicht den blassesten Schimmer davon, wie viele weitere Zivilisationen uns umgeben, z.B. in den 20, 30 oder 50 km tiefen Kavernen in der Inneren Erde, die durch selbstleuchtende Bakterien in den oberen Bereichen der Höhlen erleuchtet sind. Die Erde wiederum ist nur eine winzig kleine „Insel" im unendlich großen Weltraum, mit ebenso unendlich vielen Zivilisationen. Und wie viele von ihnen, die hier leben, nutzen ebenfalls fortgeschrittene Technologien, um sich zu verstecken? Und jeder lebt dann noch in seiner eigenen kleinen Welt für sich, mit seinem Lohnsklavenjob, seiner Familie und vielleicht mal ein paar Urlaubsreisen. Alles andere ist da automatisch ausgeblendet. Wie die Melanesier stehen wir nun ebenfalls kurz davor, mit Wesen und Technologien konfrontiert zu werden, die jenseits unserer Vorstellungskraft liegen. Jedenfalls wurden wir durch Science-Fiction-Filme ein wenig darauf vorbereitet.[(1138)]

Medienkontrolle und Zensur

Dazu muss man, glaube ich, nicht viel mehr sagen. Die Kabale beherrscht die Massenmedien sowie einen Teil der alternativen Medien. Worüber nicht berichtet wird, das „gibt es auch nicht". Und über vieles wird berichtet, aber der Hintergrund ist erlogen. Meteoritenregen und merkwürdige Himmelsphänomene (Feuerbälle) könnten daher häufig Abschüsse von UFOs im Rahmen von kriegerischen Aktionen sein, die ganz hoch am Himmel stattfinden. Solche Vorfälle könnten aber auch zur unfreiwilligen Enthüllung führen. Die gesamte UFO-Branche ist laut Corey Goode stark infiltriert, in der Informationen kontrolliert und manipuliert werden. Sollte mal jemand an die Öffentlichkeit kommen, werden Diffamierungskampagnen gestartet.

Der Countdown zum kosmischen Zeitalter

So, wie es ausschaut, stehen wir kurz vor Enthüllungen kosmischen Ausmaßes. Die dunkle Seite wird meiner Meinung nach bis zum bitteren Ende kämpfen, aber sie können nicht gewinnen, das steht jetzt schon fest. Dafür sind zu viele Mechanismen im Gange, die ihren Sieg verhindern werden. Wie wir von Goodes Berichten von Micca erfahren haben, haben die Reptilien samt ihrer KI in benachbarten Sternsystemen schon verloren, die sich bereits in den hochschwingenden Bereichen der Galaxis befinden. Und wir bewegen uns nun auch in diese Richtung. Nach einer Serie an solaren und kosmischen Ereignissen werden wir uns als Menschheit vermutlich in der Anfangszeit danach noch etwas verwirrt fühlen und die Zustände könnten chaotisch werden. Viele Menschen, die in ihren alten negativen Mustern verharren, werden diesen Aufstieg wohl nicht überleben. Wie viel von der Menschheit diesen Aufstiegsprozess die kommenden Jahre überleben wird, kann niemand genau vorhersagen. Die *Sphären-Allianz* hat für einen kurzen Zeitraum die heftigen kosmischen Energien gepuffert. Dies wird jetzt wegfallen. Um den Aufstieg ins kosmische Zeitalter bestmöglich mitzumachen, individuell und als Kollektiv, sind noch Hausaufgaben von jedem von uns zu erledigen. Es gibt viele Fallstricke von der dunklen Seite, die – weil sie womöglich weiß, dass sie nicht gewinnen kann – daher versucht, so viele spirituell orientierte Leute von ihrem Entwicklungsweg abzuhalten und am Aufstieg zu hindern, wie möglich.

Co-kreatives Erschaffen und Massenbewusstsein

Was Corey Goode in seinen Interviews immer wieder erwähnt hatte, war, wie das co-kreative Massenbewusstsein der Menschheit von der Kabale gegen sie gelenkt wird. Dies geschieht z.B. durch all die Lügen in den Medien, die den Zweck verfolgen, **unsere Erlaubnis** zu gewissen Aktionen einzuholen. Ein Beispiel: Jahrelang wird gegen Putin und Russland und nun gegen Nord-Korea gehetzt, was das Zeug hält. Wenn die Massen den verbreiteten Lügen glauben und sich aufhetzen lassen, gibt sie als Kollektiv ihre Erlaubnis an die Kabale, dann Krieg gegen diese Länder zu führen, mit hunderttausenden und Millionen Toten als Folge. **Hier geht es nicht nur um die „bloße" Einwilligung, sondern gerade auch um die bei den Menschenmassen erzeugte Energie, die für das *Manifestieren* solch eines Krieges notwendig ist und benutzt wird!** Hier geht es im Grunde um die „Berücksichtigung" des freien Willens. Auch die Kabale kann gegen die kosmischen Gesetze nicht verstoßen bzw. diese umgehen. Wenn heute, am Tag X, die Menschheit partout keinen Krieg möchte (freier Wille), dann wird es schwer für gewisse Kräfte, dies umzusetzen. Sie benutzen natürlich auch Menschenopfer als Manifestationsenergie, um gewisse Aktionen voranzubringen. Manchmal reicht das aber nicht, da sie für regionale/globale Aktionen die Zustimmung der Völker braucht. Daher sucht sie Wege, diese kosmischen Gesetze über Lügen und Manipulationen zu biegen und zu dehnen, aber dennoch quasi gerade noch so „einzuhalten". Jetzt wird monatelang gegen einen „Diktator" und gegen ein anderes Land gehetzt. Die Leute, die vorher sonst anderer Ansicht waren, sind nun zunehmend der Meinung, dass *„da etwas getan werden müsse"*, und schwupps, hat man sein OK für einen Krieg oder gar den Dritten Weltkrieg gegeben und sich ordentlich negatives Karma aufgeladen. Andere Leute sind derart leicht zu manipulieren, dass sie jeder Hetze folgen würden. Und all jene, denen es bewusst und absichtlich gleichgültig ist, ob andere Länder zurück in die Steinzeit gebombt werden, könnten womöglich zumindest passiv ihre Erlaubnis erteilt haben. Die Berücksichtigung des freien Willens beinhaltet zudem, dass die Kabale uns die Wahrheit sagen muss. Wie sie es tut, ist aber nicht festgelegt und deshalb sagen sie uns vieles recht offen über Filme und Serien, die wir alle pauschal als reine „Science-Fiction" und als „erfunden" abtun. Und die Kabale kann sich hinterher herausreden und sagen: *„Wieso, wir haben es Euch die ganze Zeit doch direkt ins Gesicht gesagt, immer und immer wieder. Ihr wolltet es aber nicht glauben..."*

Ja, werte Leserinnen und Leser, das ist das große Geheimnis dieser Form der schwarzen Magie, bei der unser Wille und unsere kollektive Energie (Zustimmung) unser eigenes Verderben erschafft! Daher ist nicht immer die Kabale „schuld". Wir haben mindestens genau so viel dazu beigetragen, ohne uns dessen *bewusst* zu sein. Aber dem Teufel ist es egal, ob wir es gewusst haben oder nicht, die Zustimmung wurde erteilt (egal wie) und die kosmischen Gesetze wurden gerade noch so eingehalten. Dies war bis vor kurzem ein wohl gehütetes Geheimnis der Kabale, die auf gar keinen Fall will, dass die Menschen jemals von diesem hinterhältigen Prinzip sowie dem unglaublich großen menschlichen Potenzial erfahren. **Ja, so mächtige Wesen sind wir!** So mächtig sind unsere Gedanken und unser Glaube. Falls Sie das vergessen haben sollten, werfen Sie noch einmal einen Blick auf Prof. Dr. Yodas Enthüllungen im zweiten Teil. Stellen Sie sich vor, wir würden den Dunkelmächten unsere Energien auf allen Ebenen entziehen und sie für etwas Positives einsetzen. Vielleicht fangen wir erst einmal damit an und bitten die Geistige Welt (Engel)/Gott darum, solch aktive/passive „Einwilligungen" aus der Vergangenheit von uns aufzulösen und klar formulieren, dass man diese wieder zurücknimmt, wenn sie gegen das Wohl von anderen Menschen/Nationen gerichtet waren, und zwar alle, dessen wir uns bewusst und unbewusst sind. Bitten wir um Vergebung und vergeben uns selbst!

Die größte Enthüllung oder die größte Täuschung?

Hier sei noch an etwas Wichtiges erinnert, was u.a. auch Corey Goode einmal erwähnt hatte. Positive Wesen:

- Drängen sich nicht auf mit einer neuen Religion oder übernehmen die Führung.
- Sie sind zwar stets da, ohne dass man sie aber bemerkt. Sie gewähren uns unsere Lernprozesse, ohne sich sichtbar einzumischen.
- Sie mischen sich nur dann ein, wenn ihr Experiment gefährdet ist oder Gefahren kosmischen Ausmaßes drohen. Aber auch bei solchen Einmischungen bekommen wir nichts mit, so wie wir auch in der Vergangenheit nichts oder kaum etwas davon mitbekommen haben.
- Sie halten sich an die oberste Direktive im Universum, den freien Willen zu respektieren.
- Anders als bei ego-behafteten Wesen wollen sie keinen Kult um sich herum und wollen nicht vergöttert werden.
- Positive Außerirdische werden uns dann beratend zur Seite stehen, wenn wir sie darum bitten **und** wenn wir geistig und vom Bewusstsein her so weit sind; wenn

die Zeit reif ist. Wir werden lernen müssen zu unterscheiden, welche Wesen tatsächlich positiv und uns wohlgesonnen sind und welche sich nur maskieren und ein falsches Spiel treiben. Daher denke ich, wird es einen Massenkontakt erst dann geben, wenn wir starke intuitive und empathische Fähigkeiten entwickelt haben. Und noch etwas: prüfen, prüfen und nochmals prüfen! Auch Tiffany Fontenot gibt den gut gemeinten Rat, dass, wenn wir keine Möglichkeiten haben, außer- und innerirdische bzw. interdimensionale Wesen zu prüfen, sollten wir von einem Kontakt mit ihnen lieber absehen. Wie können wir prüfen? Indem wir lernen, unsere Intuition und medialen Fähigkeiten zu schulen, indem wir hinterfragen, indem wir z.B. die Rückwärtssprache anwenden oder indem wir gut ausgebildete Kinesiologen oder hellsichtige Medien zwecks einer zweiten Meinung konsultieren.

Es dürfte klar sein, dass die Herrschenden noch einmal alles in die Waagschale werfen werden, was sie haben, um an der Macht zu bleiben. Es gibt diverse Pläne für eine mögliche Enthüllung, wobei die meisten davon nur eine Teilenthüllung vorsehen, gestreckt über einen Zeitraum von mindestens mehreren Jahrzehnten und womöglich auch nur in dem Fall, wenn es der Kabale z.B. durch Massenverhaftungen an den Kragen gehen sollte, um durch solch eine Enthüllung die Massen abzulenken. Die gefährlichste Variante einer Teilenthüllung wäre, die Lüge zu verbreiten, dass es nur positive Außerirdische gäbe, so wie Steven Greer das tut. Denn so blieben die negativen ETs weiterhin an der Macht. Aber selbst bei bildhübschen und „engelhaft“ erscheinenden Wesen ist anfangs etwas Zurückhaltung angeraten. Was sagt unser inneres Gefühl? Wie reagieren die anderen Menschen auf solch eine Erscheinung? Bildet sich ein neuer Kult und bleiben bisherige Machtstrukturen dennoch weiterhin erhalten?

Die positiven Außerirdischen sind unsere herzlich willkommenen kosmischen Nachbarn, aber keine „Götter“ und nicht unsere „Erlöser“. Es gilt immer noch der Grundsatz:

Wir sind diejenigen, auf die wir die ganze Zeit gewartet haben!

Und wir sind auch diejenigen, die das kosmische Zeitalter einläuten werden!

Dieses 13. Kapitel bildet somit den Abschluss der kosmischen Enthüllungen in diesem Buch. Wer in die Welt des Geheimen Weltraumprogramms noch tiefer eintauchen und noch mehr spannende Details erfahren möchte, so kann er dieses Kapitel auch als Überleitung zu Jason Masons grandioses Werk „Mein Vater war ein MiB“ sowie Thomas Andersons neues Buch „Die Weltraumverschwörung“ betrachten, die ich Ihnen – nun als fortgeschrittenen Leser – an dieser Stelle weiterführend empfehlen kann. Ich selbst bleibe weiterhin an diesen spannenden Weltraumthemen dran, und wer weiß, vielleicht komme ich mit einem Folgeband irgendwann in den nächsten Jahren wieder zurück.

Zusammenfassung Teil III

Auch den dritten Teil möchte ich für Sie gern komprimiert als Gedächtnisstütze zum späteren Nachschlagen zusammenfassen:

- Unser heliozentrisches Weltbild ist unvollständig und daher falsch. Unsere Sonne umkreist das galaktische Zentrum, und unsere Planeten bewegen sich demnach auch nicht in flachen elliptischen, sondern in wiederkehrenden *spiralförmigen* Bahnen um die Sonne.
- Auf dem Mond sowie dem Mars wurden unnatürliche Bauten, Strukturen und Pyramiden gefunden, die teilweise auf intakte Basen hindeuten. Bilder von UFOs auf Mond, Mars, der ISS und über Vulkanen auf der Erde usw. zeigen eine starke Präsenz von geheimen Technologien.
- Der Forscher Nassim Haramein zeigte uns, dass die Sonne ein riesiges Sternentor ist, welches für interstellare Reisen von planetengroßen Raumschiffen genutzt wird. Kleinere UFOs nutzen hierfür Vulkane.
- In Steven Greers *Disclosure Project* kamen viele ehemalige Militärangehörige zu Wort, die über diverse UFO-Sichtungen während ihrer Dienstzeit berichteten. Der britische Hacker Gary McKinnon fand 2001/2002 heraus, dass die US-Marine eine Weltraumflotte unterhält (*Solar Warden*). Ex-Geheimdienstler und Astronauten wie Buzz Aldrin und Edgar Mitchell plauderten über die Existenz von UFOs und Außerirdische. Hochrangige (ehemalige) Politiker wie Medwedew und Paul Hellyer brachen ihr Schweigen, vatikanische Sprecher betrachten Außerirdische als „Brüder und Schwestern".
- Die Vatikan- und Pyramidensymbolik deutet auf die Konstellationen Orion und Plejaden hin. Weitere Hinweise zeigen auf Sirius und Alpha Draconis, von wo die Dracos ursprünglich herkommen. Religiöse Führer rufen zu Freundschaft und Einheit auf und planen, die Weltbevölkerung anscheinend auf eine neue ET-Weltreligion vorzubereiten.
- Seit mindestens den 1970er-Jahren werden hochrangige Politiker geklont. Heutzutage scheinen zudem viele prominente Leute aus dem Showbiz Klone oder Androide zu sein, die auf KI laufen. Verschiedene Stars sehen sich zum Verwechseln ähnlich und viele von ihnen scheinen gar nicht oder kaum zu altern.
- KGB-Akten enthüllen die Existenz von deutschen Unterlagen aus dem Zweiten Weltkrieg, die nahelegen, dass sich ein Teil der Nazis in die Antarktis und anschließend in die Innere Erde abgesetzt hatten. Es gibt zahlreiche Fotobeweise und Zeugenaussagen über die Existenz von deutschen Flugscheiben, die bereits während des Zweiten Weltkriegs eingesetzt wurden.
- Über die Tibetexpeditionen (*Ahnenerbe*) unter der Führung von Heinrich Himmler und Karl Haushofer knüpften die Nazis Kontakt zum *Orden der grünen Mönche* und gelangten über diesen wiederum an Verbindungen zu Reptiloiden in der Inneren Erde, die ursprünglich von Alpha Draconis kommen. Zudem gab es Pyramiden- und UFO-Funde in der Antarktis.

- Die spirituellen Medien der *Vril-Gesellschaft* sollen telepathischen Kontakt zu Wesen vom Sternsystem *Aldebaran* gehabt haben, die ihnen Anleitungen zum Bau von Raumschiffen übermittelten. Es gibt Hinweise von Donald Marshall, dass es sich bei den *Vril* um Echsenwesen (Reptiloide) handelt. Reptiloide und andere (menschenähnliche) Außerirdische leben schon lange unter uns.

- Schwarzadel, Vatikan und Jesuiten arbeiten mit Dracos/Reptiloiden und Grauen ETs zusammen, um ein *Viertes Reich* zu errichten.

- Reptiloide haben unsere DNA mitbeeinflusst. Die DNA des Menschen soll von der Orion-Gruppe einst von 12 Strängen auf zwei reduziert worden sein, um uns besser beherrschen zu können. Die bösartigen Reptiloiden foltern Menschen (besonders Kinder) und nutzen sie als Nahrungsquelle. Dabei geht es auch um die mit Angst angereicherten Hormone. Es wird behauptet, die Windsors seien höchstwahrscheinlich gestaltwandelnde Reptilien. Reptilien werden zunehmend im Fernsehen durch Bildanomalien sichtbar, da Videokameras ein breiteres Frequenzspektrum aufzeichnen. Besonders häufig ist es bei Nachrichtensprechern und Promis zu beobachten.

- Ein führender Rabbi äußerte sich zur außerirdischen Herkunft der Juden und dass es ihre Mission sei, die Erde zu erobern.

- Diverse Superinsider und Whistleblower geben uns hochbrisante Einblicke in die Welt des Geheimen Weltraumprogramms. NASA-Insider Clark McClelland berichtete über seine Unterredungen mit deutschen *Paperclip*-Wissenschaftlern, darunter auch Wernher von Braun, der ihm erzählt haben soll, dass die Aldebaraner Arier seien und vor vielen tausenden von Jahren auf der Erde die atlantische Rasse erschaffen hätten. Ähnliches hörte McClelland auch von anderen deutschen Wissenschaftlern. Laut seinen Aussagen sei von Braun ein sehr freundlicher und herzensguter Mensch gewesen, der von Heinrich Himmler mit dem Tode bedroht worden sei.

- Erfindergenie Pete Peterson arbeitete für die US-Regierung und rekonstruierte außerirdische Bauteile. Dabei arbeitete er auch mit verschiedenen Außerirdischen zusammen. Er erwähnte, dass etwa ein Drittel der Reptilien positiv sei und der Rest negativ. Es sind also nicht alle Reptilien böse. Er berichtete darüber hinaus von drei Besiedlungsschichten in der Antarktis. In jeder sei ein großes UFO gefunden worden. Zudem gab es Funde von Ruinen alter Zivilisationen sowie gefrorenen Riesen. Petersen gab an, dass Deutsche bereits Anfang der 1940er-Jahre Kontakt zu vier bis sechs verschiedenen ET-Rassen gehabt hätten. Die Antarktis sei einst Teil von Atlantis gewesen. Petersons Aussagen nach ist die Technologie im Geheimen 300 Jahre weiter als alles, was der Oberflächenbevölkerung bekannt ist.

- Randy Cramer gab an, 20 Jahre lang als Supersoldat einer Spezialsektion der US-Marine eingesetzt worden zu sein, darunter auf dem Mars, um dortige Kolonien zu beschützen. Diese Sektion sei einst von US-Präsident Eisenhower als Gegenpol zu MJ-12 gegründet worden. Gemäß seinen Aussagen gäbe es auf dem Mars Flora und Fauna und eine dünne Atmosphäre, ähnlich wie auf hohen Bergen auf der Erde, in der man atmen könne, doch sei es mit einem Schutzanzug weniger beanspruchend für den Körper. Am Ende der Dienstzeit wurde er einer Verjüngungsprozedur und Gedächtnislöschung unterzogen und er wurde wieder zurück in das Jahr in seine Zeitlinie zurückversetzt, bevor er ins Weltraumprogramm einstieg.

- Laura Eisenhower wurde eigenen Angaben nach 2006 für den Mars rekrutiert – ein Angebot, das sie aus Skepsis ablehnte. Sie fand heraus, dass Rekrutierte als Sklavenarbeiter auf dem Mars endeten. Auf der Erde soll es 12 Hauptsternentore geben (ein 13. wäre im Zentrum der Erde). Sie würden mit unseren 12 DNA-Strängen korrespondieren. Beschädigungen dieser Sternentore hätten negativen Einfluss auf unsere DNA gehabt. Eisenhower sagt, dass wir das weibliche Prinzip auf der Erde wieder verankern müssen, damit die männlichen und weiblichen Energien wieder im Einklang sind. Wenn wir in der Liebe sind, erhöhen wir unsere Schwingung und werden immuner gegen Kontrolle und Manipulation. CIA-Insider Robert Steele bestätigte, dass es Sklavenkolonien auf dem Mars gäbe.
- Michael Prince soll als Supersoldat-Attentäter ausgebildet worden sein, der seine Befehle vom *Opus Dei* erhielt. Vatikan und Jesuitenorden sollen den globalen Drogenhandel und das Supersoldaten-Programm der CIA und des MI6 kontrollieren. Er behauptet, als Gefangener zu einer Wasserwelt im Sirius-Sternsystem deportiert worden sein, wo er SS-Sturmtruppen und Reptiloide gesehen haben will. Prince bezeichnete George Bush Senior als ein „Saurier-Reptil".
- Superinsider Cobra berichtete über Archonten – energetische Wesen, die über den Dracos stehen sollen und eine Art Quarantäne auf der Erde errichtet haben sollen mit einem Kontrollsystem, das auch als *Matrix* bekannt ist. Diverse elektronische Schleier ermöglichen demnach eine extrem engmaschige Kontrolle und Manipulation der Erdbevölkerung. Draco-Verwalter halten auf der ätherischen und niederen astralen Ebene die Matrix mithilfe der KI aufrecht. Auf physischer Ebene seien Archonten in Strukturen der Jesuiten-Organisationen inkarniert. Die beste Waffe gegen die Archonten sei die Energie der Liebe! Insbesondere die Liebe zwischen Frau und Mann (gesunde Sexualenergie = schöpferische Lebenskraft).
- Der ehemalige britische Politiker Simon Parkes sagt, dass die Erde unter der Kontrolle der *Reptiloiden*, *Mantiden* und *Grauen* sei. Reptilien und Mantiden hätten auch eigene Agenden, die *Grauen* seien ihre Untergebenen. In diesem Zusammenhang sprach er vom *Orion-Imperium* und der *Sirius-Konföderation*. Er erklärt, dass Archonten die Reptiloiden kontrollieren würden. Eine Gruppe von *Nordischen* würde Putin/Russland unterstützen. Trump plane angeblich die Freigabe von geheimen Technologien zum raschen Wiederaufbau seines Landes. Auf den meisten Planeten gäbe es ein Tauschhandelssystem, das sollte auch unser Ziel sein – weg vom Finanzsystem. Die Herrschenden sind sich uneinig darüber, ob die Menschheit noch eine Chance bekommen sollte.
- William Tompkins wertete Geheimdienstinformationen aus, wonach die Nazis mit Reptiloiden einen Pakt geschlossen und von ihnen UFOs und andere Technologien zur Verfügung gestellt bekommen haben. Er bestätigt, dass Maria Orsic und

andere spirituelle Medien in Kontakt mit einer Gruppe von *Nordischen* standen. Die *Vril-Gesellschaft* sei von der SS beschlagnahmt worden, Hitler hätte sich für deren Fortsetzung engagiert. Tompkins arbeitete bei *TRW* und *Douglas Aircraft* mit Nordischen Sekretärinnen. Eine davon soll Orsic gewesen sein. Nordische ETs hätten eine Lebensspanne von 1.400 bis 3.400 Jahren, einige Völker in der Innererde 2.000 bis 3.000 Jahre oder würden gar ewig leben. Es gäbe ca. 100 verschiedene Typen von Nordischen. Tompkins bestätigte das 20-Jahresprogramm im Geheimen Weltraumprogramm. Reptilien haben seiner Ansicht nach unsere Lebensspanne eingeschränkt. Die Langlebigkeit sei allerdings bereits erforscht und machbar (bereits seit dem Zweiten Weltkrieg) – allerdings nur für die „Elite". Obama, Clinton und die Bushes seien gestaltwandelnde Reptilien.

- Corey Goode absolvierte ein 20-Jahresprogramm im All. Die Technologien dazu (Altersregression, Gedächtnislöschung und das Positionieren in die Zeit zurück) stamme von den *Nordischen*. Er beschreibt mehrere Ebenen des Geheimen Weltraumprogramms und bestätigte Sklavenkolonien auf Mars. Der ICC betreibe Handel mit ca. 900 ET-Rassen und die Raum-Allianz strebt die Befreiung der Menschheit an. Die Sphären-Allianz pufferte bislang starke kosmische Energien, und nun sollen solare Ereignisse zwischen 2018 und 2024 stattfinden. Das würde die KI und das Draco-Gedankenkontrollgitter außer Gefecht setzen. Es gibt eine vermeintliche Barriere um unser Sonnensystem herum. Die Kabale flüchtet in die Antarktis, wo schockgefrorene Zivilisationen mit Riesen gefunden wurden. Ein weißer Draco-König gab die Existenz von „Oberherren" zu. Die Menschheit ist Teil eines Experiments von 22 genetischen Programmen. Drei ET-Gruppen, die Innerirdischen und der Vatikan planen eine Enthüllung. Goode steht mit einer innerirdischen Gruppe in Kontakt sowie mit Blauen Avianern. Die Botschaft der Avianer: Liebe, Mitgefühl und Vergebung. Allerdings sollte man ET-Kulte vermeiden. Vorsicht vor den Anshar! Miccas Zivilisation hat sich vor kurzem von den Dracos befreit. Wir schaffen es somit auch!
- Die Geheimhaltung ist möglich durch: Kompartimentierung, Tarntechnologien, Medienkontrolle- und zensur – und weil wir in abgeschotteten Welten leben.
- Vorsicht vor bzw. bei Massenmeditationen (mögliche Einmischung ins Karma und in den freien Willen anderer, siehe unter [(1132b)]).
- Unser Massenbewusstsein wird auf breiter Front gegen uns eingesetzt.
- Vorsicht vor einer kommenden Teilenthüllung, die Wichtiges weglässt, damit die Kabale weiterhin an der Macht bleibt.

Schlusswort

Meine Güte, war das ein langer Marathon! Sie mussten das alles zwar „nur" lesen, ich musste das alles aber mühsam recherchieren und niederschreiben, was viel Zeit, Geduld, positiven Willen und Kraft gekostet hat – von den energetischen Angriffen und anderen Störfeuern mal abgesehen, die mich zwar immer mal wieder ausgebremst, aber auch irgendwo angespornt haben, weiterzumachen. Den heftigsten Widerstand erfuhr ich dabei beim Schreiben des 13. Kapitels. Ich kann mit Fug und Recht bestätigen, dass da Kräfte am Werk sind, die verhindern wollten, dass Sie über all diese Dinge etwas erfahren. Dass Sie das Buch heute in den Händen halten, ist irgendwie schon ein kleines Wunder. Dennoch, auch für mich blieb es bis zum Ende spannend und offen, da mir bestimmte Einzelheiten auch nur etappenweise zugeführt wurden und sich mir die letzten Zusammenhänge auch erst während des Schreibens erschlossen haben.

Wie geht es jetzt weiter?

In den kommenden Monaten und Jahren werden mehr und mehr Informationen zu all den im Buch erwähnten und auch anderen Themen herauskommen, und das in einem immer schnelleren Tempo. Besonders was die Weltraumprogramme und Themen rund um Außerirdische betrifft, werden sich die Bücher die kommenden Monate und Jahre buchstäblich überschlagen, das ist bereits jetzt schon teilweise der Fall. Aber auch zu den beiden Weltkriegen und insbesondere zum Dritten Reich ist das letzte Lied noch lange nicht gesungen. Auch da liegt noch so vieles im Verborgenen, was sich ebenfalls seinen Weg an die Oberfläche bahnt. Es werden noch viel mehr Dinge herauskommen, die uns überraschen, schockieren, verwundern und ja, sicherlich auch mal fordern, überfordern, aber auch fördern werden. Wir sehen der großen Herausforderung entgegen, mit all diesen neuen Enthüllungen noch Schritt halten zu können. Denn vieles tut sich jetzt, vieles ändert sich. Alles ist in Bewegung, als gäbe es kein Morgen mehr. Die Wahrheit hat es wirklich sehr eilig, was ein deutliches Zeichen dafür ist, dass es keine nennenswerten Aufschübe mehr gibt und geben wird. Wir haben es hier schließlich nicht mit einem kleinen begrenztem Thema zu tun, sondern mit einer ganzen Welt an neuen Informationen, die es zu erfassen, zu filtern und zu begreifen gilt. Und ein Ende ist noch lange nicht in Sicht, es fängt gerade erst an! Wir wurden schließlich die letzten paar hundert Jahre völlig im Unwissen gehalten. Dies aufzuholen, ist schon eine Wucht, aber mit Geduld machbar, sofern man sich dafür interessiert und an dieser Entwicklung teilhaben möchte – Schritt für Schritt, so, wie es die eigene Zeit und das eigene Interesse erlauben. Setzen Sie sich daher dennoch nicht unter Druck. Sie haben jetzt schon einen gewaltigen Wissensvorsprung vor der Masse da draußen. Anders als in der Schule damals, lernen wir hier wirklich mal wichtige und sinnvolle Dinge. In dem Zuge integrieren wir zunehmend neues Vokabular in unser Leben (z.B. die „Raumwaffe" oder die „Raummarine"), das für sich bereits Teil der neuen Bewusstseinserweiterung ist. In dem Maße, wie wir uns mit diesen Themen positiv beschäftigen und aufhören, sie als Fantasie abzutun, ziehen wir die Enthüllung mehr und mehr in unser Leben, die unsere neue Realität formen wird.

Seit vielen Millionen von Jahren kämpfen gute Außerirdische gegen böse. Wir wurden besonders die letzten 100 Jahre massivst belogen, was deren Existenz angeht. Auf der Erde führen irdische Verwalter Stellvertreterkriege für ihre ET-„Götter" und halten die Menschen in Sklaverei, sowohl hier auf Erden als auch außerhalb. Unsere Lebensspanne wurde massivst verkürzt, sodass wir dieses Treiben als Kollektiv lange nicht durchschauen konnten. Hunderte Inkarnationen und mindestens tausende von Jahren brauchten wir, um an den heutigen Wendepunkt zu gelangen.

Und während da draußen der ganze „Spaß" stattfindet, etwas überspitzt gesagt, machen wir hier was? Wir schlagen uns hier mit wirklich völlig überflüssigen, unwichtigen, sinnlosen und plagegeisternden Dingen herum wie die GEZ-Gebühr und Steuern, welcher Bauer nun endlich seine Frau gefunden hat, um wie viel größer der Hintern von Klon-Promi XY geworden ist, ob die AfD nun besser ist als die CDU und ob die letzte Bundesidiotenwahl nun „getürkt" war oder nicht. Was für ein zeit- und energieraubender, ausgewachsener und verpervertierter Schwachsinn das alles ist! Zudem schlagen wir uns mit allerlei Behörden herum, die uns mehr und mehr drangsalieren und meinen, uns hier die Hölle heiß machen zu müssen. Liegt es vielleicht daran, dass dort vermutlich auch kaum noch „echte" Menschen drinsitzen? Des Weiteren befinden sich die meisten Leute aufgrund sinkender Löhne regelmäßig in der Situation, am Ende des Monats nicht genug Geld fürs Essen für sich und ihre Familie übrig zu haben, während industrieller Fortschritt immer mehr Arbeitsplätze wegrationalisiert und Millionen kulturfremde und integrationsunwillige Menschen buchstäblich alles Mögliche finanziert bekommen – auf Kosten anderer. Beschweren wir uns aufgrund solch ungerechter Zustände, kommt die dicke Nazikeule geschwungen, um uns wieder auf Linie zu bringen. Ist es das wofür wir hier noch tatsächlich weiter leben wollen? Wollen wir weiterhin bis an unser Lebensende in diesem Hamsterrad strampeln und mit unserer Lebensenergie, unseren Steuern und Abgaben das Herrschaftssystem einer kleinen, parasitären „Elite" am Laufen halten, und auch deren globale und kosmische Raubzüge obendrein, an denen wir uns somit als Komplizen noch beteiligen? Wollen wir hier weiter am Boden kriechen, während irgendwo das neueste Raumschiff mit „temporalem Antrieb" gebaut wird? Unser Horizont wurde tatsächlich für sehr lange Zeit sehr eingeschränkt. Glauben Sie nicht auch, dass diese Verdummung und diese Sklaverei **sofort** aufhören müssen?

Tief in der Erde und draußen in unserem Sonnensystem sowie darüber hinaus befindet sich eine große Anzahl an Raumschiffen, die Teil des Geheimen Weltraumprogramms sind. Auf Planeten und Monden in und außerhalb unseres Sonnensystems wurden Kolonien errichtet, auf denen Menschen teilweise in purem Luxus leben, die Teil von verschiedenen Abspaltungszivilisationen sind. Falls Sie es bisher nicht erkannt haben sollten: Wir, die Weltbevölkerung, haben den Großteil dieser massiven Infrastruktur mit **unseren** Steuern die letzten 100 Jahre finanziert! Ja richtig, all die Billionen flossen in den Großteil dieser geheimen Programme, die immer größer und größer und immer aufwendiger wurden. Daher haben wir auch laufend Steuererhöhungen und neue Steuern und Abgaben weltweit. Die Tribute, die zum großen Teil an den Vatikan und die Kabale gingen (und immer noch dahin gehen), wurden in viele solcher geheimen Entwicklungen gespeist. Nikola Tesla wollte bereits vor 100 Jahren die Welt mit der Freien Energie ins neue Zeitalter führen und sie auf eine Zeitlinie bringen, auf der fortschrittliche Technologien im Einklang mit der Natur und zum Wohle des Planeten und der Menschheit genutzt werden. Die Kabale hat uns aber auf eine andere, falsche Zeitlinie gesetzt, die uns technologisch im „Mittelalter" zurückließ, sodass durch Rothschild, Rockefeller & Co. sich die Technologie der Verbrennung bzw. Zerstörung durchsetzte, die wir heute immer noch nutzen. Finden Sie es nicht auch merkwürdig, dass wir heute noch so etwas wie Benzin brauchen, obwohl man bereits vor 100 Jahren mit Wasser aus dem See tanken konnte?

Die gute Nachricht: All diese Technologien stehen uns genauso zu, wie all den entführten „Sklaven", die diese Infrastruktur maßgeblich gebaut haben. Corey Goode erwähnte diesbezüglich, dass die Allianz nach der Entmachtung der Kabale und der Entfernung der KI vorhabe, all die modernen Raumschiffe und Technologien des ICC der Menschheit zur Verfügung zu stellen! Wir reden hier von interstellaren Reisen; Portalreisen; Zeitreisen; verbrennungsfreier und kostenloser Energie; Heilungs- und Verjüngungstechnologien; Replikatoren, mit denen Essen aus dem Äther erzeugt werden kann und auch andere Dinge (keiner muss auf der Welt jemals wieder hungern); Kommunikation und Wissensaustausch mit Völkern anderer Sternsysteme und noch so unglaublich vieles mehr. Quasi über Nacht könnten wir eine Zivilisation werden, wie wir sie bisher nur aus „Stark Trek" und „Star Wars" kannten!

Trotz Manipulation unseres Geistes und unseres Bewusstseins auf vielfachen Ebenen, haben wir nun dennoch das intrigante und diabolische Spiel durchschaut – ein Zeichen, dass die Schleier sich lüften, das Bewusstsein sich öffnet und sich *ent*-wickelt, wir die Wahrheit zunehmend genauso besser erkennen wie die Lügen! Und ich kann Ihnen da Hoffnung machen, denn dieser Trend wird sich Dank der kosmischen Energien fortsetzen! Das Aufwachen wird nicht zu stoppen zu sein. Corey Goode teilte in einer Sendung zudem die Botschaft an uns mit, dass es zwar aufgrund dieser neuen Energien, die in unser Sonnensystem eintreten, zwar vermehrt zu Katastrophen kommen würde, wie beispielsweise mehr Erdbeben, Vulkanausbrüche und stärkere Stürme, wir aber dennoch keine Angst haben und das „Biest" nicht weiter füttern sollten. Wir sollten diese Entwicklung willkommen heißen und hoffnungsvoll sein, da sie ein Zeichen der lange erwarteten Veränderungen ist. Mir fällt dazu das Beispiel der Geburt ein, die in den meisten Fällen auch sehr schmerzhaft ist. Durch die Geburt kommt ein neues Leben auf die Welt. Und wir befinden uns gerade in den Wehen und stehen nun ebenso vor der Geburt einer neuen Welt, in der wir als kosmische Wesen wiedergeboren werden.

Wir sind bei alledem nie allein und waren es auch nie. Starke und täglich wachsende Allianzen stehen auf unserer Seite, kämpfen mit heldenhaftem Mut für die Menschheit und für das Licht, und die *Geistige Welt* hilft uns ebenfalls durch alle kommenden herausfordernden Prozesse hindurch! Vergessen wir nicht, Letztere regelmäßig um Hilfe zu bitten. Und dass sich etwas mächtig tut im Hintergrund, konnten wir bereits an den vielen Verhaftungen in Verbindung mit den Pädophilenkreisen sehen oder der Massenverhaftung von hochgestellten saudischen Regierungsmitgliedern im November 2017 und dem Einfrieren von Bankkonten von hunderten weiteren saudischen Beamten, die laut David Wilcock allesamt Mitverschwörer hinter Anschlägen wie dem 11. September oder den *Islamischen Staat* stecken sollen.[(1139)] Die Säuberungen der dunklen Netzwerke haben also begonnen, und das ist – auch nach weiteren Bestätigungen der Whistleblower aus diesem Buch – erst der Anfang! Lassen Sie sich daher ob der aktuellen turbulenten Situation nicht entmutigen. Geben Sie gerade jetzt nicht auf, sondern halten Sie durch!

Doch dürfen wir selbst nicht passiv bleiben bei dem ganzen Geschehen. Praktizieren wir jeden Tag von Herzen mehr Liebe, Mitgefühl und Vergebung. Dadurch erhöhen wir unsere Schwingung und sind noch weniger angreifbar und manipulierbar durch Energien und Technologien. Vergebung ist ein wichtiger Schlüssel zur Heilung und beendet das Rad des Karmas und somit weiteres Elend und Blutvergießen. Transformieren wir das Alte, anstatt es zu bekämpfen. Entziehen wir diesem System unsere Teilhabe und somit unsere Energie, anstatt Gewalt mit Gegengewalt zu beantworten. Letzteres wird nicht immer zu umgehen sein im Kampf gegen die Kabale, doch darum kümmern sich andere (Fraktionen innerhalb von Militär, Geheimdiensten, Justizwesen usw. als Teil der Allianz), das ist nicht unsere Aufgabe. Denn Hass und Groll werden uns kein Stück weiterbringen und uns am Aufstieg eher hindern.

Dass sich im Bewusstsein etwas Positives tut, zeigte auch die Vergebungszeremonie zwischen Indianern und einer Gruppe von US-amerikanischen Militärveteranen im Dezember 2016 im Rahmen des Sieges zum Baustopp der Dakota Erdölpipeline im Standing Rock Reservat. Wesley Clark Junior, Sohn des einstigen US-Generals und NATO-Oberbefehlshabers Wesley Cark Senior, stand mit anderen Veteranen vor dem indianischen spirituellen Führer Leonard Crow Dog nieder und sprach folgende Worte:

> *„Viele von uns, besonders ich, sind von den Einheiten, die Euch über viele Jahre verletzt haben. Wir kamen. Wir bekämpften Euch. Wir nahmen Euer Land. Wir zeichneten Verträge, die wir gebrochen haben. Wir haben Mineralien aus Euren heiligen Hügeln gestohlen. Wir schlugen Gesichter unserer Präsidenten in Eure heiligen Berge hinein, als wir noch mehr Land von Euch nahmen. Und dann nahmen wir Eure Kinder. Anschließend versuchten wir, Euch Eure Sprache zu nehmen und versuchten Eure Sprache zu vernichten, die Euch Euer Schöpfer, Euer Gott gegeben hatte. Wir haben Euch nicht respektiert. Wir verschmutzten Eure Erde. Wir haben Euch auf solch vielen Wegen weh getan, aber wir sind gekommen, um zu sagen, dass es uns leid tut. Wir stehen zu Euren Diensten und wir flehen um Eure Vergebung.“*

Danach knieten sich Clarke und seine Gefolgschaft nieder. Leonard Crow bot Vergebung an und mahnte zum Weltfrieden. Er antwortete: „*Wir besitzen das Land nicht, das Land besitzt uns.*“ Absolut richtig, uns gehört hier nichts, alles ist nur eine Leihgabe auf Zeit. Was für eine wundervolle und herzensgute Geste von beiden Seiten! Das ist der richtige Schritt zur Heilung.

Abb. 518: Wesley Clark Jr. und andere Veteranen bitten die Indianer um Vergebung.

Ob es zu Massenverhaftungen der Kabale kommen wird und ob sie auf einen anderen Planeten verbannt werden, muss man noch sehen und abwarten. Vermutlich wird der Großteil von ihnen die kommenden kosmischen Energien ohnehin nicht überleben und sie dürfen dann woanders ihre Prüfungen neu ablegen. Dies sollte aber nicht unsere Priorität sein. Das Universum wird schon eine adäquate Lösung für diese Seelen finden. Wir sollten uns erst einmal auf uns konzentrieren und uns in die Heilung bringen. Wann haben wir das letzte Mal unserem Partner gesagt, dass wir ihn von ganzem Herzen lieben und echt dankbar sind, dass es ihn gibt? Wann haben wir ihm oder einem anderen Menschen vergeben, mit dem wir uns zerstritten haben? Wann haben wir uns selbst verziehen? Wann haben wir unser Kind das letzte Mal umarmt und ihm zugehört? Wann einem Menschen, den wir nicht kennen, auf der Straße ein aufrichtiges Lächeln geschenkt? Wann einem Menschen geholfen? Wann haben wir wirklich bedingungslos Dienst auch mal an anderen verrichtet, ohne dabei an unseren eigenen Vorteil zu denken?

Es gibt somit noch einiges zu tun, und wir sollten am besten sofort damit anfangen und keine Zeit verlieren. Egal, wie schwer es ist, verlieren Sie nie den Glauben an sich selbst oder an die gute Sache! Bereiten wir uns zudem jetzt schon einmal mental auf die Zeitlinie der **kompletten Enthüllung** vor. Alles andere akzeptieren wir nämlich nicht! Wir als Menschheit müssen es aber auch aktiv **wollen**! Wir haben ein Anrecht auf die Wahrheit, die ganze Wahrheit. Es ist unser Geburtsrecht, eine raumfahrende Nation zu sein und ins All zu reisen!

Liebe Leserinnen und Leser, eine neue Ära bricht an, in der wir viele neue und spannende Dinge lernen und erleben dürfen, und somit sollten wir dieses große Geschenk auch dankend annehmen. Wir erleben eine schier unvorstellbar große Entwicklung, die so in unserer Menschheitsgeschichte einmalig ist. Wir stehen vor großen Enthüllungen und Umwälzungen, die jenseits unserer Vorstellungskraft und unserer kühnsten Träume liegen! Das Neue Zeitalter beginnt hier und jetzt! Wir stehen vor der größten (R)evolution überhaupt und wir Menschen entwickeln uns nun zu einer Spezies mit kosmischem Bewusstsein. Aus dem *Homo sapiens sapiens* wird allmählich ein *Homo sapiens universalis*, und wir werden gerade Zeugen, diese Entwicklung selbst vollziehen zu dürfen. Was für ein einmaliges und himmlisches Ereignis!

Werden wir selbst zum Licht, bringen wir andere ebenfalls zum Leuchten und Strahlen. Dies erzeugt wiederum einen positiven Welleneffekt und steckt auch andere an. Bilden wir untereinander Brücken des Lichts und der Liebe, von Herz zu Herz, von Seele zu Seele, und verdrängen somit gemeinsam die Dunkelheit von diesem Planeten!

Ich bedanke mich von ganzem Herzen für Ihre Aufmerksamkeit und hoffe, dass Sie sowie Ihre Liebsten daheim die kommenden Zeiten gut durchstehen, Sie bestmöglich viel Liebe, Gesundheit und Harmonie in Ihrem Leben erfahren und dass wir uns alle bald in einer Welt wiederfinden, in der wir unsere Kinder und Kindeskinder gern aufwachsen sehen möchten.

Von Herz zu Herz alles Liebe,

Ihr *Daniel Prinz*

Danksagung

Mein tiefster Dank geht an meine Familie und meine Freunde. Ihr habt mir in diesen stürmischen Zeiten die Liebe und den nötigen Halt gegeben, damit ich dieses Projekt überhaupt vollenden konnte. Ein großer Herzensdank geht an meinen Verleger Jan van Helsing, dessen Courage, Disziplin, Ausdauer und Engagement für die gerechte Sache auch immer wieder ein vorbildlicher Ansporn für mich ist. Danke, dass es Menschen wie Euch gibt!

Ein ganz besonderer und demütiger Dank ergeht an meinen Schutzengel und die *Geistige Welt*. Ohne Euch und Eure Hilfe wäre ich nicht der, der ich heute bin, und ohne Euch wäre diese Mission gar nicht erst möglich gewesen.

Vielen lieben Dank auch an Sie, verehrte Leserinnen und Leser meiner Bücher da draußen, die Sie mir in Leserbriefen ebenfalls positives Feedback gegeben und mich auch ein Stück weit ermuntert haben, mit meiner Arbeit weiterzumachen. Von Herzen Danke!

Übrigens:
Wenn Ihnen mein Buch gefallen hat, würde ich mich sehr über eine positive Rezension freuen. Damit würden Sie der Popularität des Buches und somit der Verbreitung all dieser wichtigen Inhalte helfen. Vielen Dank!

Ausländische Verleger sind herzlich willkommen, dieses Buch im eigenen Land in ihrer Sprache zu verlegen. Diese Informationen müssen so vielen Menschen wie möglich zugänglich gemacht werden! Anfragen hierzu sind an *amadeus@amadeus-verlag.com* zu richten.

Über den Autor

Daniel Prinz (Jahrgang 1980) war ursprünglich in der Finanzbranche im Aktien- und Derivatehandel tätig. Dabei begann er schon früh, die Politik und das aktuelle System kritisch zu hinterfragen, und begab sich auf die Suche nach Antworten auf all die Fragen, die ihn beschäftigten, um die Wahrheit zu erfahren. Durch seine berufliche Tätigkeit geprägt, fing er sogleich an, den Hintergrundmechanismen des Geldsystems auf die Spur zu kommen. Wie ein roter Faden führte ihn dabei ein Thema zum nächsten, wobei sich bei seinen jahrelangen intensiven Recherchen das Gesamtbild immer mehr vervollständigte. Auf seiner bisherigen „Reise des Lebens" lernte er interessante Menschen aus den verschiedensten Bereichen kennen, durch die er an zusätzliches Hintergrundwissen gelangte und wodurch sich ihm noch weitere Zusammenhänge erschlossen. Zudem beschäftigt er sich seit vielen Jahren insbesondere mit den Themen „Ernährung" und „Gesundheit", was ihm weitere lehrreiche und vor allem wertvolle Erkenntnisprozesse bescherte. In einer Lebenskrise mit zahlreichen Herausforderungen steckend und auf der Suche nach dem Sinn des Lebens, entschloss er sich schließlich dazu, sich intensiv mit seiner eigenen Spiritualität zu befassen und, wie er selber sagt, sich in Folge *„vom alten Ballast zu trennen, um im Leben überhaupt wieder vorwärts kommen zu können und seine eigene Lebensbestimmung herauszufinden"*. Dieser Entwicklungsprozess förderte in ihm bisher unentdeckte Talente zutage, so zum Beispiel auch das Schreiben.

Er selbst betrachtet sich gerne als Visionär. Mit seinen frischen und manchmal provokanten Ideen und Ansätzen zeigt er heute seinen Mitmenschen Wege und Lösungen auf, wie die Welt von morgen schon heute ausschauen könnte und insbesondere, was jeder Einzelne für sich selbst tun kann, damit wir dann mit vereinten Kräften den notwendigen Paradigmenwechsel herbeiführen und eine friedvolle Welt in Harmonie erschaffen. Hierbei ist die „deutsche Frage" für ihn ein wichtiger Schlüssel, was ihn letzten Endes dazu bewog, sein erstes Buch „Wenn das die Deutschen wüssten..." zu schreiben, um sein Wissen und seine Erfahrungen mit so vielen Menschen wie möglich zu teilen, sie zu inspirieren und vor allem zum positiven Handeln zu motivieren – auch über den deutschsprachigen Raum hinaus. Mit seinem zweiten Werk „Wenn das die Menschheit wüsste..." wuchs er über sich selbst ein Stück weit wieder hinaus und eröffnet den Menschen bisher ungeahnte Geheimnisse und Zusammenhänge globaler und kosmischer Natur, die für den kommenden Bewusstseins- und Evolutionssprung der Menschheit von großer Wichtigkeit sind.

Kontakt: prinz@unseen.is

Postbriefe bitte an die Verlagsadresse zu Händen Daniel Prinz senden.

Weiterführende Quellen

Nahrungsergänzungen und Rohkost-Shops

www.markusprodukte.com – Aufgrund des Imports zwar höherpreisig, aber meiner Erfahrung nach sind die veganen Naturprodukte von Markus qualitativ mit die **hochwertigsten**, die man aktuell auf dem Weltmarkt für Geld überhaupt kaufen kann. Selten zu findende hervorragende Qualität.

Sehr gute Einzel- und Kombipräparate für verschiedene Bedürfnisse:

www.viabiona.com (im Internet finden sich evtl. noch 10 EUR Gutscheine)
http://bit.ly/meinevitalstoffe (10 EUR Rabattcode für Erstbesteller: 805468)

Schwer in Europa zu bekommen, aber die TCM-Präparate der Hersteller *Dragon Herbs* und *Jing Herbs* finde ich ausgezeichnet. Bezugsquelle EU: *aggressivehealthshop.com*

www.regenbogenkreis.de – Südamerikanische Regenwaldkräuter, Rohkostprodukte etc.
www.rawliving.eu und *www.raw-living.de* – Großes Rohkostsortiment
www.pureraw.de – Ausgewähltes Rohkostsortiment und Küchenhelfer

Strahlenminderung für Handys, Tablets, Laptops, Bildschirme usw.:

http://bit.ly/lebensquelle – Die für mich besten Harmonisierer (als Aufkleber). Erfinder André Siegel hat wirklich hervorragende Produkte entwickelt.

Hildegard-Orgonakkumulator

http://bit.ly/orgon-akku (weltweit versandkostenfreie Lieferung)

Alternative Informationsquellen

www.dieunbestechlichen.com
www.pravda-tv.com
www.anonymousnews.ru
www.quer-denken.tv
www.bewusst.tv
www.epochtimes.de
http://philosophia-perennis.com
www.uncut-news.ch
www.alpenparlament.tv
www.nexworld.tv
www.nuoviso.tv
www.weltenwandel.tv
www.eingeschenkt.tv
www.wissensmanufaktur.net/vortraege
http://opposition24.com
http://michael-mannheimer.net
www.journalistenwatch.com

Magazine und Zeitschriften:
www.zeitenschrift.com
www.elexier-magazin.de
www.happinez.de
www.magazin2000plus.de
www.raum-und-zeit.com
www.nexus-magazin.de
www.prismamagazin.de
www.lebenskraft.tv

Weitere Zeitschriften unter: www.mystica.tv/rezensionen/zeitschriften

Sicherheit/IT

Verschlüsselung des Internetverkehrs:
https://vcp.ovpn.to
www.perfect-privacy.com
www.securevpn.to
www.torvpn.com

Verschlüsselung v. Dateien & Festplatten:
www.truecrypt.ch
https://veracrypt.codeplex.com
www.diskcryptor.net

Alternativen zu Windows & Microsoft:
www.prism-break.org

Anonymes & unzensiertes Webhosting:
www.internoc24.com
www.flokinet.is

RFID-Schutzhüllen für Ausweise:
www.pointprotect.de
www.shop.digitalcourage.de/thema/stoprfid

Anmerkung: Die Verweise sind meine persönlichen Empfehlungen, die ich mit meinen Lesern teilen möchte. Ich übernehme keinerlei Garantie oder Haftung für die Nutzung der Verlinkungen oder auf den Seiten angebotenen Informationen, Produkte oder Dienstleitungen. Für die Informationen auf diesen Seiten haften die jeweiligen Betreiber selbst. Sie entscheiden als mündiger und verantwortungsbewusster Leser selbst, ob und welche Quellen Sie für sich in welcher Form nutzen möchten.

Quellenverzeichnis

(1a) https://de.wikipedia.org/wiki/Pressegeschichte_in_Deutschland
(1b) www.YouTube.com/results?search_query=von+bülow+alpenparlament
(2) http://nachhaltigkeit.axelspringer.de/de/grundsaetze/unternehmensgrundsaetze.html
(3) www.YouTube.com/results?search_query=ulfkotte+interview+russia+today
(4) www.focus.de/politik/deutschland/tid-26940/spd-altkanzler-gerhard-schroeder-draengt-zurueck-aufs-politische-parkett-der-hoehepunkt-der-schroeder-festspiele_aid_801162.html
(5) www.bild.de/news/topics/60-jahre-bild/interview-mit-gerhard-schroeder-24636504.bild.html
https://de.wikipedia.org/wiki/B%C3%A9la_Anda
(6) Udo Ulfkotte, „Gekaufte Journalisten", Kopp Verlag, S. 120f
(7) www.tagesspiegel.de/politik/nach-tod-eines-polizisten-in-bayern-haftbefehl-wegen-mordes-gegen-reichsbuerger- erlassen/14713764.html
(7a) www.hamburg.de/innenbehoerde/schlagzeilen/8400558/nachhilfeschule-dyck-reichsbuerger-bezuege/
(7b) www.anonymousnews.ru/2016/09/22/patriot-verliert-job-und-landet-am-pranger-grund-systemkritisches-buch-gelesen/
(7c) ebenda
(7d) http://quer-denken.tv/xavier-naidoo-voellig-durchgedreht/
(7e) www.schwaebische.de/region/baden-wuerttemberg_artikel,-CDU-Keine-Gewerbescheine-fuer-%E2%80%9EReichsbuerger%E2%80%9C-_arid,10599818.html
(7f) www.epochtimes.de/politik/deutschland/innenminister-wollen-reichsbuerger-komplett-entwaffnen-und-berufsverbote-erteilen-a2132453.html
(8) www.krone.at/oesterreich/reichsbuerger-gesetzesentwurf-in-begutachtung-bis-zu-2-jahre-haft-story-541684
(8a) www.sueddeutsche.de/bayern/gefaehrder-gesetz-bayern-fuehrt-die-unendlichkeitshaft-ein-1.3594307
(9) www.spiegel.de/panorama/justiz/reichsbuerger-wo-staatsleugner-als-polizisten-arbeiten-a-1117747.html
(9b) https://bewusstscout.wordpress.com/2014/11/08/us-gericht-deutsches-reich-besteht-noch/
(9c) https://de.wikipedia.org/wiki/Cohn
(9d) www.1000dokumente.de/index.html?c=dokument_de&dokument=0007_nue
(10) www.gesetze-im-internet.de/bundesrecht/estg/gesamt.pdf
www.gesetze-im-internet.de/bundesrecht/gewstg/gesamt.pdf
www.gesetze-im-internet.de/bundesrecht/jbeitro/gesamt.pdf
(11) David Allen Rivera, „Final Warning: A History of the New World Order", Progressive Press
http://modernhistoryproject.org/mhp?Article=FinalWarning&C=1.2
(12) Jan van Helsing, „Geheimgesellschaften und ihre Macht im 20. Jahrhundert Band 1", Ewertverlag, S. 49
(13) https://de.wikipedia.org/wiki/Giuseppe_Mazzini und https://de.wikipedia.org/wiki/Carbonari
(14) wie (11)
(15) www.moneyteachers.org/Mazzini+Mafia+Freemasonry.html,
https://en.wikipedia.org/wiki/Giuseppe_Mazzini
(16) Lady Queenborough, „Occult Theocrasy", S. 208f
(17) Jan van Helsing, Hände weg von diesem Buch, Amadeus Verlag, S. 187
(17b) Des Griffin, „Wer regiert die Welt?", Verlag Diagnosen , S. 212
(18) ebenda, S. 188
(19) https://de.wikipedia.org/wiki/Johannes_von_Miquel
(20) Jan van Helsing & Co, Politisch Unkorrekt, Amadeus Verlag, S. 257f
(21) https://en.wikipedia.org/wiki/Peter_Chalmers_Mitchell
http://opensiuc.lib.siu.edu/cgi/viewcontent.cgi?article=2907&context=ocj (S. 722/723)
(22) https://en.wikipedia.org/wiki/Saturday_Review_(London)
(22b) Benjamin H. Freedman, The Hidden Tyranny, S. 35
(23) https://de.wikipedia.org/wiki/Theodor_Herzl
Henry Ford, „The International Jew", Dearborn Publishing, S. 158f
http://chroniclingamerica.loc.gov/lccn/2013218776/1920-08-21/ed-1/seq-8.pdf
Wolfgang Eggert, „Israels Geheimvatikan (Band 2)", S. 22f
(24) Helmut Schröcke, „Kriegsursachen – Kriegsschuld des zweiten Weltkriegs", Verlag f. ganzheitl. Forschung u. Kultur, S. 169
http://info.kopp-verlag.de/hintergruende/geostrategie/dean-henderson/das-kartell-der-federal-reserve-die-acht-familien-teil-1-einer-auf-vier-teile-angelegten-serie-.html
(25) Curtis B. Dall, „Amerikas Kriegspolitik – Roosevelt und seine Hintermänner", Grabert Verlag, S. 202f
(26) https://en.wikipedia.org/wiki/Bernard_Baruch
https://en.wikipedia.org/wiki/Sixteenth_Amendment_to_the_United_States_Constitution
(27) F. William Engdahl, „Mit der Ölwaffe zur Weltmach", Kopp Verlag, S. 59f, 80

(28) www.spiegel.de/spiegel/print/d-42787456.html
(29) www.zeitenschrift.com/artikel/der-infame-krieg
(30) www.zeitenschrift.com/artikel/der-dreissigjahrige-krieg-von-1914-bis-1945
(31) wie (30)
(32) wie (30) und www.denkschule-hamburg.de/code/buch_wahrheit.htm
(33) http://tinyurl.com/repereswk1
(34) Gerd Schultze-Rhonhof, „1939 Der Krieg, der viele Väter hatte", OLZOG 2. Auflage, S. 53f
(35a) http://en.metapedia.org/wiki/Benjamin_Freedman
(35b) wie (22b), S. 3
(36a) https://archive.org/details/BenjaminFreedman-WillardHotelSpeech1961FromOriginalLps
(36b) www.sweetliberty.org/issues/israel/freedman.htm
http://lichtinsdunkel.blogspot.de/2008/10/benjamin-freedman-ein-insider-wart.html(Ausschnitt)
http://lupo-cattivo.blogspot.de/2010/01/aus-einer-rede-benjamin-h-freedman-im.html
(36c) wie (36a) und (36b)
(37) https://de.wikipedia.org/wiki/Balfour-Deklaration
(38) wie (27), S. 68f
(38b) www.jewishvirtuallibrary.org/the-madagascar-plan-2 und vgl. (58d), S. 92
(39) Gerard Menuhin, „Wahrheit sagen, Teufel jagen" 2. Auflage, S. 93
SAH Haqqi, „West Asia Since Camp David", Mittal Publications, S. 14
(40) wie (27), S. 69
(41) ebenda, S. 70f
(42) www.larsschall.com/2015/01/08/ueber-halford-mackinder-die-urspruenge-des-council-on-foreign-relations-und-die-grand-area-strategie/
(43) https://de.wikipedia.org/wiki/14-Punkte-Programm und wie (34), S. 59
(44) wie (34), S.59
(45) ebenda, S. 60ff
(46) www.dhm.de/lemo/kapitel/weimarer-republik/aussenpolitik/reparationen
(47) wie (34), S. 63f
(48) wie (36a) und (36b)
(48b) wie (34), S. 65f
(49) wie (34), S. 65
(50) www.historisches-lexikon-bayerns.de/Lexikon/Arbeitslosigkeit_(Weimarer_Republik)
(51a) wie (34), S. 67ff
(51b) ebenda
(51c) ebenda
(52) Theodor Heuss, „Hitlers Weg", 1932
(53) Edwin Hennig, „Zeitgeschichtliche Aufdeckungen", Türmer Verlag, S. 39
(54) www.luftkrieg-ueber-europa.de/luftangriffe-1945-wieso-ausgerechnet-dresden/
(55) http://de.metapedia.org/wiki/Zionismus
(55b) www.spiegel.de/spiegel/print/d-30748396.html
(56) Ignaz Zollschan, „Revision des jüdischen Nationalismus", R. Löwit Verlag, S. 78
(56a) Dr, H. Jonak von Freyenwald, „Jüdische Bekenntnisse", Faksimile-Verlag, S. 170
(57) http://de.metapedia.org/wiki/Georg_Kareski
Rolf Kosiek, Olaf Rose, „Der große Wendig – Richtigstellungen zur Zeitgeschichte (Band 1)", Grabert 2. Auflage, S. 493; David Jünger, „Jahre der Ungewissheit", Vandenhoeck & Ruprecht, S. 202 – Fußnote 123: *„Welche Umstände dieses Interview begleiten, ist nicht mehr einwandfrei zu klären. Es wurde am 2. Oktober [1935] von Oskar Liskowsky mit Georg Kareski geführt und wahrscheinlich ohne Kareskis Autorisierung veröffentlicht. Besonders die Präambel des Interviews, in der Liskowsky unterstellt, Kareski würde einer jüdischen ‚Sonderrasse' das Wort reden, wurde von Kareski abgelehnt, schlussendlich aber dennoch gedruckt. Der Fall sorgte in der jüdischen Öffentlichkeit für Aufsehen und löste heftige Kritik aus, in der Kareski eine Grenzüberschreitung vorgeworfen wurde. Zusätzliche Brisanz erhielt das Interview dadurch, dass Liskowsky ein enger Vertrauter Hans Hinkels war, der 1935 in seiner Funktion als Mitarbeiter des goebbelsschen Reichsministeriums für Volksaufklärung und Propaganda versucht hatte, Georg Kareski als Vorsitzenden des Reichsverbandes jüdischer Kulturbünde durchzusetzen. Die Einsetzung Kareskis war schließlich am geschlossenen Widerstand aller maßgeblichen jüdischen Organisationen gescheitert. Die Zusammenarbeit Kareskis mit dem SS-Mann Hinkel galt in der jüdischen Öffentlichkeit als Ausweis einer innerjüdischen Entsolidarisierung und als Kollaboration mit dem nationalsozialistischen Feind. Das Interview im Angriff gab diesen Vorwürfen erneut Nahrung."* (Dabei ist mittlerweile bekannt, dass die Zionisten mit den Nationalsozialisten zusammengearbeitet hatten, wie z.B. beim *Ha'avara Abkommen*; A.d.V.) http://tinyurl.com/jahrederungewissheit]
(58) Erwin Goldmann, „Zwischen zwei Völkern", Cramer, S. 129
(58b) www.YouTube.com/watch?v=YEPJ7C2cZRA („Da freut sich der Rabbi")

(58c) http://web.archive.org/web/20090905063311/www.haaretz.com/hasen/spages/1111929.html
(58d) Gerard Menuhin, „Wahrheit sagen, Teufel jagen“ 2. überarbeitete Auflage, S. 93
(58e) wie (56a), S. 76ff
(58f) www.timesofisrael.com/russian-speakers-who-want-to-immigrate-could-need-dna-test/
(58g) https://de.sputniknews.com/panorama/20080707113394235
(58h) www.deutschlandfunk.de/heiraten-in-israel-die-macht-des-oberrabinats.886.de.html?dram:article_id=346589
(58i) wie (58d), S. 233
(59a) www.un.org/en/ga/search/view_doc.asp?symbol=A/RES/3379(XXX)&Lang=E&Area=RESOLUTION
(59b) http://de.metapedia.org/wiki/Resolution_3379
(59c) wie (56a). S. 141 und https://de.wikipedia.org/wiki/Robert_Weltsch
(59d) wie (56a), S. 79
(59e) wie (58d)
(59f) https://jungefreiheit.de/service/archiv?artikel=archiv16/201624061017.htm
(59g) www.YouTube.com/watch?v=yAZmO80dLfE („Joe Biden on Shalom TV“)
(59h) www.nkusa.org/activities/Demonstrations/20100705.cfm
www.YouTube.com/watch?v=nMQ9C6vni0w („New York City: 10.000+ Jews Against Israel“)
www.YouTube.com/watch?v=b1X2ihFbAzg („Thousands of Anti-Zionist Jews Protest Worldwide Against Israel“)
(59i) wie (58d), S. 316
(59j) ebenda, S. 230
(59k) ebenda, S. 231f
(59l) ebenda, S. 334
(59m) ebenda, S. 333
(59n) Edwin Black, „The Transfer Agreement“, Dialog Press, Kapitel 17
(60) wie (36a) und (36b)
(63) www.juedische-allgemeine.de/article/view/id/15024 und http://tinyurl.com/genomebiologyelhaik
(64) http://forward.com/news/israel/175912/jews-a-race-genetic-theory-comes-under-fierce-atta/
(65) wie (36a) und (36b)
(66) wie (58d), S. 314
(66a) www.youtube.com/watch?v=kJw_tqOr2eo („Israelische Ministerin verrät den Holocaust - Trick“)
www.youtube.com/watch?v=D0kWAqZxJVE („Anti-semitic, its a trick we always use it“)
(67) http://blogs.timesofisrael.com/leaked-report-israel-acknowledges-jews-in-fact-khazars-secret-plan-for-reverse-migration-to-ukraine/
(67b) www.haaretz.com/archaeology/1.568450
(68) www.globalresearch.ca/american-conquest-by-subversion-victoria-nulands-admits-washington-has-spent-5-billion-to-subvert-ukraine/5367782
(69) ebenda, S. 227 und https://en.wikipedia.org/wiki/Aivaras_Abromavi%C4%8Dius
(70) www.sueddeutsche.de/politik/eingebuergerte-minister-eine-amerikanerin-fuer-die-ukraine-1.2252038
(71) https://de.wikipedia.org/wiki/Süddeutsche_Zeitung
(72) http://forward.com/news/world/198758/ukraine-presidential-frontrunner-petro-poroshenko/
https://deutsche-wirtschafts-nachrichten.de/2014/06/17/wikileaks-poroschenko-ist-seit-jahren-informant-fuer-die-usa/
(72b) https://de.sputniknews.com/politik/20160919312617806-poroschenko-letale-waffen-vom-westen/
(72c) https://de.sputniknews.com/politik/20170324315033369-le-pen-usa-europa-krieg/
(73) www.breakingisraelnews.com/56874/ukrainian-president-makes-historic-state-visit-to-israel-jerusalem/
(74) wie (58d), S. 227
(75) www.timesofisrael.com/israeli-militia-commander-fights-to-protect-kiev/
(75b) https://de.wikipedia.org/wiki/Allukrainische_Vereinigung_%E2%80%9ESwoboda%E2%80%9C
(75c) www.juedische-allgemeine.de/article/view/id/18348
(75d) www.jta.org/2016/04/13/news-opinion/world/in-ukraine-a-jewish-wunderkind-is-tapped-to-be-prime-minister
(76) http://content.time.com/time/world/article/0,8599,2077413,00.html
(76b) www.rt.com/business/245193-george-sorros-ukraine-billion/
(77) https://heshamtillawi.wordpress.com/2008/08/16/georgia-israel%E2%80%99s-home-sweet-home/
(77b) www.bbc.co.uk/news/world-middle-east-38421026
(77c) https://twitter.com/realDonaldTrump/status/812390964740427776
(77d) www.jpost.com/Arab-Israeli-Conflict/Israel-looks-to-Trump-to-halt-UN-resolutions-that-encourage-terror-478761 und www.israelnationalnews.com/News/News.aspx/223335
http://forward.com/news/358968/ivanka-trump-and-jared-kushner-pick-55m-home-and-chabad-synagogue-in-washin/
(78) wie (56a), S. 169

(79) ebenda, S. 170
(80) ebenda, S. 169
(81) wie (58d), S. 320
(82) wie (27), S. 106, 111
(83) wie (34), S. 72
(84) wie (27), S. 107
(85) wie (34), S. 72f
(85b) wie (58d), S. 167
(86) Ellen Hodgson Brown, „Web of Debt", S. 234
(87) http://de.metapedia.org/wiki/Mefo-Wechsel und https://de.wikipedia.org/wiki/Mefo-Wechsel
http://trutzgauer-bote.info/2016/01/17/die-mefo-wechsel-kriegsvorbereitung-oder-geniale-finanzierung/
(87b) wie (58d), S. 118
(88) wie (34), S. 281f
http://trutzgauer-bote.info/2016/01/17/die-mefo-wechsel-kriegsvorbereitung-oder-geniale-finanzierung/
(89) wie (58d), S. 77f
(90) www.atimes.com/atimes/Global_Economy/GE24Dj01.html
(91) wie (58d), S. 77
(91a) ebenda, S. 84 und Léon Degrelle, „Epic: The Story of the Waffen SS", Soldier of Fortune Publications, S. 14
(91b) http://trutzgauer-bote.info/2016/01/17/die-mefo-wechsel-kriegsvorbereitung-oder-geniale-finanzierung/
(92) wie (58d), S. 76
(93) wie (58d), S. 79
(94) wie (58d), S. 77
(95) www.documentarchiv.de/wr/1920/nsdap-programm.html
(95b) wie (59h1), Kapitel 2
(96) wie (58d), S. 276
(97) wie (56a), S. 200
(98) wie (36a) und (36b)
(99) http://de.metapedia.org/wiki/Jüdische_Kriegserklärungen_an_Deutschland
(100) wie (95b)
(101) wie (99)
(102) Norman H. Finkelstein, „American Jewish History", The Jewish Publication Society, S. 133
(103) Deutsches Reich 1933 – 1937, Oldenbourg Wissenschaftsverlag, S. 101
(104) http://de.metapedia.org/wiki/Aufruf_vom_28._März_1933_anläßlich_des_Boykotts_jüdischer_Geschäfte
(105) wie (99)
(106) www.jewishvirtuallibrary.org/could-we-have-stopped-hitler und vgl. (58d), S. 132
(107) ebenda, S. 132f
(108) ebenda, S. 134
(109) ebenda, S. 135
(110) wie (99), vgl. www.h-ref.de/feindbilder/juedische-kriegserklaerungen/daily-express-original.php
(111) wie (58d), S. 138, vgl. Udo Walendy, „Historische Tatsachen" Nr. 15, S. 40
(112) Harold Cecil Robinson, „Verdammter Antisemitismus", Neue Visionen GmbH, S. 120
(113) wie (58d), S. 137
(114) http://de.metapedia.org/wiki/Ha%E2%80%99avara-Abkommen
(115) ebenda
(116) wie (58d), S. 91 und http://de.metapedia.org/wiki/Ha%E2%80%99avara-Abkommen
https://de.wikipedia.org/wiki/Rublee-Wohlthat-Plan
(117) https://web.archive.org/web/20120707043002/www.welt.de/kultur/history/article107921574/Wie-Hitler-seinen-juedischen-Kompaniechef-schuetzte.html
www.n-tv.de/panorama/Hitler-schuetzte-einen-Juden-article6652691.html
www.dailymail.co.uk/news/article-2169131/Astonishing-letter-reveals-Hitler-ordered-Gestapo-leave-WW1-commander-alone.html
(118) www.spiegel.de/spiegel/print/d-61366577.html
(119) http://de.metapedia.org/wiki/Emil_Maurice
https://en.wikipedia.org/wiki/Emil_Maurice
https://de.wikipedia.org/wiki/Emil_Maurice
(119a) https://de.wikipedia.org/wiki/Erhard_Milch und http://de.metapedia.org/wiki/Erhard_Milch
(120) www.dailymail.co.uk/news/article-1205572/Hitler-shook-hands-black-1936-Olympic-hero-Jesse-Owens.html
(121) http://historynewsnetwork.org/article/571
(121a) Benton L. Bradberry, „The Myth of German Villainy", AuthorHouse, S. 266f
http://nationalvanguard.org/2016/08/berlin-olympics-1936-2/

(122) https://youtu.be/LEe5ul37Q7g?t=5m22s („BBC Britains Greatest Pilot The Extraordinary Story of Cap tain Winkle Brown")
(123) www.YouTube.com/watch?v=GMqs-P33LIs („Jesse Owens Interview")
(123a) wie (121a), S. 269
(124) wie (121) und https://en.wikipedia.org/wiki/Jesse_Owens und https://de.wikipedia.org/wiki/Jesse_Owens
(125) Jeremy Schaap, „Triumph: The Untold Story of Jesse Owens and Hitler's Olympics", Mariner Books, S. 235 Jacqueline Edmondson, „Jesse Owens: A Biography", Greenwood Biographies, S. 63
(126) Léon Degrelle, „Epic: The Story of the Waffen SS", Soldier of Fortune Publications, S. 29, 33ff
(127) ebenda, S. 28
(127a) http://de.metapedia.org/wiki/Rassismus und http://de.metapedia.org/wiki/Racialismus
(128) www.ihr.org/jhr/v02/v02p-59_Landwehr.html und www.mourningtheancient.com/truth-list.htm
(129) ebenda
(129a) https://en.wikipedia.org/wiki/List_of_German-trained_divisions_of_the_National_Revolutionary_Army https://en.wikipedia.org/wiki/88th_Division_(National_Revolutionary_Army)
(130) wie (126), S. 34
(131) http://de.metapedia.org/wiki/Quelle_/_Juden_in_der_Wehrmacht www.amazon.de/Hitlers-Jewish-Soldiers-Military-Paperback/dp/0700613587
(132) https://de.wikipedia.org/wiki/Geltungsjude
(133) http://de.metapedia.org/wiki/Quelle_/_Juden_in_der_Wehrmacht
(134) http://de.metapedia.org/wiki/Rassenkunde
(135) Prof. Dr. Walter Groß, „Der deutsche Rassengedanke und die Welt, 1939, S. 12ff
(135a) ebenda, S. 15f
(135b) ebenda, S. 23ff
(136) wie (126), S. 28
(137) ebenda
(138) wie (127a)
(138a) wie (34), S. 245
(139) http://de.metapedia.org/wiki/Kriegsschuldfrage_des_Zweiten_Weltkrieges
(140) wie (34), S. 389ff
(141) ebenda
(142) wie (58d), S. 106
(143) www.ns-archiv.de/krieg/1938/tschechoslowakei/wollen-keine-tschechen.php
(144) http://de.metapedia.org/wiki/Rest-Tschechei
(144a) wie (34), S. 367f
(144b) ebenda, S. 416f
(144c) ebenda, S. 365f
(145) ebenda, S. 397f
(146) ebenda, S. 398
(147) ebenda, S. 398f
(148) ebenda, S. 413
(149) ebenda, S. 469ff
(150) wie (58d), S. 107
(150a) www.loc.gov/rr/frd/Military_Law/pdf/NT_Vol-XVII.pdf, S. 520f, 566
(151) wie (139)
(152) Ingo Schewiola, „Wie der Zweite Weltkrieg gemacht wurde – Band 2", S. 261
(152a) wie (58d), S. 113
(152b) ebenda. S.113f
(152c) ebenda, S. 115
(153) http://de.metapedia.org/wiki/Ho%C3%9Fbach-Protokoll
(154) Udo Walendy, „Wahrheit für Deutschland", Verlag für Volkstum und Zeitgeschichtsforschung Vlotho/Weser, S. 443f
(155) wie (153)
(156) http://tinyurl.com/zenoorg-goering, vgl. (153)
(157) http://tinyurl.com/zenoorg-raeder, vgl. (153)
(158) wie (153)
(159) ebenda
(160) wie (154), S. 448f
(161) wie (58d), S. 115
(162) http://tinyurl.com/zenoorg-ribbentrop
(163) http://de.metapedia.org/wiki/John_C._Woods
(164) www.dhm.de/lemo/biografie/josef-stalin und https://de.wikipedia.org/wiki/Josef_Stalin

(165) http://de.metapedia.org/wiki/Deutsch-sowjetischer_Nichtangriffspakt
(166) http://de.metapedia.org/wiki/Rede_vom_19._August_1939_(Josef_Stalin)
(167) ebenda und www.webarchiv-server.de/pin/archiv99/99_228.htm
(168) Viktor Suworow, „Der Tag M", Klett-Cotta, S. 18
(169) https://einedeutscheweise.wordpress.com/2010/09/28/aus-finnland-1941/
(170) wie (34), S. 435
(171) http://de.metapedia.org/wiki/Rußlandfeldzug
(172) www.vho.org/aaargh/fran/livres/SANNING.pdf
(173) wie (171)
(174) Viktor Suworow, „Der Eisbrecher – Hitler in Stalins Kalkül", Klett-Cotta , S. 429f
(175) wie (171)
(176) wie (174), S. 430
(176a) http://archiv.preussische-allgemeine.de/1999/1999_08_21_33.pdf
alternativ: www.webarchiv-server.de/pin/archiv99/99_228.htm
(177) wie (126), S. 29f
(177a) http://de.metapedia.org/wiki/Eintritt_der_Vereinigten_Staaten_in_den_Zweiten_Weltkrieg
(177c) https://archive.org/details/HistorischeTatsachenNr.06HansKehrl-RealitaetenImDrittenReich
(178) Michael Neubaur, „Der Zweite Dreißigjährige Krieg 1914 - 1945: Der Untergang des Abendlandes", Books on Demand, S. 143
(179) ebenda
(180) wie (139)
(181) http://de.metapedia.org/wiki/Rudolf_Hess
(182) Rochus Misch, „Der letzte Zeuge", Piper, S. 123
(183) ebenda, S. 117, 123ff
(184) wie (181)
www.YouTube.com/watch?v=8l1DQejF1NA („Geheimakte Hess Die Wahrheit")
(185) http://tinyurl.com/hessmonumentdestroyed
(186) *Metapedia:„Bolschewismus (von russ. bolschinstwo ‚Mehrheit', und bolschewiki ‚Mehrheitler'), ist eine auf den Theorien von Karl Marx basierende, von Wladimir Iljitsch Lenin formulierte und von Josef Stalin weiterentwickelte radikale kommunistische Theorie und politische Praxis… Den Staat betrachtet der Bolschewismus lediglich als ein Werkzeug der Klassenherrschaft, der Unterdrückung einer Klasse durch die andere. Die Herrschaftsform im Bolschewismus bildet das Rätesystem, das Gesetzgebung und Verwaltung in sich vereinigt. Die Rechtsprechung ist bewusste Klassenjustiz und bekämpft mit besonderer Rücksichtslosigkeit jegliche Gegnerschaft. Der Bolschewismus lehnt die westeuropäische Demokratie ab und legt die Führung in die Hände der Kommunistischen Partei, die die ‚marxistische Weltrevolution' (Internationale) propagiert. Der Bolschewismus in der Sowjetunion griff zur Sicherung seiner Macht zum Terror, den er durch die „Tscheka", später die GPU und die Staatspolizei ausübte; durch ihn wurden Millionen von Menschen vernichtet. Wirtschaftspolitisch wollte der Bolschewismus das Privateigentum an ‚Produktionsmitteln' gänzlich beseitigen und eine gänzlich kollektivistische Wirtschaftsordnung schaffen. Diesen Plan vermochte er jedoch nicht durchzuführen, besonders nicht auf landwirtschaftlichem Gebiet. Die Grundlage der gesamten Kulturpolitik des Bolschewismus ist die Weltanschauung des Marxismus und der ‚Historische Materialismus'. Diese Weltanschauung ist aus ihrem innersten Wesen heraus ‚gottlos'. Es gibt keinen Bezirk eigenständigen geistigen Lebens. Es herrscht der Glaube an die Allmacht der planwirtschaftlich geleiteten Technik. Das Ziel des Bolschewismus ist der kommunistische Mensch. Jede Art von Persönlichkeitswert im westeuropäischen Sinne wird geleugnet. Religionen, Eigentum und Familie gelten als Gegner der Entwicklung des kollektiven Menschen und werden daher rücksichtslos bekämpft (→Gottlosenbewegung). Die Jugenderziehung ist verstaatlicht und nur auf die genannten Ziele ausgerichtet. Die erbittertsten Gegner des Bolschewismus waren historisch der Nationalsozialismus und der Faschismus."* – http://de.metapedia.org/wiki/Bolschewismus
(187) *Metapedia: „(…) war ein jüdischer Politiker und marxistischer Revolutionär in der bolschewistischen Sowjetunion. Er war Volkskommissar des Auswärtigen, für Kriegswesen, Ernährung, Transport, Verlagswesen sowie Gründer der Roten Armee. Als Kriegskommissar während des Bürgerkrieges 1918-1920 befürwortete Trotzki den ‚revolutionären Massenterror' und war für zahllose Kriegsverbrechen verantwortlich. Nach Trotzki wurde die von der sowjetischen Parteilinie des Marxismus-Leninismus abweichende Richtung des Trotzkismus benannt. Seine Anhänger, die es bis heute gibt, werden Trotzkisten genannt."* – http://de.metapedia.org/wiki/Trotzki
(188) Josef Landowsky, „Rakowskij Protokoll", Faksimile Verlag Bremen, S. 31ff. 51ff
(189) Abel Basti und Jan van Helsing, „Hitler überlebte in Argentinien", S. 11ff
(190) ebenda, S. 14ff
(191) wie (182), S. 222
(192) wie (189), S. 17
(193) ebenda, S. 102f
(193a) https://de.sputniknews.com/meinungen/20060904534900079/
(194) https://sputniknews.com/art_living/201607071042607203-mystery-hitler-faith/

(195) wie (189), S. 461
(196) ebenda, S. 317
(197) ebenda, S. 454
(198) ebenda, S. 319ff
(199) ebenda, S. 318f
(200) ebenda, S. 146
(201) http://de.metapedia.org/wiki/Heinrich_Himmler
(202) Siegfried Egel, „Historische Tatsachen Nr. 96", S. 31ff
(203) http://de.metapedia.org/wiki/Hermann_Göring
(204) http://de.metapedia.org/wiki/Martin_Bormann
(204a) www.YouTube.com/watch?v=y8OFWgDA0H8 („Wilhelm Landig – Ein Zeitzeuge berichtet")
(205) wie (189), S. 431f
(206) ebenda, S. 441
(207) wie (205)
(208) wie (182), S. 124f
(208a) http://de.metapedia.org/wiki/Putschversuch_am_20._Juli_1944
http://de.metapedia.org/wiki/Claus_Schenk_von_Stauffenberg
(209) http://de.metapedia.org/wiki/Wilhelm_Canaris wie (210), S. 202, 303
(209a) https://en.wikipedia.org/wiki/Ernst_von_Weizsäcker;
https://de.wikipedia.org/wiki/Ernst_von_Weizsäcker; wie (210), S. 324
(210) Hans Meiser, „Verratene Verräter", Druffel-Verlag, S. 222ff
(211) ebenda, S. 225f
(212) ebenda, S. 230ff
(213) http://de.metapedia.org/wiki/Schlacht_um_Stalingrad
(214) wie (210), S. 233ff
(215) ebenda, rückseitiger Umschlagtext und http://nsl-lager.com/sp/Geschichte-AufdemStundenplan.de_39.pdf
(216) Karl Barth, „Zur Genesung des deutschen Wesens", F. Mittelbach, S. 98
(217) https://de.wikiquote.org/wiki/Eugen_Gerstenmaier
(218) Sidney Warburg, „Hitler's secret backers", S. 5 (deutsche Übersetzung: „So wurde Hitler finanziert", Verlag Diagnosen)
(219) Franz von Papen, „Memoirs", S. 228ff
(220) ebenda, S. 589ff
(221) wie (218), S. 29
(222) Anthony Sutton, „Wall Street und der Aufstieg Hitlers", Perseus Verlag, S. 33
(223) https://de.wikipedia.org/wiki/August-Thyssen-Bank
(224) https://de.wikipedia.org/wiki/Eduard_von_der_Heydt
(225) https://de.wikipedia.org/wiki/Henri_Deterding
(226) wie (222), S. 33
(227) ebenda, S. 109
(227a) ebenda, S. 35
(227b) ebenda, S. 93
(227c) ebenda, S. 129
(227d) wie (17b), S. 140ff
(228) ebenda, S. 127f
(229) ebenda, S. 130
(230) ebenda
(231) ebenda, S. 142
(232) ebenda, S. 81
(233) https://de.wikipedia.org/wiki/Treffen_Papens_mit_Hitler_im_Haus_des_Bankiers_Schröder
(233a) wie (222), S. 81 und http://de.metapedia.org/wiki/Schröder,_Kurt_Freiherr_von
(234) https://de.wikipedia.org/wiki/Geheimtreffen_vom_20._Februar_1933
(235) wie (222), S. 133
(236) wie (204a)
(237) Georg Kausch, „Die unbequeme Nation", Deutscher Freiwirtschaftsbund e.V., S. 255
(238) wie (188), S. 57f
(239) Daniel Prinz, „Wenn das die Deutschen wüssten...", Amadeus Verlag, S. 156
(240) ebenda, S. 154f
(241) www.faz.net/aktuell/politik/ausland/beschneidung-in-new-york-der-kampf-des-rabbis-11908568.html
www.beschneidung-von-jungen.de/home/beschneidung-und-religion/judentum/fakten-zur-beschneidung-im-judentum.html

(242) https://en.wikipedia.org/wiki/Alberto_Rivera_(activist)
www.chick.com/reading/comics/0112/albertopasses.asp
(243) www.arcticbeacon.com/articles/20-Feb-2007.html
(244) http://hure-babylon.de/buch-die-heiligen-vater-und-ihre-paten/die-juden-auf-der-todesliste-roms/
http://hure-babylon.de/buch-die-heiligen-vater-und-ihre-paten/die-zeit-des-wirkens-von-jesus/
(244a) www.bibliotecapleyades.net/vatican/esp_vatican33.htm
(245) http://hure-babylon.de/buch-die-heiligen-vater-und-ihre-paten/die-anderen-todfeinde-roms/
https://de.wikipedia.org/wiki/Erstes_Konzil_von_Nicäa
https://de.wikipedia.org/wiki/Morgenländisches_Schisma
(246) https://de.wikipedia.org/wiki/Konstantinopel
http://hure-babylon.de/buch-die-heiligen-vater-und-ihre-paten/die-zeit-nach-1400-n-chr/
(246a) www.arcticbeacon.com/confessions/25-Sept-2006.html
(246b) www.YouTube.com/watch?v=3WXyeTFxSDA
(247) https://de.wikipedia.org/wiki/Ignatius_von_Loyola
Edmond Paris, „The secret history of the Jesuits", Chick Publications, S. 32ff
(248) https://de.wikipedia.org/wiki/Liste_der_Generaloberen_der_Jesuiten
(249) www.jesuiten.org/wir-jesuiten/papst-franziskus.html
(250) Edmond Paris, „The secret history of the Jesuits", Chick Publications, S. 36ff
(250a) www.bibliotecapleyades.net/vatican/esp_vatican144.htm
(250b) https://de.wikipedia.org/wiki/Orsini
(250c) https://en.wikipedia.org/wiki/Orsini_family
https://en.wikipedia.org/wiki/Julio-Claudian_family_tree; wie (1093), S. 193
(250d) wie (239), S. 140, 158ff
(250e) http://de.metapedia.org/wiki/Malteser und https://de.wikipedia.org/wiki/Souveräner_Malteserorden
(250f) David Icke, „The Biggest Secret", S. 133
(250g) Milton William Cooper, „Die apokalyptischen Reiter", Michaels Verlag, S. 108
(250h) www.bibliotecapleyades.net/sociopolitica/esp_sociopol_malta01.htm
(250i) https://de.wikipedia.org/wiki/Karl_Prinz_zu_Löwenstein-Wertheim-Rosenberg
(250j) wie (250g), S. 105
(250k) www.truthcontrol.com/knights-malta
(250l) www.bibliotecapleyades.net/sociopolitica/esp_sociopol_malta03.htm
(250m) https://en.wikipedia.org/wiki/Knights_of_Columbus
(250n) wie (251), S. 588ff
(250o) https://en.wikipedia.org/wiki/Opus_Dei
(250p) www.odan.org/what_is_opus_dei.htm
(250q) www.odan.org/questionable_practices.htm
(250r) www.bibliotecapleyades.net/sociopolitica/secretsoc/secretsoc16.htm
(251) Eric Jon Phelps, „Vatican Assassins", S. 88ff
(252) http://tinyurl.com/jesuitenanzahl und http://de.metapedia.org/wiki/Jesuit
(253) www.offenbarung.de/papsttum-schwur-der-jesuiten.php; wie (250), S. 92ff
(254) http://hure-babylon.de/nr-19-monita-secreta-die-geheimen-instruktionen-der-jesuiten/
(255) ebenda
(256) ebenda, vgl. Julius Hochstetter, „Monita Secreta – Die geheimen Instruktionen der Jesuiten", 1924, S. 61f
(257) http://de.metapedia.org/wiki/Jesuit
(258) ebenda
(259) http://de.metapedia.org/wiki/Kulturkampf
(260) ebenda
(261) wie (250), S. 161f
(262) http://hure-babylon.de/buch-die-heiligen-vater-und-ihre-paten/sind-die-jesuiten-auch-noch-im-20-Jahrhundert-tatig/
(263) wie (250), S. 99 und https://de.wikipedia.org/wiki/Aufhebung_des_Jesuitenordens
(264) wie (250), S. 167
(265) ebenda, S. 115
(266) wie (262)
(267) wie (251), S. 398
(268) wie (250), S. 170f und Eric Frattini, „The Entity", JR Books, S. 201f
(269) Eric Frattini, „The Entity", JR Books, S. 201f
(270) wie (237), S. 239, vgl. http://de.metapedia.org/wiki/Uneingeschränkten_U-Bootkrieg
(271) www.spiegel.de/spiegel/print/d-46176150.html
(272) https://de.wikipedia.org/wiki/Staatskirchenvertrag
(273) http://de.metapedia.org/wiki/Bethmann-Hollweg

(274) wie (269), S. 205f
(275) wie (250), S. 172f, vgl. http://de.metapedia.org/wiki/Frontwechsel_Italiens_(Erster_Weltkrieg)
(276) http://de.metapedia.org/wiki/Erster_Weltkrieg
(277) z.B. https://wwi.lib.byu.edu/index.php/The_Treaty_of_London_(1915)
https://en.wikipedia.org/wiki/Treaty_of_London_(1915);
https://de.wikipedia.org/wiki/Londoner_Vertrag_(1915)
(278) https://archive.org/details/agreementbetween00franrich
(279) http://de.metapedia.org/wiki/Kaiser_Wilhelm_II und http://de.metapedia.org/wiki/Novemberverbrecher
(279a) Wilhelm II., „The Kaiser's Memoirs", englische Übersetzung durch Thomas R. Ybarra, 1922, S. 211
(279b) https://de.wikipedia.org/wiki/Heiliges_Römisches_Reich
(279c) wie (279a), S. 257f
(280) wie (250), S. 181
(281) ebenda, S. 176
(282) https://en.wikipedia.org/wiki/Pietro_Tacchi_Venturi
(283) wie (250), S. 177
(284) www.iuscangreg.it/accordi_santa_sede.php?lang=DE/concordati_list.php
https://de.wikipedia.org/wiki/Benito_Mussolini
(285) wie (269), S. 213f und wie (251), S. 401
(286) wie (251), S. 287, 290f
(287) www.schweizerzeit.ch/1405/massenmord.htm
(288) http://de.metapedia.org/wiki/Lenin
(289) wie (269), S. 213f
(290) http://de.metapedia.org/wiki/Trotzki und https://de.wikipedia.org/wiki/Friedensvertrag_von_Brest-Litowsk
(291) wie (188), S. 43ff
(292) ebenda, S. 49ff
(293) wie (250), S. 182 und www.spiegel.de/spiegel/print/d-43062911.html
Anm.: Geheimkämmerer war ein Kammerherr des Papstes, gehörte zur päpstlichen Familie. 1967 wurden die Kämmerer abgeschafft.
(293a) www.YouTube.com/watch?v=PdyMN2plPeM („JESUIT ‚IHS' Symbol Decoded")
https://de.wikipedia.org/wiki/Isis und https://de.wikipedia.org/wiki/Horus
https://de.wikipedia.org/wiki/Seth_(%C3%A4gyptische_Mythologie)
http://woerterbuch.hantrainerpro.de/chinesisch-deutsch/bedeutung-shi_reality.htm
(293b) http://freemasonry.bcy.ca/symbolism/triple_tau.html
(294) Dietrich Bronder, „Bevor Hitler kam", S. 125f
(295) http://de.metapedia.org/wiki/Alldeutscher_Verband
(296) wie (294), S. 125
(297) www.pacelli-edition.de/Schlagwort/19004 und https://de.wikipedia.org/wiki/Brotkorbgesetz
(298) https://de.wikipedia.org/wiki/Goldene_Internationale
(299) wie (294), S. 78f
(300) www.historisches-lexikon-bayerns.de/Lexikon/Alldeutscher_Verband_(ADV),_1891-1939
(301) wie (273)
(302) www.historisches-lexikon-bayerns.de/Lexikon/Thule-Gesellschaft,_1918-1933
(303) wie (294), S. 243
(304) ebenda, S. 246f
(305) wie (250), S. 222, 238 und wie (251), S. 414, 514
(306) ebenda
(307) http://de.metapedia.org/wiki/Otto_Strasser und http://de.metapedia.org/wiki/Röhm-Putsch
(308) Otto Strasser, „Hitler and I", Houghton Mifflin, S. 56f
(309) ebenda, S. 57
(310) wie (294), S. 244f und http://de.metapedia.org/wiki/NSDAP
(311) wie (302)
(312) http://de.metapedia.org/wiki/Thule-Gesellschaft
(313) http://de.metapedia.org/wiki/Thule_(Mythos)
(314) wie (12), S. 114ff
(315) wie (204a)
(316) wie (294), S. 242
(317) https://de.wikipedia.org/wiki/Adolf_Hitler und https://en.wikipedia.org/wiki/Adolf_Hitler
(318) ebenda
(319) ebenda
(320) https://en.wikipedia.org/wiki/Adolf_Hitler und https://de.wikipedia.org/wiki/Ermächtigungsgesetz

(321) ebenda wie (250), S. 183f
(322) wie (251), S. 376
(323) wie (250), S. 183
(324) ebenda, S. 182
(325) https://de.wikipedia.org/wiki/Franz_von_Papen
(326) https://de.wikipedia.org/wiki/Reichskonkordat
(327) ebenda und https://de.wikipedia.org/wiki/Ludwig_Kaas und www.spiegel.de/spiegel/print/d-46169655.html
(328) Edmond Paris, „The Vatican against Europe“, Wickliffe Press, S. 99
(329) www.gesetze-im-internet.de/estg/BJNR010050934.html
www.gesetze-im-internet.de/gewstg/BJNR009790936.html
(329a) wie (294), S. 271
(330) wie (219), S. 280f
(331) wie (250), S. 184
(331a) wie (294), S. 287
(332) Leo Lehmann, „Vatican Policy in the Second Word War“, Agora Publishing, S. 25
(333) wie (328)
(333a) Fritz Thyssen, „I paid Hitler“, Hodder and Stoughton, 1941, S. 229ff
(334) wie (332), S. 24
(335) https://en.wikipedia.org/wiki/Edmund_A._Walsh und wie (251), S. 413
(335a) J.V. Stalin, „*Works – From Marx to Mao*“ Volume 13, Foreign Languages Publishing House (Moskau), S. 115f
www.marxists.org/reference/archive/stalin/works/1931/dec/13.htm
(336) wie (332)
(337) wie (332), S. 27
(338) wie (325)
(339) wie (337)
(339a) wie (332), S. 26
(339b) wie (189), S. 436
(340) www.konrad-adenauer.de/biographie/ehrungen/orden-und-ehrenzeichen
(340a) wie (250), S. 265
(340b) wie (34), S. 68f
(341) wie (294), S. 282ff
(342) www.zukunft-braucht-erinnerung.de/die-unruehmliche-rolle-der-evangelischen-kirche-im-dritten-reich/
(343) wie (272)
(343a) wie (58d), S. 292
(344) wie (250), S. 186ff
(344a) http://hure-babylon.de/buch-die-heiligen-vater-und-ihre-paten/die-“verteidiger-des-glaubens”-hitler-mussolini-franco/
(345) http://de.metapedia.org/wiki/Degrelle,_Léon und http://en.metapedia.org/wiki/Léon_Degrelle
(346) wie (251), S. 492ff
(347) wie (250), S. 186
(348) wie (251), S. 493f
(349) wie (332), S. 20f
(350) wie (189), S. 324f und wie (250), S. 204f
(350a) www.bundesromaverband.de/die-katholische-kirche-und-der-massenmord-an-den-europaeischen-sinti-und-roma/
(351) wie (328), S. 200
(351a) wie (350a)
(352) Avro Manhattan, „The Vatican's Holocaust“, Ozark Books, S. 118
(353) wie (189), S. 327
(354) wie (328), S. 213
(355) https://de.wikipedia.org/wiki/Schwarze_Legion_(Ustascha)
(356) wie (189), S. 325 und wie (328), S. 214
(357) wie (287)
(358) E. Carmin, „Das schwarze Reich“, Verlag Ralph Tegtmeier, S. 126
(359) wie (250), S. 232f
(360) wie (358)
(361) ebenda
(362) wie (250), S. 238
(363) ebenda, S. 237
(364) ebenda
(365) wie (358), S. 127

(365a) wie (250), S. 232
(366) ebenda
(367) http://humansarefree.com/2013/04/the-dark-secrets-of-vatican.html
(368) https://en.wikipedia.org/wiki/United_States_Secret_Service und https://de.wikipedia.org/wiki/Vatikanstadt
(368a) https://de.wikipedia.org/wiki/Aquila_(Standarte)
https://de.wikipedia.org/wiki/Feldzeichen und https://de.wikipedia.org/wiki/Reichsadler
(368b) https://de.wikipedia.org/wiki/Fascis
(368c) https://de.wikipedia.org/wiki/Islamischer_Staat_(Organisation) und https://de.wikipedia.org/wiki/Drusen
(369) https://de.wikipedia.org/wiki/Friedrich_I._(HRR)
(369a) www.kathpedia.com/index.php?title=Con_sempre_(Wortlaut)
www.ewtn.com/library/PAPALDOC/P12CH42.HTM und http://tinyurl.com/piusvatican
(369b) wie (250), S. 225
(369c) ebenda, S. 236
(369d) ebenda
(369e) wie (294), S. 254
(369f) wie (250), S. 225 vgl. Mark Selden & Co. „War and State Terrorism“, Rowman & Littlefield Publish., S. 104
(370) www.newadvent.org/cathen/15558a.htm (Onlineversion der Catholic Encyclopedia)
vgl. https://en.wikipedia.org/wiki/Catholic_Encyclopedia
(371) https://web-beta.archive.org/web/20091028115537/https://en.wikipedia.org/wiki/Rome%2C_Maryland
http://tinyurl.com/romemaryland
(372) https://en.wikipedia.org/wiki/Daniel_Carroll
(373) https://en.wikipedia.org/wiki/John_Carroll_(bishop)
(374) https://en.wikipedia.org/wiki/Columbia_(name) und https://de.wikipedia.org/wiki/Freiheitsstatue
(375) http://avalon.law.yale.edu/18th_century/paris.asp
(376) wie (239), S. 47f, 185f
(377) ebenda, S. 192ff
(378) https://de.wikipedia.org/wiki/CERN
(378a) www.bibliotecapleyades.net/sociopolitica/sociopol_globalelite177.htm
www.bibliotecapleyades.net/sociopolitica/esp_sociopol_washingtonDC09.htm
(379) wie (328), S. 118f und www.offenbarung.de/papsttum-schwur-der-jesuiten.php
(380) www.ila-web.de/ausgaben/299/massenexodus-von-ns-kriegsverbechern-nach-argentinien
www.bibliotecapleyades.net/sociopolitica/esp_sociopol_malta01.htm
(381) www.ila-web.de/ausgaben/301/der-vatikan-und-die-rattenlinie
(382) http://de.metapedia.org/wiki/Operation_Paperclip
(383) https://operationovercast.wordpress.com/harry_burnser_report/
(384) www.bibliotecapleyades.net/sociopolitica/sociopol_paperclip01.htm
(385) https://de.wikipedia.org/wiki/Operation_Overcast
(386) https://de.wikipedia.org/wiki/Aktion_Ossawakim
(386a) www.spiegel.de/spiegel/print/d-45137313.html
(387) http://de.metapedia.org/wiki/Bombenholocaust
(388) ebenda
(389) ebenda und wie (58d), S. 52
(390) https://de.wikipedia.org/wiki/Luftangriffe_auf_Dresden
(391) www.welt.de/regionales/koeln/article117543285/Britische-Bomber-legen-Koeln-in-Schutt-und-Asche.html
(392) www.spiegel.de/spiegel/spiegelspecial/d-26766641.html
(393) https://mises.org/library/rethinking-churchill#footnote135_2tp608c
(394) http://ia601409.us.archive.org/25/items/KapitulierenNiemals/MicrosoftWord-Niekapitulieren.pdf
(395) http://de.metapedia.org/wiki/Rheinwiesenlager
(396) www.sehepunkte.de/2016/04/28786.htm und http://tinyurl.com/dfunkmassenvergewaltigungen
http://tinyurl.com/weltdevergewaltigungen
(396a) http://archiv.preussische-allgemeine.de/1982/1982_12_11_50.pdf
(396b) Bundesarchiv/Militärarchiv Freiburg Akten Fremde Heere Ost Bestand H3, Bd. 483, 657, 665, 667, 690
Bundesarchiv Koblenz Ostdokumentensammlung Ost-Dok. 2 Nr. 8,13,14; Ost-Dok. 2/51, 2/77, 2/96
(396c) www.sehepunkte.de/2016/04/28786.html
(397) Ingo Münch, „Frau, komm!“, S. 10, 15f
(398) http://de.metapedia.org/wiki/Völkermord_am_deutschen_Volk
(399) http://de.metapedia.org/wiki/Tote_im_Zweiten_Weltkrieg
(400) Ludwig A. Fritsch, „Amerikas Verantwortung für das Verbrechen am deutschen Volk“, Grabert Verlag, S. 41f
(400a) www.spiegel.de/panorama/churchills-geheimnisse-ein-elektrischer-stuhl-fuer-hitler-a-393053.html
(400b) Ein wichtiger Zwischenhinweis zur *Blume des Lebens* an dieser Stelle: Es gibt zwei Versionen, die kursieren. Die richtige Version hat nur einen Kreis herum, die falsche Version hat zwei Kreise. Ich habe den Unter-

schied mal von einem Fachmann professionell kinesiologisch austesten lassen. Bei der Version mit zwei Kreisen herum wird Lebensenergie geraubt, während die Version mit nur einem Kreis Lebensenergie spendet und buchstäblich den Raum belebt! Es ist der zweite Kreis, der die positive Wirkung nicht nur eindämmt, sondern gar umkehrt. Zudem kommt es bei Symbolen auch immer darauf an, wer diese mit welcher Absicht gemalt bzw. erstellt hat. Selbst ein positives Symbol könnte negativ wirken, wenn es von einem destruktiven Menschen angefertigt wurde. Was die *Blume des Lebens* betrifft, so hat die dunkle Seite eine Version mit zwei Kreisen in die Öffentlichkeit gebracht, um die Leute absichtlich zu schwächen. Ich habe auch eine Variante mit drei Kreisen gesehen. Nicht nur spirituell Interessierte holen sich Untersetzer oder andere Accessoires mit diesem Symbol, um z.B. Trinkwasser aufzuladen, sondern auch „gewöhnliche" Menschen, weil ihnen das Symbol einfach aufgrund seiner harmonischen Struktur gefällt. Viele Leute berichteten in Selbstversuchen, dass es ihnen bei der Version mit zwei Kreisen schlecht ging. Besonders warnen möchte ich daher vor Schmuck mit der falschen Variante, die einem beim langen Tragen sprichwörtlich die ganze Lebensenergie absaugen kann. Anders, als vielfach auch geglaubt wird, hat das Symbol kaum positive Wirkung, wenn man auch den ersten Kreis weglässt. Wenn Sie den Selbstversuch machen und sich die *Blume des Lebens* ohne Kreis anschauen, sollten Sie das Gefühl bekommen, als ob „etwas fehlen würde".

(401) https://de.wikipedia.org/wiki/Ave_Caesar,_morituri_te_salutant
(402) https://en.wikipedia.org/wiki/Roman_salute
(403) http://tinyurl.com/abthakenkreuzentfernen
(404) www.sein.de/heilige-geometrie-und-die-blume-des-lebens-die-physikalische-grundlage-der-schoepfung/
(405) www.mystica.tv/heilige-geometrie-rainer-kitza/
(406) https://de.wikipedia.org/wiki/SS-Division_Totenkopf
(407) Léon Degrelle, „The Enigma of Hitler", S. 18
(408) wie (126), S. 13
(409) https://de.wikipedia.org/wiki/Georgia_Guidestones
(410) http://quer-denken.tv/834-ein-neuer-stein-in-den-georgia-guidestones/
(411) https://en.wikipedia.org/wiki/Thomas_Paine
(412) www.pravda-tv.com/2014/09/ein-vermeintlich-neuer-stein-in-den-georgia-guidestones-videos/
www.pravda-tv.com/2015/04/blutspuren-auf-den-georgia-guidestones-video/
(413) www.pravda-tv.com/2014/04/skull-bones-die-elite-des-imperiums/
(414) https://de.wikipedia.org/wiki/Yale_University
(415) https://survivorship.org/2017-dates/ und https://en.wikipedia.org/wiki/Ishtar
(416) https://sustainabledevelopment.un.org/post2015/transformingourworld
(417) https://de.wikipedia.org/wiki/Ziele_für_nachhaltige_Entwicklung
(418) www.naturalnews.com/051058_2030_Agenda_United_Nations_global_enslavement.html
(419) https://goo.gl/3NI2N - Nestlé CEO Peter Brabeck – GMO Promoter & Water as Human Right = extreme
(420) www.america2050.org/content/megaregions.html
(421) https://de.wikipedia.org/wiki/Die_Tribute_von_Panem
(422) http://guardianlv.com/2014/05/personal-gardening-and-farming-are-becoming-illegal/
(423) wie (416)
(424) www.newswithviews.com/McGuire/paul268.htm
(425) http://endoftheamericandream.com/archives/the-2030-agenda-this-month-the-un-launches-a-blueprint-for-a-new-world-order-with-the-help-of-the-pope
(426) https://goo.gl/WE8CQm („Address of Pope Francis to the United Nations 25 September 2015")
https://goo.gl/GTRDg8 („Fox News announces that Pope Francis will set the agenda for agenda 2030")
(426a) www.reuters.com/article/us-vatican-economy-idUSTRE79N28X20111024
(426b) https://illuminatisymbols.info/anton-lavey-devils-horns/
www.bibliotecapleyades.net/sociopolitica/codex_magica/codex_magica07.htm
(427) www.wbcsd.org/Overview/About-us/Vision-2050
(427a) www.businessinsider.com/plan-to-spend-90-trillion-redesigning-cities-without-cars-2015-1
(428) http://canadafreepress.com/article/globalism-through-u.n.s-agenda-21-agenda-2030-and-vision-2050
(429) http://old.wbcsd.org/vision2050/overview.aspx
(430) https://en.wikipedia.org/wiki/Oxford_Martin_School
(431) www.nachhaltigkeitsrat.de/der-rat/mitglieder-des-rates/
(432) www.nachhaltigkeitsrat.de/der-rat/mitglieder-des-rates/ehemalige-ratsmitglieder/
(433) https://de.wikipedia.org/wiki/Club_of_Rome
https://de.wikipedia.org/wiki/Liste_der_Mitglieder_des_Club_of_Rome
https://de.wikipedia.org/wiki/Accademia_Nazionale_dei_Lincei
(434) wie (250g), S. 211
(435) ebenda, S. 215ff
(436) http://homment.com/GRyJtssduJ
(437) Dialoge Zukunft „Made in Germany" Band 2 (Rat für Nachhaltige Entwicklung), S. 38

(438) ebenda, S. 46f
(439) ebenda, S. 49
(440) ebenda, S. 101
(441) ebenda, S. 93
(442) ebenda, S. 94
(443) ebenda, S. 173ff
(444) www.deagel.com/country/forecast.aspx?pag=1&sort=GDP&ord=DESC
(445) wie (250g), S. 214ff
(445a) www.YouTube.com/watch?v=e_NVSo974x4 („Die Wahrheit über Bevölkerungsreduktion 3sat-Doku")
(445b) http://pdf.usaid.gov/pdf_docs/Pcaab500.pdf
(446) http://lybio.net/ann-bressington-exposes-agenda-21-the-united-nations-club-of-rome/news-politics/
(447) www.philanthropy.com/article/As-Ted-Turner-s-1-Billion/153601
(448) www.YouTube.com/watch?v=6WQtRI7A064 –Bill Gates admits vaccines are used for human depopulation
(449) www.dailymotion.com/video/x3leko2_vaccination-to-reduce-population-bill-gates-admits_news
www.YouTube.com/watch?v=8BobKXkrt8M („Bill Gates says reduce population 4 times")
(450) www.gatesfoundation.org/Who-We-Are/General-Information/Foundation-Factsheet
(450a) www.newstarget.com/2016-03-01-monsanto-and-bill-gates-are-conspiring-to-take-the-worlds-food-supply-hostage.html
(450b) www.naturalnews.com/035105_Bill_Gates_Monsanto_eugenics.html
(450c) www.gatesfoundation.org/What-We-Do/Global-Development/Agricultural-Development/Strategy-Leadership/Rob-Horsch
(450d) https://agra.org/who-we-are/
(450e) www.medicalnewstoday.com/articles/279323.php
(451) www.pbs.org/now/transcript/transcript_gates.html
(452) www.lifesitenews.com/opinion/planned-parenthoods-ties-to-eugenics-go-far-beyond-margaret-sanger
(453) www.nyu.edu/projects/sanger/webedition/app/documents/show.php?sangerDoc=101807.xml
(454) https://en.wikipedia.org/wiki/Planned_Parenthood
www.lifesitenews.com/news/pro-abort-billionaire-george-soros-gave-nearly-90-million-to-feminist-anti
(455) https://en.wikipedia.org/wiki/International_Planned_Parenthood_Federation
(456) https://en.wikipedia.org/wiki/Population_Council
(457) https://de.wikipedia.org/wiki/Population_Control_Establishment
(457a) www.YouTube.com/watch?v=xFGksEgSwk8 („Figueres on the role of women in climate change")
(457b) www.centerformedicalprogress.org/cmp/investigative-footage/
www.centerformedicalprogress.org/human-capital/fact-sheets/
www.thenewamerican.com/usnews/item/21471-cmp-s-eighth-video-describes-intact-fetuses-as-being-born-alive
(458) wie (446)
(458a) www.inc.com/jeff-bercovici/peter-thiel-young-blood.html
www.krone.at/lifestyle/teenager-blut-zur-verjuengung-8000-$-fuer-15-liter-story-573229
(459) www.focus.de/finanzen/news/teurer-kampf-gegen-den-krebs-so-verdient-die-pharmaindustrie-milliarden-mit-dem-leben-der-erkrankten_id_4897513.html
(460) http://drrykegeerdhamer.com/de/index.php?option=com_content&task=view&id=15&Itemid=26
(461) http://drrykegeerdhamer.com/de/index.php?option=com_content&task=view&id=22&Itemid=33
(462) ebenda
(462a) www.YouTube.com/watch?v=Fe-xzaMWtaw („Dr Michael Spitzbart")
(463) Björn Eybl, „Die seelischen Ursachen von Krankheiten", IBERA 5. überarbeitete Auflage, S. 252f
(464) ebenda, S. 7
(465) Prof. Dr. Yoda, „Ein medzinischer Insider packt aus", SENSEI Verlag, S. 54f
(466) ebenda, S. 56 und https://de.wikipedia.org/wiki/Max_von_Pettenkofer
(467) wie (465), S. 62f
(468) ebenda, S. 65ff
(469) ebenda, S. 59f
(470) ebenda, S. 81
(471) ebenda, S. 87
(472) http://info.kopp-verlag.de/medizin-und-gesundheit/was-aerzte-ihnen-nicht-erzaehlen/ethan-a-huff/mit-chemotherapie-sterben-krebspatienten-schneller-als-ohne-behandlung.html
(473) wie (465), S. 91f
(474) www.YouTube.com/watch?v=DCy1D1HGeeA („Horst Seehofer betreffend Positivliste")
(475) https://deutsche-wirtschafts-nachrichten.de/2014/01/13/chemotherapie-milliarden-geschaeft-fuer-die-pharmaindustrie/
(476) www.swr.de/swr2/wissen/die-krebs-industrie-lauterbach/-/id=661224/did=16082678/nid=661224/1gkylnm

(476a) www.ardmediathek.de/tv/Plusminus/Methadon-als-Krebsmittel/Das-Erste/Video?bcastId=432744&documentId=42130112
(476b) http://deutsche-wirtschafts-nachrichten.de/2013/11/19/krebs-heilende-tropenfrucht-ist-wirksamer-als-chemotherapie/
(476c) ebenda und http://archive.is/LTaGI
www.cancerresearchuk.org/about-cancer/cancer-in-general/treatment/complementary-alternative-therapies/individual-therapies/graviola
(476d) www.biologischekrebstherapie.net/gcmaf/
(476e) https://gcmaf.se/diseases-treated-gcmaf/
(476f) www.naturalnews.com/050553_Dr_Bradstreet_GcMAF_cancer_therapy.html
www.pravda-tv.com/2015/09/alternative-heilung-gcmaf-und-der-mysterioese-tod-von-14-aerzten-videos/
www.epochtimes.de/gesundheit/mysterioese-todesfaelle-von-aerzten-in-usa-a1315222.html
(476g) www.healthnutnews.com/recap-on-my-unintended-series-the-holistic-doctor-deaths/
(476h) https://gcmaf.se/not-available-nations/
(476i) www.symptome.ch/vbboard/gesundheit-allgemein/125750-gcmaf-vitamin-d-heilwirkung-ab-1990-fast-unbekannt.html
(476j) http://erweiterte-medizin.de/infusionen/
(477) www.impfkritik.de/pressespiegel/2017020402.html
(478) www.agbug.de/download/Impfstoffuntersuchung01.pdf
(479) www.impfschaden.info/impfungen-allgemein/impfstoffe/zusatzstoffe/aluminiumhaltige-impfstoffe.html
https://de.wikipedia.org/wiki/Aluminiumhydroxid
(480) https://de.wikipedia.org/wiki/Amalgamfüllung
(480a) www.impfschaden.info/impfungen-allgemein/impfstoffe/zusatzstoffe.html
(481) https://de.wikipedia.org/wiki/Formaldehyd
(482) www.impfkritik.de/zusatzstoffe/formaldehyd.html und www.impffrei.at/interessante-fakten/inhaltsstoffe
(483) www.impffrei.at/interessante-fakten/inhaltsstoffe
(484) www.impfschaden.info/impfungen-allgemein/beipackzettel/248-mmr-triplovaxr.html
www.rense.com/general59/vvac.htm
(485) https://de.wikipedia.org/wiki/John_Yudkin
(486) www.impfkritik.de/pressespiegel/2017020701.html
(487) www.impfschaden.info/impfschäden/impfschäden-allgemein/schrilles-schreien.html
(488) www.impfschaden.info/impfschäden/impfschäden-allgemein/schütteltrauma-oder-impfolge.html
(489) ebenda
(489a) https://de.sott.net/article/16904-Funf-Kinder-sterben-nach-Sechsfachimpfung-in-Deutschland-und-Osterreich-Die-Impfstoffe-sollen-trotzdem-weiter-eingesetzt-werden
(490) www.impfschaden.info/impfschäen/impfschadensmeldungen/nach-impfung/hpv-impfung.html
(491) www.ageofautism.com/2015/01/recent-italian-court-decisions-on-vaccines-and-autism.html
(491a) www.washingtonpost.com/world/europe/italy-approves-hotly-contested-vaccine-program/2017/07/28/cdca3024-7389-11e7-8c17-533c52b2f014_story.html
(492) www.mirror.co.uk/news/technology-science/science/boy-wins-120000-compensation-after-5867375
(492a) www.zentrum-der-gesundheit.de/ia-spanische-grippe.html und www.impfkritik.de/grippe/spanische.html
http://neue-medizin.com/mcbean1.htm
(492b) www.aerzteblatt.de/nachrichten/38383/Aspirin_hat_Spanische_Grippe_verschlimmert.htm
(493) www.nexus-magazin.de/artikel/lesen/impf-industrie-ein-insider-packt-aus
(494) www.efi-online.de/wp-content/uploads/2014/01/UngeimpfteGesuender.pdf
(495) www.impfschaden.info/impfungen-allgemein/geimpfte/ungeimpfte.html
(496) www.efi-online.de/wp-content/uploads/2014/01/UngeimpfteGesuender.pdf
(497) http://yournewswire.com/baby-seized-conspiracy-theories/
(498) http://yournewswire.com/mandatory-vaccine-act-2015-spine-chilling-u-s-legislation-proposed/
(499) www.vaxxed-derfilm.de/
(500) http://fortune.com/2016/03/29/robert-de-niro-anti-vaccine-documentary/
(501) http://globalfreedommovement.org/vaxxed-robert-de-niro-hero-vaccine-documentary/
(502) www.impfkritik.de/pressespiegel/2017031701.html
(503) https://en.wikipedia.org/wiki/God_gene
(504) https://goo.gl/r3NCRX („Leaked Pentagon Video Shows Vaccine Designed to modify behavior“)
(505) www.naturalnews.com/048347_aerosolized_vaccines_behavioral_modification_obedience.html
(506) https://funvax.wordpress.com/2011/04/25/interview-with-joey-lambardi-about-the-fundamentalism-vaccine-funvax/
(507) www.zeitenschrift.com/artikel/impfstoffe-die-den-geist-aussperren
(508) www.ncbi.nlm.nih.gov/pubmed/18782654
(509) https://twitter.com/realDonaldTrump/status/449525268529815552

(510) www.YouTube.com/watch?v=cDARZJxzeoY („Donald Trump never had the flu")
(511) http://quer-denken.tv/usa-trump-bestellt-einen-impfkritiker-als-vorsitzenden-der-staatlichen-impfkommission/
(512) https://childrensnational.org/news-and-events/childrens-newsroom/2017/first-lady-visits-childrens-national
(513) http://de.metapedia.org/wiki/Chemtrails
(514) www.congress.gov/bill/107th-congress/house-bill/2977/text
(515) wie (513) https://de.wikipedia.org/wiki/Kondensstreifen
(516) www.google.com/patents/US20090032214
(517) www.YouTube.com/watch?v=WP3v1GwJ-5g („ZDF berichtet über Chemtrails")
(518) www.YouTube.com/watch?v=Wkom98SsX20 („ZDF Wetter 14.01.2009 Chemtrails")
(519) www.YouTube.com/watch?v=L5is16A8pfw („Chemtrails, here is your proof 100% real")
www.un.org/dpi/ngosection/annualconfs/60/pdfs/Final%20Report%20web.pdf
(520) www.YouTube.com/watch?v=gAIUuZgL5Ko („Military insider comes forward about chemtrails")
(521) www.YouTube.com/watch?v=FeTaejpg18g („Pilots, doctors and scientists tell the truth about chemtrails")
(522) www.naturalnews.com/037451_chemtrails_conspiracy_theory_geoengineering.html
https://web.archive.org/web/20120922231438/www.kkuriren.se/nyheter/vingaker/1.1554491
(522a) www.stopsprayingcalifornia.com/What_are_they_Spraying.php
http://homment.com/regierunggesteht und www.sauberer-himmel.de/hintergrunde-2/
(523) http://fromthetrenchesworldreport.com/lithium-and-the-experiment-over-oregon/142792
(524) www.nasa.gov/mission_pages/sunearth/news/rockets-atmosphere.html
www.wakingtimes.com/2016/04/07/nasa-confesses-to-dosing-americans-with-air-borne-lithium/
(525) www.theguardian.com/environment/2012/feb/06/bill-gates-climate-scientists-geoengineering
(526) www.who.int/immunization/sage/meetings/2012/november/3_MeaslesAerosolVaccineProject-report_SAGE.pdf
(526a) www.konjunktion.info/2017/05/usarhode-island-die-eingereichte-gesetzesvorlage-geoengineering-act-of-2017/ und http://webserver.rilin.state.ri.us/BillText/BillText17/HouseText17/H6011.pdf
(527) www.sauberer-himmel.de/hintergrunde-2/
(528) www.sauberer-himmel.de/2013/01/27/hightech-chemtrails-mit-barium-strontium-titanat-ein-experiment-mit-todlichem-beigeschmack/
(529) https://goo.gl/SdwsZa („Zugriff auf die Seele & Bewusstseinskontrolle – Harald Kautz-Vella")
https://goo.gl/4xahej („Wir die Menschheit mittels Chemtrails und Nanotechnologie manipuliert?")
https://goo.gl/Qg6Jgr („Morgellons u. Transhumanismus – Harald Kautz-Vella [2] | Bewusst.TV 2/2014")
(530) wie (239), S. 355f
(530a) www.metatech.org/GERMAN%20CLOUDBUSTERS/Wie%20man%20einen%20CLOUD BUSTER%20baut%20ALLES.BILDER.htm
(530b) www.blauer-planet.de/sphaerenharmonie
(531) http://de.metapedia.org/wiki/Haarp
(532) www.YouTube.com/watch?v=vK70RKtKazM („ZDF Spricht offen über HAARP")
(533) http://wiki.yoga-vidya.de/Gehirn und www.hirnwellen-und-bewusstsein.de/hirnwellen_1.html
(534) www.zeitenschrift.com/artikel/min-control-bewusstseinsmanipulation-durch-elf-wellen
(534a) https://geopolitics.co/2016/11/23/secret-deep-black-war-to-hijack-your-mind-preston-james/#more-39120
(535) www.europarl.europa.eu/sides/getDoc.do?pubRef=-//EP//TEXT+REPORT+A4-1999-0005+0+DOC+XML+V0//DE
(536) http://de.metapedia.org/wiki/Haarp und https://en.wikipedia.org/wiki/EISCAT
https://wissenschaft3000.wordpress.com/2013/03/11/update-energy-box-haarp-schweden-lois/
www.pravda-tv.com/2015/05/fuenf-neue-haarp-anlagen-im-bau-norwegen-schaltet-den-ukw-funk-ab-wahre-hintergruende-video/
(537) http://de.metapedia.org/wiki/Haarp
(538) www.YouTube.com/watch?v=llH3bkkVIws („Wladimir Schirinowski droht den USA!!!")
(539) https://en.wikipedia.org/wiki/Vladimir_Zhirinovsky
https://de.wikipedia.org/wiki/Wladimir_Wolfowitsch_Schirinowski
(540) www.welt.de/debatte/kommentare/article13466483/Die-CO2-Theorie-ist-nur-geniale-Propaganda.html
(540a) wie (541)
(541) www.naturalnews.com/055151_global_warming_science_hoax_climate_skepticism.html
(542) wie (540)
(543) www.eike-klima-energie.eu/2010/01/20/nur-00004712-prozent-bund-aktivist-weiss-nicht-wieviel-co2-von-deutschland-in-die-luft-abgegeben-wird/
(544) www.welt.de/dieweltbewegen/sonderveroeffentlichungen/article118988228/Das-schmutzigste-Gewerbe-der-Welt-bleibt-auf-Kurs.html und www.n-tv.de/wirtschaft/Der-Skandal-beim-Klimaschutz-article18932511.html
(545) https://twitter.com/realDonaldTrump/status/428414113463955457

(546) www.theeventchronicle.com/vault-7/top-15-discoveries-implications-wikileaks-cia-vault-7-far/
https://wikileaks.org/ciav7p1/
(547) www.rt.com/news/379775-cia-weaponized-85pc-worlds-smartphones/
(548) https://de.wikipedia.org/wiki/LG_Electronics
(549) http://themillenniumreport.com/2017/01/darpa-vader-and-the-evil-intel-empire-inside/
http://tinyurl.com/intelsecretbackdoor
(550) https://de.wikipedia.org/wiki/International_Mobile_Equipment_Identity
(550a) http://theweek.com/speedreads/557020/nsa-testing-technology-identify-by-swipes-phone-screen
(551) http://preussischer-anzeiger.de/2017/01/09/stasi-2-0-allen-demonstrationen-dank-deinem-smartphone/
(552) https://de.wikipedia.org/wiki/IMSI-Catcher
(553) www.zeit.de/digital/datenschutz/2012-01/foebud-rfid-gerry-weber
(554) https://de.wikipedia.org/wiki/RFID
(555) https://digitalcourage.de/blog/2010/welche-risiken-bringt-eine-breite-einfuehrung-von-rfid
(555a) www.YouTube.com/watch?v=U7HXaZAfGpc („RFID CHIP für Menschen konkret 1. Juli 2014")
(556) www.sciencealert.com/wi-fi-signals-can-identify-you-through-walls-and-even-track-your-movements
www.pravda-tv.com/2017/05/wenn-das-wlan-ihre-wohnung-ausspioniert/
(557) www.naturalnews.com/050347_Amazon_Echo_spy_device_Big_Brother.html
www.stern.de/digital/homeentertainment/amazon-echo-show--alexa-hat-jetzt-einen-bildschirm-7446278.html
(558) www.stern.de/digital/homeentertainment/smarttv-hack-fernseher-sex-6865894.html
(559) www.pravda-tv.com/2016/01/studien-zu-wlan-zeigen-schaedigende-wirkungen/
(560) www.heise.de/tr/artikel/Spion-im-Stromnetz-1652669.html
(561) www.cnet.com/news/researchers-find-smart-meters-could-reveal-favorite-tv-shows/
(562) www.bmwi.de/Redaktion/DE/Downloads/F/faktenblatt-digitalisierung-energiewende.pdf
(563) https://de.wikipedia.org/wiki/Intelligenter_Zähler
(564) http://info.kopp-verlag.de/medizin-und-gesundheit/gesundes-leben/jonathan-benson/aerzte-warnen-die-strahlung-von-smart-metern-ist-1-mal-staerker-als-die-von-handys-und-zudem-ko.html
(565) www.berliner-zeitung.de/wirtschaft/smart-meter-verbraucher-lehnen-intelligente-stromzaehler-ab-23286056
www.diagnose-funk.org/download.php?field=filename&id=179&class=DownloadItem
(566) www.scinexx.de/dossier-detail-294-5.html
(567) www.stillnessinthestorm.com/2016/10/space-fence-program-takes-war-consciousness-heavens.html
(568) www.YouTube.com/results?search_query=google+car
(569) www.tagesschau.de/wirtschaft/tesla-unfall-untersuchungsbericht-101.html
(570) www.dailymail.co.uk/sciencetech/article-3299487/The-world-s-robot-actress-Talking-android-fitted-human-face-given-star-role-Japanese-nuclear-disaster-film.html und www.dailymail.co.uk/sciencetech/article-3335552/The-world-s-sexiest-robot-revealed-Eerily-life-like-female-android-turns-heads-China.html
www.YouTube.com/watch?v=mpzIQt6l4xY („Inside the Japanese Hotel Staffed by Robots")
(571) www.zeit.de/digital/internet/2016-01/kuenstliche-intelligenz-google-deepmind-go-alphago
https://googleblog.blogspot.de/2012/06/using-large-scale-brain-simulations-for.html
www.zeit.de/2016/22/kuenstliche-intelligenz-entwicklung-software-google-deepmind
(572) www.bluemind.tv/technik/technologie/roboter-eignet-sich-durch-YouTube-selbst-wissen-173576/
(573) www.businessinsider.com/artificial-intelligence-researchers-most-impressive-robots-2015-11
(574) www.chip.de/bestenlisten/Bestenliste-3D-Drucker--index/index/id/1111/
(575) www.faz.net/aktuell/wissen/physik-mehr/quantencomputer-von-ibm-arbeitet-mit-quantenbits-14275919.html
(576) https://research.googleblog.com/2015/12/when-can-quantum-annealing-win.html
www.golem.de/news/d-wave-quantencomputer-oder-computer-mit-quanteneffekten-1703-126863.html
(577) www.washingtonpost.com/world/national-security/nsa-seeks-to-build-quantum-computer-that-could-crack-most-types-of-encryption/2014/01/02/8fff297e-7195-11e3-8def-a33011492df2_story.html
(578) wie (575)
(579) http://tinyurl.com/exopoliticsjadehelm
(580) https://en.wikipedia.org/wiki/JADE_(planning_system)
(580a) www.raytheon.com/ourcompany/bbn/
(580b) www.management-circle.de/blog/5-filme-ueber-kuenstliche-intelligenz/
https://en.wikipedia.org/wiki/Metropolis_(1927_film)
(581) www.bbc.co.uk/news/technology-30290540
www.express.co.uk/news/world/555092/Bill-Gates-Stephen-Hawking-Artificial-Intelligence-AI-threat-mankind
(582) https://techcrunch.com/2014/10/26/elon-musk-compares-building-artificial-intelligence-to-summoning-the-demon/

(583) www.pravda-tv.com/2017/05/was-die-fake-news-hysterie-mit-robotern-donald-trump-und-dem-ende-der-geheimen-weltregierung-zu-tun-hat/
(583a) www.dwavesys.com/d-wave-two-system
www.dwavesys.com/sites/default/files/D-Wave%202X%20Tech%20Collateral_0915F.pdf
(584) www.evz.de/de/verbraucherthemen/geld-und-kredite/im-ausland-bezahlen/hoechstgrenzen-bargeldzahlung/
(585) http://tinyurl.com/faz-barzahlung-5000euro
www.journalistenwatch.com/2017/06/30/obergrenze-fuer-bargeldzahlung-seit-montag-in-kraft/
(585a) http://diepresse.com/home/wirtschaft/international/4982620/500EuroSchein-wird-abgeschafft
(585b) www.spiegel.de/wirtschaft/islamischer-staat-so-finanziert-sich-der-is-a-1063522.html
(586) www.merkur.de/wirtschaft/schweden-schafft-bargeld-2769638.html
www.finanzen.net/nachricht/devisen/der-glaeserne-buerger-schweden-bald-ohne-bargeld-4834405
(587) https://deutsche-wirtschafts-nachrichten.de/2016/01/27/bargeld-verbot-erste-banken-in-europa-wollen-matratzen-der-kunden-leeren/
(588) www.handelszeitung.ch/konjunktur/europa/daenemark-schafft-das-bargeld-ab-780668
(589) https://netzpolitik.org/2017/zivil-militaerische-zusammenarbeit-spionagebehoerde-zitis-zieht-zur-bundeswehr/
www.spiegel.de/netzwelt/netzpolitik/zitis-neue-sicherheitsbehoerde-wird-in-muenchen-angesiedelt-a-1130978.html
(590) www.taz.de/Spionagebehoerde-Zitis-in-Deutschland/%215355502/
(591) www.bmi.bund.de/SharedDocs/Pressemitteilungen/DE/2017/01/zitis-vorstellung.html
(592) https://netzpolitik.org/2016/analyse-london-segnet-haertestes-ueberwachungsgesetz-einer-demokratie-ab/#Details
(593) www.cnbc.com/2015/09/27/angela-merkel-caught-on-hot-mic-pressing-facebook-ceo-over-anti-immigrant-posts.html
(594) www.israelnationalnews.com/Articles/Article.aspx/19070
(595) www.spiegel.de/netzwelt/netzpolitik/facebook-heiko-maas-stellt-gesetz-gegen-hasskriminalitaet-vor-a-1138637.html
(596) www.sueddeutsche.de/news/politik/parteien-politik-verstaerkt-druck-auf-facebook-dpa.urn-newsml-dpa-com-20090101-161216-99-564853
(597) wie (594)
(598) http://info.kopp-verlag.de/hintergruende/deutschland/markus-maehler/skandal-wegen-oesterreich-wahl-facebook-nimmt-hackergruppe-anonymous-vom-netz.html
www.anonymousnews.ru/2016/05/22/anonymousnews-de-nach-zensur-anonymous-startet-eigenes-nachrichtenportal/
(599) www.spiegel.de/netzwelt/web/facebook-correctiv-soll-fake-news-richtigstellen-a-1130014.html
(600) https://correctiv.org/correctiv/foerderer/ und https://correctiv.org/correctiv/finanzen/
https://correctiv.org/correctiv/aufsichtsrat-ethikrat/
(600a) http://meedia.de/2017/01/05/grosse-koalition-gegen-fake-news-globales-buendnis-von-40-medien-und-web-konzernen-geht-an-den-start/
(601) http://tinyurl.com/googlemikeadams
(602) http://tinyurl.com/googlemikeadams
(603) www.welt.de/politik/deutschland/article1212415/Birthler-Behoerde-liess-Stasi-Spitzel-einladen.html
(604) http://info.kopp-verlag.de/hintergruende/enthuellungen/gerhard-wisnewski/anetta-kahane-wie-eine-ex-stasi-frau-die-oeffentlichkeit-und-das-internet-terrorisiert.html
www.tagesspiegel.de/politik/fluechtlinge-in-deutschland-es-ist-zeit-fuer-einen-neuen-aufbau-ost/12062620.html
(605) www.amadeu-antonio-stiftung.de/w/files/pdfs/hetze-gegen-fluechtlinge.pdf
(606) ebenda
(607) https://pbs.twimg.com/media/CnPPqqOWIAAFgEY.jpg
Backups:
https://web.archive.org/web/20160817114922/https://pbs.twimg.com/media/CnPPqqOWIAAFgEY.jpg und http://archive.is/Lyrku
https://web.archive.org/web/20160714132322/https:/twitter.com/_juliaschramm/status/435412352255938560 (Backup: http://archive.is/qhYsK)
https://web.archive.org/web/20160714132159/https:/twitter.com/_juliaschramm/status/435413941091856384 (Backup: archive.is/BpUKB)
www.YouTube.com/watch?v=QDNAOBTHqKw („Julia Schramm: Die Hate Speech Expertin der Amadeu Antonio Stiftung")
(608) www.die-linke-berlin.de/die_linke/partei/landesvorstand/mitglieder/
(609) www.YouTube.com/watch?v=g_qk8MzTT2Y („Julia Schramm - Redakteurin/Autorin der Antonio-Amadeu Stiftung")

(610) http://info.kopp-verlag.de/hintergruende/deutschland/gerhard-wisnewski/kritiker-ist-die-amadeu-antonio-stiftung-ein-steuerbetrugsmodell-.html
(611) https://de.wikipedia.org/wiki/Stephan_J._Kramer
(612) www.YouTube.com/watch?v=Z2JXh3ImG28 („Rechtsextreme im Visier | DW Interview")
(613) www.tlz.de/web/zgt/politik/detail/-/specific/Verfassungsschutzchef-Kramer-ueber-V-Leute-als-Ultima-Ratio-803748450
www.thueringer-allgemeine.de/web/zgt/politik/detail/-/specific/Das-Kramer-Experiment-Ueber-den-neuen-Chef-des-Thueringer-Verfassungsschutzes-77819007
(614) https://deutsche-wirtschafts-nachrichten.de/2017/05/18/unions-fraktion-stoppt-heiko-maas-zensur-gesetz-wird-vorerst-nicht-beschlossen/
(614a) www.epochtimes.de/politik/deutschland/neue-frage-zum-netzdurchsetzungsgesetz-war-der-bundestag-mit-60-abgeordneten-ueberhaupt-beschlussfaehig-a2158086.html
www.btg-bestellservice.de/pdf/10080000.pdf
(614b) www.heise.de/tp/features/Maas-will-sich-ins-Programmieren-einmischen-3761301.html
(614c) https://jungefreiheit.de/politik/deutschland/2017/facebook-loescht-jf-karikatur-zur-ehe-fuer-alle/
(615) www.epochtimes.de/politik/europa/europarat-will-medien-zensur-presse-soll-herkunft-krimineller-verschweigen-a1276052.html
www.europarl.europa.eu/meetdocs/2009_2014/documents/libe/dv/11_revframework_statute_/11_revframework_statute_en.pdf
(615a) http://alles-schallundrauch.blogspot.se/2006/12/der-ursprung-des-feminismus.html
(616) http://reversespeech.com/about/
http://info.kopp-verlag.de/neue-weltbilder/phaenomene/niki-vogt/rueckwaertssprache-wahrheit-wider-willen-oder-warum-der-mann-im-mond-nicht-luegen-kann.html
(617) www.innerspeechrevelations.com/index_german.php
(618) http://reversespeech.com/about/history/
(619) www.welt.de/print-wams/article614546/Die-Sprache-der-Wahrheit.html
(619a) www.cia.gov/library/readingroom/document/cia-rdp96-00792r000500380002-0
(620) www.innerspeechrevelations.com/moonlanding.php
http://reversespeech.com/reversal/reversals-apollo-astronauts/
http://reversespeech.com/reversal/did-we-go-to-the-moon-or-not/
(621) www.YouTube.com/watch?v=4MP3I40e_eA
http://reversespeech.com/reversal/john-f-kennedy-assassination/
(622) www.YouTube.com/watch?v=YOz89ZnuLH4 („Reverse Speech - the best of Barack Obama 2008-2016")
(623) www.YouTube.com/watch?v=jqALdkTArqs („Obama – Yes We Can = Thank You Satan")
(624) www.YouTube.com/watch?v=OoatRx_jP8k („Reverse Speech – the best of Hillary Clinton")
(625) https://goo.gl/nYrCzV („What on earth is going on in the mind of Hillary Clinton? - Reverse Speech")
(625a) http://reversespeech.com/reversal/hillary-clinton-may-2015/
(626) www.YouTube.com/watch?v=dP14dchqNXE („Reverse Speech - the best of Donald Trump 2016")
(627) www.YouTube.com/watch?v=89T_yG21ShA („Reverse Speech analysis of Donald Trump's Inauguration")
(628) https://goo.gl/TmWXQ7 („Reverse Speech analysis of Donald Trump's speech to Congress 28/2/17")
(629) https://goo.gl/aPWUDp („Disturbing Reverse Speech on Donald Trump – predicting assassination?")
(630) http://reversespeech.com/reversal/pope-francis-us-visit-september-2015/
(631) http://reversespeech.com/reversal/zbigniew-brzezinski-june-2015/
(632) http://reversespeech.com/reversal/janet-jackson-july-2015/
(633) www.YouTube.com/watch?v=APhbwoQ7NWs („STYX - "Satan Move Through Our Voice" 1981")
(634) www.YouTube.com/watch?v=BBb9SgpwKlc („Erwartungen an Deutschland grenzenlos")
(635) https://goo.gl/qX28iT („ERWARTUNGEN - So stellen sich Flüchtlinge Deutschland vor")
(636) www.welt.de/videos/video145362701/Ich-habe-mir-Deutschland-anders-vorgestellt.html
(637) www.anwalt.org/asylrecht-migrationsrecht/duerfen-fluechtlinge-arbeiten/
(638) www.berliner-zeitung.de/politik/wohnungslose-in-deutschland-zahl-der-obdachlosen-ist-in-den-jahren-deutlich-gestiegen-25223482
(639) www.bz-berlin.de/deutschland/335-000-menschen-in-deutschland-ohne-bleibe
(640) www.bagw.de/de/themen/zahl_der_wohnungslosen/
(641) http://sowi.st-ursula-attendorn.de/ba/badoku01.htm
(642) www.YouTube.com/watch?v=aJURNC0e6Ek („Libya Truth")
(643) www.hna.de/lokales/goettingen/goettingen-ort28741/lagerpastor-schlepper-lockten-fluechtlinge-paradies-5480803.html
(644) www.sueddeutsche.de/politik/dublin-iii-nur-jeder-dreizehnte-muss-zurueck-1.2622696
(645) www.spiegel.de/politik/deutschland/fluechtlinge-deutschland-schickt-sonderzuege-nach-oesterreich-a-1053505.html

(646) www.facebook.com/permalink.php?story_fbid=1640832302838681&id=100007357818629 (backup: http://archive.is/FdbhM)
(647) www.pravda-tv.com/2015/09/geheimer-asylbericht-sorgt-fuer-wirbel-sicherheit-in-gefahr-staat-wird-in-ueberforderung-uebergriffig/
(648) www.YouTube.com/watch?v=u17_LepiNAU („Merkel: Wir müssen akzeptieren dass Zahl der Straftaten bei jugendl. Migranten besonders hoch ist")
(649) www.express.co.uk/news/world/606211/35-MILLION-migrants-Europe-Hungary-builds-second-fence
(650) www.YouTube.com/results?search_query=Seehofer+sichtbar+geschockt
(650a) www.YouTube.com/watch?v=3LccH1SD4Es („Horst Seehofer: 3 bis 9 Millionen Flüchtlinge in Deutsch land")
(651) https://vimeo.com/139770418 („Wir können die öffentliche Sicherheit nicht mehr garantieren - Ein eindring licher Hilferuf")
(651a) www.epochtimes.de/politik/welt/nachrichtendienst-warnt-vor-neuer-zuwanderungswelle-aus-afrika-a2016823.html
(652) http://mobil.n-tv.de/mediathek/videos/politik/Mieterin-wehrt-sich-gegen-Zwangskuendigung-article16010946.html
(653) http://info.kopp-verlag.de/hintergruende/deutschland/torben-grombery/platzmachen-fuer-fluechtlinge-stadt-wirft-achtkoepfige-familie-aus-ihrem-haus.html
(654) www.welt.de/politik/deutschland/article143755570/Bei-Fluechtlingsaufnahme-gibt-es-keine-Obergrenze.html
(655) www.deutschlandfunk.de/fluechtlinge-die-mehrheit-der-menschen-wird-bleiben.694.de.html?dram:article_id=329503
(656) www.koerber-stiftung.de/person/guenter-burkhardt-726.html
(657) www.uno-fluechtlingshilfe.de/spenden/testament-spende.html
(658) www.YouTube.com (Suchbegriff: Syrisches Mädchen entlarvt falsche Flüchtlinge) https://web.archive.org/web/20150910110312/https://www.YouTube.com/watch?v=ps0-2Tpvoqo
(659) www.spiegel.de/politik/ausland/syrische-paesse-deutscher-zoll-faengt-pakete-ab-a-1051501.html
(660) https://de.sputniknews.com/panorama/20150921304426832/
(661) https://web.archive.org/web/20151109040015/http://www.br.de/nachrichten/fluechtlinge-aufnahme-bayern-108.html
(662) www.stuttgarter-nachrichten.de/inhalt.sonderzug-nach-berlin-fluechtlinge-ziehen-die-notbremse-und-steigen-aus.939c086c-19f1-44ec-940b-5a2381e9b5a5.html
(663) www.focus.de/politik/ausland/islamischer-staat/terroristen-nehmen-rom-ins-visier-erster-schritt-is-will-europa-mit-fluechtlingen-ueberfluten_id_4487068.html
(664) www.t-online.de/nachrichten/ausland/id_74964000/islamischer-staat-droht-deutschland-mit-anschlaegen.html
(665) www.krone.at/welt/axt-attentaeter-sein-juengstes-opfer-ist-erst-13-duesseldorf-bluttat-story-558447 http://tinyurl.com/epochtimes-frankenthalmesser und http://tinyurl.com/anschlag-ekz-essen
(665a) https://de.wikipedia.org/wiki/Anschlag_auf_den_Berliner_Weihnachtsmarkt_an_der_Ged%C3%A4chtniskirche
(667) www.ibtimes.co.uk/isis-militants-travel-europe-disguised-syrian-refugees-1485874
(668) www.spiegel.de/politik/deutschland/integration-merkel-erklaert-multikulti-fuer-gescheitert-a-723532.html
(669) www.YouTube.com/watch?v=vJUlAEXm6O8 („Angela Merkel: Man kann sich nicht darauf verlassen, dass das, was vor den Wahlen ...")
(670) www.pravda-tv.com/2015/08/werde-fluchthelfer-fluchthelfer-in-made-by-us-think-tank/
(671) www.fluchthelfer.in/imprint.php?lang=de und https://pen.gg/de/kampagnen/
(672) http://hungarytoday.hu/news/immigration-crisis-hungary-protecting-way-life-migrants-seeking-german-living-standards-pm-orban-insists-35279
(673) https://denkbonus.wordpress.com/2015/08/08/das-geheimnis-hinter-der-massenzuwanderung/
(674) https://en.wikipedia.org/wiki/William_L._Swing
(675) https://web.archive.org/web/20150630190527/http://www.unsertirol24.com/2015/06/30/grossteil-der-fluechtlinge-sind-junge-afrikanische-maenner/
(676) www.dailymail.co.uk/news/article-2782625/ISIS-plotting-Trojan-Horse-campaign-smuggling-militants-western-Europe-disguised-refugees.html
(677) www.uno-fluechtlingshilfe.de/fluechtlinge/zahlen-fakten.html
(678) www.stuttgarter-nachrichten.de/inhalt.ludwigsburg-mutmasslicher-is-terrorist-festgenommen.6d671d45-559a-4617-90db-d904fd970efb.html
(679) www.kleinezeitung.at/steiermark/weststeier/peak_weststeier/4774961/CobraEinsatz_Syrer-wollte-Asylwerber-fuer-IS-anwerben
(680) www.epochtimes.de/politik/europa/unkontrollierte-einwanderung-is-terroristen-unter-den-migranten-krieg-a1266663.html

(681) www.welt.de/politik/ausland/article141769204/Geheimdienst-entdeckt-Islamisten-zwischen-Fluechtlingen.html
(682) www.liveleak.com/view?i=fab_1441910026 („Container with aid for "refugees" was full of weapons and am munition“)
(683) https://web.archive.org/web/20150906200838/http://hessenschau.de/gesellschaft/radikalisierungsnetzwerk-aus-hanau-liefert-nachschub-an-gotteskriegern,nachschub-an-gotteskriegern-aus-hanau-100.html
(683a) www.sueddeutsche.de/politik/is-terror-schlaefer-stunde-1.3016967
(683b) www.focus.de/politik/ausland/stammen-aus-hamburg-und-bremen-deutsche-is-terroristen-in-der-tuerkei-verhaftet_id_6598729.html
(683c) www.faz.net/aktuell/politik/inland/salafist-wegen-anschlagsplans-festgenommen-14891910.html
www.n-tv.de/politik/Polizei-verhaftet-mutmassliche-Terrorhelfer-article19794652.html
(683d) www.stuttgarter-nachrichten.de/inhalt.kreis-biberach-mutmasslicher-is-kaempfer-festgenommen.32bf01bc-a712-4814-aee9-b54835d64ffc.html
(683e) www.mdr.de/sachsen-anhalt/magdeburg/terrorverdaechtiger-in-magdeburg-festgenommen-100.html
(683f) www.otv.de/weiden-mutmasslicher-is-anhaenger-im-raum-weiden-verhaftet-278086/
(684) www.maz-online.de/Lokales/Havelland/Bundeswehr-raeumt-Kaserne-fuer-Fluechtlinge
www.wz.de/lokales/duesseldorf/erste-fluechtlinge-ziehen-zur-kaserne-1.2337016
(685) www.haz.de/Nachrichten/Politik/Deutschland-Welt/Unterkuenfte-fuer-ueber-7000-Menschen-Bundeswehr-stellt-Kasernen-fuer-Fluechtlinge
(686) www.YouTube.com/watch?v=sCWIv2z4HKw („Deutschlands Selbstmord - Kanadischer Journalist über Merkels bedingungslosen Einwanderungsaufruf“)
(686a) www.saarbruecker-zeitung.de/saarland/saarbruecken/saarbruecken/burbach/drk-mitarbeiter-stirbt-nach-messerattacke_aid-2238120
(686b) www.gatestoneinstitute.org/10488/germany-stabbings (backup: http://archive.is/xEarX)
(687) https://web.archive.org/web/20160331223551/http://www.zukunftskinder.org/?p=51852
(688) https://web.archive.org/web/20151012151911/https://dwdpress.wordpress.com/2015/09/17/sie-bringen-krieg-und-gewalt-mit-nach-europa/
(689) www.YouTube.com/watch?v=_oxuh06xEqE („Mama Merkels „Zug der Hoffnung“ – traumatisierte Schutz-suchende?“)
www.YouTube.com/watch?v=W_3--oH7CIw („Migranten-Invasion - wir werden für dumm verkauft (Migrants´ invasion - we´re taken for a fool)“)
(690) https://jungefreiheit.de/politik/deutschland/2015/gemeinde-erteilt-asylbewerbern-benimm-lektion/ (backup: http://archive.is/Vxklp)
(691) www.thueringer-allgemeine.de/web/zgt/leben/blaulicht/detail/-/specific/Polizisten-bei-Festnahme-in-Fluechtlingsunterkunft-in-Ohrdruf-angegriffen-793516962
(692) https://web.archive.org/web/20160828125804/http://www.info-direkt.eu:80/fremdenpolizist-zusammenbruch-droht-burgerkrieg-wird-kommen/
(693) www.welt.de/vermischtes/article147205763/Der-Aufschrei-einer-jungen-Polizistin.html (backup: http://archive.is/dffUa)
(694) www.wochenendspiegel.de/asylbewerber-greifen-nettomarktmitarbeiterin-mit-pfefferspray-und-machete-an-polizei-gibt-warnschuss-ab/ (backup: http://archive.is/AeTfy)
(695) https://jungefreiheit.de/politik/deutschland/2015/keine-weiblichen-putzkraefte-mehr-in-asylunterkunft/ (backup: http://archive.is/q4hHx)
(696) http://therightscoop.com/must-watch-whistleblower-doctor-explains-horrific-reality-dealing-with-muslim-invaders-in-germany/
(697) www.epochtimes.de/politik/welt/aerztin-ueber-katastrophale-zustaende-so-stuerzen-migranten-deutsche-kliniken-ins-chaos-a1275945.html (backup: http://archive.is/7ILWh)
(698) www.politikversagen.net/rubrik/vergewaltigung?page=10 und http://m.bild.de/regional/hamburg/silvester/grapsch- attacke- auf-st-pauli-49556418.bildMobile.html
(699) www.politikversagen.net/rubrik/vergewaltigung?page=10 und www.welt.de/regionales/hamburg/article 160794793/Aegypter-missbraucht-Hamburgerin-in-Unterkunft.html
(700) www.politikversagen.net/rubrik/vergewaltigung?page=10 und http://m.bild.de/regional/hamburg/raubueberfall/ frau-von-mehreren-maenner-ueberfallen-49652688.bildMobile.html
(701) www.politikversagen.net/rubrik/vergewaltigung?page=9 und www.express.de/bonn/gastgeber--34--vor-gericht-claudia--15--nach-party-vergewaltigt--25572276
(702) www.politikversagen.net/rubrik/vergewaltigung?page=9 und www.epochtimes.de/politik/europa/schweden-gruppenvergewaltigung-stundenlang-im-facebook-livestream-drei-taeter-verhaftet-a2031114.html
(703) www.epochtimes.de/politik/europa/40-jahre-multikulti-in-schweden-300-mehr-gewaltverbrechen-und-1472-mehr-vergewaltigungen-a2035485.html
(704) www.politikversagen.net/rubrik/vergewaltigung?page=8
www.oe24.at/welt/Sex-Gang-schwaengert-12-jaehriges-Maedchen/267835279

(705) www.politikversagen.net/rubrik/vergewaltigung?page=8 und www.schwaebische.de/region_artikel,-Gericht-verurteilt-Vergewaltiger-zu-vier-Jahren-Haft-_arid,10610147_toid,310.html
(706) www.politikversagen.net/rubrik/vergewaltigung?page=7
www.heute.at/oesterreich/wien/story/14786197
(707) www.politikversagen.net/rubrik/vergewaltigung?page=6 und www.wochenblatt.de/nachrichten/straubing/regionales/Nach-sexueller-Noetigung-Iraker-schlaegt-27-Jaehrige-auf-Discotoilette-nieder;art1169,426704
(708) www.politikversagen.net/rubrik/vergewaltigung?page=4
www.epochtimes.de/politik/deutschland/leipzig-sextaeter-stellt-sich-nach-oeffentlichkeitsfahndung-tunesier-29-sah-sich-im-tv-in-der-strassenbahn-a2080095.html
(709) www.politikversagen.net/rubrik/vergewaltigung?page=4
http://m.bild.de/regional/koeln/vergewaltigung/camperin-vor-ihrem-freund-vergewaltigt-51125676.bildMobile.html
(710) www.politikversagen.net/rubrik/vergewaltigung?page=3
www.krone.at/tirol/brutale-sex-attacke-bei-innsbrucker-tankstelle-somalier-gefasst-story-563897
(711) www.politikversagen.net/rubrik/vergewaltigung?page=3
http://rundblick-unna.de/massive-sexuelle-uebergriffe-auf-maedchen-im-freizeitbad-werl/
(712) www.politikversagen.net/rubrik/vergewaltigung?page=2 und www.tag24.de/nachrichten/freiberg-bahnhof-sextaeter-belaestigt-mehrere-frauen-und-auch-eine-polizistin-247266
(713) www.politikversagen.net/rubrik/vergewaltigung?page=1
http://m.bild.de/regional/ruhrgebiet/vergewaltigung/vergewaltigung-uedem-51643722.bildMobile.html
(714) www.politikversagen.net/rubrik/vergewaltigung?page=1
www.presseportal.de/blaulicht/pm/44143/3631670
(715) www.politikversagen.net/rubrik/vergewaltigung?page=1
https://jungefreiheit.de/kultur/gesellschaft/2017/polizeibekannter-einwanderer-vergewaltigt-schuelerin/
(715a) www.epochtimes.de/politik/deutschland/berlin-13-jaehriges-maedchen-30-stunden-lang-von-migranten-entfuehrt-und-vergewaltigt-a1299783.html und www.YouTube.com/watch?v=mesa-sLGHEc („13-Jährige von 3 Migranten 30 Stunden lang entführt und Mehrfach von jedem vergewaltigt")
(715b) http://speisa.com/modules/articles/index.php/item.1936/promises-of-free-willing-young-blonde-girls-attract-arabs-to-sweden.html
(716) www.spiegel.de/wirtschaft/unternehmen/fluechtlinge-bahn-befoerdert-fluechtlinge-und-helfer-kostenlos-a-1052536.html
(717) www.mmnews.de/index.php/politik/55676-bahn-bus-flucht (backup: http://archive.is/9MHMf)
(718) www.noz.de/deutschland-welt/niedersachsen/artikel/828174/fluechtlinge-muessen-fuer-bus-und-bahn-bald-wieder-selbst-zahlen
(719) www.zeit.de/wirtschaft/2015-10/fluechtlinge-krise-wirtschaftszweige/seite-2
(720) www.focus.de/finanzen/news/unternehmen/freiminuten-inklusive-mobilfunk-anbieter-yourfone-verschenkt-50-000-sim-karten-an-fluechtlinge_id_5012155.html (backup: http://archive.is/TP3xu)
(720a) www.oe24.at/welt/Fluechtlinge-sollen-sich-Millionen-erschlichen-haben/264242428
(720b) www.schwaebische.de/region_artikel,-Sozialbetrueger-im-Fernbus-_arid,10615303_toid,441.html (backup: http://archive.is/OwK7B)
(720c) www.freiewelt.net/nachricht/bundesverfassungsgericht-stoppt-abschiebung-wegen-fehlender-sozialleistungen-10071044/ (backup: http://archive.is/uUTBn)
(721) www.bild.de/regional/hannover/fluechtling/520-fluechtlinge-ziehen-ins-maritim-grand-hotel-42903040.bild.html (backup: http://archive.is/bJxZ0)
(722) http://tinyurl.com/archive-sumte-fluechtlinge
www.welt.de/politik/video147577018/Buerger-wehren-sich-gegen-Fluechtlingsansturm.html
(723) http://info.kopp-verlag.de/hintergruende/deutschland/redaktion/eiskalte-politik-im-westerwald-bis-zu-5-asylanten-fuer-665-einwohner.html (backup: http://archive.is/oGG0j)
(724) www.facebook.com/photo.php?fbid=912464828826527&set=a.110394339033584.15198.100001890544794&type=1&theater (backup: http://archive.is/xDrez / http://i.imgur.com/tRmN7XE.jpg)
(725) www.YouTube.com/watch?v=TDahASc_n0w („Gefeuert wegen Kritik an Zuständen im Flüchtlingsheim")
(726) www.welt.de/wirtschaft/article147318985/Rentenalter-muss-steigen-um-Fluechtlinge-zu-ernaehren.html (backup: http://archive.is/icvbd)
(727) www.zeit.de/wirtschaft/2015-10/fluechtlingskrise-solidaritaetszuschlag-europaeische-union
(728) https://web.archive.org/web/20160311004106/http://blog.ivd.net/2015/10/gesetz-zur-fluechtlingsunterbringung
http://rka-law.de/wp-content/uploads/2015/10/HmbGVBl.-2015_245.pdf
(729) www.gatestoneinstitute.org/10352/germany-migrants-property-rights
www.abendblatt.de/hamburg/article210438879/Bezirk-Mitte-fuehrt-erstmals-Zwangsvermietung-durch.html

(730) www.landesrecht-hamburg.de/jportal/portal/page/bshaprod.psml?showdoccase=1&st=lr&doc.id=jlr-WoPflGHArahmen&doc.part=X&doc.origin=bs
(731) www.gesetze-im-internet.de/zsg/BJNR072610997.html
(732) www.gesetze-im-internet.de/asg/BJNR007870968.html
(733) www.zeit.de/politik/deutschland/2015-10/main-taunus-katastrophenfall
(734) https://hartgeld.com/service/archiv/33-archiv/714-multikulti-2015.html (Eintrag vom 10.10.2015 19:00)
(735) www.faz.net/aktuell/politik/fluechtlingskrise/fluechtlingsunterkuenfte-nicht-winterfest-wo-sollen-fluechtlinge-hin-13849785.html?printPagedArticle=true
(736) www.spiegel.de/politik/deutschland/fluechtlinge-hinweise-auf-mutmassliche-terroristen-steigen-a-1076511.html
(737) www.handelsblatt.com/politik/deutschland/verfassungsschutz-warnt-is-schleust-kaempfer-als-fluechtlinge-nach-europa/12919140.html
www.thesun.co.uk/news/2573862/germany-cannot-cope-isis-terror-cells-muslim-population-grown-intelligence-official-admits/
(737a) www.epochtimes.de/politik/welt/bnd-chef-is-schickt-gesandte-zu-europas-dschihad-gruppen-a1286600.html
(737b) www.gatestoneinstitute.org/10480/jihadists-europe (backup: http://archive.is/qEMqf)
(738) https://web.archive.org/web/20141006130454/http://www.gulf-daily-news.com/NewsDetails.aspx?storyid=381153
(739) http://info.kopp-verlag.de/hintergruende/geostrategie/gerhard-wisnewski/terrorismus-der-islamische-staat-wurde-bei-den-amerikanern-gegruendet.html
(740) www.spiegel.de/politik/ausland/haji-bakr-der-terror-planer-des-islamischen-staats-is-a-1029289.html
(741) www.spiegel.de/international/world/islamic-state-files-show-structure-of-islamist-terror-group-a-1029274.html
(742) www.independent.co.uk/news/world/middle-east/camp-bucca-the-us-prison-that-became-the-birthplace-of-isis-9838905.html und www.nytimes.com/2014/10/02/opinion/how-america-helped-isis.html
(743) www.timesofisrael.com/ex-defense-minister-says-is-apologized-to-israel-for-november-clash/
(743a) http://info.kopp-verlag.de/hintergruende/geostrategie/peter-orzechowski/is-rael-wie-der-mossad-die-terror-organisation-islamischer-staat-fuehrt.html
(744) www.haaretz.com/print-edition/features/the-cult-of-isis-1.41131
(745) https://deutsche-wirtschafts-nachrichten.de/2014/09/23/irakische-politiker-der-islamische-staat-ist-eine-erfindung-der-cia/
(746) www.voltairenet.org/article194924.html
(747) www.breitbart.com/national-security/2016/08/12/fact-check-obama-hillary-founders-isis-bet/
(748) https://wikileaks.org/podesta-emails/emailid/3774
(749) www.independent.co.uk/voices/comment/iraq-crisis-how-saudi-arabia-helped-isis-take-over-the-north-of-the-country-9602312.html
(750) http://humansarefree.com/2017/03/cia-created-isis-according-to-new.html
(751) https://conservativepost.com/democrat-congresswoman-just-confirmed-americas-worst-nightmare-trump-was-right-from-the-beginning/
(752) www.focus.de/politik/videos/eine-karte-die-sie-von-zeit-zu-zeit-spielen-assad-behauptet-tuerkei-unterstuetzt-den-is-und-der-westen-weiss-es-genau_id_4950663.html
(752a) https://nsnbc.me/2014/06/22/u-s-embassy-in-ankara-headquarter-for-isis-war-on-iraq-hariri-insider/
(753) www.israelnationalnews.com/News/News.aspx/222393
(754) http://archives.gdnonline.com/NewsDetails.aspx?date=04/07/2015&storyid=379871
(754a) wie (743a)
(755) www.neopresse.com/politik/nachschublinien-der-isis-laufen-durch-nato-mitglied-tuerkei-video/
(756) www.telegraph.co.uk/news/worldnews/middleeast/syria/10089697/John-McCain-denies-he-knowingly-posed-with-with-rebel-kidnappers-in-Syria.html
(757) www.eu-info.de/europa/mittelmeerunion/
(758) www.express.co.uk/news/uk/65628/Secret-plot-to-let-50million-African-workers-into-EU (backup: http://archive.is/fkFq7)
(759) www.leslielebl.com/files/Orbis_Winter_2013_article.pdf (backup: http://archive.is/g3LyL)
(759a) https://en.wikipedia.org/wiki/Youssef_Nada
www.newsweek.com/un-drops-muslim-brotherhood-figure-terrorist-finance-list-216946
(759b) http://eussner.blogspot.se/2011/08/das-projekt-der-muslimbruderschaft-die.html
(759c) ebenda
(759d) http://eye-on-islam.blogspot.se/2011/06/bernard-lewis-on-communism-and-islam.html
(759e) ebenda
(759f) www.welt.de/politik/deutschland/article161804136/Muslimbruderschaft-breitet-sich-in-Sachsen-weiter-aus.html

(759g) www.kas.de/wf/de/71.15455/
(759h) www.YouTube.com/watch?v=GqkZBWd6-nI ("4-Star Admiral Slams Obama: Muslim Brotherhood Infil trated All Of Our National Security Agencies")
(759i) www.nytimes.com/2017/02/20/world/middleeast/talk-of-terror-listing-for-muslim-brotherhood-alarms-some-arab-allies.html
(759j) www.welt.de/politik/ausland/article164765067/Trump-einigt-sich-mit-Saudis-auf-Mega-Waffendeal.html
(760) www.wnd.com/2014/09/u-n-to-dump-flood-of-muslim-refugees-on-u-s/
(761) http://freedomoutpost.com/heres-the-list-of-cities-obama-will-dump-invading-muslim-refugees/
(762) www.independent.co.uk/news/world/anger-after-saudi-arabia-chosen-to-head-key-un-human-rights-panel-10509716.html
(763) www.todesstrafe.de/todesstrafenatlas_Saudi%20Arabien.html
https://de.sputniknews.com/panorama/20160123307306272-tod-scharia-saudi-arabien/
(763a) www.israelvideonetwork.com/woman-beheaded-in-broad-daylight-in-moderate-muslim-nation-while-police-watch/
(764) www.YouTube.com/watch?v=H_pQU6JDx-U („Saudi-Arabien: Väter versteigern Söhne für Selbstmordan schläge“)
(764a) www.br.de/puls/themen/welt/uno-waehlt-saudiarabien-in-kommission-fuer-frauenrechte-100.html
(765) www.dailymail.co.uk/news/article-2908910/Oxford-University-Press-bans-sausages-pigs-children-s-books-avoid-offending-Jews-Muslims.html
(766) www.YouTube.com/watch?v=7_Y-BQ8kDZo („Muslim savage harasses Christian woman for not acting Mus lim by putting her foot on chair. U.K“)
(767) www1.cbn.com/cbnnews/world/2010/August/Islamization-of-Paris-a-Warning-to-the-West (backup: http://archive.is/jh4BM)
www.facebook.com/cbnnews/videos/10156087723405393/ (backup: http://archive.is/3ecOu)
(767a) www.welt.de/politik/deutschland/article164728110/Muslime-sagen-Freitagsgebet-auf-Muenchner-Marienplatz-ab.html
www.welt.de/regionales/bayern/article165203709/Muslime-verrichten-Freitagsgebet-in-Theater.html
(768) www.therebel.media/no_girls_allowed_toronto (backup: http://archive.is/aNNuB)
(769) www.change.org/p/city-of-munich-ban-the-intolerant-and-anti-islamic-event-of-oktoberfest (backup: http://archive.is/V6LHA)
(769a) www.siotw.org/news_english.item.615/norway-a%80%9Cwe-have-lost-the-citya%80%9D.html (backup: http://archive.is/EAn9a)
(769b) www.krone.at/welt/asylkrise-schwedens-polizei-verliert-kontrolle-no-go-zonen-story-530940
(770) www.welt.de/politik/deutschland/article897355/Aufruf-zum-Dschihad-ist-nicht-mehr-strafbar.html
(770a) www.welt.de/regionales/nrw/article166349657/Neue-NRW-Regierung-will-Islam-Unterricht-ausweiten.html
(770b) https://de.wikipedia.org/wiki/Hamburg
(770c) https://de.wikipedia.org/wiki/München
(770d) https://de.wikipedia.org/wiki/Frankfurt_am_Main
www.frankfurt.de/sixcms/detail.php?id=2811&_ffmpar[_id_inhalt]=7524
(771) www.wnd.com/2012/07/muslim-group-wipe-christianity-from-face-of-earth/
(772) www.infowars.com/top-iman-muslim-migrants-should-breed-with-europeans-to-conquer-their-countries/
(773) www.YouTube.com/watch?v=OR1fsNs6XnE („Moslem droht den Deutschen!“)
www.YouTube.com/watch?v=6bJzCpvMSNw („Befragung eines Muslims zur Integration in Deutschland“)
(773a) www.YouTube.com/watch?v=caAIpuuQzZs („The demographic destruction of the West The reality of Is lamic Hijra exposed“)
(774) www.YouTube.com/watch?v=vY8dOBDTHgw („Syrischer Flüchtling: ich bin gekommen, um Deutsche zu islamisieren“)
(775) https://de.sputniknews.com/panorama/20160907312446784-saudi-imam-live-ermordung-schiiten-juden-christen/
www.katholisches.info/2016/09/imam-der-heiligen-moschee-in-mekka-oh-allah-schenk-den-dschihadisten-auf-der-ganzen-welt-den-sieg/
(776) www.truth24.net/jordanisches-tv-diskutiert-offen-deutschlands-unterwerfung-unter-den-islam/
(777) www.YouTube.com/watch?v=enwGEx1XVD0 („ISLAM TAKING OVER EUROPE MUST WATCH Please Share“)
(778) www.liveleak.com/view?i=ae6_1442713165
www.YouTube.com/watch?v=pBqlZGjjxfY („Muslims are demanding Islamic caliphate in Denmark!“)
(779) www.oe24.at/welt/ISIS-plant-die-totale-Konfrontation/245342371
(780) www.express.co.uk/news/world/607737/ISIS-plan-Islamic-nuclear-holocaust-wipe-hundreds-millions-from-face-earth
(781) www.merkur.de/politik/tuerkischer-aussenminister-prophezeit-religionskriege-in-europa-zr-7785836.html

(781a) www.msn.com/de-de/nachrichten/politik/erdogan-ruft-t%C3%BCrken-in-europa-zum-kinderkriegen-auf/ar-BByhMG4
(781b) www.schweizerzeit.ch/2704/bauches.htm
(781c) www.faz.net/aktuell/politik/krankenversicherung-mitversicherung-von-auslaendischen-familienangehoerigen-in-der-kritik-1114321.html
www.welt.de/print-wams/article128252/Krankenkassen-muessen-fuer-Eltern-von-Auslaendern-in-deren-Heimat-zahlen.html
(781d) www.focus.de/finanzen/videos/familienbild-schwarzarbeit-geburtenrate-warum-48-prozent-der-tuerken-in-deutschland-nicht-arbeiten_id_7338076.html
(781e) https://dieunbestechlichen.com/2017/10/gastarbeiter-haben-dieses-land-wieder-aufgebaut-oder-die-zerstoerung-des-deutschen-selbstbildes/
(782) www.faz.net/aktuell/politik/ausland/fluechtlingspakt-tuerkeis-innenminister-droht-der-eu-14929593.html
(783) www.welt.de/politik/ausland/article163067451/Bald-kein-Europaeer-mehr-sicher-auf-den-Strassen.html
(784) www.welt.de/politik/deutschland/article162778752/Merkel-machte-Tuerkei-konkrete-Zusage-bei-Fluechtlingszahl.html
(785) www.wochenblick.at/merkel-hofft-auf-12-millionen-einwanderer/
(786) www.wochenblick.at/boersenprofi-in-linz-erdogan-krise-ist-vorwand-fuer-naechsten-asylansturm/
(786a) www.focus.de/politik/videos/yeni-soez-macht-absurde-kampfansage-europa-in-drei-tagen-erobern-erdogan-nahe-zeitung-aeussert-bedrohliche-phantasie_id_7425863.html
(787) www.compact-online.de/alarm-kriminelle-tuerken-wollen-deutschland-uebernehmen/
(787a) www.huffingtonpost.de/2016/04/13/erdogan-gefaengnis-gedicht_n_9680564.html
(787b) www.moschee-schluechtern.de/texte/mertensacker_muslimdemokraten.htm (backup: http://archive.is/ifUeI)
(787c) https://de.wikipedia.org/wiki/Islamisches_Konzil_in_Deutschland
https://kurier.at/politik/ausland/ein-muslim-mit-iranischen-wurzeln-als-deutschlands-naechster-praesident/223.931.261 und https://de.wikipedia.org/wiki/Ibrahim_El-Zayat
(787d) www.verteidigt-israel.de/MWalid%20Nakschbandi.htm (backup: http://archive.is/UdtMT)
(788) www.hintergrund-verlag.de/texte-rezensionen-bat-yeor-europa-und-das-kommende-kalifat-der-islam-und-die-radikalisierung-der%20demokratie.html
(789) www.nzz.ch/feuilleton/zeitgeschehen/salafisten-in-europa-ziel-islamistische-herrschaft-ld.113643
(790) www.tagesspiegel.de/medien/der-moscheereport-mit-constantin-schreiber-hoppla-was-wird-denn-hier-fuer-eine-meinung-verbreitet/19570320.html
www.tagesspiegel.de/politik/moscheeverband-ditib-der-lange-arm-erdogans-in-deutschland/13961072.html
(790a) http://kath.net/news/57457
(790b) www.krone.at/oesterreich/kardinal-viele-muslime-wollen-eroberung-europas-schoenborn-besorgt-story-529196
(790c) https://de.gatestoneinstitute.org/9928/kirche-staerkung-islam
(791) www.welt.de/debatte/kommentare/article158525160/Fluechtlinge-in-der-EU-am-Ende-rechnet-sich-das.html
(792) www.compact-online.de/george-soros-und-sein-7-punkte-plan-fuer-den-volksaustausch/
(793) wie (791)
(794) www.opensocietyfoundations.org/about/programs/international-migration-initiative
(795) http://info.kopp-verlag.de/hintergruende/geostrategie/friederike-beck/wie-das-big-money-die-migrationskorridore-nach-europa-steuert-teil-i-die-international-migration.html
(796) ebenda und wie (791)
(796a) www.washingtonpost.com/news/worldviews/wp/2015/09/04/the-arab-worlds-wealthiest-nations-are-doing-next-to-nothing-for-syrias-refugees/
(796b) www.epochtimes.de/politik/welt/saudi-arabiens-zeltstadt-koennte-3-mio-fluechtlinge-aufnehmen-arabien-a1268304.html
(797) www.compagniadisanpaolo.it/la-Fondazione/Gestione-del-Patrimonio
(798) www.fondationbernheim.be/fr/36/nos-documents
(799) www.jrct.org.uk/userfiles/documents/JRCT%20Report%202015.pdf
(800) http://kbfus.org/wp-content/uploads/2013/06/KBFUS-Audit-2016_FINAL.pdf
(801) http://oakfnd.org/documents/ar_2016
(802) www.dianaprincessofwalesmemorialfund.org/
(803) https://en.wikipedia.org/wiki/Open_Society_Foundations
https://en.wikipedia.org/wiki/George_Soros
(804) http://tinyurl.com/lacaixabankingfoundation
(805) http://info.kopp-verlag.de/hintergruende/deutschland/friederike-beck/das-netzwerk-fuer-migration.html
(805a) und (805b) http://archive.is/GEHw0 und http://tinyurl.com/migrationburkhard
(806) http://calhoun.nps.edu/bitstream/handle/10945/11515/SI_V9_I1_2010_Greenhill_116.pdf?sequence=1

(807) www.express.co.uk/news/world/717475/muslim-army-attack-europe-intelligence-expert
www.anonymousnews.ru/2016/10/09/geheimdienst-tausende-muslimische-soldaten-bereit-europa-zu-erobern/
(807a) http://europa.eu/rapid/press-release_IP-16-2434_de.htm (backup: http://archive.is/kIlXX)
(807b) www.bamf.de/DE/DasBAMF/EU-Fonds/AMIF/amif-node.html
www.europa-foerdert-kultur.info/soziales/asyl-migrations-und-integrationsfonds-amif.html
(807c) https://jungefreiheit.de/sonderthema/2017/die-fluechtlingsluege-2017-und-es-wiederholt-sich-doch/
www.tagesanzeiger.ch/ausland/europa/italien-schlaegt-alarm/story/31582643
(807d) www.YouTube.com/watch?v=G8LGX8o2fw8 („Paris Train Station Overwhelmed With Migrants")
www.facebook.com/LaurenCSouthern/videos/467164243664315/
(807e) http://tinyurl.com/bnddrkahlrede
(808) www.bosch-stiftung.de/content/language1/html/migration-und-integration.asp
www.bosch-stiftung.de/content/language1/html/49624.asp
(808a) Richard von Coudenhove Kalergi, „Pan-Europa", Paneuropa Verlag, S. 37
(809) Richard von Coudenhove Kalergi, „Praktischer Idealismus", Paneuropa Verlag, S. 20, 22
(810) ebenda, S. 33, 49
(811) Gerard Menuhin, „Tell the truth and shame the devil", Castle Hill Publishers, S. 187
(812) http://de.metapedia.org/wiki/Kalergi-Plan
(813) wie (58d), S. 170
(814) Theodor N. Kaufman, „Deutschland muss untergehen", 1941, S. 66ff
(815) http://de.metapedia.org/wiki/Hooton-Plan
(816) http://tinyurl.com/hootoncjc (backup: http://archive.is/efhVX)
(817) www.YouTube.com/watch?v=V6mbUa9sU0M („Russischer Abgeordneter: USA wollen deutsche Identität durch Migration auflösen")
(818) www.YouTube.com/watch?v=IHfwVYlqfTc („Thomas Barnett: die Europäer sollen eine hellbraune Mischrasse werden mit einem IQ von 90")
www.freigeist-forum-tuebingen.de/2013/10/das-gesicht-der-neuen-weltordnung.html
(819) https://iq-research.info/en/page/average-iq-by-country und http://de.metapedia.org/wiki/IQ_der_Völker
(820) http://new.euro-med.dk/20150917-die-macher-der-fehlenden-einwanderungs-politik-unserer-politiker-die-freimaurer-grossmeister-nehmt-alle-fluchlinge-auf-weg-mit-dem-egoistischen-nationalismus.php
(821) http://kommunisten-online.de/Archive/historie/mai0.htm
(822) http://kommunisten-online.de/heraus-zum-1-mai-dem-internationalen-kampftag-der-arbeiterklasse/
(823) www.parldok.thueringen.de/ParlDok/dokument/55730/zuschüsse-aus-dem-landesprogramm-für-demokratie-toleranz-und-weltoffenheit-für-fahrten-zu-gegendemonstrationen-bei-rechtsextremistischen-aufmärschen.pdf
(823a) www.zeit.de/politik/deutschland/2016-03/rechtsextremismus-praevention-regierung-verdoppelt-ausgaben
(824) www.preussische-allgemeine.de/nachrichten/artikel/wie-die-antifa-mit-steuergeldern-gefoerdert-wird.html
(825) http://zuerst.de/2016/06/06/antifa-und-geld-recherchen-der-welt-belegen-zahlung-staatliche-gelder-fuer-linksradikale/
(825a) www.epochtimes.de/politik/deutschland/menschenjagd-auf-lauren-southern-YouTuberin-wurde-von-antifa-und-g20-gegnern-gehetzt-a2162810.html
http://eingeschenkt.tv/g20-gipfel-unser-reporter-max-bachmann-wird-attackiert/
(826) www.YouTube.com/watch?v=EjNo8NnQI4I („SA ANTIFA Realität, Nazi- Truppen vom Staat bezahlt und gefördert (Pegida Legida Montagsdemo)")
(827) https://rheinneckarblog.de/04/interventionistische-linke-steht-laut-verfassungschutz-als-scharnier-fuer-militante-aktionsformen/57540.html
(828) www.interventionistische-linke.org/interventionistische-linke/die-interventionistische-linke-wir-ueber-uns
(829) www.interventionistische-linke.org/beitrag/welcome-europe
(830) www.YouTube.com/watch?v=hTJEvlsRySg ("Europe must accept Diversity or face War" Timmermans in EU Parlmt "No more Nation States")
http://unser-mitteleuropa.com/2016/05/04/vizeprasident-der-eu-kommission-monokulturelle-staaten-ausradieren/
(831) www.YouTube.com/watch?v=bDaKFE_J_ug („Sarkozy Calls For WHITE GENOCIDE!")
(832) www.zeit.de/politik/deutschland/2016-06/wolfgang-schaeuble-aussenpolitik-wandel-afrika-arabische-welt
(833) www.rnz.de/nachrichten/heidelberg_artikel,-Heidelberg-Was-die-Fluechtlinge-uns-bringen-ist-wertvoller-als-Gold-_arid,198565.html
(834) https://philosophia-perennis.com/2017/02/22/ein-bundeskanzler-martin-schulz-als-teil-des-soros-plans/
https://planet-news.net/2017/02/die-soros-schulz-connection/
http://soros.dcleaks.com/download/?f=/Europe/OSI%20Brussel%20EU%20Advocacy%20calendar/European%20Elections/reliable%20allies%20in%20the%20european%20parliament%202014%202019.pdf&t=europe

(835) www.haaretz.com/misc/iphone-article/.premium-1.574332 (backup: http://archive.is/Yk8LH)
(835a) www.eurojewcong.org/ejc-in-the-media/14538-eu-parliament-head-martin-schulz-to-jews:-europe-is-your-home-today-every-day-and-forever.html
(835b) http://jewishnews.timesofisrael.com/martin-schulz-medal/
(836) www.bundeskanzlerin.de/ContentArchiv/DE/Archiv17/Artikel/2011/01/2011-01-13-merkel-europapreis.html (backup: http://archive.is/9q5z9)
(837) http://julius-hensel.ch/tag/christin-lochner/
www.YouTube.com/watch?v=dU8fwdCemCs („Christin Löchner - Interview mit der Volksverräterin")
(838) www.welt.de/politik/deutschland/article146582999/Das-ist-der-Masterplan-zur-Integration-der-Fluechtlinge.html
(839) www.welt.de/politik/deutschland/article162070856/Oezoguz-fordert-Wahlrecht-fuer-Migranten-ohne-deutschen-Pass.html
(840) https://de.wikipedia.org/wiki/Aydan_Özo%C4%9Fuz
www.epochtimes.de/politik/deutschland/brueder-von-ministerin-oezoguz-sind-islamisten-recherche-zu-haeufigem-internet-vorwurf-a2013364.html
(841) www.YouTube.com/watch?v=MFE0qAiofMQ („Barbara Lerner Spectre calls for destruction of Christian European ethnic societies") und www.ruf-ch.org/RF_Archiv/2015/6/Völkervernichtung.html
(842) https://en.wikipedia.org/wiki/Barbara_Lerner_Spectre und www.paideia-eu.org/about/
(843) https://de.wikiquote.org/wiki/Claudia_Roth
www.YouTube.com/watch?v=dFhhOPA0qHY („Interview mit Claudia Roth")
www.welt.de/print-wams/article122863/Hinter-List.html
(844) https://de.wikiquote.org/wiki/Jürgen_Trittin
http://dip21.bundestag.de/dip21/btp/14/029/14036029.16 (backup: http://archive.is/xZUIO)
www.genios.de/presse-archiv/artikel/FAS/20120212/0/sd2f201202123398992.html (backup: http://archive.is/6Hso4)
(845) https://web.archive.org/web/20100830141130/http://www.sabah.de/de/scharfe-kritik-von-ozdemir-an-sarrazin.html (backup: http://archive.is/HoCxa)
www.welt.de/print-welt/article630378/Koalition-veraergert-ueber-Tuerkei.html (backup: http://archive.is/2sNJk)
(846) www.akweb.de/ak_s/ak427/36.htm (backup: http://archive.is/Bjdkd)
www.welt.de/print-welt/article423170/Risiko-Deutschland-Joschka-Fischer-in-Bedraengnis.html
(847) http://web.archive.org/web/20100620203144/http://worldjewishcongress.org/about/aboutus_policy.html (backup: http://archive.is/3BNH9)
(848) www.spiegel.de/international/europe/the-european-council-on-foreign-relations-new-think-tank-hopes-to-put-europe-back-on-the-map-a-510882.html
(849) www.ecfr.eu/about
(850) www.ecfr.eu/council/members und www.opensocietyfoundations.org/people/george-soros
www.efc.be/organisation/european-council-on-foreign-relations/
(851) https://de.wikipedia.org/wiki/Joschka_Fischer
(852) www.allgemeine-zeitung.de/politik/rheinland-pfalz/joschka-fischer-lobt-angela-merkel-fuer-ihre-fluechtlingspolitik_16173490.htm
(852a) www.spiegel.de/politik/ausland/angela-merkel-bei-papst-franziskus-wir-wollen-keine-mauern-bauen-a-1152639.html
(853) www.YouTube.com/watch?v=Kb_8dC2-F1E („Cicero Streitgespräch zwischen Drohsel und Mißfelder")
(854) https://de.wikipedia.org/wiki/Vural_Öger
(855) www.spiegel.de/spiegel/print/d-13507379.html (backup: http://archive.is/SA30F)
(856) www.YouTube.com/watch?v=s9d87JjYHuk („Gregor Gysi zum Thema: Schöner leben ohne Nazis")
(857) www.hagalil.com/archiv/2006/07/europa.htm (backup: http://archive.is/cXznC)
(858) www.taz.de/!5114887/
(859) www.YouTube.com/watch?v=sYqQQJcNUTE („Joe Biden Admits Breeding Out The White Race Through Immigration Is The End Game")
(860) www.YouTube.com/watch?v=6_pIWUritDo („Professor Noel Ignatiev möchte das 'Weißsein' abschaffen")
www.YouTube.com/watch?v=n4axVYZ7NP8 („Noel Ignatiev (jew) about the white and black race....")
(861) www.ynetnews.com/articles/0,7340,L-4299673,00.html (backup: http://archive.is/BxtzS)
(861a) www.welt.de/regionales/hamburg/article162442610/Deutsche-duerfen-ungestraft-Koeterrasse-genannt-werden.html
(862) www.un.org/esa/population/publications/migration/migration.htm
www.un.org/esa/population/publications/ReplMigED/Germany.pdf
(862a) www.spiegel.de/politik/ausland/gerd-mueller-warnt-vor-100-millionen-fluechtlingen-aus-afrika-a-1152670.html
(862b) www.bundespraesident.de/SharedDocs/Reden/DE/Christian-Wulff/Reden/2010/10/20101003_Rede.html

(862c) www.welt.de/print/welt_kompakt/print_muenchen/article106395397/Soeder-Islam-ist-ein-Bestandteil-Bayerns.html
(863) https://de.statista.com/statistik/daten/studie/1723/umfrage/weltbevoelkerung-nach-kontinenten/
(864) ebenda
(865) www.abendblatt.de/politik/ausland/article107995908/Neuer-Rassismus-Schwarz-gegen-Weiss.html
www.faz.net/aktuell/wirtschaft/wirtschaftspolitik/suedafrika-schwarze-buerger-werden-gezielt-bevorzugt-12910444.html
www.tagesspiegel.de/politik/suedafrika-nach-der-apartheid-die-buren-werden-vom-unterdruecker-zum-unterdrueckten/11844446.html
(866) www.YouTube.com/watch?v=K5WYQcCxA5Q („Markus Pretzel (AfD) in Koblenz: "Israel ist unsere Zu kunft"")
www.YouTube.com/watch?v=ApFQNeo_1M0 („Neue Rechte | Was steckt dahinter?")
(867) http://juedischerundschau.de/interviewreihe-parteien-vor-der-bundestagswahl-teil-2-frauke-petry-zu-ihrem-besuch-in-israel%E2%80%A8ein-gespraech-der-juedischen-rundschau-mit-der-afd-parteivorsitzenden-135910819/
(868) www.welt.de/politik/deutschland/article163446354/AfD-ist-einer-der-wenigen-Garanten-juedischen-Lebens.html
(869) www.YouTube.com/watch?v=Tcel99M_8iQ („HC Strache on Israel")
(870) http://diepresse.com/home/ausland/aussenpolitik/4965149/Warum-Strache-um-Israel-buhlt
http://diepresse.com/home/innenpolitik/504507/Juedisch-und-freiheitlich_Juden-in-der-FPOe
(871) www.YouTube.com/watch?v=ApFQNeo_1M0 („Neue Rechte | Was steckt dahinter?")
(872) www.YouTube.com/watch?v=nKDs7TVKCRI („Marine Le Pen EXPOSED")
https://en.wikipedia.org/wiki/Louis_Aliot
(872a) www.welt.de/politik/ausland/article106213653/Rechtsextreme-Frontfrau-auf-den-Spuren-ihres-Vaters.html
(873) www.pvv.nl/36-fj-related/geert-wilders/8286-speech-gw-pegida-130415.html
(874) wie (871)
(875) https://web.archive.org/web/20081217071001/http://www.pi-news.net/2008/12/rede-von-geert-wilders-in-jerusalem/ (backup: http://archive.is/vhhkV)
(875a) www.faz.net/aktuell/feuilleton/debatten/neue-freunde-fuer-israel-reise-nach-jerusalem-15591.html (backup: http://archive.is/xW02)
(876) wie (871)
www.YouTube.com/watch?v=95XI7MJJBZ4 („Michael Stürzenberger | Der Antideutsche Desinformant")
(877) www.YouTube.com/watch?v=Nq6VMlI0Uxo („Merkel vor der Knesset: Deutsche Staatsräson")
(878) https://web.archive.org/web/20101213015220/http://www.fpoe.at/news/detail/news/strache-jerusalemer-erklaerun/?cHash=93213baa07aea35ad22e0af790e87f01 (backup: http://archive.is/O8GoA)
http://mzwnews.com/politik/neue-rechte-was-steckt-dahinter/
(879) wie (790c)
(880) www.express.co.uk/news/world/745865/Ankara-Berlin-terror-attacks-motivated-Muslim-money-religion-Islam-Pope-Francis-Karlov
(881) www.telegraph.co.uk/news/2016/09/13/austrian-cardinal-tipped-to-be-the-next-pope-warns-of-an-islamic/
(882) www.telegraph.co.uk/news/religion/6942088/Cardinal-says-Christian-Europe-is-to-blame-for-Islamisation.html
(883) www.theguardian.com/world/2010/jan/07/vatican-cardinal-christianity-islam-europe
(883a) www.welt.de/geschichte/article160307764/Deutschland-fuer-UN-noch-Feindstaat.html
(884) www.wnd.com/2017/01/bishop-europe-to-soon-be-muslim-due-to-our-stupidity/
(885) www.springfieldspringfield.co.uk/episode_scripts.php?tv-show=da-vincis-demons&season=3
(885a) https://anthrowiki.at/Weltentwicklungsstufen
(885b) https://anthrowiki.at/Platonisches_Weltenjahr
(885c) Helena Petrovna Blavatsky, „Die Geheimlehre – Band II (Anthropogenesis)", Verlag J. J. Couvreur, S. 452
(885d) ebenda, S. 463
(885e) ebenda, S. 314
(885f) https://de.wikipedia.org/wiki/Wurzelrasse
(885g) Helena Petrovna Blavatsky, „Isis Unveiled – Volume II (Theology)", Theosophy Trust, S. 400
(885h) wie (885c), S. 786
(885i) wie (885g), S. 333, 400
(885j) wie (885g), S. 478f
(885k) https://de.wikipedia.org/wiki/Arier und https://de.wikipedia.org/wiki/Arthur_de_Gobineau
(885l) www.YouTube.com/watch?v=wyxcBWIGnXA (PUTIN TO EUROPE „You Let a Migrant Go After Raping 13 Year Old Child") und https://de.wikipedia.org/wiki/Angelsachsen
(885m) https://dublinsmickdotcom.wordpress.com/2013/10/17/angela-merkel-hitlers-daughter-the-secret-stasi-files-and-artificial-insemination/ und www.helpfreetheearth.com/news501_Merkel.html

(885n) https://w2.vatican.va/content/benedict-xvi/en/messages/urbi/documents/hf_ben-xvi_mes_20050420_missa-pro-ecclesia.html
(885o) https://de.wikipedia.org/wiki/Adolf_Hitler und https://de.wikipedia.org/wiki/Parsifal
(885p) www.faz.net/aktuell/feuilleton/merkel-im-f-a-z-gespraech-hoehenfluege-bei-wagners-auffuehrungen-1256376.html
(885q) www.tagesspiegel.de/kultur/richard-wagner-festspiele-merkel-in-bayreuth/13957010.html
(885r) https://de.wikipedia.org/wiki/Angela_Hammitzsch
(885s) https://de.wikipedia.org/wiki/Angela_Merkel
(885t) https://de.wikipedia.org/wiki/Carl_Clauberg
(885u) www.YouTube.com/watch?v=a3AL16_EWmQ („Angela Merkel: Neujahrsansprache zum Jahreswechsel 2016/2017“)
(885v) www.huffingtonpost.de/jonathan-dilas/jesus-heiratete-maria-und_b_9463392.html
(885w) www.welt.de/geschichte/article126843300/Das-Evangelium-von-Jesu-Frau-ist-echt.html
www.haaretz.com/world-news/ancient-papyrus-fragment-makes-reference-to-jesus-wife-1.465599
https://en.wikipedia.org/wiki/Gospel_of_Jesus'_Wife
(886) www.YouTube.com/watch?v=vV0Jn8IF8_E („Dieses Video macht Trump zum US-Präsidenten! #Trump TheEstablishment“)
(887) www.YouTube.com/watch?v=dmZydhEKFY4 („Donald Trump: "Hillary Clinton congratulated us for our victory, we owe her a debt of gratitude"“)
(888) www.YouTube.com/watch?v=-2Obeu_VYY4 („Donald Trump in 2008: Hillary's "A Wonderful Woman"“)
(889) www.stuttgarter-nachrichten.de/inhalt.sanktionen-gegen-den-iran-trump-sucht-offenen-konflikt-mit-us-intimfeind.139a2861-040f-477a-939f-5c9670c96bc6.html
(890) www.stern.de/politik/ausland/donald-trump-greift-iran-an--verantwortlich-fuer-zerstoerung-und-chaos-7462738.html
(891) www.forbes.com/sites/dominicdudley/2017/01/30/iran-to-ditch-dollar/
(892) www.spiegel.de/politik/ausland/donald-trump-und-nordkorea-pulverfass-in-sichtweite-a-1143621.html
(893) www.sueddeutsche.de/politik/usa-russland-setzt-vereinbarung-mit-usa-ueber-syrischen-luftraum-aus-1.3455232
(894) www.jns.org/latest-articles/2015/6/28/when-it-comes-to-israel-donald-trump-says-he-is-no-apprentice
(895) www.dailymail.co.uk/news/article-3986162/Trump-picks-Goldman-Sachs-financier-turned-movie-producer-hedge-funder-Steven-Mnuchin-Treasury-Secretary-billionaire-Wilbur-Ross-Commerce.html
https://en.wikipedia.org/wiki/Steven_Mnuchin
(896) www.thedailybeast.com/steve-bannon-trumps-top-guy-told-me-he-was-a-leninist
(897) www.hollywoodreporter.com/news/steve-bannon-trump-tower-interview-trumps-strategist-plots-new-political-movement-948747
(898) https://de.wikipedia.org/wiki/Gary_Cohn
(899) https://en.wikipedia.org/wiki/Wilbur_Ross
(900) https://en.wikipedia.org/wiki/Michael_D._Cohen_(lawyer)
(901) http://forward.com/news/359482/kushner-foundation-gives-342k-to-chabad-still-surprised-about-jared-and-iva/
(902) https://en.wikipedia.org/wiki/Ivanka_Trump
(903) https://en.wikipedia.org/wiki/Dina_Powell
(904) http://ethnicelebs.com/vanessa-trump
(905) http://pagesix.com/2014/11/09/eric-trump-weds-lara-yunaska-at-donalds-mar-a-lago-club/
(906) www.timesofisrael.com/trump-daughter-tiffany-dating-jewish-son-of-real-estate-attorney/
(907) www.whitehouse.gov/trump-stands-with-israel
www.timesofisrael.com/netanyahu-hails-trump-as-a-true-friend-of-israel/
(907a) http://money.cnn.com/2016/12/22/investing/goldman-sachs-stock-trump-rally/
(908) https://en.wikipedia.org/wiki/Rex_Tillerson
(909) www.nytimes.com/2011/08/31/business/global/exxon-and-rosneft-partner-in-russian-oil-deal.html
(910) www.YouTube.com/watch?v=WekpkW_i6kk („$500 billion opportunity for Exxon & Russia“)
(910a) https://de.sputniknews.com/politik/20161109313281150-putin-gratuliert-trump/
(911) https://en.wikipedia.org/wiki/Cross_of_Lorraine
(912) www.epochtimes.de/politik/welt/sensation-geleakt-trumps-verordnung-zum-schutz-von-ehe-familie-und-konservativen-werten-a2039656.html
(913) www.nytimes.com/2017/02/02/us/politics/trump-johnson-amendment-political-activity-churches.html
(914) https://en.wikipedia.org/wiki/Donald_Trump
(915) https://en.wikipedia.org/wiki/Walter_Annenberg und https://de.wikipedia.org/wiki/Knight_Commander
https://de.wikipedia.org/wiki/Ambassador_to_the_Court_of_St_James's
https://de.wikipedia.org/wiki/Order_of_the_British_Empire

(915a) http://rebrn.com/re/the-clinton-foundation-provided-toward-maria-abramovics-performa-2939602/
http://990s.foundationcenter.org/990pf_pdf_archive/236/236257083/236257083_201112_990PF.pdf
(916) www.reddit.com/r/RomeRules/comments/3g7zgf/donald_trump_secret_jesuit_agent_for/
(917) https://de.wikipedia.org/wiki/Order_of_the_British_Empire
(917a) www.ncronline.org/blogs/ncr-today/i-felt-sorry-cardinal-dolan-al-smith-dinner
(918) www.timesofisrael.com/trump-picks-kissingers-brain-as-team-takes-shape/
(919) www.politico.com/story/2016/11/henry-kissinger-donald-trump-231679
(920) https://cruxnow.com/church-in-the-usa/2016/11/09/trump-wins-catholic-vote-election-awoke-religious-feeling/
(921) www.bild.de/news/ausland/maddie-mccann/das-sagt-ein-experte-zehn-jahre-nach-maddies-verschwinden-51424070.bild.html
(922) https://de.wikipedia.org/wiki/Vermisstenfall_Madeleine_McCann
(923) www.theguardian.com/uk-news/2013/jul/04/madeleine-mccann-police-target-38-suspects
(924) www.nbcnews.com/news/other/nearly-400-children-rescued-348-adults-arrested-canadian-child-pornography-f2D11599561
(925) www.heute.at/welt/news/story/15487132
(925a) www.latimes.com/local/lanow/la-me-ln-operation-broken-heart-arrests-20160621-snap-story.html
(926) www.stol.it/Artikel/Chronik-im-Ueberblick/Lokal/Mutmasslicher-Paedophilenring-ausgehoben
(927) www.welt.de/politik/article159656091/Paedophilenring-zeigte-Vergewaltigung-von-Kindern-live.html
(927a) www.clintonfoundation.org/contributors?category=%2410%2C000%2C001+to+%2425%2C000%2C000
(928) www.focus.de/sport/fussball/premierleague/polizei-spricht-von-350-opfern-missbrauch-skandal-erschuettert-englischen-fussball_id_6282288.html
www.focus.de/sport/fussball/premierleague/premier-league-missbrauch-skandal-manunited-star-rooney-spricht-opfern-mut-zu_id_6253979.html
(929) http://ktla.com/2017/02/01/474-arrested-28-sexually-exploited-children-rescued-during-statewide-human-trafficking-operation-lasd/
(930) http://tapnewswire.com/2016/12/bigger-and-uglier-than-pizzagate-the-real-number-of-child-victims-will-shock-you/
(930a) http://abcnews.go.com/US/missing-children-america-unsolved-cases/story?id=19126967
(931) www.tagesspiegel.de/berlin/berliner-in-haft-polizei-sprengt-paedophilen-ring/19569306.html
(932) www.augsburger-allgemeine.de/panorama/Internationaler-Paedophilenring-in-Spanien-zerschlagen-id41218642.html
(933) www.epochtimes.de/politik/deutschland/berliner-senat-vermittelte-strassenkinder-bewusst-an-paedophile-verwaltung-bezahlte-kinderschaendern-pflegegelder-a1992945.html
(934) www.express.co.uk/news/uk/370439/Jimmy-Savile-was-part-of-satanic-ring
(935) https://de.wikipedia.org/wiki/Jimmy_Savile
https://en.wikipedia.org/wiki/Jimmy_Savile_sexual_abuse_scandal
(936) www.thesun.co.uk/news/2906130/edward-heath-satanic-paedophile-ring/
(937) www.epochtimes.de/politik/europa/belgisches-paedophilen-opfer-packt-aus-ich-traf-politiker-vips-und-staatsoberhaeupter-a2032991.html
www.dailymail.co.uk/news/article-4136536/Former-child-sex-slave-sold-Belgian-recalls-abuse.html
(937a) https://wikileaks.org/podesta-emails/emailid/8140
(937b) https://voat.co/v/pizzagate/1557190
(937c) *Der Babylonische Talmud*, Lazarus Goldschmidt, Band IX, Jüdischer Verlag 1981, ISBN 3-7610-0393-5. Das Original ist im Besitz des Amadeus Verlags. Kopien der Originalseiten können gerne angefordert werden.
(938) http://alles-schallundrauch.blogspot.nl/2016/11/was-ist-pizzagate-und-wer-ist-involviert.html
www.urbandictionary.com/define.php?term=cheese%20pizza
(939) www.wikileaks.org/podesta-emails/emailid/55433
(940) www.wikileaks.org/podesta-emails/emailid/50332
(941) https://wikileaks.org/gifiles/docs/12/1223066_re-get-ready-for-chicago-hot-dog-friday-.html
(941a) http://alles-schallundrauch.blogspot.com/2016/11/was-ist-pizzagate-und-wer-ist-involviert.html
(942) https://wikileaks.org/gifiles/docs/16/1688307_re-thank-you-strat-fam-.html
(943) https://wikileaks.org/gifiles/docs/11/1101536_re-flex-and-flash-builder-are-not-the-same-thing-.html
(944) https://search.wikileaks.org/gifiles/emailid/18817
(945) https://wikileaks.org/clinton-emails/emailid/14333
(946) www.clintonfoundation.org/clinton-global-initiative/commitments/regenerating-rural-communities-haiti
(947) http://sentinel.ht/2017/02/06/clinton-foundation-quits-haiti/
(948) https://en.wikipedia.org/wiki/New_Life_Children%27s_Refuge_case und https://archive.is/oZz2Y
(948a) www.gq.com/gallery/50-most-powerful-people-in-washington-dc
(948b) https://archive.is/h9twU
(948c) https://wikileaks.org/podesta-emails/emailid/14395

(949) www.theguardian.com/lifeandstyle/2011/sep/30/kim-noble-woman-with-100-personalities
(950) www.urbandictionary.com/define.php?term=sex%20bracelets
(951) http://themillenniumreport.com/2016/11/james-achilles-alefantis-and-his-comet-ping-pong-network/
(952) https://wikileaks.org/podesta-emails/emailid/15893
(953) www.reddit.com/r/The_Donald/comments/5b2pld/breaking_marina_abramovic_says_private_house/ (backup: http://archive.is/uuKUm)
(954) https://concordiaabchao.wordpress.com/2016/11/08/john-podesta-goldfish-14-and-osiris/
www.crystalinks.com/horus.html
(954a) www.washingtonpost.com/archive/lifestyle/2004/09/23/married-with-art/dee9a0d0-0f0d-4505-b0ef-2f0e1bd1e0e0/
(955) www.vanityfair.com/news/2011/05/sex-trafficking-201105
https://steemit.com/wikileaks/@ausbitbank/besta-pizza-is-owned-by-andrew-kline-of-the-human- trafficking-prosecution-unit-of-the-doj-pizza-parties-exposed
(956) https://web.archive.org/web/20090213044322/http://gawker.com/166540/air-burkle-something-special-in-the-air und https://voat.co/v/pizzagate/1436568
(957) https://archive.is/SvFn4
www.foxnews.com/us/2016/05/13/flight-logs-show-bill-clinton-flew-on-sex-offenders-jet-much-more-than-previously-known.html und www.wnd.com/2016/11/source-fbi-has-evidence-hillary-visited-orgy-island/
(957a) https://twitter.com/YourAnonNews/status/793555629860196357
(958) www.washingtontimes.com/news/2016/oct/20/hillary-clinton-embraces-george-soros-radical-visi/
(959) www.YouTube.com/watch?v=dnsHl5qzpYc („The Infamous George Soros Interview on 60 Minutes- Nazi Collaboration“)
(960) www.YouTube.com/watch?v=Cvlle8qQag8 („Actor Corey Feldman Exposes Pedophile Hollywood Elite“)
http://nypost.com/2013/10/19/the-childhood-hell-of-the-lost-boys/
(961) www.telegraph.co.uk/news/2016/05/22/hollywood-in-the-grip-of-child-abuse-scandal-similar-to-jimmy-sa/
www.nytimes.com/2016/05/25/movies/elijah-wood-hollywood-child-star-pedophilia.html
(962) www.YouTube.com/watch?v=KCA3Q0PjfUA („Jon Robberson: A Satanic Pedophile Ring Blackmailed Robin Williams Into Making 'Patch Adams'“)
www.rightwingwatch.org/post/jon-robberson-a-satanic-pedophile-ring-blackmailed-robin-williams-into-making-patch-adams/
http://1nselpresse.blogspot.com/2017/05/padogate-hollywood-insider-spricht-uber.html
(963) www.foxnews.com/entertainment/2011/12/05/recent-charges-sexual-abuse-children-in-hollywood-just-tip-iceberg-experts-say.html?intcmp=trending
(963a) www.pravda-tv.com/2017/10/belaestigung-und-vergewaltigung-hollywood-mogul-harvey-weinstein-was-verschwiegen-wird-videos/ und https://en.wikipedia.org/wiki/Harvey_Weinstein
www.theguardian.com/film/2017/oct/11/the-allegations-against-harvey-weinstein-what-we-know-so-far
www.youtube.com/watch?v=Odauj73capE („Donald Trump on Harvey Weinstein allegations: I'm not surprised“)
(963b) www.eonline.com/news/887030/former-pussycat-dolls-member-kaya-jones-calls-the-group-a-prostitution-ring
(963c) https://www.nytimes.com/2017/11/08/arts/kevin-spacey-all-the-money-in-the-world.html
(964) https://de.wikipedia.org/wiki/Macaulay_Culkin und
https://en.wikipedia.org/wiki/The_Pizza_Underground
(964a) http://www.focus.de/gesundheit/ernaehrung/news/ermittlungen-wegen-getraenk-monster-fuenf-menschen-sterben-nach-verzehr-von-energy-drink_aid_845085.html
(964b) http://jason-mason.com/2017/04/25/ein-ehemaliger-elitebanker-berichtet-wie-er-kinder-bei-einer-illuminati-party-opfern-sollte/
(964c) www.bbc.co.uk/news/world-us-canada-38258967
(965) www.theeventchronicle.com/cabal-exposed/shocking-scale-catholic-church-sex-crimes-revealed/#
(966) www.dailymail.co.uk/news/article-2049647/BBC-documentary-exposes-50-year-scandal-baby-trafficking-Catholic-church-Spain.html
http://humansarefree.com/2017/03/child-trafficking-by-catholic-church-in.html
(967) www.ncronline.org/news/accountability/ncr-research-costs-sex-abuse-crisis-us-church-underestimated
(968) http://nationalpost.com/holy-post/pope-francis-says-about-8000-pedophiles-are-members-of-catholic-clergy-including-bishops-and-cardinals/wcm/e62a451c-7bdf-43a0-9394-88bfc7f823bc
(969) http://abcnews.go.com/Travel/chief-exorcist-rev-gabriele-amorth-devil-vatican/story?id=10073040
(970) www.welt.de/vermischtes/article131527835/Erzbischof-bezahlte-Kindersex-mit-Medikamenten.html
www.sueddeutsche.de/panorama/jzef-wesoowski-ex-erzbischof-tot-in-vatikanzimmer-aufgefunden-1.2625993
(971) www.welt.de/kultur/medien/article121091236/Eine-Teufelsinsel-fuer-die-paedophilen-Priester.html

(972) www.huffingtonpost.co.uk/2013/06/28/paedophile-priest-exposes-satanic-vatican-rent-boy-sex-ring_n_3517013.html
(972a) www.rt.com/news/394525-australian-cardinal-charged-sex-abuse/
(973) www.welt.de/politik/deutschland/article7319676/Vatikan-hat-niedrigstes-Schutzalter-fuer-Kinder-in-Europa.html
(974) www.independent.co.uk/news/world/europe/italys-bishops-pass-vatican-backed-rule-stating-they-do-not-have-to-report-if-a-priest-has-molested-9222501.html
(975) www.independent.co.uk/news/world/europe/shocking-figures-reveal-pope-benedict-defrocked-child-molesting-priests-at-a-rate-of-more-than-one-9068573.html
(976) https://de.wikipedia.org/wiki/Sexueller_Missbrauch_in_der_römisch-katholischen_Kirche
(977) www.guidograndt.de/2017/02/10/tabu-blutopfer-ritualmorde-im-hardcore-satanismus/ (backup: http://archive.is/A9gOP)
(977a) www.lepantoinstitute.org/abortion/former-satanist-i-performed-satanic-rituals-inside-abortion-clinics/
(977b) www.YouTube.com/watch?v=1JiQAzZ0tzM („Scorpions Bassist: Yeah, about those Snuff Parties I Went to... | TMZ") und www.tmz.com/videos/0_0ed4zt65/
(978) http://itccs.org/what-is-itccs/
http://itccs-deutsch.blogspot.com/2014/05/kindermorder-identifiziert-und-fur-haft.html
(979) http://liebezurwahrheit.info/die-vatikan-luege-kindermoerder-papst-benedikt-noch-immer-an-der-macht/
http://itccs.org/2014/03/22/pope-jesuits-and-anglicans-refuse-to-deny-criminal-charges-made-against-them-trial-to-proceed-as-shocking-new-evidence-suggests-joseph-ratzinger-still-wields-power-at-the-vatican/
(980) http://itccs-deutsch.blogspot.se/2014/08/
(981) https://faszinationmensch.com/2014/10/18/okkulte_kindermorde/
(982) https://de.wikipedia.org/wiki/'Ndrangheta
www.zeit.de/gesellschaft/zeitgeschehen/2014-03/mafia-italien-ndrangheta-umsatz-studie
(983) http://itccs.org/2014/03/22/pope-jesuits-and-anglicans-refuse-to-deny-criminal-charges-made-against-them-trial-to-proceed-as-shocking-new-evidence-suggests-joseph-ratzinger-still-wields-power-at-the-vatican
(984) www.YouTube.com/watch?v=hBtrb_cr6fc („The Ninth Circle Ritual Cult Ceremony Observation")
Alternativ: www.dailymotion.com/video/x2qvn31
(985) www.YouTube.com/watch?v=_WGDoafeBN8 („Secret Sex Magick Rituals of the Illuminati")
(986) http://whale.to/b/svali9.html
(987) www.20min.ch/ausland/news/story/-Sie-sagten-ihr--sie-habe-gerade-ihr-Baby-gegessen--25285526
(988) www.YouTube.com/watch?v=RJteT03PrGI („ 18,000 Syrian Children Victim to Organ Harvesting")
(989) wie (250g), S. 79, 115
(989a) https://tinyurl.com/whitehouseantitrafficking und https://tinyurl.com/eo12dez
(989b) https://tinyurl.com/nachtwaechter4200 und https://tinyurl.com/whproclamationdec2017
(990) https://de.wikipedia.org/wiki/Sonne
(991) https://de.wikipedia.org/wiki/Arktur
(992) https://de.wikipedia.org/wiki/Aldebaran
(993) https://de.wikipedia.org/wiki/Polarstern und www.rieser-sternfreunde.de/?p=4
https://jumk.de/astronomie/sterne-2/polarstern.shtml
(994) https://de.wikipedia.org/wiki/Pistolenstern und https://en.wikipedia.org/wiki/Pistol_Star
(995) https://de.wikipedia.org/wiki/Antares und https://en.wikipedia.org/wiki/Antares
(996) https://de.wikipedia.org/wiki/VY_Canis_Majoris
(997) https://de.wikipedia.org/wiki/Westerlund_1-26 und https://en.wikipedia.org/wiki/RW_Cephei
https://en.wikipedia.org/wiki/WOH_G64 und https://de.wikipedia.org/wiki/UY_Scuti
(998) https://de.wikipedia.org/wiki/Liste_der_größten_Sterne
https://en.wikipedia.org/wiki/List_of_largest_stars
(999) https://en.wikipedia.org/wiki/Milky_Way und www.space.com/19103-milky-way-100-billion-planets.html
(1000) https://en.wikipedia.org/wiki/Solar_System und https://de.wikipedia.org/wiki/Milchstraße
(1001) http://curious.astro.cornell.edu/physics/55-our-solar-system/the-sun/the-sun-in-the-milky-way/207-how-often-does-the-sun-pass-through-a-spiral-arm-in-the-milky-way-intermediate
(1002) http://humansarefree.com/2011/03/earth-is-not-revolving-around-sun.html
(1002a) www.ancient-code.com/the-mysterious-tower-on-the-far-side-of-the-moon-found-by-soviet-spacecraft-zond-3/ und www.mirror.co.uk/news/weird-news/six-mysterious-3-mile-high-10134605
(1002b) http://lroc.sese.asu.edu/posts/933
(1002c) www.YouTube.com/watch?v=oaiSfn8jlxY („Mars Monolith - Buzz Aldrin Confirms Phobos Structure")
www.ancient-code.com/the-mysterious-tower-on-the-far-side-of-the-moon-found-by-soviet-spacecraft-zond-3 und www.ancient-code.com/3-massive-perfectly-aligned-towers-discovered-surface-mars/
(1002d) www.theblackvault.com/casefiles/arctic-ufo-photographs-uss-trepang-ssn-674-march-1971

(1002e) www.YouTube.com/watch?v=kz9VhCQbPAk („Europa: Ocean World“)
https://solarsystem.nasa.gov/europa/overview.cfm
(1002f) www.YouTube.com/watch?v=MMpDaacrlso („NASA Finds Vast Ocean on Jupiter's Moon Ganymede“)
http://ewao.com/2015/04/23/1-a-moon-of-jupiter-has-a-larger-ocean-than-all-the-earths-oceans-com bined/
www.nasa.gov/sites/default/files/thumbnails/image/oceanworlds_infographic_full.jpg
http://edition.cnn.com/2015/04/08/us/feat-nasa-scientist-alien-life/
(1002g) www.welt.de/wissenschaft/weltraum/article144380540/Nasa-entdeckt-einen-erdaehnlichen-Planeten.html
(1002h) www.nasa.gov/nh/nh-finds-blue-skies-and-water-ice-on-pluto
(1002i) www.spiegel.de/wissenschaft/weltall/exoplaneten-sieben-erdaehnliche-planeten-auf-einmal-entdeckt-a-1135823.html
(1002j) https://exoplanets.nasa.gov/news/1435/sofia-confirms-nearby-planetary-system-is-similar-to-our-own/
(1002k) www.spiegel.de/wissenschaft/weltall/nasa-kepler-entdeckt-zehn-weitere-erdaehnliche-planeten-a-1153014.html und https://exoplanets.nasa.gov/
(1002l) www.ancient-code.com/new-home-for-mankind-saturns-moon-titan-could-sustain-300-million-people-colony/
www.newscientist.com/article/2140048-titans-conditions-could-be-just-right-to-power-us-sized-colony/
(1003) www.YouTube.com/watch?v=z97WBLxVMww („"Disclosure Project" komplette Pressekonferenz auf deutsch“) und https://youtu.be/2VaeZRH9R2Y („UFO Crash in Peru“)
(1004) http://redefininggod.com/2014/10/why-are-the-rockefellers-and-the-jesuits-guiding-the-ufo-disclosure-movement/
www.YouTube.com/watch?v=jHGDYNr2kaY („Steven Greer Rockefeller connection, and washington is connected“) und http://exopolitics.org/hillarys-missing-emails-and-classified-ufo-files/
(1005) www.YouTube.com/watch?v=hzqDVOjtNhg („ Project Camelot interviews Dr Steven Greer“)
(1006) www.huffingtonpost.co.uk/darren-perks/solar-warden-the-secret-space-program_b_1659192.html
www.pravda-tv.com/2015/12/nasa-hacker-es-gibt-ausserirdische-kriegsflotten-im-all-video/
www.epochtimes.de/wissen/mystery/gefaehrlichster-hacker-der-welt-ueber-top-secret-us-weltraum-pro ject-mckinnon-spricht-ueber-ufo-flotte-solar-warden-a1222233.html
http://rationalwiki.org/wiki/Gary_McKinnon
(1007) www.washingtonpost.com/wp-srv/special/national/black-budget/
(1008) www.cbsnews.com/news/bigelow-aerospace-founder-says-commercial-world-will-lead-in-space/
(1009) www.YouTube.com/watch?v=u9ZZekWMiUQ („We Now Have the Technology to Take ET Home – MU FON Executive Director Jan Harzan“)
(1010) www.gaia.com/article/ben-rich-lockheed-martin-and-ufos
(1011) www.YouTube.com/watch?v=4CSeWkJvdbQ („ALIENS: Eisenhower Threatened to Invade Area 51 2013“
www.express.co.uk/news/weird/813264/Former-CIA-officer-UFO-aliens-video-deathbed-confession-Area-51
(1012) www.dailymail.co.uk/news/article-2100947/Eisenhower-secret-meetings-aliens-pentagon-consultant-claims.html
(1013) www.stargate-chronicles.com/site/incidents/von-braun-at-roswell/
(1014) www.YouTube.com/watch?v=MAecPE7Imbc&list=PL63460676AC85AD06&index=2 („DisclosurePro ject-Witness Late Master Sergeant Daniel M. Salter NRO-Part 2“)
(1015) http://exopolitics.org/first-man-on-moon-dies-along-with-secrets-of-what-he-saw/
www.YouTube.com/watch?v=Uj35nww5eMw („Transformers 3 (2011) - trailer“)
(1016) www.collective-evolution.com/2017/05/13/theyre-parked-on-the-side-of-the-crater-theyre-watching-us-when-neil-armstrong-landed-on-the-moon/
www.YouTube.com/watch?v=RDAL-UVv6dI ("Aliens On The Moon The Truth Exposed" Official Doc umentary.HD)
(1017) www.YouTube.com/watch?v=dUYX2sjzdFY („Dr. Steven Greer : We DID go to the Moon - But the Foot age was Fake“)
(1017a) http://www.dailymail.co.uk/sciencetech/article-1037471/Apollo-14-astronaut-claims-aliens-HAVE-contact--covered-60-years.html
(1018) ebenda; www.tsijournals.com/articles/image-analysis-of-unusual-structures-on-the-far-side-of-the-moon-in-the-crater-paracelsus-c.pdf und www.spudislunarresources.com/Bibliography/p/86.pdf
(1019) www.telegraph.co.uk/news/newstopics/howaboutthat/ufo/8337299/Alien-life-and-UFOs-10-top-believers.html
(1020) https://vimeo.com/124604396 („End the UFO/ET Disclosure nonsense!“)
(1021) www.ufoevidence.org/news/article161.htm
www.YouTube.com/watch?v=AVfycf3ZcQA („Nasa Astronaut Gordon Cooper explains his UFO experi ence“)

(1021a) https://dieunbestechlichen.com/2017/07/zeuge-aus-der-area-51-haben-ein-ufo-nachgebaut-video-20min/
http://ufoaliendata.com/blog/billuhouse/
(1021b) www.YouTube.com/watch?v=xdWhIN64468 („Jim Goodall of classified programs at Groom Lake“)
(1022) www.YouTube.com/watch?v=yO0T05kQkbs („UFOs – Brian O Leary“)
(1023) www.telegraph.co.uk/news/newstopics/howaboutthat/ufo/8337299/Alien-life-and-UFOs-10-top-believers.html
(1024) www.YouTube.com/watch?v=OyBNmecVtdU („Eisenhower Farewell Address (Best Quality) - 'Military Industrial Complex' WARNING“)
(1025) www.YouTube.com/watch?v=uD2186Yh0Uc („President Reagan | Three Famous Alien Threat Speeches“)
https://reaganlibrary.archives.gov/archives/speeches/1984/120485a.htm
https://reaganlibrary.archives.gov/archives/speeches/1987/092187b.htm
https://reaganlibrary.archives.gov/archives/speeches/1988/050488a.htm
(1026) www.YouTube.com/watch?v=NcDAgZfZZJ8 („Spielberg confirms Reagan extraterrestrial comment after screening of E.T. at the White House“) und www.ifc.com/2011/06/ronald-reagan-steven-spielberg
(1027) www.dailymail.co.uk/news/article-3045894/How-Ronald-Reagan-asked-Soviet-rival-Mikhail-Gorbachev-help-fighting-alien-invasion.html
(1028) https://exopolitics.org/ufo-hacker-wins-battle-against-us-government/
(1029) bis (1031) https://tinyurl.com/jasonmasongeorgebush
www.YouTube.com/watch?v=EYzRY2XpLBk („President Barack Obama Denies Knowledge of Aliens“)
(1032) http://exopolitics.org/obama-report-to-congress-supports-whistleblower-claims-of-secret-space-war/
https://obamawhitehouse.archives.gov/the-press-office/2016/05/26/letter-president-space-report
(1033) www.YouTube.com/watch?v=vBEJjy_s_ZM („Hillary Clinton Discusses Unexplained Aerial Phenomenon –UFOs/UAP Jimmy Kimmel March 24, 2016“)
(1034) www.YouTube.com/watch?v=xUIz4lt6G00 („Medvedev Talks About Aliens (Part1-Part2)“)
www.YouTube.com/watch?v=zHCSpm2kepo („Medvedev talks about aliens on Earth! (English Subs)“)
(1034a) www.YouTube.com/watch?v=qEc9A9LDAL0 („Sen. Mike Gravel: Extraterrestrial Influence That Is Inves tigating Our Planet“)
(1035) www.rt.com/shows/sophieco/137959-anadaminister-defense-ufo/
www.YouTube.com/watch?v=Pg6VTzacb9I („'Aliens could share more tech with us, if we warmonger less' - Former Canada Defense Minister“)
(1036) www.YouTube.com/watch?v=BCmHi50Mve0 („Meet the President - Kalmykia - 16 July 07 - Part 2“)
www.YouTube.com/watch?v=ECJMKyoAHig („Ich wurde von Aliens entführt - Kirsan Iljumschinow“)
www.chesshistory.com/winter/extra/ilyumzhinov.html
(1037) www.telegraph.co.uk/news/newstopics/howaboutthat/ufo/8337299/Alien-life-and-UFOs-10-top-believers.html
(1038) www.telegraph.co.uk/technology/5201410/Are-UFOs-real-Famous-people-who-believed.html
(1039) www.wikileaks.com/podesta-emails/emailid/15052
(1040) https://wikileaks.org/podesta-emails/emailid/1766
(1041) https://wikileaks.org/podesta-emails/emailid/27026
(1042) https://wikileaks.org/podesta-emails/emailid/1802
www.theeventchronicle.com/galactic/wikileaks-podesta-email-mentions-zero-point-energy/
(1043) www.rollingstone.com/music/news/tom-delonge-comments-on-leaked-podesta-emails-about-ufos-w446276
www.rollingstone.com/music/news/read-tom-delonges-leaked-e-mail-to-hillary-clinton-about-ufos-w444283
https://wikileaks.org/podesta-emails/emailid/2125 und https://wikileaks.org/podesta-emails/emailid/3099
(1044) www.space.com/37411-nasa-moon-mars-vice-president-pence.html
(1044a) www.spiegel.de/wissenschaft/weltall/weltall-usa-erklaeren-sich-zum-verwalter-der-schuerfrechte-a-1065118.html und www.bbc.co.uk/news/science-environment-35482427
(1044b) https://asgardia.space
(1045) www.independent.co.uk/life-style/gadgets-and-tech/news/donald-trump-president-space-policy-inauguration-speech-nasa-climate-change-a7538551.html
(1046) www.traditioninaction.org/History/G_022_PopeET.htm
(1047) https://de.wikipedia.org/wiki/Vatikanische_Sternwarte
https://de.wikipedia.org/wiki/Vatican_Advanced_Technology_Telescope
https://de.wikipedia.org/wiki/Large_Binocular_Telescope
(1048) www.mpe.mpg.de/ir/lucifer
(1049) www.spiegel.de/panorama/vatikan-katholiken-duerfen-an-ausserirdische-glauben-a-553100.html
www.independent.co.uk/news/world/europe/the-vatican-on-space-the-discovery-of-intelligent-life-wouldnt-mean-theres-an-alien-jesus-somewhere-10433527.html
www.welt.de/wissenschaft/article1997701/Ausserirdische-sind-unsere-Brueder.html

(1050) www.dailymail.co.uk/sciencetech/article-3184769/We-not-says-Vatican-Pope-s-chief-astronomer-says-alien-life-exists-unlikely-visited-Jesus.html
(1051) www.spiegel.de/video/guy-consolmagno-im-interview-ausserirdisches-leben-video-1677081.html
(1052) https://en.wikipedia.org/wiki/Corrado_Balducci
www.YouTube.com/watch?v=5MYCfq4uA7k („Vatican's man says Aliens exist & describes them")
www.YouTube.com/watch?v=ua26wcJ8Z80 („Msgr Corrado Balducci")
Brenda Denzler, „The Lure of the Edge", University of California Press, S. 151
(1052a) www.stillnessinthestorm.com/2017/01/Vatican-Theologian-Says-Aliens-are-Real-and-Are-More-Spiritual-and-Intellectual-Than-Humans-Paper-by-Monsignor-Corrado-Balducci.html
(1053) www.independent.co.uk/news/world/europe/pope-francis-says-he-would-baptise-aliens-9360632.html
(1054) www.theguardian.com/science/2010/sep/17/pope-astronomer-baptise-aliens
(1054a) www.collective-evolution.com/2014/03/17/perplexing-facts-about-the-great-pyramid-at-giza-that-still-have-no-explanation/
(1054b) https://equapio.com/wissenschaft/pyramiden-wie-alt-sind-die-pyramiden/
(1054c) www.YouTube.com/watch?v=UVK3cp8Dgjg („Thoth's The Time Temple. Giza Alignment Code. Witness the wisdom of Thoth.")
(1054d) http://news.bbc.co.uk/1/hi/world/europe/5322894.stm
http://qha.com.ua/en/war-defence/world-s-oldest-pyramid-found-in-crimea/116152/
http://piramidasunca.ba/de/home-german/item/10971-bosnische-pyramiden-updates-von-sam- osman agich.html
(1054e) www.ancient-code.com/deciphering-sirius-orion/
https://en.wikipedia.org/wiki/Exploration_Mission_1 und
https://de.wikipedia.org/wiki/Mare_Tranquillitatis
(1054f) www.soulsofdistortion.nl/Giza.html
(1055) www.YouTube.com/watch?v=CGMQsJ0VzAk („Make Friends video statement (English subtitles)")
(1056) https://dieunbestechlichen.com/2017/07/rueckt-die-offenlegung-der-ausserirdischen-praesenz-auf-der-erde-noch-naeher/
http://exopolitics.org/corey-goode-on-nordic-extraterrestrials-working-with-religious-leaders-for-disclosure/
(1057) www.YouTube.com/watch?v=wSHLPs9n5q0 („Vatikan plant Neue (Alien) Weltreligion")
(1058) www.YouTube.com/watch?v=NOsB3T_YmpI („Disclosure Project Dr. Carol Rosin - German")
(1059) www.ancient-code.com/chronovisor-device-used-vatican-look-future-past/
www.epochtimes.de/wissen/mystery/zeitmaschine-chronovisor-genial-erdacht-von-fermi-von-braun-und-pellegrino-a1251040.html
(1060) ebenda
(1061) http://projectcamelot.org/dan_burisch_summary.html
(1062) www.dailystar.co.uk/news/latest-news/595785/Vatican-finally-admit-hidden-time-machine-conspiracy-Pope-London-Washington-secret-CIA-M16 und http://amraverlag.de/alfred-lambremont-webre-m-20349.html
www.YouTube.com/watch?v=lCTcD2JX0kM („EXCLUSIVE The UFO ET Abductions of President Jimmy Carter, Alfred Webre & Andrew D. Basiago")
(1063) www.YouTube.com/watch?v=nH7F36gAs8M („Earth Sized Ufo's Using The Sun As A Stargate Vi deo.flv")
www.YouTube.com/watch?v=fMPxolPWGoA („ILLUMINATION Part 1 The Sun is a Stargate")
(1064) www.vortexmaps.com/planets.php und https://en.wikipedia.org/wiki/Great_Red_Spot
https://en.wikipedia.org/wiki/Alpha_Regio
www.YouTube.com/watch?v=RjxaHhLpMdU („ILLUMINATION Part 2 The Sun is a Stargate cont'd")
(1065) www.vortexmaps.com/planets.php
(1066) www.YouTube.com/watch?v=1Ps7nYnk5CQ („MAYAN REVELATION! Sun a MASSIVE UFO Star gate!!") und www.ufo-blogger.com/2012/03/nasa-spotted-gigantic-triangle-shaped.html
(1066a) www.YouTube.com/watch?v=NvNY11EIib8 („Nassim Haramein Double Torus")
(1067) www.infowars.com/michael-moore-claims-trump-a-russian/
www.vox.com/2017/6/29/15896582/trump-russia-michael-flynn-wsj
(1068) https://theguttertrash.com/2017/01/20/shock-president-trump-is-a-genetically-engineered-alien-clone/ (backup: http://archive.is/kknCY)
(1069) https://en.wikipedia.org/wiki/Peter_Beter
(1070) www.YouTube.com/watch?v=nc0m5UMPwtU („"Organic Robotoids are real" by Dr Peter Beter")
(1071) www.YouTube.com/watch?v=sSYXrWIA618 („Project Camelot Interviews George Green - Part 1 of 2")
http://projectcamelot.org/lang/en/george_green_interview_transcript_1_en.html

(1072) www.YouTube.com/watch?v=YId0tXgpODE („PLAYBOY Playmate Holly Madison Admits To Being CLONED!") und www.imdb.com/title/tt0468424/quotes
(1073) www.bet.com/news/music/2015/12/07/b-o-b-tweets-conspiracy-theories-on-cloning.html
www.YouTube.com/watch?v=pPzLF-nebiU („Celebrities EXPOSING Human Cloning on Twitter! #STOPHUMANCLONING")
(1074) ebenda und https://twitter.com/kreayshawn/status/694069031247065088
(1075) www.YouTube.com/watch?v=pPzLF-nebiU („Celebrities EXPOSING Human Cloning on Twitter! #STO PHUMANCLONING")
www.hip-hopvibe.com/2016/02/02/nicki-minaj-makes-bizarre-tweet-about-cloning-stophumancloning/
(1076) www.eonline.com/news/587335/amanda-bynes-mother-breaks-her-silence-after-actress-accuses-her-father-of-sexual-abuse
(1077) www.dailymail.co.uk/tvshowbiz/article-2250767/Now-Ke-ha-claims-forced-sing-Die-Young-lyrics-took-credit-song-weeks-Sandy-Hook-massacre.html
(1078) www.YouTube.com/watch?v=7mRZ7ItF9ls, „Celebrity Tila Tequila: Missing Children & Cloning Centers"
www.YouTube.com/watch?v=rcGQRHxa5j0 („screenshots of celebs talking about human cloning")
(1079) www.YouTube.com/watch?v=FM5IbqB51J0 („Kevin Hart Admits To Being Cloned!")
(1080) www.YouTube.com/watch?v=Qp1C20aDZvo („Top 5 Celebrities That Mentioned Cloning!")
www.azlyrics.com/lyrics/eminem/rainman.html und www.azlyrics.com/lyrics/eminem/rapgod.html
(1081) www.YouTube.com/watch?v=SDYJ3CbgZog („Al Roker Frozen on Today Show")
(1082) www.YouTube.com/watch?v=DHeUMbTSfmE („Kourtney Kardashian Clone Malfunction during news in terview after being asked about Kim Robbery?")
(1083) www.YouTube.com/watch?v=Ch0RER7IADs („Draymond Green Froze during postgame interview game 2 nba playoffs")
(1084) www.theguardian.com/lifeandstyle/2009/feb/14/annie-lennox-singer
(1085) www.usmagazine.com/stylish/news/pamela-anderson-looks-unrecognizable-at-cannes-film-festival-photos-w483535
(1086) www.YouTube.com/watch?v=gqpErbFnbiY („The use of cloning and stem cells to resurrect life: Robert Lanza at TEDxDeExtinction")
(1087) wie (17), S. 135
(1088) https://en.wikipedia.org/wiki/Battle_of_Los_Angeles
www.YouTube.com/watch?v=EhjkMoWLE_Y („No music! Army vs. UFO (1942; Los Angeles). Captured on Film w/CBS Radio Report of Battle.")
(1089) http://tinyurl.com/nytimesfloatingmysteryball und http://tinyurl.com/nytimesballsoffire
(1090) www.spiegel.de/spiegel/print/d-44447768.html
(1091) http://de.metapedia.org/wiki/Reichsflugscheiben
(1091a) www.YouTube.com/watch?v=Ni5Y_Ezw9Tk&list=PL63460676AC85AD06&index=1
(1092) http://de.metapedia.org/wiki/Neuschwabenland
Heiner Gehring, Karl-Heinz Zunneck, „Flugscheiben über Neuschwabenland", Kopp Verlag, S. 96ff
(1093) Jason Mason. „Mein Vater war ein MiB", Amadeus Verlag, S. 393ff
(1094) ebenda, S. 239 und www.ourhollowearth.com/GermanU-209.htm
www.u-boote-online.de/dieboote/u0209.html
(1095) www.nexus-magazin.de/artikel/lesen/douglas-dietrich-interview-teil-2-das-dritte-reich-in-neuschwabenland?context=category&category=4
(1096) Heiner Gehring, Karl-Heinz Zunneck, „Flugscheiben über Neuschwabenland", Kopp Verlag, S. 105ff
http://humansarefree.com/2014/10/hollow-earth-forbidden-land-of-agartha.html
www.theeventchronicle.com/editors-pick/nazi-base-antarctica-revisited/
(1097) wie (1093), S. 233ff
(1098) http://quer-denken.tv/2033-ex-us-offizier-am-suedpol-ist-eine-alien-basis/
(1099) wie (1093), S. 440Ff
(1099a) www.newshub.co.nz/home/politics/2016/11/antarctica-becomes-hotspot-for-politicians.html
www.telegraph.co.uk/news/worldnews/europe/russia/12162705/Patriarch-Kirill-meets-penguins-in-Antarctica.html
www.washingtonpost.com/news/speaking-of-science/wp/2016/12/14/buzz-aldrin-nearly-died-at-the-south-pole-why-he-insists-it-was-worth-it-really/
www.princehenryofwales.org/features-1/the-royal-family-and-the-south-pole
https://twitter.com/slone/status/806552107671257090
(1100) Unternehmen Aldebaran, Jan van Helsing, Amadeus Verlag, S. 123ff
(1101) http://transinformation.net/die-vril-frauen/
(1102) http://donaldmarshallrevolution.com/#vril
(1102a) tinyurl.com/herschelalphaomega („THE ALPHA OMEGA TAURUS STAR GATE REVELATION – WAYNE HERSCHEL„)

(1103) www.gaia.com/article/reptilian-aliens und www.truthcontrol.com/forum/draconians-race-alpha-draconis-0
www.YouTube.com/watch?v=f9cgm1B7Rew („CIA Insider: Pedophilia Is Only the Gateway, Vampirism Is The Destination")
(1104) http://yournewswire.com/queen-elizabeth-shapeshifting-on-live-tv-goes-viral/
(1105) http://yournewswire.com/buckingham-palace-admit-queen-elizabeth-is-not-human/
(1106) www.YouTube.com/watch?v=Q_rpryG6tB4 („Demonic Serpent Reporter Admits "THEY" Need Gods Help!! (REVERSE SPEECH & SERPENT TONGUE ANALYSIS)")
(1107) https://vid.me/3KXX („ISRAELI NATION (Lesson) with Rav Michael Laitman")
www.kabbalahmedia.info/en/ui/27946
http://birthofanewearth.blogspot.de/2015/08/rabbi-teaches-that-jews-are-alien-race.html
(1108) www.YouTube.com/watch?v=XhYlF7imUI8 („Kabbalist: Putin & Obama erfüllen das, was wir bestellen!")
(1109) http://quoteinvestigator.com/2016/11/14/flying-saucer/
(1110) www.YouTube.com/watch?v=x8h1chNMHak („Ancient Aliens S02E05 Aliens And The Third Reich 720P")
(1111) www.YouTube.com/watch?v=UUfTxhRLsOM („PROJECT CAMELOT: CLARK McCLELLAND : von Braun & Aldebaran")
www.YouTube.com/watch?v=bnVMKg1nq14 („PROJECT CAMELOT: CLARK MCCLELLAND AND PROJECT PAPERCLIP SCIENTISTS")
www.express.co.uk/news/weird/786430/Clark-McClelland-9-foot-alien-NASA-engineer-UFO
(1111a) http://educate-yourself.org/cn/annahayesmonoatomicgold2000.shtml
(1112) www.spherebeingalliance.com/blog/transcript-cosmic-disclosure-interview-with-the-insider.html
www.spherebeingalliance.com/blog/transcript-cosmic-disclosure-testimony-on-pyramids-and-underground-cities.html
www.spherebeingalliance.com/blog/transcript-cosmic-disclosure-ufos-under-antarctica-and-the-five-fingered-mystery.html
www.spherebeingalliance.com/blog/transcript-cosmic-disclosure-three-fingered-technology-with-pete-peterson.html
(1113) https://truedisclosure.org/evidence-file/whistleblowers/pete-peterson
(1114) www.gaia.com/article/randy-cramer-mars-defense-force und www.historicmysteries.com/super-soldier/
www.ancient-code.com/retired-us-marine-claims-he-spent-over-15-years-in-space-and-on-mars-protecting-five-human-colonies/ und www.historicmysteries.com/super-soldier/
http://exonews.org/whistleblower-reveals-serving-3-years-secret-space-fleet/
http://exopolitics.org/mars-whistleblower-reveals-more-of-his-covert-military-service/
https://newsinsideout.com/2014/12/us-marine-mars-officer-breakaway-civilization-repopulate-earth-mars-dna-pool-colonists/
http://exopolitics.org/whistleblowers-reveal-breathable-air-on-mars-secret-corporate-bases/
(1115) www.YouTube.com/watch?v=em2Mxoqkjlc („Laura Eisenhower's Mars Recruitment Story Confirmed by Satellite Photos,CNN,TIME")
www.YouTube.com/watch?v=4IF_sDVzlYw („Laura Eisenhower in 15 minutes. Mars recruitment Milab Exo politics UFOs.")
www.YouTube.com/watch?v=oUqD6ngQZrQ („Laura Eisenhower Speaking At The 5th Annual MARS Conference 2016")
(1116) http://tinyurl.com/yc2o32hj („CIA Insider: Pedophilia Is Only the Gateway, Vampirism Is The Destina tion")
www.dailymail.co.uk/sciencetech/article-4654288/Nasa-denies-running-child-slave-colony-Mars.html
(1117) http://tinyurl.com/focusmars
(1118) www.bbc.com/future/story/20150619-how-to-overthrow-a-martian-dictatorship
(1119) wie (1093), S. 421ff und https://projectcamelotportal.com/2011/08/25/james-casbolt-project-ibis/
https://reptiliandimension.wordpress.com/2015/04/23/who-is-james-casbolt-aka-michael-prince-and-is-he-credible/
https://reptiliandimension.wordpress.com/2015/01/14/super-soldier-james-casbolt-aka-michael-prince-and-the-jesuit-order/
https://reptiliandimension.wordpress.com/2015/02/13/james-casbolt-michael-prince-the-spy-assassin-admits-he-is-working-directly-for-opus-dei-a-jesuitvatican-secret-society/
(1120) www.theguardian.com/uk-news/2015/jul/28/man-jailed-blackmail-sexually-explicit-images-ex-wife-haley-meijer
www.dailymail.co.uk/news/article-3177465/Brit-married-billionaire-s-daughter-tried-extort-2million-family-posting-nude-pictures-online.html
(1121) wie 1093, S. 191ff
(1122) ebenda, S. 194ff
(1123) wie (1093), S. 179ff und http://tinyurl.com/simonparkescern

(1124) https://projectcamelotportal.com/2017/01/11/simon-parkes-changing-the-future-part-1-2/
www.YouTube.com/watch?v=WrFmc9H_m84 („Simon Parks On President Trump and Antarctica")
www.YouTube.com/watch?v=vqO03FmK4MM („Simon Parkes 2016 - The Archons")

(1125) http://tinyurl.com/s05e10tompkins / http://tinyurl.com/s05e12tompkins /
http://tinyurl.com/s06e04tompkins
http://tinyurl.com/s07e07tompkins / http://tinyurl.com/s07e14tompkins /
http://tinyurl.com/s07e16tompkins
https://goo.gl/cK9rBm („William Tompkins - A Case for the Secret Space Program July 18, 2017")
https://player.vimeo.com/video/231132801 („Bill Tompkins Mufon Symposium 2017 von Ivolve")
https://goo.gl/UjskAo („Jeff Rense & William Tompkins - The Moon is an Alien Command Center")
http://tinyurl.com/projectcamelottompkins und http://tinyurl.com/projectcamelottompkins2
http://exopolitics.org/recruitment-covert-service-for-secret-space-programs/
http://exopolitics.org/reagan-speech-about-alien-threat-linked-to-secret-un-interstellar-space-fleet/

(1127) http://tinyurl.com/gaiarememberingtompkins

(1128) http://divinecosmos.com/start-here/davids-blog/1185-events-awakening?showall&start=1
https://spherebeingalliance.com/blog/transcript-cosmic-disclosure-the-great-solar-flash.html
https://spherebeingalliance.com/blog/the-lt-col-gonzales-ssp-council-delegation-briefings-part-1.html
https://spherebeingalliance.com/blog/transcript-cosmic-disclosure-new-frontiers-in-the-ai-war.html

(1129) https://spherebeingalliance.com/blog/joint-ssp-sphere-alliance-icc-leadership-conference-tour-of-mars-colony-on-6-20.html und http://tinyurl.com/gaiarememberingtompkins

(1130) www.spherebeingalliance.com/blog/transcript-cosmic-disclosure-the-grand-experiment.html
www.gaia.com/video/viewer-questions-8-protocols-and-loopholes?fullplayer=feature

(1131) http://tinyurl.com/sbacdantarctica und http://tinyurl.com/sitsgoodesedona
http://exopolitics.org/tag/pre-adamites/
http://exopolitics.org/secret-space-programs-battle-over-antarctic-skies-during-global-elite-exodus/
www.gaia.com/video/timeline-splits-and-diversionary-tactics?fullplayer=feature

(1132) www.spherebeingalliance.com/blog/transcript-cosmic-disclosure-inner-earth-update.html

(1132a) https://tifvision.wordpress.com/2017/08/31/reverse-speech-analysis-by-tiffany-fontenot-cosmic-disclosure-timeline-splits-diversionary-tactics-s8-e4-part-1-of-2/

(1132b) Wer im Internet in aufklärenden und spirituellen Foren und Gruppen unterwegs ist, stößt unweigerlich auf die häufig stattfindenden *Massenmeditationen*. Auch Corey Goode hatte zum Neumond am 21. August 2017 gemeinsam mit Cobra zu einer weltweiten Friedensmeditation aufgerufen, bei denen sich die Anshar aus der Inneren Erde beteiligt hatten, ohne eingeladen worden zu sein. Laut Fontenots Reversal-Analysen kam heraus, dass die Anshar diese Massenmeditation dazu genutzt hätten, um die Energien der Leute anzuzapfen. Goode erwähnte, dass Teilnehmer während dieser Meditation Informationsdownloads in ihr Bewusstsein erhalten hatten, die ihnen Anweisungen gegeben hätten, wie sie ihre Talente dazu nutzen könnten, um Probleme in ihrem Leben zu lösen. Laut Fontenots Analysen kam dabei rückwärts heraus, dass diese Downloads nicht von wohlgesonnenen Wesen kamen. Es gibt Dinge, die sich bei mir auch bei dem ein oder anderen Insider unstimmig anfühlen bzw. ich diese nicht gutheiße. Absolut berechtigt, wie man sieht. Vor allem zu Neumond und Vollmond sollte man – außer in Notfällen – keine energetische Arbeit machen, da an diesen Zyklen die dunklen Energien am stärksten ihr Unwesen treiben. Aber gut, nicht jeder kann alles wissen und auch das muss akzeptiert und respektiert werden. Nicht jeder kann dieselben Erfahrungen haben. Die Frage, die man sich bei diesen Massenmeditationen- und gebeten stellen sollte, ist: Habe ich von der *Geistigen Welt* überhaupt die Erlaubnis dazu? Habe ich die Erlaubnis dazu, Licht und Liebe in Katastrophengebiete zu senden oder ein bestimmtes Ereignis zu erreichen oder zu verhindern bzw. abzumildern (und in dem Fall „Gott" zu spielen)? Diese Frage ist schwierig zu beantworten. Ein Hindu erklärte mir einmal, dass man sich dadurch in das karmische Kollektiv sowie in die Lernprozesse und in das Karma anderer Menschen einmischen würde. Sendet man nun Licht und Liebe zu diesen Menschen und den verstorbenen Seelen, ändert man von außen ihren Lebensplan. Und von wem kam die Erlaubnis dazu? Wäre es Ihnen Recht, wenn man sich ungefragt in Ihr Leben einmischen würde? Daher wird die Wirkung solch einer Massenmeditation von der geistigen Welt entweder gar nicht oder nur sehr bedingt zugelassen und die ganze Mühe ist dann verpufft. Man bleibt dann im Irrglauben, was „Gutes" getan zu haben. Viele nehmen regelmäßig an solchen Meditationsevents teil und denken sich sogar, sie hätten ihr „Soll" an „guten Taten" erfüllt und könnten sich auf die faule Haut legen, was ihre spirituelle Entwicklung betrifft.

Wenn um etwas gebeten wird in Richtung „Weltfrieden" und „Weltheil", so ist es ratsam, folgenden Zusatz anbringen: *„...wenn Ihr Engel es für richtig haltet"* oder *„...wenn Du, Gott es für richtig hälst"*. Beispiel: *„Liebe Engel, wenn Ihr es für richtig haltet, dann beschleunigt bitte den positiven Bewusstseinswandel hier auf der Erde und die Enthüllung all der Lügen und Manipulationen, damit wir Menschen endlich in Frieden und Freiheit leben können."*

Das kann jeder auch gern täglich tun, und wenn das „alle" machen, dann wird es auch einen positiven Effekt haben, denn die Engel warten bloß auf unsere Bitten! Und wenn es „genügend" Leute machen (kritische Masse), wird sich auch die geistige Welt bzw. das Universum nach uns richten. Wenn wir es mit diesem „Haftungsausschluss" formulieren, dann überlassen wir es der Schöpfung von einer höheren Perspektive aus zu entscheiden, wie viel, wann, wem, wo und ob überhaupt geholfen wird. Wir haben keine Einsicht über das Karma und das Schicksal von anderen Menschen und des Planeten. Die himmlischen Helfer aber schon. Mischen wir uns in das Leben anderer oder gar in das Schicksal eines Kollektivs ein, laden wir uns selbst negatives Karma auf und brauchen uns dann nicht über Retourkutschen und Blockaden im eigenen Leben wundern. Dass bei Simon Parkes' Massenmeditation in Bezug auf CERN einige Teilnehmer gehörlos wurden, *könnte* solch eine von der geistigen Welt zugelassene karmische Retourkutsche gewesen sein. Denn solch eine Art der Einmischung auf globaler Ebene, auch wenn positiv gemeint, sollte vorab von reifen und hellsichtigen Medien geprüft und abgeklärt und von der geistigen Welt abgesegnet werden (oder zumindest wie o. g. mit dem Haftungsausschluss).

Wer ist zudem der Initiator einer Gruppen- oder weltweiten Massenmeditation? Steht da irgendein ET- oder Aufgestiegenen-Meister-**Kult** dahinter mit zahlreichen dubiosen „Channelings"? Wissen wir, wohin überhaupt unsere (Meditations)energien/Bitten im besagten Moment tatsächlich gehen und mit welcher Art von Wesen wir uns dabei verbinden, ohne es zu wissen und ohne es eigentlich zu wollen? Darüber denken viele nicht im Ansatz nach und machen dann noch alles ohne Schutz. Aber selbst der beste Schutz nützt nichts, wenn ich dann persönlich durch meine „blinde" und naive Teilnahme eine Tür zu mir herein öffne. Daher nehme ich persönlich nie an weltweiten Massenmeditationen teil und würde es anderen auch nicht raten. Kleine Gruppenmeditationen in der Familie oder bei spirituellen Seminaren in einem **geschützten** Rahmen und wo man dem Leiter der Gruppe wirklich **vertrauen** kann, sind noch anders zu beurteilen. Hierbei ist zu achten, dass nicht nur der Raum energetisch ausgereinigt und mit Schutz versehen wird, sondern sämtliche Teilnehmer ebenso. Denn ungewollte Energien können sich leicht und schnell einmischen, und in nicht wenigen Fällen passiert das subtil. Und selbst hierbei gilt natürlich auch der Grundsatz, erst die Engel um Erlaubnis zu bitten bzw. es denen zu überlassen. Wie wir sehen, erfordert Energie- bzw. Lichtarbeit viel Voraussicht, Vorsicht und das Treffen von Vorkehrungen. Und so gut wie niemand tut dies, und vielen ist es gar völlig egal, da sie meinen, gegen jeden Angriff „erhaben" zu sein.

Der Bewusstseinswandel wird nicht von irgendwelchen – zumeist fragwürdigen und fehlgeleiteten – Massenmeditationen kommen. Das ist ein sehr großer Irrglaube unter spirituellen Leuten. Die ausgesandte Energie wird u. U. von dunklen Mächten eingesammelt und dann gegen die Menschheit eingesetzt. Und die dunkle Seite musste sich noch nicht einmal groß dafür anstrengen, geben die Massen ihre Energien bereitwillig und in blindem Vertrauen ab (und das in allen möglichen anderen Bereichen auch). Dann hätte man genau das Gegenteil dessen erreicht, was man eigentlich beabsichtigt hatte. Der Bewusstseinswandel kommt, wenn jeder von uns für sich an sich selbst erst einmal arbeitet und dann anderen dabei hilft, dasselbe zu tun. Er kommt, wenn jeder von uns sich dauerhaft auf Liebe und Frieden in seiner eigenen Umgebung und in der Welt ausrichtet, jeden Tag. Er kommt, wenn jeder das Licht in sich selbst anzündet und es dann wie eine Leuchtfackel trägt, um anderen den Weg aus der Dunkelheit zu zeigen. Wenn dies jeder für sich tut, erzeugen wir dann doch ebenfalls *automatisch* die energetische „kritische Masse", damit sich kollektiv etwas ändert! Leuchtet das ein? Wenn Sie partout an Massenmeditationen bzw. -gebeten teilnehmen wollen, dann teilen sie den Engeln *vorab* wenigstens mit, es nur dann zuzulassen, wenn sie es in dem Moment für richtig erachten. Und sollte man übrigens jemals in einem Katastrophenszenario selbst drin sein, so ist es richtig und selbstredend, Mitgefühl und Nächstenliebe zu praktizieren, indem man anderen in der Not hilft, solange man sich und seine Familie dabei nicht in todbringende Gefahr bringt (denn dann ist niemandem geholfen).

(1133) http://tinyurl.com/exonordicvatican
http://exopolitics.org/world-religions-unite-as-prelude-to-extraterrestrial-disclosure/
(1133a) wie (1132a) und http://tinyurl.com/fontenotcds8e7
(1134) http://spherebeingalliance.com
(1135) https://spherebeingalliance.com/blog/transcript-cosmic-disclosure-the-earth-alliance-strikes-back.html
https://spherebeingalliance.com/blog/transcript-cosmic-disclosure-life-after-disclosure.html
(1136) http://divinecosmos.com/start-here/davids-blog/1183-cosmic-disclosure
https://en.wikipedia.org/wiki/Manhattan_Project
(1137) http://bit.ly/2gI8H0h
(1138) http://divinecosmos.com/start-here/davids-blog/1200-full-disclosure-asc
http://divinecosmos.com/start-here/davids-blog/1201-full-disclosure-asc-ii
(1139) http://edition.cnn.com/2017/11/05/middleeast/saudi-arabia-anti-corruption-list/index.html
https://divinecosmos.com/start-here/davids-blog/1222-something-big-iii
http://operationdisclosure.blogspot.de/2017/11/david-wilcock-something-very-big-part.html

Bildquellen

(1) http://tinyurl.com/fb-gewerbeuntersagung (backup: http://i.imgur.com/p2BPA4b.jpg)
(2) bis (5) www.YouTube.com/watch?v=B-m9A8mY-U0 („Berlin 1900 in color")
(6) https://de.wikipedia.org/wiki/Balfour-Deklaration
(7) www.un.org/en/ga/search/view_doc.asp?symbol=A/RES/3379(XXX)&Lang=E&Area=RESOLUTION
(8) www.un.org/en/ga/search/view_doc.asp?symbol=A/RES/46/86&Lang=E&Area=RESOLUTION
(9) und (10) https://goo.gl/ZYs9Ht („Thousands of Orthodox Jews protest Netanyahu and the State of Israel")
(11) www.YouTube.com/watch?v=nMQ9C6vni0w („New York City: 10,000+ Jews Against Israel")
(12) http://tinyurl.com/jpostcrimeanjewsporoschenko
(13) bis (16) www.YouTube.com/watch?v=ywiHc6PCfWg („Berlin 1936 in Farbe")
(17) https://aladinsmiraclelamp.wordpress.com/2016/04/11/the-holocaust-lie-made-in-america/
(18) bis (20) http://de.metapedia.org/wiki/Jüdische_Kriegserklärungen_an_Deutschland - vgl. Quelle (102)
(21) http://de.metapedia.org/wiki/Maurice,_Emi
(22) https://en.wikipedia.org/wiki/Ernst_Moritz_Hess
(23) https://archive.org/details/DieWocheOlympiaZeitung193698S.Scan
(24) www.pinterest.com/pin/411797959660898439/
(25) http://www.storiedisport.it/?p=8910&lang=de
(26) www.pinterest.com/pin/61572719877165066/
(27) www.YouTube.com/watch?v=6FSbJH-Qk_s („Greatest Olympic Moment Jesse Owens & Luz Long 1936")
(28) wie (23)
(29) www.imgrum.org/media/1258803263132378079_3149171767
(30) www.pinterest.com/pin/557742735074928341/
(31) http://en.metapedia.org/wiki/Waffen-SS_foreign_volunteers_and_conscripts
(32) www.pinterest.com/pin/318770479856620251/
(33) http://www.closecombatseries.net/CCS/modules.php?name=Forums&file=viewtopic&t=7686
(34) und (35) wie (31)
(36) https://de.wikipedia.org/wiki/Legion_Freies_Arabien
(37) http://www.mourningtheancient.com/truth.htm
(38) www.ww2incolor.com/german/Freis+arabien+_5_1.html
(39) http://www.ww2incolor.com/german/indian.html
(40) https://en.wikipedia.org/wiki/Indian_Legion
(41) und (42) https://en.wikipedia.org/wiki/Subhas_Chandra_Bose
(43) und (44) http://de.metapedia.org/wiki/Reichsneger
(45) https://de.wikipedia.org/wiki/Helmuth_Wilberg
(46) http://de.metapedia.org/wiki/Hollaender,_Walter
(47) http://de.metapedia.org/wiki/Paul_Ascher
(48) http://tinyurl.com/sueddeutschehitler
(49) und (50) https://crossingenres.com/hitler-loved-squirrels-or-how-its-done-6f820928dbe
(51) Gerd Schultze-Rhonhof, „1939 Der Krieg, der viele Väter hatte", OLZOG 2. Auflage, S. 403
(52) http://de.metapedia.org/wiki/Rudolf_Hess
(53) https://de.wikipedia.org/wiki/Christian_Georgijewitsch_Rakowski
(54) https://de.wikipedia.org/wiki/Heinrich_Himmler
(55) https://de.wikipedia.org/wiki/Hermann_Göring
(56) https://de.wikipedia.org/wiki/Martin_Bormann
(57) https://de.wikipedia.org/wiki/Wilhelm_Canaris
(58) https://de.wikipedia.org/wiki/Claus_Schenk_Graf_von_Stauffenberg
(59) https://de.wikipedia.org/wiki/Ernst_von_Weizsäcker
(60) https://de.wikipedia.org/wiki/Kurt_Schuschnigg
(61) https://de.wikipedia.org/wiki/Hjalmar_Schacht
(62) bis (65) Anthony Sutton, „Wall Street und der Aufstieg Hitlers", Perseus Verlag, S. 104f, 110, 124f
(66) Quelle unbekannt
(67) www.YouTube.com/watch?v=O8HUVYDLV_Y („The Secrets of the Jesuits (Jim Arrabito)")
(68) www.spirituallysmart.com/alberto.html
(69) und (70) https://goo.gl/TRXgzk („Mrs. Alberto Rivera interviews former Bishop Gerard Bouffard")
(71) http://gc36.org/gc36-new-father-general/
(72) und (73) https://de.wikipedia.org/wiki/Ignatius_von_Loyola
(74) www.summerinitaly.com/guide/palazzo-farnese-of-caprarola
(75) www.jesuiten.org/wir-jesuiten/bekannte-jesuiten/peter-hans-kolvenbach.html
http://tinyurl.com/adolfonicolas

(76) http://humansarefree.com/2014/05/the-black-pope-and-accused-child-killer.html
(77) https://de.wikipedia.org/wiki/Karl_Marx und http://whale.to/c/napoleon_1.html
(78) https://vigilantcitizen.com/vigilantreport/the-hidden-hand-that-changed-history/
(78a) https://archive.org/details/agreementbetween00franrich
(79) www.deutschlandradiokultur.de/die-geschichte-des-eugenio-pacelli.1270.de.html
(80) http://whale.to/b/lenin.html
(80a) http://de.metapedia.org/wiki/Trotzki
(81) http://whale.to/b/stalin_h.html
(82) https://en.wikipedia.org/wiki/Turkish_National_Movement
(83) http://whale.to/b/hand_sign.html
(84) www.fisheaters.com/forums/index.php?topic=3457865.0
(85) https://de.wikipedia.org/wiki/Jesuiten
(86) www.stanislausbandra.in/about-stanislaus/jesuit-identity
(87) http://freemasonry.bcy.ca/symbolism/triple_tau.html
(88) www.creighton.edu/students/newstudentorientation/summerpreview/forandwithothers/
(89) https://de.wikipedia.org/wiki/Astronomisches_Symbol
(90) http://vatikanische-nwo.blogspot.nl/2009/11/heidnische-sonnenanbetung-und.html
(91) http://tinyurl.com/xavieredujesuitresource
(92) bis (100) http://whale.to/b/hand_sign.html
(101) https://de.wikipedia.org/wiki/Franz_von_Papen
(102) https://de.wikipedia.org/wiki/Ludwig_Kaas
(103) https://en.wikipedia.org/wiki/Bernhard_Stempfle
(104) https://de.wikipedia.org/wiki/Reichskonkordat
(105) https://en.wikipedia.org/wiki/Cesare_Orsenigo
(106) www.YouTube.com/watch?v=o9docQDipes („CIA Howard Hunt Jesuits")
(107) und (108) https://austria-forum.org/af/Wissenssammlungen/Symbole/Adler
(109) https://en.wikipedia.org/wiki/United_States_Secret_Service
(110) https://de.wikipedia.org/wiki/Feldzeichen
(111) https://de.wikipedia.org/wiki/Reichsadler
(112) https://de.wikipedia.org/wiki/Fascis
(113) https://en.wikipedia.org/wiki/Aquila_(Roman)
(114) wie (112)
(115) https://de.wikipedia.org/wiki/Castro_Pretorio
(116) wie (107)
(117) www.bibliotecapleyades.net/biggestsecret/esp_icke110.htm
(118) https://de.wikipedia.org/wiki/Fahne_und_Wappen_des_Kantons_und_der_Stadt_Genf
(119) https://de.wikipedia.org/wiki/Flagge_des_Districts_of_Columbia
(120) www.bibliotecapleyades.net/sociopolitica/sociopol_globalelite177.htm
(121) und (122) http://de.metapedia.org/wiki/Bombenholocaust
(123) https://de.wikipedia.org/wiki/Freistaat_Preußen
(124) bis (128) wie (121)
(129) www.welt.de/kultur/history/article106387684/Operation-Millennium-1000-Bomber-gegen-Koeln.html
(130) http://de.metapedia.org/wiki/Rheinwiesenlager
(131) www.taringa.net/posts/info/2059509/Sabias-esto.htm
(132) http://pr0gramm.com/static/138765
(133) www.empireonline.com/movies/features/arnold-schwarzenegger/
(134) http://juedischerundschau.de/heil-hisbollah-135910134/
(135) wie (107)
(136) https://de.wikipedia.org/wiki/Reichsparteitag
(137) Dokumentation: The Greatest Story Never Told
(138) www.martincwiner.com/the-origins-of-the-swastika-sometimes-a-cigar-is-just-a-cigar/
(139) https://de.sputniknews.com/panorama/20160926312710050-adolf-hitler-drogenabhaengig
(140) und (141) www.pinterest.de/pin/562387072203532556/
(142) https://de.wikipedia.org/wiki/Radkreuz
(143) bis (146) https://de.wikipedia.org/wiki/Blume_des_Lebens und www.die-blume-des-lebens.info/
www.sein.de/das-geheimnis-der-blume-des-lebens
(147) www.sein.de/die-signatur-der-sphaeren
(148) www.justcolor.net/coloring-mandalas
(149) www.allesistenergie.net/heilige-geometrie-der-goldene-schnitt
(150) und (151) http://tinyurl.com/seindeheiligegeometrie
(152) www.sein.de/heilige-geometrie-und-das-fraktale-universum/

(153) https://en.wikipedia.org/wiki/Yin_and_yang
(154) http://tinyurl.com/gesundheitswesensymbole
(155) www.amadeus-verlag.de
(156) https://de.wikipedia.org/wiki/Georgia_Guidestones
(157) www.pravda-tv.com/2015/04/blutspuren-auf-den-georgia-guidestones-video/
(158) und (159) www.pravda-tv.com/2014/09/ein-vermeintlich-neuer-stein-in-den-georgia-guidestones-videos/
(160) https://de.wikipedia.org/wiki/Yale_University
(161) https://de.wikipedia.org/wiki/Skull_%26_Bones
(162) https://de.wikipedia.org/wiki/Turmbau_zu_Babel
(163) https://de.wikipedia.org/wiki/Europäisches_Parlament
(164) www.eaec-de.org/Europaparlament.html
(165) www.YouTube.com/watch?v=fk_7V1yYrk0 („Pope Francis addresses United Nations")
(166) https://goo.gl/WE8CQm („Address of Pope Francis to the United Nations 25 September 2015")
(167) http://tinyurl.com/latimespopefrancis
(168) www.dailymail.co.uk/news/article-2603146/Pope-Francis-warns-Christians-Satan-trying-tempt-you.html
(169) www.deagel.com/country/Germany_c0078.aspx
(170) www.deagel.com/country/United-States-of-America_c0001.aspx
(171) https://en.wikipedia.org/wiki/Henry_Kissinger
(172) https://de.wikipedia.org/wiki/Alexander_Haig
(173) http://tinyurl.com/christinafigueres
(174) https://goo.gl/YJUncW („Planned Parenthood "Lamborghini" Exec Haggles Again Over Baby Parts Prices")
(175) https://goo.gl/cQ5aqN („Planned Parenthood Uses Partial-Birth Abortions to Sell Baby Parts")
(175a) www.YouTube.com/watch?v=4U9mZyRCisM („Planned Parenthood Houston Admits Accounting Gimmicks Hide Baby Parts Sales, Invoices Charge $8,000")
(176) www.businessinsider.com/peter-thiel-on-rene-girards-influence-2014-11
(177) bis (180) www.efi-online.de/wp-content/uploads/2014/01/UngeimpfteGesuender.pdf
(181) und (182) www.impfschaden.info/impfungen-allgemein/geimpfte/ungeimpfte.html
(183) https://goo.gl/r3NCRX („Leaked Pentagon Video Shows Vaccine Designed to modify behavior")
(184) bis (186) http://de.metapedia.org/wiki/Chemtrails
(187) www.sauberer-himmel.de/hintergrunde-2/
(188) https://desert-greening.com/
(189) www.YouTube.com/watch?v=U7HXaZAfGpc („RFID CHIP für Menschen konkret 1. Juli 2014")
(190) und (191) https://goo.gl/o1WPHw („Ride in Mercedes's F 015 Driverless Car | Molly Wood | The New York Times")
(192) www.YouTube.com/watch?v=X7ex3YDoNMo („10 real life robot humans you won't believe exist")
(193) www.YouTube.com/watch?v=dIuL4D00uOY („8 incredible lifelike humanoid robots you should see")
(194) www.geminoid.jp/en/index.html
(195) www.dwavesys.com/d-wave-two-system
(196) www.dwavesys.com/media-coverage/forbes-how-quantum-computing-will-change-world
(197) wie (193)
(198) und (199) wie (192)
(200) http://metropolis1927.com/#gallery
(201) http://tinyurl.com/spiegelexmachina
(202) www.nytimes.com/2015/05/21/style/ava-of-ex-machina-is-just-sci-fi-for-now.html
(203) https://commons.wikimedia.org/wiki/File:Birlikte_-_Podiumsdiskussion-0454.jpg
(204) http://tinyurl.com/archiveschramm1 (backup: http://archive.is/qhYsK)
(205) http://tinyurl.com/archiveschramm2 (backup: http://archive.is/BpUKB)
(206) www.faz.net/aktuell/politik/inland/femen-protest-zerreissprobe-fuer-die-piraten-12818762.html
(207) bis (209) http://tinyurl.com/tlzkramer / http://tinyurl.com/kramer10 / https://is.gd/J6XHBZ
(210) https://jungefreiheit.de/politik/deutschland/2017/facebook-loescht-jf-karikatur-zur-ehe-fuer-alle/
(211) https://goo.gl/ptnfR8 („Aggressive Muslims throw away food and water given them in Hungary")
(212) https://goo.gl/7NSKRo („Calais Illegals complain and throw away food given by French leftists")
(213) https://goo.gl/nhMyJS („Muslim migrants in Macedonia refuse Red Cross parcels because of the red cross")
(214) und (215) https://goo.gl/ihe54z („Traumatisierte Flüchtlinge sagen Danke!" Suchbegriff: „Italien Flüchtlinge")
(216) https://goo.gl/32u2h1 („Mama Merkels „Zug der Hoffnung" – traumatisierte Schutzsuchende?")
(217) www.mmnews.de/index.php/politik/55676-bahn-bus-flucht
(218) http://refcrime.info/de/verbrechen/karte/
(219) http://tinyurl.com/promisesofblondegirls
(220) http://gotnews.com/busted-yes-john-mccain-is-a-traitor-heres-the-proof/
(221) www.voltairenet.org/article185085.html

(222) https://goo.gl/WK4J45 („The demographic destruction of the West The reality of Islamic Hijra exposed")
(223) und (224) www1.cbn.com/cbnnews/world/2010/August/Islamization-of-Paris-a-Warning-to-the-West
(225) www.pinterest.de/pin/752030837747268975/
(226) http://tkg-duisburg.de/?p=2760
(227) https://goo.gl/2YBoud („Top Muslim Imam: Breed with Europeans to conquer them!")
(228) https://twitter.com/omerturantv/status/854637999543406592
(229) http://de.metapedia.org/wiki/Kalergi-Plan
(230) http://de.metapedia.org/wiki/Kaufman-Plan
(231) https://goo.gl/oW5aT2 („Let's Look at Longer Term Question for Gold – Thomas P.M. Barnett (Wikistrat)")
(232) http://tinyurl.com/euromedfreimaurer
(233) bis (235) https://archive.is/MiRLV / http://archive.is/1hNRq
(236) und (237) www.wallstreet-online.de/diskussion/1220331-1-10/linkspartei-43-millionen-buerger-entsorgen
(238) https://pod.geraspora.de/uploads/images/scaled_full_0b2ad75f6058c048849f.jpg
(239) www.YouTube.com/watch?v=bDaKFE_J_ug („Sarkozy Calls For WHITE GENOCIDE!")
(240) https://goo.gl/6Ek1kJ („Barbara Lerner Spectre calls for destruction of Christian European ethnic societies")
(241) www.YouTube.com/watch?v=s9d87JjYHuk („Gregor Gysi zum Thema: Schöner leben ohne Nazis")
(242) http://de.metapedia.org/wiki/Schulz,_Martin
(243) http://tinyurl.com/europarlschulz
(244) www.facebook.com/groups/1386862754946630/
(245) https://en.wikipedia.org/wiki/Gospel_of_Jesus'_Wife
(246) http://spartacus-educational.com/Gretl_Braun.htm
(247) https://alchetron.com/Gretl-Braun
(248) http://noch.info/2015/09/stasi-und-kgb-angela-merkel-ist-tochter-von-adolf-hitler/
(249) bis (252) www.emaze.com/@AOQIFFFT/Angela-Merkel-Ber%C3%BChmte-Frau
www.hdg.de/lemo/bestand/objekt/foto-angela-merkel-jung.html
www.topnews.in/people/angela-merkel?page=4 und www.helpfreetheearth.com/news501_Merkel.html
(253) bis (255) www.vintag.es/2015/03/50-rare-photos-of-adolf-hitler-you.html
www.museumsyndicate.com/artist.php?artist=12, www.historyplace.com/worldwar2/riseofhitler/runs.htm
(256) und (257) http://tinyurl.com/dublinmicksmerkel
(258) www.businessinsider.com/netanyahu-merkel-mustache-photo-2014-2?international=true&r=US&IR=T
(259) www.truthrevolt.org/news/leftists-think-raising-your-hand-nazi-salute
(260) https://en.wikipedia.org/wiki/Fordham_University
(261) https://en.wikipedia.org/wiki/ExxonMobi
(262) und (263) https://de.wikipedia.org/wiki/Lothringerkreuz
(264) www.antonnicholas.org.uk/daily/s6/day54.htm
(265) www.YouTube.com/watch?v=yGgxr4Sxoas („2016 Al Smith Dinner (Full) | The New York Times")
(266) und (267) http://time.com/4539888/donald-trump-hillary-clinton-al-smith-dinner/
(268) http://tinyurl.com/cardinaldolantrump
(269) http://tinyurl.com/trumpwearingblackvatican
(270) http://tinyurl.com/wposttrumpkissinger
(271) http://yournewswire.com/henry-kissinger-meets-with-putin-in-moscow/
(272) https://en.wikipedia.org/wiki/Disappearance_of_Madeleine_McCann
(273) bis (276) http://tinyurl.com/telegraphsavile und http://tinyurl.com/telegraphsavile2
http://thebrainwashedhousewife.blogspot.nl/2014/05/satanic-jimmy-savile-nephew-of-jack.html
(277) http://tinyurl.com/savileroyals und http://tinyurl.com/savilebeatles
(278) http://tinyurl.com/jacksonvillebeatleshorn
(279) www.dailymail.co.uk/news/article-4136536/Former-child-sex-slave-sold-Belgian-recalls-abuse.html
(280) bis (283) https://file.wikileaks.org/file/FBI-pedophile-symbols.pdf
(284) http://alles-schallundrauch.blogspot.se/2016/11/was-ist-pizzagate-und-wer-ist-involviert.html
(285) www.flickr.com/photos/146343979@N02/31558891704/
(286) bis (293) https://dcpizzagate.wordpress.com/2016/11/07/first-blog-post/
(294) bis (298) http://tinyurl.com/milleniumreportalefantis
(299) bis (305) www.thetattyjournal.co.uk/is--pizzagate--fake-news--.html
www.whale.to/c/marina_abramovic.html
(306) bis (308) wie (286)
(309) www.thefalseflag.com/2016/12/01/1729pizzagate/
(310) http://washingtonlife.com/2015/06/05/inside-homes-private-viewing/
(311) und (312) wie (286) und www.biljanadjurdjevic.com/ParadiseLost.html
(313) http://tinyurl.com/vlibertaspodesta und http://tinyurl.com/wikimccann
(314) und (315) http://tinyurl.com/googlemapsbestapizza und http://mybestapizza.com/
(316) wie (286)

(317) http://tinyurl.com/steemitpizzagate
(318) http://radcliffefoundation.org/project/elpida-home
(319) http://tinyurl.com/wikilasheriffmarke (backup: https://archive.is/5Me5P)
(320) www.YouTube.com/watch?v=LHp1RZ2WQiY („Kevin allein zu Haus - die Pizza Bestellung")
www.YouTube.com/watch?v=PVKTOO3R0gc („Home Alone 2 Lost In New York Pizza Scene")
(321) http://tinyurl.com/mileycyrushotdogs und http://tinyurl.com/mileycyruspizza
(322) http://thepizzaunderground.tumblr.com/ und www.brownpapertickets.com/event/576619
www.YouTube.com/watch?v=kmgq81Ww7K4 („The Pizza Underground")
(323) und (324) http://tinyurl.com/complexanimated und www.heftig.de/disney-late-night/
(325) http://tinyurl.com/yummkatyperry und http://tinyurl.com/mtvkatyperry
(326) bis (328) https://terrific-top10.com/2013/10/08/top-10-satanic-symbols-hidden-in-logos/
http://spurensuche.steinheim-institut.org/uebersicht.html
(329) http://zeitenwandel.info/index.php/id-666.html und https://de.wikipedia.org/wiki/Strichcode / privat
(330) https://goo.gl/RjLNDk („Ronald Bernards Enthüllungen der Geldelite Teil 1 (deutsch) (2017)")
(331) www.YouTube.com/watch?v=hBtrb_cr6fc („The Ninth Circle Ritual Cult Ceremony Observation")
(332) https://goo.gl/UFMpF7 („Angelina Jolie Admits Attending Illuminati Sacrifice in Leaked Video")
http://tinyurl.com/galajoliepitt / http://tinyurl.com/creativejolie / http://tinyurl.com/tattoojolie
(333) www.quora.com/Why-does-the-Paul-VI-Audience-Hall-look-so-demonic
(334) https://de.wikipedia.org/wiki/Hermesstab und http://tinyurl.com/dollarsymbol
(335) wie (333) und www.atlasobscura.com/places/la-resurrezione
(336) https://en.wikipedia.org/wiki/Solar_System und wie (337)
(337) https://goo.gl/tqaA9V („209 Seconds That Will Make You Question Your Entire Existence")
(338) https://de.wikipedia.org/wiki/Liste_der_größten_Sterne
(339) www.space.com/18964-the-nearest-stars-to-earth-infographic.html
(340), (342) und (343) https://de.wikipedia.org/wiki/Milchstraße
(341) https://de.wikipedia.org/wiki/Sonnensystem
(344) https://goo.gl/JmeYd („Earth is not revolving around the Sun -- The way you think! By Nassim Haramein")
(345) bis (348) www.YouTube.com/watch?v=0jHsq36_NTU („The helical model - our solar system is a vortex")
www.YouTube.com/watch?v=mvgaxQGPg7I („Solar System 2.0 - the helical model")
www.YouTube.com/watch?v=C4V-ooITrws („The helical model - our Galaxy is a vortex")
(349) https://de.wikipedia.org/wiki/Torus
(350) www.YouTube.com/watch?v=JyqBnd3Xwck („Double Torus Dynamic - Nassim Haramein")
www.YouTube.com/watch?v=noRbR3Fbg2I („Nassim Haramein The Universal Pattern TORUS")
https://goo.gl/LpxFrU („Tetragrammaton, Toroide, Spirale Aurea, DNA (Nassim Haramein)")
(351) http://tinyurl.com/ancientcodetowermars
www.YouTube.com/watch?v=FTn4bjpPocQ („Extremely tall structure tower on the moon wmv")
(352) www.YouTube.com/watch?v=PY7Xarpo75M („6 GIANT Towers Discovered On The Moon 3/31/17")
(353) https://goo.gl/MMKYKa („ALIEN "Terminals"? Artificial Buildings On Moon & Mars Stir Controversy! 7/12/16")
(354) www.YouTube.com/watch?v=zwsnR9JIgn0 („NEW: Structures on the Lunar Surface - Best in HD.")
(355) und (356) http://tinyurl.com/ancientcodenasamoon
https://goo.gl/zDXPFM („Megaship spotted then NASA dim the feed. Best in 1080p.")
(357) https://de.sputniknews.com/videoklub/20160413309155123-ufo-iss-nasa-aliens/
(358) https://de.sputniknews.com/videoklub/20170720316674048-ufo-iss-erde-aliens/
http://exopolitics.org/is-a-ufo-monitoring-astronauts-during-iss-space-walk/
(359) https://goo.gl/HkNE8r („The Most Epic UFO Video Compilation Ever Of All Time X Infinity!")
(360) und (361) https://goo.gl/4wBtID („NASA Secret UFO Tapes: Compilation of Captured UFO Footage!")
(362) http://www.dailymail.co.uk/sciencetech/article-1204254/Has-mystery-Mars-Monolith-solved.html
(363) www.ancient-code.com/3-massive-perfectly-aligned-towers-discovered-surface-mars/
https://en.wikipedia.org/wiki/Cydonia_(region_of_Mars) und http://tinyurl.com/archiveterrameridiani
(364) www.ancient-code.com/nasa-images-show-structures-on-the-surface-of-mars/
https://mars.jpl.nasa.gov/msl-raw-images/msss/00109/mcam/0109MR0685027000E1_DXXX.jpg
(365) http://tinyurl.com/marsnasa01
(366) http://mars.jpl.nasa.gov/msl-raw-images/msss/00789/mcam/0789ML0034390000400507E01_DXXX.jpg
https://mars.nasa.gov/msl/multimedia/raw/?rawid=0978MR0043250040502821E01_DXXX&s=978
https://goo.gl/vhEXC5 („2 Egyptian Pyramids Found On Mars In Curiosity Photos!!! (Mars Mysteries)")
(367) http://tinyurl.com/nasasurface1 und http://tinyurl.com/nasasurface2
(368) http://mars.jpl.nasa.gov/msl-raw-images/msss/00953/mcam/0953MR0042170040502131E01_DXXX.jpg
https://goo.gl/WmEbMq („MARS DOME ENTRANCE - Huge Buildings & Structures at Mt Sharp. ArtAlienTV")
(369) und (370) https://goo.gl/ktHGdF (600ft UFO Crash Site Discovered On Mars! 11/23/16)

(371) und (372) www.ancient-code.com/8-compelling-real-ufo-images-photographed-from-a-navy-submarine/
(373) www.ancient-code.com/spacex-elon-musk-doesnt-rule-ufo-destroyed-falcon-9-rocket/
(374) www.ascensionwithearth.com/2017/01/ufo-escorts-donald-trumps-plan-in.html
www.YouTube.com/watch?v=3bZaI92cbYw („HISTORIC MOMENT: Donald Trump Leaves NY, Departs For D.C. Inauguration on Official Government Plane“)
(375) http://tinyurl.com/uipceres
(376) www.YouTube.com/watch?v=nH7F36gAs8M („Earth Sized Ufo's Using The Sun As A Stargate Video.flv“)
(377) www.vortexmaps.com/planets.php
(378) www.ufo-blogger.com/2012/03/nasa-spotted-gigantic-triangle-shaped.html
www.YouTube.com/watch?v=1Ps7nYnk5CQ („MAYAN REVELATION! Sun a MASSIVE UFO Stargate!!“)
(379) www.YouTube.com/watch?v=8WR9wld2qCM („Jupiter Sized UFO Collides With The Sun“)
www.mirror.co.uk/news/weird-news/mysterious-ufo-the-size-jupiter-9861877
(380) https://en.wikipedia.org/wiki/Great_Red_Spot
(381) www.express.co.uk/news/weird/737818/Aliens-drain-solar-energy-monster-UFOs-Sun-NASA-SOHO
(382) http://tinyurl.com/expressufofleet
https://goo.gl/ipy7Fv („UFO FLEET of LIGHT ORBS around 'ACTIVE Mexico Volcano' - Popocatepetl.“)
https://goo.gl/f2iJ6X („Is this really video of a UFO crashing into a Mexican volcano or just a load of hot air“)
(383) http://tinyurl.com/thesunglowingufo
https://goo.gl/QyUTpK („UFO over Earth's Volcanoes as Wormhole Stargate Portals while 'Giant UFO' use Sun's Spots.“)
(384) www.YouTube.com/watch?v=65nSJrF-zgw („Star Trek IV - Time Travel scene HD“)
(385) www.YouTube.com/watch?v=JyqBnd3Xwck („Double Torus Dynamic - Nassim Haramein“)
https://goo.gl/LpxFrU („Tetragrammaton, Toroide, Spirale Aurea, DNA (Nassim Haramein)“)
(386) www.thrivemovement.com/pioneer/steven-greer
(387) www.whtimes.co.uk/news/ufo-hacker-gary-mckinnon-gets-death-threats-1-36024
(388) www.YouTube.com/watch?v=4CSeWkJvdbQ („ALIENS: Eisenhower Threatened to Invade Area 51 2013“)
(389) https://de.wikipedia.org/wiki/Wernher_von_Braun
(390) https://goo.gl/4huHbB („EXCLUSIVE: Buzz Aldrin Confirms UFO Sighting in Syfy's 'Aliens on the Moon'“)
(391) https://en.wikipedia.org/wiki/Neil_Armstrong
(392) https://goo.gl/KnYPNL („Unacknowledged Sneak Peek: Dr. Edgar Mitchell- ET Presence on Earth“)
(393) www.space.com/37411-nasa-moon-mars-vice-president-pence.html
(394) https://de.wikipedia.org/wiki/Vatikanische_Sternwarte
(395) https://de.wikipedia.org/wiki/Vatican_Advanced_Technology_Telescope
(396) https://de.wikipedia.org/wiki/Large_Binocular_Telescope
(397) http://tinyurl.com/wikichirho / http://tinyurl.com/clipartchirho / http://tinyurl.com/chirho01
(398) http://humansarefree.com/2013/04/the-dark-secrets-of-vatican.html
(399) www.over50sforum.com/showthread.php?t=27424
(400) und (401) https://goo.gl/gdnCRH („ILLUMINATION Part 1 The Sun is a Stargate“)
(402) wie (398)
(403) www.thehiddenrecords.com/religion
(404) und (405) www.YouTube.com/watch?v=P7MR6DH3NAc („ANCIENT STAR MAP - Pt 2 - St Peter holds Solomon Key - human origins ref prometheus“)
(406) http://thehiddenrecords.com/vatican_secret.htm
(407) www.YouTube.com/watch?v=VK88qghL8ZY („Das Geheimnis der Pyramiden und des Orion (2015)“)
www.YouTube.com/watch?v=-jf5goxK41A („Graham Hancock ~ The Pyramids of Giza/ Orion“)
www.bibliotecapleyades.net/piramides/esp_piramide_8.htm
www.ancient-code.com/deciphering-sirius-orion/
(408) www.ancient-code.com/egyptian-star-map/
(409) www.ancient-code.com/deciphering-sirius-orion/
(410) und (411) wie (408)
(412) https://en.wikipedia.org/wiki/Exploration_Mission_1
(413) www.soulsofdistortion.nl/Giza.html
(414) https://goo.gl/eH48Xg („Etrange vidéo de l'UNICEF (ONU) montrant un enfant Extraterrestre“)
www.truefreethinker.com/articles/unicef%E2%80%99s-extraterrestrial-alien-diversity-propaganda
(415) www.YouTube.com/watch?v=CGMQsJ0VzAk („Make Friends video statement (English subtitles)“)
(416) https://theguttertrash.com/2017/01/20/shock-president-trump-is-a-genetically-engineered-alien-clone/
https://goo.gl/NL8sDH („DONALD TRUMP SNAKE EYES REPTILIAN 2 SHAPESHIFT DRACONIAN“)
http://tinyurl.com/ce-trump01

(417) www.express.co.uk/life-style/life/756142/Melania-Trump-plastic-surgery
(418) http://tinyurl.com/dailymailmelaniasurgery und https://twitter.com/melaniatrump
http://tinyurl.com/weltmelania und http://tinyurl.com/uncoachedmelania
(419) www.indianinthemachine.com/areuspresidentscloned.html
(420) https://de.wikipedia.org/wiki/Jimmy_Carter und https://de.wikipedia.org/wiki/Kabinett_Carter
www.YouTube.com/watch?v=fhT9NyFzABw („Jimmy Carter Soviet Invasion of Afghanistan 1980")
http://tinyurl.com/climatechangecarter / http://tinyurl.com/carter001 / http://tinyurl.com/cbccarter
(421) http://tinyurl.com/rapup-kanye und http://tinyurl.com/nydailykanye
(422) www.YouTube.com/watch?v=qsPOG4lSA2o („Eminem's Very Awkward Live TV Appearance on ESPN")
(423) www.YouTube.com/watch?v=SDYJ3CbgZog („Al Roker Frozen on Today Show")
(424) www.YouTube.com/watch?v=_kgk57GVpiA („When Clones Synthetics MALFUNCTION!!")
(425) www.YouTube.com/watch?v=iwqFbGQMgrs („FREAKING EYES ANOMALY HD!")
(426) www.listal.com/list/separated-at-birth
(427) www.theodysseyonline.com/10-celebrity-look-alikes-that-will-blow-your-mind
(428) http://tinyurl.com/dailymailhollywoodclones
(429) www.taringa.net/posts/imagenes/5010529/Famosos-parecidas-entre-ellos.html
(430) http://esentatare.com/the-triplets-of-hollywood
(431) www.buzzfeed.com/bradesposito/taylor-swift-zeena-lavey
(432) http://tinyurl.com/dailyscenecelebs und https://de.wikipedia.org/wiki/Patrick_Stewart
(433) bis (435) www.theloop.ca/22-celebrities-who-just-might-be-vampires/
www.instyle.com/celebrity/transformations/lucy-lius-changing-looks#1098821
(436) www.elle.fr/People/La-vie-des-people/News/Stars-jeunes/Pamela-Anderson-en-1995
www.zimbio.com/photos/Pamela+Anderson/2005+World+Music+Awards+Arrivals/kRrpsfKkyaI
www.mirror.co.uk/3am/celebrity-news/pamela-anderson-looks-unrecognisable-debuts-5325054
http://madonna.oe24.at/thema/Pamela-Anderson-laesst-Stacheldraht-Tattoo-entfernen/139998074
https://estetmedicina.ru/estetika/glavnaya-tema/kak-izmenilas-pamela-anderson/
http://tinyurl.com/cosmonewspamela
www.gdnonline.com/Details/198232/Did-Pamela-Anderson-get-plastic-surgery-done/224475
www.dailymail.co.uk/tvshowbiz/article-4376926/Pamela-Anderson-shows-curves-night-out.html
(437) bis (440) www.kheichhorn.de/html/body_rfz_7.html
www.theeventchronicle.com/galactic/introduction-german-flying-discs-1922-1945-beyond/
https://skullandbonesband.blogspot.de/2013/11/nazi-german-wwii-and-beyond-disc_4406.html
(441) bis (444) http://imperialgermans.com/DE/documents.html
(445) http://humansarefree.com/2013/11/china-is-going-to-moon-reason-why-nasa.html
(446) und (447), (450) und (451), (452) und (453) wie (441)
(448) www.fallwelt.de/NeuBerlin/antarktis.htm
(449) www.theeventchronicle.com/editors-pick/nazi-base-antarctica-revisited/
(454) und (455) http://tinyurl.com/chinabuddhismnazis
(456) https://twitter.com/slone/status/806552107671257090
(457) und (458) www.express.co.uk/news/weird/734186/snow-pyramid-Antarctic-human-history-discovery
(459) www.stillnessinthestorm.com/2017/01/alien-craft-spotted-at-antarctica.html
www.YouTube.com/watch?v=wTM19wewp3w („FOUND IT! Alien Ship Being Stored At South Pole 1/23/17")
www.YouTube.com/watch?v=hcakuSt7czk („Melting Antarctica Ice Reveals UFO Underwater Base")
(460) http://tinyurl.com/ronpaulinstitute-brzezinski
(461) http://yournewswire.com/queen-elizabeth-shapeshifting-on-live-tv-goes-viral/
(462) http://yournewswire.com/buckingham-palace-admit-queen-elizabeth-is-not-human/
http://projectavalon.net/forum4/showthread.php?91827-Queen-Admits-She-is---Not-Human--/page4
(463) http://yournewswire.com/buckingham-palace-admit-queen-elizabeth-is-not-human/
(464) www.YouTube.com/watch?v=xQzqcdvtsBE („REPTILIAN REPORTER NEVER SEEN BEFORE - FOX 11 NEWS MICHAEL BROWNLEE")
www.YouTube.com/watch?v=LIALzT3uHAU („Reptilian Reporter - FOX NEWS")
(465) www.YouTube.com/watch?v=uKKXXpkp6Wk („Shapeshifting News Reporter - Producer (screaming in ear)... You Decide!")
www.YouTube.com/watch?v=w5qVEGHoH0k („Reptilian Fox News Reporters (Liquid Crystal Polarization)")
(466) https://goo.gl/AMqfxN („SPANISH CNN REPTILIAN SHAPE SHIFTING STUNNING EVIDENCE")
(467) https://goo.gl/A3rghf („Glitches, Demons, or Reptilians Caught On Tape Shape Shifter Species")
(468) www.YouTube.com/watch?v=h5tsC1s-YaY („Reptilian shapeshifter - Reptilian Muslim")
(469) wie (467)
(470) https://goo.gl/PtWW5v („Yussef Esstes Enter Islam And He Say His Story 5")

(471) www.YouTube.com/watch?v=tSScnOwL8tc („Reptillian Caught Hissing On Live TV“)
www.YouTube.com/watch?v=D3Lrxe19kBE („Reptilian tongue amazing!“)
www.YouTube.com/watch?v=SR7mTgwbvvQ „(REPTILIAN TONGUE ON FOX TEL-EVIL-SION“)
www.YouTube.com/watch?v=Q_rpryG6tB4 („Demonic Serpent Reporter Admits "THEY" Need Gods Help! (REVERSE SPEECH & SERPENT TONGUE ANALYSIS)“)
(472) www.YouTube.com/watch?v=aN5m17rZB0A („Syrian woman shapeshifting on live TV News Broadcast“)
(473) und (474) www.whale.to/b/tongues.html
(475) www.whale.to/c/greer.html
(476) www.YouTube.com/watch?v=nR6q4Xc7Keo („What is a Hedge Fund?“)
(477) www.YouTube.com/watch?v=YkPk21ILRAw („Eurythmics Singer Annie Lennox is a Reptilian Shapeshifter“)
www.amazon.de/Revenge-Eurythmics/dp/B000091D0G/
(478) www.YouTube.com/watch?v=zs6-raFtyO8 („Woman With Reptilian Eyes on Dr. Phil Show“)
www.YouTube.com/watch?v=XF2ii7_wFVA („(MUST SEE) HQ Nicki Minaj ILLUMINATI REPTILIAN DEMON EYES - REAL SATANIC "SNAKE" ANACONDA“) Original:
www.YouTube.com/watch?v=EGAImmfA7oc („Nicki Minaj Fights Back Tears Discussing Lil' Waynes Sentence“)
(479) www.YouTube.com/watch?v=Ky3kDV4dPyw („Reptilian Eyes: Nazi Wilhelm Keitel [HD]“)
(480) http://tinyurl.com/vtcol / http://tinyurl.com/wikicol / http://tinyurl.com/seiryucol
(481) www.whale.to/b/bush_w.html und www.whale.to/b/laura_bush.html
www.YouTube.com/watch?v=QCREZ-iVu48 („Reptilian Jenna Bush (Liquid Crystal Polarization)“)
(482) http://arcturi.com/ReptilianArchives/ReptilianFacts.html und http://tinyurl.com/alfredwebredraco
(483) www.pravda-tv.com/2015/01/reptilienwesen-an-der-aussenfassade-einer-kathedrale-video/
(484) www.YouTube.com/watch?v=XswfEzKE0UQ („Grey Alien Filmed By KGB“)
(485) https://www.youtube.com/watch?v=OzTnomA2qQY („Rabbi teaches that Jews are interdimensional alien commandos sent to conquer earth“)
(486) www.stargate-chronicles.com/site/about-clark-mcclelland/
(487) www.thelivingmoon.com/49ufo_files/03files2/1952_Washington_DC.html
(488) www.gaia.com/video/three-fingered-technology-pete-peterson?fullplayer=feature
(489) http://victoriavives.com/randy-cramer-aka-captain-kaye-defense-force-mars/
(490) www.marsanomalyresearch.com/evidence-reports/2001/019/colossal-trees.htm
www.marsanomalyresearch.com/evidence-reports/2007/115/forest-life-biodiversity-6.htm
www.marsanomalyresearch.com/evidence-reports/2012/221/real-mars.htm
(491) https://photojournal.jpl.nasa.gov/catalog/PIA17083
http://exopolitics.org/squirrel-on-mars-photo-goes-mainstream-evidence-of-martian-life/
(492) http://tinyurl.com/vicelauraeisenhower
(493) http://supersoldierforum.ubbforum.com/topic/james-casbolt-michael-prince-petrus-romanus
(494) http://tinyurl.com/reptiliandimensionprince und www.meijer.com/
(495) http://in5d.com/who-really-runs-this-world/
(496) www.pinterest.com/pin/544372673693693462/
(497) https://marialourdesblog.com/simon-parkes-interview-hybrid-alienperspektive/
(498) www.gaia.com/video/ssp-testimonials-william-tompkins?fullplayer=feature
(499) http://tinyurl.com/cds06e08tompkins
(500) und (501) http://tinyurl.com/s05e10tompkins
(502) https://goo.gl/cK9rBm („William Tompkins - A Case for the Secret Space Program July 18, 2017“)
(503) wie (500)
(504) http://tinyurl.com/s07e14tompkins
(505) und (506) http://tinyurl.com/s07e11michaelsalla
(507) https://spherebeingalliance.com/blog/transcript-cosmic-disclosure-life-after-disclosure.html
(508) https://spherebeingalliance.com/blog/transcript-cosmic-disclosure-the-dark-fleet.html
(509) http://tinyurl.com/s07e16tompkins
(510) https://spherebeingalliance.com/blog/transcript-cosmic-discosure-the-banished-from-inner-earth.html
(511) http://tinyurl.com/s08e05tompkins
(512) https://spherebeingalliance.com/blog/transcript-cosmic-disclosure-the-dark-fleet.html
(513) http://tinyurl.com/sitscoreygoodesedona
(514) www.spherebeingalliance.com/blog/transcript-cosmic-disclosure-inner-earth-update.htm
(515) und (516) http://paulaliebe.com/blog/category/sphere-beings/
(517) https://spherebeingalliance.com/blog/transcript-cosmic-disclosure-the-earth-alliance-strikes-back.html
(518) http://tinyurl.com/huffpost-veterans

BANKSTER

Hanno Vollenweider

Dies ist das Buch eines jungen Mannes, der, getrieben von der Gier nach Geld und Macht, Dinge sah, die andere in seinem Alter höchstens aus Hollywood-Filmen kennen. Mit seiner jungen und frechen Art berichtet er aus den Hinterzimmern der Hochfinanz, wie er zusammen mit einem Freund eine Vermögensverwaltung in Zürich gründete und mit Hilfe dieser Firma eine knappe Milliarde Euro deutsche und andere Schwarzgelder gewinnbringend anlegte, und berichtet dabei auch von Meetings mit diversen Privatbanken. Er schildert seine Treffen mit Mitgliedern des *Clubs zum Rennweg*, *Entrepreneurs' Round Table*, der Brüsseler Finanzlobbyorganisationen *Swiss Finance Council* und *European Financial Service Round Table*, und wie er im Auftrag seiner Mentoren den Rest der bis heute verschwunden geglaubten D-Mark-Millionen aus den West-Geschäften der DDR flüssig machte.

ISBN 978-3-938656-37-2 • 19,00 Euro

WENN DAS DIE DEUTSCHEN WÜSSTEN...

Daniel Prinz

...dann hätten wir morgen eine (R)evolution!"

Wussten Sie, dass Ihr Personalausweis oder Ihr Reisepass nicht Ihre deutsche Staatsangehörigkeit bestätigt und fast alle Deutschen in ihrem eigenen Land staatenlos sind? Nein? Es gibt tatsächlich ein Dokument, welches die rechtmäßige Staatsangehörigkeit bescheinigt, aber es ist keines der beiden zuvor genannten. Nur wenige Deutsche sind im Besitz dieser speziellen Urkunde, z.B. viele Staatsanwälte, Notare, Bundespolizisten oder Politiker. Wussten Sie zudem, dass Gerichtsvollzieher in der BRD seit 2012 keine Beamten mehr sind oder dass die BRD selbst gar kein Staat ist – und auch nie war –, sondern eine von den Alliierten installierte Verwaltung, die großteils innerhalb einer „Firmenstruktur" operiert? War Ihnen geläufig, dass wir bald in die „Vereinigten Staaten von Europa" übergehen und die Menschen in „handelbare Waren" umfunktioniert werden? Haben Sie sich nicht auch schon gewundert, wieso aus dem Arbeitsamt eine „Agentur für Arbeit" geworden ist oder warum Sie vor Gericht als „Sache" behandelt werden und nicht als „Mann" oder „Frau"?

Daniel Prinz beantwortet nicht nur diese Fragen ausführlich, sondern zeigt zudem auf, welche höchst raffinierten und hinterhältigen Mechanismen eingesetzt werden, die uns alle versklavt haben und dafür sorgen sollen, dass wir aus dem gegenwärtigen, riesigen Hamsterrad nie ausbrechen. Im Buch kommt dabei auch ein Insider zu Wort, der mit weiteren brisanten Fakten aus dem Nähkästchen plaudert, z.B. auch, auf wie viele Menschen die Weltbevölkerung von der Elite reduziert werden soll. Wie ein roter Faden wird das gesamte Konstrukt offenbart, auf dem dieses Kontroll- und Machtsystem aufgebaut ist. Sie glauben, Sie wüssten als aufgewachter „Bürger" tatsächlich bereits über alles Bescheid? Dann werden Sie spätestens hier eines Besseren belehrt.

ISBN 978-3938656-27-3 • 21,00 Euro

NUTZLOSE ESSER

Gabriele Schuster-Haslinger

Die Menschheit wird in den nächsten Jahrzehnten massiv dezimiert! Was ist zu erwarten, was können wir tun – und wer steckt dahinter?

Es ist ja nun kein Geheimnis, dass immer mehr Menschen auf diesem Planeten immer weniger Rohstoffen gegenüber stehen. In den kommenden Jahren kommt hinzu, dass Maschinen, Roboter und Drohnen menschliche Arbeitskraft überflüssig machen. Was zurückbleibt, sind aus Sicht der rational-kaufmännisch denkenden "Elite" sog. "Nutzlose Esser" – Menschen, die entweder arbeitslos, zu ungebildet oder zu alt sind und dem produktiven Teil wertvolle Rohstoffe und Nahrungsmittel wegnehmen und zu viel kosten. Die Situation ist jedem logisch denkenden Menschen bewusst, doch mag ein christlich-sozial eingestellter Mensch nicht aussprechen, was unausweichlich scheint, um das Dilemma zu lösen: eine Dezimierung der Weltbevölkerung! Das haben nun jene übernommen, die im Hintergrund die Weltgeschicke steuern, und nicht nur entsprechende Pläne geschmiedet – nein, sie setzen sie bereits um! Wie steht es um den Plan, vor allem das deutsche Volk "auszurotten"? Die Autorin erläutert in diesem Buch nicht nur die verschiedensten Methoden, mit denen dies bereits geschieht und was uns noch bevorstehen wird, falls sich nicht etwas gravierend ändert. Sie deckt ebenso auf, wer im Hintergrund wirklich die Fäden in der Hand hält.

ISBN 978-3-938656-42-6 • 21,00 Euro

GEHEIMSACHE STAATSANGEHÖRIGKEIT

Max von Frei

Wussten Sie, dass ein Reisepass oder ein Personalausweis nicht dazu ausreicht, Ihre deutsche Staatsangehörigkeit nachzuweisen? Wenn Sie beispielsweise als Deutscher in den USA oder Russland eine Firma gründen wollen, verlangen die dortigen Behörden Ihren "Staatsangehörigkeitsausweis" als Nachweis, dass Sie Deutscher sind. Noch nie davon gehört? Diesen Ausweis erhalten Sie beim Landratsamt, und er kostet nur 25 Euro. War Ihnen bekannt, dass Sie nur mit dem "Staatsangehörigkeitsausweis" die Bürgerrechte – laut Grundgesetz die sog. „Deutschenrechte" – beanspruchen können? Aber wieso wissen wir das nicht, und wieso erhält man dieses Dokument nicht ganz automatisch mit der Geburt ausgehändigt? Wieso macht die BRD den Staatsangehörigkeitsausweis zur Geheimsache? Könnte die Offenbarung dieses Geheimnisses über die Zukunft Ihres Vermögens entscheiden? Könnte diese neue Erkenntnis darüber hinaus vielleicht sogar zu einem von Deutschland ausgehenden, weltweiten Frieden führen?
Max von Frei beantwortet diese Fragen im Detail – belegt durch geltende und gültige Gesetze sowie zahlreiche Dokumente – und erklärt darüber hinaus, wieso die BRD nicht wirklich souverän ist und weshalb die „Menschenrechte" in „Handelsrecht" und „Staaten" in „Firmen" umgewandelt werden.

ISBN 978-3938656-61-7 • 21,00 Euro

DIE HORUS-LOGE

Artur Lipinski

Wie kam es wirklich zum Zweiten Weltkrieg und wer finanzierte ihn?

Artur Lipinskis Großvater war Übersetzer etlicher Persönlichkeiten in der Politik und Wirtschaft. Kurz vor seinem Tod sprach er mit seinem Enkel über private Unterhaltungen mit Willy Brandt, Marion Gräfin Dönhoff, Erich Honecker, vor allem aber mit dem Gründer der Bilderberger, Prinz Bernhard der Niederlande, und was er dort über die wahren Machtverhältnisse auf der Erde erfahren hatte. Demnach gibt es drei „Superlogen", die sich über der gewöhnlichen Freimaurerei befinden, welche die Geschicke der Welt seit mindestens 200 Jahren lenken. Im vorliegenden Buch veröffentlicht Artur Lipinski einen Teil der Informationen, die er über den Zweiten Weltkrieg erfahren hat – und die teilweise komplett von dem abweichen, was wir aus den Geschichtsbüchern kennen. Vor allem das Schicksal Hitlers wird völlig neu behandelt.

ISBN 978-3-938656-70-9 • 21,00 Euro

MEIN VATER WAR EIN „MiB"

Jason Mason

Das geheime Weltraumprogramm und die Antarktis-Deutschen

Wer sind diese rätselhaften *Men in Black* (MiB), die seit den 1950er-Jahren nach UFO-Sichtungen bei Zeugen auftauchen und diese befragen, deren Fotos konfiszieren oder sie sogar bedrohen? Nur sehr wenig wurde bislang über sie bekannt. Einer dieser MiB kontaktierte kurz vor seinem Tode seinen Sohn, um diesen als Nachfolger in die Organisation einzuführen und berichtete ihm von einer Welt, die sich im Hintergrund des uns bekannten Geschehens abspielt – von einer Welt voller Geheimorganisationen, eine Technologie, die wir nur aus Science-Fiction-Filmen kennen sowie über geheime Machtstrukturen, die unseren Planeten fest im Griff haben. Was Jason Mason von seinem Vater über dessen Tätigkeit und die Ziele der Organisation erfahren hatte, brachte ihn allerdings derart in Rage, dass er sich dafür entschied, dieses Geheimwissen mit der Öffentlichkeit zu teilen. Folgende Fragen werden behandelt:

- Existieren Außerirdische bereits seit Millionen von Jahren auf der Erde?
- Sind die Jesuiten und die italienischen Schwarzadelsfamilien mächtiger als die Rothschilds?
- Gibt es eine Rasse von Schlangenmenschen und andere Völker, die im Erdinneren wohnen?
- Wer sind die Nordics und die Draconier?
- Gibt es heute noch deutsche Basen in der Antarktis?
- Versteckt der Vatikan Beweise für frühere Hochzivilisationen und außerirdische Rassen?
- Existierten früher Riesen auf der Erde, und welche Beweise gibt es dafür?
- Ist der Mond ein künstliches Objekt, und was passierte wirklich bei den Apollo-Missionen?
- Existieren Geräte, mit denen man in die Zukunft blicken kann?
- Gibt es seit über 60 Jahren ein geheimes Weltraumprogramm mit Basen im ganzen Sonnensystem, das unter der Kontrolle der deutschen Geheimgesellschaften und der SS steht?

ISBN 978-3-938656-81-5 • 33,00 Euro

WELTVERSCHWÖRUNG

Thomas A. Anderson

Wer sind die wahren Herrscher der Erde?

Immer mehr Menschen stellen fest, dass sie von den Regierenden belogen und betrogen werden und dass die Volksvertreter nicht das Volk vertreten, sondern die Interessen von Großkonzernen, von Militär und Wirtschaft. Große, weltumspannende Firmen und Organisationen leiten unsere Welt. Dass es nicht die Präsidenten und Kanzler sind, die ein Land regieren, ist spätestens nach der Äußerung von Dr. Arend Oetker, dem ehemaligen Vorsitzenden der Atlantik-Brücke, kein Geheimnis mehr: *„Die USA werden von 200 Familien regiert, zu denen wollen wir gute Kontakte haben."* Diese Familienclans nennen die Rohstoffe auf Erden ihr Eigen, bestimmen den Goldpreis und verleihen astronomische Summen an kriegführende Länder. Aber geht es diesen wirklich nur um wirtschaftliche Interessen, oder steckt etwas ganz anderes dahinter?

ISBN 978-3-938656-35-8 • 23,30 Euro

WHISTLEBLOWER

Jan van Helsing

Insider aus Politik, Wirtschaft, Medizin, Polizei, Geheimdienst, Bundeswehr und Logentum packen aus!

Der Whistleblower Edward Snowden und der Sprecher der Whistleblower-Plattform *Wikileaks*, Julian Assange, haben im Ausland Asyl beantragt, weil sie geheime Regierungsdokumente veröffentlicht hatte. Man will sie jedoch nicht bestrafen, weil sie Unwahrheiten oder Lügen verbreitet haben – nein: Man will sie bestrafen, weil sie den Menschen die Wahrheit gesagt haben, die Wahrheit darüber, dass wir alle von unseren Regierungen und deren Geheimdiensten überwacht und ausspioniert werden. Ist es das, wofür wir unsere Volksvertreter gewählt haben? Ist es nicht viel eher so, dass sie inzwischen ganz anderen Interessen dienen? Für dieses Buch haben *Jan van Helsing* und *Stefan Erdmann* 16 Whistleblower interviewt, die u.a. zu folgenden Themen auspacken:

- Wie geht es in deutschen Asylantenheimen wirklich zu?
- Ist Deutschland souverän? Ist die BRD ein Staat oder eine Firma?
- Was ist *Geomantische Kriegsführung*?
- Was tat die Schweizer Geheimarmee *Abteilung 322*?
- Es werden viele alternative sowie schulmedizinische Therapieformen unterdrückt!
- Gibt es das „Geheime Bankentrading" wirklich? Wie sparen Großunternehmen und soziale Einrichtungen über Stiftungen Steuern?
- Der Ruanda-Kongo-Krieg war wegen Rohstoffen angezettelt worden!
- Warum es bei Film und Radio nur „Linke" geben darf...
- Der Sohn eines Illuminaten enthüllt Hintergründe des Ersten und Zweiten Weltkriegs.
- Ein Schottenritus-Hochgradfreimaurer spricht über UFOs und Zeitreisen.

ISBN: 978-3-938656-90-7 • 23,30 Euro

MEGAWANDEL

Johannes Holey

Jetzt sind WIR auf der Siegerstraße!

Dieses Buch ist ein Seelenöffner für die Zeit des inneren und äußeren Wandels. Neues Wissen! Ermutigende Sichtweisen! Wegweisende Impulse! Spannende Erkenntnisse! Zunehmender Bewusstseinswandel!

Wollen Sie wissen, warum es genügend Gründe gibt, voller Hoffnung zu sein? Wissen Sie eigentlich, dass uns neue kosmische Energien zur Verfügung stehen, durch die auch Sie Ihr Leben positiv verändern können? Wollen Sie sich eine neue Lebensqualität aufbauen? Wollen Sie geistig-seelische und spirituelle Hintergründe erkennen und dieses Wissen nutzen? Wollen Sie erfahren, warum Gefühle und nicht irgendwelche schlauen Überlegungen die Welt verändern werden? Wollen Sie den selbstsicheren Umgang mit seelischen Kräften und persönlicher Macht in Ihnen aktivieren? Sind Sie bereit für Veränderungen? Wir alle leben in den mächtigen Einflüssen neuer kosmischer und positiver Energien und zugleich in den mächtigen Einflüssen zunehmender schädlicher Energien der dunklen Macht-Elite. Beides ist der Zeitgeist, doch wie kommen wir damit klar?

Es ist dringend notwendig, dass wir unser Selbst-Bewusstsein, unsere Gesundheit, unser Wohlbefinden und viele andere Lebensqualitäten wieder selbst in die Hand nehmen, und das bedeutet: Veränderungen. Auch wir SELBST verändern uns dabei, allerdings so, wie wir es wollen und es uns guttut – und kein anderes System kann uns mehr zu ungewollten Anpassungen zwingen. Das ist die Kraft des Megawandels. Und dieses Buch ist ein wertvoller und optimistischer Leitfaden für das Leben in dieser Krisenzeit.

ISBN 978-3-938656-92-1 • 23,30 Euro

SCHUTZENGEL & CO.

Martina Heise

Jeder Mensch hat einen Schutzengel

Wir werden von Engeln und anderen geistigen Wesen begleitet – jeden Tag. Doch nur wenige können diese bewusst wahrnehmen und mit ihnen kommunizieren. Martina Heise (ehem. Krämer) wurde mit dieser Gabe geboren und konnte von klein auf nicht nur ihren Schutzengel sehen, sondern auch die Seelen Verstorbener. Von ihrem Schutzengel wurde sie zum einen über den Sinn des Erdendaseins unterrichtet und zum anderen über die Mechanismen des Lebens, vor allem aber darüber, was im Jenseits auf uns wartet und wie wir uns das vorstellen können.

In diesem Buch schildert Martina, wie sie lernte, mit den geistigen Wesen zu kommunizieren, welche Unterschiede es bei den feinstofflichen Wesen gibt, wie sie mit uns in Kontakt treten, uns Botschaften übermitteln und wie wir diese verstehen können.

Sie erklärt auch die Gefahr, die von Besetzungen, Dämonen und anderen dunklen Wesen ausgeht und wie man diese beseitigen und unsere Häuser von solchen dunklen Energien befreien kann. Außerdem stellt sie Übungen zur Verfügung, wie man sich vor Negativem schützen und die eigene Intuition stärken kann.

ISBN 978-3-938656-38-9 • 21,00 Euro

BEVOR DU DICH ERSCHIEẞT, LIES DIESES BUCH!

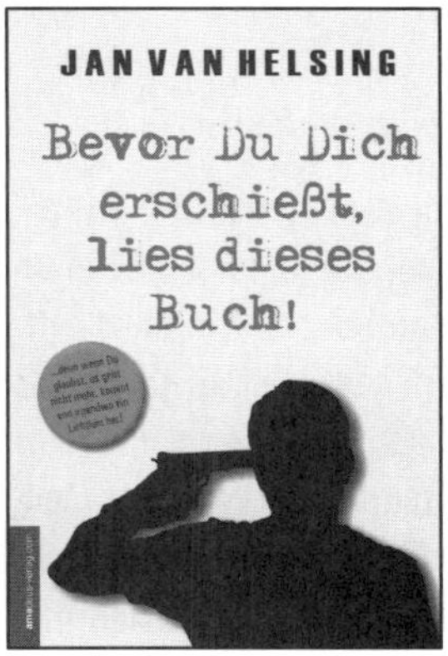

Jan van Helsing

Und wenn Du glaubst, es geht nicht mehr,
kommt von irgendwo ein Lichtlein her!

Wie schaut's aus? Sind Sie gerade an einem Punkt angelangt, an dem Sie sich die Kugel geben wollen, weil Ihnen das Wasser bis zum Hals steht oder weil Sie keine Ahnung haben, wie Sie die aktuellen Rechnungen bezahlen sollen? Ist Ihre Ehe zerbrochen, Ihr Freund oder gar Ihr Kind gestorben, oder hat ein schwerer Unfall Ihr Leben derart verändert, dass Sie keinen Sinn mehr darin sehen? Doch halten Sie inne, Sie sind nicht alleine! Viel mehr Menschen, als Sie sich vorstellen können, sind momentan in extreme innere Prozesse verwickelt. Und es werden mehr, immer mehr – weltweit! Und das hat einen besonderen Grund! Interessiert es Sie, warum gerade jetzt so viele Menschen durch persönliche Krisen gehen? Wieso gerade jetzt in allen Ländern der Welt die Menschen auf die Straße gehen, ihren Mund aufmachen und Revolutionen anzetteln – auch in Deutschland?

ISBN 978-3-938656-48-8 • 21,00 Euro

WAS SIE NICHT WISSEN SOLLEN! – Band 2

Michael Morris

Was sind die Pläne der Geheimen Weltregierung?

In seinem 2011 erschienenen Bestseller „Was Sie nicht wissen sollen" führt Michael Morris anschaulich aus, wie eine kleine Gruppe von Bankiers dabei ist, durch Wirtschafts- und Währungskriege die totale Herrschaft über die Welt zu erlangen. In Band 2 legt er nun den Fokus auf den politischen und militärischen Aspekt der „Neuen Weltordnung". Die USA haben die Welt mehr als einhundert Jahre lang dominiert, doch ihr Stern sinkt, und die Machthaber im Hintergrund wehren sich verbissen dagegen. Sie intervenieren zwanghaft rund um den Erdball. Doch woher stammt ihr destruktiver Einfluss auf die EU?

Eine kleine Gruppe von Psychopathen ist für die Kriege in Afghanistan, im Irak und in Syrien ebenso verantwortlich wie für den Konflikt in der Ukraine und den „Arabischen Frühling". Afrika sowie der Nahe und Mittlere Osten versinken bereits im Chaos, das nun gesteuert auf Europa übergreift. Die Terroranschläge von Paris waren erst der Anfang! In Europa und in den USA werden Polizei-, Gendarmerie- und Militäreinheiten aufgerüstet und für die brutale Niederschlagung von lang vorbereiteten Bürgerkriegen trainiert.

Erfahren Sie, was es wirklich mit der NATO, dem weltweiten Terrorismus, dem Konflikt in der Ukraine und dem Krieg gegen Russland auf sich hat.

ISBN 978-3938656-40-2 • 23,30 Euro

DER NAZI-WAHN

Andreas Falk

Deutschland im Würgegriff linker Zerstörungswut

Wir leben aktuell in einer Zeit des Wahns, einer Zeit, in der jeder zum „Nazi", „Rechtsradikalen" und „Unmenschen" erklärt wird, der das abgedrehte, weltfremde Weltbild der linksaffinen Meinungsdiktatoren nicht mitheuchelt. Deren Denkschema ist klar: Alles neben der SPD oder den GRÜNEN ist brauner Sumpf. Es nervt den normalen Bürger einfach nur noch, wenn Journalisten und Moderatoren immer wieder verzweifelt versuchen, die Menschen zu erziehen und sie auf ihre, natürlich einzig richtige Meinung einzuschwören – sei es die „korrekte" Sichtweise zur Flüchtlingssituation, zum Gender-Irrsinn oder der Standpunkt zum EURO!

Andreas Falk erklärt, wer daran interessiert ist, dass der Deutsche auf ewig den Kopf in den Sand steckt und geduckt durch die Gegend läuft, dabei aber nicht vergisst, fleißig Steuern zu zahlen.

ISBN 978-3-938656-34-1 • 19,00 Euro

HITLER ÜBERLEBTE IN ARGENTINIEN

Jan van Helsing & Abel Basti

Augenzeugen kontra Geschichtsbücher

„So ein Unsinn", werden Sie über den Titel denken. *„Hitler ist im Berliner Bunker gestorben. Man hat die verkohlten Leichen von ihm und Eva Braun gefunden, und das dort aufgefundene Gebiss wurde als das von Hitler identifiziert."*

Nun ja, diese Darstellung des Ablebens von Adolf Hitler ist zwar offiziell anerkannt und wurde kürzlich auch recht aufwendig verfilmt, ist aber selbst unter Historikern umstritten – nicht zuletzt deshalb, weil das angebliche Schädelfragment Hitlers im Jahre 2010 untersucht wurde und sich nach einem DNS-Test als das einer Frau herausstellte. Und wieso berichten die größten Tageszeitungen Paraguays im Jahre 2010, dass Hitler lange in Südamerika gelebt hat und auch dort gestorben ist? Nun stellen Sie sich bestimmt die Frage: *„Ja und, was soll's? Jetzt ist er aber bestimmt tot! Was soll ich mich damit noch beschäftigen?"* Richtig, genau das sollte man meinen. Allerdings werden in diesem Buch Personen präsentiert – die namentlich genannt werden –, die nicht nur behaupten, Adolf Hitler persönlich in Südamerika angetroffen zu haben und das über einen längeren Zeitraum hinweg – bis ins Jahr 1964 –, sondern auch, dass er die letzten zwanzig Jahre seines Lebens nicht untätig war – ganz im Gegenteil!

- *Wieso sind die argentinischen Akten über Hitler immer noch unter Verschluss, wenn er doch nie in Argentinien war?*
- *Welche Rolle spielt die GESTAPO, die im Jahre 2008 die Zeugin Olga Meyer aus Miramar davon abhielt, Abel Basti ein Foto von Hitler in Argentinien auszuhändigen?*
- *Welche Rolle spielt Hitlers Sohn, der den Augenzeugen zufolge unbehelligt in der Schweiz studieren konnte, und was macht seine Tochter, die heute in Buenos Aires leben soll?*

ISBN 978-3-938656-20-4 • 26,00 Euro